WIE FUNKTIONIERT DAS?

DIE WIRTSCHAFT HEUTE

NACHSCHLAGEWERKE
AUS MEYERS LEXIKONVERLAG:

Meyers Enzyklopädisches Lexikon
in 25 Bänden

Meyers Großes Universallexikon
in 15 Bänden

Meyers Großes Standardlexikon
in 3 Bänden

Meyers Großes Taschenlexikon
in 24 Bänden

Meyers Taschenlexikon
in 10 Bänden

Meyers Großes Handlexikon in Farbe

Meyers Taschenlexikon Biologie
in 3 Bänden

Meyers Taschenlexikon Geschichte
in 6 Bänden

Meyers Taschenlexikon Musik
in 3 Bänden

Meyers Handbücher
der großen Wissensgebiete

Meyers Kleine
Lexika

Meyers Enzyklopädie der Erde
in 8 Bänden

Meyers Geographische Führer
zu Naturschönheiten

Die Erde: Meyers Großkarten-Edition

Meyers Großer Weltatlas

Meyers Neuer Handatlas

Wie funktioniert das?

Meyers Kinder-Sachbücher

Meyers Jahresreport

»Schlag nach!«

WIE FUNKTIONIERT DAS?

DIE WIRTSCHAFT HEUTE

Bearbeitet von
Professor Dr. Manfred E. Streit (Universität Mannheim)
Regierungsdirektor Dr. Dieter C. Umbach (Karlsruhe)
Professor Dr. Richard Bartlsperger
(Universität Erlangen) und
der Fachredaktion Recht und Wirtschaft
des Bibliographischen Instituts
unter Leitung von Werner Digel

Dritte, vollständig überarbeitete
und erweiterte Auflage

MEYERS LEXIKONVERLAG
Mannheim/Wien/Zürich

315 meist zweifarbige Schautafeln
(1. und 2. Auflage: Dieter Kneifel;
Bearbeitung der 3. Auflage: Gabriele Kuhnke)

315 Textseiten

15 Registerseiten

Vorgeschlagene Zitierweise für Bibliotheken
und wissenschaftliche Arbeiten:
Streit-Umbach-Bartlsperger,
Die Wirtschaft heute, 3. Aufl.
Mannheim/Wien/Zürich 1984

CIP-Kurztitelaufnahme der Deutschen Bibliothek

Wie funktioniert das? Die Wirtschaft heute/
bearb. von Manfred E. Streit… und der
Fachredaktion Recht und Wirtschaft des Biblio-
graph. Inst. unter Leitung von Werner Digel. –
3., vollst. überarb. Aufl. – Mannheim, Wien,
Zürich: Bibliographisches Institut, 1984.
ISBN 3-411-02377-5
NE: Streit, Manfred E. [Bearb.]; Digel, Werner
[Hrsg.]; Die Wirtschaft heute

Satz: Zechnersche Buchdruckerei, Speyer
und Beltz-Druck, Hemsbach
Druck: Zechnersche Buchdruckerei, Speyer
Einband: Klambt Buchbinderei GmbH, Speyer
Printed in Germany
ISBN 3-411-02377-5

Vorwort zur 3. Auflage

Für die Neuauflage wurden nicht nur die bisherigen Beiträge überarbeitet und auf den neuesten Stand gebracht, sie wurde auch durch eine Reihe von zusätzlichen Beiträgen ergänzt, die eingetretenen und absehbaren wirtschaftlichen und rechtlichen Entwicklungen Rechnung tragen. Bei der Überarbeitung und Aktualisierung glaubten die Bearbeiter, frühere Mitarbeiter nicht zuletzt aufgrund der durch sie geleisteten, vorzüglichen Vorarbeit weitgehend entlasten zu können. Damit haben die Bearbeiter zweifellos zusätzliche Verantwortung auf sich genommen. Soweit neue Mitarbeiter gewonnen wurden, gilt ihnen der uneingeschränkte Dank für ihre Bereitschaft, sich mit ihren Erörterungen in ein bewährtes Konzept so kompetent und einfühlsam einzuordnen. Auch in ihrem Fall übernehmen die Bearbeiter letztendlich die Verantwortung für die publizierte Fassung.

Mannheim, Karlsruhe und Erlangen, im August 1984

Manfred E. Streit   Dieter C. Umbach   Richard Bartlsperger

Aus dem Vorwort zur 1. und 2. Auflage

Mit dem vorliegenden Band soll der vielschichtige gesellschaftliche Lebensbereich Wirtschaft beschrieben und in seiner Funktionsweise erklärt werden. Dabei schien es uns geboten, zumindest drei unterschiedliche wissenschaftliche Perspektiven und Erkenntnisquellen miteinander zu verschmelzen: die betriebswirtschaftliche, die volkswirtschaftliche und die wirtschaftsrechtliche. Selbst dies ist noch ein verengter Blickwinkel. Ihn vor allem um politologische und soziologische Positionen zu erweitern wäre wünschenswert gewesen. Jedoch erzwangen 700 verfügbare Seiten eine Abwägung zwischen perspektivischer Breite und analytischer Tiefe unter Berücksichtigung des Leserkreises, an den wir uns vornehmlich wenden: aufgeschlossene Laien ebenso wie Studierende der Rechts-, Wirtschafts- und Sozialwissenschaften, Fachjournalisten nicht weniger als Sachbearbeiter und Referenten in Parlamenten, Verwaltung und Wirtschaft sowie schließlich allgemein diejenigen, welche bereits erworbene Kenntnisse auffrischen und ergänzen möchten.
Vom Gegenstand her gilt das Hauptinteresse der Wirtschaft der Bundesrepublik und ihrer marktwirtschaftlichen Organisation. Allerdings war es nötig, diesen Bezugsrahmen in verschiedene Richtungen auszuweiten: 1) Jede Gesellschaft muß auf die gleichen wirtschaftlichen Grundfragen Antworten finden, wobei aber der rechtliche und organisatorische Rahmen unterschiedlich sein kann; daher schienen uns Themen wie alternative Wirtschaftsordnungen, deren Vergleich und Kritik ein inhaltliches Muß. 2) Die Bundesrepublik ist Mitglied internationaler Wirtschaftsorganisationen und über den engen Verbund der EG hinaus mit Entwicklungsländern ebenso verflochten wie mit Staatshandelsländern; diese Beziehungen dürften besser zu verstehen sein, wenn auch auf die Organisationen und Länder als solche eingegangen wird. 3) Schließlich werden die angesprochenen Probleme mit wissenschaftlichen Methoden angegangen, von denen wenigstens Elementarkenntnisse vermittelt werden sollten.

Mannheim und Erlangen, im August 1980

Manfred E. Streit   Dieter C. Umbach   Richard Bartlsperger

Inhaltsverzeichnis

Mitarbeiterverzeichnis

Dipl.-Volksw. Dr. Rainer Abstein, Frankfurt am Main
Richter aOVG Hartmut Albers, Münster
OStR Inke von Bargen, Freiburg
Prof. Dr. Rolf Birk, Trier
Prof. Dr. Wolfgang Blomeyer, Erlangen
Dipl.-Volksw. Dr. Ingo Böbel, Nürnberg
Prof. Dr. Hans Boldt, Düsseldorf
Dipl.-Kfm. Dr. Corinna Brandi, Düsseldorf
Dipl.-Volksw. Dr. Hermann Brehm, München
Dipl.-Kfm. Ulrich Bülles, Mannheim
Prof. Dr. Ernst Dürr, Nürnberg
Prof. Dr. Gerhard Eckert, Sigmaringen
Direktor d. ArbG Dr. Hans-Wolf Friedrich, Lörrach
Priv.-Doz. Dr. Ralph L. Ganter, Mannheim
Ministerialrat a. D. Dr. Wolfgang Goedecke, Mannheim
Prof. Dr. Dr. jur. h. c. Heribert Golsong, Washington D. C.
Prof. Dr. Peter Gottwald, Regensburg
Dr. Kurt von dem Hagen, Montreal
Dipl.-Volksw. Dr. Gerhard Hahn, Bonn
Prof. Dr. Kay Hailbronner, Konstanz

Prof. Dr. Wolfgang Harbrecht, Passau
Prof. Dr. Wolfgang Hirsch-Weber, Mannheim
Dipl.-Volksw. Ute Hofer, Rauenberg
Prof. Dr. Heinrich Hubmann, Erlangen
Rechtsanwalt Dr. Klaus Hübner, Düsseldorf
Rechtsanwalt Dr. Robert Hufnagel, Langenzenn
Prof. Dr. Ottmar Issing, Würzburg
Richter aVG Dr. Jürgen Kohl, Mannheim
Dipl.-Kfm. Peter Kontner, Göppingen
Dipl.-Math. Dr. Ulf-Günther Korb, Mannheim
Prof. Dr. Egon Lorenz, Mannheim
Dipl.-Volksw. Dr. Norbert W. Müller, Nürnberg
Prof. Dr. Reinhard Mußgnug, Heidelberg
Prof. Dr. Hans H. Nachtkamp, Mannheim
Dipl.-Volksw. Dr. Gerhard Noe, Zweibrücken
Dr. Manfred Onnen, Mainz
Richter aFG Heinz-Jürgen Pezzer, Düsseldorf
Rechtsanwalt Prof. Dr. Albert Preu, München
Richter aVG Dr. Reinhardt Priebe, Stuttgart/Brüssel
Dipl.-Volksw. Helga Prommer, Mannheim
Prof. Dr. Hans-Georg Schachtschabel, Mannheim
Akad. Oberrat Dr. Herbert Schmidbauer, Saarbrücken
Rechtsanwalt Dipl.-Kfm. Dr. Norbert Schmitt, Lauf/Peg.
Dr. Jochen Schraven, Bonn
Dipl.-Volksw. Dr. Hans-Joachim Schulz, Stuttgart
Prof. Dr. Horst Siebert, Mannheim
Dipl.-Volksw. Gerlinde Sinn, München
Prof. Dr. Hans-Werner Sinn, München
Richter aBAG Dr. Hans-Werner Steckhan, Kassel
Bundesverfassungsrichter Prof. Dr. Helmut Steinberger, Mannheim/Karlsruhe
Prof. Dr. Günter Strassert, Karlsruhe
Rechtsanwalt Thomas Straub, Heidelberg
Dipl.-Kfm. Werner Straub, Mannheim
Patentanwalt Dr. Dieter Thoenes, München
Dipl.-Volksw. Dr. Rolf Günther Thumann, Arlington/USA
Dipl.-Volksw. Frauke Träumer, Frankfurt am Main
Dipl.-Volksw. Jochen Walter, Münster
Dipl.-Volksw. Reinhard Walther, Brüssel
Prof. Dr. Albrecht Weber, Osnabrück
Prof. Dr. Günther Wüst, Mannheim
Dipl.-Kfm. Bertold Zöller, Karlsruhe

Wie im Vorwort vermerkt, haben nicht alle der hier genannten Autoren an allen Auflagen mitgearbeitet.

Wirtschaften – Arbeitsteilung – Tausch

Wirtschaften bezieht sich auf alle Pläne und Entscheidungen (Dispositionen) über die Verwendung knapper Mittel zur Befriedigung der vielfältigen, wandelbaren, bisher nach Anzahl und Umfang stets steigerungsfähigen menschlichen Bedürfnisse. Knappheit besteht, wenn die Bedürfnisse größer als ihre Befriedigungsmöglichkeiten sind. Jede Form der Bedürfnisbefriedigung erfordert letztlich Aufwand von Produktionsmitteln (Produktionsfaktoren). Knappheit bedeutet deshalb, daß die Verwendung von Mitteln an einer Stelle den Verzicht auf Bedürfnisbefriedigung an einer anderen erfordert; so ist Boden, der landwirtschaftlich genutzt wird, nicht zugleich für Wohnzwecke verwendbar, und die Zeit, in der produziert wird, ist für Muße verloren. Welche Bedürfnisse befriedigt werden, richtet sich nach dem ↑Nutzen (S. 168), den Individuen, Gruppen oder Gesellschaften den alternativen Verwendungszwecken der Produktionsmittel beimessen. So gesehen entsprechen die „Kosten", die bei der Befriedigung eines Bedürfnisses entstehen, dem Nutzen, der entgeht, weil die aufgewendeten Produktionsmittel alternativen Verwendungszwecken entzogen sind (Alternativ- oder Opportunitätskosten). In welchem Umfang die Bedürfnisse befriedigt werden können, hängt davon ab, wie mit den Produktionsmitteln gewirtschaftet wird. Größte Wirtschaftlichkeit ist erreicht, wenn es nicht mehr möglich ist, durch Umdispositionen Produktionsmittel einzusparen, ohne wenigstens bei der Befriedigung eines Bedürfnisses zurückstecken zu müssen. Das so geforderte Abwägen von Aufwand und Ertrag (Nutzen) ist vernunftgemäß, da jedes andere Verhalten die Knappheit unnötig vergrößert, also Verschwendung bedeutet.

Die Arbeitsteilung ist eine Möglichkeit, die ↑Produktivität (S. 74) der Produktionsmittel zu erhöhen und damit ihre Knappheit zu verringern. Arbeitsteilung ist zweckmäßig, weil die Menschen unterschiedliche Fähigkeiten haben oder erwerben können; ähnlich sind die verschiedenen Regionen je nach Lage und Ausstattung mit Produktionsmitteln (↑Standort S. 58) zur Produktion der verschiedenen Güter, die der Bedürfnisbefriedigung dienen, unterschiedlich geeignet. Deshalb wirkt eine Spezialisierung nach der Eignung leistungssteigernd, verglichen mit einem Wirtschaften, bei dem jeder versuchen würde, sich selbst zu versorgen (autark zu sein). Durch intensive Nutzung besonderer Fähigkeiten können sich diese noch weiter leistungssteigernd ausprägen; allerdings bedeutet Spezialisierung auch größere Einseitigkeit. So kann z. B. Spezialisierung Vorteile der Massenproduktion erschließen. Gemeint ist die Möglichkeit, Produktionsvorgänge in leicht wiederholbare Handgriffe zu zerlegen, die keine besondere Eignung verlangen. Die Fließbandfertigung (↑Fertigungsverfahren S. 72) ist ein Beispiel für diese Arbeitszerlegung; daß sie wegen ihrer Monotonie und der Trennung des individuellen Handgriffs vom Endprodukt auch leistungshemmend wirken kann, wird inzwischen erkannt.

Die Vorteile einer Arbeitsteilung zwischen Menschen, Betrieben, Regionen und Nationen können nur mit größerer gegenseitiger Abhängigkeit erkauft werden. In einer modernen Wirtschaft produziert der einzelne höchstens noch einen verschwindenden Bruchteil der Güter, die er selbst nachfragt. Ebenso sind größere Wirtschaftseinheiten wie Unternehmen, Regionen und Nationen Teile eines Netzes von Lieferverflechtungen. Das Netz ist zwar besonders leistungsfähig, aber auch sehr störanfällig. Denn es funktioniert nur, wenn der dann erforderliche Tausch von Leistungen möglichst reibungslos abläuft. Das erfordert neben einem Tauschmittel, wie dem Geld (↑ Geldfunktionen S. 44), auch eine ↑ Koordination von Wirtschaftsplänen (S. 16).

P. A. Samuelson: Volkswirtsch. Bd. 1. 7. Aufl. Köln 1981. – M. E. Streit: Theorie der Wirtschaftspolitik. 3. Aufl. Düsseldorf 1983.

Beziehungen zwischen Wirtschaften, Arbeitsteilung und Tausch

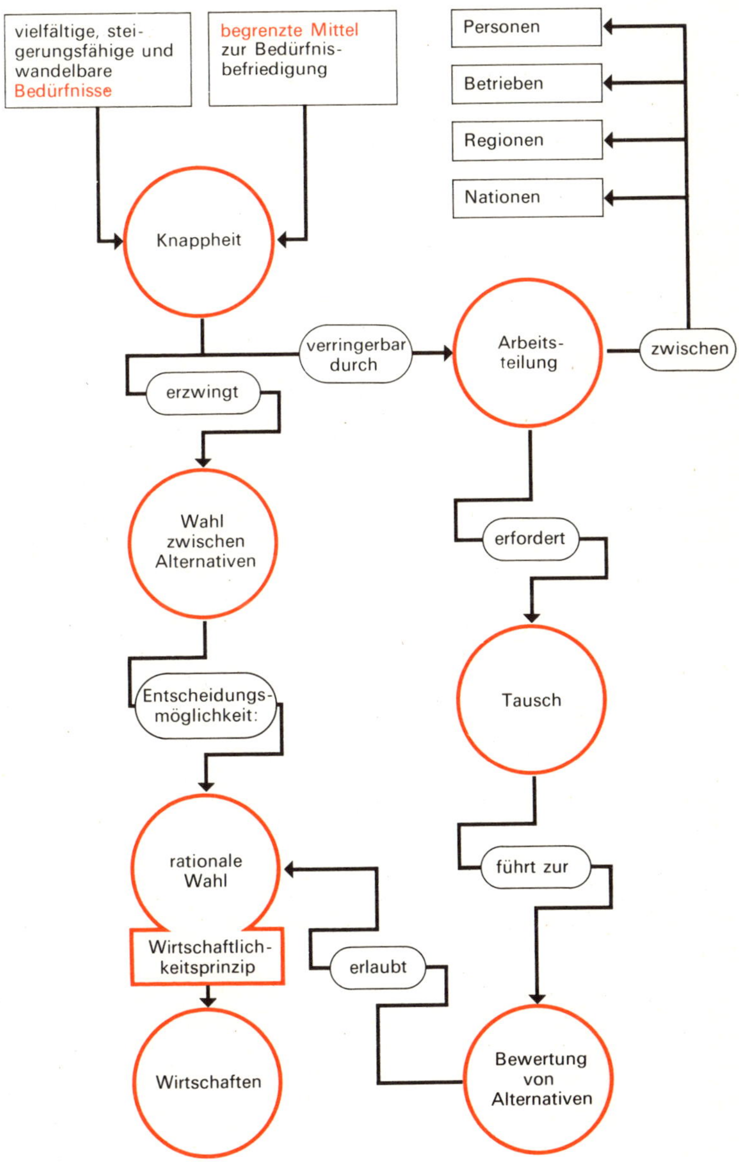

Wirtschaftliche Grundfragen

Wirtschaften (S. 12) verlangt ständig Antworten auf eine Reihe von für alle Gesellschaften gleiche Grundfragen, die zudem miteinander verknüpft sind. Zentrale Fragen sind: was und jeweils wieviel? was von wem? wie? wo? wann? sowie nicht zuletzt für wen?

Die Frage nach dem „was und jeweils wieviel" zielt auf die ↑Wirtschaftsstruktur (S. 50). Solange keine Produktionsmittel ungenutzt oder unwirtschaftlich verwendet werden, also jede Art von Verschwendung vermieden wird, erzwingt die Knappheit an Produktionsmitteln von der Gesellschaft eine Wahl zwischen alternativen Verwendungsmöglichkeiten.

Mit der Frage „Was von wem" ist die Entscheidung über Art und Umfang der ↑Arbeitsteilung (S. 12) angesprochen. Sie betrifft z. B. die berufliche Spezialisierung ebenso wie die Wahrnehmung regionaler Produktionsvorteile.

„Wie" produziert werden soll, ist die Frage nach der wirtschaftlichen Produktionstechnik. Die Technik läßt i. d. R. mehrere Verfahren zu, in denen Produktionsmittel zur Herstellung eines Produktes kombiniert werden können. Wirtschaftlichkeit verlangt jedoch, das Verfahren und – wenn verschiedene Mittelkombinationen möglich sind – die Kombination zu suchen, die für eine gegebene Produktionsmenge den geringsten Aufwand erfordert. Eine wirtschaftliche Produktionstechnik muß nicht die technisch beste sein und umgekehrt; denn welche Technik wirtschaftlich ist, entscheiden die Produktionskosten, also letztlich die durch ihre alternativen Verwendungsmöglichkeiten bewerteten Produktionsmittel.

Das „wo" zielt auf den ↑Standort (S. 58). Produktion, Absatz, Verbrauch und Informationsaustausch erfordern Transportleistungen. Raumüberwindung ist also wiederum nur mit Hilfe von Produktionsmitteln möglich. Was aber hierfür verbraucht wird, ist nicht mehr für andere Zwecke verfügbar und schränkt die gesellschaftlichen Möglichkeiten der Bedürfnisbefriedigung ein. Somit ist auch die Standortwahl ein Problem des Wirtschaftens.

„Wann" produziert und verbraucht werden soll, betrifft die Entscheidungen über ↑Investieren (S. 196) und ↑Sparen (S. 204). Mit Hilfe von Investitionen ist es möglich, den Bestand an produzierten Produktionsmitteln (z. B. Maschinen, Gebäude) zu vergrößern. Werden jedoch alle Produktionsmöglichkeiten voll genutzt, dann muß dem Mehr an Investitionsgütern ein Weniger an Gütern zur unmittelbaren Bedürfnisbefriedigung entsprechen; in der Gegenwart wird gespart. Mit der Vermehrung der produzierten Produktionsmittel verbessern sich zugleich die Versorgungsmöglichkeiten in der Zukunft. Wirtschaften heißt hier entscheiden, welche Verbesserung der zukünftigen Versorgung von einer Investition erwartet werden muß, damit sie den Verzicht auf Bedürfnisbefriedigung in der Gegenwart rechtfertigt.

Das „für wen" betrifft die Verteilung des arbeitsteilig Erwirtschafteten auf die einzelnen Mitglieder der Gesellschaft. Es geht um die ↑Einkommensverteilung (S. 460) und letztlich auch um die ↑Vermögensverteilung (S. 462). Zu entscheiden ist, wie sich die individuellen Leistungsergebnisse eintauschen lassen, aber auch, ob und wie z. B. diejenigen an dem Erwirtschafteten teilhaben sollen, die entweder aus dem Produktionsprozeß bereits ausgeschieden oder noch nicht in ihm tätig sind (↑Transfereinkommen S. 128). Gerechtigkeit als Kriterium läßt viele Antworten zu, die allerdings unterschiedliche wirtschaftliche Folgen haben können.

Die Antworten auf die Einzelfragen bedingen sich gegenseitig. So kann über die Einkommensverteilung nicht entschieden werden, ohne ihre Konsequenzen für die heimische Wirtschaftsstruktur, den Außenhandel und die Ersparnisbildung zu berücksichtigen.

P. A. Samuelson: Volkswirtsch. Bd. 1. 7. Aufl. Köln 1981. – M. E. Streit: Theorie der Wirtschaftspolitik. 3. Aufl. Düsseldorf 1983.

Wirtschaftliche Grundfragen

1. Was und jeweils wieviel davon?
Entscheidung über die Wirtschaftsstruktur

2. Was von wem?
Art und Umfang der Arbeitsteilung
zwischen: Personen
Regionen
Nationen

3. Wie?
Wahl der Produktionstechnik

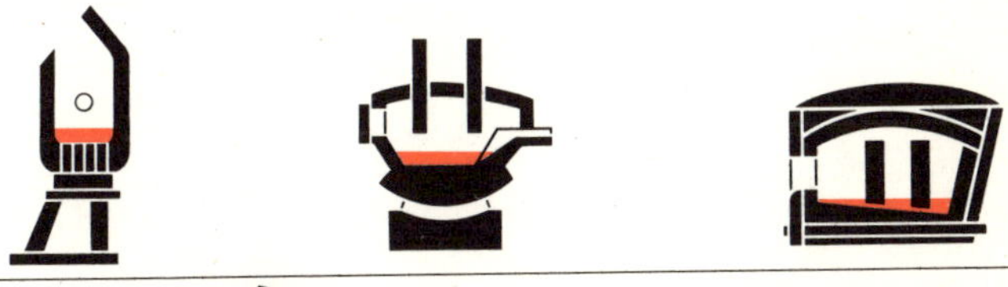

4. Wo?
Standortwahl Bedeutende Industriemittelpunkte

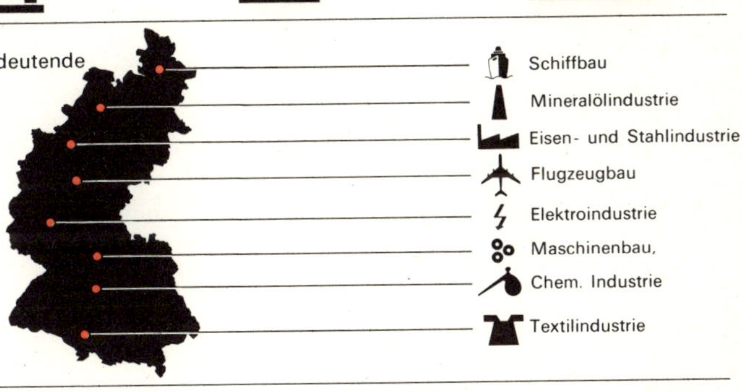

5. Wann?
Sparen und investieren

6. Für wen?
Verteilung des arbeitsteilig Erwirtschafteten

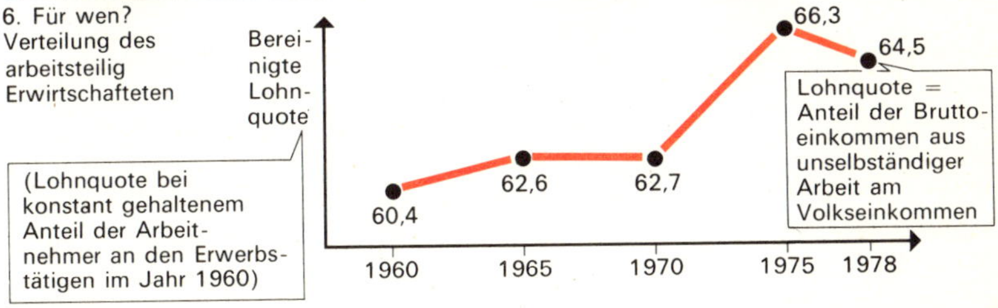

Wirtschaftsplanung – Koordination von Wirtschaftsplänen

Wirtschaften setzt überlegte Entscheidungen voraus. Diese Dispositionen sind ein Vorgriff auf zukünftiges Handeln; es sind Wirtschaftspläne. Da sie zukunftsorientiert sind, müssen sie auch Vorstellungen über zukünftige, für die Disposition bedeutsame Ereignisse enthalten; wegen der Ungewißheit können diese Vorstellungen nur Erwartungen sein. Wirtschaftspläne beruhen also auf Tatsachen und Erwartungen. So enthält eine ↑Investitionsrechnung (S. 200) nicht nur Tatsachen über den Aufwand an Produktionsmitteln, der zum Planungszeitraum entstünde, sondern auch Erwartungen über die Entwicklung von Aufwand und Ertrag. Das Ergebnis des Wirtschaftens, hier das tatsächlich erzielte Verhältnis zwischen Aufwand und Ertrag, muß nicht den Erwartungen entsprechen. Überraschungen sind möglich, wenn nicht alle für eine einwandfreie Entscheidung nötigen Tatsachen berücksichtigt wurden oder die Erwartungen sich als falsch erweisen. Tatsachen können unberücksichtigt bleiben, weil ihre Bedeutung nicht erkannt wird; zum Beispiel könnte die Bedeutung einer technischen Neuerung für die Wirtschaftlichkeit des Produktionsprozesses übersehen worden sein. Tatsachen können aber auch einfach unbekannt sein. So mag sich eine Investition an einem Standort als falsch erweisen, weil zugleich entschieden wurde, die Bahnstrecke stillzulegen, die diesen Standort an das Schienennetz anschloß; es fehlte an der Abstimmung der beiden Wirtschaftspläne.

Die Beantwortung der ↑wirtschaftlichen Grundfragen (S. 14) verlangt eine Unzahl von Wirtschaftsplänen. Da die Pläne wegen der ↑Arbeitsteilung (S. 12) alle miteinander verknüpft sind, ist ihre Abstimmung (Koordination) nötig, wenn Verschwendung vermieden werden soll. Wie koordiniert wird, ist nicht unabhängig davon, wie eine Gesellschaft zwei weitere Fragen entscheidet und damit letztlich ihre ↑Wirtschaftsordnung (S. 18) festlegt. Die Fragen lauten: 1) Wem soll die Vollmacht zur Beantwortung der verschiedenen Grundfragen im einzelnen übertragen werden? 2) An welchen Wertungen oder Normen soll sich die Ausübung der Vollmacht z. B. bei der Einkommensverteilung orientieren?

Die Vollmacht zur Beantwortung der Grundfragen ist teilbar; die Möglichkeiten reichen von vollständiger Zentralisation bis zu vollständiger Dezentralisation. So können die Entscheidungen über die Produktion von Individuen (z. B. Managern), Gruppen (z. B. Arbeiterräten) oder einem zentralen Planbüro gefällt werden. Die Beantwortung der Verteilungsfrage kann dem Geschick des einzelnen überlassen bleiben, mit dem er seine Arbeitsleistung zu tauschen vermag; sie ist aber auch im anderen Extremfall einer Zentralstelle übertragbar.

Hinsichtlich der Koordination von Wirtschaftsplänen eröffnen die verschiedenen Ordnungsformen unterschiedliche Möglichkeiten und Notwendigkeiten. Je mehr die Entscheidungen zentralisiert sind, um so mehr ist es nötig, die Wirtschaftspläne im vorhinein (ex ante) aufeinander abzustimmen (Ex-ante-Koordination); allerdings schließen Kosten und Zeit der Informationsbeschaffung sowie Ungewißheit eine abschließende Ex-ante-Koordination aus. Je mehr die Entscheidungskompetenz dezentralisiert ist, um so eher wird erst im nachhinein koordiniert (Ex-post-Koordination). Ob die Wirtschaftspläne zueinander passen, stellt sich dabei erst dann heraus, wenn versucht wird, sie durchzuführen. Als Plansammelstelle kann der ↑Markt (S. 164) dienen mit dem Marktpreis als Koordinationsinstrument. Der Preis ändert sich, wenn die Wirtschaftspläne von Nachfragern und Anbietern insgesamt nicht übereinstimmen. Mit einer Preisänderung werden Planrevisionen ausgelöst und auf diese Weise die Koordination – wenn auch nicht kostenlos – im nachhinein herbeigeführt.

A. Stobbe: Gesamtwirtsch. Theorie. Berlin u. a. 1975. – M. E. Streit: Theorie der Wirtschaftspolitik. 3. Aufl. Düsseld. 1983.

Wirtschaftsplanung in der Zentralverwaltungswirtschaft. Auszug aus der angestrebten Planungsorganisation der UdSSR Mitte der 1960er Jahre

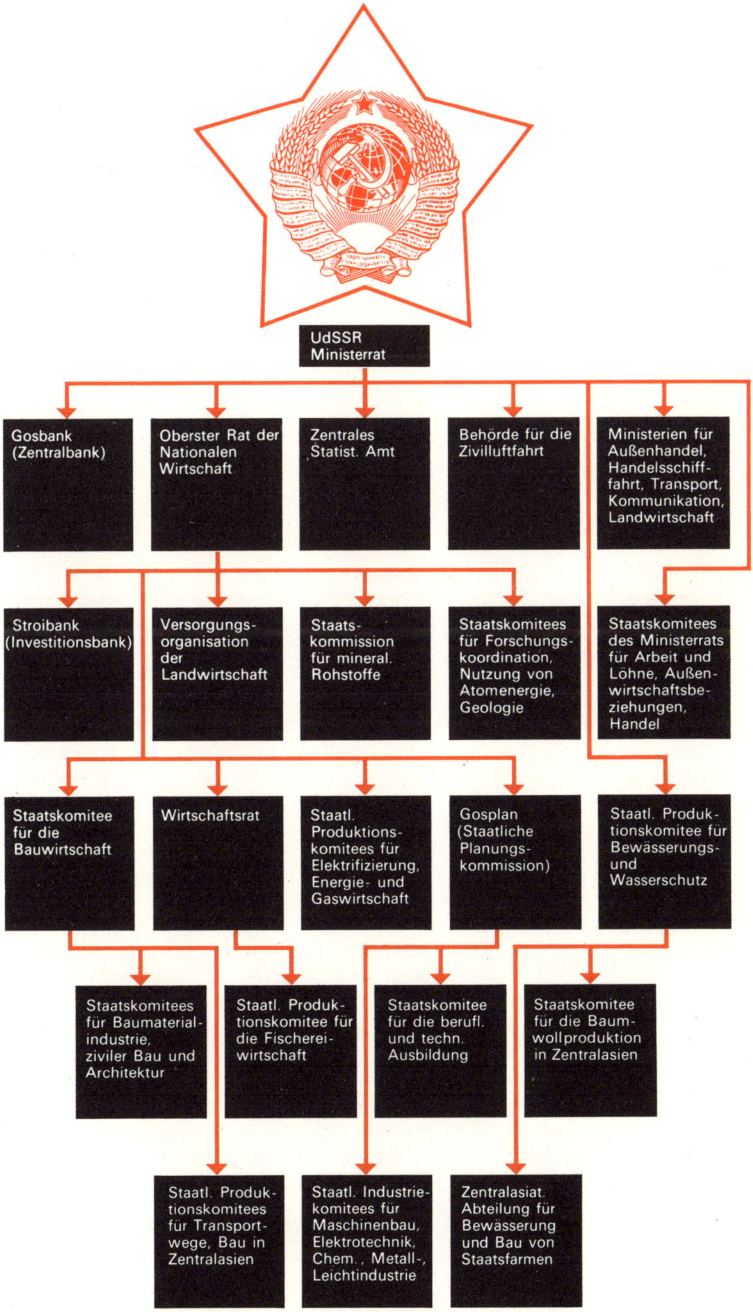

Wirtschaftsordnungen

Die Wirtschaftsordnung gibt an, wie in einer Gesellschaft die Antworten auf die ↑ wirtschaftlichen Grundfragen (S. 14) geplant und koordiniert werden. Mit der Wirtschaftsordnung wird festgelegt, wer Pläne aufstellt (Staat, Unternehmen, Haushalte), für welche wirtschaftlichen Bereiche die Planträger zuständig sind (Produktion, Investition, Konsum) und wie die Pläne koordiniert werden.

In einer reinen Marktwirtschaft stellen nur Haushalte und Unternehmen Pläne auf, und zwar die Haushalte über ihren Konsum, die Unternehmen über Produktion und Investition. Die ↑ Koordination von Wirtschaftsplänen (S. 16) erfolgt über Märkte durch den Preismechanismus (↑ Preisfunktionen S. 176). Der Staat greift nicht in die Wirtschaft ein (wirtschaftspolitische Abstinenz oder „Laissez-faire"). Dagegen stellt in einer reinen zentralen Planwirtschaft (Zentralverwaltungswirtschaft) als dem anderen denkbaren Extrem nur die staatliche Planungsbehörde Pläne auf, und zwar plant sie sowohl den Konsum der einzelnen Staatsbürger als auch die Produktion aller Güter und die hierzu erforderlichen Investitionen. Die Produktions- und Konsumpläne werden so lange geändert, bis Angebot und Nachfrage bei allen Produkten durch den zentralen Plan ausgeglichen sind. Preise haben keine Lenkungsfunktion, sondern dienen nur der wertmäßigen Festlegung von Produktionsvorschriften, soweit keine Mengensolls vorgegeben werden.

Eine reine Marktwirtschaft funktioniert nicht reibungslos. Dies äußert sich z. B. in der ↑ Konjunktur (S. 488) mit ihren unerwünschten Begleiterscheinungen ebenso wie in Problemen des ↑ Wirtschaftswachstums und Strukturwandels (S. 536). Ferner läßt vor allem die ↑ Einkommensverteilung (S. 460) gesellschaftlichen Bedarf an staatlicher ↑ Wirtschaftspolitik in der Marktwirtschaft (S. 366) entstehen. Der Umfang staatlicher Eingriffe in das Marktgeschehen ist nach Art und Umfang von Land zu Land verschieden. So stellt die ↑ Globalsteuerung (S. 522) einen Versuch dar, die ↑ Ziele der Konjunkturpolitik (S. 508) ohne Eingriffe in Einzelmärkte zu erreichen. Mit der sektoralen ↑ Investitionslenkung (S. 550) im Rahmen der französischen Planifikation erhofft man sich bessere Ergebnisse als durch ↑ marktwirtschaftliche Investitionsabstimmung (S. 254).

In einer reinen zentralen Planwirtschaft teilt der Staat nicht nur alle Güter durch totale Rationierung zu, sondern verbietet auch den Austausch der zugeteilten Güter; so war in der zentralen Planwirtschaft Deutschlands im Zweiten Weltkrieg der Tausch von Wohnungen nur mit Zustimmung der Wohnungsämter gestattet. Meistens ist jedoch in zentralen Planwirtschaften der Austausch der zugeteilten Konsumgüter frei. Die Mitglieder des ↑ COMECON (S. 584) haben gegenwärtig i. d. R. eine zentrale Planwirtschaft, in der die Konsumgüter zum großen Teil nicht mehr zugeteilt werden, sondern am Markt frei käuflich sind. Hier hat der Preis die Aufgabe, Konsumgüterangebot und -nachfrage zum Ausgleich zu bringen, so daß also (mit Ausnahmen) freie Konsumwahl im Hinblick auf das Angebotene, aber keine ↑ Verbraucherorientierung (S. 34) besteht. Da der Preis nicht frei ist, sondern vom Staat festgelegt wird, kommt es vielfach zu Mangelsituationen oder Überschüssen. Wirtschaftsreformen zielen allerdings in diesen Ländern teilweise darauf ab, die Preise für Konsumgüter freizugeben und den Betrieben in der Konsumgüterindustrie die Möglichkeit einzuräumen, ihre Produktion nicht an einem staatlichen Plan, sondern am Markt zu orientieren (Ungarn). Produktion und Investition in der Investitionsgüterindustrie werden jedoch weiterhin zentral geplant.

Von der Wirtschaftsordnung muß die ↑ Eigentumsordnung (S. 42) unterschieden werden. Im Kapitalismus herrscht Privateigentum an Produktionsmitteln vor, während im Sozialismus, mit wenigen Ausnahmen (kleine Handwerks- und Einzelhandelsbetriebe), nur der Staat Eigentümer von Produktionsmitteln ist.

K. P. Hensel: Grundformen der Wirtschaftsordnung. 3. Aufl. München 1978. – M. E. Streit: Theorie der Wirtschaftspolitik. 3. Aufl. Düsseldorf 1983.

Unterscheidungskriterien von Wirtschaftsordnungen

Planungsträger	Planungsbereich	Koordination der Pläne
Wer plant: Haushalte? Unternehmen? Staat?	Wer plant was: Konsum? / Produktion? / Investition? } in Betrieb, Branche, Volkswirtschaft	Wie werden die Pläne koordiniert: Markt? zentraler Plan?

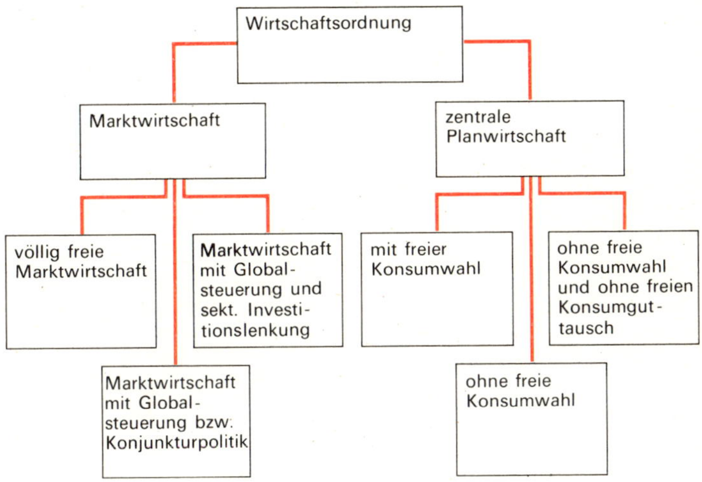

Kombinationen von Wirtschafts- und Eigentumsordnungen

Eigentumsordnung / Wirtschaftsordnung	Kapitalismus	Sozialismus
Marktwirtschaft mit Globalsteuerung bzw. Konjunkturpolitik	Die meisten westlichen Industrieländer (z. B. BRD)	—
Marktwirtschaft mit Globalsteuerung und sektoraler Investitionslenkung	Frankreich, viele Entwicklungsländer	Jugoslawien
Zentrale Planwirtschaft mit freier Konsumwahl	—	Die meisten Mitglieder des COMECON
Zentrale Planwirtschaft ohne freie Konsumwahl	Kriegswirtschaften (z. B. Deutsches Reich 1939–1948)	Kriegswirtschaften, Frühzeit der Sowjetunion

Epochen staatlicher Wirtschaftsordnung

Je nach dem Ausmaß, in dem die Wirtschaft vom Staat beherrscht oder staatlichen Interventionen ausgesetzt wurde, kann man in der Wirtschaftsgeschichte verschiedene Epochen staatlicher Wirtschaftsordnung unterscheiden. In Deutschland wurde die Lenkung der Wirtschaft erst nach dem Ende des 30jährigen Krieges (1648) in die staatlichen Aufgaben einbezogen. Da das alte Deutsche Reich (bis 1806) auch insofern keine eigene Staatlichkeit zu entwickeln vermochte, blieb die staatliche Wirtschaftsordnung den Landesfürsten und Reichsstädten vorbehalten und führte daher zu einer Zersplitterung in Territorialwirtschaften. Diese gerieten im 17. Jahrhundert unter die Herrschaft von Staatsraison und Politik. Die Erträge der Wirtschaft dienten der staatlichen Machtpolitik. Daher wurde sie mit allen Mitteln gefördert. Als oberste Ziele galten Autarkie und eine aktive Handelsbilanz (↑Zahlungsbilanz S. 336). Von der Hauptrichtung der staatlichen Interventionen auf eine Steigerung des Handels (mercatium) stammt die Bezeichnung „Merkantilismus", die dem System den Namen gab. In Deutschland war es das Hauptmotiv der staatlichen Maßnahmen, mit Hilfe einer prosperierenden Wirtschaft die fürstliche Staatskasse (camera) zu füllen. Daher wird die deutsche Ausprägung des Merkantilismus als Kameralistik bezeichnet. Sie ist geprägt durch eine staatliche Bevormundung der Wirtschaft in Form von Konzessionen und Privilegien, durch ein neues System von Steuern und Zöllen sowie durch eine umfangreiche eigene Erwerbswirtschaft des Staates selbst in staatlichen Unternehmen und Domänenverwaltungen. Die vielen staatlichen Förderungsmaßnahmen verliehen der Kameralwirtschaft in Deutschland starke wohlfahrtsstaatliche Züge.

Ideen einer freien Wirtschaftsordnung wurden in Deutschland erst nach der Befreiung von der napoleonischen Herrschaft ab 1815 wirksam. Der ökonomische Liberalismus forderte vom Staat den Verzicht auf alle wirtschaftspolitischen Eingriffe. Dies wurde durch die rationalistisch-metaphysische Vorstellung begründet, daß die in den damaligen Naturwissenschaften angenommene Harmonie des Kosmos sich auch in einer ihrer Eigengesetzlichkeit überlassenen Gesellschaft einstelle. Als ökonomische Modelltheorie entstand daraus die Forderung nach einem staatsfreien, völlig ungehinderten Wettbewerb in einer freien Marktwirtschaft (↑Wirtschaftsordnungen S. 18). Mit der Gründung des Deutschen Zollvereins im Jahre 1833 wurde die Grundlage dafür geschaffen, daß Deutschland, allerdings unter Ausschluß Österreichs, ein einheitliches Wirtschaftsgebiet wurde.

Als Idee blieb der ökonomische Liberalismus für die staatliche Wirtschaftsordnung bis in die Zeit nach dem Zweiten Weltkrieg bestimmend. In der Wirklichkeit war allerdings eine von staatlichen Interventionen völlig freie Wirtschafts- und Sozialordnung kaum jemals möglich. So kann man die Epoche staatlicher Wirtschaftsordnung von 1871 bis zum Ausbruch des Ersten Weltkriegs im Hinblick auf die Schutzzollpolitik des Reichs, ein Wiederaufleben staatseigener Erwerbswirtschaft und die Errichtung von Staatsmonopolen (z. B. der staatlichen Postverwaltung) sowie die Sozialgesetzgebung (Sozialversicherung) als Neomerkantilismus bezeichnen. Während des Ersten Weltkriegs und unter der nationalsozialistischen Herrschaft brachten rüstungs- und kriegswirtschaftliche Erfordernisse Wirtschaftsordnungen zur Entstehung, die durch staatliche Lenkung und durch ein System indirekten staatlichen Befehls gekennzeichnet waren.

Die für die BRD bestimmend gewordene ↑soziale Marktwirtschaft (S. 32) wird zunehmend durch staatliche Interventionen im Bereich der Wirtschaft verändert. Diese machen das Bild des heutigen Staates der Industriegesellschaft aus, der sich zur Verantwortung für die Wirtschaft bekennt (↑Globalsteuerung S. 522) und die Folgeprobleme des ökonomisch-technischen Wachstums für die Umwelt zu lösen sucht (↑Ziele der Umweltschutzpolitik S. 614).

P.-H. Seraphim: Dt. Wirtschafts- u. Sozialgeschichte. 2. Aufl. Wiesb. 1966. - H. Aubin/W. Zorn (Hrsg.): Hdb. der deutschen Wirtschafts- und Sozialgeschichte. Band 2. Stuttgart 1976.

Die rechtliche Durchsetzung der Wirtschaftsfreiheit im 19. Jahrhundert (bis zur Reichsverfassung von 1870/71)

Wirtschaftliche Freiheiten		Einheit des Wirtschaftsgebiets	
Gewerbefreiheit	Freizügigkeit/Niederlassungsfreiheit	Einheitl. Zoll- und Handelsgebiet	Freiheit der Binnenschiffahrt
Preuß. Edikte und Gesetze von 1806 bis 1845 (Preuß. Gewerbeordnung)	Freiheit des Wegzugs und Freiheit von der Nachsteuer (Dt. Bundesakte 1815)	Beratungsrecht des Dt. Bundes in Fragen eines dt. Zoll- und Handelssystems (Bundesakte 1815)	
	Freizügigkeitsverträge dt. Staaten	Preuß. Zollgesetz von 1818	
Freiheit der Berufswahl in Württemberg (1819) und Hessen (1820)			
			Elbschiffahrtsakte 1821, Weserschiffahrtsakte 1823
		Zollvereine, Zollbünde und Zollverträge dt. Staaten (1828–1831)	Rheinschiffahrtsakte 1831
		Deutscher Zollverein (1. 1. 1834); letzte Beitritte 1888 (Bremen, Hamburg)	Gesetzgebungs- und Aufsichtsbefugnisse des Reiches über Wasserstraßen
		Verfassung des Norddt. Bundes 1867 (einheitl. Zoll- und Handelsgebiet)	
	Freizügigkeitsgesetz des Norddt. Bundes 1867 (wirtschaftl. Niederlassungsfreiheit)	Neuer Zollverein 1867 (Zoll-Bundesstaat)	
Gewerbeordnung des Norddeutschen Bundes 1869	Übernahme des Freizügigkeitsgesetzes als Reichsgesetz (1871)	Reichsgebiet als einheitliches Zoll- und Handelsgebiet (Art. 33, Abs.1 Reichsverf. für Bremen und Hamburg ab 1888)	
Ausdehnung der Gewerbeordnung auf das ganze Reichsgebiet (1871 – 1873)			

Kapitalistische Wirtschaftsordnung

Aus historischer Sicht ist der Kapitalismus eine noch andauernde Epoche wirtschaftlicher Entwicklung, die Anfang des 19. Jahrhunderts begann. Die damals einsetzende Industrialisierung und das mit ihr verbundene ↑wirtschaftliche Wachstum (S. 528) waren nur möglich durch eine verstärkte Anhäufung (Akkumulation) von ↑Kapital (S. 54).

Aus wirtschaftlicher Sicht ist der Kapitalismus ein Unterscheidungsmerkmal für mögliche ↑Wirtschaftsordnungen (S. 18). In jedem Fall beinhaltet er Privateigentum an Produktionsmitteln. Grundformen des Kapitalismus lassen sich vor allem danach unterscheiden, ob die Eigentümer von Produktionsmitteln über deren Verwendung frei entscheiden können und wie die Entscheidungen als Beitrag zur Beantwortung der ↑wirtschaftlichen Grundfragen (S. 14) koordiniert werden. Wird die private Verfügungsgewalt durch staatlichen Zwang ersetzt, so besteht ein Staatskapitalismus, dem das nationalsozialistische Wirtschaftssystem zumindest nahe kam. Verbleibt die Dispositionsfreiheit bei den privaten Eigentümern und wird die Ausübung dieser Freiheit durch ↑Wettbewerb (S. 406) marktwirtschaftlich kontrolliert und koordiniert, so liegt im Extremfall Konkurrenzkapitalismus vor. Je mehr der Wettbewerb ausgeschlossen wird und die Koordination dem Gutdünken von Monopolisten (↑ Monopol S. 194) überlassen bleibt, um so näher kommt ein System der Extremform des Monopolkapitalismus.

Der Extremfall des Konkurrenzkapitalismus zeichnet sich durch besonders hohe Funktionsfähigkeit i. S. v. wirtschaftlicher Organisation von Produktion und Verbrauch aus. Ausschlaggebend für die Produktionsentscheidungen sind dabei die Dispositionen der Konsumenten. Wendet sich deren Nachfrage z. B. vermehrt einem Gut zu, so erhöht sich dessen Knappheit; eine Preiserhöhung wird ausgelöst, die eine Gewinnchance signalisiert, deren Ausnützung durch gewinnsuchende Unternehmer zu einem Mehrangebot dieses Gutes und somit zu einer besseren Versorgung der Verbraucher führt. Die Produktionsausweitung verlangt zusätzliche Produktionsfaktoren. Die günstigen Erlöse erlauben es, durch Preisüberbietung (z. B. höhere Löhne) Produktionsfaktoren aus weniger begünstigten Branchen anzulocken. Zugleich wird über die ↑Preisbildung (S. 174) auf den Märkten für Produktionsfaktoren über deren Entlohnung entschieden. Ob die damit verbundene Aufteilung des Einkommens nach dem Eigentum an Produktionsmitteln als gerecht beurteilt wird, bleibt jedoch offen.

Die Funktionsfähigkeit des Konkurrenzkapitalismus bei der Lösung des Knappheitsproblems im Zeitablauf hängt primär davon ab, wie stark Möglichkeiten ↑technischen Fortschritts (S. 530) genutzt werden. Da der Gewinn auch vom Kostenaufwand abhängt, bedeutet jede Kostensenkung durch technische Neuerung eine Gewinnchance. Die damit verbundene Gefahr einer Verdrängung kostenungünstiger produzierender Konkurrenten zwingt auch diese zur Suche nach kostensenkenden Produktionsverfahren. Dieser Wettbewerbsfunktion kommt wohl die größte Bedeutung für die kapitalistische Entwicklung zu.

Die Schwächen dieser Wirtschaftsordnung liegen einmal darin, daß sich der Wettbewerb nicht von selbst erhält. Tatsächlich ist eine ↑Konzentration wirtschaftlicher Macht (S. 410) beobachtbar mit allen negativen Folgen für die Freiheit des einzelnen. Ferner gilt die aus den Marktprozessen und den Eigentumsverhältnissen entstehende Einkommensverteilung i. d. R. als korrekturbedürftig. Schließlich ist die Konjunkturanfälligkeit des Systems nicht zu leugnen (↑Konjunktur S. 488). Diese und andere, teilweise auch umstrittene Schwächen sind vor allem Gegenstand ↑marxistischer Kapitalismuskritik (S. 24). Soll der berechtigten Kritik zwar möglichst entsprochen, aber die Wirtschaftsordnung grundsätzlich beibehalten werden, ist ↑Wirtschaftspolitik in der Marktwirtschaft (S. 366) unumgänglich.

K. P. Hensel: Grundformen der Wirtschaftsordnung. 3. Aufl. München 1978. – J. A. Schumpeter: Kapitalismus, Sozialismus u. Demokratie. 3. Aufl. München 1975.

Kapitalistische Wirtschaftsordnung

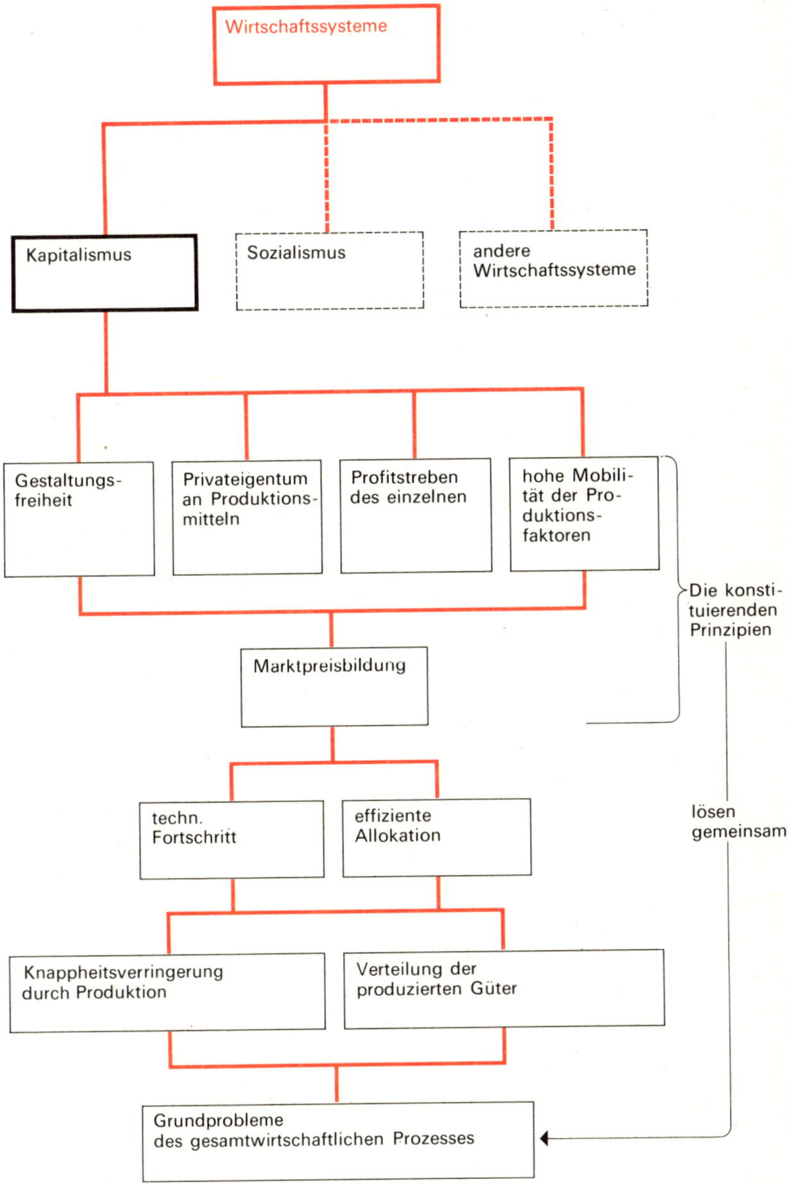

Marxistische Kapitalismuskritik

Die hier zusammengefaßte Kritik (↑Vergleich und Kritik von Wirtschaftsordnungen S. 28) ist zum einen durch ethische Vorwürfe und zum anderen durch Zweifel an der Funktionsfähigkeit der kapitalistischen Wirtschaftsordnung gekennzeichnet.

Vom ethischen Standpunkt wird darauf hingewiesen, daß der Fremdbesitz an Produktionsmitteln den Arbeiter vom Produkt seiner Arbeit „entäußere". Der Fremdbesitz und die mit ihm verbundene Fremdbestimmung der Arbeit verletze so das menschliche Grundbedürfnis nach schöpferischer und eigenverantwortlicher Tätigkeit. Zudem bewirke der Fremdbesitz, daß dem Arbeiter ein im Zeitablauf wachsender Anteil seiner Produktion (der „Mehrwert") vorenthalten werde. Dem Arbeiter werde nämlich nur das (kulturelle) Existenzminimum gesichert, so daß der darüberhinaus erwirtschaftete Ertrag ebenso wie dessen Zunahme durch steigende ↑Produktivität (S. 74) den Kapitalisten zufalle. Krasser noch als die Ungleichheit der laufenden Einkommen müsse auf Dauer die Ungleichheit der Vermögen sein, und zwar selbst dann, wenn den Arbeitern ein fester Anteil am Produktivitätsfortschritt zugestanden würde. Da nämlich das Pro-Kopf-Einkommen der Arbeiter kleiner als das der Kapitalisten sei und aus niedrigen Einkommen prozentual weniger als aus großen gespart und damit Vermögen gebildet werden könne, vermehrten sich kleine Vermögen nicht nur absolut, sondern auch relativ langsamer als große.

Wichtiger als diese Kritik ist aus marxistischer Sicht aber das Problem der Funktionsfähigkeit des kapitalistischen Systems. Denn wäre dessen Zusammenbruch ohnehin zu erwarten, dann sei es im Sinne der materialistischen Geschichtsauffassung legitim, die „Geburtswehen des Sozialismus" durch eine Revolution zu verkürzen. Ein Zusammenbruch sei z. B. zu erwarten, weil das Mechanisierungsstreben der Kapitalisten eine laufend anwachsende Anzahl von Arbeitslosen („industrielle Reservearmee") produziere. Auch müsse eine säkulare Tendenz zur Verringerung der Kapitalerträge („Fall der Profitrate") irgendwann die für das Gesamtsystem lebenswichtige Investitionsneigung der Unternehmer erlahmen lassen. Behauptet wird schließlich eine fundamentale konjunkturelle Instabilität (↑Konjunktur S. 488). Es gebe nämlich dem kapitalistischen System innewohnende Kräfte, die selbst kleine Abweichungen zwischen gesamtwirtschaftlichem Angebot und gesamtwirtschaftlicher Nachfrage verstärkten (↑Nachfrageschwankungen – Verstärkungswirkungen S.490). Darüber hinaus neige die kapitalistische Wirtschaft auf Dauer zu einer mangelnden Auslastung der vorhandenen Kapazitäten („Überproduktions-" oder „Unterkonsumtionskrise"), was die im konjunkturellen Wechsel auftretenden Krisen mit der Zeit verschärfen müsse. Zwar sei es den Kapitalisten bislang durch imperialistische Ausweitung der Weltabsatzmärkte gelungen, für Nachfrage nach ihrer ständig steigenden Produktion zu sorgen. Doch wenn irgendwann die ganze Welt beherrscht sei, dann könne die Krise nicht mehr verschleiert bleiben und ein Zusammenbruch sei unvermeidlich. Ein in neuerer Zeit vorgetragenes Argument will zwar keinen Zusammenbruch des Systems, wohl aber dessen mangelnde Fähigkeit nachweisen, die in einer Volkswirtschaft vorhandenen Ressourcen effizient zu verwenden. Bekanntlich werde eine effiziente Verwendung durch eine Konkurrenzwirtschaft sichergestellt. Doch kapitalistisch könne eine Konkurrenzwirtschaft nicht organisiert sein; denn in diesem Fall werde schon wegen der laufenden Verschärfung der Vermögenskonzentration die Produktion zunehmend durch ↑Monopole (S. 194) erfolgen. Wohl sei es aber in einer ↑sozialistischen Wirtschaftsordnung (S. 26) möglich, eine dauerhafte „Als-ob-Konkurrenz" einzurichten. In einem solchen Konkurrenzsozialismus könnten den einzelnen (in kollektivem Besitz befindlichen) Unternehmen durch die Planbehörde Entscheidungsdaten vorgegeben werden, die gerade solche Produktionspläne anregen, wie sie auch unter Konkurrenz realisiert würden.

H.-R. Peters: Polit. Ökonomie des Marxismus – Anspruch und Wirklichkeit. Gött. 1980.

Marxistische Vorstellungen einer historisch-materialistischen Gesellschaftsentwicklung

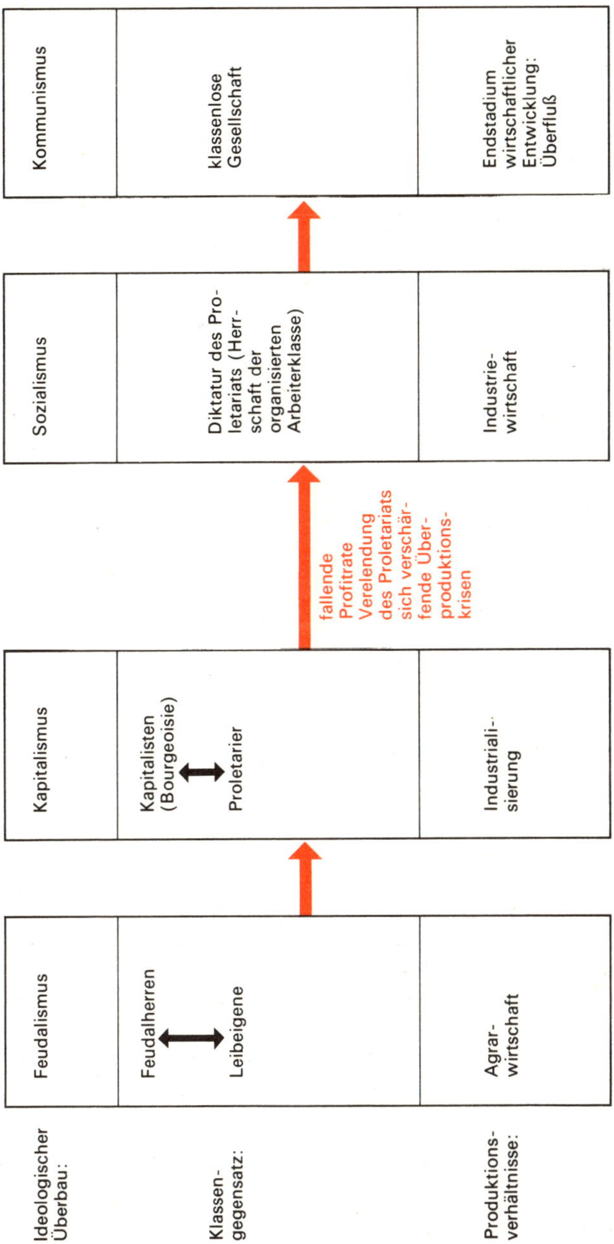

Sozialistische Wirtschaftsordnung

Eine ↑Wirtschaftsordnung (S. 18) ist durch die Gesamtheit aller den Wirtschaftsprozeß lenkenden Normen und Organisationsprinzipien gekennzeichnet. Als „sozialistisch" kann eine Wirtschaftsordnung dann bezeichnet werden, wenn die Fragen des Eigentums und der Planungs- und Entscheidungsbefugnis wie folgt entschieden sind: 1) Die Produktionsmittel sind verstaatlicht bzw. vergesellschaftet. Privateigentum an Produktionsmitteln ist nur in geringem Umfang im Handwerk, im Einzelhandel und in der Landwirtschaft vorhanden. Privates Eigentum an Konsumgütern ist unumstritten; privates Wohneigentum durchaus möglich. 2) Die Planungs- und Entscheidungsbefugnis ist stark zentralisiert. Über Menge, Preis und Qualität der Produkte, über die Lohnhöhe, über den Einsatz von Rohstoffen, Hilfsmitteln und Arbeitskräften entscheiden nicht Konsumenten und Produzenten, sondern eine zentrale staatliche Planbehörde. Eine Modifizierung der sozialistischen Wirtschaftsordnung zum Marktsozialismus erfolgt, wenn durch den Einbau von Marktelementen eine stärkere Dezentralisierung der Entscheidungen herbeigeführt wird. Sie ist durchaus zu beobachten und spiegelt Versuche wider, Funktionsmängel dieser Ordnung zu beheben. Sie bestehen vor allem in Koordinationsschwierigkeiten und in unzulänglichen Leistungsanreizen.

Die Entscheidungen der Planbehörde schlagen sich in Plänen unterschiedlicher Zeitdauer nieder. Der langfristige Plan, der bis zu 20 Jahre umfaßt, kann die erwartete und erwünschte wirtschaftliche Entwicklung nur in groben Umrissen wiedergeben. Die Perspektiven des langfristigen Planes werden in den Fünf- bzw. Einjahresplänen konkretisiert. Der Einjahresplan ist das eigentliche Lenkungsinstrument in einer sozialistischen Wirtschaftsordnung.

Stark vereinfacht vollzieht sich die Aufstellung eines Volkswirtschaftsplanes in folgenden Schritten. Die politische Führung fixiert die im nächsten Wirtschaftsjahr zu verfolgenden Ziele, z. B. Erhöhung des Lebensstandards. Dieses recht allgemeine Ziel wird von der zentralen Planbehörde in konkrete Produktionsziele umgesetzt wie: Herstellung einer bestimmten Anzahl von Kühlschränken, Automobilen u. a. Aufgrund von Erfahrungswerten und unter Berücksichtigung des technischen Fortschritts werden die für die Verwirklichung der Produktionsziele benötigten Produktionsfaktoren ermittelt. Solche Rechnungen müßten grundsätzlich für alle End- und Zwischenprodukte durchgeführt werden. Unter günstigen Informationsbedingungen läßt sich hierfür auch die ↑ Input-Output-Rechnung (S. 356) verwenden. Ein Vergleich zwischen den für die Realisierung der Produktionsziele benötigten Produktionsfaktoren und den in einer Volkswirtschaft verfügbaren Produktionsverfahren gibt Aufschluß, ob die Produktionsziele revidiert werden müssen.

Der Aufbau der an der Planung beteiligten Organe ist streng hierarchisch. An der Spitze der Planungs- und Entscheidungsinstanzen steht die politische Führung. Eine Stufe tiefer befindet sich die für die eigentliche Planung zuständige zentrale Planbehörde. Sie stellt den Volkswirtschaftsplan auf und gliedert ihn für nachgeordnete Organe, z. B. die Fachministerien, branchenmäßig in Einzelpläne auf. Die Einzelpläne werden auf dieser mittleren Planungsebene von den Fachministerien für die ihnen jeweils unterstellten Betriebe oder Betriebszusammenschlüsse weiter aufgeschlüsselt. Die hierarchische Struktur der „Planung von oben" kann aufgelockert werden, wenn die nachgeordneten Organe Gegenvorschläge machen dürfen. Die kommentierten und mit Gegenvorschlägen versehenen Pläne gehen an die jeweils höhere Stelle zurück, wo sie zusammengefaßt und koordiniert werden müssen. Dieses notwendigerweise zeitraubende Planungsverfahren mindert die Anpassungsfähigkeit an sich ändernde Wirtschaftsbedingungen.

Wenn die Planbehörde schließlich den Volkswirtschaftsplan erstellt hat und er von der politischen Führung genehmigt worden ist, erlangt er Gesetzeskraft.

G. Gutmann/W. Klein: Wirtschaftspolit. Konzeptionen sozialist. Planwirtschaften. In: D. Cassel (Hg.): Wirtschaftspolitik im Systemvergleich. München 1984. S. 93–116.

Sozialistische Wirtschaftsordnung

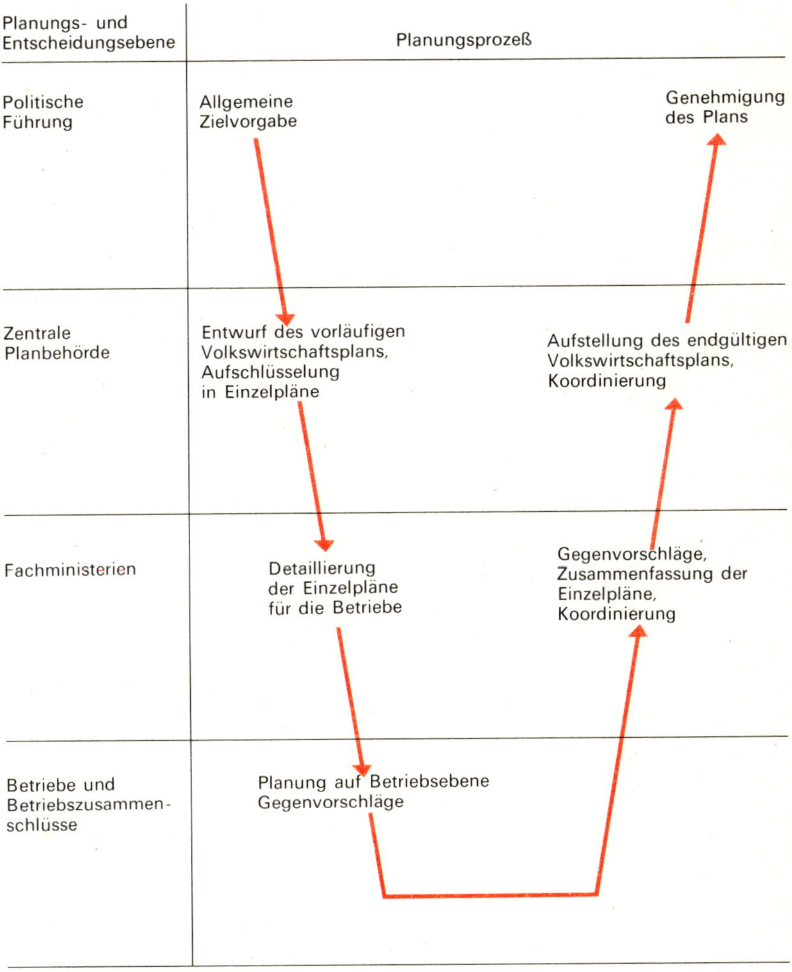

Vergleich und Kritik von Wirtschaftsordnungen

Jede Gesellschaft muß zu jeder Zeit Antworten auf die ↑wirtschaftlichen Grundfragen (S. 14) finden. Die Gesamtheit aller Regeln, nach denen sich dabei die Beantwortung vollzieht, bildet die jeweilige ↑Wirtschaftsordnung (S. 18). So kann die ↑Wirtschaftsstruktur (S. 50) einer Volkswirtschaft, also die Antwort auf die Frage „was und jeweils wieviel soll produziert werden?" Ergebnis von verbraucherorientierten Marktprozessen oder von zentraler staatlicher Planung sein. Die in den Alternativen zum Zuge kommenden Regeln werden dabei als so wesentlich erachtet, daß sie sich in der Benennung der gesamten Wirtschaftsordnung als „Marktwirtschaft" bzw. „Planwirtschaft" niederschlagen.

Der Vergleich von Wirtschaftsordnungen besteht also in einer Gegenüberstellung von unterschiedlichen Regeln, die bei der Lösung von im Prinzip identischen ökonomischen Problemen angewendet werden. Vor jedem Systemvergleich ist grundsätzlich zu entscheiden, ob ordnungspolitische Konzeptionen, also die Idealbilder von Wirtschaftsordnungen, oder tatsächlich realisierte Systeme gegenübergestellt werden sollen. Ein Vergleich des Idealbildes einer Wirtschaftsordnung mit den Realitäten einer anderen ist nur dann von Wert, wenn die Vermutung hinreichend begründet erscheint, daß die in der Konzeption enthaltenen Regeln in der Realität auch reibungslos funktionieren.

Soll sich der Vergleich nicht auf eine reine Beschreibung von Regeln beschränken, sondern ein Urteil darüber herbeiführen, ob eine bestimmte Wirtschaftsordnung einer anderen „überlegen" ist, so führt dies zwangsläufig dazu, daß Werturteile in den Vergleich einbezogen werden. Dies folgt einmal, weil der Systemvergleich ein Abwägungsproblem darstellt, und zum anderen, weil jede Wirtschaftsordnung als Teil eines umfassenden Gesellschaftssystems gesehen und vor dem Hintergrund gesellschaftlicher Ziele beurteilt werden muß. Ein Abwägungsproblem ist der Vergleich deswegen, weil aus der sehr großen Anzahl von Regeln, die eine Wirtschaftsordnung ausmachen, diejenigen ausgewählt werden müssen, die in den Vergleich einbezogen werden sollen. Außerdem ist nicht zu erwarten, daß die Beurteilungen aller ausgewählten Regeln sämtlich zugunsten der einen oder anderen Wirtschaftsordnung ausfallen; daher wird eine Gewichtung der Einzelurteile erforderlich. Da objektive Auswahl- bzw. Gewichtungskriterien fehlen, ist es unvermeidlich, daß die persönlichen Werturteile des Vergleichenden in das Gesamturteil eingehen. Dies gilt auch, wenn geprüft werden soll, ob bestimmte Regeln dazu beitragen, daß gesetzte gesellschaftliche Ziele erreicht werden. Denn wenn Zielinhalte relativ abstrakt sind, stellt ihre Interpretation bereits ein Werturteil dar. Für sogenannte „letzte" Ziele wie „Freiheit" und „Gerechtigkeit" trifft dies in besonderem Maße zu.

Systemvergleiche, die zu einem Gesamturteil über Wirtschaftsordnungen führen, basieren somit auf Werturteilen. Daher kann diese ↑Aufgabe der Wirtschaftswissenschaften (S. 622) nicht objektiv in dem Sinne gelöst werden, daß unabhängig voneinander durchgeführte Vergleiche stets zu identischen Ergebnissen führen müßten. Dies verpflichtet jeden, der einen Vergleich durchgeführt hat, bei der Präsentation der Ergebnisse die von ihm einbezogenen Werturteile offenzulegen.

Der wertende Vergleich von Wirtschaftsordnungen schließt Systemkritik mit ein. Dabei werden vermeintliche Funktionsmängel bestimmter Regeln durch das Vorzeigen von Alternativen verdeutlicht. Es ist zu fordern, diese Vorgehensweise auch dann anzuwenden, wenn Systemkritik nicht aus einem Vergleich von Wirtschaftsordnungen abgeleitet wird. Denn Kritik muß solange als unberechtigt gelten, wie der Kritiker eine vertretbare Alternative nicht wenigstens andeuten kann. Vertretbar ist eine Alternative insbesondere dann nicht, wenn ihre Verwirklichung nur bei radikal veränderten menschlichen Verhaltensweisen möglich ist, also den systemkonformen „Neuen Menschen" erforderte.

A. Stobbe: Gesamtwirtsch. Theorie. Berlin u. a. 1975.

Werturteile als Bestandteil des Vergleichs von Wirtschaftsordnungen, dargestellt an einem einfachen Beispiel

Nr.	Zusammenstellung der nach Meinung des Vergleichenden in den Vergleich einzubeziehenden Gesichtspunkte Gesichtspunkt	Individuelle Bewertung der Wichtigkeit der Gesichtspunkte durch den Vergleichenden (Maximum: 10 Punkte) Punkte
1	Entscheiden die Verbraucher, was produziert wird?	9
2	Ist die freie Berufswahl gesichert?	10
3	Wie engmaschig ist das Netz der sozialen Sicherung?	8
4	Wird die Arbeit leistungsgerecht entlohnt?	9
5	Hat jeder die Möglichkeit, die Bedingungen zu beeinflussen, unter denen er arbeitet?	10
6	Ist wirtschaftliches Wachstum gesichert?	7

Wirtschaftsordnung A

Die im Hinblick auf Gesichtspunkt Nr. ... angewandten Regeln sind den entsprechenden Regeln der Wirtschaftsordnung B überlegen.

Nr.	ja	nein	Pkt.
1	⊗	○	9
2	⊗	○	10
3	○	⊗	
4	○	⊗	
5	○	⊗	
6	⊗	○	7

Wirtschaftsordnung B

Die im Hinblick auf Gesichtspunkt Nr. ... angewandten Regeln sind den entsprechenden Regeln der Wirtschaftsordnung A überlegen.

Nr.	ja	nein	Pkt.
1	○	⊗	
2	○	⊗	
3	⊗	○	8
4	⊗	○	9
5	⊗	○	10
6	○	⊗	

Wirtschaftsordnung und Grundgesetz

Die Wirtschaftsordnung als Handlungssystem (↑Wirtschaftsordnungen S. 18) ist nicht zuletzt von rechtlichen Grundlagen und Bindungen abhängig. Die für die Wirtschaftsordnung der BRD wichtigsten Rechtsnormen enthält das Grundgesetz (GG). Man kann sie als Wirtschaftsverfassungsrecht bezeichnen. Dieser Begriff bedeutet nicht, daß dem Verfassungsrecht ein wirtschaftspolitisches Systemkonzept zu entnehmen ist oder eine ökonomische Modelltheorie unterlegt werden kann. Das GG ist nach der maßgeblichen, durch die Rechtsprechung des Bundesverfassungsgerichts geprägten Rechtsauffassung wirtschaftspolitisch neutral. Damit ist gemeint, daß der Verfassungsgeber sich nicht ausdrücklich für ein bestimmtes Wirtschaftssystem entschieden hat. Dem Gesetzgeber und der Regierung ist also vom GG die Freiheit gelassen, die ihnen jeweils sachgemäß erscheinende Wirtschaftspolitik zu verfolgen, sofern sie dabei die allgemeinen rechtlichen Bindungen durch das GG, insbesondere die Grundrechte beachten.

Allerdings wurden durch die sog. Finanzreform im Jahre 1967 Verfassungsbestimmungen in das GG eingefügt, die Bund und Länder verpflichten, bei ihrer Haushaltswirtschaft den Erfordernissen des gesamtwirtschaftlichen Gleichgewichts Rechnung zu tragen (Art. 109 Abs. 2 und 4 GG). Die hierdurch festgelegte Verantwortung des Staates für die Wirtschaft ist jedoch rechtlich auf die öffentliche Haushaltswirtschaft beschränkt und bedeutet nicht, wie teilweise angenommen wird, eine „Wirtschaftsverfassung der globalgesteuerten Marktwirtschaft".

Die wirtschaftspolitischen Entscheidungen des Staates haben neben der Aufteilung der ↑ Gesetzgebungs- und Verwaltungskompetenzen (S. 384) auf Bund und Länder vor allem die inhaltlichen Bindungen zu beachten, die sich aus den Grundrechten ergeben (↑wirtschaftliche Freiheitsrechte S. 36), insbesondere die private Handlungs- und Entscheidungsfreiheit, zu der im wirtschaftlichen Bereich vor allem die Vertragsfreiheit zählt (Art. 2 Abs. 1 GG), den allgemeinen Gleichheitssatz (Art. 3 Abs. 1 GG), die in Art. 12 Abs. 1 GG festgelegte ↑Gewerbe- und Berufsfreiheit (S. 38) sowie die Gewährleistung des Eigentums durch Art. 14 GG (↑Eigentumsordnung S. 42). In diese grundrechtlichen Freiheitsräume des einzelnen darf der Staat zwar in bestimmten Grenzen durch wirtschaftspolitische Beschränkungen und Lenkungsmaßnahmen eingreifen. Die staatlichen Eingriffe und Lenkungsmaßnahmen haben aber im Bereich der Wirtschaft ebenso wie in anderen Lebensgebieten ihre Grenze in allgemeinen rechtsstaatlichen Grundsätzen, vor allem in den Verfassungsprinzipien der Verhältnismäßigkeit und des Willkürverbotes, sowie in der Unantastbarkeit des Wesenskerns der Grundrechte und in der grundrechtlichen Gewährleistung bestimmter Institutionen (↑wirtschaftliche Freiheitsrechte S. 36). Durch diese institutionellen Garantien schließt das Grundgesetz einen Übergang zur ↑sozialistischen Wirtschaftsordnung (S. 26) aus. Verfassungsrechtliche Bedenken werden dagegen geltend gemacht, im Wege einer „Wirtschaftsdemokratie" eine vom Eigentum am Unternehmen getrennte unternehmerische Funktion zu schaffen, etwa in Form einer vom Sach- und Anteilseigentum am Unternehmen losgelösten „Unternehmensverfassung". Die betriebliche ↑ Mitbestimmung (S. 458) der Arbeitnehmer im Sinne einer Beteiligung an wirtschaftlichen und sozialen Entscheidungen in Betrieb und Unternehmen hat jedoch in den Grenzen des Mitbestimmungsgesetzes von 1974 durch das sogenannte Mitbestimmungs-Urteil des Bundesverfassungsgerichts von 1979 eine verfassungsrechtliche Bestätigung erhalten. Generell stoßen staatliche Maßnahmen der Wirtschaftsplanung und der Investitionslenkung auf verfassungsrechtliche Grenzen, wenn sie in die grundrechtlich verbürgten Bereiche der privat- und marktwirtschaftlichen Ordnung eingreifen.

H. D. Jarass: Wirtschaftsverwaltungsrecht. Frankf. a. M. 1980. – P. Badura: Wirtschaftsverwaltungsrecht. In: I. v. Münch, Besonderes Verwaltungsrecht. 6. Aufl. Berlin, New York 1982.

Begriff und Stellung der Wirtschaftsverfassung im juristischen Sinne

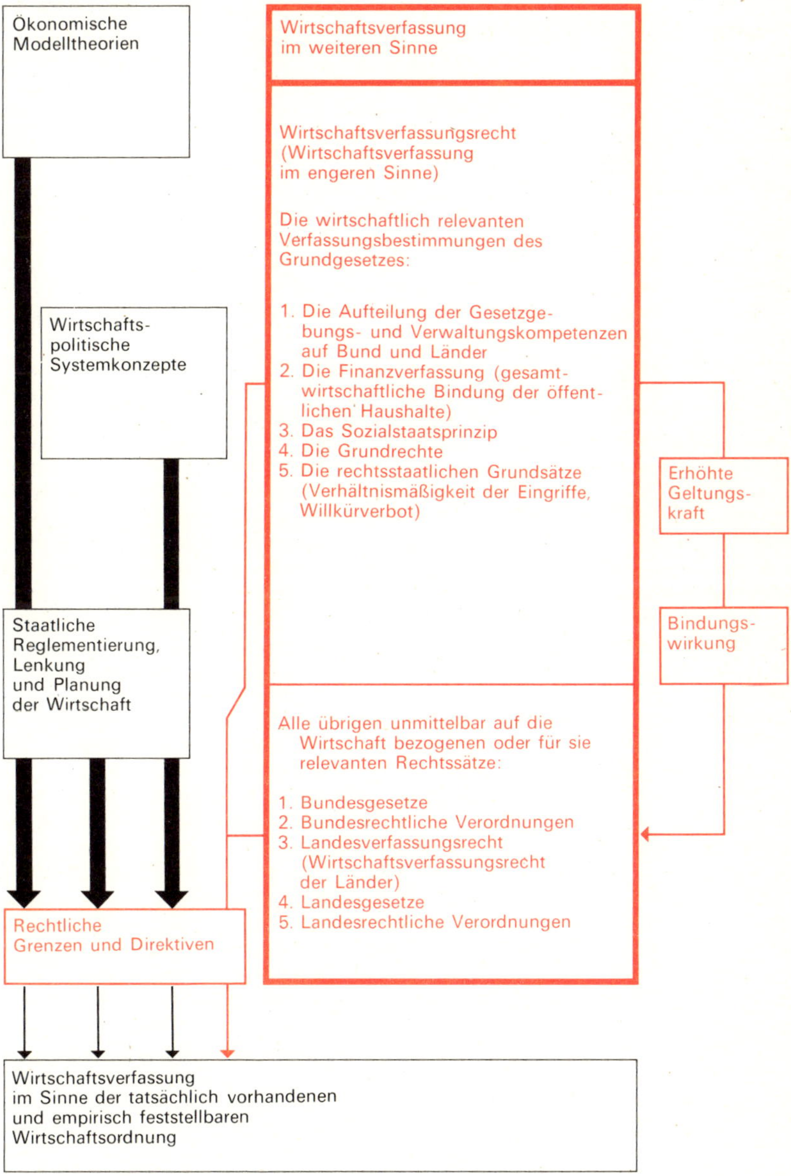

Soziale Marktwirtschaft

Die soziale Marktwirtschaft als Leitbild einer anzustrebenden ↑Wirtschaftsordnung (S. 18) ist eine nach sozialen Gesichtspunkten gelenkte Marktwirtschaft. Das Leitbild selbst wurde nach seinem Entwurf vor rund 35 Jahren im Zuge der wirtschaftlichen Entwicklung der BRD teilweise konkretisiert und ergänzt. Zentrales Ordnungsprinzip ist ein funktionsfähiger ↑Wettbewerb (S. 406). Dementsprechend gilt es, ↑Wettbewerbsbeschränkungen (S. 408) mit Mitteln des ↑Wettbewerbsrechts (S. 412) zu begegnen. In den möglichst ungehinderten, durch Wettbewerb kontrollierten Austausch von Sachgütern und Leistungen werden auch der ↑Außenhandel (S. 316) und der internationale Kapitalverkehr (↑Konvertibilität S. 330) einbezogen. Unzulänglichkeiten marktwirtschaftlicher Koordination, wie sie in der ↑Konjunktur (S. 488) zum Ausdruck kommen, soll durch eine Konjunkturpolitik begegnet werden. Inwieweit die ↑Globalsteuerung (S. 522) noch dem Leitbild entspricht, ist umstritten; sicher ist, daß die ursprünglichen Vorstellungen über Art und Umfang konjunkturpolitischer Aktivität weniger anspruchsvoll waren. Eine Förderung des ↑wirtschaftlichen Wachstums (S. 528) durch gezielte Interventionen bis hin zur sektoralen ↑Investitionslenkung (S. 550) ist nicht vorgesehen. Wirtschaftliches Wachstum wird primär als Ergebnis der Leistungsanreize durch Wettbewerb sowie einer erfolgreichen Konjunkturpolitik gesehen. Staatliche Investitionsförderung mit fiskalpolitischen Mitteln (z. B. über Steuererleichterungen) lag zwar besonders beim Wiederaufbau in der BRD nahe, um die privaten Investoren als dessen Hauptträger anzuregen. Ihre Fortführung und sektorale Differenzierung ist jedoch mit dem Leitbild nicht zweifelsfrei vereinbar.

Der Steuerungsbedarf nach sozialen Gesichtspunkten wird vor allem daraus abgeleitet, daß die ↑Einkommensverteilung (S. 460), wie sie sich aus dem marktwirtschaftlichen Produktionsprozeß und der ↑Vermögensverteilung (S. 462) ergibt, nicht als gerecht angesehen wird. Eine Korrektur durch ↑Verteilungspolitik (S. 464) in Form staatlicher Preisfestsetzung und Rationierung entspricht ebensowenig dem Leitbild wie umfassende Enteignungsaktionen. Vielmehr sollen Marktergebnis und Erwerbschancen durch die Fiskalpolitik (progressive Einkommensteuern und Vermögensteuern einerseits sowie Steuererleichterungen und Subventionen andererseits) und durch unentgeltliche bzw. finanziell geförderte Ausbildung korrigiert werden. Soziale Sicherheit als zweites Element der sozialen Komponente des Leitbilds soll nicht dadurch herbeigeführt werden, daß bestehende Arbeitsplätze um jeden Preis erhalten werden (↑Beschäftigungsgarantien S. 504). Vielmehr sollen Anpassungen an nachfragebedingte Änderungen der ↑Wirtschaftsstruktur (S. 50) erleichtert werden. Eine konjunkturpolitische Sicherung der Vollbeschäftigung soll ferner dafür sorgen, daß die Härten des Strukturwandels sich nicht verschärfen. Im übrigen wird die Gestaltung der Arbeitsverhältnisse als Sozialpartnerschaft interpretiert, die vor allem durch Autonomie der ↑Tarifpartner (S. 440), ↑Betriebsverfassung (S. 446) und – wenn auch anfänglich nicht in dem Umfang – durch ↑Mitbestimmung im Unternehmen (S. 458) angestrebt wird. Individuelle wirtschaftliche Sicherheit ist das Ziel der Förderung breitgestreuter Vermögensbildung (↑Vermögensbildung der Arbeitnehmer S. 466). Die eigenverantwortliche Daseinsvorsorge wird ergänzt durch ein ↑System der sozialen Sicherung (S. 468).

Eingriffe des Staates in die Wirtschaft dürfen nach dem Leitbild die marktwirtschaftliche Steuerung nicht außer Kraft setzen, d. h., sie müssen marktkonform sein. Diese Forderung, das Ordnungsprinzip Wettbewerb und die Befürwortung von Privateigentum als Element und Anreiz individueller Lebensgestaltung sowie die soziale Absicherung sind Ausdruck von Werturteilen, wie sie letztlich auch zur Befürwortung jeder anderen Wirtschaftsordnung unumgänglich sind.

K. H. Hartwig: Bundesrepublik Deutschland – Wirtschaftspolitik in der sozialen Marktwirtschaft. In: D. Cassel (Hg.): Wirtschaftspolitik im Systemvergleich. München 1984. S. 179–195. – M. E. Streit: Theorie der Wirtschaftspolitik. 3. Aufl. Düsseldorf 1983.

Wesentliche Elemente des ordnungspolitischen Leitbilds „soziale Marktwirtschaft"

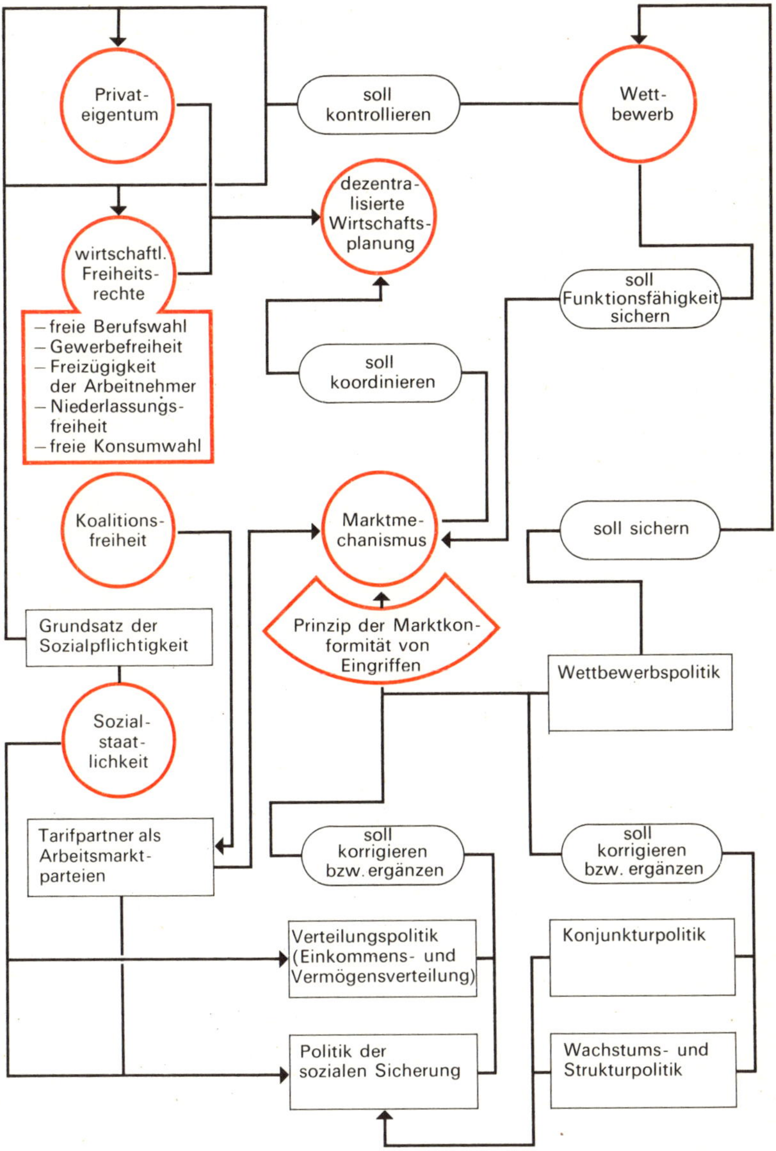

Konsumentensouveränität – Verbraucherorientierung

Über Konsumentensouveränität verfügen die Verbraucher immer dann, wenn sie frei unter den am ↑Markt (S. 164) bereits vorhandenen Gütern wählen können und gleichzeitig durch die Aufteilung der ihnen zur Verfügung stehenden Ausgabensumme auf die verschiedenen Güter darüber bestimmen, was und wieviel produziert werden soll (↑wirtschaftliche Grundfragen S. 14). Konsumentensouveränität setzt autonomes Planen und Entscheiden voraus und ist deshalb untrennbar mit der marktwirtschaftlichen Ordnung des Wirtschaftsgeschehens verbunden (↑Wirtschaftsordnungen S. 18).

Ist in einem solchen System die ↑Nachfrage (S. 170) der Verbraucher nach einem Gut groß, so signalisieren die dadurch ausgelösten relativen Preissteigerungen (↑Preisfunktionen S. 176) für dieses Gut seinen Produzenten eine gute Ertragssituation. Soweit Unternehmer bemüht sind, ihre Gewinne zu steigern, werden sie die Produktion dieses von der Nachfrage begünstigten Gutes ausdehnen zu Lasten anderer, weniger gewinnbringender Produkte. Die gute Ertragslage in diesem Sektor wird außerdem neue Anbieter zur Aufnahme der Produktion veranlassen. Insgesamt ergibt sich eine von den Verbrauchern stimulierte Ausweitung des ↑Angebots (S. 172) an diesem Gut.

Ändert sich die Bedürfnisstruktur der Konsumenten, oder entspricht ein Gut in Qualität oder Preis nicht mehr ihren Vorstellungen, so können sie dies durch Verringerung ihrer Nachfrage zum Ausdruck bringen und stattdessen auf andere Güter ausweichen. Die Produzenten werden die geänderten Konsumbedürfnisse der Verbraucher befriedigen; denn die Verbrauchsänderung wird Änderungen der Preisrelationen und damit auch der Erlöse bewirken und zu Produktionsänderungen anregen.

Allerdings wird in vielen Fällen die Bindung der Produzentenentscheidungen an die Bedürfnisse der Nachfrager und damit die Verbraucherorientierung der Produktion geschwächt.

Wenn die Anbieter Preise und Absatzmengen der Produkte aktiv gestalten können, statt ihre Angebotsmengen passiv den herrschenden Marktpreisen anzupassen, so ist dies u. a. ein Indiz für ihre Machtstellung gegenüber den Verbrauchern (↑Marktformen S. 186 und ↑Marktmacht S. 188). Je mehr es den Produzenten z. B. durch ↑Werbung (S. 162) gelingt, die Bedürfnisse der Verbraucher zu lenken, um so mehr wird die Entscheidung, was produziert werden soll, von Unternehmern getroffen. Ferner sind die Konsumenten wegen der Vielzahl der Produkte, Qualitäten und Preise, sowie der räumlichen Verteilung von Anbietern und Nachfragern oft nicht in der Lage, sich die Daten für eine Verbrauchsentscheidung zu verschaffen. Sie sind bei der Informationsbeschaffung wegen ihres geringen Organisationsgrades den Produzenten gegenüber meist benachteiligt.

Auch der Staat kann durch seine Aktivitäten die Souveränität der Verbraucher einschränken: Durch spezielle Gesetze wie das Arzneimittel-, das Gaststätten- und das Ladenschlußgesetz ist der Konsument nicht mehr frei in seiner Entscheidung was, wo und wann er kaufen will. Zieht der Staat in hohem Umfang Zwangsabgaben (↑öffentliche Einnahmen S. 270) ein, so verringert sich dadurch meist die dem Verbraucher zur Verfügung stehende Ausgabensumme.

Unterläßt es schließlich der Staat, gegen inflatorische Geldschöpfung vorzugehen (↑Inflation S. 496), so vermindern sich durch Preissteigerungen die kaufkräftigen Einkommen und damit wiederum die Konsummöglichkeiten der Verbraucher.

Der Verbraucher wird also i. d. R. bei der Entfaltung seiner Bedürfnisse durch eine Vielzahl von Abhängigkeiten beeinträchtigt sein. Seine Machtstellung kann jedoch durch verschiedene Formen der Eigeninitiative (z. B. Verbraucherverbände, Warentestinstitute) gegenüber den Produzenten gestärkt und durch den Staat gesichert werden (↑Wettbewerbsrecht S. 412).

D. Jeschke: Konsumentensouveränität in der Marktwirtschaft. Berlin 1975. – A. Stobbe: Volkswirtsch. II. Berlin u. a. 1983.

Konsumentenentscheidung und Preisbildung im marktwirtschaftlichen System. Einige Abhängigkeiten

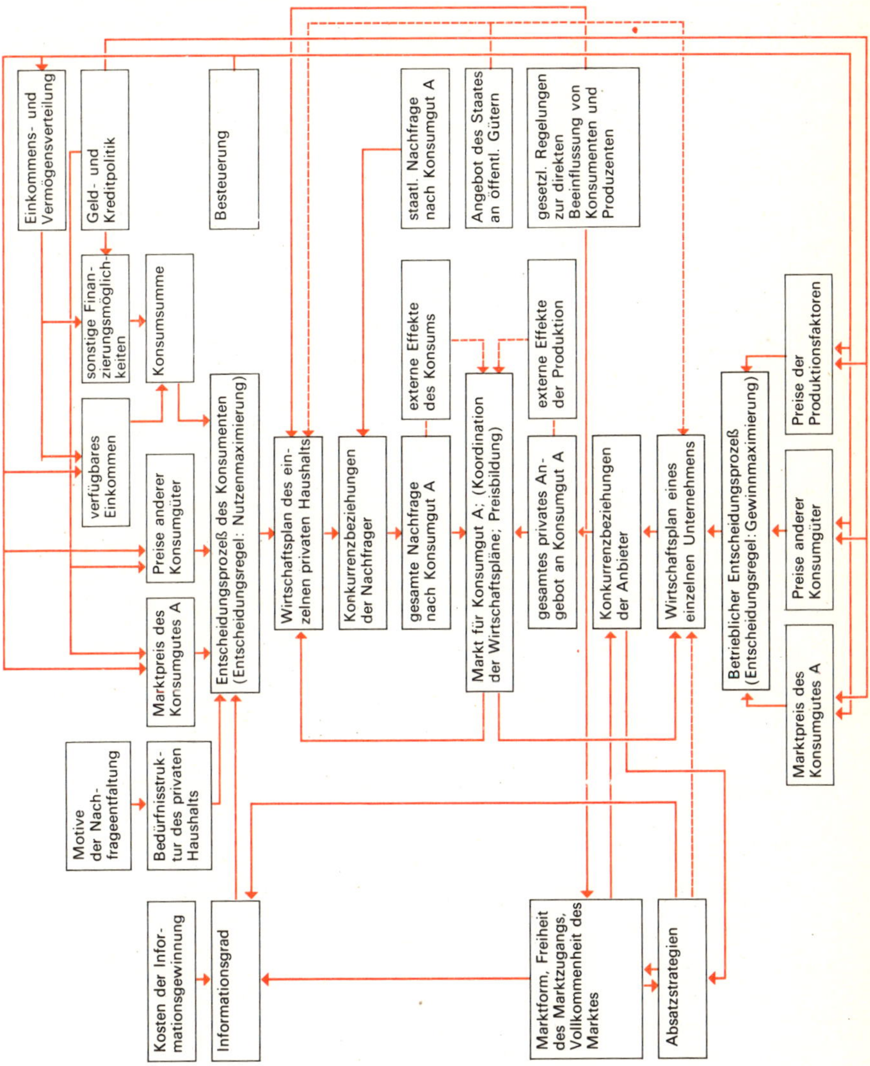

Wirtschaftliche Freiheitsrechte

Das Verfassungsrecht der BRD ist wirtschaftspolitisch neutral (↑Wirtschaftsordnung und Grundgesetz S. 30), bindet aber Gesetzgeber, Regierung und Verwaltung an Grundrechte, die die individuelle Freiheit im wirtschaftlichen Verhalten durch speziell darauf gerichtete Regelungen oder im Rahmen allgemeiner Individualrechte gewährleisten; aus der Sicht des wirtschaftlich Handelnden kann man in beiden Fällen von wirtschaftlichen Freiheitsrechten sprechen.

Zur Privatautonomie im wirtschaftlichen Bereich gehört vor allem das Grundrecht auf allgemeine Handlungsfreiheit (Art. 2 Abs. 1 Grundgesetz [GG]). Es umschließt die Garantie unternehmerischer Handlungs- und Entscheidungsfreiheit gegenüber unmittelbaren staatlichen Reglementierungen und Lenkungsmaßnahmen sowie gegenüber gesellschafts- und ordnungspolitischen Regelungen, die die Ausübung der eigenverantwortlichen unternehmerischen Funktion beseitigen würden. Ebenso hat die Vertragsfreiheit hier ihre grundrechtliche Gewährleistung. Einschränkungen des Grundrechts sind zulässig, soweit seine Ausübung die Rechte anderer verletzen, gegen die verfassungsmäßige Ordnung oder das Sittengesetz verstoßen würde. Im wirtschaftlichen Bereich gilt es vor allem, einer ungehemmten und sozialschädlichen Ausnutzung der persönlichen Freiheit entgegenzuwirken (z. B. wettbewerbsbeschränkenden Vereinbarungen). Daher können unternehmerische Autonomie und Vertragsfreiheit eingeschränkt werden, etwa durch Regelungen und Maßnahmen zur Sicherung einer freien Wettbewerbsordnung (↑Wettbewerbsrecht S. 412, ↑ unlauterer Wettbewerb S. 434) sowie durch das gesetzliche Verbot sittenwidrigen Verhaltens bei der Gestaltung von Rechtsgeschäften (Knebelungsverträge, Wuchergeschäfte) und hinsichtlich ihres Abschlusses (Kontrahierungszwang für bestimmte Monopolunternehmen). Solche Einschränkungen der wirtschaftlichen Freiheit sind zulässig, soweit sie das Grundrecht im Wesenskern unangetastet lassen, verhältnismäßig sind (Übermaßverbot) und nicht gegen den Grundsatz der Gleichbehandlung verstoßen (Willkürverbot). Hinsichtlich des allgemeinen Gleichheitssatzes (Art. 3 Abs. 1 GG) ist der Staat im wirtschaftlichen Bereich insbesondere dazu verpflichtet, daß seine Regelungen und Maßnahmen, von sachlich gebotenen Differenzierungen abgesehen, nicht zu ungleichen Konkurrenzbedingungen für die Wirtschaftssubjekte führen.

Wesentlich für die Privatautonomie ist die Gewährleistung des Privateigentums und seiner Privatnützigkeit (Art. 14 GG). Zusammen mit der persönlichen Handlungsfreiheit ist das der eigenen Initiative und dem eigenverantwortlichen Privatinteresse verfügbare Privateigentum die Grundlage einer freien unternehmerischen Tätigkeit (↑Eigentumsordnung S. 42). Als Errungenschaften des ökonomischen Liberalismus (↑Epochen staatlicher Wirtschaftsordnung S. 20) zählen ferner die ↑Gewerbe- und Berufsfreiheit (S. 38) sowie die Freizügigkeit zur grundrechtlich abgesicherten Privatautonomie (Art. 12 bzw. Art. 11 GG). Diese beiden Grundrechte gehören im wirtschaftlichen Bereich eng zusammen und vereinigen sich zur ↑Niederlassungsfreiheit und Freizügigkeit der Arbeitnehmer (S. 40). Von besonderer wirtschaftlicher Bedeutung ist schließlich die Vereinigungsfreiheit, die allen Deutschen das Recht garantiert, Vereine und Gesellschaften zu gründen (Art. 9 Abs. 1 GG). Als besonderer Fall der Vereinigungsfreiheit ist die sog. Koalitionsfreiheit geregelt (Art. 9 Abs. 3 GG). Sie gewährleistet jedermann und für alle Berufe das Recht, zur Wahrung und Förderung der Arbeits- und Wirtschaftsbedingungen Vereinigungen zu bilden. Dieses Recht garantiert Gewerkschaften und Arbeitgeberverbänden (↑ Tarifpartner S. 440) eine freie Lohnfindung und Vereinbarung der Arbeitsbedingungen (↑ Tarifverträge S. 442) sowie die Mitarbeit in Betriebsräten (↑ Betriebsverfassung S. 446) und Personalvertretungen.

Kommentar zum Bonner Grundgesetz (Bonner Kommentar). Losebl. 9 Ordner. Hamb. Stand 1983. – Th. Maunz/G. Dürig: Grundgesetz für die Bundesrepublik Deutschland. Losebl.-Kommentar. 3 Ordner. München Stand 1983. – P. Badura: Wirtschaftsverwaltungsrecht. In: I. v. Münch, Besonderes Verwaltungsrecht. 6. Aufl. Berlin, New York 1982.

Grundrechte gegen den Staat im Bereich der Wirtschaft

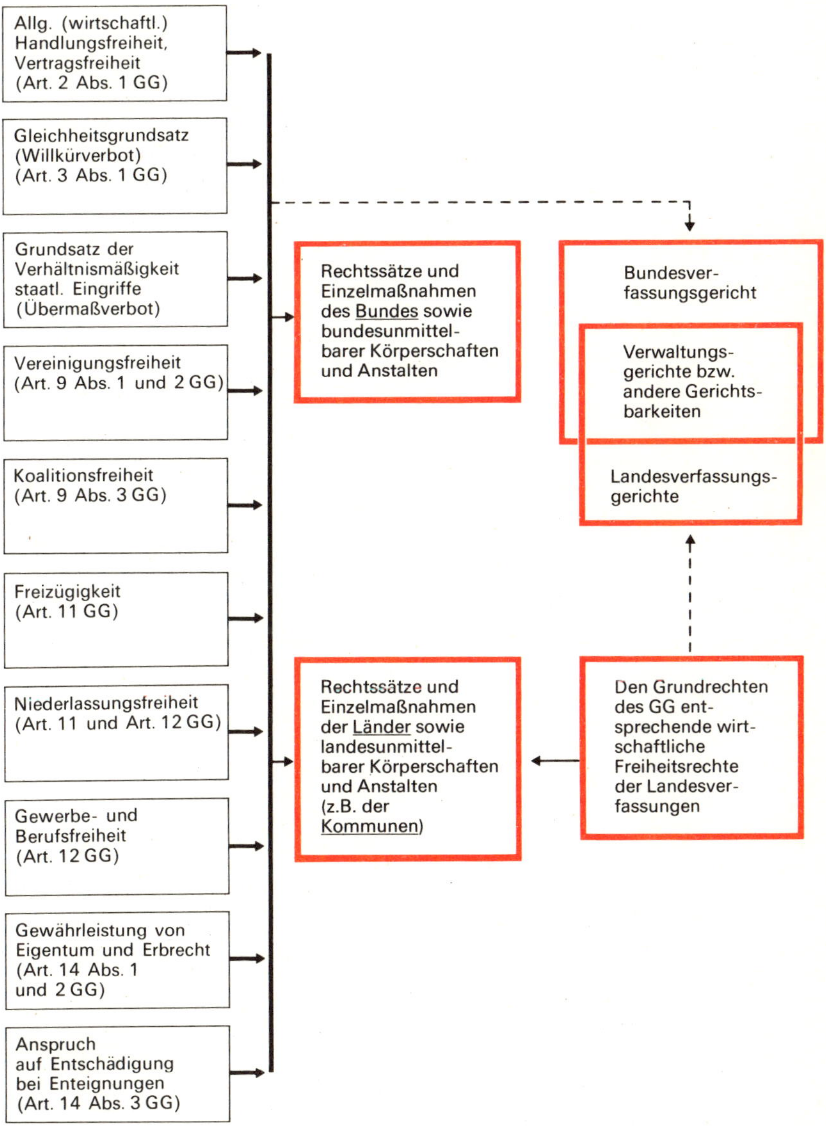

Gewerbe- und Berufsfreiheit – Verwaltungsmonopole

Die Gewerbe- und Berufsfreiheit gehört zu den wichtigsten ↑wirtschaftlichen Freiheitsrechten (S. 36) und setzt der staatlichen Ordnung der Wirtschaft in einem wesentlichen Punkte rechtliche Direktiven und Grenzen (↑Wirtschaftsordnung und Grundgesetz S. 30). Historisch entwickelte sich das Grundrecht aus der Gewerbefreiheit (↑Epochen staatlicher Wirtschaftsordnung S. 20); diese wurde zu dem Grundprinzip der ↑Gewerbeordnung (S. 386). Ihre grundrechtliche Verbürgung findet die Gewerbefreiheit heute in der umfassenden Berufsfreiheit des Art. 12 Abs. 1 Grundgesetz (GG). Danach haben alle Deutschen das Recht, Beruf und Arbeitsplatz frei zu wählen.

Sonderregelungen gelten für die Aufnahme in den öffentlichen Dienst (Beamte) und für die staatlich gebundenen Berufe (z. B. Notar, Fleischbeschauer, Schornsteinfeger). In diesen Fällen ist der freie Zugang zum Beruf beschränkt, insbesondere was die Zahl der verfügbaren Stellen betrifft. Die Berufsfreiheit reduziert sich hier auf das Recht des gleichen Zugangs (Art. 33 GG).

Hoheitliche Einschränkungen der Gewerbe- und Berufsfreiheit betreffen entweder nur die Berufsausübung (z. B. gesetzliche Bevorratungspflicht für Erdölerzeugnisse, Nachtbackverbot, Polizeistunde in Gastwirtschaften) oder auch schon die Berufswahl (z. B. Befähigungsnachweise, Prüfungen). Dabei kann eine Regelung der Berufsausübung Rückwirkungen auf die freie Berufswahl haben (z. B. umweltrechtliche Anforderungen an ein Unternehmen); es bestehen deshalb fließende Übergänge. Für die Eingriffsvoraussetzungen des Allgemeinwohlerfordernisses und der Verhältnismäßigkeit gelten um so höhere Anforderungen, je mehr in die freie Berufswahl eingegriffen wird.

Einen der stärksten Eingriffe des Staates in die Gewerbe- und Berufsfreiheit stellt die Begründung eines öffentlich-rechtlichen Staatsmonopols dar, das eine Tätigkeit gänzlich der staatlichen Verwaltung vorbehält. Von solchen rechtlichen Staatsmonopolen sind rein faktische Monopole des Staates zu unterscheiden (z. B. Staatslotterien). In Deutschland kam es zu einer Staatswirtschaft („Staatssozialismus") nur in beschränktem Umfang und aufgrund pragmatischer Überlegungen, so zu einem Postmonopol des Staates. Für das Eisenbahnwesen besteht seit der Weimarer Reichsverfassung von 1919 ein Reichs- bzw. heute ein Bundesvorbehalt zum Bau neuer dem allgemeinen Verkehr dienender Eisenbahnen; dieser erlaubt unter bestimmten Voraussetzungen eine Nichtausübung zugunsten privater Eisenbahnunternehmen. Das Recht zur Ausgabe von Banknoten war lange Zeit nur ein Privileg der Reichsbank und wurde im Jahre 1935 zu einem staatlichen Banknotenmonopol. Anstelle eines staatlichen Tabakmonopols wurde lediglich eine Tabaksteuer eingeführt. Dagegen wurde ein staatliches Branntweinmonopol (1919) und ein staatliches Zündwarenmonopol (1930) geschaffen. Letzteres ist zum 16. 1. 1983 aufgehoben worden. Das Finanzmonopol ist eine besondere Form der Abgabenerhebung (Verbrauchsteuer). Nach dem GG sind weitere Finanzmonopole ausgeschlossen. Da die Staatsmonopole nur zur Erfüllung eines bestimmten Verwaltungszweckes zulässig sind, kann man allgemein von Verwaltungsmonopolen sprechen. Sie lassen sich einteilen in ordnungsrechtliche (Polizei-)Monopole (z. B. Tierkörperbeseitigung), Lenkungsmonopole (z. B. Arbeitsvermittlungsmonopol) und Leistungsmonopole (z. B. Postmonopol).

Der Staat braucht seine Finanz- und Verwaltungsmonopole nicht selbst wahrzunehmen. Entweder kann die Ausübung des Monopols durch eine monopoldurchbrechende Rechtsverleihung (Konzession) auf Privatunternehmen übertragen werden (z. B. beim Branntwein- und beim Spielbankenmonopol) oder ein Privater kann in Dienst genommen werden (z. B. bei kommunalen Versorgungseinrichtungen mit Anschluß- und Benutzungszwang).

P. Badura: Das Verwaltungsmonopol. Berlin 1963. – P. Badura: Wirtschaftsverwaltungsrecht. In: I. v. Münch: Besonderes Verwaltungsrecht. 6. Aufl. Berlin, New York 1982.

Inhalt und Umfang der Regelungsbefugnis des Gesetzgebers bei der Einschränkung der Berufsfreiheit

Abwägung zwischen

der Freiheit des Individuums	und dem ausreichenden Schutz des Gemeinschaftsinteresses
1. hinsichtlich der Berufsausübung:	Einschränkungen sind zulässig, soweit vernünftige Erwägung des Gemeinwohls sie zweckmäßig erscheinen lassen. Die Auflagen dürfen nicht übermäßig belastend und nicht unzumutbar sein (z. B. Ladenschlußregelung, Arbeitszeitordnung).
2. hinsichtlich der Berufswahl:	Einschränkungen sind zulässig, soweit der Schutz besonders wichtiger Gemeinschaftsgüter sie zwingend erfordert. Es ist diejenige Form des Eingriffs zu wählen, die das Grundrecht am wenigsten beschränkt.
Eingriffe in die Berufswahl durch subjektive Zulassungsvoraussetzungen: Sie betreffen die persönliche Qualifikation des Berufsanwärters (z. B. Vor- und Ausbildung, Zuverlässigkeit für ein Gewerbe)	Die Eingriffe müssen verhältnismäßig in dem Sinn sein, daß sie zu dem angestrebten Zweck der ordnungsmäßigen Erfüllung der Berufstätigkeit nicht außer Verhältnis stehen (z. B. Befähigungsnachweis für das Handwerk, Erfordernis der Sachkunde für Berufsausübung im Einzelhandel).
Eingriffe in die Berufswahl durch objektive Zulassungsvoraussetzungen: Sie haben mit der persönl. Qualifikation des Berufsanwärters nichts zu tun (z. B. Bedürfnisprüfung)	Es gelten besonders strenge Anforderungen; im allgemeinen kann nur die Abwehr nachweisbarer oder höchstwahrscheinl. schwerer Gefahren für ein überragend wichtiges Gemeinschaftsgut diese Maßnahme rechtfertigen (z. B. Bedürfnisprüfung bei der Zulassung zur Personenbeförderung im Linienverkehr und im Gelegenheitsverkehr mit Droschken).

Nach dem Urteil des Bundesverfassungsgerichts vom 11. 6. 1958
(Entsch. d. BVerfG, 7. Bd., S. 377 ff.)

Niederlassungsfreiheit und Freizügigkeit der Arbeitnehmer

Nach Art. 11 des Grundgesetzes (GG) genießen alle Deutschen i. S. von Art. 116 GG Freizügigkeit im ganzen Bundesgebiet. Deutscher ist danach vorbehaltlich anderweitiger gesetzlicher Regelung, wer die deutsche Staatsangehörigkeit besitzt oder als Flüchtling oder Vertriebener deutscher Volkszugehörigkeit oder als dessen Ehegatte oder Abkömmling in dem Gebiete des Deutschen Reiches nach dem Stande vom 31. 12. 1937 Aufnahme gefunden hat. Das Grundgesetz enthält keine Begriffsbestimmung. Der Wortinterpretation nach bedeutet Freizügigkeit den freien Ab- bzw. Zuzug. Soweit ersichtlich, wurde das Recht des freien Zuzuges erstmals im sog. Tübinger Vertrag von 1515 und im Augsburger Reichsabschied von 1555 geregelt und in der Folgezeit zum sog. jus emigrationis erweitert. Seine entscheidende verfassungsrechtliche Verankerung erfuhr das Freizügigkeitsrecht dann in Art. 111 der Weimarer Reichsverfassung. Danach wurde allen Deutschen das Recht gewährt, „sich an beliebigem Orte des Reiches aufzuhalten und niederzulassen, Grundstücke zu erwerben und jeden Nahrungszweig zu betreiben".

Der Begriff der Freizügigkeit umfaßte nach Art. 111 der Weimarer Reichsverfassung sowohl das Recht der freien Aufenthaltsbestimmung als auch das Recht des freien Grunderwerbs und der freien Berufswahl. Diese Regelung wurde in Art. 11 GG nicht übernommen. Nach Art. 11 GG bedeutet Freizügigkeit nur das Recht, an jedem Ort innerhalb des Bundesgebietes Aufenthalt und Wohnsitz zu nehmen, während die freie Wahl des Berufs, des Arbeitsplatzes und der Ausbildungsstätte in Art. 12 Abs. 1 GG und der freie Grunderwerb in Art. 14 Abs. 1 GG geregelt sind.

Der weite Rechtsbegriff der Freizügigkeit ist unabhängig von der rechtlichen und tatsächlichen Realisierbarkeit, eine Wohnung oder einen Beruf an dem neuen Ort zu finden. Eine spezifische Freizügigkeit und Niederlassungsfreiheit der Arbeitnehmer als Ausfluß der allgemeinen Freizügigkeit i. S. von Art. 11 GG gibt es nicht. Die freie Wahl des Berufes und Arbeitsplatzes ist durch Art. 12 GG geschützt und unterliegt den dort vorgesehenen Einschränkungen. Diese können zwar im konkreten Fall zu einer tatsächlichen Aushöhlung der Freizügigkeit führen, rechtlich wird jedoch das Recht der Freizügigkeit unabhängig von den ökonomischen Grundlagen garantiert. Die Freizügigkeit, die freie Bestimmung des Aufenthaltsortes und des Wohnsitzes dürfen nur durch Gesetz oder aufgrund eines Gesetzes und nur für Fälle eingeschränkt werden, in denen eine ausreichende Lebensgrundlage nicht vorhanden ist und der Allgemeinheit daraus besondere Lasten entstehen würden oder in denen es zur Abwehr einer drohenden Gefahr für den Bestand oder die freiheitliche demokratische Grundordnung des Bundes oder eines Landes, zur Bekämpfung von Seuchengefahr, Naturkatastrophen oder bei besonders schweren Unglücksfällen, zum Schutze der Jugend vor Verwahrlosung oder um strafbaren Handlungen vorzubeugen, erforderlich ist.

Da der personelle Geltungsbereich von Art. 11 GG ausdrücklich auf Deutsche beschränkt ist, können sich Ausländer nicht auf die Freizügigkeit innerhalb der BRD berufen. Ein Ausländer bedarf grundsätzlich einer besonderen Aufenthaltserlaubnis, die räumlich begrenzt und zeitlich befristet werden kann und i. d. R. mit der Arbeitserlaubnis verbunden ist. Nur das Gesetz über die Einreise und den Aufenthalt von Staatsangehörigen der Mitgliedsstaaten der Europäischen Wirtschaftsgemeinschaft räumt den EWG-Staatsangehörigen eine Sonderstellung ein. Sie und ihre Angehörigen dürfen ohne Aufenthaltserlaubnis in die BRD einreisen und haben, soweit das für einen längeren Aufenthalt erforderlich ist, einen Rechtsanspruch auf Erteilung einer Aufenthaltserlaubnis.

Th. Maunz/G. Dürig/R. Herzog: Grundgesetz für die BRD Losebl.-Kommentar. 3 Ordner. 6. Aufl. München 1983. Art. 11. – U. H. Wittkopp: Wirtschaftl. Freizügigkeit u. Nationalstaatsvorbehalt. Baden-Baden 1977. – J. Nelhaus: Die Freizügigkeit der Arbeitnehmer in Europa. Baden-Baden 1975.

Freizügigkeit und Niederlassungsfreiheit der Arbeitnehmer

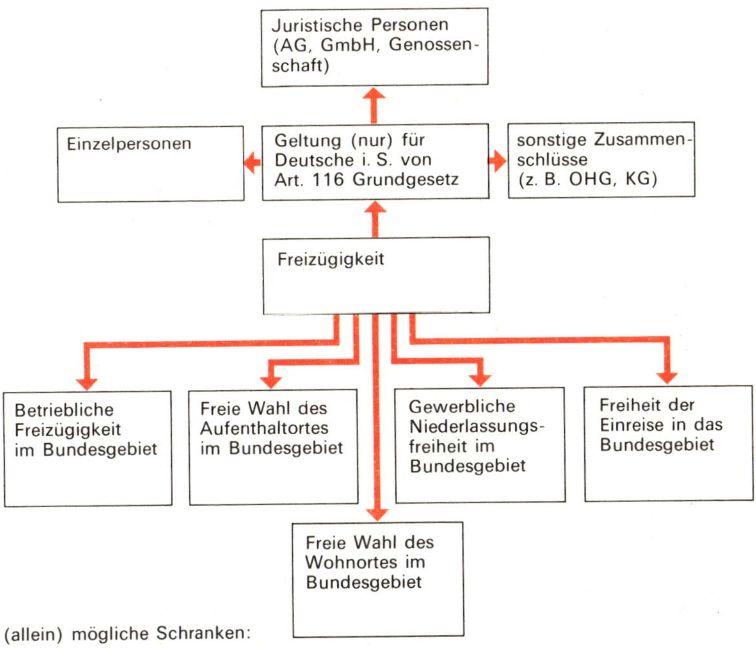

(allein) mögliche Schranken:

1. Eine ausreichende Lebensgrundlage ist nicht vorhanden.
2. Abwehr einer drohenden Gefahr für den Bestand oder die freiheitliche demokratische Grundordnung des Bundes oder eines Landes.
3. Bekämpfung von Seuchengefahr.
4. Bekämpfung von Naturkatastrophen.
5. Bekämpfung von besonders schweren Unglücksfällen.
6. Schutz der Jugend vor Verwahrlosung.
7. Vorbeugung gegen strafbare Handlungen.

Eigentumsordnung - Sozialisierung

Die Eigentumsordnung der Bundesrepublik Deutschland ist durch das Eigentumsgrundrecht des Art. 14 Grundgesetz (GG) bestimmt. Schutzgut der grundrechtlichen Eigentumsgewährleistung ist nicht nur das Sacheigentum, sondern jedes vermögenswerte Recht, allerdings nicht bloße Vermögenschancen. Daher nehmen am verfassungsrechtlichen Eigentumsschutz auch Forderungen, Mitglieds- und Gesellschaftsrechte teil, insbesondere das gesellschaftsrechtlich vermittelte Anteilseigentum an Unternehmen. Auf der anderen Seite genießt den Schutz der grundrechtlichen Eigentumsgarantie nicht alles, was im Sinne des bürgerlichen Sachenrechts oder kraft „Natur der Sache" traditionell zum Eigentum gezählt wird. Die verfassungsrechtliche Eigentumsgarantie wird nicht angetastet, wenn für die Allgemeinheit lebensnotwendige Güter zur Sicherung überragender Gemeinwohlbelange und zur Abwehr von Gefahren nicht der Privatrechtsordnung, sondern einer öffentlich-rechtlichen Ordnung unterstellt werden (z. B. das Grundwasser). Man kann daher von einem verfassungsrechtlichen „Abwägungseigentum" sprechen, dessen Inhalt und Umfang von einer Veränderung der sachlichen und gesellschaftlichen Verhältnisse abhängt.

Für die Wirtschaftsordnung der Bundesrepublik Deutschland ist das Eigentumsgrundrecht in zweifacher Hinsicht von wesentlicher Bedeutung. Als sogenannte institutionelle Garantie enthält der Grundrechtsartikel eine Gewährleistung des Privateigentums als solchen. Für den Bereich der Wirtschaft bedeutet dies vor allem eine verfassungsrechtliche Garantie privatwirtschaftlicher Produktionsverhältnisse (↑Wirtschaftsordnung und Grundgesetz S. 30). Ferner begründet die Eigentumsgarantie ein Individualrecht des einzelnen Bürgers gegen den Staat und die anderen Hoheitsträger. Danach ist der Entzug des verfassungsrechtlich geschützten Eigentums (z. B. eines Grundstücks für Zwecke des öffentlichen Straßenbaus) oder dessen sonstige hoheitliche Beeinträchtigung, die dem Betroffenen ein Sonderopfer oder eine nach Schwere und Tragweite unzumutbare Belastung zugunsten der Allgemeinheit auferlegt (z. B. gesundheitsschädliche Lärmeinwirkungen auf ein Wohngebäude von einer neuen öffentlichen Straßenanlage), nur im Wege einer Enteignung gegen angemessene Entschädigung zulässig. Die Enteignung muß dem Wohle der Allgemeinheit dienen und sich mit Rücksicht auf das verfolgte öffentliche Interesse als verhältnismäßig erweisen; sie darf nur durch Gesetz oder aufgrund eines Gesetzes erfolgen, das Art und Ausmaß der Entschädigung regelt (Art. 14 Abs. 3 GG). Unterhalb der Schwelle einer Enteignung werden Inhalt und Schranken des Eigentums durch den Gesetzgeber bestimmt (Art. 14 Abs. 1 Satz 2 GG). Richtmaß hierfür ist die verfassungsrechtlich ebenfalls festgelegte Sozialbindung des Eigentums (Art. 14 Abs. 2 GG).

Zu den gesetzlichen Inhalts- und Schrankenbestimmungen des Eigentums gehören etwa die Normen des öffentlichen und privaten Nachbarrechts, die Nutzungs- und Betätigungsgrenzen der ↑Umweltschutzgesetze (S. 620), vor allem des Immissionssschutzrechts, die Einschränkungen der Baufreiheit durch das öffentliche Baurecht und das Denkmalschutzrecht. Die Eigentumsgarantie ist auch das wichtigste Umweltgrundrecht. Es steht dem einzelnen gegenüber der hoheitlichen Zulassung öffentlicher oder privater Anlagen zu, die das Eigentum ohne rechtlich vertretbare Rechtfertigung aus dem Allgemeinwohl und dem Verhältnismäßigkeitsprinzip in Anspruch nehmen oder beeinträchtigen (z. B. öffentliche Straßen, Eisenbahnanlagen, Flugplätze, industrielle und kerntechnische Anlagen).

Das Grundgesetz kennt zwar auch eine Sozialisierung (Art. 15). Diese muß jedoch im Verhältnis zur Eigentumsgarantie die Ausnahme bleiben.

Artikel 14 - Urteil des Bundesverfassungsgerichts vom 15. 7. 1981 (Entscheidungen des BVerfG, 58. Bd., S. 300ff.). - Kommentar zum Bonner Grundgesetz (Bonner Kommentar). Losebl. 9 Ordner. Hamb. Stand 1983.

Grundrechtsträger im Rahmen der Eigentumsgarantie

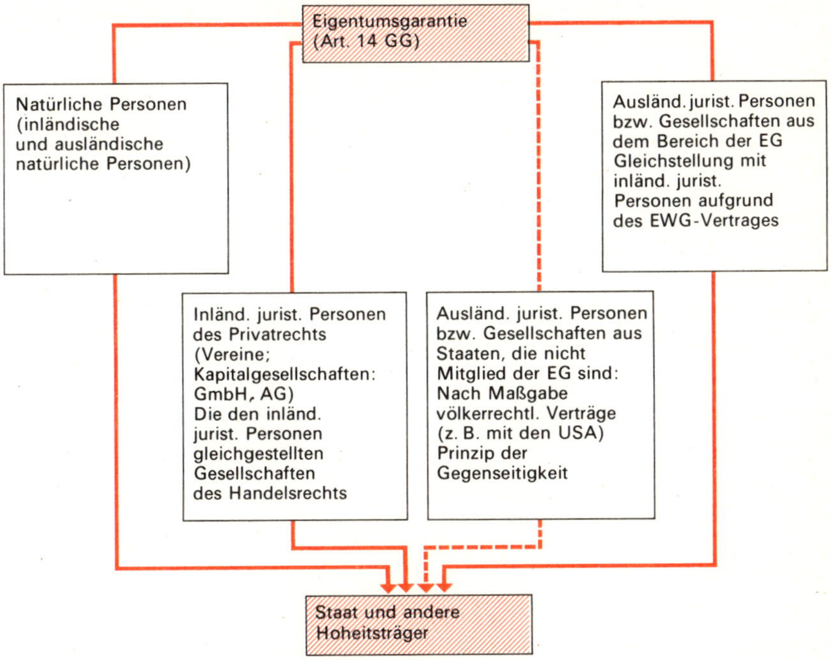

Die Sozialisierungsermächtigung des Art. 15 GG in der Verfassungsordnung

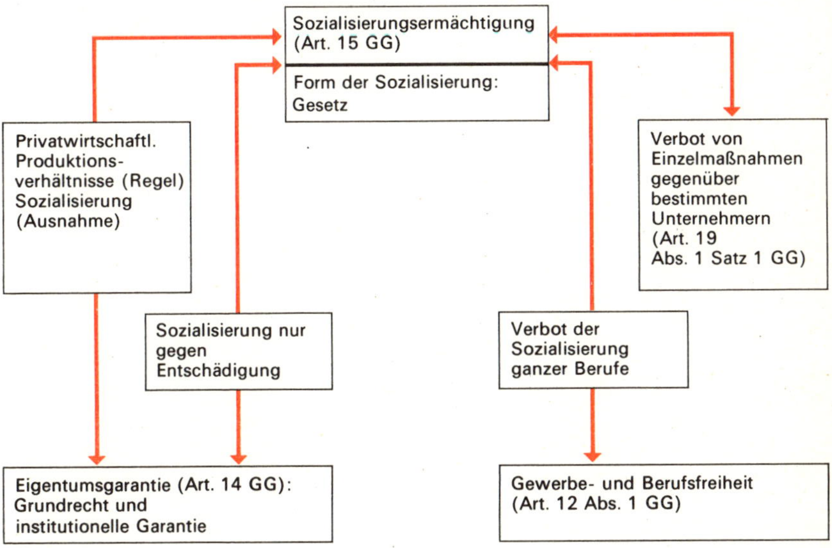

Geld – Geldfunktionen

Geld ist Voraussetzung für eine weitgehende ↑Arbeitsteilung (S. 12). Wesentliche Nachteile einer Wirtschaft, in der die Individuen – soweit sie sich nicht selbst versorgen – Naturaltausch betreiben, können durch die Einführung von Geld beseitigt werden; dies wurde in Deutschland noch einmal während der Zeit vor und nach der Währungsreform verdeutlicht. Geld kann drei Funktionen erfüllen, die des Tauschmittels, der Recheneinheit und des Wertaufbewahrungsmittels.

Geld als Tauschmittel: Der Tausch „Gut gegen Gut" erfordert ein Höchstmaß gegenseitiger Information und Übereinstimmung zwischen den Tauschpartnern; d. h., es muß gleichzeitig über Art, Menge und sonstige Kennzeichen der betreffenden Güter entschieden werden. Mit Einführung von Geld als Tauschmittel wird es möglich, z. B. die Transaktion „Brot gegen Anzug" in einen Tausch „Brot gegen Geld" und einen Tausch „Geld gegen Anzug" aufzuspalten. Die Trennung in zwei Teiltauschvorgänge erfordert nur noch eine Übereinstimmung hinsichtlich der Wertvorstellungen der Tauschpartner und mindert so die zum Tausch notwendigen Informationen. Man findet dadurch leichter Tauschpartner. Gesamtwirtschaftlich bedeutet die organisatorische Trennung von Naturaltauschvorgängen eine Senkung von Informationskosten und spart somit volkswirtschaftliche Produktionsfaktoren, zugleich wird die Herstellung von Gütern zu Tauschzwecken angeregt und damit die arbeitsteilige Produktion gefördert. Unter heutigen Bedingungen können mit Geld nicht nur Güter gekauft, sondern auch finanzielle Forderungen erworben und Schulden getilgt werden. Aus diesem Grund wird auch von der Zahlungs- oder Transaktionsmittelfunktion des Geldes gesprochen. Ökonomisch handelt es sich jedoch dabei ebenfalls um Tauschvorgänge, so daß die genannten Begriffe nebeneinander verwendbar sind.

Geld als Recheneinheit: Ökonomische Tauschvorgänge werden durch die Existenz einer Recheneinheit oder eines allgemeinen Wertmaßstabes erleichtert. Austauschverhältnisse zwischen allen Gütern müßten bei Fehlen einer Recheneinheit gebildet werden, um eine Vergleichbarkeit der Tauschgebote herzustellen und um möglicherweise deren Unterschiede auszunutzen (↑Arbitrage S. 344). Bei der Verwendung von Geld als Recheneinheit und damit der Bewertung der Güter in Geldeinheiten verringert sich die Zahl der in Geld ausgedrückten Austauschverhältnisse (Geldpreise) im Vergleich zum Naturaltausch erheblich. Dies erspart ebenfalls Informationskosten und damit auch Produktionsfaktoren.

Geld als Wertaufbewahrungsmittel: Die Existenz des Geldes ermöglicht auch die zeitliche Trennung von Tauschvorgängen. Der Verkauf eines Gutes braucht nicht mit dem Kauf eines anderen einherzugehen. Geld dient dann folglich als Wertspeicher und erlaubt eine Transaktion zum späteren Zeitpunkt z. B. wegen erwarteter niedriger Preise, was ebenfalls gesamtwirtschaftlich vorteilhaft ist. Bei andauernder und von den Wirtschaftssubjekten empfundener ↑Inflation (S. 496) verliert Geld zunächst seine Wertaufbewahrungsfunktion, die Funktion als Recheneinheit wird erheblich erschwert, schließlich wird bei galoppierender Inflation Geld durch andere Güter als Tauschmittel (z. B. Zigarettenwährung) verdrängt.

Geld ist also alles, was die beschriebenen Geldfunktionen erfüllt. Die Erfüllung lediglich einer Funktion reicht dazu nicht aus. So ist die Europäische Währungseinheit (ECU) als Verrechnungseinheit für den ↑Gemeinsamen Agrarmarkt (S. 580) der EG nicht als Geld zu bezeichnen, da mit ihm keine Transaktionen vorgenommen werden. Historisch gab es unterschiedliche Erscheinungsformen des Geldes. Heute ist Geld als Kreditgeld, d. h. als Forderung gegen eine (Geschäfts-)Bank oder die Zentralbank zu betrachten. Es entsteht durch ↑Geldschöpfung (S. 246).

A. Stobbe: Gesamtwirtsch. Theorie. Berlin u. a. 1975. – C. Köhler: Geldwirtschaft. Bd. 1. 2. Aufl. Berlin 1977.

Geldfunktionen

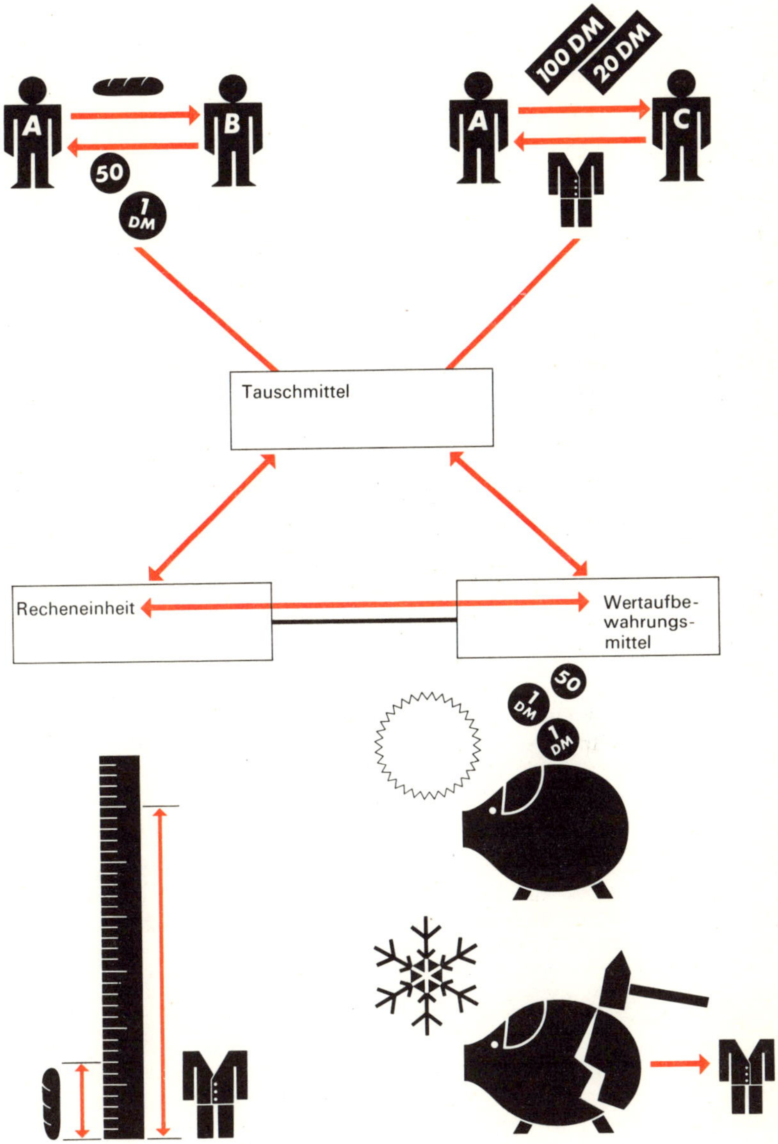

Zentralbank – Deutsche Bundesbank und Landeszentralbanken

Das Funktionieren einer Geldwirtschaft (↑Geld – Geldfunktionen S. 44) und die Sicherung des Geldwertes erfordern unter heutigen Bedingungen eine Institution, die das Geldwesen regelt und überwacht. Diese Aufgaben nimmt in marktwirtschaftlich organisierten Volkswirtschaften eine Zentralbank wahr. Die Zentralbank der Bundesrepublik Deutschland ist die Deutsche Bundesbank. Sie wurde am 1. August 1957 als Nachfolgerin der nach dem Kriege durch Gesetz Nr. 60 der US-Militärregierung sowie entsprechende Vorschriften der britischen und französischen Besatzungsmächte geschaffenen „Bank deutscher Länder" als bundesunmittelbare Körperschaft öffentlichen Rechts mit Sitz der Hauptverwaltung in Frankfurt am Main gegründet. In den Bundesländern und Berlin (West) besteht je eine Landeszentralbank. Diesen 11 Landeszentralbanken sind z. Z. über 200 Haupt- und Zweigstellen unterstellt.

Organe der Bundesbank sind der Zentralbankrat und das Direktorium, die beide vom Bundesbankpräsidenten geleitet werden, sowie die Vorstände der Landeszentralbanken. Der Zentralbankrat setzt sich zusammen aus dem Direktorium und den Vorständen der Landeszentralbanken. Er ist oberstes Organ und bestimmt die ↑Geld- und Kreditpolitik (S. 512) der Bank. Das Direktorium ist ausführendes Organ und setzt insbesondere Beschlüsse des Zentralbankrates in praktische Anordnungen um. Die Mitglieder müssen besondere fachliche Eignung besitzen und werden auf Vorschlag der Bundesregierung – nach Anhörung des Zentralbankrats – vom Bundespräsidenten für i. d. R. acht Jahre bestellt. Die Vorstände der Landeszentralbanken führen die Geschäfte der Bank in ihrem Bereich; v. a. befassen sie sich mit der Abwicklung und Überwachung des Zahlungs- und Kreditverkehrs. Ihre Ernennung erfolgt ähnlich wie bei Direktoriumsmitgliedern, allerdings hat hier der Bundesrat das Vorschlagsrecht.

Rechtsgrundlage der Deutschen Bundesbank ist das Gesetz über die Deutsche Bundesbank (BBankG) vom 26. Juli 1957. Dort sind neben Rechtsform und Organisation die Aufgaben und Befugnisse der Bank geregelt. Hauptaufgabe der Bank ist nach § 3 BBankG die Regelung des ↑Geldumlaufs (S. 48) und der Kreditversorgung der Wirtschaft mit dem Ziel, die Währung zu sichern (stabilitätspolitische Verantwortung), und für die bankenmäßige Abwicklung des Zahlungsverkehrs im Inland und mit dem Ausland zu sorgen. Die Bank nimmt eine Reihe historisch gewachsener Funktionen wahr, die mit ihrer stabilitätspolitischen Verantwortung verknüpft sind. Die Geldversorgung der Wirtschaft geschieht durch Ausgabe von Banknoten (Funktion als Notenbank) und durch Einräumen von Sichtguthaben (unter bestimmten Bedingungen) an Geschäftsbanken sowie deren daraufhin erfolgende Buchgeldschöpfung (↑Geldschöpfung S. 246). Die Steuerung dieser Geld- und Kreditschöpfung durch die Beeinflussung der Refinanzierung der Geschäftsbanken ist somit eine wesentliche Aufgabe der Zentralbank (Funktion als Bank der Banken). Die dazu notwendigen Instrumente der Geld- und Kreditpolitik der Bundesbank sind in den §§ 14–18 BBankG (währungspolitische Befugnisse) aufgeführt. Dort werden das Recht zur Notenausgabe, Diskont-, Kredit- und Offenmarkt- sowie Mindestreserve- und Einlagenpolitik als Steuerungsmittel genannt. Als Bank des Staates übernimmt sie dessen Kassenhaltung und im eng umrissenen Rahmen dessen Kreditfinanzierung. Darüber hinaus ist die Bundesbank die einzige Stelle in der Bundesrepublik, die offizielle Währungsreserven hält. Als Verwalterin der nationalen Währungsreserve sichert sie die internationale Liquidität der Bundesrepublik.

Die Bundesbank besitzt währungspolitische Autonomie. Sie ist also, trotz ihrer Verpflichtung, die allgemeine Wirtschaftspolitik der Bundesregierung zu unterstützen, von Weisungen der Bundesregierung unabhängig.

Die Deutsche Bundesbank, Geldpolitische Aufgaben und Instrumente. Sonderdrucke der Deutschen Bundesbank Nr. 7. 2. Aufl. Frankf. a. M. 1983. – D. Dickertmann/A. Siedenberg: Instrumentarium der Geldpolitik. 4. Aufl. Düsseldorf 1984.

Aufgaben und Arbeitsweise der Deutschen Bundesbank

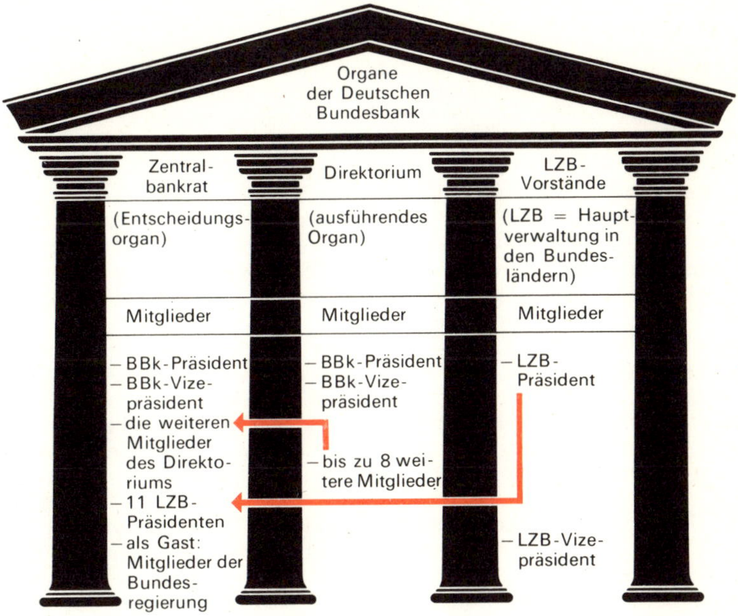

	Zentralbankrat	Direktorium	LZB-Vorstände
Aufgaben	– bestimmt Währungs- und Kreditpolitik – stellt Richtlinien für Verwaltung und Geschäftsführung auf – grenzt Zuständigkeiten des Direktoriums und der LZB-Vorstände ab – erteilt im Einzelfall Direktorium und LZB-Vorständen Weisungen	– Führt Beschlüsse des Zentralbankrats aus – leitet und verwaltet die Bank, soweit nicht LZB-Vorstände zuständig, insbes. Geschäfte mit dem Bund und den Sondervermögen sowie mit den wichtigsten Kreditinstituten der BRD	Geschäfte und Verwaltungsangelegenheiten im zugehörigen Bereich, insbes. Geschäfte mit dem Land und öffentl. Verwaltungen im Land sowie Kreditinstituten ihres Bereichs
Arbeitsweise	Sitzungen in Abständen von 2 Wochen	Sitzungen nach Bedarf	Sitzungen nach Bedarf
Beschlußfähigkeit	Anwesenheit von mind. 2/3 der Mitglieder	Anwesenheit von mind. der Hälfte der Mitglieder	
Beschlußfassung	Kollegialprinzip: mit einfacher Mehrheit der abgegebenen Stimmen	in der Regel mit einfacher Mehrheit der abgegebenen Stimmen; bei Stimmengleichheit gibt die Stimme des Vorsitzenden den Ausschlag	mit einfacher Mehrheit der abgegebenen Stimmen; bei Stimmengleichheit gibt die Stimme des Präsidenten den Ausschlag

Geldmenge und Geldumlauf

Zur Erklärung einer Vielzahl ökonomischer Zusammenhänge (z. B. zwischen den bei Erstellung des Sozialprodukts anfallenden Umsätzen und ihrer Finanzierung) ist die Kenntnis der in einer Volkswirtschaft zu verschiedenen Zeitpunkten vorhandenen Menge an Geld erforderlich. Diese Informationen über Geldmenge und an ihr anknüpfende Zusammenhänge benötigt auch die ↑Zentralbank (S. 46), wenn sie ihrer Hauptaufgabe, der Sicherung des Geldwertes, nachkommen will. Zweckmäßigerweise sollte eine Geldmengendefinition den Bestand an Geld darstellenden Zahlungsmitteln umfassen, der voraussichtlich oder möglicherweise zum Erwerb von Gütern und finanziellen Forderungen oder zur Schuldentilgung verwendbar ist. Dabei ist es sinnvoll, die Volkswirtschaft gedanklich in zwei Teilbereiche aufzuspalten: 1) das Bankensystem, das die Geschäftsbanken und die Zentralbank umfaßt und 2) die Nichtbanken, zu denen die Produktionsunternehmen sowie die öffentlichen und privaten Haushalte gehören. Geht man davon aus, daß das Bankensystem selbst kein Geld zu Transaktionszwecken nachfragt, umfaßt die Geldmenge (des Nichtbankensektors): 1) den Bargeldumlauf und 2) die Sichtguthaben inländischer Nichtbanken bei Banken. Der Bargeldumlauf wiederum setzt sich zusammen aus den Banknoten und Münzen, die sich in Händen von Nichtbanken befinden; er enthält somit annahmegemäß keine Kassenbestände des Bankensektors. Sichtguthaben sind jederzeit fällige Forderungen an eine Bank, die in Banknoten eingelöst werden können und damit einen Anspruch auf Zentralbankgeld darstellen oder über die per Scheck und Überweisung verfügt werden kann.

In der Statistik der Deutschen Bundesbank ist die Geldmengendefinition insofern etwas verändert worden, als die Sichtguthaben öffentlicher Haushalte bei der Zentralbank nicht einbezogen sind. Die so definierte Größe ist das Geldvolumen, in Kurzbezeichnung M_1. Der Grund für die etwas abgewandelte Definition liegt darin, daß die Zentralbankguthaben öffentlicher Stellen wegen ihrer direkten Beeinflußbarkeit durch wirtschaftspolitische Instanzen sich von dem Geldbestand unterscheiden, an dem geldpolitische Maßnahmen ansetzen, um eine Veränderung des Verhaltens privater Wirtschaftssubjekte zu erreichen. M_1 hat sich allein seit 1960 versechsfacht. Der Anteil des Bargeldumlaufs verringert sich mit kleinen Abweichungen ständig, ein Ausdruck z. B. der verstärkten Einrichtung von Gehaltskonten und der Zunahme sonstigen unbaren Zahlungsverkehrs.

Weitere Geldmengendefinitionen enthalten zusätzlich geldnahe Forderungen oder Geldsubstitute. Sie sollen darüber Aufschluß geben, wieviel Quasigeld vorhanden ist, das zu Geld umgewandelt und damit u. U. zu kaufkräftiger Nachfrage werden kann. Die Bundesbank berücksichtigt auch die Möglichkeit, Termingelder in ihre Geldmengenstatistik einzubeziehen. Das entsprechende Geldvolumen M_2 enthält neben den Bestandteilen von M_1 noch Terminguthaben inländischer Nichtbanken bis unter 4 Jahren Fristigkeit. M_{1a}, die Zusammenfassung von M_1 und Termingeldern mit einer Laufzeit bis zu 3 Monaten, galt bis vor wenigen Jahren als zentrale Geldvolumensdefinition. Sie wurde dann ergänzt durch M_3, d. h. M_2 zuzüglich Spareinlagen mit gesetzlicher Kündigungsfrist. Seit 1974 sucht die Bundesbank die Entwicklung der Zentralbankgeldmenge (Summe von Bargeldumlauf und Mindestreserve-Soll für inländische Verbindlichkeiten an Banken) als Indikator der Geldverwendung durch Banken und Nichtbanken zu verstetigen.

Einen allseits überzeugenden Geldmengenbegriff gibt es nicht. Die Verwendung verschiedener Begriffe hängt ab vom Zweck, der statistischen Erfaßbarkeit und von der Notwendigkeit, verändertes Geldhaltungs- und Anlageverhalten zu berücksichtigen.

D. Duwendag/K.-H. Ketterer/W. Köstus/R. Pohl/D. B. Simmert: Geldtheorie und Geldpolitik. 2. Aufl. Köln 1977. – A. Stobbe: Volkswirtschaftslehre I. 5. Aufl. Berlin u. a. 1980.

1. Bargeldumlauf und Geldmenge M_1 der Bundesrepublik Deutschland 1973–1982[1)]

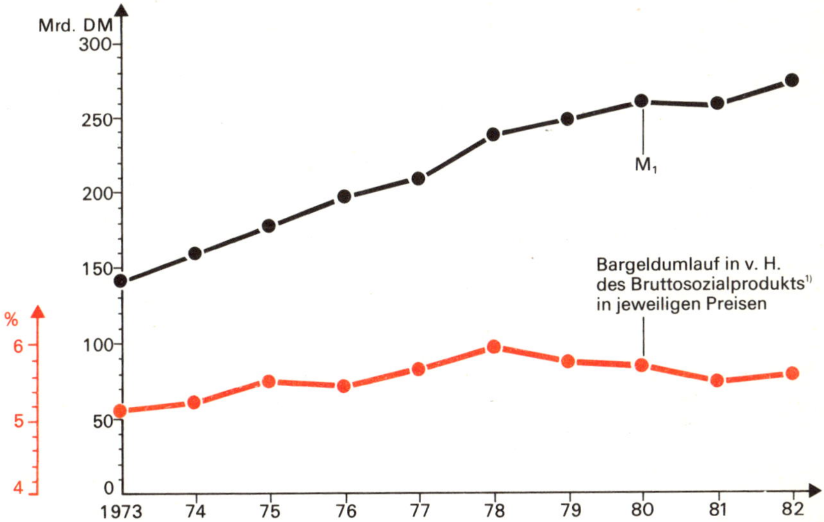

[1)] ab 1980 vorläufiges Ergebnis

2. Entwicklung verschiedener Geldmengenkategorien für die Bundesrepublik Deutschland 1973 – 1982

Geldmengen-kategorie	1973	1974	1975	1976	1977	1978	1979	1980	1981	1982
Zentralbank-geldmenge (Veränderung gegen Vorjahr in v.H.)[1)]	—	—	+7,8	+9,2	+9,1	+11,4	+9,1	+4,8	+4,4	+4,9
Geldvolumen M_1 (Mrd. DM)	142,3	158,4	179,9	189,9	208,1	237,9	247,9	257,3	255,3	273,0
Geldvolumen M_2 (Mrd. DM)	265,9	279,6	279,3	298,1	331,8	375,4	406,5	440,6	478,1	502,2
Geldvolumen M_3 (Mrd. DM)	416,7	452,2	490,9	532,0	591,5	656,6	692,2	739,4	776,0	831,0

[1)] Zentralbankgeldmenge zu konstanten Reservesätzen. Zuwachsraten der Zentralbankgeldmenge wurden aus Jahresdurchschnittsbeständen errechnet.

Wirtschaftsstruktur

Die Wirtschaftsstruktur eines Landes läßt sich vor allem nach zwei Klassifikationsmerkmalen kennzeichnen: sektorale und regionale Merkmale. Geprägt wird diese Struktur vorwiegend durch 1) den Aufbau der Bevölkerung nach Alter, Geschlecht, Beruf u. a. (soziodemographischer Aufbau), 2) die natürliche Ausstattung des Wirtschaftsraumes, 3) den technisch-wissenschaftlichen, organisatorischen und rechtlichen Entwicklungsstand und 4) durch den Grad der wirtschaftlichen Reife (häufig gemessen an der relativen Bedeutung des industriellen Sektors).

Die sektorale Struktur einer Wirtschaft kommt u. a. in den Anteilen der einzelnen Wirtschaftsbereiche an der gesamten Produktion einer Volkswirtschaft zum Ausdruck. Nach dem klassischen Strukturmodell wird die Wirtschaft in drei Bereiche, den primären, den sekundären und den tertiären Sektor unterteilt. Der primäre Sektor umfaßt die Bereiche Land- und Forstwirtschaft sowie Tierhaltung und Fischerei, der sekundäre Bereich beinhaltet alle warenproduzierenden Gewerbezweige und zu dem tertiären Sektor gehören alle Dienstleistungsbereiche wie Handel, Banken und Versicherungswesen, Transport- und Nachrichtenverkehr, staatliche Dienstleistungen u. a. Während in der Zeit vor der Industrialisierung das Schwergewicht auf dem primären Bereich lag, ist im Zeitablauf eine zunehmende Verschiebung vom primären auf den sekundären und tertiären Bereich zu verzeichnen gewesen. Waren um das Jahr 1800 in Deutschland noch etwa 80% der Erwerbsbevölkerung im primären Bereich, 8% im sekundären und 12% im tertiären Sektor tätig, so waren in der BRD im Jahre 1980 nur noch 5,5% der Erwerbstätigen im primären Bereich, 44,2% im sekundären und 50,3% im tertiären Sektor anzutreffen.

Eine solche Entwicklung, also ein sehr starker relativer Rückgang der Land- und Forstwirtschaft verbunden mit einem verhältnismäßig starken Wachstum des industriellen Bereichs und einem nicht ganz so starken Wachstum des Dienstleistungsbereiches, zeigte sich in fast allen Volkswirtschaften. Für die BRD wie auch für andere hochindustrialisierte Staaten ist jedoch seit Jahren bei unvermindertem relativem Rückgang des primären Bereichs eine vergleichsweise starke Ausweitung des tertiären Sektors bei konstantem oder gar rückläufigem Anteil des sekundären Sektors am Sozialprodukt zu verzeichnen.

Die sehr grobe Einteilung einer Volkswirtschaft in nur drei Sektoren ist unbefriedigend, weil sich hieraus keine Informationen über die Anteile der Wirtschaftszweige am Bruttosozialprodukt (↑Volkseinkommen – Sozialprodukt – Gesamtnachfrage S. 360) und ihrer Veränderungen innerhalb der Sektoren entnehmen lassen. Eine tiefergehende Gliederung nach Wirtschaftszweigen wird z. B. bei der ↑Input-Output-Rechnung (S. 356) vorgenommen. Hieraus kann man ein detailliertes Bild der sektoralen Struktur einer Volkswirtschaft gewinnen. Änderungen der sektoralen Struktur, die nicht auf konjunkturelle Schwankungen (↑Konjunktur – Konjunkturverlauf S. 488) oder saisonale Einflüsse zurückzuführen sind, vollziehen sich in einer Volkswirtschaft ständig. Solche Strukturänderungen (↑Wirtschaftswachstum und Strukturwandel S. 536) ergeben sich infolge von Verschiebungen in der Nachfragestruktur, als Folge 1) von Veränderungen der relativen Reichlichkeit der Produktionsfaktoren, 2) der Entdeckung neuer Rohstoffe, 3) des Aufkommens neuer Produkte oder Produktionstechnologien (↑technischer Fortschritt S. 530) sowie 4) der durch zunehmende internationale Arbeitsteilung bedingten Änderung von Umfang und Zusammensetzung des ↑Außenhandels (S. 316).

Die regionale Struktur, die ebenfalls laufend Änderungen unterworfen ist (↑räumliche Wirtschaftsentwicklung S. 538), wird bestimmt durch das Verhältnis der Teilräume untereinander und zum Gesamtraum in bezug auf Wirtschaftskraft, Erwerbsbevölkerung, Pro-Kopf-Einkommen, demographischen Bevölkerungsaufbau u. a.

A. Stobbe: Volkswirtschaftslehre I. 5. Aufl. Berlin u. a. 1980.

1. Erwerbstätige nach Wirtschaftsbereichen 1950 und 1980

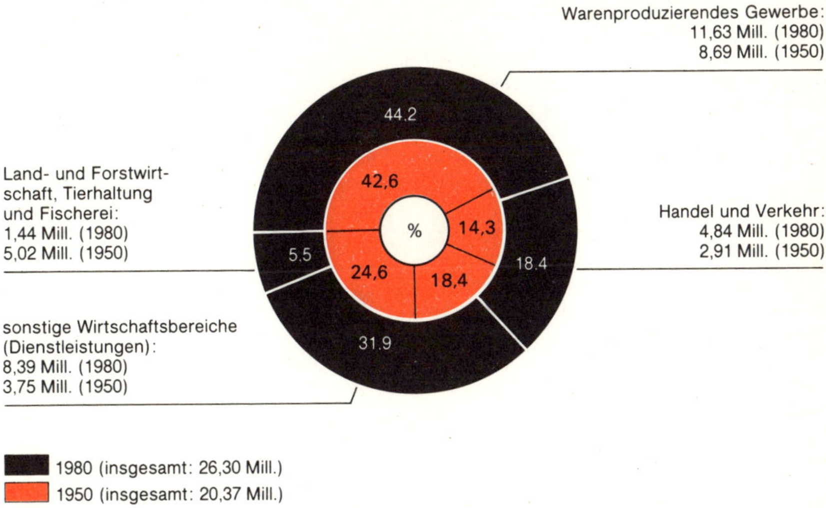

2. Beiträge der Wirtschaftsbereiche zur Bruttowertschöpfung 1954 und 1982

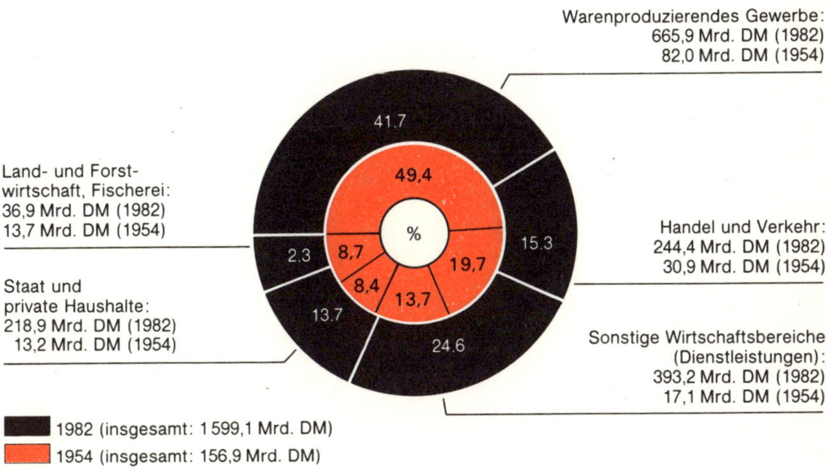

Arbeit – Erwerbstätigkeit

Arbeit als Produktionsfaktor ist der Teil körperlicher und geistiger Tätigkeiten des Menschen, der auf die Herstellung von Sachgütern und Dienstleistungen zur Bedürfnisbefriedigung zielt. Verglichen mit den anderen Arten von Produktionsfaktoren, ↑Kapital (S. 54) und ↑Boden (S. 56), hat die Arbeit eine Sonderstellung. Zunächst wären ohne sie die anderen Produktionsfaktoren unbrauchbar; Kapital und Boden müssen mit Arbeit kombiniert werden, damit sie eine Leistung erbringen können. Außerdem ist Arbeit im Vergleich zu Kapital ein „ursprünglicher" Faktor, da dieses erst mit ihrer Hilfe erstellbar ist. Ferner kann Arbeitsleistung von der Person des Arbeitenden nicht getrennt werden; daher beinhalten Art und Umstände der Erbringung der Leistung, die Arbeitsbedingungen, zugleich eine besondere soziale Problematik. Schließlich ist Arbeitsleistung nicht nur für unterschiedliche Zwecke nutzbar; vielmehr ist ihre Verwendbarkeit vielseitiger als die anderer Produktionsfaktoren und vor allem kann das Leistungsvermögen des Menschen durch eine Reihe von Lernvorgängen (Erfahrung, Ausbildung) verändert und verbessert werden.

Bei der Kombination mit anderen Produktionsfaktoren kann Arbeit einerseits ausführende, objektbezogene und andererseits planende, kontrollierende und leitende Funktionen (dispositive Tätigkeiten) haben. In den meisten ↑Betrieben (S. 60) als Produktionseinheiten wird die Arbeitskraft mehrerer Menschen benötigt, die mit unterschiedlichen Aufgaben betraut sind. Die Zerlegung der Gesamtaufgabe eines Betriebes in unterschiedliche Teilaufgaben und deren Zuordnung zu Einzelpersonen, die arbeitsteilige ↑Betriebsorganisation (S. 66), hat sich ebenso als wirtschaftlich erwiesen, wie die Arbeitsteilung zwischen Betrieben, Regionen und Nationen. Auch diese Arbeitsteilung ist nicht endgültig. Vielmehr kann es nötig und vorteilhaft sein, sie z. B. als Folge organisatorischer und technologischer Entwicklungen sowie Änderungen der betrieblichen Leistung zu verändern. Eine Anpassung des Menschen an veränderte Produktionsbedingungen verlangt i. d. R. selbst Aufwand an Produktionsfaktoren (z. B. bei Umschulung).

Die Zahl der Arbeitskräfte, ihre Leistungsfähigkeit und ihre zeitliche Inanspruchnahme bestimmen den Bestand des Faktors Arbeit einer Volkswirtschaft. Wieviele Arbeitskräfte in den Produktionsprozeß einbeziehbar sind, hängt in erster Linie von der Struktur der Wohnbevölkerung eines Landes nach Alter und Geschlecht sowie von gesetzlichen Beschränkungen (z. B. Jugendarbeitsschutzgesetz, obere Altersgrenzen) ab. Zu- und Abwanderungen können den Bestand an Personen im erwerbsfähigen Alter ebenso verändern wie der Zu- bzw. Abstrom von Arbeitskräften auf Zeit („Gastarbeiter"). Die zeitliche Inanspruchnahme des Faktors Arbeit wird durch die Art der Tätigkeit und die mit ihr verbundenen Belastungen geprägt. Als ein Bestimmungsfaktor der Leistung wird die Arbeitszeit i. d. R. in ↑Tarifverträgen (S. 442) festgelegt (Manteltarif). Vor allem durch größere Leistungsintensität – angeregt etwa durch Verkürzung von Vorgabezeiten bei Akkordentlohnung (↑Lohnformen S. 122) – und durch Überstunden ist die Inanspruchnahme des Faktors Arbeit begrenzt dehnbar. Seine Leistungsfähigkeit kann durch Ausbildung gesteigert werden. Diese verlangt selbst Aufwand an Produktionsfaktoren und ist i. d. R. über längere Zeit verwertbar; daher ist sie wirtschaftlich gesehen ein ↑Investieren (S. 196) in den Menschen.

In einer arbeitsteiligen Wirtschaft eignen sich nur solche Ergebnisse menschlicher Arbeit zum ↑Tausch (S. 12) und damit zur Existenzsicherung für die sich kaufkräftige Nachfrager finden. Wandel der Nachfrage und Anpassungschwierigkeiten der Anbieter von Arbeitsleistungen können somit deren Existenz gefährden. Sie lassen ↑Vollbeschäftigung (S. 504) zu einem wirtschaftspolitischen Ziel (↑wirtschaftspolitische Ziele und Zielkonflikte S. 368) werden.

Funkkolleg Sozialer Wandel. 2. Studienbegleitbrief. Weinh. u. a. 1974. – A. Rittmannsberger: Ausgew. Kapitel der Volkswirtsch. 6. Aufl. Stuttg. 1977.

Altersaufbau und Erwerbstätigkeit der Wohnbevölkerung der Bundesrepublik Deutschland 1981

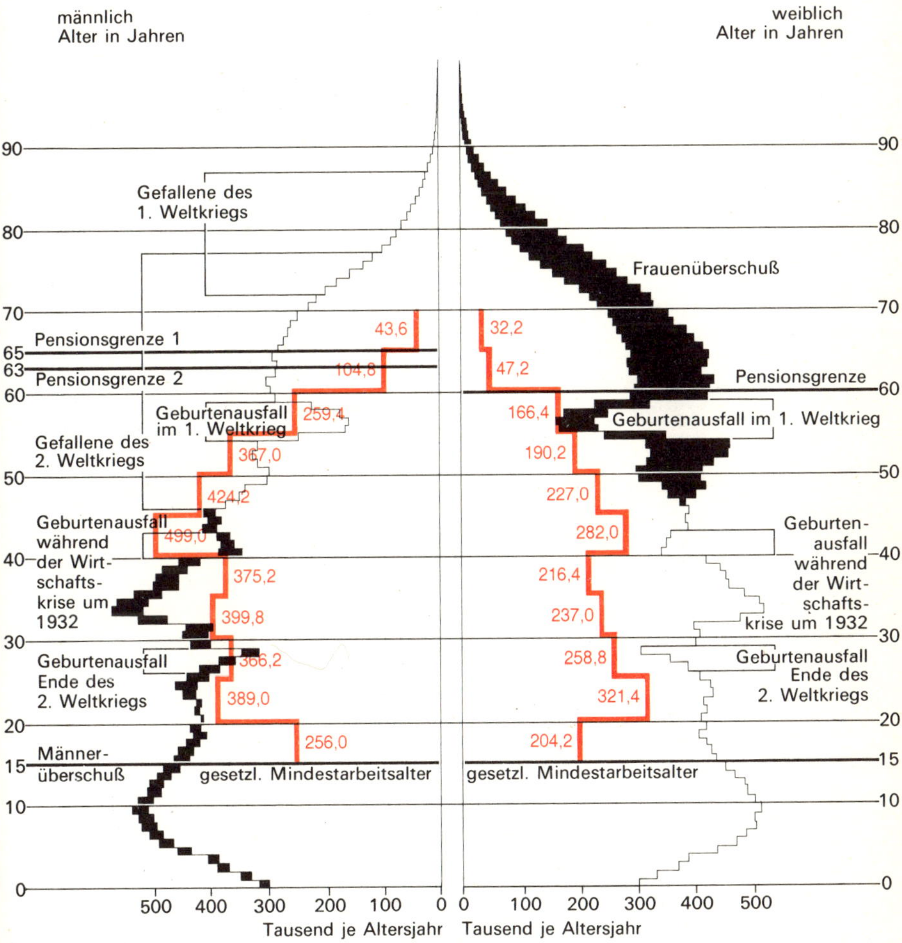

Durchschnittliche Erwerbstätigkeit innerhalb von 5-Jahres-Altersgruppierungen der Erwerbspersonen

Erwerbspersonen: Alle Personen (Deutsche und Ausländer) mit Wohnsitz im Bundesgebiet, die eine unmittelbar oder mittelbar auf Erwerb gerichtete Tätigkeit auszuüben pflegen. Sie setzen sich zusammen aus den Erwerbstätigen und den Erwerbslosen.
Wohnbevölkerung: Die Personen mit nur einer Wohnung werden der Gemeinde zugerechnet, in der sich die Wohnung befindet. Bei Personen, die mehr als eine Wohnung oder sonstige Unterkunft haben, ist für die Zuordnung zur Wohnbevölkerung diejenige Wohnung bzw. Unterkunft maßgebend, von der aus sie ihrer Arbeit oder Ausbildung nachgehen.

Kapital – Produktionsvermögen

In unmittelbarem Zusammenhang mit dem Produktionsprozeß wird unter Kapital die dazu einsetzbare Menge an Produktionsgütern verstanden, die selbst durch den Einsatz von ↑Arbeit (S. 52), ↑Boden (S. 56) und/oder Kapital erzeugt worden ist (produzierte Produktionsmittel). Dieses Sach- oder Realkapital kommt in zwei Formen zum Einsatz: 1) Das feste oder Anlagekapital besteht aus Gütern, die bei ihrer ersten Verwendung nicht vollständig aufgebraucht werden, sondern über einen Zeitraum Leistungen abgeben (Gebrauchsgüter wie Werksgebäude und Maschinen). 2) Das bewegliche oder Umlaufkapital besteht aus Gütern, die im Produktionsprozeß verbraucht, umgewandelt oder veredelt werden (Verbrauchsgüter wie Schmiermittel, Rohstoffe und Halberzeugnisse).

In einem ↑Unternehmen (S. 60) sind zur Bildung von Sachkapital finanzielle Mittel (Geldkapital) erforderlich, aber auch zur Beschaffung von anderen Produktionsfaktoren. Daher übersteigt der Kapitalbedarf eines Unternehmens das, was insgesamt in den beiden Formen von Sachkapital gebunden ist. Mit der Umwandlung von Geldkapital in Sachkapital werden Investitionen (↑Investieren S. 196) vorgenommen. Der Investitionszweck unterscheidet Kapital von ↑Geld (S. 44). Nur wenn Geld zu Investitions- und damit letztlich zu Produktionszwecken eingesetzt wird, gewinnt es Kapitalcharakter. Auf den Menschen bezogen entsteht durch Aufwand für Ausbildung mit dem Ziel der Verbesserung der Arbeitsleistung Bildungskapital (menschliches Kapital, „human capital"). Der Wert dieses durch Ausbildungsinvestitionen geschaffenen Kapitals als eine besondere Form von ↑Vermögen (S. 202) hängt von seiner Brauchbarkeit im arbeitsteiligen Produktionsprozeß ab. Er kann sich durch Veralten ebenso verringern wie Sachkapital. Das bewertete Sachkapital eines Unternehmens ist Teil von dessen Vermögen und in Anlage- und Umlaufvermögen aufteilbar.

Vor allem das Anlagekapital vermag den Faktor Arbeit zu ergänzen und/oder zu ersetzen und dessen ↑Produktivität (S. 74) zu steigern. Erhaltung und Vermehrung des Kapitalbestandes erfordern Investitionen (↑Investitionsarten S. 196). Aufgrund ↑technischen Fortschritts (S. 530) verändern Ersatz und Vermehrung des Kapitalbestandes dessen Leistungsfähigkeit ständig. In den meisten Volkswirtschaften wird der Bestand an Sachkapital und im engeren Sinne der von Anlagekapital sowohl absolut laufend erhöht als auch im Verhältnis zum Arbeitseinsatz (Kapitalintensität) sowie im Verhältnis zur Produktion (Kapitalkoeffizient).

Auch beim Produktionsfaktor Kapital muß sorgfältig zwischen dem Träger oder der Quelle von Leistungsbeiträgen, wie einer Maschine oder einem Gebäude, und den Leistungen selbst unterschieden werden. Das Vorhandensein von Leistungsträgern ist nicht gleichbedeutend mit Produktion. Produzieren heißt, Sachgüter und Dienstleistungen im Rahmen eines technisch möglichen Prozesses so einzusetzen, daß entweder vorhandene Güter verändert oder neue Güter erzeugt werden. Welche technischen Möglichkeiten genutzt werden, wird nach dem Kriterium der Wirtschaftlichkeit (↑Wirtschaften S. 12) entschieden. Orientierungshilfen geben dabei die Preise für die verschiedenen Produktionsfaktoren. Sie zeigen in einem funktionsfähigen marktwirtschaftlichen System an, wie die mit dem Faktoreinsatz ausgeschlossene bestmögliche alternative Verwendungsart bewertet wird. Im Falle von Kapital fließt der mit seinem Einsatz erzielbare Ertrag (Kapitaleinkommen) ebenso seinem Eigentümer zu, wie dies bei anderen Faktoren der Fall ist. Findet das Leistungsergebnis keinen Abnehmer oder wird es relativ schlecht bewertet, so wird damit zugleich der Eigentümer über die Einkommensentwicklung angeregt, den Produktionsfaktor, hier Kapital, einer besseren Verwendung zuzuführen.

A. Stobbe: Volkswirtsch. I. 5. Aufl. Berlin u.a. 1980. – P. A. Samuelson: Volkswirtsch. Bd. 1. 7. Aufl. Köln 1981.

Nettoanlagevermögen der Unternehmen zu Wiederbeschaffungspreisen[1)]

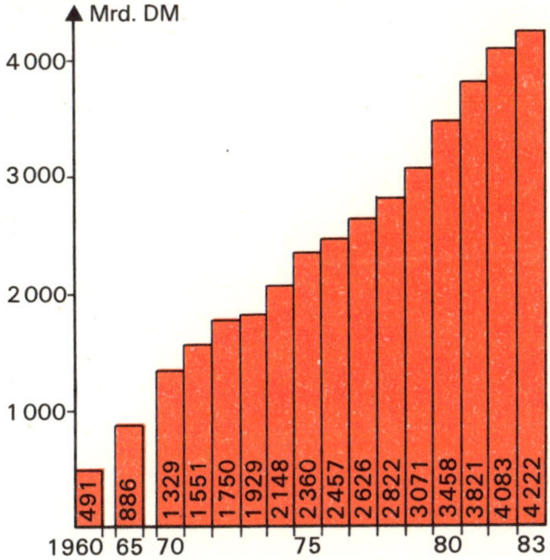

[1)]ab 1981 vorläufiges Ergebnis

Relativer Zuwachs des Nettoanlagevermögens der Unternehmen gegenüber Vorjahr[1)]

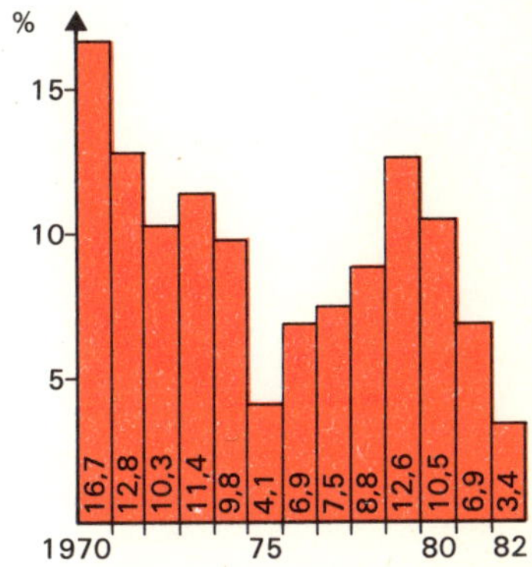

[1)]ab 1981 vorläufiges Ergebnis

Zur Substitution zwischen Arbeit und Kapital im Verarbeitenden Gewerbe 1960–1980 (1976=100)

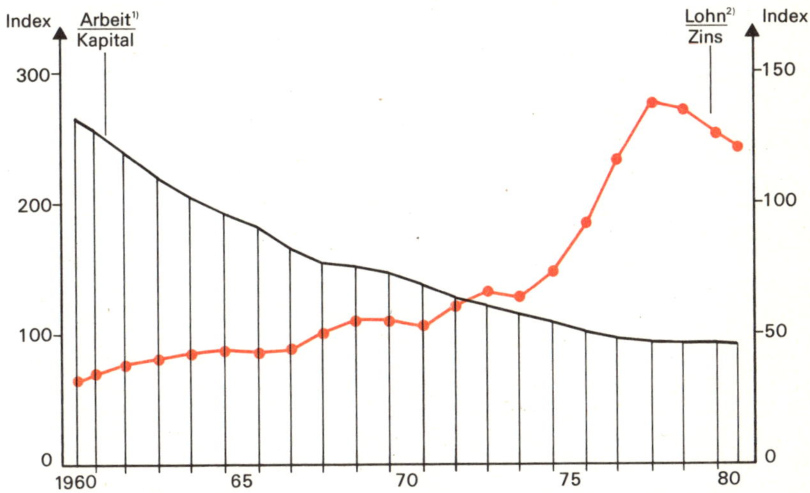

[1)]Verhältnis von Erwerbstätigenanzahl zu Bruttoanlagevermögen in Preisen von 1976
[2)]Verhältnis von Lohn- und Gehaltssumme je Erwerbstätigen zur Umlaufsrendite für Industrieobligationen

Boden

Unter dem Produktionsfaktor Boden versteht man alle der Produktion dienenden Naturstoffe und außermenschlichen Naturkräfte über, auf oder in der Erde. Der Produktionsbeitrag des Bodens besteht zum einen in seiner Anbaufähigkeit durch die Land- und Forstwirtschaft (Anbauboden). Er liefert Stoffe, die den Aufbau der Pflanzen ermöglichen, die wiederum gleichzeitig Rohstoffe für die Erstellung von Nahrungsmitteln und Werkstoffen für andere Sachgüter abgeben. Darüber hinaus enthält der Boden Stoffe wie Erze, Kohle, Steine, Erdöl u. a., die im Produktionsprozeß zu Gütern umgeformt werden und für den Gebrauch und Verbrauch bestimmt sind, d. h., der Boden ist abbaufähig (Abbauboden). Weiterhin liefert der Boden Energien, die die Arbeitskraft des Menschen ergänzen und Hilfsfunktionen für die Erzeugung und den Transport von Gütern darstellen (Wasserkraft, Wärme u. a.). Schließlich kennzeichnet den Produktionsfaktor Boden die Bebauungsfähigkeit durch private und staatliche Unternehmen und Haushalte (Bebauungsboden). In diesem Fall dient der Boden als ↑Standort (S. 58) für Produktionsbetriebe, Wohngebäude und als Träger von Verkehrssystemen wie Land- und Wasserstraßen, Eisenbahnen, Flughäfen usw. Der Produktionsfaktor Boden ist nicht durch andere Produktionsfaktoren zu ersetzen (ursprünglicher Produktionsfaktor).

Innerhalb einer Volkswirtschaft ist der Boden im allgemeinen nicht vermehrbar, wenn auch in sehr beschränktem Ausmaß eine Neugewinnung von nutzbarem Boden durch Trockenlegung, Bewässerung oder Verbesserung von bislang unproduktivem Boden möglich ist. Der mögliche Beitrag des Produktionsfaktors Boden zur Erreichung der angestrebten Produktionsziele wird durch den Bestand und die Qualität bestimmt. Die Qualität und damit die Bedeutung des Bodens ändert sich durch die Verwendung im Zeitablauf. Teilweise Ausdruck dieser Veränderung und ihrer Beurteilung sind die Diskussionen z.B. über die Bodenreform, die ↑Energiepolitik (S. 554), die ↑Agrarpolitik (S. 556) und über das ↑wirtschaftliche Wachstum (S. 528). Um die vorhandene Menge an Boden konkurrieren die verschiedenen Sektoren wie Landwirtschaft, Industrie, Staat oder der Wohnungsbau für verschiedene Nutzungsarten. Im Jahr 1981 wurden in der BRD 84,8% des Bodens land- und forstwirtschaftlich, 10,8% für Bebauungs- und Verkehrsflächen genutzt. 1977 waren es 82,6 bzw. 11,3%.

Durch die Be- und Verarbeitung des Bodens und der Bodenschätze unterliegt der Boden einer Abnutzung. Beim Anbauboden ist diese Abnutzung durch Brachliegen oder künstlich durch Düngung wieder ersetzbar. Die Abnutzung durch die Gewinnung von Bodenschätzen ist nicht, die durch die Verwendung als Bebauungsboden häufig erst längerfristig rückgängig zu machen. Diese Beschränkungen setzen ↑Grenzen des Wachstums (S. 540) für einzelne Verwendungsarten des Bodens. Von den uns jetzt bekannten Rohstoffen wird erwartet, daß sie bei Aufrechterhaltung der augenblicklichen Verbrauchsmengen und ihrer Steigerungsraten bis in 50 Jahren erschöpft sein werden. Allerdings sind bis auf wenige Ausnahmen nur sehr ungenaue Informationen über den ganzen Umfang der Rohstoffe und Rohstoffvorkommen der Erde vorhanden. Bislang wurde ein größerer Teil der Erdoberfläche wie Sibirien, Südamerika, Afrika und die Ozeane nur annäherungsweise auf Rohstofflager und deren Nutzungsmöglichkeiten hin untersucht. Bekannt sind vor allem Vorkommen in leichter zugänglichen Gebieten. Ferner sind Rohstoffe und Bodenschätze zumindest teilweise durch andere ersetzbar. Eine Vergrößerung der ↑Produktivität (S. 74) des Bodens kann durch neue Technologien erreicht werden. Ohne Vergrößerung des Anbaubodens ist eine Ergebnissteigerung durch intensivere Landnutzung und verbesserte landwirtschaftliche Techniken zu erzielen. Die Versorgungsprobleme hängen also letztlich von den wissenschaftlichen und technologischen Fähigkeiten und Erkenntnissen der Menschen ab.

Raumordnungsbericht 1974. Hg. v. B.-Min. für Raumordnung, Bauwesen u. Städtebau. Bonn-Bad Godesb. 1975.

Flächennutzung in der Bundesrepublik Deutschland 1977

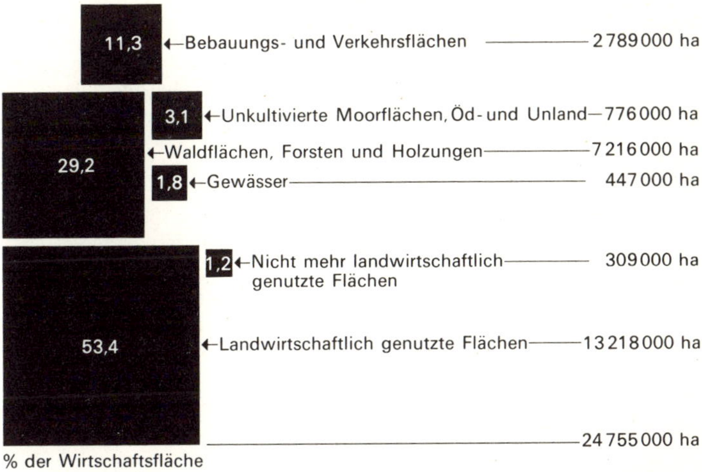

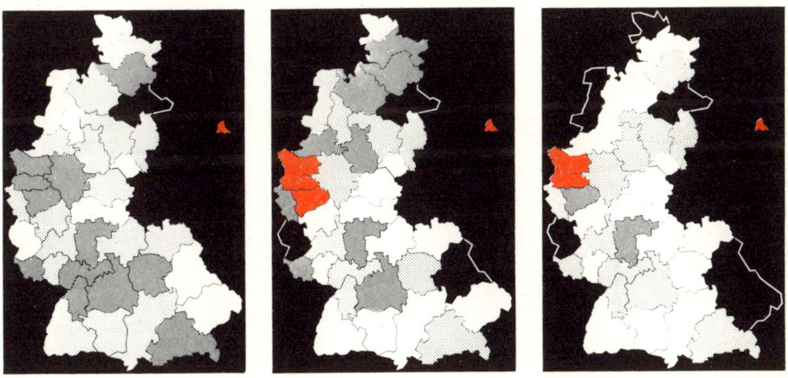

Siedlungsfläche je Einw. 1973

- unter 200 qm
- 200 bis unter 400 qm
- 400 bis unter 600 qm
- 600 bis unter 1 000 qm
- 1 000 qm und mehr

Naturnahe Fläche je Einw. 1973

- unter 500 qm
- 500 bis unter 1 000 qm
- 1 000 bis unter 2 000 qm
- 2 000 bis unter 4 000 qm
- 4 000 qm und mehr

Freifläche je Einw. 1973

- unter 1 000 qm
- 1 000 bis unter 2 000 qm
- 2 000 bis unter 4 000 qm
- 4 000 bis unter 8 000 qm
- 8 000 qm und mehr

Siedlungsfläche: Gebäude-, Hofflächen, Straßen, Wege, Eisenbahnen, Ziergärten, Friedhöfe, Park – Grünanlagen, Sport-, Flug- und militär. Übungsplätze

Naturnahe Flächen: Waldfläche, Gewässer, unkultivierte Fläche

Freiflächen: Landwirtschaftl. Nutzfläche einschließl. Brache, naturnahe Flächen, Park- und Grünanlagen, Sport-, Flug- und militär. Übungsplätze

Standort – Standortfaktoren

Der Standort ist der Ort der Niederlassung von ↑Betrieben (S. 60). Die Entscheidung für einen Standort beeinflußt Aufbau und Erfolgschancen eines Unternehmens auf lange Sicht und beinhaltet die Wahl zwischen mehr oder weniger zahlreichen Alternativen. Die beschränkte Wahlmöglichkeit wird besonders deutlich in den Fällen, in denen die Produktion an räumlich unveränderbare Gegebenheiten wie Bodenschätze für Abbauunternehmen gebunden ist. Für die meisten Wirtschaftszweige ist jedoch die Standortwahl weniger stark eingeschränkt.

Vom Standort eines Betriebes zu unterscheiden ist der Sitz des ↑Unternehmens (S. 60), der üblicherweise im Gesellschaftervertrag bzw. durch Entscheidung des Einzelunternehmers festgelegt wird. An ihm befinden sich i. d. R. Geschäftsleitung und Verwaltung. Der Sitz ist vor allem maßgebend für die Bestimmung des Erfüllungsortes im ↑Kaufvertragsrecht (S. 132), des Gerichtsstandes und des für das Handelsregister zuständigen Registergerichts.

Ist eine relativ freie Standortwahl möglich, so sind vier Arten der Auswahl vorzunehmen. Erstens ist zu entscheiden, ob der Betrieb oder ein Betriebsteil im In- oder Ausland errichtet werden soll (internationale Standortwahl). Zweitens stellt sich das Problem, welcher Ort in einem bestimmten Land gewählt werden soll (interlokale Standortwahl). Drittens geht es um den günstigsten Standort innerhalb der gewählten Gemeinde (lokale Standortwahl). Schließlich ist die Frage nach dem Standort der einzelnen Abteilungen innerhalb des Betriebes zu beantworten (innerbetriebliche Standortwahl).

Bei der Standortwahl als betriebswirtschaftlicher Entscheidung mit Langzeitwirkung geht es letztlich darum, den oder die Standorte zu bestimmen, bei denen den ↑Unternehmenszielen (S. 62) durch geringere Kosten der Raumüberwindung nicht mehr besser entsprochen werden kann. Dabei sind einmal Transportkosten im weitesten Sinn gemeint; sie umfassen auch Informations- und Kommunikationskosten. Zum anderen werden nicht einseitig Transportkosten minimiert, sondern auch der Umstand berücksichtigt, daß die gesamte betriebliche Kostenstruktur ebenso wie die Absatzchancen standortbezogen sein können. Dazu gehört, daß vor allem in Ballungsräumen (Agglomerationen) ↑externe Kosten (S. 180), aber auch Erträge das Betriebsergebnis entscheidend beeinflussen können; die Beeinträchtigung der Bezugs- und Absatzkosten durch eine hohe Verkehrsdichte sind hier ebenso zu nennen wie die Vorteile eines hochqualifizierten und/oder spezialisierten, örtlichen Arbeitsangebotes. Aber auch die in einer Agglomeration wahrnehmbaren Absatzchancen können die verschiedenen Betriebe in die Lage versetzen, Vorteile der Massenproduktion zu erwirtschaften, durch die über das System der Lieferverflechtungen das Kostenniveau der gesamten Agglomeration gesenkt werden kann.

Soweit einzelne standortbezogene Kosten und Erträge für die Standortwahl als ausschlaggebend gelten, lassen sich unterscheiden: 1) Material- oder Rohstofforientierung: Der Standort richtet sich primär nach dem Vorhandensein von Roh-, Hilfs- und Betriebsstoffen. 2) Arbeitsorientierung: Niedrige Löhne und ein unausgeschöpftes Arbeitskräftereservoir sind wichtige Entscheidungshilfen. 3) Abgabenorientierung: Durch unterschiedliche Besteuerung in den einzelnen Gemeinden und damit unterschiedliche Steuerbelastungen der Unternehmen können „künstliche" Standortvorteile entstehen. 4) Energieorientierung: Mit der zunehmenden Dichte des Versorgungsnetzes ist dies nur noch für wenige Wirtschaftszweige von Belang. 5) Verkehrsorientierung: Werften und Reedereien verdeutlichen diesen Aspekt ganz besonders. 6) Absatzorientierung: Im Unterschied zu verkehrsorientierten Betrieben zählen hierzu auch Buslinien und Taxen neben den Handelsbetrieben als besonders typische Fälle. 7) Umweltorientierung: Der Einsatz von ↑Instrumenten der Umweltschutzpolitik (S. 616) kann besondere Standortkosten entstehen lassen.

G. Vogler: Allg. Betriebswirtsch. Opladen 1976. – G. Wöhe: Einf. in die Allg. Betriebswirtsch. 14. Aufl. München 1981.

Abb.: Standorte wichtiger Industriezweige

Betrieb – Unternehmen

Die Betriebe der Wirtschaft dienen der Produktion von Sachgütern und Dienstleistungen und letztlich dem Ziel, vielfältige menschliche Bedürfnisse zu befriedigen. Als Produktionsbetriebe und im Gegensatz zu den Haushalten als Konsumtionsbetrieben decken sie vorwiegend den Bedarf Dritter. Dies geschieht durch planvoll kombinierten Einsatz der Produktionsfaktoren ↑Arbeit (S. 52), Betriebsmittel oder Anlagekapital sowie Werkstoffe oder Umlaufkapital (↑Kapital S. 54) an ausgewählten ↑Standorten (S. 58, ↑Boden S. 56). Die Bedarfsdeckung Dritter ist nicht Selbstzweck, sondern Ergebnis von arbeitsteiligem ↑Wirtschaften (S. 12). Dabei wird das Wirtschaftlichkeitsprinzip (↑Wirtschaften – Arbeitsteilung – Tausch S. 12) beachtet: Ein gesetzter Zweck ist mit möglichst geringen Mitteln zu erreichen (Sparprinzip), bzw. mit vorgegebenen Mitteln ist ein Zweck bestmöglich zu erfüllen (Optimierungsprinzip).

Die bisher genannten, von der Art der ↑Wirtschaftsordnung (S. 18) unabhängigen Bestimmungsfaktoren betrieblichen Handelns müssen durch systembezogene Tatbestände ergänzt werden. In einer zentral geleiteten (Plan-)Wirtschaft erfolgt die Leistungserstellung der Betriebe nach zentralen Volkswirtschaftsplänen. Im Unterschied zu dezentralisierten marktwirtschaftlichen Systemen werden betriebliche Entscheidungen in diesem Fall kaum autonom und marktorientiert gefällt. Vielmehr ist der Betrieb ausführendes, organisatorisch weithin unselbständiges, fremdbestimmtes Organ zentraler Wirtschaftsbehörden. Sie lenken das betriebliche Geschehen u. a. durch Vorgabe von Produktionssolls, Zuteilung von Produktionsfaktoren und marktunabhängige Festpreise. Dies setzt entweder voraus, daß die Produktionsmittel vergesellschaftet sind (↑Sozialisierung S. 42) oder die private Verfügungsgewalt über sie stark eingeschränkt ist, wie z. B. während der nationalsozialistischen Zwangswirtschaft.

Bei Privateigentum an Produktionsmitteln und marktwirtschaftlicher ↑Koordination von Wirtschaftsplänen (S. 16) werden betriebliche Entscheidungen autonom gefällt und an der Situation auf den Absatz- und Beschaffungsmärkten orientiert. Bedürfnisse werden entsprechend der kaufkräftigen ↑Nachfrage (S. 170) befriedigt, solange und soweit hierdurch die erwerbswirtschaftlichen Ziele der Produktionsmitteleigentümer erfüllbar erscheinen. Ihren Interessen entsprechend steht die Erwirtschaftung eines Gewinns im Vordergrund. Derart durch das marktwirtschaftlich-kapitalistische System mitgeprägte Betriebe werden allgemein als (erwerbswirtschaftliche) Unternehmen bezeichnet. Das Unternehmen führt Gewinne an seine Eigenkapitalgeber ab. Letztere sind zwar zugleich Träger des Kapitalrisikos (Verluste), jedoch nicht zwingend auch verantwortlich für die Unternehmensführung, da abhängig Beschäftigten die Führungsaufgabe übertragen werden kann (Angestellten-Unternehmer). Dies läßt sich durch eine entsprechende ↑Wahl der Rechtsform von Unternehmen (S. 102) ermöglichen.

Privates Wirtschaften wird in der Marktwirtschaft durch staatliches Wirtschaften mit öffentlichem Produktionsmitteleigentum ergänzt, das sich in einer Vielfalt von Mischformen zwischen dem Betrieb als Unternehmen und dem Betrieb als Organ staatlicher Behörden äußert (↑öffentliche Unternehmen S. 402, ↑Kommunalwirtschaft S. 404). Rechtsform derartiger öffentlicher Betriebe der Marktwirtschaft sind entweder die privatrechtlichen Formen der Unternehmen oder besondere Institutionen des öffentlichen Rechts (Körperschaft, Anstalt, Stiftung). Die Entscheidungsgewalt kann sowohl einem Unternehmen übertragen werden als auch bei einer Gebietskörperschaft verbleiben. An die Stelle des Erwerbsprinzips tritt dabei häufig die Gemeinwohlorientierung (z. B. Kostendeckungsprinzip, Zuschußbetrieb).

H. Ulrich: Die Unternehmung als produktives soziales System. 2. Aufl. Bern 1970. – G. Wöhe: Einf. in die Allg. Betriebswirtsch. 14. Aufl. München 1981.

Wirtschaftssystemunabhängige Bestimmungsgrößen

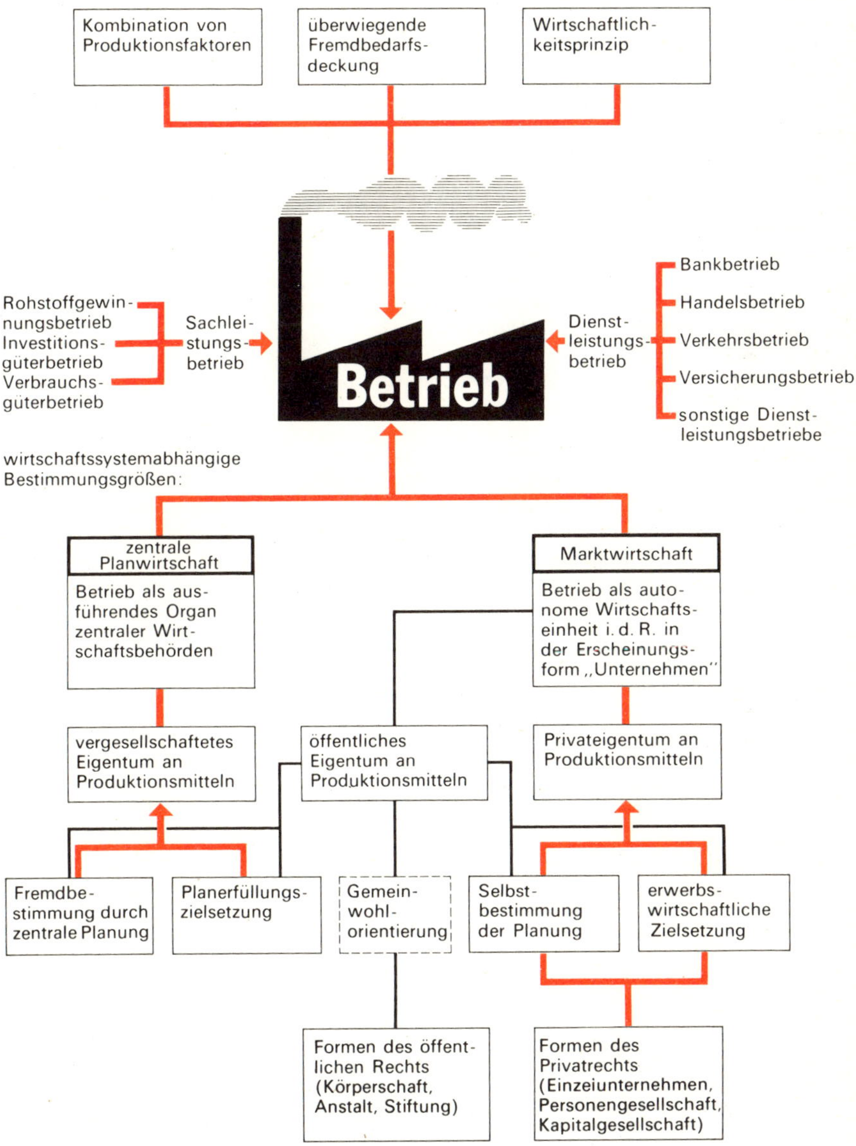

Unternehmensziele

Mit der Formulierung verbindlicher Ziele wird das Arbeitsverhalten in ↑Unternehmen (S. 60) nach Richtung und Intensität programmatisch festgelegt. Von unbewußt verfolgten Zielen abgesehen, ist die Zielformulierung Gegenstand besonderer Entscheidungsprozesse. Ihr Ergebnis sind Kompromisse, durch die persönliche Ziele der an einer Unternehmung Interessierten und der in ihr Tätigen einander angenähert werden.

Die Kompetenz für Zielentscheidungen und dafür, diese dann als Richtlinien für betriebliches Handeln festzulegen (Autorisierung), liegt bei einer oder mehreren sog. Kerngruppen oder -personen, den obersten Leitungsorganen, etwa dem Vorstand, den Geschäftsführern, dem Einzelunternehmer. Der betrieblichen Wirklichkeit nicht gerecht wird die Vermutung einer Identität der Ziele des Unternehmers (z. B. Gewinnmaximierung, angemessene Eigenkapitalverzinsung, Unabhängigkeit) mit den Zielen von seine Aufgaben wahrnehmenden Angestellten-Unternehmern (z. B. Einkommen, Prestige, Unterstützung durch die Umwelt). Zudem ist die Zahl der an Zielbildungsprozessen Beteiligten wesentlich größer. Kapitalgeber tragen ihre Ziele (z. B. maximale Gewinnausschüttung oder Stärkung der Unternehmenssubstanz durch Nichtentnahme erzielter Gewinne) als Forderungen an die Kerngruppe[n] heran und wirken als „Satelliten“ an der Entscheidung über Unternehmensziele ebenso mit wie interne Abteilungen (z. B. Arbeitsplatzsicherung, Einflußvermehrung) und staatliche Instanzen (z. B. Wettbewerbserhaltung, Bedarfsdeckung, Steuereinnahmen).

Ob und inwieweit ein Mitglied der Kerngruppe[n] oder ein Außenstehender („Satellit“) Forderungen durchsetzen kann, hängt im wesentlichen von seiner Macht im Verhältnis zu den übrigen am Entscheidungsprozeß Beteiligten ab. Macht kann grundsätzlich entweder oder zugleich 1) persönliche Macht (beruhend z. B. auf Leistungsfähigkeit, Willensstärke, Überzeugungskraft), 2) Besitzmacht (beruhend auf der Verfügungsgewalt über Vermögen) und 3) organisatorische Macht sein (beruhend auf gemeinsamer und gleichgerichteter Nutzung von persönlicher und Besitzmacht von mehreren) sein.

Wie auch immer die Entscheidungsprozesse über Unternehmensziele im einzelnen ablaufen, Fehlentscheidungen sind um so eher vermeidbar, je weniger Zielbeziehungen vernachlässigt werden. Hier wie in der Wirtschaftspolitik (↑wirtschaftspolitische Ziele und Zielkonflikte S. 368) gilt i. d. R.: Ziele können einander ergänzen (z. B. Wirtschaftlichkeits- und Produktionssteigerung), miteinander konkurrieren (z. B. Rentabilitätsmaximierung und Liquiditätssicherung) oder einander ausschließen (z. B. Rationalisierung bei gegebenem Produktionsvolumen und Arbeitsplatzsicherung). Kompromißheischend sind die konkurrierenden Ziele; Kompromisse verlangen aber den vorübergehenden oder endgültigen Verzicht auf die vollständige Erreichung der betroffenen Ziele.

Um als Richtlinien wirksam sein zu können, müssen Unternehmensziele nach Inhalt (z. B. Umsatzsteigerung), angestrebtem Ausmaß (z. B. ein bestimmter Prozentsatz), örtlich (z. B. ein bestimmtes Absatzgebiet) und zeitlich (z. B. innerhalb einer bestimmten Frist) definiert (operational) sein. Die Erarbeitung eines Systems von Unternehmenszielen schließt seine genauere Bestimmung und auch Veränderung durch einer Kerngruppe nachgeordnete Aufgabenträger ebensowenig aus wie nachfolgende, erneute Forderungen Außenstehender („Satelliten“). Das gilt auch für den Einsatz von Mitteln (z. B. ↑Werbung S. 162 oder ↑betriebliche Preispolitik S. 156), die zwar einem Ziel (z. B. Umsatzsteigerung) gleich dienlich, aber einem anderen (z. B. Gewinnerzielung) unterschiedlich dienlich sein können. I. d. R. sind autorisierte Unternehmensziele nur eine „Quasilösung“ von Konflikten; als „offene Beschränkungen“ erfahren sie individuelle Interpretationen, die gegenseitige Kontrolle der am Zielentscheidungsprozeß Beteiligten verlangen.

E. Heinen: Grundl. betriebswirtsch. Entscheidungen. 2. Aufl. Wiesb. 1971. – G. Vogler: Allg. Betriebswirtsch. Opladen 1976.

Unternehmensziele

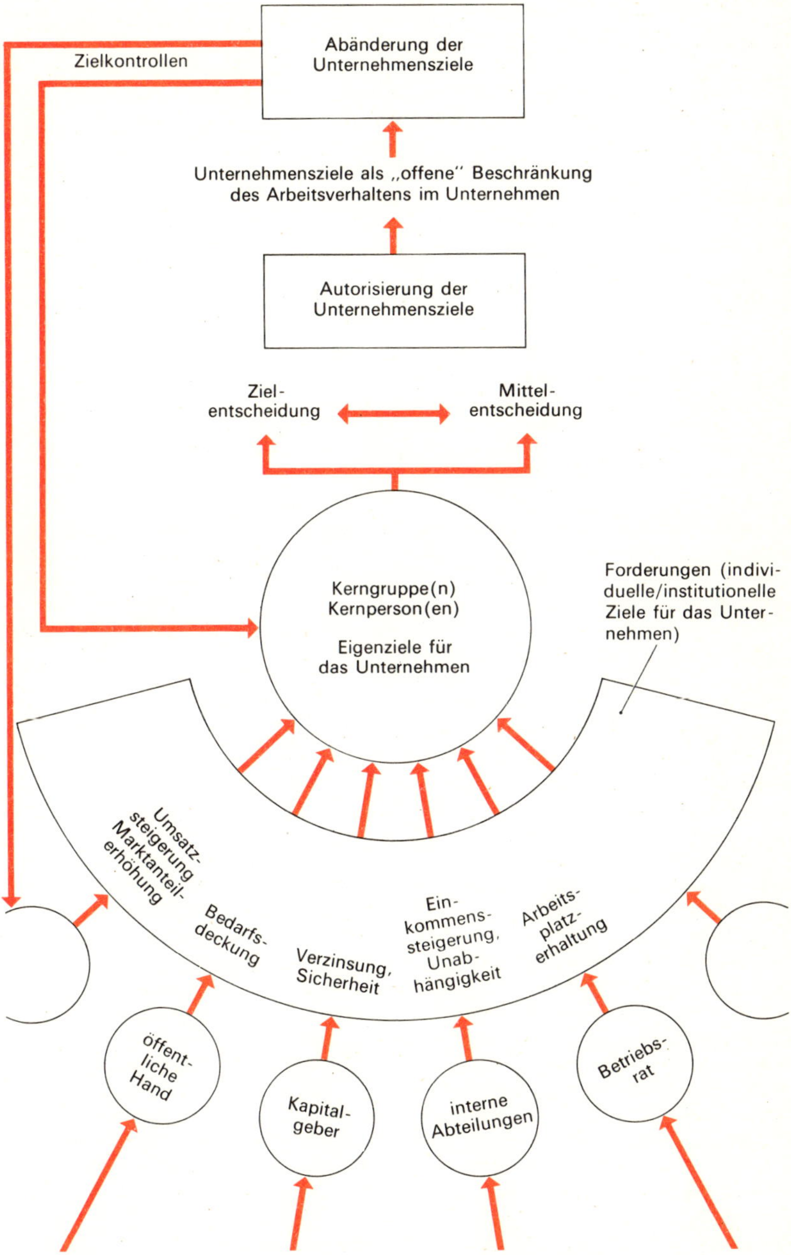

Betriebliche Planung

Grundsätzlich beinhaltet jede Planung Vorwegnahme zukünftigen Handelns. Ihre Ergebnisse sind – auf den Betrieb (das ↑Unternehmen S. 60) bezogen – Sollgrößen für jeweils nachgelagerte Plan- oder Ausführungsentscheidungen. Die Entscheidung für bestimmte Sollgrößen setzt bedingte Vorhersagen (Prognosen, Projektionen) über die Folgen alternativen Handelns (einschließlich der Möglichkeit des Unterlassens) voraus. Projektionen sind erforderlich, weil die Folgen i. d. R. nicht mit völliger Sicherheit abzusehen sind, sondern Abweichungen zwischen Sollgrößen und tatsächlich eintretenden Ereignissen erwartet werden müssen. Wenn für diese Abweichungen Wahrscheinlichkeiten mit Methoden der Statistik objektiv ermittelt werden können, wie z. B. bei Qualitätskontrollen für die irrtümliche Abnahme einer fehlerhaften Lieferung, so liegt eine Entscheidungssituation des Risikos vor. Im Unterschied dazu herrscht Unsicherheit, wenn solche Wahrscheinlichkeiten unbekannt sind und nur durch subjektive Erwartungen ersetzt werden können. Die Unsicherheit steigt i. d. R. mit Ausweitung des Planungshorizonts, d. h., je weiter die Planung in die Zukunft vorgetrieben werden muß. Eine allgemeine Entscheidungsregel gibt es für Situationen der Unsicherheit nicht.

Möglichst umsichtige Planung verlangt, daß eine Reihe von Grundsätzen befolgt wird: Vollständigkeit (Einbeziehung aller Teilbereiche des Unternehmens und der bedeutsamen Umweltdaten), Genauigkeit (Mengen- bzw. Wertansätze zum Erwartungswert), Integration (Berücksichtigung der Interdependenzen), Flexibilität (Alternativplanung für weniger wahrscheinliche Datenkonstellationen) und Kontinuität (korrigierende Planfortschreibung), zugleich aber auch Wirtschaftlichkeit. Entsprechend den ↑Unternehmenszielen (S. 62) und unter Beachtung der Planungsprinzipien werden im Verlauf des Planungsprozesses Vorgabepläne für die wahrscheinlichste Entwicklung und Alternativpläne für weniger wahrscheinliche Entwicklungen erstellt. Sie sind durch nachgeordnete Planungseinheiten inhaltlich weiter aufzufüllen. Außer- und innerbetriebliche Störungen der Planerfüllung, die laufende Koordination der interdependenten Planung und der Zeitablauf machen eine Kontrolle der Vorgaben notwendig. Sie bildet den Ansatzpunkt für Plankorrekturen oder den Einsatz von Alternativplänen.

Inhalt des Planungsprozesses sind beliebig abgrenzbare Teilpläne (z. B. Finanz-, Beschaffungs-, Produktions-, Absatzpläne mit Teilplänen), die sich – integriert – zum Unternehmensgesamtplan zusammenfügen. Kurzfristig dominiert hierbei der jeweils größte Engpaß den Planungsrahmen der Unternehmung als „Minimumsektor" („Ausgleichsgesetz der Planung"); z. B. zwingt eine Absatzflaute zur Anpassung der Produktionsplanung (↑Systemanalyse S. 630).

Zeitlich betrachtet werden umrißhafte Langzeitpläne durch abgeleitete, detailliertere Kurzzeitpläne ergänzt. Gegenstand der unbefristet angelegten Rahmen- oder Grundsatzplanung ist die auf weiteste Sicht gleichbleibende Unternehmenskonzeption (z. B. Rechtsform, Standort, Produkte). Ihre Ergebnisse dienen als Richtlinien für eine lang- bis kurzfristig periodisierte Maßnahmenplanung. Bezugspunkte der längerfristigen Maßnahmenplanung sind Gewinn, Umsatz, Kapazität u. a. Alle verbleibenden Teilbereiche werden an diesen Ausgangsdaten, an Projektionen der politischen, gesamtwirtschaftlichen und Branchenentwicklung sowie an internen Lageeinschätzungen aufgrund bisheriger Erfahrungen ausgerichtet. Eine Überprüfung der Machbarkeit (z. B. Finanzkraft, Gesetze) und des erwarteten Erfolges (Risiko, Unsicherheit) schließt den eigentlichen Planungsprozeß ab. Der Umsetzung der entwickelten Strategien dient die Budgetierung, eine verbindliche Leistungs- und Kostenvorgabe für die Teilbereiche des Unternehmens auf Grundlage der Planung.

AGPLAN-Hdb. zur Unternehmensplanung. Hg. v. J. Fuchs/K. Schwantag. Losebl. Berlin Stand 1979. – H. Albach: Beitr. zur Unternehmensplanung. 3. Aufl. Wiesb. 1979.

Betriebliche Planung

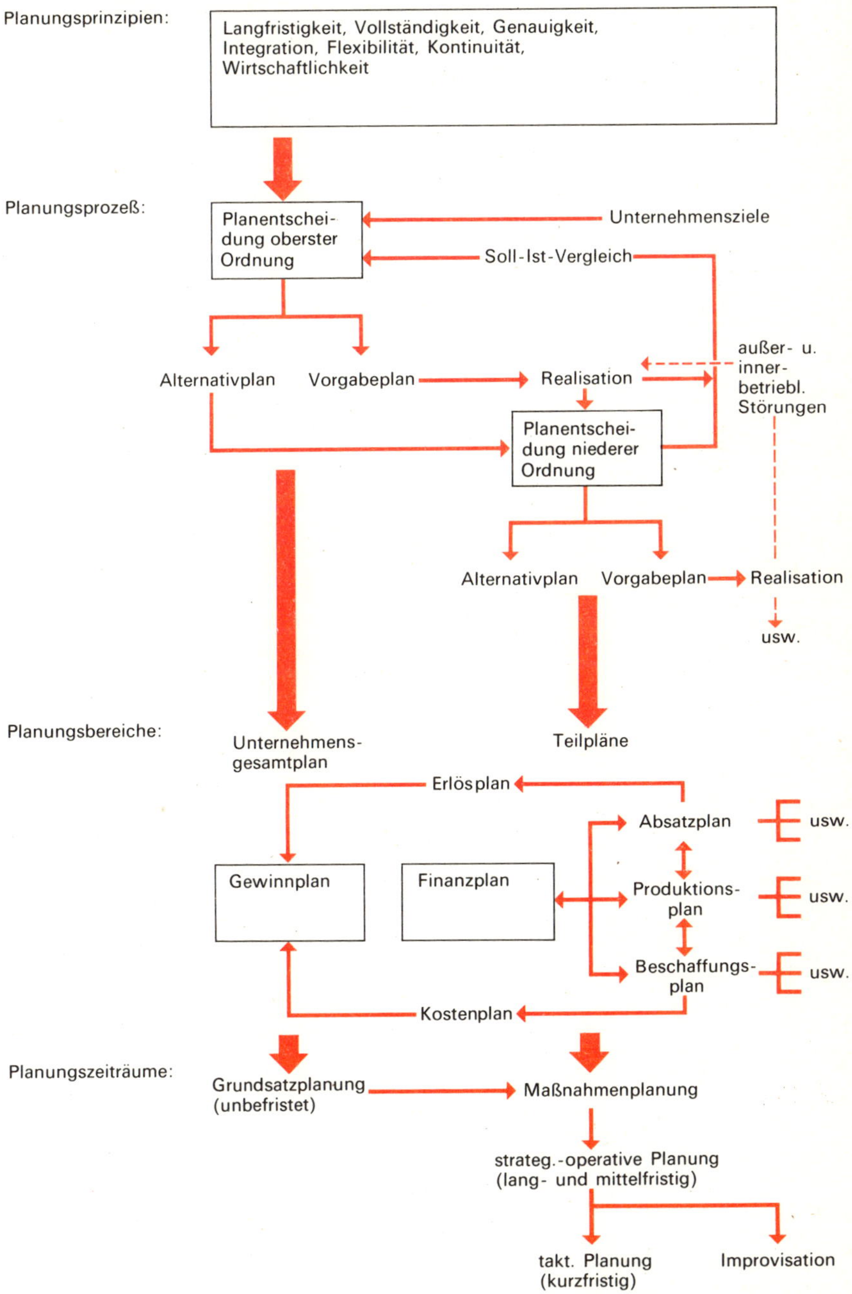

Betriebsorganisation und Management

Betriebsorganisation umfaßt sowohl den Vorgang (Organisationsprozeß) als auch das Ergebnis des Organisierens in Form von Regelungen. Ordnende Regelungen sollen auf Dauer die Erfüllung der betrieblichen Aufgaben durch Menschen und Sachmittel entsprechend den ↑ Unternehmenszielen (S. 62) sicherstellen. Dauerhafte Regelungen ersetzen mit zunehmender Gleichförmigkeit und Häufigkeit dieser Aufgaben die fallweisen Regelungen (Substitutionsgesetz der Organisation).

Der Organisationsprozeß verlangt analytisches und synthetisches Vorgehen. Bezugsgrößen der Analyse (Ist-Aufnahme) sind die Ordnungskomponenten. Die Gesamtaufgabe des Unternehmens (der Arbeitsinhalt) wird so lange untergliedert nach den Merkmalen Verrichtung (z. B. Drehen, Fräsen), Objekt (z. B. Produkte), Rang (Entscheidung, Ausführung), Phase (Planung, Durchführung, Kontrolle) und Zweckbeziehung (unmittelbar der Gesamtaufgabe dienende bzw. mittelbare Verwaltungsaufgaben), bis Elementaraufgaben entstehen, die sich einer einzelnen Person oder einem bestimmten Sachmittel zuteilen lassen. Die Erfassung von Ordnungsgraden bei der Aufgabenzuordnung (Individual-, Gruppen-, Sachmittelzuordnung), der Bestimmung des Arbeitsraumes (als Arbeitsbereich, -weg oder -platz) und der Arbeitszeit (als Zeitfolge, -raum oder -punkt) vervollständigt die Analyse. Die Definitionsgenauigkeit der Ordnungskomponenten, ihre Klarheit, Lückenlosigkeit und Ausgewogenheit sind Gegenstand der Ist-Kritik. Diese liefert Ansatzpunkte für die Synthese (Soll-Entwurf).

Im Soll-Entwurf werden Aufbau und Ablauf der gewünschten Ordnung gegliedert. Die Regelungen der Aufbauorganisation legen Stellen als personenbezogene Aufgabengebiete fest. Ferner bestimmt sich nach ihnen, welche dieser Stellen als Instanzen mit Entscheidungskompetenz und als Stäbe mit Vollmacht zur Entscheidungsvorbereitung (Fachstäbe) bzw. zur Durchsetzungshilfe für die Instanzen (Führungsstäbe) auszustatten sind. Ergebnis ist ein Stellenkegel, dessen Spitze das Management mit angekoppelten Stäben und dessen Basis die nur ausführende Ebene bildet. Die fachliche Kompetenz des Managements ergibt sich aus der an Verrichtungen (z. B. Verkauf, Fertigung), an Objekten (Sparten, Produkten) und/oder an Räumen (Werken, Niederlassungen) ausgerichteten Aufgabenzuweisung. Die Führungskompetenz des Managements hingegen richtet sich nach Planungsgrundsätzen (↑ betriebliche Planung S. 64), nach der Anzahl der direkt untergeordneten Stelleninhaber (Kontrollspanne) sowie der Art ihrer Unterordnung. So ist im „Einliniensystem" jede Stelle nur einer anderen untergeordnet, während im „Mehrliniensystem" jede Stelle zugleich mehreren anderen untergeordnet ist. Weiter ausgestaltet wird die Kompetenz der Stelleninhaber durch die zugelassenen Kommunikationsverbindungen (Anzahl, Richtung, Medien, Zeiten) und ihre Beteiligung an Kollegien (z. B. Ausschüsse, Konferenzen). Ablauforganisatorische Regelungen der Bearbeitungsvorgänge, ihres Orts und ihrer Zeit (z. B. Taktbestimmung der Fließfertigung) ergänzen die Aufbaugestaltung.

Die Verwirklichung (Realisation) des Soll-Entwurfs verlangt bei bestehender Organisation Abstriche, wenn Bindungen an Personal, Sachmittel, Räumlichkeiten oder technologische Zwänge dem Soll entgegenstehen. Die Erreichung des Solls kann durch Widerstände, regelungswidriges und -überwindendes Handeln der Stelleninhaber (informale Organisation) erschwert werden. Dies festzustellen und – wenn möglich – durch verbesserte Organisation auszugleichen, ist Aufgabe von Soll-Ist-Vergleichen (Revision).

Die Revision ist wesentlicher Teil der Überwachung als einer der zentralen Aufgaben des Managements. Zur Überwachung gehört ferner die Kontrolle. Sie besteht inhaltlich in einer die betrieblichen Vorgänge ständig begleitenden oder ihnen nachfolgenden Beaufsichtigung (z. B. Materialkontrolle, Qualitätskontrolle, Ausschußüberwachung).

E. Grochla: Unternehmensorganisation. Reinbek 1972. – G. Wöhe: Einf. in die Allg. Betriebswirtsch. 14. Aufl. München 1981.

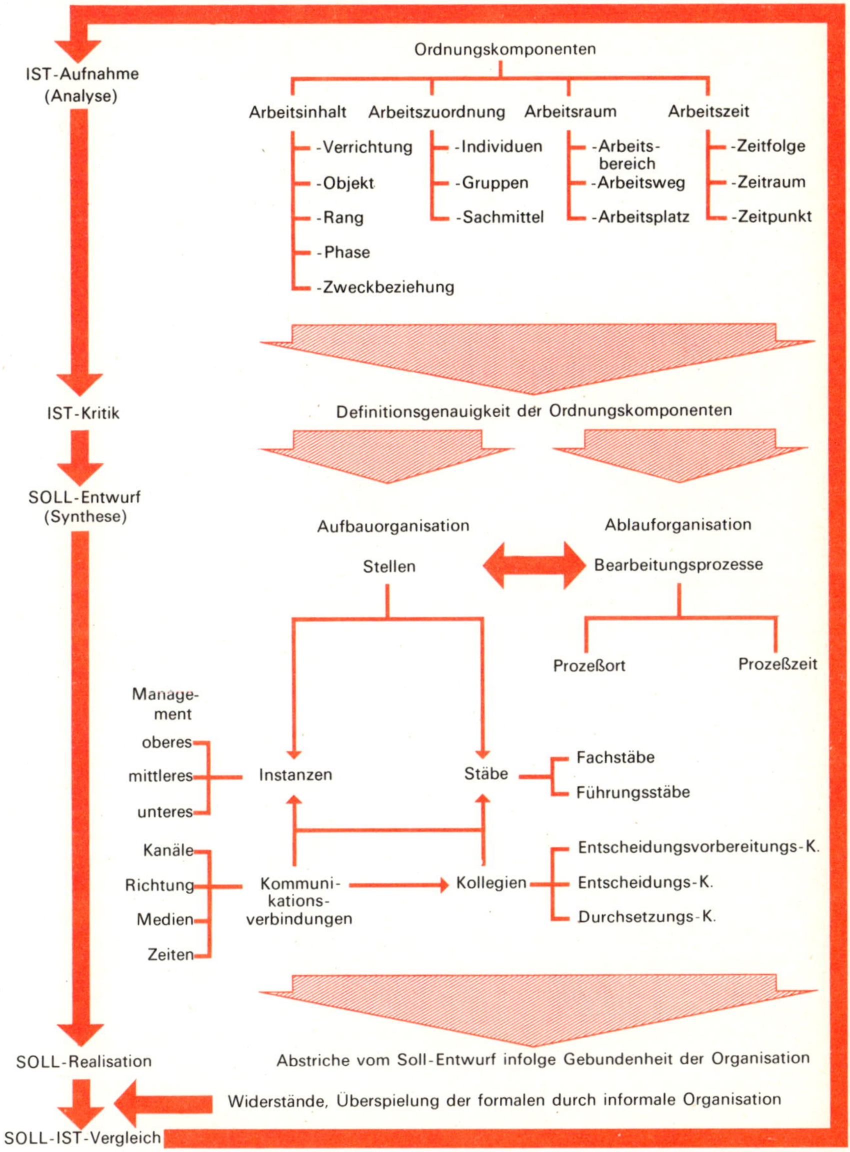

IST-Aufnahme (Analyse)
Ordnungskomponenten
Arbeitsinhalt
Arbeitszuordnung
Arbeitsraum
Arbeitszeit
-Verrichtung
-Objekt
-Rang
-Phase
-Zweckbeziehung
-Individuen
-Gruppen
-Sachmittel
-Arbeits-bereich
-Arbeitsweg
-Arbeitsplatz
-Zeitfolge
-Zeitraum
-Zeitpunkt
IST-Kritik
Definitionsgenauigkeit der Ordnungskomponenten
SOLL-Entwurf (Synthese)
Aufbauorganisation
Ablauforganisation
Stellen
Bearbeitungsprozesse
Prozeßort
Prozeßzeit
Management
oberes
mittleres
unteres
Instanzen
Stäbe
Fachstäbe
Führungsstäbe
Kanäle
Richtung
Medien
Zeiten
Kommunikations-verbindungen
Kollegien
Entscheidungsvorbereitungs-K.
Entscheidungs-K.
Durchsetzungs-K.
SOLL-Realisation
Abstriche vom Soll-Entwurf infolge Gebundenheit der Organisation
Widerstände, Überspielung der formalen durch informale Organisation
SOLL-IST-Vergleich

Operationsanalytische Planungstechniken (Operations Research)

Operationsanalytische Planungstechniken (Operations Research, OR) dienen der Vorbereitung von Entscheidungen bei der Führung von Betrieben, Verwaltungen u. a. Organisationen durch Anwendung mathematischer Methoden und Modelle. Die Entscheidungen selbst können von den Inhabern der Führungsstellen erst dann bestmöglich gefällt werden, wenn die Wirklichkeitsnähe der Modellösung und ihre Unempfindlichkeit gegenüber geringfügigen Änderungen der Ausgangsgrößen nachgewiesen werden.

OR-Modelle ähneln einem militärischen Sandkastenspiel. Sie enthalten eine möglichst genaue Beschreibung aller Zusammenhänge und Abläufe, die hinsichtlich der Ziele sowie der Planung, Überwachung und Steuerung der zu fällenden Entscheidung bedeutsam sind. So können unterschiedliche Lösungsmöglichkeiten zu dem Zweck durchgespielt werden, die im Hinblick auf die gesetzten Ziele günstigste Lösung herauszufinden. Um den Aufwand in Grenzen zu halten, werden ↑Modelle (S. 636) nur soweit detailliert, daß sich eine brauchbare Lösung finden läßt. Sie beinhalten also nur eine Abbildung derjenigen Teilbereiche eines Gesamtgeschehens, die zur Vorbereitung einer bestimmten Entscheidung unbedingt betrachtet werden müssen. Während diese Einschränkung im wesentlichen für jede Modellbildung gilt, haben OR-Modelle einen besonderen Vorteil aufgrund der Anwendung mathematischer Methoden. Daneben ermöglichen sie den Einsatz elektronischer Datenverarbeitung als Rechenhilfe, so daß sich auch komplizierte und aufwendige Probleme kostengünstig lösen lassen.

Neben mathematischen Standardverfahren, wie sie vor allem in der ↑Statistik (S. 628) entwickelt und genutzt werden, kommen für die Lösung von OR-Problemen eine Reihe von speziellen Verfahren zum Einsatz. Eines der bekanntesten ist die lineare Programmierung. Die Gegebenheiten im untersuchten Planungsfeld – meist handelt es sich um Zu- und Verteilungsprobleme im Beschaffungs-, Produktions- und Absatzbereich eines Betriebes – werden hierbei durch lineare Gleichungen und Ungleichungen dargestellt. Gesucht wird der Höchstwert (Mindestwert) einer [linearen] Zielfunktion, der noch die Nebenbedingungen erfüllt (optimaler Wert); dies geschieht mit Hilfe unterschiedlicher Rechenmethoden (insbes. Simplex-Verfahren). Die Beschränkung auf lineare Zusammenhänge wird bei der nichtlinearen Programmierung aufgehoben. Sie arbeitet mit nichtlinearen (Un-)Gleichungen und einer nichtlinearen Zielfunktion. Sollen Entscheidungsfolgen (-sequenzen) untersucht werden, die sich über mehrere Planungsperioden erstrecken, so findet die dynamische Programmierung Anwendung. Weitere, in der Praxis gebräuchliche OR-Verfahren sind die Lagerhaltungsmodelle (Optimalwerte für Losgrößen und Lagerbestände werden anhand von Beziehungen zwischen Lagereingang und -abgang, Fertigungs- und Lieferzeiten, Kapitalbindung u. a. bestimmt), die Warteschlangenmodelle (Engpaßplanung hinsichtlich Warte- und Bearbeitungszeiten, Zahl der wartenden Einheiten u. a. mit Hilfe von Wahrscheinlichkeitsrechnung und Zufallszahlen, z. B. bei der Schalterbesetzung), die Netzplanmodelle (Optimierung von Terminplanungen unter Bestimmung „kritischer Wege", von Ablaufzeiten, Projektkosten u. a. anhand einer Netzdarstellung der untersuchten Abläufe und Vorgänge auf der Grundlage der mathematischen Graphentheorie) und die Spieltheorie (Ermittlung der Strategien für das eigene Vorgehen unter Beachtung des Konkurrenzverhaltens).

Mit Hilfe dieser und anderer OR-Verfahren (↑ Systemanalyse S. 630) läßt sich eine Vielzahl von ablauforientierten Entscheidungen über die Leistungsbedingungen und das Leistungsgeschehen im Betrieb bestmöglich bestimmen. Ihre Anwendungsgrenzen finden sie jedoch in der Eigenart sozialer Systeme, sich nur beschränkt in mathematischen Modellen wirklichkeitsnah abbilden zu lassen.

H. Müller-Merbach: Operations Research. 3. Aufl. München 1973.

Operationsanalytische Planungstechniken

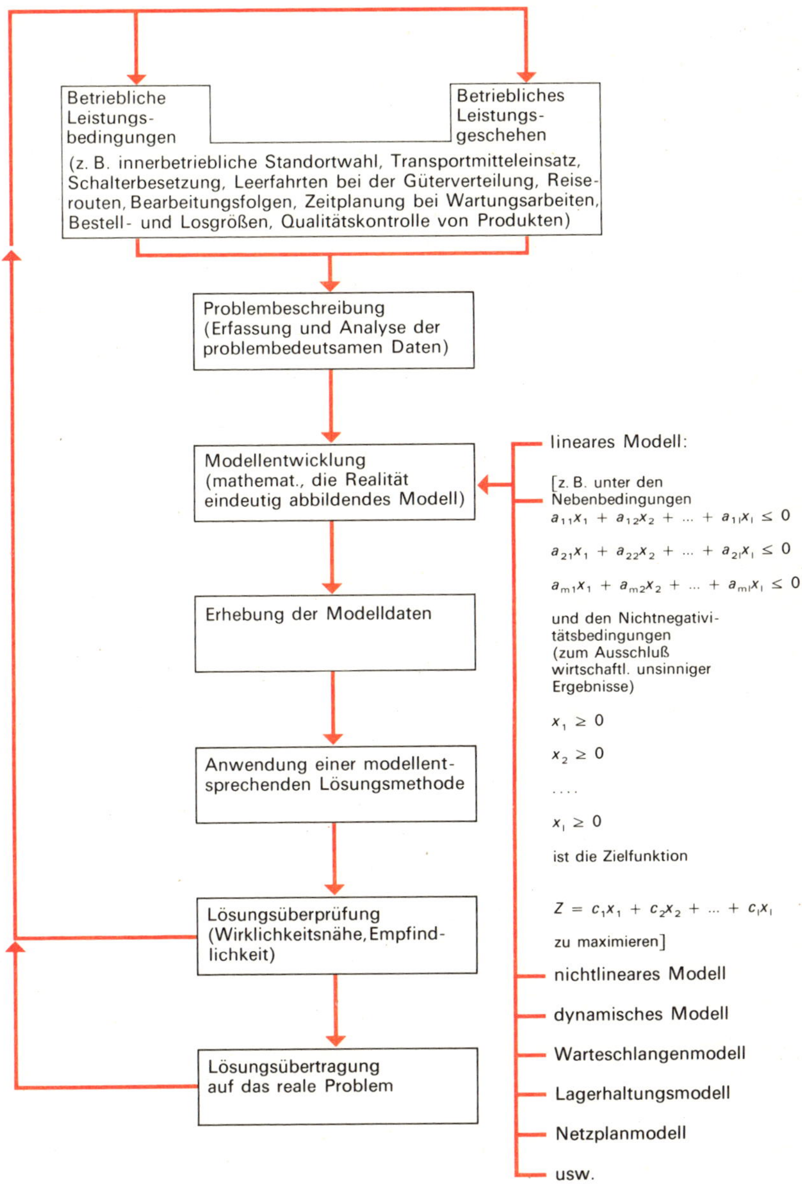

Beschaffung – Lagerhaltung

Die Beschaffung ist neben Produktion (↑Fertigung S. 72) und ↑Absatz (S. 150) einer der Hauptbereiche ↑betrieblicher Planung (S. 64) und Leistungserstellung. Sie steht am Anfang des betrieblichen Güterumlaufs, indem zunächst ein Strom von Gütern von außen in den Betrieb gelangt, sodann umgewandelt wird, um dann auf dem ↑Markt (S. 164) veräußert zu werden. Zu beschaffen sind im wesentlichen vier Arten von Wirtschaftsgütern: 1) Kapital (↑Kapitalbeschaffung S. 206), 2) Arbeitsleistungen (↑Arbeit S. 52), 3) Informationen sowie 4) Betriebsmittel und Werkstoffe oder – etwas vereinfacht – sog. Sachgüter (sowie Dienstleistungen Dritter). Betriebsmittel sind Grundstücke (↑Standort S. 58), Gebäude, Maschinen und Werkzeuge, dagegen gelten die im ↑Fertigungsverfahren (S. 72) eingesetzten Roh-, Hilfs- und Betriebsstoffe als Werkstoffe.

Im Beschaffungsbereich ist nicht nur zu entscheiden, was wie einzukaufen ist; vielmehr muß auch darauf geachtet werden, daß die zur Produktion benötigten Wirtschaftsgüter in ausreichender Menge, in der erforderlichen Qualität und zur festgesetzten Zeit am richtigen Ort zum Einsatz gelangen. Die dabei anfallenden Beschaffungskosten sind zugleich so niedrig wie möglich zu halten. Die betriebliche Beschaffung hat einiges mit dem Nachschub im militärischen Bereich gemeinsam und wird dementsprechend – ähnlich wie z. B. der ↑Absatz (S. 150) – auch als logistisches Problem verstanden. Nach den einsetzbaren Instrumenten läßt sich das Beschaffungsproblem gliedern in 1) Beschaffungsmethode, 2) Entgeltspolitik, 3) Beschaffungsprogramm und 4) Beschaffungswerbung.

Nach der Bestellung der zu beschaffenden Güter verstreicht i. d. R. Zeit, bis sie dem Betrieb zur Verfügung stehen. Auch dann werden sie nicht sofort im Fertigungsbereich eingesetzt, sondern zunächst gelagert, sofern sie lagerungsfähig sind. Die Errichtung von Lagern hat mehrere Gründe: Eine Abstimmung zwischen Fertigung und Beschaffung, die ohne Lager als Puffer auskommt, ist organisatorisch und wirtschaftlich nicht immer möglich und sinnvoll. Unsicherheiten und Risiken beeinträchtigen sowohl Produktion als auch Einkauf. So können plötzliche Auftragseingänge eine Produktionserhöhung und damit größere Mengen an Einsatzgütern erfordern, die ohne Rückgriffsmöglichkeit auf Vorräte zeitraubend besorgt werden müßten. Aus ähnlichen Gründen ist Lagerung im Fertigungs- und Absatzbereich (Zwischen- und Verkaufslager) notwendig.

Eine wichtige Teilentscheidung im Beschaffungsbereich betrifft die Bestimmung der sog. optimalen Bestellmenge. Ausgangspunkt ist das Problem, eine z. B. durch die Fertigung vorgegebene Bedarfsmenge zu beschaffen, die in einer bestimmten Zeitspanne zur Verfügung stehen muß. Wenn einmal vereinfachend unterstellt wird, daß sich der Bedarf gleichmäßig auf den Zeitraum erstreckt, so gibt es zwei beschaffungspolitische Möglichkeiten. Anstatt die gesamte Bedarfsmenge sofort zu kaufen und einzulagern, kann sie auch in mehreren auf den betrachteten Zeitraum verteilten Bestellmengen erworben werden. Ziel der Entscheidung ist die Minimierung der Gesamtkosten, die sich aus Bestell- und Lagerkosten zusammensetzen; Nebenbedingung ist ein reibungsloser Ablauf der Fertigung und des Absatzes. Die Bestellkosten umfassen die unabhängig von der beschafften Menge entstehenden Bezugskosten und den Geldbetrag, der sich aus Produktpreis und eingekaufter Menge ergibt. Lagerkosten entstehen u. a. durch Errichtung und Unterhaltung der Lager sowie durch Verzinsung des dort gebundenen Kapitals (Umlaufkapital, ↑Kapital S. 54). Während große Bestellmengen i. d. R. verhältnismäßig geringe Bestellkosten, aber große Lagerkosten haben, kehrt sich dieser Sachverhalt bei kleinen Bestellmengen um. Die optimale Bestellmenge ergibt sich somit als ein Kompromiß zwischen zwei gegenläufigen Kostenwirkungen und kann unter vereinfachenden Modellannahmen berechnet werden.

H. Raffée: Grundprobl. der Betriebswirtsch. Gött. 1974. – G. Wöhe: Einf. in die Allg. Betriebswirtsch. 14. Aufl. München 1981.

Beschaffung – Lagerhaltung

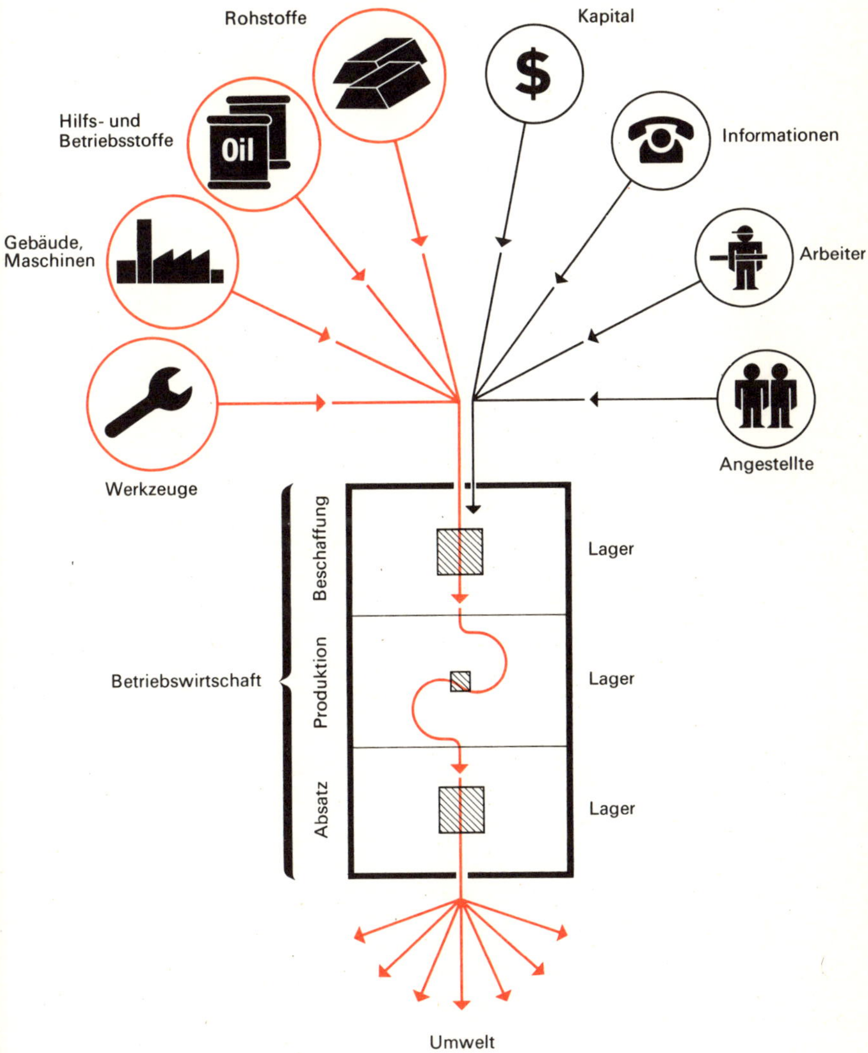

Fertigung – Fertigungsverfahren

Als Fertigung (Produktion) werden der Prozeß der betrieblichen Leistungserstellung, das Produktionsergebnis, aber auch derjenige Teilbereich bezeichnet, in dem die Produktion erfolgt. Bei der Fertigung im erstgenannten Sinn lassen sich drei Organisationsformen unterscheiden: 1) Werkstattfertigung, 2) Reihenfertigung und 3) Gruppenfertigung. Charakteristisch für die Werkstattfertigung ist die Konzentration einer Anzahl von Tätigkeitsbereichen wie Lackiererei, Dreherei u. a. an einem Ort, zu dem die Werkstücke transportiert werden. Bei Reihenfertigung sind die Arbeitstätigkeiten in einer Folge von Fertigungsstellen angeordnet, die ohne größere Transportwege zwischen den einzelnen Stellen von einem Produkt durchlaufen werden. Die Reihenfertigung wird zur Fließfertigung, wenn sie einem festen zeitlichen Rhythmus unterworfen ist (z. B. beim Fließband). Die Gruppenfertigung ist eine Mischform von Werkstatt- und Reihenfertigung, bei der lediglich betriebliche Produktionsmittel, die für einzelne Fertigungsgänge benötigt werden, zu Gruppen zusammengeschlossen und nach dem Prinzip der Reihenfertigung organisiert werden; dies geschieht, um Nachteile der Werkstattfertigung (z. B. lange Transportwege) wo möglich zu vermeiden. Für die Wahl des Fertigungsverfahrens ist nicht nur das jeweilige Produktionsprogramm ausschlaggebend; vielmehr muß die Fertigung der menschlichen Arbeit angepaßt werden. So kann die Entscheidung für die Fließfertigung zugunsten einer Gruppenfertigung geändert werden, weil Nachteile der Fließbandarbeit wie nervliche Belastung durch den Zeittakt mit hohem Krankenstand und häufigem Arbeitsplatzwechsel als Folge sowie mangelndes Interesse an der Arbeit wegen der entfremdenden Arbeitszerlegung die Vorteile überwiegen.

Eine andere Unterteilung der Fertigungsverfahren ergibt sich, wenn nach der Anzahl gleichartiger Produkte unterschieden wird. 1) Bei Einzelfertigung besteht das Produktionsergebnis – wie der Name sagt – jeweils nur aus einer Produkteinheit; trotz fortlaufender Produktion gibt es keine genaue Wiederholung des Fertigungsprozesses. Meist erfolgt die Fertigung auf Bestellung und entspricht ganz spezifischen Wünschen des Auftraggebers (z. B. „maßgeschneiderte“ Produktionsanlagen). Typisch für die Einzelfertigung ist die jeweils einmalige Beschaffung von Materialien, Konstruktions- und Arbeitsplänen. Falls der Fertigungsgegenstand keine Anpassung der Arbeitsbereiche erfordert, dürfte hier die Werkstattfertigung der Reihenfertigung vorzuziehen sein. 2) Die Mehrfachfertigung kann als Serien-, Sorten- und Massenfertigung erfolgen. Wird eine Produktart mehrmals, aber in begrenztem Umfang hergestellt, liegt Serienfertigung vor. Von Sortenfertigung wird immer dann gesprochen, wenn Produkte aus dem gleichen oder ähnlichen Rohstoff auf derselben Produktionsanlage hervorgebracht werden.

Bei Mehrproduktbetrieben ist u. a. zu entscheiden, ob die Fertigung der verschiedenen Güter zeitlich nebeneinander verläuft oder ob abwechselnd produziert wird. Bei abwechselnder Produktion ist die Bestimmung des jeweiligen Produktionsvolumens (das sog. Los) ein wichtiges Entscheidungsproblem. Ähnlich wie bei der optimalen Bestellmenge (↑Beschaffung S. 70) gilt es hier, die Losgröße so zu finden, daß die Gesamtkosten der Produktion minimal werden, wobei eine reibungslose Versorgung der Abnehmer gewährleistet sein muß. Die optimale Losgröße kommt dabei im einfachsten Fall als Kompromiß zwischen den gegenläufigen Kostenwirkungen von Lagerhaltung und Umstellung des Produktionsapparates zustande. Eine Entscheidung zugunsten kleiner Lose beinhaltet zwar geringe Lagerkosten, aber verhältnismäßig große „losfixe“ Kosten, die bei jeder Umrüstung der Produktionsanlage neu anfallen und die von der Größe des Loses unabhängig sind. Dagegen wird bei großen Losen der Einfluß der Lagerkosten gegenüber den Rüstkosten zunehmen, so daß beide Einflüsse berücksichtigt werden müssen.

Industriebetriebslehre. Hg. v. E. Heinen. 6. Aufl. Wiesb. 1978. – G. Wöhe: Einf. in die Allg. Betriebswirtsch. 14. Aufl. München 1981.

Fertigungsverfahren

Ende des 19. Jahrhunderts wurde das Fließband in den Vereinigten Staaten eingeführt. Henry Ford stellte noch vor dem 1. Weltkrieg die Produktion seines T-Modells auf Fließbandfertigung um. Die Montagezeit verringerte sich dadurch von zwölf auf eineinhalb Stunden.

Die Gruppenfertigung soll u. a. zur Humanisierung der Arbeitsbedingungen beitragen. Ihre Vorteile, wie größere Selbständigkeit und Abbau der Monotonie, sollen die Kostennachteile aufwiegen.

Schon die Zusammenfassung von Einzelarbeitsplätzen, die an sich nichts miteinander zu tun haben, zu gegenüber angeordneten „Partnerplätzen" kann den Mitarbeiter aus der Isolierung befreien und die Kommunikation der Menschen untereinander verbessern.

Produktivität

In der Verhältniszahl Produktivität wird die Beziehung zum Ausdruck gebracht, die zwischen dem Produktionsergebnis (Ausbringung, Output) und den zur Produktion eingesetzten Gütern und Arbeitsleistungen (Einsatz, Input) besteht:

$$\text{Produktivität} = \frac{\text{Ausbringung}}{\text{Einsatz}}$$

Dieser Quotient sagt nichts über den Prozeß selbst aus, in dem Input zu Output umgewandelt wird. Gemessene Änderungen des Quotienten können unterschiedliche Ursachen signalisieren. Da der Quotient nicht auf einen bestimmten Umwandlungsprozeß beschränkt ist, läßt er sich für einzelne Produktionsvorgänge ermitteln wie für einen Betrieb, einen Wirtschaftszweig und eine Volkswirtschaft.

Auf einen Betrieb und einen Produktionsvorgang bezogen beträgt z. B. die Produktivität einer Schreinerei bei der Herstellung von Brettern 20, wenn an einem Tag aus 5 Kubikmeter Holz 100 Bretter gesägt wurden. Werden am nächsten Tag 150 Bretter aus 6 Kubikmetern gewonnen, so hat sich ihre Produktivität auf 25 oder um ein Viertel erhöht. Das Streben nach Produktivitätserhöhung kann unter Beachtung von Nebenbedingungen eines der erklärten Betriebsziele sein. Eine Steigerung der Produktivität wird erzielt, wenn sich bei konstanter Ausbringung der Einsatz vermindert oder wenn sich die Ausbringung bei gleichem Einsatz erhöht. In der Forderung nach Produktivitätserhöhung kommt das ökonomische Prinzip (↑Wirtschaften S. 12) zum Ausdruck, d. h., ein vorgegebenes Ziel ist mit dem geringstmöglichen Mitteleinsatz bzw. bei gegebenem Mitteleinsatz ist eine möglichst große Zielwirkung anzustreben.

Die Aussagekraft von Produktivitätsmessungen hängt u. a. davon ab, wie Einsatz und Ausbringung erfaßt wurden. Falls sowohl Ausbringung als auch Einsatz in physikalischen Maßeinheiten (Meter, Kilogramm, Liter u. a.) gemessen werden, kommt in der Produktivität die technische Wirtschaftlichkeit (Effizienz) zum Ausdruck. Ihre Erhöhung wird vorrangig eine Aufgabe des Technikers im Rahmen von Rationalisierungsbemühungen sein. Werden dagegen Ausbringung und Einsatz in Geldeinheiten bewertet, so gibt die Produktivität Aufschluß über die wertmäßige Wirtschaftlichkeit. Da in diesem Fall Einsatz und Ausbringung einheitlich gemessen werden, entstehen auch dann keine rechnerischen Probleme, wenn in den Quotienten unterschiedliche Einsatz- und Ausbringungsgüter eingehen. Der Unterschied zur technischen Wirtschaftlichkeit eines Betriebes wird bei dem möglichen Ergebnis erkennbar, daß diese z. B. steigen, die wertmäßige Wirtschaftlichkeit aber zurückgehen kann, wenn die Marktpreise gefallen sind, mit denen der Output zu bewerten ist, während die Inputpreise unverändert blieben. Gehen als Ausdruck wertmäßigen Einsatzes die ↑Kosten (S. 76) und für die wertmäßige Ausbringung der Erlös in den Quotienten ein, so wird diese Erlös-Kosten-Relation als Kostenwirtschaftlichkeit bezeichnet.

Bei der Aushandlung von ↑Tarifverträgen (S. 442) in der ↑Einkommenspolitik (S. 526) und in anderen Fällen wird häufig Bezug genommen auf die durchschnittliche Arbeitsproduktivität, d. h. auf das Verhältnis zwischen Produktionsergebnis und Arbeitsleistung. Für die Gesamtwirtschaft ist das Produktionsergebnis das Bruttoinlandsprodukt. Ein grobes Maß für die Arbeitsproduktivität ist das Verhältnis von um Preisniveauänderungen bereinigtem (realem) Bruttoinlandsprodukt zur Anzahl der Erwerbstätigen. Um z. B. beim zeitlichen Vergleich Änderungen in der durchschnittlichen Arbeitszeit zu berücksichtigen, empfiehlt sich aber als Bezugsgröße die Summe der geleisteten Erwerbstätigenstunden (Arbeitsvolumen). Wie bei anderen Produktivitätsmaßen sagen auch Änderungen der Arbeitsproduktivität nichts über die möglichen Ursachen aus. Ohne weitere Information kann z. B. ein Anstieg der Produktivität ebenso auf besserer Ausbildung der Arbeitskräfte beruhen wie auf Verbesserungen von Produktionsanlagen.

A. Stobbe: Volkswirtschaftslehre I. 5. Aufl. Berlin u. a. 1980.

Produktivitätsentwicklungen im internationalen Vergleich

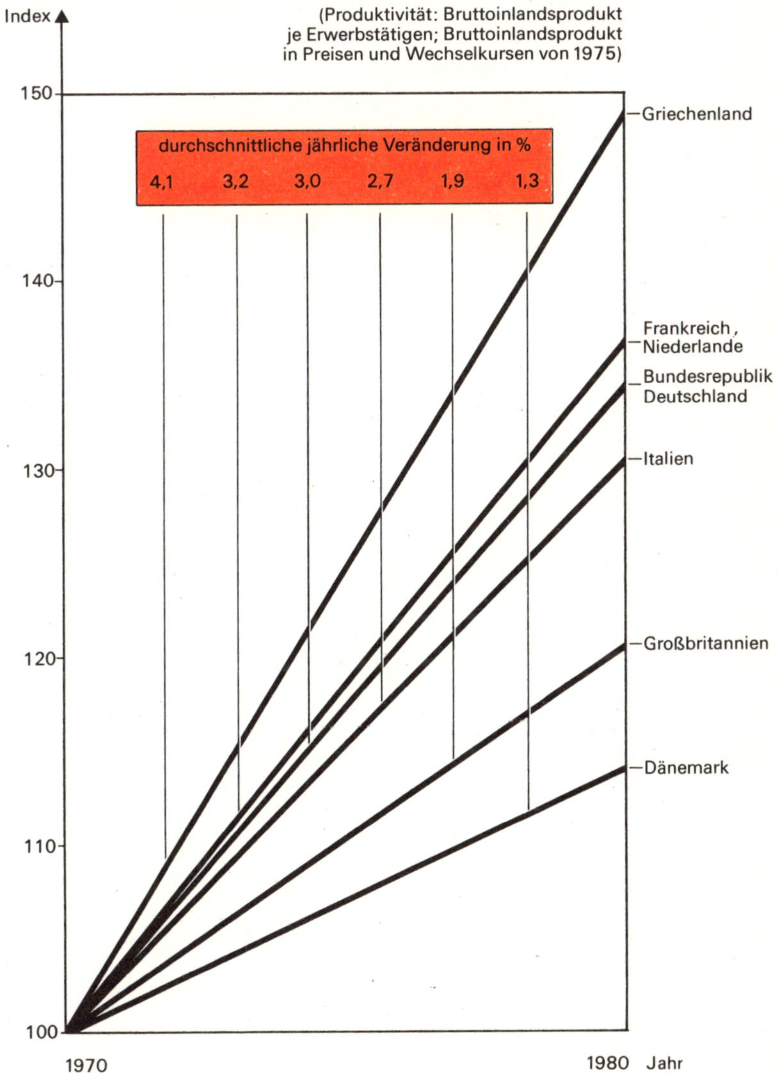

Kosten – Kostenarten

Kosten entstehen beim betrieblichen Güterumlauf (↑Beschaffung – Lagerhaltung S. 70), der durch drei Eigenschaften gekennzeichnet ist: Leistungsbezogenheit, Güterverzehr und Bewertung. Güter werden leistungsbezogen eingesetzt (und führen dann zu Kosten), wenn sie eine Ausbringung ergeben, die im Produktionsprogramm enthalten ist. So erfordert die Anlage eines Betriebssportplatzes für die Angehörigen eines Stahlwerkes zwar betriebliche Ausgaben, die aber nicht als unmittelbar leistungsbezogene Kosten anzusehen sind. Mit Güterverzehr ist der „Verbrauch" von Gütern innerhalb eines Produktionsprozesses gemeint. Er führt z. B. zu einer Umwandlung eines Rohstoffs oder zu einem langfristigen Verschleiß einer Produktionsanlage. Der Wert eines eingesetzten Gutes wird in der Kostenrechnung bestimmt (kalkuliert) und entspricht dem entgangenen Nutzen, der durch den Einsatz entsteht. Kosten werden in Geldeinheiten angegeben; mißt man dagegen die Einsatzmengen in physikalischen Maßsystemen, so bezeichnet man diese auch als Realkosten. Für die Leistung eines Unternehmens gilt eine analoge Betrachtung. Die Differenz von Leistungsentgelt (Erlös) und Kosten ergibt den sogenannten kalkulatorischen Gewinn, der Zielpunkt vieler betriebswirtschaftlicher Entscheidungen ist. Der kalkulatorische Gewinn unterscheidet sich von dem handelsrechtlichen Gewinn, der in der Gewinn- und Verlustrechnung (↑Erfolgsrechnung S. 98) ermittelt wird.

Ein Ziel der Kostentheorie ist es, Zusammenhänge zwischen der mengenmäßigen Ausbringung und dem bewerteten Gütereinsatz aufzudecken. Eine Darstellungsmöglichkeit ist die Kostenfunktion f; sie ordnet die produzierte Gütermenge x den Gesamtkosten K zu, die bei der Leistungserstellung entstehen: $K = f(x)$. Die Kostenfunktion kann in Fixkosten K_f und in variable Kosten K_v aufgespalten werden. Formal ist dies mit folgenden Gleichungen darstellbar: $K_f = (0)$, $K_v = K - K_f$. Definitionsgemäß sind die Fixkosten unabhängig von der jeweiligen Produktion und ergeben zusammen mit den variablen Kosten die Gesamtkosten $K = K_f + K_v$. Ein Unternehmen, das Schuhe herstellt, wird die Ausgaben für die Produktionsanlagen wie Gebäude und Maschinen als Fixkosten ansehen, die Kosten für Rohstoffe (Leder), Hilfsstoffe (Kleber) und Betriebsstoffe (Elektrizität) jedoch als variabel betrachten, weil diese von der Anzahl der erstellten Schuhe abhängen. Die Bestimmung, ob Kosten als fix oder variabel anzusehen sind, hängt u. a. von dem Betrachtungszeitraum ab. Die Gehälter eines Angestellten mit dreimonatiger Kündigungsfrist sind innerhalb dieses Zeitraums Fixkosten. Bei längerfristiger Betrachtung sind sie jedoch variabel. Unter den Stückkosten versteht man die Kosten je Produktionseinheit, also den Quotienten K/x.

Neben dieser Unterteilung können die Kosten nach der Art der verbrauchten (betrieblichen) Produktionsfaktoren gegliedert werden. Betriebliche Produktionsfaktoren können Betriebsmittel, Werkstoffe, Arbeit und finanzielle Mittel sein. Man unterscheidet demnach 1) Sachkosten für Betriebsmittel (wie Abschreibungen auf Maschinen und Gebäude) und Werkstoffe (z. B. Rohmaterialien und Energie), 2) Personalkosten (Löhne und Gehälter), 3) Kapitalkosten (z. B. Zinsen), 4) Kosten für Dienstleistungen Dritter (z. B. Informationskosten).
Ferner können die Kosten noch nach den Funktionsbereichen unterteilt werden, in denen sie entstehen (Kostenstellen). Es kommt dann zu Produktionskosten, Personalkosten u. a. Schließlich lassen sich nach der Art der Verrechnung noch Gemein- und Einzelkosten unterscheiden. Einzelkosten werden einem bestimmten Produkt (dem sog. Kostenträger) unmittelbar zugerechnet. Beispielsweise wird ein Kfz-Mechaniker seinen Arbeitslohn der vorgenommenen Reparatur anlasten. Ein Pförtner in einem größeren Betrieb kann dies sicher nicht. Die durch seine Bezahlung entstehenden Kosten sind als Gemeinkosten anzusehen.

D. Adam: Produktions- u. Kostentheorie. 2. Aufl. Düsseld. 1977. – H.-M. Schönfeld: Kostenrechnung. 3 Bde. 7. Aufl. Stuttg. 1979.

Einfache Beispiele für Kostenfunktionen

$K = 3 + 2x$ Gesamtkosten

$K_f = 3$ Fixkosten

$K_v = 2x$ variable Kosten

$\frac{K}{x} = \frac{3}{x} + 2$ Stückkosten

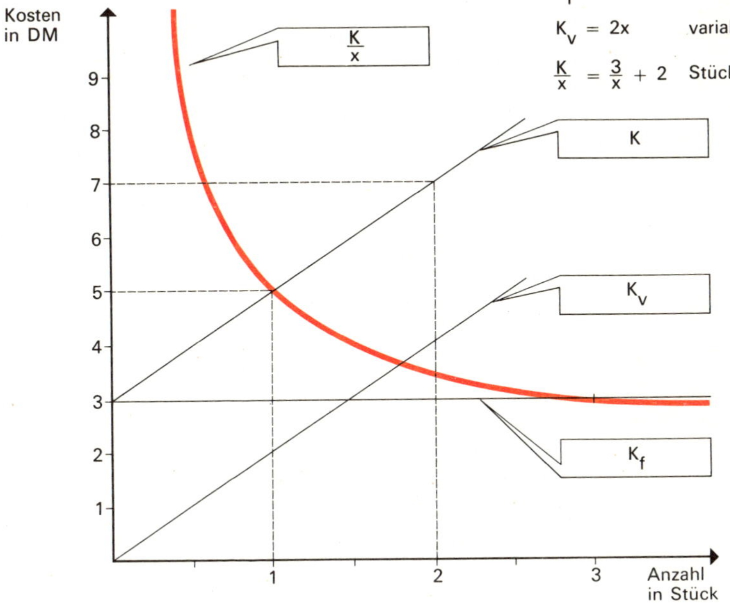

Wertetabelle

Anzahl in Stück	Fixkosten in DM	varibale Kosten in DM	Gesamtkosten in DM	Stückkosten in DM
x	K_f	K_v	K	K/x
0	3	0	3	–
0,5	3	1	4	8
1	3	2	5	5
1,5	3	3	6	4
2	3	4	7	3,5
2,5	3	5	8	3,2
3	3	6	9	3
⋮	⋮	⋮	⋮	⋮

Betriebsgröße

Wie problematisch Aussagen über die Betriebsgröße sein können, wird schon deutlich, wenn zwei verbreitete Vermutungen einander gegenübergestellt werden: Einerseits sollen Großunternehmen anderen ↑Betrieben (S. 60) allgemein überlegen sein. Andererseits soll es optimale (bestmögliche) Betriebsgrößen entsprechend der betrieblichen Aufgabenstellung geben. Würde etwa die Betriebsgröße an der Beschäftigtenzahl gemessen, so wäre ein vollautomatisierter Betrieb mit nur wenigen Kontrollpersonen (z. B. eine Raffinerie) als Klein- oder Mittelbetrieb eingestuft. Der Umsatz als Maßzahl kann einen – nach Beschäftigten gemessenen – kleinen Juwelierbetrieb in die Klasse mittlerer Betriebsgrößen aufrücken lassen. Auch das eingesetzte Kapital liefert keinen allgemeingültigen Maßstab, da z. B. die Kapitalintensität je nach betrieblichem Produktionsprogramm, aber auch für das gleiche Programm unterschiedlich sein kann. Für alle Maßstäbe – auch für Kriterien wie Marktanteil und Bilanzsumme – gilt, daß sie durch Schwankungen im Auslastungs- und Beschäftigungsgrad zu fragwürdigen Ergebnissen führen können.

Gemessen an der Produktionskapazität lassen sich bei Großunternehmen einige Vorteile gegenüber kleineren Betrieben ableiten: Großbetriebe können eher Produktionsanlagen nutzen, bei denen zumindest ab einem bestimmten Auslastungsgrad – verglichen mit kleineren Anlagen – mit niedrigen Stückkosten (↑Kostenarten S. 76) produziert werden kann. Außerdem hat ein Großunternehmen mehr Möglichkeiten, das beschaffungspolitische Instrumentarium einzusetzen; das kann u. a. zur Folge haben, daß sich die Beschaffungspreise aufgrund einer starken Marktstellung als Großabnehmer günstiger als bei Kleinbetrieben gestalten lassen. Umgekehrt können in Großbetrieben besondere Schwierigkeiten entstehen. Mit wachsender Größe besteht die Tendenz, daß Betriebe als Organisationseinheiten schwerfälliger werden, daß sich Kompetenzprobleme mehren und daß der interne Informationsfluß gestört wird. Allerdings kann diesen und anderen Schwierigkeiten durch eine Anpassung der ↑Betriebsorganisation (S. 66) und des ↑Managements (S. 66) begegnet werden, so daß in erster Linie „äußere" Schwierigkeiten zu bewältigen blieben. Hier gehen allerdings die Meinungen auseinander: Während einerseits auf „Marktwiderstände" hingewiesen wird, die Großunternehmen hervorrufen und die deren Wachstum bremsen können (z. B. könnte sich die Konkurrenz einigen, das weitere Wachstum eines Unternehmens zu behindern), läßt sich dem andererseits entgegenhalten, daß diese Widerstände zwar existieren mögen, aber durch Einsatz des absatzpolitischen Instrumentariums (↑Absatz – Marketing S. 150) auch leichter überwindbar sind.

Im Hinblick auf die Funktionsfähigkeit des ↑Wettbewerbs (S. 406) können Unternehmen mit einem großen Marktanteil wirtschaftspolitisch ein Dilemma bedeuten. Denn was einerseits ↑Konzentration wirtschaftlicher Macht (S. 410) darstellt, kann andererseits trotz ↑Wettbewerbsbeschränkung (S. 408) u. U. bedeuten, daß die produzierten Güter immer noch preisgünstiger angeboten werden als sie es würden, wenn viele kleinere, aber weniger kostengünstig produzierende Unternehmen miteinander konkurrierten. Diese Möglichkeit schmälert allerdings nicht die Gefahr, daß solche Großunternehmen ihre ↑Marktmacht (S. 188) zum Nachteil der Verbraucher nutzen. Die Gefahr dürfte i. d. R. auch bei Bestrebungen von Unternehmen bestehen, sich unter Wahrung ihrer rechtlichen und kapitalmäßigen Selbständigkeit zusammenzuschließen (↑Kartelle S. 418). Eine im Hinblick auf die Betriebsgrößenproblematik plausible Ausnahme vom Kartellverbot wird nach dem deutschen ↑Kartellrecht (S. 418) bei der Zusammenarbeit von kleinen und mittleren Unternehmen gemacht, wenn diese v. a. auf Rationalisierung zielt.

H. Raffée: Grundprobl. der Betriebswirtsch. Gött. 1974. – G. Wöhe: Einf. in die Allg. Betriebswirtsch. 14. Aufl. München 1981.

Umsatzgrößenklassen im Bergbau und verarbeitenden Gewerbe 1979

Umsatz von … bis unter … DM	Zahl der Unternehmen [1]	Beschäftigte [2] in Tausend	Gesamtumsatz [3] in Mill. DM
unter 5 Mill.	17 306	650	46 551
5– 10 Mill.	7 477	529	52 833
10– 25 Mill.	6 552	904	102 887
25– 50 Mill.	2 730	757	94 671
50–100 Mill.	1 480	770	103 490
100 Mill. und mehr	1 328	4 093	722 687

[1] Unternehmen mit 20 Beschäftigten und mehr und vollem Geschäftsjahr, ohne Handwerk.
[2] Ende September
[3] Ohne Umsatz-(Mehrwert-)steuer

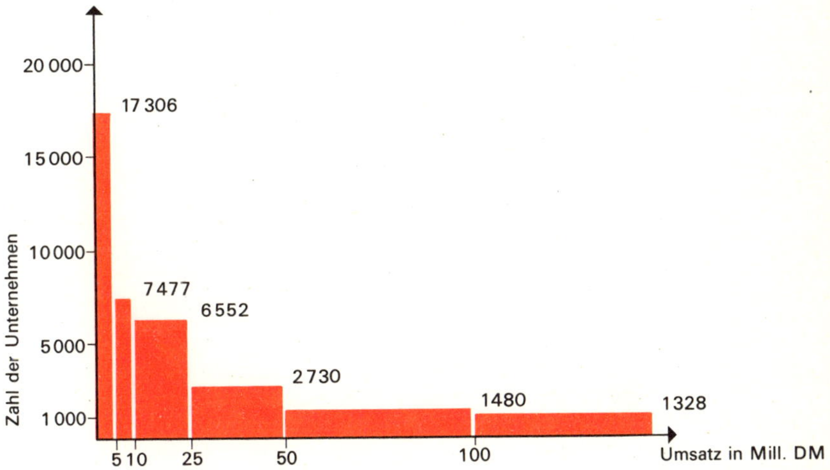

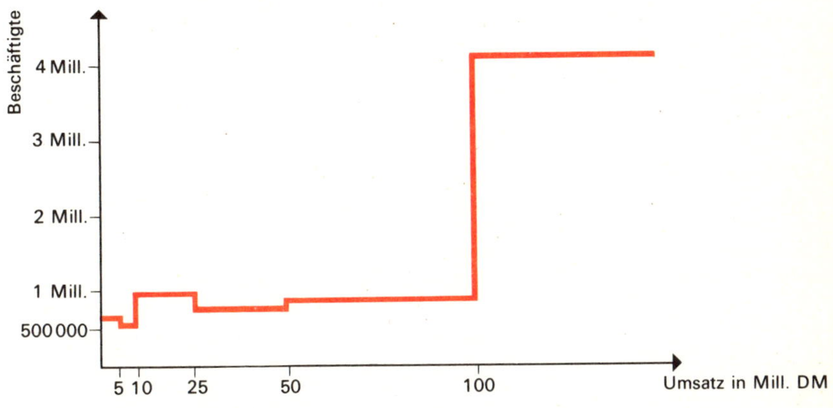

Betriebliches Rechnungswesen

Aufgabe des betrieblichen Rechnungswesens ist es, alle zahlenmäßig darstellbaren, auf den Betrieb bezogenen wirtschaftlichen Zustände und Vorgänge zu erfassen und auszuwerten und damit ein numerisches Abbild der Vergangenheit, der Gegenwart und der Zukunft des Betriebes zu erstellen.

Die vom betrieblichen Rechnungswesen bereitgestellten Informationen dienen 1) den Entscheidungsträgern und Aufsichtsorganen des Betriebs zur ↑betrieblichen Planung (S. 64), Kontrolle und Steuerung (↑Betriebsorganisation – Management S. 66) im Hinblick auf die vorgegebenen ↑Unternehmensziele (S. 62) und auf die Einhaltung eines ordnungsgemäßen Geschäftsgebarens; 2) Banken, Lieferanten und anderen Kreditgebern zur Beurteilung der Kreditwürdigkeit des Unternehmens; 3) den am Unternehmen Beteiligten zur Prüfung der Geschäftstätigkeit und zur Ermittlung der ihnen aus dem Unternehmen zufließenden Einkommen sowie des Wertes ihrer Beteiligungen; 4) der Öffentlichkeit zur Beurteilung der Ertragskraft, des Wertes und anderer Eigenschaften des Unternehmens (↑Geschäftsbericht und Wirtschaftsprüfung S. 100), z. B. den am Erwerb von Beteiligungen Interessierten; 5) Körperschaften des öffentlichen Rechts als Bemessungsgrundlage für Abgaben.

Nach der Aufgabenstellung läßt sich das betriebliche Rechnungswesen einteilen in die Finanzbuchhaltung (↑Bilanz S. 88), die Kostenrechnung, die betriebliche ↑Statistik (S. 628) und Vergleichsrechnung sowie die Planungsrechnung. Diese und etliche weitere von der ↑Betriebswirtschaftslehre (S. 624) erarbeitete Gliederungen des betrieblichen Rechnungswesens fußen im Grunde auf der Tatsache, daß in jedem Betrieb zwei Kreisläufe von Wertbewegungen stattfinden: solche, die auf Zahlungsvorgänge zurückzuführen sind („pagatorische Rechnung") und solche, die auf Güterbewegungen, d. h. auf Güterverbrauch und Gütererstellung basieren („kalkulatorische Rechnung": Kostenrechnung). Die betriebswirtschaftliche Statistik und Vergleichsrechnung sowie die Planungsrechnung dienen sowohl der pagatorischen als auch der kalkulatorischen Rechnung als Hilfsrechnungen und als zusätzliche qualifizierte Informationsquelle und lassen sich daher weder dem geldbezogenen noch dem güterbezogenen Geschehen des Betriebes allein zuordnen. Im einzelnen Betrieb hängen Größe, Schwerpunkt und Grad der organisatorischen Untergliederung des Rechnungswesens insbesondere ab von der Betriebsgröße, den ↑Unternehmenszielen (S. 62), dem Wirtschaftszweig (↑Wirtschaftsstruktur S. 50) und der Rechtsform (↑Wahl der Rechtsform von Unternehmen S. 102).

Vom betrieblichen Rechnungswesen werden Bestandsgrößen (Material, Halb- und Fertigfabrikate, Zahlungsmittel) und Bewegungsgrößen sowohl erfaßt (Input) als auch ausgeworfen (Output). Hierbei sind vier grundlegende Paargruppen von Bewegungsgrößen zu unterscheiden: 1) Auszahlungen und Einzahlungen: Bar- und Giralgeldzahlungen, fiktive Zahlungen bei Aufrechnungen; 2) Ausgaben und Einnahmen: Wert der beschafften/abgesetzten Sachgüter und Dienstleistungen; 3) Aufwand und Ertrag: Wertverzehr bzw. Wertzuwachs einer Abrechnungsperiode, bewertet in Anlehnung an Zahlungsvorgänge (Ertrag ./. Aufwand = Erfolg); 4) Kosten und Leistungen: Wertverzehr bzw. Wertzuwachs einer Abrechnungsperiode, der durch die eigentliche Betriebstätigkeit veranlaßt ist und der nach betriebswirtschaftlichen Gesichtspunkten bewertet wird (Leistungen ./. Kosten = Betriebsergebnis). 1), 2) und 3) gehen in die Finanzbuchhaltung und in die Bilanz ein, 1) außerdem in die ↑Investitionsrechnung (S. 200), während 4) in die Kostenrechnung eingeht.

H. K. Weber: Betriebswirtsch. Rechnungswesen. 2. Aufl. München 1978. – Hwb. des Rechnungswesens (HRW). Hg. v. E. Kosiol. 2. Aufl. Stuttg. 1981. Art. „Rechnungstheorie der Unternehmung" u. „Rechnungswesen als Informationssystem".

Vereinfachtes Beispiel der Erfassung des betrieblichen Güterumlaufs durch das betriebliche Rechnungswesen

Betriebliches Ereignis	Finanzbuchhaltung		Kostenrechnung	
Zugang eines Walzrohlings; vereinbarter Kaufpreis 1 000 DM	Ausgabe	1 000 DM	–	
Bezahlung mit 3 % Skonto	Auszahlung	970 DM	–	
Eingang in den Fertigungsprozeß; Wiederbeschaffungspreis jetzt 1 100 DM	Aufwand	970 DM	Kosten	1 100 DM
Herstellung	Zusätzlicher Aufwand	500 DM	Zusätzliche Kosten	600 DM
Fertige Röhre	Ertrag	1 470 DM	Leistung	1 700 DM
Verkauf für vereinbarten Preis von 1 800 DM	Einnahme Ertrag jetzt Erfolg	1 800 DM 1 800 DM 330 DM	Leistung jetzt Betriebsergebnis	1 800 DM 100 DM
Käufer zahlt nur 1 400 DM, Rest fällt aus	Einzahlung Aufwand (außerordentl.) Erfolg jetzt	1 400 DM 400 DM –70 DM	–	

Betriebsabrechnung

Die Betriebsabrechnung ist Teil des ↑betrieblichen Rechnungswesens (S. 80). Mit ihr sind sämtliche im Betrieb anfallenden Kosten nach Kostenarten gegliedert (↑Kosten – Kostenarten S. 76) zu erfassen und den Kostenstellen zuzurechnen sowie zeitbezogen auf die Kostenträger zu verteilen. Die Betriebsabrechnung dient damit 1) dem innerbetrieblichen Rechnungswesen zur Preisermittlung (↑Kalkulation S. 84) und zur Kontrolle der Wirtschaftlichkeit des Einsatzes der Produktionsfaktoren; 2) der Finanzbuchhaltung, insbesondere zur Ertragsermittlung.

Die Kosten werden im Rahmen der Betriebsabrechnung mittels dreier vorgelagerter Hilfsrechnungen erfaßt: der Materialrechnung, der Lohnrechnung und der Anlagenrechnung. Die kalkulatorischen Kosten werden nach übergeordneten Gesichtspunkten (z. B. Kapitalerhaltung, Risikozuschläge) festgelegt.

Damit bei der ↑Kalkulation (S. 84) die Selbstkosten der einzelnen Produkte (Kostenträger) errechenbar sind, ist (abgesehen vom Einproduktbetrieb) eine Verteilung der Kosten erforderlich, entweder tabellarisch (mit Hilfe des Betriebsabrechnungsbogens [BAB]) oder kontenmäßig auf die Kostenstellen, d. h. auf Betriebsbereiche (z. B. Verwaltung, Absatz), Betriebsabteilungen oder sogar einzelne Arbeitsplätze. Für Zwecke der Kalkulation werden die Kostenstellen nach der Zurechenbarkeit der Stellenkosten auf die Kostenträger gebildet. Die Wirtschaftlichkeitskontrolle erfordert die Bildung von Kostenstellen nach der Zurechenbarkeit der Kostenarten auf die Kostenstellen. U. a. wegen dieser zwei verschiedenen Zurechnungsgesichtspunkte ist es nötig, Hilfskostenstellen zu bilden. Diese tauschen betriebsinterne Leistungen untereinander aus (z. B. setzt der betriebsinterne Reparaturdienst die Kraftstromanlage instand, wobei er selbst Strom verbraucht) und erbringen für Hauptkostenstellen Leistungen, deren Kosten nicht unmittelbar den Kostenträgern zugerechnet werden können (z. B. Reinigungskolonne, Arbeitsvorbereitung, innerbetrieblicher Transport). Außer den Hauptkostenstellen der Fertigung werden die Kosten des Materialbereichs, der Verwaltung und des Vertriebs sowie, soweit eindeutig zuzuordnen, die taktischen Kosten (der Forschung, Entwicklung, Weiterbildung der Mitarbeiter) direkt auf die Kostenträger verrechnet. Die Zurechnung der Kosten auf die Kostenstellen erfolgt soweit wie möglich nach dem Verursachungsprinzip. Dies bereitet für solche Kosten keine Schwierigkeiten, die unmittelbar und ausschließlich an einer Kostenstelle anfallen und dort gesondert erfaßt werden. Für die Zurechnung indirekter Stellenkosten, z. B. von Hilfslöhnen, müssen Verteilungsschlüssel (Prozentsätze) gebildet werden, die die Zurechnung von Gemeinkosten proportional zur Leistung vornehmen. Solche Schlüssel führen notwendigerweise zu Ungenauigkeiten. Nach demselben Prinzip werden die Kosten der Hilfskostenstellen untereinander sowie auf die Hauptkostenstellen umgelegt.

Die Abrechnung der Kostenstellen und die Ermittlung von Gemeinkostenzuschlagsätzen mit Hilfe eines Betriebsabrechnungsbogens bilden die Grundlage für die Wirtschaftlichkeitsanalyse der Kostenstellen sowie für die zeitbezogene Kostenträgerrechnung und für die Betriebsergebnisrechnung. Letztere wird auch als kurzfristige Erfolgsrechnung bezeichnet, weil sie monatlich oder vierteljährlich oder nach Bedarf die entstandenen Kosten den erbrachten Leistungen gegenüberstellt. Sie dient besonders der Wirtschaftlichkeitskontrolle des Gesamtbetriebs, da sie im Gegensatz zur jährlichen ↑Erfolgsrechnung (S. 98) einen aktuellen Überblick über die wirtschaftliche Situation des Betriebs ermöglicht; nach Kostenträgern oder Kostenträgergruppen gegliedert, stellt sie Informationen für produktpolitische Entscheidungen zur Verfügung.

K. Mellerowicz: Kosten u. Kostenrechnung. Bd. 2. Tl. 1. 5. Aufl. Berlin 1974. – L. Haberstock: Grundzüge der Kosten- u. Erfolgsrechnung. 3. Aufl. München 1982.

Vereinfachtes Beispiel eines Betriebsabrechnungsbogens (BAB)

Nr.	Kostenarten	Beispiel für Umlagekriterium, Gesamtkosten der Kostenart		Allgemeine Kostenstellen: Wasser-vers.	Allgemeine Kostenstellen: Energie-vers.	Arbeits-vorbe-reitung	Hauptkostenstellen der Fertigung: A	Hauptkostenstellen der Fertigung: B	Hauptkostenstellen der Fertigung: A + B	Materialbereich			Verwaltung	Vertrieb
1	Hilfslöhne, Gehälter	Lohnsumme der Kostenstelle direkt,	6 000	180	180	300	1 800	1 200	3 000		900		840	600
2	Reparaturen durch Fremdbetriebe	Rechnungssummen direkt,	300	15	30	–	75	75	150		50		25	30
3	Hilfs- und Betriebsstoffe	Verbrauch gemäß Entnahmeschein oder Schätzung,	800	120	70	10	320	250	570		15		10	5
4	Kalkulator. Abschreibungen	Abnützung der Anlagegüter direkt,	500	20	30	10	150	170	320		35		50	35
5	Kalkulator. Zinsen	Betriebskapital/Stelle,	60	2	3	2	19	11	30		8		6	9
6	Kalkulator. Wagnisse	Erwartungswerte für Schadenseintritte direkt,	110	3	2	3	40	25	65		22		10	6
7	Kalkulator. Unternehmerlohn	Anteil unternehmer. Leistung an Gesamtleistung,	200	–	–	20	40	50	90		30		20	10
8	Summe 1 bis 7 =	Gemeinkosten der Kostenstelle	7 970	340	325	345	2 444	1 781	4 225		1 060		961	695
9	Umlage Wasserversorgung	Zahl der Beschäftigten; Brauchwasser für Fertigung		→	10	15	80	120	200		35	Entstandene Herstellkosten = entstandene Fertigungskosten + Materialkosten 18 643	70	10
10	Umlage Energieversorgung	Installierte (höchstmögl.) Energie(-aufnahme)			→	5	110	130	240		35		45	10
11	Summe 8, 9, 10					365	2 634	2 031	4 665		1 130		1 076	715
12	Umlage Fertigungshilfsstellen	(Akkord-)Lohnanteil der Fertigungshauptstellen				→	156	209	365		↓		↓	↓
13	Entstandene Fertigungsgemeinkosten						2 790	2 240	5 030	Entstandene Materialgemeinkosten	1 130	Entstandene V+V-Gemeinkosten	1 076	715
14	Einzelkosten (direkt auf Kostenträger): Fertigungslöhne						2 100	2 400	4 500	Fertigungsmaterial	8 000	Verrechnung Herst.-kosten	18 550	18 550
15	Zuschlag für Fertigungsgemeinkosten auf 14 aus Vorkalkulation						130 %	95 %		Materialzuschlag	13 %	Zuschlag V+V	6 %	4 %
16	Verrechnete Fertigungskosten: 14 + 15 × 14						4 830	4 680	9 510	Verrechnung Materialkosten	9 040	Verrechnung V+V-Kosten	1 113	742
17	Entstandene Fertigungskosten: 13 + 14						4 890	4 640	9 530	Entstandene Materialkosten	9 113	Entstandene V+V-Kosten	1 076	715
18	Kostenstellenüber-/-unterdeckung: 16./.17						– 60	+ 40			– 73		+ 35	+ 27
19	Neue Gemeinkostenzuschläge auf Fertigungslöhne für die Nachkalkulation						133 %	90 %		auf Fertigungsmaterial	14,1 %	auf entstandene Herstellungskosten	5,77 %	3,83 %

Kalkulation

Die Kalkulation bezweckt die Ermittlung der Kosten je betrieblicher Leistungseinheit (Kostenträgerstückrechnung) auf der Grundlage der ↑Betriebsabrechnung (S. 82). Die anzuwendenden Kalkulationstechniken, die Auswahl der Rechnungsgrößen (Vollkosten oder Teilkosten, d.h. nur Verrechnung der variablen, also der pro Einheit zusätzlich entstehenden Kosten) sowie der Kalkulationszeitpunkt (Vor-, Zwischen- oder Nachkalkulation) hängen vom Gegenstand und vom konkreten Zweck der durchzuführenden Kalkulation ab. Kalkulationszwecke sind: 1) Vorbereitung der Preisgestaltung im Beschaffungs- bzw. Absatzbereich, sofern das Unternehmen Einfluß auf den bietenden oder zu fordernden Preis hat (↑betriebliche Preispolitik S. 156). Hierfür sind eine Vorkalkulation mit Sollkosten, bei mittlerer oder längerer Fertigungsdauer auch eine Zwischenkalkulation durchzuführen. Da der Betrieb langfristig voll kostendeckend arbeiten muß, sind alle Kosten, durch die die Leistung erbracht wird (Vollkosten) auf den Kostenträger zu verrechnen. 2) Kontrolle der Preisauskömmlichkeit, d.h. Prüfung, ob und welche Leistungserstellung unter gegebenen Preisverhältnissen kostendeckend ist. Hiervon hängt die Entscheidung darüber ab, ob ein Produkt überhaupt (noch) hergestellt werden soll. a) Ist der Betrieb oder eine Produktionsanlage nicht ausgelastet (Unterbeschäftigung), so sind nur die beschäftigungsunabhängigen (variablen) Kosten auf den Kostenträger zu verrechnen; die Differenz zwischen Preis und variablen Kosten ist der Deckungsbeitrag, der zur Deckung der (beschäftigungsunabhängigen) Fixkosten beiträgt. b) Bei Vollbeschäftigung (Auslastung der Kapazitäten) ist die Auswahl zwischen mehreren möglichen Erzeugnissen danach zu treffen, welches den höheren Deckungsbeitrag je Einheit der Engpaßbelastung erbringt. Der Entscheidungsspielraum ist aber meist durch Nebenbedingungen eingeschränkt (Kapazitätsuntergrenzen, Erhaltung der Arbeitsplätze, langfristige Erhaltung eines Preisniveaus), deren Einbeziehung nur durch das Kalkulieren mit Opportunitätskosten (entgangene Leistung aus der nächstbesten Verwendung des knappen Gutes) im Rahmen von Optimierungsmodellen (↑operationsanalytische Planungstechniken S. 68) möglich ist. 3) Kontrolle der Betriebsgebarung, d.h. Kontrolle der Ergiebigkeit des Einsatzes der Produktionsfaktoren in Verbindung mit Zeitvergleichen und zwischenbetrieblichen Vergleichen. 4) Ermittlung von Werten für andere Teile des ↑betrieblichen Rechnungswesens (S. 80), z.B. der Herstellungskosten.

Hauptgruppen von Kalkulationsverfahren sind: 1) Die Divisionskalkulation: Die einfache Divisionskalkulation (Stückkosten = Kosten je Periode dividiert durch Ausbringungsmenge je Periode) ist nur anwendbar bei kontinuierlicher Ein-Artikel-Massenfertigung ohne Zwischen- und Endlagerung. Bei Endproduktlagerung ist eine zweistufige, bei zusätzlicher Zwischenlagerung von n Zwischenprodukten eine ($n + 1$)stufige Divisionskalkulation erforderlich. Sind die Kosten auf ungleiche, aber gleichartige Leistungen zu verteilen, so ist eine sog. Äquivalenzziffernrechnung durchzuführen. 2) Bei Zuschlagskalkulation werden für Einzel- und Serienfertigung die Gemeinkosten (↑Kosten – Kostenarten S. 76) nach vorgegebenen oder von der ↑Betriebsabrechnung (S. 82) ermittelten Zuschlagssätzen auf die Einzelkosten verrechnet. Neuere Verfahren haben als Zuschlagsbasen Maschinenstundensätze oder Mengengrößen (Akkordzeiten, Maschinenzeiten, Einsatzmengen).

Diese Grundverfahren der Kalkulation sind je nach Problemstellung miteinander zu kombinieren. Besondere Rechenverfahren sind erforderlich für die Ausschußverrechnung, bei Kuppelproduktion (Entstehung verschiedener Leistungen in einem Produktionsprozeß, z. B. in einer Erdölraffinerie) sowie in nichtindustriellen Wirtschaftszweigen.

K. Mellerowicz: Kosten u. Kostenrechnung. Bd. 2. Tl. 2. 4. Aufl. Berlin 1968. – M. Schweitzer/G. O. Hettich/H. U. Küpper: Systeme der Kostenrechnung. 3. Aufl. München 1983.

Kalkulationsverfahren und Kalkulationsbeispiele

(I) Einfache Divisionskalkulation (z. B. E-Werk):

$$\text{StückK} = \frac{\text{K der Periode}}{\text{M der Periode}}$$

(II) Stufendivisionskalkulation bei n Halbfabrikatlagerungen und Endlagerung (z. B. Automobilfabrik):

$$\text{StückK} = \underset{\text{(fest)}}{\frac{\text{Material K}}{\text{Stück}}} + \sum_{i=1}^{n} \frac{\text{PeriodenK Fertigungsabschnitt i}}{\text{PeriodenM Fertigungsabschnitt i}} + \frac{\text{Verwaltungs- und VertriebsK der Periode}}{\text{AbsatzM der Periode}}$$

(III) Divisionskalkulation mit Äquivalenzziffern bei m ungleichen, gleichartigen Artikeln (z. B. Flaschenabfüllbetrieb):

$$\text{StückK j} = \frac{\text{GesamtK der Periode}}{\sum_{j=1}^{m} \text{ÄquivalenzM j der Periode}} \times \text{Äquivalenzziffer j}$$

Berechnungsschema für Äquivalenzziffern und ÄquivalenzM

Artikel	j	Bezugsgröße Abfüllzeit/Fl.	Äquivalenz-ziffer j	M j	ÄquivalenzM j = Äquivalenzziffer j × M j
0,33-l-Fl.	1	20 sec	20/20 = 1	1 000	1 000
0,5-l-Fl.	2	28 sec	28/20 = 1,4	5 000	7 000
1-l-Fl.	3	50 sec	50/20 = 2,5	3 000	7 500

$$\sum_{j=1}^{m} \text{ÄquivalenzM j der Periode} = 15\,500$$

(IV) Verfeinerte Betriebszuschlagskalkulation (z. B. Auftragsfertigung):

MaterialeinzelK
+ MaterialgemeinK = MGKZuschlag × MaterialeinzelK → MaterialK

FertigungslohnK
+ FertigungsgemeinK = FGKZuschlag × FertigungslohnK
+ SondereinzelK der Fertigung (z. B. bes. Werkzeuge) → FertigungsK

HerstellK
+ V+VZuschlag × HerstellK = Verwaltungs- und VertriebsgemeinK
+ SondereinzelK des Vertriebs

SelbstK

(V) Ermittlung des zu fördernden Produkts bei Vollbeschäftigung

		Maßeinheit	Erzeugnis A	Erzeugnis B	Erzeugnis C
1	Variable K/Stück	DM/Einheit	200	140	90
2	Erlös/Stück	DM/Einheit	350	180	170
3	Deckungsbeitrag/Stück	DM/Einheit	150	40	80
4	Belegungszeit im Engpaß	h/Einheit	15	3	7
5	Deckungsbeitrag/Engpaßstunde	DM/h	10,–	13,33	11,43
6	Rangfolge der zu fördernden Erzeugnisse gemäß Zeile 5	—	3	1	2

K = Kosten (DM); M = Leistungsmenge (Mengeneinheiten); $\sum_{i=1}^{n}$ = Summe von i=1 bis n.

Buchführung – Buchführungsvorschriften

Aufgabe der Buchführung (= Buchhaltung) ist die laufende nachträgliche Aufzeichnung der für das ↑Unternehmen (S. 60) bedeutsamen wirtschaftlichen Vorgänge. Sie stellt Informationen zur Verfügung sowohl für die Erstellung der ↑Betriebsabrechnung (S. 82) und der ↑Kalkulation (S. 84; Betriebsbuchhaltung) als auch zur Anfertigung der ↑Bilanz (S. 88) und der ↑Erfolgsrechnung (S. 98; Geschäftsbuchhaltung, ↑betriebliches Rechnungswesen S. 80). Hauptzwecke der Buchhaltung sind damit die Erfolgsermittlung (pagatorisch und kalkulatorisch) und die Bestandsermittlung. Die Buchhaltung erfaßt die zu dokumentierenden wirtschaftlichen Vorgänge in einem im Hinblick auf diese Rechnungszwecke der Wirklichkeit nachgebildeten Zeichensystem, meist einem System von T-Konten (Kontenrahmen). Ein geschlossenes Abbildungssystem in diesem Sinne stellt nur die doppelte Buchführung (Doppik) dar, bei der jeder Geschäftsvorfall zu Buchungen auf zwei verschiedenen Konten, einmal im Soll und einmal im Haben, erfolgt. Im Gegensatz dazu werden bei der einfachen Buchführung Vorgänge nur durch eine Buchung erfaßt, weil hier primärer Rechnungszweck die Bestandsfortschreibung ist und deshalb nur Bestandskonten und keine Erfolgskonten vorhanden sind; der Periodenerfolg wird ausschließlich durch Vermögensvergleich (↑Bilanz S. 88) ermittelt. Doppelbuchungen treten bei der einfachen Buchführung nur dann auf, wenn zwei Bestandskonten durch einen Vorgang betroffen sind, z. B. Rückzahlung von Verbindlichkeiten: Habenbuchung bei einem aktiven (Zahlungsmittel), Sollbuchung bei einem passiven (Verbindlichkeiten) Bestandskonto. Sowohl bei der einfachen wie bei der doppelten Buchführung werden die Geschäftsvorfälle nicht nur nach Sachgebieten geordnet in Konten, sondern zur Gewährleistung der Lückenlosigkeit auch insgesamt chronologisch erfaßt.

Um der Öffentlichkeit, insbesondere aber den Gläubigern und dem Fiskus einen Einblick in die wirtschaftliche Lage und vor allem in die Vermögensverhältnisse des Unternehmens zu geben, ist jeder Vollkaufmann (↑Kaufmann S. 136) zur doppelten Buchführung verpflichtet. Beim Beginn eines Handelsgewerbes hat er alle zum Unternehmen gehörenden aktiven und passiven Vermögensgegenstände zu verzeichnen (Inventar) und daraus eine Bilanz zu erstellen. Zum Schluß eines jeden Geschäftsjahres ist die Buchführung mit einer Bilanz aus den laufenden Aufzeichnungen der Geschäftsvorfälle abzuschließen sowie ein Inventar durch grundsätzlich körperliche Bestandsaufnahme zu erstellen. Die Buchführung hat einigen Formalerfordernissen zu entsprechen, die die Leserlichkeit, Vollständigkeit und Unverfälschtheit der Aufzeichnungen sicherstellen sollen; außerdem sind Geschäftsbücher zehn Jahre, Belege sieben Jahre aufzubewahren. Im übrigen verhindern die Buchführungsvorschriften die Entwicklung neuer Buchhaltungstechniken sowie die Automation nicht. Es müssen nur die „Grundsätze ordnungsmäßiger Buchführung und Bilanzierung" gewährleistet sein. Hierzu gehören neben den Grundsätzen der Rechenschaftslegung (↑Grundsätze der Bilanzierung S. 90) die formellen Grundsätze der Dokumentation: systematischer Aufbau und Sicherung der Vollständigkeit der Konten, vollständige Aufzeichnungen, in denen sich der Buchführungspflichtige selbst sowie ein sachverständiger Dritter in angemessener Zeit zurechtfinden können, Erfordernis eines Beleges für jede Buchung, betriebsinterne Kontrolle der Buchführung. Außer diesen Anforderungen des Handelsrechts an die Buchführung verlangt das Steuerrecht eine wenigstens einfache Buchhaltung von Minderkaufleuten und Landwirten ab 360000 DM Jahresumsatz oder 100000 DM Betriebsvermögen oder 24000 DM Jahresgewinn (Landwirte 15000 DM). Die für Zwecke der Mehrwertsteuer, der Börsenumsatzsteuer sowie spezieller ↑Ausgabensteuern (S. 292) erforderlichen Angaben müssen aus der Buchhaltung ersichtlich sein.

Hdb. der Wirtschaftswiss. Hg. v. K. Hax/Th. Wessels. Bd. 1. 2. Aufl. Köln u.a. 1966. Art. „Buchhaltung u. Bilanz". – K. Peter/K. J. v. Bornhaupt/W. Körner: Ordnungsmäßigkeit der Buchführung. 7. Aufl. Herne u. Berlin 1978.

Zusammengehörige Buchungen (Gegenbuchungen) tragen gleiche Kennbuchstaben.
A,B = Eröffnungsbuchungen
C-F = Beispiele typischer Verkehrsbuchungen
V-Z = Abschlußbuchungen

Anfangsbilanz

Aktiva/	/Passiva
Aktivbestände	Passivbestände

Aktive Bestandskonten

Soll/	/Haben
[A] Anfangsbestände [C] Einzahlungen [F] Material- und Anlagenzugang	[D] Wertberichtigungen auf Anlagen [E] Auszahlungen [Y] Salden (Soll./.Haben)

Passive Bestandskonten

Soll/	/Haben
[Z] Salden (Haben./.Soll)	[B] Anfangsbestände [F] Verbindlichkeiten aus Lieferungen [X] Erhöhung des Kapitalkontos durch Gewinn

Aufwandskonten

Soll/	/Haben
[D] Abschreibungen [E] Löhne	[V] Salden (Soll./.Haben)

Ertragskonten

Soll/	/Haben
[W] Salden (Haben./.Soll)	[C] Erlöse

Gewinn- und Verlustkonto

Soll/	/Haben
[V] Salden der Aufwandskonten [X] Gewinn (Haben./.Soll)	[W] Salden der Ertragskonten

Schlußbilanz

Aktiva/	/Passiva
[Y] Salden der aktiven Bestandskonten	[Z] Salden der passiven Bestandskonten darin enthalten Bilanzgewinn (Aktiva ./. Passiva = [X])

Bilanz – Bilanzzwecke

Die auf den Schluß des Geschäftsjahres zu erstellende Bilanz ist Teil des Jahresabschlusses (↑Buchführungsvorschriften S. 86) neben der ↑Erfolgsrechnung (S. 98) und dem ↑Geschäftsbericht (S. 100). In der ↑Betriebswirtschaftslehre (S. 624) besteht Uneinigkeit darüber, was als Gewinn zu betrachten ist (besonders im Hinblick auf die verschiedenen Kapitalerhaltungskonzepte, ↑handels- und steuerrechtliche Bewertungsvorschriften [S. 92]) und darüber, was die Bilanz über den Erfolgsausweis hinaus aussagen sollte. Nach statischer Bilanzauffassung hat die Bilanz eine Gegenüberstellung der aktiven und der passiven Vermögensgegenstände zu liefern. Aktiva sind danach die der Leistungserstellung dienenden Wirtschaftsgüter, Passiva sind die hierfür verwendeten Finanzierungsmittel; die Differenz zwischen Aktiva und Passiva am Jahresende ist der Bilanzerfolg (-gewinn oder -verlust). Eine solche Bilanz dient primär der Rechenschaftslegung gegenüber den Kapitalgebern. Die dynamische Bilanzauffassung sieht in der Erfolgsermittlung den Hauptzweck des Jahresabschlusses. Demgemäß genießt die Erfolgsrechnung Priorität vor der Bilanz. Diese weist als Aktiva die liquiden Mittel (Bargeld und sofort verfügbare Guthaben) sowie alle aktiven Vermögensgegenstände aus, die am Bilanzstichtag noch nicht im Leistungsprozeß verwertet oder abgesetzt sind; demgegenüber sind Passiva das Kapital und alle von dem Unternehmen noch nicht eingelösten Verpflichtungen sowie der abgelaufenen Periode zuzurechnender, aber unterlassener Aufwand (dynamische ↑Rückstellungen S. 96). Danach ist die Bilanz eine Zusammenstellung der schwebenden Vorgänge, die bei ihrer endgültigen Realisierung dann ihren Niederschlag in der Erfolgsrechnung finden, also eine Art rechnerischer Kräftespeicher. Die Aussagekraft der statischen und der dynamischen Bilanz will die organische Bilanztheorie miteinander kombinieren. Nach der totalen Bilanzauffassung sind für den Jahresabschluß eine Kapitalbestandsbilanz und verschiedene Kapitalbewegungsbilanzen aufzustellen, die neben der Erfolgsermittlung und der Rechenschaftslegung der allgemeinen Betriebserkenntnis, der Betriebsführung und der Betriebskontrolle zu dienen haben. Entsprechend der Tendenz zur ↑betrieblichen Planung (S. 64) wollen neuere Theorien die Vergangenheitsbezogenheit der Bilanz überwinden und die Bilanz als Planungsinstrument einsetzen. Mit ihr soll der „ökonomische Gewinn“ als Vermehrung des Erfolgskapitals ermittelt werden; dieses errechnet sich aus den mit den vorhandenen Wirtschaftsgütern in der Zukunft noch erzielbaren, auf den Bilanzstichtag abgezinsten Einzahlungsüberschüssen.

Trotz aller Vorteile neuerer Bilanztheorien ist die statische Bilanz jedoch ein unerläßliches Instrument der Rechenschaftslegung, weil nur sie einen Vermögensausweis darstellt, der auf einigermaßen sicheren und objektiv nachprüfbaren Zahlen beruht; sie ist daher als einzige vorgeschrieben. Eine Analyse der Pflichtbilanz kann durchaus aussagekräftige Informationen bezüglich der Vermögens- und Kapitalstruktur sowie der Liquidität eines Unternehmens liefern. Hierzu wurden auch einige – allerdings problematische – Faustregeln entwickelt: So soll das Eigenkapital ebenso hoch wie das Fremdkapital sein, das langfristig gebundene Aktivvermögen soll durch langfristiges Kapital finanziert sein („goldene Bilanzregel“), die kurzfristigen Verbindlichkeiten sollen nicht größer sein als sofort verfügbare oder liquidierbare Aktiva.

Für ↑Konzerne (S. 110) ist eine konsolidierte Bilanz zu erstellen, die nur Forderungen und Verbindlichkeiten gegenüber Konzernfremden aufweist.

Außer dem regulären Jahresabschluß sind Sonderbilanzen für besondere Finanzierungsfälle (↑Kapitalerhöhung S. 228; u. a.) aufzustellen. Im Gegensatz zu den bisher erwähnten Erfolgsbilanzen sind reine Vermögensbilanzen, die keinen Erfolg ausweisen, zu erstellen bei ↑Unternehmensgründung (S. 226) sowie für Zwecke der Vermögensbesteuerung.

B. Hartmann: Bilanzen. Stuttg. 1973. – A. Moxter: Bilanzlehre. 2. Aufl. Wiesb. 1976 (Nachdr. 1982).

Bilanz

Schlußbilanz auf den 31. 12. 19. (Mindestgliederung für Aktiengesellschaften)

Aktiva	Passiva
I. Ausstehende Einlagen auf das Grundkapital; davon eingefordert: II. Anlagevermögen: A. Sachanlagen und immaterielle Anlagewerte: 1. Grundstücke und grundstücksgleiche Rechte mit Gebäuden 2. Grundstücke und grundstücksgleiche Rechte mit Wohnbauten 3. Grundstücke und grundstücksgleiche Rechte ohne Bauten 4. Bauten auf fremden Grundstücken, die nicht zu 1. oder 2. gehören 5. Maschinen/maschinelle Anlagen 6. Betriebs-/ Geschäftsausstattung 7. Anlagen im Bau 8. Konzessionen, gewerbl. Schutzrechte u. ä. Lizenzen an diesen B. Finanzanlagen: 1. Beteiligungen 2. Wertpapiere des Anlagevermögens, die nicht zu 1. gehören 3. Ausleihungen mit einer Laufzeit von mindestens 4 Jahren davon durch Grundpfandrechte gesichert: III. Umlaufvermögen: A. Vorräte: 1. Roh-, Hilfs-, Betriebsstoffe 2. unfertige Erzeugnisse 3. fertige Erzeugnisse, Waren B. Andere Gegenstände des Umlaufvermögens: 1. geleistete Anzahlungen 2. Forderungen aus Lieferungen und Leistungen 3. Wechsel davon bundesbankfähig: 4. Schecks 5. Kassenbestand, Bundesbank- und Postscheckguthaben 6. Guthaben bei Kreditinstituten 7. Wertpapiere, die nicht zu 3., 4., 8., 9. oder zu II. B. gehören 8. eigene Aktien 9. Anteile einer herrschenden oder an der Gesellschaft mit Mehrheit beteiligten Kapitalgesellschaft oder bergrechtl. Gewerkschaft 10. Forderungen an verbundene Unternehmen 11. Forderungen aus Krediten, die unter §§ 89 bzw. 115 AktienG fallen 12. sonstige Vermögensgegenstände IV. Rechnungsabgrenzungsposten V. Bilanzverlust (sofern kein Gewinn auszuweisen ist)	I. Grundkapital II. Offene Rücklagen: 1. gesetzliche Rücklage 2. andere (freie) Rücklagen III. Wertberichtigungen IV. Rückstellungen: 1. Pensionsrückstellungen 2. andere Rückstellungen V. Verbindlichkeiten mit einer Laufzeit von mindestens 4 Jahren: 1. Anleihen davon durch Grundpfandrechte gesichert: 2. Verbindlichkeiten gegenüber Kreditinstituten davon durch Grundpfandrechte gesichert: 3. sonstige Verbindlichkeiten; davon durch Grundpfandrechte gesichert: Von Nummer 1 bis 3 sind vor Ablauf von 4 Jahren fällig: VI. Andere Verbindlichkeiten: 1. Verbindlichkeiten aus Lieferungen und Leistungen 2. Verbindlichkeiten aus der Annahme gezogener Wechsel und der Ausstellung eigener Wechsel 3. Verbindlichkeiten gegenüber Kreditinstituten, soweit sie nicht zu V. gehören 4. erhaltene Anzahlungen 5. Verbindlichkeiten gegenüber verbundenen Unternehmen 6. sonstige Verbindlichkeiten VII. Rechnungsabgrenzungsposten VIII. Bilanzgewinn (sofern kein Verlust auszuweisen ist)
Bilanzsumme	Bilanzsumme

Grundsätze der Bilanzierung

Die Bilanzierungsgrundsätze (Grundsätze ordnungsmäßiger Bilanzierung) sind aus den rechtlich verbindlichen ↑Bilanzzwecken (S. 88) abzuleiten, d.h. aus den Anforderungen, die der Schutz der Gläubiger, der Anteilseigner (bei ↑Aktiengesellschaften S. 108 und ↑Genossenschaften S. 114) sowie die Steuerinteressen des Fiskus (auch wegen des Prinzips der Gleichmäßigkeit der Besteuerung, ↑Besteuerungsgrundsätze S. 284) an die Bilanz stellen. Hierbei sind die Praxis ehrenwerter Kaufleute, Steuerrichtlinien, Empfehlungen und Gutachten von Wirtschafts- und Berufsverbänden sowie wissenschaftliche Erkenntnisse heranzuziehen.

Unter den Grundsätzen ordnungsmäßiger Bilanzierung versteht man hauptsächlich die Grundsätze der Bilanzklarheit, der Bilanzwahrheit und der Bilanzverknüpfung, die eng mit den Grundsätzen ordnungsmäßiger ↑Buchführung (S. 86) zusammenhängen, da die Bilanz nichts anderes als den jährlichen Abschluß der Buchführung darstellt.

Der formelle Grundsatz der Bilanzklarheit fordert eine übersichtliche Gliederung, die für Aktiengesellschaften exakt vorgeschrieben ist, eine Abgrenzung der Bilanzpositionen gegeneinander, die Überschneidungen vermeidet, sowie das Bruttoprinzip, d. h. den gesonderten Ausweis von Aktiv- und Passivposten (Verbot der Saldierung).

Zum materiellen Grundsatz der Bilanzwahrheit gehören die zutreffende Einordnung der erfaßten Vermögensgegenstände unter die jeweilige Bilanzposition, die rechnerisch richtige Erfassung der zugrundeliegenden Geschäftsvorfälle (insoweit Deckung mit den Grundsätzen ordnungsmäßiger Buchführung) sowie die „richtige" Bewertung. Eine Bewertung, die keinen einzig richtigen Wert ergeben kann, ist immer dann nötig, wenn sich der Wert schon vorhandener Vermögensgegenstände verändert, z. B. die Tagespreise für Rohmaterial schwanken oder die Höhe einer Verbindlichkeit noch ungewiß ist (↑Rückstellungen S. 96). Vielfach sind bestimmte Wertansätze vorgeschrieben (↑handels- und steuerrechtliche Bewertungsvorschriften S. 92), die jedoch oft einen Bewertungsspielraum lassen oder sogar eine falsche Bewertung bewirken, wie insbesondere steuerliche Sonderabschreibungen (↑Abschreibung S. 94). Eine Bewertung kann deshalb nur relativ in Abhängigkeit vom vorhandenen Bilanzzweck, besonders vom Vorliegen einer Handels- oder Steuerbilanz, „wahr" sein.

Der Grundsatz der Bilanzverknüpfung beinhaltet 1) die Bilanzidentität: formale Gleichheit der Schlußbilanz eines Geschäftsjahres mit der Eröffnungsbilanz des folgenden Jahres (Bilanzkongruenz); 2) die Bilanzkontinuität: in formeller Hinsicht fordert sie die Beibehaltung der Gliederung und der Bezeichnung der Positionen in der Schlußbilanz gegenüber der Anfangsbilanz, in materieller Hinsicht sind die Wertansätze und die Bewertungsmethoden (z. B. ↑Abschreibungsmethoden S. 94) aus der Vorbilanz zu übernehmen (Durchbrechung: ↑Geschäftsbericht S. 100).

Kollidieren Bilanzierungsgrundsätze miteinander, etwa das Prinzip der Bilanzwahrheit mit dem der -identität, weil die Schlußbilanz einen falschen Ansatz enthält, so sind die Auswirkungen der Durchbrechung der Grundsätze im Einzelfall gegeneinander abzuwägen.

Eine nicht ordnungsmäßige Buchführung und Bilanzierung kann führen: zur Berichtigung oder Verwerfung der Buchführung und Schätzung durch das Finanzamt, zu einem Ordnungswidrigkeiten- bzw. Strafverfahren wegen Steuerverkürzung bzw. Steuerhinterziehung (↑Steuerstrafrecht S. 306), zur Haftung gegenüber den Gläubigern, bei Betrugsabsicht oder im Konkursfall zur Bestrafung, bei Aktiengesellschaften außerdem zur Verweigerung des Prüfungsvermerks (↑Wirtschaftsprüfung S. 100), zur Entlassung des Vorstands.

G. Wöhe: Bilanzierung u. Bilanzpolitik. 5. Aufl. München 1979. Abschn. 2. – U. Leffson: Die Grundsätze ordnungsmäßiger Buchführung. 6. Aufl. Düsseld. 1982.

Bilanzierung

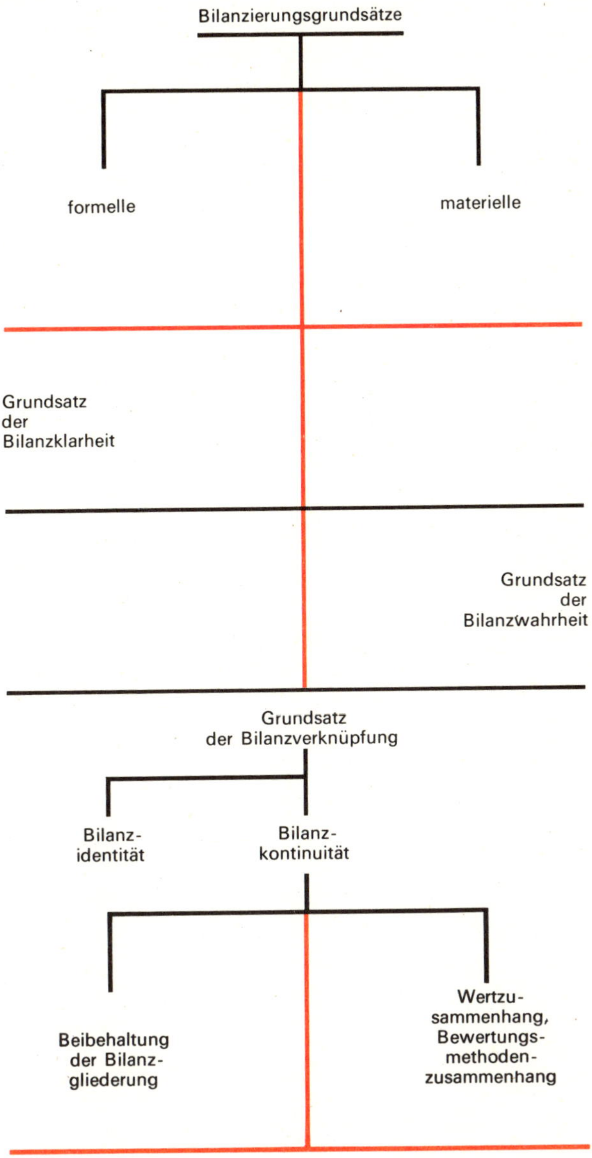

Handels- und steuerrechtliche Bewertungsvorschriften

Das Vorsichtsprinzip bildet den Ausgangspunkt der handelsrechtlichen Bewertungsvorschriften, denen der Vollkaufmann (↑Kaufmann S. 136) unterliegt. Es dient primär den Interessen der Kreditgeber, die vor einem zu optimistischen Vermögensausweis geschützt werden sollen, und steht in einem Spannungsverhältnis zum Prinzip der Bilanzwahrheit (↑Grundsätze der Bilanzierung S. 90). Aus dem Vorsichtsprinzip leiten sich zwei Bewertungsprinzipien ab: 1) das Imparitätsprinzip: Gewinne dürfen erst angesetzt werden, wenn sie durch Umsatz realisiert sind, Verluste müssen schon dann berücksichtigt werden, wenn sie verursacht sind (↑Abschreibung S. 94; ↑Rückstellungen S. 96); 2) das Niederstwertprinzip: Aktiva dürfen höchstens mit den Anschaffungskosten bewertet werden, die bei abnutzbarem Anlagevermögen um die ↑Abschreibungen (S. 94) zu vermindern sind; ist der Wert am Bilanzstichtag niedriger, so muß dieser Wert bilanziert werden, wenn es sich um Umlaufvermögen (↑Bilanz S. 88) handelt oder eine dauerhafte Wertminderung des Anlagevermögens vorliegt (strenges Niederstwertprinzip), ansonsten darf der Anschaffungswert unterschritten werden. Selbsterstellte Vermögensgegenstände, besonders noch nicht abgesetzte Halb- und Fertigfabrikate, sind statt mit Anschaffungs- mit Herstellkosten anzusetzen; diese werden von der ↑Kalkulation (S. 84) ermittelt, dürfen jedoch keine Vertriebs- und keine kalkulatorischen ↑Kosten (S. 76) enthalten. Für gleichartige Gegenstände des Vorratsvermögens sind verschiedene Sammelbewertungsverfahren gestattet. Dem Niederstwertprinzip auf der Aktivseite der Bilanz entspricht auf der Passivseite das Höchstwertprinzip.

Zielsetzung der steuerrechtlichen Bewertungsvorschriften, die für alle Unternehmen gelten, ist eine möglichst richtige Bewertung und damit eine möglichst richtige Vermögens- und Gewinnermittlung im Interesse der Gleichmäßigkeit der Besteuerung (↑Besteuerungsgrundsätze S. 284). Die Bewertungsvorschriften für die Steuerbilanz, die für Zwecke der Ertragsteuern (↑Einkommensteuern S. 286, ↑Körperschaftsteuer S. 288, ↑Gewerbesteuer S. 296) aufzustellen ist, lehnen sich zwar weitgehend an handelsrechtliche Bewertungsvorschriften an, bestimmen aber den sog. Teilwert als Bewertungsgrenze für Gegenstände des Aktivvermögens, sofern dieser nicht höher als die Anschaffungs- oder Herstellkosten ist. Teilwert ist derjenige Wert, den ein (fiktiver) Erwerber des Unternehmens, der den Betrieb weiterführen will, im Rahmen des Gesamtkaufpreises für das zu bewertende Wirtschaftsgut bezahlen würde. Dieser Wert ist so jedoch kaum zu ermitteln und wird in der Praxis meist mit dem Marktpreis oder gemeinen Wert am Bilanzstichtag gleichgesetzt. Für die Steuerbilanz gilt das gemilderte Niederstwertprinzip: Ein niedrigerer Teilwert darf, muß aber nicht angesetzt werden. Aus dem Prinzip der Maßgeblichkeit der Handelsbilanz für die Steuerbilanz folgt aber, daß Unternehmer, die eine Handelsbilanz aufstellen, also jedenfalls Vollkaufleute, dieses steuerliche Wahlrecht nicht ausüben können, sofern das strenge Niederstwertprinzip für die Handelsbilanz eingreift. Andererseits dürfen sie keine Passivierung in der Steuerbilanz vornehmen, wenn keine handelsbilanzielle Passivierungspflicht, sondern nur ein Passivierungswahlrecht besteht (↑Rücklagen – Rückstellungen S. 96).

Besteht Anlaß zu der Annahme, daß Posten der Handelsbilanz nicht unwesentlich unterbewertet sind, so kann bei ↑Aktiengesellschaften (S. 108) die gerichtliche Anordnung einer Sonderprüfung wegen unzulässiger Unterbewertung erwirkt werden (↑Wirtschaftsprüfung S. 100; zu den Folgen der Verletzung von Bewertungsvorschriften ↑Grundsätze der Bilanzierung S. 90).

G. Wöhe: Bilanzierung u. Bilanzpolitik. 5. Aufl. München 1979. Abschn. 4. – H. Brönner: Die Bilanz nach Handels- und Steuerrecht. 9. Aufl. Stuttg. 1983.

Bewertungsbeispiele des nicht abnutzbaren Anlagevermögens und des Umlaufvermögens in Handels- und Steuerbilanz

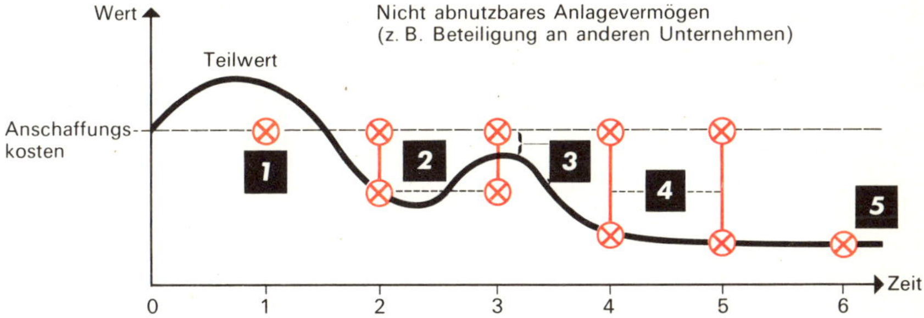

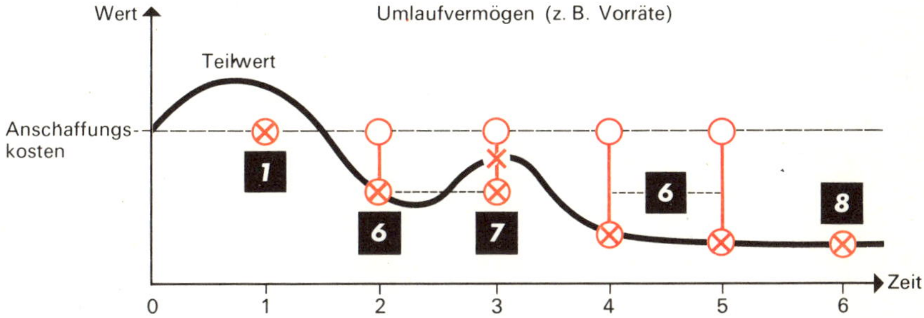

1, 2, 3 ... = Bilanzstichtage (Schluß des Wirtschaftsjahres)

× = Wert in der Handelsbilanz

○ = Wert in der Steuerbilanz

×–× ○–○ = Bewertungswahlrechte

1 Die Anschaffungskosten dürfen nicht überschritten werden.

2 Bewertungswahlrecht wegen des gemilderten Niederstwertprinzips.

3 Der niedrigere Teilwert des letzten Bilanzstichtages darf beibehalten, der Wertansatz jedoch auch angepaßt werden.

4 Der Wertansatz darf den des Vorjahres nicht übersteigen.

5 Da die Wertminderung spätestens jetzt als dauerhaft erkennbar ist, muß auf den niedrigeren Teilwert abgeschrieben werden.

6 Handelsbilanz: strenges Niederstwertprinzip; Steuerbilanz: Wahlrecht, da gemildertes Niederstwertprinzip.

7 In der Handelbilanz eingeschränktes Wahlrecht.

8 Da die Wertminderung als dauerhaft erkennbar ist, muß auch in der Steuerbilanz der niedrigere Teilwert angesetzt werden.

Abschreibung – Abschreibungsmethoden

Abschreibung bedeutet allgemein die rechnerische Erfassung von Wertminderungen betrieblicher Vermögensgegenstände. Ursachen der Abschreibung sind in der Reihenfolge ihrer generellen Vorhersehbarkeit: 1) Zeitablauf: Ablauf der Mietzeit für ein Grundstück, auf dem eine Anlage steht, Ablauf von Patenten und Konzessionen. 2) Verschleiß: a) ruhender Verschleiß, der unabhängig von der tatsächlichen Inanspruchnahme erfolgt; b) nutzungsbedingter Verschleiß; hierzu gehört auch die Substanzverringerung bei Abbaubetrieben (Kiesgrube u.ä.). 3) Technischer Fortschritt und wirtschaftliche Entwicklungen, insbesondere Nachfrageverschiebungen durch Änderungen der Mode, der Lebensgewohnheiten der Verbraucher u.a. 4) Reine Zufallsereignisse, wie Natur- oder technische Katastrophen, wirtschaftliche Zusammenbrüche, z.B. Verlust von Absatzmärkten im Ausland.

Die Abschreibungen dienen 1) aus statischer Sicht einem zutreffenden Vermögensausweis in der ↑Bilanz (S. 88) durch Herabsetzung des Wertes des abzuschreibenden Gegenstandes auf der Aktivseite (direkte Abschreibung) oder durch Ansatz eines Wertberichtigungsbetrages auf der Passivseite (indirekte Abschreibung); 2) aus dynamischer Sicht der richtigen Verteilung von Ausgaben (↑betriebliches Rechnungswesen S. 80) auf die Perioden, in denen der Wert des angeschafften Gutes verzehrt wurde. Die Abschreibungen sind damit Aufwand im Rahmen der ↑Erfolgsrechnung (S. 98) und ↑Kosten (S. 76) im Rahmen der Kosten- und Betriebsergebnisrechnung (↑Betriebsabrechnung S. 82); folglich gehen die Abschreibungen auch in die ↑Kalkulation (S. 84) ein und bewirken somit, wenn sie im Preis abgesetzter Leistungen dem Unternehmen vergütet werden, eine Freisetzung von Betriebskapital, das zuvor im abgeschriebenen Anlagegegenstand gebunden war (↑Innenfinanzierung S. 218).

Die bilanziellen Abschreibungen von den Anschaffungs- oder Herstellkosten (↑handels- und steuerrechtliche Bewertungsvorschriften S. 92) können das eingesetzte Kapital allerdings nur nominal erhalten (Mark gestern = Mark heute: Nominalwertprinzip). Wenn eine Realkapitalerhaltung angestrebt wird, d.h., mit dem durch den Umsatzprozeß freigesetzten Kapital die Beschaffung funktionsgleicher Wirtschaftsgüter wie vorher auch bei gestiegenen Preisen möglich sein soll, so muß vom voraussichtlichen Wiederbeschaffungswert statt von den Anschaffungskosten abgeschrieben werden. Diese meist höheren Abschreibungsbeträge können zwar über die ↑Kalkulation (S. 84) in die Preise eingehen und zu höheren Erlösen führen, besteuert wird jedoch der nominelle Gewinn; das geltende Steuerbilanzrecht bietet nur unzulängliche Möglichkeiten (Rücklage für Preissteigerung, für Ersatzbeschaffung), der Besteuerung von solchen Scheingewinnen zu entgehen. Dies kann allenfalls auf dem zweifelhaften Weg der Bildung stiller ↑Rücklagen (S. 96) versucht werden. Eine Erfolgs- oder substantielle Kapitalerhaltung (↑Bilanz S. 88) kann nach den geltenden Bewertungsvorschriften noch weniger erreicht werden.

Planmäßige Abschreibungen können die Ursachen Zeitablauf und Verschleiß, u.U. noch technischen Fortschritt erfassen. Sie sind vorzunehmen bei abnutzbarem, mehr als ein Jahr verwendbaren Anlagevermögen (Gebäude, Betriebseinrichtung, Fahrzeuge), wobei Abschreibungsdauer und jährlicher Abschreibungsbetrag im vorhinein festgelegt werden. Grundstücke unterliegen grundsätzlich keiner planmäßigen Abschreibung, ebensowenig das Umlaufvermögen. In der Steuerbilanz sind außer den durch tatsächliche Wertminderungen verursachten Absetzungen für Abnutzung (AfA) noch verschiedene planmäßige Sonderabschreibungen aus wirtschafts- und sozialpolitischen Gründen zulässig (↑Besteuerungsgrundsätze S. 284).

Hwb. des Rechnungswesens (HRW). Hg. v. E. Kosiol. 2. Aufl. Stuttg. 1981. Art. „Abschreibung". – H. Brönner: Die Bilanz nach Handels- u. Steuerrecht. 9. Aufl. Stuttg. 1983. Abschn. II. 4.

Handels- und steuerrechtlich zulässige Abschreibungsmethoden für Gegenstände des abnutzbaren Anlagevermögens

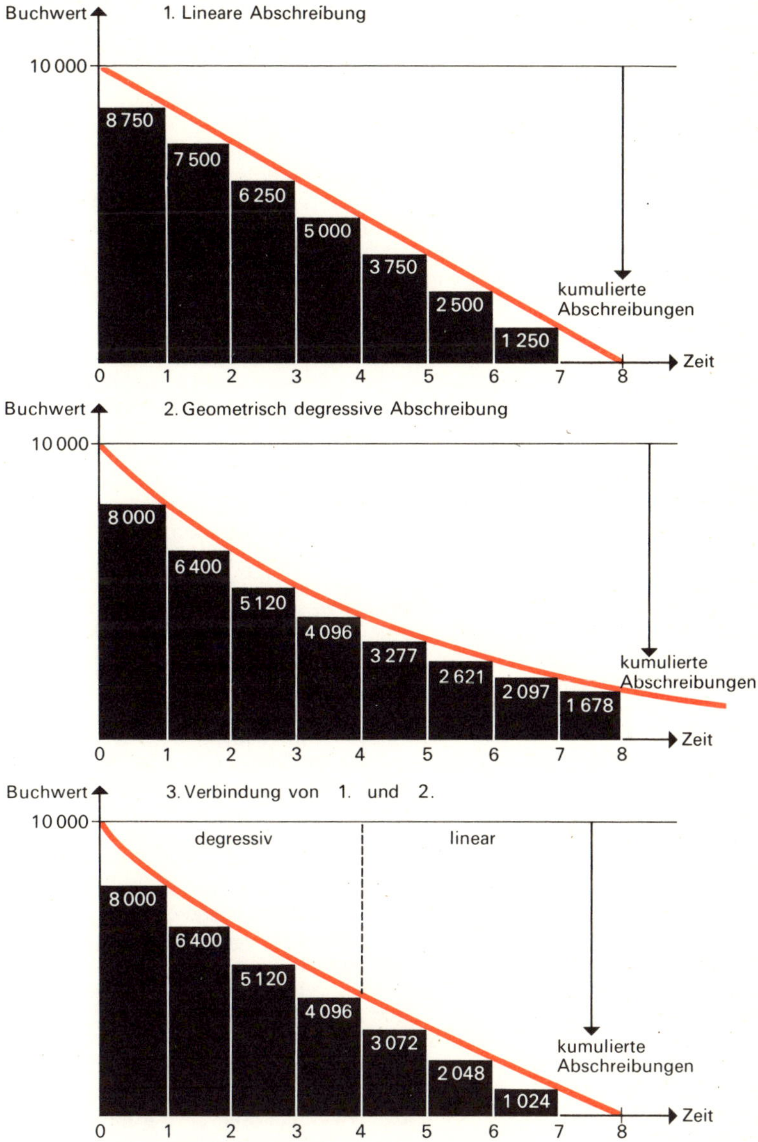

Abgesehen von leistungsbedingten Abschreibungen (nach Ausbringungsmenge, Maschinenstunden, Energieverbrauch) sind insbesondere die Verfahren der Zeitabschreibung gebräuchlich (Beispiel: Anschaffungskosten 10 000 DM, betriebsgewöhnl. Nutzungsdauer 8 Jahre)

Rücklagen – Rückstellungen

Als Rücklagen im rechnungstechnischen Sinne lassen sich Teile des Eigenkapitals zusammenfassen, die in der ↑Bilanz (S. 88) nicht ausdrücklich als „Kapital" (beim Einzelunternehmen, ↑OHG und KG S. 104), als „Stammkapital" (bei der ↑GmbH S. 106) oder als „Grundkapital" (bei der ↑AG S. 108) ausgewiesen sind. Gemeinsam ist allen Rücklagen, daß sie die Eigenkapitalbasis und die Widerstandsfähigkeit des Unternehmens stärken; Schwankungen des Jahreserfolges können in Grenzen durch Bildung bzw. Auflösung von Rücklagen optisch ausgeglichen werden, so daß ein gleichbleibender Gewinnausweis und eine konstante Gewinnausschüttung ermöglicht werden. Im übrigen sind die Arten der Rücklagen in Wesen und Funktion sehr verschieden: 1) Offene Rücklagen können bei Kapitalgesellschaften aus dem versteuerten Jahresüberschuß gebildet werden. Zu unterscheiden sind a) gesetzliche Rücklagen: Für Aktiengesellschaften ist insbesondere die Einstellung des zwanzigsten Teils des Jahresüberschusses in die gesetzliche Rücklage bis zur Höhe mindestens des zehnten Teils des Grundkapitals vorgeschrieben; die gesetzliche Rücklage darf nur zur Deckung eines Jahresfehlbetrages oder Verlustvortrages verwendet werden, der nicht anders kompensiert werden kann; der den Mindestbetrag übersteigende Teil der gesetzlichen Rücklage kann auch in Grundkapital umgewandelt werden (↑Kapitalerhöhung S. 228), ebenso wie b) freie Rücklagen: Vorstand und Aufsichtsrat einerseits und Hauptversammlung andererseits können bei Aktiengesellschaften weitere Teile des Jahresüberschusses in die freie Rücklage einstellen, sofern die gesetzliche Rücklage aufgefüllt ist; bei Gesellschaften mit beschränkter Haftung erfolgt die Rücklagenbildung und -auflösung durch die Gesellschafter völlig frei.

2) Steuerfreie Rücklagen werden auch offen ausgewiesen, entstehen aber nicht durch Gewinnverwendung, sondern mindern schon den steuerpflichtigen Gewinn. Sie stellen Billigkeitsregelungen, wie die Rücklage für mehr als zehnprozentige Preissteigerungen am Beschaffungsmarkt, oder ↑wirtschaftspolitische Instrumente (S. 370) dar zur Förderung von Auslandsinvestitionen und des ↑Exports (S. 318), des Steinkohlenbergbaus, des Zonenrandgebiets u. a. Da diese steuerfreien Rücklagen nach einigen Jahren aufgelöst werden müssen, bewirken sie keine endgültige Steuerersparnis; sie enthalten daher neben einem echten Rücklagenbetrag auch gestundete Steuern, also Fremdkapital („Sonderposten mit Rücklagenanteil").

3) Stille Rücklagen (stille Reserven) entstehen durch Unterbewertung von Aktiva oder Überbewertung von Passiva und sind aus der Bilanz nicht ersichtlich. Sie sind zum Teil durch die ↑handels- und steuerrechtlichen Bewertungsvorschriften (S. 92) erzwungen, teils beruhen sie auf kaufmännischen Ermessensentscheidungen im Rahmen des Vorsichtsprinzips. Das Ausscheiden des unterbewerteten Wirtschaftsgutes aus dem Unternehmen führt zur Aufdeckung und Besteuerung der stillen Reserven; für bestimmte Anlagegüter ist jedoch die Übertragung der stillen Reserven oder die Bildung einer steuerfreien Rücklage gestattet.

Rückstellungen sind 1) nach statischer Auffassung Verbindlichkeiten gegenüber Dritten (also Fremdkapital), deren Höhe noch nicht bekannt ist, oder die rechtlich noch nicht entstanden, tatsächlich aber schon verursacht sind, z. B. Prozeßkosten in einem noch laufenden Verfahren (Zweck: Vollständigkeit des Schuldennachweises); 2) nach dynamischer Auffassung schon verursachter Aufwand, der erst in einer späteren Periode zu Ausgaben führt, z. B. nötige, in das folgende Jahr verschobene Reparaturen (Zweck: periodengerechte Erfolgsermittlung). Vom statischen, für die Steuerbilanz maßgeblichen Rückstellungsbegriff werden nicht die reinen Aufwandsrückstellungen erfaßt, die nicht zu Verbindlichkeiten gegenüber Dritten führen.

P. Weilenmann: Rückstellungen u. Rücklagen. Zürich 1969. – Hwb. des Rechnungswesens (HRW). Hg. v. E. Kosiol. 2. Aufl. Stuttg. 1981. Art. „Rücklagen", „Rückstellungen". – K. E. Bichel/F. Erhard: Steuerbilanz: Verbindlichkeiten, Rückstellungen und Rücklagen. Wiesbaden 1981.

Arten der Rücklagen und ihre Behandlung in Handels- und Steuerbilanz

	Offene Rücklagen	Steuerfreie Rücklagen	Stille Rücklagen
Handelsbilanz	nur bei Kapitalgesellschaften (AG, KGaA, GmbH), nicht bei Personenunternehmen (Einzelfirma, OHG, KG)	müssen auch in der Handelsbilanz ausgewiesen sein, um steuerlich anerkannt zu werden (Maßgeblichkeitsprinzip)	begünstigt durch das handelsrechtliche Imparitätsprinzip
Steuerbilanz	nur der Rücklagenbestand, nicht aber die Zuführungen und Entnahmen aus offenen Rücklagen sind ausgewiesen, da sie keinen Einfluß auf den steuerlichen Gewinn oder Verlust haben	Passivposten in der Bilanz; Aufwandsposten in der Gewinn- und Verlustrechnung; nicht für Steuerpflichtige, die ihren Gewinn durch Einnahmenüberschußrechnung ermitteln	gegenüber der Handelsbilanz eingeschränkt im Interesse der Gleichmäßigkeit der Besteuerung

Inhalt der Rückstellungsbegriffe

statisch	statisch und dynamisch	dynamisch
Aufwand später Ausgabe bzw. Auszahlung später	Aufwand jetzt Ausgabe bzw. Auszahlung später	Aufwand jetzt keine Ausgabe bzw. Auszahlung
Kostenrisiko für Prozeß um künftig fällig werdende Zinsen oder Mieten	Pensionsrückstellungen für Anwartschaften der Belegschaft auf späteres Altersruhegeld; Rabatte und Gewährleistungen, die für schon abgesetzte Produkte voraussichtl. noch zugestanden werden müssen; Gewerbesteuernachzahlungen; nötige, aber unterlassene Instandhaltungen, die von Dritten durchzuführen sind	nötige, aber unterlassene Instandhaltungen, die das Unternehmen selbst durchführen wird; drohende Verluste aus schwebenden Geschäften

Erfolgsrechnung (Gewinn- und Verlustrechnung)

Inhalt und Ausgestaltung der Erfolgsrechnung als Teil des Jahresabschlusses neben ↑Bilanz (S. 88) und ↑Geschäftsbericht (S. 100) sind abhängig vom zugrundegelegten ↑Bilanzzweck (S. 88). Die obligatorische Gewinn- und Verlustrechnung nach Handels- und Steuerrecht geht – wenn auch von dynamischen Bilanzideen beeinflußt – ebenso wie die offizielle Bilanz im wesentlichen von einer statischen Bilanzauffassung aus und ermittelt denselben Erfolgsbetrag. Im Gegensatz zur Bilanz sind jedoch aus ihr die Aufwendungen und Erträge (↑betriebliches Rechnungswesen S. 80), die aus der Geschäftsbuchführung (↑Buchführung S. 86) gewonnen werden, und damit Ursachen und Zusammensetzung des Erfolgs ersichtlich (zur kurzfristigen Erfolgsrechnung auf der Grundlage der Kostenrechnung: ↑Betriebsabrechnung S. 82). Während nämlich bei der (offiziellen) Bilanz der vollständige Vermögens-, besonders der Schuldennachweis im Vordergrund steht und der Bilanzgewinn quasi als Nebenprodukt errechnet wird, stellt der Ausweis des Periodenerfolgs und dessen Zustandekommen das Hauptmotiv der Erfolgsrechnung dar. Hierbei ist theoretisch das Problem der Ableitung des Periodenerfolgs aus dem Totalerfolg zu bewältigen. Totalerfolg ist die während der gesamten Lebensdauer des Unternehmens erwirtschaftete Differenz zwischen den Einzahlungen und den Auszahlungen ohne Kapitalzuführungen, -rückzahlungen und Gewinnausschüttungen (bei Kapitalgesellschaften) bzw. ohne Einlagen und Entnahmen (bei Personenunternehmen). Der Teil des Totalerfolgs, der auf eine Periode entfällt, kann nun aber nicht einfach aus den Ein- und Auszahlungen der Periode ermittelt werden. Dies wird besonders deutlich etwa bei der Anschaffung eines Gebäudes, das viele Jahre genutzt werden kann; die Auszahlungen hierfür können nicht erfolgsmindernd in einer Periode angesetzt werden, sondern müssen auf die gesamte Nutzungszeit entsprechend dem Wertverzehr durch ↑Abschreibungen (S. 94) verteilt werden. Allgemein sind also Ein- und Auszahlungen in den Perioden einzusetzen, in denen ihnen ein Wertzuwachs oder Wertverzehr im betrieblichen Leistungsprozeß entspricht, d. h., Erträge oder Aufwendungen vorliegen. Nur dadurch kann die Erfolgsrechnung ein Instrument zur Kontrolle des Grades der Erreichung unternehmerischer Zielsetzung sein (sofern die Gewinnmaximierung ein ↑Unternehmensziel [S. 62] ist).

Aus dieser Zwecksetzung folgt, daß die Erfolgsrechnung eine Gesamtaufwandsrechnung sein muß, die alle Aufwendungen und Erträge der Periode erfaßt und nicht nur die abgesetzten Leistungen und die damit zusammenhängenden Aufwendungen (für die kurzfristige Erfolgsrechnung mag das Umsatzkostenverfahren vorteilhaft sein). Zur Offenlegung der Aufwendungen und Erträge sind diese in der Gewinn- und Verlustrechnung (GuV) unsaldiert aufzuführen (Bruttoprinzip).

Im übrigen gelten die ↑ Grundsätze der Bilanzierung (S. 90) entsprechend auch für die GuV. Das Aktiengesetz schreibt außerdem die Staffelform statt der Kontenform vor. Im Gegensatz zur Bilanz ist aus der GuV der AG der betriebliche Jahreserfolg vor Rücklagenzuführungen oder -entnahmen (↑Rücklagen S. 96) ersichtlich, was besonders für die Aktionäre im Hinblick auf ihren Dividendenanspruch und für die interessierte Öffentlichkeit von Bedeutung ist.

Für ↑Konzerne (S. 110) ist eine konsolidierte GuV aufzustellen, in der die Innenumsätze, d.h. Umsätze zwischen konzernangehörigen Unternehmen, eliminiert oder getrennt von den Außenumsätzen ausgewiesen werden.

K. Käfer: Die Erfolgsrechnung. Zürich 1970. – G. Wöhe: Bilanzierung u. Bilanzpolitik. 5. Aufl. München 1979. Abschn. 7.

Erfolgsrechnung

Gewinn- und Verlustrechnung auf den 31. 12. 19.
(Mindestgliederung für AG)

1. Umsatzerlöse
2. Erhöhung oder Verminderung des Bestands an fertigen und unfertigen Erzeugnissen
3. andere aktivierte Eigenleistungen
4. Gesamtleistung
5. Aufwendungen für Roh-, Hilfs- und Betriebsstoffe sowie für bezogene Waren
6. Rohertrag/Rohaufwand
7. Erträge aus Gewinngemeinschaften, Gewinnabführungs- und Teilgewinnabführungsverträgen
8. Erträge aus Beteiligungen
9. Erträge aus den anderen Finanzanlagen
10. sonstige Zinsen und ähnliche Erträge
11. Erträge aus dem Abgang von Gegenständen des Anlagevermögens und aus Zuschreibungen zu Gegenständen des Anlagevermögens
12. Erträge aus der Herabsetzung der Pauschalwertberichtigung zu Forderungen
13. Erträge aus der Auflösung von Rückstellungen
14. sonstige Erträge, davon außerordentliche
15. Erträge aus Verlustübernahme
16. Löhne und Gehälter
17. soziale Abgaben
18. Aufwendungen für Altersversorgung/Unterstützungen
19. Abschreibungen und Wertberichtigungen auf Sachanlagen und immaterielle Anlagewerte
20. Abschreibungen und Wertberichtigungen auf Finanzanlagen mit Ausname des Betrags, der in die Pauschalwertberichtigung zu Forderungen eingestellt ist
21. Verluste aus Wertminderungen oder dem Abgang von Gegenständen des Umlaufvermögens außer Vorräten (§ 151 Abs. 1 Aktivseite III B) und Einstellung in die Pauschalwertberichtigung zu Forderungen
22. Verluste aus dem Abgang von Gegenständen des Anlagevermögens
23. Zinsen und ähnliche Aufwendungen
24. Steuern
    a) von Einkommen, Ertrag und Vermögen
    b) sonstige
25. Aufwendungen aus Verlustübernahme
26. sonstige Aufwendungen
27. auf Grund einer Gewinngemeinschaft, eines Gewinnabführungs- und eines Teilgewinnabführungsvertrags abgeführte Gewinne
28. Jahresüberschuß/Jahresfehlbetrag
29. Gewinnvortrag/Verlustvortrag aus dem Vorjahr
30. Entnahmen aus offenen Rücklagen
    a) aus der gesetzlichen Rücklage
    b) aus freien Rücklagen
31. Einstellungen aus dem Jahresüberschuß in offene Rücklagen
    a) in die gesetzliche Rücklage
    b) in freie Rücklagen
32. Bilanzgewinn/Bilanzverlust

Geschäftsbericht und Wirtschaftsprüfung

Der Geschäftsbericht ist Teil des betrieblichen Jahresabschlusses neben der ↑Bilanz (S. 88) und der ↑Erfolgsrechnung (S. 98). Er ist vorgeschrieben für ↑Aktiengesellschaften (S. 108), ↑Konzerne (S. 110), ↑Genossenschaften (S. 114), Versicherungsunternehmen, ↑Bausparkassen (S. 242), Eigenbetriebe (↑öffentliche Unternehmen S. 402) sowie für Unternehmen, die an drei aufeinanderfolgenden Bilanzstichtagen bestimmte Merkmale der ↑Betriebsgröße (S. 78) überschreiten.

Der Geschäftsbericht ergänzt und erläutert die Bilanz und die Erfolgsrechnung und soll das Bild der wirtschaftlichen Lage des Unternehmens abrunden. Zusätzlich zum obligatorischen Inhalt des Geschäftsberichts (s. Schaubild) kann die Bilanzpolitik durch weitere Angaben unterstützt werden. Häufig enthält der Lagebericht außerdem einen Sozialbericht über die Belegschaft und deren Arbeitsbedingungen.

Der Erläuterungsbericht hat insbesondere Darlegungen und Begründungen zu Positionen des Jahresabschlusses zu enthalten, die aus sich heraus nicht verständlich sind, wobei besonders die Vergleichbarkeit des vorliegenden Jahresabschlusses mit dem vorhergehenden gewährleistet sein muß. Insbesondere sind die Bewertungs- und Abschreibungsmethoden zu erläutern, d.h.: wie Bewertungswahlrechte ausgeübt, welche Verfahren der Sammelbewertung des Umlaufvermögens, der Ermittlung der Herstellkosten (↑handels- und steuerrechtliche Bewertungsvorschriften S. 92), welche ↑Abschreibungsmethoden (S. 94) angewendet, welche steuerlichen Sonderabschreibungen in Anspruch genommen worden sind. Des weiteren sind vor allem die Verbindungen zu herrschenden und beherrschten Unternehmen offenzulegen. Der Geschäftsbericht hat den „Grundsätzen einer gewissenhaften und getreuen Rechenschaft" zu entsprechen.

Der Geschäftsbericht ist zusammen mit der Bilanz und der Erfolgsrechnung bei Aktiengesellschaften durch den Vorstand binnen drei Monaten nach Schluß des Geschäftsjahres aufzustellen und zu veröffentlichen.

Wirtschaftsprüfung bedeutet allgemein die Prüfung wirtschaftlicher Sachverhalte auf ihre Vereinbarkeit mit der Rechtsordnung sowie ihre Beurteilung im Hinblick auf wirtschaftliche Zielsetzungen durch selbständige, unabhängige, amtlich bestellte und vereidigte Sachverständige (externe Revision; Wirtschaftsprüfer, vereidigte Buchprüfer, Revisions- und Treuhandgesellschaften). Wirtschaftsprüfungen sind vorgeschrieben für alle publizitätspflichtigen Unternehmen (s. oben) bezüglich des Jahresabschlusses und bei Sonderfällen der Finanzierung.

Die Prüfung des Jahresabschlusses erstreckt sich zum einen auf dessen formelle und materielle Gesetz- und Ordnungsmäßigkeit, d.h. auf die Einhaltung der ↑Buchführungsvorschriften (S. 86), der ↑Grundsätze der Bilanzierung (S. 90) und der ↑handels- und steuerrechtlichen Bewertungsvorschriften (S. 92). Zum andern erfolgt eine Beurteilung der Vermögens-, Ertrags- und Liquiditätslage des Unternehmens durch betriebswirtschaftliche Analyse des Jahresabschlusses mit Hilfe von Bilanzregeln (↑Bilanz-Bilanzzwecke S. 88) und Kennzahlen, z.B. dem Verhältnis Umsatz zu Gewinn, Betriebsleistung pro Belegschaftsmitglied u.a.

Das Ergebnis der Prüfung ist in einem Prüfungsbericht niederzulegen. Er hat klar, eindeutig und übersichtlich, vollständig, wahr und insbesondere unparteiisch zu sein, d.h., er hat nur Tatsachen zu berichten und keine Werturteile über Personen oder die Qualität der Geschäftsführung abzugeben. Der Bestätigungsvermerk (Testat) bildet, sofern er nicht wegen schwerer Mängel des Jahresabschlusses verweigert wird, den Abschluß des Prüfungsberichts. Der Prüfungsbericht ist nach Feststellung des Jahresabschlusses zum Handelsregister beim Amtsgericht einzureichen.

K. F. Bussmann: Die Prüfung der Unternehmungen. 2. Aufl. Wiesb. 1972. – U. Ertner: Der Geschäftsbericht als Instrument erweiterter aktienrechtlicher Rechnungslegung. Berlin 1968. – G. Wöhe: Bilanzierung u. Bilanzpolitik. 5. Aufl. München 1979. Abschn. 8. – Die Prüfung des Jahresabschlusses. Handbuch für Studium und Praxis. 4. Aufl. Köln 1977.

Geschäftsbericht und Wirtschaftsprüfung

Gliederungsbeispiel eines Prüfungsberichts über die Pflichtprüfung des Jahresabschlusses einer AG

Gegenstand der Prüfung:
Firma der geprüften Gesellschaft. Zeitraum, auf den sich die Prüfung erstreckt hat

Prüfungsdaten:
Namen der Prüfer, Berichtsdatum, Berichtsnummer

Prüfungsauftrag: und Auftragsdurchführung:
Erklärung darüber, ob der Prüfungsauftrag auf Grund einer Wahl zum Abschlußprüfer durch die Hauptversammlung oder durch gerichtl. Bestel lung erteilt worden ist. Zeitraum der Prüfungsarbeiten. Hinweis auf die Beachtung der Grundsätze ordnungsmäßiger Durchführung von Abschlußprüfungen

Rechtliche Verhältnisse des geprüften Unternehmens:
Wesentliche Satzungsbestimmungen. Abhängigkeits- und Beherrschungsverhältnisse

Entwicklung der wirtschaftl. Grundlagen des Unternehmens:
Produktion, Umsatz, Auftragseingang, Marktsituation, Investitionen, Belegschaft

Jahresabschluß:
Einhaltung der Gliederungsvorschriften. Bilanzpolitik (Bewertungsgrundsätze). Bilanzanalyse (Vermögens- und Finanzlage). Analyse der Gewinn- und Verlustrechnung (Ertragslage)

Buchführung:
Ordnungsmäßigkeit. Organisation. Kontenrahmen

Geschäftsbericht:
Vollständigkeit. Feststellung, ob der Lagebericht keine irreführenden Angaben enthält

Schlußbemerkung:
Zusammenfassung des Prüfungsergebnisses betreffend die Ordnungsmäßigkeit von Buchführung und Jahresabschluß

Bestätigungsvermerk:
„Die Buchführung, der Jahresabschluß und der Geschäftsbericht entsprechen nach meiner (unserer) pflichtmäßigen Prüfung Gesetz und Satzung."
oder: wie vor, jedoch mit dem Zusatz:
„..., mit der Einschränkung, daß ..."
oder: „Die Jahresabschlußprüfung hat zur Versagung des Bestätigungsvermerks geführt."

Anhang:
Jahresabschluß. Auftragsbedingungen des Abschlußprüfers. Tabellen und Schaubilder

Wahl der Rechtsform von Unternehmen

Das deutsche Recht stellt der Wirtschaft eine reiche Palette an gesellschaftlichen Organisationsformen zur Verfügung. Bei den meisten Gesellschaften (Ausnahme: AG) besteht für Gesellschaftsvertrag oder Satzung Gestaltungsfreiheit. Man unterscheidet Personengesellschaften (Gesellschaft des bürgerlichen Rechts, §§705ff. Bürgerliches Gesetzbuch [BGB]; OHG, §§105ff. Handelsgesetzbuch [HGB] und KG, §§161ff. HGB), die grundsätzlich nach dem Prinzip der geschlossenen Gruppe (Gesamthand) organisiert sind, und Kapitalgesellschaften (insbesondere AG und GmbH), die als juristische Personen gegenüber den Mitgliedern verselbständigt gedacht werden.

Die Personengesellschaften sind auf die Gründerpersonen zugeschnitten; die Gesellschafter können jedoch von vornherein im Gesellschaftsvertrag einem Gesellschafterwechsel zustimmen. Der Gemeinschaftsgedanke der gesamten Hand bindet das Gesellschaftsvermögen an den gemeinsamen Zweck und gilt auch für die Handlungssphäre; entweder tritt die Gesamtheit handelnd auf, oder sie wird durch einzelne Gesellschafter repräsentiert (Geschäftsführung nach innen, Vertretung nach außen). Für die Gesellschaftsverbindlichkeiten ist neben der Haftung des Gesellschaftsvermögens eine Haftung der privaten Gesellschaftervermögen – unbeschränkt oder beschränkt bei Kommanditisten – vorgesehen. Die OHG und die KG sind Vollkaufleuten (↑Kaufmann S. 136) vorbehalten; diese Gesellschaften können unter ihrer Firma am Rechtsverkehr teilnehmen und verklagt werden (§ 124 HGB). Man wird sich für eine OHG entscheiden, wenn alle Gesellschafter bereit sind, unternehmerische Rollen und die volle Haftung zu übernehmen. Wollen einzelne Gesellschafter nur kapitalmäßig und mit beziffertem Risiko teilnehmen, so wird man eine KG gründen; die Kommanditisten haften privat nur in Höhe der im Handelsregister vermerkten Hafteinlage, und sie haften nicht mehr, wenn sie die Einlage in das Gesellschaftsvermögen geleistet und nicht zurückerhalten haben (§§171, 172 HGB).

Soll die Gesellschaft nicht nach außen auftreten, so spricht man von einer Innengesellschaft (atypische Gesellschaft des bürgerlichen Rechts, §§705ff. BGB) oder von einer stillen Gesellschaft (§§335ff. HGB).

Die Kapitalgesellschaften sind von vornherein für einen wechselnden Mitgliederbestand geplant und meist juristische Personen. Für die Großbetriebe der Wirtschaft ist die ↑AG (S. 108) gedacht. Das Aktienrecht ist vom Gesetzgeber weitgehend vorgeformt, der Apparat aufwendig ausgestaltet; Organe sind Vorstand, Aufsichtsrat und Hauptversammlung; der Abschluß bestimmter Geschäftsvorfälle, eventuell schon die Gründung, werden von Wirtschaftsprüfern geprüft. Die Aktien der Großunternehmen sind zum Börsenhandel zugelassen. Mittel- und Kleinunternehmen werden sich der Rechtsform der ↑GmbH (S. 106) bedienen. Diese Rechtsform ist im Gesetz als kleine Kapitalgesellschaft konzipiert, die Gesellschaft kann jedoch durch die Satzung einen personalistischen Einschlag erhalten. – Die genannten handelsrechtlichen Kapitalgesellschaften werden rechtsfähig, wenn sie die gesetzlichen Normen erfüllen und nach Prüfung im Register (Handelsregister B) eingetragen werden. – Der weniger bedeutsame wirtschaftliche Verein (§22 BGB) wird durch Konzessionierung rechtsfähig.

Die Genossenschaften, die Versicherungsvereine auf Gegenseitigkeit und die bergrechtlichen Gewerkschaften sind hinsichtlich ihrer zulässigen Unternehmensgegenstände festgelegt. Ein Mischtyp ist die GmbH & Co. KG. Hier wird eine als Komplementär eingesetzte GmbH von einer KG überbaut.

A. Kraft/P. Kreutz: Gesellschaftsrecht. 5. Aufl. Frankf. a. M. 1983. – G. Hueck: Gesellschaftsrecht. 18. Aufl. München 1983. – F. Buchwald/E. Tiefenbacher/J. Dernbach: Die zweckmäßige Gesellschaftsform nach Handels- und Steuerrecht. 5. Aufl. Heidelberg 1981. H. Stehle/A. Stehle: Die rechtl. und steuerl. Wesensmerkmale der verschiedenen Gesellschaftsformen. 10. Aufl. Stuttg. u. a. 1981.

Wahl der Unternehmensform

I. Personengesellschaften Innengesellschaft (atypische Gesellschaft bürgerl. Rechts und Stille Gesellschaft	Gesellschaft bürgerl. Rechts	OHG	KG
Zulässigkeit: ohne gemeinsames Auftreten nach außen	nichtkaufmänn. Gewerbetreibende minderkaufmänn. Konsortien Dachgesellschaften	vollkaufmänn. Gewerbetreibende	vollkaufmänn. Gewerbetreibende
Haftung: keine Haftung des Innen/Stillen Gesellschafters	Gesellschaftsvermögen und Privatvermögen der Gesellschafter	Gesellschaftsvermögen und Privatvermögen der Gesellschafter	Gesellschaftsvermögen, Privatvermögen der Komplementäre, doppelt begrenzte Haftung der Kommanditisten
II. Korporationen mit jur. Persönlichkeit: wirtschaftl. Verein	Aktiengesellschaft (AG)	Gesellschaft mit beschränkter Haftung	Genossenschaft, Versicherungsverein auf Gegenseitigkeit, bergrechtl. Gewerkschaft
Mindestkapital: nach Konzessionsbedingungen	100 000 DM	50 000 DM	nur bestimmte Tätigkeiten
III. Mischformen:	GmbH und Co. KG		

Offene Handelsgesellschaft (OHG) und Kommanditgesellschaft (KG)

Bei beiden Gesellschaften handelt es sich um Personengesellschaften mit mindestens zwei Gesellschaftern. Ihr Zweck ist auf den Betrieb eines vollkaufmännischen Handelsgewerbes (↑Kaufmann S. 136) unter gemeinsamem einheitlichen Namen (sog. Firma) gerichtet. Sie treten im Handelsverkehr als selbständige Einheiten auf, d.h. sie erwerben unter ihrer Firma Rechte und Pflichten, können klagen und verklagt werden. Für die Verbindlichkeiten haften die Gesellschafter der OHG und die Komplementäre unmittelbar und unbeschränkbar mit ihrem ganzen Vermögen, die Kommanditisten der KG jedoch nur beschränkt auf den Betrag ihrer vertraglich bestimmten Vermögenseinlage. Mindestens ein Gesellschafter der KG muß Komplementär sein.

Die OHG und die KG gehören zu den meistverbreiteten Gesellschaftsformen, die Zahl der KG liegt etwa beim Doppelten der OHG. Infolge der zumindest bei einigen Gesellschaftern unbeschränkten Haftung besitzen die Gesellschaften eine hohe Kreditwürdigkeit, so daß das Eigenkapital nicht unbedingt groß sein muß. Die enge Zusammenarbeit unter den voll haftenden Gesellschaftern bedingt in der Regel ein enges Vertrauensverhältnis unter ihnen. Vorteilhaft ist ferner die Flexibilität der Gesellschaftsform: Das Gesetz gestattet vertragliche Regelungen, die auf die Bedürfnisse der einzelnen Gesellschaften Rücksicht nehmen. Vor allem können die Kapitalgrundlage und die Beziehungen unter den Gesellschaftern den Verhältnissen angepaßt werden. Gleiches gilt für die individuelle Nachfolge in die Stellung der Gesellschafter. Gründung und Änderungen verursachen nur geringe Kosten. Die Rechtsfigur des Kommanditisten erlaubt bei der KG eine individuelle Risikobegrenzung und trotzdem den gewinnbringenden Einsatz von Kapitalien unter geringeren Kosten als bei den Kapitalgesellschaften. Die KG ist vor allem als Familiengesellschaft und als Finanzierungs- und Steuerabschreibungsgesellschaft beliebt. Bei der OHG kann sich die unbeschränkte Haftung aller Gesellschafter auch nachteilig auswirken, und zwar dann, wenn diese von der Geschäftsführung ausgeschlossen sind.

Für Gesellschaften mit vielen Gesellschaftern wird in der Regel die KG der OHG vorgezogen.

Die Gründung der Gesellschaft erfolgt durch Abschluß eines formfreien Gesellschaftsvertrages. Sie ist zur Eintragung im Handelsregister anzumelden. Gesellschafter können natürliche und juristische Personen sowie Personengesellschaften sein. Die Beziehungen der Gesellschafter untereinander richten sich nach dem Gesellschaftsvertrag, nach dem Handelsgesetzbuch (HGB) und schließlich nach dem Bürgerlichen Gesetzbuch (BGB). Nach dem Gesetz sind die Gesellschafter zur Leistung von Beiträgen (Sacheinlagen, Kapitalleistungen und/oder Arbeitsleistungen) und zur gegenseitigen Treue (vor allem Unterlassung von Wettbewerb) verpflichtet. Berechtigt sind sie zur Teilnahme an der Geschäftsführung (Stimmrecht und Widerspruchsrecht). An Gewinn und Verlust nehmen sie im wesentlichen gleichmäßig teil. Im Verhältnis nach außen bedarf die Gesellschaft der Vertretung zumindest durch einen Gesellschafter. Erworbene Rechte gehören zum Gesellschaftsvermögen und stehen den Gesellschaftern gemeinsam zu (sog. Gesamthand). Für die Schulden haften das Gesellschaftsvermögen und die Gesellschafter der OHG und die Komplementäre der KG persönlich und unbeschränkt (die Kommanditisten beschränkt) bis fünf Jahre nach ihrem Ausscheiden. Die Gesellschaft wird, soweit der Gesellschaftsvertrag nichts anderes bestimmt, aufgelöst, wenn ein Auflösungsgrund vorliegt (z.B. Austritt oder Tod eines persönlich haftenden Gesellschafters).

W. Flume: Die Personengesellschaft. Wien u.a. 1977. – H. Westermann: Personengesellschaftsrecht. 4. Aufl. Köln 1979.

OHG und KG

Rechte und Pflichten der Gesellschafter einer KG	OHG KG  voll haftende Gesellschafter (Komplementäre)	KG  beschränkt haftende Gesellschafter (Kommanditisten)
1. Rechte		
a) Stimmrecht in Angelegenheiten des Gesellschaftsvertrages	voll	voll
b) Geschäftsführung	voll und Widerspruchsrecht zu jedem Geschäft	nur Widerspruchsrecht bei ungewöhnl. Geschäften
c) Kontrollrechte	jederzeit über alle Angelegenheiten der KG	beschränkt auf Bilanzvorlage und Bilanzprüfung
d) Vertretung der KG im Verkehr mit Dritten	voll	unzulässig
e) Gewinne	zunächst 4 % des Kapitalanteils (Verzinsung), darüber hinaus angemessener Anteil	zunächst 4 % des Kapitalanteils (Verzinsung), darüber hinaus angemessener Anteil (in der Regel niedriger als bei Komplement)
f) Geldentnahme	bis zu 4 % des Kapitalanteils und zusätzl. Gewinnanteile	Anspruch auf Gewinnauszahlung soweit Kapitalanteil voll geleistet ist
g) Aufwendungsersatz	voll	keiner
2. Pflichten		
a) Beitragspflicht	Arbeitsleistung, Kapitaleinlage	Kapitaleinlage
b) Geschäftsführung	voll	im allgemeinen nicht
c) Treuepflicht	voll	eingeschränkt
d) Wettbewerbsverbot	voll	nicht
e) Verluste	volle Verlustbeteiligung	Verlustbeteiligung bis zur Höhe des Kapitalanteils der noch nicht bezahlten Einlage (keine Pflicht zum Ausgleich entstandener Verluste)
3. Haftung gegenüber Gesellschaftsgläubigern	unbeschränkt und unmittelbar in voller Höhe der Forderung	unmittelbar, jedoch beschränkt auf die Höhe der Kapitaleinlage, d. h. nur insoweit, als sie noch nicht voll eingezahlt ist

Gesellschaft mit beschränkter Haftung (GmbH)

Die GmbH ist keine gewachsene, sondern eine vom Gesetzgeber selbst entworfene Gesellschaftsform. Das deutsche Modell von 1892 fand fast überall in der Welt Nachahmung. Man wollte eine klare Begrenzung des unternehmerischen Risikos auf das Geschäft, das zur juristischen Person erklärt wurde (§ 13 des GmbH-Gesetzes). Die Privatvermögen der Mitglieder sollten für die Geschäftsverbindlichkeiten nicht haften. Insgesamt betrachtet, besteht eine beschränkte, d. h. auf das Geschäft begrenzte Haftung. Orientierungsmodell war die kleine AG. Da die Satzung jedoch weitgehende Gestaltungsfreiheit genießt, können sich die Mitglieder auch eine „personalistische GmbH“ schaffen.

Das Mindeststammkapital der GmbH beläuft sich auf DM 50000 (§ 5 Abs. 1) und ist die Summe der Stammeinlagen der Mitglieder. Bei Anmeldung der Gesellschaft zum Handelsregister B muß ein Viertel der baren Stammeinlagen eingezahlt sein (§§ 7 Abs. 2, 8 Abs. 2). Neben Bargeld sind andere bilanzfähige Werte (Sacheinlagen) zugelassen; letztere müssen in der Satzung genau deklariert werden (§ 5 Abs. 4). Wird das eingerufene Stammkapital nicht einbezahlt, so wird das säumige Mitglied eventuell ausgeschlossen, unter Verfall seiner geleisteten Teilzahlungen. Man versucht, den fehlenden Betrag von den Rechtsvorgängern oder durch eine Versteigerung des Anteils zu bekommen (§§ 21 ff.); notfalls müssen die übrigen Mitglieder für den Fehlbetrag aufkommen (§ 24). Das Stammkapital darf nicht als Gewinn ausgeschüttet werden; um einen unechten Gewinnausweis zu unterbinden, wird es in der Bilanz passiv gebucht (§ 42 Nr. 4); Rückzahlungen sind grundsätzlich verboten (§ 30) und nur in Form einer Kapitalherabsetzung (§ 58) zulässig.

Da die einmal geschaffenen Stammeinlagen als selbständige Mitgliedschaften erhalten bleiben (§ 15 Abs. 2), kann eine Person weitere Geschäftsanteile (= weitere Mitgliedschaften) erwerben und sich derart eine „Einmann-GmbH“ schaffen. Bei dieser muß der Gesellschafter aber immer die Mindesteinlage leisten. Auch die Gründung einer „Einmann-GmbH“ ist seit 1981 zulässig.

Das GmbH-Gesetz kennt nur zwei notwendige Organe: die Geschäftsführer und die Gesellschafterversammlung. Die Gesellschafter können sich selbst zu Geschäftsführern machen oder Dritte als Geschäftsführer bestellen und anstellen. Diese unternehmerischen Leiter werden entweder von vornherein in der Satzung bestimmt oder von der Gesellschafterversammlung gewählt; eine zeitliche Begrenzung der Organstellung ist im Gesetz nicht vorgeschrieben. Die Geschäftsführer vertreten die Gesellschaft nach außen (§ 35). Der Aufgabenkatalog der Gesellschafterversammlung (§ 46) kann in der Satzung fast beliebig erweitert werden. Ein Aufsichtsrat als zwischengeschaltetes drittes Organ kann fakultativ eingerichtet werden (§ 52); die Verpflichtung hierzu kann sich aus den Vorschriften über die Mitbestimmung ergeben (§ 77 Betriebsverfassungsgesetz 1952, § 129 Betriebsverfassungsgesetz 1972). Die Bilanzen werden von den Geschäftsführern vorbereitet und von der Gesellschafterversammlung festgestellt; bei letzterer liegt also die volle Gewinnentscheidung.

Die seit Jahren erwartete Novellierung des GmbH-Gesetzes wurde 1980 verabschiedet: Das Mindeststammkapital beträgt statt DM 20000 nunmehr DM 50000, wovon zunächst DM 25000 statt bisher DM 5000 eingezahlt sein müssen. Für Neugründungen gilt das Gesetz seit 1. 1. 1981, bestehende Firmen haben 5 Jahre Zeit, sich an die Neuregelung anzupassen.

H. Sudhoff: Der Gesellschaftsvertrag der GmbH. Kommentar u. Formularbuch. 6. Aufl. München 1982. – A. Kostner: Die Gesellschaft mit beschränkter Haftung. Erläuterungsbuch mit 432 Beispielen. 3. Aufl. Wien 1981. – P. Spörlein/H. Tausend: Handb. für den Geschäftsführer der GmbH. Stuttg. u. a. 1981. – Centrale für GmbH Dr. Otto Schmidt (Hg.): GmbH-Taschenbuch. Köln 1981. R. Niehus: Rechnungslegung der GmbH nach neuem Recht. Berlin 1982.

Entwicklung von Zahl und Kapital der GmbH

GmbH

Rechtsgrundlage:	Gesetz vom 20.4.1892 mit verschiedenen Änderungen, zuletzt novelliert mit Wirkung ab 1.1.1981
Zulässigkeit:	für jedes erlaubte Vorhaben
Juristische Persönlichkeit:	nach Eintragung im Handelsregister; Haftung des Gesellschaftsvermögens; ausnahmsweise persönliche Ausfallhaftung
Mindestkapital:	50000 DM
Mitgliedschaft:	durch Erwerb eines Geschäftsanteiles (mind. 500 DM)
Organe:	Gesellschaftsversammlung, Geschäftsführer; evtl. Aufsichtsrat (freiwillig oder aus Gründen der Mitbestimmung vorgeschrieben)
Prüfung:	grundsätzlich keine
Abwandlungsmöglichkeit:	individuelle Gestaltung der Satzung mit Einschränkungen zulässig

Gesellschaften mit beschränkter Haftung

Gegenstand der Nachweisung	Wirtschaftsbereiche							
	insgesamt		Produzierendes Gewerbe		Handel		Dienstleistungen von Unternehmen	
	Anzahl	Mill. DM	Anzahl	Mill. DM	Anzahl	Mill. DM	Anzahl	Mill. DM
Bestand am 31.12.1980	215226	82182	64735	39458	57271	11571	80703	25255
Zugang	31407	9031	9404	3932	8915	1630	11308	2789
Neugründung, Umwandlung	30300	2684	9153	1106	8599	685	10848	790
Fortsetzung	–	–	–	–	–	–	–	–
Kapitalerhöhung								
gegen Einlagen	(10041)	5599	(2977)	2477	(2787)	770	(3656)	1781
aus Gesellschaftsmitteln								
Sonstige Zugänge	1107	748	251	349	316	175	460	218
Abgang	10629	2539	3025	1340	3370	499	3925	632
Liquidationseröffnung	3339	383	870	90	1074	56	1176	224
Konkurseröffnung	1379	204	537	145	352	25	418	30
Fusion und Umwandlung	305	698	81	427	104	54	94	169
Kapitalherabsetzung	(143)	284	(59)	203	(40)	36	(37)	34
Sonstige Abgänge	5602	971	1632	473	1715	301	1941	172
Berichtigung (Saldo)	–4	+1	+95	–2	–125	–27	–296	–3
Kapitalumstellung	+1	+1	–	–	–	–	+1	+1
Bestand am 31.12.1981	236005	88675	71114	42050	62816	12702	88087	27413
Zugang	25044	9354	7514	3962	7249	1713	8713	3319
Neugründung, Umwandlung	23828	2399	7259	1007	6870	602	8216	678
Fortsetzung	–	–	–	–	–	–	–	–
Kapitalerhöhung								
gegen Einlagen	(10304)	6297	(2939)	2774	(2791)	1019	(3692)	2260
aus Gesellschaftsmitteln								
Sonstige Zugänge	1216	658	255	181	379	92	517	381
Abgang	13337	2896	3890	1410	4403	550	4377	900
Liquidationseröffnung	3811	455	956	60	1278	85	1373	292
Konkurseröffnung	1942	316	795	211	485	54	566	43
Fusion und Umwandlung	443	468	123	143	155	131	143	192
Kapitalherabsetzung	(152)	643	(43)	424	(34)	18	(61)	191
Sonstige Abgänge	7137	1034	2190	488	2204	187	2355	343
Berichtigung (Saldo)	–4	+20	+174	–84	–281	–75	+60	+161
Kapitalumstellung	–	–	–	–	–	–	–	–
Bestand am 31.12.1982	247712	95133	74738	44602	65662	13865	92443	29832

Aktiengesellschaft (AG)

Die AG ist die Organisationsform für Großunternehmen; sie ist juristische Person (§ 1 Aktiengesetz); die Aktionäre haften also nicht für die Geschäftsverbindlichkeiten. Das in der Satzung auszuweisende Grundkapital beträgt mindestens DM 100000 (§ 7) und ist in Aktienanteile zerlegt. Man wird Aktionär durch Erwerb eines Aktienstückes (Mitgliedschaftsurkunde); Mindestnennbetrag: DM 50 (§ 8). In der BRD ist die anonyme Inhaberaktie (§ 10 Abs. 1) üblich; Namensaktien sind zulässig. Die Aktien der Großunternehmen sind zum Börsenhandel zugelassen.

In manchen Gesellschaften halten ein Aktionär oder eine Aktionärsgruppe Pakete; anderwärts ist das Aktienkapital weit gestreut (Publikumsgesellschaften).

Der Aktionär hat ein kapitalmäßig berechnetes Stimmrecht in der Hauptversammlung (§§ 12 Abs. 1, 119), ein Auskunftsrecht in der Hauptversammlung im Rahmen der Tagesordnung (§ 131), Anspruch auf den vorgerechneten Gewinn (§§ 119 Abs. 1 Satz 2, 172, 174) und die an unterschiedliche Quoten gebundenen Minderheitenrechte. So kann eine Minderheit von 1/10 des Grundkapitals dem Verzicht oder Vergleich über bestehende Ansprüche wiedersprechen oder die Minderheit kann die Sonderprüfung strittiger Geschäftsvorfälle erzwingen.

Für Aktiengesellschaften hat der Gesetzgeber zwingend drei Organe vorgeschrieben: die Hauptversammlung, den Aufsichtsrat und den Vorstand. Die Hauptversammlung hat einen umrissenen Aufgabenkatalog (§ 119) und ist von der unternehmerischen Einflußnahme grundsätzlich ausgeschlossen (§ 119 Abs. 2). Der Aufsichtsrat besteht aus Repräsentanten der Anteilseigner – die von der Hauptversammlung gewählt werden (§ 119 Abs. 1 Nr. 1) –, den Arbeitnehmervertretern (↑Mitbestimmung S. 452) und eventuellen weiteren Mitgliedern (§ 96). Er überwacht und kontrolliert die Geschäftsführung (§ 111); geschäftliche Aktivitäten können ihm nicht übertragen werden; die Satzung oder der Aufsichtsrat selbst können jedoch ein Zustimmungserfordernis, also eine Mitwirkungsmöglichkeit vorsehen (§ 114 Abs. 4). Der von den im Aufsichtsrat vertretenen Gruppen gewählte Vorstand ist der verantwortliche unternehmerische Leiter der AG nach innen und außen (§§ 76, 77, 78) mit umfassenden Machtbefugnissen; er wird für längstens 5 Jahre bestellt (§ 84). – Wirtschaftsprüfer werden entweder als jährliche Abschlußprüfer (§§ 162 ff.) oder als Sonderprüfer für einzelne Geschäftsvorfälle (§§ 142 ff., 258 ff.) tätig.

Mit dem Aktiengesetz 1965 wurde erstmals in der Welt ein Recht der verbundenen Unternehmen (Buch III des Aktiengesetzes, §§ 291 ff.) konzipiert. Für die Verantwortlichkeiten wird unterschieden, ob die Einflußnahme auf einem Unternehmensvertrag beruht oder sonstige Beherrschung ist; eine Sonderstellung haben die eingegliederten Gesellschaften.

Die über 20 Jahre alte Idee einer Europäischen Aktiengesellschaft wurde durch die Umsetzung der 2. EWG-Richtlinie zur Koordinierung des Gesellschaftsrechts (sog. Kapitalschutzrichtlinie) zu innerdeutschem Recht (Änderungsgesetz vom 13. 12. 1978) weiter verwirklicht. Damit wurden die nationalen Regelungen der Mitgliedsstaaten über Gründung der AG und über Erhaltung und Änderung des Grundkapitals harmonisiert mit dem Ziel, die Schutzbestimmungen für Gläubiger und Gesellschafter in den EG-Staaten anzugleichen. Für die Anpassung des nationalen Rechts an die 3. und 4. EG-Richtlinie gibt es bisher lediglich Gesetzesentwürfe.

H. Adler/W. Dühring/K. Schmaltz: Rechnungslegung u. Prüfung der AG. 4. Aufl. Stuttg. 1983. 4 Bde. – H. Würdinger: Aktienrecht u. das Recht der verbundenen Unternehmen. 4. Aufl. Karlsr. 1981. – M . Lutter (Hg.): Die europ. Aktiengesellschaft. 2. Aufl. Köln 1978. – P. Möhring/E. Sieber/P. Scherpf: Hdb. der Aktiengesellschaft. Köln 1979. – Ch. M. Ridder-Aab: Die moderne AG im Lichte der Theorie der Eigentumsrechte. Frankf. a. M. 1980. – R. Portmann: Wege zur Perpetuierung der AG. Bern 1983.

Entwicklung von Zahl und Kapital der AG

<u>Rechtsgrundlage</u>: Gesetz vom 6. 9. 1965

<u>Zulässigkeit</u>: für jedes erlaubte Vorhaben

<u>Juristische Persönlichkeit</u>: nach Eintragung im Handelsregister; ledigl. Haftung des Gesellschaftsvermögens

<u>Mindestkapital</u>: 100 000 DM

<u>Mitgliedschaft</u>: durch Erwerb eines Stücks Aktie (Mindestnennbetrag 50 DM)

<u>Organe</u>: Hauptversammlung, Vorstand; Aufsichtsrat (bestehend aus: Repräsentanten der Aktionäre, der Arbeitnehmer und sonstigen Mitgliedern)

<u>Prüfung durch unabhängige Wirtschaftsprüfer</u>: jährl. Abschlußprüfung; eventuelle Gründungs- und Sonderprüfungen

<u>Abwandlungsmöglichkeiten</u>: Eng begrenzt

Entwicklung von Zahl und Kapital der Aktiengesellschaften (einschl. Kommanditgesellschaften auf Aktien)

Gegenstand der Nachweisung	Wirtschaftsbereiche					
	Produzierendes Gewerbe		Handel		Dienstleistungen von Unternehmen	
	Anzahl	Mill. DM	Anzahl	Mill. DM	Anzahl	Mill. DM
Bestand am 31.12.1980	735	53 162	136	3 777	497	11 277
Zugang	17	1 908	5	238	26	567
Neugründung, Umwandlung	16	151	5	2	24	26
Fortsetzung	–	–	–	–	–	–
Kapitalerhöhung						
gegen Einlagen	(72)	1418	(15)	112	(29)	417
aus Gesellschaftsmitteln	(19)	327	(6)	124	(7)	124
Sonstige Zugänge	1	12	–	–	2	0
Abgang	18	221	4	94	19	223
Liquidationseröffnung	1	5	–	–	3	0
Konkurseröffnung	4	22	–	–	3	6
Fusion und Umwandlung	10	100	3	15	9	206
Kapitalherabsetzung	(8)	81	(2)	70	(1)	4
Sonstige Abgänge	3	13	1	9	4	7
Kapitalumstellung	–	–	–	–	–	–
Bestand am 31.12.1981	737	54 867	135	3 912	504	11 614
Zugang	16	2 437	10	99	25	530
Neugründung, Umwandlung	12	67	8	24	18	62
Fortsetzung	–	–	–	–	–	–
Kapitalerhöhung						
gegen Einlagen	(65)	1 737	(16)	39	(35)	309
aus Gesellschaftsmitteln	(25)	498	(1)	8	(15)	143
Sonstige Zugänge	4	135	2	28	7	16
Abgang	20	473	10	91	26	108
Liquidationseröffnung	1	27	–	–	2	0
Konkurseröffnung	2	16	–	–	4	18
Fusion und Umwandlung	10	67	8	69	15	82
Kapitalherabsetzung	(10)	234	(2)	15	(4)	5
Sonstige Abgänge	7	129	2	7	5	3
Kapitalumstellung	–	–	–	–	–	–
Bestand am 31.12.1982	717	56427	136	3708	514	12598

Konzern

Der Konzern ist die Zusammenfassung rechtlich selbständiger Unternehmen unter einheitlicher Leitung – häufig durch eine Holdinggesellschaft – zur Verfolgung wirtschaftlicher Ziele. Die im Konzern zusammengeschlossenen Unternehmen behalten ihre Selbständigkeit, die einheitliche Leitung und Verwaltung wird durch die Konzernspitze gebildet. In einigen Fällen trägt der Konzern auch die Bezeichnung Interessengemeinschaft (IG, z. B. IG-Farbenindustrie AG). Konzern und Kartell sind vergleichbar wegen des Zusammenschlusses mehrerer rechtlich selbständig bleibender Unternehmen, unterscheiden sich aber durch die innere Struktur: Während das Kartell durch Einschränkung des ↑Wettbewerbs (S. 406) eine Marktbeeinflussung erzielen will und also nach außen wirkt, liegt beim Konzern eine wesentlich engere Verbindung zu einer wirtschaftlichen Einheit vor, durch die die bisherigen Einzelinteressen vereinheitlicht werden; die Gesamtwirkung richtet sich also nach innen. Ein Konzern ist insofern eine Form der Betriebsanordnung, die allerdings zugleich auch wettbewerbsbeschränkend wirken bzw. genutzt werden kann.

Die Bezeichnung Konzern wird häufig auch in den Fällen verwendet, in denen ein rechtlich selbständiges Unternehmen entweder mittelbar oder unmittelbar durch ein anderes Unternehmen beherrscht wird. Vielfach ist der Konzern nur die Vorstufe zu einer völligen Verschmelzung der Unternehmen in Form der ↑Fusion (S. 234).

Die Ursachen der Entstehung immer größerer Unternehmen und der Abnahme der Anzahl selbständiger Unternehmen auf einzelnen Märkten sind zu einem Teil in der technischen Entwicklung zu suchen und finden sich bei allen größeren Industrienationen. Auch die staatliche Steuer-, Finanz- und Wirtschaftspolitik hat – zumindest bis zum Zweiten Weltkrieg – die Unternehmenskonzentration gefördert. Nach dem Zweiten Weltkrieg brachten die Entflechtungsmaßnahmen der Alliierten einen Rückgang der Konzerne. Die Umwandlungsgesetze von 1956 waren wiederum Anlaß zu zahlreichen Unternehmenszusammenschlüssen, da die entsprechenden Steuergesetze (1957 und 1969) für einen – allerdings beschränkten – Zeitraum erhebliche Steuervergünstigungen gewährten. Die verstärkte Konzernbildung ist nicht ohne Kritik geblieben, da ein Unternehmen – insbesondere Aktiengesellschaften – in Abhängigkeit von Dritten geraten kann, was dann gefährlich ist, wenn das abhängige Unternehmen unter den beherrschenden Einfluß einer sogar mit ihr in Konkurrenz befindlichen Gesellschaft gerät. Auf internationaler Ebene gilt dies besonders für die ↑multinationalen Unternehmen (S. 562).

Dem Aufbau nach unterscheidet man bei der Unternehmenszusammenfassung eine horizontale Ebene, in der Gesellschaften der gleichen Wirtschafts- bzw. Produktionsstufe zusammengefaßt sind, und eine vertikale Ebene, d. h. die Konzentration zwischen Unternehmen nachgelagerter Produktionsstufen. Von einem organischen Konzern spricht man, wenn eine horizontale und eine vertikale Abstimmung unter seinen Unternehmen vorliegt, ein unorganischer (heterogener) Konzern umfaßt Unternehmen verschiedenster Art, die meist zufällig zusammengefügt sind (Mischkonzern). Soweit für den Konzern ein Pool (Gewinngemeinschaftsvertrag) besteht, wird der erzielte Jahresgewinn nach dem vereinbarten Schlüssel an die zusammengefaßten Unternehmen verteilt. Rechtliche Vorschriften über Konzerne bestehen nur im Aktiengesetz über die verbundenen Unternehmen (§§ 291–333 Aktiengesetz), an denen mindestens eine AG beteiligt ist. Dieses Konzernrecht betrifft insbesondere die Rechnungslegung im Konzern bzw. die Konzernbilanz (§§ 339; 338 Aktiengesetz).

H. Rasch: Dt. Konzernrecht. 5. Aufl. Köln 1974. – H. Würdinger: Aktien- und Konzernrecht. 4. Aufl. Karlsr. 1981. – V. Emmerich/J. Sonnenschein: Konzernrecht. 2. Aufl. München 1977. – W. Busse von Colbe/D. Ordelheide: Konzernabschlüsse. 4. Aufl. Wiesb. 1983.

Konzernabschlüsse 1980

Mill. DM

Abschlußposten	Publizitätsgesetz: vollkonsolidierter	Publizitätsgesetz: mit vereinfachter Erfolgsrechnung	Publizitätsgesetz: Einzelangaben aus der	Aktiengesetz: vollkonsolidierter	Aktiengesetz: mit teilkonsolidierter Erfolgsrechnung	Aktiengesetz: vereinfachter
Anzahl der erfaßten Abschlüsse	28	25	46	199	30	143
Aktiva						
Sachanlagen und immaterielle Anlagewerte	8810	21339	9016	103744	14597	34599
Finanzanlagen	1259	1888	3323	20122	3902	8929
Vorräte	6714	11407	10569	90672	22643	19013
Forderungen	5520	9157	10545	77774	14574	20432
Flüssige Mittel	1760	3718	2493	34163	5338	4718
Sonstige Aktiva	87	485	181	1011	90	137
Bilanzverlust/Konzernverlust	181	42	5	824	94	158
Passiva						
Kapital	3535	3497	7302	27953	3689	12662
Rücklagen	1442	3807		38553	4966	11883
Kapital-Fremdanteile	358	392	570	4322	655	913
LA-Vermögensabgabe	–	–	–	–	–	–
Posten mit Rücklageanteil	416	332	371	9763	673	3990
Pensionsrückstellungen	2423	3857	4778	39896	5030	11319
Andere Rückstellungen	2206	4990	3749	44395	5573	8460
Langfristige Verbindlichkeiten	4449	16278	5567	46434	9976	12104
Andere Verbindlichkeiten	8569	14432	13410	112905	30319	24443
Sonstige Passiva	514	71	144	747	12	327
Bilanzgewinn/Konzerngewinn	419	381	241	3341	345	1885
Nettobilanzsumme	**24332**	**48037**	**36132**	**328309**	**61238**	**87986**
Posten aus den Erfolgsrechnungen						
Umsatzerlöse	41866	45620	73910	425345	64314	143995
Erträge aus Beteiligungen	202	87	189	1555	291	562
Personalaufwendungen	7867		15179	112151	17348	
Abschreibungen auf Sachanlagen	1304	1663	889	19037	2271	6211
Jahresüberschuß	423	604	298	5551	536	2293
Jahresfehlbetrag	278	35		523	81	206

Verflechtung von Unternehmen unter gewerkschaftlichem Einfluß

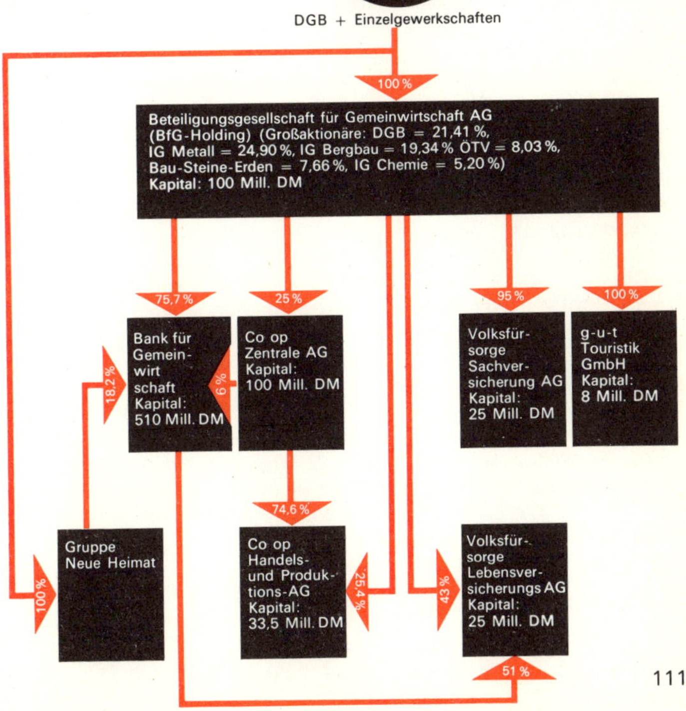

Mischformen von Gesellschaften

Von einer Mischform spricht man dann, wenn die Merkmale unterschiedlicher Gesellschaftstypen (↑offene Handelsgesellschaft [OHG] und Kommanditgesellschaft [KG] S. 104 auf der einen und ↑Gesellschaft mit beschränkter Haftung [GmbH] S. 106 und ↑Aktiengesellschaft [AG] S. 108 auf der anderen Seite) zu einer einheitlichen Gesellschaftsform verbunden werden. Das geschieht i. d. R. durch die Gesellschafter, deren Bedürfnissen die wenigen Gesellschaftstypen des deutschen Handelsrechts häufig nicht entsprechen. Dem Bedürfnis nach Variationen kommt das Handelsrecht insofern entgegen, als es abweichende Vereinbarungen der Gesellschafter weitgehend toleriert.

Die einzige vom Gesetzgeber selbst geregelte Mischform stellt die Kommanditgesellschaft auf Aktien (KGaA) dar. Sie besitzt die Merkmale teils der KG, teils der AG und findet ihre rechtliche Regelung im Aktiengesetz. Ebenso wie die AG besitzt sie eigene Rechtspersönlichkeit. Mindestens ein Gesellschafter haftet den Gesellschaftsgläubigern persönlich unbeschränkt. Seine Stellung in der Gesellschaft gleicht im wesentlichen der des Komplementärs in der KG. Die übrigen Gesellschafter beteiligen sich an dem in Aktien zerlegten Grundkapital (sog. Kommanditaktionäre). Sie haften den Gläubigern nicht und entsprechen im Prinzip den Aktionären einer AG. Die KGaA gilt heute nur noch als Denkmal des Industrialisierungszeitalters. Sie war bereits 1861 gesetzlich anerkannt worden, weil sie die damals einzige Gesellschaftsform war, die die Ansammlung großer Kapitalien erlaubte und zugleich allgemein zugänglich war. Denn Aktiengesellschaften bedurften einer schwer erreichbaren hoheitlichen Genehmigung. Heute ist die KGaA wegen der persönlichen Haftung des Komplementärs unbedeutend geworden.

Besonders große Bedeutung in der Wirtschaftspraxis kommt heute der gesetzlich nicht geregelten Kombination einer Personengesellschaft (meist KG, selten OHG) mit einer Kapitalgesellschaft (meist GmbH, selten AG) zu. Persönlich haftender Gesellschafter ist stets die Kapitalgesellschaft, während die beschränkt haftenden Kommanditisten natürliche Personen sind. Den Regelfall bildet die GmbH & Co. KG. Sie besitzt eine große Variationsbreite. Die Kommanditisten können z. B. zugleich Gesellschafter der GmbH sein. Zusätzlich kann vereinbart werden, daß die Kommanditisten ihre Anteile an der GmbH der KG zur Verfügung stellen. Dann hat nicht nur die GmbH Gesellschafterrechte in der KG, sondern auch die KG entsprechende Befugnisse in der GmbH. Auch eine einzelne Person kann Inhaber der GmbH & Co. KG werden. Erforderlich ist, daß sie zunächst eine GmbH mit einem Strohmann gründet, der nach der Gründung ausscheidet, und daß sie dann als Kommanditist zusammen mit der GmbH die KG ins Leben ruft. Da weder Kommanditisten noch Gesellschafter der GmbH mit eigenem Vermögen unbeschränkt haften, wird eine unmittelbare unbeschränkte Haftung grundsätzlich vermieden.

Die durch die Kombination der Gesellschaftsformen erreichte Gestaltungsfreiheit gestattet zusätzliche Variationen. So können auch Nichtgesellschafter mit der Geschäftsführung betraut werden, was nach KG-Recht nicht möglich wäre. Die Firmenbezeichnung kann den Gegenstand des Unternehmens enthalten, während das KG-Recht die Angabe eines Personennamens verlangt. Schließlich kann die Frage der Gesellschafternachfolge durch Verkauf oder Vererbung der Anteile komplikationslos geregelt werden. Steuerrechtlich nachteilig ist, daß nicht nur den Kommanditisten, sondern neuerdings auch der GmbH angemessene Gewinnanteile zustehen müssen, so daß die Gesellschafter der GmbH insofern der Doppelbesteuerung durch Körperschaft- und Einkommensteuer unterliegen.

Die gesetzliche Anerkennung der GmbH & Co. KG ist grundsätzlich nur im Rahmen einer großen GmbH-Reform möglich.

H. Sudhoff: Der Gesellschaftsvertrag der GmbH & Co. Kommentar- u. Formularbuch. 4. Aufl. München 1979. – H. Klauss/R. Mittelbach: Die GmbH & Co. KG. 6. Aufl. Ludwigshafen 1981.

Kommanditgesellschaft auf Aktien (KGaA)

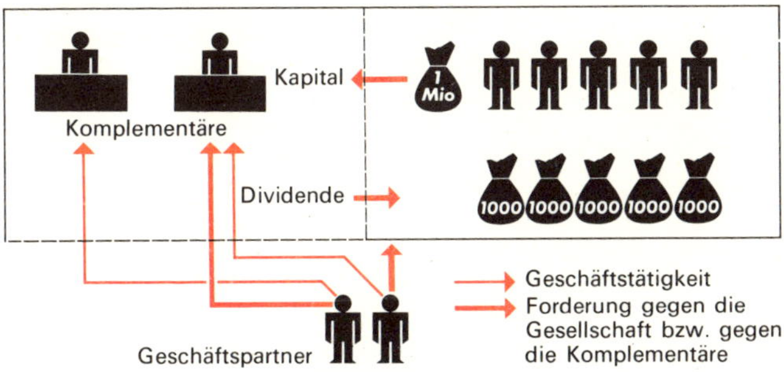

2. GmbH & Co. KG

Grundfall:
Mitglieder der GmbH und die Kommanditisten sind nicht identisch

praktisches Ergebnis: zwei verschiedene Gesellschaften, von denen die eine Mitglied der anderen ist

Variante 1:
Mitglieder der GmbH sind mit den Kommanditisten identisch

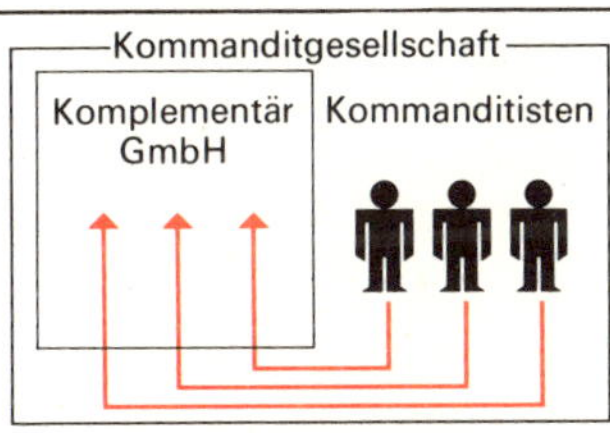

praktisches Ergebnis: einheitliche Gesellschaft mit eigenartiger Rechtsform

Variante 2:
Mitglieder der GmbH sind mit den Kommanditisten identisch und übertragen ihren GmbH-Anteil auf die KG

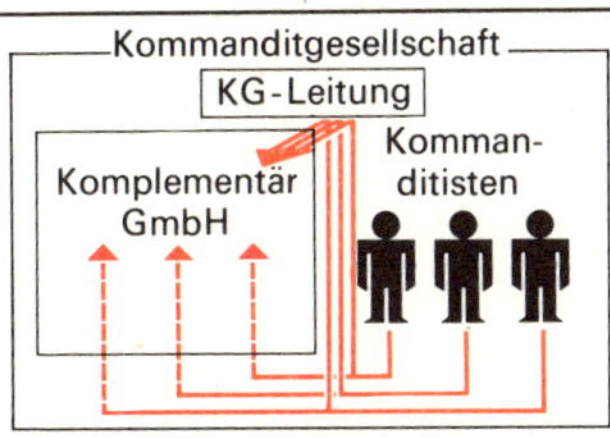

praktisches Ergebnis: einheitliche Gesellschaft mit eigenartiger Rechtsform und zusätzlicher innerer Verschachtelung

Variante 3:
das einzige Mitglied der GmbH ist zugleich einziger Kommanditist

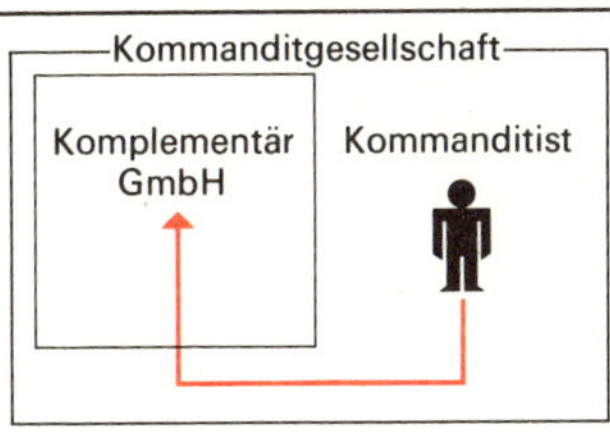

praktisches Ergebnis: Einmann-Unternehmen in der Rechtsform einer Gesellschaft

Genossenschaften

Genossenschaften sind Vereine mit wechselnder Mitgliederzahl. Ihre Entstehung geht auf die Initiative von Schulze-Delitzsch (1808–1883) und Raiffeisen (1818–1888) zurück. Genossenschaften sollten es Landwirten und kleinen Gewerbetreibenden ermöglichen, unter Wahrung der eigenen Selbständigkeit im Wettbewerb mit großen Unternehmen zu bestehen. Nach den Prinzipien der Selbsthilfe, der Selbstverwaltung und der Selbstverantwortung übernehmen die Genossenschaften bestimmte Funktionen ihrer Mitglieder (z. B. den Einkauf oder den Absatz). Gewinne sollten ursprünglich nicht erzielt werden, sondern unmittelbar bei den Mitgliedern entstehen. Mit der Schaffung eines Genossenschaftsgesetzes (GenG; 1867 in Preußen, 1889 im Deutschen Reich) wurde eine passende Rechtsform bereitgestellt, die nicht nur die Gründung erleichterte, sondern auch ein einwandfreies Funktionieren garantierte und Außenstehende vor unseriösen Praktiken schützte. Die Genossenschaftsbewegung, die ihre drei Prinzipien zu einer Art Ideologie fortentwickelte, hat bald sehr gut floriert und überall in der Welt Nachahmer gefunden.

Die Rechtsform der „eingetragenen Genossenschaft" nach dem GenG steht nur den Vereinigungen offen, die die „Förderung des Erwerbs und der Wirtschaft ihrer Mitglieder mittels eines gemeinschaftlichen Geschäftsbetriebs" bezwecken (§ 1 GenG), sich in das Genossenschaftsregister eintragen lassen und weitere Voraussetzungen erfüllen. Mitglieder werden auf Antrag aufgenommen. Sie müssen eine bestimmte Geldeinlage erbringen, die sie bei ihrem Austritt zurückerhalten. Dafür sind sie berechtigt, an den Einrichtungen und Leistungen der Genossenschaft teilzunehmen. Eine Teilnahme am Gewinn ist von geringer Bedeutung und kann durch das Statut auch ausgeschlossen werden. Für die Schulden der Genossenschaft haften die Genossen nicht. Nur im Konkurs der Genossenschaft sind Nachschüsse zu leisten, soweit das Statut nicht davon befreit. Die Genossen bilden die Generalversammlung, in der sie nach Köpfen und nicht nach Kapitaleinlage abstimmen. Die Generalversammlung wählt den Vorstand, der die Geschäfte zu führen und die Genossenschaft nach außen zu vertreten hat, sowie den Aufsichtsrat, der den Vorstand kontrolliert. Sämtliche Einrichtungen der Genossenschaft unterliegen einer regelmäßigen Pflichtprüfung durch den genossenschaftlichen Prüfungsverband.

Zur gegenseitigen Unterstützung und Koordinierung ihrer Tätigkeit schließen sich Genossenschaften häufig zu Zentralgenossenschaften zusammen. Dadurch können sie als größere Wirtschaftseinheiten auftreten und sich im wirtschaftlichen Wettbewerb stärker durchsetzen.

Wenn die Beliebtheit der Genossenschaften inzwischen etwas zurückgegangen ist, so liegt das u. a. daran, daß sie für kleine Gewerbetreibende konzipiert waren, die auf gegenseitige Unterstützung angewiesen sind. Mit dem allgemeinen Trend der modernen Wirtschaft zu größeren Unternehmen wird die Rechtsform der Genossenschaft für expansionswillige Genossenschaftsunternehmen rasch zu eng, da das Gesetz das Bedürfnis nach einer hinreichenden Kapitalgrundlage nicht genug berücksichtigt. Die Mitglieder sind nicht gehalten, große Kapitalmengen zur Verfügung zu stellen; eine Selbstfinanzierung durch Gewinnthesaurierung ist in größerem Umfang nicht ohne weiteres möglich. Es besteht deshalb bei größeren Genossenschaftsunternehmen trotz der Änderung des GenG am 1. 1. 1974, die die Situation verbessern sollte, immer noch eine Tendenz zur Umwandlung in Kapitalgesellschaften. Bezeichnend ist aber, daß die Form der Genossenschaft heute vor allem in den Entwicklungsländern beliebt ist, denen sie durch Zusammenschluß der Landwirte und der kleinen Gewerbetreibenden zu einer günstigen Wirtschaftsstruktur verhilft.

E. H. Meyer/G. Meulenbergh/K. Beuthien: Genossenschaftsgesetz. 12. Aufl. München 1983. – J. Lang/L. Weidmüller/H. Baumann: Genossenschaftsgesetz. 31. Aufl. Berlin, New York 1984.

Modell der genossenschaftlichen Funktionsteilung im Bereich einer Absatzgenossenschaft (Molkereigenossenschaft)

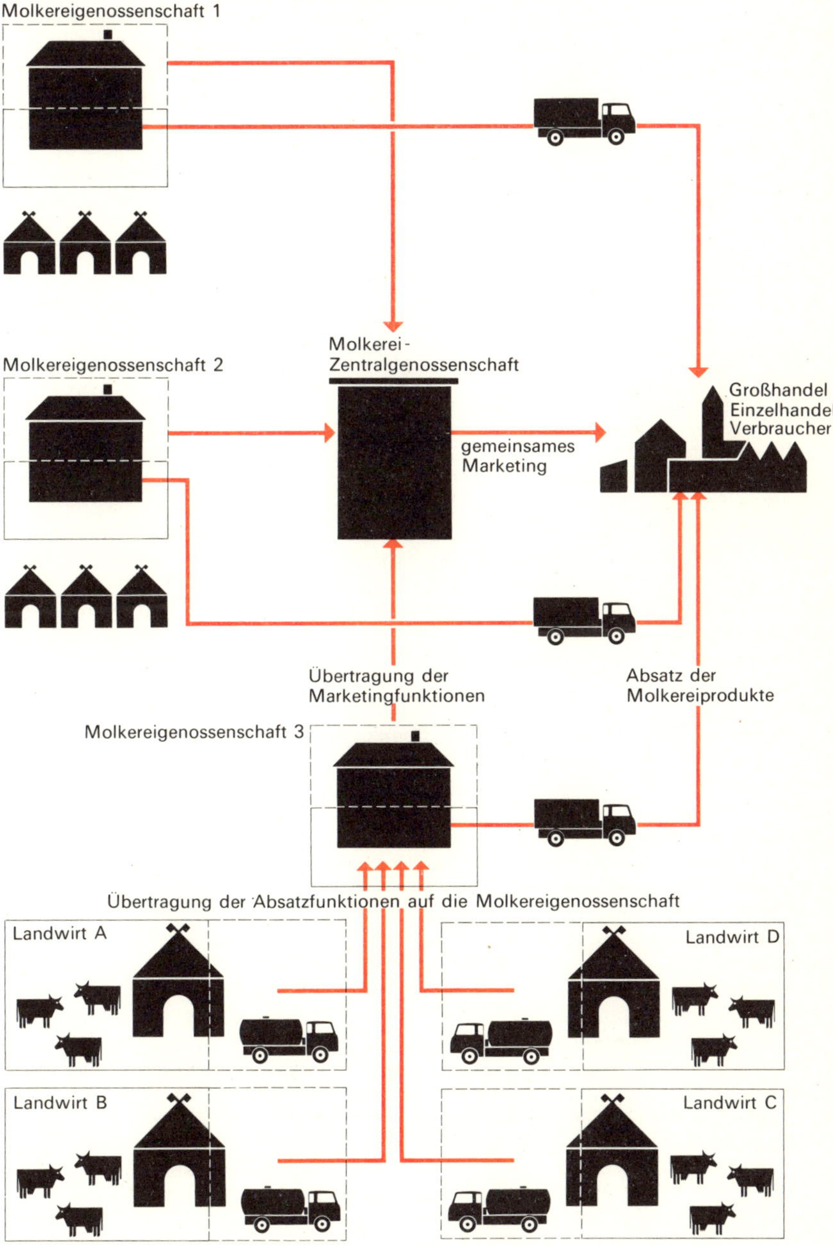

Investmenttrust (Kapitalanlagegesellschaft)

Investment Trust nennt man in Großbritannien und in den USA eine Kapitalgesellschaft, deren Gesellschaftszweck darin besteht, sich kapitalmäßig an anderen Unternehmen zu beteiligen. Im Gründungsprospekt eines der ersten Investmenttrusts, des 1868 gegründeten Foreign and Colonial Trust, heißt es: ,,Das Ziel der Gesellschaft ist es, dem kleinen Sparer dieselben Vorteile zu verschaffen wie dem Reichen, indem das Risiko durch Streuung der Kapitalanlage auf eine Anzahl verschiedener Aktien vermindert wird.'' Durch sachgerechte Anlagedispositionen der Investmentgesellschaft wird den Vermögensinteressen der Einleger Rechnung getragen.

Die rechtliche Ausgestaltung des Investmentanteils hängt von der Konstruktion der Gesellschaft ab. Es sind zwei Lösungen zu unterscheiden: Bei der aktienrechtlichen Lösung ist die Gesellschaft eine AG, deren Aktionäre die Investmentsparer sind. Mit den Einlagen schafft die Gesellschaft Wertpapiere an und bildet damit einen Fonds, der im Eigentum der Gesellschaft steht. Der Investmentanteil ist in einem Anteilschein verkörpert, der in diesem Falle eine Aktie ist. Die aktienrechtliche Lösung ist in der BRD hauptsächlich deshalb unpraktikabel, weil die Ausgabe oder Rücknahme der Zertifikate durch die Gesellschaft jeweils eine Erhöhung oder Herabsetzung des Grundkapitals bedeuten würde, was nach unseren strengen Vorschriften technisch kaum durchführbar wäre. Wegen des weniger strengen Aktienrechts in den USA ist diese Form dort mehr verbreitet.

In der BRD sind Investmentgesellschaften durchweg nach der treuhänderischen Lösung konstruiert. Diese liegt auch dem Gesetz über Kapitalanlagegesellschaften i.d.F. vom 14. 1. 1970 (KAGG) zugrunde. Nicht die Investmentsparer sind Gesellschafter der Kapitalanlagegesellschaft (KAG), sondern meistens Banken. Die KAG erwirbt mit den ihr anvertrauten Geldern Wertpapiere und verwaltet diese treuhänderisch für Rechnung der Einleger in eigenem Namen. Die den Fonds bildenden Wertpapiere sind Treugut, das die KAG bei einem anderen Kreditinstitut (Depotbank) verwahren läßt. Über die sich aus seiner Einlage ergebenden Rechte erhält der Einleger einen Anteilschein (Zertifikat). Die Treuhandkonstruktion der KAG kennt demnach drei Rechtsträger: die Investmentsparer, die vermögensmäßig am Fonds beteiligt sind, die Investmentgesellschaft, die die Wertpapiere des Fonds anschafft und verwaltet, und die Depotbank, die den Investmentfonds verwahrt. Ferner gibt es zwei Vermögensmassen: das Eigenvermögen der KAG, also das Vermögen, an dem die Einleger nicht beteiligt sind, und den vom Eigenvermögen gesonderten Fonds (Sondervermögen), der zum Vermögen der Einleger gehört.

Die KAG darf in der BRD nur in der Rechtsform einer AG oder GmbH mit einem Kapital von mindestens voll eingezahlten 500000 DM betrieben werden. Die Ausgabe und Rücknahme der Anteilscheine erfolgt durch die Depotbank. Von den eingehenden Geldern schafft die KAG neue Wertpapiere für den Fonds an. Die Rückgabe von Zertifikaten an den Fonds ist möglich, wobei der Wert des jeweiligen Anteils zurückbezahlt wird. Da Anteilscheininhaber keinen Einfluß auf die Fondsverwaltung nehmen können, erfolgt die Überwachung durch das Bundesaufsichtsamt für das Kreditwesen. Um eine Beherrschung anderer Unternehmen durch eine KAG zu verhindern, schreibt das KAGG vor, daß Wertpapiere von ein und demselben Unternehmen nur bis zur Höhe von 5 % des Nennkapitals für den Fonds erworben werden dürfen. Im einzelnen sind die Rechtsverhältnisse der KAG und der Anteilscheininhaber im KAGG ausführlich geregelt.

Auf dem Markt für Investmentanteile sind zur Zeit etwa dreihundert inländische Kapitalanlagegesellschaften mit bis zu neun Fondsvermögen tätig. Gemessen am Gesamtwert der Sondervermögen überschreiten vier von ihnen die Milliardengrenze. Die Anzahl der Zertifikatinhaber wird auf 1 Mill. geschätzt.

W. Tormann: Die Investmentgesellschaften. 5. Aufl. Frankf. a. M. 1978. – K. Flachmann u. a.: Investment. Ergänzbares Hdb. Stand 1981. Berlin 1981 ff. – U. Eisenhardt: Kapitalanlegerschutz und Schadenersatz nach geltendem Recht. Heidelb. 1978.

Schema der treuhänderischen Lösung

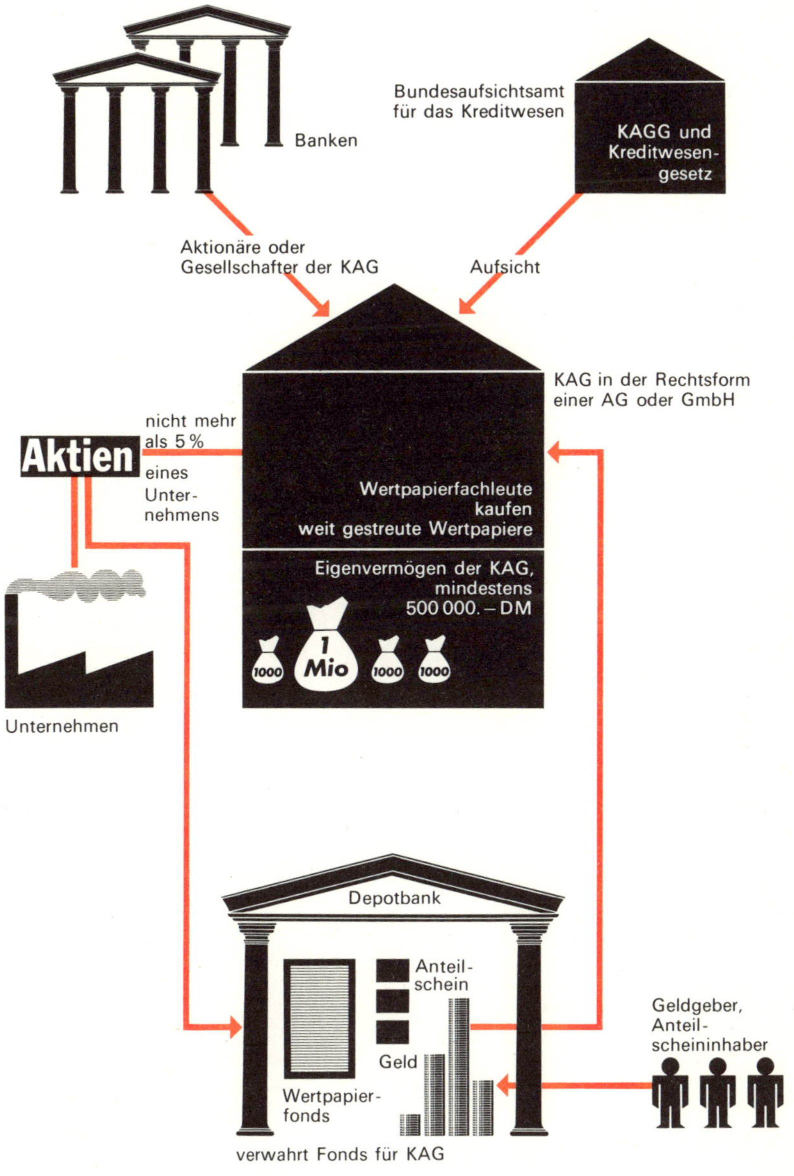

Lohn – Lohnbildung

Im umfassendsten Sinne versteht man unter Lohn das von der gesellschaftlichen Stellung des Arbeitenden unabhängige Entgelt für selbständig bzw. unselbständig geleistete Arbeit. Der Lohnsatz ist ein Preis für die Arbeitsleistung. Diese Definition umfaßt sowohl den Unternehmerlohn als auch den Arbeitnehmer- oder Arbeitslohn, der das Entgelt für die aufgrund eines Arbeitsvertrages geleistete Arbeit darstellt.

Im täglichen Leben wird das Arbeitsentgelt sehr unterschiedlich bezeichnet, z. B. als Lohn, Gehalt, Besoldung, Bezug. Bei der Bemessung des Arbeitslohnes haben sich verschiedene ↑Lohnformen (S. 122) herausgebildet. Da die Kaufkraft des Geldes Schwankungen unterliegt, ist es zweckmäßig, zwischen Nominal- und Reallohn zu unterscheiden. Bei gegebenem Nominallohn (Geldlohn) wird der Reallohn, d. h. die Kaufkraft des Lohnes, durch die Höhe der jeweiligen Konsumgüterpreise bestimmt. Je höher die Preise für Konsumgüter sind, desto geringer ist die Kaufkraft des Geldlohnes. Die Ermittlung der Reallohnentwicklung verlangt demnach den Vergleich zwischen z. B. einem Anstieg der Geldlöhne und einem Indikator der Geldwertentwicklung, z. B. dem Lebenshaltungskostenindex.

Zur Erklärung der Lohnbildung lassen sich Ergebnisse nutzen, die bei der Analyse der ↑Preisbildung (S. 174) und der möglichen ↑Marktformen (S. 186) erzielbar sind. Wie bei jedem anderen ↑Markt (S. 164) stehen sich auf dem Arbeitsmarkt Anbieter und Nachfrager gegenüber. Der Arbeitsmarkt ist aufteilbar in verschiedene Teilmärkte, die sich sowohl nach der Art der Arbeitsleistung als auch räumlich unterscheiden. Der jeweilige Lohnsatz hängt ab 1) von der Eigenart von Angebot und Nachfrage und 2) von den Bedingungen, unter denen sie aufeinandertreffen. Nach der Marktform hat der Arbeitsmarkt in einer modernen Volkswirtschaft einiges gemeinsam mit einem zweiseitigen (bilateralen) Monopol, da sich ein monopolistisch organisiertes Angebot an Arbeitsleistungen (Gewerkschaften) einem monopolistischen Zusammenschluß der Nachfrager (Arbeitgeber) gegenübersieht. Die Lohnbildung ist somit zumindest nicht vollständig dem einzelnen Arbeitnehmer und Arbeitgeber überlassen. Vielmehr werden Löhne, Lohnbestandteile und Arbeitsbedingungen zwischen den Vertretern der Arbeitnehmer und Arbeitgeber für die jeweils betroffenen Betriebe oder Sektoren und deren Beschäftigte ausgehandelt. Das Verhandlungsergebnis der ↑Tarifpartner (S. 440) wird in ↑Tarifverträgen (S. 442) festgehalten. Die ausgehandelten Tariflöhne sind meist Mindestlöhne. Die in Gewerkschaften organisierten Arbeitnehmer können nicht zu Löhnen beschäftigt werden, die unter diesen Löhnen liegen; für nicht organisierte Arbeitnehmer können die Tariflöhne zu Mindestlöhnen werden, wenn der Tarifvertrag durch Verwaltungsakt für allgemeinverbindlich erklärt wird.

Statistisch ist häufig zu beobachten, daß die Effektivlöhne in ihrer Entwicklung den tariflich ausgehandelten Löhnen voraneilen („Lohndrift"). Das kann einmal daran liegen, daß Tariflohnindizes als Indikatoren der Tariflohnentwicklung tarifliche Nebenleistungen (z. B. Überstundenzuschläge, Urlaubsgeld) nicht enthalten. Die Lohndrift kann aber darüber hinaus anzeigen, inwieweit sich die tatsächliche Entwicklung auf dem Arbeitsmarkt bzw. seinen Teilmärkten von der Lage bei Abschluß der Tarifverträge entfernt.

Durch ihren Zusammenschluß verfügen beide Seiten auf dem Arbeitsmarkt über wirtschaftliche Macht im Sinne von Organisationsmacht. Dabei müssen sie sich nicht notwendigerweise gegenseitig in ihrer Machtausübung neutralisieren. Abgesehen davon, daß sich die Macht zugunsten der einen oder anderen Marktseite z. B. als Folge der ↑Konjunktur (S. 488) und des ↑Wirtschaftswachstums und Strukturwandels (S. 536) verschieben kann, besteht außerdem die Möglichkeit, daß sich beide Parteien zu Lasten Dritter (der Verbraucher) im Konfliktfall einigen. Um der dann drohenden Inflation vorzubeugen, sucht der Staat häufig Einfluß auf die Lohnbildung zu nehmen.

B. Molitor: Lohnpolitik u. Arbeitsmarkt. Hambg. 1977. – B. Külp: Der Lohnfindungsprozeß der Tarifpartner. Darmst. 1977.

Durchschnittliche Bruttostundenverdienste der Arbeiter nach Industriezweigen und Geschlecht 1972–1982

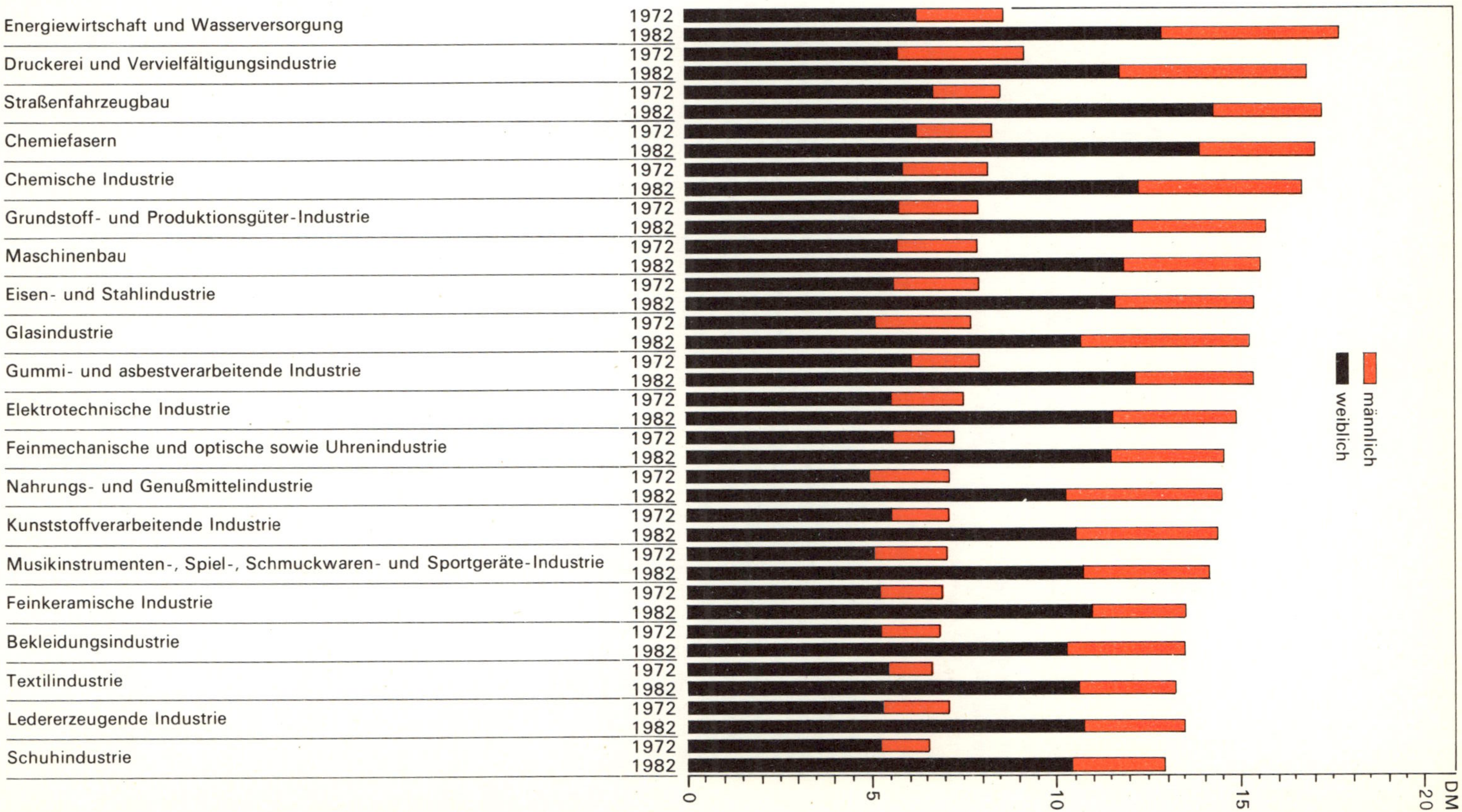

Arbeitsbewertung

Die Arbeitsbewertung ist ein methodisches Hilfsmittel zur Bestimmung der Höhe der Anforderungen, die die Aufgaben in einem Unternehmen an die Mitarbeiter stellen. Sie bildet die Grundlage für die ↑ Lohnformen (S. 122). Die Arbeitsbewertung dient der Feststellung der Lohnhöhe und der Abstufung der Arbeitsentgelte nach dem Schwierigkeitsgrad. Die Schwierigkeit einer Arbeit wird durch sog. Arbeitswerte (Punkte) ausgedrückt. Die Arbeitswerte hängen ab von der Art der Anforderungen und der Dauer der Beanspruchung. Die Arbeitsbewertungsverfahren lassen sich in 4 Gruppen einordnen:

1) Rangfolgeverfahren: Es werden sämtliche Arbeiten eines Unternehmens miteinander verglichen und in eine Reihe eingeordnet (Reihung). Die Tätigkeit mit der größten Schwierigkeit führt die Reihe an, die mit der geringsten steht an letzter Stelle. Dazwischen befinden sich nacheinander, nach Anforderung und Beanspruchung geordnet, die anderen Arbeiten.

2) Lohngruppenverfahren: Die Arbeiten werden nach ihrer Schwierigkeit in bestimmte Bewertungsgruppen (insgesamt meist 6 bis 12 Lohngruppen) eingegliedert. In jeder Gruppe befinden sich Arbeitsverrichtungen mit gleich hoher Anforderung und Beanspruchung. Die unterste Gruppe nimmt Arbeiten mit den geringsten, die oberste Gruppe Arbeiten mit den höchsten Schwierigkeiten auf (Stufung). Bei den ersten beiden Verfahren werden die Schwierigkeiten der Aufgaben als Ganzes in ihrer Gesamtheit bewertet (summarische Arbeitsbewertung), bei den folgenden Verfahren werden bestimmte Anforderungsarten unterschieden, d. h., Tätigkeiten auf Beanspruchung bei verschiedenen Anforderungsarten hin untersucht (analytische Arbeitsbewertung). Auf der Internationalen Tagung über Arbeitsbewertung 1950 in Genf wurden folgende Anforderungsarten ausgewählt: a) Fachkönnen, b) Belastung, c) Verantwortung, d) Arbeitsbedingungen. Bei „Fachkönnen" und „Belastung" wird jeweils zwischen geistigen und körperlichen Anforderungen unterschieden (sog. Genfer Schema). In der BRD werden die vom Verband für Arbeitsstudien – REFA – e.V. veröffentlichten Grundlagen der Arbeitsbewertung häufig genutzt. Danach lassen sich folgende Anforderungsarten unterscheiden: a) Können A = Arbeitskenntnisse, b) Können B = Geschicklichkeit, c) Verantwortung, d) Arbeitsbelastung A = geistige Belastung, e) Arbeitsbelastung B = Muskelbelastung, f) Umgebungseinflüsse. Diese Anforderungsarten finden in den letzten beiden Gruppen Anwendung:

3) Rangreihenverfahren: Alle Arbeiten eines Unternehmens werden getrennt nach den 4 bzw. 6 Anforderungsarten in eine Reihenfolge gebracht (Reihung). D. h., es wird jeweils eine eigene Reihe für Arbeitskenntnisse, Geschicklichkeit, Verantwortung usw. gebildet. In jeder Reihe wird die Arbeit mit dem niedrigsten Wert mit 0 %, die mit dem höchsten mit 100 % versehen; dazwischenliegende Platzziffern erhalten entsprechend geringere bzw. größere Prozentsätze. Der Arbeitswert der Arbeit ergibt sich aus der Summe der gewichteten Prozentsätze aus den einzelnen Anforderungsarten.

4) Stufenwertzahlverfahren: Für jede Anforderungsart wird eine Punktwertskala festgelegt. Die erreichten Punkte werden nach der Beanspruchung innerhalb einer Anforderungsart ermittelt. Die Anforderungsarten können durch unterschiedliche Abstufung und unterschiedliche Höchstpunktzahlen auf- oder abgewertet werden. Die Summe der Punktwertzahlen erlaubt die Einordnung der Arbeit in vorhandene Lohngruppen (Stufung). In jeder Gruppe befinden sich Arbeitsverrichtungen mit annähernd gleich hohen Anforderungen und gleich hoher Beanspruchung. Bei der Anwendung der unterschiedlichen Verfahren haben sich die Stufenwertzahlverfahren als die praktikabelsten Methoden der Arbeitsbewertung herausgestellt. Sie finden daher auch am meisten Verwendung.

Hwb. des Personalwesens. Hg. von E. Gaugler. Stuttg. 1975. Art. „Arbeitsbewertung" Sp. 142–160. – G. Wöhe: Einf. in die Allg. Betriebswirtsch. 14. Aufl. München 1981.

Schreinerei	Betriebsschreiner
Lohngruppe 5	Arbeitswert: 357,5

Arbeitsplatzbeschreibung:

Arbeitsauftrag: Anfertigen von Zimmertüren aus Holz

Örtlichkeit: Schreinerwerkstatt mit Bandsäge, Tischkreissäge, Fräsmaschine, Bohrmaschine usw., Tageslicht und Leuchtstoffbeleuchtung, Holzfußboden, Säg- und Bohrmehlsauger

Arbeitsablauf: Zeichnung, Schnittliste aufstellen, Material aussuchen, zu den Betriebsmitteln transportieren, Holz anzeichnen, Rohmaße schneiden

Bewertungsübersicht:

Hauptgruppen	Anforderungsart	Punktzahl je Anforderungsart: Höchstzahl	Punktzahl je Anforderungsart: erreicht	Gewichtung	Wertzahl
Können A	1. Kenntnisse	50	20	1,8	36,0
Können B	2. Geschicklichkeit	50	30	1,8	54,0
Verantwortung	3. Betriebsmittel	50	35	1,1	38,5
	4. Erzeugnis Arbeitsfluß	50	5	1,1	5,5
	5. Sicherheit anderer	50	10	1,1	11,0
Arbeitsbelastung A	6. Aufmerksamkeit, Nachdenken	50	30	1,8	54,0
Arbeitsbelastung B	7. Muskelbeanspruchung	50	45	1,8	81,0
Umgebungseinflüsse	8. Temperatur	50	10	0,5	5,0
	9. Nässe, Dämpfe, Wasser	50	0	0,5	0,0
	10. Schmutz, Staub	50	40	0,5	20,0
	11. Reizstoffe, Gase	50	20	0,5	10,0
	12. Lärm, Erschütterung	50	40	0,5	20,0
	13. Blenden, Lichtmangel	50	5	0,5	20,0
	14. Unfallgefährdung	50	40	0,5	20
	Summe der Wertzahlen				357,5

Einzelangaben für die Arbeitsbewertung

Beispiel einer analytischen Arbeitsbewertung nach REFA

Können A:	1. Kenntnisse:	Lesen von Zeichnungen, Anreißen von Holz, Kenntnis über Holzeigenschaften, Kenntnis der Holzverarbeitung, Kenntnis von Lacken und Farben, Kenntnis der Holzbearbeitungsmaschinen
Können B:	2. Geschicklichkeit:	Gebrauch von Schreinergeräten, Bedienen von Holzbearbeitungsmaschinen
Verantwortung:	3. Betriebsmittel:	Schaden durch unsachgemäßes Bedienen, Wartung der Maschinen und Werkzeuge
	4. Erzeugnis, Arbeitsfluß:	Einzelfertigung, daher keine zwingende Zusammenarbeit, Materialwert des Erzeugnisses gering
	5. Sicherheit anderer:	Gefährdung gering, da größtenteils Einzelarbeit
Arbeitsbelastung A:	6. geistige Belastung:	Aufmerksamkeit, Denkfähigkeit, Beobachtungsaufgaben
Arbeitsbelastung B:	7. Muskelbeanspruchung:	Arbeit mit Säge, Stechbeitel, Hobel usw., Tragen von Holz, Gewichte bis 20 kg
Umgebungseinflüsse:	8.	Temperatur, Erkältungsgefahr, Schreinerei klimatisiert, Gang zum Holzlager im Freien, im Winter größere Temperaturunterschiede
	9. Nässe, Dämpfe, Wasser:	–
	10. Schmutz, Staub:	Holzstaub
	11. Reizstoffe, Gase:	Terpentin, Nitroverdünnung, Farblöser
	12. Lärm, Erschütterung:	Lauf- und Arbeitsgeräusche der Holzbearbeitungsmaschinen
	13. Blendung, Lichtmangel:	–
	14. Unfallgefährdung:	durch Holzbearbeitungsmaschinen

Lohnformen

Lohnformen spiegeln Methoden wider, mit denen das Entgelt für geleistete Arbeit berechnet wird. Die am häufigsten angewandten Grundformen sind: 1) der Zeitlohn, 2) der Akkordlohn (Stücklohn) und 3) der Prämienlohn. Alle Grundformen können sich aus anforderungsabhängigen und aus leistungsabhängigen Bestandteilen zusammensetzen; dementsprechend setzen sie eine Arbeitsbewertung bzw. eine Leistungsbewertung voraus.

Beim Zeitlohn dient eine bestimmte Zeiteinheit als Bemessungsgrundlage. Je nach Zeiteinheit kann zwischen Stundenlohn, Taglohn, Schichtlohn, Wochenlohn, Monatslohn oder Gehalt unterschieden werden. Die Höhe des Zeitlohnes richtet sich immer nach den Anforderungen des Arbeitsplatzes. Darüber hinaus ist eine weitere, leistungsabhängige Abstufung möglich. Daraus lassen sich zwei Grundformen des Zeitlohnes ableiten: 1) der Zeitlohn ohne Leistungsbewertung und 2) der Zeitlohn mit Leistungsbewertung. Innerhalb der Zeiteinheit wird vom Arbeitnehmer eine Normalleistung erwartet, d. h. eine Leistung, die ein geeigneter, geübter und eingearbeiteter Arbeitnehmer bei befriedigendem, auf die Dauer ohne Gesundheitsschädigung durchhaltbarem Kräfteeinsatz erbringen kann. Durch die Leistungsbewertung werden Abweichungen von der geforderten Normalleistung festgestellt. Beim Zeitlohn mit Leistungsbewertung gehen die Abweichungen in die Lohnhöhe ein, beim Zeitlohn ohne Leistungsbewertung beeinflußt die erbrachte Leistung nicht die Lohnhöhe.

Der Akkordlohn (Stücklohn) ist eine leistungsabhängige Lohnform. Es können zwei Formen des Akkordlohns unterschieden werden, Zeitakkord und Geldakkord. Beim Zeitakkord wird dem Arbeitnehmer für jede erstellte Mengeneinheit die für ein Stück vorgegebene Vorgabezeit, meist Minuten, gutgeschrieben. Die Summe der erreichten Vorgabezeiten wird mit dem Minutenfaktor (Geldbetrag für eine Minute) multipliziert; das Ergebnis ist der Lohnbetrag. Beim Geldakkord wird der Lohn dadurch ermittelt, daß die Anzahl der erstellten Mengeneinheiten mit dem Geldfaktor (Geldbetrag pro Mengeneinheit) multipliziert wird. Minutenfaktor und Geldfaktor sind meist in ↑Tarifverträgen (S. 442) festgelegt. Es gibt darüber hinaus individuell ausgehandelte Akkorde, bei denen die zu erwartende Normalmengenleistung erst vor Arbeitsbeginn nach der Arbeitsschwierigkeit festgelegt wird. Eine Sonderform des Akkordlohnes stellt der Gruppenakkord dar, bei dem die Vorgabezeit und der Minutenfaktor nicht nur für einen Arbeitnehmer, sondern für eine Gruppe von Arbeitnehmern gemeinsam festgelegt wird. Um bei Leistungsabfall ein zu starkes Sinken des Verdienstes zu verhindern, ist meist mit dem Akkordlohn ein garantierter Mindestlohn (Zeitlohn) verbunden.

Ein Prämienlohn liegt vor, wenn zu einem vereinbarten Grundlohn, der nicht den Tariflohn unterschreiten darf, planmäßig eine zusätzliche Prämie gewährt wird. Die Höhe der Prämie ist auf eine objektiv und materiell feststellbare Mehrleistung des Arbeitnehmers zurückzuführen. Dem Grundlohn wird i. d. R. die Normalleistung zugrunde gelegt. Die Prämie wird gewährt, wenn entweder die erzeugte Menge je Zeiteinheit gesteigert oder die benötigte Zeit je Mengeneinheit reduziert wurde (Mengenprämie). Güteprämien werden für die Verringerung von Ausschuß, von Nachbesserung oder des Anteils an minderwertiger Qualität bezahlt. Ersparnisprämien beziehen sich auf Einsparungen von Fertigungsmaterial, Hilfs- und Betriebsstoffen sowie Energie. Die Nutzungsprämie zielt auf eine bessere Maschinenauslastung. Terminprämien werden bei Einhaltung eiliger Aufträge gewährt.

Eine in allen Fällen zweckmäßige Lohnform gibt es nicht. Jeder Arbeit entspricht meist eine besondere Lohnform. Bei der Auswahl der geeigneten Lohnform sind unterschiedliche Aspekte wie arbeitsrechtliche Bestimmungen, Übereinstimmung von Lohn und Leistung, Arbeitsumfang, Arbeitsbedingungen und Arbeitstechnik zu berücksichtigen.

Refa: Methodenlehre des Arbeitsstudiums. Teil 5. Lohndifferenzierung. München 1975. – G. Wöhe: Einf. in die Allg. Betriebswirtsch. 14. Aufl. München 1981.

Lohnformen

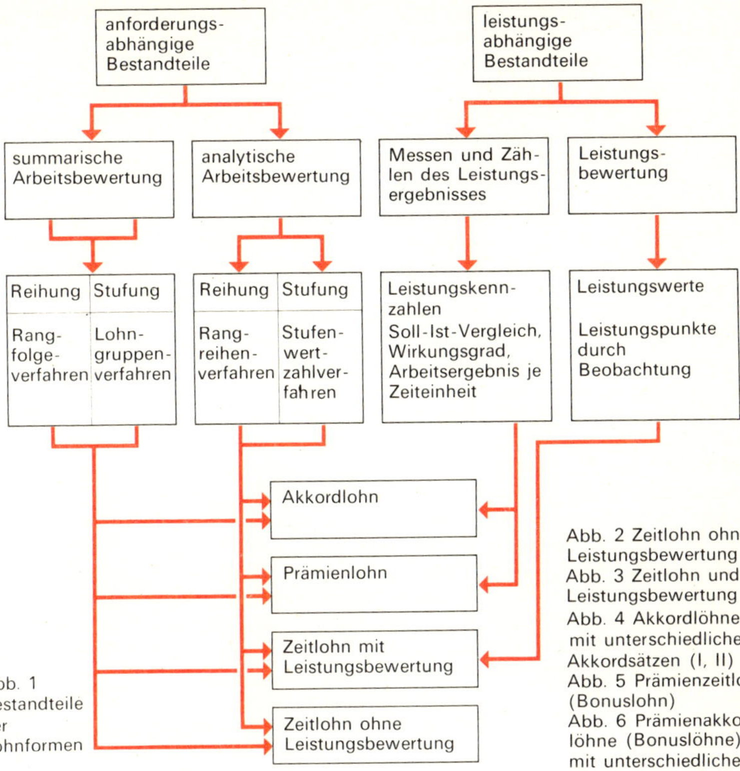

Abb. 1 Bestandteile der Lohnformen

Abb. 2 Zeitlohn ohne Leistungsbewertung
Abb. 3 Zeitlohn und Leistungsbewertung
Abb. 4 Akkordlöhne mit unterschiedlichen Akkordsätzen (I, II)
Abb. 5 Prämienzeitlohn (Bonuslohn)
Abb. 6 Prämienakkordlöhne (Bonuslöhne) mit unterschiedlichen Akkordsätzen (I, II)

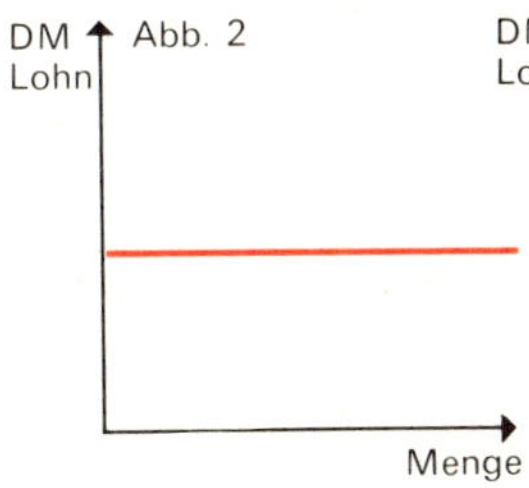

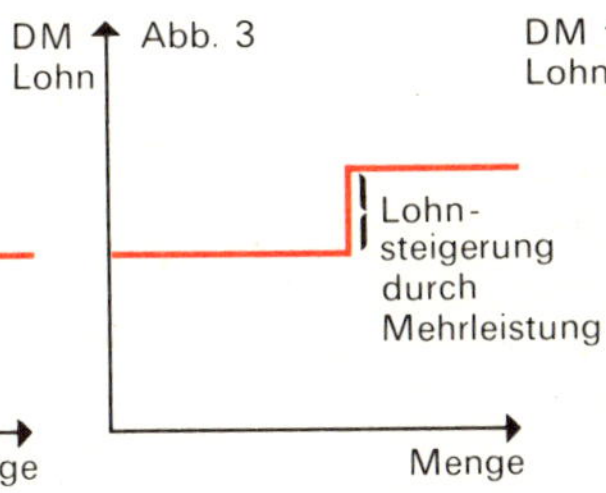

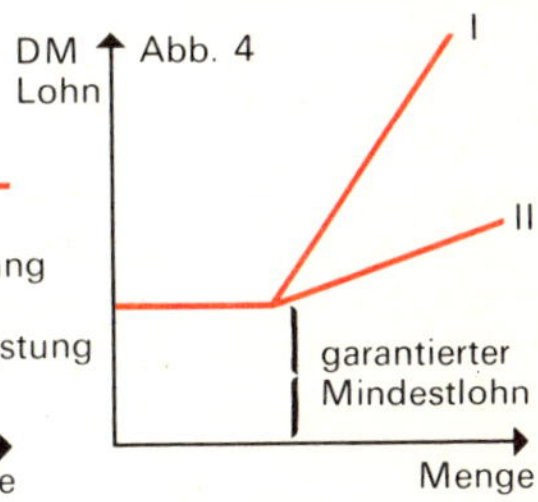

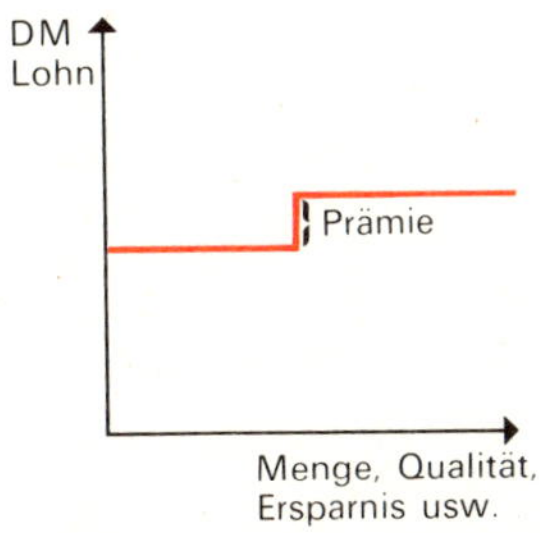

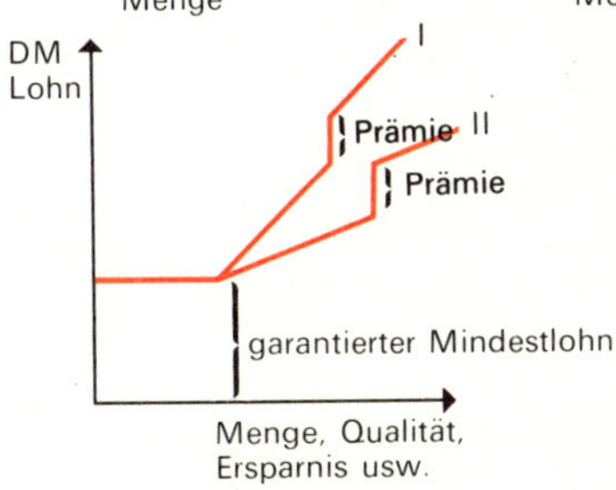

Gewinn

Als Gewinn eines ↑Unternehmens (S. 60) bezeichnet man den Überschuß der Erlöse für verkaufte Waren oder Dienstleistungen über die ↑Kosten (S. 76) für die zur betrieblichen Leistungserstellung aufgewendeten Produktionsfaktoren. Zu den Aufwendungen für den Faktor ↑Arbeit (S. 52) gehört auch eine Entlohnung für die Arbeitsleistung des Unternehmers selbst in Höhe des Lohnes, der an anderer Stelle für eine gleichartige Arbeit erzielt werden könnte. Ebenfalls Kostenbestandteil ist die Verzinsung des eingesetzten ↑Kapitals (S. 54). Der Gewinn darf also nicht mit dem Einkommen aus Kapitalbesitz verwechselt werden.

Gewinne können verschiedene Ursachen haben. Ein Gewinn kann erstens dadurch erzielt werden, daß ein Unternehmer es versteht, die Produktionsfaktoren in einer besonders kostengünstigen Weise einzusetzen, so daß seine Durchschnittskosten niedriger sind als die derjenigen Konkurrenten, deren Angebot beim herrschenden Preis noch zum Zuge kommt. Ein solcher Gewinn entsteht häufig dadurch, daß der Unternehmer als erster neuartige Produktionsverfahren einsetzt oder neuartige Güter anbietet (↑technischer Fortschritt S. 530). Dieser Gewinn hat eine wichtige gesamtwirtschaftliche Funktion: Er zeigt nicht nur an, wo sich Investitionen aus privatwirtschaftlicher Sicht lohnen, sondern gleichzeitig, wo im Interesse der Gesamtwirtschaft zusätzlich investiert werden sollte. Ein Gewinn entsteht ja, weil der Preis, mit dem die Verbraucher ein Gut bewerten, die Stückkosten übersteigt. Wenn nun auf Grund der Gewinnmöglichkeiten neue Anbieter in den ↑Markt (S. 164) eintreten, das ↑Angebot (S. 172) also zunimmt, sinkt der Preis mit zunehmender Marktversorgung (↑Preisbildung S. 174) und die Gewinne verschwinden, so daß am Ende Preis und Stückkosten übereinstimmen. Zu einer solchen Erosion des Gewinnes kommt es jedoch nicht, wenn der Marktzutritt durch staatliche Erlaubnisvorbehalte oder durch Abschirmungsstrategien marktmächtiger Anbieter (↑Wettbewerbsbeschränkungen S. 408) behindert ist oder wenn neu hinzutretende Anbieter wegen einer naturgegebenen Knappheit von Ressourcen nur zu höheren Kosten produzieren können. In diesen Fällen erstarrt der Gewinn zu einer gesellschaftlich funktionslosen Rente. Verfehlt ist das Gewinnsignal zur Angebotsausweitung, wenn bei der betreffenden Produktion z. B. Umweltschäden entstehen; denn dann beruht der Gewinn u. U. ausschließlich darauf, daß die privatwirtschaftlichen Kosten unter den gesellschaftlichen Kosten liegen (↑externe Kosten S. 180, ↑Umweltnutzung und Verursacherprinzip S. 612).

Ein Gewinn kann zweitens entstehen, wenn der Produzent über Marktmacht als Verkäufer (↑Monopol S. 194) oder als Käufer (Monopson) verfügt. Ganz abgesehen von buchhalterischen Möglichkeiten der Gewinnmanipulation dürfte es schwierig sein, Monopolgewinne als solche in der Praxis zu identifizieren. Schon die Vorfrage, ob ein Monopol vorliegt, ist i. d. R. kaum zweifelsfrei zu beantworten.

Ein dritter Grund für das Auftreten von Gewinnen ist in der Ungewißheit über Preise und Kosten in einer Marktwirtschaft zu suchen. Die damit verbundenen Schwankungen der Ertragslage stellen ein Risiko dar. Da Unternehmer wie Menschen im allgemeinen Risiken nach Möglichkeit ausweichen, muß die Risikoübernahme durch den Unternehmer in Form eines von der Höhe des Risikos abhängigen Gewinnes entgolten werden.

Gewinne (Marktlagengewinne) entstehen viertens dann, wenn bei einer konjunkturell bedingten Zunahme der Nachfrage Produktivität und Preise rascher steigen als die Löhne und andere Kosten. Allerdings besteht bei ↑Inflation (S. 496) auch die Gefahr, daß Scheingewinne errechnet werden. Sie ergeben sich z.B. aus der Differenz zwischen dem Wiederbeschaffungswert und den Anschaffungskosten von Aufwandsgütern.

A. Stobbe: Volkswirtschaftslehre I. 5. Aufl. Berlin u.a. 1980.

Unternehmensgewinne, Bruttoeinkommen aus unselbständiger Arbeit und Anteil der Unternehmensgewinne am Umsatz in v. H. für die BRD von 1970 – 1982

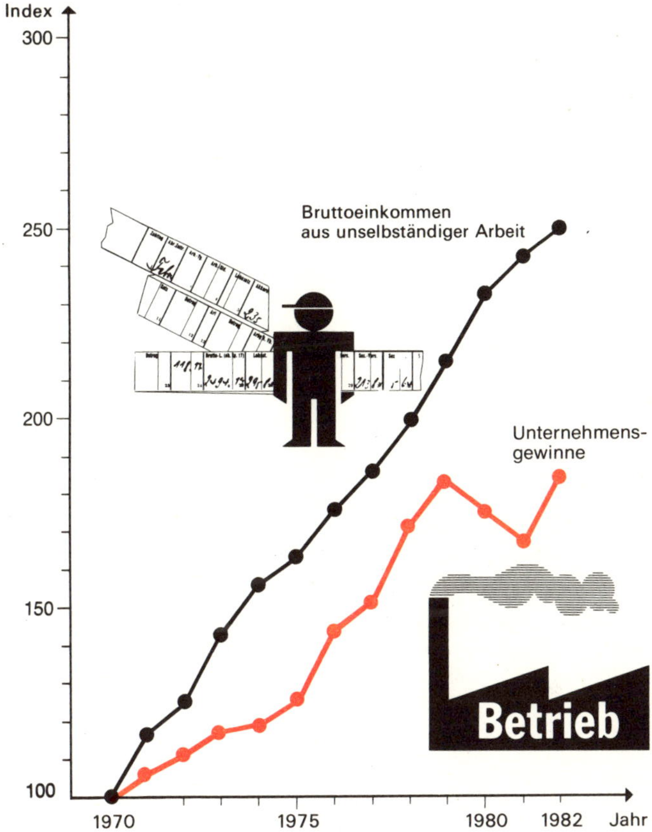

Quelle: FS 18 R1 (1982) Tab. 3.26

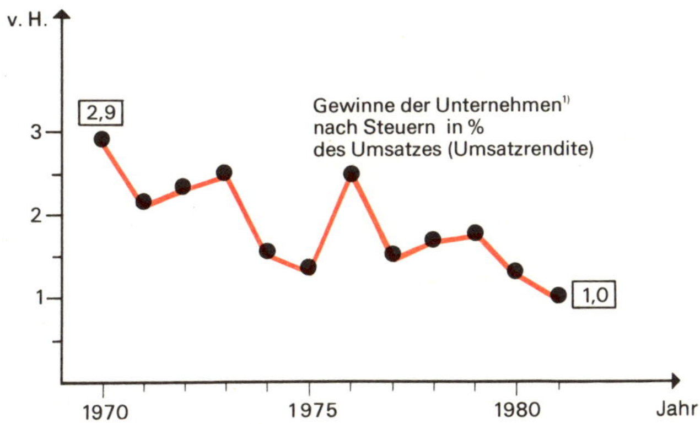

Quelle: Zahlen 1983, S. 51

Zins, Miete und Pacht

Als Einkommen gehören Zins, Miete und Pacht zu den Leistungsentgelten, die einer Einzelperson oder einer Gesellschaft in einem bestimmten Zeitraum als Gegenleistung für ihre Beteiligung am arbeitsteiligen Produktionsprozeß in Form von ↑Geld (S. 44), Gütern oder Nutzungen zufließen und die ohne Vermögensverringerung der Einkommensbezieher zur Vermögensbefriedigung verwendbar sind. Im Unterschied zum Entgelt für Arbeitsleistungen im Rahmen unselbständiger Tätigkeit (↑Lohn S. 118), für Leistungen bei Ausübung eines freien Berufes sowie für Unternehmertätigkeit sind Zins, Miete und Pacht Besitzeinkommen. Sie entstehen aus der Verwertung von Geld oder Sachvermögen.

Bei den Besitzeinkommen kann zwischen kontraktbestimmten Einkommen, die nach Höhe und Fälligkeit im voraus festliegen, und Residualeinkommen (↑Gewinn S. 124) unterschieden werden. Zins, Miete und Pacht sind kontraktbestimmt.

Der Zins (lat. census = Abgabe) ist der Preis für die Überlassung von Kapital auf Zeit bzw. das Entgelt für die Inanspruchnahme von Kredit. Zins als Besitzeinkommen bezieht sich zumeist auf Geldkapital, gelegentlich aber auch auf Sachkapital, z. B. bei der Überlassung einer Wohnung gegen Zahlung eines Mietzinses. Unter diesem Gesichtspunkt sind als Zins auch Mieten und Pacht zu werten. Der Zins galt über 2000 Jahre vom Altertum bis zum Spätmittelalter als moralisch bedenklich. Aristoteles verwarf ihn mit der Begründung: „Geld wirft keine Junge". Diese Auffassung spiegelte besonders deutlich das kanonische Zinsverbot in der Scholastik wider. Bei der Fülle der Funktionen, die der Zins als Preis (↑Preisfunktionen S. 176) sowohl güter- als auch geldwirtschaftlich zu erfüllen hat, ist ein solches Verbot jedoch ökonomisch unbegründet.

Der Zins wird als Größe in Prozenten des Kapitals ausgedrückt (Zinsfuß, Zinssatz) und wird wie jeder Preis von Angebot und Nachfrage bestimmt. Die Höhe richtet sich unter anderem nach der Länge der Leihfrist und nach der Sicherheit der Kapitalanlage. Zu unterscheiden sind Real-, Nominal- und Effektivzins. Der Realzins ist der Kaufkraftzuwachs, der sich beim Vergleich der Kaufkraft des Darlehensbetrages am Anfang und Ende einer Periode zuzüglich der Zinsen ergibt. Der Nominalzins ist der auf den Nennwert von ↑Wertpapieren (S. 256) bezogene Zinssatz. Der Effektivzins ist der aus dem Verhältnis zwischen Zinserträgen und Kaufpreis eines Wertpapiers resultierende Zinssatz. Rechtlich sind vertraglich ausdrücklich vereinbarte und gesetzliche Zinsen zu unterscheiden, die als Verzugszinsen und Prozeßzinsen (4 %) entstehen und i. d. R. nach 4 Jahren verjähren (§§ 197, 222 Bürgerliches Gesetzbuch [BGB]). Wucherzinsen sind von der Rechtsordnung verboten.

Die Miete ist die Überlassung einer Sache gegen Entgelt auf Zeit zum Gebrauch im Rahmen eines gegenseitigen Vertrages. Mietsachen können alle beweglichen Sachen sein. Ein Mietvertrag über ein Grundstück bedarf der Schriftform, über eine Wohnung für mehr als 1 Jahr ebenfalls. Nachdem das Zweite Wohnraumkündigungsschutzgesetz als Dauerrecht im BGB verankert wurde, besteht ein weitgehender Mieterschutz (z. B. Sozialklausel, § 556 a BGB Kündigungsschutz).

Eine Pacht liegt vor bei Überlassung einer Sache oder eines Rechts gegen Entgelt auf Zeit zur Nutzung. Auf die Pacht finden die meisten Vorschriften über die Miete Anwendung, von der sie sich vor allem durch das Fruchtziehungsrecht unterscheidet. In der BRD sind zur Zeit nahezu ein Drittel des land- und forstwirtschaftlich genutzten Bodens als Pachtland nicht im Eigentum des Bewirtschafters. Die Verpachtung ist den Landwirtschaftsbehörden anzuzeigen.

D. Duwendag/K.-H. Kelterer/W. Kösters/R. Pohl/D. B. Simmert: Geldtheorie und Geldpolitik. 2. Aufl. Köln 1977. – R. Mittelbach: Gewerbliche Miet- und Pachtverträge in steuerl. Sicht. 4. Aufl. Herne 1979.

Entwicklung ausgewählter Zinssätze

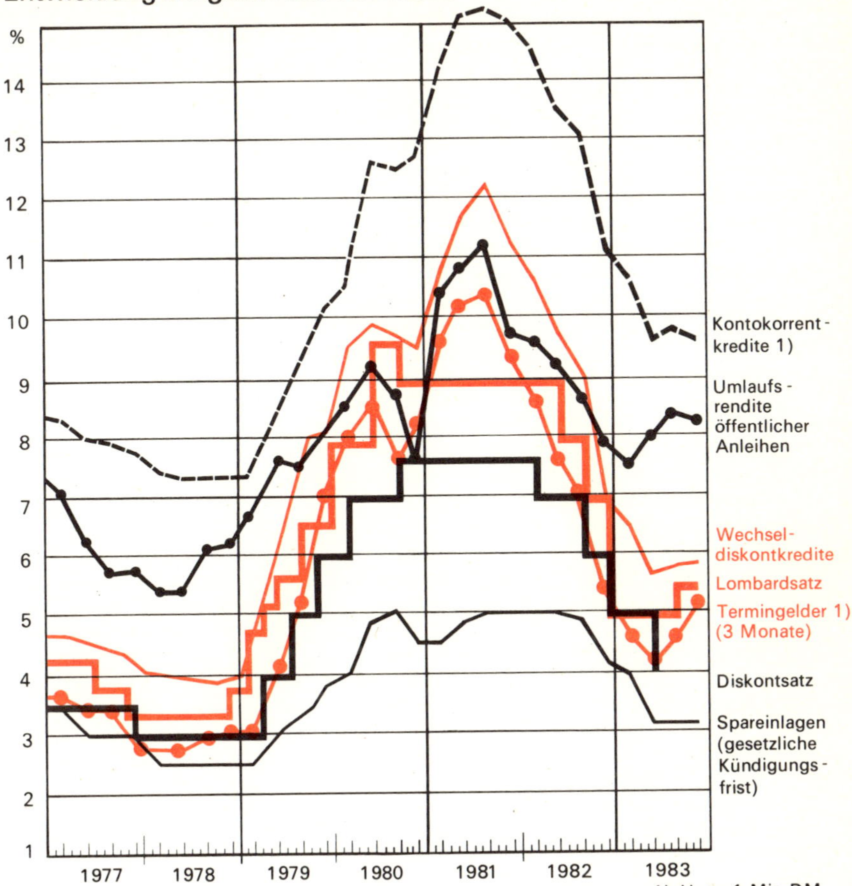

1) Unter 1 Mio DM.

Preisspiegel für Wohnungsmieten (Stand Frühjahr 1982)

	I. Fertigstellung bis 1948			II. Fertigstellung nach 1.1.1948			III. Fertigstellung im Berichtsjahr		
	einfacher Wohnwert DM/qm	mittlerer Wohnwert DM/qm	guter Wohnwert DM/qm	einfacher Wohnwert DM/qm	mittlerer Wohnwert DM/qm	guter Wohnwert DM/qm	einfacher Wohnwert DM/qm	mittlerer Wohnwert DM/qm	guter Wohnwert DM/qm
Berlin	2,5	3,5	4,5	–	8	10	–	12–14	16
Hamburg	5,5	8	10	7,5	10	11	–	13	15
München	6	8	10,5	–	9,3	12	–	12	15
Köln	4–5	5,5–7	7–9	4,5–6	7–9	8–12	–	7–9	9–12
Essen	3,5	6	8	4,6	7,3	9,5	–	8,5	11,5
Düsseldorf	4,8–5,8	6,8–8,4	8,4–9,9	6,8–7,8	8,4–9,4	12,6	–	13,2	13,2–15,4
Frankfurt	5,0–5,5	7,0–7,5	6,0–9	6,0–7,5	7,5–8,5	10–11	–	9–10	10–14
Dortmund	3,5	5,5–6	7,0–8	4,5	6,5–7,5	8–9	–	8–9	9–11
Stuttgart	4,0–4,5	5,0–6	6,0–7,5	4,5–5	6,0–7,5	7,5–10	–	9–10	10–15
Bremen	3,6–4,7	5–6	6,0–7,5	4,2–5,2	6,3–7,3	7,5–9	–	8,5–9	10–12
Hannover	4	5–6,5	7,0–8,5	–	6,5–8	8,5–10	–	8–10	10–12
Nürnberg	2,7	4,5	5,7	3	6,5	8,1	–	8	9,3
Duisburg	3,8	5,9	7	–	7,2	9	–	9,3	12

Transfereinkommen (Einkommen ohne Gegenleistung)

Transfereinkommen sind solche Einkommen, die ein Empfänger ohne ökonomische Gegenleistung erhält. Sie unterscheiden sich daher von Leistungseinkommen, also ↑ Lohn (S. 118), ↑ Zins, Miete und Pacht (S. 126) sowie u. U. ↑ Gewinn (S. 124). Nach dem Geber des Transfereinkommens kann man staatliche und private Transfers unterscheiden. Staatliche Transfers sind z. B. Leistungen der ↑ Sozialversicherung (S. 470), der ↑ Unfallversicherung (S. 472) und der ↑ Arbeitslosenversicherung (S. 474), Stipendien für Studenten und Schüler sowie Beamtenpensionen. Private Transfers sind karitative Leistungen der Kirchen, Unterstützungszahlungen durch Gewerkschaften (z. B. Streikgelder) und private Wohltätigkeitsvereine, Leistungen der privaten ↑ Versicherungswirtschaft (S. 486) und schließlich Hilfsleistungen unter Verwandten. Nach einem zweiten Gesichtspunkt kann man frei verfügbare Transfers von zweckgebundenen Transfers unterscheiden. Zweckgebundene Transfers sind z. B. die Sachleistungen der gesetzlichen Krankenversicherung, Wohngelder und Zinsverbilligungen im sozialen Wohnungsbau, während Sozialversicherungsrenten und Pensionen frei verfügbare Transfers sind.

Durch Transfereinkommen wird eine Umverteilung des Einkommens gegenüber der am Markt zustande kommenden Primärverteilung bewirkt (↑ Einkommensverteilung S. 460, ↑ Verteilungspolitik S. 464). Das ist offensichtlich bei Transfers zwischen Privatpersonen. Werden die Transfereinkommen von Organisationen wie dem Staat oder von Kirchen und Vereinen gezahlt, so müssen sie stets durch Steuern oder Beiträge ihrer Mitglieder aufgebracht werden. Vergleicht man die Empfänger von Transfers und die Steuer- oder Beitragszahler, so lassen sich unterschiedliche Typen der Umverteilung bilden. Es kann sich um eine Umverteilung zwischen Reichen und Armen handeln (Sozialhilfe), um eine Umverteilung zwischen vom Glück oder vom Zufall unterschiedlich Begünstigten (Krankenversicherung), zwischen Generationen (Renten und Pensionen) und zwischen Inländern und Ausländern (Überweisungen durch Gastarbeiter, die als Inländer gelten, an Angehörige in ihren Heimatländern).

Eine Umverteilung durch Transfers wird heute überwiegend damit begründet, daß die gesellschaftliche Wohlfahrt auch davon abhängig ist, daß eine gerechte Einkommensverteilung verwirklicht wird (↑ Wohlstand und Wohlstandsmessung S. 364). Bei allen Unterschieden in der Auffassung darüber, was als gerecht gelten kann, besteht doch Einvernehmen darüber, daß eine übermäßige Ungleichheit zu vermeiden ist. Zugleich darf jedoch nicht übersehen werden, daß die Umverteilung bei denjenigen, welchen Einkommen zu diesem Zweck entzogen wird, eine Minderung des Leistungsanreizes bewirken kann (↑ wirtschaftspolitische Ziele und Zielkonflikte S. 368).

Grundsätzlich sollte in einer an der Freiheit des Individuums orientierten Gesellschaft durch Transfers die Verwendungsfreiheit bei den Empfängern nicht beeinträchtigt werden. Deshalb sind frei verfügbare Transfereinkommen den zweckgebundenen Transfers vorzuziehen. Manchmal jedoch hat die Gruppe der Gebenden ein besonderes Interesse an einer bestimmten Verwendung, so daß die Interessen der Empfänger demgegenüber zurückgestellt werden. Transfers werden dann häufig als Sachleistungen gewährt (z. B. in der Gesundheitsfürsorge), die man als meritorische Güter (↑ öffentliche Güter S. 166) bezeichnet.

Gesamtwirtschaftlich stellen die Transfereinkommen einen den ↑ Wirtschaftskreislauf (S. 354) tendenziell stabilisierenden Faktor dar, da sie von der Höhe des jeweiligen ↑ Sozialproduktes (S. 360) unabhängig sind oder sich, wie z. B. die Arbeitslosenunterstützung, gegenläufig zum Sozialprodukt entwickeln (↑ regelgebundene Konjunkturstabilisierung S. 514).

A. Stobbe: Volkswirtschaftslehre I. 5. Aufl. Berlin u. a. 1980. – J. Zerche/F. Gründger: Sozialpolitik. Düsseld. 1982.

Einkommen der privaten Haushalte in der BRD in Mrd. DM

	1960	1970	1980	1982
Bruttoeinkommen aus unselbständiger Arbeit einschließl. der Arbeitgeberbeiträge zur Sozialversicherung und zusätzlicher Sozialaufwendungen	142,8	361,3	842,1	901,8
Abzüge: Lohnsteuer	7,9	36,5	111,0	123,2
Arbeitnehmerbeiträge zur Sozialversicherung	11,7	32,7	246,2	271,2
Nettolohn und Gehaltssumme	104,9	237,2	484,9	507,4

	1960	1970	1980	1982
Bruttoeinkommen aus Unternehmertätigkeit und Vermögen	73,5	158,9	307,3	322,5
Abzüge: Direkte Steuern	11,6	22,2	61,9	58,8
Nettoeinkommen aus Unternehmertätigkeit und Vermögen	61,8	136,8	245,4	263,7

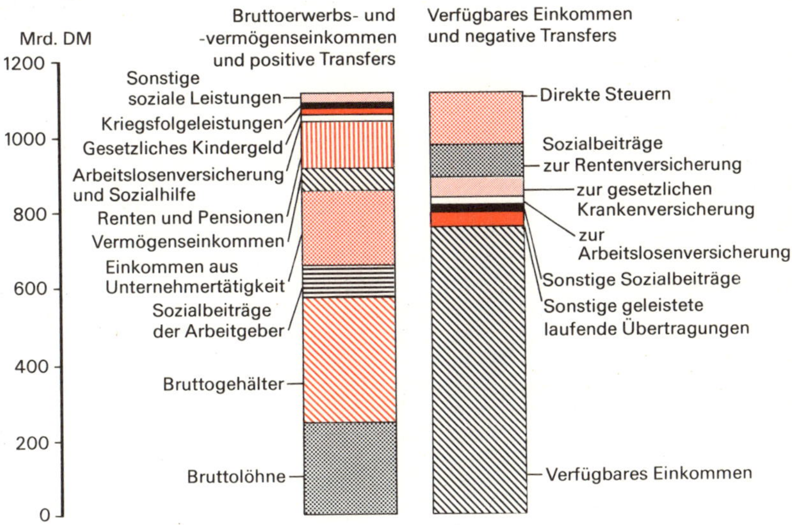

Privater Verbrauch – Verbraucherverhalten

Verbrauch knapper Güter durch private Haushalte mit dem Ziel der Bedürfnisbefriedigung ist Endziel allen ↑Wirtschaftens (S. 12). Gesamtwirtschaftlich sind die privaten Ausgaben zu Verbrauchszwecken wichtigste Komponente der ↑Gesamtnachfrage (S. 360). Mit der Entscheidung über Art und Umfang ihrer Verbrauchsausgaben bestimmen die privaten Haushalte wesentlich mit, wie die ↑wirtschaftlichen Grundfragen (S. 14) entschieden werden (↑Verbraucherorientierung S. 34). So lösen Änderungen in den Verbrauchsgewohnheiten - etwa mit steigendem Durchschnittseinkommen - Änderungen in der Produktionsstruktur aus (↑Wirtschaftswachstum und Strukturwandel S. 536). Der Verzicht auf Verbrauch in der Gegenwart (↑Sparen S. 204) schafft Voraussetzungen für die Vermehrung des Produktionsfaktors ↑Kapital (S. 54) und damit für die Produktions- und Verbrauchsmöglichkeiten in der Zukunft (↑Wirtschaftswachstum S. 536). Schließlich können kurzfristige Schwankungen in den Verbrauchsausgaben den ↑Konjunkturverlauf (S. 488) entscheidend prägen.

In ↑Hypothesen (S. 634), die auf eine Erklärung des zeitlichen Verlaufs privater Verbrauchsausgaben als gesamtwirtschaftlicher Größe zielen, wird dem verfügbaren Einkommen der privaten Haushalte i. d. R. eine Schlüsselrolle zugeschrieben. Im einfachsten Fall wird eine unverzögerte oder – etwas anspruchsvoller – eine zeitlich verzögerte, gleichgerichtete Reaktion der Verbrauchsausgaben auf Änderungen des verfügbaren Einkommens vermutet. Der häufig beobachtbaren, relativ stetigen Entwicklung der Verbrauchsausgaben suchen Hypothesen Rechnung zu tragen, die davon ausgehen, daß starre Verbrauchsgewohnheiten abrupte Reaktionen auf Einkommensänderungen verhindern bzw. daß Verbrauchsentscheidungen an der langfristigen Einkommensentwicklung, ja am erwarteten Lebenseinkommen orientiert werden; damit rückt die Verbrauchs- und Einkommensentwicklung in der Vergangenheit als Ausdruck etablierter Gewohnheiten bzw. als Grundlage für die Erwartungsbildung an die Stelle einfacher Einkommensänderungen.

Auf der einzelwirtschaftlichen Ebene stellt sich das Verbraucherverhalten wesentlich vielschichtiger dar als dies etwa durch Beziehungen zwischen Einkommen und gesamten Verbrauchsausgaben mit Hilfe der ↑Ökonometrie (S. 628) beschrieben werden kann. Das schließt aber auch hier einfache ↑Modelle (S. 636) nicht aus, um elementare Veränderungen der Nachfrage darzustellen. Hierzu gehört die Fiktion eines Haushaltes, der einen für Konsumzwecke bereitgestellten Teil des Einkommens unter Berücksichtigung der Güterpreise und der Preisverhältnisse so aufzuteilen sucht, daß sein Nutzen aus dem Ge- bzw. Verbrauch der erworbenen Güter so groß wie möglich ist. Dieses Modell verlangt u. a. dadurch ergänzt zu werden, daß Haushalte nicht vollkommen informiert sind und in ihren Nutzenvorstellungen einander ebenso beeinflussen wie sie durch die Anbieter beeinflußbar sind. So kann eine als angenehm empfundene ↑Werbung (S. 162) Präferenzen zugunsten eines Produkts schaffen. Gegenseitige Beeinflussung liegt z. B. vor, wenn Verbraucher versuchen, sich in ihren Entscheidungen an dem Verbrauchsverhalten derer zu orientieren, mit denen sie sich als Gesellschaftsschicht identifizieren. Ebenso können einzelne Verbraucher einer Gruppe die Rolle von Meinungsführern bei Verbrauchsentscheidungen der übrigen Gruppenmitglieder einnehmen. Schließlich können, wie im Falle der Familie, Gruppen so organisiert sein, daß nicht alle Mitglieder in gleichem Maße an allen sie berührenden Verbrauchsentscheidungen beteiligt sind.

Für die Haushaltsnachfrage nach einzelnen Güterarten wurden einige ↑ökonomische Gesetzmäßigkeiten (S. 632) ermittelt. Dazu gehört u. a. die Beobachtung, daß innerhalb gleicher sozialer Schichten die Ausgaben für Nahrungsmittel und Wohnungsnutzung bei steigendem Einkommen weniger stark steigen.

B. Tietz: Marketing. Düsseldorf 1978. – A. Stobbe: Volkswirtschaftslehre II. Berlin u. a. 1983.

Entwicklung des Anteils der Verbrauchsausgaben am verfügbaren Einkommen (Konsumquote) der privaten Haushalte 1960–1982

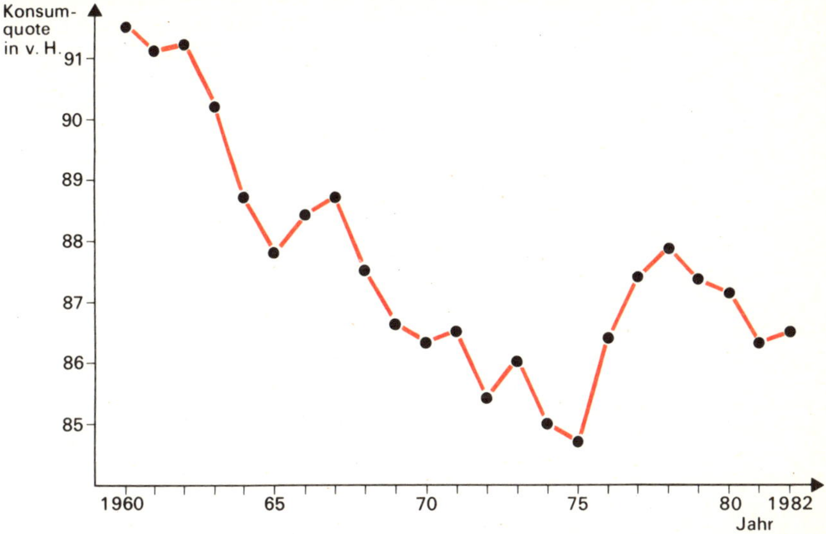

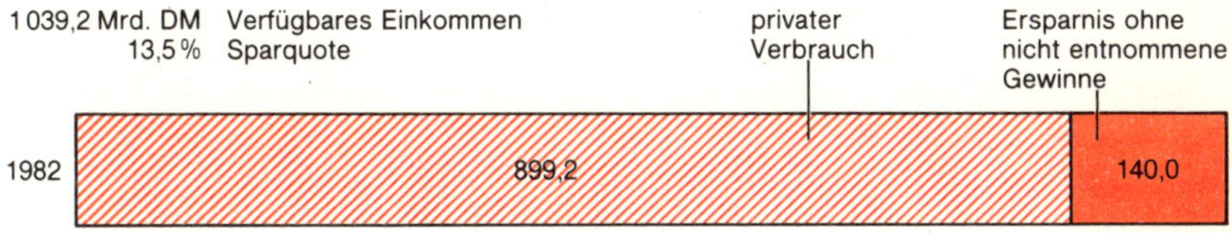

Einflußfaktoren des Verbraucherverhaltens

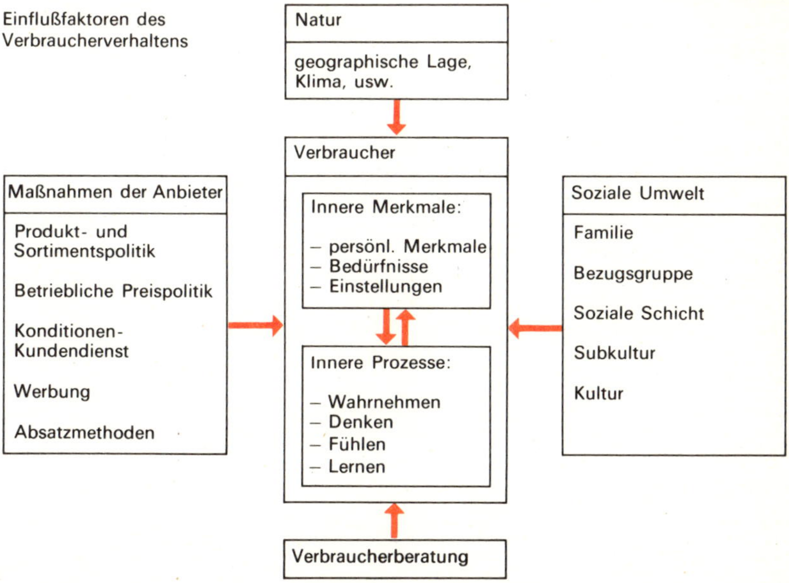

Kaufvertragsrecht – Abzahlungsgeschäft – Eigentumsvorbehalt

Der Kaufvertrag ist ein gegenseitiger Vertrag, der den Austausch von Rechten und Sachen – oder einer Sachgesamtheit von Rechten und Sachen – gegen Geld zum Inhalt hat. Der Kauf vollzieht sich durch den Abschluß eines Kaufvertrages, geregelt in den §§ 433ff. des Bürgerlichen Gesetzbuches (BGB), und dessen Abwicklung. Beim Handkauf des täglichen Lebens fallen beide Teile zeitlich zusammen. Kaufgegenstand kann eine Sache sein (Sachkauf), die entweder nach individuellen (Stück- oder Spezieskauf: z.B. bestimmtes Rennpferd) oder generellen Merkmalen (Gattungskauf: z.B. Kohlen) bestimmt ist. Auch Rechte können Gegenstand eines Kaufvertrages sein: z.B. Forderungen, Hypotheken, Urheberrechte. Grundsätzlich ist der Kaufvertrag formfrei, in Ausnahmefällen ist jedoch eine öffentliche Beurkundung notwendig, so bei einem Grundstückskauf (§ 313 BGB). Wird die vorgeschriebene Form nicht gewahrt, so ist der Vertrag nichtig, d.h. ohne Rechtswirkung. Der Kaufvertrag kommt dadurch zustande, daß sich Käufer und Verkäufer darüber einigen, daß der Verkäufer verpflichtet sein soll, dem Käufer die Kaufsache zu übergeben und zu übereignen; der Käufer soll verpflichtet sein, dem Verkäufer den Kaufpreis zu bezahlen und die gekaufte Sache abzunehmen. Falls dieser Kaufgegenstand mit einem Mangel behaftet ist, greift die Mängelhaftung ein. Danach ist der Verkäufer u. U. zur Wandlung (Rückgängigmachung des Kaufs) oder Minderung (Herabsetzung des Kaufpreises) verpflichtet. Allerdings kann der Käufer nur eines von beiden Rechten ausüben. Wenn eine dem Käufer zugesicherte Eigenschaft fehlt oder wenn der Verkäufer einen Mangel arglistig verschwiegen hat oder eine nicht vorhandene Eigenschaft arglistig vorgetäuscht hat, kann der Käufer statt dessen Schadenersatz verlangen. Besonderheiten gelten für den Abzahlungskauf nach dem Abzahlungsgesetz und für den Eigentumsvorbehaltskauf. Beim Kauf unter Eigentumsvorbehalt wird nach § 455 BGB bestimmt, daß das Eigentum an der Kaufsache erst nach der vollständigen Zahlung des Kaufpreises übergehen soll. Häufig wird ein Eigentumsvorbehalt beim Abzahlungskauf vereinbart, da der Verkäufer solange sein Eigentum behalten will, solange der Käufer den Kaufpreis noch nicht voll bezahlt hat.

Unter einem Abzahlungsgeschäft ist rechtlich der Kauf einer beweglichen Sache zu verstehen, bei dem der Käufer den Kaufpreis nicht in einer Summe, sondern in Teilzahlungen entrichtet und der Verkäufer sich i.d.R. das Eigentum bis zur vollen Begleichung des Kaufpreises vorbehält. Heute gültige Rechtsgrundlage für Abzahlungsgeschäfte ist das zweite Gesetz zur Änderung des Abzahlungsgesetzes vom 16.5.1974. Das Abzahlungsgesetz enthält einige wesentliche Bestimmungen, die dem ↑Verbraucherschutz (S. 438) und damit dem Schutz der wirtschaftlich und sozial Schwächeren dienen sollen: 1) Als wichtige Schutzvorschrift für den Verbraucher gibt das Gesetz ein Widerrufs- und Rückgaberecht. Die auf einen Vertragsabschluß gerichtete Willenserklärung des Käufers wird erst dann wirksam, wenn er sie nicht dem Verkäufer gegenüber innerhalb einer Woche schriftlich widerruft. Dieses Widerrufsrecht kann der Käufer ohne Angabe von Gründen nach freiem Belieben ausüben. Wesentlich ist außerdem die Verpflichtung des Verkäufers, den Käufer schriftlich und deutlich auf dieses Widerrufsrecht hinzuweisen. 2) In dem notwendigerweise schriftlichen Kaufvertrag müssen folgende Angaben enthalten sein: Der Barzahlungspreis, der Teilzahlungspreis, der Betrag, die Anzahl und die Fälligkeit der einzelnen Teilzahlungen und vor allem der effektive Jahreszinssatz.

H. J. Mertens/E. Rehbinder: Internat. Kaufrecht. Frankf. a.M. 1974. – D. Reinicke/K. Tiedtke: Kaufrecht. Neuwied 1982. – P. Schlechtriem: Einheitl. UN-Kaufrecht. Tübingen 1981. – K. Winkler: AbzahlungsG. Losebl. Stand: 1982. Frankf. a.M. 1978ff.

Kaufvertragsrecht, Abzahlungsgeschäft, Eigentumsvorbehalt

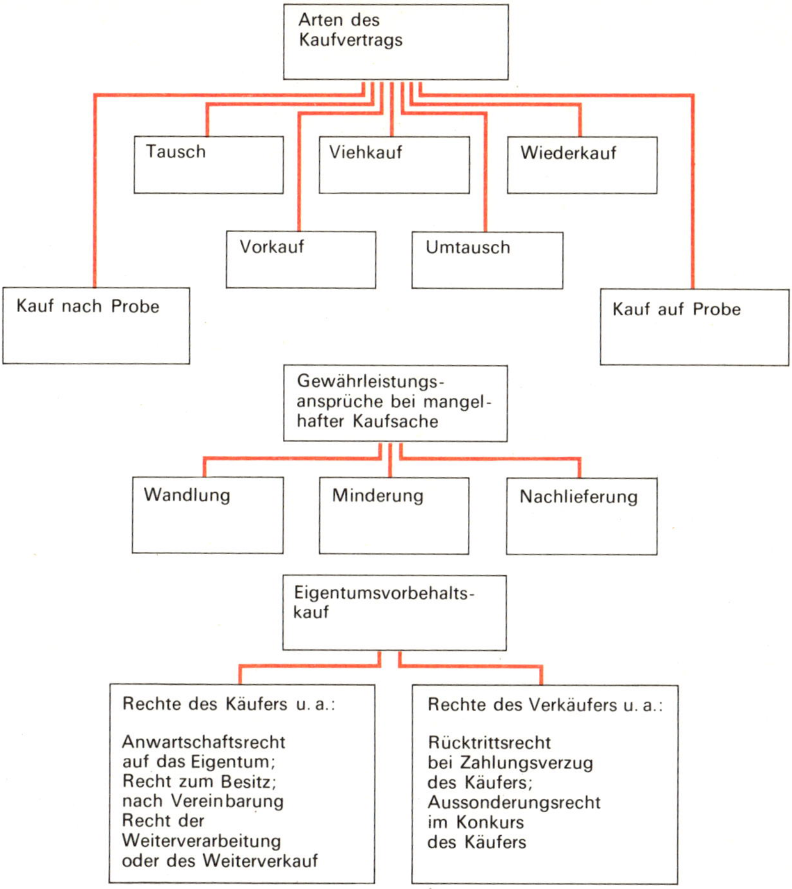

Die wesentlichen Neuerungen des Abzahlungsgesetzes
1. Als wichtige Schutzvorschrift für den Verbraucher gibt das Gesetz ein Widerrufs- und Rückgaberecht. Dabei spielt es keine Rolle, ob das Abzahlungsgeschäft an der Haustür oder in einem Laden abgeschlossen worden ist. Die auf einen Vertragsabschluß gerichtete Willenserklärung des Käufers wird erst dann wirksam, wenn er sie nicht dem Verkäufer gegenüber innerhalb einer Woche schriftlich widerruft. Dieses Widerrufsrecht kann der Käufer ohne Angabe von Gründen nach freiem Belieben ausüben. Wesentlich ist außerdem die Verpflichtung des Verkäufers, den Käufer schriftlich und deutlich auf dieses Widerrufsrecht hinzuweisen.
2. In dem notwendigerweise schriftlichen Kaufvertrag müssen folgende Angaben enthalten sein: Der Barzahlungspreis, der Teilzahlungspreis, der Betrag, die Anzahl und die Fälligkeit der einzelnen Teilzahlungen und vor allem der effektive Jahreszinssatz.
3. Einige der Schutzvorschriften werden auf verwandte Geschäfte ausgedehnt, insbesondere die Schriftform und das Widerrufsrecht. Damit sind vor allem Verträge mit wiederkehrenden Leistungen erfaßt, deren Belastungen nicht unmittelbar, sondern erst nach einiger Zeit spürbar werden (z. B. aufgedrängtes Zeitschriftenabonnement).

Allgemeine Geschäftsbedingungen

Die neuzeitliche Entwicklung beim Umsatz von Waren und Leistungen hat zu einer starken Typisierung der dabei verwendeten vertraglichen Bedingungen geführt. An die Stelle des im Bürgerlichen Gesetzbuch geregelten Vertragsrechts, das die Interessen beider Vertragsparteien berücksichtigt, sind weitgehend allgemeine Geschäftsbedingungen getreten, die vielfach ausschließlich den Interessen der Hersteller und Lieferanten dienen. Daraus ergeben sich bisweilen erhebliche Nachteile für die Verbraucher.

Die allgemeinen Geschäftsbedingungen, i. d. R. kurz AGB oder das „Kleingedruckte" genannt, sind ein fester Bestandteil des Wirtschaftslebens. Sie gehören grundsätzlich in den Bereich des Vertragsrechts. Mittlerweile bestehen zusätzlich zahlreiche durch die Rechtsprechung entwickelte Sonderregeln über die AGB. Sie haben nicht den Charakter allgemein verbindlicher Rechtsnormen, sondern gelten nur kraft Vereinbarung zwischen den beteiligten Parteien. Eine Ausnahme besteht in den Fällen, in denen ein Vertragspartner wußte oder wissen mußte, daß die Zugrundelegung von AGB in einem Wirtschaftszweig üblich ist und die andere Vertragspartei sie zu verwenden pflegt (Unterwerfung unter die AGB). Es reicht allerdings nicht aus, daß eine Seite sich nach Vertragschluß auf ihre AGB bezieht, etwa durch Aufdruck auf Rechnungen. Um Vertragsinhalt werden zu können, müssen die AGB der jeweiligen Vertragspartei zugänglich sein. Grob unbillige Klauseln, sittenwidrige oder wirksam angefochtene Bestimmungen in den AGB sind unwirksam. Die Mißbilligung einer Klausel darf aber nicht nur für ein bestimmtes Einzelvertragsverhältnis gelten, ihre Verwendung muß generell unzulässig sein. AGB werden i.d.R. von einem Unternehmer ausgearbeitet und durch entsprechende Klauseln auf typische, regelmäßig wiederkehrende Probleme des Geschäftsverkehrs zugeschnitten, wie Lieferungsbedingungen, Haftungsvoraussetzungen, Zahlungsweise und – unzulässig oder üblich – Gerichtsstand. Damit wird eine Art Modellvertrag geschaffen, der jederzeit neu verwendbar ist. Diese Vertragsklauseln liegen meist in gedruckter Form vor. In dem jeweiligen individuellen Vertrag wird i.d.R. global auf die AGB verwiesen. Die AGB werden entweder von den Verbänden einzelner Wirtschaftszweige oder von einzelnen Unternehmen aufgestellt („selbstgeschaffenes Recht der Wirtschaft"), so die allgemeinen Lieferungs-, Zahlungs-, Versicherungsbedingungen, die allgemeinen Spediteurbedingungen und andere.

Nachdem seit Jahren zunehmend die Forderung nach Maßstäben für den rechtlich zulässigen Inhalt von Klauseln in AGB erhoben worden war, um einen wirksamen Beitrag zum Verbraucherschutz zu leisten, trat – nach der Diskussion verschiedener Gesetzentwürfe von Regierung und Opposition – das Gesetz zur Regelung des Rechts der AGB am 1.4.1977 in Kraft. AGB werden danach Bestandteil eines Vertrags nur dann, wenn der Verwender bei Vertragsschluß die andere Vertragspartei ausdrücklich auf sie verweist und wenn die andere Partei mit deren Geltung einverstanden ist. Mit einer weitgehenden Inhaltskontrolle und verschiedenen Klauselverboten wird eine positive Funktion der AGB gewährleistet, die im modernen Geschäftsleben insbesondere die Abwicklung von Massenverträgen rationalisieren können, im Gesetz ungeregelte oder unzureichend geregelte Lebens- oder Sachbereiche rechtlich klar ordnen, die Kalkulierbarkeit von Geschäftsrisiken erhöhen und die maßgebenden Vertragsbestimmungen rasch an veränderte wirtschaftliche und technische Entwicklungen anpassen können.

J. Schmidt-Salzer: Allg. Geschäftsbedingungen. 2. Aufl. München 1977. – W. Löwe u.a.: Großkommentar zum ABG-Gesetz. Heidelb. 1983. 2 Bde. – P. Ulmer u.a.: AGB-Kommentar. 4. Aufl. Köln 1982.

Allgemeine Geschäftsbedingungen

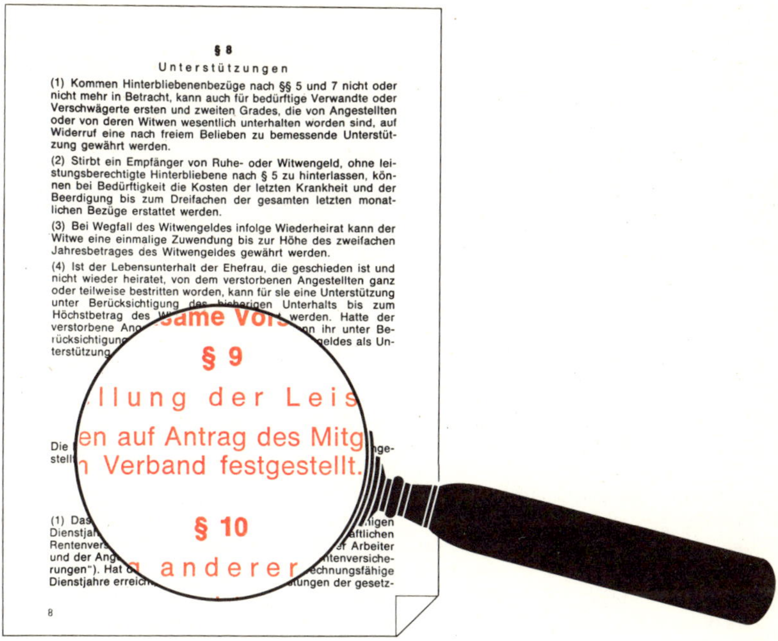

Allgemeine Geschäftsbedingungen	
Auslegung:	„Unklarheitsregel": Zweifel gehen zu Lasten des Verwenders – Individuelle Vertragsabreden haben Vorrang.
Inhaltskontrolle:	1. „Ungewöhnlichkeitskontrolle": Bestimmungen, die nach den Umständen, insbesondere nach dem äußeren Erscheinungsbild des Vertrags so ungewöhnlich sind, daß nicht mit ihnen zu rechnen war, werden nicht Vertragsbestandteil. 2. „Unangemessenheitskontrolle": Bestimmungen in den AGB sind dann unwirksam, wenn sie den Vertragspartner entgegen den Geboten von Treu und Glauben unangemessen benachteiligen.
Klauselverbote:	„Unwirksamkeitsregeln": Bestimmungen in den AGB sind unwirksam, wenn z. B. – sich der Verwender unangemessen lange Lieferungsfristen vorbehält – kurzfristige Preiserhöhungen vorgesehen sind – Schadenersatzansprüche pauschaliert werden – Vertragsstrafen oder Aufrechnungsverbote vorgesehen sind – die gesetzlichen Gewährleistungsfristen verkürzt werden
Rechtsfolgen:	Sind die AGB ganz oder teilweise nicht Vertragsbestandteil geworden, oder unwirksam, bleibt der Vertrag im übrigen wirksam. Ausnahme: wenn dies eine unzumutbare Härte für eine Vertragspartei wäre. An die Stelle der AGB treten die gesetzlichen Regelungen.

Kaufmann – Firma

Kaufmann im Wirtschaftsleben ist jeder, der eine kaufmännische Tätigkeit ausübt, nach dem Handelsrecht aber nur, wer selbständig ein Handelsgewerbe betreibt. An die Kaufmannseigenschaft im Sinn des Handelsrechts ist die Rechtsfolge geknüpft, daß Betriebstätigkeit, Betriebsgeschäft und Betriebsgemeinschaft einem Sonderrecht unterliegen. Es umfaßt diejenigen privatrechtlichen Regelungen, die dem Handel eigentümlich sind und nur für ihn gelten (z. B. erhöhte Sorgfaltspflichten, Führung einer Firma und Führung von Handelsbüchern, kaufmännisches Personal). Kaufmann nach Handelsrecht kann jede natürliche oder juristische Person sein; auch ↑OHG und KG (S. 104) sind Kaufleute. Freie Berufe (Arzt, Rechtsanwalt, Steuerberater) sind es nicht. Wer ein Grundhandelsgewerbe betreibt, ist kraft Gesetzes Kaufmann (Mußkaufmann). Hierzu zählen der Handel mit Waren (mit oder ohne Verarbeitung) oder mit Wertpapieren, ausgenommen der Handel mit Grundstücken, Herstellung und Verkauf fertiger Gebäude sowie die Urproduktion (Bergbau, Fischerei); die Lohnfabrikation (Reparaturanstalten, Großwäschereien; keine Lohnhandwerker); die gewerbsmäßige Versicherung, Bank- und Wechselgeschäfte; gewisse Beförderungsgeschäfte, Geschäfte der Kommissionäre, Spediteure und Lagerhalter, der Handelsvertreter und Handelsmakler; Verlagsgeschäfte, Buch- und Kunsthandel sowie Großdruckereien. Erfordert der Betrieb eines Mußkaufmanns nach Art oder Umfang keine kaufmännische Organisation (Warenhandwerker, Kleingewerbetreibender), so ist der Inhaber nicht Vollkaufmann, sondern Minderkaufmann. Dieser führt keine eingetragene Firma, braucht keine Handelsbücher zu führen, kann keine OHG oder KG bilden und wird bei Handelsgeschäften teilweise als Privatmann behandelt. Wer ein anderes Handelsgewerbe betreibt, das nach Art und Umfang eine kaufmännische Organisation erfordert, ist Kaufmann, sobald er im Handelsregister eingetragen ist; er ist verpflichtet, diese Eintragung herbeizuführen (Sollkaufmann). Land- und Forstwirte sind keine Kaufleute, können aber für Nebengewerbe (Molkerei, Kiesgrube, Sägewerk), die einen kaufmännischen Betrieb erfordern, Kaufmann durch Eintragung ins Handelsregister werden (Kannkaufmann). Handelsgesellschaften sind aufgrund ihrer Rechtsform unabhängig vom Gegenstand des Unternehmens Vollkaufleute (Formkaufmann). Gleiches gilt für Genossenschaften und größere Versicherungsvereine auf Gegenseitigkeit. Zum Schutz des Verkehrs gilt jeder im Handelsregister eingetragene Kaufmann als Vollkaufmann, auch wenn er überhaupt kein oder nur Minderkaufmann ist (Scheinkaufmann). Auch wer ohne Eintragung öffentlich als Kaufmann auftritt, haftet gutgläubigen Dritten als Kaufmann.

Abweichend vom gewöhnlichen Sprachgebrauch ist die Firma der Handelsname des Kaufmanns, nicht das Unternehmen als solches und auch kein neben dem Kaufmann bestehendes Rechtsgebilde. Jeder Kaufmann ist verpflichtet, seine Firma beim zuständigen Amtsgericht zur Eintragung in das Handelsregister anzumelden; jedermann kann sie und alle eingereichten Schriftstücke dort frei einsehen. Die Firma wird als Personenfirma, Sachfirma oder gemischt gebildet. Die aus dem bürgerlichen Namen abgeleitete Personenfirma ist für Einzelkaufmann, OHG und KG gesetzlich vorgeschrieben. Sachfirmen sind dem Gegenstand des Unternehmens entnommen. Genossenschaften müssen sie führen; Aktiengesellschaften führen sie in der Regel. Die GmbH kann zwischen Personen- und Sachfirma wählen. Die Firma enthält einen Firmenkern mit den gesetzlich notwendigen Bestandteilen und kann Zusätze enthalten. Die Firma darf nicht über Art und Umfang des Geschäfts oder über Gesellschaftsverhältnisse täuschen (Firmenwahrheit). Der Kaufmann führt nur eine Firma; Filialzusätze sind gestattet. Die Firma genießt Schutz vor unbefugtem oder verwechslungsfähigem Gebrauch.

P. Hofmann: Handelsrecht. 4. Aufl. Frankf. a.M. 1982. – G. Bokelmann: Das Recht der Firmen- und Geschäftsbezeichnungen. 2. Aufl. Freib. i.Br. 1980.

Kaufmann – Firma

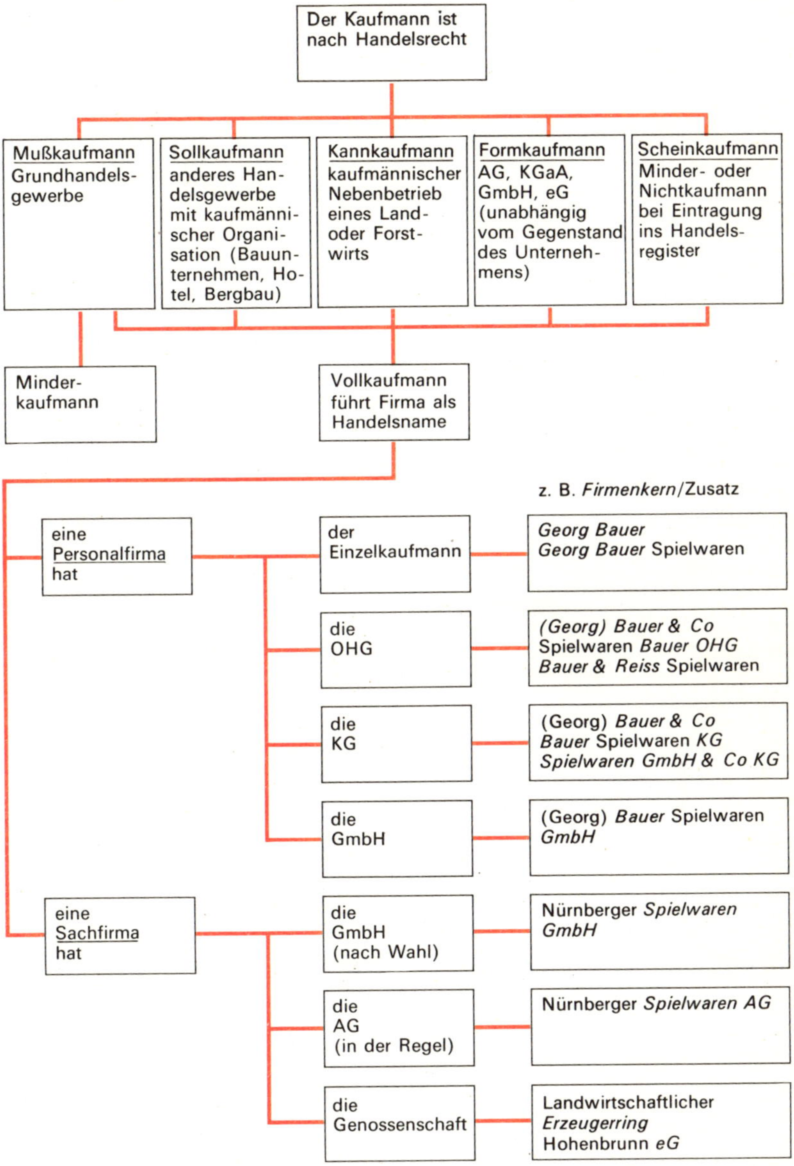

Prokura – Handlungsvollmacht

Der ↑Kaufmann (S. 136) kann sich wie jedermann beim Abschluß von Rechtsgeschäften eines Boten oder eines Vertreters bedienen. Für den Vertreter stehen mit Prokura und Handlungsvollmacht spezielle kaufmännische Vollmachten zur Verfügung; sie sind in ihrem Umfang gesetzlich festgelegt und sichern damit das Interesse der Handelspartner an Rechtssicherheit.

Prokura kann nur von Vollkaufleuten persönlich und nur ausdrücklich erteilt werden; Erteilung und Erlöschen sind zur Eintragung in das Handelsregister anzumelden. Der Prokurist ist nur im Innenverhältnis an Weisungen gebunden, nach außen ermächtigt die Prokura dagegen unbeschränkt zu allen Rechtshandlungen, die der Betrieb irgendeines Handelsgewerbes mit sich bringt, auch zu ungewöhnlichen oder branchenfremden Geschäften. Die Befugnis zur Veräußerung und Belastung von Grundstücken besteht jedoch nur, wenn sie besonders erteilt ist. Die Prokura gilt für das ganze Unternehmen oder als Filialprokura für eine Zweigniederlassung. Sie wird als Einzelprokura oder Gesamtprokura erteilt. Der Gesamtprokurist kann die Firma aktiv nur zusammen mit einem (oder mehreren) Prokuristen oder Gesellschaftern (Vorstandsmitgliedern, Geschäftsführern) vertreten, Erklärungen Dritter aber allein entgegennehmen. Der Prokurist zeichnet mit der Firma, seinem Namen und einem Prokurazusatz (z. B. ppa). Die Prokura erlischt 1) durch jederzeit zulässigen Widerruf, 2) mit Ende des Anstellungsverhältnisses, 3) bei Betriebseinstellung oder Konkurs, nicht dagegen beim Tod des Prinzipals.

Handlungsvollmacht ist jede andere im Rahmen eines Handelsgewerbes erteilte Vollmacht. Sie unterscheidet sich von der Prokura in der Art der Erteilung und im Umfang. Die Handlungsvollmacht muß der Kaufmann nicht persönlich erteilen, auch Prokuristen und Bevollmächtigte sind dazu befugt. Sie wird nicht ins Handelsregister eingetragen, steht auch dem Minderkaufmann zur Verfügung und kann stillschweigend erteilt werden. Abweichend von der Prokura kann vereinbart werden, daß sie unwiderruflich ist und beim Tod des Prinzipals erlischt. Ohne besondere Ermächtigung berechtigt die Handlungsvollmacht nicht dazu, Grundstücke zu veräußern oder zu belasten, Wechselverbindlichkeiten einzugehen, Darlehen aufzunehmen, Prozesse zu führen und Handlungsvollmacht zu erteilen. Im übrigen kann sie erteilt werden: 1) als Generalhandlungsvollmacht, die zu allen branchenüblichen Rechtsgeschäften des Betriebs berechtigt; 2) als Arthandlungsvollmacht (z. B. für Einkäufer, Verkaufsleiter, Expedient), die zu einer bestimmten Gruppe branchenüblicher Geschäfte ermächtigt und die häufigste Form der Handlungsvollmacht ist; 3) als Spezialvollmacht zur Vornahme bestimmter Geschäfte. Der Handlungsbevollmächtigte zeichnet mit einem Zusatz, der die Bevollmächtigung erkennbar macht, aber nicht als Prokura mißdeutet werden kann. Die Handlungsvollmacht erlischt mit Widerruf, Erledigung des Auftrags oder Beendigung des Arbeitsverhältnisses.

Diese Regeln gelten auch für im Außendienst tätige Abschlußbevollmächtigte. Ohne besondere Ermächtigung sind sie nicht befugt, abgeschlossene Verträge abzuändern, Zahlungsfristen zu gewähren und Zahlungen entgegenzunehmen. Doch kann ein Kunde gegenüber Abschlußbevollmächtigten oder Vermittlungsvertretern stets wirksam Warenmängel anzeigen sowie alle Erklärungen abgeben, um Rechte aus mangelhafter Leistung geltend zu machen. Zum Schutze des Kunden gilt schließlich ein Angestellter in einem dem Publikum zugänglichen Verkaufslokal als ermächtigt, Verkäufe und Empfangnahmen zu tätigen, die in einem derartigen Betrieb gewöhnlich geschehen. Der Kaufmann kann den Anschein der Vollmacht aber durch entsprechende Vorkehrungen, wie Anschläge oder besondere Kassenstellen, ausschließen.

K. Hofmann: Der Prokurist. 4. Aufl. Heidelb. 1980.

Prokura – Handlungsvollmacht

Prokura

1. Erteilung	– vom Vollkaufmann, vom Geschäftsinhaber persönlich, durch ausdrückliche Erklärung – Anmeldung zum Handelsregister mit Unterschriftsprobe – als Einzelprokura oder als Gesamtprokura
2. Stellung des Prokuristen	Leitender Angestellter und Handlungsgehilfe
3. Unterschrift des Prokuristen	– bei Einzelprokura: Karl Meier GmbH ppa. Erich Huber – bei Gesamtprokura: Autohaus München GmbH ppa. Erich Huber ppa. Karl Krause oder: Autohaus München GmbH Fritz Reich ppa. Erich Huber (Geschäftsführer)
4. Umfang der Prokura	– umfaßt alle Geschäfte eines Handelsgewerbes, Grundstücksveräußerung nur mit Ermächtigung, ausgeschlossen: Betriebseinstellung, Betriebsveräußerung – für das ganze Unternehmen oder für Zweigniederlassung (Filialprokura)
5. Erlöschen	– mit Widerruf (stets zulässig), mit Ausscheiden, Betriebseinstellung, Konkurs – Anmeldung zum Handelsregister

Handlungsvollmacht

1. Erteilung	– von jedem Kaufmann, auch durch Bevollmächtigte, auch stillschweigend – als Einzel- oder Gesamthandelsvollmacht
2. Stellung des Bevollmächtigten	– Handlungsgehilfe (einfacher oder leitender Angestellter) – oder Handelsvertreter (Abschlußvertreter)
3. Unterschrift des Bevollmächtigten	– Karl Meier GmbH i. A. Ernst Voll oder: – Karl Meier GmbH i. V. Eva Bauer
4. Umfang	– je nach Erteilung als Generalvollmacht, Artvollmacht (Zweigstellenleiter) oder Spezialvollmacht (Kassier, Verkäufer) – für alle gewöhnl. Geschäfte des Gewerbes; Beschränkungen wirken gegen Dritte nur bei Kenntnis – nur bei besonderer Ermächtigung: Veräußerung von Grundstücken, Zeichnung von Wechseln, Aufnahme von Darlehen, Prozeßführung, Übertragung der Handlungsvollmacht
5. Erlöschen	mit Widerruf; Ausscheiden, Erledigung des Auftrags

Handlungsgehilfe – Handelsvertreter – Handelsmakler

Der ↑Kaufmann (S. 136) führt seine Geschäfte unter Mitwirkung unselbständiger und selbständiger Hilfspersonen aus. Unselbständige Hilfsperson ist der Handlungsgehilfe, d. h. der kaufmännische Angestellte im Handelsgewerbe. Kaufmännische Dienste umfassen nach der Verkehrsauffassung vor allem Ein- und Verkauf, ↑ Buchführung (S. 86), Korrespondenz und Werbung. Der Handlungsgehilfe hat die Rechte und Pflichten eines Angestellten nach Arbeitsrecht; es gilt der allgemeine ↑Kündigungsschutz (S. 450). Während der Vertragszeit besteht für ihn ein gesetzliches Wettbewerbsverbot: Ohne Einwilligung darf er weder Geschäfte für eigene oder fremde Rechnung in der Branche des Prinzipals abschließen noch irgendein sonstiges Gewerbe betreiben. Ein Verstoß macht schadensersatzpflichtig und berechtigt den Prinzipal, die Übertragung der Geschäfte auf sich oder die Herausgabe der bezogenen Vergütung (Eintrittsrecht) zu verlangen. Durch vertragliche Konkurrenzklausel kann sich der Gehilfe verpflichten, dem Prinzipal auch bis zu zwei Jahre nach Ausscheiden keinen Wettbewerb zu machen (Karenzzeit). Die Vereinbarung muß schriftlich unter Aushändigung einer Urkunde an den Gehilfen erfolgen. Für die Karenzzeit muß dieser eine monatliche Entschädigung mindestens in Höhe der Hälfte des bisherigen Verdienstes erhalten. Das Wettbewerbsverbot muß berechtigten Interessen des Unternehmers dienen und darf das Fortkommen des Gehilfen nicht unbillig erschweren. Unbezahlte Karenz ist nur bei Tätigkeiten außerhalb Europas zulässig. Wird das Arbeitsverhältnis nach schuldhaftem Verhalten des Prinzipals einseitig oder vertraglich aufgelöst, so kann sich der Gehilfe schriftlich vom Wettbewerbsverbot lösen.

Die anderen Hilfspersonen sind selbständige Kaufleute. Hierzu zählen vor allem Handelsvertreter und Handelsmakler. Handelsvertreter sind vertraglich verpflichtet, für einen Unternehmer ständig Geschäfte zu vermitteln oder abzuschließen. Sie können Einfirmen- oder Mehrfirmenvertreter sein. Vom Handlungsgehilfen unterscheiden sie sich durch freie Tätigkeit und Arbeitszeit sowie Übernahme des Unternehmerrisikos. Bei Großunternehmen sind Handelsvertreter häufig einem Generalvertreter unterstellt: Dabei werden sie entweder unmittelbar für den Hauptunternehmer tätig oder treten nur im Namen des Generalvertreters auf. Der Unternehmer hat dem Handelsvertreter die notwendigen Unterlagen zu stellen, ist aber in seiner Geschäftstätigkeit frei, ohne dem Vertreter ersatzpflichtig zu sein. Für die von ihm abgeschlossenen oder vermittelten Geschäfte (einschließlich Nachbestellungen) sowie für Delkredere (Gewährleistung für den Eingang einer Forderung) und Inkasso erhält der Handelsvertreter eine Provision in vereinbarter oder üblicher Höhe. Ein Bezirksvertreter erhält Provision für alle Abschlüsse in seinem Gebiet. Endet das Vertreterverhältnis, so steht dem Handelsvertreter außerdem ein Ausgleichsanspruch für künftige Geschäfte mit den von ihm geworbenen Dauerkunden zu. Durch ihre feste Bindung an ein Unternehmen haben Kommissionsagent und Vertragshändler teilweise eine ähnliche Rechtsstellung.

Anders als der Vermittlungsvertreter vermittelt der Handelsmakler Handelsgeschäfte von Fall zu Fall ohne ständigen Auftrag. Er steht zwischen den Parteien, ist am vermittelten Geschäft grundsätzlich nicht persönlich beteiligt, hat von keiner Partei Vollmacht und ist beiden Seiten verantwortlich. Er hat jeder Partei eine Schlußnote über den Abschluß und die Bedingungen des Geschäfts zuzustellen und Tagebuch über die getätigten Abschlüsse zu führen. Die Maklergebühr (Courtage) kann er im Zweifel von beiden Parteien zur Hälfte verlangen. Soweit kein Alleinauftrag erteilt ist, kann der Auftraggeber gleichzeitig andere Makler bemühen oder Direktgeschäfte abschließen, ohne provisionspflichtig zu werden.

R. Alff: Handelsvertreterrecht. 2. Aufl. Köln 1983.

Handlungsgehilfe – Handelsvertreter – Handelsmakler

Kaufmännische Bedienstete

Handlungsgehilfe	„Auszubildender" (Handlungslehrling)	Volontär/Praktikant
Angestellter im Innendienst oder Außendienst („Vertreter", Verkaufsfahrer, Kundenbetreuer)	tätig zur Erlernung und Leistung kaufmännischer Dienste	tätig zur Ausbildung ohne festes Ausbildungsverhältnis

Selbständige Kaufleute in Vermittlertätigkeiten

		Beispiele:
1. Handelsvertreter	durch Vertretervertrag ständig verpflichtet, für andere Unternehmen in (deren) Namen Geschäfte abzuschließen oder zu vermitteln	Warenvertreter; Versicherungsvertreter; Reisebüro (Beförderungsvertreter); Tankstellenpächter
2. Vertrags-(Eigen-) händler	verkauft Waren eines Unternehmens im eigenen Namen für eigene Rechnung; bei Eingliederung in feste Vertriebsorganisation evtl. handelsvertreterähnl. Stellung	Autovertragshändler
3. Handelsmakler	vermittelt Handelsgeschäfte zwischen anderen Parteien aufgrund von Einzelaufträgen (Gegensatz: Zivilmakler, z. B. Immobilienmakler)	Warenmakler an Großmärkten; Börsenmakler; Schiffsmakler
4. Kommissionär	kauft oder verkauft im eigenen Namen, für fremde Rechnung Waren oder Wertpapiere aufgrund von Einzelaufträgen; bei Börsen- oder Marktpreis Recht zum Selbsteintritt	Wertpapierhandel der Banken; Kunsthandel
5. Kommissionsagent	durch Vertrag ständig verpflichtet, für andere Unternehmen im eigenen Namen, aber für deren Rechnung Waren zu (ver)kaufen; handelsvertreterähnliche Stellung	Verkaufs„vertreter", z. B. Autohändler

Handelsgeschäfte – Handelsbräuche

Alle Geschäfte eines ↑Kaufmanns (S. 136) im Rahmen seines Betriebes sind Handelsgeschäfte; zum Schutze Dritter gilt im Zweifel jedes Geschäft des Kaufmanns als Handelsgeschäft. Ist ein Rechtsgeschäft auch nur für einen Teil Handelsgeschäft, so gelten gesetzliche Sonderregeln, die das bürgerliche Recht ergänzen oder abändern. Diese sind im wesentlichen im Handelsgesetzbuch enthalten.

Zur Erleichterung des Handelsverkehrs kann sich der Vollkaufmann (↑Kaufmann S. 136) formfrei verbürgen und Schuldanerkenntnis oder Schuldversprechen abgeben; als Bürge haftet er stets selbstschuldnerisch, d.h., er kann einer Inanspruchnahme durch den Gläubiger nicht mit der Einrede begegnen, daß dieser zuerst eine Zwangsvollstreckung gegen den Hauptschuldner ohne Erfolg versucht haben muß. Eine richterliche Herabsetzung einer Vertragsstrafe kann er nicht verlangen. Er untersteht nicht dem Schutz des ↑Abzahlungsgesetzes (S. 132) und kann den Gerichtsstand frei vereinbaren. Jeder Kaufmann hat die Sorgfalt eines ordentlichen Kaufmanns zu wahren und Handelsgut mittlerer Art und Güte zu liefern. Er kann für seine Dienste auch ohne Vereinbarung eine Vergütung verlangen und muß bei beiderseitigen Handelsgeschäften 5% Zins bereits ab Fälligkeit bezahlen. Geht einem Kaufmann, der Geschäfte für andere besorgt (z.B. Handelsmakler, Spediteur) ein Auftrag von jemandem zu, mit dem er in ständiger Geschäftsverbindung steht oder dem er seine Dienste angeboten hat, so hat er unverzüglich zu antworten; sein Schweigen gilt als Annahme des Auftrags. Wird ein formloser Vertrag schriftlich bestätigt, so gilt das Schweigen auf ein kaufmännisches Bestätigungsschreiben nach Handelsbrauch ebenfalls als Einverständnis, auch wenn es von der Vereinbarung abweicht oder sie ergänzt, sofern der Empfänger nicht unverzüglich widerspricht.

Häufig ist die Ergänzung durch einen Hinweis auf die eigenen ↑Allgemeinen Geschäftsbedingungen (S. 134). Soweit sie von Unternehmern einheitlich vereinbart werden, unterliegen sie als Konditionenkartell dem ↑Kartellrecht (S. 418). Allgemeine Geschäftsbedingungen gelten weder kraft Gesetzes noch als Gewohnheitsrecht. Vielmehr müssen sie im konkreten Einzelvertrag vereinbart werden; allerdings muß auf sie bei ständiger Geschäftsbeziehung nicht stets neu verwiesen werden. Typischerweise mißbräuchliche Klauseln sind nach dem Gesetz zur Regelung der Allgemeinen Geschäftsbedingungen (AGB-Gesetz) von 1976 bei Geschäften mit Endverbrauchern unwirksam. Eine treuwidrig unangemessene Benachteiligung ist freilich auch bei Geschäften mit Kaufleuten unwirksam. Auch sonst ist der Gestaltungsspielraum bei Handelsgeschäften weiter als nach allgemeinem Privatrecht. Veräußert der Kaufmann in seinem Betrieb fremde Sachen, so erhält der Erwerber auch dann lastenfreies Eigentum, wenn er weiß, daß es sich um fremde Sachen handelt, er jedoch glaubt, der Kaufmann sei zur Veräußerung befugt. Waren oder Wertpapiere dienen dem Kaufmann gegenüber anderen Kaufleuten auch ohne besondere Abrede als Sicherheit für jeden fälligen Kredit. Sofern der Schuldner nicht Sicherheit leistet oder Abweichendes vereinbart ist, kann der Kaufmann die Waren zurückbehalten und daraus seine Forderung zu begleichen suchen.

Darüber hinaus sind bei allen zweiseitigen Handelsgeschäften die Handelsbräuche der Branche und sonstige Betriebspraktiken besonders zu beachten. Handelsbräuche gelten auch gegenüber Beteiligten, die sie nicht kennen. Eindeutige Parteiabreden haben aber stets den Vorrang. Handelsbräuche gehen i.d.R. dem nachgiebigen Recht vor, sind aber nur im Rahmen des zwingenden Rechts zu beachten. Die Industrie- und Handelskammern zeichnen Handelsbräuche auf und erteilen darüber Auskünfte.

K. H. Capelle/C. W. Canaris: Handelsrecht. 19. Aufl. München 1980. – E. Klunzinger: Grundzüge des Handelsrechts. München 1978.

Handelsgeschäfte

einseitige Handelsgeschäfte (Kaufmann – Privatmann)

Für beide Teile gilt:

1. Leistung nur während der gewöhnlichen Geschäftszeit
2. Provisionspflicht für jede Geschäftsbesorgung oder Dienstleistung
3. Gutgläubiger Erwerb vom Kaufmann bereits bei Glauben an dessen Veräußerungsbefugnis

Für den Kaufmann gilt:

1. Sorgfaltspflicht des ordentlichen Kaufmanns
2. Pflicht zur Leistung von Handelsgut mittlerer Art und Güte
3. Schweigen eines Kaufmanns, der Geschäfte für andere besorgt (Handelsvertreter, -makler) auf Antrag bei laufender Geschäftsverbindung oder nach eigenem Angebot gilt als Annahme

Für den Vollkaufmann gilt:

1. keine gerichtliche Herabsetzung einer Vertragsstrafe
2. Formfreiheit von Bürgschaft, Schuldversprechen, Schuldanerkenntnis
3. Bürgschaft ist selbstschuldnerisch

zweiseitige Handelsgeschäfte (Kaufmann – Kaufmann)

Zusätzlich gilt:

1. Handelsbräuche sind zu beachten. Z. B. bei:
   - Auslegung von Erklärungen
   - Bedeutung des Schweigens
   - Art und Weise der Leistung
2. Handelszinsen 5 % ab Fälligkeit (höherer Zins nur als Schadenersatz)
3. Recht zum Pfandverkauf nach Fälligkeit bereits nach 1 Woche Wartefrist (sonst 1 Monat)
4. Kaufmännisches Zurückbehaltungsrecht wegen aller gegenseitigen Forderungen aus Handelsgeschäften mit Befriedigungsrecht
5. Zulässigkeit von
   - Gerichtsstandsvereinbarungen
   - Schiedsgerichtsklauseln im Hauptvertrag

Handelskauf – Kommissionsgeschäft

Handelskauf ist der Kauf von Waren oder Wertpapieren, der mindestens für eine Partei ↑Handelsgeschäft (S. 142) ist. Für ihn gelten neben dem Kaufrecht und den allgemeinen Regeln über Handelsgeschäfte Sonderregeln: Hat der Verkäufer zur festgelegten Zeit oder innerhalb fester Frist zu leisten (Fixhandelskauf), liefert jedoch nicht rechtzeitig, so kann der Käufer vom Vertrag zurücktreten oder bei Verschulden ohne Nachfrist Schadensersatz wegen Nichterfüllung verlangen; Erfüllung kann er nur erhalten, wenn er sogleich nach Fristablauf darauf besteht. Nimmt der Käufer eine Lieferung nicht an und kommt dadurch in Annahmeverzug, so darf der Verkäufer jede Ware in einem öffentlichen Lagerhaus hinterlegen und für Rechnung des Käufers öffentlich versteigern. Waren mit Börsen- oder Marktpreis darf er auch freihändig durch einen öffentlich bestellten Handelsmakler oder Versteigerer verkaufen. Dieser Selbsthilfeverkauf ist vorher anzudrohen, sofern die Ware nicht zu verderben droht. Hat sich der Käufer vorbehalten, Maß oder Quantität der Ware näher zu bestimmen (Spezifikationskauf), kommt damit aber in Verzug, so kann der Verkäufer nach seiner Wahl vom Vertrag zurücktreten, Schadensersatz wegen Nichterfüllung verlangen oder die Bestimmung selbst vornehmen. Beim zweiseitigen Handelskauf besteht schließlich eine besondere kaufmännische Rügepflicht: Der Käufer hat die Ware sogleich nach Ablieferung im ordentlichen Geschäftsgang zu untersuchen und festgestellte Mängel unverzüglich anzuzeigen. Unterläßt er die Anzeige, so gilt die Ware als genehmigt, sofern der Mangel nicht unerkennbar war oder der Verkäufer ihn arglistig verschwiegen hat. Die rechtzeitige Absendung der Anzeige genügt. Die Anzeigepflicht besteht bei Qualitätsmängeln, falschen Mengen sowie bei Falschlieferung, es sei denn, der Verkäufer konnte nicht mit einer Genehmigung rechnen. Beanstandete Ware hat der Käufer einstweilen aufzubewahren. Droht sie zu verderben, so darf er sie mittels Selbsthilfeverkaufs veräußern.

Der Kommissionär schließt Handelskäufe im eigenen Namen ab, handelt dabei aber als mittelbarer Stellvertreter für fremde Rechnung. Die wirtschaftlichen Folgen des Geschäfts treffen nur den Auftraggeber (Kommittenten). Im Wertpapier- und Kunsthandel ist das Kommissionsgeschäft weit verbreitet. Je nach Tätigkeit unterscheidet man Einkaufs- oder Verkaufskommission. Der Kommissionär ist verpflichtet, das übernommene Geschäft auszuführen und den Dritten sorgfältig auszuwählen. Für die Erfüllung des Geschäfts haftet er nur, wenn er dem Kommittenten den Namen des Dritten nicht mitteilt oder wenn er die Haftung für die Erfüllung übernimmt (Delkredere). Im Rahmen der Weisungen hat er zu den günstigsten Bedingungen abzuschließen. Weicht das Geschäft davon zu Ungunsten des Kommittenten ab, so kann dieser es zurückweisen. Ein Abschluß, der günstiger als erwartet ist, kommt dem Kommittenten zugute. Bei Leistungsstörungen hat der Kommissionär die Interessen des Kommittenten zu wahren und alle Rechte geltend zu machen (z. B. Mängelrüge, Transportschaden). Bei der Einkaufskommission erwirbt zunächst der Kommissionär Eigentum und hat es auf den Kommittenten zu übertragen. Forderungen gegen den Dritten kann der Kommittent erst nach Abtretung geltend machen, doch ist er auch vorher vor Zugriffen von Gläubigern des Kommissionärs geschützt. Dieser hat Anspruch auf eine Provision und auf Ersatz besonderer Aufwendungen. Seine Forderungen sind durch ein gesetzliches Pfandrecht am Kommissionsgut gesichert. Bei Waren oder ↑Wertpapieren (S. 256) mit Börsen- oder Marktpreis kann er den Auftrag auch durch Selbsteintritt ausführen. Erklärt er ihn, so kommt der Kaufvertrag mit dem Kommittenten neben dem Kommissionsvertrag zustande; der Kommissionär erhält daher Kaufpreis und Provision.

K. Schmidt: Handelsrecht. 2. Aufl. Köln 1982.

Handelskauf – Kommissionsgeschäft

Kauf

Handelskauf

Kauf von Waren oder Wertpapieren bei Beteiligung eines Kaufmanns

Kauf nach BGB

Kauf unter Privatleuten
oder:
Kauf von Immobilien und Rechten

Sonderregeln beim Verzug

1. Annahmeverzug des Käufers
   - Recht des Verkäufers zur Hinterlegung aller Waren
   - Recht zum Selbsthilfeverkauf

2. Fixhandelskauf

   bei Nichtleistung zur festen Zeit oder innerhalb fester Frist kann der Gegner:
   - per Anzeige auf Erfüllung bestehen
   - vom Vertrag zurücktreten
   - bei Verschulden Schadenersatz wegen Nichterfüllung verlangen

3. Spezifikationskauf

   bei Verzug des Käufers mit Bestimmung der Ware nach Größe, Maß, Form, Farbe usw. kann der Verkäufer:
   - die Bestimmung selbst vornehmen
   - nach Ablauf einer Nachfrist zurücktreten oder Schadenersatz wegen Nichterfüllung verlangen

Kaufmännische Rügepflicht beim zweiseitigen Handelskauf

- Käufer muß Ware untersuchen auf: Qualitätsmängel, Maß- oder Mengenfehler, Falschlieferung
- Nur unverzügliche genaue Mängelanzeige wahrt Gewährleistungsrechte (bei verborgenen Mängeln sogleich nach Entdeckung)

Aufbewahrungspflicht beim zweiseitigen Handelskauf

- Käufer hat beanstandete Ware vorläufig aufzubewahren
- Befugnis zum Selbsthilfeverkauf bei drohendem Verderb

Vollkaufmann als Käufer

- kein Schutz durch Abzahlungsgesetz

Kaufmann als Käufer

- stillschweigende Einbeziehung verkehrsüblicher Allgemeiner Geschäftsbedingungen
- nur allgemeine Mißbrauchskontrolle Allgemeiner Geschäftsbedingungen

Transportgeschäft – Lagergeschäft

Der Warenhandel bedarf eines gut organisierten Transportgewerbes. Die dabei anfallenden Geschäfte besorgen Spediteur, Frachtführer, Lagerhalter sowie Post und Eisenbahn. Der Spediteur besorgt die Versendung von Gütern. Dazu schließt er Frachtverträge mit Frachtführern oder Verfrachtern im eigenen Namen, aber für Rechnung des Versenders ab. Seine Rechtsstellung entspricht daher weitgehend der des Kommissionärs (↑Kommissionsgeschäft S. 144). Seine Forderungen gegen den Versender sichert ein gesetzliches Pfandrecht am Transportgut. Der Spediteur ist meistens berechtigt, die Beförderung des Gutes auch selbst auszuführen (Selbsteintritt). Er hat dann zugleich auch Rechte und Pflichten des Frachtführers. Bei einer Spedition zum festen Satz oder einer Sammelladung darf er aber nur die Fracht berechnen. Für sämtliche Tätigkeiten der Spediteure gelten regelmäßig die Allgemeinen Deutschen Spediteurbedingungen als ↑Allgemeine Geschäftsbedingungen (S. 134). Sie ersetzen die Haftung des Spediteurs überwiegend durch eine Speditionsversicherung sowie eine Transport- oder Lagerversicherung. Zum Abschluß der Speditionsversicherung gegen Gefahren aus der Ausführung des Speditionsauftrages ist der Spediteur verpflichtet. Für versicherte Schäden ist er von jeder Haftung frei. Untersagt der Versender die Versicherung, so haftet der Spediteur nur bei Verschulden und, soweit gesetzlich zulässig, summenmäßig beschränkt. Eine Transportversicherung wird nur bei ausdrücklichem Auftrag abgeschlossen. Im Schadensfall werden Ansprüche gegen den Versicherer in der Regel über den Spediteur abgewickelt.

Die eigentliche Beförderung der Güter ist Gegenstand des Frachtgeschäfts. Für den Transport mit Kraftfahrzeugen, für Post und Eisenbahn gelten zahlreiche Sonderregeln. Nur soweit diese nicht gelten, kommt Frachtrecht zur Anwendung. Zum Beweis von Abschluß und Inhalt des Frachtvertrages hat der Absender auf Verlangen des Frachtführers einen Frachtbrief auszustellen. Der Frachtführer haftet für verschuldete Transportschäden. Ersatzansprüche erlöschen aber mit Annahme des Gutes durch den Empfänger, sofern ein Schaden nicht vorher amtlich festgestellt wurde. Solange die Sendung noch nicht angekommen und der Frachtbrief dem Empfänger nicht übergeben ist, kann der Absender das Gut anderweitig ausliefern lassen. Durch Annahme des Gutes wird auch der Empfänger verpflichtet, die Ansprüche des Frachtführers zu erfüllen. Diese Forderungen sind durch ein gesetzliches Pfandrecht an dem Gut gesichert, das durch die Allgemeinen Deutschen Spediteurbedingungen noch erweitert ist.

Massengüter werden bis zum Verkauf zweckmäßigerweise in besonderen Lagerhäusern gestapelt. Der Lagerhalter hat die Güter sachgemäß aufzubewahren. Eine Sammellagerung ist nur bei vertretbaren Sachen (z. B. Getreide) mit ausdrücklicher Erlaubnis zulässig. Über das eingelagerte Gut stellt der Lagerhalter einen Empfangsschein oder auf Verlangen einen Lagerschein aus. Nach Beendigung der Lagerzeit hat er das Gut dem legitimierten Besitzer des Lagerscheins auszuliefern. Er haftet für Verlust oder Beschädigung des verwahrten Gutes sowie für die Richtigkeit des ausgestellten Lagerscheins. Für seine Dienste erhält er Lagergeld und Aufwendungsersatz. Wegen dieser Kosten hat er ein gesetzliches Pfandrecht am eingelagerten Gut. Der Lagerschein kann auf den Namen, den Inhaber oder an Order lauten. Zur Ausstellung von Orderlagerscheinen bedarf es besonderer staatlicher Ermächtigung. Der Orderlagerschein ist ↑Wertpapier (S. 256) und wie ein ↑Wechsel (S. 258) ausgestaltet; er kann stets gutgläubig erworben werden. Durch Übergabe des indossierten Scheins wird das eingelagerte Gut übereignet oder verpfändet. Der Orderlagerschein berechtigt den Inhaber zur Empfangnahme des Gutes. Der Lagerhalter ist zur Auslieferung nur an den berechtigten Inhaber des Scheins befugt.

K. H. Capelle/C.W. Canaris: Handelsrecht. 19. Aufl. München 1980. – Th. Krebs: Verkehrsrecht und Verkehrswirtschaft. Berlin u.a. 1960.

Modell eines Landtransportes

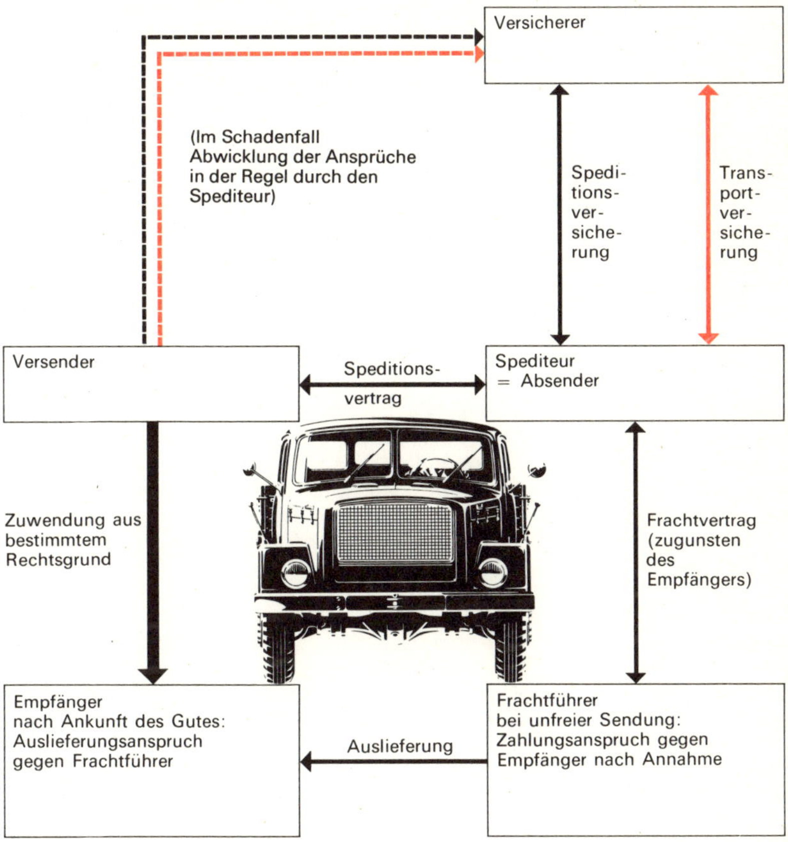

Handelsrecht der Schiffahrt

Der Reeder ist Eigentümer des Schiffes. Mitreeder, die ein ihnen zu Bruchteilen (Schiffspart) gehörendes Schiff für gemeinsame Rechnung verwenden, bilden eine Partenreederei. Diese führt keine ↑Firma (S. 136); Kaufleute (↑Kaufmann S. 136) sind nur die einzelnen Mitreeder. Zur Vertretung der Reederei kann ein Korrespondentreeder bestellt werden. Schiffahrt wird aber in gleicher Weise von Handelsgesellschaften betrieben. Der Kapitän des Schiffes (Schiffer) hat gesetzliche Vollmacht für den Reeder: im Heimathafen, die Mannschaft anzunehmen und Konnossemente (vom Verfrachter dem Ablader ausgestellte Urkunden) auszustellen; außerhalb des Heimathafens für alle Geschäfte, die sich aus der Schiffsreise ergeben. Der Reeder haftet für Schiff und Besatzung unbeschränkt, kann die Haftung aber durch Hinterlegung der gesetzlichen Haftungssumme (je nach Größe des Schiffes) beschränken. Der Binnenschiffseigner haftet beschränkt auf das Schiffsvermögen.

Der Reeder nutzt das Schiff durch Vermietung ohne oder mit Besatzung (Zeitcharter) oder eigene Verfrachtergeschäfte. Der Seefrachtvertrag ist Raumfracht- oder Stückgutvertrag. Bei der Raumfracht (Frachtcharter) wird dem Befrachter (Absender des Gutes) das ganze Schiff (oder Teile) zur Befrachtung mit Massengütern eingeräumt. Zum Beweis wird der Vertrag in einer Chartepartie beurkundet. Der Befrachter hat die Güter innerhalb der üblichen Ladezeit an das Schiff zu liefern, der Verfrachter sie im allgemeinen einzuladen. Nimmt der Befrachter Überliegezeit in Anspruch, so hat er zusätzlich Liegegeld zu zahlen. Liefert er nicht rechtzeitig, so kann die Reise mit Teilladung gegen volle Fracht angetreten werden. Bei Stückgutverträgen ist die Beförderung meist nicht an ein bestimmtes Schiff gebunden; daher besteht im Linienverkehr keine Wartepflicht. Die Vergütung richtet sich hier nach den Tarifen der Verfrachter, die durch ↑Kartell (S. 418, Schiffahrtskonferenz) festgelegt sind (Binnenschiffahrt: gesetzliche Tarife).

Über die Seefracht wird auf Verlangen des Abladers (der die Güter tatsächlich übergibt, häufig der Befrachter) vom Verfrachter einseitig das Konnossement ausgestellt. Darin verspricht er dem dadurch Legitimierten die Auslieferung des Gutes im Bestimmungshafen (in der Binnenschiffahrt: Ladeschein). Meist wird es nach Übernahme an Bord als Bordkonnossement, kann aber vorher vorläufig als Übernahmekonnossement ausgestellt werden. An Order des Empfängers gestellt (↑Wertpapiere S. 256), ist es wie ein ↑Wechsel (S. 258) übertragbar. Die Übergabe des Konnossements an den dadurch Legitimierten hat die Wirkung einer Übergabe der Güter. Durch die Annahme der Güter wird der Empfänger verpflichtet, die Fracht neben dem Befrachter zu zahlen. Der Verfrachter ist dafür durch ein gesetzliches Pfandrecht am Gut gesichert. Er haftet für anfängliche See- und Ladungstüchtigkeit des Schiffes, für fehlerhafte Betreuung des Frachtgutes, für Schäden aus schuldhafter Verspätung und für unrichtige Ausstellung des Konnossements, jedoch nicht für nautisches Verschulden bei der Führung oder Bedienung des Schiffes und für Feuerschaden. Ist ein Konnossement ausgestellt, so kann er sich von dieser Haftung nicht freizeichnen. Doch ist die Haftung stets summenmäßig beschränkt. Ansprüche wegen Beschädigung oder Verlust der Güter müssen bei der Auslieferung schriftlich angezeigt werden, sofern sie nicht vorher amtlich festgestellt wurden; innerhalb eines Jahres sind sie einzuklagen. Tritt der Befrachter bei Raumfracht zurück, so hat er Fautfracht (Mängelfracht) zu zahlen, bei Stückgut vor Abladung einen etwaigen Ausfall bis zur vollen Fracht. Der Frachtvertrag ist aufgelöst, wenn Schiff oder Güter verlorengehen. Werden Güter beim Schiffsuntergang gerettet, so ist Distanzfracht (Fracht in Höhe der geretteten Güter) zu bezahlen. Sonderregeln gelten beim Containerverkehr und der Verladung von Leichtern. Weitere Sonderregeln bestehen für die große Haverei, die Haftung aus Schiffszusammenstößen sowie für Bergung und Hilfeleistung bei Seenot.

H. Prüßmann/D. Rabe: Seehandelsrecht. 2. Aufl. München 1983.

Modell eines Überseekaufs

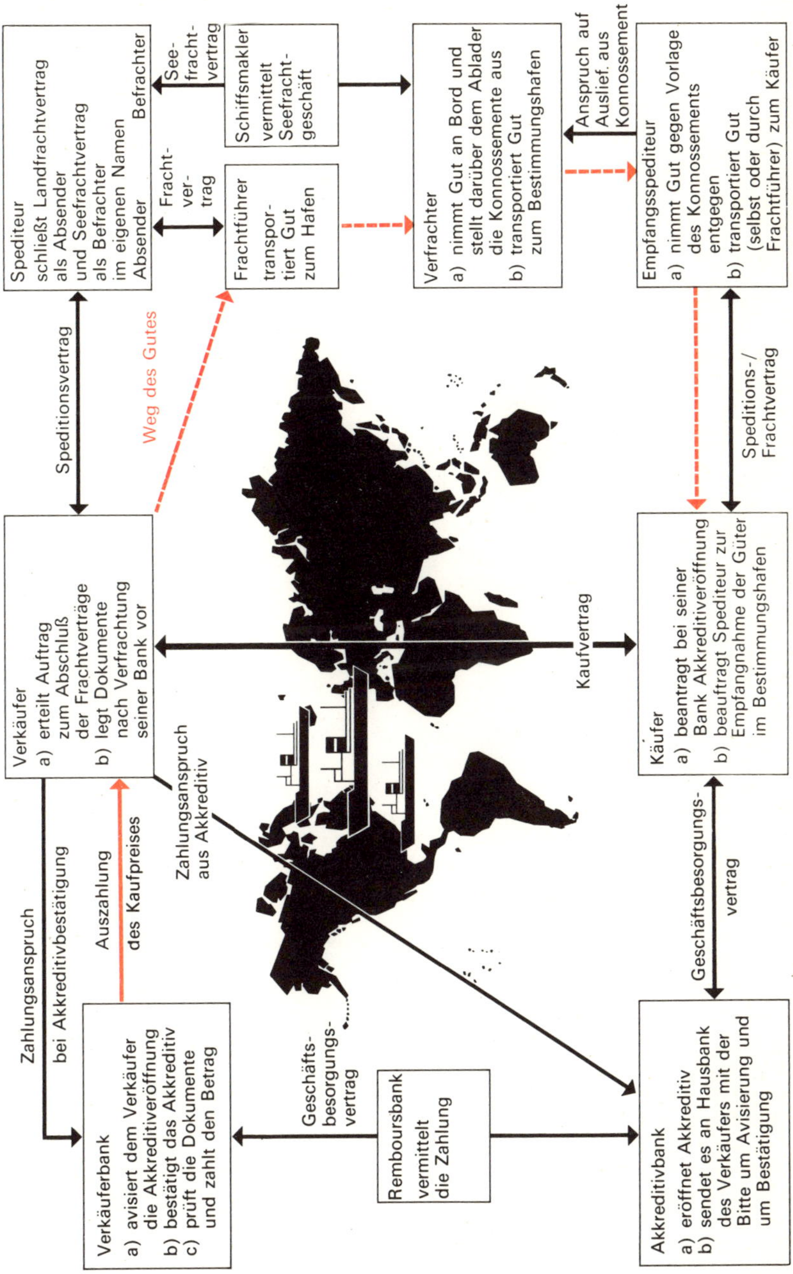

Absatz – Marketing

Der Absatz ist nach Beschaffung (↑Beschaffung – Lagerhaltung S. 70) und Produktion (↑Fertigung – Fertigungsverfahren S. 72) die letzte Phase betrieblicher Leistungserstellung. In ihr kommt es darauf an, von außen bezogene, verwertete und/oder selbst erstellte Produkte zum Verkauf an Märkte heranzubringen und umzusetzen. Dabei werden zugleich Ausgleichsaufgaben erfüllt, die zeitlicher (Lagerung, Kreditierung), räumlicher (Transport), quantitativer und qualitativer (Sortimentsbildung, Verpackung) sowie informatorischer Art (Werbung, Beratung) sein können. Die Rolle des Absatzes ändert sich mit der Marktlage. Besteht bei den herrschenden Preisen eher eine Tendenz zum Nachfrageüberhang (Verkäufermarkt), so hat die Produktion Vorrang. Absatzwirtschaftliche Entscheidungen sind dann vornehmlich darauf gerichtet, für den Fluß der Produkte vom Hersteller zum Abnehmer zu sorgen. Die Rolle des Absatzes wandelt sich vor allem, wenn intensiver Wettbewerb und/oder ein Angebotsüberhang im ↑Konjunkturverlauf (S. 488) Käufermärkte entstehen lassen. Um solchen Situationen besser gerecht werden zu können, wurde das Marketing als marktgerichtete Konzeption der Unternehmensführung entwickelt. Nunmehr ist der Absatz kein relativ isolierter Teilbereich, sondern zentrales Element in einem System von miteinander verflochtenen Tätigkeiten, mit denen die ↑Unternehmensziele (S. 62) angestrebt werden. Dabei sollen über die Ausrichtung an vorhandenen Bedürfnissen möglicher Nachfrager hinaus auch Bedürfnisse geweckt werden.

Ausgangsbasis für den Einsatz der übrigen Instrumente des Marketing sind die Ergebnisse der ↑Marktforschung (S. 152). Auf die Absatzmärkte bezogen dienen die gewonnenen Informationen der Marktgestaltung mit Hilfe von ↑Absatzmethoden (S. 154), ↑betrieblicher Preispolitik (S. 156), ↑Konditionen – Kundendienst (S. 158), ↑Produkt- und Sortimentspolitik (S. 160) sowie ↑Werbung (S. 162). Diese Instrumente sollen bestmöglich in einem sog. Marketing-Mix aufeinander abgestimmt werden. Das ist erreicht, wenn durch keine Änderung des Mix eine Kostenersparnis möglich ist, ohne daß Einbußen bei den Unternehmenszielen entstehen; unterschiedliche Kombinationen sind möglich, weil die Instrumente nach ihrer Absatzwirkung sowohl einander ergänzen als auch austauschbar sein können. Wegen der Verschiedenartigkeit der Bedürfnisse der Nachfrager kann es vorteilhaft sein, den Markt in mehrere Teile (Marktsegmente) zu zerlegen, wenn ein entsprechend angepaßtes Angebot möglich ist. Die Segmente orientieren sich u. a. an Alter, Einkommen, Wohnort und Persönlichkeitsmerkmalen der Nachfrager.

Der Wirkungsgrad eines einmal festgelegten Marketing-Mix ändert sich im Zeitablauf nicht zuletzt deshalb, weil der Absatz eines Produktes durch dessen „Lebenszyklus" geprägt wird. Einführung, Wachstum, Reife, Sättigung und Rückgang als mögliche Phasen des Produktlebenszyklus beinhalten unterschiedliche Marktsituationen, denen das Marketing-Mix sowohl in seiner Struktur als auch in der Art des Einsatzes der einzelnen Instrumente bestmöglich angepaßt werden muß. In der Einführungsphase dürfte es vor allem darum gehen, Verbraucherwiderstände zu überwinden und einen Vorsprung gegenüber möglichen Wettbewerbern zu gewinnen. In der Wachstumsphase gilt es, die zunehmenden Absatzchancen gewinnsteigernd zu nutzen und gegenüber Wettbewerbern zu sichern. In der Reifephase dürften Bemühungen vorrangig sein, verbliebene Absatzreserven zu erschließen. In der Sättigungsphase dominiert bei stagnierender Gesamtnachfrage die Ersatznachfrage und Erlös- sowie Gewinnminderungen signalisieren, daß eine Umstellung des Produktionsprogramms unumgänglich wird. Die Rückgangsphase läßt sich zwar z. B. durch Erschließung neuer Anwendungsmöglichkeiten für das Produkt dehnen, aber neuentwickelte Produkte (↑technischer Fortschritt S. 530) und veränderte Verbraucherwünsche erzwingen die Aufgabe des Produkts.

J. Bidlingmaier: Marketing 1 u. 2. Reinbek 1973. – B. Tietz: Marketing. Düsseld. 1978.

„Lebenszyklus" eines Produkts, dargestellt an der Umsatzentwicklung

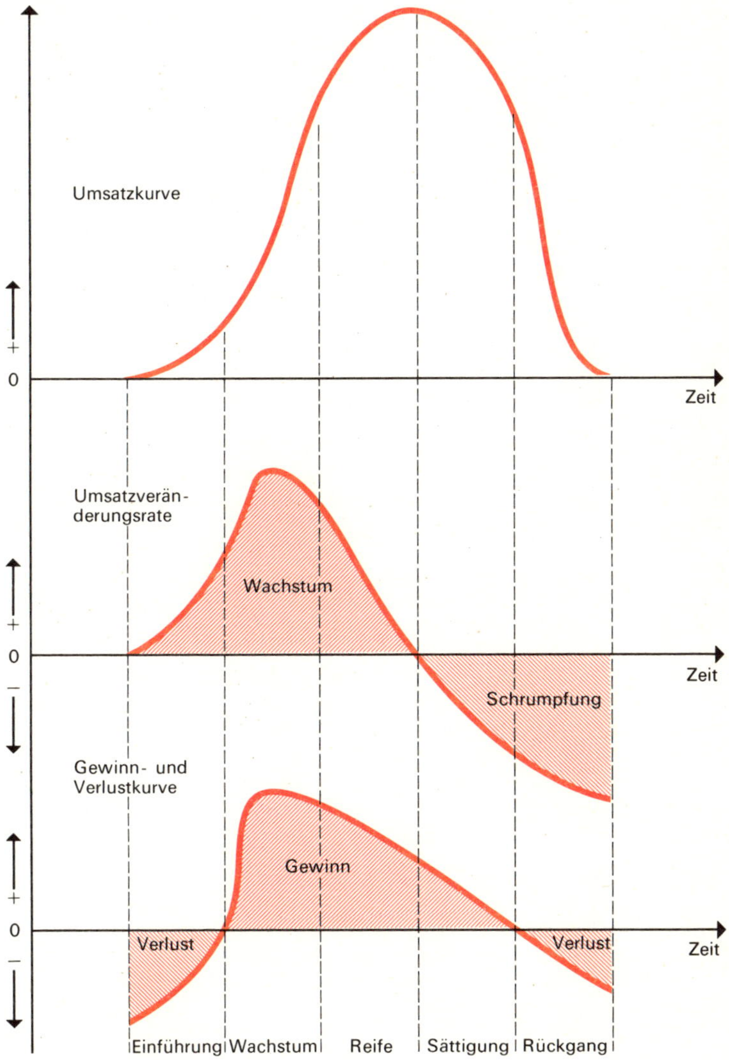

Marktforschung

Marktforschung zielt auf Beschaffung und Verarbeitung marktbezogener Informationen und dient der Vorbereitung und Kontrolle von Entscheidungen über das betriebliche Verhalten auf Absatz- und Beschaffungsmärkten. Marktforschung wird von den Unternehmen selbst oder von besonderen Marktforschungsinstituten betrieben. Als Teilbereiche der Marktforschung lassen sich die zeitpunktbezogene und die laufende Marktanalyse unterscheiden. Ziel der zeitpunktbezogenen Marktanalyse ist es, Informationen über die vorhandene oder zu erwartende Aufnahmefähigkeit des Marktes zu gewinnen. Die Informationen betreffen u. a. den möglichen Abnehmerkreis (z. B. Haushalte, Betriebe), seine Struktur (z. B. Alter, Beruf, Einkommen bzw. Zahl und Betriebsgröße), die räumliche Verteilung der Abnehmer, ihre Gewohnheiten und die Marktstellung von Wettbewerbern. Die laufende Marktanalyse ist erforderlich, um Veränderungen in den Reaktionen von Käufern (↑Nachfrage S. 170) und Wettbewerbern (↑Oligopol S. 192) zu erkennen.

Marktforschung kann betrieben werden durch Auswertung anderweitig bereits vorhandener bzw. anfallender Informationen (Sekundärforschung) und durch Beschaffung neuer Informationen (Primärforschung). Für die Sekundärforschung sprechen niedrigere Kosten und schnellere Informationsbeschaffung. Als Informationsquellen kommen z. B. das ↑betriebliche Rechnungswesen (S. 80) und außerbetriebliche Quellen (z. B. die amtliche Statistik) in Betracht. Primärforschung wird notwendig, wenn sekundäre Informationen veraltet oder inhaltlich nicht für Fragen der Marktforschung verwertbar sind. Dabei wird aus Kosten- und Zeitgründen häufig anstelle einer Gesamt- eine Teilerhebung vorgenommen. Dieser Teil muß so ausgewählt werden, daß er die Gesamtheit zutreffend widerspiegelt („repräsentativer Querschnitt"). Eine Möglichkeit besteht darin, Methoden der ↑Statistik (S. 628) zu nutzen, um über eine Zufallsstichprobe verläßliche Rückschlüsse auf die Gesamtheit ziehen zu können.

Häufige Erhebungsart in der Primärforschung ist die Befragung. Beim Panelverfahren wird ein gleichbleibender, repräsentativer Querschnitt von Personen über einen längeren Zeitraum zum gleichen Gegenstand befragt. Ein Panelproblem entsteht, wenn mit dem Ausscheiden von Panelmitgliedern (z. B. durch Rücktritt, Tod) die Repräsentanz beeinflußt wird. Sie kann auch dadurch beeinflußt werden, daß die Panelmitglieder ihr Verhalten als Folge der Teilnahme am Panel ändern, etwa wenn ihre Berichte über Kaufentscheidungen ihr eigenes Preisbewußtsein stärken. Um solche nicht repräsentativen Verhaltenskorrekturen zu vermeiden, werden häufig indirekte Fragen gestellt; das gilt aber auch in Fällen, in denen Fehlinformationen von vornherein zu erwarten sind (z. B. bei der Einkommenshöhe). Bei geschlossenen Fragen werden mehrere Antworten vorgegeben, unter denen ausgewählt werden kann. Offene Fragen lassen freie Antworten zu. Sie sind schwieriger auszuwerten, haben aber den Vorteil, daß sie unvermutete Informationen liefern können. Ähnliches gilt beim Vergleich von schriftlicher und mündlicher Befragung; letztere birgt allerdings die Gefahr in sich, daß der Interviewer die Befragten beeinflußt. Solche Einflüsse sind ausgeschlossen, wenn der Beobachtete nicht über die Beobachtung informiert ist (z. B. Zählung von Kaufhausbesuchern durch Lichtschranken anstatt Befragung über bevorzugte Einkaufsquellen). Eine weitere Erhebungsmethode ist das Experiment (Test). Es hat den Vorteil, daß eine Reihe von auf die Testteilnehmer einwirkenden Faktoren beobachtet und geplant verändert werden kann. Neben dem Laboratoriumsexperiment, in dem z. B. die Verpackungsgestaltung getestet wird, sind auch sog. Feldexperimente möglich: Der Testmarkt wird häufig zur Überprüfung neuer Produkte benutzt. Testmärkte müssen den Originalmärkten möglichst entsprechen; allerdings besteht die Gefahr, daß die Wettbewerber im Testmarkt zu ungewöhnlichen Gegenmaßnahmen greifen, um das Testergebnis zu verfälschen.

J. Bidlingmaier: Marketing 1 u. 2. Reinbek 1973. – B. Tietz: Marketing. Düsseld. 1978.

Methoden der Marktforschung

Methode	Kennzeichnung	Formen	Beispiele aus dem Absatzbereich	Vor- und Nachteile
Sekundärforschung	Auswertung vorhandenen Materials	Erhebung von: unternehmensinternen Informationen, unternehmensexternen Informationen	Umsatzanalyse mit Hilfe des betrieblichen Rechnungswesens	Schnelligkeit, Kostengünstigkeit; veraltete oder nicht passende Informationen, fehlende Prüfbarkeit der Informationen
Primärforschung	Erhebung von Informationen bei deren Entstehung			
Befragung	Befragung von Marktpartnern oder Experten	schriftliche-(fern)mündliche Befragung, freie-standardisierte, offene-geschlossene, direkte-indirekte Fragen	Erforschung von Kaufgewohnheiten, Imageanalysen, Motivforschung	Möglichkeit der Erforschung nicht wahrnehmbarer Tatbestände; Interviewereinflüsse, Repräsentanzproblem
Beobachtung	Erhebung unmittelbarwahrnehmbarer Tatbestände ohne vom Beobachteten bemerkte Einflüsse	teilnehmende-nicht teilnehmende; Labor- Feld, persönliche - nichtpersönliche	Beobachtung des Käuferverhaltens in Läden, Prüfung unterschiedl. Verpackungsgestaltungen	Auskunftsbereitschaft im Feld nicht erforderlich, häufig objektiver als Befragung; Repräsentanzproblem, viele Tatbestände nicht beobachtbar
Panel	Wiederholte Erhebung in regelmäßigen zeitl. Abständen über den gleichen Erhebungsgegenstand	Befragungspanel Beobachtungspanel	Unternehmerpanel, Groß- und Einzelhandelspanel, Verbraucherpanel	Aufzeigen von Entwicklungen; Repräsentanzproblem: Ausscheiden von Panelmitgliedern, Einflüsse auf die Panelmitglieder durch die wiederholte Erhebung
Experiment	Feststellung der Wirkungen einer Variablen bei gleichzeitiger Kontrolle der anderen Variablen	Feld-Laborexperimente, Befragungs-Beobachtungsexperimente	Testmarkt, Test von Produkt-, Verpackungs- und Werbemittelentwürfen	Möglichkeit, die isolierte Wirkung von Variablen zu prüfen Kontrolle der Variablen, realist. Versuchsbedingungen, Kosten- und Zeitaufwand

Absatzmethoden

Die Absatzmethoden beziehen sich auf die Gestaltung der Absatzwege von Produkten vom Unternehmen zum Endabnehmer. In ihrem Fall wird besonders deutlich, daß die absatzpolitischen Instrumente in ihrem Einsatz nicht voneinander unabhängig sind (↑Absatz – Marketing S. 150). So kann die Wahl einer Absatzmethode die Einsatzmöglichkeiten anderer Instrumente einschränken; z. B. bedeutet Absatz über Discountgeschäfte i. d. R. Verzicht auf breites Sortiment, individuelle Bedienung u. a. zugunsten von hoher Umschlagsgeschwindigkeit der Lager (↑Beschaffung – Lagerhaltung S. 70) bei relativ niedrigen Handelsspannen. Ferner sind die Absatzmethoden im Vergleich zu anderen Instrumenten weniger flexibel, weil ein Wechsel häufig kostspielig ist und erlösschmälernd sein kann.

Als Absatzformen wurden in vielfältigen Varianten zwei Typen entwickelt, die sich außerdem kombinieren lassen: der betriebseigene und der betriebsfremde Absatz. Beim betriebseigenen Absatz werden die Absatzaufgaben ganz oder überwiegend vom Hersteller wahrgenommen. In diesem Fall sind die Absatzorgane entweder unternehmenseigen (z. B. Verkaufs- und Versandabteilungen, fabrikeigene Einzelhandelsfilialen) oder zumindest wirtschaftlich gebunden (z. B. durch Beteiligungen, Vertriebsverträge). Beim betriebsfremden Absatz werden die Absatzaufgaben auf selbständige (fremde) Absatzorgane übertragen. Vor allem die Handelsbetriebe übernehmen und organisieren dann die mit dem Absatz verbundenen Dienstleistungen. Da sich im Handel selbst wiederum eine Arbeitsteilung als wirtschaftlich erwies, kann es je nach Art des Erzeugnisses unterschiedlich lange Absatzwege zwischen Hersteller und Verbraucher geben, deren Teile aus unterschiedlich spezialisierten Handelsbetrieben bestehen. Absatzfunktionen können aber auch durch Absatzmittler wahrgenommen werden. Spezielle Marktveranstaltungen wie Messen, Ausstellungen, Versteigerungen und Warenbörsen kommen als weitere Absatzformen hinzu. Die Wahl der Absatzform erfolgt in Verbindung mit der Wahl der übrigen absatzpolitischen Instrumente sowie unter Berücksichtigung der Eigenschaften des Erzeugnisses, der Wettbewerber, der Abnehmer sowie gesetzlicher Bestimmungen. Erklärungs- und Beratungsbedürftigkeit von Produkten, insbesondere wenn die Produkte sehr ähnlich sind, sprechen für Verkauf durch geschultes Verkaufspersonal. Ein breites und tiefes Sortiment legt eigene bzw. gebundene Absatzorgane nahe. Geringe Finanzkraft des Herstellers bedingt oft betriebsfremden Absatz. Starke Wettbewerber können bestimmte Absatzorgane durch ausschließlichen Absatz blockieren. Eine räumliche Konzentration von Abnehmern begünstigt räumlich zentralen Absatz. Manche Produkte dürfen nur auf gesetzlich vorgeschriebene Weise abgesetzt werden (z. B. über Apotheken).

Die Entscheidungen, die erforderlich sind, um eine bestmögliche räumliche und zeitliche Verteilung der abzusetzenden Erzeugnisse zu gewährleisten, sind Gegenstand der Absatzlogistik. Entscheidungsprobleme entstehen dadurch, daß nachgefragte Güter nach Zeit, Menge und Zustand zuverlässig und zu möglichst geringen Kosten an den Auslieferungsort gebracht werden sollen; denn der Absatz ist i. d. R. weder an einem Standort konzentriert noch ist er selbst über kurze Zeiträume konstant. Außerdem kann die Produktion durchaus unstetig sein. Daher gilt es, die ↑Standorte (S. 58) von Produktionsstätten und Lagern, die Lagerhaltung, die Transportart und die Versandverpackung bestmöglich zu wählen. So können über die Standortwahl Transport- und Lagerkosten gesenkt und die Güterverteilung beschleunigt werden. Solche und andere Maßnahmen sind jedoch nicht kostenlos; deshalb sind ihre Kosten gegen mögliche Absatzvorteile abzuwägen. Diese logistischen Entscheidungen werden vom Hersteller, vom Handel und/oder von Spezialbetrieben (Lagerhaltungs-, Speditions- und Transportunternehmen) getroffen.

J. Bidlingmaier: Marketing 1 u. 2. Reinbek 1973. – B. Tietz: Marketing. Düsseld. 1978.

Beispiel für einen Absatzweg

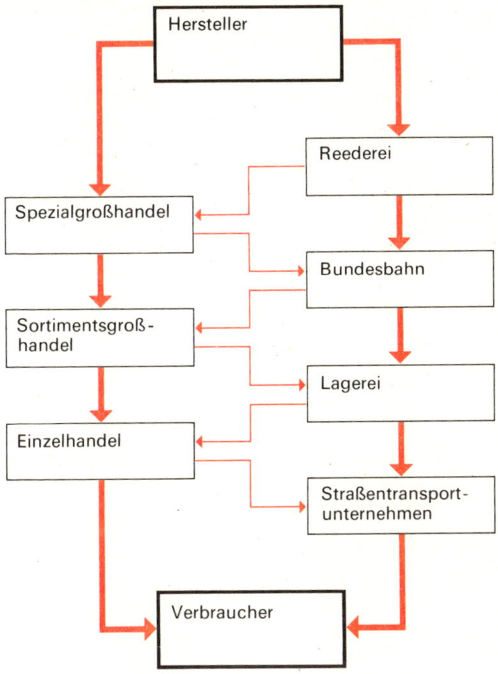

Direkter und indirekter Absatz

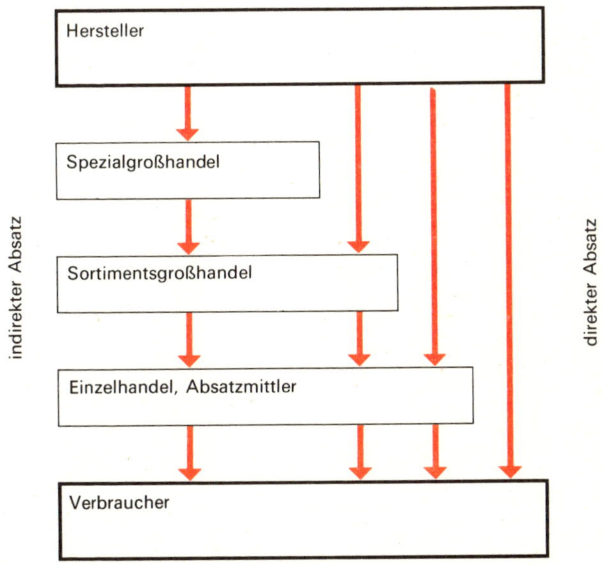

Betriebliche Preispolitik

Gegenstand betrieblicher Preispolitik sind sowohl die Preise für neue als auch die für bereits im Sortiment enthaltenen Produkte. Über Erfolg oder Mißerfolg der Preispolitik gemessen an den ↑Unternehmenszielen (S. 62) entscheidet nicht nur die Kenntnis der Betriebskosten, sondern auch die richtige Einschätzung der Reaktion der möglichen Nachfrager auf den Preis bzw. die Preisänderung (↑Nachfrage S. 170). Ferner sind je nach Wettbewerbssituation auf dem Gesamtmarkt und auf Teilmärkten mögliche Reaktionen der Konkurrenten zu berücksichtigen; dies gilt vor allem im ↑Oligopol (S. 192). Der preispolitische Spielraum wird um so größer, je unvollkommener die Marktübersicht der Nachfrager ist und je geringer ihre Möglichkeiten sind oder scheinen, das fragliche Erzeugnis durch das eines anderen Anbieters zu ersetzen. Andere absatzpolitische Instrumente, z. B. ↑Werbung (S. 162) und/oder ↑Produkt- und Sortimentspolitik (S. 160), können auch eingesetzt werden, um die Preispolitik abzusichern. Hier ergänzen sich absatzpolitische Instrumente. Sie sind also gezielt einsetzbar, um sachliche, räumliche und persönliche Präferenzen für das angebotene Produkt zu schaffen und seine Vergleichbarkeit mit Erzeugnissen der Konkurrenten zu verringern.

Preispolitische Ausgangsbasis sind von der betrieblichen Leistungserstellung aus gesehen die mit ihr verbundenen ↑Kosten (S. 76). An ihnen orientiert sich das einfachste Verfahren der Preisfestsetzung: der geforderte Preis ist die Summe von betrieblichen Kosten je Produkteinheit („Selbstkosten") und einem Gewinnzuschlag. Das Verfahren ist für die Vergabe öffentlicher Aufträge nach den „Leitsätzen für die Preisermittlung aufgrund von Selbstkosten" sogar vorgeschrieben (↑öffentliches Auftragswesen S. 264). Grundsätzlich bleibt hierbei allerdings die Preisreaktion der Nachfrage unberücksichtigt, weshalb es auch höchstens zufällig zu einem möglichst hohen Gewinn als einem der Unternehmensziele kommt. Denkbar ist aber auch, daß die Wettbewerbslage auf dem Absatzmarkt gar keinen preispolitischen Spielraum läßt; alle Anbieter sähen sich aus Konkurrenzgründen gezwungen, zum gleichen Preis anzubieten (↑Polypol S. 190). Hier entschieden ausschließlich die betrieblichen Kosten und ihre Veränderung mit der erstellten Leistungsmenge über Gewinn und Verlust (↑Angebot S. 172).

In Wirklichkeit dürfte der Preis – wenn auch auf den verschiedenen Märkten in unterschiedlichem Maße – von dem einzelnen Anbieter beeinflußbar sein. Ein einzelner Anbieter kann sogar in der Lage sein, für das gleiche Produkt unterschiedliche Preise erfolgreich zu fordern. Diese Preisdifferenzierung ist möglich und lohnend, wenn die Preisreaktion der Nachfrager räumlich, zeitlich (z. B. jahreszeitlich), nach dem Verwendungszweck (z. B. Haushalts- und Kraftstrom) und individuell (z. B. Patient) unterschiedlich ist; allerdings kann die Marktsegmentierung (↑Absatz – Marketing S. 150) selbst Kosten verursachen (z. B. durch unterschiedliche Produktgestaltung), die mitzuberücksichtigen sind. Werden mehrere Produkte gleichzeitig angeboten, kann eine Sortimentpreisbildung gewinnsteigernd sein: Auffällige Sortimentsteile werden mit Verlust angeboten, um das Gesamtsortiment besonders preiswert erscheinen zu lassen. Auf diese Weise wird versucht, über den Absatz der anderen Sortimentsteile die Verluste auszugleichen und den Gesamtgewinn zu maximieren. Ferner kann es für einen Hersteller lohnend sein, den Handel durch eine (in der BRD nur begrenzt mögliche) ↑Preisbindung der zweiten Hand (S. 430) oder eine Preisempfehlung preispolitisch zu kontrollieren. Schließlich kann sich der Versuch einer gemeinsamen Preispolitik aller Anbieter auf einem Markt auszahlen, etwa indem sie sich stillschweigend auf eine Preisführerschaft durch einen der Anbieter einigen (↑Wettbewerbsbeschränkungen S. 408).

A. Bänsch: Einf. in die Marketing-Lehre. München 1974. – B. Tietz: Marketing. Düsseld. 1978.

Einflußfaktoren der betrieblichen Preispolitik

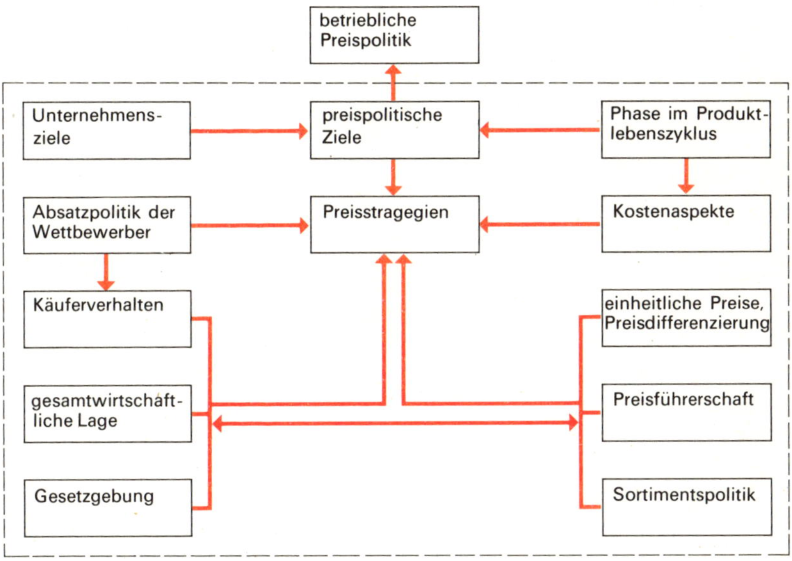

Konditionen – Kundendienst

Lieferungs- und Zahlungsbedingungen (Konditionen) sowie technischer und kaufmännischer Kundendienst gehören zu den absatzpolitischen Instrumenten, die geeignet sind, bei Nachfragern Präferenzen zugunsten eines Erzeugnisses bzw. Anbieters zu schaffen. Insofern kann ihr Einsatz z. B. die ↑betriebliche Preispolitik (S. 156) ergänzen oder (teilweise) ersetzen. Allerdings wird er wie bei anderen Instrumenten der Präferenzpolitik (↑Produkt- und Sortimentspolitik S. 160, ↑Werbung S. 162) rechtlich eingeschränkt (z. B. ↑Kaufvertragsrecht S. 132, ↑Allgemeine Geschäftsbedingungen S. 134 und Vorschriften für das ↑Abzahlungsgeschäft S. 132). Aber auch der vertragliche Verzicht von Anbietern auf Konditionen als Mittel des Wettbewerbs zugunsten einheitlicher Regelungen (Konditionenkartell) stößt auf rechtliche Grenzen (↑Kartellrecht S. 418).

Im einzelnen gehören zu den Lieferbedingungen u. a. Lieferzeit, Erfüllungsort, Regelung der Zahllast bei Lieferkosten sowie des Umtauschrechts. So können feste Liefertermine vereinbart werden, bei deren Überschreitung Strafen zu zahlen sind, oder Lieferzeiträume, in denen – auch in Teilen – auf Abruf geliefert wird. Mit dem Erfüllungsort wird festgelegt, wo die Gefahren zufälliger Beschädigung, Verschlechterung oder Vernichtung vom Verkäufer auf den Käufer übergehen. Lieferkosten entstehen z. B. durch Porto, Fracht, Transportversicherung und Schutzverpackung. Das Umtauschrecht kann z. B. – wie im Versandhandel üblich – durch den Umtausch bei Nichtgefallen erweitert werden. Die Zahlungsbedingungen enthalten vor allem Zahlungstermine (Vorauszahlung, Zug um Zug, nach festgelegter Frist, in Raten), die Ab- bzw. Aufschläge für vorzeitige bzw. verspätete Zahlung (Skonti bzw. Verzugszinsen sowie Sicherheitsleistungen, z. B. ↑Eigentumsvorbehalt S. 132 bei Ratenkäufen). Bei langlebigen Gebrauchsgütern wird häufig die Inzahlungnahme gebrauchter Güter vereinbart und darüber ein verdeckter Preisnachlaß gewährt. Bei Exportgeschäften erfolgt die Zahlung vielfach über ein sog. Akkreditiv, bei dem zur Zahlungssicherung vom Importeur und Exporteur je eine Bank zu treuhänderischer Zahlungsabwicklung eingeschaltet wird. Nicht zuletzt im Rahmen der ↑Wirtschaftsbeziehungen mit Staatshandelsländern (S. 324) besteht die Gegenleistung häufig ganz oder teilweise aus Sachgütern oder Dienstleistungen (Gegengeschäft).

Der Kundendienst umfaßt zusätzliche Dienstleistungen des Verkäufers, die den Absatz seines eigentlichen Erzeugnisses fördern sollen. Technischer Kundendienst (Montage, Inspektion, Wartung, Reparatur, Ersatzteilversorgung, Hilfe bei der Verwendung) ist vor allem bei langlebigen, komplizierten technischen Sachgütern zweckmäßig und verbreitet. Er wird überwiegend vom Hersteller selber bzw. von Absatzorganen (↑Absatzmethoden S. 154) vorgenommen, die an ihn zumindest wirtschaftlich gebunden sind (z. B. Kfz-Kundendienst). Die kaufmännischen Kundendienste bestehen aus Information und Beratung beim Kauf, Erleichterung des Kaufs (z. B. telefonische Auftragsannahme, Parkplätze, Erfrischungsräume), Zustellung, Garantie- und Kreditgewährung. Letztere liegt z. B. vor, wenn bei persönlichem Kontakt zwischen Einzelhändler und Verbraucher durch „Anschreiben" formlos Kredit gewährt wird; dazu gehören auch Zahlungserleichterungen durch lediglich monatliche Abrechnung laufender Käufe etwa in Warenhäusern (sog. Monatskonten). Bei Ratenkauf kann der Verkäufer die Kreditbeschaffung übernehmen (Verkäuferfinanzierung) im Unterschied zur Käuferfinanzierung, bei der der Käufer den Kredit von Finanzierungsinstituten beschaffen muß. Verkäuferfinanzierung ist einmal dadurch möglich, daß der Verkäufer Ratenzahlungsverträge durch Finanzierungsinstitute bevorschussen läßt. Ebenso kann er für die Ratenzahlung ↑Wechsel (S. 258) des Käufers annehmen und diskontieren lassen, wie dies im Kfz-Handel verbreitet ist.

G. Wöhe: Einf. in die Allg. Betriebswirtsch. 5. Aufl. München 1979. – B. Tietz: Marketing. Düsseld. 1978.

Konditionen – Kundendienst

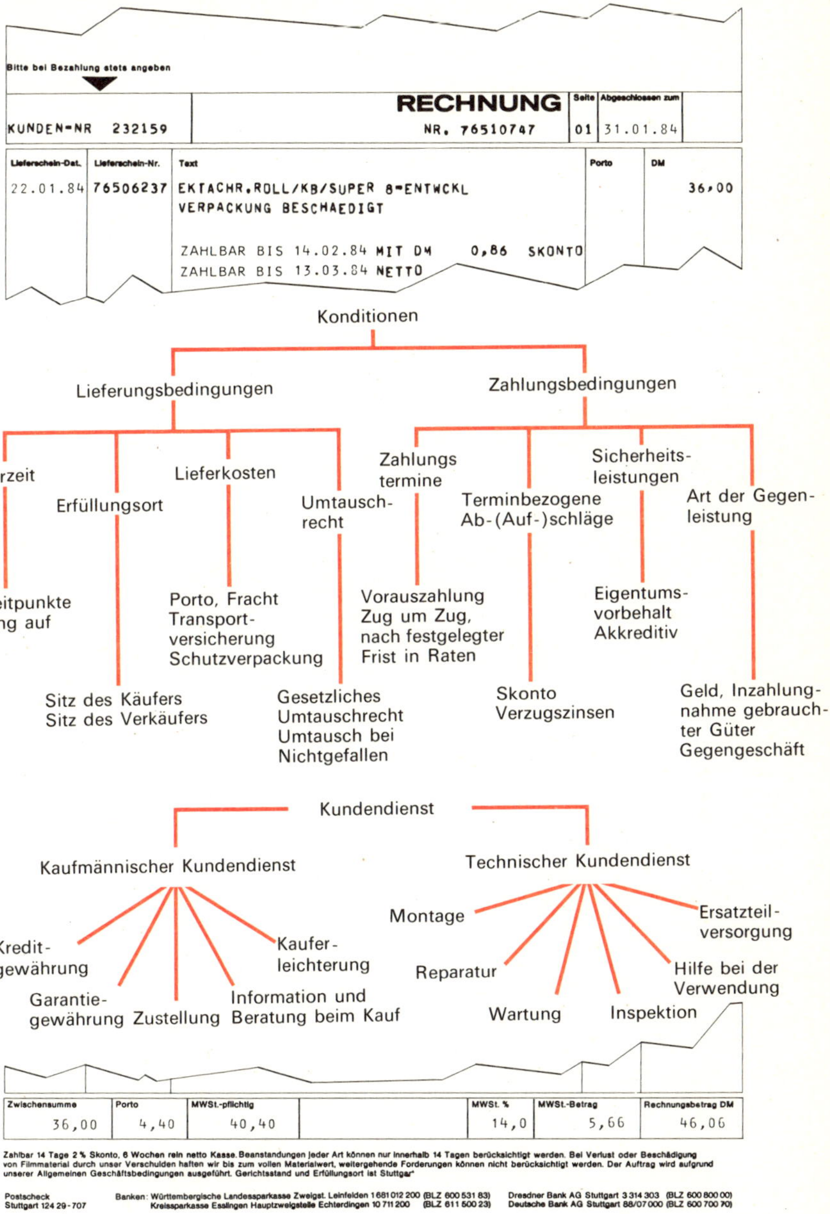

Produkt- und Sortimentspolitik

Gegenstand der Produktpolitik sind die Gestaltung und das Zusammenfügen von Produktkern, Markierung und Verpackung. Die Produktgestaltung bezieht sich auf das Material, die Verwendungszwecke, Form, Farbe und Geschmack. Durch die Markierung soll das Produkt leicht wiedererkannt werden und von anderen Produkten unterscheidbar sein. Beim Markenartikel werden über die Markierung hinaus nicht zuletzt mittels ↑Werbung (S. 162) i.d.R. noch die Merkmale hohe Qualität, möglichst stabiler Preis sowie dichtes Verkaufsnetz hervorgehoben. Die Verpackung dient dem Transportschutz, der Aufbewahrung und insbesondere bei Selbstbedienung der Mengenbemessung und Information über das Produkt. Das Produkt wird häufig durch Dienstleistungen (↑Kundendienst S. 158) ergänzt. Für den Verbraucher steht der Nutzen oder das Produkterlebnis im Mittelpunkt (z. B. Produkt: Motorrad, Erlebnis: Fahrvergnügen). Als produktpolitische Maßnahmen kommen vor allem in Betracht: 1) Die Einführung neuer Produkte. Sie ist mit der Chance hoher Gewinne und großen Wachstums einerseits und dem Verlustrisiko durch unzulänglichen Absatz andererseits verbunden. Der Vorgang der Annahme eines neuen Produktes durch die Verwender läßt sich in folgende Phasen einteilen: Aufmerksamkeit (Kenntnis des Vorhandenseins des Produktes), Interesse (Suche nach Informationen über das Produkt), Bewertung (Abwägen, ob es zweckmäßig ist, das Produkt auszuprobieren), Versuch (in kleinem Umfang zur besseren Bewertung) und letztlich Kauf bzw. Ablehnung. Die Unternehmen versuchen den Annahmevorgang u. a. durch Werbung, Beratung, Vorführungen und Verteilung von Gratisproben zu beschleunigen. 2) Produktveränderungen werden vorgenommen, um z. B. durch Ausnutzung des technischen Fortschritts Produkte anbieten zu können, die nach dem Urteil der Abnehmer Konkurrenzerzeugnissen überlegen sind. 3) Produkte werden vom Markt genommen, nicht zuletzt wenn die Nachfrage nach ihnen zurückgeht und ihr Absatz nicht mehr lohnt. Aber auch die geplante Veralterung ist zu beobachten; sie wird durch Verbesserung der Verwendbarkeit (z. B. schrittweiser Einbau von bekannten Sicherheitsvorrichtungen in aufeinander folgende Modelle), durch geändertes Produktäußeres (z. B. Mode) oder durch Einbau von Schwachstellen erzielt. Insbesondere die letzte Maßnahme ist eindeutig abnehmerschädlich und beinhaltet eine Verschwendung von Produktionsfaktoren.

Die Sortimentspolitik betrifft die Auswahl der Produkte, die ein Unternehmen anbietet. Bei Eigenproduktion besteht das Sortiment aus den im Unternehmen hergestellten Produkten und gegebenenfalls aus den als Ergänzung gehandelten Waren. Gleichartige Produkte werden in einer Produktlinie zusammengefaßt. Die Anzahl der Produkte in einer Linie bestimmt die Sortimentstiefe. Die Anzahl der Produktlinien bestimmt die Sortimentsbreite. Zusammen sollen sie ein Sortimentsgefüge ergeben, wie es die anzusprechenden Abnehmer wünschen. Dabei sind etwa die gemeinsame Verwendung (z. B. Kamera – Film) und der Wunsch, „in einem Zug“ einzukaufen, zu berücksichtigen. Bei Produktdifferenzierung werden Erzeugnisse variiert, um mehrere Produkte für unterschiedliche Marktsegmente (↑Absatz S. 150) anbieten zu können. Dazu können Differenzierungen bei den anderen absatzpolitischen Instrumenten, z.B. der ↑betrieblichen Preispolitik (S. 156, Preisdifferenzierung) treten. Insbesondere dem Wachstum, der Sicherung von und dem Risikoausgleich in Unternehmen dient die Produktstreuung oder Diversifikation. Sie kann auf der gleichen Stufe (z. B. eine Eisenbahngesellschaft bietet zusätzlich Straßentransporte an), stufenverschieden durch Aufnahme vor- oder nachgelagerter Produktions- bzw. Handelsstufen (z. B. eine Baumschule bietet zugleich Mutterboden an) oder ohne Bezug zum bestehenden Sortiment (z. B. ein Nahrungsmittelhersteller gliedert sich ein Touristikunternehmen an) vorgenommen werden.

J. Bidlingmaier: Marketing 2. Reinbek 1973. – B. Tietz: Marketing. Düsseld. 1978.

Phasen der Neuproduktentscheidung

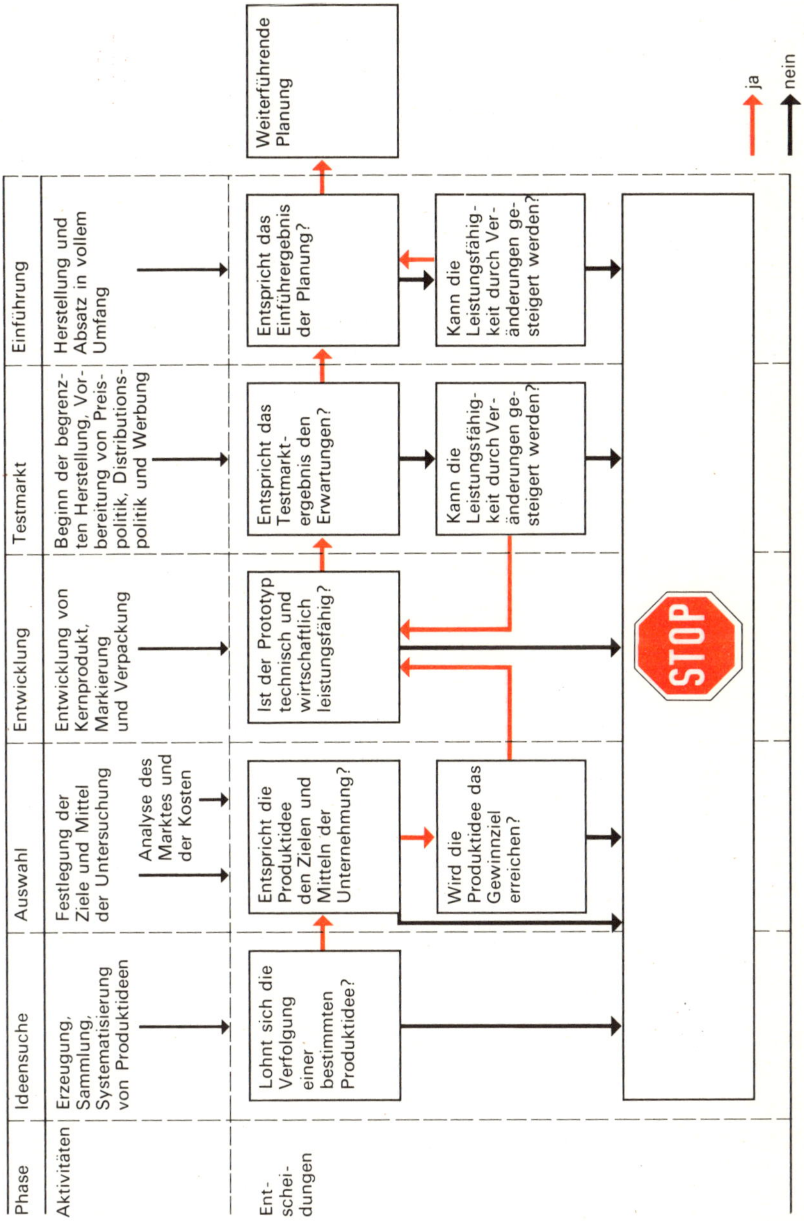

Werbung

Mit Werbung wird versucht, durch Beeinflussung möglicher Nachfrager mit Hilfe besonderer Werbemittel den Absatz eines Unternehmens (Einzelwerbung) oder einer Unternehmensgruppe bzw. eines Wirtschaftszweiges (Gemeinschaftswerbung) zu fördern. Auch andere absatzpolitische Instrumente (z. B. ↑Kundendienst S. 158) können Nachfrager beeinflussen; erst der Einsatz besonderer Werbemittel unterscheidet die Werbung von ihnen. Von der Absatzwerbung zu trennen sind die Public Relations insofern, als diese auf die Pflege der Beziehungen zwischen Unternehmen und Öffentlichkeit – also nicht nur Nachfragern – abstellen.

Nach den angestrebten Absatzzielen kann Werbung der Einführung neuer Produkte, der Erhaltung und der Ausweitung des Absatzes dienen. An diesen Zielen orientiert sich die Werbebotschaft. Ansatzpunkte sind dabei Überlegungen und Motive, die bei Kaufentscheidungen der Nachfrager zusammenwirken. Daher werden Empfindungen, Vorurteile, Interessen und Gewohnheiten berücksichtigt, von denen vermutet wird, daß sie bei den Umworbenen bewußt oder unbewußt bestehen oder erzeugt werden können. Für die Ausgestaltung der Werbebotschaft ergeben sich daraus eine Reihe von Kriterien; sie werden außerdem bei der Beurteilung des Werbeerfolgs herangezogen, weil häufig Absatzveränderungen dem Werbeaufwand nicht oder nicht zweifelsfrei zurechenbar sind. Es kommt darauf an, 1) bei gezielter Werbung ausschließlich – und möglichst viele – Mitglieder der Zielgruppe zu erreichen (sog. Berührung); 2) die Aufmerksamkeit der Umworbenen zu gewinnen (z. B. durch Lichteffekte, Bewegung, Inseratengröße, Originalität); 3) Erinnerung wenigstens an Teile der Werbebotschaft zu schaffen (z. B. durch Wiederholung); 4) Interesse zu wecken oder zu stärken (z. B. durch Information über Produkteigenschaften, Appelle an Verstand und Gefühl) sowie 5) die Kaufentscheidung zu erleichtern (z. B. durch Hinweis auf die Möglichkeit des Ratenkaufs, des Umtauschrechts bei Nichtgefallen). Da die Ausgestaltungsmöglichkeit der Werbebotschaft auch von der Art der Übermittlung abhängt, müssen die alternativen Werbemittel (z. B. Schaufensterauslage, Zeitungsinserat, Werbebrief, Werbefernsehsendung) und die Werbeträger (z. B. Schaufenster, Zeitung, Bundespost, Fernsehanstalten) bei der Werbeplanung mitberücksichtigt werden.

Anhaltspunkte über die Werbewirkung der einzelnen Werbemittel lassen sich mit Methoden der ↑Marktforschung (S. 152) gewinnen. Im Interesse einer wirtschaftlichen Absatzpolitik muß die Werbeplanung mit den übrigen absatzpolitischen Dispositionen abgestimmt werden (Marketing-Mix, ↑Marketing S. 150). Zugleich beinhaltet Werbeplanung auch Budgetierung, d. h. Disposition über Werbeaufwendungen. Diese wird dadurch erschwert, daß dazu nötige Informationen über die Absatzwirkung alternativer Werbeaufwendungen i. d. R. sehr unvollkommen sind, ganz zu schweigen von den Wirkungen unterschiedlicher Kombinationen verschiedener absatzpolitischer Instrumente. Daher beschränken sich Unternehmen häufig darauf, den Werbeaufwand etwa als Prozentsatz des geplanten Umsatzes vorzugeben und lediglich die Aufteilung der geplanten Aufwendungen auf die Werbemittel an Erfolgskriterien wie dem Berührungserfolg (= Zahl der durch eine Werbeaktion Erreichten im Verhältnis zur Größe der Zielgruppe) zu orientieren.

Für den Einsatz der Werbung gibt es neben den Kosten auch rechtliche Grenzen (↑unlauterer Wettbewerb S. 434, ↑Verbraucherschutz S. 438). Eine Beurteilung der Werbung, die über die mit ihr verfolgten absatzpolitischen Ziele hinausgeht, setzt eindeutige Antworten vor allem auf folgende Fragen voraus: 1) Kann Produktinformation so beschaffen sein, daß sie die ↑Konsumentensouveränität (S. 34) unangetastet läßt? 2) Ist es stets negativ zu bewerten, wenn durch Werbung Bedürfnisse geweckt oder verstärkt werden? 3) Könnten neutrale Informationsstellen die Werbung der einzelnen Anbieter befriedigend ersetzen?

A. Bänsch: Einf. in die Marketing-Lehre. München 1974. – B. Tietz: Marketing. Düsseld. 1978.

Werbung und Werbewirkung

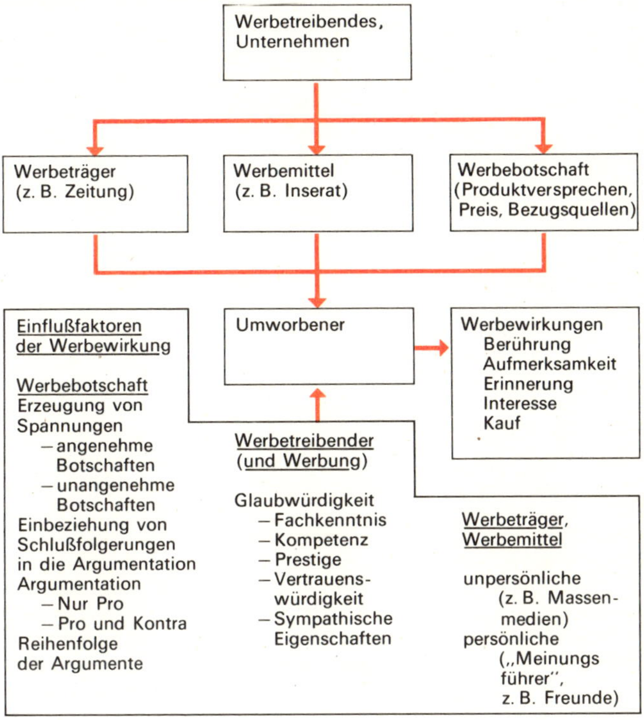

Anteil ausgewählter Werbeträger am Netto-Werbeumsatz 1981

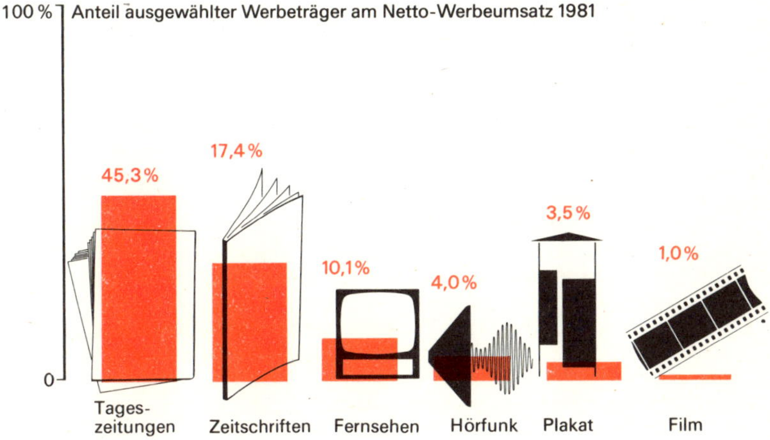

Markt

Ein Markt entsteht, wenn Wirtschaftssubjekte in ihren jeweiligen Rollen als Konsumenten, Produzenten und Eigentümer von Produktionsfaktoren mit anderen Wirtschaftssubjekten Kontakt aufnehmen, um ihre Tauschpläne, d. h. ihre Kauf- und Verkaufspläne zu verwirklichen (Gegenstand des Tauschverkehrs: Güter, Dienstleistungen und Rechte). Das aus diesem Zusammentreffen von Angebot und Nachfrage entstehende Netz von Tauschbeziehungen und Informationsströmen zwischen den Marktteilnehmern wird als Markt bezeichnet. – Isoliert man Wirtschaftsbeziehungen mit gleichen Merkmalen bzw. Merkmalskombinationen und faßt sie zusammen, kommt man vom Gesamtmarkt zu Teil- bzw. Einzelmärkten. Nach ihrer räumlichen Ausdehnung lassen sich lokale, regionale, nationale Märkte, Weltmärkte unterscheiden; nach dem gehandelten Objekt gibt es eine Vielzahl von sachlich verschiedenen Märkten, wobei die Zahl der Märkte davon abhängt, wie eng oder wie weit „Objekt" definiert ist (Arbeitsmarkt, Markt für Bauhilfsarbeiterleistungen, Konsumgütermarkt, Getränkemarkt, Markt für alkoholische Getränke, Weinmarkt, Rotweinmarkt, Markt für französische Rotweine, ...). Der Markt für ein bestimmtes Objekt ist dann definiert als Gesamtheit der Wirtschaftsbeziehungen zwischen den Anbietern und Nachfragern dieses Objektes innerhalb eines abgegrenzten geographischen Gebietes während einer bestimmten Wirtschaftsperiode. Wie ein solcher Markt aus dem Gesamtzusammenhang „herausgeschnitten" und abgegrenzt wird, hängt von der jeweiligen Fragestellung ab. In jedem Fall bleibt der für eine arbeitsteilige Wirtschaft typische wechselseitige Zusammenhang aller wirtschaftlichen Beziehungen erhalten; folglich sind alle Märkte miteinander verflochten.

Märkte sind in unterschiedlichem Maße organisiert. Für bestimmte Objekte werden Märkte regelrecht veranstaltet, d. h. Anbieter und Nachfrager treffen zu bestimmten Zeiten an einem bestimmten Platz zusammen, um nach mehr oder weniger festgelegten Regeln Tauschverträge auszuhandeln (↑ Börsen S. 252, Versteigerungen, Messen, Ausstellungen, Wochenmärkte). Die Umgangssprache versteht unter „Markt" fast ausschließlich diese konkreten, „sichtbaren" Märkte. Der weit überwiegende Teil der Märkte ist jedoch unorganisiert. – Märkte unterscheiden sich weiter hinsichtlich der Zahl und Größenstruktur der Anbieter und Nachfrager.

Eine arbeitsteilige Wirtschaft ist nur dann funktionsfähig, wenn leidlich sichergestellt ist, daß die vielfältigen Tätigkeiten der wechselseitig aufeinander angewiesenen Wirtschaftssubjekte „zusammenpassen". Die ↑ Koordination von Wirtschaftsplänen (S. 16) leistet der Markt, indem er von sich aus Kräfte entwickelt, die auf einen Ausgleich von Angebot und Nachfrage auf allen Einzelmärkten hinzielen („Gleichgewichtstendenz" des Marktes). Eine zentrale Rolle spielen dabei die Preise, die sich auf den Märkten aufgrund von Angebot und Nachfrage bilden (↑ Preisbildung S. 174); über die Preise erhalten die Marktteilnehmer Informationen, die sie zu „Reaktionen" verarbeiten. Der Markt ist somit ein „kybernetisches" System (↑ Kybernetik S. 630), welches selbsttätig für eine Abstimmung der zahllosen Wirtschaftspläne unter sich ständig ändernden Wirtschaftsbedingungen sorgt.

Zugleich ermöglicht der Markt, daß Güter (einschließlich Produktionsfaktoren) von denen, für die sie geringeren Wert haben, zu denen wandern, für die sie höheren Wert haben, so daß die am Tausch beteiligten Wirtschaftssubjekte – ihrem eigenen Urteil nach – reicher werden. Übereinstimmung der Nachfrage- und Angebotspläne bedeutet, daß die in einer Wirtschaftsperiode verfügbaren Güter gerade so von den Wirtschaftssubjekten ausgetauscht werden, daß keine weiteren beiderseits lohnenden Tauschmöglichkeiten mehr bestehen. Insoweit kann der Markt für eine bestmögliche Nutzung der verfügbaren Güter sorgen.

E. Preiser: Nationalökonomie heute. 12. Aufl. München 1975. – A. Stobbe: Volkswirtschaftslehre II. Berlin u. a. 1983.

Vereinfachtes Beispiel für die Verflechtung (Interdependenz) der Märkte

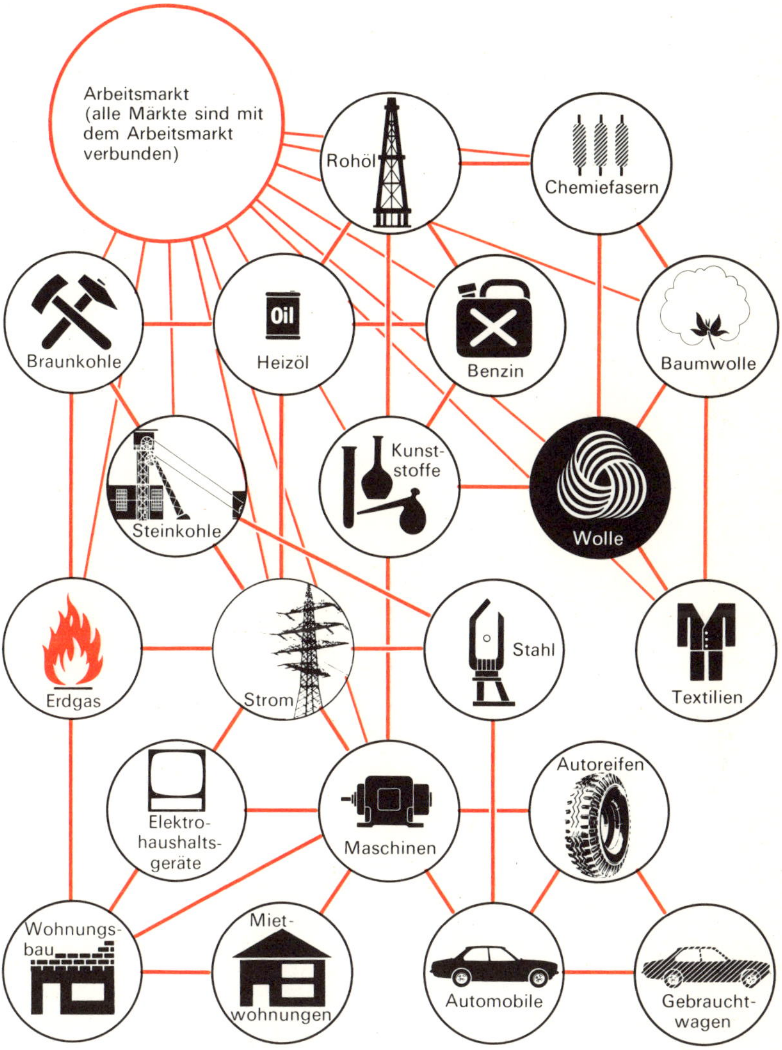

(Änderungen der Verhältnisse auf einem Markt wirken sich mit unterschiedlicher Stärke auf alle anderen Märkte der Wirtschaft aus und wirken von dort aus möglicherweise wieder zurück)

Private und öffentliche Güter

Güter können danach unterschieden werden, ob ihre Inanspruchnahme durch einen Nutzer die gleichzeitige Inanspruchnahme durch andere ausschließt oder nicht. Werden andere daran gehindert, das gleiche Gut ebenfalls zu nutzen, ist „nur rivalisierende Inanspruchnahme“ möglich (z. B. dasselbe Stück Brot, dasselbe Fahrrad, derselbe Stuhl, dieselbe ärztliche Untersuchung).

Güter, die gleichzeitig von mehreren Wirtschaftssubjekten in Anspruch genommen werden können, ohne daß dadurch nennenswerte zusätzliche Kosten anfallen, sind Güter, bei denen „nicht rivalisierende (gemeinsame) Inanspruchnahme“ möglich ist (Kollektivkonsumgüter). So kann eine ausgestrahlte Fernsehsendung von einer Person „konsumiert“ werden, ohne daß dadurch anderen Personen die Möglichkeit beschnitten wird, ebendieses Gut (die Fernsehsendung) zu konsumieren, und ohne daß dem Anbieter (dem Sender) dadurch zusätzliche Kosten entstehen. Die Leistungskapazität dieses Gutes ist praktisch unbegrenzt. Ähnliches gilt für Rundfunksendungen, Leuchtturm, Musikstücke, nationale Verteidigung, Rechtsordnung, Maßnahmen zur Hebung des allgemeinen Gesundheitszustandes oder der Verkehrssicherheit. Bei anderen Einrichtungen oder Gütern ist eine nichtrivalisierende Inanspruchnahme nur innerhalb mehr oder weniger enger Kapazitätsgrenzen möglich, z. B. Straße, Brücke, Park, Fähre, Pkw.

Während bei Gütern mit „rivalisierender Nutzbarkeit“ es den jeweiligen Eigentümern ohne weiteres möglich ist, Wirtschaftssubjekte vom Bezug eines solchen Gutes auszuschließen, ist bei manchen Gütern, die „gemeinsam“ in Anspruch genommen werden können, der Ausschluß von Nutznießern aus technischen Gründen nicht oder nur zu unverhältnismäßig hohen Kosten möglich. Wird z. B. ein Deich errichtet, so kann niemand im Überschwemmungsgebiet von der Inanspruchnahme der Leistung – Schutz vor Überschwemmungen – ausgeschlossen werden; es ist zwar technisch möglich, diejenigen von der Benutzung eines Stadtstraßennetzes auszuschließen, die Bau- und Unterhaltungskosten nicht mittragen wollen, jedoch nur zu unvertretbar hohen Erhebungs- und Überwachungskosten. Solche Güter werden als öffentliche Güter bezeichnet. Wegen der fehlenden Ausschließbarkeit wird im Regelfall kein Interessent an einem öffentlichen Gut bereit sein, für die Bereitstellung des gewünschten Gutes einen Preis zu zahlen, weil er darauf spekuliert, daß ein anderer für die Bereitstellung sorgt und er dann unentgeltlich (als „Trittbrettfahrer“) in den Genuß des Gutes kommen kann; aus demselben Grund könnte kein Produzent eines solchen Gutes mit einem Erlös rechnen (der gesellschaftliche Wert seines Produkts wäre bis auf die eigene Nutzung ↑externe Ersparnis S. 180). Für ein öffentliches Gut wird sich daher kein Markt bilden. Die Versorgung mit öffentlichen Gütern kann demnach nicht dem Markt überlassen werden, sie muß vom Staat oder anderen Organisationen „kollektiv“ geregelt werden.

Güter, bei denen das Ausschließungsprinzip ökonomisch anwendbar ist, bezeichnet man als private Güter; die Versorgung der Gesellschaft mit diesen Gütern kann im Prinzip den privatwirtschaftlichen Entscheidungen – dem Markt – überlassen werden. In einigen Fällen, in denen nichtrivalisierende Inanspruchnahme möglich ist, stellt sich die Frage, ob das Ausschließungsprinzip angewendet werden soll angesichts der Tatsache, daß die Mehrbeanspruchung dieser Güter – sind sie einmal erstellt – keine zusätzlichen Kosten verursacht (z. B. technisches Wissen, Ausschluß durch Patentrecht; Literaturerzeugnisse, Ausschluß durch Copyright). Vielfach verbietet die Rechtsordnung aus sozialen Erwägungen die Anwendung des Ausschließungsprinzips (Benutzung von Straßen, Waldwegen, Seen, Schulen u. a.).

A. Stobbe: Volkswirtschaftslehre II. Berlin u. a. 1983. – M. E. Streit: Theorie der Wirtschaftspolitik. 3. Aufl. Düsseld. 1983.

Ausschließungsprinzip und Eigentumsordnung

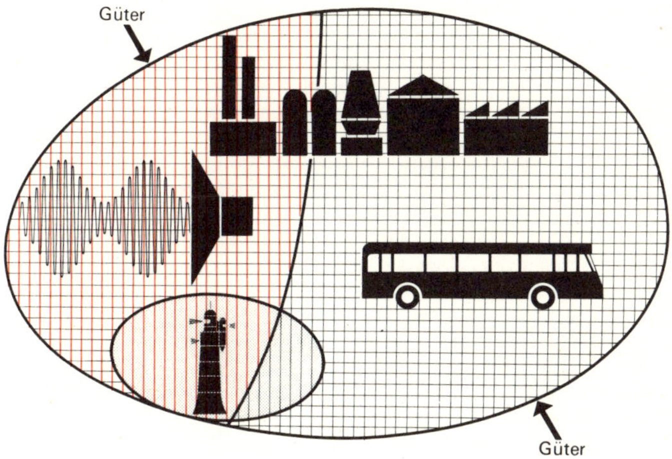

private Güter

öffentliche Güter

Güter im Privateigentum

Güter im öffentlichen Eigentum

Öffentliche Güter bzw. Einrichtungen, die öffentliche Güter abgeben, müssen nicht unbedingt im öffentlichen Eigentum sein (privater Rundfunksender, Wald);
private Güter müssen nicht unbedingt im Privateigentum stehen (Kohle, Stahl, Theater, u. a. m.).

Nutzen und Wert von Gütern

Der Wert eines Gutes gibt den Grad der Bedeutung dieses Gutes zur Erfüllung eines Zweckes an. Die Menge *g* eines Gutes *G* bewerten heißt, die Menge *h* eines Gutes *H* (häufig auch: Geld) anzugeben, die im Hinblick auf einen bestimmten Zweck für gleich bedeutsam (= gleichwertig) angesehen wird. Für Konsumenten sind Güter Mittel zur Bedürfnisbefriedigung, für Produzenten Mittel zur Gewinnerzielung. Ein Gut erlangt nur insoweit einen Wert, als zumindest ein Wirtschaftssubjekt dieses Gut oder das, was unter Mitwirkung dieses Gutes hergestellt werden kann, als Konsumgut haben will. Der Wert von Produktionsgütern ist also stets ein von den Werten der Konsumgüter abgeleiteter Wert. Die Frage nach dem Wert, den ein Wirtschaftssubjekt einem Gut beimißt, ist zugleich die Frage nach dem Höchstbetrag der Gegenleistung (Menge eines anderen Gutes oder Geldbetrag), die das Wirtschaftssubjekt als Nachfrager für das Gut zu bieten bereit ist (= Beschaffungspreisobergrenze), und nach dem Mindestbetrag der Gegenleistung, für den das Wirtschaftssubjekt das Gut als Anbieter abzugeben bereit ist (= Abgabepreisuntergrenze).

Was bestimmt nun den Wert eines Gutes für ein Wirtschaftssubjekt? Wovon hängt es z. B. ab, was ein Konsument *K* mindestens für die Hergabe einer Mengeneinheit *a* eines Gutes *A* verlangt? Verzichtet *K* auf den Konsum dieser Mengeneinheit, ist sein Wohlbefinden (= „Nutzenniveau" = Grad der Bedürfnisbefriedigung) geringer als ohne diesen Verzicht. Diese Nutzeneinbuße entspricht dem „Gebrauchswert", den *K* „rein subjektiv" *a* beimißt; mangels brauchbarer Maßstäbe kann sie nicht genau gemessen werden (ihr Ausmaß dürfte u. a. davon abhängen, wieviel *K* von *A* und anderen Gütern im Beispiel zur Verfügung hat). Die Abgabepreisuntergrenze für *a* wird nun aber nicht nur vom Ausmaß dieser subjektiv bestimmten Nutzeneinbuße bestimmt, sondern auch ganz entscheidend davon, welche Möglichkeiten *K* in der betrachteten Situation tatsächlich hat, durch Beschaffung anderer Güter diese Nutzeneinbuße auszugleichen. Könnte die Nutzeneinbuße durch Beschaffung und Verwendung von 2 Mengeneinheiten des Gutes *B* bei einem notwendigen Aufwand von 16 Mark oder von 4 Mengeneinheiten des Gutes *C* bei einem Aufwand von 8 Mark ausgeglichen werden, dann betrüge der Wert von *a* für *K* 8 Mark. Je zahlreicher, je besser und je billiger die für *K* tatsächlich erreichbaren Ersatzgüter für *A* sind, um so geringer ist der Wert von *a* für *K*. (Entsprechendes gilt für die Bestimmung der Werte von Produktionsgütern für Produzenten.) Der Wert eines Gutes für ein Wirtschaftssubjekt ist also keine dem Gut innewohnende Eigenschaft, ist kein im Gut selbst steckender „objektiver" Wert und ist auch keine Größe, die einem Gut wegen seiner physikalisch-technischen Beschaffenheit oder gar wegen seiner Entstehungsgeschichte („zur Produktion des Gutes wurden soundsoviel wertvolle Arbeitsstunden aufgewendet") zukommt – unabhängig von einem bewertenden Wirtschaftssubjekt. Der Wert ist aber auch nie allein das Ergebnis einer „rein subjektiven" Nutzenschätzung des Gutes („Gebrauchswert") durch ein Wirtschaftssubjekt im Sinne einer isolierten Beziehung zwischen Wirtschaftssubjekt und dem Gut. Für ein Wirtschaftssubjekt kann sich der Wert eines Gutes ändern, wenn sich das Feld seiner tatsächlichen Handlungsmöglichkeiten ändert, ohne daß sich an seiner subjektiven Wertschätzung etwas ändert.

Unter Tauschwert oder Marktwert eines Gutes *G* versteht man schlicht Gütermengen oder Geldbeträge, die man für eine Einheit von *G* im Austausch erhält oder hergeben muß (= Marktpreis). Der Marktpreis hängt von Angebot und Nachfrage ab (↑Preisbildung S. 174). Was bei verschieden hohen Preisen angeboten und nachgefragt wird, hängt von den Werten ab, welche die einzelnen Wirtschaftssubjekte den Gütern beimessen. Der Marktwert ist dann ebenfalls weder „objektiver" noch „rein subjektiver" Wert.

K. Häuser: Volkswirtsch. 10. Aufl. Frankf. a. M. 1974. – W. Stützel: Wert und Preis. Hwb. der Betriebswirtschaft. Bd. 3. 4. Aufl. Stuttg. 1976. Sp. 4404–4425.

Wert eines Produktionsgutes für einen Produzenten in Abhängigkeit von seinen Handlungsmöglichkeiten

Ausgangslage: Produzent P produziert mit den Produktionsgütern S, T, U, V, W und X eine bestimmte Menge von Gut G, für die er einen bestimmten Verkaufserlös erzielt. P erwägt den Mehreinsatz von einer Einheit S, der eine Erhöhung der Produktionsmenge um 5 Einheiten G mit einem Mehrerlös von 200 Mark bringt. Was ist S für P wert?

für P in Betracht kommende Handlungsmöglichkeiten	Wert von S
S einsetzen oder S nicht einsetzen	200 Mark
S einsetzen oder eine Menge von T zusätzlich einsetzen, die – bei einem Beschaffungsaufwand von 250 Mark – einen Mehrerlös von 200 Mark bringt, oder weder S noch T	200 Mark
S einsetzen oder eine Menge von U zusätzlich einsetzen, die – bei einem Beschaffungsaufwand von 100 Mark – einen Mehrerlös von 200 Mark bringt, oder weder S noch U	100 Mark

Auswertung: Da
- der Mehrerlös auf Grund des Mehreinsatzes von S um so höher ist, je höher der Preis von G und je produktiver S ist
- der Beschaffungsaufwand für Produktionsgütermengen, die den gleichen Mehrerlös wie S bringen, um so höher ist, je weniger gut diese Produktionsgüter im Produktionsprozeß S ersetzen können und je teurer die Produktionsfaktoren sind

folgt: Der Wert von S für P hängt ab vom Preis für G, von den Preisen für T, U, V, W und X, von der Ergiebigkeit des Produktionsgutes S, vom Grad der Ersetzbarkeit von S durch andere Produktionsgüter

Nachfrage

Versucht ein Wirtschaftssubjekt, bestimmte Mengen eines Gutes käuflich zu erwerben, so fragt es dieses Gut nach. Die Nachfrage nach einem Gut auf einem geographisch abgegrenzten Markt ist dann die Summe der pro Zeiteinheit (Tag, Woche u. a.) auf dieses Gut gerichteten Kaufpläne der Wirtschaftssubjekte dieses Marktgebietes. Der Umfang dieser Nachfrage hängt von vielen Faktoren ab. Gilt das Interesse der Rolle der Nachfrage bei der Bestimmung der Marktpreise, ist es zweckmäßig, die Beziehung zwischen Nachfragemenge und Preis in den Vordergrund zu rücken. In diesem Fall wäre unter Nachfrage nach einem Gut die Summe der Informationen darüber zu verstehen, welche Mengen des Gutes pro Zeiteinheit jeweils bei verschieden hohen Preisen dieses Gutes nachgefragt werden würden – vorausgesetzt, die übrigen Bestimmungsfaktoren der Nachfragemenge seien unverändert. Diese hypothetische Beziehung zwischen Nachfragemenge und Preis („wenn dieser Preis, dann jene Menge...") läßt sich durch eine Kurve in einem Diagramm („Nachfragekurve") veranschaulichen.

Im Regelfall werden die Wirtschaftssubjekte bei einem niedrigeren Preis eine größere Menge nachfragen als bei einem höheren Preis („Normalnachfragereaktion"); dies ist empirisch gesichert und auch plausibel: Sinkt der Preis eines Konsumgutes, kommen wahrscheinlich neue Käuferschichten hinzu, die sich bei dem höheren Preis das Gut nicht leisten konnten oder wollten; diejenigen, die schon bei dem höheren Preis das Gut nachfragten, verstärken möglicherweise ihre Nachfrage, indem sie andere Güter teilweise durch das billiger gewordene Gut ersetzen. – Sinkt der Preis eines Produktionsgutes *Z*, dann sinken die Produktionskosten der Güter, bei deren Produktion *Z* eingesetzt wird, was wiederum die Ausdehnung der Produktion und damit auch einen vermehrten Einsatz von *Z* erlaubt; außerdem ersetzen die Produzenten – soweit dies produktionstechnisch möglich ist – andere Produktionsgüter teilweise durch *Z*.

Die Reagibilität der Nachfragemenge auf Preisänderungen läßt sich durch die Preiselastizität der Nachfrage ausdrücken, welche – grob gesprochen – angibt, um wieviel Prozent sich die von einem Gut nachgefragte Menge ändert, wenn sich der Preis um 1 % ändert. Die Reaktion der Nachfragemenge auf eine bestimmte Preisänderung wird generell um so stärker sein, 1) je größer die Substitutionsmöglichkeiten für die Nachfrager sind, d. h., je leichter sie das betrachtete Gut durch andere Güter oder andere Güter durch das betrachtete Gut ersetzen können; 2) je länger die Preisänderung zurückliegt, weil die Wirtschaftssubjekte Zeit benötigen, um sich an die veränderten Gegebenheiten anzupassen (Änderung von Gewohnheiten; Umstellung von Produktionsprozessen; Anpassungsverzögerung vor allem dann, wenn das betreffende Gut komplementär zu einem Gebrauchsgut mit langer Lebensdauer ist, z. B. elektrischer Strom und Elektrogeräte, Heizöl und Ölheizungen).

Die Nachfrage (im Sinne von „Nachfragekurve") nach einem Konsumgut hängt u. a. ab von: der Art der Bedürfnisse der Konsumenten; den Geldmitteln, die den Konsumenten zur Verfügung stehen; den Preisen anderer Konsumgüter; dem Grad der Marktübersicht der Konsumenten; ihren Zukunftserwartungen; der Zahl der Konsumenten. Die Nachfrage nach einem Produktionsgut (letztlich immer von der Nachfrage nach Konsumgütern abgeleitete Nachfrage) wird bestimmt von: der Nachfrage nach Gütern, welche unter Mitwirkung dieses Produktionsgutes produziert werden; den Preisen anderer Produktionsgüter; der Produktionstechnik; den Zukunftserwartungen der Produzenten. Daneben wird die Nachfrage vielfach auch von gesetzlichen Vorschriften aller Art beeinflußt. – Die Nachfrage nach einem Gut ändert sich, d. h., die Nachfragekurve verlagert sich, wenn sich Bestimmungsgrößen der Nachfrage ändern.

K. Häuser: Volkswirtsch. 10. Aufl. Frankf. a. M. 1974. – A. Stobbe: Volkswirtschaftslehre II. Berlin u. a. 1983.

Nachfrage

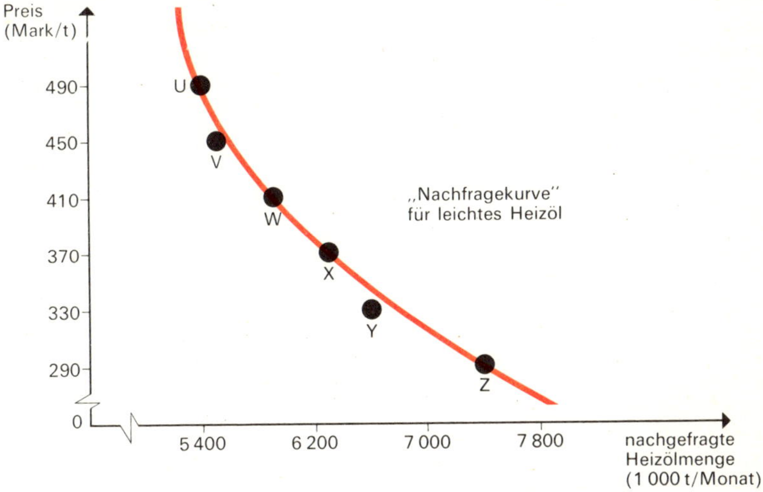

Preis (Mark/t)
490
450
410
370
330
290
0
U
V
W
X
Y
Z
„Nachfragekurve" für leichtes Heizöl
5 400
6 200
7 000
7 800
nachgefragte Heizölmenge (1 000 t/Monat)

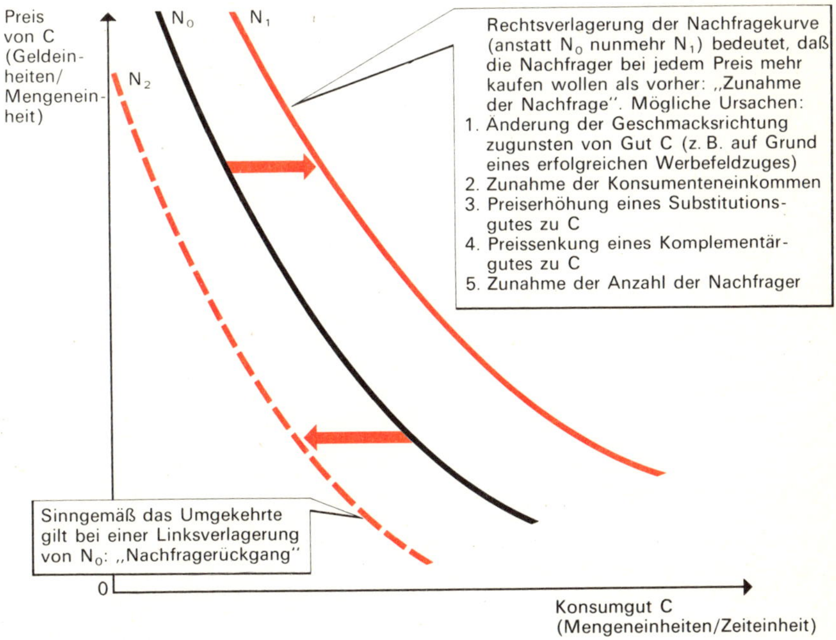

Preis von C (Geldeinheiten/Mengeneinheit)
N_0
N_1
N_2
Rechtsverlagerung der Nachfragekurve (anstatt N_0 nunmehr N_1) bedeutet, daß die Nachfrager bei jedem Preis mehr kaufen wollen als vorher: „Zunahme der Nachfrage". Mögliche Ursachen:
1. Änderung der Geschmacksrichtung zugunsten von Gut C (z. B. auf Grund eines erfolgreichen Werbefeldzuges)
2. Zunahme der Konsumenteneinkommen
3. Preiserhöhung eines Substitutionsgutes zu C
4. Preissenkung eines Komplementärgutes zu C
5. Zunahme der Anzahl der Nachfrager
Sinngemäß das Umgekehrte gilt bei einer Linksverlagerung von N_0: „Nachfragerückgang"
0
Konsumgut C (Mengeneinheiten/Zeiteinheit)

Angebot

Analog zum Konzept der ↑Nachfrage (S. 170) versteht man unter Angebot eines Gutes die Summe der Informationen darüber, welche Mengen des Gutes pro Zeiteinheit jeweils bei verschieden hohen Preisen insgesamt auf dem Markt angeboten werden würden – Fortbestand der gerade herrschenden Angebotsbedingungen vorausgesetzt. Diese hypothetische Beziehung zwischen dem Marktpreis und der Angebotsmenge läßt sich durch eine „Angebotskurve" darstellen. – Zu unterscheiden ist zwischen 1) dem (Markt-)Angebot an Gütern, von denen pro Zeiteinheit bestimmte Mengen vorhanden sind, wobei jeder Eigentümer vor der Wahl zwischen Eigennutzung oder Verkauf (= Angebot) steht, z. B. Marktangebot von Grundstücken, Wertpapieren, Arbeitszeit, Lizenzen, Gebrauchtwagen (im folgenden „Bestandsangebot"), und 2) dem Angebot von Gütern, welches unmittelbar aus Produktionsentscheidungen resultiert („Produktionsangebot").

Unter Konkurrenzbedingungen wird in der Regel bei einem höheren Preis eine größere Menge angeboten als bei einem niedrigeren Preis. 1) Bestandsangebot: Ein Wirtschaftssubjekt wird nur dann bereit sein, eine Einheit eines Gutes anzubieten, wenn ihm dafür mindestens ein Preis geboten wird, der dem Wert dieser Einheit für ihn entspricht („Abgabepreisuntergrenze"). Da die Abgabepreisuntergrenzen bei den verschiedenen Wirtschaftssubjekten sehr verschieden sein werden, werden mit steigendem Marktpreis immer mehr Abgabepreisuntergrenzen erreicht, d. h., die Angebotsmenge steigt. – 2) Produktionsangebot: a) Vielfach nehmen die Produktionskosten mit steigender Produktionsrate (Mengeneinheiten pro Zeiteinheit) überproportional zu, wenn die Produktion in einem Betrieb ein bestimmtes Niveau überschreitet (größere Störanfälligkeit von Maschinen wegen stärkerer Beanspruchung, Rückgriff auf ausrangierte Geräte, zunehmende räumliche Beengung, Überstundenzuschläge u. a.). Die Kostenzuwächse steigen also mit steigender Produktion pro Zeiteinheit (↑Kosten S. 76). Jeder einzelne Produzent macht nun seinen größtmöglichen Gewinn dann, wenn sich Kostenzuwachs und Erlöszuwachs (= Marktpreis) bei Produktion und Verkauf einer weiteren Einheit des Gutes gerade entsprechen. Steigt der Marktpreis, übersteigt der Erlöszuwachs den Kostenzuwachs, so daß es sich lohnt, die Produktion auszudehnen. Je höher demnach der Marktpreis ist, um so größer ist die gewinnmaximierende Produktionsmenge und um so höher ist die Angebotsmenge auf dem Markt. – b) Können die Produzenten des betrachteten Gutes *G* Teile ihrer bestehenden Produktionskapazitäten vorübergehend leicht stillegen oder können sie mit den vorhandenen Kapazitäten auch andere Güter herstellen, und unterscheiden sich die Kostenverhältnisse bei den verschiedenen Produktionsstätten oder Produzenten (unterschiedliche Standortqualitäten, unterschiedliche Managerqualitäten u. a.), so wird es bei unterschiedlich hohen Marktpreisen lohnend, die Produktion von *G* in den einzelnen Produktionsstätten aufzunehmen bzw. einzustellen. Je höher der Preis ist, um so mehr der bestehenden Kapazitäten werden für die Produktion von *G* eingesetzt.

Die Angebotsmenge reagiert auf eine gegebene Preisänderung um so stärker, je weniger rasch die Kosten mit steigender Produktion zunehmen und je leichter bei Mehrproduktunternehmen Produktionskapazitäten umgestellt werden können. Halten die Produzenten die Preisänderung für dauerhaft, so werden sie ihre Produktion nicht nur im Rahmen der vorhandenen Produktionskapazitäten anpassen, sondern die Produktionskapazitäten vergrößern oder verkleinern (in der Absicht, die Gewinne zu erhöhen oder die Verluste zu senken); im Endergebnis wird bei dem geänderten Preis mehr oder weniger angeboten als „kurzfristig", d. h. bei unveränderten Produktionskapazitäten.

Das Angebot ändert sich, wenn sich die Angebotsbedingungen (Produktionskosten, erzielbare Gewinne in der Produktion technisch verwandter Güter, Erwartungen über die künftige Wirtschaftslage, gesetzliche Vorschriften u. a.) ändern.

K. Häuser: Volkswirtsch. 10. Aufl. Frankf. a. M. 1974. – A. Stobbe: Volkswirtschaftslehre II. Berlin u. a. 1983.

Modell eines Anbieterverhaltens

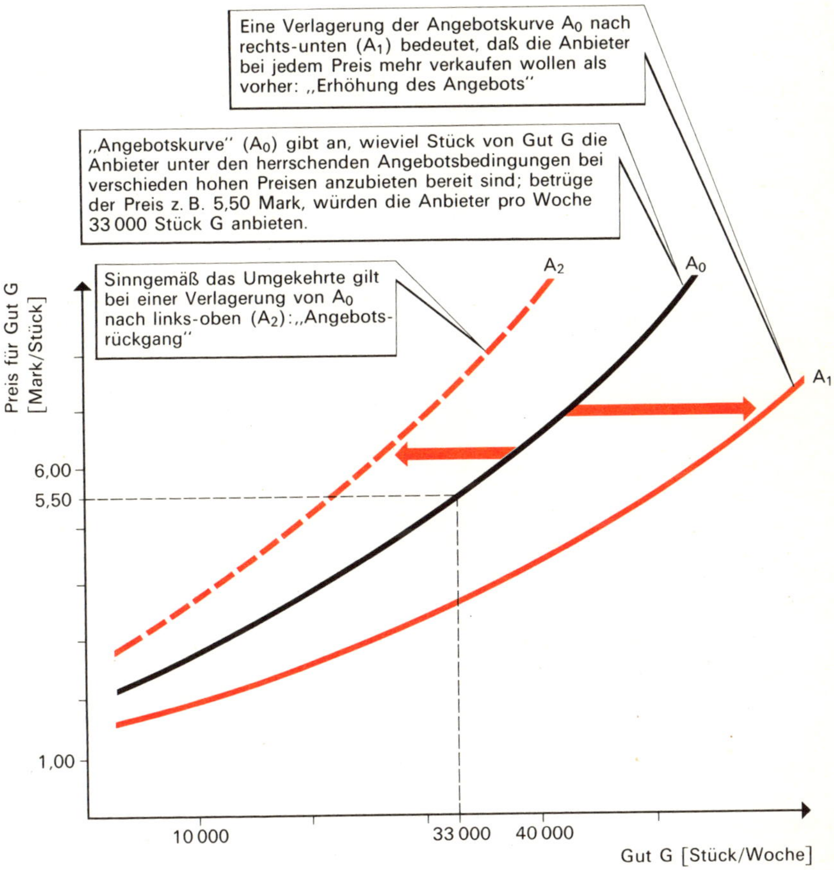

Preisbildung

Preise sind in Geld ausgedrückte Tauschwerte knapper Güter. Können sich die Preise frei am ↑Markt (S. 164) bilden, d. h., unterliegen sie keiner ↑staatlichen Preisfestsetzung (S. 182), so richtet sich ihre relative Höhe (verglichen mit anderen Preisen) nach der relativen Knappheit der jeweiligen Güter (verglichen mit anderen Gütern). Die Preise sind das Ergebnis des Zusammentreffens von ↑Nachfrage (S. 170) und ↑Angebot (S. 172). Die von einem einzelnen Gut nachgefragte Menge ist i. d. R. um so größer, je niedriger der für eine Einheit dieses Gutes zu entrichtende Preis ist. Demgegenüber ist die Angebotsmenge i. d. R. um so größer, je höher der für eine Einheit erzielbare Preis ist. Die Reaktionen von Nachfragern und Anbietern auf alternative Preise sind also gegenläufig. Der für alle Nachfrager und Anbieter geltende Marktpreis muß bei diesen Reaktionsweisen unter sonst gleichen Bedingungen (hinsichtlich dem Einkommen der Nachfrager, den Produktionskosten der Anbieter u. a.) letztlich eine Höhe erreichen, bei dem weder Nachfrager noch Anbieter bereit sind, eine zusätzliche Einheit zu erwerben bzw. abzusetzen. Der Markt wird „geräumt".

Obwohl in Wirklichkeit u. a. wegen sich ständig ändernder Bedingungen nicht beobachtbar, ist das zuvor skizzierte ↑Modellgleichgewicht (S. 640) nützlich, um einige durchaus plausible Marktreaktionen abzuleiten. Bei einem Preis, der den Gleichgewichtspreis unterschreitet, müßten die nachgefragten Mengen größer als die angebotenen Mengen sein (Nachfrageüberhang). Nachfragern, die auch einen höheren Preis zu zahlen bereit wären, müßte es bei den Preisvorteil suchenden Anbietern gelingen, andere Nachfrager zu verdrängen. Preissteigerungen, aber i. d. R. auch ein Mehrangebot wären die Folgen. Bei einem höheren als dem Gleichgewichtspreis müßten die angebotenen Mengen größer als die nachgefragten Mengen sein (Angebotsüberhang). Anbieter mit niedrigeren Preisforderungen hätten gegenüber ihren Konkurrenten bessere Absatzchancen. Preissenkungen, aber i. d. R. auch eine Angebotsminderung wären die Folgen. Sowohl beim Nachfrage- als auch beim Angebotsüberhang kommt die Preisbewegung erst zum Stillstand, wenn der Gleichgewichtspreis erreicht ist.

Ob und in welchem Verhältnis es bei Ungleichgewichtssituationen zu kombinierten Preis- und Mengenreaktionen kommt, hängt u. a. von der ↑Marktform (S. 186) ab. Die skizzierten Marktreaktionen sind am ehesten auf Märkten beobachtbar, die dem Modell des ↑Polypols (S. 190) nahekommen (z. B. Wochenmärkte, einige Warenbörsen). Demgegenüber sind z. B. bei relativ wenigen Anbietern auf einem Markt (↑Oligopol S. 192) weniger häufig Preisreaktionen plausibel und beobachtbar. Sie werden u. a. durch Verlängerung von Lieferfristen bzw. durch vorübergehende Produktionsdrosselung ersetzt.

Das Marktgleichgewicht wird „gestört", wenn sich die Nachfrage- bzw. Angebotsbedingungen ändern. Wird etwa ein Gut von ↑Wirtschaftswachstum und Strukturwandel (S. 536) begünstigt, so steigen die zu den verschiedenen denkbaren Preisen nachgefragten Mengen, also auch die zum bisherigen Gleichgewichtspreis. Bei (zunächst) unveränderten Angebotsbedingungen steigt der Preis, bis angebotene und nachgefragte Menge ausgeglichen sind. Der neue Preis muß jedoch kein Gleichgewichtspreis sein. Denn er kann z. B. zusätzliche Produktionsfaktoren in die Produktion dieses Gutes lenken (↑Preisfunktionen S. 176), wodurch auch die zu verschiedenen denkbaren Preisen angebotenen Mengen steigen und eine Preiskorrektur nach unten einsetzt. Dieser Verlauf und andere mögliche Verläufe unterscheiden sich von der zunächst angestellten Gleichgewichtsanalyse durch ihre Zeitbezogenheit (↑statische und dynamische Analyse S. 638), aber auch dadurch, daß Beziehungen zwischen dem betrachteten Markt und allen übrigen Märkten nicht weiter vernachlässigt wurden.

E. Preiser: Nationalökonomie heute. 12. Aufl. München 1975. S. 47–59. – A. Stobbe: Volkswirtschaftslehre II. Berlin u. a. 1983.

Einfaches (statisches) Modell freier Preisbildung

1. Vom Angebotsüberhang zum „Gleichgewicht".

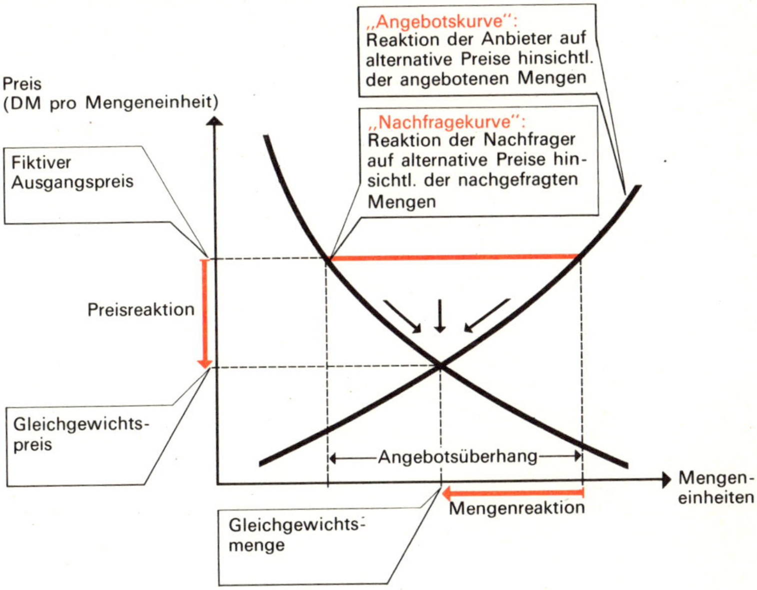

2. Vom Nachfrageüberhang zum „Gleichgewicht"

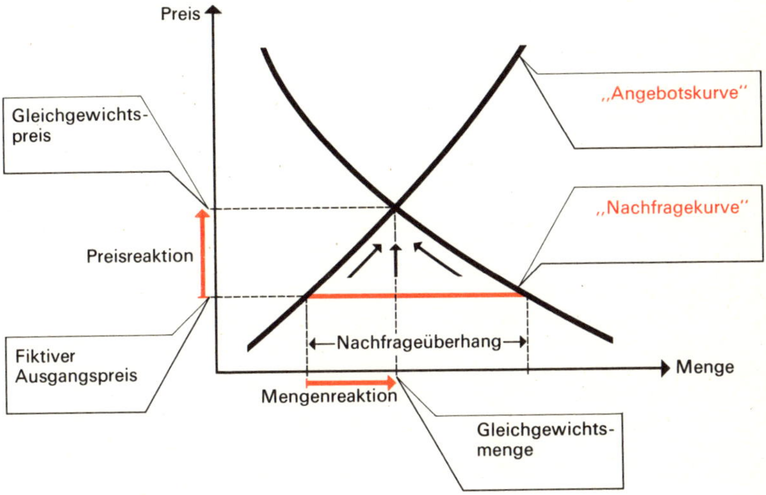

Preisfunktionen

In einer Marktwirtschaft, in der sich die Preise am ↑Markt (S. 164) auf Grund von Angebot und Nachfrage frei bilden können, fällt den Preisen eine zentrale volkswirtschaftliche Bedeutung zu. Sie bilden nämlich das zentrale Koordinierungsinstrument (↑Koordination von Wirtschaftsplänen S. 16) zwischen den Wünschen der Nachfrager und den Produktionsplänen der Anbieter und helfen auf diese Weise, die ↑wirtschaftlichen Grundfragen (S. 14) zu beantworten.

Einmal erfüllen die Preise eine Informationsfunktion, weil ihre relative Höhe (im Vergleich zu anderen Preisen) von der relativen Knappheit der Güter (im Vergleich zu anderen Gütern) abhängt. Deshalb können sowohl Anbieter als auch Nachfrager von der Höhe des Preises unmittelbar auf die Knappheit des betreffenden Gutes schließen. Vor allem aber zeigen Preisänderungen sofort eine Veränderung der Knappheit eines Gutes an und ermöglichen damit Anbietern und Nachfragern eine schnellstmögliche Anpassung an die veränderte Situation: Deshalb wird die Informationsfunktion der Preise auch als Signalfunktion bezeichnet.

Weiterhin bestimmen die Preise, wie das knappe Güterangebot auf die Nachfrager aufgeteilt wird. Diese Funktion kann als Zuteilungsfunktion oder Rationierungsfunktion der Preise bezeichnet werden. Bei der Zuteilung der Güter über den Preis kommen jene Nachfrager zum Zuge, deren Nachfrage am drängendsten ist und die deshalb bereit sind, den der Knappheit des Gutes entsprechenden Preis zu bezahlen. Auf diese Weise werden mit den vorhandenen knappen Mitteln die dringendsten Bedürfnisse erfüllt – freilich nur, wenn auch Kaufkraft hinter den Wünschen der Nachfrager steht. Über die Verteilung der Kaufkraft (↑Einkommensverteilung S. 460) wird ebenfalls mit Hilfe von Preisen entschieden; denn diese Verteilung richtet sich danach, wie das Eigentum an Produktionsfaktoren verteilt ist (↑Vermögensverteilung S. 462) und welche Preise für das gezahlt werden, was mit Hilfe dieser Faktoren erwirtschaftet wird.

Gegenüber Anbietern haben die Preise eine Selektions- oder Auslesefunktion. Sie sorgen nämlich dafür, daß die bestehende Nachfrage durch jene Anbieter befriedigt wird, die am kostengünstigsten produzieren, d. h., die effizienteste Produktionstechnik bei der Erzeugung des betreffenden Gutes anwenden. Anbieter, die weniger effiziente Produktionstechniken anwenden, werden bei funktionsfähigem ↑Wettbewerb (S. 406) aus dem Markt gedrängt, da sie zur Kostendeckung höhere Preise erzielen müßten. Auf diese Weise bewirkt die Selektionsfunktion der Preise, daß sich die jeweils kostengünstigste Produktionstechnik durchsetzt.

Schließlich erfüllen die Preise eine sog. Allokations- oder Lenkungsfunktion. Die Güterpreise lenken nämlich die knappen Produktionsfaktoren in jene Produktionsrichtungen, deren Erzeugnisse von den Nachfragern auch tatsächlich verlangt werden (↑Verbraucherorientierung S. 34). Dies zeigt sich besonders bei Nachfrageverschiebungen. Wird z. B. von einem Gut A plötzlich weniger nachgefragt als bisher und stattdessen mehr von einem anderen Gut B, so gerät der Preis des Gutes A unter Druck und jener des Gutes B steigt. Als Folge ergeben sich nun höhere Verdienstmöglichkeiten in Produktionsrichtung B und geringere in Produktionsrichtung A. Daraufhin werden Arbeitskräfte und andere Produktionsfaktoren von der Produktionsrichtung A abgezogen und in Produktionsrichtung B vermehrt eingesetzt. Dadurch paßt sich das Angebot der veränderten Nachfragesituation an; es wird von Gut A weniger angeboten als bisher und von Gut B mehr. Über die Allokationsfunktion lösen die Güterpreise demnach schließlich auch das volkswirtschaftliche Problem, was (und wieviel davon) erzeugt werden soll.

Insgesamt sind die Preise in einer Marktwirtschaft geeignet, durch ihre verschiedenen volkswirtschaftlichen Funktionen die Wirtschaft in einen Zustand bestmöglicher Versorgung der Verbraucher zu lenken.

P. A. Samuelson: Volkswirtsch. Bd. 1. 7. Aufl. Köln 1981. – A. Stobbe: Volkswirtschaftslehre II. Berlin u. a. 1983.

Systematik der Preisfunktionen

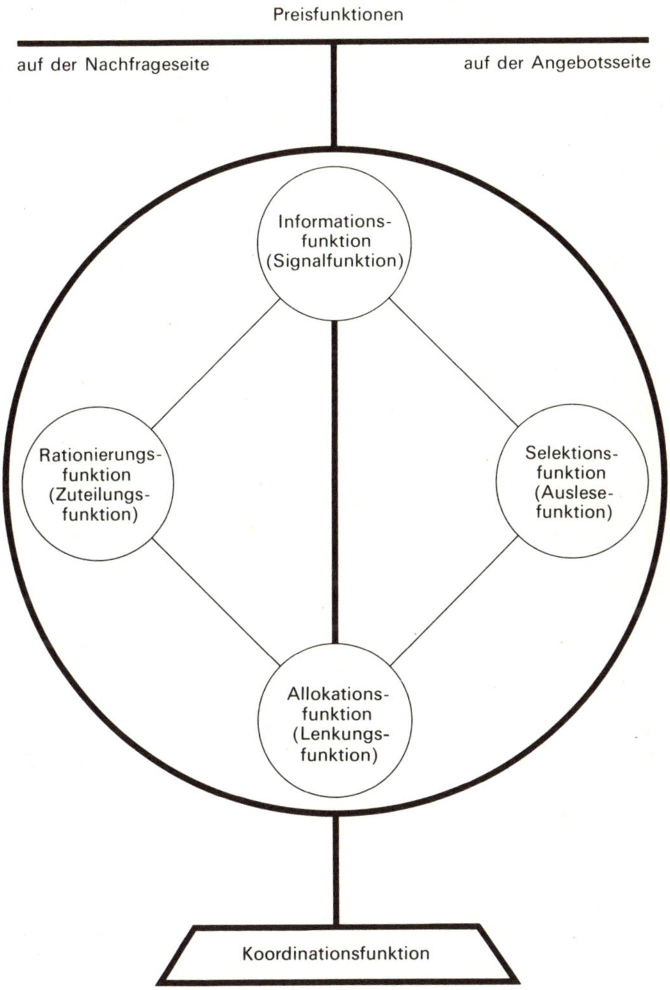

Kassa- und Terminmärkte

An den meisten Warenbörsen (wie auch an den Devisen- und Effektenbörsen, ↑Börsen S. 252) findet man nebeneinander zwei Markttypen: 1) Auf dem Kassamarkt (= Effektivmarkt) werden Kassageschäfte getätigt, d. h. Liefer- bzw. Abnahmeverträge geschlossen, die sofort oder kurzfristig erfüllt werden müssen. Jeder Warenumsatz vollzieht sich auf dem Kassamarkt. 2) Auf dem Terminmarkt werden Verträge geschlossen, die von den Vertragspartnern erst zu einem bestimmten späteren Termin erfüllt werden müssen („Termingeschäft"). Um die Verträge austauschbar und börsenhandelsfähig zu machen, sind die Vertragsbedingungen bis auf den Preis festgelegt. An jedem Börsentag wird für jeden an der Börse gehandelten Lieferzeitraum der „Terminpreis" festgelegt, der sich aus Angebot und Nachfrage für diesen Termin ergibt. Ein am 1. 10. 1983 notierter Preis für „Baumwolle per März" besagt, daß im März 1984 zu liefernde Baumwolle am 1. 10. 83 zu diesem Preis gehandelt wird. – Zwischen Kassamarkt und Terminmärkten besteht ein enger Zusammenhang: Im Normalfall liegt der Terminpreis um die Kosten der Lagerhaltung bis zu dem jeweiligen Termin über dem Kassapreis.

Termingeschäfte werden von Produzenten, Händlern und Verarbeitern der betreffenden Ware mit dem Ziel abgeschlossen, sich gegen unvorhersehbare Preisschwankungen zu schützen. Beispiel: Ein Baumwollhändler übernimmt im August einen größeren Posten Baumwolle, den er im Dezember oder Januar abzusetzen hofft. Bis zum Verkaufszeitpunkt hat er das Risiko eines Verfalls der Baumwollpreise und damit eines u. U. hohen Verlustes. Will er dieses Risiko nicht auf sich nehmen, verkauft er Terminkontrakte über die entsprechende Baumwollmenge „per Januar". Im Dezember verkauft der Händler an einen Kunden zum Tagespreis, der erheblich unter dem im August erwarteten Preis liegt; zugleich kauft er Terminkontrakte per Januar, um seine früher eingegangene Terminverpflichtung „glattzustellen". Eine Abrechnungsstelle an der Börse verrechnet die beiden Termingeschäfte. Da der Terminpreis per Januar im Dezember erheblich unter dem von August liegt, deckt der Gewinn aus dem Termingeschäft (im Idealfall) den Verlust aus dem Kassageschäft; der Händler steht sich per Saldo so, als habe es keinen Preisverfall gegeben. Die beschriebene Art der Preissicherung bezeichnet man auch als Preissicherungsgeschäft oder Hedging (engl. to hedge = sich decken, sich sichern).

Durch Preissicherungsgeschäfte wird das Preisänderungsrisiko nicht aus der Welt geschafft, es wird lediglich auf die Vertragspartner bei Termingeschäften abgewälzt. Dies sind vor allem Spekulanten (= Wirtschaftssubjekte, die darauf spezialisiert sind, Preisunterschiede zu verschiedenen Zeitpunkten gewinnbringend auszunutzen, und daher bewußt Preisänderungsrisiken übernehmen). Ist z. B. der am 1. 9. per 1. 12. notierte Terminpreis höher (niedriger) als der von den Spekulanten am 1. 9. für den 1. 12. erwartete Kassapreis, werden sie am 1. 9. die Ware per 1. 12. verkaufen (kaufen) und dieses Engagement unmittelbar vor dem Erfüllungstermin (1. 12.) durch einen Kauf (Verkauf) per 1. 12. glattstellen. Bei richtigen Erwartungen machen die Spekulanten Gewinne, bei falschen Erwartungen Verluste. Die Tätigkeit der Spekulanten bewirkt, daß die Terminpreise den jeweils für diese Termine erwarteten Kassapreisen entsprechen.

Volkswirtschaftliche Bedeutung der Terminmärkte: 1) Erst die Existenz von Terminmärkten ermöglicht die strikte Arbeitsteilung zwischen Wirtschaftssubjekten, deren spezielle Fähigkeiten auf dem Gebiet der Herstellung, Lagerung, Verteilung und Verarbeitung der Ware liegen, und den Wirtschaftssubjekten, die besser als andere aufgrund vorhandener Informationen künftige Entwicklungen vorausschätzen können. 2) Terminmärkte gestatten, auf längere Zeit im voraus zu disponieren und bieten angesichts schwankender Preise eine sichere Kalkulationsgrundlage. 3) Terminmärkte erleichtern den freiwilligen Austausch von Risiken.

Hwb. der Wirtschaftswiss. Bd. 8. Stuttgart u. a. 1980. Art. „Terminmärkte". S. 1–7. – M. E. Streit: Terminkontraktmärkte. Wirtschaftsw. Studium (WiSt). Bd. 10 (1981). S. 473–478.

Beispiel für die Kassapreis- und Terminpreisnotierung in der Tagespresse

Internationale Warenmärkte

	7.8.84	8.8.84
Gold, NY ($/F.-Unze)		
Comex Juni	392.20*	390—*
Comex Juli	395.60*	393.20*
Comex August	398.70*	398.20*
Comex Oktober	406.20*	404.50*
Silber, New York, (ct/F.-Unze)		
Juni	927.30*	919—*
Juli	932—*	924—*
H+H Ankaufspreis	930—*	924.50*
Silber, London (p/Feinunze) Kassa	660—B	653—B
3 Monate	675.50B	667.70B
Umsatz (Kontrakt)	24—	48—
Händlerpr. 6 Mon.	688.70	682.90
Händlerpr. 12 Mon.	724—	717.90
Palladium, London, (£/Feinunze)	110.15	109.50
Palladium, NY, ($/F.-Unze)fr.Hdlpr.		
Kassa	154—*	154.50*
Juni	154.50G*	153.50B*
September	154.50G*	153.50B*
Dezember	153.75*	153—*
Platin, London, (£/Feinunze) Kassa	282.20	278.85
Platin, New York ($/F.-Unze) fr.Hdlpr.		
Kassa	391—*	394—*
Juni	394—6*	389.60B*
Juli	397.50*	392.50*
Oktober	408—*	403.50*
Aluminium, NY (ct/lb)		
Comex Juni	82.20*	81.80*
Aluminium, London, (£/t), Kassa	954—B	928.50B
3 Monate	964.50B	941.50B
Umsatz (t)	5275—	4900—
Blei, Lond. (£/t) Kassa	333.50B	339—B
3 Monate	338.50B	341.50B
Umsatz (t)	4075—	4425—
Altblei, London (£/t) frei Lond./Südengl.	280.50*	288—*
Kupfer, NY (ct/lb),		
Kath. Produz.-Pr.	89—*	89—*
Kath. Händlerpreis	65.15*	66—*
Juni	63.50*	63—*
Juli	63.95*	63.40*
Kupfer-high. grade, London (£/t) Kassa	1014—B	1005—B
3 Monate	1034—B	1025—B
Umsatz (t)	5200—	8425—
Kupfer-Standard, London (£/t) Kassa	1017—B	1009—B
3 Monate	1030.50B	1024—B
Umsatz (t)	500—	175—
Nickel, NY ($/lb).Pr.	3.29*	3.28*
Nickel, Lond. (£/t)		
Kassa	3430—B	3435—B
3 Monate	3510—B	3508—B
Umsatz (t)	270—	288—
Nickel-Kath., Lond. ($/lb) Basis cif Eur.	2.27*	2.27*
Zink, NY (ct/lb) Prime West., fr. USA	52.75*	52.75*
Zink, Ldn. (£/t), Kassa	782—B	766—B
3 Monate	678—B	678—B
Umsatz (t)	6700—	4325—
Zinn, NY (ct/lb) ex Dock frei NY	geschl.*	602.25*
Zinn, London (£/t)		
Standard Kassa	9084—B	9100—B
Standard 3 Monate	9016—B	9028—B
Standard Umsatz (t)	555—	460—
Hochgr. Kassa	9105—B	9120—B
Hochgr. 3 Mon.	9050—B	9072—B
Hochgr. Umsatz (t)	250—	55—
Zinn, Pen. (Ring./kg) ab Werk, prompt	29.17	29.19
Umsatz (t)	177—	210—
Antimon, Lond. ($/t) ab Lager Rottd.	3400—*	3400—*
Kadmium, Ldn. ($/lb) Blöcke ab Lag. Rdm.	1.65*	1.65*
Kadmium, Ldn. ($/lb) Stangen, Lag. Rdm.	1.65*	1.65*
Kobalt, Lond. ($/lb) ab Lager Rottd.	11.30*	11.30*
Magnesium, NY (ct/lb 99,8% fob Freeport	143—*	143—*
Mangan, NY (ct/lb) 99,9% „regular"	76—*	76—*
Manganerz, London ($/t-E) 48% cif Eur.	1.36*	1.36*
Messing, Ld.£/100kg Stangen, Händlerpr.	140—*	140—*
Molybdän, Ldn. ($/kg ab Lager Rotterdam	9.90*	9.90*
Quecksilber, London ($/Fl.) Lager Rottd.	305—*	305—*
Selen-Pulver, Lond. ($/lb) Lager Rottd.	11.50*	11.50*
Wismut, Lond. ($/lb) ab Lager Rottd.	4.05*	4.05*
Wolfram, NY ($/lb) 98,8% Produz.-Pr.	11.14*	11.14*
Wolframerz, London ($/t-E) m. 65%, cif	85—*	85—*
Heizöl, NY (ct/Gal.) Nr. 2, Juli	80.30*	79.00*
Gasöl, London, ($/t) Juni	248—6	245.50G
Rohöl, Ldn/Rdm ($/b		
Arabisch, leicht, loco	28.40*	28.40*
Nordsee, brent, loco	29.80*	29.85*
Kautschuk, Singapur (ct/kg), RSS Nr. 1, fob mal. H., Juni	183.50G	185—G
Juli	190.25G	192—G
August	194.75G	196.50G
Kautschuk, London, (£/t), RSS Nr. 1, cif GB/eur. Basishäfen		
Eff.-Markt, loco	635—G	645—G
Term.-Markt, Juli	635—G	645—G
August	640—G	656—G
September	652—G	666—G
Wolle, Bradf. (p/kg). 56er Super, ab Lag.	378—*	378—*
Baumwolle, Bremen (ct/lb), USA, loco	91—**	90—**
Türkei, loco	100—**	99—**
Baumwolle, NY, (ct/lb) Nr. 2, Juli	83.05*	82.91*
August	79.50G*	79.50G*
Oktober	78.20*	78.35*
Baumwolle, Liverp. (ct/lb) cif Index A	85.35*	85.15*
Schweißwolle, Lond. (cNsl./kg) Nr.2, Aug.	447—G*	447—G*
Oktober	446—G*	444—G*
Dezember	446—G*	444—G*
Schweißwolle, Syd. (austr.ct/kg), Juli	581—G	583—G
Oktober	567—G	569.50
Dezember	574—G	575—G
Kammzüge, Roubaix (ffr/kg), Juli	51.30G	51.50G
Oktober	51—G	51—G
Dezember	50.60G	50.60G
Seide, Yokoh. (Y/kg) AAA, ab Lager, Juni	13391-	13475-
Juli	13455-	13507-
Jute, London ($/t) BWC, cif Antwerp.	515—*	515—*
Sisal, London ($/t) K/T Nr. 3 L cif eur. H	670—*	670—*
Weizen, kan. Ex (c$/t)		
CWRS, Atlantik. Nr. 1	254.35*	254.10*
dgl. St.Lorenz, Nr1, cif	220.50*	220.70*
Amber Dur. Nr. 1, cif	245.34*	245.04*
Weizen, Chic. (ct/bsh		
Weichweizen Juli	355½*	358—*
Weichweizen Sept.	361¾*	361¾*
Weichweizen Dez.	377—*	377¼*
Weizen, Minneapolis. (ct/bsh), Juli	409¾*	410—*
September	400½*	399½*
Weizen, K.-C. (ct/bsh		
Hartweizen Kassa	383½*	383½*
Hartweizen Juli	365½*	366½*
Hartweizen Sept.	371½G*	372¼*
Hartweizen Dez.	383—*	383¼*
Hafer, Chic., (ct/bsh)		
Juli	185½*	188¼*
September	179¼*	180¼*
Hafer, Winnipeg (can. $/t), Juli	141.40*	141.80*
Oktober	130.40G*	130—G*
Mais, Chic. (ct/bsh) Gelbm. Nr. 2, Juli	348¾*	349¾*
September	321¼*	322¾*
Dezember	296¾*	298¾*
Roggen, Winnipeg (can. $/t), Juli	142.50G*	143—G*
Oktober	147.80B*	147.50G*
Dezember	152.30B*	152.20B*
Gerste, Winnipeg (can. $/t), Juli	142—G*	142—G*
Oktober	133—B*	132.30*
Dezember	133.10G*	132.50G*
Sojabohnen, Chic. (ct/bsh), Juli	827½*	805—*
August	823—*	801—*
September	769—*	754½*
Sojabohnen, Rdm. ($/t) USA Nr. 2, cif.		
Juni	321.40B*	323.50B*
Juli	322.50B*	324.20B*
August	326.10B*	327.40B*
Raps, Winnip. (c$/t) fob Vancouver, Juni	720—*	724—*
Raps, Kanada ($/t) cif Rotterdam	316.50B*	318—B*
Leinsaat, Winnipeg (can. $/t), Juli	345—B*	342—G*
Oktober	351.50*	350.50G*
Leinsaat, Rottd. ($/t)		
Kan. Nr. 1, Juni/Juli.	295—B*	294.50B*
Kan. Nr. 1, Juli/Aug.	298—B*	296—B*
Baumwollsaatöl, New York (ct/lb) roh Mississipi-Tal	42½*	43—*
Erdnußöl, Rdm ($/t) jegl. Herk. max. 2% cif	1180—B*	1185—B*
Kokosöl, Philipp. ($/t) cif Rotterdam	1450—B*	1400—B*
Leinöl, Rottd. ($/t) jegl. Herk. ex Tank.	825—B*	815—B*
Maisöl, NY (ct/lb) Mittelweststaaten	38¼*	38¾*
Palmöl, Rottd. ($/t) Sumatra max. 5% cif	—*	865—B*
Palmkernöl, Rottd. ($/t), Malaysia	1250—B*	1275—B*
Rizinusöl, Rdm. ($/t) Bras. 1% ex Tank	—*	—*
Sojaöl, Chic. (ct/lb)		
Juli	36.15*	35.25*
September	35.15*	34.35*
Sojaöl, Rottd. (hfl/100 kg)		
Niederl. roh fob Wk.	269—B*	274—B*
Sonnenblumenöl, Rotterdam ($/t) jegl. Herk. ex. Tank.	840—B*	850—B*
Schmalz, Rottd. ($/t) USA, hog grease, cif	495—B*	490—B*
Talg, Rottd. ($/t) USA, fancy cif, Rotterdam	620—B*	615—B*
Kokosexpeller, Rdm Phil./Indon., ($/t) cif	155—B*	156—B*
Leinschrot, Argent. ($/t), cif Rotterdam	173—B*	—*
Sojaschrot, Chicago ($/sht)		
Juli	189.80*	185.80*
August	193—*	188.50*
September	192—*	188.30*
Sojaschrot, Ldn. (£/t)		
Juni	146—G	146.00G
August	149.30G	145.60G
Oktober	153.20G	149.60G
Seaforth, Juni	161—B*	—*
Seaforth, Juli	162—B*	—*
Sojaschrot, Rdm ($/t). USA, 45%, Kassa, cif	205—B*	210—B*
Zucker, NY (ct/lb) Rohzucker Nr. 11		
Juli	5.97*	5.86*
September	6.28*	6.17*
Oktober	6.53*	6.43*
Zucker, London ($/t)		
Rohz. fob urspr. Häf.	157.50	152.50
Rohzuck. Nr. 6, Aug.	164.40G	160.80G
Rohzuck. Nr. 6, Okt.	172.80G	168.80G
ISO-Tagespreis fob karib. H (ct/lb)	5.79*	5.78*
W.-Zu. ($/t) f. eur. H.	174—	173—
Zucker, Paris (ff/t) W.-Zuck. fob. eur. H.	1435—	1435—
Kaffee, NY (ct/lb)		
Kolumbien, Kassa	—*	—*
Kontrakt C Juli	144.75*	148.70*
Kontrakt C Sept.	144.78*	148.30*
Kontrakt C Dez.	144.75*	148.30*
Kaffee, London (£/t)		
Robusta Juli	2192—G	2285—G
Robusta September	2218—G	2312—G
Robusta November	2245—G	2329—G
Kakao, NY, ($/t)		
Juli	2489—*	2467—*
September	2528—*	2510—*
Dezember	2415—*	2405—*
Kakao, Ldn (£/t) Juli	2009—G	1983—G
September	1978—G	1950—G
Dezember	1813—G	1800—G
Häute, Chicago ($/lb) fr. Waggon	64—*	64—*
Lebend-Rinder, Chicago (ct/lb) Juni	63.45*	64—*
August	62.20*	62.57*
Lebend-Schweine, Chicago (ct/lb) Juni	52.25*	52.05*
August	57.07*	56.57*
Schweinebäuche, Chicago (ct/lb) Juli	66.45*	65.50*
August	65.15*	64.40*
Kartoffeln, London (£/t), November	69.80*	71.60*
Februar	77.00*	80.20*

Beispiel für die Kassapreis- und Terminpreisnotierung in der Tagespresse

Vereinfachte Darstellung des Wirkungszusammenhangs zwischen künftig erwarteter Verknappung einer Ware und gegenwärtigem Verbrauch der Ware

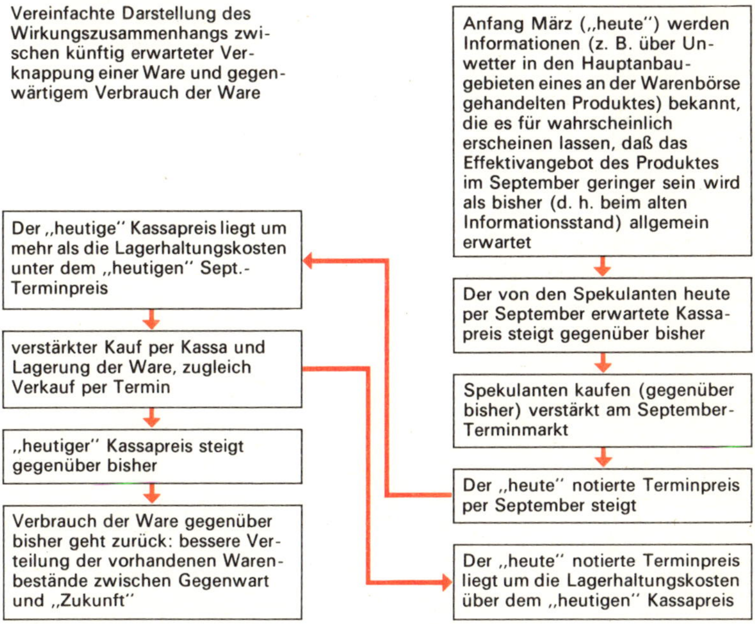

Externe Kosten – externe Ersparnisse

In einer Marktwirtschaft soll das Prinzip des freien ↑Tausches (S. 12) zusammen mit anderen ↑wirtschaftlichen Freiheitsrechten (S. 36) sowie einem funktionsfähigen ↑Wettbewerb (S. 406) die Wirtschaftlichkeit (Effizienz) der Produktion sicherstellen. Sie ist gewährleistet, wenn die Nachfrager eines Produktes bereit sind, einen Marktpreis zu zahlen, der ausreicht, all jene, die während des i. d. R. vielstufigen Produktionsprozesses Nutzeneinbußen (durch Aufwand von Produktionsfaktoren) hinnehmen mußten, so zu entschädigen, daß sie nach ihrer eigenen Einschätzung nicht das Gefühl haben, sie stünden sich ohne die Produktion oder bei Durchführung einer anderen Produktion besser. Eine Marktwirtschaft trägt diesem Entschädigungsprinzip Rechnung, indem Produktionsfaktoren (Arbeitskräfte, Kapital, Vorprodukte), die für einen bestimmten Produktionszweck nachgefragt werden, mindestens zu einem Satz entlohnt werden müssen, wie er in konkurrierenden Verwendungen erzielbar ist. Weil zudem auf Dauer nur gewinnbringende Produktionen aufrecht erhalten werden können, sichert im Idealfall die Marktwirtschaft die Effizienz der Produktion.

In Wirklichkeit können aber sog. technologische externe Effekte eine unwirtschaftliche Verzerrung der Produktionsstruktur bewirken. Im Fall technologischer externer Kosten wäre die Produktion eines Gutes mit Nutzeneinbußen Dritter verbunden, für die wegen mangelnder technischer oder auch nur rechtlicher Möglichkeiten keine Ausgleichszahlung geleistet wird. Z. B. wird beim Einsatz der ↑Umwelt als Wirtschaftsfaktor (S. 610) eine alternative nutzbringende Verwendung mangels Ausgleichszahlung nicht angezeigt. Die Produktion eines umweltbelastenden Gutes erscheint daher billiger als sie ist. Womöglich könnte sie bei korrekter Bewertung aller Kosten und normaler Reaktion der ↑Nachfrage (S. 170) gar nicht oder nur in verringertem Umfang gewinnbringend vorgenommen werden.

Im Gegensatz zu externen Kosten bedeuten technologische externe Ersparnisse Nutzenzuwächse für Dritte, die nicht entgolten werden (z. B. Erholung in landwirtschaftlich kultivierten Gebieten). Zwar stellen technologische externe Ersparnisse den Schutz vor ineffizienter Produktion beim Verursacher der externen Ersparnisse nicht in Frage. Doch mag es Produktionen geben, die unterbleiben, weil die Erlöse der Fertigprodukte nicht zur Entschädigung der Produzenten ausreichen, obwohl diese Entschädigung möglich wäre, wenn auch die Nutznießer der externen Ersparnisse „zur Kasse" gebeten würden. Statt dessen werden die verfügbaren Produktionsfaktoren anderweitig weniger rentabel eingesetzt, so daß letztlich auf mögliche Nutzensteigerungen verzichtet wird. Die Verzerrung der Produktionsstruktur, die durch externe Effekte entsteht, läßt sich durch staatliche Eingriffe zumindest im Prinzip verhindern.

So kann man Ersatzentgelte für externe Kosten bzw. Ersparnisse z. B. durch Steuern bzw. Subventionen (↑Instrumente der Umweltschutzpolitik S. 616) einführen. Rigoroser ist der Eingriff des Staates in Form von Ge- und Verboten. Bestehen die Nutzen einer Produktion in hohem Maße oder gar ausschließlich aus externen Ersparnissen, dann übernimmt der Staat i. d. R. die Produktion selbst (z. B. Straßenbau, Verteidigung, ↑öffentliche Güter S. 166).

Von den technologischen externen Effekten sind die sog. pekuniären externen Effekte zu unterscheiden. Sie liegen immer dann vor, wenn Wirkungen auf Dritte über Veränderungen von Marktpreisen laufen. Z. B. mag die zusätzliche Nachfrage nach Arbeitskräften durch einen Betrieb den Marktlohnsatz (Preis der Arbeitskraft) erhöhen und so die Produktion eines anderen Betriebes unrentabel werden lassen. Pekuniäre externe Effekte behindern nicht die Optimierung der Produktionsstruktur, sondern fördern sie eher; staatliche Eingriffe (z. B. Subventionen für unrentabel werdende Produktionen) sind daher überflüssig, wenn nicht gar schädlich.

K. W. Kapp: Volkswirtsch. Kosten der Privatwirtschaft. Tüb. 1958. – M. E. Streit: Theorie der Wirtschaftspolitik. 3. Aufl. Düsseld. 1983.

Der Fehler in der Gewinn- und Verlustrechnung eines Produktionsbetriebes bei Nichtberücksichtigung externer Effekte (fiktives Beispiel)

	Aufwendungen	Mill. DM	Erträge	Mill. DM
	Roh-, Hilfs- und Betriebsstoffe	4 060	Umsatzerlöse	6 788
	Löhne und Gehälter	1 005	Bestandserhöhung bei fertigen und halbfertigen Erzeugnissen	45
	Abschreibungen auf Sachanlagen	445	Sonstige Erträge	100
	Zinsen	16		
	Steuern	651		
	sonstige Aufwendungen	456		
falsch:	Gewinn	300		
		6 933		6 933
richtig:	Lärmschutzentgelt für Anrainer	100	Entgelt für die Ausbildung von später den Betrieb verlassenden Arbeitskräften	20
	Luftverschmutzungsabgabe	200		
	Gewinn	20		
		6 953		6 953

Marktpreis und staatliche Preisfestsetzung

Als Marktpreis bezeichnet man den Preis, der sich auf einem ↑Markt (S. 164) aufgrund von ↑Angebot (S. 172) und ↑Nachfrage (S. 170) frei bildet. Demgegenüber versteht man unter staatlich festgesetzten oder administrierten Preisen all jene Preise, die von einer staatlichen Behörde vorgeschrieben bzw. festgesetzt werden oder die einer staatlichen Genehmigung unterliegen. Preise bzw. Abgaben, die eine staatliche Behörde für öffentliche Leistungen von denen erhebt, die diese Leistungen in Anspruch nehmen, bezeichnet man als Gebühren.

Die einseitige Festsetzung von Preisen durch den Staat ist volkswirtschaftlich sehr problematisch, weil dadurch häufig wirtschaftliche Fehlentwicklungen hervorgerufen werden. In einer Marktwirtschaft erfüllt der Preis nämlich mehrere wichtige volkswirtschaftliche Funktionen (↑Preisfunktionen S. 176), die i.d.R. versagen, wenn sich die Preise nicht frei bilden können, sondern autonom festgesetzt werden. Die Höhe des Marktpreises richtet sich nach der Knappheit des betreffenden Gutes und stellt sich so ein, daß bei diesem Preis Angebot und Nachfrage ausgeglichen sind (↑Preisbildung S. 174). Der Marktpreis gewährleistet darüber hinaus, daß alle Nachfrager, die zu diesem Preis das betreffende Gut wünschen, es auch erhalten, und alle Anbieter, die das betreffende Gut zu diesem Preis verkaufen wollen, es auch verkaufen können.

Staatlich festgesetzte Preise behindern nur zu leicht diesen Preis- bzw. Marktmechanismus und erfordern dann weitere Eingriffe, wenn sie Bestand haben sollen. Wird der Preis durch die staatliche Behörde zu hoch festgesetzt, d.h. höher als der Preis, der sich bei freier Preisbildung am Markt ergeben würde, so wird bei diesem Preis weniger nachgefragt als angeboten wird; es verbleibt ein Angebotsüberschuß, der entweder zu Unterbietungen des administrierten Preises auf grauen Märkten (unter der Hand) führt oder den Staat dazu zwingt, das überschüssige Angebot selbst aus dem Markt zu nehmen. In der Praxis führt häufig die Festsetzung sog. Mindestpreise (das sind Preise, die einen bestimmten Wert zwar über-, aber nicht unterschreiten dürfen) zu derartigen Folgen. Bekannte Beispiele sind die zum Schutze der Landwirtschaft eingeführten Mindestpreise im Agrarsektor mit der Folge von „Milchseen" und „Rindfleischbergen".

Wird umgekehrt der Preis durch die staatliche Behörde zu niedrig festgesetzt, d.h. niedriger als der Preis, der sich bei freier Preisbildung am Markt ergeben würde, so wird bei diesem Preis weniger angeboten als nachgefragt. Es verbleibt ein Nachfrageüberhang, da von den Anbietern nicht genügend viele Güter kostendeckend dem Markt zur Verfügung gestellt werden können. Die Zuteilung des Angebots auf die Nachfrager kann nicht mehr durch den Preis erfolgen, sondern muß wegen der Unterversorgung des Marktes durch Rationierung, z.B. durch staatliche Bezugsscheine, gelöst werden. Die Folge davon ist häufig die Entstehung sog. Schwarzmärkte, auf denen das betreffende Gut zu überhöhten Preisen gehandelt wird. Die staatliche Preisfestsetzung unter dem Marktpreis erfolgt in der Praxis meist durch die Festsetzung sog. Höchstpreise; das sind Preise, die einen bestimmten Wert nicht übersteigen, wohl aber unterschreiten dürfen, was z.B. bei den sog. Kostenmieten im sozialen Wohnungsbau der Fall ist.

Wegen ihrer schädlichen Folgen für den Wirtschaftsablauf und des zu ihrer Durchsetzung erforderlichen Aufwands sind staatliche Preiseingriffe von fragwürdigem Wert. Autonome Preisfestsetzungen durch den Staat sind allerdings unvermeidlich, soweit es sich um angebotene öffentliche Leistungen handelt, für die kein Markt existiert oder deren Zuteilung über den Markt nicht als wünschenswert angesehen wird (↑öffentliche Güter S. 166).

Hwb. der Sozialwiss. Bd. 8. Stuttg. u.a. 1964. Art. „Preis. (III) Preispolitik". S. 499–511. – A. Stobbe: Volkswirtschaftslehre II. Berlin u.a. 1983.

Marktpreis und staatliche Preisfestsetzung

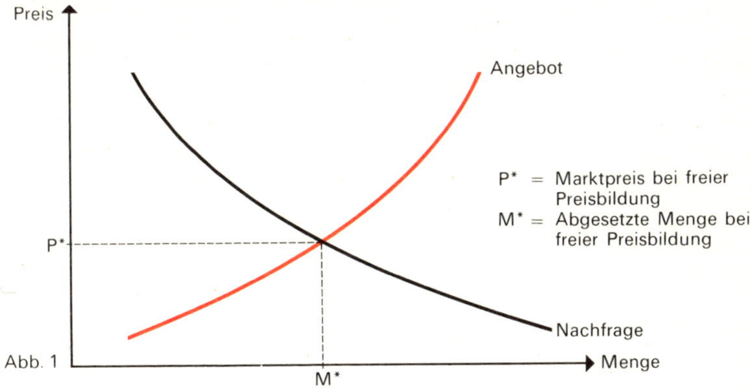

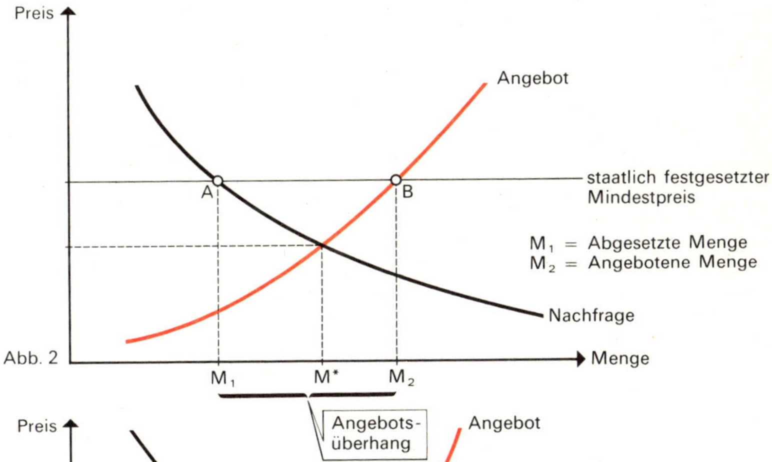

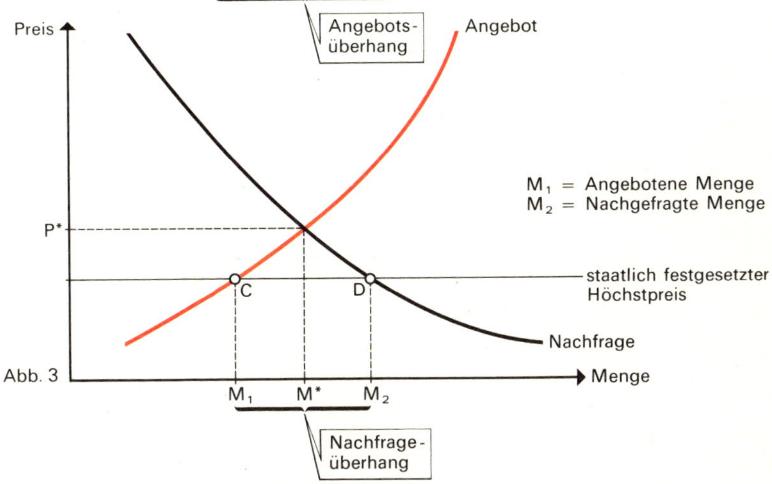

Preisrecht – Marktordnungen

Die Rechtsordnung enthält eine Reihe von Rechtsnormen, die der Festsetzung oder Genehmigung von Preisen dienen oder durch die sonst der Preisstand aufrechterhalten werden soll. Ihre Gesamtheit bildet das Preisrecht. Die Aufrechterhaltung des Preisstandes erfolgt insbesondere durch generelle Preisregelungen, aber auch Preisänderungen für den Einzelfall sowie alle Maßnahmen der Preisüberwachung, der Verfolgung und Ahndung von Preisverstößen. Hinzu kommen vorbeugende und sichernde staatliche Maßnahmen wie z. B. die Erhebung von Abgaben zum Ausgleich des Preisgefälles zwischen Inlandserzeugnissen und billiger eingeführten Auslandserzeugnissen (Preisausgleich). Zweck des Preisrechts ist es u. a., heimische Produzenten zu schützen, aber auch unkontrollierte Preisauftriebe zum Schutze von Verbraucherinteressen zu verhindern. Preisvorschriften sind zur langfristigen Wirtschaftslenkung ein zu grobes und außerdem nicht marktkonformes Mittel (↑ Marktpreis und staatliche Preisfestsetzung S. 182). Sie müssen, um durchsetzbar zu sein, mit flankierenden Maßnahmen wie Stützungskäufen, ↑ Subventionen (S. 268) und ↑ Handelshemmnissen (S. 592) gekoppelt werden.

Wichtigste Rechtsgrundlage ist das Preisgesetz aus dem Jahr 1948 (PreisG). Es ermächtigt zum Erlaß von Preisregelungen, die zur Abwehr ernsthafter, für den gesamten Preisstand relevanter Störungen unerläßlich sind, insbesondere zur Festlegung von Höchstpreisen. Mittelbar auf die Preise einwirkende Regelungen marktgestaltender und marktordnender Natur sind von der Ermächtigung nicht gedeckt. Dies gilt z. B. für die vom Bundesverfassungsgericht im Jahr 1983 für verfassungswidrig erklärte Preisangabenverordnung, welche zur Verbesserung der Markttransparenz eine Auszeichnungspflicht für Waren und Leistungen bestimmte. Verstöße gegen Preisvorschriften und unangemessene Preisüberhöhungen werden als Ordnungswidrigkeiten (§§ 3–6 Wirtschaftsstrafgesetz) und bei wucherischer Absicht als Straftaten (§§ 302e und 302f Strafgesetzbuch) geahndet.

Zum Preisrecht gehören auch die Marktordnungen. Das sind staatliche Eingriffe in das Marktgeschehen in Form gesetzlicher Gebote und Verbote. Ihr Zweck besteht im Schutz der am Marktgeschehen Beteiligten oder in der wirtschaftslenkenden Regulierung von Güterangebot und -nachfrage. Vorwiegend Schutzfunktion üben sie im Arzneimittel-, Lebensmittel- und Waffengesetz (wo Herstellungs- und Verwendungsverbote normiert sind) sowie im Handelsklassengesetz aus. Wirtschaftslenkend sind Marktordnungen in den Bereichen Verkehr, Energie und insbesondere Landwirtschaft, wo bestimmte Unternehmen (z. B. Zuckerrübenfabriken) in Einzugsgebieten Einkaufs- und Absatzmonopole besitzen. Dort werden auch Ausgleichsabgaben erhoben. Sie dienen der Unterstützung gebietsbedingt benachteiligter Betriebe. Nationale Einfuhr- und Vorratsstellen führen mittels Intervention und Gewinnabschöpfung supranationale Marktordnungen durch. Letztere bestehen insbesondere auf dem Agrarsektor im EG-Bereich. Sie schirmen die EG-Märkte vor den (i. d. R. billigeren) Weltmärkten ab durch variable ↑ Zölle (S. 588, Abschöpfung). Umgekehrt subventionieren sie den eigenen Export (Rückvergütung) und gewähren im EG-Binnenhandel weitgehende Absatzgarantien. Preisvorschriften und Marktordnungen beschränken die in Art. 2 Abs. 1 Grundgesetz (GG) garantierte Vertragsfreiheit der am Markt Beteiligten und stellen damit im System einer grundsätzlich freien Wirtschaft (↑ soziale Marktwirtschaft S. 32) an sich Fremdkörper dar. Ihre Vereinbarkeit mit dem Grundgesetz kann jedoch mit dem Sozialstaatsprinzip (Art. 20 Abs. 1 GG) begründet werden.

Preisrecht. Hg. v. W. Zipfel. Losebl. München. – U. Luhmann/J. Milhahn: Die rechtlichen Grenzen der Preisgestaltungsfreiheit und der Werbung mit dem Preis. Leitfaden für die Wirtschaftspraxis. Kissing 1978.

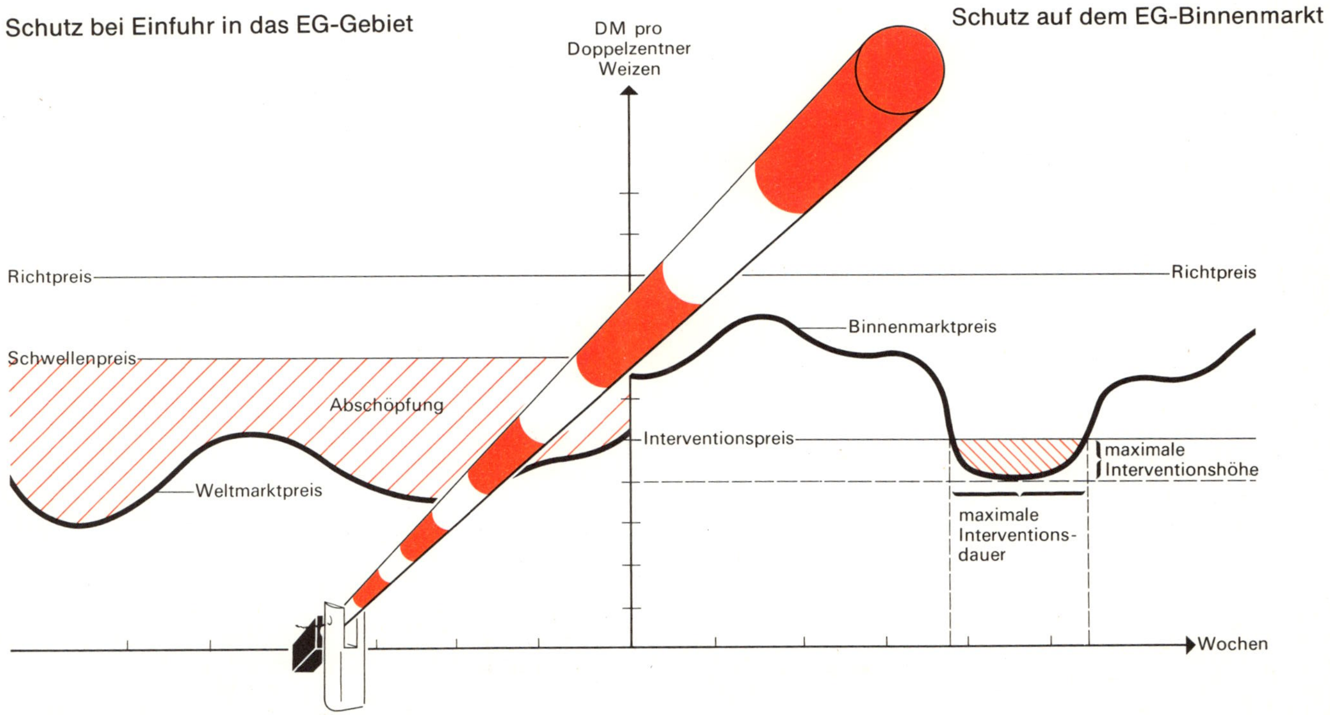

Schutz bei Einfuhr in das EG-Gebiet
Schutz auf dem EG-Binnenmarkt
DM pro Doppelzentner Weizen
Richtpreis
Richtpreis
Schwellenpreis
Abschöpfung
Weltmarktpreis
Binnenmarktpreis
Interventionspreis
maximale Interventionshöhe
maximale Interventions-dauer
Wochen

Marktformen

Der Versuch, die Vielfalt der Märkte nach typischen Marktformen zu erschließen und diese in ↑Modellen (S. 636) abzubilden, dient u.a. dem Ziel, Theorien über bedeutsame wirtschaftliche Vorgänge wie Preisbildung, Wettbewerb und Einkommensverteilung zu erarbeiten. Zur Einteilung in verschiedene Marktformen werden i.d.R. die Anzahl der Anbieter und/oder Nachfrager und deren relative Stärke (z.B. Anteil am Gesamtumsatz auf einem Markt) gewählt. Ferner wird die Beschaffenheit des Marktes vor allem als Informationssystem berücksichtigt. Aus den so ermittelten Marktformen lassen sich erste Aussagen über die möglichen Arten gegenseitiger Abhängigkeit machen, die sich für die auf einem Markt zusammentreffenden Anbieter und Nachfrager beim Ver- bzw. Einkauf ergeben können; daraus kann wiederum ein Marktformenschema entwickelt werden.

Nach der Beschaffenheit eines Marktes vor allem als Informationssystem spricht man von einem vollkommenen Markt, wenn 1) die auf diesem Markt angebotenen Güter den Konsumenten völlig gleichartig (homogen) erscheinen, die Nachfrager also weder persönliche noch sachliche Präferenzen für einen bestimmten Anbieter haben und 2) vollständige Marktübersicht der Nachfrager (Markttransparenz) gegeben ist. Ein unvollkommener Markt liegt dann vor, wenn am Markt heterogene Güter und/oder unvollkommene Marktübersicht gegeben sind. Liegt z.B. keine Markttransparenz vor, so kann ein Unternehmen die Preise erhöhen, ohne unbedingt einen relativ starken Absatzrückgang befürchten zu müssen. Ist die Homogenitätsbedingung verletzt, so werden einige Unternehmen ebenfalls in der Lage sein, ihre Preise über das Konkurrenzniveau anzuheben.

Mit der Beschaffenheit des Marktes läßt sich die jeweilige Anzahl der Marktteilnehmer kombinieren. Kämen auf einem vollkommenen Markt viele, nach ihrem möglichen Angebot kleine Anbieter zusammen, so wäre es jedem einzelnen von ihnen unmöglich, durch seine ↑betriebliche Preispolitik (S. 156) das Marktgeschehen zu beeinflussen. Anbieter und Nachfrager könnten sich lediglich an einen ihnen als Datum (d.h. durch sie nicht zu verändernden) erscheinenden Marktpreis bestmöglich anpassen. Wäre zusätzlich der Zutritt zu diesem vollkommenen Markt nicht beschränkt (offener Markt), dann läge vollständige Konkurrenz vor (↑Polypol S. 190). Stünden dagegen auf einem vollkommenen Markt einem einzigen Anbieter eine Vielzahl von Nachfragern gegenüber, so läge ein Angebotsmonopol (↑Monopol S. 194) vor. Solange weitere Anbieter ausblieben oder am Marktzugang gehindert wären (geschlossener Markt), könnte der Monopolist in dieser Modellsituation seine Kontrolle über das Marktgeschehen ausschließlich zu seinem Vorteil nutzen. Im Falle des ↑Oligopols (S. 192) befänden sich auf einem vollkommenen Markt wenige Anbieter, die bei Änderung der von ihnen angebotenen Gütermengen den Preis beeinflussen können. Gleichzeitig sind sie in ihrem Verhalten in hohem Maße voneinander abhängig. Analog zur Gliederung der Angebotsseite kann auch die Nachfrage in einer der geschilderten Marktformen organisiert sein.

Verbindet man die genannten Nachfrage-Angebots-Strukturen mit der Vorstellung eines unvollkommenen Marktes, so sind analog die Marktformen des diskriminierenden Monopols, des heterogenen Oligopols und der monopolistischen Konkurrenz ableitbar. Im ersten Fall wird es z.B. einem Angebotsmonopolisten möglich, die Marktunvollkommenheit zu nutzen, um von verschiedenen Nachfragern unterschiedliche Preise zu fordern (Preisdifferenzierung), falls dies lohnend erscheint. Im zweiten Fall ist die gegenseitige Abhängigkeit der Anbieter z.B. beim Einsatz der Preispolitik gelockert. Im letzten Fall wird der Wettbewerb zwischen den Anbietern ebenfalls verringert; in (engen) Grenzen können sie sich ähnlich wie Monopolisten verhalten.

Preistheorie. Hg. v. A. E. Ott. Köln u.a. 1968. Art. „Zur Lehre von den Marktformen". – A. Stobbe: Volkswirtschaftslehre II. Berlin u.a. 1983.

Einfache Marktformenschemata

Schema 1

Zahl der Marktteilnehmer \ Markteigenschaft	vollkommen	unvollkommen
viele	vollständige Konkurrenz	monopolistische Konkurrenz
wenige	homogenes Oligopol	heterogenes Oligopol
einer	reines Monopol	diskriminierendes Monopol

Schema 2

Anbieter \ Nachfrager	viele	wenige	einer
viele	vollständige Konkurrenz (Polypol)	Nachfrage-oligopol	Nachfrage-monopol
wenige	Angebots-oligopol	bilaterales Oligopol	beschränktes Nachfrage-monopol
einer	Angebots-monopol	beschränktes Angebots-monopol	bilaterales Monopol

Marktmacht

Der Tauschverkehr ist im gesellschaftspolitisch günstigen Fall in einer marktwirtschaftlich orientierten ↑Wirtschaftsordnung (S. 18) dadurch gekennzeichnet, daß sich die Marktteilnehmer in der Ausübung der wirtschaftlichen Macht gegenseitig neutralisieren, die sie durch ihre Verfügungsgewalt über Produktionsfaktoren (z. B. Arbeit, Kapital) haben. Erst bei ↑Konzentration wirtschaftlicher Macht (S. 410) entsteht u. a. auch Marktmacht. Sie äußert sich darin, daß etwa ein auf einem ↑Markt (S. 164) handelndes Individuum, also ein Anbieter oder Nachfrager, das Marktergebnis (Preis, Absatz, Bezug) zugunsten eigener Interessen beeinflussen kann.

Demjenigen, der Marktmacht ausübt, stehen im Grunde fünf Möglichkeiten offen: 1) Er kann die für das ↑Wirtschaften (S. 12) maßgeblichen Größen ändern, indem er z. B. die auf den Markt kommende Angebotsmenge bzw. die Preise der angebotenen Güter als Machtmittel einsetzt (analog ist der Fall des Nachfragers). In dem Maße, wie die tatsächlichen Verhältnisse den ableitbaren ↑Marktformen (S. 186) des Monopols, des Oligopols und der monopolistischen Konkurrenz nahekommen, wächst den Anbietern auf so klassifizierten Märkten Macht zu, die Marktergebnisse zu ihren Gunsten und zu Ungunsten der Nachfrager zu beeinflussen. Häufig werden Marktmacht und Monopolmacht synonym verwendet. 2) Der über Marktmacht Verfügende kann u. U. auch das Verhalten seiner möglichen Vertragspartner zu seinen Gunsten beeinflussen, indem er z. B. Lieferanten veranlaßt, das gleiche Gut niedriger zu bewerten als bei anderen Beziehern; in diesem Fall rückt er in die Nähe eines Nachfragemonopolisten. 3) Marktmacht kann dazu verwendet werden, das Verhalten der am gleichen Markt befindlichen Konkurrenten so zu beeinflussen, daß diese letztlich auf eine eigene, selbständige Unternehmenspolitik verzichten und sich statt dessen der Führung des Mächtigeren unterwerfen. Dabei muß der so überlegene Marktteilnehmer nicht unbedingt selbst als derjenige in Erscheinung treten, der z. B. Preiserhöhungen initiiert (Preisführer); vielmehr kann die Macht über die Konkurrenten – nach außen – auch „diskret“ ausgeübt werden. Einer solchen Machtkonstellation gehen i. d. R. Machtkämpfe zwischen den Konkurrenten voraus, in der verschiedene Strategien einsetzbar sind. Der klassische Fall ist die ruinöse Preisunterbietung, bei der ein Marktteilnehmer, der die Macht des anderen nicht anerkennen will, solange unterboten wird, bis er sich dem Preisdruck beugt oder aus dem Markt ausscheidet. 4) Mangelhafte Information anderer Marktteilnehmer kann ebenfalls Marktmacht begründen; denn derjenige, der einen Informationsvorsprung hat, kann diesen zu seinen Gunsten nutzen. 5) Marktmacht besitzt schließlich auch der, der die vom Staat gesetzten Rahmenbedingungen ganz oder teilweise umgehen kann, indem z. B. ein Unternehmen ins Ausland verlegt wird oder Chancen genutzt werden, die sich ergeben können, wenn ein Unternehmen in mehreren Ländern gleichzeitig tätig ist (↑multinationale Unternehmen S. 562). Die Macht beruht in diesem Fall in der Fähigkeit, Unterschiede in den nationalen Gesetzgebungen (Steuerrecht, Wettbewerbsrecht) zum eigenen Vorteil nutzen zu können.

Marktmacht ist nicht nur bei dem individuellen Marktteilnehmer auffindbar. Sie ist im Sinne von Organisationsmacht auch dadurch erreichbar, daß Anbieter oder Nachfrager sich in der einen oder anderen (nicht unbedingt vertraglich abgesicherten) Form zusammenschließen. Ziel solcher Zusammenschlüsse ist es, den machtneutralisierenden Wettbewerb untereinander zu beschränken oder ganz aufzuheben (↑Wettbewerbsbeschränkungen S. 408). Da damit das Organisationsprinzip einer marktwirtschaftlichen Ordnung bedroht wird, sucht der Gesetzgeber dem durch ein entsprechendes ↑Wettbewerbsrecht (S. 412) zu begegnen. Zu den Aufgaben der ↑Wirtschaftspolitik in der Marktwirtschaft (S. 366) gehört es u. a., Verbesserungen des Wettbewerbsrechts zu initiieren.

H. Arndt: Wirtschaftliche Macht. München 1974. – Macht u. ökon. Gesetz. Hg. v. H. K. Schneider/Ch. Watrin. 2 Bde. Berlin 1973–74.

Anteil der jeweils 3, 6, 10, 25 und 50 größten Unternehmen am Gesamtumsatz in ausgewählten Industriezweigen – bezogen auf die in der jeweiligen Branche tätigen inländischen Unternehmen (in v. H.)

Industriezweig	1977					1979				
	3	6	10	25	50	3	6	10	25	50
	Unternehmen					Unternehmen				
Bergbau	66,2	84,9	94,4	98,9	99,7	66,9	84,2	94,3	99,0	99,7
Steinkohle	81,9	–	–	–	–	82,6	–	–	–	–
Erdölgewinnung und Erdgasgewinnung	–	100,0	–	–	–	93,4	100,0	–	–	–
Steine und Erden	7,9	14,1	18,2	28,2	37,2	6,9	12,4	16,1	24,9	33,0
Eisenschaffende Industrie	35,2	53,7	69,9	91,7	–	37,9	57,8	75,1	91,0	97,5
NE-Metallindustrie	24,7	39,0	49,5	70,7	85,7	24,7	38,4	50,3	71,4	85,8
Kaltwalzwerke	28,2	–	58,1	–	97,7	35,6	48,3	–	82,5	97,1
Stahlbau	33,5	37,7	42,5	–	61,9	19,2	26,6	33,7	–	–
Maschinenbau	8,2	12,6	17,2	26,8	34,7	9,7	14,5	18,7	26,9	34,8
Feinkeramik	–	–	57,3	–	86,6	37,3	48,6	–	72,6	86,7
Glas	25,6	40,4	50,1	–	–	26,7	44,8	51,8	68,5	–
Sägewerke und Holzverarbeitung	3,3	6,0	8,9	16,2	24,1	3,2	5,5	8,1	–	22,6
Musikinstrumente, Spielwaren und Sportgeräte	–	–	–	30,0	42,2	7,3	12,9	17,7	29,7	41,8
Chemische Industrie	26,3	40,5	47,6	61,4	71,2	26,0	41,2	48,4	61,9	71,3
Ernährungsindustrie	6,0	9,1	12,5	21,1	29,2	5,2	8,1	11,3	19,9	28,3
Holzschliff-, Zellstoff-, Papier- und Pappeerzeugung	38,2	50,3	59,2	73,8	86,8	29,6	42,0	52,8	71,0	86,0
Papier- und Pappeverarbeitung	13,0	19,2	25,8	39,2	50,8	12,3	18,0	22,9	34,6	–
Kunststoffverarbeitung	6,3	9,7	13,6	23,6	34,1	6,8	10,8	14,6	24,4	35,1
Gummi- und Asbestverarbeitung	38,3	53,0	65,2	79,2	–	37,0	50,5	63,3	79,4	88,8
Ledererzeugung	21,3	32,6	45,3	73,3	90,5	–	–	47,7	77,4	94,1
Lederverarbeitung und Schmuckindustrie	15,6	21,1	–	38,0	50,3	15,9	22,2	27,5	39,2	51,7
Textilindustrie	3,8	6,5	9,7	18,3	–	3,8	6,8	10,0	18,3	–
Bekleidungsindustrie	4,6	6,9	–	16,0	24,2	4,6	6,9	9,4	16,4	25,2
Luftfahrzeugbau	–	–	–	99,4	–	–	–	–	99,3	–
Elektrotechnik	31,7	41,4	47,8	58,9	66,5	32,1	41,6	48,4	59,1	66,0
Feinmechanik, Optik und Uhrenindustrie	14,3	22,7	29,4	40,1	50,5	15,1	23,6	29,0	39,4	49,5
Eisen-, Blech- und Metallwarenindustrie	8,4	12,2	15,5	23,5	31,3	8,3	12,1	15,2	23,5	31,6
Mineralölverarbeitende und Kohlewerkstoffindustrie	58,1	81,0	91,6	99,4	100,0	60,4	82,8	93,6	99,3	–

Polypol

Beim Polypol (griech. polýs = „viel-, mehr-" und pōlein = „verkehren, verkaufen, Handel treiben") treffen auf einem ↑Markt (S. 164) viele Anbieter auf viele Nachfrager. Der (theoretische) Extremfall ist das Polypol auf dem vollkommenen Markt, die sog. vollkommene Konkurrenz. In diesem Fall hat der einzelne Anbieter (Nachfrager) keinen Einfluß auf die Höhe der jeweils am Markt herrschenden Preise, da das Gut von so vielen Anbietern (Nachfragern) angeboten (nachgefragt) wird und der Anteil des einzelnen Verkäufers (Käufers) am Gesamtangebot (der Gesamtnachfrage) somit so gering ist, daß von seinen Dispositionen die anderen Marktteilnehmer nicht beeinflußt werden können. Aus der Sicht des einzelnen Anbieters (Nachfragers) ist der Marktpreis ein Datum, an das er sich nur bestmöglich anpassen kann. Würde z. B. ein einzelner Anbieter in diesem Extremfall mehr als den Marktpreis fordern, so würden die Nachfrager ohne Schwierigkeit auf die billigeren Konkurrenzangebote ausweichen können. Eine Preisforderung, die unter dem Marktpreis läge, wäre für ihn lediglich gewinnschmälernd, da sein mögliches ↑Angebot (S. 172) unbedeutend und nur zu steigenden Stückkosten sehr begrenzt erweiterungsfähig ist. Insgesamt jedoch ist das Angebot auf einem solchen Markt vor allem wegen des freien Marktzutritts für potentielle Anbieter durchaus nicht beschränkt. Unbeschränkter Marktzugang und das Fehlen jeglicher Hindernisse, kostengünstigere Produktionstechniken von Konkurrenten zu übernehmen, bewirken unter diesen Modellbedingungen zugleich, daß der ↑Wettbewerb (S. 406) ständig für die Anwendung der wirtschaftlichsten ↑Fertigungsverfahren (S. 72) sorgt und Extragewinne aus Kostensenkungen schnell beseitigt werden.

Der Wirklichkeit wesentlich näher kommen dürfte die Marktform des Polypols auf dem unvollkommenen Markt: Relativ viele Anbieter bieten gleiche oder zumindest durch die Nachfrager leicht austauschbare (substituierbare) Sachgüter und Leistungen an; jedoch sorgen unvollkommene Marktübersicht der Nachfrager, mehr oder weniger ausgeprägte starre Kaufgewohnheiten, räumliche Trennung der Anbieter u. a. dafür, daß für den einzelnen Anbieter „Marktnischen" entstehen. Auf diesen Teilmärkten ist er in einer dem ↑Monopol (S. 194) ähnlichen Position. Denn die Marktunvollkommenheiten gewähren ihm begrenzten Schutz vor dem grundsätzlich möglichen Abwandern der Nachfrager zur Konkurrenz. So kann ein Anbieter die Bequemlichkeit des Einkaufs, die sich für die Nachfrager dadurch ergibt, daß er sich in der Nähe ihres Wohngebietes befindet, dazu nutzen, eine eigenständige ↑betriebliche Preispolitik (S. 156) zu treiben; denn die Nachfrager sind – in begrenztem Maße – bereit, einen Preis für die Bequemlichkeit zu zahlen. Gleichzeitig kann sein relativ kleiner Kundenkreis aber auch bedeuten, daß die ↑Betriebsgröße (S. 78) des Anbieters weniger kostengünstig ist, als die eines Wettbewerbers in zentraler Lage. Sowohl absatzpolitischer Bewegungsspielraum als auch Kostensituation sind also verglichen mit dem Monopol verschieden. Gleichwohl sind die Übergänge zwischen beiden Marktformen fließend. Wegen der Ähnlichkeiten mit dem Monopol wird das Polypol auf dem unvollkommenen Markt auch als monopolistische Konkurrenz bezeichnet.

Von den Beziehungen zwischen den Anbietern aus gesehen verdeutlicht die monopolistische Konkurrenz, daß diese vor allem durch das Maß bestimmt sind, in dem die Nachfrager mit der Substitution der Erzeugnisse eines Anbieters durch die eines anderen reagieren (können). Je weiter sich die Marktsituation von derjenigen der vollkommenen Konkurrenz entfernt, um so geringer werden die Substitutionsmöglichkeiten. Das gilt auch für das ↑Oligopol (S. 192) auf dem vollkommenen Markt insofern, als zwar die Erzeugnisse der Oligopolisten leicht substituierbar sind, der von ihnen kontrollierte Markt jedoch durch beträchtliche „Substitutionslücken" von anderen Märkten isoliert ist.

Hwb. der Sozialwiss. Bd. 8. Stuttg. u. a. 1964. Art. „Polypol" S. 407–421. – A. Stobbe: Volkswirtschaftslehre II. Berlin u. a. 1983.

Art des Wettbewerbs	Art des Marktes	Zahl der Produzenten und Grad der Produktdifferenzierung	Geltungsbereich in der Volkswirtschaft	Grad der Preiskontrolle	Verkaufs- bzw. Absatzmethoden
vollständiger Wettbewerb (Polypol)	vollkommen, d. h. – das gehandelte Gut wird bei jedem Anbieter in gleicher Qualität hergestellt (Homogenes Gut) – die Anbieter und Nachfrager sind von persönlichen Präferenzen unbeeinflußt (es ist unerheblich, bei wem gekauft und an wen verkauft wird) – vollständige Markttransparenz Preise und Mengen sind allen Marktteilnehmern bekannt)	– es befinden sich viele Produzenten am Markt – es werden ident. Produkte angeboten	mit Einschränkungen: einige Branchen in der Landwirtschaft (in der Regel nur theoret. Relevanz)	keine Beeinflussung des Preises möglich	Markttausch oder Versteigerung
unvollständiger Wettbewerb (monopolistische Konkurrenz)	unvollkommen, d. h. Märkte, an denen die Bedingungen des vollkommenen Marktes nicht sämtl. erfüllt sind	– es befinden sich viele differenzierte Anbieter am Markt – es bestehen echte oder eingebildete Unterschiede in den angebotenen Produkten	Beispiele: – im Einzelhandel – Zahnpaste – Möbel – Werkzeuge	geringe Preiskontrolle	Werbung und Qualitätswettbewerb; teilweise regulierte Preise

Oligopol

Ein Oligopol (griech. olígos = „wenig-, gering-" u. pōleĩn = „verkehren, verkaufen, Handel treiben") ist dadurch gekennzeichnet, daß sich am ↑Markt (S. 164) nur wenige Anbieter (Angebotsoligopol) oder wenige Nachfrager (Nachfrageoligopol) befinden. Von dem gegenüber der Wirklichkeit stark vereinfachenden Katalog von ↑Marktformen (S. 186) ausgehend, lassen sich zunächst das homogene und das heterogene Oligopol unterscheiden, je nachdem, ob ein vollkommener oder ein unvollkommener Markt vorausgesetzt wird. Der einfachste Fall des Oligopols ist derjenige, bei dem auf einem Markt lediglich zwei Anbieter auftreten (Dyopol). An ihm lassen sich einige Besonderheiten dieser Marktform leicht verdeutlichen. Aufgrund der kleinen Anbieterzahl werden in einer oligopolistischen Industrie die Aktivitäten eines einzelnen Unternehmens die Handlungsweisen der anderen Unternehmen beeinflussen und umgekehrt. Im wesentlichen unterscheidet sich das Oligopol von den Marktformen des ↑Monopols (S. 194) und des ↑Polypols (S. 190) dadurch, daß zwischen den oligopolistischen Anbietern beim Einsatz des absatzpolitischen Instrumentariums (↑Absatz S. 150) und bei den damit erzielbaren Ergebnissen eine wechselseitige Abhängigkeit besteht.

Besteht ein Oligopol aus zwei Anbietern, so wird z. B. eine Preiserhöhung des Anbieters I zu Absatzeinbußen dieses Unternehmens führen, die dem konkurrierenden Anbieter II zugute kommen und bei ihm zu einer Erhöhung der Absatzmenge führen, wenn er die Preiserhöhung nicht mitmacht und der Markt einem vollkommenen Markt nahekommt. Unter der Voraussetzung, daß die Anbieter nach Gewinn streben, könnte nun Anbieter II angesichts der Mehrnachfrage einen höheren Preis setzen. Dies würde sich wiederum auf seine Absatzmenge und auf die des Anbieters I auswirken, der seinen Preis der geänderten Marktlage anpassen würde.

Allerdings dürfte es kaum realistisch sein anzunehmen, die beiden Oligopolisten würden sich ihrer gegenseitigen Abhängigkeit nicht bewußt sein. Der nächste Schritt wäre dann, davon auszugehen, beide Anbieter würden zweckmäßigerweise versuchen, die möglichen Reaktionen des Konkurrenten auf eigene absatzpolitische Initiativen in ihrer ↑betrieblichen Planung (S. 64) vorwegzunehmen. Allerdings dürfte es sehr ungewiß sein, wie die Gegenreaktionen sein werden. Denn den Anbietern steht eine wesentlich breitere Palette absatzpolitischer Instrumente zur Verfügung als lediglich die ↑betriebliche Preispolitik (S. 156), z. B. die ↑Werbung (S. 162) und die ↑Produkt- und Sortimentspolitik (S. 160).

Um die Risiken der Preispolitik zu vermeiden, sind folgende Strategien denkbar: 1) Die oligopolistische Verdrängungspolitik: Sie zielt insofern auf den Ausschluß des preispolitischen Risikos ab, als sie den Versuch eines Anbieters beinhaltet, durch Preisunterbietungen die Konkurrenten vom Markt zu verdrängen. Im Erfolgsfall wäre in der Tat durch eine sehr riskante Strategie letztlich die Konkurrenz und damit auch das preispolitische Risiko ausgeschaltet. 2) Die oligopolistische Preisfixierung: Um den ruinösen Kämpfen einer Preisunterbietung zu entgehen, könnte sich ein stillschweigendes Einverständnis zwischen den Wettbewerbern einstellen, die Preispolitik möglichst wenig einzusetzen und den Kampf um Marktanteile mit anderen absatzpolitischen Mitteln zu führen. 3) Die oligopolistische Preisführerschaft: Sie kann den preispolitischen „Frieden" im Oligopol „sichern" helfen. Einer der Konkurrenten, häufig der Oligopolist mit dem größten Marktanteil, übernimmt es, Preisänderungen vorzunehmen, wenn er davon ausgehen kann, daß die Konkurrenten ihm folgen. Eine Preisführerschaft kann aber auch das Ergebnis eines „Preiskriegs" sein, in dem einer der Oligopolisten seine besondere ↑Marktmacht (S. 188) bewies. 4) Die Kollusion: Sie kann von formlosen Verabredungen zwischen den Oligopolisten (Gentlemen's Agreement) bis hin zu kartellmäßig fixierten Verträgen reichen.

A. E. Ott: Grundzüge der Preistheorie. 3. Aufl. Gött. 1979. – A. Stobbe: Volkswirtschaftslehre II. Berlin u. a. 1983.

Darstellung möglicher Zusammenhänge zwischen Preis- bzw. Absatzänderungen im Oligopol

Annahme: Die Oligopolgruppe bestehe aus zwei konkurrierenden Oligopolisten A und B, die ein (fast) identisches Produkt anbieten (z. B. zwei Anbieter in der Stahl-, Aluminium- oder Nylonindustrie) und das Ziel der Gewinnmaximierung verfolgen.

Ausgangssituation: (Phase 1)	Preis- oder Mengenpolitik des A; z. B. Preissenkung für das Produkt bzw. Qualitätsverbesserung bzw. verstärkte Werbung
	↓ Folge
(Phase 2)	Abwanderung der Abnehmer des B und gleichzeitig Zustrom neuer Käufer zu A
	↓ Reaktion
(Phase 3)	Preis- oder Mengenpolitik des B mit dem Ziel, die Abwanderung zu stoppen durch eine Preissenkung bzw. Qualitätsverbesserung bzw. verstärkte Werbung für sein Produkt
	↓ Folge
(Phase 4)	Abwanderung einiger Abnehmer des A und gleichzeitig Zustrom neuer Käufer zu B bzw. Rückkehr „alter" Abnehmer
	↓ Reaktion
(Phase 5)	Preis- oder Mengenpolitik des A mit dem Ziel, die Abwanderung seiner Käufer zu stoppen (siehe Phase 3)
	↓
Endstadium:	Entweder gemeinsame Gewinnmaximierung der beiden Anbieter A und B oder Ausscheiden, eines Anbieters vom Markt aufgrund des Preiskampfes

Monopol

Ein Monopol (griech. mónos = „allein-, einzig-" und pōleīn = „verkehren, verkaufen, Handel treiben") liegt vor, wenn auf einem ↑Markt (S. 164) entweder einem Anbieter eine Vielzahl von Nachfragern (Angebotsmonopol) oder einem Nachfrager viele Anbieter (Nachfragemonopol) gegenüberstehen. Die absatzpolitischen Möglichkeiten etwa eines Angebotsmonopolisten unterscheiden sich wesentlich sowohl von denen eines Anbieters im ↑Oligopol (S. 192) als auch von denen eines Anbieters bei vollkommener Konkurrenz (↑Polypol S. 190). Anders als der Oligopolist braucht er definitionsgemäß lediglich mit Reaktionen der Nachfrager zu rechnen. Anders als der Polypolist auf dem vollkommenen Markt (↑Marktformen S. 186) ist er (noch mehr als der Oligopolist) in der Lage, den Marktpreis und andere ↑Konditionen (S. 158) entscheidend zu beeinflussen. Seine ↑Marktmacht (S. 188) hängt außerdem von dem Grad der Vollkommenheit des von ihm kontrollierten Marktes ab. Je geringer die Marktübersicht der Nachfrager ist, um so leichter wird es für den Monopolisten, den Markt aufzuspalten und unterschiedliche Preise zu fordern. Das kann immer dann vorteilhaft sein, wenn verschiedene Nachfragergruppen unterschiedlich stark mit ihren Käufen auf Preisänderungen reagieren (↑Nachfrage S. 170). Über Unvollkommenheiten wie die räumliche Streuung von Abnehmern hinaus hat der Monopolist wie jeder Anbieter Möglichkeiten, z. B. über ↑Werbung (S. 162) sowie ↑Produkt- und Sortimentspolitik (S. 160) die Marktübersicht der Nachfrager weiter zu mindern. Wenn es ihm darum geht, einen kurzfristig größtmöglichen Gesamtgewinn zu erzielen, kann er auf der Erlösseite zwei gegenläufige Reaktionen nicht vernachlässigen: Mit steigendem (sinkendem) Preis steigt (sinkt) zwar auch definitionsgemäß der Erlös je abgesetzter Mengeneinheit; aber bei normaler Nachfragereaktion verringert (erhöht) sich die gesamte zu diesem Preis absetzbare Menge. Daher kann je nach Ausgangpreis der Gesamterlös fallen oder steigen. Das Gewinnmaximum wäre erreicht, wenn die Differenz zwischen Gesamterlös und Gesamtkosten am größten würde (↑Angebot S. 172).

Allerdings dürfte das Kalkül eines Monopolisten wesentlich schwieriger sein als zuvor skizziert. Nur in Ausnahmefällen dürfte ihm die Reaktion der Nachfrager hinreichend genau bekannt sein. Ebensowenig dürfte ein Monopolist i. d. R. seinen kurzfristigen Gewinn zu maximieren trachten. Auf mittlere Sicht jedoch kann er ebensowenig Ausweichversuche der Nachfrager ausschließen (↑Nachfrage S. 170) wie das Auftreten von Konkurrenten, die z. B. durch die günstige Ertragslage auf diesem Markt angelockt werden. Daher gilt es auch, die Marktmacht zu sichern. Gegenüber den Nachfragern kann er sich einer Vielfalt von Strategien des ↑Marketings (S. 150) bedienen. Potentielle Konkurrenten lassen sich u. U. dann abwehren, wenn er über ↑Patente (S. 424) Produktionsmethoden kontrolliert.

Monopole stellen eine ↑Konzentration wirtschaftlicher Macht (S. 410) dar. Als solche bewirken sie u. a. eine Änderung der ↑Einkommensverteilung (S. 460) und der ↑Vermögensverteilung (S. 462), die i. d. R. nicht positiv beurteilt wird. Allerdings verdanken sie ihr Entstehen nicht unbedingt einer ↑Wettbewerbsbeschränkung (S. 408) wie z. B. einer ↑Fusion (S. 234). Vielmehr kann die Wahrnehmung von kostensenkenden ↑Fertigungsverfahren (S. 72) ebenso zu ↑Betriebsgrößen (S. 78) führen, welche die Anzahl der auf einem Markt möglichen Anbieter entscheidend einschränken, wie eine extreme Spezialisierung. Schließlich kann die Einführung ↑technischen Fortschritts (S. 530) durch einen wagemutigen Unternehmer diesem zumindest vorübergehend eine Monopolposition verschaffen. Gerade dieser Fall verdeutlicht, daß Monopole ebensowenig einheitlich beurteilt werden können wie andere Marktformen; denn hier ist z. B. die zeitweilig erreichte Monopolposition ein Anreiz für privatwirtschaftliche Initiative, die keineswegs risikolos sein muß.

A. Paulsen. Allg. Volkswirtsch. Bd. 2. 10. Aufl. Berlin 1977. – A. Stobbe: Volkswirtschaftslehre II. Berlin u. a. 1983.

Monopolmärkte

Monopolmärkte	
Mögliche Motive für das Streben nach einer marktbeherrschenden Stellung	– Entwicklung zu Großbetrieben mit sehr hohem Marktanteil – Aufspaltung eines oder mehrerer Märkte und Bildung von Teilmärkten für spezialisierte Güter – Vertragl. Vereinbarungen zwischen den Anbietern zur Herbeiführung eines gemeinsamen Marktverhaltens
Gründe für die Entstehung monopolistischer Märkte	– Verhinderung des Absinkens der Gewinne unter einen bestimmten Schwellenwert – Erreichen einer großen Stabilität der Produktions- und Absatzbedingungen – Ausbau einer bereits vorhandenen Marktposition
Mögliche Maßnahmen zur Sicherung einer Monopolstellung	– Erschwerung des Eintritts neuer Anbieter in den Markt durch Errichtung von Eintrittsbarrieren, wie z. B. absolute Kostenvorteile bestehender Firmen Vorteile im Absatz (bekannte Marken) – Ausschluß neuer Anbieter auf dem eigenen Markt

Investieren – Investitionsarten

Allgemein kann jede Form des Aufwands von Produktionsfaktoren bzw. Kaufkraft mit dem Ziel, vor allem in der Zukunft Erträge zu erwirtschaften, als Investition bezeichnet werden. Nach dem Anlageobjekt sind Finanz-, Sach- und Bildungsinvestitionen möglich. Zur ersten Kategorie zählt der Erwerb von Forderungs- und Beteiligungsrechten (z. B. Spar- und Termineinlagen, ↑Wertpapiere S. 256). Sach- oder Realinvestitionen entstehen durch den Erwerb dauerhafter Produktionsmittel (z. B. Maschinen, Gebäude) und durch die Bildung von Vorräten (z. B. Rohstoffe, Halb- und Fertigfabrikate). Bildungsinvestitionen sind Aufwendungen, mit denen die für den Produktionsprozeß notwendigen Kenntnisse und Fähigkeiten erworben, verbessert und erneuert werden. Dazu zählen insbesondere die Ausgaben für Schul- und Berufsausbildung, aber auch der Aufwand für die Erforschung und Entwicklung neuer Produktionsverfahren. Die volkswirtschaftlichen Investitionen, die in der ↑volkswirtschaftlichen Gesamtrechnung (S. 358) erfaßt werden, beschränken sich ausschließlich auf Sachinvestitionen. Diese werden nach ihrer Verwendungsart in Anlageinvestitionen (Ausrüstungs- und Bauinvestitionen) sowie in Vorratsinvestitionen eingeteilt.

Investitionsanlaß kann die Aufnahme des Produktionsprozesses, der Ersatz abgenutzter Anlagen, die Erweiterung oder die Rationalisierung des Produktionsapparates sein. Bei reinen Ersatzinvestitionen werden die durch den Produktionsprozeß abgenutzten Anlagen durch technisch gleiche Neuanlagen ersetzt. Da der ↑technische Fortschritt (S. 530), den die Investoren insbesondere bei starker Konkurrenz (↑Wettbewerb S. 406) nutzen werden, zu ständigen Änderungen und zugleich Verbesserungen der Produktionstechnik führt, wirken Ersatzinvestitionen i. d. R. nicht nur kapazitätserhaltend, sondern auch kapazitätserweiternd und/oder produktivitätssteigernd. Bei Erweiterungsinvestitionen werden zusätzliche Anlagen beschafft oder vorhandene Anlagen durch solche mit größerer Kapazität ersetzt. Mit Rationalisierungsinvestitionen werden noch funktionsfähige Anlagen gegen neue ausgetauscht mit dem Ziel, die ↑Produktivität (S. 74) zu erhöhen und letztlich die ↑Kosten (S. 76) zu senken. Investitionsanlaß kann schließlich auch die Erfüllung gesetzlicher Vorschriften (z. B. ↑Umweltschutzgesetze S. 620) oder betrieblicher Sozialleistungen (z. B. Werkswohnungen) sein.

Sachinvestitionen werden von den Unternehmen und zu einem geringeren Teil von den öffentlichen Haushalten durchgeführt. Die öffentlichen Investitionen bestehen nur aus dem Erwerb von Anlagegütern, da es beim Staat keine Vorratsinvestitionen wie bei den Unternehmen gibt. Im Sinne der volkswirtschaftlichen Gesamtrechnung führen private Haushalte keine Investitionen durch; jede Verwendung von Gütern, auch die von Gebrauchsgütern, innerhalb dieses Sektors ist definitionsgemäß Konsum. Der Bau oder Kauf von Häusern und Wohnungen für den Bedarf privater Haushalte zählt zu den Bauinvestitionen, weil der private Wohnungsbau als unternehmerische Tätigkeit aufgefaßt wird.

Der gesamte Zuwachs an Sachgütern bei den Unternehmen und den öffentlichen Haushalten einschließlich des privaten Wohnungsbaus entspricht der Bruttoinvestition. Der Teil der Bruttoinvestition, der dem Ersatz der durch Verschleiß oder Veralterung ausgeschiedenen Produktionsmittel dient, ist die Re- bzw. Ersatzinvestition. Die positive (negative) Differenz zwischen Brutto- und Reinvestition, die Nettoinvestition, bringt die Vergrößerung (Verringerung) der im Kapitalstock verkörperten Produktionskapazität zum Ausdruck. Außer der Kapazitätswirkung hat jede Investition eine Einkommenswirkung durch eine Veränderung des ↑Sozialprodukts (S. 360) aufgrund der Nachfrage nach Investitionsgütern.

A. Stobbe: Gesamtwirtsch. Theorie. Berlin u. a. 1975. – G. Vogler: Allgem. Betriebswirtschaftslehre. Opladen 1976.

Investitionen in der Bundesrepublik Deutschland nach Verwendungsarten in Preisen von 1976

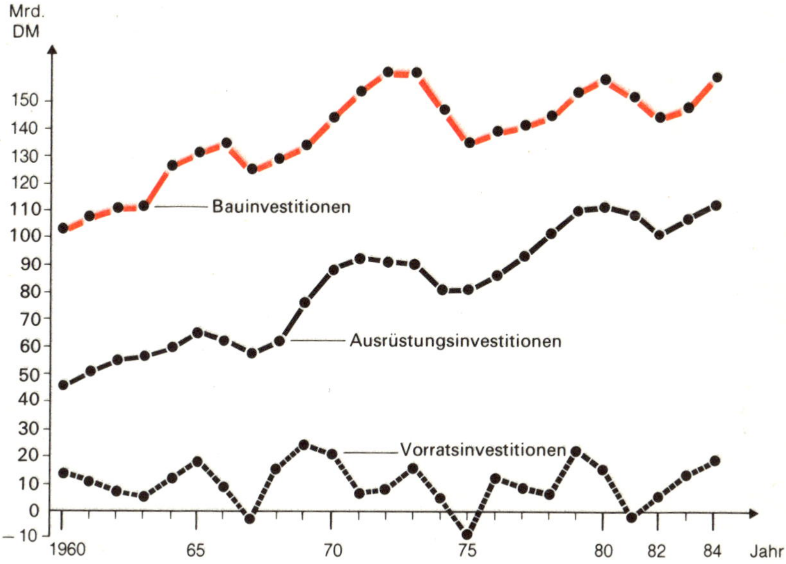

Als Hauptziel ihrer Investitionen nannten v. H. der Unternehmen[1]):

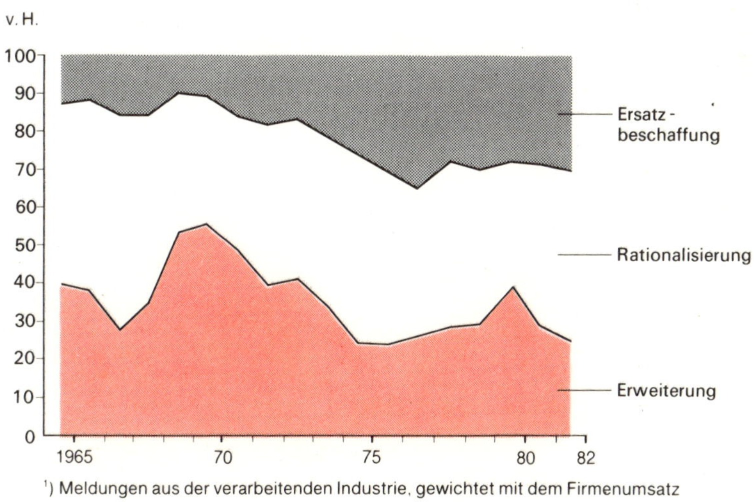

[1]) Meldungen aus der verarbeitenden Industrie, gewichtet mit dem Firmenumsatz

Bestimmungsgründe privater Investitionen

Da neben dem ↑wirtschaftlichen Wachstum (S. 528) auch die ↑Konjunktur (S. 488) wesentlich von der privaten Investitionstätigkeit beeinflußt wird, kann die Kenntnis der Bestimmungsgründe privater Investitionen zugleich zur ↑Konjunkturerklärung (S. 494) beitragen. Besonders deutlich wird die Beziehung zwischen Investitionstätigkeit und ↑Nachfrageschwankungen (S. 490) bei den sog. Reinvestitionszyklen. Sie können entstehen, wenn ein beträchtlicher Teil des Produktionsapparates der Unternehmen wegen ähnlich langer Lebensdauer einzelner Investitionsgüter wiederholt gleichzeitig zu erneuern ist (Echoprinzip).

Investitionen werden i. d. R. nur dann vorgenommen, wenn sie den ↑Unternehmenszielen (S. 62), insbesondere dem Gewinnstreben, dienen. Dementsprechend würde es bei einer Investitionsentscheidung auf die aus der Verwertung einer Investition erwarteten Nettoerlöse ankommen. Berücksichtigt man, daß die erwarteten Nettoerlöse meist über einen Zeitraum anfallen, so läßt sich die innerbetriebliche Verzinsung einer Investition, der interne Zinssatz (↑Investitionsrechnung S. 200), ermitteln. Eine betriebliche Investition würde erst erwogen, wenn sie wenigstens so rentabel wie außerbetriebliche Alternativen angesehen würde; deren Rentabilität kommt durch den Zinssatz zum Ausdruck, der für eine Anlage auf dem ↑Kapitalmarkt (S. 250) geboten wird, bei der das Kapital für einen mit der Investition vergleichbaren Zeitraum gebunden ist. Die vom Investor zu fordernde innerbetriebliche Mindestverzinsung (Kalkulationszinssatz) würde demnach der entsprechende Kapitalmarktzins zuzüglich eines wegen der Ungewißheit des betrieblichen Investitionserfolges als nötig erachteten Risikozuschlags sein. Würde bei gleichbleibender Risikoeinschätzung der Kapitalmarktzins steigen (sinken), änderte sich entsprechend auch der Kalkulationszins. Es würde weniger (mehr) investiert, weil nach dem Vergleich zwischen internem Zinssatz und Kalkulationszins weniger (mehr) betriebliche Investitionsobjekte vorteilhaft erschienen. Für die Gesamtwirtschaft würde daraus folgen, daß die privaten Investitionen mit steigendem Kapitalmarktzins sinken und umgekehrt. Die Vermutung einer Zinsabhängigkeit privater Investitionen war jedoch bisher empirisch nicht befriedigend nachweisbar.

Anderen Hypothesen war zumindest teilweise mehr Erfolg beschieden. Allerdings enthalten auch sie Elemente einer Rentabilitätsschätzung ähnlich der einer zinsorientierten Investitionsentscheidung. So vermutet das Beschleunigungs- oder Akzeleratorprinzip (↑Nachfrageschwankungen S. 490) eine Abhängigkeit der Nettoinvestitionen von Veränderungen der ↑Gesamtnachfrage (S. 360). Der Akzelerator ist dabei das Verhältnis, in welchem die Investoren ihren Kapitalstock einer Veränderung der Nachfrage anzupassen wünschen. Weniger anfällig gegen empirische Widerlegungsversuche wird diese Hypothese, wenn neben einer Orientierung an Nachfrageänderungen vermutet wird, daß die Investoren ihren vorhandenen Kapitalstock an einen gewünschten angleichen (Kapitalstockanpassungsprinzip). Die Vorstellungen der Unternehmer über das, was wünschenswert ist, hängen aber letztlich wiederum von Rentabilitätsschätzungen ab.

Die Ungewißheit bei Investitionsentscheidungen sowie die Gewinne als Finanzierungsmittel für Investitionen prägen eine dritte Gruppe von Hypothesen über das Verhalten privater Investoren. Da hierbei angenommen wird, daß die bisherige Gewinnentwicklung die Gewinnerwartungen und damit auch die Investitionsentscheidungen mitbeeinflußt, besteht auch hier eine Verbindung zum zinsorientierten Ansatz. Das subjektive Element unsicherer Erwartungen dürfte neben der bei gesamtwirtschaftlicher Betrachtung notwendigen Vereinfachung die bisher geringe Zuverlässigkeit von Investitionsprognosen begründen.

A. Woll: Allg. Volkswirtsch. 7. Aufl. München 1981. – P. A. Samuelson: Volkswirtschaftslehre. 7. Aufl. Köln 1981.

Bestimmungsgründe privater Investitionen

Marge der Gewinn- und Vermögenseinkommen
(Bruttoeinkommen aus Unternehmertätigkeit und Vermögen in v. H. des Produktionswertes)[1]

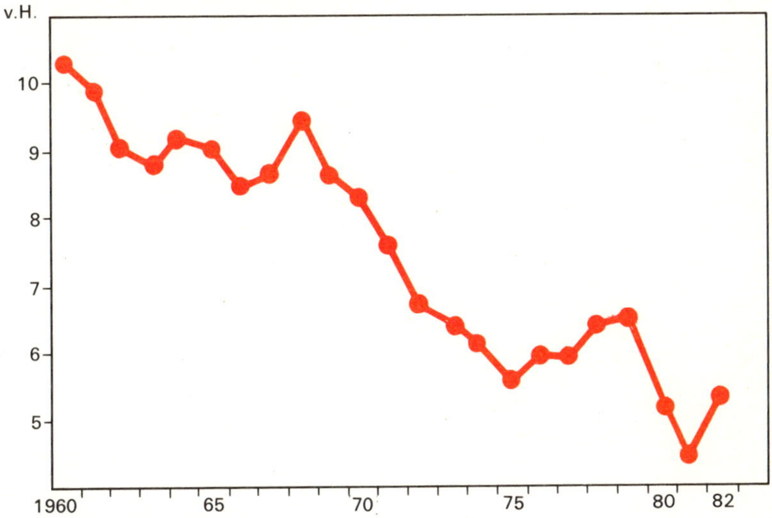

Investitionsquoten
Bruttoanlageinvestitionen in v. H. des Bruttosozialprodukts, in Preisen von 1976

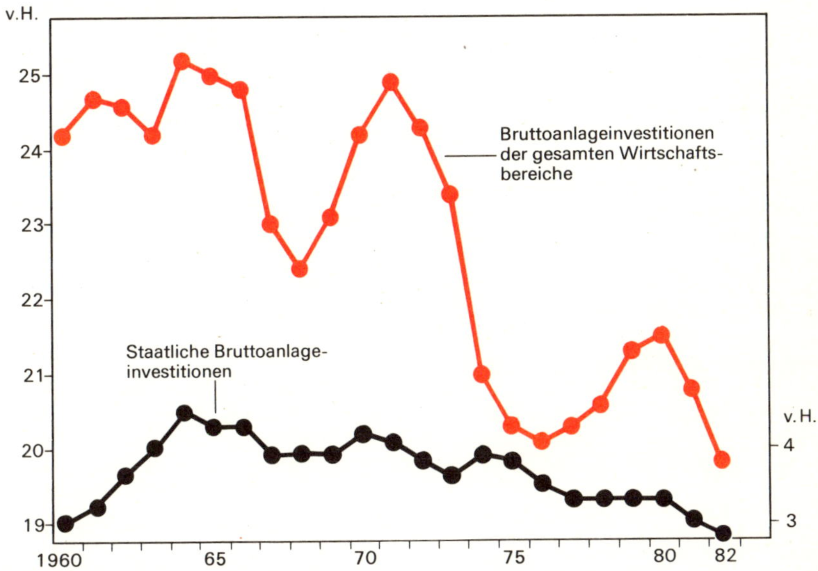

Investitionsrechnung

Investitions- oder Wirtschaftlichkeitsrechnungen sind Rechenverfahren, mit denen man die Vorteilhaftigkeit von Investitionen ermittelt. In der Kostenvergleichsrechnung werden die durchschnittlichen Jahres- oder Stückkosten verschiedener Investitionsobjekte verglichen. Die Entscheidungsregel lautet dann, daß die Alternative mit den geringsten Kosten gewählt werden soll. In der Gewinnvergleichsrechnung wird auch die Erlösseite berücksichtigt. Eine Investition gilt als vorteilhaft, wenn der erwartete Jahresgewinn (Erlöse – Kosten) aufgrund der Investition größer ist als der bisherige Gewinn. Wird die Gewinnvergleichsrechnung für den Wirtschaftlichkeitsvergleich alternativer Investitionsobjekte herangezogen, so kommt die Alternative mit dem höchsten Gewinn zum Zuge. Bei der Rentabilitätsrechnung ist das Beurteilungskriterium das Verhältnis von durchschnittlich zu erwartendem Jahresgewinn zu durchschnittlichem Kapitaleinsatz (Rentabilität). Von mehreren Investitionsobjekten ist das mit der höchsten Rentabilität am vorteilhaftesten. Die Schwäche dieser statischen (die Zeit vernachlässigenden) Verfahren liegt darin, daß die Möglichkeit zukünftiger Änderungen von Kosten und Erlösen nicht berücksichtigt wird.

Bei den dynamischen Verfahren der Investitionsrechnung wird durch Diskontierung wertmäßig berücksichtigt, daß die Kosten und Erlöse einer Investition während ihrer Nutzungsdauer unterschiedlich groß und zeitlich ungleichmäßig verteilt sein können. Die zu verschiedenen Zeitpunkten anfallenden Größen müssen vergleichbar gemacht werden, da eine Einnahme für den Investor um so weniger wert ist, je weiter sie in der Zukunft liegt, und eine Ausgabe um so belastender ist, je früher sie zu leisten ist. Bei der Kapitalwertmethode werden alle mit der Investition verbundenen Kosten und Erlöse auf einen Bezugszeitpunkt, meist den unmittelbar vor Beginn der Investition, abgezinst (diskontiert). Die Abzinsung erfolgt mit dem Kalkulationszinssatz, der der vom Investor gewünschten Mindestverzinsung entspricht. Eine Investition ist vorteilhaft, wenn die Differenz zwischen den diskontierten Erlösen und Kosten, der Kapital- oder Barwert, nicht negativ ist. Bei mehreren Investitionsobjekten ist dasjenige mit dem größten positiven Kapitalwert zu wählen. Bei der internen Zinssatzmethode wird der Diskontierungszins gesucht, bei dem der Kapitalwert gerade Null wird. Die Vorteilhaftigkeit einer Investition läßt sich aber erst nach dem Vergleich der so ermittelten Effektivverzinsung einer Investition (interner Zinssatz) mit der gewünschten Mindestverzinsung feststellen. Eine Investition ist vorteilhaft, wenn der interne Zinssatz nicht kleiner als der Kalkulationszins ist. Erfüllen mehrere Investitionsalternativen diese Bedingung, dann ist die mit der höchsten innerbetrieblichen Verzinsung zu wählen. Dieser Alternativenvergleich ist bei der internen Zinssatz- und der Kapitalwertmethode ohne zusätzliche Überlegungen nur möglich, wenn die Alternativen nach Nutzungsdauer und Kapitaleinsatz gleich sind. Bei der Annuitätenmethode werden zunächst die Kosten und Erlöse wie bei der Kapitalwertmethode auf den Bezugszeitpunkt diskontiert. Dann werden die Barwerte entsprechend der Nutzungsdauer der Investition in durchschnittliche Jahreswerte (Annuitäten) umgerechnet. Der Investor würde sich nur dann für eine Investition entscheiden, wenn die Differenz zwischen durchschnittlichen jährlichen Erlösen und Kosten nicht negativ ist.

Kritisiert wurde u. a. die in allen Verfahren enthaltene Annahme der vollkommenen Voraussicht zukünftig zu erwartender Kosten und Erlöse. Komplexere Verfahren, die die mit erwarteten Werten verbundene Unsicherheit zu berücksichtigen versuchen, konnten sich bisher wegen ihrer geringen Praktikabilität nicht durchsetzen.

G. Vogler: Allgem. Betriebswirtschaftslehre. Opladen 1976. – A. Stobbe: Volkswirtschaftslehre II. Berlin u. a. 1983.

Beispiele für die Ermittlung der Vorteilhaftigkeit einer Investition

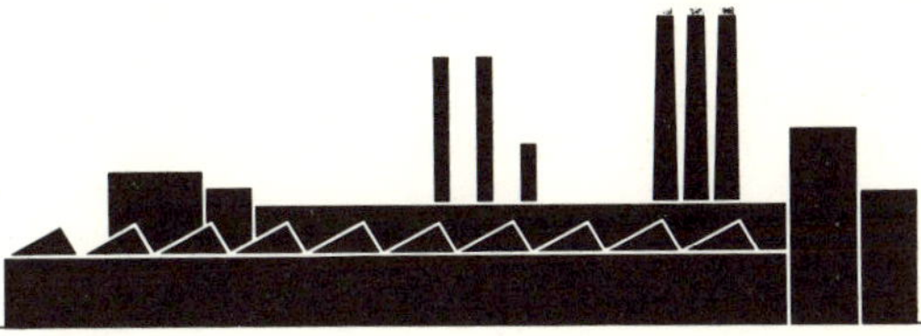

1) nach der Kapitalwertmethode

Anschaffungskosten (A)	= 10 000
Nutzungsdauer (n)	= 2 Jahre
Kosten (K)	= im 1. Jahr 1 000, im 2. Jahr 2 000
Erlöse (E)	= im 1. Jahr 8 000, im 2. Jahr 6 000
Restwert nach Ablauf der Nutzungsdauer (R)	= 1 000
Kalkulationszinssatz (i)	= 10 % = 0,1 (gewünschte Mindestverzinsung)

Die Höhe des Kapitalwertes (C) ergibt sich aus der Differenz zwischen den mit i diskontierten Nettoerlösen (E + R − K) und A.

$$C = \frac{E_1 - K_1}{(1 + i)} + \frac{E_2 - K_2}{(1 + i)^2} + \frac{R}{(1 + i)^2} - A$$

$$C = \frac{7\,000}{1{,}1} + \frac{4\,000}{1{,}21} + \frac{1\,000}{1{,}21} - 10\,000 = 496$$

Entscheidungsregel:

$C \geq 0 \rightarrow$ Investition lohnt, da die zu erwartenden Nettoerlöse mindestens so hoch sind, daß der Investor die bei der Anschaffung eingesetzten Mittel mit der gewünschten Mindestverzinsung zurückerhält.

$C < 0 \rightarrow$ Investition lohnt nicht, da die zu erwartenden Nettoerlöse geringer sind als die Anschaffungskosten. In diesem Fall ist die alternative Anlage der Mittel am Kapitalmarkt lohnender.

2) nach der internen Zinssatzmethode

$A = 26\,203$
$n = 3$ Jahre
$K_1 = 8\,000 \; K_2 = 9\,000 \; K_3 = 10\,000$
$E_1 = 20\,000 \; E_2 = 18\,000 \; E_3 = 15\,000$
$R = 7\,000$
$i = 10\,\%$ (gewünschte Mindestverzinsung)
$r = ?$ (interner Zinssatz)

$$C = \frac{E_1 - K_1}{(1 + r)} + \frac{E_2 - K_2}{(1 + r)^2} + \frac{E_3 - K_3}{(1 + r)^3} + \frac{R}{(1 + r)^3} - A = 0$$

$$0 = \frac{12\,000}{(1 + r)} + \frac{9\,000}{(1 + r)^2} + \frac{5\,000}{(1 + r)^3} + \frac{7\,000}{(1 + r)^3} - 26\,203$$

$r = 12{,}5\,\%$

Entscheidungsregel:

$r \geq i \rightarrow$ Investition lohnt, da die interne Verzinsung der Investition mindestens der gewünschten Verzinsung entspricht.

$r < i \rightarrow$ Investition lohnt nicht, da die interne Verzinsung geringer ist als die gewünschte Mindestverzinsung. In diesem Fall ist die Anlage der Mittel am Kapitalmarkt für den Investor vorteilhafter.

Vermögen – Vermögensarten

Unter dem Vermögen eines Individuums versteht man zunächst dessen wirtschaftliche Macht im weitesten Sinne, d.h. die Fähigkeit, sich Wohlstand zu sichern oder anzueignen. Für den praktischen Gebrauch ist dieser Begriff jedoch zu allgemein, da er Merkmale enthält, die schwer oder gar nicht zu erfassen sind, wie z. B. die Fähigkeit des Einkommenserwerbs (Arbeitsvermögen, human capital) oder Patente, Urheberrechte u. a. (immaterielles Vermögen). Werden solche Bestandteile ausgenommen, so läßt sich Brutto- oder Rohvermögen definieren als Gesamtwert aller Sachgüter und Rechtstitel (Forderungen), über die eine Wirtschaftseinheit zu einem bestimmten Zeitpunkt verfügt. Nach Abzug der Schulden (Verbindlichkeiten) verbleibt das Netto- oder Reinvermögen. Sind die Verbindlichkeiten größer als das Rohvermögen, liegt Überschuldung vor.

Sachgüter als Vermögensbestandteile können entweder private Gebrauchsgegenstände wie Wohnungseinrichtung, Kleidung oder Kraftfahrzeuge sein (Gebrauchsvermögen), oder es kann sich um industrielle Anlagen, Vorräte und Fertiglager von Unternehmungen handeln (Produktivvermögen, ↑Kapital S. 54). Das Wohnungswesen und der land- und forstwirtschaftliche Grundbesitz werden üblicherweise als selbständige Kategorie betrachtet. In der BRD wird das private Gebrauchsvermögen aus erhebungstechnischen Gründen nicht erfaßt; wenn also in Statistiken der Begriff Sachvermögen auftritt, handelt es sich gewöhnlich nur um das Produktivvermögen (reproduzierbares Sachvermögen). Eine weitere Trennung zwischen privaten Haushalten und Unternehmen wird in der volkswirtschaftlichen Vermögensrechnung dadurch vollzogen, daß Aktien oder Anteile an Gesellschaften mit beschränkter Haftung, obwohl sie Eigentum an Produktionsanlagen begründen, nicht als Sachvermögen der Haushalte, sondern als Forderungen gegenüber den Unternehmen gewertet werden. Entsprechend gilt das Eigenkapital der Unternehmen (↑Bilanz S. 88) als deren Verbindlichkeit. In ähnlicher Weise betrachtet man Banknoten und Münzen als Forderung und unterstellt, es handele sich um Schulden der Zentralbank bzw. des Staates. Aus dieser allgemeinen Konstruktion, die jeder Forderung einer Wirtschaftseinheit eine gleich hohe Verbindlichkeit einer anderen Wirtschaftseinheit zuordnet, ergibt sich, daß das Geldvermögen (Forderungen abzüglich Verbindlichkeiten) in einer Wirtschaft ohne Beziehungen zum Ausland immer Null ist.

Will man das Vermögen einer Privatperson, eines Unternehmens oder eines ganzen Wirtschaftszweiges ermitteln, so besteht neben der lückenlosen Erfassung der einzelnen Vermögensgegenstände ein besonderes Problem in der Bewertung. So kann der Wert eines Hektars Ackerland daran gemessen werden, welches Einkommen aus ihm bei landwirtschaftlicher Nutzung zu erwirtschaften ist (Ertragswert). Handelt es sich um Bauerwartungsland oder gar um voll erschlossenes Bauland, so ist sein Wert (Verkehrswert, Marktwert) entsprechend der geplanten Nutzungsart meist wesentlich höher. Entsprechend bestimmt sich der Wert des Anspruchs auf eine Altersrente danach, wann und in welcher Weise er geltend gemacht werden kann. Nicht zum Vermögen gerechnet werden die Ansprüche aus der ↑Sozialversicherung (S. 470), da sie weder veräußer- noch vererbbar sind. Es gibt jedoch Bestrebungen, diesen Posten als Sozialvermögen gesondert zu erfassen. Das reproduzierbare Sachvermögen (Produktivvermögen) schließlich kann als Brutto- oder als Nettogröße ausgewiesen werden. Die Differenz besteht in der Wertminderung durch Verschleiß (↑Abschreibungen S. 94). Sachvermögensarten, für die es keinen Marktpreis gibt, wie z. B. öffentliche Verkehrswege, gehen in die Vermögensrechnung zu Herstellungskosten ein.

W. Engels/H. Sablotny/D. Zickler: Das Volksvermögen. Frankf. a. M. u. a. 1974. – O. Issing/W. Leisner: Kleineres Eigentum. Gött. 1976.

Beispiel einer privaten Vermögensrechnung

Haushalt XYZ – Vermögen am 31.12.1984 in DM

Aktiva		Passiva	
Unbewegliches Sachvermögen (Immobilien)	150 000	Hypotheken-schulden	80 000
bewegliches Sachvermögen (Gebrauchsvermögen)	30 000	Sonstige Schulden	10 000
Bargeld und Bankguthaben	10 000	Reinvermögen (Saldo)	110 000
Obligationen und Aktien	10 000		
Summe	200 000	Summe	200 000

Gesamtwirtschaftliche Geldvermögensrechnung, Stand Ende 1982

Forderungen und Verbindlichkeiten in der Bundesrepublik Deutschland Ende 1982 in Mrd. DM (die Pfeile bezeichnen die Richtung der Netto-Forderungen)

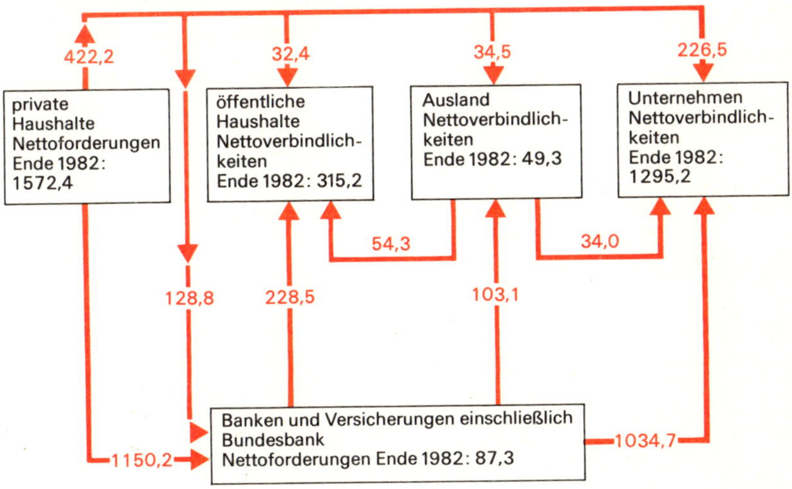

Sparen – Sparformen

Eine Privatperson, die Einkommen bezieht, hat im einfachsten Falle zwei Möglichkeiten der Verwendung: Sie kann das Einkommen für Konsumzwecke ausgeben oder „sparen", d. h., auf Konsum verzichten bzw. Konsum in die Zukunft verschieben. Der Teil des Einkommens, der nicht ausgegeben, also gespart wird, heißt Ersparnis. In der Umgangssprache, nicht jedoch in der Fachsprache, bezeichnet man mit „Ersparnis" oft auch das Sparguthaben bei einer Bank. Sowohl für den einzelnen wie für die gesamte Volkswirtschaft bedeutet Sparen immer zweierlei: Zum einen sind Teile des Einkommens nicht ausgegeben und damit nicht nachfragewirksam geworden, zum anderen ist zusätzliches Geldvermögen (↑Vermögen S. 202) entstanden, das mittelbar oder unmittelbar zur Finanzierung von Aktivitäten anderer Wirtschaftseinheiten verwendet werden kann. Sparen ist damit ein zentrales Element des Wirtschaftsablaufs, den man sich – etwas vereinfacht – so vorstellen kann: Die Erwerbstätigen erwirtschaften Einkommen (für sich und andere, z. B. Rentner), von den Beziehern des Einkommens wird jedoch nur ein Teil verbraucht, der Rest gespart. Diese Ersparnis wird nun über verschiedene Kanäle (z. B. Banken) an die Unternehmen zurückgeleitet, die diese Finanzierungsmittel zum Aufbau des Produktivvermögens (↑Investieren S. 196) benutzen und damit die Erzeugungskapazität der gesamten Volkswirtschaft erhöhen. Sparen bedeutet also nicht nur Vermögensbildung und damit mehr wirtschaftliche Unabhängigkeit für den einzelnen – es ist auch Voraussetzung für das ↑wirtschaftliche Wachstum (S. 528). Darüberhinaus hat die Spartätigkeit privater Haushalte einen Einfluß auf den ↑Konjunkturverlauf (S. 488): Steigende Ersparnis bedeutet gleichzeitig eine sinkende Konsumgüternachfrage. Wenn etwa im Zuge eines allgemeinen Nachfragerückgangs der wirtschaftliche Aufschwung ins Stocken gerät, die Anzahl der Arbeitlosen steigt (wie nach der Ölkrise 1973/74) und die Haushalte daraufhin vermehrt sparen, um sich für die Zukunft abzusichern, so verschärfen sie durch ihren Konsumverzicht gleichzeitig den Wirtschaftsrückgang, vor dem sie sich schützen wollten (↑Konjunkturerklärung S. 494).

Die zunehmende Bedeutung der privaten Ersparnis für die gesamte Vermögensbildung in der BRD wird durch den zeitlichen Verlauf der Sparquote verdeutlicht. Danach stieg die Sparquote (Ersparnis in Prozent des verfügbaren Einkommens, d. h. nach Abzug von Steuern) mit konjunkturellen Schwankungen von 3% im Jahre 1950 auf mehr als 15% im Jahre 1975 als Höchststand (1983: 13%). Hinsichtlich der Sparformen ist zunächst zu unterscheiden zwischen freiwilliger Ersparnis und Zwangssparen. Der Beitrag der Arbeitnehmer zur gesetzlichen ↑Sozialversicherung (S. 470) ist eine Form des Zwangssparens, ebenso ein Investivlohn (↑Vermögensbildung der Arbeitnehmer S. 466). Von den in der BRD üblichen Formen der freiwilligen Ersparnis hat das Kontensparen in der jüngsten Zeit seine dominierende Stellung nicht halten können. Sie ließ sich aus seiner Zweckbestimmung erklären: Es dient als „Vorsichtskasse" oder dem Ansparen für Käufe größerer Konsumgüter; dafür bietet sich das Sparbuch wegen seiner einfachen Verfügbarkeit und wegen des geringen Kursrisikos besonders an. Die beschleunigte ↑Inflation (S. 496) in den 70er Jahren, mit der die Verzinsung der Spareinlagen nicht Schritt hielt (↑Wertsicherung S. 520), bewirkte vermutlich die beobachtbare Umschichtung zugunsten zinsgünstigerer Anlageformen. Erkennbar wird daran, daß die Wahl zwischen und die Kombination von verschiedenen Anlageformen freiwilliger Ersparnis ein Entscheidungsproblem ist. Für die Entscheidung bedeutsam dürften neben Ertrag und Wertbeständigkeit einer Anlage auch die bei ihrem Erwerb entstehenden Kosten (z. B. Provisionen und Steuern) sowie ihre Wiederverkäuflichkeit sein.

W. Engels/H. Sablotny/D. Zickler: Das Volksvermögen. Frankf. a. M. u.a. 1974. – A. Woll: Allgemeine Volkswirtschaftslehre. 7. Aufl. München 1981.

Entwicklung der Sparquote
(private Ersparnis in Prozent des verfügbaren Einkommens) in der BRD
1950–1982

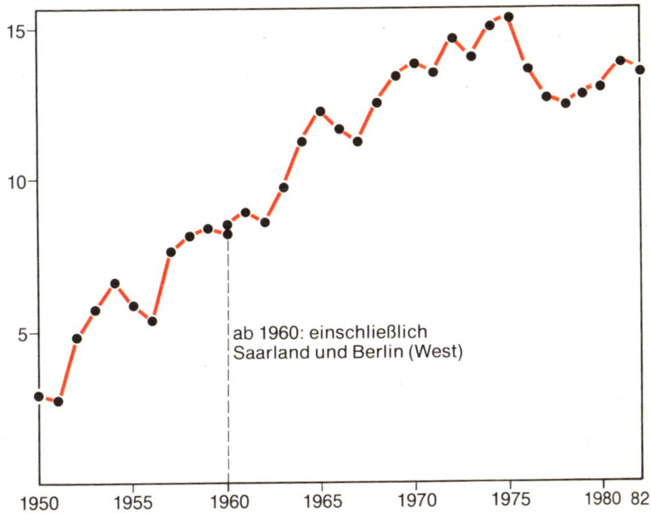

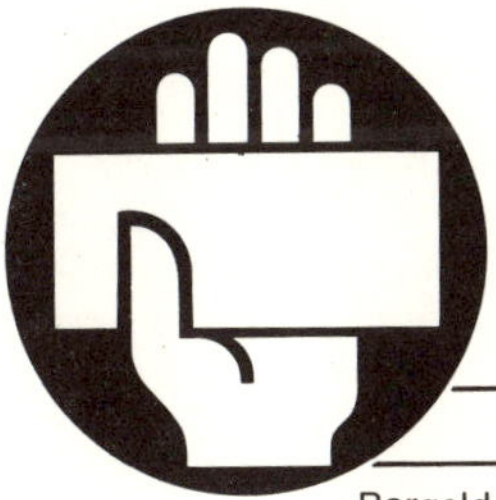

Sparformen: Verschiedene Anlageformen in % der gesamten Geldvermögensbildung der privaten Haushalte 1950, 1960, 1970, 1978 und 1982

	1950	1960	1970	1978	1982
Bargeld und Sichteinlagen	22,8	12,8	11,5	12,7	5,5
Termingelder	9,6	1,5	3,0	13,5	13,1
Spareinlagen	41,0	44,2	44,6	28,4	28,2
Anlage bei Bausparkassen	12,2	10,7	8,3	7,0	3,7
Anlage bei Versicherungen	19,0	16,7	16,5	20,2	24,8
festverzinsliche Wertpapiere	– 5,2	6,0	10,0	9,5	13,4
Aktien	– 0,6	7,9	5,2	1,8	0,4
sonstige Anlagen	1,0	0,4	0,9	6,9	10,9
Geldvermögen insgesamt	100,0	100,0	100,0	100,0	100,0

Kapitalbeschaffung

Im Rahmen des Produktionsprozesses hat jedes ↑Unternehmen (S. 60) eine Reihe von Zahlungen zu leisten. Für die Beschaffung der benötigten Finanzierungsmittel gibt es verschiedene Möglichkeiten. Wenn der oder die Unternehmer die benötigten Mittel aufbringen, liegt eine Beteiligungsfinanzierung oder Zuführung von Eigenkapital vor. Stellen dagegen Dritte – also nicht am Unternehmen Beteiligte – Geld zur Verfügung, dann spricht man von Fremd-, Kredit- oder Darlehensfinanzierung. Nach der Herkunft der Mittel handelt es sich in diesem Fall um Zuführung von Fremdkapital. Schließlich ist es möglich, daß dem Unternehmen Mittel vom Staat unter bestimmten Bedingungen überlassen werden. Geschieht dies ohne Rückzahlungsverpflichtung, ist es eine reine Subventionsfinanzierung (↑Subventionen S. 268). Die bisher besprochenen Möglichkeiten werden unter dem Begriff Außenfinanzierung zusammengefaßt.

Eine weitere Quelle der Kapitalbeschaffung stellt die ↑Innenfinanzierung (S. 218) dar. Dazu werden alle Einzahlungen gerechnet, die sich aufgrund des Verkaufs von Produkten oder sonstigen Vermögensgegenständen (z.B. einer gebrauchten Maschine) ergeben. Mit der Bezeichnung Innenfinanzierung soll darauf hingewiesen werden, daß sich diese finanziellen Beiträge aus der wirtschaftlichen Tätigkeit des Unternehmens selbst ergeben. Insbesondere erwachsen für das Unternehmen aus diesen Zahlungen keine Verpflichtungen, im Unterschied zu Zahlungen, die im Rahmen der Außenfinanzierung geleistet werden.

Die Beteiligungsfinanzierung läßt sich mit den Rechten charakterisieren, die im allgemeinen mit der Überlassung von Eigenkapital erworben werden. Die Eigenkapitalgeber haben 1) ein Recht auf Gewinnbeteiligung (↑Gewinn S. 124), 2) einen Anspruch auf Beteiligung am Liquidationserlös (↑Beendigung und Liquidation von Unternehmen S. 236), 3) Rechte, mit deren Hilfe Einfluß auf die Geschäftsführung und damit auf die Unternehmenspolitik ausgeübt werden kann (↑Unternehmensziele S. 62), und 4) haften sie für die Verbindlichkeiten des Unternehmens. Die Rechte und Pflichten der Eigenkapitalgeber können im einzelnen durch die ↑Wahl der Rechtsform von Unternehmen (S. 102) und über den Gesellschaftsvertrag bzw. die Satzung (in Grenzen) gestaltet werden. Die möglichen Rechtsformen sind vom Gesetzgeber vorgegeben. In den entsprechenden Gesetzen ist außerdem geregelt, inwieweit die Eigenkapitalgeber von den gesetzlichen Regelungen durch vertragliche Abmachungen abweichen dürfen.

Im Unterschied zum Eigenkapitalgeber haben Fremdkapitalgeber erstens einen Anspruch auf Rückzahlung des zur Verfügung gestellten Geldbetrages zum vereinbarten Zeitpunkt und zweitens einen vertraglichen Anspruch auf Zahlung des vereinbarten Zinses. I. d. R. haben Fremdkapitalgeber kein Recht auf Beteiligung an der Geschäftsführung. Häufig verlangen sie jedoch Sicherheiten für den Fall, daß das Unternehmen seiner Rückzahlungsverpflichtung nicht nachkommen kann. Entsprechend der unterschiedlich vereinbarten Dauer der Kapitalüberlassung unterscheidet man kurz-, mittel- und langfristige Kredite. Als kurzfristig wird eine Überlassungsdauer bis zu einem Jahr, als mittelfristig eine zwischen einem und vier Jahren und als langfristig eine vereinbarte Überlassungsdauer von mehr als vier Jahren bezeichnet. In der ↑Bilanz (S. 88) eines Unternehmens werden die Fremdkapitalanteile auch unter diesem Gesichtspunkt geordnet.

Langfristiges Fremdkapital kann weiter unterteilt werden, je nachdem ob es wertpapierrechtlich verbrieft ist oder nicht (↑Wertpapiere S. 256). Darlehen mit wertpapierrechtlicher Verbriefung werden an der ↑Börse (S. 252) gehandelt. Für die mittelfristige Überlassung von Krediten gibt es keine weitere Unterteilung. Für kurzfristige Überlassung von Fremdkapital besteht dagegen eine Fülle verschiedener zweckmäßiger Unterscheidungen (↑kurzfristige Kredite S. 222).

G. Vogler: Allg. Betriebswirtschaftslehre. Opladen 1976. – G. Wöhe/J. Bilstein: Grundzüge der Unternehmensfinanzierung. 2. Aufl. München 1981.

Kapitalbeschaffung

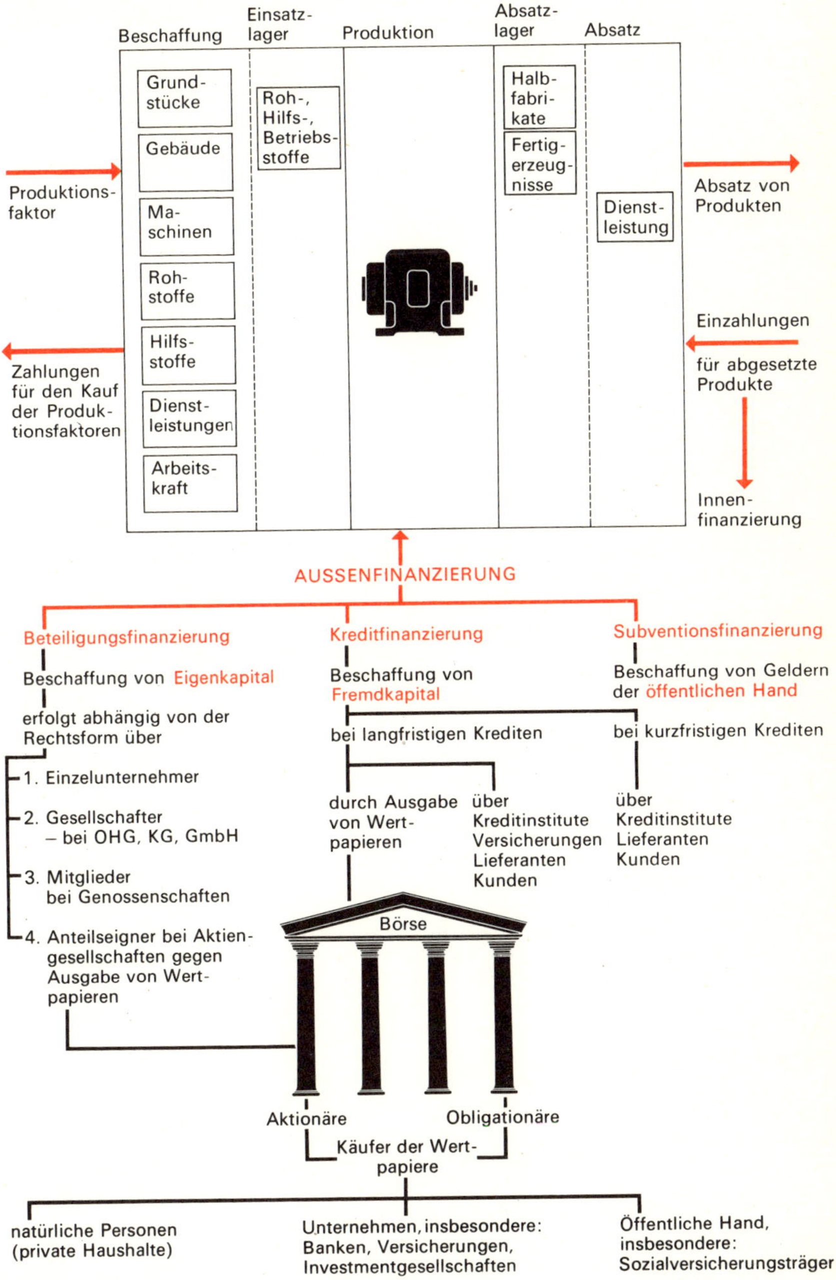

Gesamtbewertung von Betrieben

Bewertungsvorgänge spielen bei der Erfassung wirtschaftlicher Vorgänge eine große Rolle (↑Wert von Gütern S. 168). Dabei kann es vorkommen, daß ein und derselbe Vorgang unterschiedlich bewertet wird, je nachdem, zu welchem Zweck die Bewertung stattfindet. Den Bewertungszwecken entsprechend gibt es unterschiedliche Unternehmensrechnungen. Die bekanntesten sind die ↑Kostenrechnung (S. 80), die ↑Erfolgsrechnung (S. 98) und die ↑Bilanz (S. 88).

In den oben erwähnten Rechnungsarten werden einzelne wirtschaftliche Vorgänge erfaßt und bewertet. Im Unterschied dazu handelt es sich bei der Gesamtbewertung um die Ermittlung eines Betrages, der den Wert des ganzen Unternehmens zum Ausdruck bringen soll. Ein weiterer Unterschied zu der Bewertung einzelner Vorgänge liegt darin, daß eine Gesamtbewertung nicht regelmäßig vorgenommen wird.

Der Gesamtwert eines Unternehmens spielt immer dann eine Rolle, wenn ein Unternehmen verkauft werden soll. Ferner ist eine Gesamtbewertung nötig, wenn bei Personengesellschaften (OHG, KG) und bei der GmbH neue Gesellschafter aufgenommen werden sollen oder bisherige Gesellschafter ausscheiden. Auch wenn ganze Aktienpakete (↑Aktiengesellschaft S. 108) verkauft werden oder mehrere Unternehmen zusammengeschlossen werden (↑Fusion S. 234), wird eine Gesamtbewertung vorgenommen. Schließlich ist auf das Interesse der Steuerbehörden an einer Gesamtbewertung in Verbindung mit bestimmten Steuern hinzuweisen. Hier sind vor allem die Vermögensteuer (↑Vermögensbestand- und Vermögenszuwachssteuer S. 300) und die ↑Gewerbesteuer (S. 296) zu nennen.

Zur Ermittlung des Gesamtwertes kann weder die Handels- noch die Steuerbilanz herangezogen werden. Dies liegt daran, daß es der Gesetzgeber erlaubt, sog. stille Reserven (↑Rücklagen S. 96) zu bilden. Sie kommen durch Unterbewertung einzelner Vermögensgegenstände und/oder durch Überbewertung von Positionen der Passivseite der ↑Bilanz (S. 88) zustande (↑Grundsätze der Bilanzierung S. 90). Die Unter- oder Überbewertung ist in bestimmten Grenzen erlaubt, und der Außenstehende kann nicht wissen, in welchem Ausmaß der Bilanzierende diesen Entscheidungsspielraum ausgeschöpft hat. Schließlich ist weder der Handelsbilanz noch der Steuerbilanz zu entnehmen, wie es um den Kundenstamm, die Qualifikation der Mitarbeiter, die Organisation u. a. bestellt ist. Hier handelt es sich um immaterielle, nicht bilanzierungsfähige Wirtschaftsgüter. Diese können den Wert eines Unternehmens beträchtlich beeinflussen. Aus den genannten Gründen verbietet sich die einfache Übernahme von Bilanzwerten.

Zur Ermittlung des Gesamtwertes werden verschiedene Verfahren vorgeschlagen. An erster Stelle ist das Substanzwertverfahren zu nennen. Dieses Verfahren geht von den Wiederbeschaffungspreisen für die gesamten Güter des Unternehmens aus. Der Wiederbeschaffungspreis wird um einen Betrag korrigiert, der dem Alter und der Abnutzung der vorhandenen Vermögensgegenstände entspricht. Dieser korrigierte Reproduktionswert heißt Substanzwert. Üblicherweise wird dem Substanzwert der originäre Firmenwert hinzugerechnet. Dieser ergibt sich aus der Bewertung der oben als nicht bilanzierungsfähig bezeichneten Wirtschaftsgüter. Schwierigkeiten bei der Ermittlung des originären Firmenwertes führten dazu, daß völlig andere Verfahren für die Lösung des Problems vorgeschlagen worden sind. Diese anderen Verfahren gehen teilweise von den künftig zu erwartenden Gewinnen aus, teilweise werden nur die Gewinne innerhalb eines relativ kurzen Zeitraumes berücksichtigt. Darüber hinaus ist zu erwägen, daß in 10 Jahren für das Unternehmen zu erwartende Gewinne weniger wichtig sind als solche in den nächsten zwei oder drei Jahren (↑Investitionsrechnung S. 200).

H. Horschitz/W. Groß: Bewertungsrecht u. Vermögensteuer. 2. Aufl. 1981. – M. Frank: Bewertung u. Abschreibung. 2. Aufl. Stuttg. 1980.

Schema zur Ermittlung des Gesamtwertes

Bilanz der Robert Miller OHG

Aktiva	in 1 000 DM	Passiva	in 1 000 DM
1. Anlagevermögen		1. Eigenkapital	200
1. Gebäude und Grundstücke	120	2. Fremdkapital	
2. Maschinen und Geschäftsausstattung	80	1. Hypothekenkredit	100
3. Wertpapiere	50	2. Verbindlichkeiten aus Warenlieferungen	150
2. Umlaufvermögen		3. Rückstellungen	50
1. Roh-, Hilfs- und Betriebsstoffe	100	4. kurzfristige Bankverbindlichkeiten	50
2. Halb-/Fertigerzeugnisse	120		
3. Forderungen aus Warenlieferungen	30		
3. Bankguthaben	50		
Summe:	550		550
+ Stille Reserven aus Unterbewertung von Grundstücken, Maschinen, Wertpapieren, Vorräten	70	= nicht ausgewiesenes Eigenkapital	
+ Nicht bilanzierungsfähige Wirtschaftsgüter -Kundenstamm -Absatzorganisation -Mitarbeiter -Guter Ruf des Unternehmens -Know How	80		
Neue Summe	700	Neue Summe	700

Gesamtwert: 700 – Fremdkapital 350 = 350

Aktien (Beteiligungsfinanzierung)

Aktien sind ↑Wertpapiere (S. 256), die ihrem Inhaber (Aktionär) ein Anteils- und Mitgliedschaftsrecht an einer ↑Aktiengesellschaft (S. 108) oder Kommanditgesellschaft auf Aktien (↑Mischformen von Gesellschaften S. 112) vermitteln, ohne daß sie Anspruch auf eine feste Verzinsung des eingesetzten Kapitals gewähren. Die Rechte des Aktionärs sind im Aktiengesetz und in der Satzung geregelt. Man unterscheidet Vermögens- und Herrschaftsrechte. Zu den Vermögensrechten zählen der Anspruch auf Gewinnbeteiligung (Dividende), das Bezugsrecht, das dem Aktionär bei einer ↑Kapitalerhöhung (S. 228) einen Anspruch auf Bezug eines seinem Anteil am bisherigen Grundkapital der AG entsprechenden Teils der neuen Aktien gewährt, und der Anspruch auf Beteiligung am Abwicklungserlös (↑Beendigung und Liquidation von Unternehmen S. 236). Gegenstand der Herrschaftsrechte sind insbesondere Wahlrecht, Stimmrecht und Auskunftsrecht in der Hauptversammlung.

In der BRD ist nur die Ausgabe von sogenannten Summenaktien gestattet. Sie lauten auf einen bestimmten Betrag (Nennwert), und zwar auf 50 DM, 100 DM oder ein ganzzahliges Vielfaches von 100 DM. Der Kaufpreis der Aktie beim Ersterwerb (Ausgabekurs) darf über dem Nennwert, aber nicht darunter liegen, um eine vollständige Einzahlung des Grundkapitals (mindestens 100000 DM) zum Schutz der Gläubiger der AG zu gewährleisten (Unterpariverbot). Außerdem ist ein Agio (Aufgeld) bei der Aktienausgabe zulässig. Dieses muß aber der gesetzlichen ↑Rücklage (S. 96) zugeführt werden. Die Mehrzahl der ausgegebenen Aktien verbriefen gleiches Stimmrecht, gleiches Dividendenrecht und gleichen Anteil am Liquidationserlös (Stammaktien). Eine Begünstigung bei der Gewinnverteilung erhalten Inhaber von Vorzugsaktien. Sollte nach der Ausschüttung der Vorzugsdividende der Gewinn erschöpft sein, so gehen Stammaktionäre leer aus. Die Bevorzugung kann auch in einer erhöhten Dividende bestehen. Die vermögensrechtliche Bevorzugung ist nicht selten von einer herrschaftsrechtlichen Beschränkung begleitet (z. B. Ausschluß des Stimmrechts). Vorzugsaktien werden insbesondere dann ausgegeben, wenn eine Kapitalerhöhung durchgeführt werden soll, ohne daß sich die Herrschaftsverhältnisse ändern (z. B. bei einer Familien-AG). Ein erhöhtes Stimmrecht ist dagegen nur in Ausnahmefällen mit besonderer Genehmigung denkbar.

Aktien werden an der ↑Börse (S. 252) gehandelt. Dabei ist zwischen Namens- und Inhaberaktien zu trennen. Erstere lauten auf den Namen des Aktionärs. Ihre Übertragung erfolgt durch Indossament (↑Wertpapiere S. 256) und Übergabe der Aktienurkunde. Sie kann an eine durch Satzung festgelegte Zustimmung der Gesellschaft gebunden sein (vinkulierte Namensaktie). Die bevorzugte Aktienart ist jedoch die Inhaberaktie. Ihre Übertragung durch Einigung und Übergabe der Urkunde begünstigt die Verkehrsfähigkeit.

Die erstmalige Ausgabe von Aktien bei Neugründungen oder bei Verschmelzungen von Betrieben und die Ausgabe sogenannter junger Aktien bei Kapitalerhöhungen ist eine besondere Art der betrieblichen ↑Kapitalbeschaffung (S. 206). Sie stellt neben der Selbstfinanzierung eine Unterform der Eigenfinanzierung dar. Da das erforderliche Eigenkapital von den Aktionären als den am Betrieb Beteiligten zugeführt wird, spricht man von Beteiligungsfinanzierung. Diese Form der Kapitalbeschaffung trägt dem Interesse der Unternehmen an langfristigem Kapital Rechnung und erschließt ihnen zugleich verstärkten Zugang zum Kapitalmarkt, da die Kapitalgeber regelmäßig emissionsfähige Unternehmen wie die AG (↑Wahl der Rechtsform von Unternehmen S. 102) bevorzugen.

Hdb. der Unternehmensfinanzierung Hg. v. O. Hahn. München 1971. Art. „Die Beteiligungsfinanzierung der Aktiengesellschaft" S. 473ff. – E. Klunzinger: Grundzüge des Gesellschaftsrechts. 2. Aufl. München 1981.

Anteil der Aktiengesellschaften am Umsatz verschiedener Branchen der Volkswirtschaft in der Bundesrepublik Deutschland

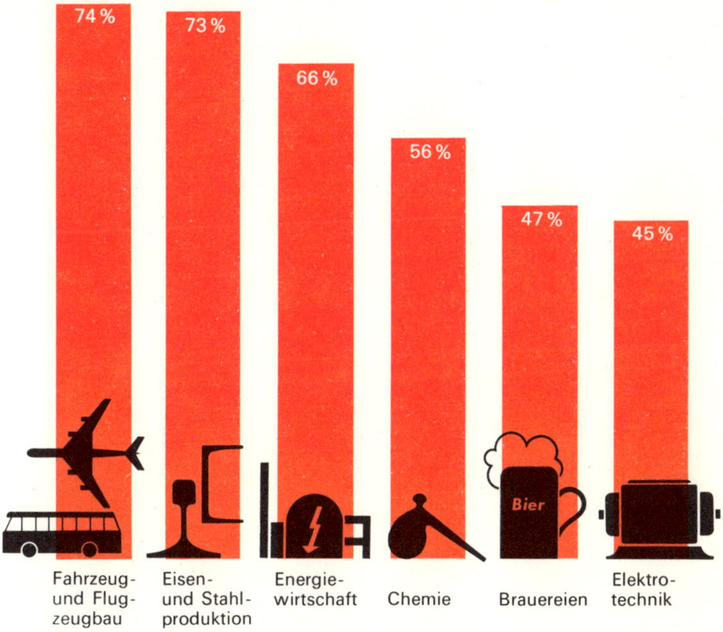

Kapitalstückelung bei den größten Aktiengesellschaften in der Bundesrepublik Deutschland

Unternehmen	Anzahl der Aktionäre
VEBA	1 200 000
VW	850 000
Bayer	458 000
Hoechst	420 000
BASF	400 000
Siemens	350 000
RWE	180 000
Preussag	170 000
AEG	170 000
Deutsche Bank	160 000
Mannesmann	146 000
Thyssen	125 000
Dresdner Bank	120 000
Commerzbank	100 000
Hoesch	100 000
Horten	100 000

Anleihen – Schuldverschreibungen

Die Anleihe ist eine Form der Beschaffung langfristigen Fremdkapitals in der Größenordnung von Millionenbeträgen. Die Aufnahme einer Anleihe erfolgt durch Verkauf (Ausgabe = Emission) einer großen Anzahl auf runde Beträge (z. B. 100 oder 1000 DM) lautender ↑Wertpapiere (S. 256) von der Art einer Schuldverschreibung (§§ 793ff. Bürgerliches Gesetzbuch). Da die Begriffe Anleihe und Schuldverschreibung (Obligationen) meist synonym benutzt werden, ist als Bezeichnung des einzelnen Papiers der Begriff Teilschuldverschreibung gebildet worden. Die Ausgabe von Teilschuldverschreibungen ist die typische Form langfristiger Fremdfinanzierung von Großunternehmen und der öffentlichen Hand. Im Gegensatz zu Gesellschaftsanteilen, z. B. ↑Aktien (S. 210), verbriefen Obligationen keine Mitgliedschafts- oder Anteilsrechte, sondern Forderungen der Obligationäre. Die Ausgabe von Obligationen unterliegt der staatlichen Genehmigungspflicht. Eine zusätzliche Sicherung wird durch Bestellung eines Grundpfandrechts erreicht.

Im Gegensatz zur Ausgabe von Aktien ist eine Unter-pari-Emission zulässig. Sie dient insbesondere bei kurzfristigen Anleihen als Anreiz für die Kapitalgeber, da diese in den Genuß der vollen Nennwertverzinsung und -erstattung gelangen, obwohl sie nur einen um das Emissionsdisagio (etwa 2 bis 3% des Nennwerts) verminderten Betrag einzahlen. Die übliche Laufzeit der Anleihen liegt zwischen 2 und 20 Jahren. Sie werden i. d. R. verzinst. Die Rückzahlung erfolgt bei kurzfristigen Anleihen am Ende der Laufzeit. Langfristige Anleihen werden häufig in gleichbleibenden Raten, die Zinsen und Tilgung (Annuitäten) enthalten, zurückgezahlt. Daneben besteht die Möglichkeit des Rückkaufs durch den Emittenten über die ↑Börse (S. 252).

Obligationen werden meist als leicht übertragbare Inhaberpapiere ausgegeben und an der Börse gehandelt. Eine Sonderstellung nehmen die Gewinnschuldverschreibungen ein. Sie gewähren einen Anteil am Gewinn des Unternehmens, und zwar entweder eine Mindestverzinsung und einen von der Dividende abhängigen Zusatzzins oder einen nach oben begrenzten Gewinnanspruch. Sie sind somit risikobehaftet. Eine andere Sonderform sind die Wandelschuldverschreibungen. Sie können nach Ablauf einer Sperrfrist vom Gläubigerpapier in ein Anteilspapier umgetauscht werden. Dieses Aktienbezugsrecht wird von der AG durch eine bedingte ↑Kapitalerhöhung (S. 228) gesichert. Der Gesellschaftsgläubiger wird dabei zum Gesellschafter, Fremdkapital der AG zu Eigenkapital. Die Optionsanleihen gleichen den Wandelschuldverschreibungen insofern, als sie ein Aktienbezugsrecht verbriefen. Da aber die Obligationen nicht in Zahlung gegeben werden, sind die Obligationäre nach Ausübung ihres Bezugsrechts Gesellschafter und Gläubiger der AG zugleich.

Eine andere Form der langfristigen Fremdkapitalbeschaffung bilden die Schuldscheindarlehen. Kapital wird gegen Hingabe eines Schuldscheins als Beweisurkunde aufgenommen. Eine Verbriefung der Forderung unterbleibt. Ein Gläubigerwechsel erfolgt durch Abtretung der Forderung (Zession), dabei geht das Eigentum am Schuldschein an den Abtretungsempfänger über. Schuldscheine werden an der Börse nicht gehandelt; insofern besteht ein wirtschaftlicher Unterschied zu den Obligationen. Die Darlehenssumme ist i. d. R. wesentlich geringer als bei Obligationen (Größenordnung 100000 DM), daher entfällt eine Genehmigungspflicht, jedoch erfolgt eine Sicherung durch Bestellung eines erstrangigen Grundpfandrechts. Außerdem entfällt ein Teil (etwa 2,5 %) der Nebenkosten für die Ausgabe von Obligationen (z. B. Börseneinführungsprovision). Die bedeutendsten Schuldscheindarlehensgeber sind Versicherungsgesellschaften und Pensionskassen. Darlehensnehmer können nur solche Unternehmen sein, die ein gewisses Eigenkapital und weitere Sicherheiten nachweisen (Deckungsstockfähigkeit).

G. Wöhe: Einf. in die Allg. Betriebswirtsch. 14. Aufl. München 1981. – G. Wöhe/J. Bilstein: Grundzüge der Unternehmensfinanzierung. 2. Aufl. München 1981.

Emission und Rückzahlung einer Anleihe

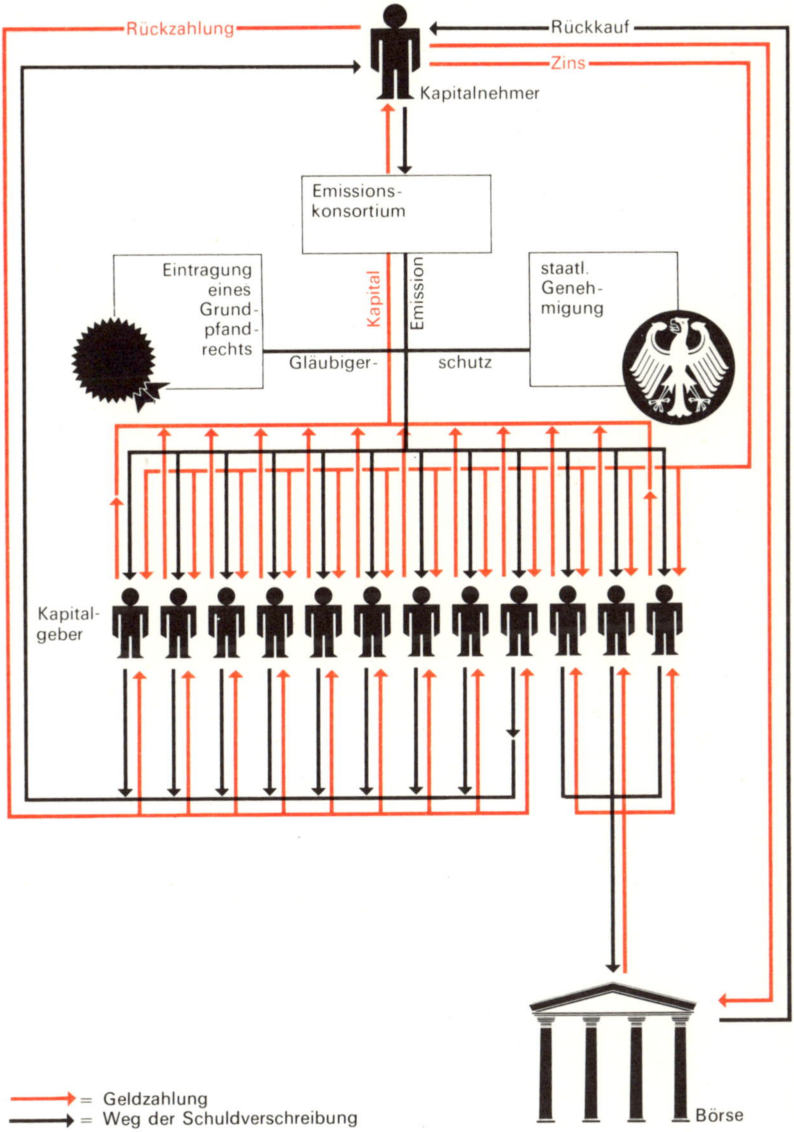

Realkredit

Realkredit im weitesten Sinne (im Gegensatz zum Personalkredit) ist jedes Darlehen, das durch dingliche Rechte an realen Vermögenswerten, z. B. beweglichen Sachen (Waren, Maschinen u. a.), Wertpapieren, Grundstücken und Gebäuden gesichert wird. Im engeren Sinne wird unter Realkredit der an Immobilien, insbesondere an Grundstücken, Gebäuden und Schiffen gesicherte Kredit verstanden. Diese Sicherung erfolgt durch Eintragung von Hypotheken, Grundschulden und Rentenschulden (Grundpfandrechte). Deren Bestellung bedarf zu ihrer Rechtswirksamkeit der Eintragung in ein öffentliches Register (Grundbuch, Schiffsregister). Eintragungen erfolgen nach dem sog. Rangprinzip. Dem Rang kommt bei einer Zwangsvollstreckung (Zwangsversteigerung) eine entscheidende Bedeutung für die Reihenfolge der Befriedigung der Gläubiger zu.

Realkredite kann jede natürliche oder juristische Person gewähren. Die Hergabe von Realkrediten durch private Geldgeber erfolgt i. d. R. als Vermögensanlage, d. h. aus Eigenmitteln. Demgegenüber leihen Kreditinstitute, Bausparkassen und Versicherungsunternehmen Fremdmittel aus. Für Kreditinstitute bilden Realkredite einen Geschäftszweig ihrer Banktätigkeit, für Versicherungsunternehmen einen funktionsbezogenen Teil der Anlagepolitik.

Die Institute des sog. organisierten Realkredits sind überwiegend Spezial[kredit]institute und grundsätzlich arbeitsteilig tätig. Nach dem Spezialitätsprinzip sind ihnen bestimmte Geschäfte ausschließlich vorbehalten (z. B. Emission von Pfandbriefen, Bauspargeschäft); andererseits ist ihre Geschäftstätigkeit funktional beschränkt. Für öffentlich-rechtliche Kreditanstalten mit ihrem umfassenden Geschäftsangebot gilt das Spezialitätsprinzip nicht.

Die wichtigsten gesetzlichen Grundlagen für die Institute, die sich ausschließlich oder überwiegend im erststelligen Realkreditgeschäft betätigen, sind: Hypothekenbankgesetz (HBG), Gesetz über Schiffspfandbriefbanken (SchBG) sowie Gesetz über die Pfandbriefe und verwandten Schuldverschreibungen öffentlich-rechtlicher Kreditanstalten (ÖPG); alle drei Realkreditgesetze wurden im Rahmen der sog. Realkreditgesetzreform am 11. 3. 1974 geändert und den veränderten kreditwirtschaftlichen Erfordernissen angepaßt. Sie treffen u. a. gleichartige, institutsbezogene Bestimmungen zur Sicherung der Gläubiger von Pfandbriefen und Kommunalschuldverschreibungen, insbesondere über die Bildung von besonderen Deckungsmassen (↑Pfandbrief - Kommunalobligation S. 260). Das Gesetz über Bausparkassen (BSpKG) vom 16. 11. 1972 regelt die Geschäftstätigkeit der privaten und öffentlich-rechtlichen Spezialinstitute des zweitstelligen Realkredits. Der erststellige Beleihungsraum läuft grundsätzlich bei 60 %, der zweitstellige bei 80 % des aus Sach- und Ertragswert errechneten Beleihungswerts aus. Die Realkreditinstitute finanzierten nach dem 2. Weltkrieg vor allem den Wohnungsneubau und die gewerbliche Wirtschaft mit zinskonstanten, möglichst langfristigen Darlehen. Verbundfinanzierungen („aus einer Hand") mit anderen Institutsgruppen und Realkreditgeschäfte von Universalkreditinstituten (z. B. Kreditbanken, Sparkassen) gewinnen an Bedeutung. Das sog. Kommunalkreditgeschäft wurde in den letzten Jahren zum zweiten, über Kommunalobligationen refinanzierten Hauptgeschäft der bis dahin überwiegend im Realkreditgeschäft tätigen Pfandbriefinstitute.

Sämtliche Institute des organisierten Realkredits unterliegen der Aufsicht des Bundesaufsichtamts für das Kreditwesen. Diese geht bei den Pfandbriefinstituten weiter als die allgemeine Aufsicht nach dem Kreditwesengesetz und schließt wegen des notwendigen Schutzes der Gläubiger von gesetzlich privilegierten ↑Pfandbriefen und Kommunalobligationen (S. 260) eine Kontrolle der Kreditpolitik hinsichtlich der zu den Deckungsmassen gehörenden sog. Deckungsdarlehen ein.

Hdb. des Real- und Kommunalkredits. Hg. v. F. Steffan u. a.: 2. Aufl. Frankf. a. M. 1977. - W. Goedecke: Realkredit. Perspektiven u. Probleme. Frankf. a. M. 1982.

Refinanzierungsmöglichkeiten des organisierten Realkredits

Refinanzierungsformen	Pfandbriefe	Kommunalschuldverschreibungen	Inhaberschuldverschreibungen	Darlehen	Einlagen
Private Hypothekenbanken	Pfandbriefe § 1 Nr. 1 HBG) (deckungspflichtig) Gesamtumlauf begrenzt durch Eigenkapitalrelation (§ 7 HBG)	Kommunalschuldverschreibungen (deckungspflichtig) (§ 1 Nr. 2 HBG) Gesamtumlauf begrenzt durch Eigenkapitalrelation (§ 41 Abs. 2 HBG)	Inhaberschuldverschreibungen (nicht deckungspflichtig) (§ 5 Abs. 1 Nr. 4c und § 7 Abs. 2 HBG) Gesamtbetrag begrenzt durch Eigenkapitalrelation	Darlehen (§ 5 Abs. 1 Nr. 4b und § 7 Abs. 2 HBG) Gesamtbetrag begrenzt durch Eigenkapitalrelation	Spar-, Termin- und Sichteinlagen (§ 1 Abs. 1 Nr. 1 KWG; § 5 Abs. 1 Nr. 4a und § 7 Abs. 2 HBG) Gesamtbetrag begrenzt durch Eigenkapitalrelation
Öffentlich-rechtliche Kreditanstalten	Pfandbriefe (§ 1 OPG) (deckungspflichtig) Gesamtbetrag begrenzt durch Eigenkapital-Grundsatz I des BAKred und Satzungen	Kommunalschuldverschreibungen und sonstige deckungspflichtige Schuldverschreibungen begrenzt	Inhaberschuldverschreibungen begrenzt	Darlehen begrenzt	Einlagen begrenzt
Schiffspfandbriefbanken	Schiffspfandbriefe (§ 1 SchBG) (deckungspflichtig) Gesamtumlauf begrenzt durch Eigenkapitalrelation (§ 7 SchBG)			Darlehen nur bei Kapitalsammelstellen (§ 5 Abs. 1 Nr. 8 und § 7 Abs. 2 SchBG) Gesamtbetrag begrenzt durch Eigenkapitalrelation	Spar-, Termin- und Sichteinlagen (§ 1 Abs. 1 Nr. 1 KWG; § 5 Abs. 1 SchBG) Gesamtbetrag begrenzt durch Eigenkapitalrelation
Bausparkassen			Inhaberschuldverschreibungen (Laufzeit bis zu 4 Jahren) (§ 4 Abs. 1 Nr. 7 BSpKG) unbegrenzt	außerkollektive Refinanzierungsmittel a) Darlehen von Kreditinstituten und sonst. Kapitalsammelstellen (z. B. Versicherungen, Sozialversicherungsträgern) (§ 4 Abs. 1 Nr. 5 BSpKG) unbegrenzt b) Darlehen „sonst. Gläubiger" Gesamtbetrag begrenzt durch Eigenkapitalrelation (§ 4 Abs. 1 Nr. 6 und Abs. 2 BSpKG)	a) Bauspareinlagen im Rahmen des Bausparerkollektivs unbegrenzt (§ 1 Abs. 1 BSpKG) b) Außerkollektive Refinanzierung durch Einlagen (fremde Gelder, z. B. Spar-, Termin- und Sichteinlagen) von sonstigen Gläubigern Gesamtbetrag begrenzt d. Eigenkapitalrelation (§ 1 Abs. 1 Nr. 1 KWG und § 4 Abs. 1 Nr. 6 und Abs. 2 BSpKG)

Leasing

Leasing (engl. to lease = mieten, vermieten, pachten, verpachten), als Form der Investitionsfinanzierung, hat seinen Ursprung in den USA. In der Bundesrepublik hat sich der Markt für Leasinggeschäfte seit den 60er Jahren entwickelt. Leasing bedeutet mietweise Überlassung von Industrieanlagen, Investitions- und Konsumgütern durch die Produzenten der Güter (Herstellerleasing = direktes Leasing) oder durch spezialisierte Institute, die Leasinggesellschaften (indirektes Leasing). Vertragspartner sind: der Produzent oder Lieferant eines Anlagegutes, die Leasinggesellschaft (Leasinggeber) und der Mieter (Leasingnehmer).

Die Leasinggeschäfte unterscheiden sich nach der Ausgestaltung der Mietverträge sowie nach der Art des vermieteten Gegenstandes: 1) Das Mobilienleasing, auch Ausrüstungsleasing genannt, umfaßt die Vermietung von beweglichen Anlagegütern, z. B. Büromaschinen, -möbeln, Baumaschinen und Nutzfahrzeugen. 2) Das Immobilienleasing, auch Anlagenleasing genannt, beinhaltet die Vermietung bzw. Verpachtung von unbeweglichen Wirtschaftsgütern, z. B. Verwaltungsgebäuden, Bauten für Supermärkte. 3) Das Konsumgüterleasing umfaßt z. B. die Vermietung von Kühlschränken, Fernsehgeräten und Kraftfahrzeugen.

Nach dem betriebswirtschaftlichen Charakter der Verträge unterscheidet man zwischen Operating-Leasing und Financial- (Finanzierungs-)Leasing. Financial-Leasing-Verträge werden meist langfristig geschlossen und bestehen aus einer unkündbaren Grundmietzeit (etwa 3–6 Jahre bei beweglichen, bei unbeweglichen Anlagegütern bis zu 30 Jahren), die kürzer als die betriebsgewöhnliche Nutzungsdauer des Leasinggegenstandes ist. Die vom Leasinggeber festgelegten Miet- bzw. Pachtraten (↑Miete, Pacht S. 126) für die Grundmietzeit decken die Anschaffungs-, Herstellungs- und Nebenkosten einschließlich der Finanzierungskosten und des ↑Gewinns (S. 124). Der Leasingnehmer trägt das Investitionsrisiko. Für den Zeitpunkt der Beendigung der Grundmietzeit bieten die Leasinggeber mehrere Vertragsvarianten an. Der Leasingnehmer kann Optionsrechte auf Verlängerung des Vertrages zu erheblich ermäßigten Mietraten oder auf späteren Kauf des Leasinggegenstandes vereinbaren, sich am Veräußerungserlös beteiligen lassen oder einen Vertrag mit automatischem Eigentumsübergang abschließen. Ein Sonderfall des Financial-Leasing ist das „Sale-and-lease-back" (= verkaufe und miete wieder). Der Unternehmer verkauft bei dieser Leasingform bereits von ihm genutzte Investitionsgüter an eine Leasinggesellschaft und mietet sie darauf im Leasingverfahren wieder von dieser Gesellschaft. Unter Operating-Leasing fallen alle Verträge, die eine zeitweilige Gebrauchsüberlassung regeln. Der Leasingnehmer hat bei diesen Verträgen das Recht, den Vertrag unter Einhaltung einer bestimmten Frist zu kündigen, ohne eine eventuelle Entschädigung zahlen zu müssen. Hier trägt der Leasinggeber das Investitionsrisiko. Eine besondere Form des Operating-Leasing ist das „Maintenance-Leasing" (= Full-Service-Leasing). Der Leasinggeber übernimmt bei dieser Art von Leasing Nebenleistungen (Wartung, Reparaturen, Versicherung) gegen gesonderte Berechnung. Die steuerliche Grundlage für Leasingverträge bilden die „Leasing-Erlasse" des Bundesministeriums der Finanzen.

Für den Unternehmer bietet Leasing mehrere Vorteile: Leasing bewirkt eine 100 %ige Fremdfinanzierung der Investitionen, es wird kein Eigenkapital des Mieters gebunden und seine ↑Liquidität (S. 220) erhöht. Die finanzielle Belastung verteilt sich auf mehrere Perioden und kann im allgemeinen als Betriebsausgabe geltend gemacht werden. Leasing führt zu einer Verbesserung der „Bilanzoptik" und ermöglicht die Korrektur von Investitionsplänen und Budgets. Leasing als Investitionsfinanzierung ist nur als Ergänzung der herkömmlichen Finanzierungsarten sinnvoll. Erst ein Kostenvergleich zeigt im konkreten Fall, welche Finanzierung günstiger ist.

Leasing-Hdb. Hg. v. K. F. Hagenmüller u. a. 4. Aufl. Frankfurt a. M. 1981. – K. Feinen: Das Leasinggeschäft. Frankf. a. M. 1983.

Mietgeschäfte und Leasing

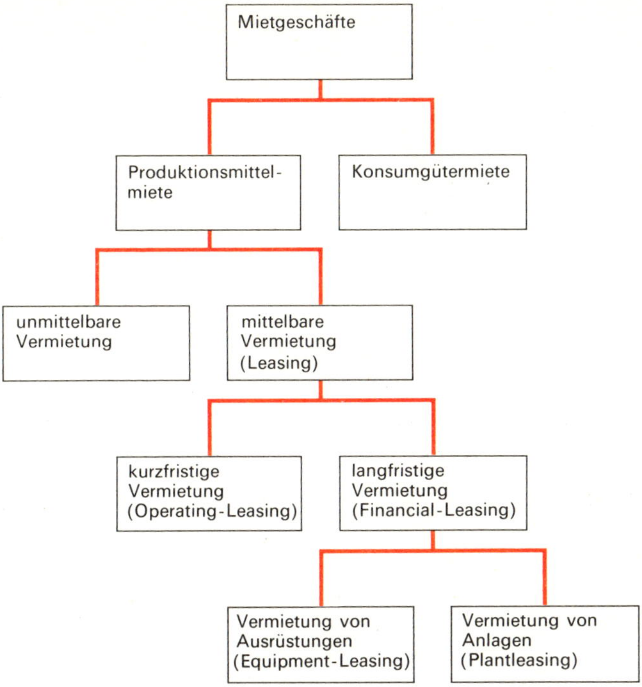

Indirektes Leasing

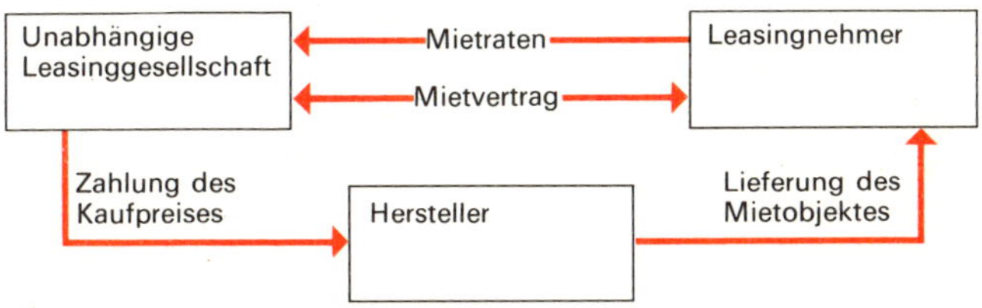

Schematische Darstellung der Abwicklung eines Immobilien-Leasinggeschäftes von der Kontaktaufnahme bis zum Vertragsabschluß

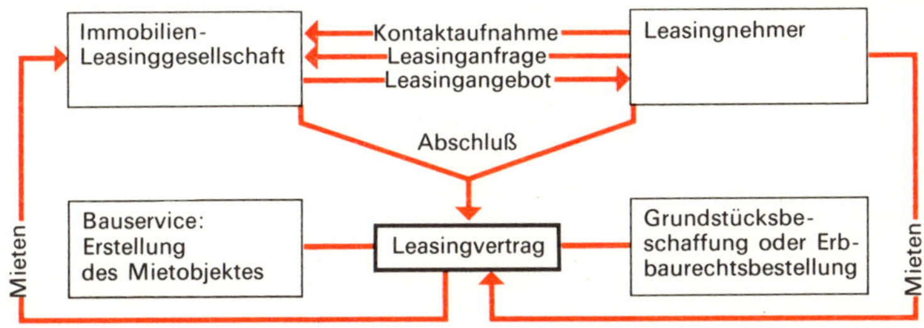

Innenfinanzierung

Zur Innenfinanzierung werden alle Geldbeträge gerechnet, die einem ↑Unternehmen (S. 60) aus dem ↑Absatz (S. 150) seiner Halb- und Fertigerzeugnisse, seiner Dienstleistungen oder aus dem Absatz sonstiger Vermögensgegenstände (↑Vermögen S. 202) zufließen. Im Rahmen der Innenfinanzierung wird unterschieden zwischen: 1) der Finanzierung aus betriebsüblichen Umsätzen, 2) der Finanzierung aus sonstigen Umsätzen und 3) der Selbstfinanzierung. (Bei einer Autofabrik sind z. B. Autoverkäufe betriebsübliche Umsätze, während der Verkauf einer Lagerhalle ein sonstiger Umsatz ist.)

Sowohl für betriebsübliche als auch für sonstige Umsätze ist es wichtig, daß Zahlungen eingehen. Die Innenfinanzierung erfolgt das ganze Jahr über entsprechend den Einzahlungen aus Umsätzen. Diese Gelder stammen zwar von außen, gewähren dem Geldgeber jedoch keine Rechte auf Rückzahlung oder Rechte wie aus einer Beteiligung (↑Kapitalbeschaffung S. 206). Statt von Innenfinanzierung spricht man auch von „Finanzierung aus eigener Kraft" oder von „Finanzierung aus Vermögensumschichtung". Mit der letzten Bezeichnung wird auf folgende Vorgänge Bezug genommen: Der Kauf von Produktionsfaktoren wie Maschinen oder Grundstücken führt zu Auszahlungen. Es wird also Vermögen in Form von ↑Geld (S. 44) in eine andere Vermögensform umgewandelt. Beim Einsatz der Produktionsfaktoren in der ↑Fertigung (S. 72) wird ein zweites Mal die Vermögensform geändert. Z. B. geht ein verwendeter Rohstoff in das Produkt ein. Der Absatz der erstellten Produkte bedeutet eine weitere Veränderung der Vermögensform. Anstelle von Produkten hat das Unternehmen Forderungen an die Kunden. Erst die letzte Vermögensumschichtung, nämlich das Bezahlen durch den Kunden, hat im Zeitpunkt des Zahlungseingangs eine Finanzierungswirkung. Der Finanzierungsvorgang erfordert also meist mehrere Vermögensumschichtungen.
Der Einsatz von Produktionsfaktoren wird in der ↑Erfolgsrechnung (S. 98) als Aufwand erfaßt. Die hergestellten und die verkauften Produkte führen in der Erfolgsrechnung zu Erträgen. Für die Ermittlung der gesamten Innenfinanzierung eines Jahres ist 1) die Kenntnis aller Auszahlungen, die mit dem Einsatz der Produktionsfaktoren anfielen, und 2) die Kenntnis aller Einzahlungen aus der Verwertung der hergestellten Produkte und dem Absatz sonstiger Gegenstände notwendig. Die Differenz zwischen diesen Ein- und Auszahlungen steht dem Unternehmen als finanzwirtschaftlicher Überschuß aus Umsätzen zur Verfügung. Dieser Überschuß stimmt nicht mit der Größe des Erfolgs (↑Gewinn S. 124 oder Verlust [↑Erfolgsrechnung S. 98]) überein. Die mangelnde Übereinstimmung beider Größen liegt daran, daß einige Aufwendungen nichts mit Auszahlungen und einige Erträge nichts mit Einzahlungen zu tun haben. Die genaue Berechnung des finanzwirtschaftlichen Überschusses aus Umsätzen setzt eine genaue Untersuchung der Erfolgsrechnung voraus. Analysen dieser Art sind unter der Bezeichnung „Cash-Flow-Analyse" bekannt.

Für die weitere Beurteilung der Innenfinanzierung ist die Gewinnverwendung wichtig. Gewinne können ausgeschüttet werden und führen dann zu Auszahlungen. Diese Beträge stehen dem Unternehmen also nicht weiter zur Verfügung. Verbleiben die erwirtschafteten Gewinne jedoch im Unternehmen, dann können die entsprechenden Beträge zur Kredittilgung oder zur Betriebserweiterung und -rationalisierung (↑Investitionsarten S. 196) verwendet werden. Das Einbehalten von Gewinn wird als Selbstfinanzierung bezeichnet. Einbehaltene Gewinne erhöhen das Eigenkapital (↑Kapitalerhöhung S. 228) und damit die Kreditwürdigkeit des Unternehmens. Für mittlere und kleinere Unternehmen ist die Selbstfinanzierung – auch Gewinnthesaurierung genannt – häufig die einzige Möglichkeit, das Geschäftsvolumen auszudehnen.

G. Vogler: Allg. Betriebswirtschaftslehre. Opladen 1976. – G. Wöhe/J. Bilstein: Grundzüge der Unternehmensfinanzierung. 2. Aufl. München 1981.

Von innerbetrieblichen Vermögensumschichtungen zur Innenfinanzierung

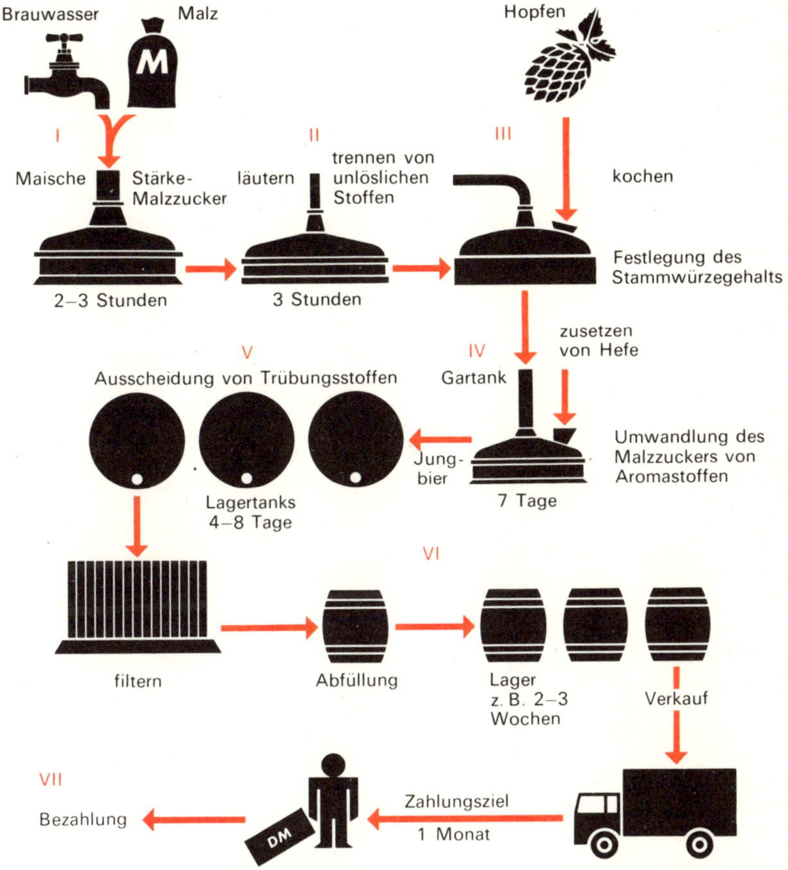

Die Darstellung zeigt am Beispiel der Bierherstellung, daß es innerhalb eines Unternehmens eine Vielzahl von Vermögensumschichtungsvorgängen gibt. Durch jeden Zusatz: Malz, Hopfen, Hefe usw., wird die Vermögensform des zu erstellenden Produkts geändert. Gleichzeitig nimmt der Bestand an Malz, an Hopfen usw. entsprechend ab. Die Vermögensumschichtungen I–IV spielen sich alle innerhalb des Unternehmens ab. Ohne diese Umschichtungen ist jedoch der Verkauf nicht möglich. Zur Innenfinanzierung trägt jedoch erst die letzte Umschichtung – im Bild durch VII gekennzeichnet – bei. Erst die Bezahlung durch den Käufer führt zu Einzahlungen. Diese sind ohne die vorausgegangenen Vorgänge jedoch nicht zu erwarten.

Liquidität

Als Liquidität eines ↑Unternehmens (S. 60) bezeichnet man die Fähigkeit, fälligen Zahlungsverpflichtungen nachkommen zu können. Die Zahlungsunfähigkeit – auch Illiquidität genannt – ist ein Grund für die Eröffnung des ↑Konkurses (S. 238). Diese Folge der Zahlungsunfähigkeit ist die Ursache dafür, daß auch die Öffentlichkeit an Informationen über die Zahlungsfähigkeit von Unternehmen interessiert ist. Für die Unternehmensleitung ist von besonderem Interesse, ob sie etwas gegen eine voraussichtliche – also nur in Planungsunterlagen vorhergesagte – Zahlungsunfähigkeit unternehmen kann.

Zur Beantwortung dieser Frage bedarf es einer Erläuterung des Problems. Ein Unternehmen ist nur dann zahlungsfähig, wenn es jederzeit die fälligen Zahlungsverpflichtungen begleichen kann (sog. Momentanliquidität). Die Frage stellt sich also für jeden künftigen Zeitpunkt, d. h. Tag für Tag erneut. Will man z. B. im Juli wissen, ob ein Unternehmen am Jahresende zahlungsfähig sein wird, dann setzt dies voraus, daß man dies auch für jeden Tag bis zum Jahresende weiß. Stellt nämlich ein Unternehmen im September die Zahlungen ein, dann kommen die Einzahlungen aus dem Weihnachtsgeschäft zu spät, um den Konkurs abzuwenden. Für das Bekanntwerden der Illiquidität ist aber auch die Feststellung eines Gläubigers wichtig, daß seine Forderung nicht termingerecht beglichen wurde. Ohne diese Feststellung von Gläubigern wird die tatsächliche Illiquidität außerbetrieblich nicht bekannt. Für die Ermittlung der Zahlungsfähigkeit reicht es also nicht aus, zu dem Bestand an Zahlungsmitteln am Beginn einer Planperiode (z. B. 1. Juli) die während des Planungszeitraumes erwarteten Einzahlungen hinzuzurechnen und von dieser Summe die in diesem Zeitraum fälligen Auszahlungen abzuziehen. Bei dieser Rechnung kann sich ein positiver Betrag ergeben (sog. Periodenliquidität) und das Unternehmen doch zahlungsunfähig werden. Dies kann der Fall sein, wenn die Auszahlungen zu Beginn des Zeitraumes fällig sind und die Einzahlungen erst am Ende des Zeitraumes eingehen.

Als Instrument zur Ermittlung der Liquidität wird häufig die ↑Bilanz (S. 88) verwendet. Es bereitet jedoch erhebliche Schwierigkeiten, mit ihr die fälligen Zahlungsverpflichtungen zu ermitteln. Die Zahlungstermine ergeben sich aus vertraglichen Abmachungen (Kauf-, Arbeitsvertrag) sowie aus gesetzlichen Regelungen (z. B. Steuergesetze). Aus der Bilanz sind diese Termine nicht zu ersehen. Sie enthält auch nicht alle Zahlungsverpflichtungen (z. B. aufgrund bestellter, noch nicht gelieferter Waren). Deshalb sind die mit Hilfe der Bilanz ermittelten Kennzahlen ungeeignet für die Beurteilung der künftigen Liquidität von Unternehmen.

Wenn die Unternehmensleitung genaue Auskünfte haben will, wird sie auf Finanzpläne zurückgreifen. In diesen werden nur Ein- und Auszahlungen erfaßt. Man beantwortet also nicht die Frage, ob sich die Forderungen und die Verbindlichkeiten der Höhe nach verändern, sondern man ermittelt die Veränderungen des Zahlungsmittelbestandes von Tag zu Tag und beantwortet zugleich die Frage, ob diese Bestände ausreichen, um die fälligen Verbindlichkeiten zu decken. Dabei spielt es keine Rolle, für welche Zwecke die Auszahlungen zu leisten sind. Je weiter die Planungen in die Zukunft reichen, desto schwieriger wird eine Planung für den einzelnen Tag. Bei entsprechend langfristigen Planungen kann die Unternehmensleitung jedoch frühzeitig finanzielle Probleme erkennen und darauf reagieren. Die zweckmäßige Reaktion hängt dabei von der Größe und der Dauer eines Fehlbetrages ab. Zur Vermeidung der tatsächlichen Zahlungsunfähigkeit eignen sich alle Maßnahmen, die Auszahlungen auf spätere Zeitpunkte verlegen oder ganz vermeiden sowie Maßnahmen, die zu zusätzlichen Einzahlungen oder zum früheren Eingang von Zahlungen führen. Die Liquidität berührt insofern alle Bereiche eines Unternehmens.

E. Witte: Finanzplanung der Unternehmung. Reinbek 1974. – T. Veit/W. Straub: Investitions- und Finanzplanung. Heidelberg 1978.

Liquidität

a) Zeitpunktgenaue Analyse

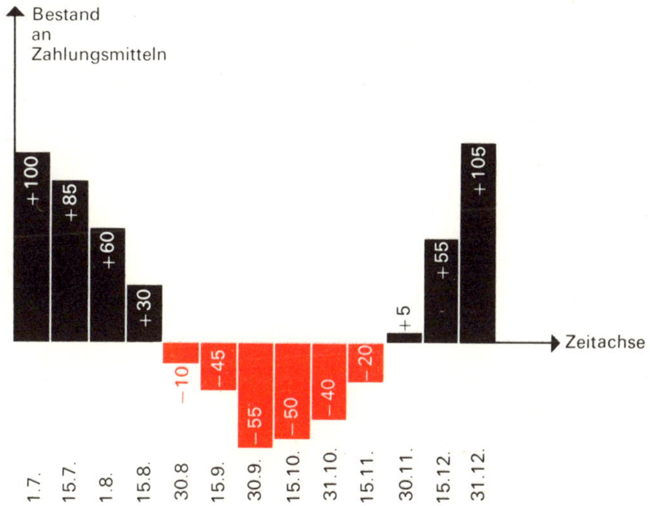

b) Zeitraumanalyse (Ohne Beachtung der Ein- und Auszahlungstermine)

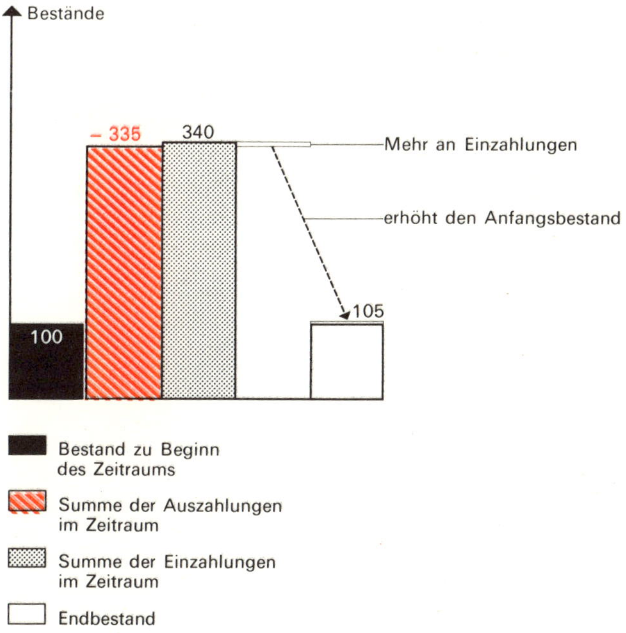

Kurzfristige Kredite

Kurzfristige Kredite sind eine Möglichkeit der ↑Kapitalbeschaffung (S. 206). Diese Form der Kapitalbeschaffung kann durch folgende Eigenschaften beschrieben werden: 1) Es wird Kapital von außen zugeführt. 2) Die Kapitalgeber haben einen Anspruch auf Rückzahlung; in der ↑Bilanz (S. 88) erscheinen die Beträge bei den Verbindlichkeiten, also als Fremdkapital. 3) Im Unterschied zu den ↑Anleihen (S. 212) und zum ↑Realkredit (S. 214) beträgt die vereinbarte Überlassungsdauer bis zu einem Jahr. 4) Die Kapitalgeber haben einen vertraglichen Anspruch auf Zahlung des vereinbarten ↑Zinses (S. 126). Als Kapitalgeber kommen Lieferanten, Kunden, ↑Banken (S. 240) und ↑Sparkassen (S. 242) in Frage.

Wichtige Beurteilungsgesichtspunkte kurzfristiger Kredite sind: 1) die Höhe des Kreditbetrages, 2) die Verwendungsmöglichkeiten, 3) die vereinbarte Laufzeit und evtl. Verlängerungsmöglichkeiten, 4) die Kreditkosten, 5) die Sicherheiten, die die Kreditgeber verlangen sowie die Anpassungsfähigkeit an den Kreditbedarf.

Die Lieferanten von Werkstoffen räumen ihren Kunden meistens Zahlungsziele ein. Dies wird als Lieferantenkredit bezeichnet; üblich sind Zahlungsziele bis zu einem Jahr. Solange die Geschäftsbeziehung weiterbesteht, wird diese Kreditart tatsächlich langfristig. Sobald die Geschäftsbeziehung beendet wird, ist der Kredit in kurzer Zeit zur Rückzahlung fällig. Bei Nichtinanspruchnahme des Zahlungsziels dürfen Beträge in unterschiedlicher Höhe (z. B. Skonto) vom Rechnungsbetrag abgezogen werden. Diese Beträge sind als Kreditkosten zu betrachten. Die Lieferanten verlangen meistens Sicherheiten. Sehr verbreitet sind die verschiedenen Formen des ↑Eigentumsvorbehalts (S. 132). Eine andere Art des Lieferantenkredits ist der Wechselkredit. Anstelle der Barzahlung verlangt der Lieferant die Annahme eines ↑Wechsels (S. 258). Die Sicherheit besteht in der schnellen gerichtlichen Durchsetzung von Wechselforderungen (sog. Wechselstrenge). Der Käufer ist immer dann als Kreditgeber zu betrachten, wenn er vor Erstellung oder Auslieferung der Ware Anzahlungen leistet. Diese Kreditart spielt besonders im Investitionsgüterbereich eine Rolle, in dem meist auf Bestellung gearbeitet wird, und zwar vor allem bei Produkten, deren Herstellungszeit relativ lang ist (Großmaschinen, Schiffe, Kraftwerke). Durch die Anzahlung des Kunden ist das beauftragte Unternehmen in der Lage, den Kauf der benötigten Produktionsfaktoren vorzufinanzieren.

Banken und Sparkassen bieten eine Fülle von kurzfristigen Krediten an. Dazu gehören vor allem der Kontokorrentkredit, der Diskontkredit und der Lombardkredit. Beim Kontokorrentkredit (auch Kredit in laufender Rechnung oder Überziehungskredit genannt) wird dem Unternehmen erlaubt, sein Geschäftskonto bis zu einem bestimmten Höchstbetrag zu überziehen. Der tatsächlich in Anspruch genommene Kredit ändert sich der Höhe nach von Tag zu Tag. Eingänge auf dem Konto vermindern die Höhe, Ausgänge erhöhen den beanspruchten Kredit. Die vereinbarte Laufzeit ist meist kurzfristig, tatsächlich steht er jedoch oft langfristig zur Verfügung. Als Sicherheiten kommen vor: 1) bestimmte Formen der Hypothek, 2) Bürgschaften der Unternehmer, 3) die Verpfändung von ↑Wertpapieren (S. 256) und 4) die Forderungsabtretung. Beim Diskontkredit verkauft das Unternehmen Wechsel an die Bank. Der Kreditbetrag wird aus der Wechselsumme berechnet. Die Höhe der Diskontspesen ist vom Diskontsatz der ↑Zentralbank (S. 46) abhängig. Die Kreditlaufzeit wird von der Restlaufzeit des Wechsels bestimmt.

Der Lombardkredit besteht im Unterschied zu den bisher besprochenen Krediten aus einem festen Kreditbetrag, der in voller Höhe zur Auszahlung kommt und zum vereinbarten Termin auf einmal zurückgezahlt wird. Der Name des Kredits kommt von den Sicherheiten. Lombardieren heißt verpfänden; als Pfänder dienen Waren, ↑Wertpapiere (S. 256) und Edelmetalle.

G. Vogler: Allg. Betriebswirtschaftslehre. Opladen 1976. – G. Wöhe/J. Bilstein: Grundzüge der Unternehmensfinanzierung. 2. Aufl. München 1981.

KURZFRISTIGE KREDITE: EINE FORM DER KAPITALBESCHAFFUNG:

KAPITALBESCHAFFUNG bei

- **AUSSENFINANZIERUNG**
  - durch spezielle Kapitalgeber:
    - Eigentümer des Unternehmens
      - Zuführung von Eigenkapital
        - **Beteiligungsfinanzierung**
    - Gläubiger des Unternehmens
      - Zuführung von **Fremdkapital**
        - **Kreditfinanzierung**
          - Vereinbarte (de-jure) Kreditlaufzeit
            - **LANGFRISTIG** (mehr als 4 Jahre)
              - z. B.: Schuldverschreibung, Realkredit
            - **KURZFRISTIG** (i. d. R. bis zu 1 Jahr)
              - Kapitalgeber sind:
                - LIEFERANTEN
                  - von Roh-, Hilfs- und Betriebsstoffen
                    - Lieferantenkredit
                    - Wechselkredit
                  - der Betriebs- und Geschäftsausstattung
                    - Ausstattungskredit
                - KUNDEN
                  - bei Zahlung vor Lieferung
                    - Anzahlung (= Vorauszahlung)
                - KREDITINSTITUTE
                  1. Kontokorrentkredit
                  2. Wechseldiskontkredit
                  3. Lombardkredit
                  4. Avalkredit (Bankbürgschaft, Bankgarantie)
                  5. Akzeptkredit
                  6. Sonderformen im Außenhandel z. B. Rembourskredit, Akkreditiv
    - die öffentliche Hand
      - teilweise rückzahlbare Zuschüsse
        - **Subventionsfinanzierung**
- **INNENFINANZIERUNG**
  - über den Umsatzprozeß

Beispiel für eine Kapitalstruktur
(= Finanzierungsstruktur)

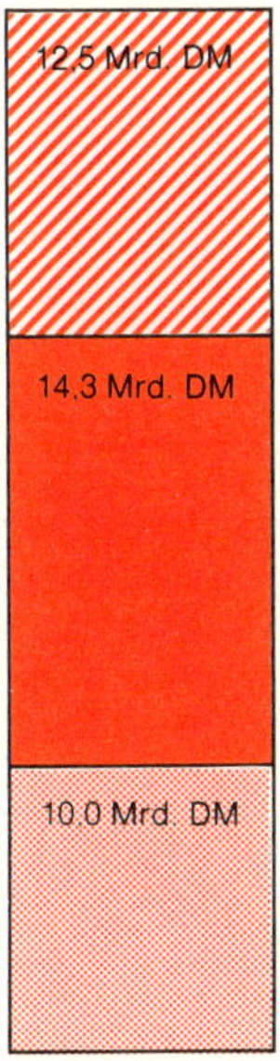

KURZFRISTIGES FREMDKAPITAL darunter:

1. erhaltene Anzahlungen	2 245 Mill. DM
2. Lieferantenkredite	2 773 Mill. DM
3. erhaltene Wechselkredite	21 Mill. DM
4. Bankverbindlichkeiten	1 621 Mill. DM
5. Schuldschein- und sonst. Darlehen	264 Mill. DM

MITTEL- und LANGFRISTIGES FREMDKAPITAL darunter:

1. Pensionsrückstellungen (Verbindlichkeiten für die betriebliche Altersversorgung)	5 484 Mill. DM
2. Anleihen	443 Mill. DM
3. Bankverbindlichkeiten	934 Mill. DM
4. Schuldscheindarlehen	215 Mill. DM

EIGENKAPITAL davon:

1. Grundkapital	2 052 Mill. DM
2. offene Rücklagen	7 337 Mill. DM
3. Bilanzgewinn	328 Mill. DM

GESAMTKAPITAL: 36,8 Mrd. DM

Quelle: Siemens Geschäftsbericht 1982 S. 49 und S. 51

Sicherungsübereignung

Die Sicherungsübereignung ist die Eigentumsübertragung einer bewegl. Sache (z. B. Fahrzeug) vom Schuldner einer Forderung (Käufer als Sicherungsgeber) auf den Gläubiger (Verkäufer als Sicherungsnehmer) ausschließlich zu Sicherungszwecken, d. h., es gilt die Absprache (Sicherungsabrede), daß die Eigentumsübertragung nur zur Sicherung der Forderung dienen solle. Das Institut der Sicherungsübereignung ist im Bürgerlichen Gesetzbuch nicht ausdrücklich erwähnt, es wurde von der Rechtsprechung für die Bedürfnisse des Wirtschaftslebens entwickelt und ist heute als Mittel zur Sicherung von Forderungen, insbesondere von Krediten, von großer Bedeutung. Wenn auch volles Eigentum übertragen wird, so soll doch der Erwerber trotz seiner rechtlichen Eigentümerstellung keine Verfügung über die Sache treffen, die dem Sicherungszweck widerspricht. So darf der Sicherungsnehmer die Sache nicht vor Fälligkeit seiner Forderung gegenüber dem Sicherungsgeber verwerten, insbesondere nicht verkaufen.

Die gewohnheitsrechtlich entstandene Sicherungsübereignung tritt häufig an die Stelle einer Verpfändung. Im Gegensatz dazu erhält der Gläubiger zwar das volle Eigentum, der Schuldner behält aber den unmittelbaren Besitz und die Nutzungsmöglichkeit (Vereinbarung eines Besitzkonstituts). Dem Sicherungseigentümer bzw. Gläubiger kommt es auf den unmittelbaren Besitz und auf die Nutzungsmöglichkeit auch nicht an, er will vor allem eine Befriedigungsmöglichkeit für seine Forderung, wenn der Schuldner nicht zahlt.

Durch die Sicherungsübereignung können Forderungen aller Art abgesichert werden, meist schützt sie Darlehens- und Kaufpreisforderungen, es können aber auch Wechsel, familienrechtliche Ansprüche (z. B. Unterhalt) sein. Gegenstand der Sicherungsübereignung können alle möglichen Sachen sein (z. B. Pkw, Möbel, Reitpferd); es können aber neben der Einzelübereignung auch Sachgesamtheiten – sogar mit wechselndem Bestand –, wie ein Warenlager, übereignet werden, wenn die Gegenstände – durch räumliche Trennung etwa – hinreichend bestimmbar sind. In den Fällen, in denen der Sicherungsgeber die übereigneten Gegenstände – zulässigerweise – in seinem Betrieb verarbeitet oder weiterveräußert, wird die Sicherungsübereignung meist dadurch „verlängert", daß über die vorweggenommene Abtretung der Ansprüche aus dem zukünftigen Verkauf der Gegenstände eine Vereinbarung getroffen wird. Nach dem Wegfall des Sicherungszwecks, z. B. durch Begleichung der Forderung durch den Sicherungsgeber, fällt das Sicherungseigentum entsprechend der getroffenen Vereinbarung entweder an den Sicherungsgeber zurück (Eintritt einer auflösenden Bedingung) oder der Sicherungsnehmer muß das Eigentum an den Sicherungsgeber zurückübertragen. Die Verwertung des Sicherungsgutes richtet sich nach den in der Sicherungsabrede getroffenen Vereinbarungen. Üblicherweise wird das Sicherungsgut freihändig verkauft oder durch Versteigerung verwertet. Durch den Verkauf des Sicherungsguts erlöst der Gläubiger – zumindest teilweise – den Gegenwert für seine Forderung, einen Überschuß muß er an den Sicherungsgeber zurückerstatten.

Von besonderer Bedeutung ist die Sicherungsübereignung in der Zwangsvollstreckung und im ↑Konkurs (S. 238). Bei der Zwangsvollstreckung in das Vermögen des Sicherungsgebers kann der Sicherungsnehmer seine Eigentümerstellung etwa durch Erhebung einer Drittwiderspruchsklage geltend machen. Im Konkurs- und Vergleichsverfahren über das Vermögen des Sicherungsgebers hat der Sicherungsnehmer ein Absonderungsrecht, im Konkurs des Sicherungsnehmers hat der Sicherungsgeber ein Aussonderungsrecht. Wegen Sittenwidrigkeit sind solche Sicherungsübereignungen nichtig, bei denen etwa Konkursverschleppung, Gläubigerbenachteiligung, Knebelungsabsicht oder Kreditbetrug vorliegen.

H. Weber: Sicherungsgeschäfte. 2. Aufl. München 1977. – R. Serick: Eigentumsvorbehalt u. Sicherungsübertragung. 6 Bde. Heidelb. 1963–82.

Sicherungsübereignung

Sicherungsübereignung
gesetzlich nicht geregelt, von der Praxis entwickelt und von der Rechtsprechung anerkannt

Ziel:
Kreditsicherung

Grundlage:
Sicherungsvertrag

Verwertung:
Wegnahme und Verkauf

Voraussetzung der Wirksamkeit einer Sicherungsübereignung

1. keine Übereignung des gesamten Schuldnervermögens
2. keine übermäßige Beschränkung des Schuldners – Knebelungsverbot –
3. keine Verheimlichung gegenüber späteren Gläubigern – Eintragung in Geschäftsbücher –
4. Sicherungsübereignung muß ernstlich gewollt sein – Verbot von Scheingeschäften –
5. vorherige Prüfung der Schuldnerverhältnisse

Unternehmensgründung

Ausgangspunkt bei der Gründung eines ↑Unternehmens (S. 60) ist ein Zielsystem des Unternehmers, durch das die Gründungsentscheidungen, insbesondere der Unternehmensgegenstand (z. B. Fertigung von Fahrzeugen) bestimmt werden. Die Zielsetzung wird meist entscheidend begrenzt durch die vorhandene Eigenkapitalbasis, an der sich Fremdkapitalgeber bei Neugründungen wesentlich orientieren (↑Kapitalbeschaffung S. 206). Durch das Gründungskapital, mit dem nicht nur die Betriebsanlagen, sondern auch ein Grundstock an Umlaufvermögen („eiserner Bestand") finanziert werden muß, damit ein Leistungserstellungsprozeß stattfinden kann, wird die ↑Betriebsgröße (S. 78) begrenzt. Dabei kann sich ergeben, daß die finanzierbare Kapazität zu gering ist, um eine rentable Leistungsmenge zu erstellen. Des weiteren ist durch ↑Marktforschung (S. 152) zu ermitteln, ob die finanziell und technisch möglichen Produktionsmengen überhaupt und zu einem Preis abgesetzt werden können, der die ↑Kosten (S. 76) deckt und einen den Unternehmenszielen entsprechenden ↑Gewinn (S. 124) ermöglicht (↑Kalkulation S. 84). Unter Berücksichtigung dieser Daten ist schließlich die ↑Wahl der Rechtsform des Unternehmens (S. 102) zu treffen und die Frage des ↑Standortes (S. 58) zu entscheiden. Sodann wird ein Finanzplan erstellt, der die Ein- und Auszahlungen in der Anlaufzeit gegenüberstellt. Anlaufzeit ist dabei die geschätzte Zeit, innerhalb deren die Summe der erwarteten leistungsbedingten Einzahlungen (Umsatzerlöse) noch kleiner ist als die Summe der Anlaufauszahlungen.

Die Gründung ist als einmaliger Vorgang der Außenfinanzierung durch großen Informationsmangel gekennzeichnet. Insbesondere stehen keine unternehmenseigenen Erfahrungswerte zur Verfügung, aus denen sich Zukunftserwartungen und zielentsprechende Verhaltensweisen ableiten ließen. Gegenüber der Außenwelt, insbesondere auf dem Absatzmarkt und bei Kreditgebern, muß die Neugründung erst Vertrauen gewinnen. Das Gründungsrisiko ist daher besonders hoch, was sich in der Anzahl der beantragten ↑Vergleiche und Konkurse (S. 238) junger Unternehmen widerspiegelt (1981: unter 8 Jahre alt: 6771; älter: 1723).

Bei Unternehmensgründung ist ein Verzeichnis der Vermögensgegenstände (Inventar) und eine Eröffnungsbilanz zu erstellen (↑Buchführungsvorschriften S. 86). Rechtlich entsteht nach außen hin ein Personenunternehmen (Einzelfirma, ↑Firma, S. 136, ↑OHG und KG S. 104) mit der Eintragung ins Handelsregister oder/und mit Aufnahme der Geschäfte. Zur Gründung einer ↑AG (S. 108) sind erforderlich die Feststellung der Satzung der AG durch mindestens fünf Gründer, die die ↑Aktien (S. 210) gegen Zahlung von mindestens einem Viertel des eingeforderten Betrages übernehmen, Bestellung des Aufsichtsrats und des Vorstandes, Erstattung und Prüfung des Gründungsberichts; wird bei der Gründung nicht nur Bargeld eingebracht (Bargründung), sondern auch andere Sachwerte (Sachgründung), so ist eine Gründungsprüfung (↑Wirtschaftsprüfung S. 100) erforderlich, die die Gläubiger vor Überbewertung des Aktivvermögens schützen soll; nach Anmeldung zum Handelsregister und Prüfung der Gründung durch das Amtsgericht entsteht die AG schließlich mit der Eintragung ins Handelsregister. (Zur Gründung der GmbH: ↑GmbH S. 106). Der Erwerb von Gesellschaftsrechten gegen Zuführung von Kapital anläßlich der Gründung einer AG oder GmbH unterliegt der Gesellschaftsteuer (Kapitalverkehrsteuer; ↑Vermögensverkehrsteuern S. 302).

Als Sonderfälle von Gründungen sind schließlich ↑Unternehmensumwandlung (S. 232) und ↑Fusion (S. 234) zu nennen.

Hdb. der Unternehmensfinanzierung. Hg. v. O. Hahn. München 1971. Art. „Bes. Planungsprobl. bei der Gründungsfinanzierung". – A. Hueck: Gesellschaftsrecht. 18. Aufl. München 1983.

Die Gründung einer Aktiengesellschaft

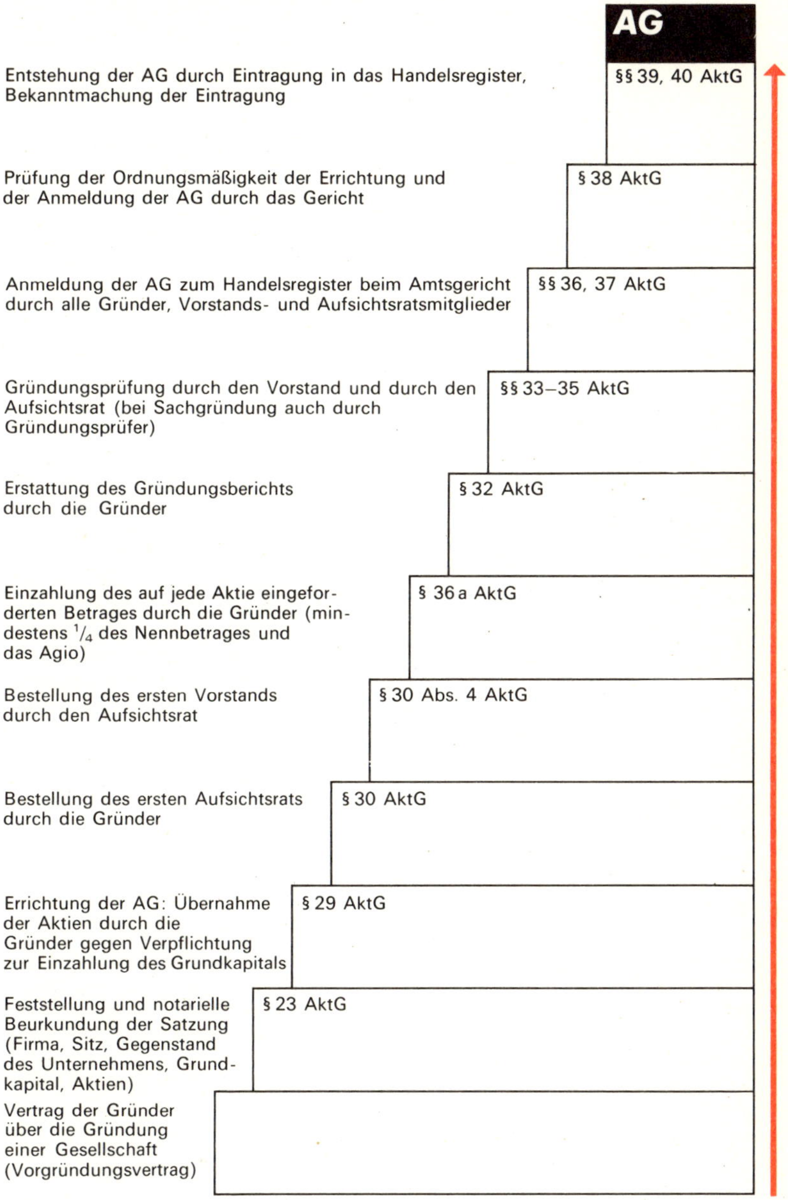

Kapitalerhöhung

Das Kapital eines Unternehmens kann durch Zuführung sowohl von Fremd- als auch von Eigenkapital erhöht werden (↑Kapitalbeschaffung S. 206). Üblicherweise wird unter Kapitalerhöhung jedoch nur eine Vermehrung des Eigenkapitals verstanden. Diese erfolgt bei Personenunternehmen (Einzelfirma, ↑Firma S. 136, ↑OHG und KG S. 104) formlos durch Leistung einer Einlage und deren Verbuchung auf dem Kapitalkonto (↑Buchführung S. 86); bei Gesellschaften geht dem i. d. R. eine Änderung des Gesellschaftsvertrages voraus. Als Kapitalerhöhung im engeren Sinne wird jedoch die förmliche Aufstockung des Stammkapitals einer ↑GmbH (S. 106) oder des Grundkapitals einer ↑AG (S. 108) bezeichnet, die eine Erweiterung der Haftungsbasis mit sich bringt. Dies kann durch eine effektive Eigenkapitalerhöhung erfolgen, wobei entweder zusätzliche Mittel, etwa für Erweiterungsinvestitionen, zugeführt werden (Außenfinanzierung), oder diese zur Rückzahlung von Krediten verwendet werden, also Fremdkapital in Eigenkapital umgewandelt wird (Umfinanzierung). Eine Erhöhung des Haftungskapitals kann jedoch auch durch eine lediglich nominelle Kapitalerhöhung bewirkt werden, bei der offene ↑Rücklagen (S. 96) in Grund- bzw. Stammkapital überführt werden (Kapitalerhöhung aus Gesellschaftsmitteln; Umfinanzierung).

Die effektive Kapitalerhöhung, die der Deckung eines Eigenkapitalbedarfs dient, wird im Normalfall als ordentliche Kapitalerhöhung durch Ausgabe neuer Gesellschaftsanteile, bei der AG sogenannter junger ↑Aktien (S. 210), durchgeführt. Den bisherigen Aktionären steht ein Recht zum Bezug der jungen Aktien im Verhältnis ihrer Altaktien zum bisherigen Grundkapital zu. Dieses Bezugsrecht ist gesondert von der Altaktie veräußerbar und wird 14 Tage vor Ausgabe der jungen Aktien an der Börse notiert. Es gibt den Altaktionären die Möglichkeit, durch Erwerb der jungen Aktien den bisherigen Prozentsatz ihrer Beteiligung und damit ihr Mitspracherecht und ihren Anteil am Gewinn zu erhalten. Da die jungen Aktien meist unter dem Börsenkurs der Altaktien ausgegeben werden, werden die Bezugsrechte an der ↑Börse (S. 252) so bewertet, daß sie die Differenz zwischen dem Kurswert der alten Aktien und dem Kaufpreis der jungen Aktien ausgleichen. Das Bezugsrecht der Altaktionäre kann jedoch mit einer Mehrheit von drei Vierteln des anwesenden Kapitals in der Hauptversammlung ausgeschlossen werden. Dies ist erforderlich, wenn die Aktien bestimmten Personen vorbehalten bleiben sollen, etwa den im Unternehmen Beschäftigten (Belegschaftsaktien) oder den Eigentümern eines anderen Unternehmens, das von der AG übernommen wird (↑Fusion S. 234).

Da die ordentliche Kapitalerhöhung bei der AG von der Zustimmung von drei Vierteln des Grundkapitals abhängig ist, die Einberufung einer Hauptversammlung aber Geld und vor allem Zeit kostet, läßt das Aktiengesetz auch zu, daß der Vorstand auf fünf Jahre zu einer Erhöhung des Grundkapitals um bis zur Hälfte ermächtigt wird („genehmigtes Kapital"). Dadurch kann die Gesellschaft ihre Beteiligungsfinanzierung dem Eigenkapital und den aktuellen Kapitalmarktgegebenheiten besser anpassen.

Eine bedingte Kapitalerhöhung ist u. a. zulässig zur Vorbereitung einer Fusion oder auch, um Aktien gewähren zu können, wenn die Inhaber von Wandel- oder Optionsanleihen ihr Recht zum Aktienbezug geltend machen.

Bei einer Kapitalerhöhung aus Gesellschaftsmitteln wird kein Kapital von außen zugeführt; das haftende Grundkapital wird durch Rücklagen aufgestockt. Da der Kurswert der Altaktien hierdurch sinkt, werden zum Ausgleich an die Aktionäre Gratisaktien im Verhältnis der Kapitalaufstockung ausgegeben. Infolge des geringeren Preises werden die Aktien leichter handelbar.

Eine effektive Kapitalerhöhung unterliegt der Gesellschaftsteuer (↑Vermögensverkehrsteuern S. 302), eine Kapitalerhöhung aus Gesellschaftsmitteln dagegen nicht.

A. Hueck: Gesellschaftsrecht. 18. Aufl. München 1983. – G. Wöhe: Einf. in die Allg. Betriebswirtsch. 14. Aufl. München 1981.

Arten der Kapitalerhöhung bei der AG

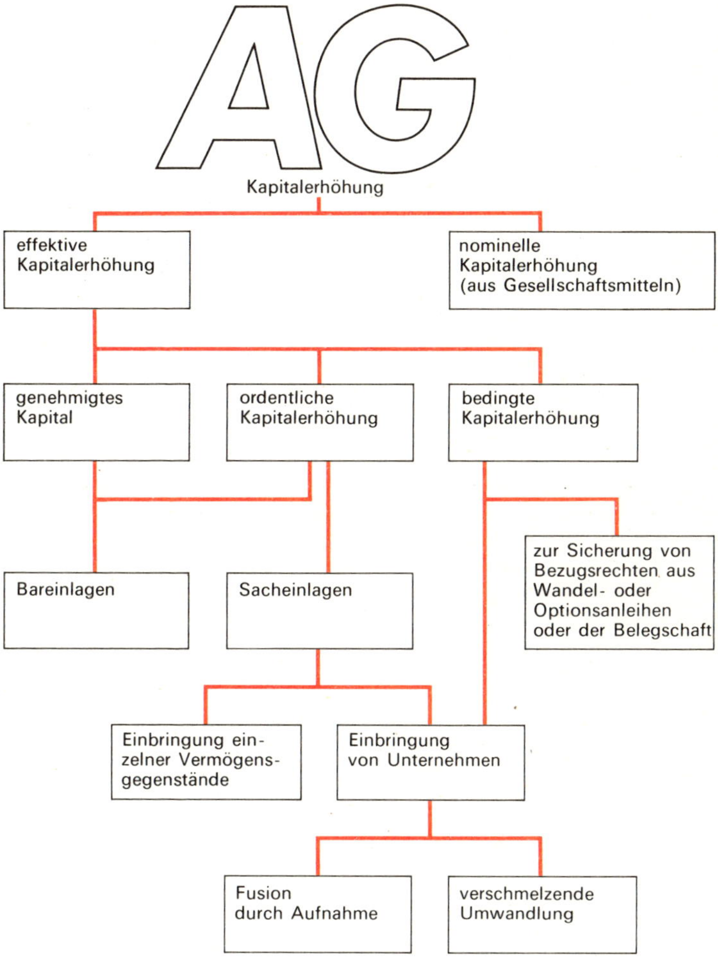

Sanierung – Kapitalherabsetzung

Die Sanierung eines Unternehmens kann erforderlich werden infolge leistungswirtschaftlicher Mängel, also z. B. infolge zu hoher Produktionskosten, Überkapazitäten, Absatzschwierigkeiten, oder bei Störung des finanziellen Gleichgewichts, d. h. vor allem bei Überschuldung und Zahlungsschwierigkeiten. Als Sanierungsmaßnahmen kommen – je nach der Ursache der Sanierungsbedürftigkeit – organisatorische (↑Unternehmensumwandlung S. 232), personelle, technische (↑Operations Research S. 68) und vor allem finanzielle Veränderungen in Betracht.

Hat das Unternehmen schwere Verluste erlitten, die die wirtschaftliche Leistungsfähigkeit in der Zukunft jedoch nicht beeinträchtigen, so genügen buchtechnische Sanierungsmaßnahmen: bei Kapitalgesellschaften (↑GmbH S. 106, ↑AG S. 108) werden offene und stille ↑Rücklagen (S. 96) aufgelöst; reicht das nicht, so kann das haftende Stamm- bzw. Grundkapital durch Beschluß der Gesellschafter bzw. der Hauptversammlung mit 3/4-Mehrheit nominell herabgesetzt werden, um es an den wirklichen Wert des Unternehmens anzupassen (vereinfachte Kapitalherabsetzung; Fall der Umfinanzierung). Dadurch wird – zum Schutz der Gläubiger allerdings zunächst beschränkte – Dividendenausschüttung ermöglicht, wenn in der Folgezeit Gewinne erwirtschaftet werden, die andernfalls zur Auffüllung des Grundkapitals hätten verwendet werden müssen. Bei Personenunternehmen (Einzelfirma, ↑Firma S. 136, ↑OHG und KG S. 104) mindert der vom (Mit-)Unternehmer zu tragende Verlust(-anteil) automatisch dessen Kapitalkonto, da das Eigenkapital nominell nicht gebunden ist, nachdem der (Mit-)Unternehmer ohnehin persönlich haftet.

Eine Sanierung mit Mittelausschüttung ist insbesondere dann vorzunehmen, wenn Überkapazitäten abzubauen sind, die leistungslose ↑Kosten (S. 76) verursachen. Die bei der Veräußerung des nicht benötigten Betriebsvermögens frei werdenden liquiden Mittel werden – mangels anderweitiger betrieblicher Verwendung – an die Unternehmenseigner ausgezahlt. Der Nominalwert des haftenden Kapitals und damit auch der der Gesellschaftsanteile wird entsprechend herabgesetzt. Auch die effektive (ordentliche) Kapitalherabsetzung bedarf eines Beschlusses mit 3/4-Mehrheit des haftenden Kapitals. Den Gläubigern noch nicht fälliger Forderungen gegen die AG ist Sicherheit zu leisten, wenn sie dies binnen 6 Monaten nach Bekanntmachung des Beschlusses verlangen; vor Ablauf dieser Frist ist eine Kapitalrückzahlung an die Aktionäre unzulässig (ähnliche Regelung bei der GmbH). Unter bestimmten Voraussetzungen ist auch eine Einziehung von Aktien (Amortisation) zulässig, die ebenfalls das Grundkapital vermindert, und, wenn sie gegen ein Entgelt unter dem Nennwert erfolgt, zu einem Buchgewinn bei der AG führt.

Eine Sanierung mit Mittelzuführung ist erforderlich, wenn durch Substanzverluste die Leistungsfähigkeit des Unternehmens beeinträchtigt ist. Die Inhaber von Personenunternehmen können dies durch Leistung einer Einlage bewirken. Auch bei Kapitalgesellschaften können die Anteilseigner freiwillige Zuzahlungen leisten, die der Gesellschaftsteuer (↑Vermögensverkehrsteuern S. 302) unterliegen; eine Nachschußpflicht besteht bei der GmbH nur, soweit dies vereinbart ist. Die Publikums-AG, deren Aktien breit gestreut sind, kann freiwillige Zuzahlungen allenfalls von Großaktionären oder gegen Einräumung von Vorzugsrechten erwarten. Sie ist daher oft auf eine effektive ↑Kapitalerhöhung (S. 228) angewiesen. Vorher jedoch muß sie ihre Verluste abdecken, indem sie eine buchmäßige Sanierung, also u. U. auch eine nominelle Kapitalherabsetzung durchführt; sie müßte sonst die jungen Aktien evtl. unter ihrem Nennwert (unter-pari) ausgeben, was nach dem Aktiengesetz verboten ist (↑ Aktien S. 210).

Eine Sanierung ist auch durch Teilerlaß von Gläubigerforderungen (↑Vergleich S. 238) möglich; die dabei entstehenden Buchgewinne sind von der ↑Einkommensteuer (S. 286) bzw. von der ↑Körperschaftsteuer (S. 288) befreit.

Finanzierungs-Hdb. Hg. v. H. Jamberg. 2. Aufl. Wiesb. 1970. Art. „Die finanzielle Sanierung". – A. Hueck: Gesellschaftsrecht. 18. Aufl. München 1983.

Finanzielle Sanierungsmaßnahmen bei der Aktiengesellschaft

	I) Buchtechnische Sanierung (Rücklagenauflösung und nominelle Kapitalherabsetzung)	II) Sanierung mit Mittelausschüttung (effektive Kapitalherabsetzung)	III) Sanierung mit Mittelzuführung (nominelle Kapitalherabsetzung wie bei I), dann effektive Kapitalerhöhung)
Ausgangsbilanz	Aktiva / Passiva Anlagevermögen 100 000 | Grundkapital 450 000 Umlaufvermögen 200 000 | Offene Rücklagen 30 000 Bilanzverlust 180 000 480 000 | 480 000	Aktiva / Passiva Anlagevermögen 200 000 | Grundkapital 350 000 Umlaufvermögen 200 000 | Offene Rücklagen 50 000 400 000 | 400 000	Aktiva / Passiva Anlagevermögen 100 000 | Grundkapital 300 000 Umlaufvermögen 200 000 300 000 | 300 000
Sanierungsvorgang	Umbuchung: Soll/ Konto Grundkapital /Haben 150 000 | Bestand 450 000 Soll/ Konto Offene Rücklagen /Haben 30 000 | Bestand 30 000 Soll/ Konto Verlustvortrag /Haben Bestand 180 000 | 180 000 Zusammenlegung der Aktien im Verhältnis 2 : 3 oder Abstempelung	Verkauf von Anlagenüberkapazität 100 000, Kapitalrückzahlung 100 000: Soll/ Konto Anlagen /Haben Bestand 200 000 | 100 000 Soll/ Konto Umlaufvermögen /Haben Bestand 200 000 | 100 000 100 000 Soll/ Konto Grundkapital /Haben 100 000 | Bestand 350 000 Einziehung der zurückgezahlten Aktien	Kapitalerhöhung 100 000; Ausgabe von 1 000 jungen Aktien à 100 zum Bezugskurs von 110 Soll/ Konto Umlaufvermögen /Haben 200 000 | 110 000 | Soll/ Konto Grundkapital /Haben | 300 000 | 100 000 Soll/ Konto Offene Rücklagen /Haben 10 000
Sanierungsschlußbilanz	Aktiva / Passiva Anlagevermögen 100 000 | Grundkapital 300 000 Umlaufvermögen 200 000 300 000 | 300 000	Aktiva / Passiva Anlagevermögen 100 000 | Grundkapital 250 000 Umlaufvermögen 200 000 | Offene Rücklagen 50 000 300 000 | 300 000	Aktiva / Passiva Anlagevermögen 100 000 | Grundkapital 400 000 Umlaufvermögen 310 000 | Offene Rücklagen 10 000 410 000 | 410 000

Unternehmensumwandlung

Unternehmensumwandlung bedeutet die Änderung der Rechtsform eines ↑Unternehmens (S. 60). Motive hierfür sind erhebliche Veränderungen der personellen, rechtlichen und wirtschaftlichen Gegebenheiten, die für die ursprüngliche ↑Wahl der Rechtsform des Unternehmens (S. 102) maßgeblich waren. Die Anzahl der Umwandlungen nimmt bei jeder durchgreifenden Änderung gesellschafts- oder steuerrechtlicher Vorschriften sprunghaft zu. Die finanzielle Sphäre des Unternehmens wird bei einer Umwandlung insofern berührt, als Eigenkapitalgeber ein- oder austreten (Fall der Außenfinanzierung, ↑Kapitalbeschaffung S. 206) oder Umschichtungen innerhalb des Eigenkapitals durch Bildung oder Auflösung offener und stiller ↑Rücklagen (S. 96) stattfinden (Fall der Umfinanzierung).

Als rechtlich problemlos stellen sich die Umwandlung einer OHG in eine ↑KG (S. 104) und umgekehrt dar. Hierbei behält die Personengesellschaft ihre rechtliche Identität, da die Besonderheit der KG gegenüber der OHG nur in der beschränkten Haftung der Kommanditisten besteht; es ist keine Vermögensübertragung erforderlich (formwechselnde Umwandlung). Scheiden aus einer Personengesellschaft alle Gesellschafter bis auf einen aus, so kann dieser in bestimmten Fällen, oder wenn dies vereinbart ist, das Unternehmen als Einzelfirma fortführen. Das Unternehmen geht dabei als ganzes mit allen Aktiven und Passiven auf den verbliebenen Gesellschafter über (Gesamtrechtsnachfolge), eine gesonderte Übertragung aller einzelnen Vermögensgegenstände, also etwa Abtretung von Forderungen, Übernahme von Verbindlichkeiten, Auflassung von Grundstücken durch Erklärung gegenüber dem Grundbuchamt, ist nicht erforderlich (übertragende Umwandlung). Im umgekehrten Fall jedoch, wenn also ein Einzelunternehmen in eine Personengesellschaft umgewandelt werden soll, kann keine Gesamtrechtsnachfolge stattfinden, da hier eine Gesellschaft neu errichtet wird; dieser Vorgang kann als Sonderfall einer ↑Unternehmensgründung (S. 226) aufgefaßt werden (Umgründung) und stellt keine Umwandlung im rechtlichen Sinne dar.

Umwandlungen einer Kapitalgesellschaft in eine andere (↑GmbH S. 106, KGaA und ↑AG S. 108) werden wie Umwandlungen von Personengesellschaften untereinander nur als formwechselnde Umwandlungen behandelt, da die Gesellschaft ihre Identität als juristische Person beibehält. Die Umwandlung erfordert nur eine Satzungsänderung, die mit 3/4-Mehrheit des haftenden Kapitals zu beschließen ist. Weitere mögliche Umwandlungen einer Personengesellschaft in eine Kapitalgesellschaft oder umgekehrt sind durch Beschluß der Gesellschafter bzw. der Hauptversammlung als übertragende Umwandlung mit Gesamtrechtsnachfolge möglich (vereinfachte Umwandlung nach den Umwandlungsgesetz; ohne diese Vorschriften müßte eine ↑Liquidation [S. 236] stattfinden). Dies gilt auch für die Umwandlung einer AG in ein Einzelunternehmen. Für die übertragende Umwandlung einer Kapitalgesellschaft ist in allen Fällen Voraussetzung, daß an der neuen Gesellschaft alle bisherigen Anteilseigner beteiligt werden oder mindestens 90 % des Haftungskapitals zustimmen. Ist dabei der übernehmende Anteilseigner der Kapitalgesellschaft ein schon bestehendes Personenunternehmen, so stellt dieser Vorgang zwar rechtlich eine (sog. verschmelzende) Umwandlung, wirtschaftlich jedoch eine ↑Fusion (S. 234) dar. Schließlich läßt das Umwandlungsgesetz eine übertragende Umwandlung mit Gesamtrechtsnachfolge sogar für die Umwandlung eines Einzelunternehmens in eine AG (Einmann-AG) oder in eine GmbH zu.

Bei jeder Umwandlung ist auf den Umwandlungsstichtag eine Bilanz zu erstellen (↑Buchführungsvorschriften S. 86, ↑Bilanz S. 88). Belastungen von Buchgewinnen durch ↑Einkommensteuer (S. 286 bzw. ↑Körperschaftsteuer (S. 288) infolge der Auflösung stiller ↑Rücklagen (S. 96) und der Vereinigung von Forderungen und Verbindlichkeiten bei der übertragenden Umwandlung werden durch das Umwandlungssteuergesetz beseitigt bzw. gemildert.

C. Böttcher u. a.: Wechsel der Unternehmensform. 4. Aufl. Stuttg. 1982. – S. Widmann/R. Mayer: Umwandlungsrecht. Bonn. Losebl.

Unternehmensumwandlung

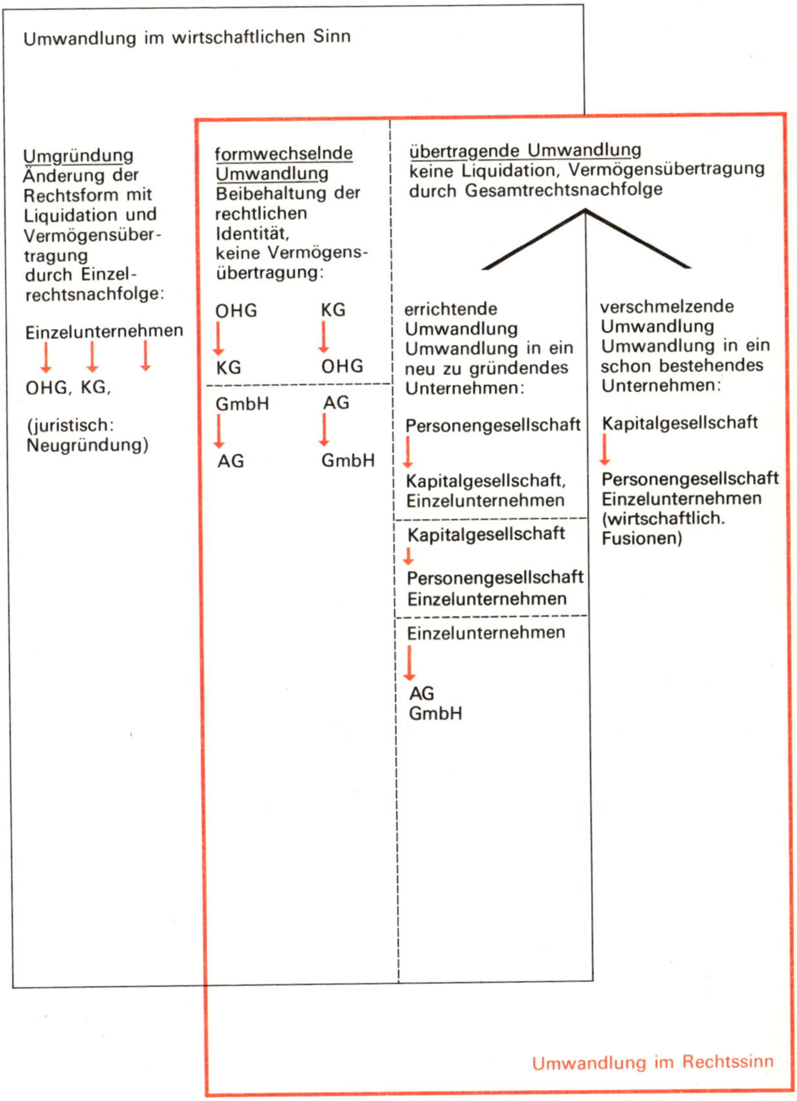

Fusion

Durch die Fusion werden zwei oder mehrere Unternehmen wirtschaftlich und rechtlich miteinander verschmolzen. Während beim ↑Konzern (S. 110) Unternehmen zwar wirtschaftlich und auch rechtlich durch Beteiligungen miteinander verbunden sind, nach außen jedoch noch als selbständige Rechtssubjekte mit eigener ↑Firma (S. 136) auftreten, entsteht durch die Fusion nicht nur intern, sondern auch nach außen hin ein einheitliches Rechtsgebilde.

Die wirtschaftlichen Motive für Fusionen sind im Grunde die gleichen wie bei der Konzernbildung. Vertikale Fusionen, d.h. Zusammenschlüsse von Unternehmen aufeinanderfolgender Produktions- und Handelsstufen, beabsichtigen häufig Kosteneinsparungen sowie Sicherstellung des Absatzes und der Beschaffung untereinander. Horizontale Fusionen vereinigen Unternehmen der gleichen Branche und Produktionsstufe zur Erringung wirtschaftlicher Machtstellungen (↑Marktmacht S. 188) gegenüber Dritten sowie zur Rationalisierung und Vereinheitlichung des Produktionsprogramms. Fusionen von Unternehmen verschiedener Branchen (Konglomerate) dienen der Verteilung und dem Ausgleich der Risiken verschiedener Beschaffungs- und Absatzmärkte. Mißbräuchen und zu starken wirtschaftlichen Machtstellungen soll die ↑Fusionskontrolle (S. 422) vorbeugen. Fusionen werden meist von langer Hand vorbereitet, entweder von allen Beteiligten durch Absprachen (↑Kartelle S. 418), gegenseitige Beteiligungen und Zusammenarbeits- und Beherrschungsverträge (Konzernbildung) oder von nur einem Unternehmen durch sukzessiven Aufkauf von – häufig mittelbaren – Beteiligungen an einem anderen Unternehmen, das später übernommen werden soll.

Zwei Unternehmen können durch Aufnahme des einen in das andere, schon bestehende Unternehmen oder durch Übertragung des Vermögens der fusionierenden Unternehmen auf ein neugebildetes Unternehmen (Sonderfall der ↑Unternehmensgründung S. 226) verschmolzen werden. Die Übertragung des Vermögens erfolgt in beiden Fällen grundsätzlich im Wege der Einzelrechtsnachfolge, d. h., es müssen Forderungen abgetreten, Verbindlichkeiten übernommen, Grundstücke durch Auflassungserklärung gegenüber dem Grundbuchamt und überhaupt alle Vermögensgegenstände, rechtlich betrachtet, einzeln übereignet werden. In bestimmten Fällen kann das Vermögen der Einfachheit halber jedoch als Ganzes im Wege der Gesamtrechtsnachfolge übertragen werden: Das Aktiengesetz gestattet dies für Fusionen von KG auf Aktien und ↑AG (S. 108) sowie von ↑GmbH (S. 106), wenn sie von einer AG oder KGaA übernommen werden; das Umwandlungsgesetz bietet diese Möglichkeit auch bei der Übernahme einer Kapitalgesellschaft durch ein Personenunternehmen, das an der Kapitalgesellschaft schon beteiligt ist (verschmelzende ↑Unternehmensumwandlung S. 232). Die Fusion nach dem Aktiengesetz (Fusion im technischen Sinne) bedarf eines Verschmelzungsvertrages, der von der Gesellschafter- bzw. von der Hauptversammlung jeder beteiligten Gesellschaft mit 3/4-Mehrheit des haftenden Kapitals gebilligt werden muß. Die Anteilseigner der untergehenden Gesellschaft werden i. d. R. durch Anteile der übernehmenden Gesellschaft entschädigt; erfolgt die Fusion durch Aufnahme, so muß die übernehmende AG hierzu meist eine bedingte ↑Kapitalerhöhung (S. 228) durchführen. Eine Ermittlung des Wertes der untergehenden und der aufnehmenden Unternehmen ist zur Berechnung der Entschädigung erforderlich.

Steuerliche Belastungen von Buchgewinnen, die durch Aufdeckung stiller ↑Rücklagen (S. 96) sowie durch Vereinigung von Forderungen und Verbindlichkeiten aus Anlaß der Fusion nach dem Aktiengesetz entstehen, werden durch das Umwandlungssteuergesetz beseitigt bzw. gemildert. Soweit jedoch Gesellschaftsrechte gegen Kapitalzuführung (hier: Einbringung des untergehenden Unternehmens) erworben werden, fällt Gesellschaftssteuer an (↑Vermögensverkehrsteuern S.302).

S. Widmann/R. Mayer: Umwandlungsrecht. Bonn. Losebl. – A. Hueck: Gesellschaftsrecht. 18. Aufl. München 1983.

Beziehungen bei der Fusion von Aktiengesellschaften durch Neugründung

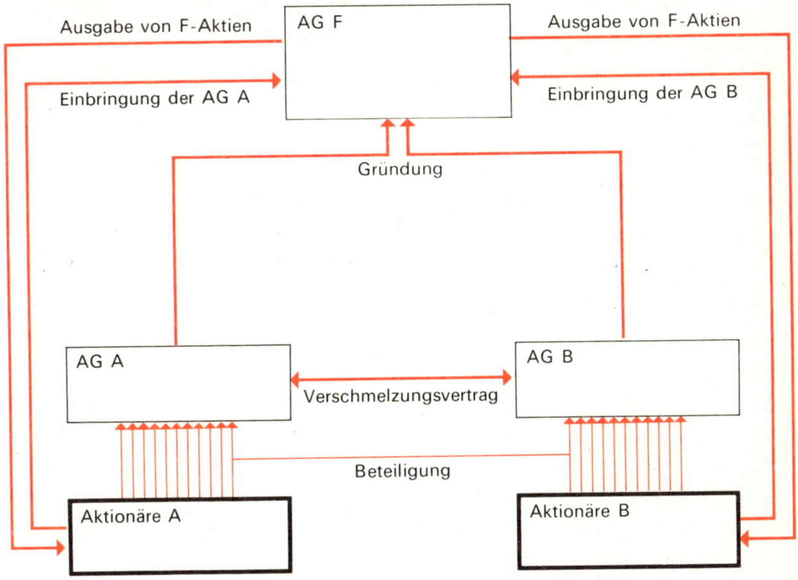

Beziehungen bei der Fusion von Aktiengesellschaften durch Aufnahme

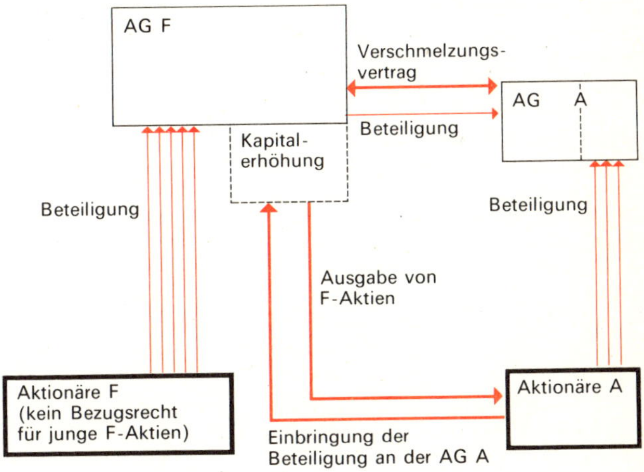

Beendigung und Liquidation von Unternehmen

Die Beendigung eines ↑Unternehmens (S. 60) vollzieht sich regelmäßig nicht in einem bestimmten Zeitpunkt, sondern erstreckt sich über einen mehr oder weniger ausgedehnten Zeitraum, dessen Beginn Auflösung und dessen Ende Vollbeendigung genannt werden. Innerhalb des genannten Zeitabschnitts findet die Liquidation, d. h. die Abwicklung des Unternehmens, statt.

Die Auflösungsgründe sind von der Rechtsform des Unternehmens abhängig. Man unterscheidet zwingende und freiwillige Auflösungsgründe. Für Einzelkaufleute sind dies zum Beispiel die Unternehmensaufgabe (freiwillig) und die Eröffnung des Konkursverfahrens (↑Konkurs S. 238) auf Betreiben der Gläubiger (zwingend). Die wichtigsten Auflösungsgründe der Handelsgesellschaften (↑OHG und KG S. 104) mit Ausnahme der ↑GmbH (S. 106) sind: Zeitablauf bei vertraglich befristeter Gesellschaft, Gesellschafterbeschluß, Gesellschafts- oder Gesellschafterkonkurs, Tod eines Gesellschafters, Kündigung, Auflösungsklage. Die wichtigsten Gründe einer zwangsweisen Auflösung der Kapitalgesellschaften (↑AG S. 108, KG auf Aktien [↑Mischformen von Gesellschaften S. 112] und der ihnen rechtlich verwandten GmbH) lauten: Beschluß der Hauptversammlung (3/4-Mehrheit), Konkurs, Gerichtsverfügung bei Gründungsmängeln oder Gemeinwohlgefährdung, behördliches Verbot. Eine Besonderheit bei der GmbH bildet die Auflösungsklage aus wichtigem Grund (z. B. dauernde Ertragslosigkeit).

Die erfolgte Auflösung bedeutet ein sofortiges Ende des Unternehmens nur bei den Unternehmen der Einzelkaufleute, weil sich das gesamte Betriebsvermögen in Privatvermögen verwandelt. Eine förmliche Liquidation ist daher weder möglich noch erforderlich. Die übrigen Unternehmen bleiben als Abwicklungsgesellschaften in unveränderter Rechtsform, jedoch mit anderem Unternehmenszweck bestehen. Dieser liegt nicht mehr darin, werbend am Wirtschaftsleben teilzunehmen, sondern in der Abwicklung des Unternehmens, was äußerlich durch die zusätzliche Bezeichnung „i. L." (in Liquidation) erkennbar ist. Bei AG und GmbH ist die Auflösung auch in das Handelsregister einzutragen. Der Liquidation liegt eine von der jeweiligen Gesellschaftsform abhängige Zielsetzung zugrunde. Bei Personengesellschaften (ohne GmbH) besteht der Zweck der Liquidation in der Verteilung des Gesellschaftsvermögens unter den Gesellschaftern. Gläubigerinteressen werden dadurch nicht berührt, da ihnen die Gesellschafter nach wie vor persönlich haften. Eine Liquidation ist daher nicht zwingend vorgeschrieben. Sie kann vertraglich ausgeschlossen oder durch eine andere Form der Auseinandersetzung ersetzt werden. Bei AG, KG auf Aktien und GmbH ist die Abwicklung zum Schutz der Gläubiger zwingend vorgeschrieben. Da die einzelnen Gesellschafter nicht persönlich haften, wären ohne geregeltes Liquidationsverfahren die Ansprüche der Gläubiger gefährdet.

Die Abwicklung obliegt den Vorstandsmitgliedern der AG (persönlich haftende Gesellschafter der KG auf Aktien, Geschäftsführer der GmbH) als geborene Liquidatoren. Die Bestimmung anderer Personen (gekorene Liquidatoren) oder deren gerichtliche Einsetzung (befohlene Liquidatoren) erfolgt nur in Ausnahmefällen. Sämtliche Liquidatoren sind zum Handelsregister anzumelden. Nach Erstellung einer Abwicklungseröffnungsbilanz (↑Bilanz S. 88) werden die Gläubiger durch dreimalige öffentliche Bekanntmachung zur Anmeldung ihrer Ansprüche aufgefordert. Nach Beendigung der laufenden Geschäfte, Befriedigung der Gläubiger und Ablauf eines Sperrjahres nach dem letzten Gläubigeraufruf wird das Restvermögen an die Gesellschafter verteilt. Die Abwicklungsschlußbilanz ist am Ende der Abwicklung, die einige Jahre dauern kann, zu erstellen. Steuerlich wird der Abwicklungszeitraum wie ein Veranlagungszeitraum (Kalenderjahr) behandelt.

E. Klunzinger: Grundzüge des Gesellschaftsrechts. 2. Aufl. München 1981.

Liquidation von Kapitalgesellschaften

werbende
GmbH; AG

§ 60 ff. GmbHG; § 262 AktG	Auflösung der Gesellschaft, Anmeldung der Auflösung zur Eintragung in des Handelsregister
§ 66 GmbHG; § 67 GmbHG; §§ 265, 266 AktG	Bestellung der Geschäftsführer* bzw. Vorstandsmitglieder* zu Liquidatoren, Anmeldung der Liquidation zur Eintragung in das Handelsregister
§ 65 Abs. 2 GmbHG § 267 AktG	dreimaliger Gläubigeraufruf in den Gesellschaftsblättern durch die Liquidatoren
§ 71 GmbHG § 270 AktG	Erstellung der Liquidations-Eröffnungsbilanz
§ 70 GmbHG § 268 AktG	Beendigung der laufenden Geschäfte durch Einziehung von Forderungen und Berichtigung der Verbindlichkeiten
§ 70 GmbHG § 268 AktG	Versilberung (Verkauf) des Restvermögens
§§ 73, 72 GmbHG §§ 272, 271 AktG	Abwarten eines Sperrjahres seit dem letzten Gläubigeraufruf mit anschließender Verteilung des verbleibenden Vermögens an die Gesellschafter
§ 71 GmbHG § 273 AktG	Erstellung der Liquidations-Schlußbilanz
§ 273 Abs. 1 AktG	Anmeldung des Endes der Liquidation zur Eintragung in das Handelsregister
§ 74 GmbHG § 273 Abs. 2 AktG	Aufbewahrung der Bücher und Schriften der Gesellschafter auf die Dauer von zehn Jahren durch Gesellschafter bzw. an gerichtl. bestimmtem Ort

*) Abweichungen mögl. bei Regelung in Gesellschaftsvertrag bzw. Satzung oder durch Gesellschafterbeschluß bzw. Beschluß der Hauptversammlung oder bei gerichtl. Antrag des Aufsichtsrates oder einer Aktionärsgruppe

Vergleich – Konkurs – Zwangsvollstreckung

Das gerichtliche Vergleichsverfahren dient der Erhaltung der Liquidität des in Zahlungsschwierigkeiten geratenen Schuldners. Es stellt eine der möglichen Sanierungsarten dar und dient i. d. R. auch den Gläubigerinteressen. Rechtlich sind das Vergleichsverfahren nach der Vergleichsordnung und das Zwangsvergleichsverfahren nach der Konkursordnung zu unterscheiden.

Der Vergleich bezweckt die Rettung der wirtschaftlichen Existenz des Schuldners. Dies wird dadurch ermöglicht, daß die Gläubiger mehrheitlich auf die jedenfalls sofortige Geltendmachung eines Teils ihrer Forderungen verzichten. Den Eröffnungsantrag stellt der Schuldner beim zuständigen Amtsgericht seiner Hauptniederlassung, verbunden mit einem überprüfungsfähigen Vergleichsvorschlag. Das Vergleichsgericht prüft die gesetzlichen Voraussetzungen der Verfahrenseröffnung, u. a. die Abdeckung einer Mindestquote von 35% der Gläubigerforderungen und Sicherstellung der Erfüllung des Vergleichsvorschlags innerhalb eines Jahres, sowie die Sanierungsfähigkeit des Betriebs. Bei Annahme des Verfahrens wird ein vorläufiger Vergleichsverwalter bestimmt und der Eingang des Antrags mit dem Namen des Verwalters veröffentlicht. Es folgt der gerichtliche Eröffnungsbeschluß mit der Bestimmung des endgültigen Vergleichsverwalters, Vergleichstermin sowie Aufforderung zur Anmeldung der Ansprüche. Sind bei der Abstimmung im Termin drei Viertel der Forderungen vertreten, so entscheidet die Stimmenmehrheit über die Annahme des Vergleichs. Diese wird gerichtlich bestätigt. Wie im Konkursverfahren erhalten die Gläubiger einen vollstreckbaren Auszug aus der Tabelle. Wird der Vergleich notleidend oder vom Gericht abgelehnt, so ist über das Anschlußkonkursverfahren zu entscheiden.

Das Konkursverfahren soll grundsätzlich dazu dienen, alle Gläubiger zwar nur teilweise, jedoch gleichmäßig aus dem gesamten zu liquidierenden Vermögen des Schuldners zu befriedigen. Tatsächlich ist dieses Prinzip durch Sonderbestimmungen, insbesondere zu Gunsten von Pfandrechtsinhabern, Vorbehalts- oder Sicherungseigentümern stark eingeschränkt. Unter den Konkursgläubigern besteht ferner eine detaillierte Rangordnung. Gesetzliche Grundlage des Verfahrens ist die Konkursordnung vom 10.2.1877. Das Verfahren wird durch den Konkursantrag eines Konkursgläubigers oder des Schuldners eingeleitet. Zuständig ist das Amtsgericht der Hauptniederlassung des Schuldners. Es hat zu prüfen, ob der Schuldner zahlungsunfähig ist und die Kosten des Verfahrens gedeckt sind. Unter diesen Voraussetzungen wird das Verfahren eröffnet und der vorläufige Konkursverwalter sowie u. U. der vorläufige Gläubigerausschuß eingesetzt. Der Eröffnungsbeschluß enthält auch den Prüfungstermin für die zur Konkurstabelle anzumeldenden Forderungen, wozu die Gläubigerversammlung einberufen wird. Diese bestimmt endgültig über Konkursverwalter und Gläubigerausschuß. Reicht das Schuldnervermögen für die Verfahrenskosten nicht aus, so weist das Gericht den Eröffnungsantrag zurück. Durch den Eröffnungsbeschluß verliert der Gemeinschuldner die Verfügungsbefugnis über sein Vermögen. Eine Sachverständigenkommission berät z. Z. die Modernisierung des Insolvenzrechts.

Die Einzelzwangsvollstreckung erfordert einen gerichtlichen oder notariellen Titel mit Vollstreckungsklausel sowie Zustellung desselben. Vollstreckungsobjekt ist das gesamte Vermögen des Schuldners. Vollstreckungsorgane sind der Gerichtsvollzieher und das Vollstreckungsgericht. Ersterer wird im Rahmen der Mobiliarzwangsvollstreckung tätig. Forderungen werden durch gerichtlichen Pfändungs- und Überweisungsbeschluß verwertet. Die Vollstreckung in das unbewegliche Vermögen (z. B. Grundstücke) erfolgt durch Zwangsversteigerung, Zwangsverwaltung oder Bestellung einer Zwangshypothek.

F. Baur: Konkurs- und Vergleichsrecht. 2. Aufl. Heidelb. 1983. – K. Haegele/H. Hess: Konkurs, Vergleich, Gläubigeranfechtung. 4. Aufl. Herne 1983. – P. Eidenschink: Leitfaden durch das Zwangsvollstreckungs-, Konkurs- u. Vergleichsrecht. 4. Aufl. Stuttg. 1982.

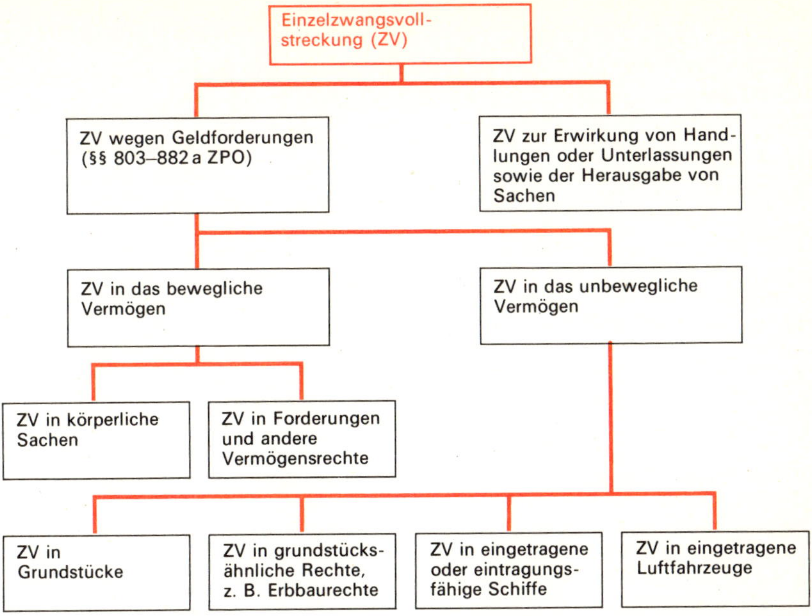

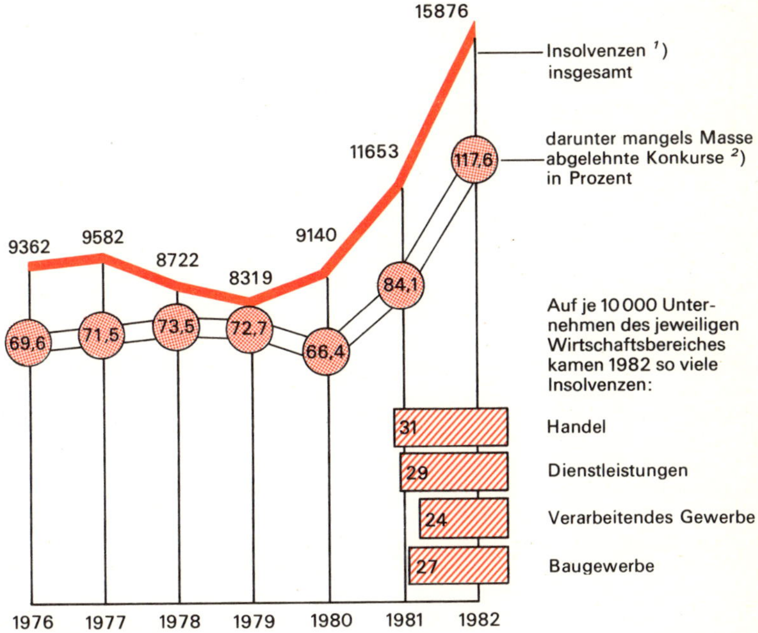

[1]) Ohne Anschlußkonkurse;
[2]) d. h. die Konkursmasse deckt nicht die voraussichtlichen Verfahrenskosten

Banken – Bankgeschäfte

Banken (Kreditinstitute) sind gemäß § 1 des Gesetzes über das Kreditwesen (KWG) in der Fassung vom 3. Mai 1976 Unternehmen, die Bankgeschäfte betreiben, wenn der Umfang dieser Geschäfte einen in kaufmännischer Weise eingerichteten Geschäftsbetrieb erfordert. Das deutsche Bankwesen ist durch das sog. Universalbanksystem gekennzeichnet, d.h., Banken können alle Arten von Bankgeschäften mit Ausnahme des Notenemissions- und Hypothekengeschäftes durchführen.

Nach § 1 KWG sind Bankgeschäfte 1) die Annahme fremder Gelder als Einlagen ohne Rücksicht darauf, ob Zinsen vergütet werden (Einlagengeschäft); 2) die Gewährung von Gelddarlehen und Akzeptkrediten (Kreditgeschäft); 3) der Ankauf von Wechseln und Schecks (Diskontgeschäft); 4) die Anschaffung und die Veräußerung von Wertpapieren für andere (Effektengeschäft); 5) die Verwahrung und die Verwaltung von Wertpapieren für andere (Depotgeschäft); 6) die in § 1 des Gesetzes über Kapitalanlagegesellschaften bezeichneten Geschäfte (Investmentgeschäft); 7) die Eingehung der Verpflichtung, Darlehensforderungen vor Fälligkeit zu erwerben; 8) die Übernahme von Bürgschaften, Garantien und sonstigen Gewährleistungen für andere (Garantiegeschäft); 9) die Durchführung des bargeldlosen Zahlungsverkehrs (↑ Wechsel-Scheck-Überweisungsverkehr S. 258) und des Abrechnungsverkehrs (Girogeschäft).

Innerhalb des Kreditgeschäfts unterscheidet man zwischen Aktivgeschäften, bei denen die Bank Kreditgeber ist, und Passivgeschäften, bei denen die Bank Kreditnehmer ist. Zum Girogeschäft zählen auch das Inkasso von Schecks und Wechseln, das Dokumentengeschäft sowie der Handel mit Sorten und Devisen. Das Dienstleistungsgeschäft der Banken umfaßt ferner die Beratung ihrer Kunden sowie Treuhänderaufgaben.

Die verschiedenen Bankgeschäfte zusammenfassend, werden von den Banken im wesentlichen drei Funktionen wahrgenommen: 1) Sie wickeln den Zahlungsverkehr ihrer Kunden ab (Girogeschäft) und vereinfachen dadurch deren Forderungs- und Verbindlichkeitsbeziehungen; 2) sie bieten eine Vielfalt von Finanzierungsmöglichkeiten an (Diskont-, Kredit- und Investmentgeschäft) und sind damit wesentlich an der Geldversorgung anderer Unternehmen sowie der privaten und öffentlichen Haushalte beteiligt; 3) sie eröffnen Geldanlagemöglichkeiten durch Vermittlung von Beteiligungen an und Forderungen gegen andere Unternehmen und die Gebietskörperschaften (Effektengeschäft) sowie durch das Eingehen eigener Verbindlichkeiten mit der Ausgabe von Schuldverschreibungen und der Annahme von Depositen unterschiedlicher Fristigkeit.

Die Geschäftspolitik der Banken wird von der Bundesbank maßgeblich beeinflußt. Zum Schutz ihrer Gläubiger unterliegen Banken der staatlichen Aufsicht (↑ Bankenaufsicht S. 244). Daneben bestehen Einrichtungen der Kreditwirtschaft zur Liquiditäts- und Einlagensicherung.

Folgende Bankengruppen sind zu unterscheiden (die beigefügten Zahlen geben die Anzahl der jeweiligen Institute am Jahresende 1983 wieder): 1) Kreditbanken (243), darunter Großbanken (6), Regionalbanken und sonstige Kreditbanken (100), Zweigstellen ausländischer Banken (58), Privatbanken (79); 2) Girozentralen (12); 3) Sparkassen (592); 4) Zentralkassen (9); Kreditgenossenschaften (3754); 6) Realkreditinstitute (37), darunter private Hypothekenbanken (25), öffentlich-rechtliche Grundkreditanstalten (12); 7) Teilzahlungskreditinstitute (87); 8) Kreditinstitute mit Sonderaufgaben (16); 9) Bausparkassen (21), darunter private Bausparkassen (18), öffentliche Bausparkassen (3); 10) Kapitalanlagegesellschaften (35); 11) Wertpapiersammelbanken (8); 12) Bürgschaftsbanken u.a. Kreditinstitute (34).

K. F. Hagenmüller: Der Bankbetrieb. 4. Aufl. Wiesb. 1978. – M. Falter: Die Praxis des Kreditgeschäfts. 10. Aufl. Stuttg. 1980.

Die größten Kreditinstitute in der Bundesrepublik Deutschland

Rang	Kreditinstitut	Bilanzsumme 1982 Mill. DM	EA = Einzelabschluß KA = Konzernabschluß	Mitarbeiter
1	Deutsche Bank AG, Frankfurt	199.175	KA	40.325
2	Dresdner Bank AG, Frankfurt	137.451	KA	26.615
3	Westdeutsche Landesbank Girozentrale, Düsseldorf – Münster	132.953	KA	6.905
4	Commerzbank AG, Düsseldorf Frankfurt – Hamburg	108.234	KA	19.738
5	Bayerische Vereinsbank AG, München	105.548	KA	11.388
6	Bayerische Landesbank Girozentrale, München	95.936	EA	4.016
7	Bayerische Hypotheken- und Wechsel-Bank AG, München	92.073	KA	10.549
8	DG Bank Deutsche Genossenschaftsbank, Frankfurt	69.611	KA	1.297
9	Kreditanstalt für Wiederaufbau, Frankfurt	66.618	EA	757
10	Hessische Landesbank Girozentrale, Frankfurt	64.647	KA	2.879
11	Norddeutsche Landesbank Girozentrale, Hannover – Braunschweig	59.453	KA	4.595
12	Bank für Gemeinwirtschaft AG, Frankfurt	56.453	KA	7.568
13	Deutsche Pfandbriefanstalt, Wiesbaden – Berlin	51.560	KA	653
14	Landesbank Rheinland-Pfalz Girozentrale, Mainz	36.484	KA	1.401
15	Wohnungsbauförderungsanstalt des Landes NRW, Düsseldorf	28.804	EA	179
16	Deutsche Girozentrale – Deutsche Kommunalbank, Frankfurt	27.851	EA	302
17	Deutsche Siedlungs- und Landesrentenbank, Bonn – Berlin	27.718	EA	522
18	Landeskreditbank Baden-Württemberg, Karlsruhe	27.259	EA	865
19	Hamburgische Landesbank, Hamburg	25.427	EA	1.199
20	Landesbank Schleswig-Holstein Girozentrale, Kiel	25.050	EA	1.452
21	Württembergische Kommunale Landesbank Girozentrale, Stuttgart	24.977	EA	1.011
22	Deutsche Genossenschafts-Hypothekenbank AG, Hamburg – Berlin	24.597	EA	461
23	Rheinische Hypothekenbank AG, Frankfurt	24.118	EA	351
24	Frankfurter Hypothekenbank AG, Frankfurt	23.976	EA	364
25	Badische Kommunale Landesbank Girozentrale, Mannheim	22.680	EA	996
26	Deutsche Centralbodenkredit AG, Berlin – Köln	22.338	EA	387
27	Landwirtschaftliche Rentenbank, Frankfurt	21.200	EA	177
28	Berliner Handels- und Frankfurter Bank (BHF-Bank), Frankfurt	21.106	KA	1.911
29	Berliner Bank AG, Berlin	20.244	KA	3.204
30	Bremer Landesbank/Staatliche Kreditanstalt Oldenburg – Bremen, Bremen	19.523	–	1.310
31	Hamburger Sparkasse, Hamburg	19.237	EA	5.547
32	Westdeutsche Genossenschafts-Zentralbank eG, Düsseldorf	18.985	EA	1.035
33	Westfalenbank AG, Bochum – Düsseldorf	17.859	KA	509
34	Bayerische Handelsbank AG, München	15.388	EA	206
35	Südwestdeutsche Genossenschafts-Zentralbank AG, Frankfurt – Karlsruhe	15.175	EA	691
36	Wohnungsbau-Kreditanstalt Berlin, Berlin	14.844	EA	348
37	Norddeutsche Genossenschaftsbank AG, Hannover	14.684	KA	1.005
38	Industriekreditbank AG – Deutsche Industriebank, Düsseldorf – Berlin	13.989	KA	576
39	Bayerische Raiffeisen-Zentralbank AG, München	13.701	KA	1.761
40	Deutsche Hypothekenbank Frankfurt – Bremen AG, Bremen	13.692	EA	241

Sparkassen – Landesbanken – Giroverbände – Bausparkassen

Aufgabe der kommunalen Sparkassen ist die Förderung des Sparens und des bargeldlosen Zahlungsverkehrs sowie die Deckung des örtlichen Kreditbedarfs unter besonderer Berücksichtigung der wirtschaftlich Schwächeren und des Mittelstandes. ↑Unternehmensziel (S. 62) der Sparkassen ist nicht Gewinnmaximierung, sondern angemessene Rücklagenbildung, im übrigen Kostendeckung, da sie der Gemeinnützigkeit verpflichtet sind; demgemäß unterliegen sie einer ermäßigten ↑Körperschaftssteuer (S. 288).

Ihre heutige Rechtsstellung erhielten die Sparkassen im wesentlichen durch eine Notverordnung von 1931, durch die sie zu rechtsfähigen Anstalten des öffentlichen Rechts umgewandelt und ihre Bezeichnung geschützt wurden.

Zum Schutz der Sparer und zur Gewährleistung der Mündelsicherheit der Spareinlagen gelten für die Sparkassen neben dem Kreditwesengesetz (↑Bankenaufsicht S. 244) eine Reihe von Sonderbestimmungen. Als Anstalten des öffentlichen Rechts haben die Sparkassen in den meisten Bundesländern einen Vorstand, der die laufenden Geschäfte führt, und einen Verwaltungsrat als Kontrollorgan, dessen Vorsitzender regelmäßig der Spitzenbeamte der kommunalen Gebietskörperschaft (Gemeinde, Landkreis, Zweckverband) ist, die als Gewährträger für alle Verbindlichkeiten der ihr zugehörigen Sparkasse unbeschränkt haftet. Die Vergabe von Krediten durch die Sparkassen ist nach den landesrechtlichen Sparkassengesetzen und -ordnungen der Höhe nach beschränkt und von verschiedenen Voraussetzungen abhängig. Über die Einhaltung dieser Vorschriften wachen die Bezirksregierungen und die jeweils zuständigen Fachminister (Wirtschafts-, Finanz- oder Innenminister) als Rechtsaufsichtsbehörden. Der Jahresabschluß unterliegt einer Pflichtprüfung (↑Geschäftsbericht und Wirtschaftsprüfung S. 100) durch den regionalen Sparkassen- und Giroverband. Dieser stellt die Landes- oder Regionalvereinigung der Sparkassen und – teils – ihrer Gewährträger dar; seine Aufgabe ist die Förderung des Sparkassenwesens.

Bausparkassen sind besondere Kreditinstitute, deren Hauptgeschäftstätigkeit darin besteht, einen Fonds zu unterhalten, in dem ihre Kunden Sparguthaben ansammeln und aus dem dieselben Kunden nach Eintritt der Zuteilungsreife ein Darlehen, insbesondere für die Errichtung, Beschaffung, Erhaltung und Verbesserung von Wohnraum sowie für den Erwerb von Bauland, erhalten.

Gegenüber anderen Formen der Kapitalansammlung zu wohnungswirtschaftlichen Zwecken weist das Bausparen verschiedene Vorteile auf. Zwar sind die Sparzinsen mit 2,5–3% p.a. geringer als bei einem normalen Sparkonto, dafür betragen die Darlehenszinsen nur 4–5% p. a. Der Bausparer erhält das Baudarlehen auf Antrag dann, wenn er eine bestimmte Punktzahl erreicht hat, die aus der Ansparsumme und der Ansparzeit ermittelt wird. Außerdem müssen beim Regelspartarif mit monatlichen Pflichtbeiträgen mindestens 20%, beim Tarif mit einer Grundspareinlage und beliebigen Sparbeiträgen mindestens 50% der Vertragssumme angesammelt sein. Die je nach Sparerleistungen und Fondsvermögen der Bausparkasse heute ein- bis etwa zehnjährige Wartezeit kann aber durch einen Zwischenkredit verkürzt werden. Die Darlehenssumme ist schon innerhalb von sieben bis zwölf Jahren zurückzuzahlen, um neue Darlehen zuteilen zu können. Der wesentliche Vorteil des Bausparkassendarlehens besteht darin, daß es nur durch ein nachrangiges Grundpfandrecht gesichert werden muß und der erste Rang im Grundbuch dadurch für zusätzliche Hypotheken- oder Grundschuldkredite anderer Kreditinstitute offenbleibt (↑Realkredit S. 214).

Das Bauspargeschäft als einzig zulässige Art des Zwecksparens (↑ Sparformen S. 204) überhaupt darf nur von Bausparkassen betrieben werden.

Hdwb. der Sparkassen. Stuttg. 1982. 4 Bde. – U. Güde: Geschäftspolitik der Sparkassen. 3. Aufl. Stuttg. 1981 – H. Laux: Die Bausparfinanzierung. 5. Aufl. Heidelb. 1983. – W. Lehmann: Abriß der Geschichte des dt. Bausparwesens. Bonn 1983.

Die deutsche Sparkassenorganisation

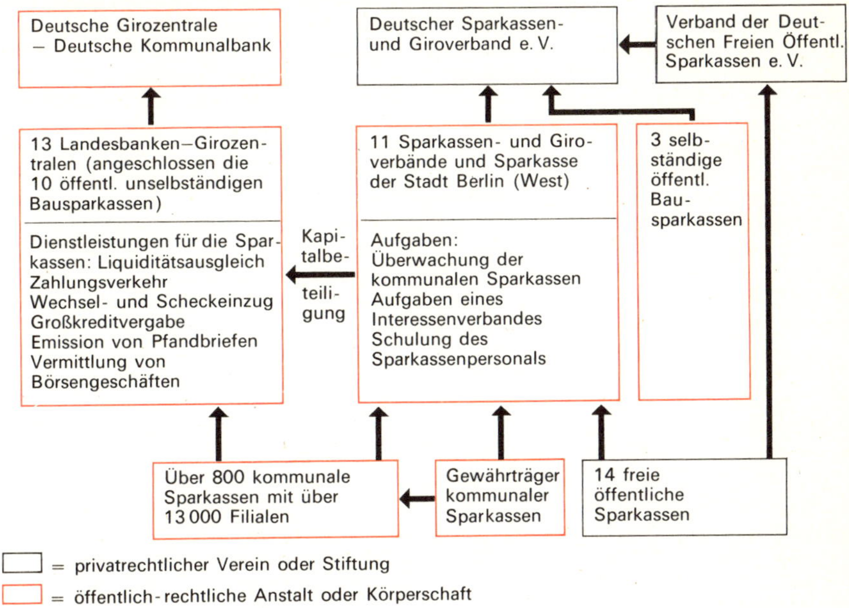

Bausparkassen

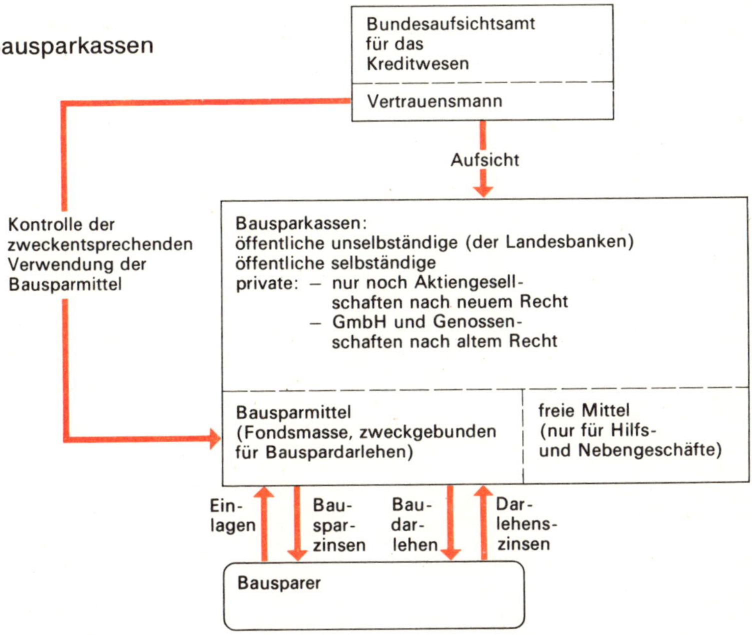

Bankenaufsicht

Die Neufassung von 1961 des Reichsgesetzes für das Kreditwesen vom 5. 12. 1934 (KWG), die am 1. 1. 1962 in Kraft trat (1974 grundlegend geändert), ist das „Grundgesetz" des Kreditgewerbes und bildet die Grundlage für die Bankenaufsicht. Das Recht der Bankenaufsicht als Fachaufsicht mit hoheitlichen Eingriffsrechten umfaßt alle Rechtssätze, die das Kreditwesen nach allgemeinen, volkswirtschaftlichen, rechtlichen und politischen Prinzipien regeln und außerdem dem Schutze der Bankkunden zu dienen bestimmt sind.

Diese Beaufsichtigung der Kreditinstitute wird in der BRD durch das Bundesaufsichtsamt für das Kreditwesen mit Sitz in Berlin ausgeübt. Das Bundesaufsichtsamt ist eine selbständige Bundesoberbehörde im Geschäftsbereich des Bundesministers für Wirtschaft und hat Mißständen im Kreditwesen entgegenzuwirken, die die Sicherheit der den Kreditinstituten anvertrauten Vermögenswerte gefährden, die ordnungsgemäße Durchführung der Bankgeschäfte beeinträchtigen oder erhebliche Nachteile für die Gesamtwirtschaft herbeiführen können. Ziel der Regelung im KWG ist es vor allem, 1) die Gläubiger der Kreditinstitute vor Verlusten zu schützen, 2) die Ordnungs- und Funktionsfähigkeit des Kreditwesens zu gewährleisten. Diese Ziele sollen erreicht werden durch a) Konzessionszwang, d. h., die Errichtung von Kreditinstituten ist nur mit staatlicher Erlaubnis zulässig, b) verbindliche Grundsätze und Richtlinien über das notwendige Eigenkapital, die erforderliche Liquidität, das Kreditgeschäft und den Sparverkehr, c) die Publizitäts- und Prüfungsvorschriften, d. h. Jahresabschlüsse, Monatsausweise, d) die Überwachung der Einhaltung der gesetzlichen Vorschriften des KWG durch das Bundesaufsichtsamt. Die Erfüllung dieser Aufgaben wird dem Bundesaufsichtsamt durch weitreichende Auskunfts-, Prüfungs- und Untersuchungsrechte und durch umfassende Anzeigepflichten der Kreditinstitute ermöglicht. Vertreter der Aufsichtsbehörde können an Sitzungen der Bankengremien teilnehmen und sogar Anträge stellen. Zum Schutze des Eigenkapitals können Verbote im Hinblick auf die Gewinnausschüttung oder die Kreditgewährung erlassen werden, Geschäftsleiter unter Aufsicht gestellt oder ihrer Tätigkeit enthoben werden, während als einschneidendste Maßnahme der Entzug der Konzession möglich ist.

Infolge von teilweise spektakulären Bankenzusammenbrüchen – z. B. Herstattbank 1974 – haben sich die Spitzenverbände des Kreditgewerbes nach Aufforderung durch die Bundesregierung zu einer Einlagensicherung über den bis 1974 abgesicherten Betrag von 20000 DM hinaus entschlossen. Diese Einlagensicherung wird durch die Garantiefonds der einzelnen Spitzenverbände des Kreditgewerbes gewährleistet. Zusätzlich wurde 1974 mit Gründung der Liquiditäts-Konsortialbank in Frankfurt am Main die Liquiditätssicherung auf eine institutionalisierte Basis gestellt. Um Bankenzusammenbrüche noch mehr zu erschweren bzw. deren Folgen für die Einleger zu minimieren, wurden für Großkredite Einschränkungen und Streuungsgebote sowie für die Geschäftsleitungen das „Vieraugenprinzip" vorgeschrieben. Neben erweiterten Meldepflichten wurden die Befugnisse des Bundesaufsichtsamtes ausgedehnt und die Zahl der als Ordnungswidrigkeiten zu ahndenden Tatbestände ausgeweitet. In der zwischenzeitlich von der Bankenstrukturkommission erarbeiteten und im Juni 1984 in erster Lesung behandelten Novellierung des KWG sollen künftig nicht nur die einzelnen Kreditinstitute, sondern die gesamten Bankenkonzerne einschließlich der ausländischen Tochterinstitute in die Bankenaufsicht miteinbezogen werden. Umstritten sind in diesem Zusammenhang noch die Fragen nach der Höhe der Konsolidierungsschwelle, der Einbeziehung der Hypothekenbankenbeteiligungen in die Konsolidierung sowie die Notwendigkeit der Begrenzung von Großkrediten. Zusätzlicher Streitpunkt ist die von verschiedener Seite geforderte Einführung eines Haftungs- bzw. Haftsummenzuschlages.

L. Schork: Gesetz über das Kreditwesen. 12. Aufl. Stuttg. 1982. – F. Reischauer/J. Kleinhans: KreditwesenG. Kommentar. Losebl. Stand: 1984. 2. Aufl. Berlin 1983.

Bankenaufsicht

materielles Aufsichtsrecht	Eingriffsbefugnisse	Zwangsmittel
1. Konzessionssystem Konzession in schriftl. Form	spezielle Befugnisse: Konzessionsentzug Abwicklungsanordnung wirkt wie ein Auflösungsbeschluß Allgemeine Weisungen zur Abwicklung Öffentl. Bekanntmachung des Entzugs	spezielle Mittel: (1) Strafnorm Polizeiliches Einschreiten (2) Schadensersatzpflicht Ordnungswidrigkeit (3) Ordnungswidrigkeit (4) Ordnungswidrigkeit
2. Normativbestimmungen Angemessenes Eigenkapital und ausreichende Liquidität Anzeigepflicht für Großkredite, Millionenkredite, Organkredite Notwendigkeit einstimmiger Beschlußfassung durch die Geschäftsführung	Untersagung der Gewinnausschüttung und der Kreditgewährung; Untersagung der langfristigen Anlegung verfügbarer Mittel in Gebäude, Grundstücke usw.; Nichtigkeit zuwider laufender Beschlüsse allgemeine Befugnisse:	allgemeine Mittel: Ersatzvornahme, Zwangsgeld (50 000 DM), unmittelbarer Zwang, Vollzugshilfe der Polizei
3. Publizitätsbestimmungen Anzeigepflicht bei organisator. Veränderungen (z. B. Bestellung eines Geschäftsleiters, Wechsel der Rechtsform usw.) Monatsausweise, Jahresabschlüsse und Geschäftsberichte sind einzureichen bei der Dt. Bundesbank	Bei Gefahr für die Sicherheit der anvertrauten Vermögenswerte einstweilige Maßnahmen zur Gefahrenabwehr Anweisungen für die Geschäftsführung bezüglich Kreditgewährung und Annahme von Einlagen Tätigkeitsverbot für Geschäftsleiter und Bestellung von Aufsichtspersonen	
4. Nachprüfungen Prüfung der Jahresabschlüsse durch Prüfer, die auch vom BAK nicht abgelehnt worden sind Bestellung durch das Kreditinstitut Kontrolle des Depot- und Effektengeschäfts durch vom BAK bestellte Prüfer einmal pro Jahr	Verlangen nach Auskunft über alle Geschäftsangelegenheiten, nach Vorlage von Büchern und nach Vornahme der Prüfungen Entsendung von redeberechtigten und antragsberechtigten Vertretern in Hauptversammlungen, Gesellschafterversammlungen usw. Verlangen nach Einberufung von Organversammlungen und nach Beschlußfassung derselben Erlaß von Rechtsverordnungen durch Bundesregierung (Schließung von Banken, Verbot des Geschäftsverkehrs, Vollstreckungsverbot zugunsten eines Kreditinstituts)	

Geldschöpfung – Geldvernichtung

↑Geld (S. 44) ist alles, was die Geldfunktionen erfüllt. In modernen Volkswirtschaften ist praktisch alles Geld Kreditgeld; denn es besteht entweder aus Forderungen gegen die ↑Zentralbank (S. 46, Zentralbankgeld) oder gegen Geschäftsbanken (Kreditinstitute). Geld ist insofern ein Geschöpf des Kredits, als die Geldschöpfung, d. h. die Schaffung neuen Geldes, fast ausschließlich auf dem Wege der Kreditgewährung erfolgt.

Der Geldschöpfungsprozeß läßt sich anhand einer sog. konsolidierten Bilanz des Bankensystems verfolgen, d. h. anhand einer Bilanz, in der die Aktiva und Passiva der Zentralbank und aller Geschäftsbanken zusammengefaßt sind. Auf der Aktivseite dieser Bilanz werden alle Forderungen der Banken an inländische Nichtbanken, alle Forderungen des Bankensystems an das Ausland sowie die sonstigen Aktiva wie Bankgebäude, Büroausstattung u. a. ausgewiesen. Diesen Aktiva stehen auf der Passivseite die Verbindlichkeiten und das Eigenkapital der Banken gegenüber. Die Bankverbindlichkeiten setzen sich im wesentlichen aus dem Bargeldumlauf als einer Verbindlichkeit der Zentralbank, den Sichteinlagen (= Guthaben auf Girokonten) inländischer Nichtbanken und den Termin- und Spareinlagen inländischer Nichtbanken zusammen. Die Geldschöpfung beruht nun, bis auf eine Ausnahme, stets auf dem gleichen Geschäftsvorgang: Der Geschäftsbankensektor erwirbt im Rahmen eines Kreditgeschäfts eine Forderung gegen den inländischen Nichtbankensektor (z. B. eine Wechselforderung) oder gegen das Ausland (Gold oder Devisen) durch Zahlung von Bargeld oder durch Einrichtung eines Sichtguthabens. Während die entstandenen Bankforderungen keine Zahlungsmittel darstellen, sind die entstandenen Bar- und Sichtguthaben Teil der ↑Geldmenge (S. 48). Da die Geschäftsbanken für ihre Kredite im allgemeinen Sicherheiten aus dem Vermögen der Schuldner verlangen (z. B. Verpfändung eines Grundstücks), erfolgt die Geldschöpfung letztlich durch Monetisierung von Vermögenswerten, die keine Zahlungsmittel sind. Die einzige Ausnahme, bei der Geld nicht durch Gewährung zusätzlicher Kredite geschaffen wird, ist der Fall, in dem Nichtbanken Termin- und/oder Spareinlagen in Bargeld oder Sichteinlagen umwandeln. In diesem Fall erhöht sich die Geldmenge nur durch eine Veränderung der Zusammensetzung der Passivseite der Bankbilanz, ohne daß eine Kreditgewährung stattgefunden hat.

In einer modernen Volkswirtschaft, in der ständig neue Kredite gewährt werden, wird auch laufend neues Geld geschaffen. Andererseits gibt es aber auch eine ständige Geldvernichtung; denn jede Kreditrückzahlung und jede Einzahlung von Bargeld oder Sichteinlagen auf Spar- und Terminkonten vermindert die Geldmenge. Die Geldmenge einer Volkswirtschaft erhöht sich daher nur, wenn insgesamt mehr neues Geld geschaffen als vernichtet wird. Dies ist immer dann der Fall, wenn zusätzliche Kredite gewährt werden, denen auf der Passivseite der Bilanz des Geschäftsbankensektors nicht eine entsprechende Geldvermögensbildung, d. h. eine entsprechende Erhöhung der Termin- und Spareinlagen, gegenübersteht.

Die Schöpfung von Giralgeld durch Geschäftsbanken ist nur begrenzt möglich, da sie durch gesetzliche Bestimmungen (Mindestreserven) und allgemein zur Sicherung der Zahlungsfähigkeit einen Teil der Sichteinlagen von Nichtbanken als Barreserve halten müssen. Kredite, die auf der Basis der verbleibenden Liquidität gewährt werden, fließen jedoch bei bargeldlosem Zahlungsverkehr zu einem großen Teil nicht in den Nichtbankensektor ab. Soweit sie auf Konten der Zahlungsempfänger wieder zu Sichteinlagen werden, bilden sie nach Abzug der Barreserve die Grundlage für weitere Kreditvergaben. Diese multiple Geldschöpfung kann auch dadurch ermöglicht werden, daß Geschäftsbanken über Verkauf oder Beleihung von Aktiva Zentralbankgeld von der Zentralbank erwerben.

O. Issing: Einf. in die Geldtheorie. 3. Aufl. München 1977. – D. Duwendag u. a.: Geldtheorie u. Geldpolitik. 2. Aufl. Köln 1977.

Konsolidierte Bilanz des Bankensystems in der BRD
(Zahlenangaben in Mrd. DM)

Aktiva	Jahresende 1970	1975	1978	1982
1. Forderungen an inländische Nichtbanken	525	900	1212	1713
2. Forderungen an Ausländer	105	189	244	307
3. Sonstige Aktiva	25	64	85	90
	655	1153	1541	2110

Passiva	Jahresende 1970	1975	1978	1982
1. Bargeldumlauf	37	56	76	89
2. Sichteinlagen inländischer Nichtbanken	71	127	150	184
3. Termin- und Spareinlagen inländischer Nichtbanken	438	787	1104	1503
4. Sonstige Passiva	109	183	211	334
	655	1153	1541	2110

Quelle: Stat. Jahrbuch 1983

Geldmarkt

Auf dem Geldmarkt der BRD werden zwischen den Geschäftsbanken Zentralbankgiroguthaben sowie zwischen ihnen und der ↑ Zentralbank (S. 46) Geldmarktpapiere gehandelt. Dieser Markt entstand, weil die Geschäftsbanken Zahlungen leisten müssen und auch empfangen, die aus Zentralbankgeld bestehen. Da sie Zentralbankgeld nicht selbst schaffen können, würden bei unausgeglichenen Zahlungsaus- und -eingängen Liquiditätsengpässe bzw. -überschüsse bei dieser Geldart entstehen. Der Geldmarkt hat die Funktion, einen kurzfristigen Liquiditätsausgleich zwischen Geschäftsbanken mit Zentralbankgeldüberschüssen und solchen mit vorübergehenden Defiziten herbeizuführen. Die Zentralbank kommt insofern als Marktteilnehmer hinzu, als sie über den An- und Verkauf von Geldmarktpapieren für die Geschäftsbanken sowohl Quelle als auch Abnehmer von Zentralbankgeld ist. Diese dürften sich bemühen, ihren unverzinslichen Bestand an Zentralbankgeld so gering wie möglich zu halten.

Die auf dem Geldmarkt gehandelten Kredite sind überwiegend kurzfristig, mit Laufzeiten von 1 Tag bis zu 2 Jahren. Bei den unverbrieften Krediten, die zwischen den Geschäftsbanken per Telefon oder Fernschreiber gehandelt werden, unterscheidet man nach Laufzeit bzw. Kündigungsbedingungen drei Zentralbankgeld-Kreditarten. 1) Tagesgeld wird von einer Geschäftsbank für 24 Stunden einer anderen zur Verfügung gestellt. Rechnet die Geschäftsbank mit einem Ausgaben- bzw. Einnahmenüberschuß für 2 Tage und besteht Ungewißheit, ob danach Liquiditätsdefizite oder -überschüsse auftreten, so wird tägliches Geld gehandelt, das von jedem Marktpartner mit eintägiger Frist gekündigt werden kann. 2) Monats-, Dreimonats-, Halbjahres-, Jahresgeld müssen Geschäftsbanken aufnehmen, wenn sie sich für Kreditgeschäfte mit Nichtbanken refinanzieren wollen. Die Bezeichnungen deuten dabei die Laufzeiten an. 3) Monats- und Jahresultimogeld wird benötigt, weil am Monats- und vor allem am Jahresende regelmäßig umfangreiche Zahlungstransaktionen durch Nichtbanken vorgenommen werden. Bei den Geschäftsbanken führt dies zu großen kurzfristigen Liquiditätsungleichgewichten, die sie durch Aufnahme bzw. Vergabe von Krediten einige Tage vor Monats- bzw. Jahresende (Ultimo) auszugleichen suchen.

Die verbrieften Geldmarktkredite, die Geldmarktpapiere, sind Titel, deren Emittenten überwiegend öffentliche Haushalte sind. Kennzeichnend für sie ist, daß der Zins, den der Aussteller zahlt, beim Kauf abgezogen wird. Ferner ist ihr Liquiditätsgrad hoch; dies wird durch die jederzeitige Möglichkeit der Beleihung (Lombardierung) durch oder Rückgabe an die Zentralbank erreicht. Durch die Variation von Abgabe- und Rücknahmesätzen bzw. der Ausdehnung, Beschränkung oder Kontingentierung der Papiere, für die eine Ankaufszusage besteht, kann die Zentralbank u. a. die Geldmarktkonditionen zu Zwecken der ↑ Geld- und Kreditpolitik (S. 512) beeinflussen. Ein wesentliches Mittel sind dabei die Mobilisierungspapiere, die aus dem Umtausch von Ausgleichsforderungen entstanden, die die Bundesbank gegenüber dem Bund im Zusammenhang mit der Währungsreform erhielt. Mit Ankaufszusagen versehen sind im wesentlichen folgende Papiere: 1) Schatzwechsel sind mit Laufzeiten bis zu 90 Tagen versehen, werden im Auftrag ihrer Emittenten (Bund, Länder, Bundesbahn und Bundespost) von der Bundesbank gehandelt und dienen der Beschaffung kurzfristiger Kredite für die Emittenten. 2) Unverzinsliche Schatzanweisungen („U-Schätze“) unterscheiden sich von den Schatzwechseln nur durch die längeren Laufzeiten von ½, 1, 1 ½ und 2 Jahren. 3) Vorratsstellenwechsel sind Solawechsel (↑ Wechsel S. 258) mit Laufzeiten bis zu 90 Tagen und dienen der Finanzierung der Lager der Einfuhr- und Vorratsstellen. 4) Privatdiskonten sind geldmarktfähige Handelswechsel einer kleinen Gruppe zum Privatdiskontmarkt zugelassener Geschäftsbanken.

H. Lipfert: Der Geldmarkt mit Eurogeldmarkt. 8. Aufl. Frankf. a. M. 1975. – D. Duwendag/K.-H. Ketterer/W. Kösters/R. Pohl/D. B. Simmert: Geldtheorie u. Geldpolitik. 2. Aufl. Köln 1977.

Unverbriefte und verbriefte Kredite am Geldmarkt der Bundesrepublik Deutschland

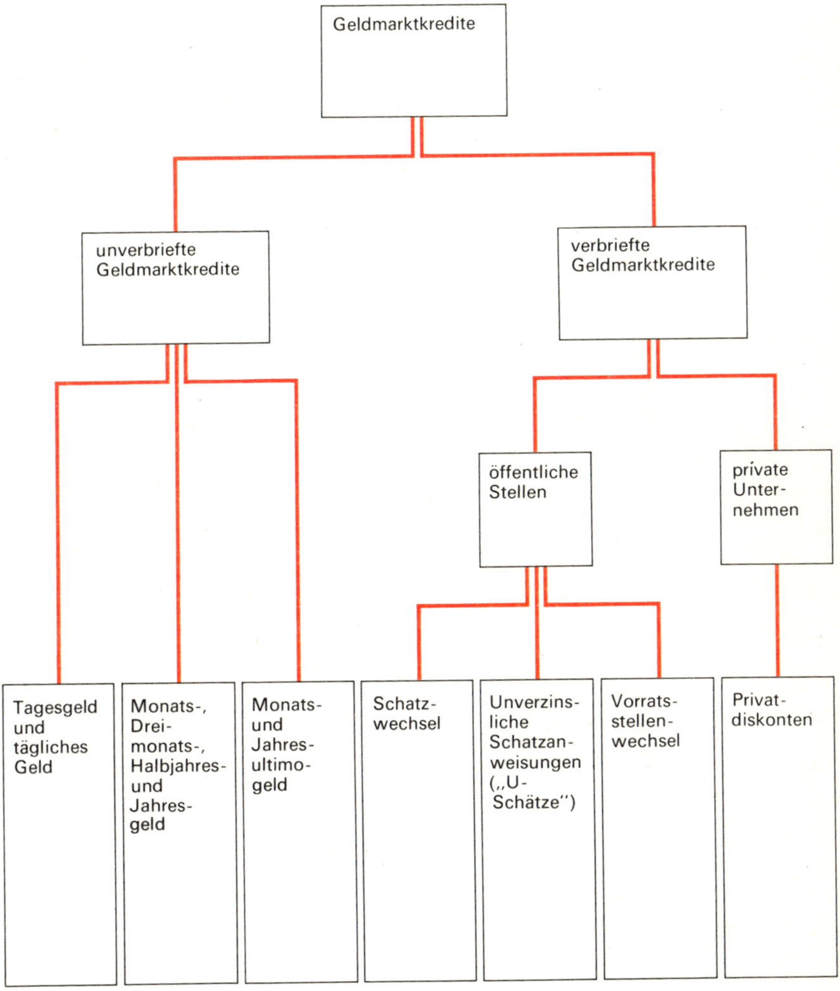

Kapitalmarkt

Auf dem Kapitalmarkt der BRD werden langfristige, meist in besonderen Papieren verbriefte Kredite mit Laufzeiten von 4 und mehr Jahren gehandelt. Als Nachfrager nach diesen Krediten und damit als Emittenten von Kapitalmarktpapieren sind vor allem, neben Geschäftsbanken und anderen Unternehmen, Gebietskörperschaften sowie Kapitalsammelstellen zu nennen. Kapitalanbieter und damit Erwerber der Effekten sind Wirtschaftssubjekte aller Sektoren der Volkswirtschaft, also insbesondere auch private Haushalte. Dabei sind Unternehmen und Gebietskörperschaften in erster Linie Nachfrager langfristiger Mittel, während die privaten Haushalte überwiegend als Anbieter von Mitteln am Kapitalmarkt auftreten.

Kennzeichnend für Kapitalmarktpapiere ist, daß sie überwiegend handelbar und daher jederzeit veräußerbar sind (↑Börse S. 252). Der Kapitalmarkt macht es also dem Kapitalgeber möglich, sich kurzfristig aus seiner Wertpapieranlage zurückzuziehen, ohne daß damit dem Emittenten die längerfristig eingeplanten Finanzierungsmittel entzogen werden. Hinsichtlich der Finanzierungswirkungen können folgende Teilmärkte unterschieden werden: 1) Der Primärmarkt ist der Markt für Neu-Emissionen; 2) auf dem Sekundärmarkt werden bereits im Umlauf befindliche Wertpapiere gehandelt. Bei den Kapitalmarktpapieren lassen sich zwei Kategorien unterscheiden: die Dividendenpapiere oder Forderungen mit variablem Ertrag und die Rentenwerte oder festverzinslichen Forderungen.

Dividendenwerte sind Anteilsrechte, die den Erwerber am Gewinn wie auch am Verlust der Gesellschaft beteiligen. Dagegen stellen Rentenwerte Forderungen des Inhabers auf eine feste Zinszahlung und auf Rücknahme des Papiers zu vereinbarten Bedingungen dar. Als wichtigste Arten von Dividendenpapieren unterscheidet man: 1) Aktien als Anteilscheine an Unternehmen aller Art einschließlich Bank- und Versicherungsgesellschaften, die die AG als Rechtsform gewählt haben. 2) Kuxe als Anteile an bergrechtlichen Gewerkschaften. 3) Investmentanteile als Anteile an Investment- oder Kapitalanlagegesellschaften (↑Investmenttrust S. 116).

Die wichtigsten Arten von Rentenwerten sind: 1) Industrieobligationen und Wandelschuldverschreibungen (↑Anleihen S. 212) mit Unternehmen außerhalb des Bankensektors als Emittenten. Vor allem zwischen Kreditinstituten und Kapitalsammelstellen werden auch Schuldscheine gehandelt, deren Emittenten vorwiegend Industrieunternehmen sind. Ihr Vorteil liegt für den Emittenten in der Kostenersparnis durch Entfallen der Börseneinführung und in der größeren Stückelung gegenüber Industrieobligationen oder Wandelanleihen. 2) Bankschuldverschreibungen mit einer bestimmten Gruppe von Geschäftsbanken, nämlich Girozentralen und Realkreditinstituten als häufigsten Emittenten. Sie werden gehandelt als ↑Pfandbriefe (S. 260), deren Gegenwerte zur Gewährung von Hypothekendarlehen dienen, ferner als ↑Kommunalobligationen (S. 260) zur Refinanzierung von an öffentliche Haushalte gegebenen Krediten. Schließlich werden Kassenobligationen zur Refinanzierung von Ausleihungen der Banken emittiert. 3) Öffentliche Anleihen mit öffentlichen Haushalten (ausgenommen Gemeinden), Bundesbahn und Bundespost als Emittenten. Zu nennen wären noch die Bundesschatzbriefe mit Laufzeiten von sechs bis sieben Jahren und wachsender Nominalverzinsung sowie eventuell die verzinslichen Schatzanweisungen mit drei- bis vierjähriger Laufzeit; letztere sind jedoch nicht an Börsen handelbar. Neben diesen durch Druck und Ausgabe effektiver Stücke verbrieften Kapitalmarktpapieren, die meist in kleine Beträge von 50 oder 100 DM gestückelt sind, werden auch unverbriefte Forderungen in Form von Schuldbuchforderungen gehandelt mit öffentlichen Haushalten, Bundesbahn und Bundespost als Schuldnern. Der Übergang vom Verkäufer auf den Käufer wird durch Last- und Gutschriften festgehalten.

B. Benning u. a.: Deutscher und int. Kapitalmarkt. Frankf. a. M. 1970. – K. Richebächer: Börse und Kapitalmarkt. 4. Aufl. Frankf. a. M. 1970.

Emittenten, Forderungsarten und Kapitalmarktpapiere (sowie unverbriefte Schuldbuchforderungen) auf dem Kapitalmarkt der Bundesrepublik Deutschland

Emittenten	Forderungen mit variablem Ertrag (Dividendenpapiere)	Festverzinsliche Forderungen (Rentenwerte)
Produktionsunternehmen	Aktien von Industrie-, Verkehrs- und anderen Produktionsunternehmen Kuxe	Industrieobligationen Wandelschuldverschreibungen Schuldscheine
Kapitalanlagegesellschaften	Investmentanteile	
Versicherungsunternehmen	Versicherungsaktien	
Geschäftsbanken	Bankaktien	Bankschuldverschreibungen: Pfandbriefe, Kommunalobligationen, Kassenobligationen
Gebietskörperschaften (ohne Gemeinden)		Öffentliche Anleihen (verbrieft) Schuldbuchforderungen (unverbrieft)

Börse - Börsengeschäfte

Als Börse wird ein regelmäßig stattfindender Markt für vertretbare Güter zwischen Kaufleuten bezeichnet, auf dem die Preise (Kurse) nach bestimmten Regeln festgelegt werden, d. h. beim Zusammentreffen von ↑ Angebot (S. 172) und ↑ Nachfrage (S. 170). Die Einteilung der Börsen erfolgt nach den dort gehandelten Sachen: 1) Wertpapier-(Effekten-)börsen (Börsen im engeren Sinne); an ihnen werden Aktien und Rentenpapiere gehandelt; 2) Devisenbörsen (Geld); 3) Produktenbörsen (Waren). An den Produktenbörsen werden u. a. Erze, Getreide und Rohzucker gehandelt. Effektenbörsen, denen zumeist die Devisenbörsen angeschlossen sind, gibt es in 8 westdeutschen Städten (Berlin [West], Bremen, Düsseldorf, Frankfurt am Main, Hamburg, Hannover, München, Stuttgart). 1983 waren insgesamt rd. 9000 Wertpapiere amtlich notiert, davon waren rd. 8500 Rententitel und 456 Aktien. Die Jahresbörsenumsätze erreichten rd. 185 Mrd. DM, wovon etwa 45% auf Aktien entfielen.

Die wirtschaftliche Bedeutung der Börsen liegt in dem Ausgleich von Angebot und Nachfrage, die den Preis (Ausführung unlimitierter Orders) bestimmen. In der räumlichen und zeitlichen Zusammenfassung von Angebot und Nachfrage, in der Vereinheitlichung der Transaktionen und der Transparenz liegt die Besonderheit der Börsen. Die Mobilität des Kapitals wird erhöht; durch die Möglichkeit, jederzeit ↑ Wertpapiere (S. 256) erwerben und veräußern zu können, wird die Grundlage zu einer ständigen Bewertung der Kapitalgesellschaften geschaffen.

Grundlagen für das Börsenwesen sind das Börsengesetz von 1896 bzw. 1908 in den späteren Neufassungen und die Börsenordnung. Jede Börse bedarf der Genehmigung durch die Landesregierung und untersteht der Aufsicht eines von dieser ernannten Kommissars. Für jede Börse ist eine Börsenordnung zu erlassen, die Bestimmungen über die einzelnen Organe, über die Zulassung und über die Kurse und Preisnotierungen enthalten muß. Börsenorgan ist der Börsenvorstand, der insbesondere über die Zulassungen und den Ausschluß von Börsengliedern, Festsetzung von Börsenusancen (-gewohnheiten) und die amtliche Aufstellung des Kurszettels, d. h. des Verzeichnisses der Preise von Wertpapieren und Waren an der jeweiligen Börse entscheidet. Die Maklerkammer ist die Standesvertretung für Kursmakler an der Börse. Der amtliche Makler erhält seine Zulassung vom Börsenvorstand und vermittelt den An- und Verkauf von Wertpapieren und Waren. Freie Makler wirken nicht an der amtlichen Kursfestsetzung mit. Sie dürfen unbeschränkt für eigene Rechnung verkaufen und kaufen. Der Börsenkurs ist grundsätzlich die Notierung für je 100 DM Nennbetrag in Prozenten. Aktien haben jedoch in der Regel einen Nennwert von 50 DM (z. B. Veba-Aktie im Nennwert von 50 DM mit Börsenkurs 164: eine Aktie kostet 164 DM). Bei Aufträgen kann dem Makler eine Kursbegrenzung angegeben werden (Kurslimit). Nach der Gegenüberstellung von Kauf- und Verkaufaufträgen der einzelnen Wertpapiere wird durch die Kursmakler ein Kurs festgesetzt, der eine möglichst große Anzahl von Aufträgen zur Erledigung kommen läßt. Soweit das Börsengeschäft erst zu einem späteren Zeitpunkt erfüllt werden soll, der Kaufpreis aber bereits vereinbart ist, handelt es sich um ein Börsentermingeschäft; der Normalfall sind Kassageschäfte (↑ Kassa- und Terminmärkte S. 178).

Die Börsenumsatzsteuer wird als ↑ Kapitalverkehrsteuer (S. 302) beim Erwerb des Eigentums an Wertpapieren (ausgenommen Ersterwerb) fällig. Die Börsentendenz als Spiegel der Kursentwicklung ist häufig ein Gradmesser für die wirtschaftliche Entwicklung eines Landes („Schwarzer Freitag" an der New Yorker Börse zu Beginn der Weltwirtschaftskrise 1929). Eine Baisse mit Niedrigkursen und eine Hausse mit Höchstkursen (Regel: „bei Baisse einkaufen, bei Hausse verkaufen") spiegeln meist den ↑ Konjunkturverlauf (S. 488) wider.

G. Bruns: Wertpapier u. Börse. Berlin. Losebl. Stand: 1983. – H. Schönle: Bank und Börsenrecht. 3. Aufl. München 1980.

Erstabsatz von festverzinslichen Wertpapieren und Aktienemissionen inländischer Emittenten (Mill. DM)

Jahr	Festverzinsliche Wertpapiere	Aktien
1974	58 363	4 130
1975	85 654	5 877
1976	83 268	3 392
1977	80 512	4 881
1978	95 422	3 441
1979	106 493	3 343
1980	137 453	4 940
1981	186 244	4 097
1982	211 623	4 239

Index der Aktienkurse
29. 12. 1972 = 100

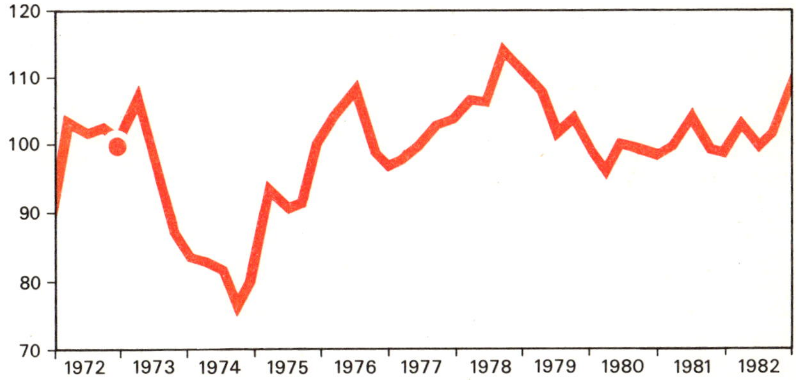

Quellen: Statistisches Jahrbuch 1983
Tab. 14.9 und S. 313

Marktwirtschaftliche Investitionsabstimmung

In einer Marktwirtschaft bleibt die ↑Koordination von Wirtschaftsplänen (S. 16) in erster Linie dem Markt überlassen. Private Investitionspläne würden im Idealfall über den ↑Kapitalmarkt (S. 250) befriedigend abgestimmt. Das Marktsignal, das in diesem Fall dem einzelnen Investor als Entscheidungshilfe dient, ist der Kapitalmarktzins. Nur solche Investitionen lohnen, die mindestens eine Rentabilität in Höhe des Kapitalmarktzinses versprechen. Ist der Zins für eine zeitlich mit der Investition vergleichbare Kapitalmarktanlage höher als die erzielbare Verzinsung der Investition, so lohnt es sich nicht, zu Investitionszwecken Eigenkapital zu binden oder Kapital auf dem Kapitalmarkt nachzufragen (↑Bestimmungsgründe privater Investitionen S. 198). Marktübersicht und ausreichende Mobilität der Produktionsfaktoren vorausgesetzt, lenkt also der Zins das Kapital zu den Verwendungszwecken mit höchster privatwirtschaftlicher Rentabilität. Zugleich sorgt der ↑Wettbewerb (S. 406) zwischen den Investoren dafür, daß Rentabilitätsgefälle ausgeglichen werden. Neben der Auslese- und Lenkungsfunktion hat der Kapitalmarktzins – wie jeder andere Preis (↑Preisfunktionen S. 176) – eine Anreizfunktion für das Kapitalangebot (letztlich die Ersparnis). Bei der Übertragung finanzieller Mittel von Kreditgebern zu Investoren über den Kapitalmarkt übernehmen ↑Banken (S. 240) als Kreditwürdigkeitsprüfer und Kreditvermittler eine zentrale Rolle. Erweisen sich die Rentabilitätsschätzungen als falsch und/oder passen die Investitions- und Sparpläne nicht zueinander, so führt dies über Erhöhungen oder Senkungen von Erlösen bzw. (Kapital-)Kosten zu unerwarteten Gewinnen oder Verlusten. Dadurch werden die Investoren zu einer Revision ihrer Pläne angeregt. Unter den im Idealfall geltenden Bedingungen würde diese (Ex-post-)Koordination dauerhafte Fehllenkungen von Produktionsfaktoren vermeiden und eine Versorgung nach den Wünschen der Verbraucher (↑Konsumentensouveränität S. 34) gewährleisten.

In der Realität funktioniert der Abstimmungs- und Kontrollmechanismus jedoch nicht so reibungslos wie im Idealfall. So fehlt es häufig an Kontrolle der Wirtschaftlichkeit von Investitionen durch Wettbewerb. Ferner erhöht eine unzulängliche Marktübersicht die Unsicherheit der Rentabilitätsschätzungen, die ohnehin bei zukunftsbezogenen Entscheidungen hinzunehmen ist. Sie ist zwar durch Kooperation der Investoren (z. B. Investitionsmeldestellen, Investitionsabsprachen) reduzierbar, allerdings nur zu Lasten des Wettbewerbs und damit auch der möglichst freien Konsumwahl.

Im Falle der öffentlichen Investitionen (↑öffentliche Ausgaben S. 262) sind die Schwierigkeiten eher noch größer als bei privaten Investitionen, deren Rentabilität sie häufig mitbestimmen (z. B. Investitionen in die ↑Infrastruktur S. 534). Denn die Wirtschaftlichkeit öffentlicher Investitionen läßt sich i. d. R. nicht an Hand von Marktpreisen schätzen (↑Kosten-Nutzen-Analyse S. 266). Allerdings können auch private Investitionen zusätzlich fehlbewertet werden und von dem gesamtwirtschaftlich Wünschenswerten abweichen, wenn mit ihrer privatwirtschaftlichen Verwertung ↑externe Kosten (S. 180) oder Ersparnisse verbunden sind.

Aus konjunkturellen, sektoralen, regionalen oder sozialen Erwägungen werden ↑wirtschaftspolitische Instrumente (S. 370) eingesetzt, um die private Investitionstätigkeit zu steuern. Die Vielzahl von Interventionen (z. B. Zinssubventionen, verbilligte Kredite, steuerliche Be- und Entlastungen) scheint jedoch zunehmend an Übersichtlichkeit und Widerspruchsfreiheit einzubüßen. Dieser Umstand darf bei der Prüfung von Forderungen nach staatlicher ↑Investitionslenkung (S. 550) nicht vernachlässigt werden; denn die zweifelhafte Interventionsvielfalt kann die Zurechnung tatsächlicher und vermuteter Fehlentscheidungen privater Investoren, die zu solchen Forderungen veranlassen, auf mögliche Ursachen sehr erschweren.

D. Duwendag/K.-H. Ketterer/W. Kösters/R. Pohl/D. B. Simmert: Geldtheorie u. Geldpolitik. 2. Aufl. Köln 1977. – K. P. Hensel: Grundformen der Wirtschaftsordnung. 3. Aufl. München 1978.

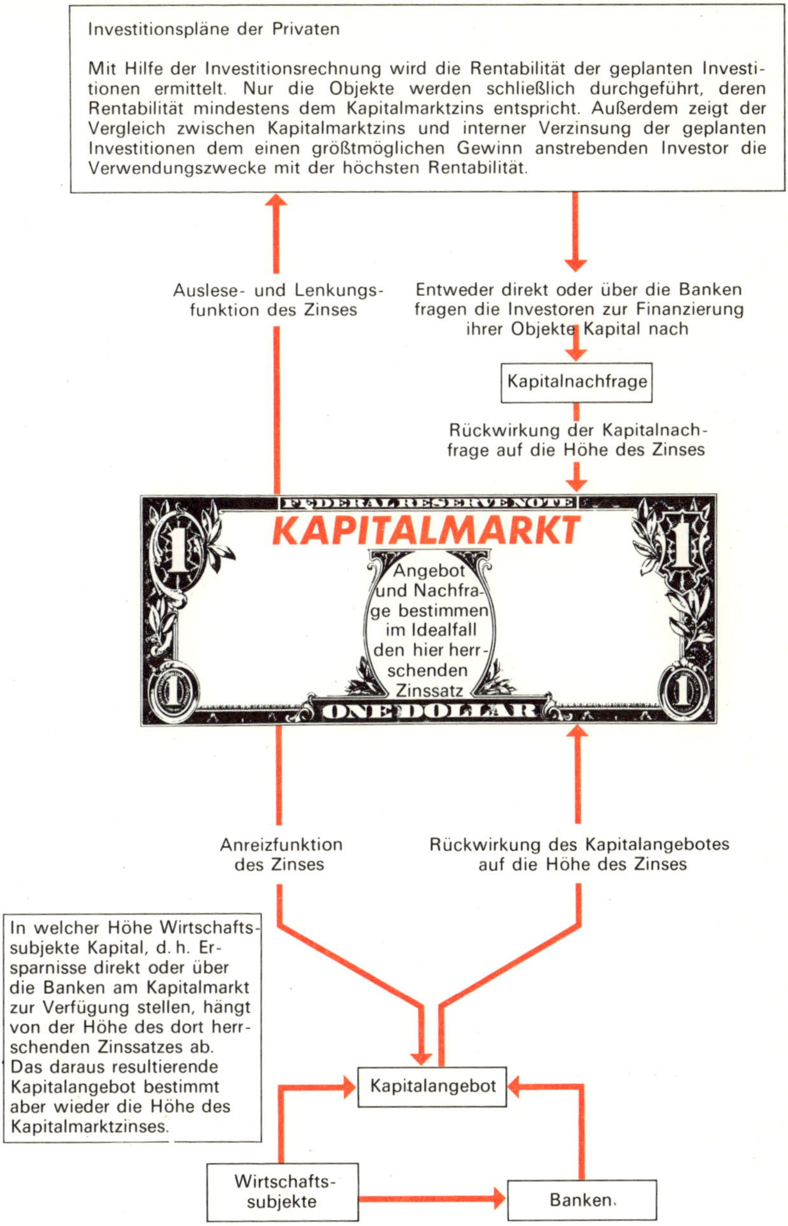
Investitionspläne der Privaten
Mit Hilfe der Investitionsrechnung wird die Rentabilität der geplanten Investitionen ermittelt. Nur die Objekte werden schließlich durchgeführt, deren Rentabilität mindestens dem Kapitalmarktzins entspricht. Außerdem zeigt der Vergleich zwischen Kapitalmarktzins und interner Verzinsung der geplanten Investitionen dem einen größtmöglichen Gewinn anstrebenden Investor die Verwendungszwecke mit der höchsten Rentabilität.
Auslese- und Lenkungsfunktion des Zinses
Entweder direkt oder über die Banken fragen die Investoren zur Finanzierung ihrer Objekte Kapital nach
Kapitalnachfrage
Rückwirkung der Kapitalnachfrage auf die Höhe des Zinses
FEDERAL RESERVE NOTE
KAPITALMARKT
Angebot und Nachfrage bestimmen im Idealfall den hier herrschenden Zinssatz
ONE DOLLAR
Anreizfunktion des Zinses
Rückwirkung des Kapitalangebotes auf die Höhe des Zinses
In welcher Höhe Wirtschaftssubjekte Kapital, d. h. Ersparnisse direkt oder über die Banken am Kapitalmarkt zur Verfügung stellen, hängt von der Höhe des dort herrschenden Zinssatzes ab. Das daraus resultierende Kapitalangebot bestimmt aber wieder die Höhe des Kapitalmarktzinses.
Kapitalangebot
Wirtschaftssubjekte
Banken

Wertpapiere

In einer marktwirtschaftlichen Ordnung mit freiem Kapital- und Güterverkehr besteht ein ausgeprägtes Bedürfnis, durch Verbriefung privater Rechtspositionen deren Inhaberschaft zu dokumentieren und ihre Veräußerung zu erleichtern. Diesem Ziel dienen die Wertpapiere. Der Begriff der Wertpapiere wird zwar in verschiedenen Gesetzen verwendet, aber nicht definiert. Nach der von Heinrich Brunner entwickelten herrschenden Rechtslehre versteht man unter einem Wertpapier eine Urkunde, in der ein privates Recht in der Weise verbrieft ist, daß zur Ausübung des Rechts die Innehabung der Urkunde erforderlich ist, d. h., daß die Geltendmachung des Rechts von der Vorlage der Urkunde abhängig ist.

Die wirtschaftlich und wertmäßig größte Bedeutung haben die Wertpapiere des Kapitalmarkts, auch Effekten genannt (z. B. festverzinsliche Wertpapiere, Aktien, Investmentzertifikate u. a.). Es handelt sich hierbei um vertretbare, d. h. lediglich nach Stückzahl, Betrag und Gattung bestimmte Wertpapiere, die der Kapitalanlage und -aufbringung dienen und an den sog. Wertpapierbörsen gehandelt werden. Ihr Kurswert richtet sich nach ↑Angebot (S. 172) und ↑Nachfrage (S. 170). Weitere Hauptgruppen bilden daneben in funktioneller Hinsicht die Wertpapiere des Zahlungs- und Kreditverkehrs, z. B. ↑Wechsel (S. 258), Scheck, und die des Güterumlaufs, z. B. Ladeschein, Konnossement, Lagerschein. Die Vielzahl der unter den Wertpapierbegriff fallenden Urkunden ist kaum überschaubar. Ständig entwickeln sich neue Formen, wie etwa Investmentanteilscheine und Sparbriefe. Die gesetzliche Regelung ist weit verstreut und lückenhaft.

Zwei systematische Einteilungen von Wertpapieren haben sich durchgesetzt: 1) nach der Art des verbrieften Rechts: a) schuldrechtliche Wertpapiere, die einen Anspruch auf Zahlung (wie z. B. Wechsel, Scheck, Pfandbriefe, Inhaberschuldverschreibung), b) sachenrechtliche Wertpapiere, die ein dingliches Recht zum Gegenstand haben (z. B. Hypotheken-, Grundschuld- und Rentenschuldbriefe), c) Mitgliedschaftspapiere, die die Zugehörigkeit zu einer Gesellschaft vermitteln (Aktie bei der AG). 2) Aufschlußreicher in vieler Hinsicht ist die Einteilung nach der Art, in der der Rechtsinhaber in der Urkunde bezeichnet wird und in der diese übertragen wird: a) Rektapapiere lauten auf den Namen einer bestimmten Person; nur sie ist durch die Urkunde als Rechtsinhaber ausgewiesen. Die dadurch erreichte erhöhte Gläubigersicherheit geht auf Kosten der Verkehrsfähigkeit. Diese Papiere werden durch Abtretung der Forderung übertragen (z. B. Hypothekenbrief, Anweisung). b) Inhaberpapiere bezeichnen den jeweiligen Inhaber der Urkunde als Rechtsträger. Dieser braucht sein Recht nicht nachzuweisen; es besteht eine Vermutung für seine materielle Berechtigung. Die Übertragung erfolgt durch Einigung und Übergabe. c) Orderpapiere sind dadurch gekennzeichnet, daß sie von der in ihnen namentlich genannten Person durch „Indossament“, d. h. durch einen auf die Rückseite des Papiers gesetzten unterschriebenen Vermerk, an eine andere Person („Order“) übertragen werden können. Diese Möglichkeit, durch Indossament übertragen zu werden, besteht bei sog. „gekorenen“ Orderpapieren (kaufmännische Orderpapiere, z. B. Ladeschein, Lagerschein) nur dann, wenn sie hinter dem Namen des Berechtigten die Orderklausel (z. B. „... oder dessen Order“) tragen; andernfalls handelt es sich um Rektapapiere. Hingegen können die „geborenen“ Orderpapiere, wie etwa der Wechsel, auch bei Fehlen einer Orderklausel indossiert werden; sie sind nur Rektapapiere, wenn sie ausdrücklich eine negative Orderklausel (z. B. „... nicht an Order“) tragen.

B. Rehfeld/W. Zöllner: Wertpapierrecht. 13. Aufl. München 1982. – P. Dexheimer/D. Lang/D. Ungnade: Leitfaden durch das Wertpapiergeschäft. 3. Aufl. Stuttg. 1981.

Wertpapiere (Beispiele)

	Rektapapiere	Inhaberpapiere	Orderpapiere
Schuldrechtliche Papiere	Anweisung des § 783 BGB Sparkassenbuch Wechsel mit negativer Orderklausel die Papiere des § 363 HGB ohne Orderklausel Namensschuldverschreibung (z. B. Sparbrief)	Inhaberschuldverschreibung Inhaberscheck (Überbringerscheck) Inhaberanteilschein an Kapitalanlagegesellschaften, wenn er einen schuldrechtl. Anspruch verbrieft; Theaterkarte	Wechsel Scheck (ohne Überbringerklausel) die 6 „gekorenen Orderpapiere" des § 363 HGB Orderschuldverschreibung
Sachenrechtliche Papiere	Hypothekenbrief Grundschuldbrief Rentenschuldbrief	Inhabergrundschuldbrief Inhaberrentenschuldbrief	Namensanteilschein an einer Kapitalanlagegesellschaft, wenn er das Miteigentum am Sammelvermögen verbrieft
Mitgliedschaftspapiere	Kuxschein (Anteil an einer bergrechtl. Gewerkschaft) Genußschein	Inhaberaktie Genußschein	Namensaktie

Wechsel – Scheck – Überweisungsverkehr

Der Wechsel ist ein schuldrechtliches ↑Wertpapier (S. 256), das in einer gesetzlich vorgeschriebenen Form ein selbständig verpflichtendes Versprechen enthält, eine bestimmte Geldsumme zu zahlen. Seine wirtschaftliche Bedeutung liegt heute neben seiner Verwendung als Zahlungs- und Sicherungsmittel vor allem auf dem Gebiet des Kreditverkehrs.

Das noch heute geltende Wechselgesetz vom 21. 6. 1933 unterscheidet zwei Hauptformen von Wechseln: 1) Der eigene Wechsel oder Solawechsel ist ein Zahlungsversprechen des Ausstellers, zu einem bestimmten Zeitpunkt, dem Verfalltag, die bezeichnete Geldsumme zu leisten. 2) Der gezogene Wechsel ist eine Anweisung des Ausstellers an einen andern, den Bezogenen, die Wechselsumme zu einer bestimmten Zeit an den durch die Urkunde als berechtigt Ausgewiesenen zu zahlen. I. d. R. wird der Wechsel dem Bezogenen zur Annahme vorgelegt. Mit der Annahmeerklärung (Akzept), für die die bloße Unterschrift auf der Vorderseite des Wechsels (üblicherweise quer am linken Rand) ausreicht, wird der Bezogene (jetzt Akzeptant) zum Hauptschuldner aus dem Wechsel.

Der Wechsel ist ein „geborenes" Orderpapier (↑Wertpapiere S. 256). Er wird i. d. R. durch ein „Indossament" übertragen, das auf den Wechsel selbst oder einen angeklebten Anhang gesetzt wird. Es lautet etwa „für mich an die Order des K." oder nur „an K." und wird vom Übertragenden (Indossanten) unterschrieben. Zur Übertragung der Wechselberechtigung muß zusätzlich zum Indossament zwischen dem Indossanten und dem Erwerber (Indossatar) ein sog. Begebungsvertrag geschlossen werden. Am Verfalltag wird der Wechsel vom Wechselinhaber dem Akzeptanten zur Zahlung vorgelegt. Zahlt dieser, so erlöschen die Wechselverpflichtungen. Verweigert er die Zahlung, so kann der Wechselinhaber nach rechtzeitiger Erhebung des Protestes (=der öffentlichen Beurkundung der Zahlungsverweigerung) alle Wechselverpflichteten (Aussteller, Indossanten, Wechselbürgen) einzeln oder gemeinsam im Wege des Rückgriffs in Anspruch nehmen.

Der Scheck ist die schriftliche Zahlungsanweisung eines Bankkunden auf sein Guthaben bei seinem Kreditinstitut. Bedingt durch die Geldknappheit nach der Jahrhundertwende wurde 1908 ein deutsches Scheckgesetz verabschiedet, das 1934 durch das noch geltende deutsche Scheckgesetz vom 14. 8. 1933 abgelöst wurde. In seiner rechtlichen Ausgestaltung ähnelt er dem gezogenen Wechsel. Dementsprechend ist die gesetzliche Regelung des Schecks im Scheckgesetz weitgehend dem Wechselgesetz nachgebildet. Um zu verhindern, daß der Scheck, der im Gegensatz zum Wechsel nicht der Wechselsteuer unterliegt, zum Zwecke der Steuerersparnis anstelle des Wechsels verwendet wird, hat daher das Gesetz Sonderregelungen getroffen, die den Scheck als Kreditmittel ungeeignet machen. Bezogener des Schecks darf nur ein Kreditinstitut sein, bei dem der Aussteller ein Konto hat. Der Bezogene muß den Scheck nicht annehmen (akzeptieren). Die Vorlagefristen sind sehr kurz. Bei ihrer Versäumung verliert der Inhaber alle Rückgriffsansprüche aus dem Scheck; auch kann der Aussteller die Anweisung an den Bezogenen widerrufen, d.h. den Scheck sperren. Der Scheckinhaber hat keinen eigenen Anspruch auf Zahlung gegen die bezogene Bank. Lediglich dem Aussteller gegenüber ist die Bank aufgrund des Scheckvertrages verpflichtet, den Scheck einzulösen, wenn die vertraglichen Voraussetzungen vorliegen.

Die neben dem Scheckverkehr wichtigste Form des bargeldlosen Zahlungsverkehrs ist der Überweisungsverkehr (Giroverkehr). Eine Zahlung im Giroverkehr erfolgt dadurch, daß das Konto des Zahlenden in Höhe des zu zahlenden Betrages belastet wird und dieser Betrag dem Zahlungsempfänger auf dessen Konto gutgeschrieben wird. Werden die Konten bei verschiedenen Geldinstituten geführt, so erfolgt die Verrechnung über zentrale Abrechnungsstellen (z.B. die Deutsche Bundesbank).

B. Rehfeldt/W. Zöllner: Wertpapierrecht. 13. Aufl. München 1982. – G. Obst/O. Hintner: Geld-, Bank- u. Börsenwesen. 37. Aufl. Stuttg. 1980.

Formerfordernisse des gezogenen Wechsels

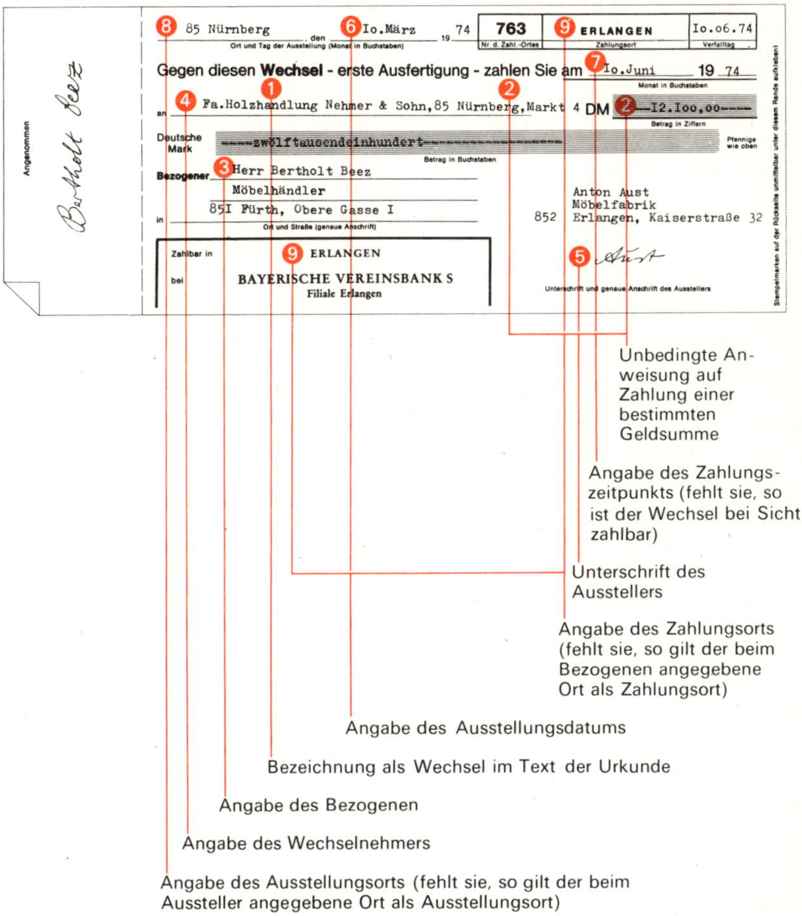
Angenommen
Bertholt Beez

85 Nürnberg den Io.März 19 74 | 763 | ERLANGEN | Io.o6.74
Ort und Tag der Ausstellung (Monat in Buchstaben) | Nr. d. Zahl.-Ortes | Zahlungsort | Verfalltag

Gegen diesen **Wechsel** - erste Ausfertigung - zahlen Sie am Io.Juni 19 74
Monat in Buchstaben

an Fa.Holzhandlung Nehmer & Sohn,85 Nürnberg,Markt 4 DM ---I2.Ioo,oo----
Betrag in Ziffern

Deutsche Mark ----zwölftausendeinhundert---------------- Pfennige wie oben
Betrag in Buchstaben

Bezogener Herr Bertholt Beez
Möbelhändler
in 85I Fürth, Obere Gasse I
Ort und Straße (genaue Anschrift)

Anton Aust
Möbelfabrik
852 Erlangen, Kaiserstraße 32

Zahlbar in ERLANGEN
bei BAYERISCHE VEREINSBANK S
Filiale Erlangen

Aust
Unterschrift und genaue Anschrift des Ausstellers

Stempelmarken auf der Rückseite unmittelbar unter diesem Rande aufkleben!

Pfandbrief – Kommunalobligation

Der über 200 Jahre alte Pfandbrief ist ein Refinanzierungsinstrument von Realkreditinstituten (↑Realkredit S. 214). Seine Ausgabe ist nur privaten Hypothekenbanken, öffentlich-rechtlichen Kreditanstalten und Schiffspfandbriefbanken, den sog. Pfandbriefinstituten, gestattet (Pfandbriefprivileg). Sein Name genießt gesetzlichen Markenschutz.

Die seit 1770 gegründeten preußischen Landschaften gaben Kredite nicht in bar, sondern in natura, d.h. durch Übergabe von als Pfandbriefe bezeichneten Schuldverschreibungen, und überließen deren Verkauf und damit die Bargeldbeschaffung den Darlehensnehmern. Demgegenüber gewähren die heutigen Pfandbriefinstitute Bardarlehen und erhalten als sog. Daueremittenten die Mittel für ihre Realkredite (vor allem an Wohnungs- und gewerbliche Wirtschaft) durch eigenen, laufenden Verkauf ihrer Pfandbriefe. Die Rückzahlung dieser Darlehen erfolgt grundsätzlich gleichfalls in bar; eine Naturaltilgung in Pfandbriefen bildet – im Gegensatz zur Übung der früheren Landschaften – eine Ausnahme.

Eine funktionale Ergänzung findet der Pfandbrief in der Kommunalobligation (-schuldverschreibung). Sie ist bestimmt zur Aufbringung von Kapital für Kredite an sämtliche Bereiche der öffentlichen Hand (stationes fisci) im Inland sowie an Mitgliedsstaaten der EG und supranationale Institutionen im EG-Bereich.

Emissionen von Inhaberpfandbriefen und Kommunalobligationen bedürfen nach § 795 Bürgerliches Gesetzbuch (BGB) der Genehmigung des zuständigen Bundesministeriums (z. Z. des Bundesfinanzministeriums). Das staatliche Genehmigungsverfahren schließt eine Bonitätskontrolle ein und dient vor allem dem Gläubigerschutz. Außerdem kann auf diese Weise die Entwicklung auf dem ↑Kapitalmarkt (S. 250) beeinflußt werden. Eine staatliche Genehmigung für die Ausgabe von Namensschuldverschreibungen ist nicht erforderlich.

Die Emittenten haften schuldrechtlich für ihre umlaufenden Pfandbriefe und Kommunalobligationen; darüber hinaus haben deren Gläubiger ein Rückgriffsrecht auf besondere, mit einem Befriedigungsvorrecht im ↑Konkurs (S. 238) ausgestattete Deckungsmassen; diese werden aus deckungsfähigen, in Deckungsregister eingetragenen Darlehnsforderungen der Pfandbriefinstitute gebildet.

Pfandbriefe und Kommunalobligationen sind festverzinsliche Bankschuldverschreibungen (Rentenpapiere); sofern sie auf den Inhaber lauten, sind sie börsen- und damit lombardfähig (beleihbar). Absatz und Handel erfolgen am Rentenmarkt. Zur Ausschaltung von Kursverlusten und damit von Abschreibungen ziehen institutionelle Anleger häufig – nicht börsenfähige – Namenspfandbriefe und Obligationen vor.

Die Ausstattung von Pfandbriefen und Kommunalobligation ist weitgehend rechtlich geregelt (↑Realkredit S. 214). Damit ist der Freiheitsspielraum der Pfandbriefinstitute bei der Emissionspolitik eingeschränkt. Er wird auch durch die Interdependenz zwischen ihrem Aktiv- und Passivgeschäft begrenzt; denn im Gegensatz zu anderen, z. B. den Emittenten öffentlicher Anleihen, haben die Pfandbriefinstitute die Zins- und Tilgungsausstattung ihrer Schuldverschreibungen jeweils auch an der Belastbarkeit ihrer Darlehensnehmer (insbesondere der zinsempfindlichen Wohnungswirtschaft) zu orientieren. Unter Berücksichtigung dieser Faktoren sowie der Situation und Entwicklung auf dem ↑Kapitalmarkt (S. 250) werden die renditebildenden Komponenten von Neuemissionen (Nominalzins, Laufzeit, Nettoverkaufskurs) so gewählt, daß diese nach Börseneinführung (↑Börse S. 252) möglichst nahe am Parikurs (Nennwert) notieren.

G. Letschert: Pfandbrief u. Kommunalobligation. 2. Aufl. Frankf. a. M. 1981. – W. Goedecke/V. Kerl: Die Hypothekenbanken. 2. Aufl. Frankf. a. M. 1974. – K. Hammer/W. Lüttge: Realkreditgesetze in neuer Fassung 1974. Frankf. a. M. 1974.

1. Pfandbriefe, Kommunalschuldverschreibungen

Refinanzierungsinstrumente für:

Deckungsfähige, am Einzelobjekt im erststelligen Beleihungsraum dinglich gesicherte Realkredite vor allem zur Finanzierung von Investitionen in Wohnungsbau, gewerbl. Wirtschaft und Landwirtschaft.

Deckungsfähige Darlehen an:

a) Inländ. Körperschaften und Anstalten des öffentl. Rechts oder unter deren voller Gewährleistung an Dritte (natürl. oder jurist. Personen);

b) Mitgliedstaaten der EG oder unter deren voller Gewährleistung an Dritte;

c) Supranationale Institutionen im EG-Bereich oder unter deren voller Gewährleistung an Dritte.

Die zu a) + b) genannten Darlehen dienen vornehml. der Finanzierung öffentlicher Investitionen, insbesondere im Infrastrukturbereich.
Öffentl. Gewährleistungen sichern Kredite an In- und Ausländer vor allem für Investitionsfinanzierungen; sie werden meist aus wirtschaftspolit. Gründen übernommen.

2. Renditeberechnung für festverzinsliche Wertpapiere

$$\frac{\text{Zinssatz} \times \text{Nennwert}}{\text{Kaufpreis}} + \frac{\text{Disagio}}{\text{Laufzeit}} = \text{Rendite}$$

Berechnungsbeispiel: Bei angenommenem Nominalzins von $8^1/_2$ %, Laufzeit von 8 Jahren und Nettoabgabekurs des Rentenpapiers von 98 %:

$$\frac{8{,}5 \times 100}{98} + \frac{2}{8} = 8{,}92\,\%\ \text{Effektivverzinsung}$$

Öffentliche Ausgaben

Die Ausgaben der Gebietskörperschaften (Bund, Länder mit Stadtstaaten, Gemeinden mit Gemeindeverbänden) sind seit dem Bestehen der Bundesrepublik Deutschland beachtlich gestiegen. Während 1950 die Ausgabensumme noch 28 Mrd. DM oder 590 DM je Einwohner betrug, waren es 1981 676 Mrd. DM oder 10963 DM je Einwohner. Zu diesem Anstieg haben i.d.R. die sozial-, bildungs-, verkehrs- und gesundheitspolitisch bestimmten Ausgaben beigetragen, zeitweilig auch die Verteidigungsausgaben. Das Ausgabenvolumen verteilt sich gegenwärtig etwa zu 42% auf den Bund, zu 34% auf die Länder und zu 24% auf die Gemeinden und Gemeindeverbände. Vor 100 Jahren lag der Anteil des Zentralstaates (Deutsches Reich) an den gesamten Ausgaben der Gebietskörperschaften bei 30%. Er stieg besonders zwischen den beiden Kriegen und lag in den 40er Jahren weit über dem gegenwärtigen Niveau.

Es ist zu beachten, daß staatliche Aktivitäten auch von Institutionen entfaltet werden, deren Einnahmen und Ausgaben kaum oder nicht in den Haushaltsplänen der Gebietskörperschaften erscheinen. Dazu wären die Deutsche Bundesbank und eine Vielzahl öffentlicher Unternehmen zu nennen, vor allem aber der Bereich der Sozialversicherung mit einem Ausgabenvolumen, das 33% der gesamten öffentlichen Ausgaben ausmacht.

Werden die öffentlichen Ausgaben am ↑Bruttosozialprodukt (S. 360) gemessen, so ist die sog. Staatsausgabenquote (↑Staatsanteil und Steuerlast S. 272) über einen längeren Zeitraum hinweg erheblich gestiegen. Sie lag in der 2. Hälfte des vorigen Jahrhunderts in Deutschland bei 10%. Besonders in den beiden Weltkriegen hat sie kräftig zugenommen, ohne anschließend wieder ganz auf das Ausgangsniveau zurückzukehren. In den letzten 20 Jahren ist die Staatsausgabenquote von 30% auf 35% (von 37% auf 50% einschließlich Sozialversicherung) allmählich angestiegen. Aufgrund unterschiedlicher Preissteigerungsraten im öffentlichen und privaten Sektor ist aber eine Abnahme der realen (preisbereinigten) Staatsausgabenquote nicht auszuschließen.

Der Anteil der Personalausgaben an den Ausgaben der Gebietskörperschaften ist seit 1977 rückläufig. Er betrug 1982 32%. 33% der Ausgaben entfielen auf laufende Zuweisungen und Vermögensübertragungen (z. B. Investitionszuschüsse, Entschädigungen, Stillegungs- und Sparprämien). Auffallend ist der kontinuierliche Rückgang der Sachinvestitionen (vornehmlich kommunale Bauten) von 17% im Jahr 1971 auf 9% im Jahre 1982. Im internationalen Vergleich ist die hohe Darlehensgewährung bemerkenswert. Bis Anfang der 70er Jahre überstieg die daraus resultierende Forderungszunahme die Zunahme der Verbindlichkeiten, so daß im Unterschied zu den übrigen westlichen Industrieländern die Gebietskörperschaften und die Sozialversicherung bis zu diesem Zeitpunkt zu einer beachtlichen Geldvermögensbildung imstande waren.

Für konjunktur- und verteilungspolitische Anliegen (↑Konjunktursteuerung durch Fiskalpolitik S. 510, ↑Verteilungspolitik S. 464) ist die Unterscheidung in Transformations- und Transferausgaben von Belang. Letztere stellen Einkommensübertragungen von Steuerzahlern auf Transferempfänger dar (z. B. ↑Subventionen S. 268). Transformationsausgaben binden Produktionsfaktoren, transformieren deren Leistungen in staatliche Leistungen und lassen unmittelbar das ↑Volkseinkommen (S. 360) steigen. Zu ihnen zählen die Personalausgaben, der laufende Sachaufwand und der größte Teil der Investitionsausgaben.

Üblich ist auch eine Untergliederung der öffentlichen Ausgaben in Investitionen, Transferausgaben und Staatsverbrauch. Unter Staatsverbrauch werden die unentgeltlich abgegebenen öffentlichen Leistungen (↑öffentliche Güter S. 166) verstanden, die zu den bei ihrer Produktion aufgewendeten Kosten bewertet Eingang in die ↑volkswirtschaftliche Gesamtrechnung (S. 358) finden.

Statist. Jb. 1983 für die BRD. Stuttg. u. a. 1983. – H. Zimmermann/K. D. Henke: Einf. in die Finanzwiss. 3. Aufl. München 1982.

Struktur der öffentlichen Ausgaben 1981

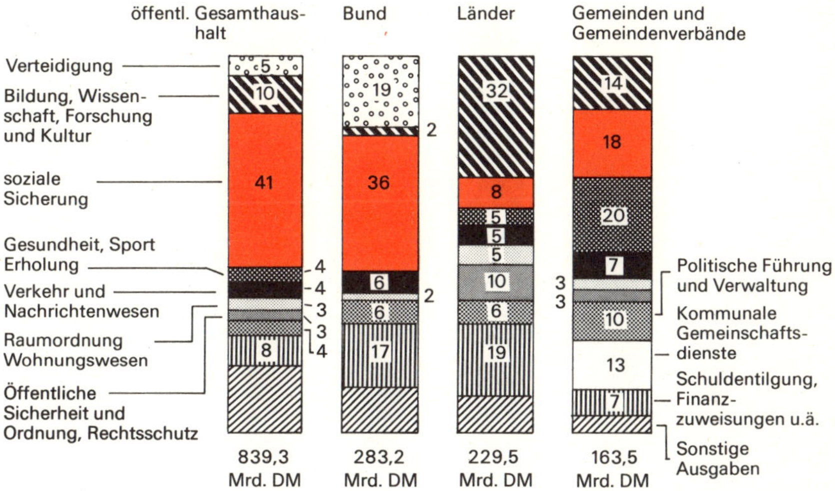

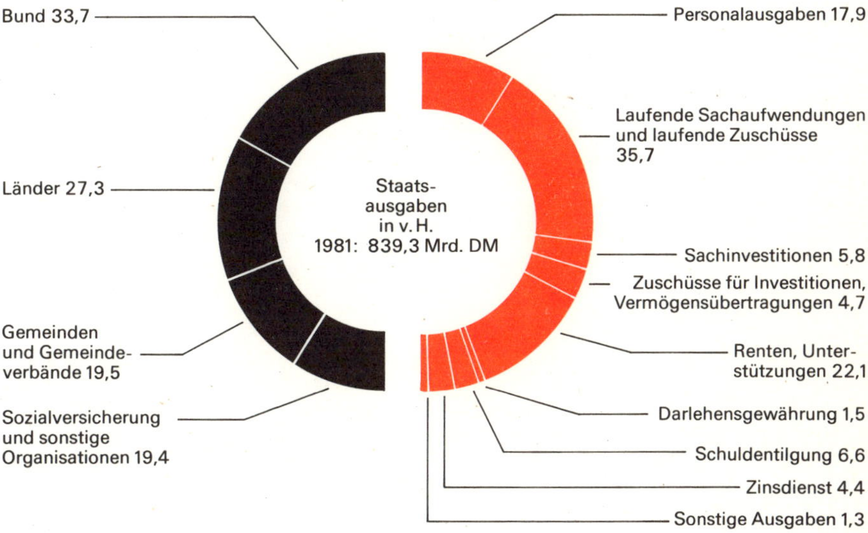

Öffentliches Auftragswesen

Unter öffentlichen Aufträgen versteht man die Beschaffungen, die die öffentliche Hand (Bund, Länder, Gemeinden, Gemeindeverbände und sonstige juristische Personen des öffentlichen Rechts) zur Durchführung der ihr obliegenden Aufgaben für die Sicherung und Förderung des Gemeinwohls vornimmt. Dies geschieht durch Vergabe, d. h. Auftragserteilung zu Lieferungen oder Leistungen privater Auftragnehmer an den öffentlichen Auftraggeber in der Form bürgerlich-rechtlicher Verträge. Zur Verwirklichung der in Bundes- und Länderhaushaltsordnungen festgelegten ↑ Haushaltsgrundsätze (S. 276) hat dem Abschluß solcher Verträge regelmäßig eine öffentliche Ausschreibung voranzugehen. Diese erfolgt durch Bekanntgabe des Vorhabens in einem Veröffentlichungsorgan (Tagespresse, Amtsblatt, Staatsanzeiger) mit der Aufforderung an eine unbeschränkte Anzahl von Unternehmen, Angebote für Lieferungen und Leistungen einzureichen. Der öffentliche Auftraggeber ist dabei gehalten, nach einheitlichen Richtlinien zu verfahren. Solche sind vor allem die Verdingungsordnungen für Leistungen, ausgenommen Bauleistungen (VOL), für Bauleistungen (VOB) sowie die Richtlinien für die Berücksichtigung bevorzugter Bewerber bei der Vergabe öffentlicher Aufträge. Diese Vorschriften gewähren den Bietern kein klagbares Recht auf deren Einhaltung. Ihr Zweck ist die Erzielung eines günstigen Preises durch Auswahl unter mehreren konkurrierenden Angeboten. Gleichzeitig dienen sie dem Grundsatz der Öffentlichkeit des Haushalts (↑Haushaltsgrundsätze S. 276) und tragen zusätzlich zur Chancengleichheit der privaten Unternehmer bei. Ausnahmen vom Grundsatz öffentlicher Ausschreibung sind nur zulässig, wenn dies durch die Natur des Geschäfts oder besondere Umstände geboten erscheint.

Neben den Fragen des Vergabewesens ist die Preisgestaltung bei öffentlichen Aufträgen von Bedeutung. Die Situation des öffentlichen Auftraggebers unterscheidet sich dadurch von der eines privaten Auftraggebers, daß er nicht mit selbstverdienten, sondern mit ihm anvertrauten Mitteln (vor allem Steuergeldern) wirtschaftet. Die Preisbildung ist auch wirtschaftspolitisch vor allem im Hinblick auf das allgemeine Preisniveau bedeutsam und muß daher einer Kontrolle unterworfen werden (↑Preisrecht S. 184). Der Gesetzgeber hat deshalb zur verstärkten Durchsetzung wirtschaftlicher Grundsätze auf dem Gebiet des öffentlichen Auftragswesens Vorschriften erlassen. In der Verordnung über die Preise bei öffentlichen Aufträgen ist der Grundsatz des Marktpreisvorranges festgelegt. Danach sind für alle marktgängigen Leistungen die im Verkehr üblichen Marktpreise zu vereinbaren. Soweit es die Verhältnisse zulassen, müssen bei Vertragsschluß feste Preise vereinbart werden, Preisvorbehalte oder Preisgleitklauseln sind nur in Ausnahmefällen zulässig. Eine weitere Verordnung regelt die Preisermittlung bei öffentlichen Bauaufträgen. Sie hat gleichfalls Höchstpreischarakter und wird vom Grundsatz des Vorrangs von Wettbewerbspreisen beherrscht; das sind Preise, die bei einer Ausschreibung oder bei freihändiger Vergabe unter mehreren Bietern zustande kommen. Die Anlagen zu den genannten Verordnungen, die Leitsätze über die Preisermittlung aufgrund von Selbstkosten enthalten, finden Anwendung, wenn eine Markt- bzw. Wettbewerbspreisbildung nicht möglich ist, insbesondere bei individuellen Leistungen. Danach ist auf der Basis einer Vorkalkulation ein Selbstkostenfestpreis bei Vertragsschluß festzulegen, spätestens jedoch vor Beendigung der Leistungserstellung (Selbstkostenrichtpreis); soweit dies nicht möglich ist, kann ein Selbstkostenerstattungspreis festgesetzt werden, der durch eine Nachkalkulation ermittelt wird. Allgemein dürfen jedoch nur solche Kosten in die Kalkulation eingehen, die bei wirtschaftlicher Betriebsführung zur Erstellung der Leistung entstehen; hierzu gehört u. a. auch ein kalkulatorischer Gewinn.

H. Ebisch/J. Gottschalk: Preise u. Preisprüfungen bei öffentl. Aufträgen einschließl. Bauaufträgen. 5. Aufl. München 1984. – J. Rogmans: Öffentliches Auftragswesen. Leitfaden für die Vergabe von öffentlichen Aufträgen einschließlich Bauaufträgen. Berlin u. a. 1982.

Öffentliche Hand

		Vergabewesen		Preisgestaltung	
gesetzliche Grundlage		§ 55 Bundeshaushaltsordnung*: (1) Dem Abschluß von Verträgen über Lieferungen muß eine öffentliche Ausschreibung vorausgehen, sofern nicht die Natur des Geschäfts oder besondere Umstände eine Ausnahme rechtfertigen. (2) Beim Abschluß von Verträgen ist nach einheitlichen Richtlinien zu verfahren.		§ 2 Abs. 1 Preisgesetz: Die für die Preisbildung zuständigen Stellen können Anordnungen und Verfügungen erlassen, durch die Preise, Mieten, Pachten, Gebühren und sonstige Entgelte für Güter und Leistungen jeder Art, ausgenommen Löhne, festgesetzt oder genehmigt werden, oder durch die der Preisstand aufrechterhalten werden soll.	
Ausführungsbestimmungen	allgemeine Leistungen, ausgenommen Bauleistungen	Verdingungsordnung für Leistungen, ausgenommen Bauleistungen (VOL)	Richtlinien für die Bevorzugung bestimmter Bewerber	Verordnung PR 30/53 Grundsatz: Marktpreise	Leitsätze für die Preisermittlung auf Grund von Selbstkosten (LSP)
	Bauleistungen	Verdingungsordnung für Bauleistungen (VOB)		Verordnung PR 1/72 Grundsatz: Wettbewerbspreise	Leitsätze für die Preisermittlung für Bauleistungen auf Grund von Selbstkosten (LSP-Bau)

* die entsprechenden Bestimmungen der einzelnen Landeshaushaltsordnungen sind gleichlautend.

Kosten-Nutzen-Analyse

Die Kosten-Nutzen-Analyse (KNA) ist ein aus unternehmerischen ↑Investitionsrechnungen (S. 200) abgeleitetes Verfahren zur Beurteilung der Vorteilhaftigkeit öffentlicher Investitionen und sonstiger Maßnahmen. Kernstück der Analyse ist die Ermittlung der Vor- und Nachteile, die sich für alle von einem Projekt direkt und indirekt Betroffenen ergeben, sowie deren Bewertung in Geldeinheiten. Das Resultat sind Nutzen und Kosten in den einzelnen Jahren des Analysezeitraums, die zur Vergleichbarkeit auf einen Zeitpunkt diskontiert werden (Gegenwarts-, Barwert). Ergibt sich dabei ein positiver Kapitalwert *KW*,

$$KW = \sum_{t=1}^{n} \frac{N_t - K_t}{(1 - i)^t}$$

(t Jahr nach Beginn der Maßnahme; n Anzahl der Jahre, auf die sich die Analyse erstreckt; N_t, K_t Nutzen bzw. Kosten im Jahr t; i Diskontierungszinssatz)

so sollte eine Maßnahme durchgeführt werden, weil sie für die Gesellschaft Vorteile erbringt, die mögliche Nachteile (Kosten) übertreffen. Bei sich gegenseitig ausschließenden Projekten ist der Maßnahme mit dem höchsten positiven Kapitalwert Vorrang vor den anderen zu geben.

Charakteristisch für die KNA ist der volkswirtschaftlich umfassende Ansatz. So werden beispielsweise bei Straßenbauprojekten nicht nur die Ausgaben der Baubehörden, sondern auch die Aufwendungen und Nachteile der Straßenbenutzer und -anlieger in den Kosten berücksichtigt (z. B. Mehraufwand der Autofahrer durch Umleitungen und Stauungen, Geräusch- und Geruchbelästigungen u. a.). Auf der Nutzenseite wird versucht, auch Vorteile in Geldeinheiten zu bewerten, für die es normalerweise keine Marktpreise gibt (z. B. späterer Zeitgewinn, Verringerung des Unfallrisikos, erleichterte Fahrbedingungen). Dabei bedient man sich einer Reihe von Hilfsbewertungs- und Umrechnungsverfahren. So wird der Nutzen staatlicher Versorgungseinrichtungen und Umweltschutzmaßnahmen beispielsweise durch die bei privaten Haushalten und Unternehmen dadurch eingesparten Ausgaben bzw. verhinderten Schäden gemessen. Bei Erholungs- und Sportanlagen geben die zeitliche Inanspruchnahme (mit Durchschnittslohnsätzen multipliziert) und die zusätzlichen Ausgaben der Benutzer Hinweise auf den geldwerten Nutzen. Vorteile von Bildungseinrichtungen und gesundheitspolitischen Maßnahmen kommen u. a. im Lebensmehreinkommen der Betroffenen zum Ausdruck. Werterhöhungen der Grundstücke neben einem Sanierungsgebiet zählen mit dem Nutzen der Sanierung. Gelegentlich gewinnt man Werte auch durch Befragungen. Es wird dabei nur auf effektive reale Vor- und Nachteile gesehen, so daß z. B. die Löhne der durch ein Projekt beschäftigten Arbeitslosen nicht als Kosten zählen, weil sie nicht aus einer anderen Produktion abgezogen werden und anderweitig folglich keine Sozialproduktverringerung eintritt.

Die KNA wurde 1936 in den USA eingeführt. Seit 1969 schreiben das Haushaltsgrundsätzegesetz im § 6 und die daraus abgeleiteten haushaltsrechtlichen Vorschriften des Bundes, der Länder und in einigen Ländern auch der Gemeinden für „Maßnahmen von erheblicher finanzieller Bedeutung" Kosten-Nutzen-Untersuchungen vor, worunter KNA und Kosten-Wirksamkeits-Analysen (KWA) verstanden werden. Soweit Vor- und Nachteile staatlicher Maßnahmen nicht in Geldeinheiten bewertet werden können, müssen sie verbal beschrieben werden. In der KWA wird zu diesem Zweck auch mit nichtmonetären, technischen Größen und subjektiv festgelegten Bewertungsziffern gearbeitet.

Die Bewertungsmethoden der KNA und die Wahl des Diskontsatzes i sind nicht frei von Willkürlichkeiten, weshalb sich neben dem Studium der Analyseergebnisse auch das der Bewertungs- und Rechenverfahren dringend empfiehlt.

H. Hesse/V. Arnold: Nutzen-Kosten-Analyse I u. II. HdWW. 21. Lfg. Stuttg. u. a. 1979. S. 361–399. – H. Zimmermann/K. D. Henke: Einf. in die Finanzwissenschaft. 3. Aufl. München 1982.

Stufenfolge bei der Analyse eines Projektes

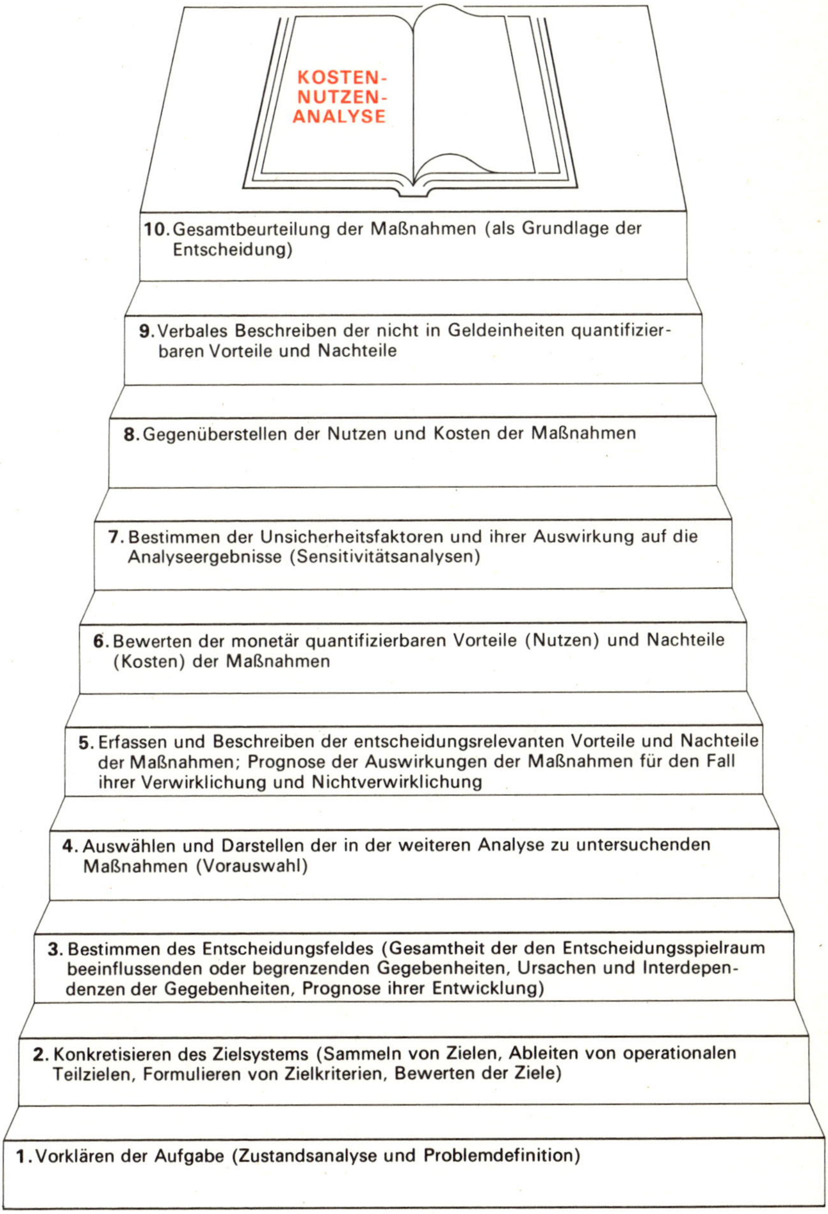

Subventionen – Subventionsverwaltung

Subventionen sind Geldleistungen oder geldwerte Leistungen öffentlicher Körperschaften an privatwirtschaftliche Unternehmen ohne unmittelbare marktmäßige Gegenleistung. Die Entscheidung und das Verfahren bei der Vergabe von Subventionen ist Gegenstand der Subventionsverwaltung. Sie ist ein Teil der leistungsgewährenden Verwaltungstätigkeit. Subventionen werden zur Durchführung bestimmter Aufgaben hingegeben und von Fall zu Fall nach Art und Höhe festgesetzt. Sie stehen damit im Gegensatz zu Dotationen; das sind geldliche Zuwendungen ohne Zweckbindung, die für längere Zeit in gleicher Höhe gewährt werden.

Der Musterfall einer Subvention ist der verlorene Zuschuß, bei dem eine Geldleistung oder geldwerte Leistung ohne Verpflichtung des Empfängers zur Rückzahlung erbracht wird. Verlorene Zuschüsse sind direkte Subventionen, da es sich um unmittelbare Zuwendungen an den Subventionsempfänger handelt. Sie werden gewährt, wo eine individuelle Prüfung der Empfängerbelange zu umständlich ist, weil ein großer Personenkreis unterstützt wird. Wächst den Subventionsempfängern durch die staatliche Tätigkeit ein Vorteil zu, ohne daß sie eine Transferzahlung erhalten, so spricht man von indirekten Subventionen. Hierzu zählen zum Beispiel Schutzzölle, Steuererleichterungen, Staatsbürgschaften und Zinsverzicht. Diese Form der Subventionsgewährung eignet sich zur gezielten Unterstützung einzelner Unternehmen. Sie deckt sich weitgehend mit dem Begriff der versteckten Subventionen, die im öffentlichen Haushalt als solche nicht erscheinen, da regelmäßig nur die direkten Zahlungen des Staates im Haushaltsplan ausgewiesen sind. Soweit sie sichtbar im Haushaltsplan auftreten, spricht man von offenen Subventionen. Zahlreiche weitere Subventionsformen kommen hinzu, so die Kredithilfen, bei denen Stundung und Zinsverbilligung die Unterstützungsfunktion ausüben. Auch die bevorzugte Berücksichtigung bei der Vergabe öffentlicher Aufträge ist letztlich eine Form der Subventionierung. Nicht zu den Subventionen zählen hingegen Geldleistungen zwischen Gebietskörperschaften untereinander. Diese gehören begrifflich zum Finanzausgleich. Ebensowenig werden finanzielle Zuwendungen an Nichtunternehmer (Sozialausgaben) zu den Subventionen gerechnet.

Entsprechend der nach dem Stabilitäts- und Wachstumsgesetz von der Bundesregierung geforderten Subventionsberichterstattung können im Hinblick auf ↑Wachstum und Strukturwandel (S. 536) drei Subventionsziele unterschieden werden: Förderung, Anpassung und Erhaltung. Der Förderung von Produktivität und Wachstum sollen z. B. Starthilfen für neugegründete Unternehmen dienen. Anpassungshilfen sollen nicht zuletzt Härten einer Umstellung auf neue wirtschaftliche Bedingungen mildern. Zwischen Hilfen zur Anpassung und solchen zur Erhaltung überkommener Strukturen bestehen fließende Übergänge. Vor allem Erhaltungssubventionen haben zu einer ständigen Ausweitung der Subventionsprogramme beigetragen. Der allgemein anerkannte Grundsatz, Subventionen nur befristet und in abnehmendem Betrag zu gewähren, erwies sich bislang selten als durchsetzbar. Subventionen haben sich nicht nur in der Bundesrepublik als politisch wenig beherrschbar und ökonomisch äußerst zweifelhaft erwiesen.

W. Henke: Das Recht der Wirtschaftssubventionen als öffentl. Vertragsrecht. Tübingen 1979. – H. Zimmermann / K.-D. Henke: Finanzwissenschaft. 3. Aufl. München 1982.

1. Verhältnis von Steigerung des Bruttosozialproduktes und Subventionen in der Bundesrepublik Deutschland

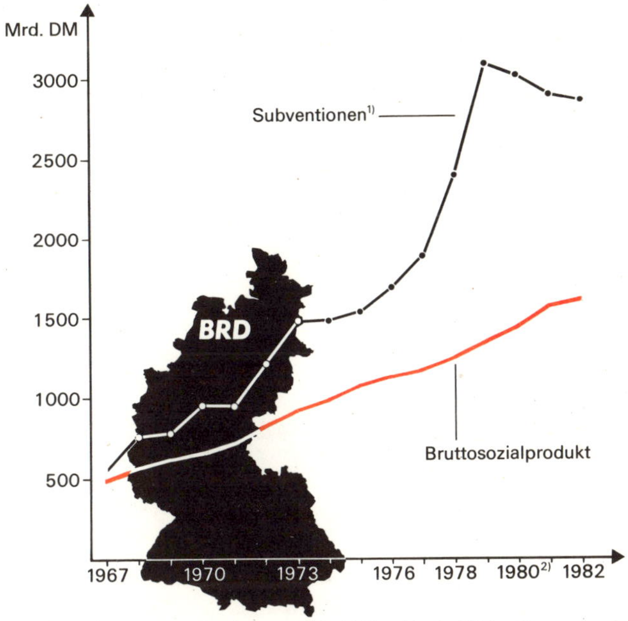

[1])Vorläufige Ergebnisse [2])lt. Volkswirtschaftlicher Gesamtrechnung

2. Finanzhilfen des Bundes und der Länder und Steuervergünstigungen 1980: 55,69 Mrd. DM

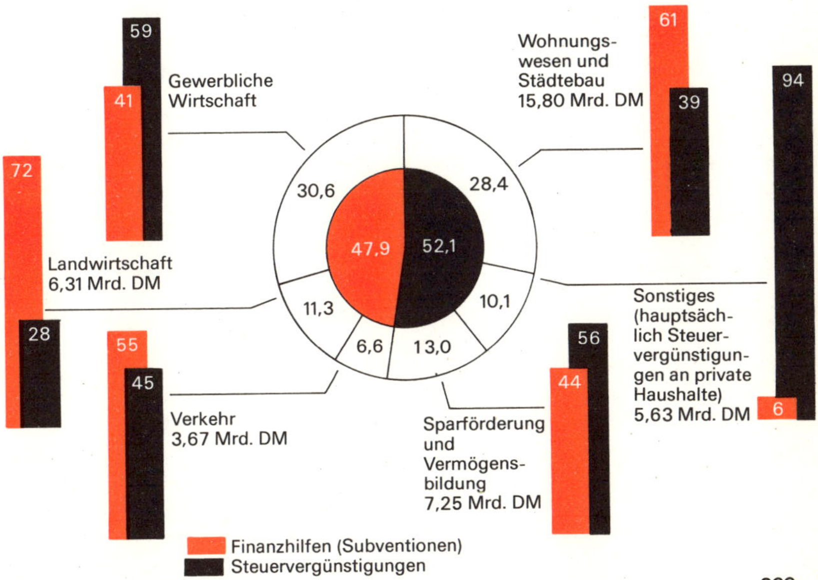

Öffentliche Einnahmen

In allen wirtschaftlich hochentwickelten Staaten dominieren bei den öffentlichen Haushalten die Geldeinnahmen. Realeinkünfte sind mit Ausnahme der Wehrpflichtdienste völlig bedeutungslos. Haupteinnahmequelle der Gebietskörperschaften sind die Steuern. Das sind jene Geldzahlungen, die vom Staat zwangsweise den Bürgern und juristischen Personen auferlegt werden, ohne daß diese Anspruch auf eine zurechenbare Gegenleistung hätten. Ein anderer wichtiger staatlicher Einnahmeposten besteht in den Abgaben an die Sozialversicherung. Rund 70% der laufenden staatlichen Einnahmen resultieren aus Steuerabgaben und Sozialversicherungsbeiträgen. Daneben spielen die Entgelteinnahmen (Gebühren, Beiträge, Preise), die neben Steuern in Ausübung hoheitlicher Funktionen erhoben werden, mit einem Anteil von fast 5% eine größere Rolle. Ihnen ist gemeinsam, daß sie mit einer zurechenbaren Leistung des Staates verbunden sind. Dabei ist der Zwangscharakter, der sich häufig aus dem Zwang zur Inanspruchnahme der entgeltpflichtigen Leistung ergibt, unterschiedlich stark ausgeprägt. Gebühren werden für Verwaltungsdienstleistungen (z. B. Paßausstellung) oder bei Benutzung von Anlagen (z. B. Museum) gezahlt. In Beiträgen wird eine Personengruppe zu Ausgaben des Staates für Veranstaltungen herangezogen, aus denen sie gemeinsam einen Vorteil hat (z. B. Straßenanliegerbeiträge). Dagegen sind öffentliche Einnahmen aus wirtschaftlicher Tätigkeit (z. B. Mieten, Zinsen, Gewinne öffentlicher Unternehmen) mit fast 2,5% der laufenden Einnahmen relativ bedeutungslos.

Werden alle öffentlichen Abgaben am Bruttosozialprodukt gemessen, so ist die sog. Abgabenquote von 1960 bis 1982 von 33,3% auf 42,5% gestiegen (↑ Staatsanteil und Steuerlast S. 272). Ein beträchtlicher Teil des Einnahmevolumens wird durch Schuldenaufnahme am Kreditmarkt gedeckt. Sie erreichte 1981 bei steigender Tendenz 17% der Gesamteinnahmen. Die Bruttoneuverschuldung betrug in diesem Jahr 137,8 Mrd. DM oder 9% des Bruttosozialprodukts (↑ Formen und Grundsätze der Staatsverschuldung S. 308).

Die einzelnen Gebietskörperschaften haben unterschiedliche Einnahmestrukturen. Schließt man die Zuweisungen und Zuschüsse mit ein, die sie sich im Rahmen des Finanzausgleichs untereinander gewähren, so ist diese Einnahmekategorie bei den Gemeinden von herausragender Bedeutung. Beim Bund überwiegen Steuern und Kreditnahme (64% bzw. 30% der Gesamteinnahmen).

Obwohl in der Bundesrepublik Deutschland zwischen 50 und 60 verschiedene Steuern erhoben werden, erwachsen zwei Drittel der Einnahmen nur aus zwei Abgaben: ↑ Einkommensteuern (S. 286, bestehend aus Lohn-, veranlagter Einkommen- und Kapitalertragsteuer) und Umsatzsteuer (↑ allgemeine Umsatzsteuern S. 290). Zählt man die Gewerbe-, Körperschaft-, Mineralöl-, Kraftfahrzeug- und Tabaksteuer hinzu, sind 91% der gesamten Steuereinnahmen erreicht. Das relative Gewicht der einzelnen Steuerarten hat sich in den vergangenen 25 Jahren nur unwesentlich verändert. Das gilt allerdings nicht für die Lohnsteuer. Ihr prozentualer Anteil stieg von 1960 bis 1982 z. T. inflationsbedingt von 12% auf 33%. Dagegen nahm die Bedeutung der Körperschaftsteuer und einer Reihe kleinerer Steuern (auch der Zölle) weiter ab.

Einkommen-, Körperschaft-, Umsatz- und Gewerbesteuer sind gemeinschaftliche Steuern, d. h., in ihren Ertrag teilen sich jeweils zumindest zwei staatliche Ebenen (↑ Finanzverfassung von Bund und Ländern S. 274). Außerdem werden rd. 7% der Umsatzsteuererträge den ↑ Europäischen Gemeinschaften (S. 578) zur Verfügung gestellt, denen auch die gesamten Zolleinnahmen zufließen.

Statist. Jb. 1983 für die BRD. Stuttg. u. a. 1983. – H. Zimmermann/K. D. Henke: Einf. in die Finanzwiss. 3. Aufl. München 1982.

Struktur der öffentlichen Einnahmen 1981

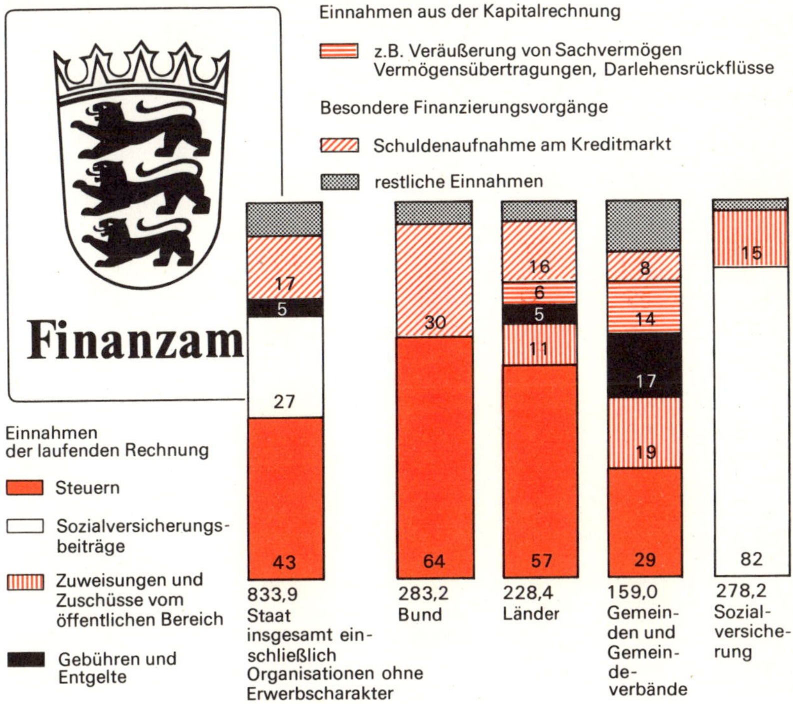

Steuereinnahmen der Gebietskörperschaften 1983[1]

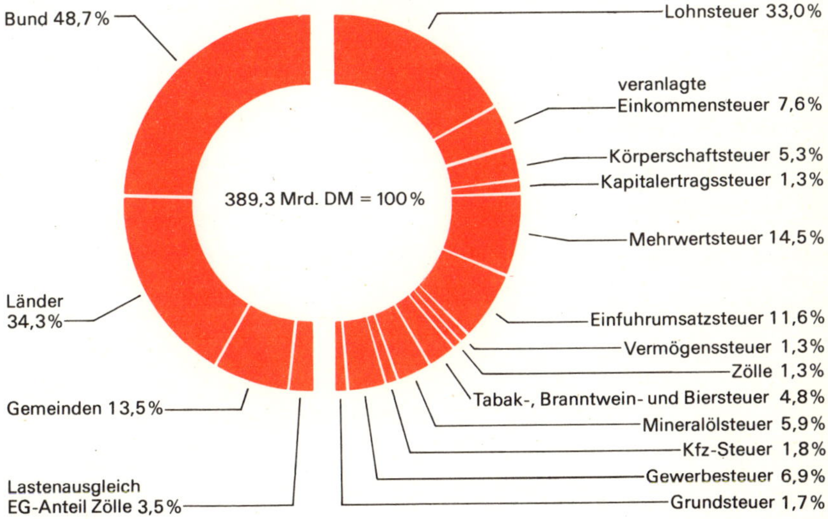

[1] Schätzung

Staatsanteil und Steuerlast

In allen westlichen Industriestaaten hat während der letzten hundert Jahre der Staatssektor relativ zum privaten Sektor der Volkswirtschaft an Bedeutung gewonnen, ein Umstand, der Adolph Wagner zur Formulierung seines „Gesetzes der wachsenden Staatsausgaben" veranlaßte. Der Staatsanteil (↑öffentliche Ausgaben S. 262) sowie die Steuerquote (↑öffentliche Einnahmen S. 270) sind säkular gestiegen. Folgende Gründe werden genannt: 1) Dem kapitalistischen Wirtschaftssystem (↑Wirtschaftsordnungen S. 18) sei eine Art natürlicher Staatsanteil zu eigen, der jenen der vorindustriellen Zeit übersteige. Das Anwachsen des Staatsanteils beruhe auf der allmählichen Überwindung von Hemmnissen, die einer unmittelbaren Anpassung an den langfristig richtigen Anteilswert gleich zu Beginn der kapitalistischen Entwicklung entgegengestanden hätten. Solche Hemmnisse seien z. B. gewesen: Bevor das Bedürfnis nach staatlichen Leistungen wie Bildung, Gesundheitsfürsorge u. a. befriedigt werden konnte, mußten erst die wichtigsten Grundbedürfnisse der Existenzerhaltung gesichert, die Einkommen also genügend weit gestiegen sein. Auch mußte das Bedürfnis nach zusätzlichen staatlichen Leistungen von genügend vielen Menschen empfunden werden, bevor es zu einem entsprechenden staatlichen Angebot kam. Schließlich blieben manche Staatsaufgaben, die dem Interesse einer bislang unterprivilegierten Volksmehrheit entsprachen, noch solange unerfüllt, bis dieses Interesse in einer parlamentarischen Demokratie wirksam zum Ausdruck gebracht werden konnte. Ein beschleunigter Anstieg des Staatsanteils war außerdem nach Kriegen zu beobachten. Sie zerstörten überkommene Gesellschaftsstrukturen und beseitigten Hemmnisse bei der Anpassung an das natürliche Niveau. 2) Der kapitalistische Staat habe die Bedürfnisse der Arbeiterschaft verzögert befriedigt, nämlich gerade immer in dem Ausmaß, daß sich für eine Revolution keine genügend große Zahl an Arbeitern gefunden hätte. 3) Der Kapitalismus tendiere zu einer laufenden Verschärfung der Vermögens- und Einkommenskonzentration (↑Kapitalistische Wirtschaftsordnung S. 22). Hieraus läßt sich zusammen mit dem zweiten Argument schließen, daß, um des sozialen Friedens willen, Umverteilungsmaßnahmen des Staates wichtiger werden (↑Verteilungspolitik S. 464). 4) Bei den Sachgütern und Diensten, die der Staat nachfragt, gibt es vergleichsweise niedrige Produktivitätsfortschritte. Damit die Einkommen, die bei der Produktion dieser Güter entstehen, mit dem allgemeinen Trend anwachsen können, muß der Preis der Sachgüter und Dienste in Relation zu den anderen Preisen steigen. Daher erfordert ein Staatsanteil, der konstant bleibt, wenn man ihn in Mengengrößen mißt, ein Anwachsen des in Wertgrößen gemessenen Anteils. 5) Die Progression des Steuertarifs sorgt dafür, daß das allgemeine Einkommenswachstum die Steuerquote erhöht. Der Versuchung, die automatisch überproportional wachsenden Steuereinnahmen zu verausgaben, erliegen Regierungen häufig. 6) Strukturwandel, der in einigen Bereichen der öffentlichen Verwaltung mit einem Schrumpfen der Beschäftigung einhergehen müßte, unterbleibt zumindest in der BRD wegen der Unkündbarkeit der Beamten. 7) Nach C. Northcote Parkinson weisen hierarchisch organisierte Verwaltungen eine Tendenz zur Selbstaufblähung auf; denn zur Ausweitung des persönlichen Prestiges ist ein jeder Beamter bemüht, Stellen für eine möglichst große Anzahl von Untergebenen bewilligt zu bekommen.

Um als ↑ökonomische Gesetzmäßigkeit (S. 632) gelten zu können, fehlt der Vermutung Wagners und anderer (z. B. Marx, Schumpeter) die präzise Struktur. Ferner sind Perioden mit stagnierendem und sogar sinkendem Staatsanteil beobachtbar. Schließlich werden Korrekturkräfte wie der Steuerwiderstand und das Ausweichen in abgabelastfreie Tätigkeiten (↑Schattenwirtschaft S. 542) nicht systematisch einbezogen.

H. Timm: Das Gesetz der wachsenden Staatsausgaben. In: Finanzarchiv. N. F. Bd. 21. Tüb. 1981. S. 201–247. – H. Zimmermann/K. D. Henke: Einf. in die Finanzwissenschaft. 3. Aufl. München 1982.

Der säkulare Anstieg der Staatsquote[1])

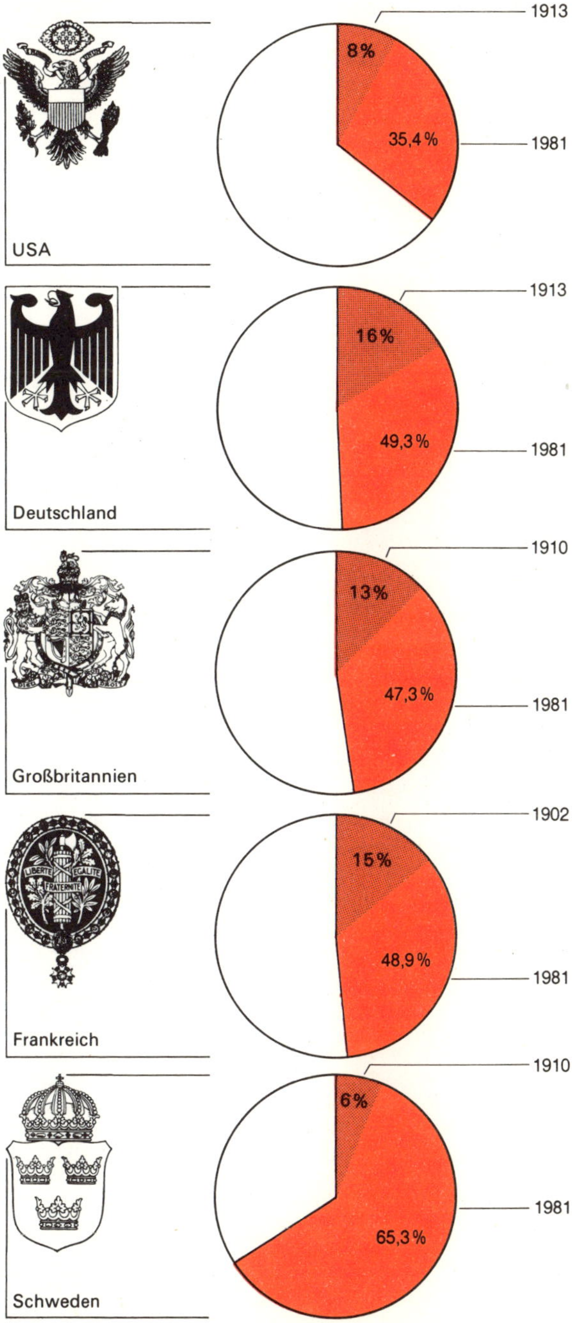

[1]) Anteil der Staatsausgaben am Bruttoinlandsprodukt

Finanzverfassung von Bund und Ländern

Die Finanzverfassung eines Staates beinhaltet die grundsätzliche Regelung seiner Einnahmetätigkeit, d. h. der Art und Höhe der Einkünfte (Finanzgesetzgebung), der Veranlagung und Erhebung der Einnahmen (Finanzverwaltung) und der Schlichtung von Rechtsstreitigkeiten (Finanzgerichtsbarkeit). Im Bundesstaat spielt außer der Verteilung der Kompetenzen für Gesetzgebung und Verwaltung (Finanzhoheit) vor allem die Verteilung der erzielten Einkünfte zwischen Bund, Ländern und Gemeinden eine zentrale Rolle (Ertragshoheit). Im wesentlichen, nämlich zu über 75 %, handelt es sich hierbei um Steuereinnahmen (↑öffentliche Einnahmen S. 270).

Die Finanzverfassung der BRD ist im X. Abschnitt des Grundgesetzes (GG) geregelt. Die Art. 104a–108 bestimmen das Verhältnis zwischen Bund, Ländern und Gemeinden; die Art. 109–115 betreffen einige ↑Haushaltsgrundsätze (S. 276). Das Finanzverhältnis von Bund und Ländern ist grundsätzlich nach dem Trennprinzip gestaltet (↑Ziele und Arten des Finanzausgleichs S. 314). Bund und Länder tragen ihre Ausgaben i. d. R. gesondert (Art. 104a Abs. 1 GG). Die Einnahmen werden auf sie und die Gemeinden nach Steuerarten verteilt (Art. 106 GG). Die Verteilung folgt der Tradition, daß indirekte Steuern dem Bund, direkte den Ländern und die Realsteuern (↑Grundsteuer S. 294, ↑Gewerbesteuer S. 296) nebst dem Aufkommen der örtlichen Verbrauch- und Aufwandsteuern den Gemeinden zufließen.

Das die finanzielle Unabhängigkeit der Gebietskörperschaften gewährleistende Trennprinzip wird jedoch mehrfach durchbrochen: 1) Länder und Gemeinden bestimmen Art und Höhe des Aufkommens der ihnen zufließenden Steuern nicht selbst, abgesehen von der Gesetzgebung über örtliche Verbrauch- und Aufwandsteuern (Art. 105 Abs. 2a GG). Die Gesetzgebung über sämtliche anderen Steuern hat der Bund aufgrund einer ihm in Art. 105 Abs. 2 GG eingeräumten Ermächtigung an sich gezogen. Damit besitzt er die Möglichkeit, durch Gesetzesänderungen die Höhe des Aufkommens der Länder- und Gemeindesteuern zu beeinflussen, was wiederholt geschehen ist, z.B. durch Abschaffung der Lohnsummensteuer der Gemeinden ab 1980. Bundesregierung und Bundestag sind hierbei lediglich an die Zustimmung des Bundesrates gebunden. Im Gegensatz dazu liegt die Erhebung auch der dem Bund zufließenden Steuern bei den Ländern (Art. 108 Abs. 2 GG). Nur im Bereich der Bundeszollverwaltung werden einige Abgaben direkt vom Bund erhoben (Art. 108 Abs. 1 GG). 2) Für die ↑Einkommensteuer (S. 286), die ↑Körperschaftsteuer (S. 288) und die Umsatzsteuer (↑ allgemeine Umsatzsteuern S. 290) gilt nicht das Trenn-, sondern das Verbundprinzip. An ihrem Aufkommen sind Bund, Länder und Gemeinden quotal beteiligt (Gemeinschaftssteuern, Art. 106 Abs. 3 und 5 GG). Nach § 1 des Gemeindefinanzreformgesetzes vom 8. 9. 1969 erhalten die Gemeinden 15% des Aufkommens an Lohn- und veranlagter Einkommensteuer. Sie hatten dafür z. B. 1982 23,7% der Gewerbesteuer als Umlage an Bund und Länder abzuführen (↑kommunale Finanzen S. 278). Der verbleibende Rest an Einkommen- und Körperschaftsteuer wird auf Bund und Länder hälftig verteilt. Die Aufteilung der Umsatzsteuer ist dagegen jeweils erneut vorzunehmen, wenn sich das Verhältnis zwischen Einnahmen und Ausgaben des Bundes und der Länder wesentlich ändert. Das Quotenverhältnis betrug 1983 66,5 : 33,5%. Die Übernahme von nur zwei Steuern in den Verbund erweckt den Anschein einer nur geringen Durchbrechung des Trennprinzips. Tatsächlich werden aber auf diese Weise etwa 80% des Gesamtsteueraufkommens verteilt. 3) Das Trennsystem wird weiterhin dadurch durchbrochen, daß der Bund Ländern und Gemeinden zahlreiche Finanzhilfen zu gewähren hat. Außerdem besteht für die Bundesregierung die Möglichkeit, im Rahmen der ↑Konjunktursteuerung durch Fiskalpolitik (S. 510) die Einkommen- und Körperschaftsteuersätze um bis zu 10% nach oben oder unten zu variieren.

H. Haller: Wandlungen in den Probl. föderativer Staatswirtschaften. In: Finanzarchiv. N. F. 27. Tüb. 1968. S. 249ff. – H. Zimmermann/K. D. Henke: Einf. in die Finanzwissenschaft. 3. Aufl. München 1982.

Die Steuerverteilung nach Art. 106 GG

Bund:

Finanzmonopol (Branntwein)
Zölle

Verbrauchsteuern (z. B. Mineralölsteuer, Kaffeesteuer, Tabaksteuer, nicht aber Biersteuer)

Straßengüterverkehrsteuer, Kapitalverkehrsteuern, Versicherungssteuer, Wechselsteuer

einmalige Vermögensabgaben und die zur Durchführung des Lastenausgleichs erhobenen Ausgleichsabgaben

die Ergänzungsabgabe zur Einkommen- und zur Körperschaftsteuer

Abgaben im Rahmen der Europäischen Gemeinschaften

Länder:

Vermögensteuer

Erbschaftsteuer

Kraftfahrzeugsteuer

Verkehrsteuern
(z. B. Grunderwerbsteuer, nicht aber Umsatzsteuer, Kapitalverkehrsteuer)

Biersteuer

Abgaben von Spielbanken

Gemeinden und Gemeindeverbände:

Realsteuern (Grundsteuer und Gewerbesteuern)

örtliche Verbrauch- und Aufwandsteuern
(z. B. Hundesteuer, Jagdsteuer, Schankerlaubnissteuer, Vergnügungssteuer)

Beteiligung am Länderanteil der Gemeinschaftsteuern

Gemeinschaftsteuern:

Einkommensteuer

Körperschaftsteuer

Umsatzsteuer

Verteilung der Gemeinschaftsteuern auf die Gebietskörperschaften 1982

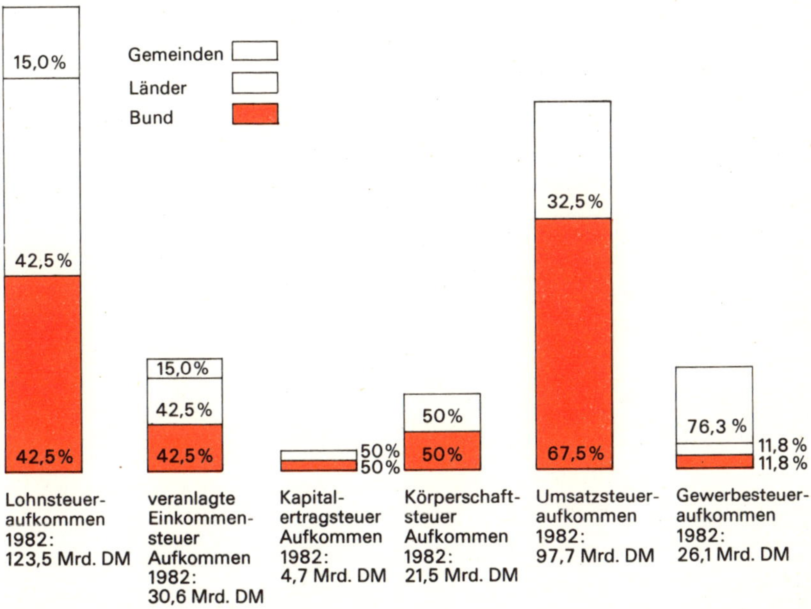

Haushaltsplan – Haushaltsgrundsätze – Haushaltsrecht

Der Haushaltsplan enthält eine Gegenüberstellung von erwarteten Einnahmen und geplanten Ausgaben innerhalb einer Haushaltsperiode (meistens ein Jahr) zur Feststellung und Deckung des Finanzbedarfs eines Haushaltsträgers. Im Haushaltsplan werden auch die Ermächtigungen aufgenommen, finanzielle Verpflichtungen für künftige Haushaltsperioden einzugehen. In der BRD gibt es eine Vielzahl öffentlicher Haushaltsträger, außer Bund, Ländern und Gemeinden auch sog. Sondervermögen wie Bundesbahn und Bundespost. Ursprünglich als Mittel rationaler Staatsführung durch die Bürokratie gedacht, wurde der Haushaltsplan (Budget, Etat) in parlamentarischen Staaten zum wichtigsten Mittel politischer Kontrolle der Regierung. Aus diesem Grunde wird der von der Exekutive aufgestellte Haushalt vom Parlament als Gesetz verabschiedet. Allerdings ist die Möglichkeit des Parlamentes, in die Haushaltsplanung der Regierung einzugreifen heutzutage nicht mehr allzu groß, da in der Regel über 80% der veranschlagten Ausgaben auf gesetzlichen und vertraglichen Bindungen beruhen und daher nicht ohne weiteres gekürzt und umdisponiert werden können. Auch ist zu beachten, daß Gesetze des Bundestags, die vorgeschlagene Ausgaben erhöhen oder neue Ausgaben oder Einnahmeminderungen mit sich bringen, nach Art. 113 GG der Zustimmung der Bundesregierung bedürfen.

Bei Aufstellung und Vollzug des Haushaltsplans sind verschiedene Haushaltsgrundsätze zu beachten (vgl. Art. 110–115 GG sowie Haushaltsgrundsätzegesetz und Bundeshaushaltsordnung vom 19. 8. 1969). Zu ihnen gehören u. a. die Prinzipien der Periodizität des Hauhaltsplans (meist einjährig), der Vorherigkeit (Aufstellung vor Beginn einer Haushaltsperiode, was allerdings de facto selten beachtet wird), der Spezialität (z. B. Differenzierung der Ausgabenposten, genaue Angabe ihrer Höhe und Beschränkung auf eine Haushaltsperiode), des Haushaltsgleichgewichts (Entsprechung von Einnahmen und Ausgaben), der Nonaffektation (alle Einnahmen stehen grundsätzlich für alle Ausgaben zur Verfügung ohne spezielle Zuordnung) sowie der Wirtschaftlichkeit und Sparsamkeit der Haushaltsführung. Für Ausgaben von erheblicher finanzieller Bedeutung ist (überdies vorweg) eine ↑Kosten-Nutzen-Analyse (S. 266) durchzuführen.

Die traditionellen Haushaltsgrundsätze basieren auf der klassischen Budgetfunktion der Kontrolle des Ausgabegebarens der Exekutive und der Deckung des Bedarfs einer Gesellschaft an ↑öffentlichen Gütern (S. 166; Allokationsfunktion). Daneben haben in letzter Zeit der sozialpolitische Aspekt einer Umverteilung von Einkommen und Vermögen über den Staatshaushalt (progressive Besteuerung und Subventionierung; Distributionsfunktion, ↑Verteilungspolitik S. 464) und der einer ↑Konjunktursteuerung durch Fiskalpolitik (S. 510; Stabilisierungsfunktion) an Bedeutung gewonnen. Der zunehmenden ökonomischen Funktion des Staatshaushaltes entspricht es, daß Haushaltspläne nicht mehr nur in Einzelpläne der verschiedenen Verwaltungszweige (Ministerien) und dort weiterhin in Kapitel und Titel gegliedert werden, um die Kontrolle und Haftung der einzelnen Ausgabenträger sicherzustellen, sondern daß sie auch nach ökonomischen Gesichtspunkten in Gruppen aufgeteilt werden und die Gruppierungsübersicht mit einer Funktionenübersicht verbunden wird.

Der Vollzug des Haushaltsplans liegt wiederum bei der Exekutive, die in einem bestimmten Rahmen Ausgaben auch außerhalb des Bewilligten leisten kann (Nothaushalt Art. 111 GG, Notbewilligungsrecht Art. 112 GG; vgl. auch das Konjunktursteuerungsrecht nach Art. 109 Abs. 4 GG). Über alle Einnahmen und Ausgaben ist Rechnung zu legen (Art. 114 GG, ↑öffentliche Finanzkontrolle S. 282).

H. Boldt: Haushaltsverfassung im Wandel. In: Sozial-Wiss. Jb. für Politik. Bd. 3. München u. a. 1972. S. 281 ff. – H. Zimmermann/K. D. Henke: Einf. in die Finanzwissenschaft. 3. Aufl. München 1982.

Der Budgetkreislauf

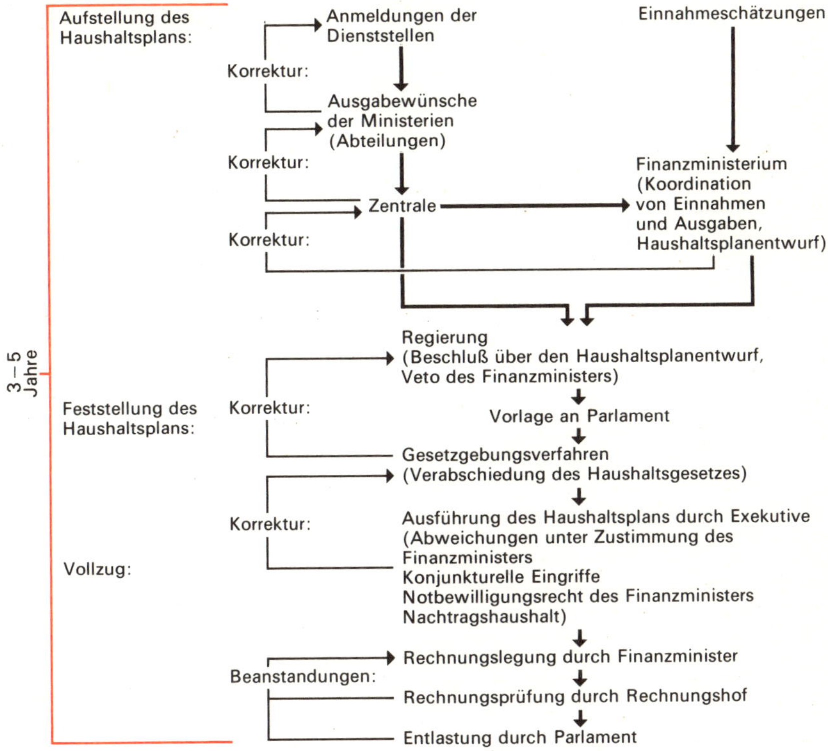

Aufteilung nach Einzelplänen

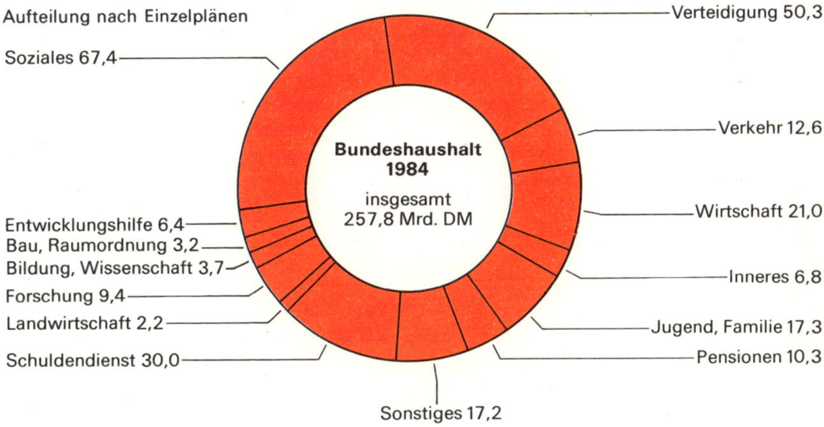

Kommunale Finanzen

Die Finanzstruktur der Gemeinden weicht von derjenigen des Bundes und der Länder grundsätzlich ab. Während Bund und Länder ihre Ausgaben zu über 60 bzw. fast 60% aus Steuermitteln bestreiten, können es die Gemeinden nur zu 30% (↑Ziele und Arten des Finanzausgleichs S. 314, ↑öffentliche Einnahmen S. 270) tun. Dabei ist zu beachten, daß es bei ihnen erhebliche Unterschiede an Steuerkraft gibt. Andererseits haben die Gemeinden hohe Ausgaben für Investitionen (z. B. Bau von Schulen, Krankenhäusern, Schwimmbädern, Altersheimen, Kläranlagen) zu leisten. Obwohl auf sie nur etwa 40% der Einnahmen der öffentlichen Haushalte entfallen, sind sie mit über 60% an den öffentlichen Investitionsausgaben beteiligt. Auf der kommunalen Ebene beträgt der Anteil der Investitionsausgaben an den Gesamtausgaben der Gemeinden etwa 30%. Bestritten werden die Ausgaben außer aus Steuermitteln hauptsächlich durch Einnahmen aus Gebühren, Entgelten u. a., aus kommunaler Wirtschaftstätigkeit und aus Zuwendungen der Länder. Steuereinnahmen und Finanzzuwendungen variieren um 30 bzw. 20%, der Anteil der Gebühren u. a. erreicht über 15%, der aus wirtschaftlicher Tätigkeit weniger als 5%. Ein Anteil von bis 10% wird durch Kreditaufnahmen am Kapitalmarkt gedeckt. Die Verschuldung der Gemeinden ist dementsprechend hoch (↑Formen und Grundsätze der Staatsverschuldung S. 308).

Nach Art. 106 Grundgesetz (GG) steht den Gemeinden das Aufkommen der Realsteuern (↑Grundsteuer S. 294), ↑Gewerbesteuer S. 296) sowie, zusammen mit den Gemeindeverbänden, das der örtlichen Verbrauch- und Aufwandsteuern zu (z.B. Hundesteuer, Jagdsteuer, Schankerlaubnissteuer, Vergnügungssteuer). Die Höhe der Realsteuern kann durch besondere Aufschläge (Hebesätze) von jeder Gemeinde variabel gestaltet werden. Als besonders ertragreich hat sich die Gewerbesteuer erwiesen. Aus ihr flossen etwa 80% der Steuererträge. Das hat in den letzten beiden Jahrzehnten die Gemeinden zu einer intensiven Gewerbeansiedlungspolitik veranlaßt, die zu starken Steuerkraftunterschieden zwischen den Kommunen und damit zu recht unterschiedlichen sozialen und kulturellen Leistungen für die Bürger sowie zu einer starken Konjunkturabhängigkeit führte. Um hier ausgleichend zu wirken, wurde durch die Finanzreform vom 12. 5. 1969 eine Umschichtung in den Steuereinnahmen vorgenommen. Die Gemeinden sind nunmehr verpflichtet, einen Teil der Gewerbesteuer auf den Ertrag und das Kapital, derzeit etwa 25%, an Bund und Länder abzuführen (Gewerbesteuerumlage, Art. 106 Abs. 6 GG, § 6 Gemeindefinanzreformgesetz vom 3. 9. 1969).

Sie erhalten dafür seit 1980 15% der dem Bund und den Ländern gemeinschaftlich zustehenden Lohn- und veranlagten Einkommensteuer (Art. 106 Abs. 5 GG, § 1 Gemeindefinanzreformgesetz), was eine leichte Verbesserung der kommunalen Finanzlage bedeutet. Dennoch sind die Gemeinden weiterhin auf Zuwendungen der Länder, die aus deren Anteil an den Gemeinschaftssteuern fließen, angewiesen (Art. 106, Abs. 7 GG). Grund dafür ist u. a., daß die Gemeinden zu einem erheblichen Teil auch Aufgaben der Länder erfüllen. Die Zuwendungen erfolgen entweder nach einem bestimmten, aus Ausgabenbedarf und Steuerkraft errechneten Schlüssel als Schlüsselzuweisungen oder als gebundene Zweckzuweisungen. Auch aus Bundesmitteln erhalten die Gemeinden Investitionshilfen, z.B. für Krankenhausbau, Verkehrsausbau oder Städtesanierung (Art. 104a Abs. 4 GG), sowie Ausgleichszahlungen für Sonderbelastungen (z.B. durch Kasernenbau, Art. 106 Abs. 8 GG). Bei den Gebühren u.a. handelt es sich um Abgaben, die als Entgelt für besondere Leistungen zu zahlen sind (z.B. Erschließungs- und Anliegerbeiträge oder Müllabfuhrgebühren). Auch die Gemeinden haben ihrer Haushaltswirtschaft eine ↑mehrjährige Finanzplanung (S. 280) mit einem Investitionsprogramm zugrunde zu legen.

H. Pagenkopf: Das Gemeindefinanzsystem und seine Problematik. Siegburg 1978. – H. Elsner: Das Gemeindefinanzsystem. Stuttgart 1979.

Ausgaben und Einnahmen der Gemeinden 1979 bis 1983

Positionen	1979	1980	1981	1982	1983
	— in Mrd DM —				
A. Ausgaben					
1. Laufende Rechnung					
1.1. Personalausgaben . . .	39,49	42,89	45,82	46,97	48
1.2. Laufender Sachaufwand . .	25,60	28,46	29,20	31,14	32
1.3. Zinsausgaben	5,66	6,57	7,61	8,69	9
1.4. Laufende Zuschüsse	16,95	19,04	22,12	22,35	23
1.5. Laufende Zuweisungen an Verwaltungen	2,31	2,25	2,65	3,52	4
1.6. Laufende Rechnung zusammen	90,00	99,20	107,40	112,67	116
2. Kapitalrechnung					
2.1. Sachinvestition	35,99	41,23	40,19	34,48	33½
2.2. Vermögensübertragungen an andere Bereiche	2,10	2,36	2,66	2,13	2
2.3. Vermögensübertragungen an Verwaltungen	0,22	0,27	0,09	0,68	½
2.4. Darlehen und Beteiligungen an andere Bereiche	1,45	1,88	1,65	2,04	2
2.5. Darlehen und Darlehens-rückzahlungen an Verwaltungen	0,59	0,54	0,63	0,69	½
2.6. Kapitalrechnung zusammen .	40,34	46,27	45,22	40,03	39
3. Ausgaben (ohne besondere Finanzierungsvorgänge) . .	130,35	145,47	152,63	152,70	155
B. Einnahmen					
1. Laufende Rechnung					
1.1. Steuern	41,10	47,26	46,11	46,99	49½
1.2. Sonstige laufende Einnahmen	62,78	68,96	72,88	76,17	77½
1.3. Laufende Rechnung zusammen	103,89	116,22	118,99	123,16	127
2. Kapitalrechnung . . .	21,18	23,61	22,62	22,01	22
3. Einnahmen ohne besondere Finanzierungsvorgänge . .	125,06	139,83	141,61	145,17	149
C. Finanzierungssaldo	−5,29	−5,65	−11,01	−7,52	−6

Mehrjährige Finanzplanung

Gemäß §§ 9f. und 14 des Gesetzes zur Förderung der Stabilität und des Wachstums der Wirtschaft (StWG) sowie § 50 Abs. 1 des Haushaltsgrundsätzegesetzes (HGrG, ↑Haushaltsgrundsätze S. 276) ist der Haushaltswirtschaft von Bund und Ländern eine fünfjährige Finanzplanung zugrundezulegen; die Länder müssen die Gemeinden zur Finanzplanung verpflichten (↑kommunale Finanzen S. 278). Verfahren und Koordination der Finanzplanungen von Bund, Ländern und Gemeinden sind in §§ 50–52 HGrG sowie in den Gemeindeordnungen und Gemeindehaushaltsverordnungen geregelt. Motiv für die Einführung einer mehrjährigen Finanzplanung war das Bedürfnis, Zukunftswirkungen öffentlicher Einnahmen und Ausgaben auf die wirtschaftliche Entwicklung und die Gestaltung künftiger Jahreshaushalte selbst in den Planungen der öffentlichen Hände zu erfassen. So ziehen öffentliche Investitionen, etwa in Bildungseinrichtungen, Anschlußinvestitionen und andere Folgeausgaben nach sich; auch Kreditaufnahmen beeinflussen über den Schuldendienst künftige Haushalte unmittelbar; nahezu alle öffentlichen Ausgaben und Einnahmen wirken mittelbar durch ihren Einfluß auf die Entwicklung der Volkswirtschaft (↑Volkseinkommen – Sozialprodukt – Gesamtnachfrage S. 360; ↑Konjunktursteuerung durch Fiskalpolitik S. 510) und wiederum z. B. über das Steueraufkommen auf die Möglichkeiten künftiger Haushaltsgestaltung.

Die mehrjährige Finanzplanung hat daher folgende Funktionen: Der Beginn haushaltswirksamer Maßnahmen soll zeitlich so verteilt werden, daß eine geordnete Haushaltswirtschaft auch in Zukunft gesichert ist (finanzpolitische Funktion); dabei sollen die verschiedenen öffentlichen Aktivitäten so bemessen sein, daß sie im Verein mit der Wirtschaftstätigkeit anderer Instanzen (z. B. ↑Zentralbank S. 46) und der Privaten auf die wirtschaftspolitischen Ziele in sachlicher und zeitlicher Hinsicht bestmöglich abgestimmt sind (wirtschaftspolitische Funktion); mit dieser quantitativen Ausprägung des Regierungsprogramms im Finanzplan wird die Wirtschaftsplanung der Privaten erleichtert und zugleich der Spielraum für die Durchsetzung von Einzelinteressen eingeengt (Informationsfunktion). Letztere Funktion bedingt, daß Finanzplanrevisionen (etwa wegen neu aufkommender Bedürfnisse, Änderung der politischen Ziele oder Fehlprognose der wirtschaftlichen Entwicklung) sich in engen Grenzen halten. Sie lassen sich gleichwohl niemals ganz vermeiden. Daher sind die Finanzpläne von Jahr zu Jahr an die inzwischen eingetretene Entwicklung anzupassen und fortzuschreiben (gleitende Planung). Dies läßt – wegen des umständlichen Gesetzgebungsverfahrens – ihre Verabschiedung durch das Parlament als unzweckmäßig erscheinen. Die Finanzpläne werden von der Regierung beschlossen und den gesetzgebenden Körperschaften vorgelegt (mehrjährige Gemeindeinvestitionspläne werden allerdings vom Gemeinderat gefaßt). Die Parlamente haben insoweit Einfluß auf die mehrjährige Finanzplanung, als nach § 50 Abs. 2 HGrG der erste Jahresabschnitt des Finanzplans mit dem als Anlage zum Haushaltsgesetz verabschiedeten Jahreshaushaltsplan übereinstimmen muß. Die Verwirklichung der mittelfristig anvisierten Ziele verlangt die Koordination der Finanzpläne von Bund, Ländern und Gemeinden. Wegen der föderativen Finanzverfassung in der BRD (↑Finanzverfassung von Bund und Ländern S. 274) kann der als Koordinationsinstrument bei der Bundesregierung gebildete Finanzplanungsrat, in dem Bund, Länder und Gemeinden vertreten sind, nur Empfehlungen aussprechen, indes keine Weisungen erteilen. Es ist ihm bisher auch nicht gelungen, die Gebietskörperschaften zu einer Einigung über die finanzpolitischen Schwerpunkte sowie über die bei der Planung zu berücksichtigenden Daten zu bewegen. Lediglich eine einheitliche Sprachregelung und Plansystematik wurden erreicht.

H. H. Nachtkamp: Mehrjährige Finanzplanungen u. mittelfristige Zielprojektionen der Bundesregierung. Baden-Baden 1976. – A. Winter: Die Entwicklung der Finanzplanung des Bundes. Diessenhofen 1978.

Schematische Darstellung des Arbeitsablaufs zur mehrjährigen Finanzplanung der Bundesregierung

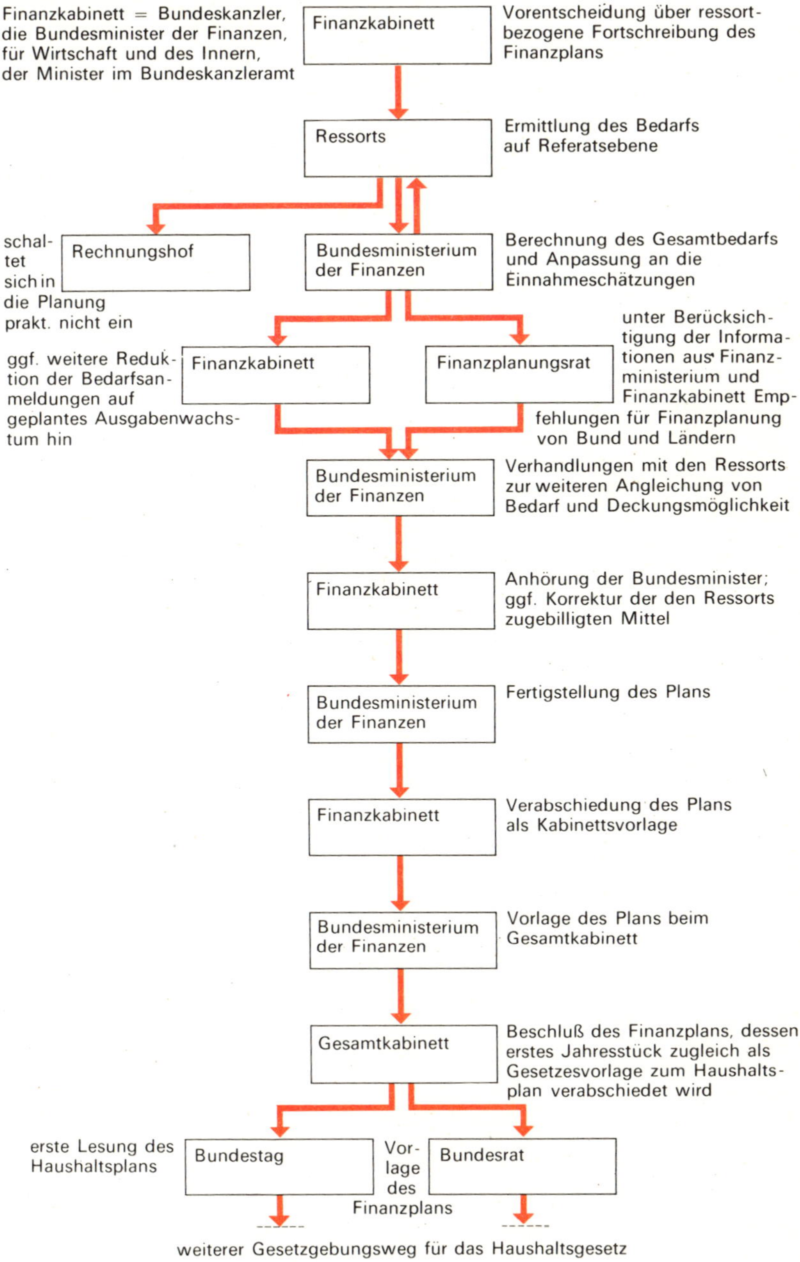

Öffentliche Finanzkontrolle

Die öffentliche Finanzkontrolle dient als Rechnungsprüfung der Feststellung der zahlenmäßigen und rechnerischen Richtigkeit ↑öffentlicher Einnahmen (S. 270) und ↑öffentlicher Ausgaben (S. 262), als Verwaltungskontrolle der Vorschriftsmäßigkeit des Finanzgebarens (Gesetzmäßigkeit, Übereinstimmung mit den Ansätzen im ↑Haushaltsplan S. 276) sowie seiner Zweckmäßigkeit und Wirtschaftlichkeit. Sie kann im Haushaltsvollzug „mitschreitend" erfolgen, vor Auszahlungen (Visakontrolle) oder im nachhinein (Revision).

Finanzkontrolle findet verwaltungsintern statt, z. B. in Form von Beanstandungen durch vorgesetzte Behörden, oder durch das Parlament, das mit dem Haushaltsgesetz über einen Kontrollrahmen für die parlamentarische Prüfung und Entlastung der Regierung nach Ablauf einer Haushaltsperiode verfügt. Gelegentlich findet auch eine mitschreitende Kontrolle durch Haushaltsausschüsse des Parlaments statt, denen dann Zustimmungsrechte zu Akten des Haushaltsvollzuges vorbehalten werden. Meist ist die Finanzkontrolle für Regierung und Parlament besonderen Rechnungshöfen übertragen, deren Mitglieder i. d. R. richterliche Unabhängigkeit genießen und besondere Untersuchungsbefugnisse besitzen. In der BRD sind allgemeine Richtlinien der öffentlichen Finanzkontrolle mit dem Haushaltsgrundsätzegesetz vom 19. 8. 1969 aufgestellt worden (↑Haushaltsgrundsätze S. 276). Für den Bund gelten darüber hinaus Art. 114 Grundgesetz (GG) und die Bundeshaushaltsordnung vom 19. 8. 1969. Im Bund findet auch eine finanzielle Gegenkontrolle der finanzwirksamen Beschlüsse des Bundestags durch die Bundesregierung nach Maßgabe des Art. 113 GG statt (↑Haushaltsplan S. 276).

Grundlage der Rechnungskontrolle im Bund ist die Buchführungs- und Belegpflicht der Kassen und Zahlstellen der Verwaltung. Auf deren Bücherabschlüssen basiert die jährliche Rechnungslegung des Bundesministers der Finanzen gegenüber Bundestag und Bundesrat. Sie erfolgt in Form einer Haushaltsrechnung (kameralistischer Ist-Soll-Vergleich) und einer Vermögensrechnung. Beide unterliegen der Rechnungsprüfung des Bundesrechnungshofs, der gehalten ist, auch die Wirtschaftlichkeit und Ordnungsmäßigkeit der Haushalts- und Wirtschaftsführung der Bundesverwaltung zu kontrollieren. Zu diesem Zweck können Mitglieder des Rechnungshofs jederzeit (stichprobenartige) Überprüfungen von Dienststellen vornehmen, und zwar schon bevor die kontrollierten Verwaltungsakte zu förmlichen Rechnungen geführt haben (sog. „gegenwartsnahe" Prüfung). Die Prüfungsergebnisse teilt der Rechnungshof den betroffenen Dienststellen mit, sind sie von erheblicher finanzieller Bedeutung, auch dem Bundesfinanzminister. Der Rechnungshof kann darüber hinaus jederzeit Bundestag, Bundesrat und Bundesregierung unterrichten und sie bzw. einzelne Bundesminister aufgrund seiner Prüfungserfahrungen beraten. Über die Ergebnisse der Abschlußprüfung berichtet er jährlich Bundestag, Bundesrat und Bundesregierung unmittelbar. Der Bericht dient dem Bundestag und Bundesrat als Grundlage zur Entlastung der Bundesregierung. Mit ihm sind insbes. der Haushalts- und Rechnungsprüfungsausschuß befaßt. Der Bundestag kann weitere Aufklärung einzelner Punkte fordern, diese selbst (z. B. durch Untersuchungsausschüsse) vornehmen und bestimmte Sachverhalte ausdrücklich mißbilligen. Verfassungsrechtliche Folgen hat die Verweigerung der Entlastung nicht. Auch politisch bedeutet sie wenig. Meist liegen die beanstandeten Vorgänge schon zwei bis drei Jahre zurück, bevor sie im Parlament zur Sprache kommen. Möglicherweise ist dann die betroffene Regierung nicht mehr im Amt. Größere Wirksamkeit hat daher die sofort zu Beanstandungen führende mitschreitende Kontrolle des Bundesrechnungshofs, seine allgemeine Beratungstätigkeit sowie die Tatsache der Kontrolle an sich.

J. Hirsch: Parlament u. Verwaltung. Tl. 2: Haushaltsplanung u. Haushaltskontrolle in der B.-Rep. Dtschld. Stuttg. u. a. 1968. – S. Tiemann: Die staatsrechtl. Stellung der Finanzkontrolle des Bundes. Berlin 1974.

Schema der öffentlichen Finanzkontrolle nach der Bundeshaushaltsordnung (BHO) vom 19. 8. 1969

Aufstellung des Haushaltsplans: §§ 11 ff BHO	Korrektur an Voranschlägen der Verwaltung durch vorgesetzte Behörden, den Bundesminister der Finanzen und die Bundesregierung.
Feststellung des Haushaltsplans: Art. 110 Abs. 3 GG	Genehmigung des von der Bundesregierung vorgelegten Kontrollrahmens des Haushaltsplans durch den Bundestag.

Vollzug des Haushaltsplans: §§ 34 ff BHO → Pflichten zur Unterrichtung des Bundesrechnungshofes und Anhörungsrechte des BRH

Buchführungs- und Belegpflicht der Kassen und Zahlstellen (§§ 70–75 BHO) → gegenwartsnahe Prüfung durch den BRH (Auskunfts- und Vorlegungspflichten der Verwaltung)

← Mitteilung von Prüfungsergebnissen an die Verwaltung (§ 96 Abs. 1 BHO)

← Mitteilung von Prüfungsergebnissen an den Bundesminister der Finanzen (§ 96 Abs. 2 BHO)

Unterrichtung von Bundestag, Bundesrat und Bundesregierung (§ 99 BHO) → Bundestag und Bundesrat

← Beratung von Bundestag, Bundesrat und Bundesregierung sowie einzelner Bundesminister (§ 88 Abs. 2 BHO) → Bundestag und Bundesrat

↓

Bücherabschluß

↓

Rechnungslegung durch Bundesminister der Finanzen (Haushaltsrechnung, Vermögensrechnung, Abschlußbericht und Übersichten) und Bitte um Entlastung (Art. 114 GG, §§ 80–86 BHO) → Bundestag und Bundesrat

→ Rechnungsprüfung und Prüfung der Wirtschaftlichkeit und Ordnungsmäßigkeit der Haushalts- und Wirtschaftsführung durch den BRH (§ 89 BHO)

↓

Bundesregierung ← Bericht („Bemerkungen") des BRH → Bundestag und Bundesrat

↓

Bundesregierung ← weitere Auskünfte, Beanstandungen (Mißbilligungen) (§ 114 BHO)

↓

Entlastung Art. 114 Abs. 1 GG

Besteuerungsgrundsätze

Besteuerungsgrundsätze sollen die Steuerpolitik zweckmäßig und gerecht gestalten. Sie lassen sich in vier Gruppen zusammenfassen, solche 1) fiskalisch-budgetärer, 2) steuerrechtlicher und steuertechnischer, 3) am Gerechtigkeitsziel orientierter sowie 4) wirtschaftspolitischer Art.

1) Fiskalisch-budgetäre Besteuerung stellt primär auf Einnahmenerzielung zur Finanzierung von Staatsaufgaben ab. Dieser Grundsatz verlangt vor allem Ergiebigkeit sowie Anpassungs- und Steigerungsfähigkeit (Flexibilität) des Steuersystems.

2) Unter steuerrechtlichen und steuertechnischen Gesichtspunkten ist zu fordern, daß die wesentlichen Bestandteile einer Steuer wie Steuersubjekt, Steuerobjekt, Bemessungsgrundlage, Steuersatz und Zahlungsweise eindeutig vorgeschrieben sein sollten (Grundsatz der Bestimmtheit). Darüber hinaus muß das Steuersystem auf gesetzlichen Grundlagen beruhen (Grundsatz der Gesetzmäßigkeit). Diese beiden Grundsätze haben verfassungsrechtliche Wurzeln im Rechtsstaatsprinzip. Ferner dürfen steuerliche Maßnahmen nicht widersprüchlich sein (Grundsatz der Widerspruchsfreiheit). Der Grundsatz der Steuertransparenz beinhaltet, daß Steuergesetze und Durchführungsverordnungen allgemeinverständlich sein sollten. Außerdem gilt es, für Fiskus und Steuerzahler zweckmäßige Regelungen zu finden (Grundsatz der Bequemlichkeit). Der mit Veranlagung, Erhebung und Kontrolle verbundene Aufwand ist gering zu halten (Grundsatz der Wohlfeilheit).

3) Die Gerechtigkeitspostulate zielen darauf ab, die Steuerlastverteilung in einem ethisch befriedigenden Sinn zu regeln. Zum Teil sind diese Postulate verfassungsrechtlich verbindlich (insb. Gleichheitsgrundsatz, Schutz von Ehe und Familie, Sozialstaatsprinzip). Der Grundsatz der Allgemeinheit der Besteuerung beinhaltet, daß jeder Staatsbürger Steuern zahlen sollte. Die Forderung nach Gleichmäßigkeit der Besteuerung verlangt eine ausgewogene Steuerlastverteilung und gleichmäßigen Gesetzesvollzug. Aus der Vielzahl der Gerechtigkeitspostulate ragen das Äquivalenzprinzip und das Leistungsfähigkeitsprinzip heraus. Das Äquivalenzprinzip fordert, daß sich Steuern als Monopolpreis für staatliche Leistungen und aus ihnen entstehender Nutzen entsprechen. Seine Vertretbarkeit scheitert vor allem an der mangelnden Zurechenbarkeit des Nutzens staatlicher Leistungen zu einem bestimmten Empfängerkreis und an der Unmöglichkeit, den für diese Leistungen benötigten Steuerbetrag angemessen auf die Nutznießer umzulegen. Nach dem Leistungsfähigkeitsprinzip ist Ziel der Besteuerung, allen Staatsbürgern ein gleiches relatives Bedürfnisbefriedigungsopfer aufzuerlegen. Dieses Fundamentalprinzip ist verfassungsrechtlich aus dem Gleichheitsgrundsatz abzuleiten. Indikatoren der Leistungsfähigkeit sind: Einkommen, Vermögen, Bereicherung (durch Erbschaft oder Schenkung), Einkommensverwendung (Verbrauch).

4) Zur Erreichung wirtschaftspolitischer Ziele werden die steuerpolitischen Aktionsparameter (Bemessungsgrundlagen und vor allem Steuersätze) so variiert, daß sich eine Wirtschaftsstruktur und/oder ein Wirtschaftsablauf einstellen oder eine ↑Einkommensverteilung (S. 460) und ↑Vermögensverteilung (S. 462) erreicht wird, die den angestrebten Zielen entsprechen (↑Wirtschaftspolitik in der Marktwirtschaft S. 366, ↑wirtschaftspolitische Ziele und Zielkonflikte S. 368).

F. Neumark: Grunds. gerechter u. ökonom. rationaler Steuerpolitik. Tüb. 1970. – H. Haller: Die Steuern. 3. Aufl. Tüb. 1981. – K. Tipke: Steuerrecht. 9. Aufl. Köln 1983.

Einige Ziele und Mittel nichtfiskalischer Besteuerung

Ziele nichtfiskalischer Besteuerung

- strukturpolitische Ziele
- stabilisierungs- und wachstumspolitische Ziele
- umverteilungspolitische Ziele

strukturpolitische Ziele: Einzelziele	strukturpolitische Ziele: jeweilige Mittel	stabilisierungs- und wachstumspolitische Ziele: Einzelziele	stabilisierungs- und wachstumspolitische Ziele: jeweilige Mittel	umverteilungspolitische Ziele: Einzelziele	umverteilungspolitische Ziele: jeweilige Mittel
Ausdehnung oder Einschränkung der Erzeugung bestimmter Produkte	spezielle Verbrauchsteuern	Erhöhung oder Senkung von Investitionsausgaben der privaten Unternehmen	Investitionszulagen bzw. -steuern, Änderung steuerl. zulässiger Abschreibungsmöglichkeiten, Änderung der Gewinnsteuersätze, Verlustausgleichsmöglichkeiten	Abbau der Vermögenskonzentration	Vermögensteuer, Erbschaftsteuer, progressive Einkommensbesteuerung
Beeinflussung der Standortwahl	regionale Steuerbegünstigung etwa bei Einkommens- und/oder Umsatzbesteuerung			steuerliche Förderung der Vermögensbildung von Beziehern kleiner Einkommen	Freigrenze für Kapitaleinkünfte bis zu einer bestimmten Höhe oder Freibetrag in bestimmter Höhe für zu versteuernde Einkommen bis zu bestimmter Höhe
Beeinflussung der Wahl der Rechtsform des Unternehmens	Doppelbelastung bestimmter Rechtsformen oder unterschiedlicher Festsetzung von Bemessungsgrundlagen und/oder Steuertarifen	Erhöhung oder Senkung der Konsumausgaben der privaten Haushalte	Änderung des privaten verfügbaren Einkommens durch Konjunktur- oder Stabilitätsabgaben bzw. -zulagen, steuerl. Sparförderung	Einkommensnivellierung	progressive Einkommensbesteuerung, unterschiedliche Belastung verschiedener Einkunftsarten
Förderung der Aktivitäten einzelner Wirtschaftszweige	sektorale Steuerbegünstigung z. B. bei der Einkommensbesteuerung	zahlungsbilanz- und währungspolitische Ziele	unterschiedl. Besteuerung von in- und ausländ. Kapitaleinkünften, Ausfuhr- oder Einfuhrbesteuerung		

Einkommensteuern

Die Einkommensteuer bildet zusammen mit der ↑Körperschaftsteuer (S. 288) und der Umsatzsteuer (↑allgemeine Umsatzsteuern S. 290) die wichtigste staatliche Einnahmequelle (↑öffentliche Einnahmen S. 270). Sie fließt dem Bund, den Ländern und den Gemeinden gemeinsam zu. Steuerpflichtig sind alle natürlichen Personen, die im Inland ihren Wohnsitz haben, also auch Ausländer; sie unterliegen der Einkommensteuer mit ihrem gesamten, auch dem im Ausland erzielten Einkommen (unbeschränkte Steuerpflicht). Wer dagegen im Ausland lebt, braucht nur seine im Inland erwirtschafteten Einkünfte zu versteuern (beschränkte Steuerpflicht). Doppelbelastungen, die bei grenzüberschreitender wirtschaftlicher Betätigung entstehen können, werden allerdings z.T. durch Doppelbesteuerungsabkommen ausgeglichen (↑ Internationales Steuerrecht S. 600).

Zum besteuerbaren Einkommen gehört nur das, was unter eine der im Gesetz abschließend definierten sieben Einkunftsarten fällt. Deshalb bleiben z. B. Lotteriegewinne steuerfrei. Das steuerpflichtige Einkommen wird je nach der Einkommensart entweder durch Betriebsvermögensvergleich oder durch Abzug der Betriebsausgaben von den Betriebseinnahmen bzw. der Werbungskosten von den Einnahmen ermittelt. Vom steuerpflichtigen Einkommen werden innerhalb festgelegter Grenzen Sonderausgaben, Freibeträge und außergewöhnliche Belastungen abgezogen.

Jahreseinkommen bis zu 3690 DM bleiben steuerfrei. Von 3691 DM–16000 DM gilt ein Proportionaltarif von 22%. Für Einkommen zwischen 16001 DM und 129999 DM gilt ein progressiv ansteigender Tarif, ab 130000 DM wieder ein Proportionaltarif von 56%. Für Eheleute gilt der sog. Splittingtarif, durch den die Steuerschuld auf das Zweifache der auf die Hälfte des gemeinsamen Einkommens entfallenden Steuerschuld verringert wird. Deshalb führt die Heirat, wenn die Ehegatten unterschiedlich hohe Einkünfte beziehen, zu Steuervorteilen. Verheiratete können auch die getrennte Veranlagung wählen, was aber nur in Ausnahmefällen günstiger als die Anwendung des Splittingtarifs ist.

Die Einkommensteuer wird alljährlich aufgrund einer bis zum 31. 5. abzugebenden Steuererklärung festgesetzt. Das Einkommen aus unselbständiger Arbeit wird im Abzugsverfahren versteuert. Hier führt der Arbeitgeber den auf jede Lohn- und Gehaltszahlung entfallenden Steueranteil direkt an das Finanzamt ab. Diese vom Arbeitgeber einzuziehende Einkommensteuer wird als Lohnsteuer bezeichnet. Die Lohnsteuer unterscheidet sich jedoch von der Einkommensteuer nur durch das Erhebungsverfahren und ferner dadurch, daß für Einkommen aus unselbständiger Arbeit von bis zu 24000 DM (bei Ehegatten 48000 DM) keine Veranlagung durchgeführt wird. An die Stelle der Veranlagung tritt der Lohnsteuerjahresausgleich, der auf Antrag gewährt wird. Ein solcher Ausgleich ist z.B. von solchen Steuerschuldnern zu beantragen, die nicht während des ganzen Jahres den gleichen Lohn bezogen haben. Denn die Lohnsteuer wird bei jeder Zahlung so berechnet, als ob diese das ganze Jahr hindurch in gleicher Höhe bezogen würde. Auch die Einkünfte aus Wertpapierbesitz werden durch Abzug direkt an der Quelle versteuert (↑ Kapitalertragsteuer S. 298). Das Steueraufkommen (1982: veranlagte Einkommensteuer: 30,6 Mrd. DM, Lohnsteuer: 123,4 Mrd. DM) steht Bund und Ländern gemeinsam zu.

E. Littmann: Das Einkommensteuerrecht. 13. Aufl. Stuttgart 1981. – K. Tipke: Steuerrecht. 9. Aufl. Köln 1983.

Steuerbescn
Einkommensteuer
Ergänz
und Arbeitneh
Spar

Spektrum der sieben Einkunftsarten

1. Einkünfte aus Land- und Forstwirtschaft 2. Einkünfte aus Gewerbebetrieb 3. Einkünfte aus selbständiger Arbeit	Gewinneinkünfte (Einkommen = Gewinn = Ergebnis des Betriebsvermögensvergleichs)
4. Einkünfte aus nichtselbständiger Arbeit 5. Einkünfte aus Kapitalvermögen 6. Einkünfte aus Vermietung und Verpachtung 7. sonstige Einkünfte (nur) im Sinne des § 22 EStG	Überschußeinkünfte (Einkommen = Überschuß der Einnahmen über die Werbungskosten)

Steuerprogression (nach dem Stand vom 1.1.1984)

Die Tabelle macht das progressive Ansteigen des Steuertarifs mit wachsendem Einkommen deutlich.

zu versteuerndes Jahreseinkommen	Steuerschuld	Tarif (Durchschnittssteuersatz)
bis 4.212,00 DM	steuerfrei	0%
4.266,00 DM	12,00 DM	0,2%
4.400,00 DM	36,00 DM	0,8%
4.500,00 DM	60,00 DM	1,3%
5.000,00 DM	166,00 DM	3,3%
7.500,00 DM	713,00 DM	9,5%
10.000,00 DM	1.271,00 DM	12,7%
12.500,00 DM	1.818,00 DM	14,5%
15.000,00 DM	2.364,00 DM	15,7%
16.000,00 DM	2.590,00 DM	16,2%
20.000,00 DM	3.496,00 DM	17,5%
25.000,00 DM	4.874,00 DM	19,5%
30.000,00 DM	6.542,00 DM	21,8%
35.000,00 DM	8.442,00 DM	24,1%
40.000,00 DM	10.506,00 DM	26,2%
45.000,00 DM	12.742,00 DM	28,3%
50.000,00 DM	15.069,00 DM	30,1%
60.000,00 DM	20.015,00 DM	33,3%
70.000,00 DM	25.132,00 DM	35,9%
80.000,00 DM	30.394,00 DM	38,0%
90.000,00 DM	35.771,00 DM	39,7%
100.000,00 DM	41.236,00 DM	41,2%
110 000,00 DM	46.795,00 DM	42,5%
120 000,00 DM	52.363,00 DM	43,6%
130 000,00 DM	57.950,00 DM	44,6%
150 000,00 DM	69.163,00 DM	46,1%
200 000,00 DM	97.163,00 DM	48,6%
500 000,00 DM	265.163,00 DM	53,0%
1 000 000,00 DM	545.163,00 DM	54,5%
2 000 000,00 DM	1.105.163,00 DM	55,3%

Ehegatten-Besteuerung

Steuerpflichtiges Einkommen		Darauf entfallen an Einkommensteuer bei getrennter Veranlagung	bei gemeinsamer Veranlagung (Splitting)
Beim Mann:	50 000,00 DM	15 069,00 DM	die zweifache tarifliche Einkommensteuer aus 30 000,00 DM
Bei der Frau:	10 000,00 DM	1 271,00 DM	
zusammen:	60 000,00 DM	16 340,00 DM	13 084,00 DM

Körperschaftsteuer

Mit der Körperschaftsteuer belastet der Staat die Gewinne derjenigen Unternehmen, die in der Form der rechtsfähigen juristischen Person betrieben werden. Betroffen sind neben den ↑Aktiengesellschaften (S. 108) und den ↑Gesellschaften mit beschränkter Haftung (S. 106) (den sog. Kapitalgesellschaften) auch die eingetragenen Genossenschaften, die Versicherungsvereine auf Gegenseitigkeit und die ins Vereinsregister eingetragenen rechtsfähigen Vereine. Außerdem müssen die rechtlich unselbständigen Wirtschaftsbetriebe der öffentlichen Hand (insbes. die Energieversorgungs- und Nahverkehrsunternehmen der Gemeinden) Körperschaftsteuer entrichten. Die ↑offenen Handelsgesellschaften und Kommanditgesellschaften (S. 104) bleiben dagegen als sog. Personengesellschaften von der Körperschaftsteuer ausgenommen; ihr Gewinn unterliegt der ↑Einkommensteuer (S. 286), die von den Gesellschaftern zu entrichten ist.

Hinter den körperschaftsteuerpflichtigen Unternehmen mit eigener Rechtspersönlichkeit stehen ebenfalls einkommensteuerpflichtige natürliche Personen, denen der Körperschaftsgewinn in der Form von Dividenden und Gewinnanteilen zufließt. Deshalb führte die Körperschaftsteuer bis zum 13.12.1976 zu einer Doppelbelastung des Unternehmensgewinns. Dieser wurde zunächst beim Unternehmen selbst zur Körperschaftsteuer herangezogen und danach bei den Aktionären und Anteilseignern um die Einkommensteuer gemindert, welche diese auf ihre Einkünfte aus Kapitalvermögen zu entrichten hatten. Diese Doppelbelastung ist jedoch vom 1. 1. 1977 an durch ein Anrechnungsverfahren beseitigt worden. Die auf den Gewinnausschüttungen lastende, von der Gesellschaft entrichtete Körperschaftsteuer wird auf die Einkommensteuer des Ausschüttungsempfängers angerechnet, so daß die Ausschüttung im Ergebnis nur mit dem jeweiligen Einkommensteuersatz des Empfängers belastet ist.

Die Körperschaftsteuer entspricht bei den juristischen Personen der Einkommensteuer bei den natürlichen Personen. Deshalb wird der körperschaftsteuerpflichtige Gewinn grundsätzlich nach den gleichen Methoden ermittelt, die auch für die Einkommensteuer gelten. Der Körperschaftsteuertarif beträgt bei Kapitalgesellschaften 56%, ermäßigt sich aber bei ausgeschütteten Gewinnen auf 36%, weil ein Anreiz zur Gewinnausschüttung geboten werden soll. Diese 36% Körperschaftsteuer werden dann auf die Einkommensteuer des Gesellschafters angerechnet.

Die Körperschaftsteuer ist von jeder Gesellschaft zu entrichten, gleichgültig, ob sie ihren Gewinn an natürliche Personen oder andere Unternehmen abführt, mit denen sie zu einem Konzern verbunden ist. Wird eine Aktiengesellschaft jedoch als sog. Organgesellschaft von einem anderen Unternehmen (dem sog. Organträger) finanziell, organisatorisch und unternehmerisch vollkommen beherrscht (↑Konzern S. 110), so wird die Untergesellschaft steuerrechtlich als ein unselbständiges Organ ihres Trägers behandelt, mit der Folge, daß ihre Gewinne ausschließlich bei dem beherrschenden Unternehmen besteuert werden. Das Körperschaftsteueraufkommen (1982: 21,4 Mrd. DM) steht Bund und Ländern gemeinsam zu.

G. Felix/M. Streck: Körperschaftsteuergesetz. München 1979. – B. Knobbe-Keuk: Bilanz- und Unternehmenssteuerrecht. 4. Aufl. Köln 1983. – K. Tipke: Steuerrecht. 9. Aufl. Köln 1983.

Körperschaftsteuer

1. Beispiel:

Gewinn vor Abzug der Körperschaftsteuer	100
Körperschaftsteuer auf den ausgeschütteten Gewinn (Ausschüttungsbelastung)	36
verbleibende Barausschüttung	64
Einkünfte aus Kapitalvermögen des Anteilseigners (64 + 36)	100
bei einem Einkommensteuersatz von z. B. 40 v. H. beträgt die Einkommensteuer des Anteilseigners	40
Anrechnung der die Ausschüttung vorbelastenden Körperschaftsteuer	36
endgültige Einkommensteuerschuld	4

Dem Anteilseigner verbleiben danach 64 – 4 = 60; die Einkommensteuerbelastung beträgt 40 (40 v. H.).

2.

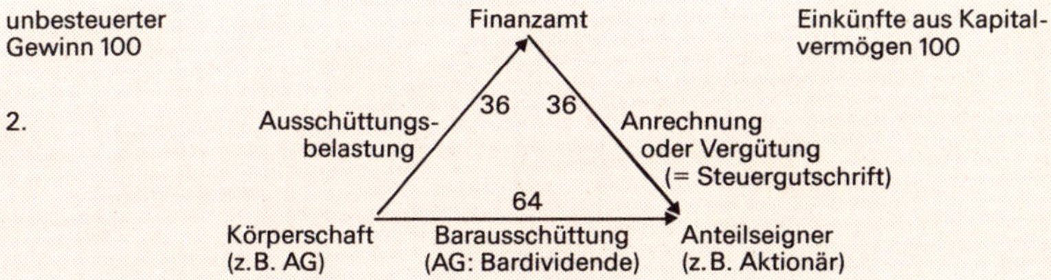

3. Die Beseitigung des Doppelbesteuerungseffekts durch die Körperschaftsteuer-Reform von 1976

Nach dem ab dem 1. 1. 1977 gültigen Körperschaftsteuer-Reformgesetz 1976 ergibt sich für eine GmbH mit zwei Gesellschaftern und einem Jahresgewinn von 750 000,00 DM folgende Gesamtbelastung:

a) Körperschaftsteuer der GmbH

Gesamtgewinn:	750 000,00 DM
ausgeschütteter Gewinn:	400 000,00 DM
davon ab 36 % Körperschaftsteuer:	144 000,00 DM
einbehaltener Gewinn:	350 000,00 DM
davon ab 56 % Körperschaftsteuer:	196 000,00 DM
Zusammen:	340 000,00 DM

b) Einkommensteuer der Gesellschafter

Einkommensteuer auf die beiden Gewinnanteile von 200 000,00 DM je 99 324,00 DM (= 45,7 %) =	198 648,00 DM
darauf wird die bereits von der GmbH entrichtete Körperschaftsteuer angerechnet	– 144 000,00 DM
Die Gesellschafter haben somit an Einkommensteuer zu zahlen:	54 648,00 DM
Gesamtbelastung des GmbH-Gewinns mit Einkommen- und Körperschaftsteuer:	394 648,00 DM

Damit entspricht die Steuerlast einer GmbH und ihrer Gesellschafter exakt der Steuerlast, die eine Personalgesellschaft bei gleichen Gewinnen zu tragen hat. Der Doppelbesteuerungseffekt der alten Körperschaftsteuer ist beseitigt.

Allgemeine Umsatzsteuern

Gegenstand der allgemeinen Umsatzsteuer sind entgeltliche Lieferungen und Leistungen durch ein Unternehmen im Inland (↑Zollrecht S. 590) sowie der Eigenverbrauch des Unternehmers, d.h. Entnahmen und Verwendungen von Gegenständen des Unternehmens für private Zwecke. Da Objekt der Umsatzsteuer ein Leistungsverkehr ist, wird sie als Verkehrsteuer angesehen. Steuerschuldner ist der leistende Unternehmer. Dieser wälzt jedoch die Umsatzsteuer offen oder verdeckt auf den Entgeltpflichtigen fort (↑Steuerüberwälzung S. 304), so daß letztlich der Endverbraucher Steuerträger ist. Die Umsatzsteuer ist daher von der tatsächlichen Belastungswirkung her eine Steuer auf den Verbrauch (Ausgabensteuer), die nur aus steuertechnischen Gründen (↑Besteuerungsgrundsätze S. 284) als Verkehrsteuer ausgestaltet ist. Sie entspricht nicht dem Prinzip der Besteuerung nach der Leistungsfähigkeit, weil private Haushalte von ihr um so stärker betroffen sind, je höher der Anteil der Verbrauchsausgaben an ihrem Einkommen ist; dieser ist i. d. R. gerade bei niedrigem Haushaltseinkommen besonders hoch.

Die Umsatzbesteuerung kann in zwei Formen durchgeführt werden. 1) Die Allphasen-Bruttoumsatzsteuer wird vom Umsatz der Unternehmen auf allen Wirtschaftsstufen (Ur-, Veredlungsproduktion, Groß- und Einzelhandel) erhoben. Von ihr geht insofern ein Anreiz zum Zusammenschluß von Unternehmen verschiedener Wirtschaftsstufen (↑Konzentration wirtschaftlicher Macht S. 410) aus, als Umsätze zwischen zusammengeschlossenen Wirtschaftsstufen (vertikale Integration) steuerfrei bleiben. 2) Die Allphasen-Nettoumsatzsteuer (Mehrwertsteuer, Wertschöpfungsteuer) ist geeignet, die Konzentrationswirkungen der Bruttoumsatzsteuer zu vermeiden. Durch sie wird nur der durch das Unternehmen erarbeitete Wertzuwachs besteuert. Technisch wird dies dadurch erreicht, daß die Mehrwertsteuerpflichtigen von ihrer Steuerschuld die in Zahlungen für Vorleistungen anderer Unternehmen enthaltene Mehrwertsteuer (Vorsteuer) abziehen können.

Die Nettoumsatzsteuer wurde 1967 in der BRD eingeführt. Bleibt der Gesamtumsatz einschließlich Umsatzsteuer in gewissen Grenzen, so ist der Umsatz steuerfrei oder es kann ein Steuerabzugsbetrag geltend gemacht werden. Der Regelsteuersatz beträgt derzeit bei der Mehrwertsteuer 14% vom Nettoentgelt (ohne Umsatzsteuer); für bestimmte Leistungen beträgt der Steuersatz nur 7%, z. B. für Lieferung von Kakaopulver, Kaffee, Tee, Zucker und Speisesalz, da diese schon mit ↑speziellen Ausgabensteuern (S. 292) belastet sind. Ferner gilt der ermäßigte Steuersatz für Waren des Buchhandels und andere kulturelle Leistungen, für die Nahrungsmittel des einfachen Bedarfs aus sozialpolitischen Gründen u. a. Umsatzsteuerfrei sind (mit bestimmten Einschränkungen) insbesondere medizinische Leistungen, Vermietung und Verpachtung von Grundstücken, Kreditgewährungen, sowie die von ↑Vermögensverkehrsteuern (S. 302) erfaßten Umsätze. Außerdem sind steuerfrei die Ausfuhrlieferungen, da diese im Bestimmungsland der dortigen Umsatzsteuer unterworfen werden. Entsprechend unterliegt der Import von Gegenständen der Einfuhrumsatzsteuer.

Die Umsatzsteuer wird von den Finanzämtern als Landesfinanzbehörden im Auftrag des Bundes verwaltet. Das Umsatzsteueraufkommen (1982: 53,7 Mrd. DM) steht Bund und Ländern gemeinsam zu.

G. Rose: Betrieb u. Steuer. Band 2. Die Verkehrsteuern. Losebl. 6. Aufl. Wiesb. 1982. – K. Tipke: Steuerrecht. 9. Aufl. Köln 1983.

Zahlungsströme im System der Umsatzsteuer (Beispiel)

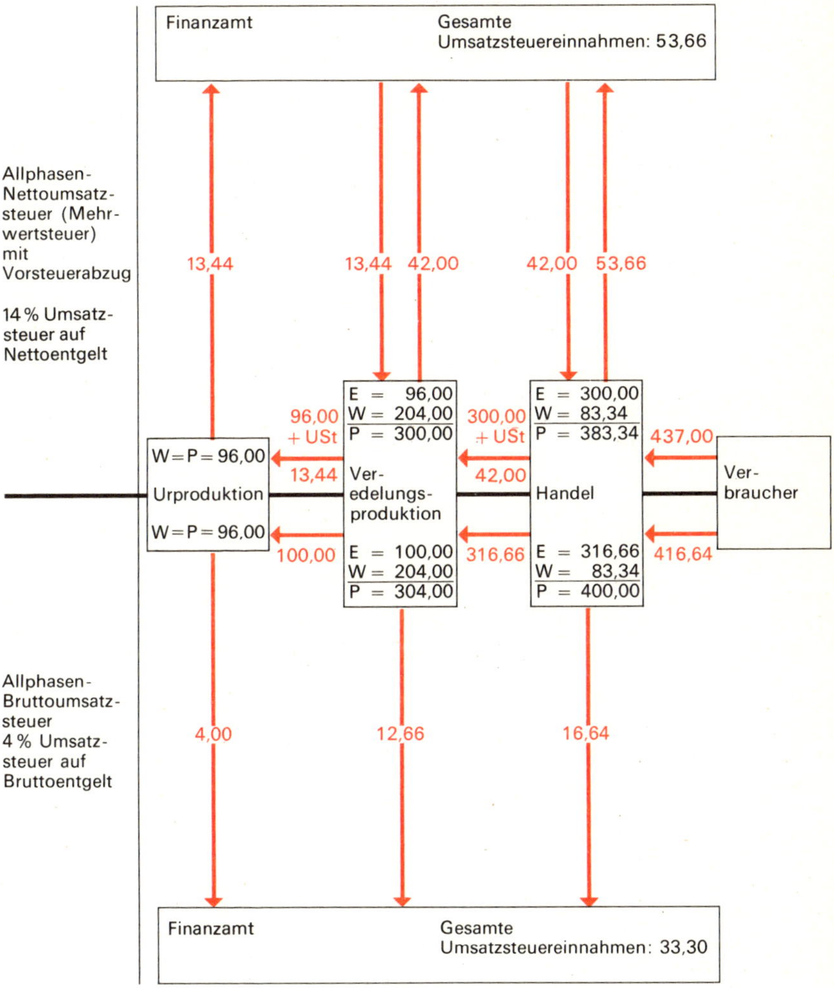

Annahme: Betrieb der Urproduktion (z. B. Landwirtschaft, Steinbruch) zahlt keine Entgelte an andere Unternehmer

E = Entgelte für Leistungen anderer Unternehmer
W = Wertschöpfung (an Nichtunternehmer geleistete Entgelte, z. B. Löhne, Zinsen)
P = Nettoverkaufspreis

Spezielle Ausgabensteuern

Spezielle Ausgabensteuern belasten ebenso wie die Umsatzsteuer als allgemeine Ausgabensteuer die Einkommensverwendung. Wenn auch die Steuerschuld meistens vom leistenden Unternehmer oder vom Hersteller zu entrichten ist, wird sie doch letztlich auf den Verbraucher (Steuerträger) fortgewälzt (↑ Steuerüberwälzung S. 304). Da die persönliche Leistungsfähigkeit des Steuerträgers im Steuertarif nicht berücksichtigt werden kann, wirken die Ausgabensteuern regressiv, d. h., sie belasten die Einkommensschwächeren relativ stärker. Die Steuerträger versuchen tendenziell, der Steuerbelastung auszuweichen, indem sie entweder den steuerlich belasteten Aufwand einschränken oder nichtbelasteten Aufwand vorziehen. Dies kann aus gesundheits- oder sozialpolitischen Gründen erwünscht sein, etwa bei der Tabak- und Branntweinsteuer. Erfolgt die Besteuerung aber vorwiegend aus fiskalischen Gründen, also zur Einnahmenerzielung, so muß der Steuertarif so bemessen sein, daß er nicht zu Verzichtleistungen führt, und es müssen Substitutionsgüter ebenfalls Steuern (sog. Folgesteuern) unterworfen werden; so macht z. B. die Kaffeesteuer die Teesteuer, die Zuckersteuer die Süßstoffsteuer erforderlich. Folgende Gruppen von speziellen Ausgabensteuern lassen sich im Steuersystem der BRD unterscheiden:

1) Verbrauch- und Aufwandsteuern: Bemessungsgrundlage sind Menge oder Preis von Ver- oder Gebrauchsgegenständen. Die Steuerschuld entsteht i. d. R. mit dem Inverkehrbringen im Inland (↑Zollrecht S. 590), d.h., wenn die Waren die Produktionsstätte verlassen oder wenn sie in das Zollgebiet eingeführt werden. Soweit die Ertragshoheit für die Steuern dem Bund zusteht, werden sie von den Hauptzollämtern und Zollfahndungsämtern als Bundesbehörden verwaltet, desgleichen die Biersteuer.

2) Steuern auf die Nutzung von Gegenständen: Hauptbeispiel hierfür ist die Kraftfahrzeugsteuer. Sie wird meist als periodisierte Aufwandsteuer oder als Verkehrsteuer betrachtet. Steuergegenstand ist jedoch das Halten, d.h. die Möglichkeit der Nutzung eines Kraftfahrzeuges; die Steuerpflicht besteht nicht, wenn das Kraftfahrzeug nicht zugelassen ist.

3) Verkehrsteuern: Sie knüpfen an einen Leistungs- oder Rechtsverkehr an und können daher auch als besondere Umsatzsteuern bezeichnet werden; nicht hierher gehören die ↑Vermögensverkehrsteuern (S. 302). Die der Versicherungssteuer, der Rennwett- und Lotteriesteuer sowie der Spielbankabgabe unterliegenden Umsätze sind von der ↑allgemeinen Umsatzsteuer (S. 290) befreit. Einen Sonderfall stellt die gemeindliche Schankerlaubnissteuer dar, die als Gebühr für die Erteilung der Schankerlaubnis an Gaststätten zu betrachten ist.

Mit den speziellen Ausgabensteuern werden die unterschiedlichsten Zielsetzungen verfolgt. Meist steht die Einnahmeerzielung im Vordergrund, wobei die Auswahl der Steuerobjekte zum Teil willkürlich getroffen wurde. Einige dieser Steuern stellen historische Relikte dar, die auf alten Regalien oder Monopolen beruhen, wie besonders die Salz- und Branntweinsteuer. Vielfach war die Entbehrlichkeit von Genußmitteln Rechtfertigung für ihre steuerliche Belastung. Der Äquivalenzgedanke, d. h. der Ausgleich für von der Allgemeinheit zu tragende Lasten, mag ein Argument für die Beförderung-, Kraftfahrzeug-, Mineralöl-, Hunde-, Tabak- und Branntweinsteuer sein, wenngleich eine Zweckbindung des Aufkommens aus diesen Steuern gar nicht oder nur teilweise erfolgt. Eine gewisse Bereinigung der Ausgabensteuern, insbesondere die Abschaffung von Bagatellsteuern, darf von der geplanten Steuerharmonisierung im Rahmen der ↑ Europäischen Gemeinschaften (S. 578) erwartet werden.

K. Tipke: Steuerrecht. 9. Aufl. Köln 1983.

Die speziellen Ausgabensteuern in der Bundesrepublik Deutschland

-steuer	Steuergegenstand bzw. -bemessungsgrundlage	Steuertarif in DM	Ertrags-hoheit	Aufkommen 1982 in Mrd. DM
Verbrauch- und Aufwandsteuern einschließlich Steuern auf Nutzungen				
Branntwein-	reiner Alkohol	600–1 200/hl	Bund	4,3
Kaffee-	Kaffee Kaffee-Extrakt, -Essenz	3,60–4,55/kg verschieden		1,5
Leuchtmittel-	Glühbirnen, Leuchtröhren	0,70–30/Stück		
Mineralöl-	Mineralöl als Treib-, Heiz-, Schmierstoff	1–61,25/dt		22,8
Salz-	Chlornatrium	12/dt		
Schaumwein-	Schaumwein	0,40–2/l		0,6
Süßstoff-	Süßstoff außer Zucker	nach Süßkraft		
Tabak-	Rohtabak, Tabakerzeugnisse, Zigarettenpapier	kombiniert gestaffelt nach Menge und Preis		12,2
Tee-	Tee Tee-Extrakt, -Essenz	4,15/kg verschieden		
Zucker-	Zucker, Zuckerlösung	1,80–6/dt		0,1
Bier-	Bier	7,50–22,50/hl	Länder	1,3
Kraftfahrzeug-	Hubraum, Gesamtgewicht, Achszahl	verschieden		6,7
Jagd- und Fischerei-	Jagd- u. Fischereipacht	landesgesetzlich verschieden	Gemeinden	
Speiseeis-	Speiseeis			
Vergnügung-(auch als Verkehrsteuer) möglich)	Vergnügungen, Filmvorführungen			
Verkehrsteuern				
Rennwett-und Lotterie-	Wett-, Losentgelt	$16^2/_3$ %	Bund	1,4
Feuerschutz-	Feuerversicherungsprämie (netto)	5 oder 12 %	Länder	0,3
Spielbankabgabe	Bruttospielerlös	80 %		
Versicherung-	Versicherungsprämie oder Versicherungssumme	2–5 % 0,20/1 000 DM		2,0
Schankerlaubnis-	Betriebsvermögen oder Ertrag des ersten Betriebsjahres	2,5–5 % einmalig 10–20 % einmalig	Gemeinden	

Grundsteuer

Die Grundsteuer erheben die Gemeinden von den Eigentümern bebauter wie unbebauter Grundstücke und von den Eigentümern von Eigentumswohnungen. Die Steuer belastet den Grundstücksertrag zusätzlich zur Einkommensteuer, die bei den Einkünften aus Vermietung und Verpachtung anfällt, und zur Vermögensteuer. Die Dreifachbelastung des Grundeigentums wird damit gerechtfertigt, daß der Grundbesitz eine besonders ertragskräftige Einkommensquelle darstelle. Da die Grundsteuer wie die ↑ Gewerbesteuer (S. 296) eine Real- oder Objektsteuer ist, nimmt sie auf die wirtschaftlichen Verhältnisse der Steuerpflichtigen keine Rücksicht. Deshalb spielen vor allem die Zinsbelastungen aus Hypotheken und Grundschulden bei der Festsetzung der Grundsteuer keine Rolle.

Bei der Veranlagung zur Grundsteuer wird vom Einheitswert der Grundstücke ausgegangen, den die Finanzämter ermitteln. Dabei wird zwischen dem Grundbesitz der land- und forstwirtschaftlichen Betriebe (Grundsteuer A) und dem sonstigen Grundbesitz (Grundsteuer B) unterschieden. Der landwirtschaftliche Grundbesitz wird nach seinem Ertragswert bewertet. Auch der Einheitswert der bebauten und gemischt genutzten Grundstücke geht vom Ertragswert aus. Hier liegt der Bewertung die kapitalisierte Jahresrohmiete zugrunde, die den Gebäudewert ausmacht. Bei unbebauten, nicht landwirtschaftlich genutzten Grundstücken wird der gemeine Wert ermittelt, der dem Preis entspricht, der bei einem Verkauf zu verkehrsüblichen Bedingungen erzielt werden könnte. Die Einheitswerte werden in größeren Zeitabständen festgesetzt. Seit dem 1. 1. 1974 gelten Einheitswerte, die von den Finanzämtern für den Stichtag des 1. 1. 1964 errechnet worden sind. Wird die Nutzung eines Grundstückes geändert, so ist auch der Einheitswert neu zu errechnen; das gilt insbesondere dann, wenn ein bislang unbebautes Grundstück bebaut und dadurch sein Ertragswert erhöht wird.

Auf den Einheitswert wird anhand von Steuermeßzahlen ebenso wie bei der Gewerbesteuer der Steuermeßbetrag errechnet. Für landwirtschaftlich genutzte Grundstücke beträgt die Meßzahl 6 ‰, für Zweifamilienhäuser 3,1 ‰, für Einfamilienhäuser 2,6 ‰ für die ersten 75 000 DM des Einheitswerts und 3,5 ‰ für den Rest. Für alle übrigen Grundstücke gilt eine einheitliche Steuermeßzahl von 3,5 ‰. Den Steuermeßbetrag multipliziert die zuständige Gemeinde mit ihrem Hebesatz, den sie ebenso wie den Gewerbesteuerhebesatz nach Maßgabe ihres jeweiligen Finanzbedarfs festlegt. Er betrug 1975 im Bundesdurchschnitt bei der Grundsteuer A 221 % und bei der Grundsteuer B 261 %. Den Betrag, der sich aus der Multiplikation des Steuermeßbetrags mit dem jeweiligen Hebesatz ergibt, hat der Grundstückseigentümer in vierteljährlichen Raten als Grundsteuer an die Gemeinde abzuführen (Steueraufkommen 1982: Grundsteuer A: 0,4 Mrd. DM, Grundsteuer B: 5,9 Mrd. DM).

Die Grundsteuer kann ermäßigt werden, wenn der durchschnittliche Rohertrag des betreffenden Grundstücks im Laufe des Veranlagungsjahres um mehr als 20 % sinkt und wenn den Steuerschuldner dafür keine Verantwortung trifft. Die Ermäßigung soll Härten mildern, die sich aus vom Steuerschuldner nicht zu vertretenden Ereignissen (Mißernte, Unvermietbarkeit u. a.) ergeben und den Grundstücksertrag so sehr schmälern, daß er die Steuerschuld nicht mehr abdeckt. Für mit öffentlichen Mitteln geförderte, neu geschaffene Wohnungen wird die Grundsteuer auf die Dauer von 10 Jahren nach dem alten Steuermeßbetrag weiter erhoben, der dem Einheitswert des unbebauten Grundstücks entspricht. So wird der Wohnungsbau zusätzlich durch eine indirekte Steuersubvention gefördert.

M. Troll: Grundsteuer. Kommentar. 4. Aufl. München 1979. – J. Nolte: Grundsteuer. Kommentar. Losebl., Frankf. a. M. 1980. – K. Tipke: Steuerrecht. 9. Aufl. Köln 1983.

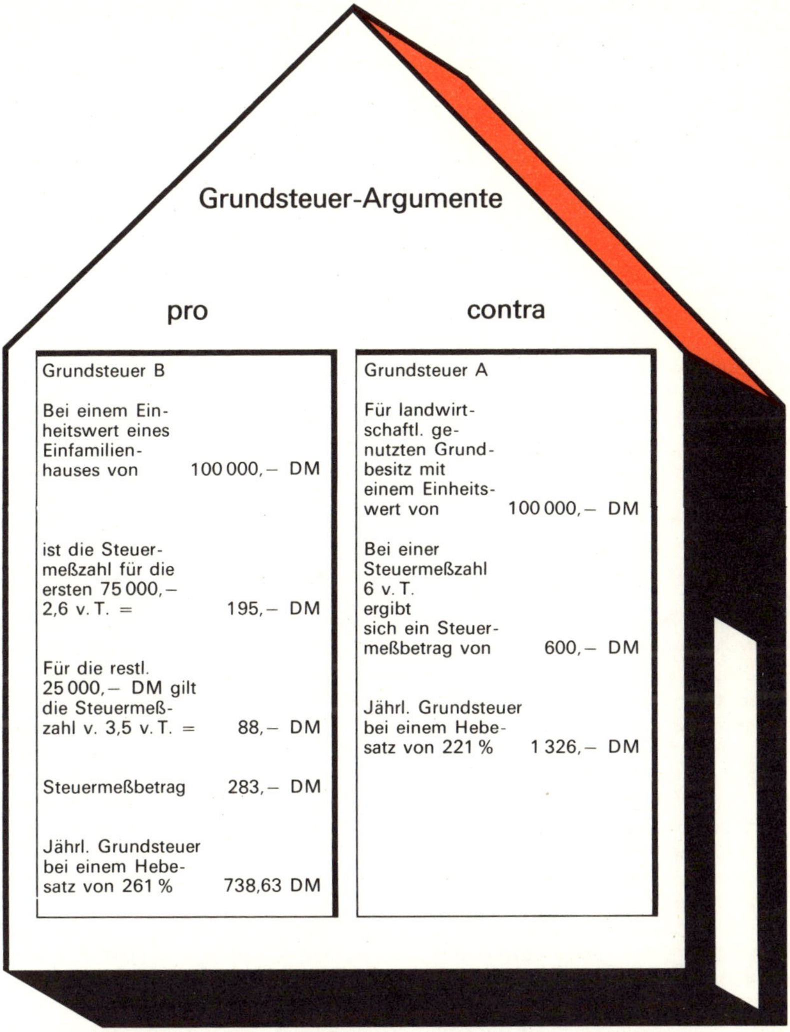

Der Unterschied zwischen der Grundsteuer A und der Grundsteuer B wird jedoch dadurch ausgeglichen, daß die Einheitswerte des landwirtschaftlichen Grundbesitzes bei der Neubewertung auf den 1. 1. 1964 nur um rd. 30 %, die des übrigen Grundbesitzes dagegen um rd. 150 % erhöht worden sind.

Gewerbesteuer

Das Gewerbesteueraufkommen fließt den Gemeinden zu. Sie wird vom Gewerbeertrag und vom Gewerbekapital erhoben. Die Steuerpflicht trifft alle natürlichen und juristischen Personen, die im Inland ein selbständiges Gewerbe betreiben, jedoch nicht die Landwirte und die freien Berufe (Ärzte, Architekten, Rechtsanwälte u.a.).

Die Gewerbesteuer will nicht das individuelle Einkommen der Gewerbetreibenden, sondern die objektive Steuerkraft des Gewerbes als Erwerbsquelle belasten. Sie ist daher keine Gewinn- oder Personensteuer, sondern eine Real- oder Objektsteuer. Das kommt insbesondere in der vom Gewinn unabhängigen Besteuerung des Gewerbekapitals zum Ausdruck. Aber auch bei der Besteuerung des Gewerbeertrags, die vom einkommensteuerpflichtigen Gewinn ausgeht, zeigt sich der Realsteuercharakter darin, daß dem Gewinn bestimmte Ausgaben hinzugerechnet werden, die sich bei der Einkommensteuer gewinnmindernd auswirken. Hinzugerechnet werden vor allem die Hälfte der Zinsen für sog. Dauerschulden und der Mieten und Pachten, welche die Gewerbetreibenden für die Benutzung fremder Grundstücke, Räume und beweglicher Wirtschaftsgüter aufwenden. Denn der objektive Gewerbeertrag soll ohne Rücksicht darauf besteuert werden, ob er mit Eigen- oder mit Fremdkapital erwirtschaftet wird. Aus dem gleichen Grunde gibt es auch Kürzungen.

Die Gewerbesteuer wird nach Maßgabe eines Steuermeßbetrags errechnet. Dieser wird durch Anwendung eines Hundertsatzes (Steuermeßzahl) auf den Gewerbeertrag ermittelt. Der Gewerbeertrag wird zuvor auf volle 100 DM nach unten abgerundet und bei natürlichen Personen und Personengesellschaften um einen Freibetrag von 36000 DM gekürzt. Die Steuermeßzahl für den Gewerbeertrag beträgt grundsätzlich 5 v.H. (vgl. § 11 GewStG).

Ähnlich verhält es sich mit dem Gewerbekapital, das neben dem Gewerbeertrag mitbesteuert wird, um den Gemeinden ein konjunkturunabhängiges Minimum an Einnahmen zu sichern. Das Gewerbekapital entspricht dem Einheitswert der Gewerbebetriebe, der ebenso wie der Gewerbeertrag durch Hinzurechnungen vermehrt und durch Kürzungen verringert wird (§ 12 GewStG). Die Steuermeßzahl beträgt beim Gewerbekapital einheitlich 2‰. Der Steuermeßbetrag nach Gewerbekapital, der sich aus dieser Meßzahl ergibt, wird zum Steuermeßbetrag nach Gewerbeertrag zu einem einheitlichen Steuermeßbetrag hinzuaddiert und vom Finanzamt in einem Steuermeßbescheid festgesetzt (§ 14 GewStG). Anhand dieses Bescheids ermitteln die Gemeinden die Gewerbesteuerschuld, indem sie den Meßbetrag mit ihrem Gewerbesteuerhebesatz multiplizieren. Der Hebesatz ist von Gemeinde zu Gemeinde verschieden.

Die Gewerbesteuer wirkt problematisch, weil sie die Hauptlast des kommunalen Finanzbedarfs den Gewerbetreibenden aufbürdet, alle übrigen Gemeindebürger aber verschont, obwohl auch sie an der kommunalen Daseinsvorsorge partizipieren. Die unterschiedliche Besiedlung der Gemeinden mit Gewerbebetrieben führt außerdem zu einem Gefälle in der kommunalen Steuerkraft. Die Länder wirken dem dadurch entgegen, daß sie die Industriegemeinden zu Ausgleichszahlungen an die steuerschwachen Wohngemeinden verpflichten. Außerdem hat die Finanzreform von 1969 auch den Bund und die Länder an der Gewerbesteuer beteiligt und zum Ausgleich dafür den Gemeinden 15% des Einkommensteuerertrags als sog. „Gemeindeanteil" zugewiesen (Gewerbesteueraufkommen 1982: 26,1 Mrd. DM).

B. Knobbe-Keuk: Bilanz- und Unternehmenssteuerrecht. 4. Aufl. Köln 1983. – K. Tipke: Steuerrecht. 9. Aufl. Köln 1983.

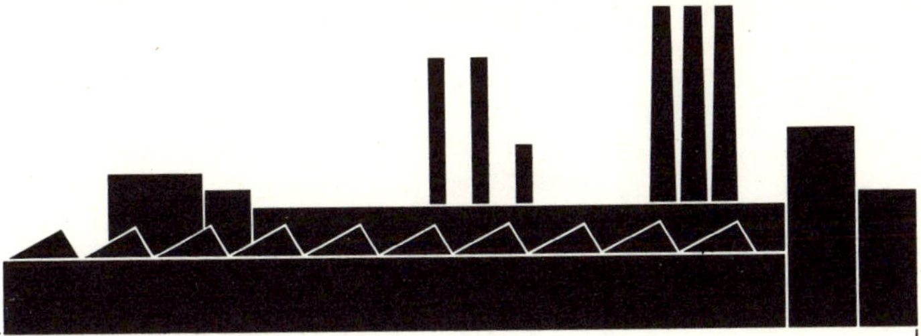

Berechnungsbeispiel für die Gewerbesteuer eines Einzelhändlers:

1. Gewerbesteuer nach Gewerbeertrag		
Einkommensteuerpflichtige Einkünfte aus Gewerbebetrieb		200 000,00 DM
+ Hinzurechnungen:		
50 % der Dauerschuldzinsen		10 000,00 DM
50 % der Miete für einen angemieteten Lagerraum		6 000,00 DM
		216 000,00 DM
– Kürzungen:		
1,2 % des Einheitswertes der im Eigentum des Betriebsinhabers stehenden Geschäftsräume	1 000,00 DM	
50 % der Einnahmen aus Vermietung von Räumen des Betriebsgebäudes	12 000,00 DM	13 000,00 DM
Gewerbeertrag:		203 000,00 DM

Steuermeßbetrag:

Für die ersten	15 000,00 DM	0 v. H.	=	0,00 DM
Für die weiteren	3 600,00 DM	1 v. H.	=	36,00 DM
Für die weiteren	3 600,00 DM	2 v. H.	=	72,00 DM
Für die weiteren	3 600,00 DM	3 v. H.	=	108,00 DM
Für die weiteren	3 600,00 DM	4 v. H.	=	144,00 DM
Für die restlichen	173 600,00 DM	5 v. H.	=	8 680,00 DM
				9 040,00 DM

2. Gewerbesteuer nach Gewerbekapital		
Einheitswert des Betriebsvermögens		600 000,00 DM
+ Hinzurechnung: 50 % der Dauerschulden		100 000,00 DM
– Kürzungen: Einheitswert des Betriebsgrundstücks		83 300,00 DM
Gewerbekapital		616 700,00 DM
Steuermeßbetrag 2 v. T.	= 1 233,00 DM	
+ Steuermeßbetrag nach dem Gewerbeertrag	= 9 040,00 DM	
Einheitlicher Steuermeßbetrag	= 10 273,00 DM	
./. Bei einem Hebesatz von 300 % beträgt die Steuerschuld		30 820,00 DM

Kapitalertragsteuer

Die Kapitalertragsteuer ist keine eigenständige Steuer. Sie gehört zur ↑ Einkommensteuer (S. 286) und erfaßt dort einen Teil der Einkünfte aus Kapitalvermögen, für den die §§ 43ff. des Einkommensteuergesetzes Sonderregelungen treffen. Das Besondere der Kapitalertragsteuer besteht darin, daß sie (anders als z. B. die Steuer vom Einkommen aus Vermietung und Verpachtung) nicht beim Steuerschuldner veranlagt, sondern (ebenso wie die Lohnsteuer) direkt an der Quelle im Steuerabzugsverfahren eingezogen wird. Dem Kapitalertragsteuerabzug unterliegen insbesondere die Einkünfte aus Dividenden, die die AG an ihre Aktionäre ausschüttet, ferner die Gewinnanteile der GmbH-Gesellschafter, Genossenschaftsmitglieder und der stillen Gesellschafter kaufmännischer Unternehmen sowie die Zinserträge bestimmter festverzinslicher Wertpapiere. Zinseinnahmen aus Kapitalanlagen ohne Beteiligungscharakter (z. B. aus Darlehen, Hypotheken, Bankguthaben) sind zwar als Einkünfte aus Kapitalvermögen ebenfalls einkommensteuerpflichtig, werden aber nicht beim Schuldner, sondern im normalen Veranlagungsverfahren bei der Person erfaßt, der sie zufließen. Da diese privaten Zinseinkünfte nur schwer zu überwachen sind, muß bei ihnen mit einer außergewöhnlich hohen Hinterziehungsquote gerechnet werden. Bei den Kapitalerträgen dagegen, die gemäß § 43 Einkommensteuergesetz unmittelbar an der Quelle besteuert werden, läßt sich der Hinterziehungsgefahr mit den Mitteln der Steueraufsicht über die abzugspflichtigen Unternehmen einfacher entgegenwirken. Aus diesem Grunde wurde die Kapitalertragsteuer eingeführt.

Der Kapitalertragsteuerabzug beträgt bei Dividenden und Gewinnanteilen 25 %, bei den Zinsen aus Industrieobligationen und festverzinslichen Wertpapieren 30 %. Dieser Steuersatz wird vom Schuldner (bei Dividenden also von der ausschüttenden AG) einbehalten und an das Finanzamt abgeführt. Der Gläubiger (bei Dividendeneinnahmen also der Aktionär) erhält von dem ihm zustehenden Betrag nur diejenige Summe, die nach Abzug der Kapitalertragsteuer übrigbleibt. Da die Kapitalertragsteuer aber nicht neben die Einkommensteuer treten, sondern nur ihre Erhebung bei den Einkünften aus Kapitalvermögen erleichtern soll, wird sie bei der alljährlichen Veranlagung auf die Einkommensteuerschuld angerechnet. Lediglich bei Steuerschuldnern ohne Wohnsitz im Inland gilt die Einkommensteuer mit dem Kapitalertragsteuerabzug an der Quelle als abgegolten.

Eine Sonderform der Kapitalertragsteuer ist die in § 43 Abs. 1 Nr. 6 Einkommensteuergesetz vorgesehene Kuponsteuer. Sie belastet die Zinserträge, die Steuerausländer aus öffentlichen Anleihen und Schuldbuchforderungen beziehen, mit einem Steuerabzug von 25 %. Die Kuponsteuer soll „gebietsfremde" Kapitalanleger treffen, die bis 1965 von der Kapitalertragsteuer freigestellt waren. Seit 1965 werden auch sie besteuert, weil es sich als notwendig erwiesen hatte, den Zustrom ausländischen Kapitals in die BRD zu drosseln. Die Kuponsteuer gehört daher zu den Steuern, die weniger zur Erzielung von Einnahmen, sondern in erster Linie aus wirtschaftspolitischen Motiven erhoben werden. Ihr Ziel, die BRD vor dem Einfließen „vagabundierenden Kapitals" aus dem Ausland zu schützen, hat sie bereits vor ihrem Inkrafttreten im Jahre 1965 erreicht. Die bloße Ankündigung, es werde eine „Kapitalertragsteuer für Gebietsfremde" eingeführt, löste 1964 die erwünschte Abrufung ausländischen Kapitals aus der BRD aus, um derentwillen diese Steuer eingeführt worden ist (Kapitalertragsteueraufkommen 1982: 4,7 Mrd. DM).

Die Auswirkungen des Kuponsteuergesetzes. In: Monatsber. der Dt. Bundesbank Juni 1965. S. 3ff. – H. Schaumburg: Die Neuregelung der Kapitalertragsteuer. In: Der Betrieb. 1977, S. 1524ff. – R. D. Scholtz: Die Erhebung der Kapitalertragsteuer nach neuem Recht. In: Finanz-Rundschau. 1977, S. 53ff.

Besteuerung des Kapitalertrags

steuerpflichtige Einkünfte	Besteuerungs-verfahren	Kapitalertrag-steuerabzug
1. Dividenden, Gewinnanteile aus Beteiligung an einer GmbH, Genossenschaft	Kapitalsteuerabzug an der Quelle und obligatorische Veranlagung beim Gläubiger, bei der die vorweg abgezogene Steuer angerechnet wird[1]	25 %[1]
2. Gewinnanteile stiller Gesellschafter von Handelsunternehmen		
3. Zinsen aus Hypotheken und Grundschulden, Renten aus Rentenschulden	Veranlagung beim Gläubiger	entfällt
4. Zinsen aus sonstigen Kapitalforderungen jeder Art (Darlehen, Anleihen, Bankguthaben)		
5. Diskontzinsen aus Wechseln und Anweisungen		
6. Zinsen aus inländischen Industrieobligationen, Wandelanleihen und Gewinnobligationen	Kapitalsteuerabzug an der Quelle und fakultative Veranlagung auf Antrag des Gläubigers[2], bei der die vorweg abgezogene Steuer angerechnet wird	30 %
7. Zinsen aus festverzinslichen Schuldverschreibungen und Schatzanweisungen der Länder und Gemeinden		
8. Zinsen aus anderen börsengängigen festverzinslichen Wertpapieren		
9. Zinsen aus Anleihen, Schuldbuchforderungen und Teilschuldverschreibungen[3]	Kapitalsteuerabzug an der Quelle	25 %

1) Von einer Dividende in Höhe von 1000,– DM erhält der Aktionär also nur 750,– DM ausgezahlt; 250,– DM führt die ausschüttende AG direkt an das Finanzamt ab. Bei der Veranlagung zur Einkommensteuer hat der Aktionär die Dividende nach dem Tarif zu versteuern, der für ihn nach der Einkommensteuertabelle gilt. Je nach Höhe seines Tarifs werden die bereits vorweg abgezogenen 250,– DM von der zu entrichtenden Steuerschuld abgezogen; oder es wird der überschießende Teil des Kapitalertragssteuerabzugs erstattet.
2) Wenn der Gläubiger die Veranlagung nicht beantragt, so gilt die Steuerschuld mit der abgezogenen Kapitalertragssteuer von 30 % als abgegolten.
3) Der Steuerabzug wird als Kouponsteuer nur bei „gebietsfremden" Steuerschuldnern vorgenommen. Für Inländer gilt Ziff. 4.

Vermögensbestand- und Vermögenszuwachssteuer

Eine Besteuerung des Vermögens kann an den Vermögensbestand, den Vermögenszuwachs oder den Vermögensverkehr (↑Vermögensverkehrsteuern S. 302) anknüpfen. Grundlage einer Besteuerung des Vermögensbestandes kann die Substanz oder der Vermögensertrag sein. Einmalige Vermögensbestandsteuern sind immer Vermögenssubstanzsteuern und stellen daher eine Teilenteignung dar. Sie bedürfen deshalb einer besonderen Rechtfertigung. Die Vermögensabgabe nach dem Lastenausgleichsgesetz ist eine einmalige, jedoch auf 30 Jahre vierteljährlich bis zum 31. 3. 1979 verteilte Steuer von 50 % auf die am 21. 6. 1948 vorhandene Vermögenssubstanz. Ihr Aufkommen fließt einem Sondervermögen des Bundes, dem Lastenausgleichsfonds, zu, aus dem Ersatz für Kriegs- und Vertreibungsschäden geleistet wird. Im Gegensatz zu dieser einmaligen Vermögensumverteilung (Redistribution) wird eine politisch erwünschte laufende Vermögensumverteilung durch eine laufende Vermögensbestandsteuer erreicht. Zielsetzung der derzeit gültigen Vermögensteuer ist Abschöpfung eines Teils des durch das Vermögen entstehenden Nutzens, der sich im Vermögensertrag, der höheren Leistungsfähigkeit, der materiellen Sicherheit und dem Freizeitnutzen, d. h. der Möglichkeit, Einkommen ohne Arbeit zu erzielen, verkörpert. Die Steuer beträgt für natürliche Personen jährlich 0,5%, für juristische Personen 0,6% des Vermögens; ihr Aufkommen, das den Ländern zufließt, betrug 1982 5 Mrd. DM. Durch erhebliche Freibeträge und Freigrenzen für Kleinvermögende wird erreicht, daß die Vermögensteuer sozial vertretbar ist. Da die Vermögensteuer vom tatsächlichen Nutzen, insbesondere vom Ertrag unabhängig ist, besteuert sie einen fiktiven Nutzen. Von der Idee her eine Vermögensertragsteuer, stellt die Vermögensteuer von der Belastungswirkung her eine Vermögenssubstanzsteuer dar, wenn keine Erträge erwirtschaftet werden oder diese nur die durch ↑Inflation (S. 496) bedingten Substanzverluste kompensieren. Der Zweck der Vermögensteuer sollte daher besser über die ↑Einkommensteuern (S. 286) erreicht werden, die sowieso schon den Ist-Ertrag des Vermögens erfassen (↑Kapitalertragsteuer S. 298); diese Überlegungen haben in den letzten Jahren zu einer schrittweisen Senkung des Steuersatzes geführt. Das Grundvermögen ist außerdem zusätzlich der ↑Grundsteuer (S. 294), das gewerbliche Betriebsvermögen noch der Gewerbekapitalsteuer unterworfen.

Vermögenszuwachssteuern belasten nicht den von Dritten zufließenden Ertrag, sondern Wertsteigerungen des Vermögens. Sie sollen einen ohne eigene Leistung des Vermögensträgers erzielten Zuwachs abschöpfen. Als Sonderformen einer Vermögenszuwachssteuer können die Hypothekengewinnabgabe und die Kreditgewinnabgabe nach dem Lastenausgleichsgesetz angesehen werden. Hiernach sind die Gewinne, die Eigentümern von mit Grundpfandrechten belasteten Grundstücken und Schuldnern grundpfandrechtlich gesicherter Forderungen sowie gewerblichen Betrieben aus der Umstellung der Reichsmark auf Deutsche Mark im Verhältnis 10:1 am 21.6.1948 entstanden, als Steuer zu entrichten, und zwar ab 1.7.1952 mit einer Tilgungsrate von bis zu 3%; der Vermögenszuwachs besteht hier in der Verminderung der Verbindlichkeiten um nominell 90%. Eine Zeitlang war auch eine Steuer von 50% auf Bodenwertsteigerungen infolge gemeindlicher Planungsmaßnahmen (Planungswertausgleich) im Gespräch. Echte Vermögenszuwachssteuern, die nicht realisierte, d.h. nicht durch Verkauf in Geld umgesetzte Gewinne belasten, sind problematisch und im Hinblick auf die Eigentumsgarantie des Grundgesetzes (↑Eigentumsordnung S. 42) bedenklich, da der Steuerschuldner zum Verkauf gezwungen sein könnte, um die Steuer bezahlen zu können.

B. Knobbe-Keuk: Bilanz- und Unternehmenssteuerrecht. 4. Aufl. Köln 1983. – K. Tipke: Steuerrecht. 9. Aufl. Köln 1983.

Vermögensteuerbelastungsquote (Progressionswirkung durch Freibeträge)

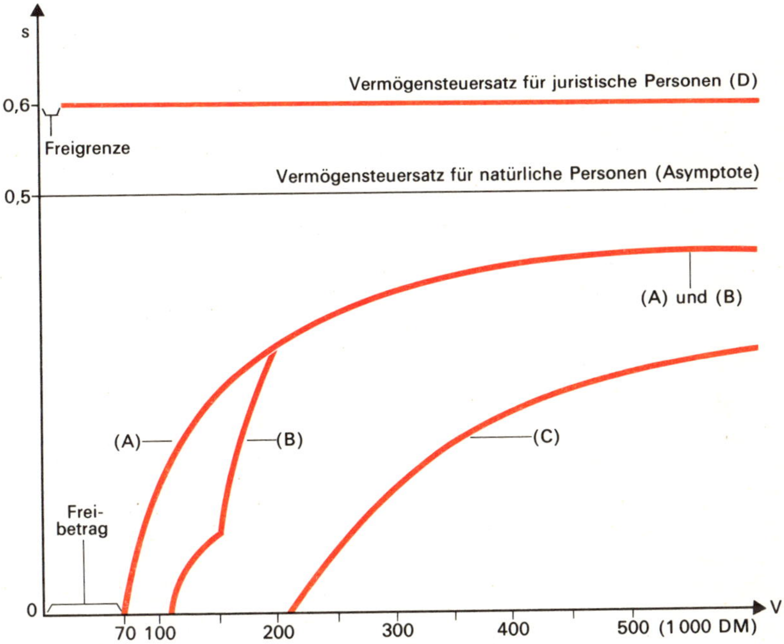

V = Gesamtvermögen, ermittelt nach dem Bewertungsgesetz
s = Steuerbelastungsquote in % von V
(A) Natürliche Person, ledig, persönlicher Freibetrag 70000 DM:

$$s = \frac{(V-70000)}{V} \cdot 0{,}5 \text{ für } V \geq 70000$$

(B) Natürliche Person, alleinstehend, 65. Lebensjahr vollendet, Freibetrag 70000, Altersfreibetrag 50000 bei V bis zu 150000, dann Anpassung an:

$$s = \frac{(V-120000)}{V} \cdot 0{,}5 \text{ für } 120000 \leq V \leq 150000$$

$$s = \frac{(2V-270000)}{V} \cdot 0{,}5 \text{ für } 150000 \leq V \leq 200000$$

$$s = \frac{(V-70000)}{V} \cdot 0{,}5 \text{ für } 200000 \leq V$$

(C) Ehepaar mit 1 Kind, zusammen veranlagt, 70000 Freibetrag pro Person, insgesamt also 210000

$$s = \frac{(V-210000)}{V} \cdot 0{,}5 \text{ für } V \geq 210000$$

(D) Juristische Person
s = 0,6 für V ≥ 20000 (= Freigrenze)

Vermögensverkehrsteuern (Erbschaft- und Schenkungsteuer, Grunderwerbsteuer, Kapitalverkehrsteuer)

Objekt von Vermögensverkehrsteuern sind allgemein der Zu- oder Abfluß von Vermögen sowie darauf abzielende Verpflichtungsgeschäfte. Dies kann die Einkommensentstehung oder die Einkommensverwendung betreffen.

1) Die Erbschaftsteuer belastet das durch den Erbfall entstehende Einkommen von Erben und Vermächtnisnehmern; sie hat somit den Charakter einer speziellen ↑Einkommensteuer (S. 286). Dementsprechend ist der Tarif progressiv gestaltet, d.h., die Belastungsquote steigt mit der Höhe des zugeflossenen Erbeinkommens; das Prinzip der Besteuerung nach der Leistungsfähigkeit (↑Besteuerungsgrundsätze S. 284) ist hier verwirklicht. Die Erbschaftbesteuerung wird hauptsächlich mit der Mühelosigkeit des Erbschaftserwerbs und einer notwendigen Neuordnung der ↑Vermögensverteilung (S. 462) begründet. Durch die hohen Steuersätze kann aber auch der Erbe etwa von landwirtschaftlichen oder gewerblichen Betrieben zum Verkauf gezwungen sein, um die Steuer bezahlen zu können. Dies kann sowohl im Hinblick auf die das Erbrecht garantierende ↑Eigentumsordnung (S. 42) als auch volks- und betriebswirtschaftlich bedenklich sein, wenn wirtschaftliche Einheiten zerschlagen werden. Als Ergänzung und zur Verhinderung von Umgehungen unterliegen der Erbschaftsteuer auch: a) Schenkungen u. a. unentgeltliche Bereicherungen, b) zweckgebundene Zuwendungen, c) das Vermögen von Familienstiftungen und -vereinen alle 30 Jahre. Das Aufkommen aus der Erbschaftsteuer steht den Ländern zu. Es betrug 1982 1,3 Mrd. DM.

2) Der Grunderwerbsteuer unterliegen der Erwerb von Grundstücken, Erbbaurechten, Erbpachtrechten und Gebäuden auf fremdem Boden sowie der Erwerb von Ansprüchen hierauf. Die Grunderwerbsteuer belastet somit die Einkommensverwendung wie die Ausgabensteuern. Grunderwerb ist deshalb von der ↑ allgemeinen Umsatzsteuer (S. 290) befreit. Die Steuer beträgt 2% des Entgeltes; sie fließt den Ländern zu. Das Aufkommen betrug 1982 2,4 Mrd. DM.

3) Kapital- und Wechselverkehrsteuern belasten als besondere Umsatzsteuern bestimmte Übertragungen von Finanzkapital. Kapitalverkehrsteuern sind derzeit noch die Gesellschaftsteuer und die Börsenumsatzsteuer. Der Gesellschaftsteuer unterliegt die Zuführung von Eigenkapital an Kapitalgesellschaften (↑AG S. 108, ↑GmbH S. 106). Regelfall ist der Ersterwerb von Gesellschaftsrechten gegen Leistung einer Einlage. Die Steuer beträgt 1% der Leistung, mindestens jedoch des Wertes der Gesellschaftsrechte. Der Börsenumsatzsteuer unterliegen Anschaffungsgeschäfte über ↑ Wertpapiere (S. 256). Es werden 1 bis 2,5‰ des Kaufpreises je nach Art des Papiers erhoben. Die Aushändigung eines ↑ Wechsels (S. 258) durch den Aussteller wird durch die Wechselsteuer mit 15 Pfennig je angefangene 100 DM der Wechselsumme belastet. Die den Kapital- und Wechselverkehrsteuern unterworfenen Umsätze sind von der allgemeinen Umsatzsteuer befreit. Mit der Abschaffung der Kapital- und Wechselverkehrsteuern im Zuge einer Steuerreform ist zu rechnen, da sie wenig Ertrag bringen (zusammen 0,25% des gesamten Steueraufkommens) und hohen Verwaltungsaufwand verursachen.

Aufkommen 1982: Gesellschaftsteuer: 0,3 Mrd. DM, Börsenumsatzsteuer: 0,2 Mrd. DM, Wechselsteuer: 0,4 Mrd. DM.

M. Troll: Nachlaß und Erbe im Steuerrecht. Handbuch zur steuerlichen Abwicklung des Erbfalls. 2. Aufl. München 1978. – J. P. Meinke/P. Michel: Kommentar zum Erbschaftsteuer- und Schenkungsteuergesetz. 7. Aufl. München 1981. – G. Rose: Die Verkehrsteuern. Losebl. 6. Aufl. Wiesbaden 1982. – Ders.: Die Substanzsteuern. Losebl. 4. Aufl. Wiesbaden 1982. – K. Tipke: Steuerrecht. 9. Aufl. Köln 1983.

Erbschaft- und Schenkungsteuerermittlung

Steuerpflichtiger Erwerb =
Bereicherung des Erwerbers
– Wert steuerfreier Gegenstände, z.B. Hausrat bis zu 40 000 DM
– Nachlaßverbindlichkeiten, z.B. Schulden des Erblassers, Verbindlichkeiten aus Vermächtnissen und Auflagen, Kosten der Bestattung des Erblassers

Steuerklasse		Freibetrag (DM)
I	Ehegatte	250 000 + Versorgungsfreibetrag bis zu 250 000
	Kinder, Stiefkinder und Kinder verstorbener Kinder	90 000 + Versorgungsfreibetrag bis zu 50 000
II	Eltern, Großeltern (bei Erwerben von Todes wegen) Enkel (soweit nicht Steuerklasse I)	50 000
III	Eltern, Großeltern (soweit nicht Steuerklasse II), Geschwister und deren Kinder, Stiefeltern, Schwiegereltern und -Kinder, geschiedener Ehegatte	10 000
IV	alle übrigen Erwerber sowie Erwerber zweckgebundener Zuwendungen	3 000

Tabelle

Wert des steuerpflichtigen Erwerbs bis einschließl. DM	Vom – Hundertsatz in der Steuerklasse			
	I	II	III	IV
50 000	3	6	11	20
75 000	3,5	7	12,5	22
100 000	4	8	14	24
125 000	4,5	9	15,5	26
150 000	5	10	17	28
200 000	5,5	11	18,5	30
250 000	6	12	20	32
300 000	6,5	13	21,5	34
400 000	7	14	23	36
500 000	7,5	15	24,5	38
600 000	8	16	26	40
700 000	8,5	17	27,5	42
800 000	9	18	29	44
900 000	9,5	19	30,5	46
1 000 000	10	20	32	48
1 000 000	11	22	34	50
3 000 000	12	24	36	52
4 000 000	13	26	38	54
6 000 000	14	28	40	56
8 000 000	16	30	43	58
10 000 000	18	33	46	60
25 000 000	21	36	50	62
50 000 000	25	40	55	64
100 000 000	30	45	60	67
über 100 000 000	35	50	65	70

Steuerüberwälzung

Von Steuerüberwälzung spricht man immer dann, wenn bei einer Steuer Steuerzahler und Steuerträger nicht identisch sind. Die Steuertraglast (Inzidenz) von Personen oder Gruppen zeigt sich an ihren Nutzenänderungen nach Besteuerung. Da der Nutzen von verschiedenen Einflußfaktoren abhängt und nicht direkt meßbar ist, wird die Veränderung dieser Einflußfaktoren als Indikator für Nutzenänderungen herangezogen. Plausibel dürfte sein, daß steigendes Realeinkommen den Nutzen erhöht. Daraus läßt sich umgekehrt folgern, daß eine Person oder Gruppe, deren Realeinkommen im Zuge der Besteuerung sinkt, Nutzen einbüßt, also letztlich Steuerlast trägt.

Jeder Steuerzahler dürfte bemüht sein, durch entsprechendes Handeln der Last der Steuer, nämlich der Nutzeneinbuße, zu entgehen. Wann und wie gelingt dies den Steuerzahlern? 1) Ein Anbieter von Gütern, der über ein größtmögliches Einkommen (Gewinn) einen größtmöglichen Nutzen erzielen möchte, wird dafür seine Handlungsgrößen, Preis und/oder Menge der Angebotsgüter, passend zu wählen suchen. Erhöht die Besteuerung die Kosten der Produktion, wie eine Kosten- oder Produktionsmengensteuer, oder verringert sie die steuerbereinigten Erlöse des Produzenten, wie eine Umsatz- oder Absatzmengensteuer, kann dies seine bestmögliche Preis-Mengen-Kombination verändern, was bei ihm entsprechende Anpassungsreaktionen hervorruft. Überwälzung gelingt ihm dann, wenn sein ursprünglicher Nutzen-(Gewinn-)Rückgang infolge der Steuer durch geschickte Wahl einer neuen Preis-Mengen-Kombination teilweise oder ganz kompensiert wird. Ist die ↑Nachfrage (S. 170) nach seinen Gütern unverändert, wird die neue Menge i. d. R. geringer und/oder der neue Preis höher sein als zuvor. Dies aber bedeutet, daß seine Nachfrager die gleiche oder sogar eine geringere Menge nur noch zu einem höheren Preis erhalten. Bei einem gegebenen Geldeinkommen der Nachfrager bedeutet dies eine Senkung ihres nutzbringenden Realeinkommens. Sie tragen damit einen Teil der Steuerlast. Mit einer steuerbedingten Einschränkung von Produktion und Absatz nimmt auch die Beschäftigung ab. Einige der bisher Beschäftigten werden arbeitslos, für andere bedeutet es Kurzarbeit. Alle Betroffenen tragen Steuerlast. 2) Im Gegensatz zu den oben behandelten Steuern berührt die Besteuerung des Gewinneinkommens nicht die Wahl der bestmöglichen Preis-Mengen-Kombination eines Anbieters. Durch Änderung seiner Handlungsgrößen kann er der Steuerbelastung nicht entgehen, Steuerüberwälzung ist hier meist nicht möglich. 3) Eine laufende Steuer auf ein Vermögensgut (Vermögen-, Grundsteuer u. a.) senkt den Marktpreis dieses Vermögensgutes. Die Nachfrager sind nicht bereit, den alten Preis zu zahlen, wenn sie mit laufenden künftigen Steuerzahlungen rechnen müssen. Steuerüberwälzung auf die Nachfrager gelingt i. d. R. nicht. Bei den bisherigen Überlegungen blieben die Wirkungen der Wiederverausgabung der Steuer unberücksichtigt. Da die Wiederverausgabung der Steuereinnahmen die Gesamtnachfrage nach Produkten des Unternehmenssektors erhöht, wird der Überwälzungsspielraum der von der Steuer betroffenen Anbieter u. U. vergrößert. Durch geeignete Anpassungsreaktionen kann es den Anbietern damit günstigenfalls sogar gelingen, trotz Besteuerung einem Gewinnrückgang, also der Steuertraglast, zu entgehen.

Die Kenntnis des Überwälzungsprozesses von Steuern über Preis-, Angebots- und Nachfrageänderungen läßt sich in der Finanz- und Wirtschaftspolitik verwerten. Soll die Last der Steuern auf möglichst viele Schultern verteilt werden, empfiehlt es sich, zur Einnahmenerzielung im Steuersystem leicht überwälzbare Steuern (Verteilungseffekt der Besteuerung) zu wählen. Ebenso können Steuern als Instrument zur Umlenkung von Produktionsfaktoren von einer Verwendung in eine andere eingesetzt werden (Allokationseffekt der Besteuerung).

Hwb. der Sozialwiss. Bd. 10. Stuttg. u. a. 1959. Art. „Steuerüberwälzung“ S. 175–182. – H. Kolms: Finanzwiss. Bd. 2 Berlin. 4. Aufl. Berlin 1974.

Überwälzungsmöglichkeiten verschiedener Steuern bei gleichem Steueraufkommen, gemessen am Gewinn vor Steuerabzug

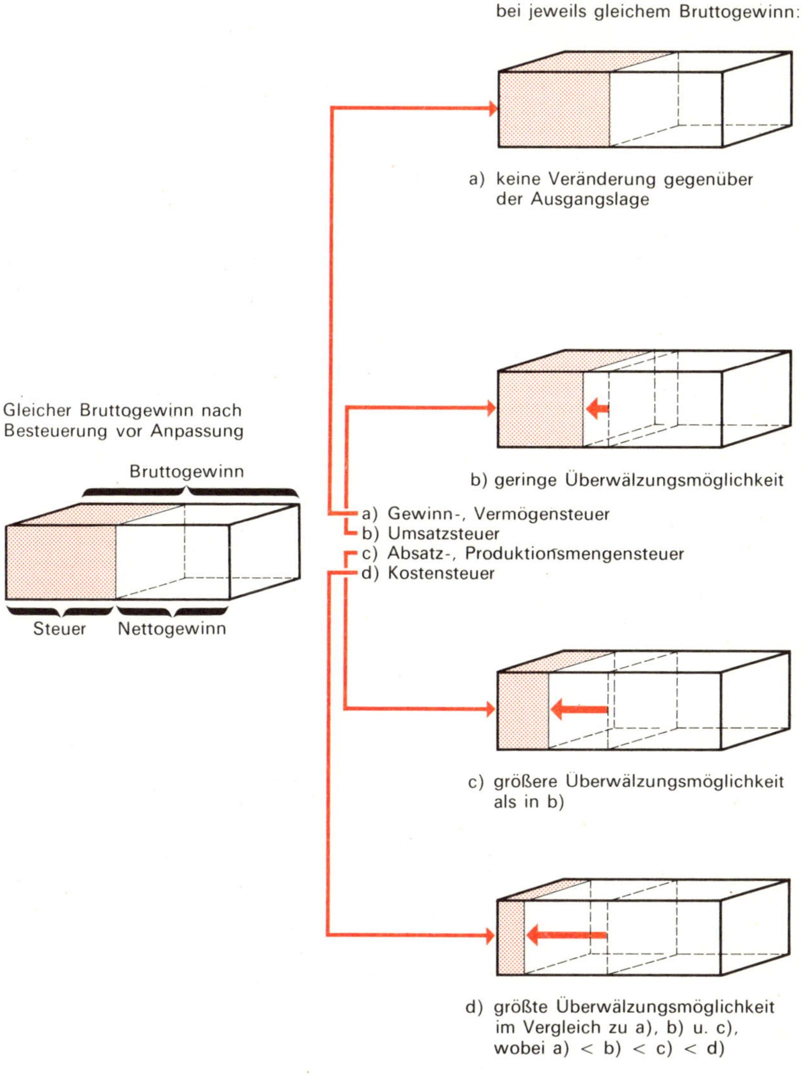

Steuervermeidung – Steuerstrafrecht

Die 9075 Betriebsprüfer der Finanzämter haben im Jahr 1982 Steuerschulden in Höhe von nahezu 7,5 Mrd. DM nachträglich eingetrieben. Dem entspricht, daß die Einstellung der Bevölkerung und Unternehmen in der BRD zur Steuer zwischen Ablehnung und Indifferenz liegt, insgesamt ist allgemein ein sog. „Steuerwiderstand" bei den Steuerpflichtigen zu verzeichnen. Diese „Steuerabwehr" kann dazu führen, daß der Steuerpflichtige bestrebt ist, den Zweck einer Steuer, die ihm mit der Absicht der Einnahmeerzielung auferlegt wurde, zu vereiteln. Dies kann auf zwei grundsätzlich verschiedene Arten geschehen: 1) Der Steuerpflichtige unterläßt es, den Tatbestand zu verwirklichen, an den das Gesetz eine Steuerpflicht geknüpft hat; er vermeidet die Steuer (z. B. die Kirchensteuer, indem er aus der Kirche austritt). Diese Steuervermeidung bzw. Steuerersparnis ist legal. Nach dem Grundsatz der privaten Gestaltungsfreiheit ist der Steuerpflichtige berechtigt, sein Verhalten so zu gestalten, daß im Vergleich zu anderen Gestaltungsmöglichkeiten eine Steuerersparnis eintritt oder die Entstehung einer Steuerschuld bzw. einer Steuerzahlungspflicht vermieden wird. Eine Steuervermeidung kann durchaus im Sinne des Steuergesetzgebers liegen, wenn die Höhe der Steuertarife – ohne gesetzlichen Zwang – zu einem bestimmten Tun („Steuereinholung" durch erhöhte Produktivität zum Ausgleich des Verlusts durch die Steuerzahlung) oder Unterlassen (z. B. bei den Prohibitivsteuern wie Tabak- und Vergnügungsteuern) führen soll. 2) Nicht mehr als Steuervermeidung zu werten ist jedoch die Steuerumgehung. Ziel der Steuerumgehung ist es, einen Sachverhalt zu verwirklichen, auf den der gesetzliche Steuertatbestand zwar formal nicht zutrifft, der aber dennoch auf einem Umweg den gleichen wirtschaftlichen Erfolg bewirkt. Im Unterschied zur erlaubten Steuerersparung liegt bei der Steuerumgehung ein Mißbrauch von Formen und Gestaltungsmöglichkeiten des bürgerlichen Rechts vor. In einem solchen Fall ist die Steuerumgehung zwar nicht verboten, und das Rechtsgeschäft ist gültig, der Gesetzgeber mißbilligt aber die als Nebenfolge auftretende Verminderung des Steueraufkommens, weshalb nach § 42 der Abgabenordnung Steuern dann in der Weise zu erheben sind, wie sie bei angemessener rechtlicher Gestaltung zu erheben wären.

Zu unterscheiden von der straflosen Steuerersparnis, Steuervermeidung und Steuerumgehung ist die strafbare und im Steuerstrafrecht geregelte Steuerhinterziehung. Das Steuerstrafrecht ist derjenige Teil des Nebenstrafenrechts, der sich auf die Verstöße gegen die Zoll- und Steuergesetze bezieht; es ist überwiegend durch die Bestimmungen der Abgabenordnung (§§ 369 ff. AO) geregelt. Die Abgabenordnung unterscheidet Steuerstraftaten (Steuervergehen), die mit Freiheits- oder Geldstrafe bedroht sind, und Steuerordnungswidrigkeiten, die lediglich mit einer Geldbuße bestraft werden. Bei den Steuervergehen mit 5jähriger Verjährungsfrist steht die Steuerhinterziehung mit folgenden Tatbeständen im Mittelpunkt (§ 370 AO): a) Erschleichen nichtgerechtfertigter Steuervorteile; b) Steuerverkürzung, d. h. mangelnde, unvollständige oder verspätete Erfüllung einer fälligen Steuerschuld; c) Zweckentfremdung von Sachen, für die Steuervorteile gewährt sind. Alle drei Tatbestände erfordern vorsätzliche Begehung. Wer im Wege der Selbstanzeige ein Steuervergehen offenbart, die Besteuerungsgrundlagen vorlegt und fristgerecht nachzahlt, bleibt jedoch straffrei. Weitere Steuervergehen sind: Begünstigung bei Steuerhinterziehung (§ 369 Abs. 1 Nr. 4 AO), Bannbruch (§ 372 AO), Steuerhehlerei (§ 374 AO) sowie Steuerzeichenfälschung und Verletzung des Steuergeheimnisses. Die Steuerordnungswidrigkeiten, wie leichtfertige Steuerverkürzung, Steuergefährdung und unbefugte Hilfeleistung in Steuersachen, werden nicht ins Strafregister eingetragen und gelten nicht als kriminelles Unrecht.

K. Franzen u. a.: Steuerstrafrecht. 2. Aufl. München 1977. – G. Kohlmann (Hrsg.): Grundfragen des Steuerstrafrechts. Köln 1983. – K. Tipke: Steuerrecht. 9. Aufl. Köln 1983.

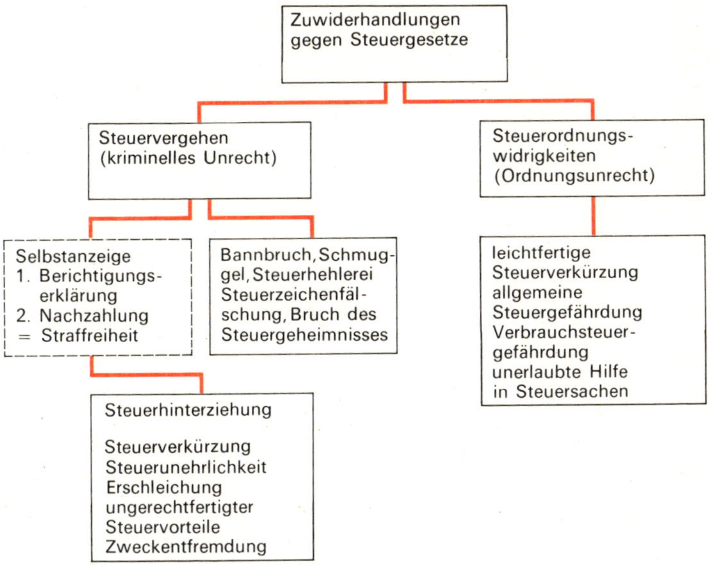
Zuwiderhandlungen gegen Steuergesetze
Steuervergehen (kriminelles Unrecht)
Steuerordnungswidrigkeiten (Ordnungsunrecht)
Selbstanzeige
1. Berichtigungserklärung
2. Nachzahlung
= Straffreiheit
Bannbruch, Schmuggel, Steuerhehlerei Steuerzeichenfälschung, Bruch des Steuergeheimnisses
leichtfertige Steuerverkürzung
allgemeine Steuergefährdung
Verbrauchsteuergefährdung
unerlaubte Hilfe in Steuersachen
Steuerhinterziehung
Steuerverkürzung
Steuerunehrlichkeit
Erschleichung ungerechtfertigter Steuervorteile
Zweckentfremdung

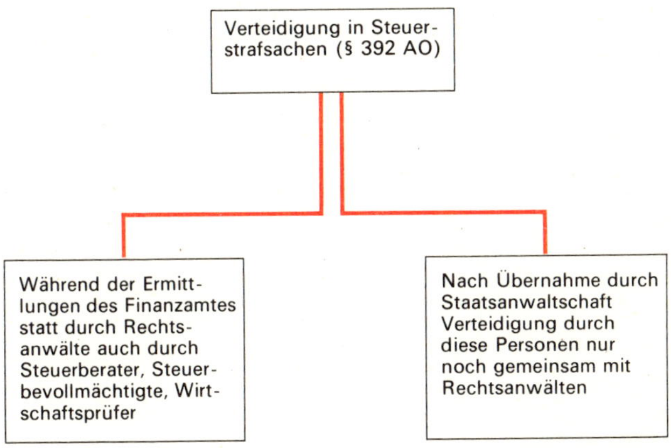
Verteidigung in Steuerstrafsachen (§ 392 AO)
Während der Ermittlungen des Finanzamtes statt durch Rechtsanwälte auch durch Steuerberater, Steuerbevollmächtigte, Wirtschaftsprüfer
Nach Übernahme durch Staatsanwaltschaft Verteidigung durch diese Personen nur noch gemeinsam mit Rechtsanwälten

Formen und Grundsätze der Staatsverschuldung

Als Staatsverschuldung oder öffentliche Verschuldung bezeichnet man alle Kreditgeschäfte mit dem Staat als Kreditnehmer. Je nachdem, ob Inländer oder Ausländer bzw. ausländische Staaten als Kreditgeber fungieren, liegt eine innere oder äußere Schuld vor. Staatsverschuldung kann zur kurzfristigen Überbrückung von Liquiditätsengpässen dienen, die sich selbst bei insgesamt ausgeglichenem Haushalt ergeben, sofern die laufenden Einnahmen und Ausgaben einander nicht zu jedem Zeitpunkt der Haushaltsperiode entsprechen. In der BRD kann sich der Staat zu diesem Zweck sog. Kassenverstärkungskredite bedienen. Dazu zählen Schatzwechsel mit maximal dreimonatiger Laufzeit und Buchkredite bei der Deutschen Bundesbank, wobei letztere gemäß § 13 Haushaltsgrundsätzegesetz (HGrG) und § 18 Bundeshaushaltsordnung (BHO) spätestens sechs Monate nach Ablauf des Haushaltsjahres zu tilgen sind.

Dient öffentliche Verschuldung der Finanzierung längerfristiger Projekte, spricht man von Finanzierungs- bzw. Finanzkrediten. Zur Investitionsfinanzierung stehen dem Staat in der BRD eine Reihe von Instrumenten zur Auswahl, so die unverzinslichen Schatzanweisungen mit Höchstlaufzeiten von 24 Monaten, mit Laufzeiten von bis zu vier Jahren ausgestattete Kassenobligationen, Schuldscheindarlehen, deren Laufzeiten in Einzelabkommen festgelegt werden, sowie alle Eintragungen in das von der Bundesschuldenverwaltung geführte Schuldbuch; zu letzteren zählen die festverzinslichen Inhaberschuldverschreibungen, die gemeinhin als Staatsanleihen bezeichnet werden. In der BRD sind Staatspapiere üblicherweise mit festem Nominalzins ausgestattet. Eine Ausnahme bilden die Bundesschatzbriefe mit im Zeitablauf steigenden Zinsen (Staffelzinsen). Wichtiger als die Nominalverzinsung ist die Effektivverzinsung eines Papieres, bei der neben dem Nominalzins auch der Ausgabe- und Rücknahmekurs berücksichtigt wird. In der BRD werden i. d. R. für das Halten von Staatspapieren keine Steuervergünstigungen oder -befreiungen gewährt.

Die klassische Finanzpolitik verlangte den jährlichen Ausgleich des Staatshaushalts. Staatsschulden galten als anrüchig. Man fürchtete die Zahlungsunfähigkeit des Staates, den Staatsbankrott, welcher die Erfüllung unabdingbarer staatlicher Aufgaben verhindert hätte. Nur in begründeten Ausnahmefällen war Staatsverschuldung erlaubt. So durften außerordentliche, einmalige Ausgaben wie Ausgaben für Kriege und Katastrophenhilfe schuldfinanziert werden. Da die Finanzierungsmittel in solchen Fällen kurzfristig nicht ohne eine krasse Erhöhung des Steuertarifs aufgebracht werden können, sollten Steuern dort abgeschöpft werden, wo sie verfügbar sind, nämlich bei künftigen Generationen. Weiterhin war es zulässig, werbende Ausgaben mit Kredit zu finanzieren. Darunter wurden zunächst Ausgaben verstanden, die in der Zukunft zu Einnahmen in Form von Gebühren führten, welche die Schuldendienstzahlungen erlaubten. Heute dürfen öffentliche Investitionen schlechthin schuldfinanziert werden, sofern sichergestellt ist, daß ihre sozialen Nutzen die sozialen Kosten in der Zeit überschreiten (↑ Kosten-Nutzen-Analyse S. 266). Staatsverschuldung gilt heute bei öffentlichen Investitionen auch aus Gründen der zeitlichen Verteilungsgerechtigkeit als vertretbar. Jede Generation soll gemäß ihrem Nutzen aus öffentlichen Projekten auch mit zur Finanzierung der Lasten herangezogen werden („Pay-as-you-use"-Prinzip). Besonders häufig findet dieses Prinzip Anwendung bei Investitionen der Gemeinden. Darüber hinaus gibt es für die Staatsverschuldung ein weiteres Motiv: Die bewußte ↑ Konjunktursteuerung durch Fiskalpolitik (S. 510). In einer Rezession soll der Staat mit Hilfe von Notenbankverschuldung seine Ausgaben erhöhen; ganz im Gegensatz zur klassischen Finanzpolitik, die in schlechten Zeiten eine sparsame Haushaltsführung als vorbildlich empfahl.

H. Kolms: Finanzwiss. Bd. 4. Berlin 1964. – H. Zimmermann/K. D. Henke: Einf. in die Finanzwissenschaft. 3. Aufl. München 1982.

Entwicklung der Verschuldung der öffentl. Haushalte in der Bundesrepublik Deutschland

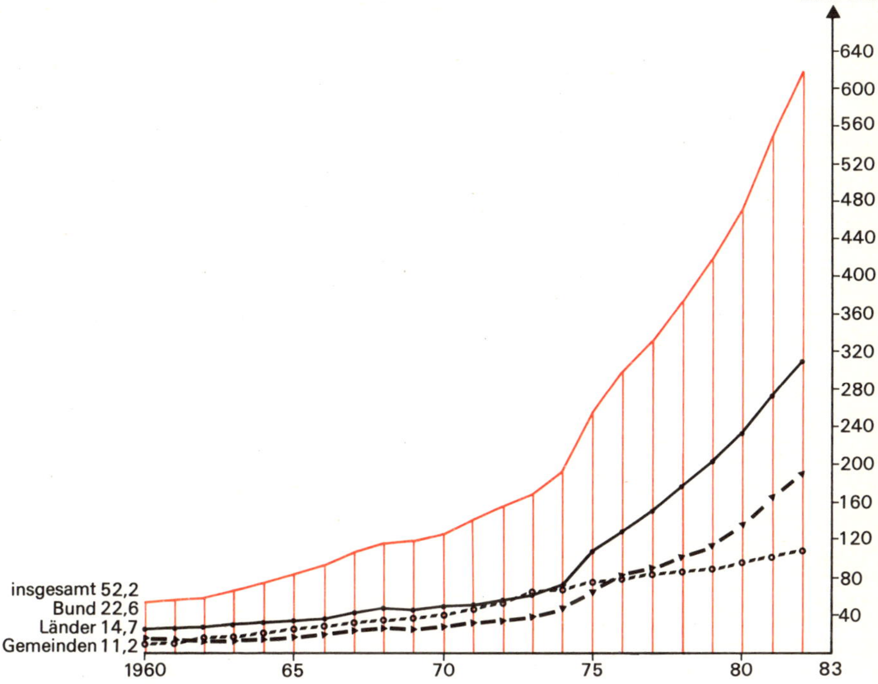

Schuldenarten der öffentlichen Haushalte in der Bundesrepublik Deutschland

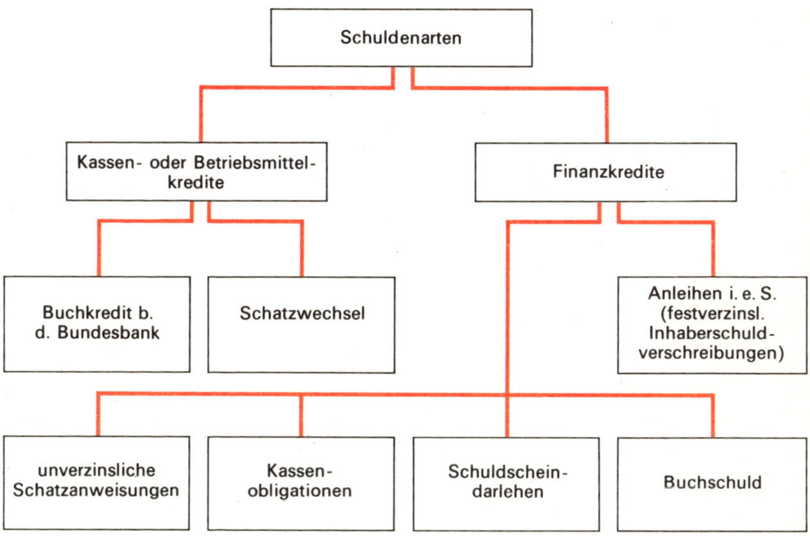

Wirkungen der Staatsverschuldung

Fragt der Staat am Kapitalmarkt finanzielle Mittel zur Verschuldung nach, dann konkurriert seine Kreditnachfrage mit der Nachfrage der privaten Investoren um die privaten Ersparnisse. Nach dem Gesetz von Angebot und Nachfrage (↑ Preisbildung S. 174) muß unter sonst gleichen Umständen eine steigende Nachfrage den Kreditpreis, den Zins, erhöhen. Da Zinssteigerungen die Zahl lohnender privater Investitionsvorhaben verringern (↑ Bestimmungsgründe privater Investitionen S. 198), wird die private Investitionsnachfrage auf diese Weise zurückgedrängt. Eine andere Wirkung hat hingegen eine Staatsverschuldung unmittelbar bei der Notenbank, jede Verschuldung im Ausland sowie eine Schuldenaufnahme beim Bankensystem unter Verwendung sog. remonetisierbarer Papiere (in der Bundesrepublik Deutschland können die Geschäftsbanken üblicherweise Papiere mit einer Restlaufzeit von höchstens 18 Monaten bei der Zentralbank gegen Geld eintauschen, also remonetisieren); sie führt nämlich zur Geldvermehrung (↑ Geldmenge und Geldumlauf S. 48). Eine Geldvermehrung wirkt tendenziell zinssenkend. Zinssenkungen können wiederum die private Investitionsnachfrage anregen und insofern konjunkturbelebend sein. Je nach Finanzierungsart wird also ein primär stimulierender Effekt zusätzlicher Staatsausgaben von einem positiven oder negativen Sekundäreffekt über den Geldkreislauf begleitet.

Besteht ein Nachholbedarf an öffentlichen Investitionen oder soll aus grundsätzlichen politischen Erwägungen der Staatsanteil an den Gesamtausgaben steigen, ist es unumgänglich, dem privaten Sektor Kaufkraft zu entziehen, um eine Umverteilung der Ressourcen von der privaten in die öffentliche Verwendung zu gewährleisten. Eine Umlenkung der Ressourcen mit Hilfe der Staatsverschuldung ist auf zwei Wegen denkbar. Zum einen fragt der Staat zur Finanzierung seiner Vorhaben private Ersparnisse nach, entzieht den Privaten die für Investitionen benötigten Finanzierungsmittel und drängt damit die private Nachfrage zurück. Zum anderen kann er sich mit Hilfe der Notenbank verschulden, also zusätzliche monetäre Nachfrage entfalten. Steht der zusätzlichen Nachfrage kein zusätzliches Angebot gegenüber, entsteht eine inflatorische Lücke (↑Inflationsursachen S. 498). Über die dadurch ausgelöste Geldentwertung wird selbst bei gleichbleibender (monetärer) Nachfrage der Privaten diesen Verfügungsgewalt über Ressourcen zugunsten öffentlicher Verwendung entzogen. Wenn auch Verschuldung mit Geldschöpfung zur Ressourcenumlenkung wegen der mit ihr einhergehenden Inflation ungeeignet ist, so erweist sie sich jedoch im Falle einer deflatorischen Lücke (↑Deflation S. 500) als mögliches Instrument zur Konjunkturbelebung. Werden nämlich in einer Rezession über die im Haushaltsplan vorgesehenen Ausgaben hinaus zusätzliche Ausgaben getätigt, so kann die staatliche Mehrnachfrage zugleich auch die private Verbrauchs- und Investitionsnachfrage anregen. Da in einer Rezession jede weitere Verschlechterung des Investitionsklimas zu vermeiden ist, empfiehlt es sich nicht, das durch die Defizitpolitik entstehende Loch im staatlichen Budget durch Finanzierungsmittel der Privaten, nämlich aus privater Ersparnis zu schließen. Im Gegenteil, eine Ausweitung der Kreditmöglichkeiten für die Privaten durch eine geldvermehrende Staatsverschuldung kann einen zusätzlichen Anreiz für private Investoren und damit einen weiteren Schritt aus der Talsohle heraus bedeuten. Der erwünschten Geldvermehrung in der Rezession müßte sich bei einer solchen ↑Konjunktursteuerung durch Fiskalpolitik (S. 510) aber im folgenden Aufschwung eine Geldvernichtung anschließen, um inflationäre Impulse zu vermeiden. Daher sind Verschuldungspapiere, die die Geldmenge langfristig erhöhen, zur kurzfristigen Rezessionsbekämpfung ungeeignet. Noch bedeutsamer ist jedoch die auch außerhalb der Bundesrepublik Deutschland gemachte Erfahrung, daß der politische Entscheidungsprozeß einen konjunkturgerechten Einsatz des Verschuldungsinstruments kaum zuläßt.

K. H. Hansmeyer: Der öffentl. Kredit. 2. Aufl. Frankf. a. M. 1970.

Wirkungen der Staatsverschuldung auf die private Wirtschaft ohne Berücksichtigung der Wirkungen der durch die Verschuldung finanzierten Ausgaben

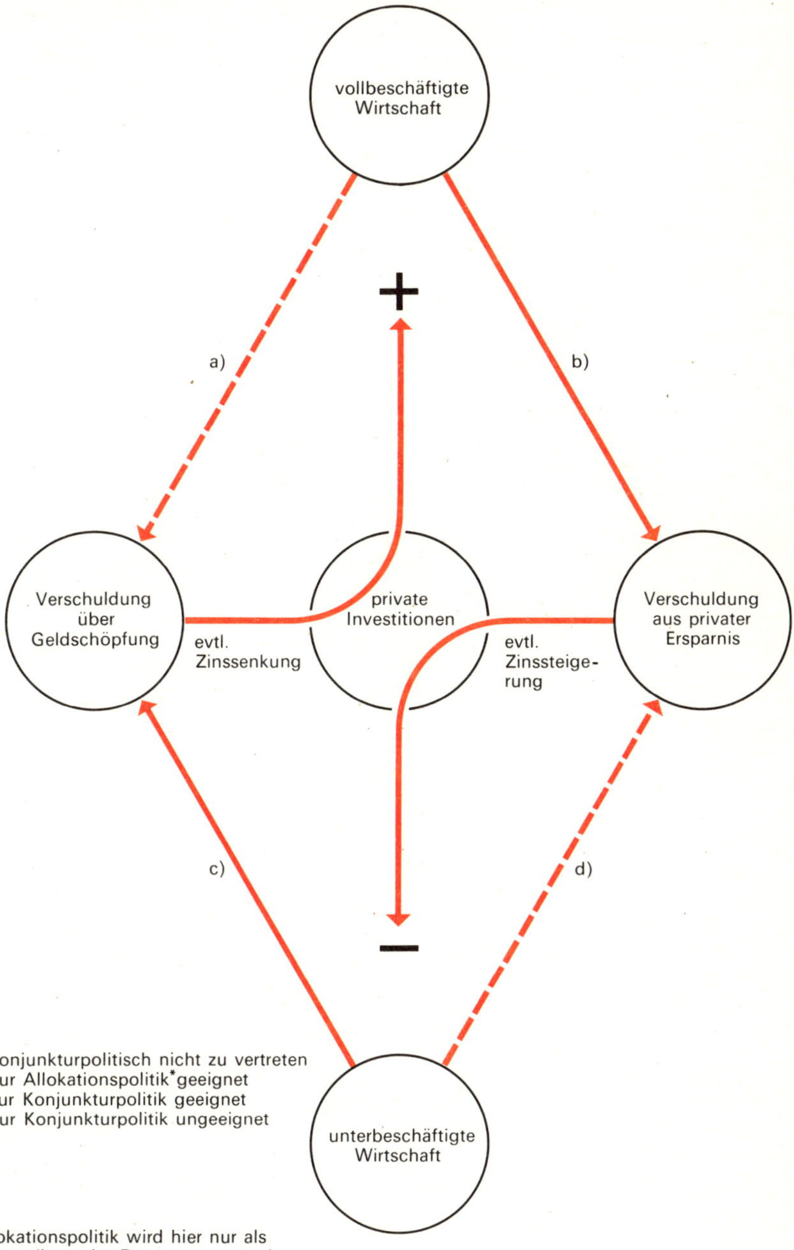

a) konjunkturpolitisch nicht zu vertreten
b) zur Allokationspolitik* geeignet
c) zur Konjunkturpolitik geeignet
d) zur Konjunkturpolitik ungeeignet

*Allokationspolitik wird hier nur als Umverteilung der Ressourcen von der privaten in die öffentliche Verwendung aufgefaßt.

Grenzen der Staatsverschuldung

Nicht nur im Absolutismus (↑Epochen staatlicher Wirtschaftsordnung S. 20), sondern auch in parlamentarischen Systemen bestand bzw. besteht eine Neigung zur Staatsverschuldung. Heute geht es nicht zuletzt darum, Wählerstimmen dadurch zu gewinnen, daß in großzügiger Weise Ausgaben erhöht werden. Da gleichzeitige Steuererhöhungen bei den Wählern unpopulär sind, ist Kreditfinanzierung, von der sich unmittelbar niemand betroffen fühlt, für die Regierenden der bequemere Weg.

Ist es denkbar, die Steuerfinanzierung der Staatsausgaben durch Schuldfinanzierung ganz oder teilweise zu ersetzen? Einige Schwierigkeiten, die bei einer steigenden Staatsschuld auftreten, sind im Zusammenhang mit dem Problem der Abwehr einer sog. säkularen Stagnation diskutiert worden. Eine säkulare Stagnationstendenz wird von einigen Forschern vor allem für reife Volkswirtschaften mit der Vermutung begründet, daß den wegen des hohen Einkommensniveaus hohen Ersparnissen nicht in ausreichendem Maße lohnende private Investitionsgelegenheiten gegenüber stehen. So entstehe im privaten Sektor eine deflatorische Lücke (↑Deflation S. 500), die der Staat durch zusätzliche eigene Ausgaben ausfüllen soll. Als Mittel zur permanenten staatlichen Verschuldung böten sich die überschüssigen privaten Ersparnisse an. Steigender Schuldenstand bringt nun aber auch eine steigende Schuldendienstlast mit sich. Schuldendienst wäre entweder aus Steuermitteln oder aus Neuverschuldung finanzierbar. Bei Neuverschuldung droht der Schuldendienst die Grenzen zu sprengen, die selbst ein durch Überwindung der vermuteten Stagnation steigendes Volkseinkommen setzt. Bei Finanzierung aus Steuermitteln tendiert die zinsinduzierte Steuerlastquote (zinsinduzierter Steueranteil am Volkseinkommen) unter realistischen Bedingungen dazu, einen festen Wert anzunehmen, wenn auch die Neuverschuldung fortwährend einen festen Anteil am Volkseinkommen ausmacht. Allerdings können von der Verschuldung selbst wieder negative Volkseinkommenswirkungen ausgehen; denn die steigende zinsinduzierte Steuerlastquote dürfte i. d. R. die private Investitionsnachfrage beeinträchtigen. Ein daraus entstehender neuer Deflationsdruck müßte wiederum mit zusätzlichen Käufen des Staates abgebaut werden, die ebenfalls über Verschuldung zu finanzieren wären, da eine Steuerfinanzierung unter diesen Umständen die private Investitionsneigung weiter beeinträchtigte. Eine erneute Verschuldung bringt aber ihrerseits eine Erhöhung der zinsinduzierten Steuerlastquote mit sich. Ein „Teufelskreis" entstünde, der nur zu durchbrechen wäre, wenn es dem Staat gelänge, durch produktive Ausgaben die langfristige Wachstumsrate des Volkseinkommens zu erhöhen, was jedoch bezweifelt werden kann.

Bei einer ständig steigenden Verschuldung muß auch bedacht werden, daß die Gläubiger des Staates in erster Linie oberen Einkommensschichten entstammen. So wird durch die Zinszahlungen in jeder Periode Einkommen von der großen Gruppe der durchschnittlich wenig verdienenden Steuerzahler (Träger der Zinslast) zur kleinen Gruppe der im Durchschnitt hochverdienenden Zinsempfänger umverteilt, ein verteilungspolitisch fragwürdiges Ergebnis. Daneben bedeutet wachsende Verschuldung wachsende Abhängigkeit des Staates von seinen Gläubigern, die letztlich den demokratischen Willensbildungsprozeß stark beeinträchtigen kann. Sofern die Verschuldung im Ausland erfolgt, kann die nationale Souveränität in unerwünschtem Maße eingeschränkt werden. Aber auch das Ausweichen auf Notenbankkredite ist kein Ausweg. Denn wegen der laufend anwachsenden Geldmenge ist eine ↑Inflation (S. 496) zu befürchten, die wegen ihrer wirtschaftlichen Folgen zum Zusammenbruch des Staatswesens führen kann.

Gemäß Art. 115 GG bedarf die Kreditaufnahme des Bundes einer Ermächtigung durch ein Bundesgesetz. Einnahmen aus Krediten dürfen die im Haushaltsplan veranschlagte Höhe der Investitionen i. d. R. jedoch nicht überschreiten.

H. Kolms: Finanzwiss. Bd. 4. Berlin 1964. – H. Zimmermann/K. D. Henke: Einf. in die Finanzwissenschaft. 3. Aufl. München 1982.

Höhe des Anteils der Staatsverschuldung am Sozialprodukt und Höhe der zinsinduzierten Steuerlastquote bei alternativen festen Werten von r, i und α

a) Anteil der gesamten Staatsschuld am laufenden Sozialprodukt, der bei gegebenen festen r, i und α langfristig erreicht wird

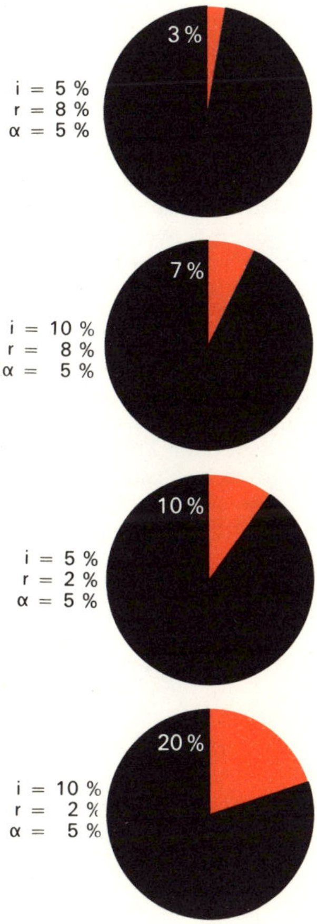

b) zinsinduzierte Steuerlastquote (Steueranteil am Sozialprodukt, der benötigt wird, um die Schuldzinsen zu finanzieren)

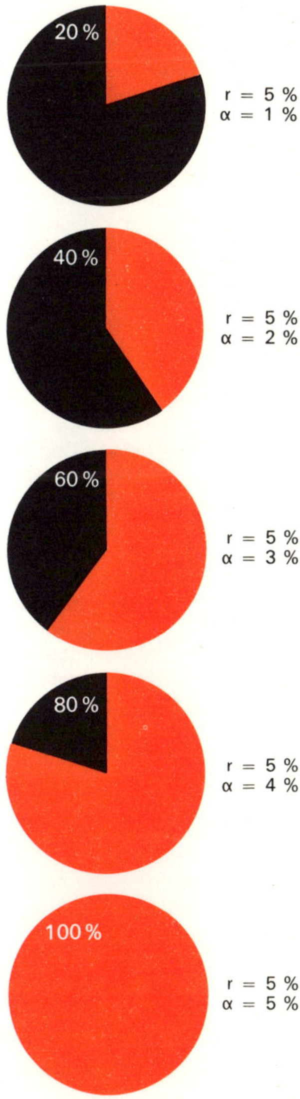

r: Wachstumsrate der Volkswirtschaft
i: Zinssatz
α: Anteil der laufenden Neuverschuldung am Sozialprodukt

Ziele und Arten des Finanzausgleichs

In allen modernen Staaten muß die Fülle von öffentlichen Aufgaben auf verschiedene Hoheitsträger verteilt werden. Die notwendige Dezentralisierung bei der Aufgabenwahrnehmung erfordert eine Verteilung des Steueraufkommens und anderer ↑öffentlicher Einnahmen (S. 270), damit die Träger öffentlicher Verwaltung, insbesondere Bund, Länder und Kommunen, in der Lage sind, die ihnen obliegenden Aufgaben zweckgerecht zu erfüllen. Die Regelung der finanziellen Beziehungen zwischen den Trägern öffentlicher Aufgaben nennt man Finanzausgleich. Die Aufgabenverteilung wird als passiver, die Verteilung der Einnahmen als aktiver Finanzausgleich bezeichnet. Die einschlägigen Regelungen finden sich im Grundgesetz (Finanzverfassung), im Gesetz über den Finanzausgleich des Bundes und in den Finanzausgleichsgesetzen der Länder. Hauptziel des Finanzausgleichs ist es, Spannungen zwischen den einzelnen Teilgebieten innerhalb des Staates zu vermeiden oder abzubauen, um so einer horizontalen Gleichmäßigkeit hinsichtlich der Besteuerung bei angemessener Versorgung der Bevölkerung mit staatlichen Leistungen nahezukommen. Sofern sich bei der Aufgaben- und Einnahmenverteilung mehrere Hoheitsträger unterschiedlicher Verwaltungsebenen das Aufkommen mehrerer Steuern in Form von Zuweisungen und Umlagen nach fest bestimmten Quoten, dem sog. Verteilungsschlüssel, teilen, spricht man von einem Mischsystem. Als Zuweisungs- oder Verbundsystem wird es bezeichnet, wenn ein öffentlicher Aufgabenträger die vereinnahmten Abgaben mittels Zuweisungen und Umlagen an andere weiterleitet. In den genannten Fällen fließen die Finanzströme innerhalb verschiedener Verwaltungsebenen von oben nach unten und umgekehrt (vertikaler Finanzausgleich). Der horizontale Finanzausgleich umfaßt die wirtschaftlichen Beziehungen zwischen öffentlichen Aufgabenträgern der gleichen Ebene und dient dem Ausgleich der nach Durchführung des vertikalen Finanzausgleichs noch bestehenden Unterschiede. Der Finanzstrom bewegt sich hier zwischen den einzelnen Bundesländern (horizontaler Länderfinanzausgleich) und zwischen den Gemeinden einzelner Länder (interkommunaler Finanzausgleich). Eine weitere Art der Einnahmenverteilung bilden die Zweckzuweisungen. Das sind öffentliche Mittel, die höhere Gebietskörperschaften (Bund, Länder) niedrigeren (Bezirke, Landschaftsverbände, Landkreise, Gemeinden) mit der Maßgabe zuteilen, diese für die Erstellung spezieller Projekte (z.B. Sportstätten, Hallenbäder u.a.) zu verwenden. Anders als beim horizontalen Ausgleich richtet sich hier die Einnahmenverteilung nach individuellem Bedarf und nicht nach Aufgabenkatalog und Finanzlage der begünstigten Körperschaft.

Der Verteilungsschlüssel beim kommunalen Finanzausgleich zwischen Ländern und Gemeinden richtet sich nach den Landesfinanzausgleichsgesetzen. Danach erhalten die Gemeinden Schlüsselzuweisungen aus den von den einzelnen Bundesländern vereinnahmten Steuern zur autonomen Verausgabung. Bei der Berechnung der Schlüsselzuweisungen jeder Gemeinde geht man von der Aufgabenbelastung und der eigenen Steuerkraft aus. Die Steuerkraftmeßzahl errechnet sich aus dem gemeindlichen Steueraufkommen unter Berücksichtigung der Einwohnerzahl. Die Ausgangsmeßzahl wird nach einem einheitlichen Grundbetrag, einer durchschnittlichen Normausgabe pro Kopf der Bevölkerung, berechnet.

Die Verteilung von Kosten und Erträgen bei der Verwirklichung gemeinsamer Großprojekte unter souveränen Staaten erfolgt im internationalen Finanzausgleich, zu dem auch Abkommen zur Vermeidung der ↑Doppelbesteuerung (S. 600) sowie Ausgleichszahlungen auf militärischem und kulturellem Gebiet gehören. Durch den supranationalen Finanzausgleich innerhalb überstaatlicher Gemeinschaften (z.B. EWG) werden gemeinsame Institutionen von den Mitgliedstaaten finanziert.

H. Zimmermann/K. D. Henke: Einführung in die Finanzwissenschaft. 3. Aufl. München 1982. – Hdb. der Finanzwissenschaft. Hg. v. F. Neumark. Bd. 4. 3. Aufl. Tüb. 1983. Art. Allg. Probleme u. Methoden des Finanzausgleichs. S. 4–47, u. Art. Entwicklung des Finanzausgleichs in der BRD. S. 71–118.

Horizontaler und vertikaler Finanzausgleich

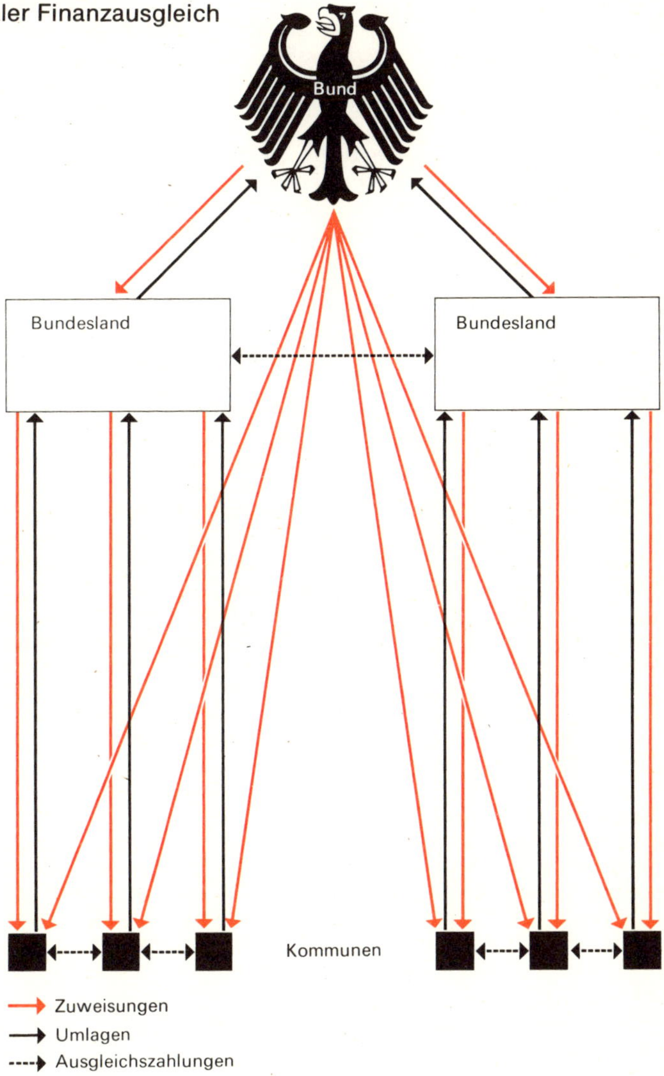

Außenhandel

Als Außenhandel einer Volkswirtschaft wird der grenzüberschreitende Warenverkehr des betrachteten Staates bezeichnet. Er setzt sich aus ↑Ausfuhr (Exporten) (S. 318) und ↑Einfuhr (Importen) (S. 320) zusammen.

Bei der Erfassung dieser Warenströme in der Außenhandelsstatistik wird zwischen General- und Spezialhandel unterschieden. Der Generalhandel umfaßt mit Ausnahme des reinen Transitverkehrs alle Waren, die die geographischen Grenzen des Erhebungsgebietes passieren. Demgegenüber ist für die Ermittlung des Spezialhandels das Überschreiten der Zollgrenzen, die z. B. im Fall eines Freihafens von den geographischen Grenzen abweichen, maßgebend. Die jährlichen Einfuhren und Ausfuhren im Spezialhandel werden in der Handelsbilanz, einer Teilbilanz der ↑Zahlungsbilanz (S. 336), gegenübergestellt. Man spricht von einer „aktiven" Handelsbilanz (Handelsbilanzüberschuß), wenn der Wert der Exporte den der Importe übersteigt. Im umgekehrten Fall liegt eine „passive" Handelsbilanz (Handelsbilanzdefizit) vor.

Eine Volkswirtschaft kommt ohne Außenhandel nur dann aus, wenn sie völlig autark ist. Im allgemeinen lassen sich jedoch nicht alle Güter, die von inländischen Konsumenten nachgefragt werden, auch ohne Einfuhren im Inland produzieren. Entweder fehlt es an den notwendigen technischen Einrichtungen zur Produktion oder an den erforderlichen Materialien, z. B. an Rohstoffen. Vor allem aber ist es vorteilhaft, solche Güter einzuführen, die zwar auch im Inland produziert werden können, die aber im Ausland kostengünstiger herstellbar sind. Die Vorteile der ↑Arbeitsteilung (S. 12), die sich aus einer Erhöhung der ↑Produktivität (S. 74) durch Spezialisierung ergeben, lassen es sinnvoll erscheinen, weltwirtschaftlich nach dem Prinzip der internationalen Arbeitsteilung zu verfahren: Jede Volkswirtschaft spezialisiert sich auf die Herstellung solcher Sachgüter (und im Grunde auch Dienstleistungen), für deren Produktion sie hinsichtlich Art und Menge der benötigten Produktionsfaktoren im Vergleich zu anderen Volkswirtschaften relativ begünstigt ist, und exportiert den über den inländischen Bedarf hinausgehenden Teil der Produktion. Der daraus erzielbare Außenhandelsgewinn besteht darin, daß die Inländer bei gleicher Ausstattung mit Produktionsfaktoren letztlich über eine größere Gütermenge verfügen können als bei Autarkiestreben. Voraussetzung für die möglichst weitgehende Realisierung des Prinzips der internationalen Arbeitsteilung ist die Abschaffung von ↑Außenhandelsbeschränkungen (S. 586) wie ↑Zöllen (S. 588) und ↑nichttarifären Handelshemmnissen (S. 592).

Die Differenz zwischen Ausfuhren und Einfuhren einer Volkswirtschaft pro Jahr ergibt den Außenbeitrag des Außenhandels (hier einschließlich der Dienstleistungen) zum ↑Volkseinkommen (S. 360). Die Höhe des Außenbeitrags hat weitreichende binnenwirtschaftliche Konsequenzen: Ein hoher Außenbeitrag kann u. U. zum Entstehen einer importierten Inflation beitragen, so daß Maßnahmen zur ↑außenwirtschaftlichen Absicherung (S. 516) erforderlich werden; ein negativer Außenbeitrag bedeutet eine Schmälerung des Volkseinkommens der betreffenden Volkswirtschaft durch den Außenhandel und kann außerdem zum Abbau der im allgemeinen knappen Währungsreserven führen.

Der Beeinflussung des Außenbeitrags gemäß vorgegebener wirtschaftspolitischer Ziele dienen die Instrumente der staatlichen Außenhandelspolitik (z. B. ↑Devisenbewirtschaftung S. 596, ↑Aufwertung – Abwertung S. 342).

Die Schaffung eines Außenhandelsmonopols stellt den schärfsten staatlichen Eingriff in den Außenhandel dar. Es liegt vor, wenn die Abwicklung des Außenhandels allein in den Händen einer zentralen Planungsbehörde liegt. Das Außenhandelsmonopol ist die adäquate Organisationsform des Außenhandels für eine zentralgeleitete Planwirtschaft (↑Wirtschaftsordnungen S. 18).

G. Haberler: Der internat. Handel. Berlin u. a. 1970. – M. Borchert: Außenwirtschaftslehre. 2. Aufl. Wiesbaden 1983.

Der Außenbeitrag zum Sozialprodukt der Bundesrepublik Deutschland und seine Komponenten (in Mrd. DM)

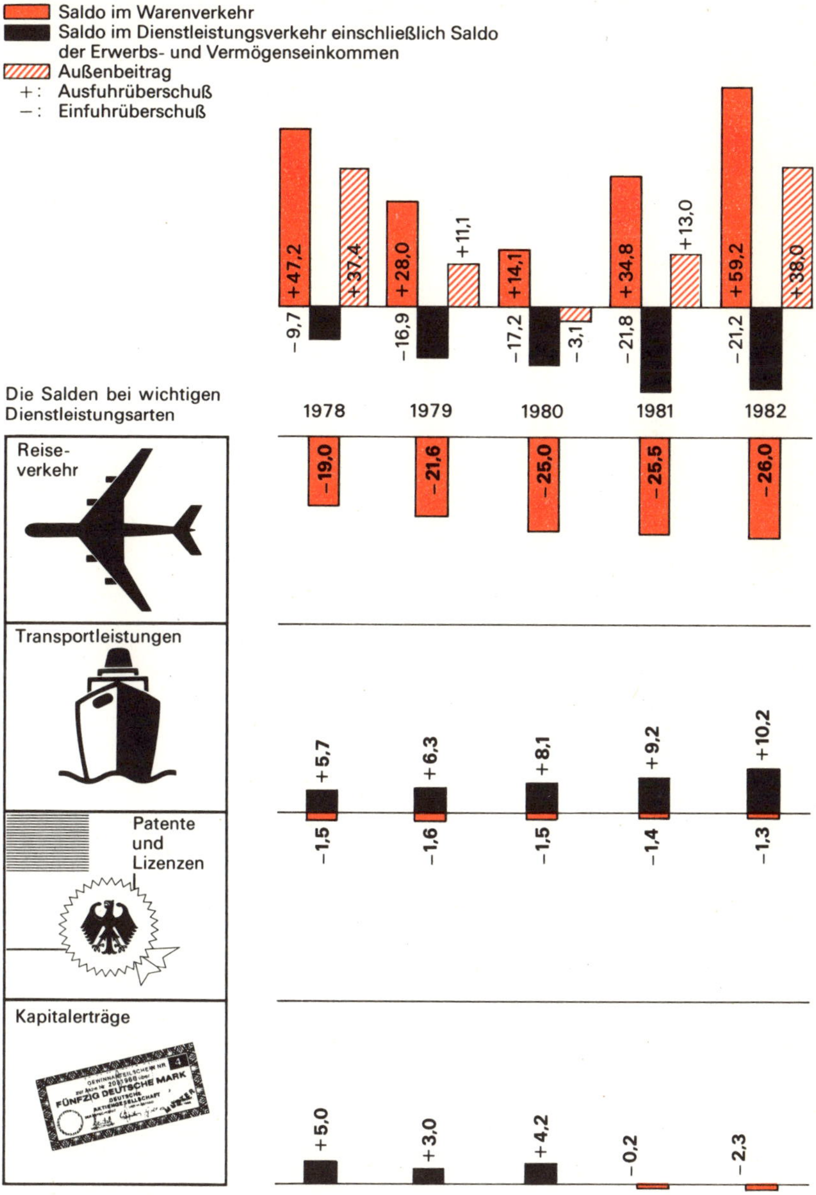

Die Ermittlung des Außenbeitrags erfolgt im Rahmen der volkswirtschaftlichen Gesamtrechnungen und nicht innerhalb der Zahlungsbilanzstatistik. Die Zahlen sind deswegen mit den entsprechenden Ergebnissen der Zahlungsbilanz nicht ohne weiteres vergleichbar.

Ausfuhr (Exporte)

Als Ausfuhr (Exporte) werden die vom Inland ins Ausland ausgeführten Waren bezeichnet. Die Ausfuhr ist Teil des ↑Außenhandels (S. 316).

Neben der Ausfuhr solcher Waren, die vom Ausland nachgefragt werden, weil sie dort nicht verfügbar sind, werden vornehmlich solche Waren ausgeführt, die im Inland im Vergleich zum Ausland relativ kostengünstig produziert werden können. Die internationale Arbeitsteilung ermöglicht damit die Erhöhung der Produktivität durch Spezialisierung mit der Folge, daß mit einem gegebenen Bestand an inländischen Produktionsfaktoren ein höheres Sozialprodukt erstellt werden kann, als es im Falle eines Autarkiestrebens möglich wäre.

Voraussetzung für die Ausschöpfung dieser Spezialisierungsvorteile ist jedoch, daß das Ausland eine ausreichend starke Nachfrage nach den Exporterzeugnissen des Inlandes entfaltet. Dabei kommt es bei langfristiger Betrachtung darauf an, daß die Steigerung der Nachfrage nach den Gütern, aus denen sich das Exportsortiment des Inlandes vorwiegend zusammensetzt, zumindest ebenso groß ist wie die Wachstumsrate des Welthandels. Andernfalls verschlechtern sich die Exportchancen einer Volkswirtschaft im Verlaufe des allgemeinen Wachstumsprozesses der Weltwirtschaft (↑wirtschaftliches Wachstum S. 528). Als Beispiel hierfür lassen sich zahlreiche ↑Entwicklungsländer (S. 604) anführen, deren Exportsortiment vorwiegend aus Agrarerzeugnissen und Rohstoffen besteht. Kurz- und mittelfristig sind die Konjunkturschwankungen im Ausland entscheidender Bestimmungsgrund für Veränderungen der Exportnachfrage. Vollzieht sich z. B. in mehreren wichtigen Abnehmerländern ein Konjunkturabschwung (↑Konjunktur S. 488), geht die auf inländische Erzeugnisse gerichtete Exportnachfrage zurück, so daß unter sonst gleichen Bedingungen der Auslastungsgrad des ↑Produktionspotentials (S. 362) im Inland sinkt. Der Konjunkturabschwung wird also vom Ausland ins Inland übertragen (↑internationaler Konjunkturzusammenhang S. 492). Je nach Anteil der Exporte am Sozialprodukt (Exportquote) kann der Einfluß dieses internationalen Konjunkturverbundes von Land zu Land unterschiedlich stark sein. So betrug die Exportquote im Durchschnitt der Jahre 1971 bis 1981 in den Niederlanden 50,1%, in der BRD 25,4% und in den USA 8,4%.

Neben der ausländischen Konjunkturentwicklung ist für das Ausmaß der Exportnachfrage von Bedeutung, inwieweit das Ausland durch den Einsatz von ↑Außenhandelsbeschränkungen (S. 586) verhindert, daß die Produktionsvorteile, die das Inland im Bereich der Exportgüterindustrien besitzt, auf den ausländischen Märkten zum Tragen kommen. Außer durch ↑Zölle (S. 588) können diese Produktionsvorteile auch mit ↑nichttarifären Handelshemmnissen (S. 592) durch die Abnehmerländer außenhandelsunwirksam werden.

Eine derartige Eindämmung der Exportnachfrage ist häufig deswegen handelspolitisches Ziel der Abnehmerländer, weil die Ausfuhr des Exportlandes oft auf Kosten entsprechender Produktion im Importland erfolgt und weil sie in einem System fester Wechselkurse zu einem Anstieg der Währungsreserven des Exportlandes führt.

Damit sind auch die Gründe für die sehr verbreitete Exportförderung in Form wirtschaftspolitischer Maßnahmen der Exportländer genannt. Solche Maßnahmen können sich als globale Verbesserung der Wettbewerbsposition aller inländischen Exportindustrien auf den Weltmärkten auswirken. Dazu zählt z. B. die Schaffung oder Aufrechterhaltung eines Wechselkurses, der, gemessen am Devisenmarktgleichgewicht, die inländische Währung unterbewertet (↑Aufwertung – Abwertung S. 342). Außerdem wird ausgiebig von der Möglichkeit Gebrauch gemacht, einzelnen Industrien oder Unternehmen durch gezielte ↑Subventionen (S. 268) eine in Anbetracht der tatsächlichen Kostensituation künstliche Herabsetzung ihrer Angebotspreise zu ermöglichen.

W. Glastetter: Außenwirtschaftspolitik. 2. Aufl. Köln 1979. – M. Borchert: Außenwirtschaftslehre. 2. Aufl. Wiesbaden 1983.

Die Warenausfuhr der Bundesrepublik Deutschland

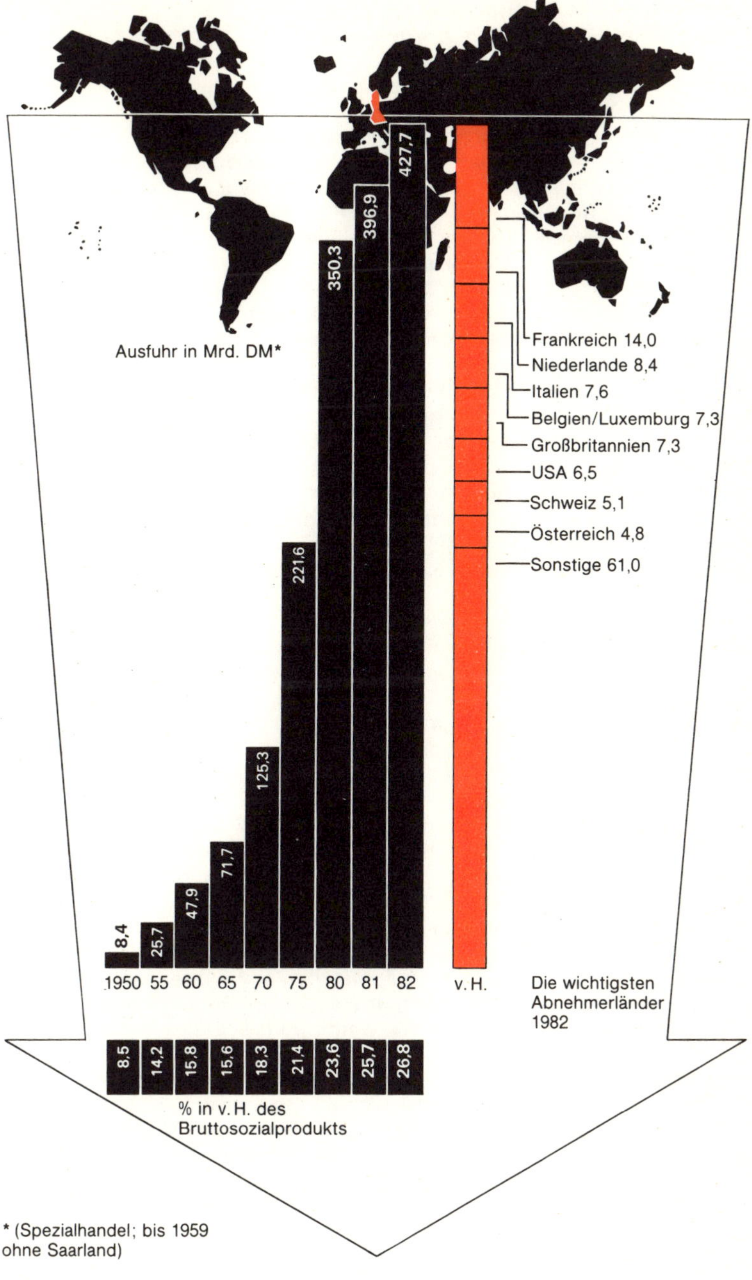

* (Spezialhandel; bis 1959 ohne Saarland)

Einfuhr (Importe)

Als Einfuhr (Importe) werden die vom Ausland ins Inland eingeführten Waren bezeichnet. Die Einfuhr ist Teil des ↑Außenhandels (S. 316).

Importe können einerseits ein Zeichen für die fehlende Autarkie einer Volkswirtschaft sein. Zum anderen lohnt es sich, solche Güter einzuführen, die sich im Ausland kostengünstiger herstellen lassen als im Inland, also die Vorteile der internationalen Arbeitsteilung auszunutzen.

Die Veränderung der Anteile einzelner Warengruppen an den Einfuhren verdeutlicht, daß das zweite der genannten Motive insbesondere bei der Erklärung der Importe von Industrieländern stetig an Bedeutung gewonnen hat. So sank z. B. der Anteil der Rohstoffe am Importwert der BRD von 29,8% im Jahr 1955 auf 15,8% im Jahr 1982, während sich der entsprechende Anteil der industriellen Fertigwaren im gleichen Zeitraum von 19,0% auf 51,1% erhöhte.

Als Maßstab für die Importabhängigkeit eines Landes kann die Importquote dienen. Sie ergibt sich als Quotient von Importwert und Sozialprodukt. Durch außenhandelspolitische Maßnahmen insbesondere in Form von ↑Außenhandelsbeschränkungen (S. 586) nimmt der Staat Einfluß auf die Höhe der Importquote. So führen Handelsbeschränkungen i. d. R. zu einer Verteuerung der Importgüter im Inland, so daß Preisvorteile der ausländischen Anbieter nicht voll zum Tragen kommen. Dadurch ist die Menge der importierten Waren geringer als sie bei Freihandel sein könnte. Abgesehen von dieser Schutzwirkung für die heimischen Anbieter liegt das Motiv für staatliche Importbeschränkungen häufig in der Knappheit der vorhandenen Währungsreserven. Denn Importe führen zum Abfluß von Devisen (↑Devisenmarkt S. 340), woraus sich in einem System fester Wechselkurse (↑Wechselkurssysteme S. 328) eine Verringerung der Währungsreserven ergibt.

Die Veränderungen des Importwertes im Zeitablauf sind vornehmlich auf zwei Erklärungsgrößen zurückzuführen: Variationen des inländischen Sozialprodukts und Variationen des Verhältnisses von inländischem zu ausländischem Preisniveau.

Importierte Güter gehen zum großen Teil als Vorleistungen in die im Inland zur Befriedigung der volkswirtschaftlichen Endnachfrage produzierten Güter ein. Der Importgehalt der Endprodukte kann mit Hilfe der Input-Output-Analyse ermittelt werden. Steigt die Endnachfrage und damit auch das Sozialprodukt, erhöht sich demnach auch der Bedarf an importierten Vorleistungen. Außerdem werden importierte Endprodukte direkt zu Konsum- und Investitionszwecken nachgefragt, wobei das Ausmaß dieser Nachfrage u. a. vom erzielten Einkommen und damit vom Sozialprodukt abhängt.

Das Verhältnis zwischen inländischem und ausländischem Preisniveau beeinflußt das Ausmaß an Importen, weil ausländische Anbieter von Importgütern auf inländischen Märkten mit heimischen Anbietern gleicher oder ähnlicher Produkte im Wettbewerb stehen. Verändert sich das genannte Preisverhältnis zuungunsten des Auslands, verschlechtert sich die Wettbewerbssituation der ausländischen Anbieter, so daß ein dämpfender Effekt auf die Einfuhren ausgelöst wird. Dieses für die Konkurrenzfähigkeit des Auslandes maßgebliche Preisverhältnis wird außer von den Inflationsraten im In- und Ausland auch von Schwankungen des ↑Wechselkurses (S. 340) beeinflußt, da durch ihn die ausländischen Preise in inländische Währung „übersetzt" werden. Wird z. B. die inländische Währung abgewertet (↑Aufwertung – Abwertung S. 342), steigen die inländischen Preise der Importgüter, so daß die importierten Mengen normalerweise abnehmen. Je nach Ausmaß dieses Mengenrückgangs kann der Importwert sinken, gleichbleiben oder steigen.

W. Glastetter: Außenwirtschaftspolitik. 2. Aufl. Köln 1979. – M. Borchert: Außenwirtschaftslehre. 2. Aufl. Wiesbaden 1983.

Die Wareneinfuhr der Bundesrepublik Deutschland

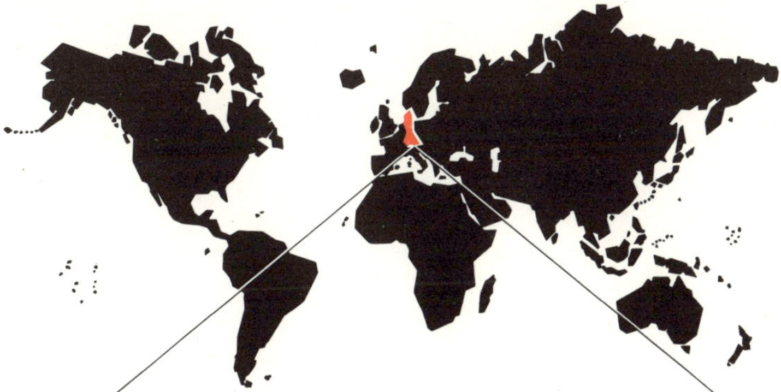

Jahr	1955	1960	1965	1970	1975	1980	1981	1982	Anteil der ...
GÜTERSTRUKTUR*									
	49.8	41.5	32.6	30.9	31.4	34.9	35.3	34.3	... Rohstoffe und Halbwaren in v. H.
	19,0	32,2	43,5	50,0	50,4	51,2	50,4	51,1	... Fertigwaren in v. H.
	31.2	26.3	23.9	19.1	16.9	12.7	12.9	13.2	... Waren der Ernährungswirtschaft in v. H.
LÄNDER-STRUKTUR	26.6	29.7	37.8	44.2	49.5	46.9	47.3	48.1	... EG-Länder in v. H.***
	24,4	22,3	19,1	16,1	20,0	20,4	19,1	18,2	... Entwicklungsländer in v. H. einschließlich OPEC-Länder
	49.0	48.0	43.1	39.7	30.5	32.7	33.3	33.7	... sonstigen Länder in v. H.
Einfuhren**... ... insgesamt in Mrd. DM	24,5	42,7	70,4	109,6	184,3	341,4	369,1	376,5	
... im Verhältnis zum Bruttosozialprodukt	13,5	14,1	15,3	16,0	24,5	23,0	23,9	23,6	

* nach Herstellungsländern
** Spezialhandel; bis 1959 ohne Saarland
*** Belgien, Luxemburg, Italien, Niederlande, Frankreich, ab 1. 1. 73 außerdem Dänemark, Großbritannien u. Irland ab 1. 1. 81 außerdem Griechenland

Terms of Trade (Austauschverhältnisse)

Zur Erläuterung von Begriffsinhalt und volkswirtschaftlicher Bedeutung der Terms of Trade ist es vorteilhaft, sich klar zu machen, daß der ↑Außenhandel (S. 316) einer Volkswirtschaft einen Tausch im Rahmen der internationalen Arbeitsteilung darstellt: Exportgüter werden an das Ausland abgegeben und gegen Importgüter eingetauscht. Angenommen, ein Land exportiere nur ein einziges Gut, nämlich Automobile zum Preis von 2 000 Dollar pro Stück, und importiere lediglich Rohöl für 10 Dollar pro Barrel, dann ließe sich dieser Außenhandel als Tausch Auto gegen Rohöl bei einem Tauschverhältnis von 200 Barrel Rohöl pro Auto interpretieren. Dieses mengenmäßige (reale) Austauschverhältnis wird als (Commodity) Terms of Trade bezeichnet. Es ergibt sich rechnerisch, indem der Preis des Exportgutes durch den in gleicher Währung ausgedrückten Preis des Importgutes dividiert wird.

Da tatsächlich jedoch eine Vielzahl von Waren exportiert und importiert wird, ist es für die Berechnung der Terms of Trade in der Praxis erforderlich, den Quotienten aus sinnvoll konstruierten Preisindizes für Export- und Importgüter zu bilden.

Dabei ist primär die Veränderung des Austauschverhältnisses im Zeitablauf interessant. Steigen z. B. die Preise der Exportgüter im Durchschnitt stärker als die der Importgüter, wird der Quotient also größer, spricht man von einer „Verbesserung" der Terms of Trade, weil pro Einheit Exportgut mehr an Importgütern eingetauscht werden kann als vorher. Im umgekehrten Fall, wenn also die Verteuerung der Einfuhren stärker ausfällt als die der Ausfuhren, ergibt sich entsprechend eine „Verschlechterung" der Terms of Trade.

Diese eindeutig wertenden Bezeichnungen verleiten leicht zu dem Irrtum, daß z. B. eine „Verbesserung" der Terms of Trade stets einen Vorteil für die betroffene Volkswirtschaft darstelle. Die Oberflächlichkeit dieser Einschätzung liegt einmal darin, daß relativ stark steigende Exportgüterpreise zu einer Verringerung der Ausfuhrmenge in solchem Ausmaß führen können (↑Nachfrage S. 170), daß die Exporterlöse insgesamt abnehmen. Trotz „Verbesserung" der Terms of Trade können sich dann die mit den Exporten finanzierbaren Importe (Importkapazität) der betroffenen Volkswirtschaft verringern. Zum andern ist es denkbar, daß z. B. bei einer „Verschlechterung" der Terms of Trade die verglichen mit den Importgütern größere Stabilität der Ausfuhrpreise auf eine Steigerung der ↑Produktivität (S. 74) in den Exportindustrien zurückzuführen ist (↑Angebot S. 172). Obwohl pro Einheit Importgut jetzt mengenmäßig mehr exportiert werden muß, ist es in diesem Fall durchaus möglich, daß die Volkswirtschaft trotzdem über mehr Güter verfügen kann als vorher; das wäre z. B. möglich, wenn durch die Produktivitätssteigerung in der Exportindustrie für das Ergebnis einer dort geleisteten Arbeitsstunde mehr importiert werden könnte als vorher.

Wegen der beschränkten Aussagefähigkeit der Commodity Terms of Trade ist es zweckmäßig, zusätzlich die Veränderungen anders definierter Austauschverhältnisse zu verfolgen. Wird die Entwicklung des Außenhandels wie in den meisten ↑Entwicklungsländern (S. 604) primär unter dem Aspekt der Importkapazität bewertet, werden die sog. Einkommens-Austauschbedingungen (Income Terms of Trade) als Meßziffer herangezogen. Sie ergeben sich, wenn die Commodity Terms of Trade mit den bei diesem Preisverhältnis erzielten Ausfuhrmengen multipliziert werden. Steht dagegen die Frage im Vordergrund, wie sich durch den Außenhandel die für die Inländer verfügbare Gütermenge verändert, muß der Preisindex der Exportgüter im Nenner des Quotienten mit einem Produktivitätsindex für die Exportindustrien multipliziert werden (Single-Factorial Terms of Trade), so daß berücksichtigt wird, wieviel inländische Produktionsfaktoren zum Tausch einer Einheit Importgut aufgewendet werden müssen. Vor allem die Berechnung dieser Meßziffer stößt jedoch auf erhebliche statistische Schwierigkeiten.

H. H. Glismann/E. J. Horn/S. Nehring/R. Vaubel: Weltwirtschaftslehre. München 1980. – J. B. Donges: Außenwirtschafts- u. Entwicklungspolitik. Berlin u. a. 1981.

Alternative Terms-of-Trade-Konzepte und ihre volkswirtschaftliche Bedeutung, dargestellt an Hand eines stark vereinfachten Beispiels mit nur je einem Import- und einem Exportgut

	Jahr	Importgut 	Exportgut 			Commodity Terms of Trade	Income Terms of Trade	Single-Factorial Terms of Trade
		Preis in $ (a)	Preis in $ (b)	Menge in Mill. Stück (c)	Produktivität* (d)	$\frac{(b)}{(a)}$	$\frac{(b)\cdot(c)}{(a)}$	$\frac{(b)\cdot(d)}{(a)}$
1. Fall**	t_1	10	2 000	0,500	$\frac{1}{100}$	200	100	2,0
	t_2	15	2 400	0,625	$\frac{1}{64}$	160	100	2,5
						–	0	+

„Verbesserung": +
„Neutralität": 0
„Verschlechterung": –

2. Fall	t_1	10	2 000	0,500	$\frac{1}{100}$	200	100	2,0
	t_2	12	2 880	0,250	$\frac{1}{120}$	240	60	2,0
						+	–	0

1. Fall	Auf die Frage, ob sich die Terms of Trade ...	2. Fall
„Verschlechterung" der Commodity Terms of Trade	... „unvorteilhaft",	„Verschlechterung" der Income Terms of Trade
„Verbesserung" der Single-Factorial Terms of Trade	„vorteilhaft",	„Verbesserung" der Income Terms of Trade
„Neutralität" (Konstanz) der Income Terms of Trade	oder „neutral" ...	„Neutralität" (Konstanz) der Single-Factorial Terms of Trade

... entwickeln, gibt es in vielen Fällen mehrere Antworten, solange nicht geklärt ist, welcher Bewertungsmaßstab jeweils am zweckmäßigsten ist.

* hier vereinfacht definiert als 1 dividiert durch die für die Produktion eines Automobils erforderlichen Arbeitsstunden

**außer den hier behandelten sind zahlreiche andere Fälle denkbar

Wirtschaftsbeziehungen mit Staatshandelsländern – Handel mit der DDR

Die Wirtschaftsbeziehungen mit Staatshandelsländern, auch Osthandel genannt, nehmen in den letzten Jahren ständig an Bedeutung zu; sie werden jedoch politisch sehr unterschiedlich beurteilt: Der Handel zwischen Staaten mit unterschiedlicher wirtschaftlicher und politischer Ordnung dient der Zusammenarbeit und der Entspannung. Er kann durch die Einführung westlicher wissenschaftlicher, wirtschaftlicher und kultureller Einflüsse u. U. zu Liberalisierungstendenzen in totalitären Staaten führen. Andererseits wird der Förderung des Osthandels entgegengehalten, daß er die politischen Strukturen der Staatshandelsländer stabilisiere und damit liberale Reformen verhindere. Zu den Staatshandelsländern gehören – neben der DDR, für deren Handel mit der BR Deutschland Sonderregelungen gelten – die Ostblockländer in Europa und Asien (u. a. die Mitglieder des ↑ Rats für gegenseitige Wirtschaftshilfe [S. 584], China, Nordkorea, Vietnam, Jugoslawien). In allen diesen Ländern ist der Handel mit dem westlichen Ausland Bestandteil des staatlichen Außenhandelsmonopols, d. h. im Unterschied zum Außenhandel zwischen Marktwirtschaften sind Genehmigungen für Lieferungen und Bezüge erforderlich. Dabei werden von diesen Ländern überwiegend solche Waren importiert, die sie nicht oder nur erheblich teurer herstellen können; umgekehrt besteht häufig nur eine geringe Absatzmöglichkeit für die Exportwaren der Staatshandelsländer auf den westlichen Märkten. Die einzelnen westlichen Industrieländer begünstigen ihre Exporte entweder durch Subventionsmaßnahmen, die Zinsen für Exportkredite unabhängig von Marktzins zwischen 5% und 7% ermöglichen, oder – wie die BR Deutschland, die keine Exportsubventionen gibt – durch Bürgschaften für Exportkredite im Osthandel. Dies geschieht durch die sog. Hermes-Bürgschaften, bei denen die Hermes-Kreditversicherungs-AG in Hamburg im Auftrag des Bundes für Ausfuhrgarantien und -bürgschaften, Waren- und Transportmittelgarantien zuständig ist.

Der innerdeutsche Handel stellt für die BR Deutschland keinen Außenhandel dar, er hat Sondercharakter und ist wie der Binnenhandel zoll- und abschöpfungsfrei. Die DDR als Staatshandelsland erhebt ebenso wie bei Importen aus dem Ausland für Bezüge aus der Bundesrepublik keine Zölle. Dank des Zusatzprotokolls der Bundesregierung zum EWG-Vertrag wird der innerdeutsche Handel auch in der EWG als Binnenhandel angesehen; die DDR wird damit zum Quasi-EWG-Mitglied. Der Zahlungsverkehr erfolgt im bilateralen Verrechnungsweg (Clearing) über die Deutsche Bundesbank und die Staatsbank der DDR. Zahlungen westdeutscher Bezieher von DDR-Waren werden der Staatsbank in Verrechnungseinheiten (1 VE = 1 DM) gutgeschrieben, Lieferanten in der DDR erhalten den Betrag in DM-Ost ausgezahlt. Umgekehrt bezahlen DDR-Käufer den Kaufpreis in Ost-Mark, der der Bundesbank in VE gutgeschrieben wird, während der Lieferant in der BR Deutschland den Betrag in DM ausbezahlt erhält. 1983 erreichte der innerdeutsche Handel einen Umsatz in Höhe von 15,3 Mrd. VE. Die Verrechnungskonten können bis zu einem vereinbarten Betrag zinslos überzogen werden: Dies ist der sog. „Swing", eine Art Überziehungskredit, der dann in Anspruch genommen wird, wenn das bilaterale Verrechnungssystem insofern nicht funktioniert, als es nicht genügend aufrechenbare Beträge gibt. Diese Überziehungsmöglichkeit wird seit Jahren ausschließlich von der DDR in Anspruch genommen. 1982 betrug der vereinbarte Swing 850 Mill. VE (in Anspruch genommen: 582 Mill. VE), 1983 vereinbarte 770 Mill. VE (in Anspruch genommen: 543 Mill. VE). Tendenziell ist seine Bedeutung im innerdeutschen Zahlenverkehr rückläufig.

C. D. Ehlermann u. a.: Handelspartner DDR. Baden-Baden 1975. – A. Schlemper: Die Bedeutung des innerdeutschen Handels. Göttingen 1978. – W. v. Lingelsheim-Seibicke: Hb. f. d. Osthandel. Losebl. Köln 1977.

Der Überschuß im innerdeutschen Handel wächst

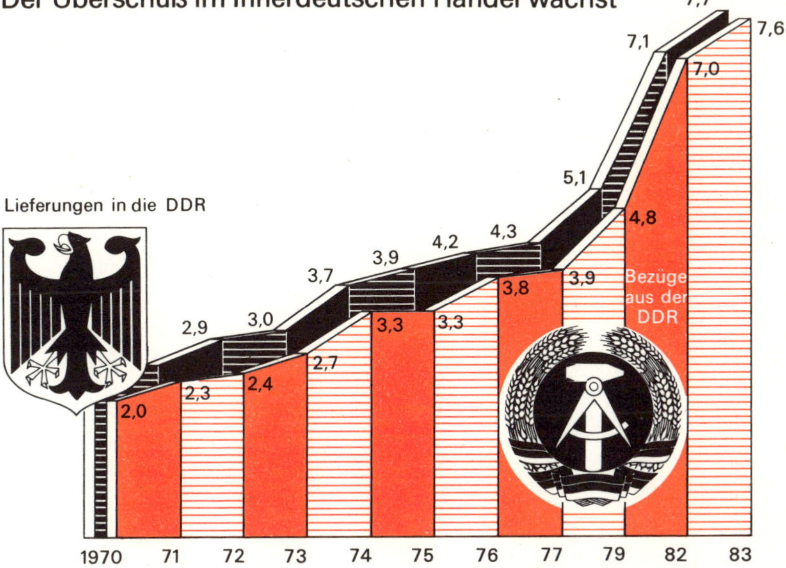

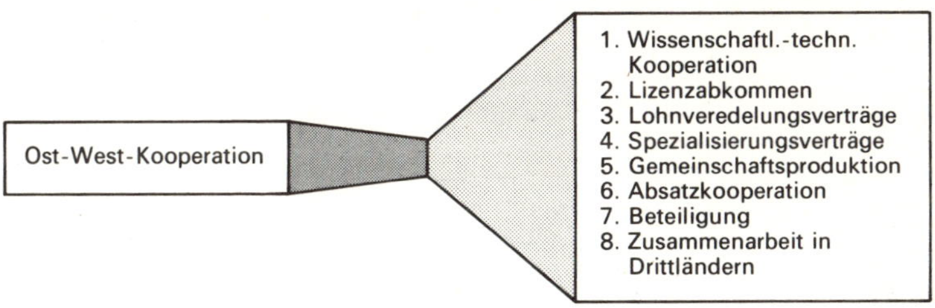

Ausfuhr des Westens in den Osten (in Mrd. $)

	Maschinen und Fahrzeuge	Industrie-waren	Chemische Produkte	Agrar-produkte	Sonstiges	
EG	5,5	5,5	3,4	3,3	1,4	19,1 insgesamt
USA	0,4		0,3	3,0	0,6	4,3 insgesamt
Japan	1,4	2,0	0,3		0,3	4,0 insgesamt

Außenhandelsfinanzierung und -sicherung

Die Finanzierung eines Außenhandelsgeschäfts wird erforderlich, wenn der Exporteur die Mitverpflichtung einer Bank wünscht oder der Importeur nicht über die Mittel zur Barzahlung verfügt (dokumentäre Zahlungen).

Typische Form der kurzfristigen Finanzierung (Zeitraum etwa bis 1 Jahr Laufzeit) ist bei den Importen der Akkreditivkredit (Letter of credit); die Akkreditiveröffnungsbank (i. d. R. Bank des Importeurs) übernimmt zugunsten des Exporteurs die (abstrakte) Verpflichtung zur Zahlung bzw. zum Wechselakzept bei Vorlage akkreditivgerechter Dokumente. Bei den Exportgeschäften ist oft vertraglich vereinbart, daß der Exporteur Garantien (i. d. R. seiner Hausbank) wie z. B. Bietungsgarantien, Liefer- und Leistungsgarantien sowie Anzahlungsgarantien stellt. Zur Überbrückung der zeitlichen Differenz zwischen Transport der Ware und Erfüllung der Zahlungsverpflichtungen im Zusammenhang mit dem Liefergeschäft werden vielfach Vor- und Zwischenfinanzierungen notwendig (Import- und Export-Barvorschüsse, deferred payment credits).

Hauptform der mittelfristigen Exportfinanzierung (Laufzeit etwa 1–4 Jahre) ist die Forfaitierung, d. h. der regreßlose Ankauf einer Exportforderung durch ein Kreditinstitut (à forfait = in Bausch und Bogen, gänzlich); i. d. R. sind bei dieser in den 50er Jahren am Bankplatz Zürich aufgekommenen Finanzierungsform den Ratenzahlungsverpflichtungen Solawechsel unterlegt, die auf Diskontbasis abgerechnet werden. Die Vorteile dieser Finanzierungsform für den Exporteur liegen in der Risikofreistellung (Haftung nur für Bestand der Forderung), in der sofortigen innerbetrieblichen Erledigung des Geschäftes (keine weitere Überwachung der Zahlungseingänge, keine Mahnungen usw.) und in der Entlastung seiner Bilanz. Langfristige Exportfinanzierungen (Laufzeit über 4 Jahre, oft 8–10 Jahre, in Sonderfällen länger) können durch Kreditgewährung an den Unternehmer (Lieferantenfinanzierung) oder an den ausländischen Abnehmer (Bestellerkredit) erfolgen; in letzterem, häufigerem Fall wird der Zahlungsanspruch aus dem Liefergeschäft aus dem Bankkredit erfüllt. Als Kreditgeber fungieren im internationalen Bereich aktive Geschäftsbanken und verschiedene Spezialinstitute, darunter die AKA, Ausfuhrkreditgesellschaft mbH, Frankfurt am Main.

Besonderes Gewicht für Zustandekommen und Durchführung der Exportgeschäfte hat in vielen Fällen die Absicherung der wirtschaftlichen und insbesondere der politischen Risiken (Konkurs, Vergleich usw. des ausländischen Schuldners einerseits, Uneinbringlichkeit der Forderung infolge allgemeiner staatlicher Maßnahmen wie Moratorien, Konvertierungs- und Transferverboten usw. andererseits). Hierfür ist die Übernahme einer staatlichen Exportversicherung erforderlich, wobei sich die Bundesrepublik Deutschland für Indeckungnahmen förderungswürdiger Ausfuhren der Hermes-Kreditversicherungs AG, Hamburg, bzw. der Wirtschaftsprüfungsgesellschaft Treuarbeit AG, Hamburg, als seiner Mandatare bedient. Über die Anträge auf Indeckungnahme entscheidet ein interministerieller Ausschuß (IMA), gesetzliche Grundlage ist das jeweils gültige Haushaltsgesetz. – Bürgschaften bei staatlichen bzw. Garantien bei natürlichen oder privatrechtlich organisierten Personen auf der Schuldnerseite sind nach ihrer juristischen Natur einheitlich als garantieähnliche Verträge gemäß den umfangreichen, häufigen Änderungen unterworfenen Bedingungen der Bundesdeckung zu qualifizieren. – Vom Gesamtexportvolumen von rund 430 Mrd. DM in 1982 wurden knapp 40 Mrd. DM durch Bundesgarantien und -bürgschaften abgedeckt. Bei Finanzierungen von gedeckten Exportgeschäften gerade in Entwicklungs- und Schwellenländern haben die zusätzlichen begleitenden Kredite ex ↑ Euromarkt (S. 350) erhebliche Bedeutung erlangt, über ihre Eurotöchter tragen die Banken im Exporteurinteresse hinsichtlich der ungedeckten (Blanko-)Kreditteile die jeweiligen ↑ Länderrisiken (S. 352).

E. Schallehn/K. Ketelboeter: Garantien und Bürgschaften der BRD zur Förderung der dt. Ausfuhr. Losebl. Köln Stand 1984.

Außenhandelsfinanzierung und -sicherung
Akkreditivkredit (letter of credit)-Grundschema

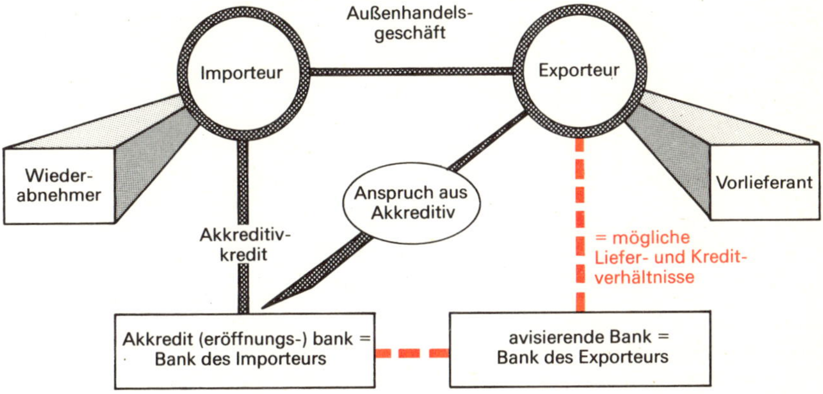

Synopse der staatlichen Exportversicherungssysteme

	Bundesrepublik Deutschland	Frankreich	Großbritannien	Italien	USA	Japan
I. Gedeckte Risiken						
1. Politische Risiken	Ja	Ja	Ja	Ja	Ja	Ja
2. Wirtschaftliche Risiken	Ja	Ja	Ja	Ja	Ja	Ja
3. Getrennte Abdeckung möglich	i.d.R. Nein	Ja	i.d.R. Nein	Ja	Ja	Ja
4. Wechselkursrisiko	Ja	Ja	Nein	Ja	Nein	Ja
5. Kostensteigerungsrisiko	Nein	Ja	Ja	z. Zt nicht praktiziert	Nein	Nein
6. Protracted default	teilweise	Ja	Ja	Ja	Ja	Ja
7. Garantiedeckungen (z. B. Bietungs-, Anzahlungs-, Liefer- und Gewährleistungsgarantien)	Ja	Ja	Ja	Ja	Nein	Ja
II. Gedeckte Geschäfte						
1. Deckung vor Versand	Ja	Ja	Ja	Ja	Ja	Ja
2. Deckung nach Versand	Ja	Ja	Ja	Ja	Ja	Ja
3. Kapitalanlagen im Ausland	Ja	Ja	Ja	Ja	Ja	Ja
4. Markterschließung	Nein	Ja	Nein	Ja	Nein	Ja
III. Deckungsquoten, Karenzzeiten						
1. Deckungsquoten (normale Grenzwerte)						
a) bei wirtschaftlichen Risiken	85 %	85 %	95 %	90 %	90 %	60 – 95 %
b) bei politischen Risiken	90 %	95 %	95 %	90 %	100 %	95 %
c) 100-Prozent-Deckung möglich	Nein	Nein	Ja	Ja	Ja	Nein
2. Karenzzeiten						
a) bei wirtschaftlichen Risiken	keine	keine	6 Monate	6 Monate	keine	keine
b) bei politischen Risiken	6 Monate	6 Monate	4 Monate	9 Monate	keine	keine
IV. Sicherheitsfaktoren – unterschiedliche Länderrisiken werden berücksichtigt durch:	Ausschluß-listen	Prämien nach Länder-kategorien gestaffelt	Prämien nach Länder-kategorien gestaffelt	Prämien nach Länder-kategorien gestaffelt	Prämien nach Länder-kategorien gestaffelt	Prämien nach Länder-kategorien gestaffelt
V. Finanzrahmen						
1. Staatlich festgelegter Ermächtigungsrahmen legt Obergrenze fest	Ja	Nein	Ja	Ja	Ja	Ja
2. Nettobelastung für öffentliche Haushalte	bislang keine	nicht bekannt	bislang keine	bislang keine	bislang keine	nicht bekannt
VI. Anteil des gedeckten Exports am Gesamtexport	9 % (1982)	ca. 35 % (1982)	33 % (1980)	nicht bekannt	ca. 9 % (1982)	ca. 45 % (1982)

Wechselkurssysteme

Unter Wechselkurssystemen versteht man die Ordnungsprinzipien, nach denen das Verhältnis zwischen verschiedenen Währungen geregelt sein kann. Die Beziehung zwischen zwei Währungen wird durch den ↑Wechselkurs (S. 340) ausgedrückt.

Die Wechselkurse zwischen den verschiedenen Währungen können entweder fest oder flexibel sein; es sind internationale Währungssysteme mit festen und mit flexiblen Wechselkursen möglich. Bei festen Wechselkursen werden von den Regierungen bestimmte Umrechnungskurse (Paritäten) zwischen der eigenen Währung und den übrigen Währungen festgesetzt und notfalls durch staatliche An- und Verkäufe fremder Währungen am ↑Devisenmarkt (S. 340) verteidigt.

Eine Sonderstellung unter den Währungssystemen mit festen Wechselkursen hat der internationale Goldstandard, dem vor dem Ersten Weltkrieg praktisch alle handeltreibenden Länder angehörten. Der Wert ihrer Währungen war in Gramm Feingold je Währungseinheit – der sog. Goldparität – definiert. Außerdem verpflichteten sich die Länder, zu diesem Preis Gold in unbegrenzter Menge anzukaufen bzw. abzugeben (↑Konvertibilität S. 330). Durch die festen Goldparitäten für die einzelnen Währungen ergaben sich automatisch feste Wechselkurse zwischen den verschiedenen Währungen. Bei Goldkonvertibilität hielten sich Kursschwankungen in engen Grenzen. Abweichungen zwischen der Goldparität, z. B. des Dollar, und dem Kurs, zu dem z. B. auf Dollar lautende Forderungen im Ausland gehandelt wurden, konnten zwar u. a. außenhandelsbedingt auftreten; sie lösten aber eine kursstabilisierende ↑Arbitrage (S. 344) über internationale Goldbewegungen aus. Größeren Krisen hielt dieses System jedoch nicht stand.

Auch die 1944 geschaffene und nach dem Zweiten Weltkrieg von fast allen Ländern mit Ausnahme der Ostblockländer akzeptierte Weltwährungsordnung von Bretton Woods (↑Internationaler Währungsfonds S. 332) basierte auf festen Wechselkursen. Bei diesem Gold-Devisen-Standard wurde für alle Währungen eine Parität in Dollar oder in Gold festgelegt, die nur unter bestimmten Voraussetzungen von Fall zu Fall verändert werden durfte. Der Dollar seinerseits war in Gold definiert. Jedes Mitgliedsland war verpflichtet, Schwankungen der Wechselkurse durch Interventionen am Devisenmarkt in vorgegebenen Grenzen zu halten. Als Interventionswährung wurde der Dollar verwendet, der dadurch zur Leitwährung wurde. Dieses Währungssystem zerfiel Anfang der siebziger Jahre. Nachdem der Dollar zunehmend als überbewertet galt und gegen Gold eingetauscht wurde, sahen sich die USA zunächst veranlaßt, seine Goldkonvertibilität aufzuheben. Schließlich waren die europäischen Staaten nicht mehr bereit, die bestehenden Paritäten zum Dollar durch Interventionen an den Devisenmärkten zu verteidigen.

In einem System flexibler Wechselkurse bildet sich der Wechselkurs am Devisenmarkt täglich aufgrund von Angebot und Nachfrage. Dadurch wird zwar stets ein Ausgleich von Angebot und Nachfrage erreicht, aber dieser Ausgleich wird durch schwankende Wechselkurse erkauft; das bedeutet für den Außenhandel und den Kapitalverkehr Risiken, die jedoch absicherbar sind (↑Kurssicherung S. 344). Wird die Kursbildung am Devisenmarkt durch keinerlei staatliche Interventionen beeinflußt, sondern ausschließlich den Marktkräften überlassen, so spricht man von einem reinen Floating. Wird der Wechselkurs durch staatliche Interventionen beeinflußt, so spricht man von einem kontrollierten oder „schmutzigen" Floating. Nachdem zunächst einige Länder der Europäischen Gemeinschaft versucht hatten, ihre Wechselkurse lediglich für Drittwährungen kontrolliert floaten zu lassen, aber untereinander zu fixieren (sog. Währungsschlange), wurde dieser Versuch 1979 mit dem Europäischen Währungssystem (EWS) auf die Gemeinschaft (mit Ausnahme Großbritanniens) ausgedehnt.

F. E. Aschinger: Das Währungssystem des Westens. 2. Aufl. Frankf. a. M. 1973. – M. Borchert: Außenwirtschaftslehre. 2. Aufl. Wiesbaden 1983.

Wechselkurssysteme

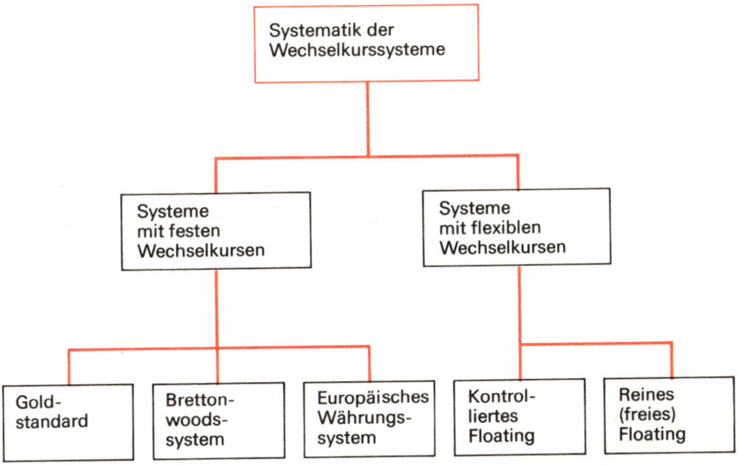

Festsetzung des Währungswertes erfolgt durch	Goldparität	Gold- oder Dollarparität	ECU-Leitkurs und bilaterale Leitkurse	–	–
Änderung der Paritäten ist	nicht möglich	nur fallweise und unter strengen Regeln möglich	durch einstimmigen Beschluß aller Mitgliedsländer möglich	–	–
Staatl. Interventionen erfolgen	ja	ja	ja	ja	nein
durch An- und Verkauf von	Gold	Dollar	betroffenen Währungen	Devisen	–
wegen	Goldautomatismus	vertragl. Verpflichtung	vertragl. Verpflichtung	polit. Zweckmäßigkeit	–

Konvertibilität

Unter Konvertibilität wird die Möglichkeit verstanden, eine Währung in eine andere umtauschen und über diese frei verfügen zu können. Die Konvertibilität der Währungen ist eine unerläßliche Voraussetzung für einen freien internationalen Zahlungsverkehr und einen freien Welthandel. Besteht keine Währungskonvertibilität, so ist der internationale Handel auf einen gegenseitigen Warenaustausch zwischen zwei Ländern beschränkt, d. h., der Handelsverkehr kann nur bilateral erfolgen. Demgegenüber ermöglicht die Konvertibilität der Währungen einen multilateralen Handelsverkehr, bei dem ein Defizit im Warenaustausch mit einem Land durch Überschüsse aus dem Handelsverkehr mit anderen Ländern abgegolten werden kann.

Die Konvertierbarkeit einer Währung kann verschiedenartig geregelt sein (↑Wechselkurssysteme S. 328). Sie kann einmal über das Gold erfolgen. Dies ist im Goldstandard möglich, bei dem der Wert einer Währung in Gold definiert ist und der Staat sich außerdem verpflichtet hat, jederzeit eigene Währung in Gold umzutauschen. Diese Goldeinlösungspflicht wird als Goldkonvertibilität bezeichnet. Sie war vor dem Ersten Weltkrieg vorherrschend. Nach dem Zweiten Weltkrieg bestand die Goldkonvertibilität (bis 1971) nur noch für den US-Dollar (35 $ = 1 Unze Feingold).

Die Konvertierbarkeit einer Währung kann auch durch internationale Vereinbarung gewährleistet sein. Auf solchen internationalen Vereinbarungen basiert das Weltwährungssystem, das 1944 in Bretton Woods geschaffen (↑Internationaler Währungsfonds S. 332) und danach ständig weiterentwickelt wurde und das seine Mitgliedsländer zur möglichst schnellen Einführung der Konvertibilität von Guthaben in nationaler Währung entweder in andere Währungen oder in Gold verpflichtet, soweit die Guthaben aus laufenden Transaktionen stammen oder ihr Umtausch für laufende Zahlungen nötig ist. Die heute international geltende Konvertibilitätspflicht stellt damit keine Vollkonvertibilität, sondern in doppeltem Sinne nur eine Teilkonvertibilität dar. Erstens bezieht sich die vorgeschriebene Konvertierbarkeit nur auf die Ausländerguthaben, nicht hingegen auf die Inländerguthaben in eigener Währung. Insofern handelt es sich nur um eine Ausländerkonvertibilität. Zweitens umfaßt die Konvertibilitätsverpflichtung nur Guthaben aus laufenden Transaktionen, d. h. aus Transaktionen aufgrund des Exports und Imports von Gütern und Dienstleistungen. Ausländerguthaben in eigener Währung, die aus Kapitaltransaktionen (↑Zahlungsbilanz S. 336) stammen, brauchen nicht konvertiert zu werden.

Bis zum Ersten Weltkrieg waren alle wichtigen Währungen in Gold konvertierbar. Zwischen den Kriegen wurde die Konvertibilität für die meisten Währungen abgeschafft. Die Wiedereinführung der Konvertibilität nach dem Zweiten Weltkrieg erwies sich als sehr schwierig. So haben von den 146 Mitgliedsländern des Internationalen Währungsfonds bis heute erst 57 Länder die Konvertibilität wieder eingeführt. Allerdings wickeln diese Länder über 75 Prozent des Welthandels ab. Außerdem ist das Ausmaß der Konvertibilität in den einzelnen Ländern sehr unterschiedlich. Die Vollkonvertibilität für alle Guthaben – auch der aufgrund von Kapitaltransaktionen entstandenen – sowohl gegenüber Inländern (Inländerkonvertibilität) als auch gegenüber Ausländern (Ausländerkonvertibilität) führten nur die BRD, die Schweiz, die Niederlande und Belgien/Luxemburg ein. Doch sahen sich auch diese Länder während der Währungskrisen Ende der sechziger und Anfang der siebziger Jahre immer wieder zu vorübergehenden Eingriffen in den mit der Vollkonvertibilität eingeführten freien Zahlungsverkehr veranlaßt (↑außenwirtschaftliche Absicherung S. 516).

F. E. Aschinger: Das Währungssystem des Westens. 2. Aufl. Frankf. a. M. 1973. – C. Köhler: Geldwirtschaft. Bd. 2. Berlin 1979.

Übersicht über die Verwirklichung der Währungskonvertibilität durch die Mitgliedsländer des Internationalen Währungsfonds (IWF)*

	Anzahl der Mitglieds-länder des IWF	davon haben die Konvertibilität formell eingeführt (Artikel-VIII-Status)	davon haben die Konvertibilität formell noch nicht eingeführt (Artikel-XIV-Status)
	132	47	85
Keine Restriktionen im laufenden Zahlungsverkehr bestehen in ... Mitgliedsländern	68	41	27
Restriktionen im laufenden Zahlungsverkehr bestehen noch in ... Mitgliedsländern	64	6	58
Keine Restriktionen im Kapitalverkehr bestehen in ... Mitgliedsländern	27	22	5
Restriktionen im Kapitalverkehr bestehen noch in ... Mitgliedsländern	104	24	80
unbestimmt (unbekannt)	1	1	—
		26	106
		Länder haben volle (Ausländer-) Konvertibilität	Länder haben keine volle (Ausländer-) Konvertibilität

*) Dem IWF nicht beigetreten sind vor allem die Länder des Ostblocks einschließlich der Volksrepublik China. Die Währungen dieser Länder sind ausnahmslos nicht konvertibel.

Internationaler Währungsfonds

Der Internationale Währungsfonds (IWF, engl. IMF = International Monetary Fund) ist eine rechtlich selbständige Sonderorganisation der UN mit Sitz in Washington. Seine Gründung im Rahmen der Währungs- und Finanzkonferenz der UN in Bretton Woods (1944), an der 44 Nationen teilnahmen, war seit 1942 vorbereitet worden. Gegenstand der vorbereitenden Beratungen amerikanischer und britischer Sachverständiger waren die für die Nachkriegszeit erforderlichen Reformen der internationalen Währungsordnung, der wirtschafts- und währungspolitischen Maßnahmen und Institutionen. Die Errichtung des IWF erfolgte am 27. 12. 1945 nach Unterzeichnung eines Übereinkommens durch 29 Regierungen. Anfang 1979 hatte der IWF rund 140 Mitglieder, die BR Deutschland gehört seit dem 14. 2. 1952 dazu.

Der IWF ist Teil eines ursprünglich umfassenden Plans zur Neuordnung der internationalen Wirtschaftsbeziehungen nach dem Kriege. Weiteres Teilstück des Plans ist die ↑Weltbank (S. 570). Als dritte Institution war eine Internationale Handelsorganisation (International Trade Organization, ITO) geplant, die eine noch auszuhandelnde Welthandels-Charta verwirklichen sollte. Diese Charta wurde zwar 1948 in Havanna von 53 Staaten unterzeichnet; sie wurde jedoch vom amerikanischen Kongreß nicht ratifiziert und scheiterte deshalb. Das handelspolitische Gegenstück zum IWF wurde auf das ↑ GATT (S. 564) reduziert.

Hauptziele des IWF waren nach Art. 1 des Abkommens: 1) Errichtung eines Systems fester ↑Wechselkurse (S. 340) dadurch, daß für die Währung jedes Mitgliedslandes eine Goldparität festgelegt wird; 2) Bereitstellung finanzieller Überbrückungshilfen, damit Mitgliedsländer Zahlungsbilanzstörungen ohne Eingriffe in den internationalen Zahlungsverkehr begegnen können; 3) Einrichtung eines multilateralen Zahlungsverkehrs und Beseitigung von Devisenbeschränkungen (↑Konvertibilität S. 330); 4) Wiederbelebung und Stärkung des Welthandels auch dadurch, daß ↑Abwertungen (S. 342) zur Erringung eines „künstlichen" Wettbewerbsvorteils unterbleiben und die Gefahr einer Abwertungskonkurrenz vermieden wird. Die Mittel des IWF bestehen aus Einzahlungen der Mitglieder; 25% der finanziellen Zahlungsverpflichtungen (Subskription) sind in Gold (Goldtranche), der Rest in eigener Währung einzuzahlen. Die Quoten sind die Grundlage für die Inanspruchnahme des IWF in seiner Eigenschaft als Bank, die sog. Ziehung (↑Sonderziehungsrechte S. 334). 1975/76 wurde eine Neuverteilung der IWF-Quoten beschlossen. Die Quoten der Industrieländer wurden um rund 5% reduziert, um die Anteile der Ölländer von 6 auf 11% aufstocken zu können. Seit der 2. Statutenänderung des IWF ist die Goldbindung entfallen.

In das oberste Gremium des IWF, den Gouverneursrat (Board of Governors) entsendet jedes Mitgliedsland einen Vertreter und Stellvertreter, i. d. R. den jeweils für die Währungspolitik verantwortlichen Minister oder den Notenbankpräsidenten. Der Board, bei dem alle dem Fonds zustehenden Rechte und Befugnisse liegen, tagt meistens einmal jährlich. Die laufenden Geschäfte führt der Exekutivrat (Board of Executive Directors = Direktorium), dem der Gouverneursrat alle Kompetenzen übertragen hat, soweit dies nach dem IWF-Abkommen zulässig ist. Dem Exekutivrat sind u. a. Neufestsetzungen von Mitgliederparitäten und Kreditzusagen übertragen. Der Exekutivrat besteht aus fünf Exekutivdirektoren aus den Ländern mit den höchsten Kapitalanteilen (Quoten) am Fonds (BRD, Frankreich, Großbritannien, Indien, die USA) und weiteren 15 Direktoren, die vom Board of Executive Directors aus den übrigen Mitgliedsstaaten gewählt werden. Der geschäftsführende Direktor darf weder Gouverneur noch einer der Exekutivdirektoren sein, von denen er für die Dauer von 5 Jahren gewählt wird.

E. P. Hexner: Das Verfassungs- und Rechtssystem des intern. Währungsfonds. Frankf. a. M. 1960. – M. Ferber/G. Winkelmann: IWF-Weltbank/IFC/IDA. 2. Aufl. Frankf. a. M. 1972. – E. Stratmann: Der IWF. Göttingen 1972. – A. Weber: Die 2. Satzungsnovelle des IWF und das Völkerrecht. In: Festschrift für F. A. Mann. München 1977. S. 807–846. – W. Kesseler: Der IWF u. die Sozialdemokratie. Konstanz 1982. – P. Pissulla: Der IWF u. seine Bedeutung für die osteurop. Länder. Hamburg 1983.

1. Die DM-Bestände des IWF

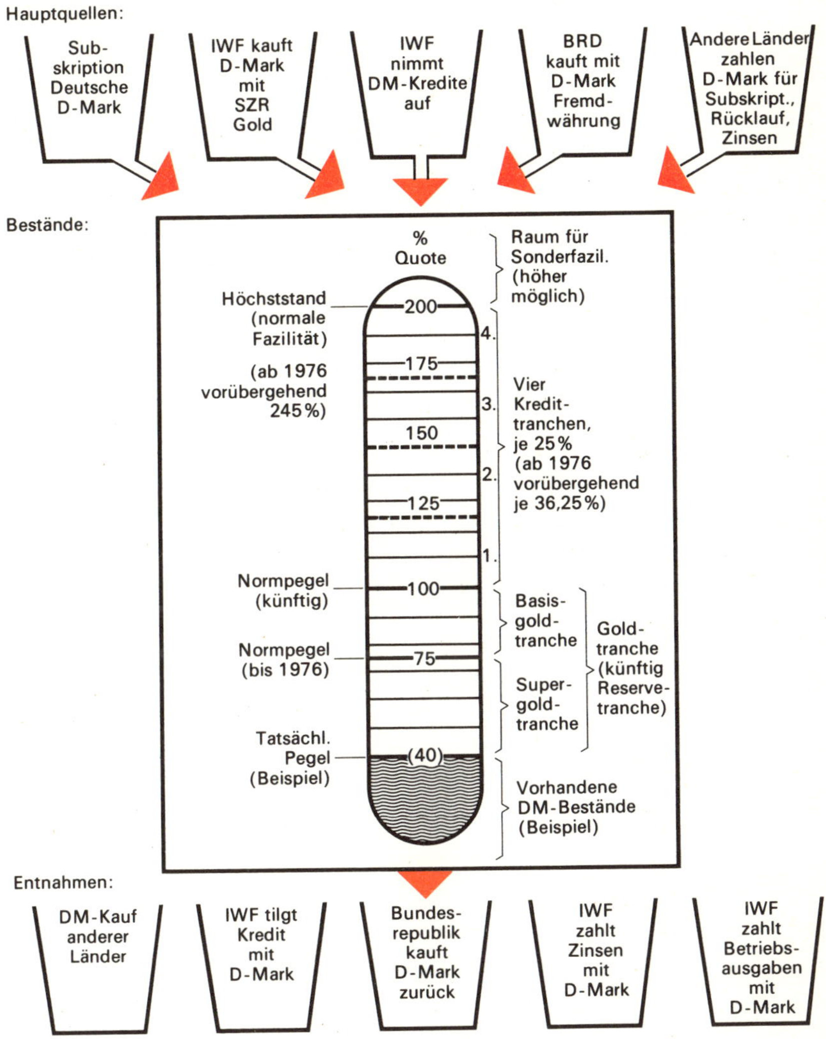

2. „Non-Gold" Reserven 1973/1982 in Billionen SZR

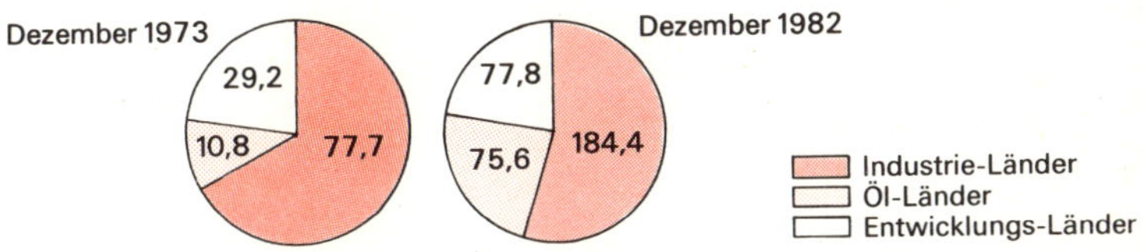

Sonderziehungsrechte

Bei unbeschränktem internationalen Güter- und Kapitalverkehr treten in einem System fester Wechselkurse (↑Wechselkurssysteme S. 328) zwangsläufig vorübergehende Zahlungsbilanzungleichgewichte auf. Die Zentralbanken halten Währungsreserven, um die Finanzierung möglicher Zahlungsbilanzdefizite problemlos vornehmen zu können. Gemäß der bei Gründung des ↑Internationalen Währungsfonds (IWF, S. 332) im Jahre 1944 vereinbarten Währungsordnung setzen sich die Währungsreserven aus Devisen, und zwar überwiegend aus Dollarguthaben, und Gold zusammen. Stehen einem Land Währungsreserven nicht in ausreichendem Maße zur Verfügung, kann es zur Defizitfinanzierung außerdem auf die mit der Mitgliedschaft im IWF verknüpften Kreditzusagen zurückgreifen. Mit der Wahrnehmung dieser „Ziehungsrechte" besteht die Möglichkeit, benötigte Auslandswährung im Austausch gegen eigene Währung vom Fonds zu beziehen. Allerdings sind derartige Kredite zeitlich und mengenmäßig begrenzt. Das Ziehungspotential jedes IWF-Mitglieds betrifft die Summe in ausländischer Währung, die es gegen Abgabe der eigenen Landeswährung vom Fonds kaufen kann. Außerdem ist die Kreditvergabe meist mit Auflagen für die nationale Währungs- und Wirtschaftspolitik des Schuldnerlandes verbunden, die um so schärfer ausfallen, je stärker das durch die nationale Quote am IWF bestimmte jeweilige Kreditpotential ausgenutzt wird.

Als sich im Verlauf der fünfziger und sechziger Jahre der Umfang des internationalen Güter- und Kapitalverkehrs stark ausweitete, wurde befürchtet, daß die vorhandene internationale Liquidität, d. h. die Summe der weltweit vorhandenen offiziellen Währungsreserven, nicht ausreiche, um eine Finanzierung der verstärkt auftretenden Zahlungsbilanzdefizite zu ermöglichen. Es war deshalb notwendig, die vereinbarte Währungsordnung so zu modifizieren, daß vom IWF ein zusätzliches Reservemedium zur Verfügung gestellt wurde. Dieses wurde ab 1970 in Form der Sonderziehungsrechte (SZR, engl. SDR = Special Drawing Rights) geschaffen.

Die Zuteilungsmengen richten sich nach der nationalen Quote des jeweiligen Landes am IWF. Der Wert einer Einheit SZR wurde in Gold (0,888 g Feingold) festgelegt; seit 1974 dient zur Ermittlung des SZR-Kurses einer Währung jedoch ein gewogener Mittelwert aus den Kassakursen (↑Devisenmarkt – Wechselkurs S. 340) 16 wichtiger Währungen. Zugeteilte SZR werden Bestandteil der Währungsreserven. Ihre Übernahme erfolgt im Gegensatz zur Inanspruchnahme der normalen Ziehungsrechte ohne eine Abgabe eigener Währung an den Fonds.

Wenn ein Land zugeteilte SZR zur Defizitfinanzierung verwendet, gibt es SZR an die Zentralbank eines anderen Landes ab und erhält dafür in entsprechendem Ausmaß konvertible Währung. Der IWF legt jeweils verbindlich fest, welche Länder SZR im Austausch gegen konvertible Währung aufzunehmen haben (Designierung). Ein Defizitland kann die ihm zugeteilten SZR zeitweilig in vollem Ausmaß verwenden; es ist jedoch verpflichtet, im gleitendem Fünfjahresdurchschnitt mindestens 30 % der ihm insgesamt zugeteilten SZR zu halten (Rekonstitution). Abgesehen von der Rekonstitutionspflicht ist die Verwendung von SZR zur Defizitfinanzierung an keine Bedingungen gebunden. Die quantitative Bedeutung der SZR ist gering. Es wurden bisher lediglich SZR im Wert von etwa 9,5 Mrd. Dollar zugeteilt und die Zuteilungen eingestellt, als deutlich wurde, daß die erwartete allgemeine Knappheit an internationaler Liquidität vorläufig nicht eintreten würde. Umstritten bleibt die Verwendung von SZR für die Entwicklungshilfe („Link"), da inflatorische Wirkungen besonders für die BRD befürchtet werden. Im Frühjahr 1984 haben die IWF-Gouverneure (↑IWF, S. 332) trotz des Drängens der Entwicklungsländer eine Entscheidung über die Neuzuteilung von SZR abgelehnt, da kein langfristiger globaler Liquiditätsbedarf bestehe.

F.-R. Walter: Die Sonderziehungsrechte. Berlin 1974. – J. Gold: Sonderziehungsrechte, Gold und Währungen. Washington D.C. 1979. – K. Theile: Die Koppelung der SZR mit der Entwicklungsfinanzierung. Diessenhofen 1981.

Zuteilung der Sonderziehungsrechte

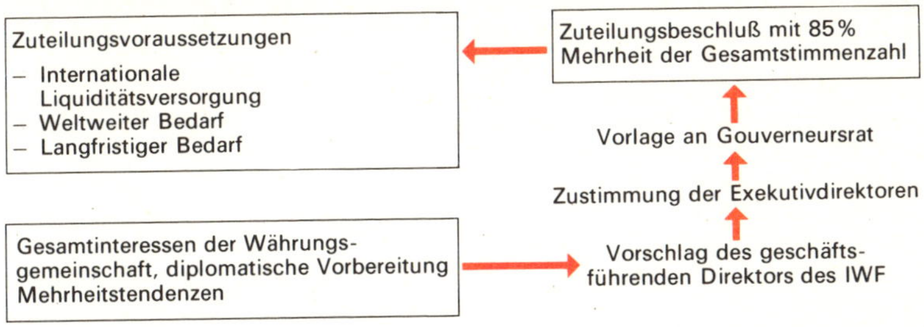

Die Mitgliedsländer des Internationalen Währungsfonds (IWF) sind im Bedarfsfall zur Ziehung von Fremdwährungsbeträgen beim Generalkonto des Fonds berechtigt. Diejenigen Mitglieder des Fonds, die auch Teilnehmer am Sonderziehungskonto sind, können außerdem zur Beschaffung benötigter Devisen auf die ihnen zugeteilten Sonderziehungsrechte zurückgreifen.

Beistandskredite des IWF an verschuldete Länder (Stand 1.1.1984) in Millionen Sonderziehungsrechten

zugesagt

davon nicht ausgezahlt

	zugesagt	davon nicht ausgezahlt
Argentinien	1 500,000	899,490
Bangladesch	68,400	45,600
Barbados	31,875	15,600
Brasilien	4 239,375	4 114,500
Chile	500,000	378,000
Costa Rica	92,250	36,900
Dominikanische Republik	371,250	297,000
El Salvador	43,000	7,750
Elfenbeinküste	484,500	115,425
Guinea	25,000	13,500
Haiti	34,500	9,500
Honduras	76,500	30,600
Indien	5 000,000	2 300,000
Jamaika	477,700	112,300
Kenia	175,950	102,550
Liberia	55,000	20,000
Madagaskar	51,000	20,000
Malawi	22,000	–
Mauritius	49,500	41,250
Mexiko	3410,625	3009,375
Pakistan	919,000	189,000
Panama	150,000	140,000
Peru	650,000	447,500
Philippinen	315,000	215,000
Rumänien	1 102,500	468,600
Salomon-Inseln	2,400	1,920
Sambia	211,500	180,000
Senegal	47,250	41,340
Somalia	60,000	17,500
Südafrika	364,000	205,000
Sudan	170,000	76,500
Thailand	271,500	176,700
Togo	21,375	19,375
Türkei	225,000	168,750
Uganda	112,500	–
Ungarn	475,000	166,750
Uruguay	378,000	330,750
Westsamoa	3,375	2,531
Zentralafrikan. Republik	18,000	13,500
Zimbabwe	300,000	202,500
Gesamt	24 175,375	14 852,731

Sonderziehungsrechte werden den Teilnehmern am Sonderziehungskonto auf Beschluß des IWF seit dem 1. 1. 1970 entsprechend dem weltweiten Bedarf an zusätzlichen Reserven zugeteilt, wobei die Quoten als Zuteilungsschlüssel dienen. Die vom Fonds „designierten" zahlungsbilanz- und reservestarken Teilnehmer sind verpflichtet, maximal bis zum Doppelten ihrer kumulativen Nettozuteilung zusätzlich Sonderziehungsrechte von anderen Teilnehmern im Tausch gegen konvertible Währung entgegenzunehmen.

Zahlungsbilanz

In der Zahlungsbilanz eines Landes werden alle zwischen Inländern und Ausländern vorgenommenen wirtschaftlichen Transaktionen innerhalb eines bestimmten Zeitraumes (normalerweise innerhalb eines Jahres) aufgezeichnet. Als Inländer gelten dabei diejenigen Wirtschaftssubjekte (Privatpersonen, Unternehmen, Regierungen, sonstige Institutionen), die ihren Wohnsitz im Inland haben.

Die wertmäßige Erfassung der ökonomischen (wirtschaftlichen) Transaktionen zwischen Inland und Ausland (Übertragungen von Waren, Dienstleistungen und Vermögenstiteln) erfolgt nach dem Prinzip der Doppelbuchung. Da jeder Leistung eine entsprechende Gegenleistung (Forderung) gegenübersteht, ist die Zahlungsbilanz stets ausgeglichen.

Entsprechend der Art der Transaktionen wird die Zahlungsbilanz, die von der Deutschen Bundesbank erstellt und veröffentlicht wird, i. d. R. in folgende Teilbilanzen untergliedert: 1) Die Handelsbilanz enthält die Warenströme an das Ausland (↑Ausfuhr S. 318) und die Warenströme vom Ausland (↑Einfuhr S. 320). 2) In der Dienstleistungsbilanz werden die sog. unsichtbaren Exporte und Importe (Touristenverkehr, Transportleistungen, Kapitalerträge, Patent- und Lizenzgebühren u. a.) verbucht. 3) In der Übertragungsbilanz (Bilanz der unentgeltlichen Leistungen) werden z. B. Wiedergutmachungszahlungen, Entwicklungshilfe, Zahlungen an internationale Organisationen erfaßt. 4) Die Bilanz des kurzfristigen Kapitalverkehrs ist die Aufzeichnung von Änderungen der Forderungen und Verbindlichkeiten zwischen Inländern und Ausländern mit einer ursprünglich vereinbarten Laufzeit bis zu einem Jahr. 5) In der Bilanz des langfristigen Kapitalverkehrs werden die Forderungen vom Inland an das Ausland (z. B. Kreditgewährung) und die Forderungen von Ausländern an Inländer (z. B. Kreditaufnahme eines inländischen Unternehmers bei einer ausländischen Bank) ausgewiesen (↑langfristiger internationaler Kapitalverkehr S. 348). 6) Die Devisenbilanz ist jene Teilbilanz der Zahlungsbilanz, die die Veränderungen des Gold- und Devisenbestandes der Zentralbank ausweist. Aus dieser Bilanz ist zu entnehmen, ob ein Zahlungsbilanzgleichgewicht (↑außenwirtschaftliches Gleichgewicht S. 338) vorliegt. 7) Da die statistische Erfassung der einzelnen Posten der Teilbilanzen unvollständig oder mit Ermittlungsfehlern behaftet ist, wird die im Regelfall auftretende Restgröße (statistische Diskrepanz) als Saldo der nicht erfaßten Posten und statistischen Ermittlungsfehler gesondert registriert.

Aus der Zahlungsbilanz sind Auskünfte über die Verflechtung der heimischen Volkswirtschaft mit dem Ausland, über strukturelle Entwicklungen der internationalen Transaktionen im Zeitverlauf zu entnehmen. Sie dient somit den ↑Trägern der Wirtschaftspolitik (S. 376) als Orientierungshilfe, da wirtschaftspolitische Maßnahmen häufig durch die Zahlungsbilanzsituation bedingt bzw. beeinflußt werden. Zur Verbesserung des Informationswertes können verschiedene Teilbilanzen zusammengefaßt werden. So ergibt der Saldo der zusammengefaßten (konsolidierten) Handels- und Dienstleistungsbilanz den sog. Außenbeitrag (↑Außenhandel S. 316) einer Volkswirtschaft an. Die Konsolidierung der Handels-, Dienstleistungs- und Übertragungsbilanz wird als Leistungsbilanz (Bilanz der laufenden Posten) bezeichnet.

Eine aktive (passive) Leistungsbilanz ist dann gegeben, wenn die Summe aus Warenexport, Dienstleistungsexport und empfangenen Übertragungen größer (kleiner) ist als die Summe aus Waren- und Dienstleistungsimport zuzüglich der geleisteten Übertragungen. Häufig werden die Leistungsbilanz und die Bilanz des langfristigen Kapitalverkehrs zur sogenannten Grundbilanz zusammengefaßt, aus der man die von kurzfristigen Schwankungen bereinigte charakteristische außenwirtschaftliche Situation einer Volkswirtschaft entnehmen kann.

A. Stobbe: Volkswirtschaftslehre I. 5. Aufl. Berlin u. a. 1980. – M. Borchert: Außenwirtschaftslehre. 2. Aufl. Wiesbaden 1983.

Zahlungsbilanz der Bundesrepublik Deutschland 1982 (Angaben in Mill. DM)

Kredit-Posten: Transaktionen, die zu Zahlungseingängen führen	Debet-Posten: Transaktionen, die zu Zahlungsausgängen führen
(1) Handelsbilanz	
Warenausfuhr 420 345	Wareneinfuhr 356 595 Saldo: Handelsbilanzüberschuß 63 750
(2) Dienstleistungsbilanz	
Dienstleistungsexport 115 151 Saldo: Dienstleistungsbilanzdefizit 27 593	Dienstleistungsimport 142 744
(3) Übertragungsbilanz	
Empfangene Übertragungen 11 324 Saldo: Übertragungsbilanzdefizit 28 089	geleistete Übertragungen 39 413
(4) Bilanz des langfristigen Kapitalverkehrs	
Änderung der Verbindlichkeiten (Kapitalimport) +14 247 Saldo: Nettokapitalexport (langfristig) 16 159	Änderung der Forderungen (Kapitalexport) +30 406
(5) Bilanz des kurzfristigen Kapitalverkehrs	
Änderung der Verbindlichkeiten (Kapitalimport) +14 207	Änderungen der Forderungen (Kapitalexport) +3 171 Saldo: Nettokapitalimport (kurzfristig) 11 036
(6) Devisenbilanz	
Änderung der Verbindlichkeiten −3 968 Saldo: Zunahme der Währungsreserven 2 668	Änderungen der Forderungen +6 636
(7) Nicht erfaßte Posten und statist. Ermittlungsfehler	
Saldo 277	Restposten 277

Außenwirtschaftliches Gleichgewicht

Außenwirtschaftliches Gleichgewicht – häufig auch mit Zahlungsbilanzgleichgewicht gleichgesetzt – ist eines der vier gesamtwirtschaftlichen Ziele, die im Gesetz zur Förderung der Stabilität und des Wachstums der Wirtschaft festgelegt sind. Nach der vorherrschenden Definition ist ein Zahlungsbilanzgleichgewicht gegeben, wenn sich in einem System fester Wechselkurse (↑Wechselkurssysteme S. 328) längerfristig die Devisenzuflüsse und -abflüsse eines Landes ausschließlich aufgrund sog. autonomer Transaktionen gerade ausgleichen. Als autonom gelten alle in den Teilbilanzen der ↑Zahlungsbilanz (S. 336) erfaßten privaten Transaktionen sowie diejenigen Transaktionen öffentlicher Stellen, die unabhängig von der Devisenbilanzsituation eines Landes vorgenommen werden. Im Gegensatz dazu stehen die sog. Anpassungstransaktionen, die nur in der Absicht erfolgen, den Devisenbestand der ↑Zentralbank (S. 46) unverändert zu halten, also erwarteten Änderungen der Währungsreserven entgegenzuwirken oder bereits vorhandene Defizite oder Überschüsse zu beseitigen. Solche Transaktionen sind z. B. Stützungskreditie an ausländische Regierungen, Kredite an den oder Darlehen vom ↑Internationalen Währungsfonds (S. 332).

Als außenwirtschaftliches Gleichgewicht gilt nach einer weitergehenden Definition des ↑Sachverständigenrats (S. 524) ein Zustand, in dem die Währungsreserven aufgrund autonomer Transaktionen unverändert bleiben und darüberhinaus keine Gefahren für binnenwirtschaftliche Ziele (↑wirtschaftspolitische Ziele und Zielkonflikte S. 368) von der Außenwirtschaft ausgehen. Demnach ist ein außenwirtschaftliches Gleichgewicht nur gegeben, wenn bei ausgeglichener Gold- und Devisenbilanz auch keine außenwirtschaftlich bedingten Störungen auf das Gleichgewicht im Inland ausgehen, d. h. eventuelle Salden von Teilbilanzen der Zahlungsbilanz mit binnenwirtschaftlichen Zielen im Einklang stehen. So kann ein Überschuß in der Leistungsbilanz – auch wenn durch entsprechende Kapitalabflüsse die Währungsreserven unverändert bleiben – ein außenwirtschaftliches Ungleichgewicht beinhalten, wenn dieses die Geldwertstabilität gefährdet.

Außenwirtschaftliches Gleichgewicht bedeutet jedoch nicht, daß der wirtschaftliche Prozeß im Inland in irgendeinem Sinne gleichgewichtig verläuft, oder daß andere wirtschaftspolitische Ziele wie z. B. ↑Vollbeschäftigung (S. 504) dadurch automatisch erreicht werden. Umgekehrt kann aber ein außenwirtschaftliches Ungleichgewicht binnenwirtschaftliche Ziele gefährden. Ein Überschuß in der Devisenbilanz ist i. d. R. unerwünscht, weil er die Gefahr einer importierten Inflation signalisiert und die Wirksamkeit der ↑Geld- und Kreditpolitik (S. 512) eventuell vermindert wird.

Ein durch permanente Devisenabflüsse gekennzeichnetes außenwirtschaftliches Ungleichgewicht ist unerwünscht, weil es die Gefahr einer ↑Deflation (S. 500) mit negativen Beschäftigungswirkungen (↑Ursachen der Arbeitslosigkeit S. 502) in sich birgt.

Die Beseitigung eines außenwirtschaftlichen Ungleichgewichtes wird im Regelfall durch Änderung des ↑Wechselkurses (S. 340) zu erreichen versucht (↑Aufwertung – Abwertung S. 342). Obwohl das Problem des Devisenbilanzausgleichs nur bei festen Wechselkursen auftritt, da sich bei flexiblen Wechselkursen auf dem ↑Devisenmarkt (S. 340) immer ein Kurs herausbildet, bei dem die Währungsreserven konstant bleiben, kann auch in einem System flexibler Wechselkurse ein außenwirtschaftliches Ungleichgewicht gegeben sein; dies ist der Fall, wenn von Teilsalden der Zahlungsbilanz Gefahren für das binnenwirtschaftliche Gleichgewicht ausgehen und daher Maßnahmen zur ↑außenwirtschaftlichen Absicherung (S. 516) notwendig werden.

A. Stobbe: Gesamtwirtschaftliche Theorie. Berlin u. a. 1975. – C. Köhler: Geldwirtschaft. Bd. 2. Berlin 1979.

1. Außenwirtschaftliches Gleichgewicht

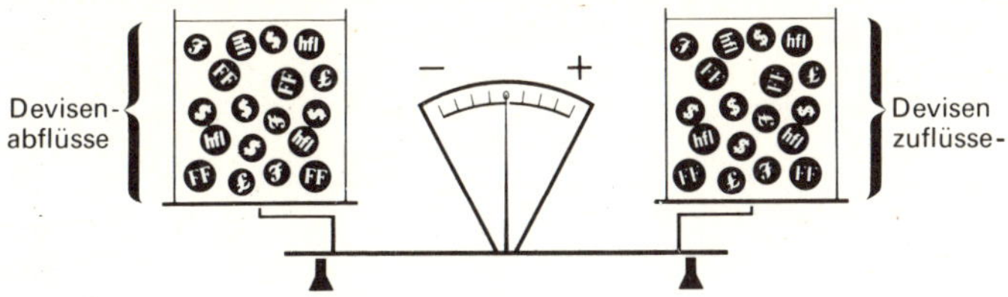

2. Außenwirtschaftliches Ungleichgewicht (Überschußsituation)

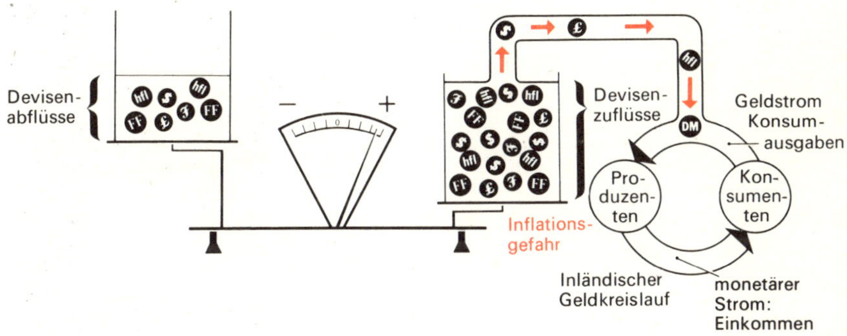

3. Außenwirtschaftliches Ungleichgewicht (Defizitsituation)

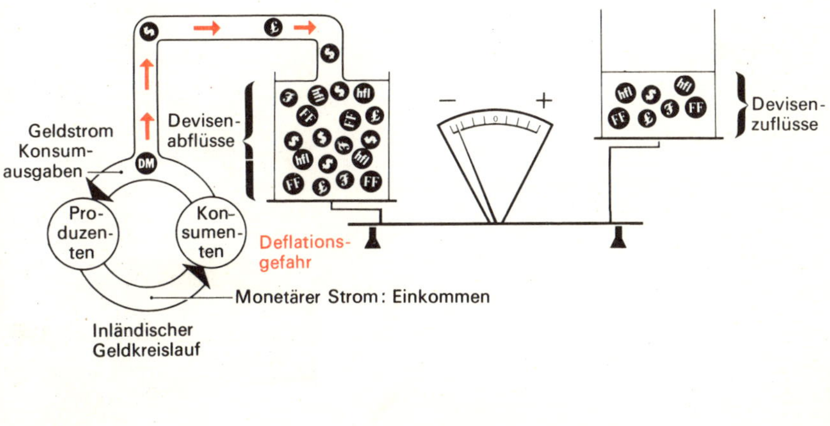

Devisenmarkt – Wechselkurs

Unter dem Devisenmarkt versteht man den gedachten oder tatsächlichen Ort (Devisenbörsen), an dem Angebot an und Nachfrage nach ausländischen Währungen aufeinandertreffen. Als Devisen werden die von Inländern unterhaltenen, auf fremde Währung lautenden Guthaben einschließlich in ausländischer Währung ausgestellten Wechsel und Schecks bezeichnet, jedoch nicht ausländische Münzen und Banknoten (Sorten). Der Umfang der auf dem Devisenmarkt abgewickelten Devisengeschäfte (Devisenhandel) hängt vom Umfang der sich auf den Teilbilanzen der ↑Zahlungsbilanz (S. 336) widerspiegelnden Transaktionen zwischen Inländern und Ausländern ab. So wird das Angebot an Auslandswährungen insbesondere durch die ↑Ausfuhr (S. 318) von Waren und Dienstleistungen und durch Kapitalimporte, die Devisennachfrage von der Höhe der ↑Einfuhren (S. 320) von Waren und Dienstleistungen sowie der Höhe des Kapitalexportes bestimmt.

Hinsichtlich des Zeitpunktes der Abwicklung eines Devisengeschäftes unterscheidet man zwischen Devisenkassageschäft und Devisentermingeschäft (↑Kassa- und Terminmärkte S. 178). Der Handel auf dem Devisenkassamarkt zeichnet sich durch sofortigen Tausch der inländischen Währung gegen Devisen aus. Auf dem Devisenterminmarkt werden Währungen zu einem sofort zu vereinbarenden Wechselkurs gehandelt, deren Tausch gegen Inlandswährung erst zu einem späteren Zeitpunkt erfolgt.

Der Wechselkurs (Devisenkurs) ist der Preis für Devisen; es ist der Preis einer Währung, ausgedrückt in einer anderen Währung. Bei der in den meisten Ländern gebräuchlichen Preisnotierung ist der Wechselkurs der Preis der Inlandswährung je Einheit ausländische Währung, also z. B. DM je US-Dollar. Bei der in Großbritannien üblichen Mengennotierung gibt der Wechselkurs die Menge ausländischer Währungseinheiten an, die für eine heimische Währungseinheit getauscht werden kann. Der Wechselkurs ist somit eine Größe, die die inländischen Preise der im Ausland produzierten Güter (Importgüter) ebenso wie die in ausländischen Währungseinheiten ausgedrückten Preise der exportierten Güter beeinflußt; er ist somit für das Ausmaß der internationalen Waren- und Dienstleistungsströme (↑Außenhandel S. 316) mitbestimmend. Je nach ↑Wechselkurssystem (S. 328) unterscheidet man feste und flexible Wechselkurse. Änderungen des Wechselkurses (↑Aufwertung – Abwertung S. 342) werden bei festen Wechselkursen i. d. R. dann vorgenommen bzw. sie ergeben sich in einem System flexibler Wechselkurse aus dem Zusammenspiel von Angebot und Nachfrage auf dem Devisenmarkt dann, wenn sich die Zahlungsbilanz im Ungleichgewicht befindet (↑außenwirtschaftliches Gleichgewicht S. 338).

Entsprechend der Fälligkeit des Devisengeschäftes unterscheidet man den sich auf dem Devisenkassamarkt herausbildenden Kassawechselkurs (Devisenkassakurs) und den für Termingeschäfte gültigen Terminwechselkurs (Devisenterminkurs). Der Devisenterminkurs ist demnach der Wechselkurs, zu dem Devisen heute gehandelt werden, deren Tausch gegen Inlandswährung erst zu einem späteren Zeitpunkt, z. B. in drei Monaten, erfolgt. Die in Prozent ausgedrückte Differenz zwischen Terminkurs und Kassakurs (eine positive Differenz wird als Aufschlag oder Report bezeichnet; eine negative Differenz wird Abschlag oder Deport genannt), bezogen auf den Kassakurs, bezeichnet man als Swapsatz. Der Swapsatz ist für Zinsarbitrage- und Kurssicherungsgeschäfte (↑Arbitrage – Kurssicherung S. 344) von Bedeutung.

Der Abschluß eines zeitlich auseinanderfallenden Devisentermin- und Devisenkassageschäftes in der Erwartung, daß der Kurs sich so entwickelt, daß ein Gewinn aus diesen beiden Devisenmarktgeschäften resultiert, wird als Spekulationsgeschäft (↑Spekulation S. 346) bezeichnet.

C. Köhler: Geldwirtschaft. Bd. 2. Berlin 1979. – M. Borchert: Außenwirtschaftslehre. 2. Aufl. Wiesbaden 1983.

Entwicklung des Aussenwertes wichtiger Währungen (Januar 1977 = 100)

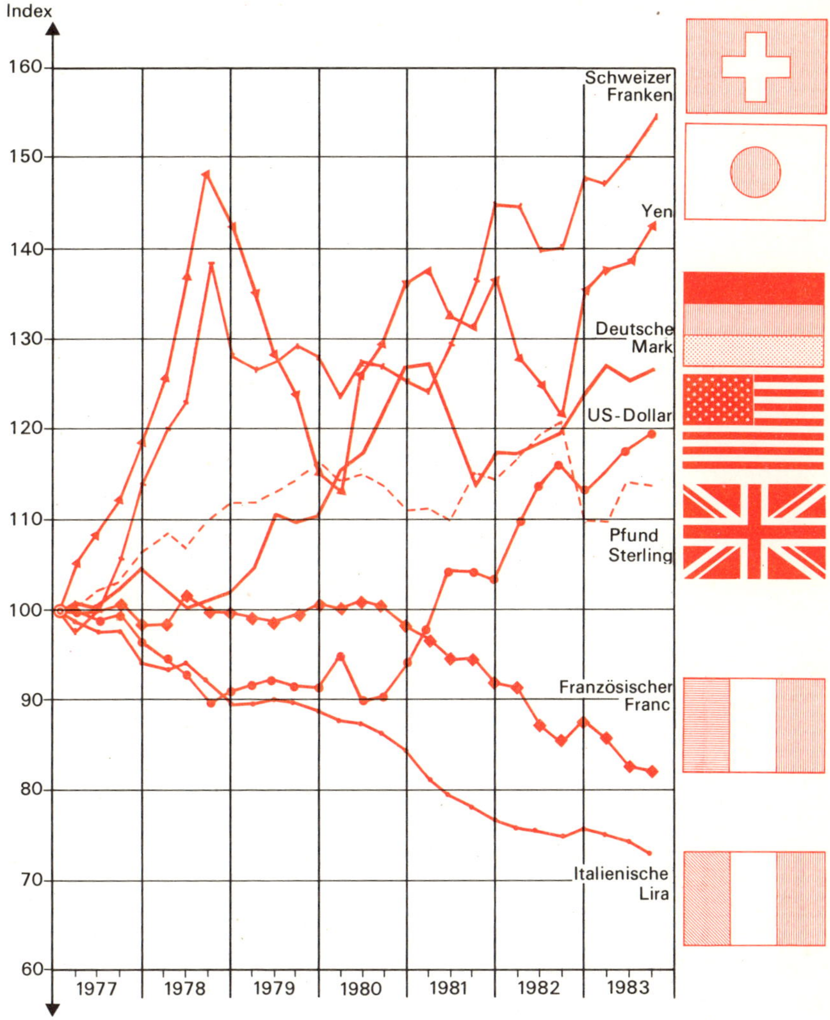

Aufwertung – Abwertung

Unter Aufwertung wird die Erhöhung des Außenwertes einer Währung gegenüber der Gesamtheit der ausländischen Währungen verstanden. Bei der allgemein gebräuchlichen Preisnotierung des Wechselkurses (↑Devisenmarkt – Wechselkurs S. 340) bedeutet eine Aufwertung eine Senkung des Preises für ausländische Währung, d. h., je Einheit ausländische Währung müssen nach der Aufwertung weniger Einheiten Inlandswährung eingetauscht werden (= Wechselkurssenkung).

In einem System fester Wechselkurse erfolgt eine Aufwertung durch hoheitliche Korrektur der von den Währungsbehörden festgesetzten Parität. Sie wird i.d.R. unumgänglich, wenn bei dem herrschenden Wechselkurs das Angebot an Devisen über einen längeren Zeitraum hinweg die Devisennachfrage übersteigt. Eine ständige Nachfragelücke, die durch Aufkauf von ausländischen Währungen seitens der Zentralbank geschlossen wird, ist normalerweise ein Indikator für eine Unterbewertung der heimischen Währung. Eine solche Unterbewertung kann auftreten, weil die Entwicklung des inländischen Kosten- und Preisniveaus mit der des Auslands nicht Schritt hielt, was u.a. zur Folge haben kann, daß heimische Güter auf den Märkten des In- und Auslands ausländischen Konkurrenzerzeugnissen vorgezogen werden. Dies wiederum kann einen Überschuß in der Leistungsbilanz (↑Zahlungsbilanz S. 336) bewirken, der – falls keine entsprechenden Kapitalabflüsse zu verzeichnen sind – den Devisenbestand steigen läßt. Das ↑außenwirtschaftliche Gleichgewicht (S. 338) wäre gestört. Bei flexiblen Wechselkursen ergibt sich eine Aufwertung aufgrund eines die Devisennachfrage (bei dem ursprünglichen Gleichgewichtskurs) übersteigenden Angebots. Die Gründe hierfür sind u.a. in einer verbesserten Wettbewerbsposition heimischer Erzeugnisse als Ergebnis einer im Vergleich zum Ausland günstigeren Preisniveauentwicklung zu sehen.

Ein Ansteigen der Währungsreserven beinhaltet die Gefahr eines Inflationsimportes. Eine ↑außenwirtschaftliche Absicherung (S. 516) durch Aufwertung würde mit einer Verbilligung aller Auslandswährungen einhergehen. Die Aufwertung bewirkt normalerweise eine Senkung der Inlandspreise für Einfuhrgüter und eine Erhöhung der in Auslandswährung ausgedrückten Preise für Ausfuhrgüter. Diese Preisänderungen in entsprechenden Währungen bewirken i.d.R. eine Verringerung der Exporterlöse und eine der Richtung nach unbestimmte Änderung der Importausgaben. Im Normalfall wird der Exporterlösrückgang größer sein als der Rückgang der Importausgaben oder die Importausgaben werden sogar steigen, so daß der bestehende Leistungsbilanzüberschuß ganz oder teilweise abgebaut wird und die Devisenreserven abnehmen, wenn keine kompensierenden Kapitalströme aus dem Ausland einfließen.

Als Abwertung bezeichnet man die Herabsetzung des Außenwertes einer Währung gegenüber allen Auslandswährungen. Bei Preisnotierung entspricht dem eine Wechselkurserhöhung, d. h., für eine Einheit Auslandswährung müssen nach der Paritätsänderung mehr Einheiten heimische Währung aufgebracht werden. In einem System fester Wechselkurse wird eine Abwertung durch die Folgen der Überbewertung der Inlandswährung notwendig. Bei flexiblen Wechselkursen ist die Abwertung, also ein Preis-(Kurs-)Rückgang, das Ergebnis der Angebots- und Nachfrageentwicklung auf dem Devisenmarkt. Von einer Abwertung kann i.d.R. erwartet werden, daß sie die Exporterlöse verbessert, während die Veränderung der Importausgaben nicht ohne weiteres prognostizierbar ist. Im günstigen Fall kann eine Abwertung zur Wiederherstellung eines Zahlungsbilanzgleichgewichtes beitragen.

C. Köhler: Geldwirtschaft. Bd. 2. Berlin 1979. – M. Borchert: Außenwirtschaftslehre. 2. Aufl. Wiesbaden 1983.

1. Die Wirkung einer Aufwertung auf die Leistungsbilanz im Normalfall

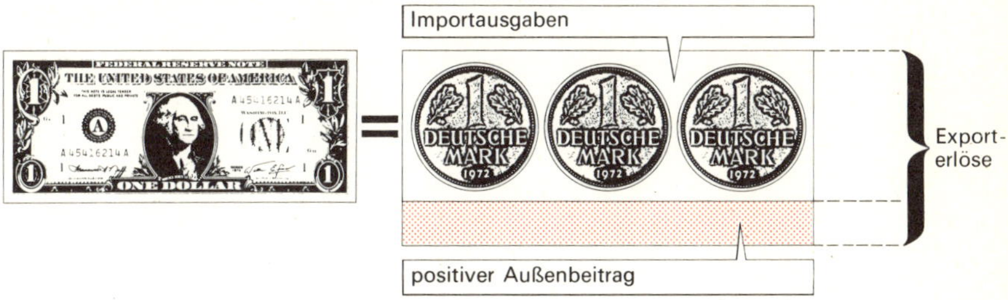

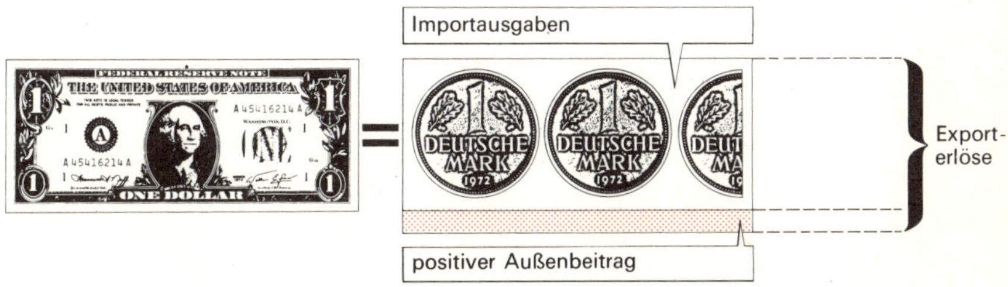

2. Die Wirkung einer Abwertung auf die Leistungsbilanz im Normalfall

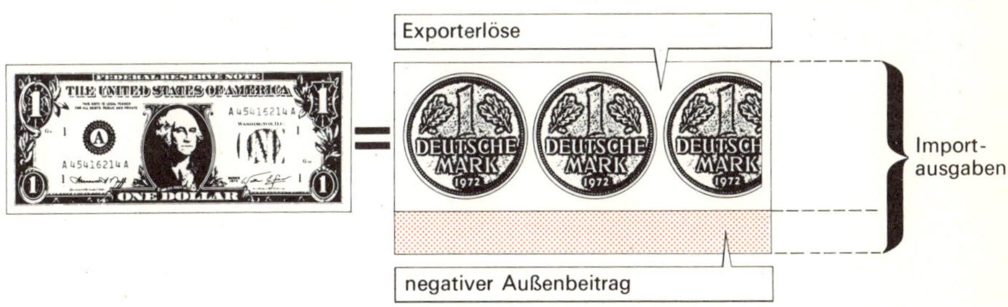

Arbitrage – Kurssicherung

Unter Arbitrage versteht man allgemein durch Preisdifferenzen ausgelöste Waren- und Geldströme, im besonderen jedoch zinsinduzierte internationale Kapitalbewegungen. Wenn bei freier ↑Konvertibilität (S. 330) und festen Wechselkursen Zinsunterschiede zwischen zwei Ländern bestehen, ziehen Kapitalbesitzer des Niedrigzinslandes die Anlage im Hochzinsland vor, während für Kreditsuchende im Hochzinsland die Inanspruchnahme des Auslands vorteilhaft ist. Die durch solche Zinsunterschiede ausgelöste Arbitrage wirkt auf ein Verschwinden der internationalen Zinsdifferenzen hin.

Bei flexiblen Wechselkursen ist dies aber nicht der Fall. Unter sicherer Voraussicht der Kursentwicklung wäre nämlich z. B. eine Kapitalanlage im Ausland solange vorteilhaft, wie der ausländische Zinssatz zuzüglich der prozentualen Kurssteigerungsrate der Auslandswährung den Inlandszinssatz übersteigt und umgekehrt. Freilich ist die Kursentwicklung in Wahrheit ungewiß, ein Umstand, der die Arbitrageure zu einem Kurssicherungsgeschäft am Devisenterminmarkt (↑Devisenmarkt S. 340) veranlaßt. Dort kann man zum Zeitpunkt des Kreditaufnahme- oder Kapitalanlagewunsches einen Vertrag abschließen, zu einem bestimmten späteren Termin eine vereinbarte Menge der einen gegen die andere Währung zu einem vorher festgelegten Kurs zu tauschen. So wird z. B. bei einjähriger Geldanlage im Ausland Auslandswährung auf dem Kassamarkt gekauft und gleichzeitig, einschließlich der für ein Jahr anfallenden Zinserträge, auf dem Jahresterminmarkt verkauft. Wenn dann der Rücktausch nach Jahresfrist erfolgt, bekommt der Anleger wieder heimische Währung, ohne daß er ein Risiko hat tragen müssen. Der Terminmarkt dient nicht nur Arbitragezwecken, sondern vor allem der Absicherung von internationalen Handelsgeschäften. Ist z. B. eine importierte Ware bei Lieferung in ausländischer Währung zu bezahlen, so kauft der risikoscheue Importeur die Auslandswährung bereits bei Geschäftsabschluß auf dem Terminmarkt ein. An dem Gegengeschäft kann ein ausländischer Importeur interessiert sein, der die Währung anbietet, welche der heimische Importeur nachfragt.

Aus dem Zusammenspiel aller Marktteilnehmer bilden sich die Kurse am Devisentermin- und Devisenkassamarkt. Sie variieren, je nachdem welche Kurse für die Zukunft tatsächlich erwartet werden. Wird mit einer Aufwertung/Abwertung der ausländischen Währung gerechnet, dann wird diese Währung auf dem Terminmarkt mit einem Zuschlag/Abschlag (Report/Deport) im Vergleich zum Kassakurs gehandelt. Das Verhältnis aus Zuschlag und Kassakurs nennt man Swapsatz. Tendenziell steuert der Markt auf einen Zustand (Arbitragegleichgewicht) hin, für den gilt: Inlandszinssatz = Swapsatz + Auslandszinssatz. Dann besteht nämlich auch für Arbitrageure kein weiterer Anreiz für Kapitalbewegungen; denn in ihr Kalkül geht der Swapsatz als Ausdruck der Kurssicherungskosten gerade so ein wie bei sicherer Voraussicht die Kursänderungsrate.

Bestehen im Hinblick auf eine Wechselkursänderung insgesamt richtige, wenngleich unsichere Erwartungen, dann kommt es zu einer Annäherung von Kursänderungsrate und Swapsatz. Da zudem die internationalen Handelsströme die Kursänderungsrate einer ausländischen Währung an die Änderungsrate ihrer relativen Kaufkraft, d. h. an die Differenz zwischen in- und ausländischer Inflationsrate anpassen, folgt, daß der ausländische Zinssatz, längerfristig betrachtet, gerade um die Inflationsratendifferenz vom inländischen abweicht. Dieses Ergebnis wird in der Praxis zwar wegen einer Vielzahl störender Einflüsse (z. B. Transaktionskosten, Konvertibilitätsrisiken) nicht vollkommen erreicht; es beschreibt aber dennoch annähernd die langfristige Tendenz der beobachtbaren Entwicklung. Daher sorgt die Arbitrage für einen Ausgleich der inflationsbereinigten Zinssätze und, sofern Unterschiede in der Kapitalknappheit zwischen verschiedenen Ländern durch Unterschiede in den realen Zinsen angezeigt werden, auch für eine gleichmäßigere Verteilung des internationalen Kapitaleinsatzes.

A. Stobbe: Volkswirtschaftslehre II. Berlin u. a. 1983.

Das Arbitragegleichgewicht
Beispiel: Die inländische Inflationsrate übersteigt die ausländische

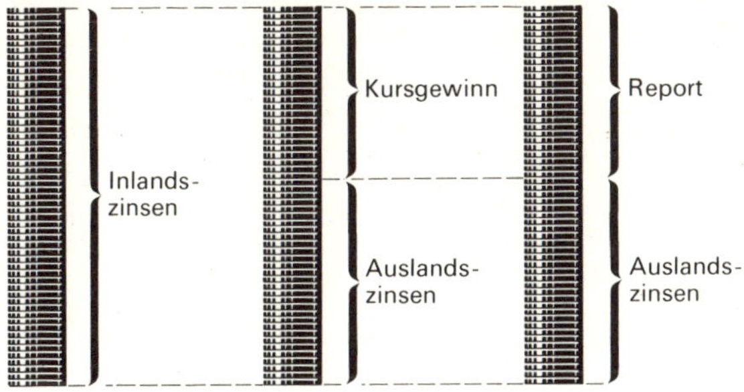

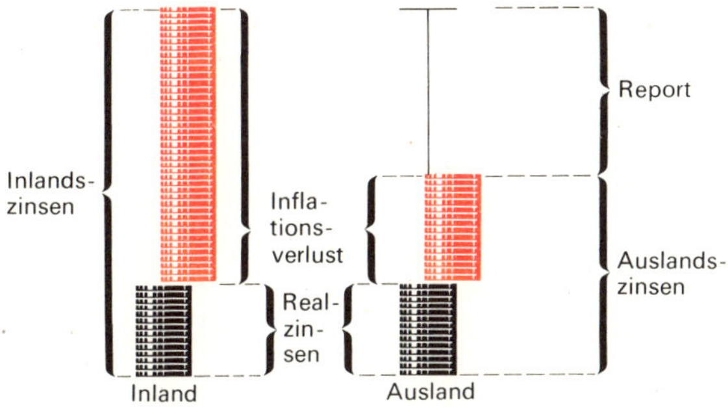

Praktisches Beispiel zur Prüfung der Rentabilität einer Auslands- im Vergleich zu einer Inlandsanlage

Für eine Dreimonatsanlage auf dem amerikanischen Kapitalmarkt sind zu berücksichtigen:

Swapsatz⁺	$S = 0{,}5\,\%$
Inlandszinssatz⁺	$i_i = 2{,}5\,\%$
Auslandszinssatz⁺	$i_a = 2{,}4\,\%$
\$-Kassakurs	$K = 2{,}0$ DM/\$

⁺ Es handelt sich hier um Periodensätze, während sich die Argumentation im Text der Einfachheit halber auf Momentsätze bezieht. Der Unterschied ist für kleine Werte von Zins- und Swapsatz vernachlässigbar.

Entsprechend dem Kassakurs und dem Swapsatz muß der \$-Terminkurs betragen:

$$T = K + K \cdot S = 1{,}005 \cdot 2{,}0\ \frac{\text{DM}}{\$} = 2{,}01\ \frac{\text{DM}}{\$}.$$

Es mögen 1 000 DM zur Anlage zur Verfügung stehen. Der Gewinn von Inlands- und Auslandsanlage läßt sich folgendermaßen bestimmen:

<u>Inlandsanlage</u>	nach drei Monaten verfügbarer Gewinn (Zinsertrag):	$= i_i\ 1\,000\ \text{DM} = 25\ \text{DM}$
<u>Auslandsanlage</u>	Anlagebetrag in \$	$= \frac{1\,000\ \text{DM}}{K} = 500\ \$$
	nach drei Monaten frei werdendes Kapital einschließlich Zinsen	$= 500\,\$\ (1 + i_a) = 512\,\$$
	DM-Wert nach Umtausch zum vereinbarten Terminkurs	$= 512\,\$ \cdot T = 1\,029{,}12\ \text{DM}$
	Gewinn (Zinsertrag):	$= 29{,}10\ \text{DM}$

Somit ist die Auslandsanlage vorzuziehen.

Spekulation

Spekulation wird betrieben, um im Zeitablauf auftretende Preisdifferenzen von Waren, Wertpapieren oder Währungen gewinnbringend zu nutzen. Auch ein Produzent spekuliert, wenn er für den Absatz selbsterzeugter Güter einen möglichst günstigen Zeitpunkt abwartet. Spekulation im engeren Sinne liegt vor, wenn ein Spekulationsobjekt nur angekauft wird, um mit einem Preisaufschlag verkauft zu werden. Grundsätzlich unterscheidet man zwischen Kassa- und Terminspekulation (↑Kassa- und Terminmärkte S. 178); beide Formen werden auch kombiniert.

Der Terminspekulant verpflichtet sich, an einem festgelegten späteren Zeitpunkt zu einem vorher vereinbarten Preis eine vereinbarte Menge des Spekulationsobjektes zu kaufen oder zu verkaufen. Wenn der Tauschzeitpunkt gekommen ist, besorgt er sich am (Kassa-)Markt das Spekulationsobjekt, das anzubieten er sich verpflichtet hat, um es dem Partner des Terminvertrages gegen die zuvor vereinbarte Bezahlung auszuhändigen, bzw. er kauft es wie vereinbart an, um es alsbald wieder zum gerade herrschenden Marktpreis zu verkaufen. Je nachdem, in welche Richtung der zuvor vereinbarte Preis von dem zum Tauschzeitpunkt tatsächlich geltenden Kassapreis abweicht, gewinnt oder verliert der Spekulant. Auf lange Sicht kann ein Terminspekulant nur Erfolg haben, wenn er über die tatsächliche Preisentwicklung besser informiert ist als andere Teilnehmer des Terminmarktes (↑Arbitrage – Kurssicherung S. 344) oder wenn er weniger risikoscheu als andere ist und das Spekulationsgeschäft selbst bei kleinen erwarteten Gewinnmargen abschließt.

Eine Besonderheit der Terminspekulation liegt darin, daß wegen der Gleichzeitigkeit von Kauf und Verkauf kein Kapital gebunden wird. Es muß nur zur Absicherung eines möglichen Verlustes beschaffbar sein. Anders ist es bei der Kassaspekulation. Hier wird Kapital in Höhe des Einsatzes für längere Zeit gebunden: Zunächst muß der Spekulant i. d. R. mit der Kapitalanlage warten, bis der Preis des Spekulationsobjektes so niedrig ist, daß ein Ankauf lohnend scheint. Nach dem Ankauf gilt es, einen hohen Verkaufspreis zu erzielen; auch das erfordert je nach Preisentwicklung unterschiedlich viel Zeit. Trotz des Nachteils der Kapitalbindung kann die Kassaspekulation für den Spekulanten vorteilhafter als die Terminspekulation sein; denn sie verspricht langfristig höhere Gewinne, weil sowohl An- als auch Verkauf des Spekulationsobjektes zeitlich flexibler als bei der Terminspekulation erfolgen können.

Häufig wird behauptet, die Kassaspekulation sorge für instabile Preise. Der Spekulant kaufe nämlich, wenn der Preis steige, und verkaufe, wenn er falle, verstärke also eine anfänglich durch andere Marktteilnehmer hervorgerufene Preisänderung. Seine Strategie kann aber nur dann Erfolg haben, wenn ein beobachteter Preistrend auch weiterhin erwartet wird. Es mag Spekulanten mit solchen Erwartungen geben; doch sicherlich gibt es auch andere mit davon abweichenden Erwartungen. Letztere kaufen z. B., wenn der Preis gefallen ist, denn sie rechnen mit seinem baldigen Anstieg. Daher stabilisieren diese Spekulanten das Preisniveau. Ein solch positives Ergebnis zeigt sich freilich nicht auf allen Märkten. So kann vor allem die Währungsspekulation in einem System fester Wechselkurse anhaltende Devisenzuflüsse oder -abflüsse, die als Folge mangelnden ↑außenwirtschaftlichen Gleichgewichts (S. 338) auftreten, noch verstärken. Da zwar der Zeitpunkt, nicht aber die Richtung der Paritätsänderung ungewiß ist, gibt es niemanden, der, wenn z. B. eine Kurssenkung ansteht, die betroffene Währung aus spekulativen Gründen kauft. Im Gegenteil, ein spekulativer Devisenabfluß, der die Regierung zur Abwertung zwingen kann, ist unvermeidlich; dies kann man statt den Spekulanten zumindest ebensogut den Unzulänglichkeiten des Wechselkurssystems anlasten.

H. J. Dudler: Diskont- u. Terminkurspolitik. 2. Aufl. Frankf. a. M. 1969. – A. Stobbe: Volkswirtschaftslehre II. Berlin u. a. 1983.

Spekulation

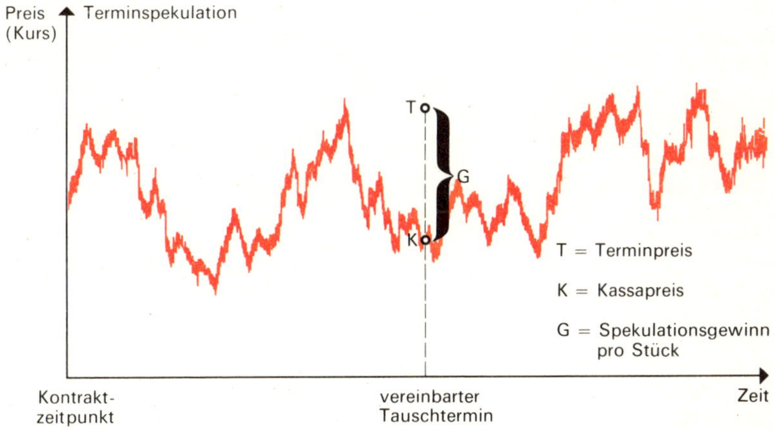

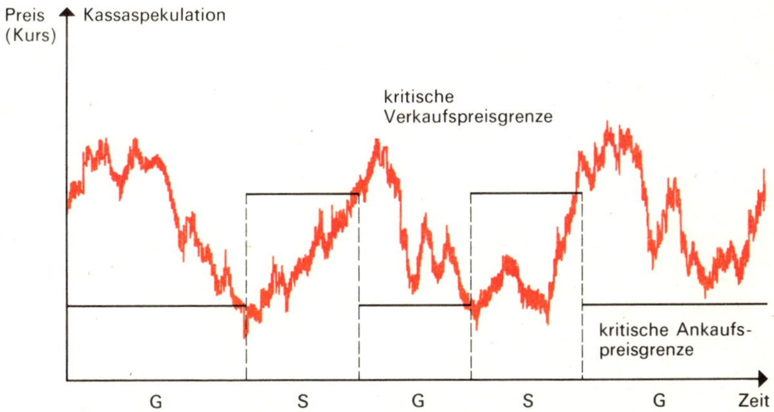

G: Der Spekulant hält Geld und wartet, bis der Preis eine Untergrenze, die ihm zum Ankauf günstig genug erscheint, unterschreitet (Spekulation à la baisse)

S: Der Spekulant ist im Besitz des Spekulationsgutes und wartet, bis der Preis eine Obergrenze, die zum Verkauf als günstig erscheint, überschreitet (Spekulation à la hausse)

Langfristiger internationaler Zahlungsverkehr

Der langfristige internationale Zahlungsverkehr wird zusammen mit den kurzfristigen Kapitalbewegungen in der Kapitalverkehrsbilanz als Teil der ↑Zahlungsbilanz (S. 336) erfaßt. Der deutschen Zahlungsbilanzstatistik folgend, kann dabei zunächst zwischen öffentlichem und privatem Kapitalverkehr und innerhalb dieser Sektoren nach den Zielen der Kapitalexporteure bzw. -importeure unterschieden werden. Der langfristige Kapitalverkehr deutscher öffentlicher Stellen umfaßt in erster Linie Beteiligungen an internationalen Organisationen (↑Weltbank S. 570), Kredite und Darlehen an Entwicklungsländer (↑Entwicklungshilfe S. 608), sowie Tilgungen im Rahmen der Londoner Schuldenabkommen. Für den privaten Sektor sind vor allem zu nennen: Direktinvestitionen, Portfolioinvestitionen, Kredite und Darlehen mit einer Laufzeit von über 12 Monaten und Kauf und Verkauf von privatem Grundbesitz.

Direktinvestitionen (DI) sind private langfristige Kapitalleistungen eines Landes, die dem Ausland mit der Absicht zugeführt werden, einen unmittelbaren Einfluß auf die Geschäftstätigkeit des kapitalnehmenden Unternehmens zu gewinnen oder einem Unternehmen, an dem der Investor bereits maßgeblich beteiligt ist, neue Mittel zuzuführen. Die Außenwirtschaftsverordnung der BRD versteht unter deutschen DI Vermögensanlagen Gebietsansässiger in fremden Wirtschaftsgebieten, welche die Schaffung dauerhafter Wirtschaftsverbindungen bezwecken. Mit Portfolioinvestitionen (PI) wird der Kauf ausländischer ↑Wertpapiere (S. 256) ohne Einflußabsicht bezeichnet. Diese nur theoretisch eindeutige Einteilung in PI und DI muß für statistische Zwecke meßbar gemacht werden. Man geht davon aus, daß ein bestimmter festzulegender Beteiligungsanteil am Kapital eines ausländischen Unternehmens (z. B. 25 %) genügt, um einen Einfluß auf das Gesamtkapital dieses Unternehmens auszuüben. Dieser gewählte Prozentsatz bildet dann die Trennungslinie zwischen PI und DI. Es handelt sich also um unterschiedliche Kapitalanlageformen, denen jeweils ein unterschiedliches Motiv der Kapitalanleger zugrundegelegt wird. Als Beweggrund für jede Investition (↑Bestimmungsgründe privater Investitionen S. 198) wird langfristig die Erzielung von Gewinn vermutet. Spaltet man dieses Motiv weiter auf, dann wäre es das Ziel von PI, eine Ertragsquelle zu erschließen, und das Ziel von DI, zusätzlich Einfluß auf die Ertragsquelle zu gewinnen. Demnach kann bei DI auf sofortige Gewinnerzielung zugunsten eher langfristig orientierter Gewinnerwartungen verzichtet werden. Für langfristige Darlehen, die ausschließlich der Geldanlage dienen, sowie für den Erwerb von Grundbesitz für nicht kommerzielle Zwecke wird wie für PI vermutet, daß das Interesse des Investors nicht auf das Erreichen von Kontrolle gerichtet ist. Beide Anlageformen zählen daher nicht zu den DI. Wohl aber sind solche Darlehen in den DI-Zahlen der Zahlungsbilanz enthalten, die der Herstellung oder Erweiterung dauerhafter Wirtschaftsverbindungen dienen (Bedingung ebenfalls: Laufzeit mehr als 12 Monate). Eine allgemein akzeptierte, umfassende ↑Theorie (S. 636) zur Erklärung von DI existiert nicht. Weit verbreitet ist jedoch die ↑Hypothese (S. 634), DI würden zur Überwindung von ↑Außenhandelsbeschränkungen (S. 586) vorgenommen. PI hingegen werden mit Zinsdifferenzen zwischen Ländern erklärt (↑Arbitrage S. 344). Mit der Vornahme von DI ist i. d. R. eine Übertragung von technischem und kaufmännischem Wissen verbunden. Als wichtiges Übertragungsmedium dafür gilt das ↑multinationale Unternehmen (S. 562). Kapitaltransfer ist keine notwendige Bedingung für DI, da im Ausland Kapital aufgenommen werden kann oder Erweiterungsinvestitionen (↑Investitionsarten S. 196) aus reinvestierten Gewinnen (↑Innenfinanzierung S. 218) der Tochtergesellschaft im Ausland finanziert werden können.

H. Krägenau: Internat. Direktinvestitionen: 1950–1973. Hamb. 1975. – M. Borchert: Außenwirtschaftslehre. 2. Aufl. Wiesbaden 1983.

Langfristiger Kapitalverkehr
(nach der deutschen Zahlungsbilanzstatistik)

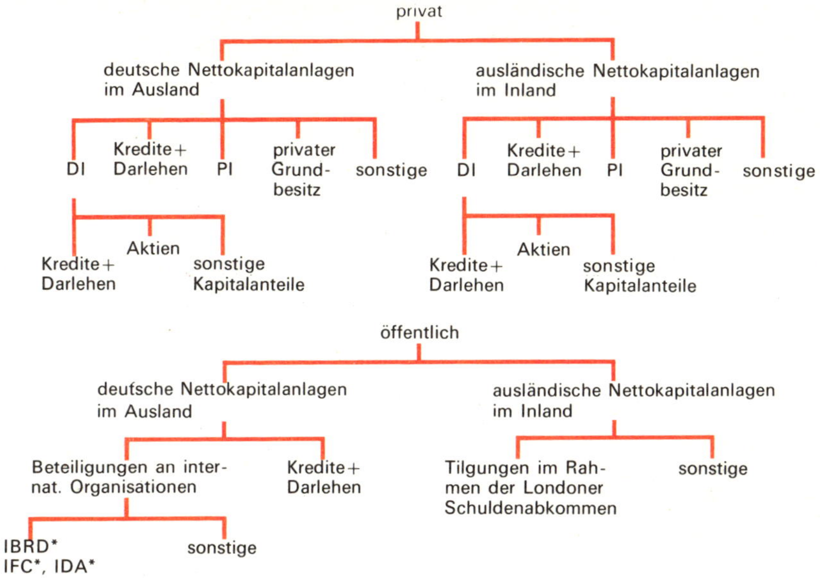

IBRD = „International Bank for Reconstruction and Development" (= Internat. Bank für Wiederaufbau und Entwicklung) = Weltbank
IFC = „International Finance Corporation" (= Internat. Finanzierungsgesellschaft) = rechtl. selbständige Tochter der Weltbank
IDA = „International Development Association" (= Internat. Entwicklungsvereinigung) = rechtl. selbständige Tochter der Weltbank

Ausländische Direktinvestitionen in der Bundesrepublik Deutschland, Bestand 1982: 78,8 Mrd. DM sowie Deutsche Direktinvestitionen im Ausland, Bestand 1982: 93,7 Mrd. DM
(nach Angaben des Bundeswirtschaftsministeriums)

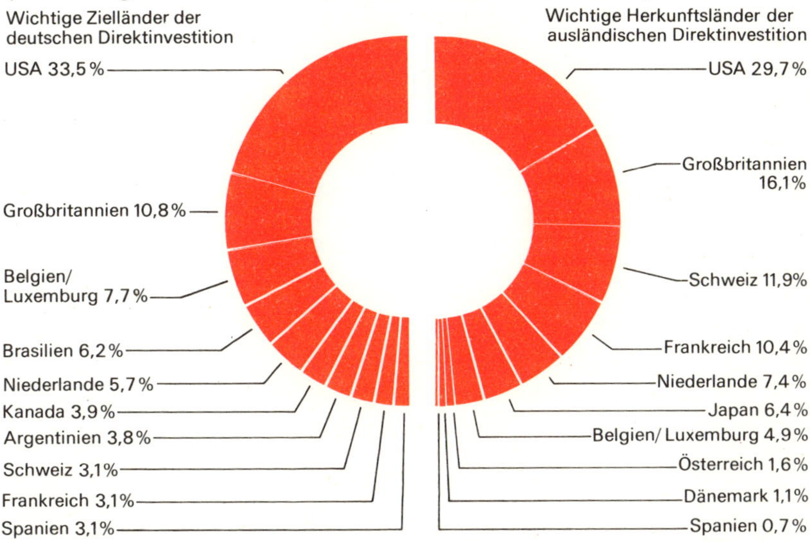

Euromarkt

Der Euromarkt wird wegen der unterschiedlichen Formen und Laufzeiten der Eurofinanzierungen in Eurogeldmarkt (kurzfristig) und Eurokapitalmarkt (langfristig) getrennt. Auf dem Euromarkt werden konvertible Währungen außerhalb der Länder gehandelt, in denen sie gesetzliche Zahlungsmittel sind. Die Banken, die auf den Europlätzen wie z.B. London oder Luxemburg Einlagen entgegennehmen, sind gleichsam exterritorial; sie unterliegen nicht den Währungsbestimmungen der Zentralbanken der Länder, mit deren Währungen sie handeln.

Der Eurogeldmarkt entstand als Folge staatlicher Eingriffe in den internationalen Zahlungsverkehr. So führte Großbritannien 1957 strenge Kontrollen für Sterling-Transaktionen mit Gebietsfremden ein. Um ihre traditionell hervorragende Stellung in der Finanzierung des Welthandels zu halten, wichen die britischen Banken zunehmend auf Transaktionen in Dollar aus. Ende 1958 führten die wichtigsten westeuropäischen Länder die Konvertierbarkeit ihrer Währungen ein. Damit waren die Banken dieser Länder in der Lage, Dollar frei zu kaufen und zu verkaufen und zur Finanzierung internationaler Handelsgeschäfte zu verwenden. Gleichzeitig unterlagen diese Dollar-Transaktionen keinen den Zinsertrag schmälernden gesetzlichen Kontrollen und Mindestreservevorschriften und keinen Zinssatzhöchstgrenzen, wie sie US-Banken vorgeschrieben waren (sogen. Regulation Q). Die europäischen Banken konnten daher höhere Einlagenzinsen zahlen als die Banken in den USA.

Die Eurobanken übernehmen eine Mittlerrolle zwischen Einlegern und Endkreditnehmern. Durch den kurzfristig ausgerichteten Geldmarkt ist in aller Regel eine kongruente, d.h. fristengleiche Refinanzierung der kurzfristigen Kredite gewährleistet. Für den längerfristigen Kreditbedarf wurde das Roll-over-Modell zum typischen Instrument des Eurogeldmarktes entwickelt: Die Bank sagt den Kredit zwar für die gesamte Laufzeit zu, verbindet damit aber die Absprache, daß der Zinssatz nur für bestimmte kurzfristige Perioden (1-12 Monate, überwiegend 3 und 6 Monate) festgelegt wird. Bei diesem längerfristigen Einsatz kurzfristiger Liquidität trägt der Endkreditnehmer das Zinsänderungsrisiko, d.h. die Gefahr, daß seine Zinsbelastung bei steigenden Einstandssätzen sich kurzfristig und wiederholt erhöht. – Die Zinsberechnung erfolgt auf der Grundlage des am jeweiligen Europlatz geltenden Interbankensatzes, z.B. LIBOR (= London Interbank Offered Rate), LUXIBOR usw. zuzüglich der (für die gesamte Kreditlaufzeit) festgelegten Marge, die nach der unterschiedlichen Bonitätseinschätzung der einzelnen Länder variiert. Unter den Kreditnehmern überwiegen Regierungen und andere staatliche Stellen, so daß die Wertung der ↑Länderrisiken (S. 352) für die Kreditentscheidung im Vordergrund steht; daneben werden erstklassige Unternehmen und Banken als euromarktfähige Adressen akzeptiert.

Den im Eurogeschäft aktiven Banken ist es gelungen, die seit 1973/74 (1. Ölpreisschock) aufgetretenen Verzerrungen der grenzüberschreitenden Kapitalströme auszugleichen, indem sie die bei ihnen angelegten, zeitweise außerordentlich hohen Leistungsbilanzüberschüsse der ölexportierenden Länder an die Kapitalbedürftigen Energie importierenden Staaten wieder zurückschleusten (sogen. Recycling). Neben derartigen (nach dem Verwendungszweck) ungebundenen Eurofinanzierungen, deren Höhepunkt mit dem Einsetzen der internationalen Umschuldungen im Sommer 1982 überschritten wurde, liegt das Schwergewicht des Euromarktes für die deutsche Kreditwirtschaft im Bereich der Exportfinanzierungen.

R. Widmer: Euromarkt, Eurogeld- und Eurokapitalmarkt. 2. Aufl. Frankf. a.M. 1977. – Banken International. Sonderbeilage des „Handelsblatts" vom 26. 4. 1984. – G. Valko: Eurogeld- u. Eurokapitalmarkt. Grandvaux (Schweiz) 1980.

Euromarkt
Entwicklung des Eurogeldmarktvolumens (Bruttobeträge einschl. der Bank-zu-Bank-Ausleihungen)

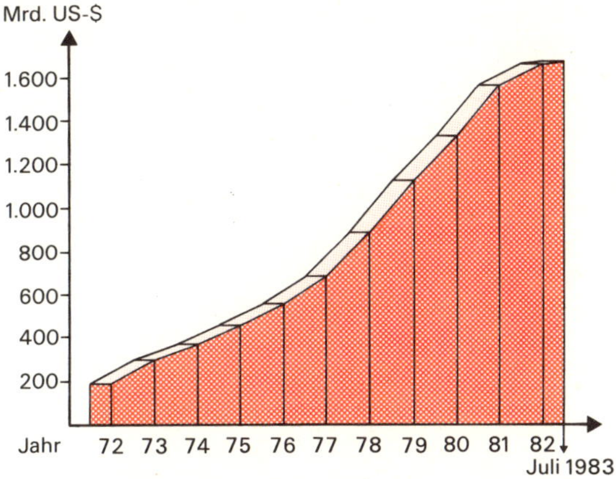

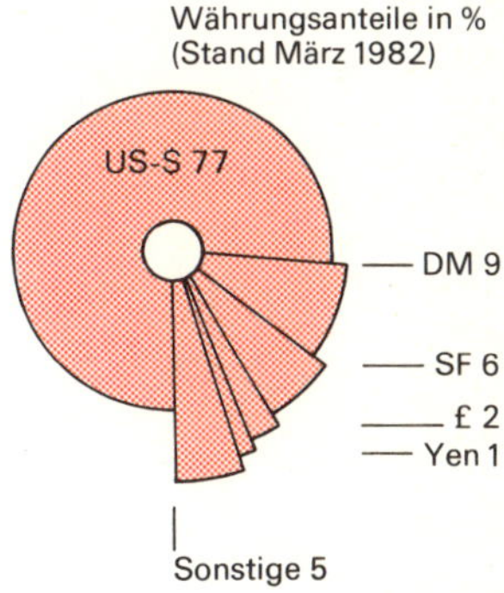

Auslandsverschuldung der Entwicklungsländer*)

Mrd. US-Dollar

Position	1978	1979	1980	1981	1982	1983
A. Langfristig	283	336	391	456	508	566
Öffentlich	116	133	153	170	189	212
Privat	166	203	238	286	319	355
B. Kurzfristig	52	59	85	104	125	102
C. Insgesamt (A + B)	334	395	475	560	633	669
Nach Außenhandelsstrukturen						
Ölexporteure	68	79	95	125	148	155
Ölimporteure	266	316	380	434	486	514
Nach Regionen						
Lateinamerika	132	158	193	246	283	294
Naher Osten	27	32	36	41	46	51
Sonstiges Asien	79	93	115	131	153	165
Afrika	37	45	51	56	63	66
Europa	47	55	67	71	72	75
Sonstige Länder	12	12	13	15	16	18
Nachrichtlich:						
Schuldendienstzahlungen	48	61	73	97	108	97
Zinsen	18	26	39	55	63	59
Tilgung langfristiger Kredite	29	35	34	43	45	37
Schuldendienst in % der Einnahmen aus dem Export von Waren und Dienstleistungen	18,1	18,1	17,2	21,3	24,5	21,6

* Ohne die wichtigen Ölexportländer, zu denen Algerien, Indonesien, Irak, Iran, Katar, Kuwait, Libyen, Nigeria, Oman, Saudi-Arabien, Venezuela und die Vereinigten Arabischen Emirate gerechnet werden; jedoch einschl. europäischer Entwicklungsländer sowie osteuropäischer IWF-Mitglieder. – Ohne Verschuldung gegenüber dem IWF.
Differenzen in den Summen durch Runden der Zahlen.
Quelle: IWF.

Länderrisiken und internationale Umschuldung

Unter Länderrisiken (sovereign risks) werden die auf Staaten bezogenen allgemeinen politischen und wirtschaftlichen Risiken in Unterscheidung zum einzelnen Privatschuldner-Risiko verstanden, die typischerweise Gegenstand staatlicher Exportversicherungen sind. Zwar besteht nicht die Gefahr des Schuldneruntergangs (ohne Rechtsnachfolger, wie beim Privatschuldner durch Tod bzw. Konkurs), die Zahlungsprobleme eines Landes können jedoch ein solches Ausmaß erreichen, daß sie einer de-facto-Zahlungsunfähigkeit gleichzusetzen sind. Daneben gibt es (seltene) Fälle von Zahlungsunwilligkeit einzelner Staaten, einseitige Schuldzurückweisungen (repudiations), wie z. B. die Weigerung der Sowjetunion 1918, die Schulden des zaristischen Rußlands zu übernehmen.

Die Schuldnerqualität der einzelnen Länder wird unter Einbeziehung aller verfügbaren politischen und wirtschaftlichen Faktoren beurteilt. Hierbei wurden von den Banken sog. Länderratings entwickelt, die zur Einteilung der einzelnen Staaten in verschiedene Bonitätsgruppen führen und als Grundlagen für die Festlegung interner Länderobligo-Begrenzungen, sog. Länderlimits, dienen.

In der Vergangenheit aufgetretene Fälle von Leistungsstörungen wurden durch auf den Einzelfall zugeschnittene internationale Umschuldungsvereinbarungen geregelt, meist unter Einräumung langfristiger Stundungen wie z. B. im Falle der Auslandsschulden Indonesiens im Jahre 1970. Ab Sommer 1982 stieg die Zahl der Umschuldungsfälle ganzer Länderobligen rasch an, bis Ende 1983 wurden rd. 40 Restrukturierungen eingeleitet und (zum Teil) abgeschlossen. Hierin sind fast alle lateinamerikanischen Staaten (Verschuldung der Region über 300 Mrd. US-$) einbezogen, daneben eine Reihe von Entwicklungs- und Schwellenländern in Afrika und Asien sowie einige kommunistisch regierte Staaten (insbes. Polen bereits 1981).

Abgesehen von den Sonderproblemen, die sich im Wirtschaftsverkehr mit Mitgliedern des ↑Rats für gegenseitige Wirtschaftshilfe (S. 584) ergeben, werden die Gründe für die internationale Zahlungskrise, die zugleich das Ende der rapiden Expansion des ↑Euromarktes (S. 350) kennzeichnet, vornehmlich in einer Reihe von Faktoren gesehen, die Ende der 70er/Anfang der 80er Jahre wirksam oder unübersehbar wurden: 1) erneuter starker Anstieg der Erdölpreise (2. Ölkrise 1979); 2) eine bis dahin unbekannte Erhöhung der Zinsbelastung der Schuldnerländer in Abhängigkeit von der Zinsentwicklung in den USA; 3) der Verfall einer Reihe von Rohstoffpreisen mit entsprechenden Exporterlöseinbußen für viele Schuldnerländer; 4) nicht mehr zu verdeckende Folgen jahrzehntelanger interner Mißwirtschaft sowie falsch konzipierter ↑Entwicklungshilfe (S. 608). Daneben waren unzulängliche Informationen und Fehleinschätzungen hinsichtlich der Verschuldungshöhe und -fähigkeit der einzelnen Länder bedeutsam. Der Bewältigung von ad-hoc-Problemen der Schuldnerländer mit dem Ziel, eine ernsthafte Bedrohung des gesamten internationalen Finanzsystems abzuwenden, dient ein weltweites Krisenmanagement. Eingeschaltet sind dabei der Weltwährungsfond, die Gläubigerregierungen, die Zentralbanken und die international engagierten Banken. Die mit den Schuldnerländern vereinbarten Restrukturierungen stellen bislang allerdings nur kurzfristig angelegte Umschuldungs-„Pakete" dar. Eine dauerhafte Lösung der Verschuldensproblematik und eine nachhaltige Stärkung der Schuldnerqualität der Entwicklungs- und Schwellenländer wird einen längeren Zeitraum, möglicherweise Jahrzehnte, in Anspruch nehmen. Sie wird letztlich im güterwirtschaftlichen Bereich und damit in erster Linie in der ↑Entwicklungspolitik (S. 608) und in der Integration der Entwicklungsländer in ↑Weltwirtschaft und Welthandel (S. 560) gefunden werden müssen.

Der internat. Schuldenberg. Zeitschrift für das gesamte Kreditwesen. Jan. 1984. – E. Löscher: Die internat. Finanzkrise. In: Österr. Bankenarchiv Jan. 84.

Länderrisiken und internationale Umschuldungen
Entwicklung der Preise und Zinssätze

Ölpreise (Rohöl in US-$ pro barrel)

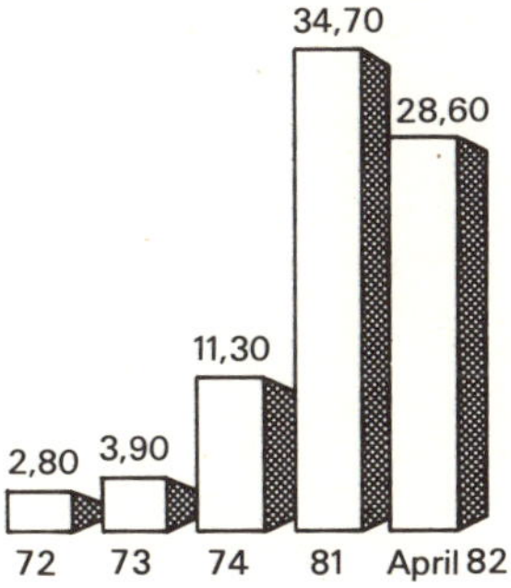

US-$ Zinssätze
(3-Monats-Bankengelder) in % p.a

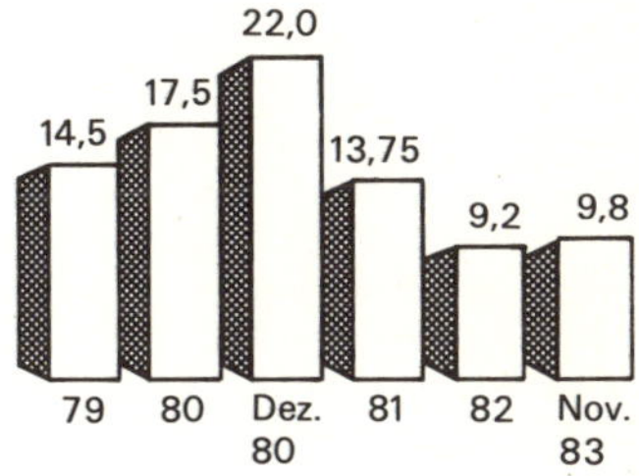

Rohstoffpreise
Kaffee (in US-cents/Pfund)

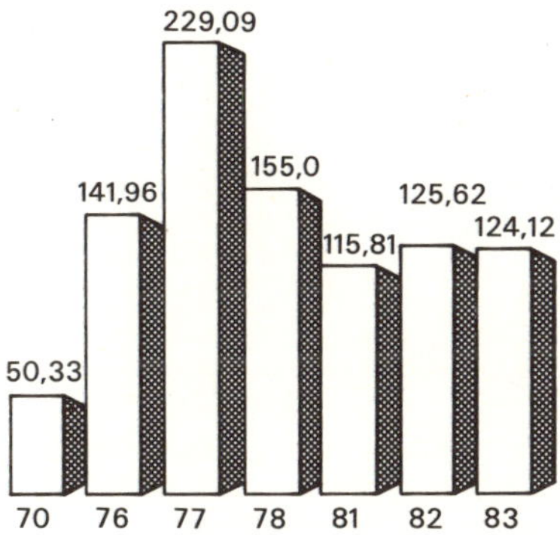

Zucker
(in US-cents/Pfund – Karibik/New York)

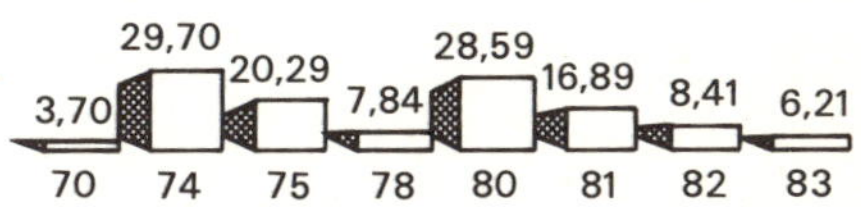

Typische Teile eines Umschuldungs-„Pakets" (einzeln und kombiniert)

Kredithilfen des IWF unter Auflagen, evtl. nach kurzfristiger Liquiditätshilfe durch die BIZ, Basel	längerfristige Stundung der Tilgungsfälligkeiten auf die Bankenforderungen (bei Fortdauer der Zinszahlungen)
Stillhaltezugeständnis der Gläubiger auf zunächst 90 Tage	Aufrecherhaltung der Handelskredite und der Bankeneinlagen
Gewährung von Neukrediten (fresh money) durch die Geschäftsbanken zur Fortzahlung der Zinsen und Finanzierung dringender Importe	evtl. zusätzliche Finanzhilfen durch Regierungen z.B. der USA im Fall Mexikos

Wirtschaftskreislauf

Die in modernen arbeitsteiligen Volkswirtschaften bestehende Vielfalt von Tauschbeziehungen zwischen den einzelnen Wirtschaftseinheiten können durch vereinfachende Zusammenfassung (Aggregation) überschaubar und damit beschreibbar gemacht werden. Der in einem Zeitraum abgelaufene Tauschverkehr läßt sich in Analogie zum Blutkreislauf als sog. Wirtschaftskreislauf darstellen.

Als Ausgangspunkt für diese Kreislaufbetrachtung kann die Beobachtung dienen, daß zwischen den privaten Wirtschaftssubjekten und den ↑Unternehmen (S.60) ein ständiger Austausch von Gütern gegen ↑Arbeit (S.52) und andere Produktionsfaktoren erfolgt. Die privaten Haushalte stellen den Unternehmen ihre Arbeitskraft und ihr ↑Kapital (S.54) zur Verfügung und beziehen dafür von den Unternehmen Einkommen, die sie wiederum für den Kauf von Sachgütern und Dienstleistungen vom Unternehmenssektor ausgeben. Denkt man sich nun alle Unternehmen einer Volkswirtschaft zu einem Sektor und alle privaten Haushalte zu einem anderen Sektor zusammengefaßt, so fließt ständig ein Strom von Arbeitsleistungen und anderen Faktorleistungen von den Haushalten zu den Unternehmen und ein ständiger Strom von Konsumgütern von den Unternehmen zu den Haushalten. Diesen beiden realen Strömen stehen entsprechende monetäre Ströme gegenüber, nämlich der sog. Einkommensstrom, der alle Einkommen umfaßt, die die privaten Haushalte für ihre Leistungen von den Unternehmen beziehen, und der sog. Ausgabenstrom, der die von den Haushalten zum Kauf von Konsumgütern aufgewendeten Geldbeträge umfaßt (↑privater Verbrauch S. 130). Dies gilt zumindest solange, wie ↑Geld (S. 44) seine Tauschmittelfunktion erfüllt (↑Geldfunktionen S. 44) und auf diese Weise den Tausch vereinfacht und verbilligt. Aus dem in einem ersten Schritt auf zwei Sektoren beschränkten Schema eines Wirtschaftskreislaufs folgt unmittelbar, daß jedem realen Strom ein gleich großer monetärer Strom in entgegengesetzter Richtung gegenübersteht. Dem Güterkreislauf einer Volkswirtschaft entspricht daher ein gleich großer Geldkreislauf in umgekehrter Richtung. Deshalb kann man sich vor allem bei umfangreicheren Kreislaufschemen auf die Darstellung nur eines Kreislaufs – im allgemeinen des monetären Kreislaufs – beschränken.

Umfangreichere Kreislaufschemen sind erforderlich, weil es in einer modernen Volkswirtschaft nicht nur private Haushalte und Unternehmen, sondern auch einen staatlichen Sektor sowie umfangreichen Tauschverkehr mit dem Ausland gibt. Berücksichtigt man außerdem noch, daß in einer Volkswirtschaft normalerweise auch gespart und investiert wird, so kann man die äußerst vielfältigen Ströme einer modernen offenen Volkswirtschaft mit staatlicher Aktivität in einem Kreislaufschema mit fünf Sektoren: den privaten Haushalten, den öffentlichen Haushalten, dem Unternehmenssektor, dem Ausland und einem volkswirtschaftlichen Vermögenskonto, übersichtlich darstellen.

Die Beschreibung einzelwirtschaftlicher Vorgänge auf einer gesamtwirtschaftlichen Ebene mit Hilfe der Kreislaufanalyse ist nicht nur Selbstzweck. Vielmehr schafft sie Verwertungsmöglichkeiten für wirtschaftswissenschaftliche Erklärungsversuche, die wiederum wirtschaftspolitisch genutzt werden können, z. B. bei dem Versuch der ↑Globalsteuerung (S. 522). Dies ist solange unbedenklich, wie nicht vernachlässigt wird, daß alle über die Kreislaufbetrachtung erzielbaren Ergebnisse letztlich auf wirtschaftlichen Größen beruhen, die sich erst nach zwar begründbarer, aber stets vereinfachender Zusammenfassung (Aggregation; ↑Theorie – Modell S. 636) von Ergebnissen einzelwirtschaftlichen Handelns ermitteln lassen. Mit der Aggregation ändert sich an der wirtschaftlichen Wirklichkeit nichts.

F. Allgayer u. a.: Der Milliarden-Kreislauf. 2. Aufl. München 1973. – A. Stobbe: Volkswirtschaftslehre I. Volkswirtsch. Rechnungswesen. 5. Aufl. Berlin u. a. 1980.

Der Wirtschaftskreislauf der Bundesrepublik Deutschland im Jahre 1982 (monetäre Ströme in Mrd. DM)

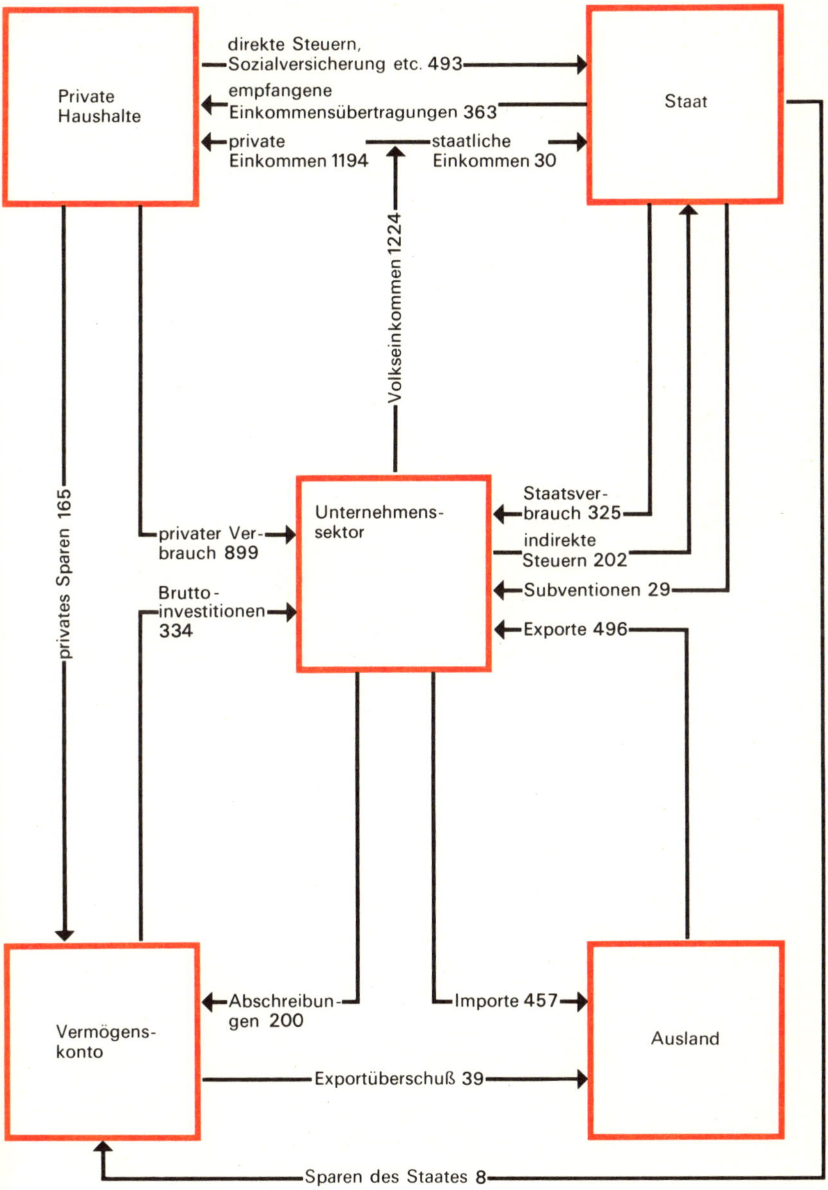

Input-Output-Rechnung

Die Input-Output-Rechnung dient zur Erforschung und Messung quantitativer Zusammenhänge zwischen den verschiedenen Produktions- und Konsumtionsbereichen einer Volkswirtschaft. Die statistische Grundlage der Input-Output-Rechnung bildet die Input-Output-Tabelle. Sie ist schachbrettartig angelegt und spiegelt alle Waren- und Dienstleistungsbewegungen einer Volkswirtschaft innerhalb einer Periode in zusammengefaßter Form wider.

I. d. R. wird die Input-Output-Tabelle in drei Teiltabellen untergliedert. Der erste Teil der Tabelle zeigt die gütermäßige Verflechtung zwischen den einzelnen produzierenden Sektoren auf (interindustrielle Verflechtung). Dabei werden in horizontaler Richtung die Verkäufe von Gütern eines jeden Sektors an alle anderen Produktionszweige und in vertikaler Richtung die Güterkäufe eines jeden Wirtschaftszweiges ausgewiesen. Die zweite Teiltabelle umfaßt die Verkäufe der einzelnen Produktionszweige an den Bereich der sog. Endnachfrage. Unter der Endnachfrage versteht man hier den Teil der Produktion, der nicht für die Weiterverwendung im inländischen Produktionsbereich bestimmt ist. Hierbei handelt es sich um Verkäufe an private Haushalte und den Staat (privater und staatlicher Konsum), um Lieferungen an das Ausland (↑Ausfuhr S. 318) und um Verkäufe von Produktionsanlagen und Gebäuden, die zur Erzeugung von Gütern benötigt werden (↑Investieren S. 196). Im dritten Teil der Input-Output-Tabelle werden die in die Güterproduktion eingehenden Leistungen erfaßt, die man als primäre Inputs bezeichnet. Es sind dies i. d. R. ↑Löhne (S. 118) und ↑Gewinne (S. 124), indirekte Steuern abzüglich ↑Subventionen (S. 268), Leistungen aus dem Ausland sowie ↑Abschreibungen (S. 94).

Die Zeilensumme gibt die als Output bezeichnete Gesamtproduktion (Bruttoproduktionswert) eines jeden Sektors wieder. Die Spaltensumme ergibt den Gesamtinput eines jeden Produktionszweiges. Da sich abgegebene und empfangene Leistungen bei jedem Sektor entsprechen, muß der sektorale Gesamtoutput gleich dem Gesamtinput sein. Es handelt sich somit hierbei um ein vollständiges System der ↑volkswirtschaftlichen Gesamtrechnung (S. 358), das ein statistisches Spiegelbild der sektoralen Einkommensentstehung und -verwendung sowie der interindustriellen Verflechtung darstellt.

Mit Hilfe eines auf der Input-Output-Tabelle basierenden Input-Output-Modells lassen sich Aussagen machen über die Produktionsänderung aller Sektoren als Folge einer Änderung der Endnachfrage. Dazu ist es erforderlich, Annahmen (↑Hypothesen S. 634) über die Art der Beziehungen zwischen Input und Output (die Reaktion des Output auf Inputänderungen) zu machen. Auf diese Weise werden Aussagen möglich über die zusätzliche Erzeugung der einzelnen Wirtschaftszweige, die benötigt wird, um einen Anstieg der Endnachfrage zu befriedigen; analog kann im Falle eines Nachfragerückgangs verfahren werden. Ebenfalls können Aussagen getroffen werden über die von Endnachfrageänderungen ausgelösten Änderungen der Einfuhren, der indirekten Steuern, der Löhne und der Beschäftigung.

Das Input-Output-Modell ist somit von seiner Konzeption her geeignet, die Untersuchung struktureller Zusammenhänge in einer Volkswirtschaft empirisch zu erleichtern. Die Input-Output-Analyse erlaubt es, wirtschaftspolitische Maßnahmen (z. B. Veränderungen ↑öffentlicher Ausgaben S. 262 oder öffentlicher Investitionen hinsichtlich ihrer Wirkung auf die Wirtschaftsstruktur) abzuschätzen. Das gilt – bei entsprechender Erweiterung der Tabelle durch produktionsabhängige Umweltbelastungen – auch für den Einsatz von ↑Instrumenten der Umweltschutzpolitik (S. 616). Da sie grundsätzlich eine wirtschaftspolitische Wirkungsanalyse erlaubt, wird sie zu einem wichtigen Informationsinstrument der Wachstums- und Strukturpolitik.

A. Stobbe: Volkswirtschaftslehre I. Volkswirtsch. Rechnungswesen. 5. Aufl. Berlin u. a. 1980. S. 186–195.

1. Schema einer Input-Output-Tabelle

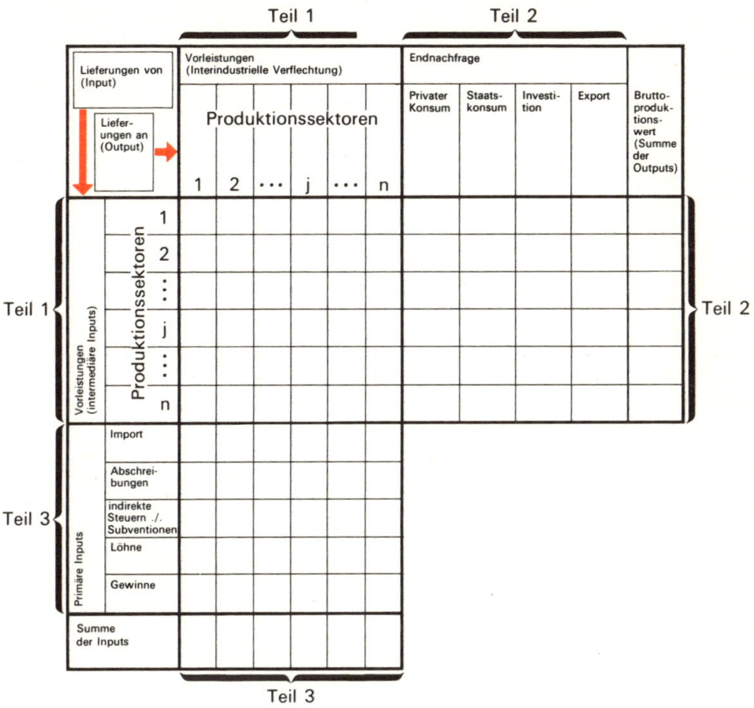

2. Intersektorale Verflechtung

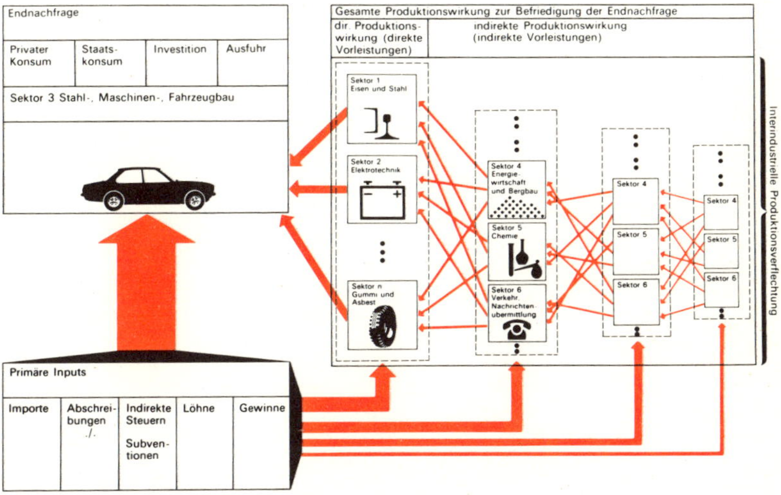

Volkswirtschaftliche Gesamtrechnung

Unter einer volkswirtschaftlichen Gesamtrechnung versteht man die kontenmäßige Erfassung der Güter- und Einkommensströme in einer Volkswirtschaft. Die volkswirtschaftliche Gesamtrechnung hat die Aufgabe, nach Abschluß einer Wirtschaftsperiode ein möglichst umfassendes, übersichtliches und hinreichend gegliedertes quantitatives Gesamtbild des wirtschaftlichen Geschehens zu geben. Sie stellt ein umfassendes Instrument der Wirtschaftsbeobachtung dar und dient als wesentliche Grundlage für gesamtwirtschaftliche Analysen und Prognosen.

Ausgangspunkt für die volkswirtschaftliche Gesamtrechnung ist das Konzept des ↑Wirtschaftskreislaufs (S. 35), bei dem u.a. die Vielzahl der Unternehmen und Haushalte in sog. Sektoren zusammengefaßt wird, die ihrerseits wiederum durch Güter-, Geld- und Leistungsströme miteinander verbunden sind. Da eine Darstellung dieser Ströme in einem volkswirtschaftlichen Kreislaufschema bei einer Aufspaltung in eine größere Anzahl von Sektoren nicht mehr anschaulich ist, ist eine kreislauftheoretische Analyse der Zusammenhänge zwischen Produktion, Einkommensentstehung, -verteilung und -verwendung sowie der Finanzierungsvorgänge nur noch möglich im Rahmen einer nationalen Buchhaltung; sie ermöglicht als volkswirtschaftliche Gesamtrechnung eine nach Sektoren getrennte Erfassung dieser wirtschaftlichen Tätigkeiten und Vorgänge.

In der volkswirtschaftlichen Gesamtrechnung der BRD, deren Konten erstmals 1960 veröffentlicht wurden und die 1981 teilweise erneut revidiert wurde, werden drei Sektoren unterschieden: der Unternehmenssektor, der staatl. Sektor und die privaten Haushalte. Alle drei Sektoren sind in Teilsektoren aufgespalten, und zwar der Unternehmenssektor in die eigentlichen Produktionsunternehmen, die Kreditinstitute und die Versicherungsunternehmen, der staatliche Sektor in die Teilsektoren Gebietskörperschaften und Sozialversicherung und der Sektor private Haushalte in die Teilsektoren private Haushalte im engeren Sinne und private Organisationen ohne Erwerbscharakter. In diesem letzten Teilsektor sind Institutionen und Organisationen wie Kirchen, politische Parteien und Gewerkschaften, Verbände und Vereine zusammengefaßt. Für jeden Teilsektor werden sieben Konten geführt, in denen die ökonomischen Aktivitäten Produktion, Einkommensentstehung, Einkommensverteilung, Einkommensumverteilung, Einkommensverwendung, Vermögensbildung sowie die Aufnahme und Gewährung von Krediten getrennt erfaßt werden. Damit ergeben sich bei einer Aufspaltung in sieben Teilsektoren insgesamt 49 Konten. Diesen wird noch ein zusammengefaßtes Güterkonto vorgeschaltet und ein zusammengefaßtes Konto der übrigen Welt nachgeschaltet.

Erfaßt und verbucht werden in der volkswirtschaftlichen Gesamtrechnung alle monetären Ströme zwischen den einzelnen Sektoren. Gegenüber der Registrierung der realen (güterwirtschaftlichen) Ströme hat die Erfassung der monetären Ströme den Vorteil, daß damit auch Transaktionen wie Steuerzahlungen erfaßt werden können, denen keine unmittelbar zurechenbaren realen Ströme gegenüberstehen.

Obgleich eine ständig benutzte wirtschaftspolitische Orientierungshilfe, sind die Ergebnisse der volkswirtschaftlichen Gesamtrechnung in ihrer Aussagekraft begrenzt. Statistisch gesehen entstehen die Grenzen u. a. aus Schwierigkeiten bei der Erhebung notwendiger Informationen bei Haushalten und Unternehmen und bei der Bewertung einzelner Vorgänge (↑Schattenwirtschaft S. 542). Konzeptionell wird bei der Benutzung von solchen Ergebnissen nur zu leicht die Unzulänglichkeit der Gesamtrechnung im Hinblick auf ↑Wohlstand und Wohlstandsmessung (S. 364) vergessen.

A. Stobbe: Volkswirtschaftslehre I. 5. Aufl. Berlin 1980. – Fachserie 18: Volkswirtsch. Gesamtrechnungen. R. 1: Konten u. Standardtab. 1983. Hg. v. Statist. Bundesamt. Stuttg. u.a. 1984.

Das Wirtschaftsgeschehen in der Bundesrepublik Deutschland im Jahre 1982 (Zahlenangaben in Mill. DM)

Volkswirtschaftliches Produktionskonto

Abschreibungen	200 310	Privater Verbrauch	899 300
Indirekte Steuern		Staatsverbrauch	325 270
% Subventionen	173 090	Bruttoanlageninvestition	327 890
Faktoreinkommen	1 225 620	Lagerbildung	7 200
Importe	457 510	Export	496 870
	2 056 530		2 056 530

Einkommenskonto der privaten Haushalte

Privater Verbrauch	899 300	Einkommen aus unselbständiger Arbeit	901 400
Zinsen auf Konsumentenschulden	19 200	Einkommen aus Vermögen sowie entnommene Gewinne	293 990
Steuern	168 800	Empfangene Übertragungen	282 500
Sozialversicherungsbeiträge	224 000		
Geleistete Übertragungen	32 000		
Ersparnis	134 590		
	1 477 890		1 477 890

Einkommenskonto des Staates

Zinsen auf öffentliche Schulden	43 640	Direkte Steuern	193 470
Staatsverbrauch	325 270	Indirekte Steuern	201 780
Transferzahlungen	286 880	Empf. Sozialbeiträge	283 780
Subventionen	28 690	Sonstige Einnahmen	16 210
Ersparnis	8 060	Staatl. Einkommen	29 830
Sonstige Ausgaben	32 530		
	725 070		725 070

Volkswirtschaftliches Vermögenskonto

Bruttoinvestitionen	335 090	Private Ersparnisse	134 590
Finanzierungssaldo (Zunahme der Forderungen ans Ausland)	6 590	Ersparnisse Unternehmen	1 330
		Ersparnisse Staat	8 060
		Abschreibungen	200 310
		Saldo der Vermögensübertragungen zwischen In- und Ausland	−2 610
	341 680		341 680

Auslandskonto der Bundesrepublik Deutschland

Export	496 870	Import	457 510
		Netto geleistete Übertragungen ans Ausland	32 770
		Zunahme der Forderungen ans Ausland	6 590
	496 870		496 870

Volkseinkommen – Sozialprodukt – Gesamtnachfrage

Das Produktionsergebnis eines Landes in einer bestimmten Periode und damit die wirtschaftliche Leistung dieses Landes wird statistisch durch das Sozialprodukt erfaßt und gemessen. Dabei müssen jedoch je nach Art und Umfang der registrierten Wirtschaftstätigkeit sowie je nach Art der Fragestellung verschiedene Sozialproduktsbegriffe unterschieden werden.

Mißt man den Wert aller in einer bestimmten Periode im Inland erzeugten Endprodukte (i. S. v. Produkten, die nicht wieder im heimischen Produktionsprozeß verbraucht wurden), so erhält man das Bruttoinlandsprodukt zu Marktpreisen. Es stellt das zu den jeweiligen Marktpreisen bewertete Produktionsergebnis aller im Inland eingesetzten Produktionsfaktoren dar. Errechnen läßt es sich aus den Produktionskonten der verschiedenen Wirtschaftssektoren als die Summe der Nettoproduktionswerte (Bruttoproduktionswerte abzüglich Vorleistungen) aller im Inland tätigen Unternehmen und anderen Wirtschaftssektoren (Entstehungsrechnung). Da jedoch nicht alle im Inland existierenden Unternehmen auch Inländern gehören und umgekehrt Inländer auch aus dem Ausland Einkommen beziehen, muß man, um zum gesamten Produktionsergebnis der Inländer – dem Bruttosozialprodukt zu Marktpreisen – zu gelangen, vom Bruttoinlandsprodukt die Erwerbs- und Vermögenseinkommen der Ausländer im Inland abziehen und die Erwerbs- und Vermögenseinkommen der Inländer aus dem Ausland hinzuaddieren. Das Bruttosozialprodukt mißt die wirtschaftliche Leistung der Bewohner eines Landes (also auch z.B. der Gastarbeiter, die hierbei als Inländer zählen) und stellt den international üblichen Gradmesser der wirtschaftlichen Leistungsfähigkeit eines Landes dar.

Dieser volkswirtschaftlichen Gesamtleistung steht eine Gesamtnachfrage gegenüber. Sie setzt sich zusammen aus der Nachfrage der Inländer (einschließlich des Staates) nach Konsumgütern und nach Investitionsgütern zur Erhaltung und zur Erweiterung des volkswirtschaftlichen Produktivvermögens sowie aus der Nachfrage des Auslands nach inländischen Gütern, die durch ↑Exporte (S. 318) befriedigt wird. Andererseits decken ↑Importe (S. 320) einen Teil der Inlandsnachfrage. Die um die Importe verminderte Ausgabensumme von In- und Ausländern für Konsum- und Investitionsgüter sowie für Exporte muß wiederum dem Bruttosozialprodukt zu Marktpreisen entsprechen (Verwendungsrechnung); denn neben dem Ausland gibt es nur die heimische Erzeugung als Bedarfsdeckungsmöglichkeit.

Soll die erreichte Produktionskapazität erhalten bleiben, dann ist nicht das gesamte Bruttosozialprodukt frei verfügbar. Denn in diesem Fall wird ein Teil davon zum Ersatz abgenutzter Produktionsanlagen, d. h. zu Ersatzinvestitionen (↑Investitionsarten S. 196), benötigt. Als rechnerische Größe für die in einer Periode im Produktionsprozeß verbrauchten Produktionsanlagen dienen die ↑Abschreibungen (S. 94). Zieht man diese vom Bruttosozialprodukt zu Marktpreisen ab, so ergibt sich das Nettosozialprodukt zu Marktpreisen.

Berücksichtigt man schließlich, daß bei der Produktion von Sachgütern und Dienstleistungen die Einkommen der Wirtschaftssubjekte entstehen, so wird klar, daß sich das Sozialprodukt auch als Summe aller Einkommen ergibt. Die Summe der Erwerbs- und Vermögenseinkommen aller Inländer, d. h. die Summe aller von Inländern empfangenen Löhne, Gehälter, Mieten, Gewinne u. a., ist das Volkseinkommen. Diese Größe umfaßt somit alle für die Zurverfügungstellung von Produktionsfaktoren empfangenen Entgelte und wird deshalb auch als Nettosozialprodukt zu Faktorkosten oder als Wertschöpfung bezeichnet. Das Volkseinkommen errechnet sich daher auch als die Summe der Wertschöpfungen aller Wirtschaftssektoren im Inland, korrigiert um den Saldo der Erwerbs- und Vermögenseinkommen zwischen Inländern und Ausländern.

A. Stobbe: Volkswirtschaftslehre I. Volkswirtsch. Rechnungswesen. Berlin u.a. 5. Aufl. 1980.

Schematischer Überblick über den Zusammenhang zwischen den verschiedenen Sozialproduktskonzepten mit Zahlenangaben für die Bundesrepublik Deutschland im Jahre 1981

Entstehung des Sozialprodukts	Mrd. DM
Summe der Bruttoproduktionswerte	3910,6
./. Summe der Vorleistungen	2482,7
= Bruttowertschöpfung	1427,9
+ Nichtabzugsfähige Umsatzsteuer	100,7
+ Einfuhrabgaben	14,0
= Bruttoinlandsprodukt zu Marktpreisen	1542,6
+ Saldo der Erwerbs- und Vermögenseinkommen zwischen In- und Ausland	+0,3
= Bruttosozialprodukt zu Marktpreisen	1542,9

Verwendung des Sozialprodukts	
Privater Konsum	873,5
+ Staatsverbrauch	318,2
+ Bruttoanlageninvestition	338,2
+ Vorratsinvestitionen	−0,1
+ Exporte 495,9 / % Importe 482,8 } Außenbeitrag	+13,1
= Bruttosozialprodukt zu Marktpreisen	1542,9

Verteilung des Sozialprodukts	
Einkommen aus unselbständiger Arbeit	
+ Einkommen aus Unternehmertätigkeit	881,8
und Vermögen	303,6
= Nettosozialprodukt zu Faktorkosten (Volkseinkommen)	1185,4
+ Indirekte Steuern	198,1
% Subventionen	28,8
= Nettosozialprodukt zu Marktpreisen	1354,7
+ Abschreibungen	188,2
= Bruttosozialprodukt zu Marktpreisen	1542,9

Produktionspotential – gesamtwirtschaftliches Angebot

Das Produktionspotential oder gesamtwirtschaftliche Leistungsvermögen gibt die Produktionsleistung an, die von einer Volkswirtschaft in einer Periode erbracht werden kann. Da Produktion ein Zusammenwirken der Produktionsfaktoren ↑Arbeit (S. 52), ↑Kapital (S. 54) und ↑Boden (S. 56) erfordert, hängt das Produktionspotential ab von 1) Menge und Qualität der verfügbaren Produktionsfaktoren, 2) den bei der Erzeugung der verschiedenen Produkte nutzbaren technischen Kombinationsmöglichkeiten der Produktionsfaktoren, 3) der ↑Wirtschaftsstruktur (S. 50).

Unter dem Produktionspotential wird aber i. d. R. nicht das Produktionsergebnis verstanden, das kurzfristig bei maximaler Auslastung der Produktionsfaktoren und damit auch der Kapazität möglich wäre. Vielmehr kommt nur das Produktionsvolumen in Betracht, das unter normalen Arbeitsbedingungen möglich erscheint; der Grund hierfür ist nicht zuletzt ein wirtschaftspolitischer, da kurzfristige Mobilisierungen aller Kapazitätsreserven i. d. R. von kosten- und preissteigernden Sonderschichten, Überstunden, verringerten Wartungszeiten der Anlagen, Reibungsverlusten bei der Vorratswirtschaft u. a. begleitet sind. Entsprechend seinen Bestimmungsfaktoren hängt die Veränderung des Produktionspotentials primär von der Veränderung des Bestands an Kapital (↑Investitionsarten S. 196) und an Arbeitskräften, von deren Arbeitszeit sowie von der Rate des ↑technischen Fortschritts (S. 530) und vom Strukturwandel ab.

Während das Produktionspotential die mögliche Inlandsproduktion angibt, stellt das gesamtwirtschaftliche Angebot auf die in einer Periode tatsächlich verfügbare Gütermenge ab. Da sich die Produktionspläne der Unternehmen primär an der in einer Periode als absetzbar erachteten Menge orientieren, wird das gesamtwirtschaftliche Angebot letztlich von der erwarteten ↑Gesamtnachfrage (S. 360) bestimmt. Das Produktionspotential stellt somit eine nur kurzfristig überschreitbare Obergrenze des möglichen Inlandsangebots dar. Allerdings erweitert sich das tatsächliche Angebot bei Außenhandel um die Einfuhr, ebenso wie die Gesamtnachfrage auch die vom Ausland bezogenen heimischen Erzeugnisse umfaßt.

Ein Vergleich des Produktionspotentials mit der tatsächlich erzeugten Gütermenge (Bruttoinlandsprodukt, ↑Sozialprodukt S. 360) läßt daher erkennen, inwieweit die Produktionskapazitäten voll oder nur zum Teil ausgelastet sind, und gibt damit Aufschluß über die konjunkturelle Situation eines Landes (↑Konjunktur S. 488). Entspricht die tatsächliche Produktion dem Produktionspotential oder liegt sie sogar leicht darüber, so befindet sich die Volkswirtschaft in einer Phase der Hochkonjunktur oder des Booms. Ist die tatsächliche Produktion dagegen wegen mangelnder Nachfrage geringer als das Produktionspotential, so befindet sich die Volkswirtschaft in einer konjunkturellen Erholungs- oder aber auch Schwächephase, die durch unterausgelastete Produktionsanlagen und Arbeitslosigkeit gekennzeichnet ist.

Über die Messung von Konjunkturschwankungen hinaus dient das Produktionspotential als Orientierungshilfe bei der Planung der wirtschaftspolitischen Maßnahmen zur Beeinflussung der Gesamtnachfrage entsprechend den ↑Zielen der Konjunkturpolitik (S. 508). Soll die Einflußnahme Erfolg haben, setzt dies allerdings hinreichende Kenntnis der Wirkungsweise und des Zeitbedarfs der ↑Konjunktursteuerung durch Fiskalpolitik (S. 510) und der ↑Geld- und Kreditpolitik (S. 512) sowie ausreichende Möglichkeiten einer ↑außenwirtschaftlichen Absicherung (S. 516) der binnenwirtschaftlichen Konjunkturpolitik voraus.

Neuberechnung des Produktionspotentials für die Bundesrepublik Deutschland. In: Monatsber. der Dt. Bundesbank Okt. 1981. S. 32–38. – Jahresgutachten 1983/84 des Sachverständigenrates zur Begutachtung der gesamtwirtsch. Entwicklung. Anhang IV.

Abb. 1: Veränderung des Produktionspotentials gegenüber dem Vorjahr in v. H.

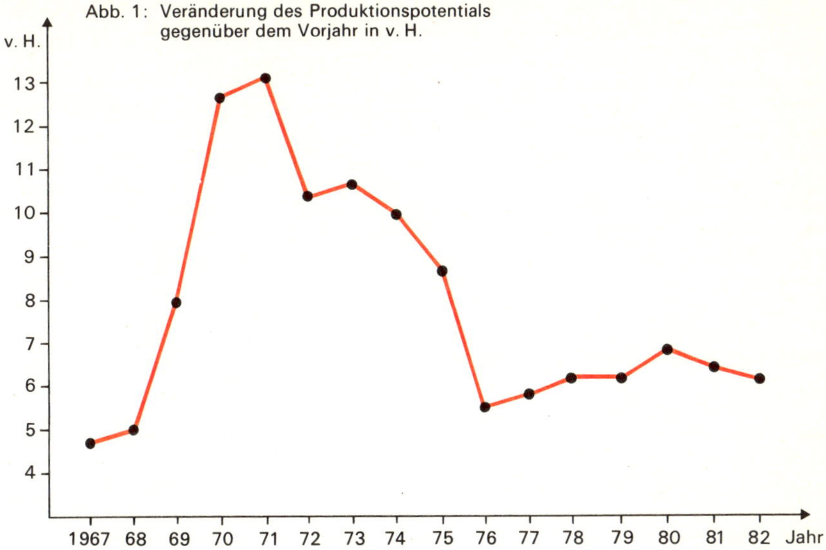

Abb. 2: Erwerbspersonen in Mill. Personen

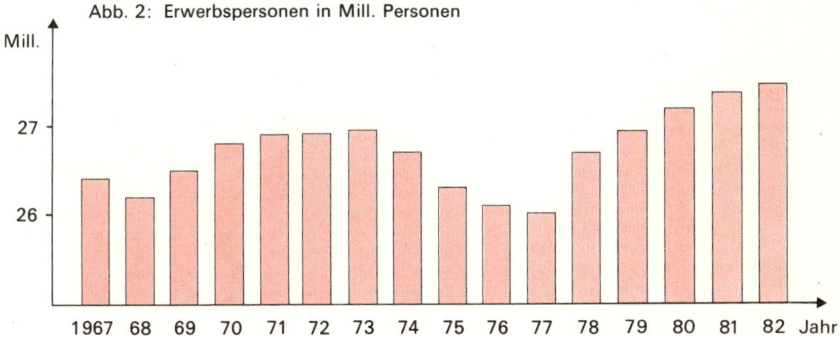

Abb. 3: Anteil der Erwerbspersonen an der Wohnbevölkerung (Erwerbsquote)

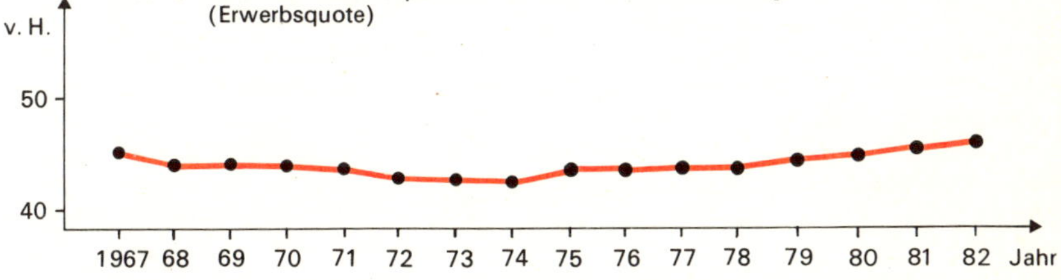

Wohlstand und Wohlstandsmessung

Die Größe „Volkseinkommen pro Kopf der Bevölkerung“ wird häufig im nationalen zeitlichen und internationalen Vergleich als Wohlstandsindikator verwendet. Dieser Maßstab hat eine Vielzahl von Mängeln. Im zeitlichen Vergleich bedarf er einer nicht einfach zu bewältigenden Inflationsbereinigung. Im internationalen Vergleich bewirken zum Teil schon geringfügige Änderungen der ↑ Wechselkurse (S. 340), daß sich die Reihenfolge der Nationen ändert. Zuwachsraten bleiben zuweilen innerhalb statistisch unvermeidlicher Fehlergrenzen (auch bezüglich der Bevölkerungsentwicklung). Je nach dem Anteil der direkten und indirekten Steuern am gesamten Steueraufkommen ändert sich das ↑ Volkseinkommen (S. 360). Die zur Sozialprodukterstellung aufgewandte Arbeitszeit, die Arbeitsintensität und auch die gegebene Arbeitslosigkeit werden nicht berücksichtigt. Das in einer Volkswirtschaft vorhandene Vermögen kommt in der Maßzahl nicht zum Ausdruck, ebenso nicht die Art der Wirtschafts- und Gesellschaftsordnung mit ihren unterschiedlichen allgemeinen und ↑ wirtschaftlichen Freiheitsrechten (S. 36). Wohlstand bemißt sich nicht nur an der Gesamtgröße Volkseinkommen. Letztlich bestimmt der private Konsum die gegenwärtige Wohlfahrt wesentlich mit, während private und öffentliche Investitionen diese Konsum- und Wohlfahrtswirkung erst in der Zukunft haben. Während nichtmarktliche Leistungen (Hausfrauendienste, Hobbytätigkeit) nicht erfaßt werden (↑ Schattenwirtschaft S. 542), erhöht ihr Ersatz durch marktliche Leistungen (Wäscherei, Gaststättenessen, Handwerkerleistungen) das Sozialprodukt.

Von verschiedenen Bevölkerungsgruppen werden die Wohlfahrtswirkungen von Teilen des Sozialprodukts unterschiedlich beurteilt (z. B. Reklame-, Weltraum- und Rüstungsausgaben). Steigende Umweltbelastungen und die dadurch bedingten Gegenmaßnahmen erhöhen das Sozialprodukt, obwohl letztere lediglich darauf zielen, das den Wohlstand mitbestimmende „Umweltkapital“ zu erhalten oder Verluste zu ersetzen, soweit dies überhaupt möglich ist. Wohlstand und Wohlstandsentwicklung sind nicht zuletzt von der Verteilung des Sozialprodukts und der Struktur der Bevölkerung abhängig, was ebenfalls nicht in den Globalgrößen zum Ausdruck kommt. Diese Mängel wiegen besonders schwer bei dem Vergleich weit auseinander liegender Jahre sowie von Ländern mit sehr unterschiedlichen Wirtschaftsordnungen und ungleichem Entwicklungsstand.

Seit einiger Zeit wird der Versuch unternommen, einigen Einschränkungen im Aussagewert der Sozialproduktgrößen Rechnung zu tragen und durch Umrechnungen ein sogenanntes Wohlfahrtsprodukt zu ermitteln. Dazu gehört u. a., daß Freizeit und Hausfrauendienste bewertet werden, ebenso Umweltbelastungen.

Wenn dieses Wohlfahrtsprodukt auch eine Verbesserung der Sozialproduktberechnung darstellt, so kann sich in ihm doch nur ein Teil der Wohlstandsfaktoren widerspiegeln. Ein aussagefähigerer Ausweis verlangt letztlich noch weiterreichende Informationen. Das Konzept der sozialen Indikatoren beinhaltet den Versuch, eine derartige breite Darstellung des Lebensstandards in den einzelnen Nationen vorzunehmen. Dazu werden statistische Angaben zu den verschiedensten Lebensbereichen ermittelt bzw. ausgewertet, deren Entwicklung aufgezeigt und Prognosen aufgestellt. Ob solche Informationen zur Grundlage politischer Entscheidungen gemacht werden können, ist nicht nur eine Frage ihrer Vollständigkeit. Vielmehr sind zuvor politische Entscheidungen darüber zu fällen, welche Informationen überhaupt als soziale Indikatoren gelten sollen und welches Gewicht ihnen im einzelnen zuzumessen ist. Denn hierin liegen Wertungen von Zuständen und Entwicklungen, die wissenschaftlich nicht begründbar sind. Insofern verdeutlicht das Konzept der sozialen Indikatoren ebenso wie das Wohlfahrtsprodukt nur die Einseitigkeit, die darin liegt, in erster Linie das herkömmliche Sozialprodukt als Handlungsgrundlage zu wählen.

A. Steiger: Sozialprodukt oder Wohlfahrt? Diessenhofen 1979. – W. Zapf: Die Wohlfahrtsentwicklung in Deutschland. Frankfurt u. a. 1979.

Wohlfahrtsindikatoren im internationalen Zeitvergleich

um das Jahr	1850	1870	1890	1910	1930	1950	1970	1980
Index der Reallöhne in der Industrie (1913=100)								
Deutschland		52	73	93	105	117	289	378
Frankreich	61	73	87	106	148	156	334	498
Großbritannien		73	102	101	106	134	212	259
Schweden		41	62	99	145	183	389	426
Vereinigte Staaten		58	78	96	125	219	319	326
Vergleichende Bildungsindikatoren								
Sekundarschüler (auf 10.000 Einwohner)								
Deutschland	(26)	(42)	96	114	155	214	458	107
Frankreich	13	18	25	33	57	167	779	930
Großbritannien			94		464	479	744	964
Schweden			66	79	110	175	645	710
Vereinigte Staaten		20	32	99	357	428	1 100	920
Studenten (auf 100.000 Einwohner)								
Deutschland	(36)	45	68	101	199	257	1 174	1 877
Frankreich	(22)		39	91	148	396	1 415	1 920
Großbritannien			49	65	140	208	991	1 361
Schweden		48	71	97	138	185	1 610	2 400
Vereinigte Staaten	73	231	249	384	895	1 501	4 564	5 120
Vergleichende Gesundheitsindikatoren								
Lebenserwartung (in Jahren)								
Deutschland		35,6	40,6	47,4	59,9	64,6	67,4	73,3
Frankreich	39,3	39,9	43,3	48,4	54,2	66,5	69,1	74,5
Großbritannien	40,1	41,1	43,9	51,2	58,2	65,0	68,8	73,2
Schweden	41,1	44,1	49,7	55,1	62,4	68,9	72,3	79,1
Vereinigte Staaten	(38,3)		(42,5)	49,9	57,7	65,5	66,6	73,8
Säuglingssterblichkeit (auf 1 000 Geburten)								
Deutschland	297	298	226	162	85	55	23	11,6
Frankreich	146	201	174	111	84	52	18	9,8
Großbritannien	162	160	151	105	60	30	18	11,2
Schweden	146	132	103	75	55	21	11	7,0
Vereinigte Staaten					(60)	29	20	11,7

Wirtschaftspolitik in der Marktwirtschaft

↑Wirtschaftsordnungen (S. 18) entstehen weder allein, noch erhalten sie sich von selbst. Ebensowenig müssen mögliche Antworten auf die ↑wirtschaftlichen Grundfragen (S. 14) mit den gesellschaftlichen Zielen (↑wirtschaftspolitische Ziele und Zielkonflikte S. 368) übereinstimmen. Auch die ↑soziale Marktwirtschaft (S. 32) ist eine gesellschaftliche Veranstaltung und daher keine Ausnahme. Geschaffen wird sie durch eine entsprechende Rechtsordnung, in der vor allem die ↑Eigentumsordnung (S. 42) und die Verteilung der Vollmachten zur Beantwortung der Grundfragen (z. B. durch ↑wirtschaftliche Freiheitsrechte S. 36) festgelegt werden. Aufgabe der Wirtschaftspolitik ist es, die beschlossene Ordnung zu sichern, lenkend da einzugreifen, wo gesellschaftliche Ziele durch wirtschaftliche Entwicklungen gefährdet sind, und initiativ zu werden, wenn die Wirtschaftsentwicklung Korrekturen und Ergänzungen des gesetzlichen Rahmens nahelegt.

Die soziale Marktwirtschaft sichern heißt zunächst, ihr Organisationsprinzip, den Wettbewerb, dort durchzusetzen und zu erhalten, wo er geeignet ist, 1) die Konzentration wirtschaftlicher Macht zu kontrollieren, 2) die Anpassung an den ständigen Wandel der Produktions- und Nachfragebedingungen zu fördern und 3) die Einführung ↑technischen Fortschritts (S. 530) zu begünstigen (↑Wettbewerb – Wettbewerbsfunktionen S. 406). Darüberhinaus gibt es aber auch Güter, für die kein Markt entstünde oder deren marktwirtschaftliche Produktion und Verteilung als unerwünscht gelten können, so daß teilweise öffentliche Leistungen ergänzend oder ersatzweise hinzukommen müssen (↑öffentliche Güter S. 166).

Die Verteilung des Erwirtschafteten, die der Marktprozeß erzeugt (↑Einkommensverteilung S. 460), entspricht i.d.R. nicht verbreiteten Vorstellungen über Verteilungsgerechtigkeit. In diesem Fall ist das marktwirtschaftliche Ergebnis zu korrigieren, wenn die Ordnung befriedigen und damit Bestand haben soll. Weil ferner die Verteilung des Produktionsvermögens die Einkommensverteilung wesentlich mitbestimmt, liegt es nahe, sie in Verteilungskorrekturen einzubeziehen.

Wirtschaftliche und gesellschaftliche Ereignisse, aber auch Naturbedingungen können den einzelnen mit besonderen Risiken (z. B. Arbeitslosigkeit, Kriegsfolgen, Krankheit) belasten. Eine solidarische Risikoabsicherung ist sowohl wirtschaftlich sinnvoll als auch nötig für den Bestand jeder Gesellschaftsordnung. Inwieweit diese Absicherung dem Markt, d. h. der individuellen Vorsorge überlassen werden kann und soll, welche Leistungen für wen von einem ↑System der sozialen Sicherung (S. 468) erbracht werden sollen und wie sie zu finanzieren sind, ist Gegenstand der ↑Sozialpolitik (S. 468).

Der Ablauf marktwirtschaftlicher Prozesse ist weder auf den Einzelmärkten noch gesamtwirtschaftlich betrachtet frei von Störungen und Fehlleistungen. Deswegen ist auf Einzelmärkten z. B. an Maßnahmen zu denken, die geeignet sind, die Marktübersicht zu verbessern (z. B. Preisauszeichnungspflicht). Ebenso läßt sich die Funktionsfähigkeit des Marktmechanismus verbessern, indem ↑externe Kosten (S. 180) dem Verursacher angelastet werden (↑Umweltnutzung und Verursacherprinzip S. 612). Bedarf an Maßnahmen mit gesamtwirtschaftlicher Orientierung läßt sich damit begründen, daß marktwirtschaftliche Systeme 1) nicht frei von konjunkturellen Schwankungen mit unerwünschten Begleiterscheinungen sind, 2) in ihrem ↑wirtschaftlichen Wachstum (S. 528) u.a. von Art und Umfang öffentlicher Investitionen abhängen und 3) den ständig erforderlichen Strukturwandel nur mit Reibungsverlusten bewältigen.

Die verschiedenen Bereiche der Wirtschaftspolitik sind nicht voneinander unabhängig. Z. B. kann ein Ausbau der sozialen Sicherung mittels Steuererhöhungen die individuelle Leistungsbereitschaft beeinträchtigen, und Versäumnisse in der Wettbewerbspolitik können die Ordnung ebenso ändern wie extreme Umverteilungsversuche.

M. E. Streit: Theorie der Wirtschaftspolitik. 3. Aufl. Düsseld. 1983. – E. Tuchtfeldt: Bausteine einer Theorie der Wirtschaftspolitik. Bern u. a. 1983.

Teilbereiche der Wirtschaftspolitik und unmittelbare Beziehungen zu gesellschaftlichen Grundwerten

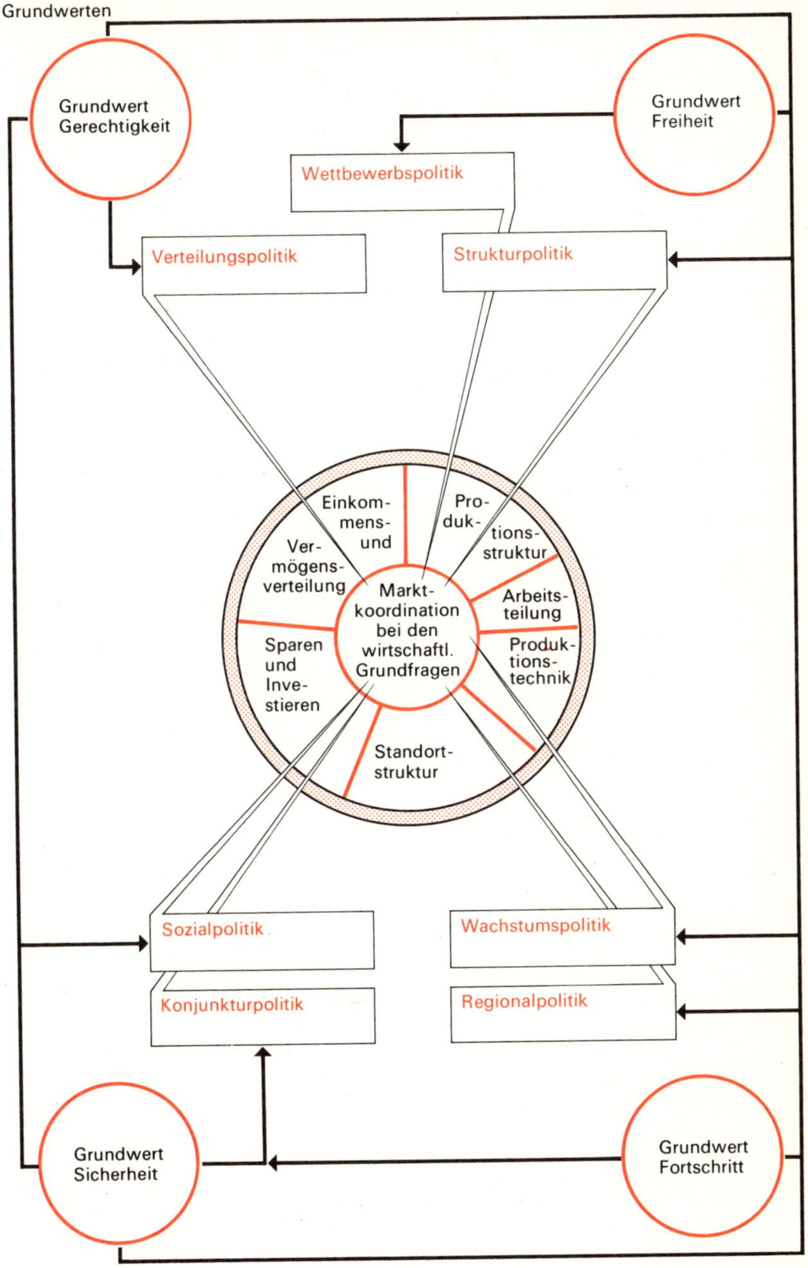

Wirtschaftspolitische Ziele und Zielkonflikte

Nach den Aufgaben der ↑Wirtschaftspolitik in der Marktwirtschaft (S. 366) können ordnungs-, ablaufs- und verteilungspolitische Ziele unterschieden werden. Als ordnungspolitisches Ziel ist ein funktionsfähiger Wettbewerb hervorzuheben. Verteilungspolitisch bedeutsam sind eine gerechte Einkommens- und Vermögensverteilung und soziale Sicherheit. Wesentliche ablaufpolitische Ziele sind stetiges Wirtschaftswachstum, hoher Beschäftigungsstand, Preisniveaustabilität und außenwirtschaftliches Gleichgewicht (↑Ziele der Konjunkturpolitik S. 508). Da sich wirtschaftspolitische Ziele nur auf einen Teilbereich gesellschaftlichen Lebens beziehen, sind sie entweder nur Bestandteil viel umfassenderer gesellschaftlicher Grundwerte oder selbst ein Mittel, um diese Werte anzustreben. Die in diesem Zusammenhang wichtigsten Grundwerte sind Freiheit, Gerechtigkeit, Sicherheit und Fortschritt. In keiner Gesellschaft herrscht zu irgendeinem Zeitpunkt völlige Einigkeit über Inhalt und Rang dieser Werte. Daher können auch wirtschaftspolitische Ziele bestenfalls Ausdruck eines dauernden gesellschaftlichen Einigungsversuchs über wichtige Elemente der Grundwerte sein.

Die Beziehungen zwischen wirtschaftspolitischen Zielen und gesellschaftlichen Grundwerten sind vielfältig. So verbindet sich Wettbewerb u. a. mit Freiheit, wenn das Streben aller Anbieter bzw. Nachfrager nach dem eigenen Vorteil beiden Marktseiten die Wahl zwischen Alternativen gibt; denn Wahlmöglichkeiten schützen davor, daß ein Marktpartner seine eigene wirtschaftliche Freiheit zu Lasten eines anderen ausdehnt. Wettbewerb ist eine unbürokratische Kontrolle der Vertragsfreiheit zum Schutz vor Ausbeutung. Verteilungsgerechtigkeit anzustreben, wird in einer Marktwirtschaft erforderlich, wenn die Leistungsgerechtigkeit, für die der Wettbewerb sorgen kann, nicht befriedigt. Denn im günstigen Fall bewirkt er zwar, daß gleiche Leistung entsprechend ihrer Knappheit gleich entlohnt wird. Das schließt aber ungleiche Leistungschancen schon zu Beginn des Erwerbslebens nicht aus; dementsprechende Forderungen nach Startgerechtigkeit oder Chancengleichheit schlagen sich wirtschaftspolitisch u. a. in Erbschaftsbesteuerung und öffentlichem Ausbildungsangebot nieder. Da Sicherheit als Fortbestand der Freiheit angesehen werden kann, ist soziale Sicherung eine Möglichkeit, vor individueller Unfreiheit durch materielle Not zu schützen. Bei den ablaufpolitischen Zielen wird u. a. die Beziehung zwischen Wirtschaftswachstum und Fortschritt als gesellschaftlichem Grundwert deutlich; wenn sich durch Wachstum die Versorgungsmöglichkeiten verbessern, dann bedeutet dies zugleich Fortschritt im Kampf gegen Knappheit, die die Freiheit einengt. Stetigkeit des Wachstums entspricht u. a. ebenso dem Sicherheitsbedürfnis, wie dies noch stärker für einen hohen Beschäftigungsstand gilt. Und wenn Preisniveaustabilität angestrebt wird, dann nicht zuletzt wegen der Verteilungsungerechtigkeiten, die durch ↑Inflation (S. 496) und ↑Deflation (S. 500) auftreten können.

Die wirtschaftspolitischen Ziele sind i. d. R. nicht voneinander unabhängig. Sie können einander ergänzen, ausschließen oder miteinander konkurrieren. So ergänzen sich ↑außenwirtschaftliches Gleichgewicht (S. 338) und Preisniveaustabilität; denn ein Ungleichgewicht kann importierte Inflation zur Folge haben, und hausgemachte Inflation kann außenwirtschaftliches Ungleichgewicht erzeugen. Eine allgemeine Arbeitsplatzgarantie (↑Beschäftigungsgarantien S. 504) dürfte mit Wachstum kaum vereinbar sein, weil letzteres ohne arbeitsplatzgefährdenden, aber auch arbeitsplatzschaffenden Strukturwandel kaum denkbar ist. Ein Zielkonflikt, wie er etwa zwischen Wachstum und Umweltschutz auftreten kann (↑Grenzen des Wachstums S. 540), verlangt demgegenüber eine Abwägung zwischen den konkurrierenden Zielen.

M. E. Streit: Theorie der Wirtschaftspolitik. 3. Aufl. Düsseld. 1983. – E. Tuchtfeldt: Bausteine einer Theorie der Wirtschaftspolitik. Bern u. a. 1983.

Mögliche Zielbeziehungen in der Wirtschaftspolitik

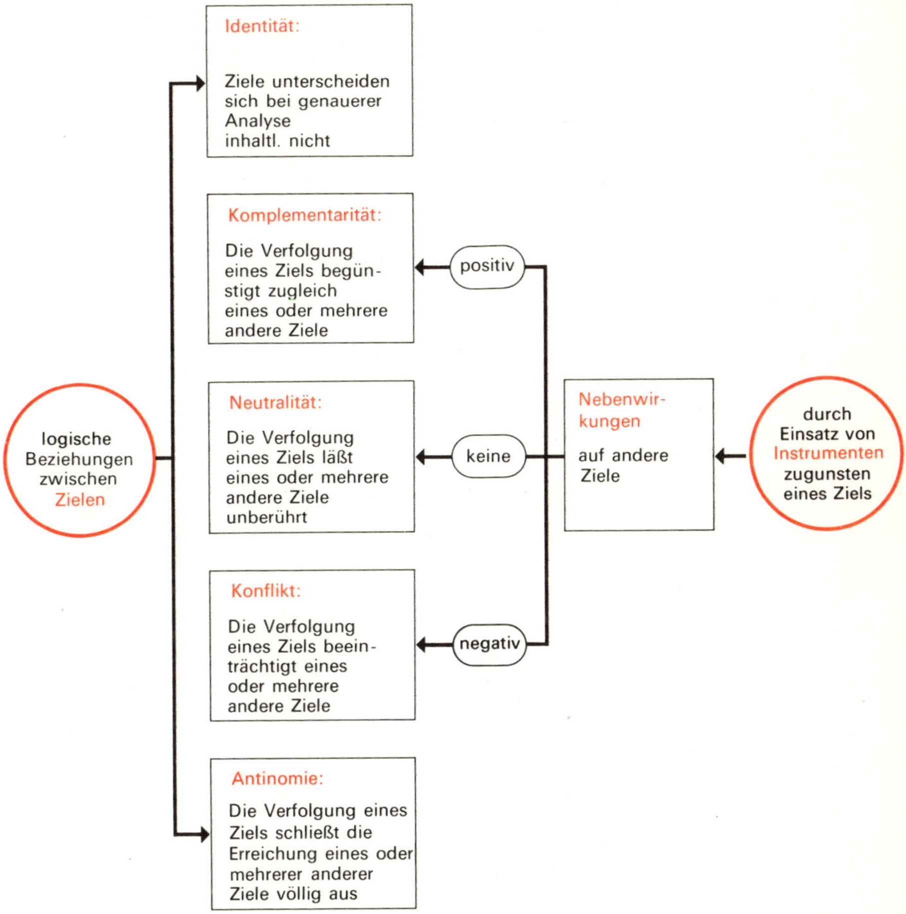

Wirtschaftspolitische Instrumente

Nach ihrer Funktionsweise können Instrumente mit direkter Zielwirkung und Instrumente zur Verhaltensbeeinflussung unterschieden werden. Instrumente mit direkter Zielwirkung sind Maßnahmen von ↑Trägern der Wirtschaftspolitik (S. 376), bei deren Einsatz diese sich zwar wie Marktteilnehmer verhalten, aber mit ihrem Verhalten das Marktergebnis im Interesse wirtschaftspolitischer Ziele zu beeinflussen suchen. So hat eine Erhöhung staatlicher Investitionsausgaben zur Konjunkturbelebung (↑Konjunktursteuerung durch Fiskalpolitik S. 510) unmittelbare Wirkung auf die gesamtwirtschaftliche Nachfrage. Allerdings sind die direkten Zielwirkungen i. d. R. nur ein Teil der Gesamtwirkung. Denn die durch sie veränderten Marktbedingungen veranlassen andere Marktteilnehmer ebenfalls zu Reaktionen; sie dürfen beim Einsatz eines solchen wirtschaftspolitischen Instruments nicht vernachlässigt werden. So kann die Erhöhung der staatlichen Ausgaben sich in ihrer Wirkung auf die Gesamtnachfrage noch verstärken (Multiplikatorwirkung), da damit geschaffene Umsätze bzw. Einkommen von Unternehmen und Haushalten zumindest teilweise wieder zu Ausgaben führen, womit an anderer Stelle neue Umsätze bzw. Einkommen entstehen usw.

Instrumente zur Verhaltensbeeinflussung haben keine unmittelbare Zielwirkung, sondern sollen zielgerechte Reaktionen der Marktteilnehmer bewirken. Je nachdem, wie stark sie deren Entscheidungsfreiheit beeinträchtigen, kann unterschieden werden zwischen Informationspolitik, Korrekturversuchen von Zielvorstellungen, Veränderung von Marktdaten, freiwilliger Übereinkunft und Zwang. Eine Form von Informationspolitik ist die Aufklärung über die Lage; sie ist sinnvoll, wenn die Märkte als Informationsnetz unvollkommen und/oder zu langsam arbeiten. Aber auch Aufklärung über Ziel und Wirkungsweise anderer wirtschaftspolitischer Instrumente kann deren Einsatz wirksamer machen. Aufklärung über die Zukunft kann sinnvoll sein, wenn Träger der Wirtschaftspolitik für die Zukunft wichtige Informationen haben oder gewinnen können, die für andere Planungseinheiten nicht zugänglich sind oder deren Beschaffung vom einzelnen als zu kostspielig angesehen wird, die sich aber für die Gesamtheit lohnt; staatliche Prognoseergebnisse über den absehbaren Strukturwandel als Hilfe bei der Berufswahl gehören hierzu. Korrekturversuche von Zielvorstellungen wären z. B. wirtschaftspolitische Appelle („Seelenmassage", „moral suasion"). Allerdings besteht hier die Gefahr der Propaganda zugunsten von Wertvorstellungen derer, die gerade wirtschaftspolitische Verantwortung tragen.

Veränderungen einzelwirtschaftlicher Plandaten lassen die einzelwirtschaftliche Entscheidungsfreiheit grundsätzlich unberührt. Aber sie stellen darauf ab, daß der veränderte Datenkranz dazu anregt, die davon berührten Wirtschaftspläne vernunftgemäß zu überprüfen und Verhaltensänderungen zu erzeugen. So wird bei der ↑Geld- und Kreditpolitik (S. 512) damit gerechnet, daß Zinserhöhungen z. B. dazu anregen, ↑Investitionsrechnungen (S. 200) zu prüfen.

Die freiwillige Übereinkunft ist i. d. R. ein Versuch, Interessenkonflikte zwischen gesellschaftlichen Gruppen zu begrenzen. Als Politik des sanften Drucks kann mit ihr z. B. versucht werden, die ↑Tarifpartner (S. 440) zu maßvollen Abschlüssen anzuregen mit dem Angebot, dann auch die Konjunkturanregung staatlicherseits zu verstärken (↑konzertierte Aktion – Einkommenspolitik S. 526).

Zwang rechnet weder auf vernunftgemäße Reaktionen wie die Datenänderung noch auf Einsicht wie die Informationspolitik, sondern sucht zielkonformes Verhalten durch Kontrolle und Strafen zu erreichen. Der ↑Preis- und Lohnstopp (S. 518) gehört hierzu, aber auch marktkonformere Maßnahmen wie der gesetzlich erzwungene Einbau von Emissionsschutzanlagen.

M. E. Streit: Theorie der Wirtschaftspolitik. 3. Aufl. Düsseld. 1983. – E. Tuchtfeldt: Bausteine einer Theorie der Wirtschaftspolitik. Bern u. a. 1983.

Wirtschaftspolitische Instrumente

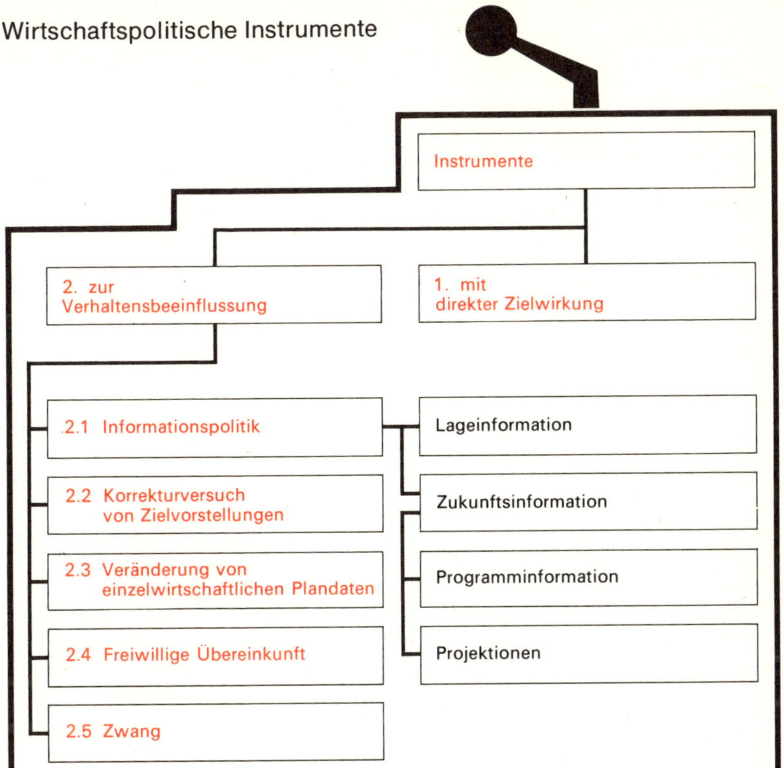

	Beispiele aus der		
zu	Konjunkturpolitik	Verteilungspolitik	Regionalpolitik
1	öffentl. Investitionsausgaben zur Konjunkturbelebung	progressive Einkommensbesteuerung	Begünstigung von zurückgebliebenen Regionen bei der Vergabe öffentl. Aufträge
2.1	Jahreswirtschaftsbericht	Subventionsbericht	Raumordnungsbericht
2.2	Maßhalteapelle	unverbindliche Lohnleitlinien	Landesentwicklungspläne
2.3	Diskontsatzänderung	Sparprämien bis zu einer Einkommensobergrenze	regionale Beschäftigungsprämien
2.4	Konzertierte Aktion	Konzertierte Aktion	regionale Investitionsabstimmung
2.5	Preis- und Lohnstopp	Enteignung	Einwanderungsstopp für Gastarbeiter

Diagnose, Prognose, wirtschaftspolitische Programme

Abraham Lincoln wird ein Ausspruch zugeschrieben, der auch die drei Elemente vernunftgemäßer Planung wirtschaftspolitischer Entscheidungen umreißt: „Wenn wir zunächst wissen könnten, wo wir sind und wohin wir treiben, könnten wir besser beurteilen, was zu tun ist und wie es zu tun ist". Der erste Teil des Ausspruchs beschreibt das Problem der Diagnose, bei der es vor allem um drei Fragen geht: 1) In welcher Weise weicht die Wirtschaftslage von den angestrebten Zielen ab? Die Antwort verlangt sowohl genaue Zieldefinitionen als auch möglichst umfassende Informationen über die tatsächliche Situation. 2) Wie lassen sich die Zielabweichungen aus der beobachtbaren wirtschaftlichen Entwicklung erklären? Es ist eine der Aufgaben der ↑Theorie (S. 636) und der ↑Ökonometrie (S. 628), durch ständige Erklärungsversuche Wirkungszusammenhänge aufzudecken, die für wirtschaftspolitische Entscheidungen bedeutsam sind. 3) Auf welche Weise hätten evtl. die Zielabweichungen durch wirtschaftspolitisches Tun oder Unterlassen verringert oder gar vermieden werden können? Antworten darauf ließen sich finden, wenn die Erklärungsversuche das wirtschaftspolitische Geschehen miteinbezögen. Denn dann wäre es möglich, den Einfluß wirtschaftspolitischen Handelns zu verfolgen und aus der mit der Frage angesprochenen nachträglichen Therapie Aufschlüsse für zukünftiges Handeln zu gewinnen.

Lincolns Frage nach dem „wohin wir treiben" zielt auf eine Form der Prognose. Es geht um eine bedingte Vorhersage darüber, was vermutlich geschehen würde, wenn die ↑Träger der Wirtschaftspolitik (S. 376) von möglichen Korrekturen ihres Handelns absehen würden, es also bei dem in der Vergangenheit geübten Tun oder Unterlassen bliebe (Status-quo-Prognose). Die Prognose beruht auf den Erklärungsergebnissen für die Vergangenheit. Soweit keine anderen Informationen vorliegen, wird unterstellt, daß die in der Diagnose enthaltenen Wirkungszusammenhänge auch im Prognosezeitraum gelten. Der Vergleich dieser Prognoseergebnisse mit den angestrebten Zielen gibt Aufschluß über Umfang und Beschaffenheit des wirtschaftspolitischen Problems; er schließt als Möglichkeit mit ein, daß sich Probleme „von selbst" erledigen und Handeln in diesem Fall sogar schädlich wäre.

Als Prognosen gelten ferner Aussagen darüber, was sein könnte, wenn die Träger der Wirtschaftspolitik sich zu zielgerichtetem Handeln entschlössen. Solche Prognosen bauen auf der Status-quo-Prognose auf und beinhalten alternative wirtschaftspolitische Programme. Alternativen können nötig sein, weil der Einsatz der verschiedenen Instrumente ungewollte Nebenwirkungen auf andere Ziele hat, die neue wirtschaftspolitische Probleme schaffen und die es erforderlich machen, die möglichen Erfolge bei den ursprünglich gefährdeten Zielen gegen Nachteile an anderer Stelle abzuwägen.

Die Entwicklung alternativer Strategien setzt Kenntnisse über Wirkungsverlauf sowie evtl. auftretende Wirkungsverzögerungen beim Einsatz von Instrumenten voraus. Beim Wirkungsverlauf gilt das Interesse z. B. möglichen Verstärkungseffekten (Multiplikatorwirkungen) und Nebenwirkungen auf andere Ziele als die angestrebten sowie auf den marktwirtschaftlichen Ordnungsrahmen. Wirkungsverzögerungen können auftreten, weil i. d. R. Zeit verstreicht, bis eine Maßnahme bei den davon Betroffenen bekannt, von ihnen in ihre Wirtschaftspläne einbezogen und eine entsprechende Entscheidung getroffen und durchgeführt ist. Vor allem in der Konjunkturpolitik können Wirkungsverzögerungen bei falscher Wahl des Zeitpunkts Stabilisierungsbemühungen in ihr Gegenteil verkehren; z. B. ist nicht auszuschließen, daß Maßnahmen, die in der Hochkonjunktur (↑Konjunkturverlauf S. 488) zur Dämpfung der ↑Gesamtnachfrage (S. 360) ergriffen werden, erst Wirkung zeigen, wenn der Abschwung ohnedies eingesetzt hat, so daß dieser verstärkt wird.

P. Streeten: Programme u. Prognosen. In: Grundl. der Wirtschaftspolitik. Hg. v. G. Gäfgen. 3. Aufl. Köln 1970. – M. E. Streit: Theorie der Wirtschaftspolitik. 3. Aufl. Düsseld. 1983.

Zeitliche Verzögerungen bei wirtschaftspolitischen Maßnahmen

Ablauf der Ereignisse	Verzögerung	
Störung im Wirtschaftsablauf		
Auswirkung auf statist. erfaßbare Größen, die – aufbereitet – zur Diagnose herangezogen werden können	Erfassungsverzögerung	Erkennungsverzögerung (Außenverzögerung)
Information über die Störung wird den wirtschaftspolit. Instanzen zugänglich	Informationsverzögerung	
Auswertung der Information (Diagnose)	Diagnoseverzögerung	Instanzverzögerung (Innenverzögerung)
Entwurf möglicher wirtschaftspolit. Programme	Planungsverzögerung	
Entscheidung über wirtschaftspolit. Handeln (Tun oder Unterlassen)	Entscheidungsverzögerung	
Durchführung des beschlossenen Programms	Durchführungsverzögerung	
Einsetzen der ersten Wirkungen des Programms	Anlaufverzögerung	Wirkungsverzögerung (Außenverzögerung)
Gesamtentwicklung hinsichtlich des Ziels ist erreicht	Verlaufsverzögerung	

Wirtschaftspolitische Beratung

In den letzten fünfzig Jahren hat sich die Rolle des Staates in Marktwirtschaften entscheidend verändert, und zwar nicht nur dadurch, daß sein Anteil am Volkseinkommen ständig wuchs. Er übernahm zunehmend die Aufgabe, im Interesse einer Reihe von Zielen (↑wirtschaftspolitische Ziele und Zielkonflikte S. 368) in ein Wirtschaftsgeschehen einzugreifen, das mit fortschreitender nationaler und internationaler Arbeitsteilung immer unübersichtlicher wurde. Daraus entstand für die staatlichen ↑Träger der Wirtschaftspolitik (S. 376) Bedarf, wissenschaftliche Einsichten in die wirtschaftlichen Systemzusammenhänge zu nutzen. Demzufolge werden wirtschaftswissenschaftlich Ausgebildete in den Staatsdienst aufgenommen. Ferner sichern sich die verschiedenen staatlichen Instanzen wirtschaftspolitische Einsicht und entsprechenden Rat durch die Vergabe von Gutachten an Einzelpersonen und an wirtschaftswissenschaftliche Forschungsinstitute. Schließlich werden Gruppen von Wirtschaftswissenschaftlern zur dauernden Beratung herangezogen. In der BRD gehören dazu wissenschaftliche Beiräte bei Bundesministerien, Planungsgruppen bei Länderregierungen und der ↑Sachverständigenrat zur Begutachtung der gesamtwirtschaftlichen Entwicklung (S. 524).

Staatliches wirtschaftspolitisches Handeln bedeutet, daß die privaten Wirtschaftseinheiten zunehmend nicht nur die Marktvorgänge, sondern auch die staatlichen Interventionen in ihre Wirtschaftspläne einzubeziehen haben. Dies wiederum regt sie dazu an, das staatliche Handeln nach ihren Interessen zu beeinflussen, wodurch auch ihrerseits Bedarf an wirtschaftswissenschaftlichen Erkenntnissen entsteht.

Wirtschaftspolitische Beratung betrifft i. d. R. die einzelnen Schritte der Entscheidungsplanung (↑Diagnose, Prognose, wirtschaftspolitische Programme S. 372). Wissenschaftliche Beratung zielt auf vernunftgemäßes wirtschaftspolitisches Handeln. Das erfordert: 1) ein möglichst umfassendes Zielsystem, weil andernfalls Beziehungen zwischen Teilbereichen der Wirtschafts- und Gesellschaftspolitik vernachlässigt werden; 2) die Berücksichtigung von Zielbeziehungen und, wo nötig, das Aufspüren von Kompromißmöglichkeiten; beides setzt die Kenntnis von Wirkungen und Nebenwirkungen der ↑wirtschaftspolitischen Instrumente (S. 370) voraus; 3) die Ermittlung des höchstmöglichen Erfolgsgrades, wozu es vor allem erforderlich ist zu wissen, ob bzw. inwieweit ein Zielsystem mit dem verfügbaren Instrumentarium erreichbar ist.

Bei realistischer Betrachtung der Beratungsmöglichkeiten sind vor allem folgende Hindernisse nicht zu vernachlässigen: 1) Eine anerkannte, vollständige, widerspruchsfreie und hinreichend lang gültige Liste gesellschaftlicher Ziele, die außerdem zweifelsfreie Abwägungen zwischen Zielen erlaubt, gibt es nicht. 2) Ein vollständiger Überblick über alle Möglichkeiten der Zielverwirklichung und die dazu passenden Maßnahmen übersteigt auch die durch Großrechenanlagen verbesserten menschlichen Möglichkeiten. 3) Die Informationen sind nicht nur unvollständig über die Ziele, sondern auch über die tatsächliche Lage. 4) Das Zusammenwirken der verschiedenen Wirtschaftspläne und die abgeleiteten Verhaltensweisen sind theoretisch noch nicht hinreichend durchleuchtet, noch weniger empirisch überprüft und außerdem im Zeitablauf veränderlich.

Daraus ergibt sich, 1) daß wirtschaftspolitischer Rat nicht vorbehaltlos erteil- und verwendbar ist, 2) daß neue Erkenntnisse auch Revision der Beratungsergebnisse verlangen und 3) daß veränderte Erkenntnisse und Ziele sowie Lernvorgänge bei Berater und Beratenem ständigen Meinungsaustausch erfordern. Patentrezepte gibt es nicht und damit auch keine einseitige Abhängigkeit des Beratenen vom Berater. Der zu Beratende als politisch Verantwortlicher muß analog für sich beanspruchen, was Clemenceau einmal gefordert haben soll: „Der Krieg ist eine viel zu wichtige Angelegenheit, als daß man ihn den Generälen überlassen könnte".

M. E. Streit: Theorie der Wirtschaftspolitik. 3. Aufl. Düsseld. 1983. – E. Tuchtfeldt: Bausteine einer Theorie der Wirtschaftspolitik. Bern u. a. 1983.

Wirtschaftspolitische Beratung auf Bundesebene

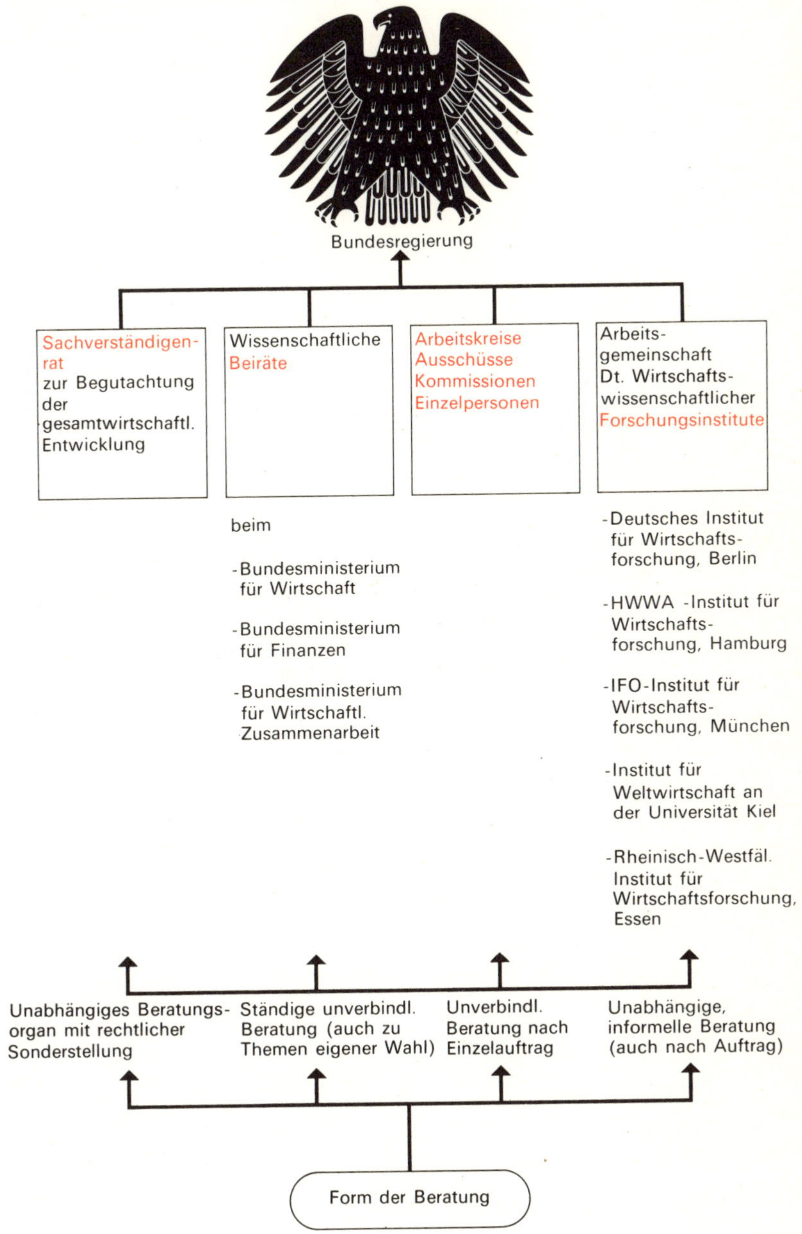

Träger der Wirtschaftspolitik

Als Träger der Wirtschaftspolitik gelten öffentliche Instanzen, die gesetzlich beauftragt sind, auf das Wirtschaftsgeschehen unter Verfolgung gesamtwirtschaftlicher Ziele direkt oder indirekt einzuwirken. Entsprechend dem föderativen Aufbau stehen in der BRD Bundestag und Bundesrat sowie Bundesregierung an der Spitze der öffentlichen Instanzen, gefolgt von entsprechenden Institutionen der Länder, Kreise und Gemeinden. Hinzu kommt die Deutsche Bundesbank, die nach dem Bundesbankgesetz neben ihren Funktionen als ↑Zentralbank (S. 46) auch wirtschaftspolitische Aufgaben (↑Geld- und Kreditpolitik S. 512) wahrzunehmen hat. Über berichtende, begutachtende und beratende Tätigkeit beeinflussen die Kammern (↑öffentliche Selbstverwaltung der Wirtschaft S. 378) eher indirekt das Wirtschaftsgeschehen, indem sie sich an die öffentlichen Instanzen mit wirtschaftspolitischen Anliegen wenden. Zwar privatrechtlich organisiert, aber mit öffentlich-rechtlichen Befugnissen ausgestattet sind die ↑Tarifpartner (S. 440). Ihre Befugnisse bestehen vor allem im Abschluß von ↑Tarifverträgen (S. 442) und in der Mitwirkung in Institutionen wie den Arbeitsgerichten und Sozialversicherungsträgern, wirtschaftspolitisch beeinflussen sie in erster Linie die ↑Lohnbildung (S. 118). Insofern haben sie wirtschaftspolitisch relevante Macht. Aber auch durch ihre Organisationsmacht und ihre Verbindungen zu politischen Parteien beeinflussen sie die staatliche Wirtschaftspolitik. Insofern gleichen sie anderen Interessenverbänden. Schließlich beeinflussen außerdeutsche Träger der Wirtschaftspolitik das Wirtschaftsgeschehen in dem Maße, wie ihnen nationalstaatliche Souveränitätsrechte abgetreten wurden; dies gilt z.B. für die ↑Europäischen Gemeinschaften (S. 578). Daneben hat sich die BRD in internationalen Verträgen zu wirtschaftspolitischem Tun oder Unterlassen verpflichtet, z.B. im ↑GATT (S. 564).

Eine der Ursachen für die Dezentralisation der wirtschaftspolitischen Handlungsvollmachten ist die Vielfalt der wirtschaftspolitischen Aufgaben, die eine Arbeitsteilung nahelegt. Ferner werden mit der föderativen Staatsverfassung den Gebietskörperschaften wirtschaftspolitische Entscheidungsbefugnisse übertragen; dafür sprechen gewichtige Gründe. Schutz vor politischer Machtkonzentration dürfte ebenso ein Motiv sein wie die Vermutung, daß in einem dezentralisierten System die wirtschaftspolitischen Probleme „vor Ort" eher erkannt und sachgerechter sowie flexibler gelöst werden können als im Zentralstaat.

Dezentralisation verlangt Koordination, wenn die Wirtschaftspolitik widerspruchsfrei und möglichst wirkungsvoll sein soll; soweit sie nicht verläßlich gelingt, entsteht für den einzelnen Träger der Wirtschaftspolitik strategische Ungewißheit, da er dann Vermutungen über das Verhalten anderer Träger in seine Entscheidungen einbeziehen muß. Das unverbindlichste Koordinationsinstrument ist die Konsultation, in der Ziele und Instrumenteneinsatz der beteiligten Träger der Wirtschaftspolitik aufeinander abgestimmt werden können; dies wird z. B. in der ↑konzertierten Aktion (S. 526) versucht. Vereinbarte oder gesetzlich vorgeschriebene gemeinsame Handlungsregeln sind schon wesentlich zwingender; so werden durch das Gesetz zur Förderung der Stabilität und des Wachstums der Wirtschaft Bund und Gebietskörperschaften zur Abstimmung ihrer Kreditaufnahmen verpflichtet, indem Höchstbeträge und Zeitplan der Verschuldung von der Bundesregierung durch Rechtsverordnung, aber mit Zustimmung des Bundesrates festzulegen sind. Die Koordination innerhalb des Entscheidungsbereichs eines Trägers der Wirtschaftspolitik beruht auf Weisungsbefugnissen und kommt insofern dem Zwang nahe.

M. E. Streit: Theorie der Wirtschaftspolitik. 3. Aufl. Düsseld. 1983. – E. Tuchtfeldt: Bausteine einer Theorie der Wirtschaftspolitik. Bern u.a. 1983.

Träger der Wirtschaftspolitik

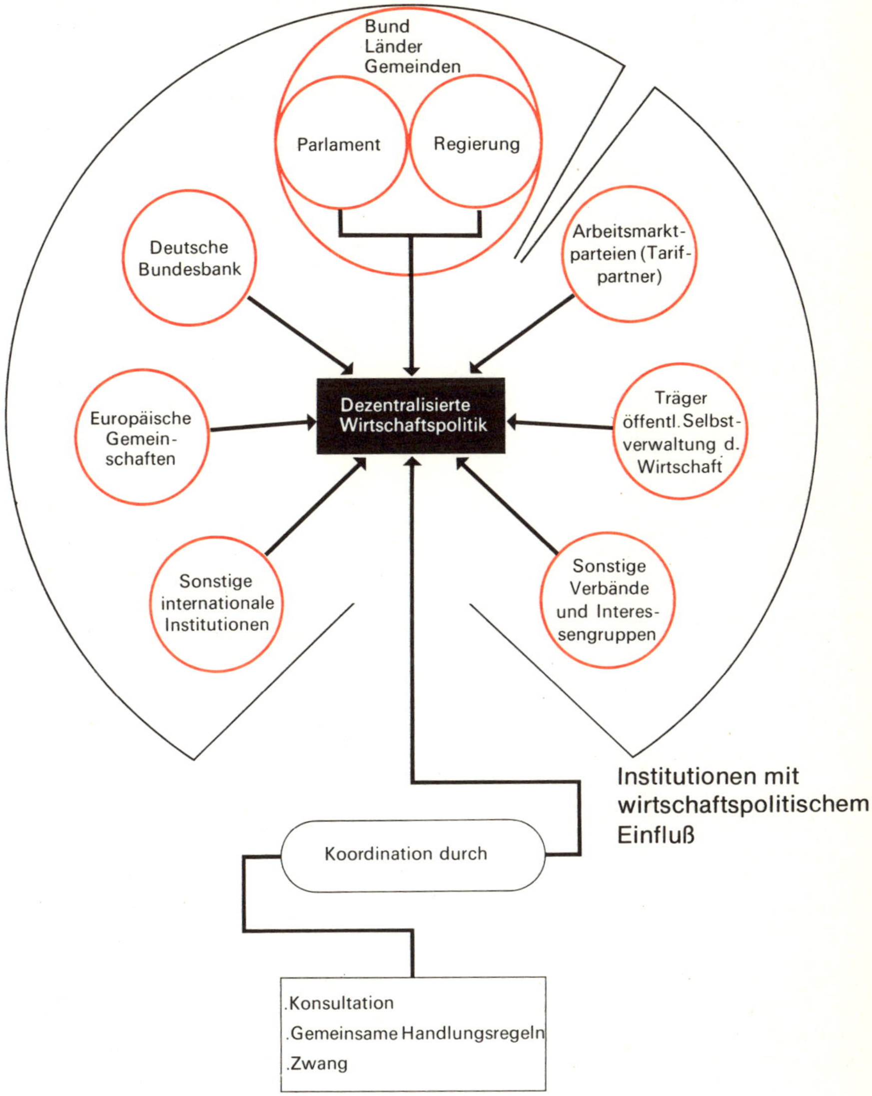

Öffentliche Selbstverwaltung der Wirtschaft

Im Bereich der Wirtschaftsverwaltung werden Staatsaufgaben zum Teil nicht von Staatsbehörden, sondern von durch Gesetz oder Rechtsverordnung errichteten Körperschaften (juristische Personen) des öffentlichen Rechts wahrgenommen. Diese Selbstverwaltungsorganisationen von Gewerbetreibenden, Handwerkern, Landwirten und freiberuflich Tätigen verwalten eigene Angelegenheiten der Mitglieder. Zu den allgemeinen Aufgaben dieser Selbstverwaltungskörperschaften, die die Bezeichnung „Kammer" führen, gehören vor allem Zusammenfassung, Ausgleich und Förderung der Mitgliederinteressen, Ehrengerichtsbarkeit, Berufsausbildung und Abnahme von Prüfungen sowie die Mitwirkung bei der ↑wirtschaftspolitischen Willensbildung in der pluralistischen Gesellschaft (S. 380). Die besondere Sachkunde der einzelnen Berufsgruppen wird dadurch für öffentliche Aufgaben nutzbar gemacht und die Staatsverwaltung entlastet. Zur Erfüllung ihrer Aufgaben sind die Kammern im Gegensatz zu den privatrechtlich organisierten Interessenverbänden mit Hoheitsbefugnissen gegenüber ihren Mitgliedern, teils auch mit Rechtssetzungsbefugnissen (Autonomie) ausgestattet. Die Mitgliedschaft in einer Kammer entsteht kraft Gesetzes mit der berechtigten Ausübung des jeweiligen Berufs. Die Mitgliedschaft in den 40 Auslandshandelskammern beruht jedoch auf freiwilliger Basis. Die Kammern unterstehen der Aufsicht staatlicher Behörden, die sich allerdings meist auf die ordnungsgemäße Aufgabenerfüllung (Rechtsaufsicht) beschränkt.

Kammerzugehörige der Industrie- und Handelskammern (IHK) sind alle Gewerbetreibenden, die zur Gewerbesteuer veranlagt sind, ausgenommen Handwerker, Land- und Forstwirte sowie freiberuflich Tätige, sofern sie nicht im Handelsregister eingetragen sind; eine Beteiligung der Arbeitnehmer wird von gewerkschaftlicher Seite angestrebt. Neben den oben erwähnten, allgemeinen Aufgaben kommen den IHK etliche besondere Aufgaben zu: So stellen sie z. B. amtliche Beglaubigungen und Bescheinigungen für den Wirtschaftsverkehr aus. Die IHK sind aber auch Einigungsstellen für Streitigkeiten zwischen Gewerbetreibenden wegen ↑unlauteren Wettbewerbs (S. 434). Des weiteren prüfen sie die Sachkunde, die Bewerber für das Betreiben eines Einzelhandelsgeschäfts mit Lebensmitteln oder eines Güterkraftverkehrsunternehmens nachweisen müssen. Auch die Bestellung von „vereidigten Sachverständigen" obliegt den IHK.

In den Handwerkskammern sind nicht nur alle selbständigen Handwerker und Inhaber handwerksähnlicher Betriebe, sondern auch die Gesellen und Lehrlinge Pflichtmitglieder. Besondere Aufgaben der Handwerkskammern sind die Führung der Handwerkerrolle und der Lehrlingsrolle, die Regelung der Berufsausbildung und der Prüfung und die Führung der Geschäfte des von staatlichen Behörden errichteten Meisterprüfungsausschusses. Von selbständigen Handwerkern des gleichen Faches oder verwandter Fächer werden darüberhinaus Handwerksinnungen auf freiwilliger Basis gebildet, die ebenfalls Körperschaften des öffentlichen Rechts sind. Die Innungen regeln und überwachen die Lehrlingsausbildung, wirken in den Berufsschulen mit und nehmen die Gesellenprüfungen ab. Die in einem Stadt- oder Landkreis ansässigen Innungen bilden die Kreishandwerkerschaft.

Als landwirtschaftliche Selbstverwaltungskörperschaften wurden in den meisten Bundesländern Landwirtschaftskammern errichtet.

Selbstverwaltungskörperschaften der freiberuflich Tätigen sind die Rechtsanwalts-, Steuerberater-, Apotheker-, Ärzte- und Notarkammern. Die zu öffentlichen Krankenversicherungen zugelassenen Ärzte sind in kassenärztlichen Vereinigungen, die die Abrechnungen mit den Kassen durchführen, inkorporiert.

P. Badura: Wirtschaftsverwaltungsrecht. In: Bes. Verwaltungsrecht. Hg. v. I. v. Münch. 6. Aufl. Wiesb. 1982. – G. Frentzel/E. Jäkel/W. Junge: Kommentar zum IHK-Gesetz. 4. Aufl. Köln 1982.

Organisationen der öffentlichen Selbstverwaltung der Wirtschaft in der Bundesrepublik Deutschland

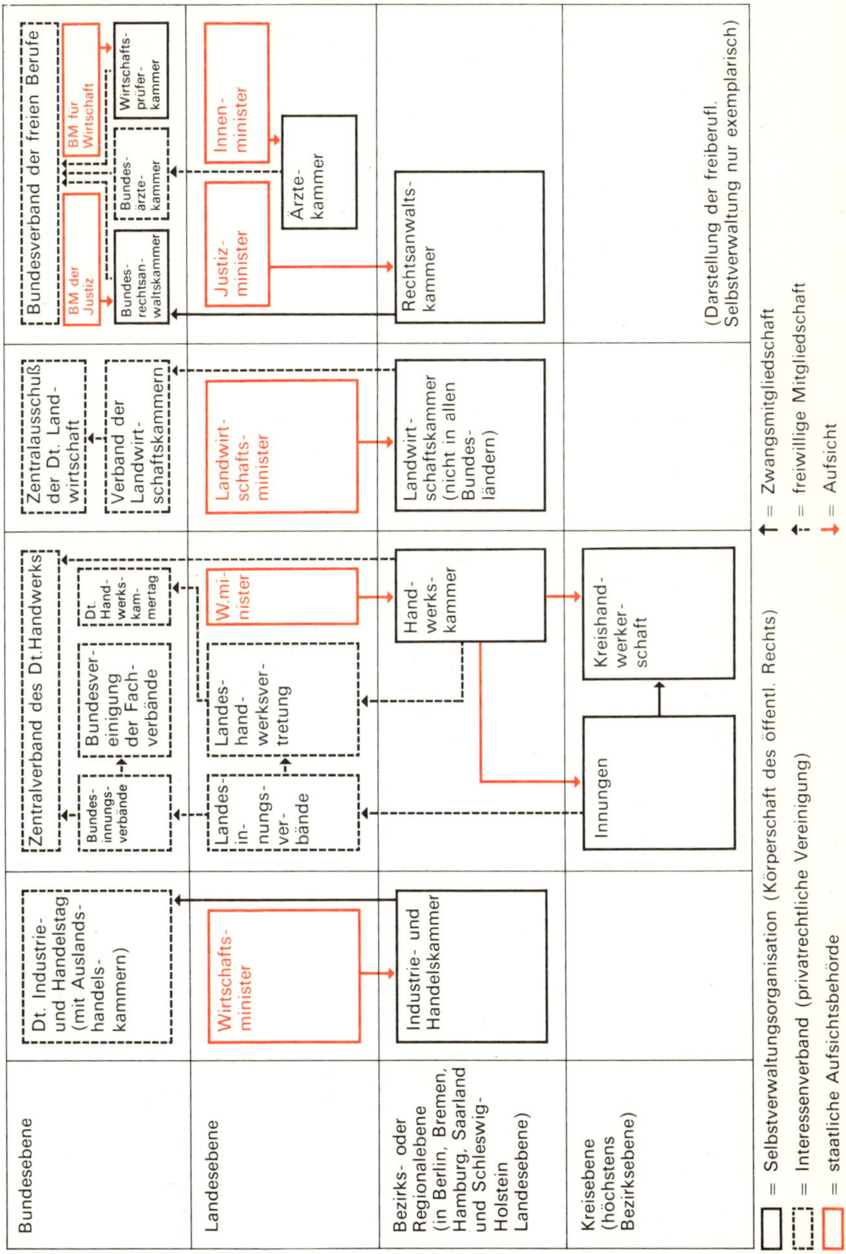

Wirtschaftspolitische Willensbildung in der pluralistischen Gesellschaft

Als pluralistisch gelten Gesellschaften, in denen die Regierungsgewalt (Exekutive), die Gesetzgebung (Legislative) und die Rechtsprechung (Judikative) getrennte Gewalten sind, also die öffentlichen Entscheidungsbefugnisse auf mehrere Institutionen verteilt sind. Dabei haben verfassungsgemäße Parteien und Interessenverbände formalen und informalen Zugang zu den Staatsorganen. Ebenso bilden sich Interessenverbände frei und sind in ihren Entscheidungen autonom. Nicht zuletzt zu Fragen der Wirtschaftspolitik werden die wichtigsten Verbände von Exekutive und Legislative ständig konsultiert, wenn sie nicht gar als öffentlich-rechtliche Körperschaften Hoheitsfunktionen wahrnehmen (↑öffentliche Selbstverwaltung der Wirtschaft S. 378). Die meisten Akte von Gesetzgebung und Verwaltung gehen aus Prozessen hervor, in denen die Entscheidungen durch vielfältige Einflüsse geprägt werden.

Von besonderer Bedeutung sind die in Verbänden organisierten Interessen, da Parlament und Verwaltung bei der Abfassung und Ausführung von Gesetzen auf den Rat der Verbände zurückgreifen. Die Geschäftsordnung der Bundesregierung schreibt vor, daß die Ministerialbeamten bei der Ausarbeitung eines Gesetzentwurfs die davon betroffenen Verbände nach ihrer Meinung befragen. Der Bundestag lädt Interessengruppen zu öffentlicher Anhörung ein, bevor er in die Beratung eines Gesetzes eintritt. Aber die Verbände wenden sich auch unaufgefordert an Beamte und Minister, Abgeordnete und Parteiführer. Zudem sind sie in Staatsorgane eingedrungen. Manche Landes- und Bundesbehörden zählen ehemalige Verbandsfunktionäre zu ihren Beamten; die Minister für Arbeit und für Landwirtschaft kommen aus den Gewerkschaften bzw. aus Bauernverbänden. In den Parlamenten des Bundes und der Länder sind die großen Interessengruppen durch zahlreiche Abgeordnete vertreten. Auch die öffentliche Meinung versuchen die Verbände in ihrem Sinne zu beeinflussen.

Der Einfluß der Verbände auf die wirtschaftspolitische Willensbildung wäre weniger problematisch, wenn sich alle Interessen gleich gut organisieren und geltend machen ließen. Jedoch ist z. B. zu vermuten, daß sich Produzenteninteressen leichter und dauerhafter organisieren lassen als Konsumenteninteressen, schon deshalb, weil sie homogener sind. Daher kann nicht darauf vertraut werden, daß sich die Verbände in der Ausübung ihrer Macht hinreichend gegenseitig kontrollieren und so über das Partikularinteresse hinaus wegen der Notwendigkeit, mehrheitsfähige Kompromisse zu finden, letztlich doch das Interesse der Allgemeinheit zur Geltung bringen. Das ist um so bedeutsamer, als das Parlament der Verbandsmacht insofern ungeschützt ausgeliefert ist, als 1. kein Verfassungsorgan existiert, das das Parlament daran hindern könnte, gruppenspezifische Privilegien (z. B. in Form von ↑Handelsbeschränkungen S. 546 und S. 592 oder ↑Subventionen S. 268) zu gewähren, und 2. die Parlamentsmehrheit, um im Besitz der Mehrheit zu bleiben, in Konkurrenz mit der Minderheit alles tun muß, die Unterstützung durch Interessengruppen mittels Gewährung spezifischer Vorteile zu erhalten bzw. zu gewinnen.

Die begehrten, gruppenspezifischen Privilegien beinhalten i. d. R. entweder unmittelbare einkommenswerte Vorteile, wie z. B. steuerliche Begünstigungen, oder ihre Gewährung soll Schutz vor marktgesetzlichen Ausleseprozessen gewähren, wie z. B. durch staatliche ↑Wettbewerbsbeschränkungen (S. 408). Häufig müssen solche Privilegien in der Folgezeit durch weitere Interventionen abgestützt werden, wofür die ↑Agrarpolitik (S. 556) ein besonders auffälliger Beleg sein dürfte. Erkennbares Nachgeben wirtschaftspolitischer Instanzen gegenüber einem Interessenverband kann weitere Interventionen auch insofern präjudizieren, als andere Verbände dadurch ermutigt werden, mit dem Argument der Gleichbehandlung ebenfalls Vergünstigungen zu verlangen.

F. Rahmeyer: Pluralismus und rationale Wirtschaftspolitik. Stuttg. u. a. 1974. – M. E. Streit: Theorie der Wirtschaftspolitik. 3. Aufl. Düsseldorf 1983.

Zusammensetzung des Deutschen Bundestags nach der beruflichen Stellung der Abgeordneten

Abgeordnete im ... Bundestag	8.	9.	10.
Insgesamt	518	519	520
darunter:			
Regierungsmitglieder und ehemalige Regierungsmitglieder	53	45	74
Beamte	158	170	161
Angestellte des öffentlichen Dienstes	26	16	12
Angestellte politischer und gesellschaftlicher Organisationen (z. B. Parteien, Gewerkschaften)	71	67	71
Angestellte in der Wirtschaft (Industrie, Handel, Gewerbe und entsprechende Organisationen)	53	53	43
Selbständige (oft zugleich Vertreter von Organisationen bzw. Verbänden ihres Bereichs)	67	65	67
Angehörige freier Berufe	65	83	65

Wirtschaftspolitisch relevante Verbände in der Bundesrepublik Deutschland

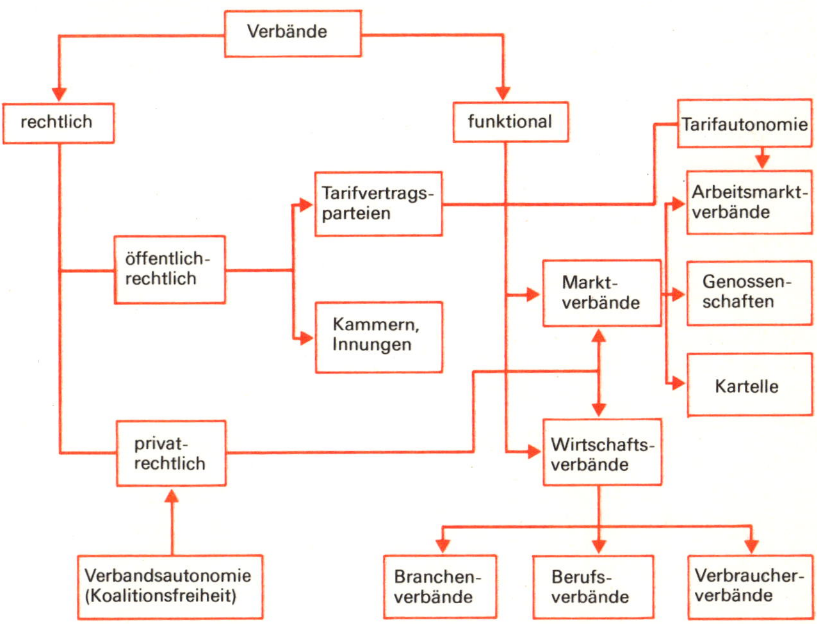

Wirtschaftsräte

Als Wirtschaftsräte im weitesten Sinne können durch Verfassung oder Gesetze auf Dauer errichtete überfachliche Gremien bezeichnet werden, die aus Vertretern von Interessenverbänden und/oder aus Sachverständigen bestehen und die auf Gesetzgebungs- und/oder Regierungsorgane bei der ↑wirtschaftspolitischen Willensbildung in der pluralistischen Gesellschaft (S. 380) durch Stellungnahmen, Gutachten, Anhörungen und eigene Vorschläge Einfluß nehmen. Eine genaue Definition läßt sich jedoch nicht geben, da die Idee eines Wirtschaftsrates aus zwei völlig verschiedenen Modellen einer Gesellschafts- und Wirtschaftsordnung geboren wurde und dies dann zu den unterschiedlichsten Institutionen führte: 1) Im Kapitalismus wurde aus überkommenen Vorstellungen einer ständisch gebildeten Volksvertretung die Idee eines Volkswirtschaftsrates geboren, der als zweites Repräsentativorgan eine Korrektivfunktion gegenüber dem Deutschen Reichstag ausüben sollte. Eine ähnliche Vorstellung liegt heute dem Bayerischen Senat zugrunde, der zu drei Fünfteln aus Vertretern der Berufsgruppen besteht. 2) Das Konzept einer Rätedemokratie (↑sozialistische Wirtschaftsordnung S. 26) zieht Räte zur Repräsentation der Arbeiter und Bauern vor, denen alle Staatsmacht zukommt. Im Rahmen der parlamentarischen Demokratie kommen dem noch am nächsten die Arbeitnehmerkammern in Bremen und im Saarland, die als Beratungs- und Begutachtungsgremien fungieren.

Wirtschaftsräte im engeren Sinne sind der Legislative und der Exekutive beigeordnete Gremien, die den Einfluß der Interessenverbände zusammenfassen und offenlegen und eine ↑wirtschaftspolitische Beratung (S. 374) im Hinblick auf das Gemeinwohl und unter Berücksichtigung des gesamten verfügbaren Sachverstandes ermöglichen sollen. Dadurch sollen sie Gesetzgebung und Verwaltung zu ausgewogenen Entscheidungen befähigen, die nicht unter dem Druck einzelner Sonderinteressen und nicht unter Berücksichtigung einseitiger wissenschaftlicher Erkenntnisse zustande kommen. Aus dieser Vorstellung wurde 1920 der Vorläufige Reichswirtschaftsrat mit 272 Vertretern der Wirtschafts- und Berufsgruppen, 30 Vertretern der Verbraucherschaft und 24 Sachverständigen und Persönlichkeiten aus dem Wirtschaftsleben errichtet. Diesem Gremium mußten sozial- und wirtschaftspolitische Gesetzentwürfe von grundlegender Bedeutung vorgelegt werden; er konnte selbst Gesetzesvorlagen im Reichstag einbringen und von der Reichsregierung Auskünfte verlangen. Der Reichswirtschaftsrat war in der Weimarer Reichsverfassung von 1919 als Spitzenorgan in einem System von regionalen Arbeiter- und Wirtschaftsräten vorgesehen, das jedoch nie errichtet wurde.

Nach dem Zweiten Weltkrieg wurden in Rheinland-Pfalz und in Bremen Wirtschaftskammern mit paritätischer Besetzung von Arbeitgeber- und Arbeitnehmervertretern gebildet. Bei der Europäischen Gemeinschaft für Kohle und Stahl und bei der Europäischen Atomgemeinschaft wurden Wirtschaftsräte mit einer starken Vertretung der Verbraucher geschaffen, später auch bei der Europäischen Wirtschaftsgemeinschaft. Bemühungen um einen Bundeswirtschafts- und Sozialrat sind v. a. an den Argumenten gescheitert, daß eine außerparlamentarische wirtschafts- und sozialpolitische Willensbildung, die die Gesetzgebungsorgane nur noch ungeprüft zu übernehmen brauchten, dem Prinzip der parlamentarischen Demokratie widerspreche, daß außerdem die einzelnen Interessengruppen den Wirtschaftsrat umgehen würden, wenn sie sich nicht schon in ihm selbst durchsetzen könnten, und daß im übrigen die Verbandsinteressen ohnehin genug Berücksichtigung fänden.

R. Steinberg: Zur Institutionalisierung des Verbandseinflusses in einem Bundeswirtschafts- u. Sozialrat. In: Die öffentl. Verwaltung 1972. S. 837 ff. – W. Thiele: Wirtschaftsverfassungsrecht. 2. Aufl. Gött. 1974. – A. Saipa: Wirtschaftsräte und gesamtwirtschaftliche Mitbestimmung. In: Archiv für öffentliches Recht 102 (1977). S. 497 ff.

Wirtschaftsräte

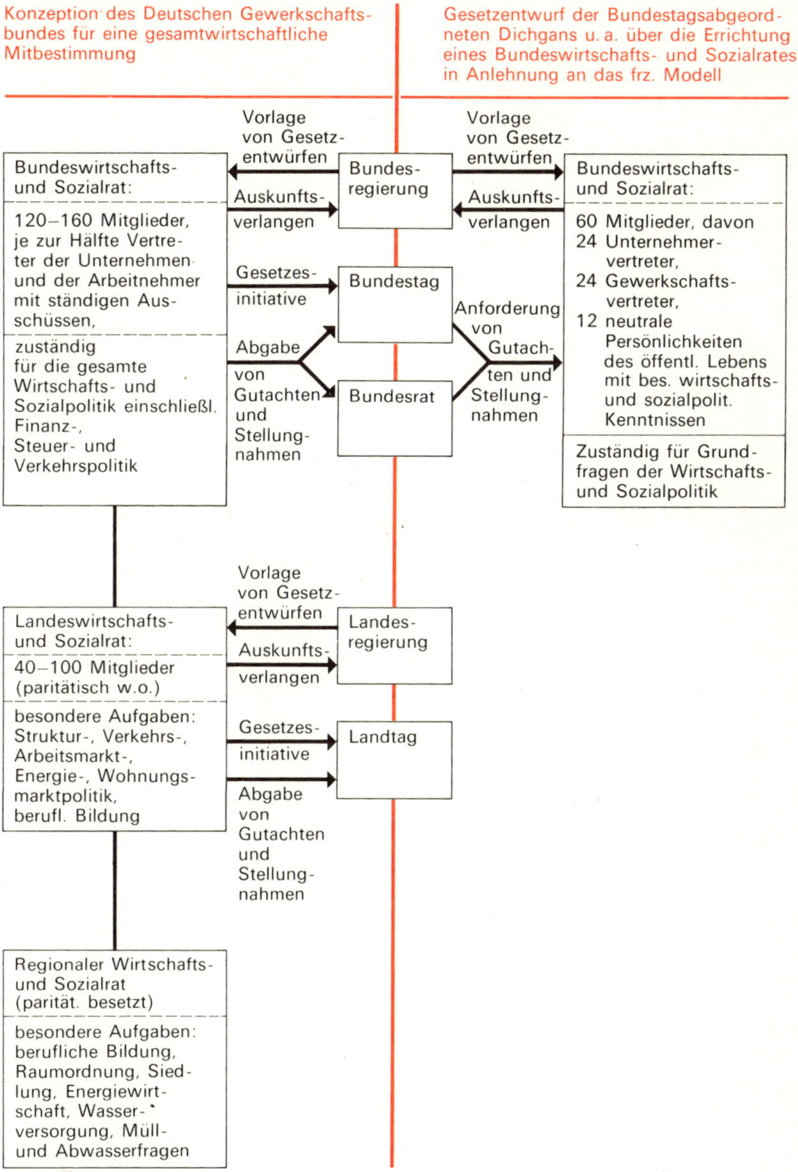

Gesetzgebungs- und Verwaltungskompetenzen im Bereich der Wirtschaft

Die Wirtschaft ist als gesellschaftliches System, in dem die Erzeugung und Verteilung von Sachgütern sowie die Darbietung von Dienstleistungen erfolgt, von rechtlichen Bedingungen abhängig, die der Staat in seiner Gesetzgebung und Verwaltung schafft. Die Rechtssätze, die Organisation und Funktionsweise der Wirtschaft ordnen, gestalten und lenken, werden unter dem Begriff des Wirtschaftsrechts zusammengefaßt. Soweit der Staat für sich selbst und die übrigen Hoheitsträger (öffentlich-rechtliche Körperschaften und Anstalten) Aufgaben und Befugnisse zur Ordnung, Gestaltung und Lenkung sowie zu Leistungen gegenüber der Wirtschaft begründet, spricht man von Wirtschaftsverwaltung. In einem Bundesstaat wie der BRD ist es dabei von wesentlicher Bedeutung, auf welcher staatlichen Stufe Gesetzgebung und Verwaltung für den Bereich der Wirtschaft erfolgen, unitarisch durch den Bund oder föderalistisch durch die Länder.

Die Verteilung der Gesetzgebungs- und Verwaltungskompetenzen in der BRD ist historisch dadurch geprägt, daß das Heilige Röm. Reich (bis 1806) kaum eine eigene Staatlichkeit zu entwickeln vermochte. Mit der staatlichen Ordnung der Wirtschaft war daher in Deutschland eine Zersplitterung in Territorialwirtschaften verbunden, die erst im 19. Jahrhundert schrittweise wieder beseitigt wurde. Als Folge der allgemeinen bundesstaatlichen Entwicklung ist auch das Grundgesetz (GG) dadurch gekennzeichnet, daß für die Gesetzgebung das Schwergewicht beim Bund liegt, während der Gesetzesvollzug und die Wahrnehmung der Verwaltungsaufgaben überwiegend den Ländern obliegen. Man kann diesen Typ bundesstaatlicher Ordnung als vertikales Verbundsystem bezeichnen.

Sowohl für die Gesetzgebung wie für die Verwaltung gilt der Grundsatz, daß die Ausübung der staatlichen Befugnisse und die Erfüllung der staatlichen Aufgaben Sache der Länder ist, soweit das GG keine andere Regelung trifft oder zuläßt (Art. 30 GG). Im Bereich der Gesetzgebung sind Bundeskompetenzen in verschiedener Weise begründet (Art. 70 ff. GG). Für eine Reihe von Gegenständen, deren wichtigste in Art. 73 GG aufgezählt sind, besteht eine ausschließliche Gesetzgebungskompetenz des Bundes (Art. 71 GG). Innerhalb der sog. konkurrierenden Gesetzgebung, zu der im wesentlichen die in Art. 74 GG erwähnten Gegenstände gehören, haben die Länder eine Befugnis zur Gesetzgebung lediglich, solange und soweit der Bund von seinem Gesetzgebungsrecht keinen Gebrauch macht (Art. 72 GG). Die sog. Rahmenkompetenz des Bundes für die in Art. 75 GG festgelegten Gebiete beschränkt den Bund auf die Aufstellung von Rahmenbestimmungen für einschlägige Landesgesetze. Schließlich hat der Bund für bestimmte Materien die Befugnis zur Grundsatzgesetzgebung. Sie bedeutet, daß der Bund nicht nur Rahmenregelungen für die Länder, sondern im Interesse einheitlicher Maßnahmen in Bund und Ländern Grundsätze auch für seine eigene Gesetzgebung aufstellen kann. Diese Kompetenz ist vor allem für die öffentlichen Haushalte und die Finanzplanung (Art. 109 Abs. 2 bis 4 GG, Art. 104 a Abs. 4 GG) sowie für die sog. Gemeinschaftsaufgaben von Bund und Ländern bei der Verbesserung der regionalen Wirtschaftsstruktur und der Agrarstruktur wichtig (Art. 91 a GG).

Auch für Gesetzesvollzug und Verwaltung kennt das GG mehrere bundesstaatliche Formen (Art. 83 ff. GG): die bundeseigene Verwaltung, die Wahrnehmung von Bundesaufgaben durch die Länder im Auftrag und nach Weisung des Bundes (Bundesauftragsverwaltung), den Vollzug von Bundesgesetzen durch die Länder in landeseigener Verantwortung, die Gemeinschaftsverwaltung von Bund und Ländern und schließlich den landeseigenen Vollzug der Landesgesetze.

K. Hesse: Grundzüge des Verfassungsrechts der Bundesrepublik Deutschland. 14. Aufl. Karlsr. 1984. – Th. Maunz/R. Zippelius: Dt. Staatsrecht. 25. Aufl. München 1983.

Wichtige Gesetzgebungskompetenzen des Bundes im Bereich der Wirtschaft

Ausschließliche Bundeskompetenz

Währungs-, Geld- und Münzwesen, Maße und Gewichte, Zeitbestimmung, Einheit des Zoll- und Handelsgebietes, Handels- und Schifffahrtsverträge, Freizügigkeit des Warenverkehrs, Waren- und Zahlungsverkehr mit dem Ausland einschließlich des Zoll- und Grenzschutzes, Bundeseisenbahnen und Luftverkehr, Post- und Fernmeldewesen, Zölle und Finanzmonopole

Rahmen- bzw. Grundsatzkompetenz

Bodenverteilung, Raumordnung und Wasserhaushalt, Haushaltswesen, Finanzplanung, Verbesserung der regionalen Wirtschaftsstruktur und der Agrarstruktur

Konkurrierende Zuständigkeit

Bürgerliches Recht, Handels-, Gesellschafts- und Wertpapierrecht, Recht der Wirtschaft (Bergbau, Industrie, Energiewirtschaft, Handwerk, Gewerbe, Handel, Bank- und Börsenwesen, privatrechtliches Versicherungswesen), Erzeugung und Nutzung der Kernenergie zu friedl. Zwecken, Arbeitsrecht einschließlich der Betriebsverfassung, des Arbeitsschutzes und der Arbeitsvermittlung sowie die Sozialversicherung einschließl. der Arbeitslosenversicherung, Landwirtschaft, Bodenordnung, Abfallbeseitigung, Luftreinhaltung und Lärmbekämpfung

Gewerbeordnung

Die rechtliche Ordnung des Gewerbes ist in der BRD durch den Grundsatz der Gewerbefreiheit bestimmt (↑Gewerbe- und Berufsfreiheit S. 38). Das zentrale gewerberechtliche Gesetz, die Gewerbeordnung (GewO), legt in seiner einleitenden Bestimmung fest, daß der Betrieb eines Gewerbes jedermann gestattet ist, soweit nicht durch dieses Gesetz Ausnahmen oder Beschränkungen vorgeschrieben oder zugelassen sind. Die danach bestehenden gesetzlichen Regelungen über die Aufnahme und die Ausübung eines Gewerbes stellen sich als Einschränkung der Berufsfreiheit dar und sind nur insoweit verfassungsmäßig, als sie vom Schrankenvorbehalt dieses Grundrechts gedeckt sind. Dies ist regelmäßig der Fall, soweit die Abwehr von Gefahren für die öffentliche Sicherheit und Ordnung Beschränkungen der gewerblichen Tätigkeit erfordert.

Der sachliche Geltungsbereich des Gewerberechts wird durch den vom Gesetzgeber vorausgesetzten Begriff des Gewerbes begrenzt. Dieser umfaßt die handwerkliche und industrielle Produktion, die wirtschaftlichen Dienstleistungsbetriebe sowie den Groß-, Einzel- und Kleinhandel. Nicht zum Gewerbe im verwaltungsrechtlichen Sinne zählen die Urproduktion (Land- und Forstwirtschaft, Wein- und Gartenbau, Jagd, Fischerei und Bergbau), die persönlichen Dienstleistungen höherer Art (z. B. ärztliche Tätigkeiten, Unterricht), die wissenschaftliche und künstlerische Tätigkeit sowie die Erfüllung öffentlicher Aufgaben (z. B. Bahn, Post, öffentliche Versorgungsbetriebe, Notariat). Nicht alle unter diesen Gewerbebegriff fallenden gewerblichen Tätigkeiten haben ihre rechtliche Regelung bis heute in der GewO gefunden. Vielmehr sind spezialgesetzliche Abspaltungen erfolgt, so für das Handwerk in der Handwerksordnung, für den Betrieb von Gaststätten im Gaststättengesetz und den begleitenden Regelungen, für den Einzelhandel im Gesetz über Berufsausübung im Einzelhandel sowie für die Personen- und Güterbeförderung im Personenbeförderungsgesetz bzw. im Güterkraftverkehrsgesetz. Die Auswirkungen einiger Gewerbe auf ihre Umwelt, vor allem im industriellen Bereich, haben zudem Anlaß gegeben, die öffentlich-rechtliche Genehmigung sog. lästiger Anlagen zusammen mit anderen ökologischen Regelungen 1974 im Bundes-Immissionsschutzgesetz zu regeln. Ferner bestehen besondere Zulassungsregelungen nach dem ↑Atomrecht (S. 388).

Die GewO legt der gewerberechtlichen Regelung eine Dreiteilung der Gewerbe in stehende Gewerbe, Reisegewerbe sowie in Messen, Ausstellungen und Märkte (Groß-, Wochen-, Spezial-, Jahrmarkt) zugrunde. Letztere sind frei, d. h. weder anzeige- noch genehmigungspflichtig (traditioneller Begriff der Marktfreiheit). Jedoch bedürfen Messen, Ausstellungen und Märkte einer Festsetzung der zuständigen Behörde auf Antrag des Veranstalters. Ein Reisegewerbe betreibt, wer außerhalb der Räume seiner gewerblichen Niederlassung oder, ohne eine solche zu haben, ohne vorherige Bestellung mit Waren oder bestimmten Leistungen handelt (z. B. Abschluß von Zeitschriftenabonnements an der Haustür). Die Reisegewerbe sind teils erlaubnisfrei (z. B. das Feilbieten selbst gewonnener Erzeugnisse der Landwirtschaft, des Gemüse-, Obst- und Gartenbaus), teils wenigstens anzeigepflichtig (z. B. Vermittlung von Versicherungs- und Bausparverträgen), i. d. R. aber erlaubnispflichtig (Reisegewerbekarte). Eine Gewerbeausübung, die weder Marktverkehr noch Reisegewerbe ist, unterliegt den Regelungen über den stehenden Gewerbebetrieb. Dieser ist grundsätzlich nur anzeigepflichtig. Jedoch bedürfen zahlreiche, in einer Rechtsverordnung der Bundesregierung abschließend aufgezählte Gewerbebetriebe einer Genehmigung nach dem Bundes-Immissionsschutzgesetz. Die GewO kennt für bestimmte Anlagen auch besondere Genehmigungsvorbehalte (z. B. für Spielhallen, Bewachungs- und Versteigerungsgewerbe).

P. Badura: Wirtschaftsverwaltungsrecht. In: I. v. Münch: Besonderes Verwaltungsrecht. 6. Aufl. Berlin, New York 1982. – R. v. Landmann/G. Rohmer: Gewerbeordnung und ergänzende Vorschriften. 3 Bände. 13. Aufl. München 1982.

Das Genehmigungsverfahren für sogenannte lästige Anlagen nach dem Bundes-Immissionsschutzgesetz

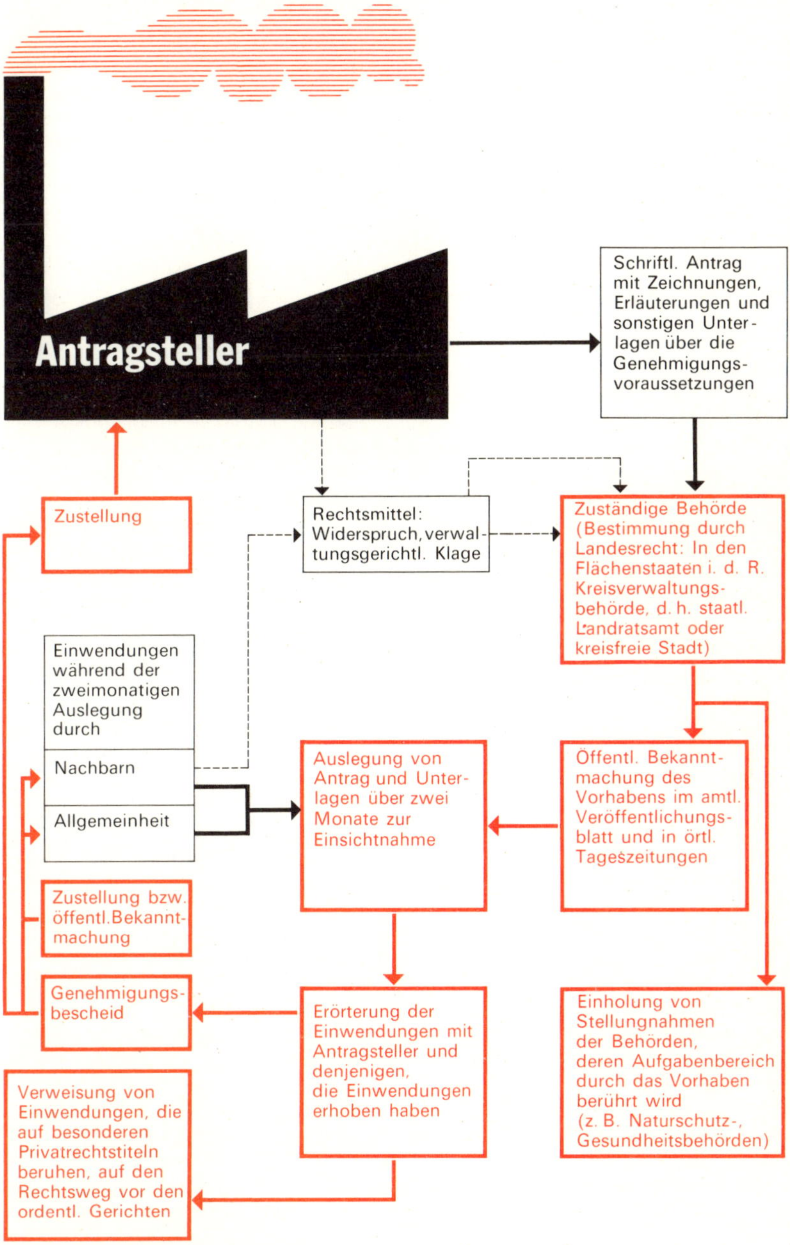

Atom- und Strahlenschutzrecht

Zum Atom- und Strahlenschutzrecht zählen die Rechtsvorschriften, in denen die Voraussetzungen für die friedliche Nutzung radioaktiver Stoffe bestimmt sind. Zu diesen gehören einmal die Kernbrennstoffe (spaltbare Materialien in Form von Uran und Plutonium), die unter besonderen Bedingungen durch Kernspaltung Kernenergie freisetzen. Als Elemente eines Reaktors werden sie zur Erzeugung von Wärme und Strahlungsenergie verwendet. Die in Leistungsreaktoren erzeugte Wärme dient der Gewinnung von elektrischer Energie (Kernkraftwerke). Die Verwendung sonstiger radioaktiver Stoffe ist u.a. Gegenstand des Strahlenschutzrechts. Hierzu zählen Stoffe, die, ohne Kernbrennstoffe zu sein, ionisierende Strahlen spontan aussenden.

Durch Änderung des Grundgesetzes (GG) im Jahre 1959 hat der Bund eine Gesetzgebungskompetenz auf den Gebieten des Atom- und Strahlenschutzrechts erhalten (Art. 87c i.V.m. Art. 74 Nr. 11a). Das darauf gestützte und ebenfalls 1959 erlassene Atomgesetz regelt vornehmlich die Verwendung von Kernbrennstoffen. Hinsichtlich der sonstigen radioaktiven Stoffe beschränkt es sich auf Verordnungsermächtigungen (Strahlenschutzverordnung, Röntgenverordnung). Das Atomgesetz und die auf seiner Grundlage erlassenen Rechtsverordnungen werden, vorbehaltlich besonderer gesetzlicher Zuständigkeiten von Behörden und Anstalten des Bundes, von den Ländern in Bundesauftragsverwaltung (Art. 85 GG) vollzogen. Zur Beratung des Bundesministers des Innern wurden sachverständige Kommissionen gebildet (Reaktor-Sicherheitskommission, Strahlenschutzkommission).

Das Atomgesetz setzt sich einen Förderungs- und einen Schutzzweck. In der ersteren Zielbestimmung hat der Gesetzgeber eine positive Grundentscheidung zugunsten der friedlichen Nutzung von Kernenergie getroffen. Dies hat für den Rechtsvollzug des Atomgesetzes weitgehende Bedeutung. So kann eine atomrechtliche Anlagengenehmigung (z. B. für ein Kernkraftwerk) bei Erfüllung der gesetzlichen Schutzvoraussetzungen nicht generell und absolut versagt werden. Im übrigen hat sich der Förderungszweck in den besonderen Haftungsbestimmungen des Atomrechts niedergeschlagen. Diese kennen eine verschuldensunabhängige Gefährdungshaftung mit Höchstgrenzen für Schäden, die Dritten durch vom Atomgesetz erfaßte Anlagen, Stoffe, Handlungen und Einrichtungen entstehen können sowie eine entsprechende Deckungsvorsorge. Im Vordergrund steht jedoch der Schutzzweck des Atomrechts.

Die atomrechtliche Anlagengenehmigung kann nur erteilt werden, wenn die gesetzlich näher bestimmten Schutzanforderungen und die nach dem Stand von Wissenschaft und Technik erforderliche Vorsorge gegen Schäden gewährleistet sind. Die im übrigen im Wege eines behördlichen Ermessens zu treffende Entscheidung erfolgt in einem förmlichen Verwaltungsverfahren, an dem neben verschiedenen Fachbehörden und Sachverständigengremien auch die Öffentlichkeit beteiligt ist. Gegen eine Genehmigung können die „Betroffenen", vorwiegend unter Berufung auf den einschlägigen Grundrechtsschutz von Leben, Gesundheit und Eigentum, die Verwaltungsgerichte anrufen. Die nukleare ↑Entsorgung (S. 618) einer Anlage muß anlagenintern sichergestellt sein. Anlagenextern genügt eine langfristige Gewährleistung der Entsorgung aufgrund einer realistischen und technisch abgesicherten Planung. Sammelstellen für die Zwischenlagerung radioaktiver Abfälle haben die Länder, Anlagen zur Sicherstellung und zur Endlagerung hat der Bund einzurichten. Beide können sich zur Erfüllung dieser Pflichten (privater) Dritter bedienen. Solche Zwischen- und Endlagerstätten bedürfen der behördlichen Zulassung in einem Planfeststellungsverfahren.

H. Fischerhof: Deutsches Atomgesetz und Strahlenschutzrecht. Bd. I. 2. Aufl. Baden-Baden 1978. – C. Degenhart: Kernenergierecht. Köln u.a. 1981. – M. Ronellenfitsch: Das atomrechtliche Genehmigungsverfahren. Berlin, München 1983.

Das Atomgesetz und seine Ausführung

Atomgesetz

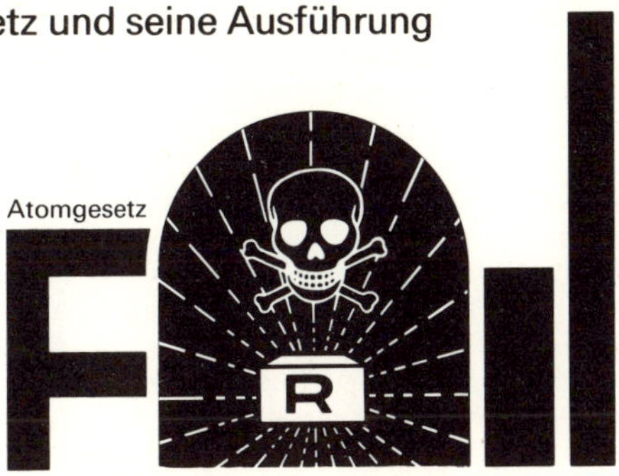

Rechtsverordnungen des Bundes
z.B. Röntgenordnung, Strahlenschutzverordnung, Atomrechtliche Verfahrensordnung, Deckungsvorsorge-Verordnung

Verwaltungsvollzug:

- Ein- und Ausfuhrgenehmigungen: Bundesamt für gewerbl. Wirtschaft
- Überwachung der Ein- und Ausfuhr: Bundesminister der Finanzen oder die von ihm bestimmten Zolldienststellen; im Freihafen Hamburg: Freihafenamt
- Verwahrung, Beförderungs- und Aufbewahrungsgenehmigungen: Physikalisch-Technische Bundesanstalt
- Beaufsichtigung der Beförderung von radioaktiven Stoffen mit der Deutschen Bundesbahn im Schienen- und Schiffs-verkehr: Deutsche Bundesbahn
- Die übrigen Verwaltungsaufgaben: Landesverwaltungen im Auftrag des Bundes (Bundesauftragsverwaltung)
  z.B. Genehmigung von Kernanlagen (z.B Kernkraftwerken), Planfeststellung von Anlagen für die Zwischen- und Endlagerung nuklearer Abfälle
- Soweit im Dienstbereich der Bundeswehr: Bundesminister der Verteidigung oder die von ihm bezeichneten Dieststellen

Energiewirtschaftsrecht

Zur Energiewirtschaft zählen alle Einrichtungen und Tätigkeiten, die der Deckung des Bedarfs an Energie in Form von Wärme, Licht und Antriebskraft dienen. Die Deckung des Energiebedarfs ist für die industrielle Gesellschaft existenznotwendig und wegen der in jüngster Zeit rapide wachsenden Nachfrage eines der wichtigsten wirtschaftspolitischen Probleme. Daher gehört es zu den Staatsaufgaben, eine ausreichende und ordnungsmäßige Energieversorgung zu gewährleisten. Diesem Zweck sind verschiedene rechtliche Regelungen gewidmet. Dabei stellen die auf die Versorgung mit Gas (im Sinne von Energie) und Elektrizität bezogenen Rechtsvorschriften ein geschlossenes Rechtsgebiet dar; sie werden herkömmlich unter dem Begriff des Energiewirtschaftsrechts zusammengefaßt.

Die Tätigkeiten, die durch Erzeugung und Verteilung von Gas und Elektrizität unmittelbar der Energieversorgung dienen, gelten in der BRD bis heute allerdings nicht als staatliche Aufgaben. Diese nicht mehr unbestrittene Auffassung konnte sich stets gegenüber Überlegungen und Versuchen zu einer Verstaatlichung der Gas- und Elektrizitätsversorgung behaupten. Die Gasversorgung, die in der zweiten Hälfte des 19. Jahrhunderts vornehmlich durch private Unternehmen aufgenommen wurde, erlebte zwar eine Kommunalisierung. Diese blieb jedoch im wesentlichen auf das Gebiet der örtlichen Verteilerunternehmen beschränkt. Dagegen führte im Bereich der Gaserzeugung der Rückgang des Kohlegases gegenüber den Natur- und Mineralölgasen zu einer Verlagerung auf die großen Erdöl- und Bergbaugesellschaften (z. B. Ruhrgas AG). Die zum Ende des 19. Jahrhunderts einsetzende öffentliche Stromversorgung bot zunächst ein sehr vielfältiges Bild. Die inzwischen eingetretene Entwicklung zu Großkraftwerken hat vor allem in dem Bestreben ihre Ursache, durch größere Blockeinheiten Kosten zu verringern. Eine Besonderheit der Stromversorgung ist zudem ein Verbundsystem (Deutsche Verbundgesellschaft), das sich zu einem großen westeuropäischen Verbund ausgeweitet hat. Im Jahre 1919 wurde ein Gesetz betreffend die Sozialisierung der Elektrizitätswirtschaft beschlossen. Es wurde jedoch nicht vollzogen und 1935 wieder aufgehoben. Die bis heute maßgebliche Rechtsgrundlage ist das Gesetz zur Förderung der Energiewirtschaft von 1935 (EnWiG) geblieben. Es ist ein typisches Kompromißgesetz, das die Versorgung mit Gas und Elektrizität als Teil der privaten gewerblichen Wirtschaft bestehen ließ, aber in Anerkennung der staatlichen Aufgabe, die Energieversorgung zu gewährleisten, die Energieversorgungsunternehmen bestimmten Versorgungspflichten und staatlichen Aufsichtsrechten unterstellt. Das Gesetz gilt als Bundesrecht fort, wird aber von den Ländern in eigener Verantwortung ausgeführt.

Eine wesentliche Vorschrift des EnWiG ist die Regelung seines § 6 Abs. 1, nach dem ein Energieversorgungsunternehmen, das die Versorgung eines bestimmten Gebietes übernommen hat (Gebiets-Energieversorgungsunternehmen), verpflichtet ist, allgemeine Bedingungen und allgemeine Tarifpreise öffentlich bekanntzugeben und unter diesen Bedingungen und Tarifpreisen jedermann an sein Versorgungsnetz anzuschließen und zu versorgen (allgemeine Anschluß- und Versorgungspflicht). Ein weiteres wesentliches Kennzeichen der Versorgung mit Gas und Elektrizität in der BRD ist eine monopolistische Struktur, die jedem Energieversorgungsunternehmen das Monopol für die Versorgung eines bestimmten Gebietes verschafft. Diese Ordnung ist nicht das Ergebnis gesetzlicher Regelung, sondern eines Systems von gemeindlichen Konzessionsverträgen mit Versorgungsunternehmen sowie von sog. Demarkationsverträgen zwischen diesen Unternehmen selbst.

E. Eiser/J. Riederer: Energiewirtschaftsrecht. Losebl. 4. Aufl. München 1982. – W. Ludwig u. a.: Recht der Elektrizitäts-, Gas- und Wasserversorgung. Losebl. Frankf. a. M. 1982.

Staatliche Aufsicht über die Energieversorgungsunternehmen nach dem Energiewirtschaftsgesetz

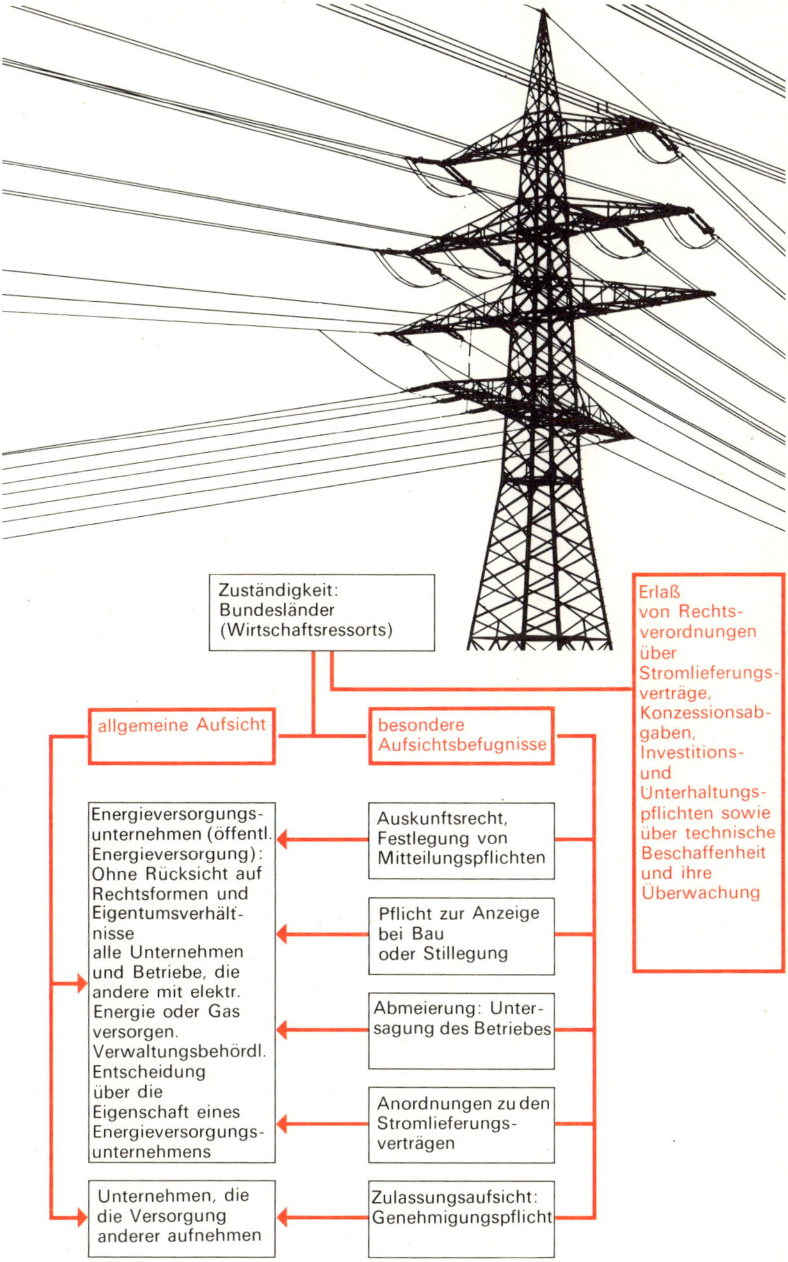

Wasserwirtschaft

Das in der Natur frei vorkommende Wasser ist wegen seiner lebenswichtigen Bedeutung in der Rechtsordnung der Bundesrepublik Deutschland grundsätzlich weder einem freien Gebrauch noch einer Bewirtschaftung durch den Eigentümer überlassen. Dies gilt auch, soweit Gewässer im Eigentum des Staates oder anderer öffentlicher Gebietskörperschaften stehen. Zwar werden die stehenden Gewässer und auch die „fließende Welle", die sich über oder unter einem Grundstück befindet, als eigentumsfähig angesehen. Die Privatnützigkeit von Gewässern ist jedoch weitestgehend verdrängt durch eine hoheitliche „Bewirtschaftung". Diese ist nach dem Grundsatz zu führen, daß Gewässer dem Wohl der Allgemeinheit und im Einklang mit ihm auch dem Nutzen einzelner dienen und daß jede vermeidbare Beeinträchtigung unterbleibt. Dementsprechend stellt das öffentliche Wasserrecht fast alle Gewässerbenutzungen für den Eigentümer ebenso wie für Dritte unter den Vorbehalt einer behördlichen Erlaubnis oder Bewilligung. Hinsichtlich der dadurch gedeckten Gewässerbenutzungen trifft den Eigentümer eine Duldungspflicht. Das unterirdische Wasser (Grundwasser) ist vom Gesetzgeber in verfassungsmäßiger Weise einer ausschließlich öffentlichrechtlichen Benutzungsordnung unterstellt worden, also der privatrechtlichen (Eigentums-)Ordnung gänzlich entzogen. Die Herstellung, Beseitigung oder wesentliche Umgestaltung eines Gewässers oder seiner Ufer (Gewässerausbau) bedarf einer behördlichen Planfeststellung.

Das Recht der Wasserwirtschaft bzw. des Wasserhaushalts ist heute ein zentraler Teil des Umweltrechts (↑ Umweltschutzgesetze S. 620). Es ist im wesentlichen im Wasserhaushaltsgesetz des Bundes enthalten, das als Rahmengesetz des Bundes durch die Wassergesetze der Länder ausgefüllt wird (↑ Gesetzgebungs- und Verwaltungskompetenzen im Bereich der Wirtschaft S. 384). Für den verwaltungsmäßigen Vollzug sind allein die Länder zuständig. Vom Wasserhaushaltsrecht ist diejenige Rechtsmaterie zu unterscheiden, die sich mit der Funktion von Gewässern als Verkehrswegen (Binnen- und Seewasserstraßen) befaßt. Die Wasserstraßenverwaltung ist ausschließlich bundesrechtlich geregelt (Bundeswasserstraßengesetz) und wird in bundeseigener Verwaltung geführt.

Auf die nach dem Wasserwirtschaftsrecht erforderliche Erlaubnis oder Bewilligung besteht kein Rechtsanspruch. Das der zuständigen Behörde eingeräumte „Zuteilungsermessen" ist gerichtlich nur daraufhin überprüfbar, ob die Grenzen des Ermessens verkannt worden sind oder das Ermessen sonst aufgrund fehlerhafter Erwägungen ausgeübt worden ist. Die Bewilligung unterscheidet sich von der Erlaubnis dadurch, daß sie in gewissen Beziehungen eine stärkere Rechtsstellung verleiht, insbesondere eine sogenannte Drittwirkung, nach der privatrechtliche Einwendungen Dritter gegen einen Gebrauch der Bewilligung ausgeschlossen sind. Eine besondere Genehmigung ist für Rohrleitungsanlagen zur Beförderung wassergefährdender Stoffe (Pipelines) vorgesehen. Weitere Vorschriften des Wasserhaushaltsrechts regeln unter anderem die Unterhaltungs- und Ausbaupflichten für die Gewässer, Wasser- und Heilquellenschutzgebiete sowie eine Gefährdungshaftung für Wasserverunreinigungen. Im Zuge der Umweltschutzgesetzgebung wurden auch neue Vorschriften aufgenommen über die Abwasserbeseitigung sowie die sogenannte Gewässergütebewirtschaftung (besondere Anforderungen für das Einleiten von Abwasser; Abwasserbeseitigungspläne; Bewirtschaftungspläne) und über das Lagern, Abfüllen und Umschlagen wassergefährdender Stoffe. Mit diesen Regelungen hat die Bundesrepublik zum Teil Richtlinien entsprochen, mit denen der Rat der ↑ Europäischen Gemeinschaften (S. 578) den Mitgliedstaaten Einleitungs- und Gewässerstandards zur Pflicht gemacht hat.

J. Salzwedel: Wasserrecht. In: I. v. Münch: Besonderes Verwaltungsrecht. 6. Aufl. Berlin, New York 1982.

Dem Wasserhaushaltsrecht unterliegende Gewässer

Erlaubnis- oder bewilligungspflichtige Gewässerbenutzungen nach dem Wasserhaushaltsrecht

Öffentlichrechtliche Zweckbestimmung der Gewässer

Eigentum		
Öffentl. Eigentum: Öffentl. Gewässer in Baden-Württemberg	Privatrechtl. Eigentum	
	Bundeswasserstraßen: Bund	Private, Staat, andere Hoheitsträger

Erlaubnis- oder bewilligungspflichtige Benutzungen

- Entnehmen und Ableiten von Wasser aus oberirdischen Gewässern
- Aufstauen und Absenken von oberirdischen Gewässern
- Entnehmen fester Stoffe aus oberirdischen Gewässern, soweit dies auf den Zustand des Gewässers oder auf den Wasserabfluß einwirkt
- Einbringen und Einleiten von Stoffen in Küstengewässer, wenn diese Stoffe von Land aus oder aus Anlagen, die in Küstengewässern nicht nur vorübergehend errichtet oder festgemacht worden sind, eingebracht oder eingeleitet werden oder in Küstengewässer verbracht worden sind, um sich ihrer dort zu entledigen
- Einleiten von Stoffen in das Grundwasser
- Entnehmen, Zutagefördern, Zutageleiten und Ableiten von Grundwasser
- Aufstauen, Absenken und Umleiten von Grundwasser durch Anlagen, die hierzu bestimmt oder hierfür geeignet sind
- Maßnahmen, die geeignet sind, dauernd oder in einem nicht nur unerheblichen Ausmaß schädliche Veränderungen der physikalischen, chemischen oder biologischen Beschaffenheit des Wassers herbeizuführen

Bergrecht

Das Bergrecht umfaßt die Gesamtheit der für den Bergbau geltenden Sonderrechtssätze. Dem Bund steht zwar die konkurrierende Gesetzgebungskompetenz für das Recht des Bergbaus zu; aufgrund der historischen Entwicklung ist das Bergrecht jedoch weitgehend landesrechtlich geregelt. In Bayern gilt das Bayerische Berggesetz von 1910 in der Fassung von 1967, in den übrigen Ländern landesrechtlich unterschiedliche Fassungen des allgemeinen Berggesetzes für die preußischen Länder (ABG) von 1865. Allgemeine Rechtsätze über die rechtliche Zugehörigkeit der Bodenschätze entwickelten sich seit dem Mittelalter. Die unterschiedlichen Bergordnungen und die subsidiär geltenden bergrechtlichen Vorschriften des Allgemeinen Landrechts für die preußischen Staaten von 1794 führten zu einer erheblichen Rechtszersplitterung. Als gemeinsam hervorzuheben sind 1) das Regal, d. h. das Recht des Regalherrn, den Bergbau selbst zu bestreiten oder dieses Recht unter Beibehaltung des Regals an Private zu verleihen und einen Teil der Ausbeute zu fordern; 2) das Direktionsrecht, d. h. das Recht zur Steuerung des Betriebes und zur Beaufsichtigung durch vom Regalherrn eingesetzte Personen (Bergbeamte); 3) das Recht der Bergbautreibenden, in fremde Grundeigentümerrechte einzugreifen, z. B. durch die Anlage von Grubenbauten, das Ankippen von Halden und die Errichtung von Aufbereitungsanlagen; 4) die Bergfreiheiten, d. h. die Sonderrechte, mit denen der Landesherr die Bergleute ausstattete, z. B. Steuer- und Abgabenfreiheit und das Recht, Waffen zu tragen. In dieser Zeit wurden auch die vom Regalherrn unterstützten Kranken-, Altersversorgungs- und Sterbekassen für Bergleute gegründet, die zuerst von diesen selbst getragen wurden. Später erfolgte eine Übernahme in staatliche Verwaltungen; im Reichs- bzw. Bundesknappschaftsgesetz wurden sie schließlich aus der Berghoheit (Gesamtheit der bergrechtlichen Hoheitsrechte des Staates) herausgenommen.

Die historisch entwickelten Prinzipien des Bergrechts wurden in das ABG von 1865 übernommen. Die Berghoheit wurde von den zuständigen Landesministerien ausgeübt, wobei das Bergrecht nunmehr als Landesrecht galt. Das Gesetz regelte die Rechtsbeziehung zwischen dem Staat, den Bergbaubehörden und der Öffentlichkeit. Die Berghoheit des Staates beschränkte sich damit vor allem auf die Bergaufsicht (Bergpolizei), die Verleihung von Bergwerkseigentum und bestimmte Einzelbefugnisse.

Am 1. Januar 1982 ist das am 13. 8. 1980 verkündete Bundesberggesetz (BBergG) in seinen wesentlichen Teilen in Kraft getreten, damit hat eine neue Phase in der wechselvollen Geschichte des deutschen Bergrechts begonnen. Die langandauernde Geltung des Landesrechts auf der Grundlage des ABG für die preußischen Staaten ist beendet, eine bundeseinheitliche Regelung geschaffen worden. Zweck des Gesetzes ist gem. § 1 BBergG u. a. zur Sicherung der Rohstoffversorgung das Aufsuchen, Gewinnen und Aufbereiten von Bodenschätzen unter Berücksichtigung ihrer Standortgebundenheit und des Lagerstättenschutzes zu ordnen und zu fördern, die Sicherheit der Betriebe und der Beschäftigten des Bergbaus zu gewährleisten sowie gegen Gefahren aus bergbaulicher Tätigkeit für Leben, Gesundheit und Sachgüter Dritter vorzusorgen bzw. den Ausgleich unvermeidlicher Schäden zu verbessern. Schwerpunktmäßig regelt das neue Bergrecht u. a. die Aufteilung in bergfreie und grundeigene Bodenschätze (§ 3), die Neuordnung des Berechtsamswesens (§§ 6–23), die Änderung des Bergaufsichtsrechts (§§ 69–74), die Neuordnung des Bergschadensrechts (§§ 110–125). Es enthält außerdem besondere Vorschriften für den Festlandsockel (§§ 132–137).

W. Lehmann/W. Heller: Dt. Berggesetze. Losebl. Essen 1978. – R. Willecke: Die dt. Berggesetzgebung. Essen 1977. – G. Dapprich/F. J. Franke: Leitfaden des Bergrechts. 2. Aufl. Essen 1982.

Bergfreie und grundeigene Bodenschätze nach dem Bundesberggesetz vom 13.8.1980

Bergfreie Bodenschätze

Actinium und die Actiniden, Aluminium, Antimon, Arsen, Beryllium, Blei, Bor, Caesium, Chrom, Eisen, Francium, Gallium, Germanium, Gold, Hafnium, Indium, Iridium, Kadmium, Kobalt, Kupfer, Lanthan und die Lanthaniden, Lithium, Mangan, Molybdän, Nickel, Niob, Osminum, Palladium, Phosphor, Platin, Polonium, Quecksilber, Radium, Rhenium, Rhodium, Rubidium, Ruthenium, Scandium, Schwefel, Selen, Silber, Strontium, Tantal, Tellur, Thallium, Titan, Vanadium, Wismut, Wolfram, Yttrium, Zink, Zinn, Zirkonium – gediegen und als Erz, außer in Raseneisen-, Alaun- und Vitriolerzen;
Kohlenwasserstoffe nebst den bei ihrer Gewinnung anfallenden Gasen;
Stein- und Braunkohle nebst den im Zusammenhang mit ihrer Gewinnung auftretenden Gasen; Graphit; Stein-, Kali-, Magnesia- und Borsalz nebst den mit diesen Salzen in der gleichen Lagerstätte auftretenden Salzen; Sole; Flußspat und Schwerspat; alle Bodenschätze im Bereich des Festlandsockels.

↓

Kein Eigentum des Grundeigentümers

↓

1. Recht zur Aufsuchung (Untersuchung, Schürfen): Erlaubnis
2. Recht zur Gewinnung:
   a) Bewilligung,
   b) Bergwerkseigentum (Anwendung des Grundstückrechts)

Grundeigene Bodenschätze

Basaltava; Bauxit; Betonit und andere montmorillonitreiche Tone; Dachschiefer; Feldspat, Kaolin, Pegmatitsand; Glimmer; Kieselgur; Quarz und Quarzit, soweit sie sich zur Herstellung von feuerfesten Erzeugnissen oder Ferrosilizium eignen; Speckstein, Talkum; Ton, soweit er sich zur Herstellung von feuerfesten, säurefesten oder nicht als Ziegeleierzeugnisse anzusehenden keramischen Erzeugnissen oder zur Herstellung von Aluminium eignet; Traß;
alle anderen nicht aufgezählten und nicht bergfreien Bodenschätze, soweit sie untertägig aufgesucht oder gewonnen werden.

↓

Eigentum des Grundeigentümers

↓

1. Recht des Grundeigentümers zur Aufsuchung und Gewinnung.
2. Bei Mitgewinnung von bergfreien Bodenschätzen und bei Inanspruchnahme von Bergrechten gegenüber anderen Grundeigentümern:
   Erlaubnis, Bewilligung bzw. Bergwerkseigentum.

Lebensmittelrecht

Zum Lebensmittelrecht gehören alle Vorschriften zum Schutz der Verbraucher vor Gesundheitsgefährdung und vor Täuschung durch nachgemachte oder verfälschte, bzw. nicht einwandfrei beschaffene oder bezeichnete Lebensmittel. Seit dem 1. 1. 1975 ist das Gesetz zur Gesamtreform des Lebensmittelrechts und damit das neue Lebensmittel- und Bedarfsgegenständegesetz in Kraft, das einschneidende Veränderungen gebracht hat. Der Schutz der Bevölkerung und der Verbraucher ohne unnötige Behinderung der wirtschaftlichen Entwicklung sind die wesentlichen Ziele des neuen Gesetzes, das eine große Anzahl von Ermächtigungen zum Erlaß von Rechtsverordnungen enthält. Lebensmittel werden vom Gesetzgeber als Stoffe definiert, die dazu bestimmt sind, in unverändertem, zubereitetem oder verarbeitetem Zustand von Menschen verzehrt zu werden. Lebensmittelrecht und Lebensmittelkontrolle sind eng miteinander verbunden. Bereits in den Stadtrechten im 12. Jahrhundert finden sich Bestimmungen über den Handel mit Lebensmitteln: So hatten nach dem Soester Stadtrecht Weinpanscher mit der Todesstrafe zu rechnen. Seit 1516 besteht in Bayern als wichtige lebensmittelrechtliche Vorschrift das noch gültige Reinheitsgebot für das Brauen von Bier. Heute wird die Beachtung der Vorschriften über den Verkehr mit Lebensmitteln, Tabakerzeugnissen, kosmetischen Mitteln und Bedarfsgegenständen von den nach dem Landesrecht zuständigen Behörden überwacht. Ordnungswidrigkeiten können nach dem Lebensmittelgesetz mit Geldbußen bis zu 50000 DM geahndet werden, Straftaten nur mit Freiheitsstrafen bis zu einem Jahr oder mit Geldstrafen. Damit ist die Forderung nach einer Entkriminalisierung des Lebensmittelrechts weitgehend verwirklicht.

Von besonderer Bedeutung ist die gesetzliche Regelung für 1) die Zulässigkeit von Zusatzstoffen (food additives) wie Mineralstoffen, Vitaminen, Süßstoffen u. a., die nur unter bestimmten Voraussetzungen verwendet werden dürfen; 2) die Zulässigkeit der Stoffe mit pharmakologischer Wirkung: Danach ist es verboten, vom Tier gewonnene Lebensmittel in den Verkehr zu bringen, bei denen die Stoffe mit pharmakologischer Wirkung bestimmte festgesetzte Höchstmengen überschreiten. Dies gilt besonders für die Fälle, in denen als Arzneimittel registrierte Stoffe dem lebenden Tier als Futtermittel gegeben werden (z. B. Hormonpräparate bei der Kälbermast); 3) Bedarfsgegenstände, d. h. Gegenstände, die mit Lebensmitteln in Berührung kommen, Gegenstände der Körperpflege, Spielwaren, Reinigungs- und Pflegemittel u. a. Alle diese Gegenstände müssen so beschaffen sein, daß sie keine Gesundheitsschädigungen hervorrufen können; 4) Tabakerzeugnisse, d. h. Rohtabak oder unter Verwendung von Rohtabak hergestellte Erzeugnisse zum Rauchen, Kauen oder Schnupfen. Das Lebensmittelgesetz enthält das lange diskutierte Werbeverbot für Zigaretten in Rundfunk und Fernsehen und die Anordnung von Warnhinweisen; 5) kosmetische Mittel: Hier wird auf die Zweckbestimmungen Reinigung, Pflege, Beeinflussung des Aussehens oder des Körpergeruchs abgestellt. Die Werbung für kosmetische Mittel mit irreführenden Angaben ist verboten, besonders wenn fälschlich der Eindruck erweckt wird, daß ein Erfolg mit Sicherheit erwartet werden kann. Erstmals ist auch die Werbung für Lebensmittel und Bedarfsgegenstände generell geregelt. Es ist verboten, für Lebensmittel mit irreführenden Darstellungen zu werben. Lebensmittel dürfen in der Werbung weder mit dem Anschein eines Arzneimittels versehen werden, noch dürfen täuschende Angaben über Herkunft, Menge, Gewicht, Zeitpunkt der Herstellung und der Haltbarkeit gemacht werden. Erst im Aufbau befindet sich das Deutsche Lebensmittelbuch, eine Sammlung von Leitsätzen, in denen die Herstellung, Beschaffenheit oder sonstige Merkmale von Lebensmitteln beschrieben werden.

H. Holthöfer/K.-H. Nüse/R. Franck: Deutsches Lebensmittelrecht. Losebl. 6. Aufl. Köln 1982. G. Meier: Für ein rechtsstaatliches Lebensmittelrecht. In: Zeitschrift f. Rechtspolitik 1983, S. 294ff. – P. Lips/F. Marr: Wegweiser durch das Lebensmittelrecht. München 1983.

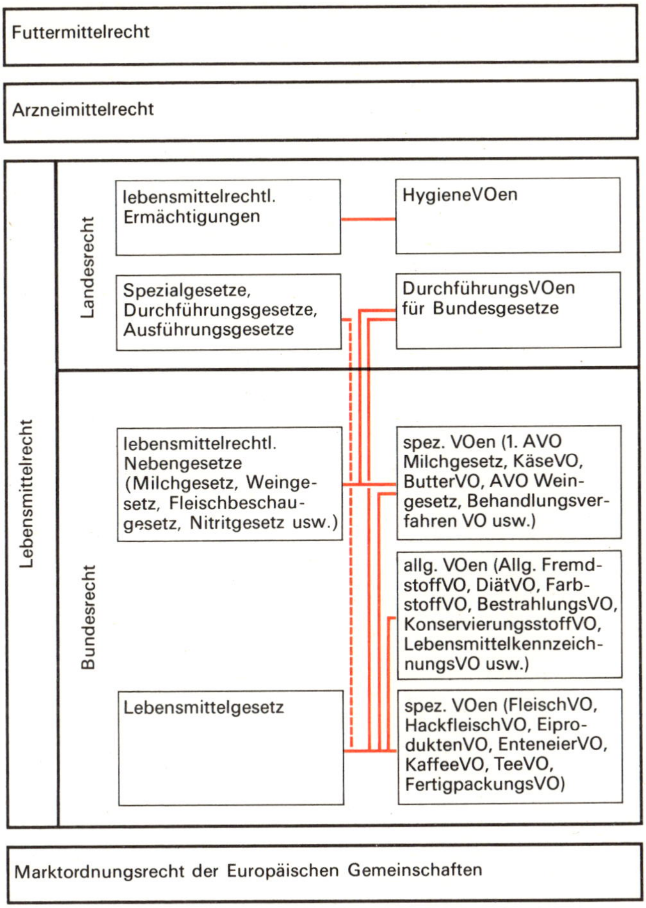

Verbrauch an ausgewählten Nahrungsmitteln (kg je Einwohner und Jahr)

Nahrungsmittel	Wirtschaftsjahr				
	1977/78	1978/79	1979/80	1980/81	1981/82
Schaffleisch	0,8	0,8	0,8	0,8	0,8
Innereien	5,3	5,4	5,5	5,5	5,5
Geflügelfleisch	9,6	9,7	9,9	9,6	9,8
Sonstiges Fleisch	1,1	1,1	1,1	1,1	1,1
Trinkmilch	82,6	83,4	84,2	84,3	85,4
dar.: Mager- und Buttermilch	6,5	6,0	5,0	4,5	4,3
Sahne	4,5	4,7	4,9	5,1	5,2
Kondensmilch	6,3	6,3	6,3	6,4	6,2
Käse	13,0	13,1	13,5	13,9	14,2
dar.: Frischkäse einschl. Speisequark	5,9	5,9	5,9	6,1	6,3
Butter in Produktgewicht	6,7	6,9	7,2	7,1	7,1
Nahrungsfette in Reinfett insgesamt	25,6	26,9	26,6	26,2	26,3
Butter	5,6	5,8	6,1	5,9	6,0
Schlachtfette	6,0	6,2	6,3	6,4	6,4
Pflanzliche Öle und Fette, tierische Öle	14,0	13,9	14,2	13,9	13,9
Eier und Eierprodukte (Schaleneiwert)	17,5	17,2	17,0	17,1	17,1
Fische (Fanggewicht)	11,0	10,7	10,5	10,7	10,9

Ladenschlußregelung

Ladenschlußgesetz ist die Kurzbezeichnung für das Bundesgesetz über den Ladenschluß vom 28. 11. 1956 mit den späteren Änderungen. Eine Reform der gesetzlichen Regelung wird zunehmend und unter abweichenden Aspekten diskutiert. Das Ladenschlußgesetz bestimmt in allen Einzelheiten die Geschäftszeit für Verkaufsstellen, bzw. wenn sie geschlossen sein müssen. Das Gesetz bezweckt in erster Linie eine Regelung des Wettbewerbs und einen Schutz der angestellten Arbeitnehmer in den Verkaufsstellen. Unter Verkaufsstellen versteht das Gesetz Ladengeschäfte aller Art, Apotheken, Tankstellen, Warenautomaten, Bahnhofsverkaufsstellen sowie sonstige Verkaufsstände, -buden und ähnliche Einrichtungen, in denen von einer festen Stelle aus ständig Waren zum Verkauf an jedermann feilgehalten werden. „Feilhalten" ist nach dem Gesetz auch das Zeigen von Mustern, Proben und ähnlichem, wenn Warenbestellungen entgegengenommen werden können.

Alle Verkaufsstellen sind während der allgemeinen Ladenschlußzeiten geschlossen zu halten: Dabei handelt es sich um die Sonntage und die gesetzlichen Feiertage, die Zeit von Montag bis Freitag bis 7.00 Uhr früh und ab 18.30 Uhr abends, Sonnabends bis 7.00 Uhr früh und ab 14.00 Uhr nachmittags. In allen diesen Fällen dürfen die bei Ladenschluß anwesenden Kunden noch bedient werden. Von den grundsätzlichen Regelungen läßt das Gesetz zahlreiche Ausnahmen zu, die sowohl die Ladenschlußzeiten selbst, als auch bestimmte Verkaufsstellen betreffen: So darf an jedem 1. Sonnabend im Monat sowie an den vier Sonnabenden vor Weihnachten („verkaufsoffene Samstage") die Öffnungszeit bis 18.00 Uhr ausgedehnt werden. Außerdem sind nach einer Verordnung des Bundesministers für Arbeit für den Verkauf bestimmter Waren an Sonn- und Feiertagen Erleichterungen geschaffen worden, nämlich für den Verkauf von Milch, Konditorwaren, Blumen und Zeitungen. Abweichend von den allgemeinen Ladenschlußzeiten wurden Sonderregelungen für Apotheken, Zeitungskioske, Tankstellen, Warenautomaten, Friseurbetriebe, Marktverkehr und für die Verkaufsstellen in Personenbahnhöfen und auf Flughäfen getroffen. Den einzelnen Landesregierungen steht es offen, in Kur- und Erholungsgebieten Ausnahmeregelungen zu treffen. Alle diese Ausnahmen zu den gesetzlichen festgelegten allgemeinen Ladenschlußzeiten halten sich in einem äußerst engen Rahmen. Das Ladenschlußgesetz enthält außerdem besondere Schutzbestimmungen für Arbeitnehmer, die aufgrund ihres Arbeitsvertrages während der allgemeinen Ladenschlußzeiten ihre Tätigkeit ausüben müssen. Die Aufsicht über die Beachtung der Vorschriften des Gesetzes üben – Ausnahme: Wochenmärkte – die nach jeweiligem Landesrecht für den Arbeitsschutz zuständigen Verwaltungsbehörden aus. Verstöße gegen die Verbote des Ladenschlußgesetzes werden als Ordnungswidrigkeiten oder als Straftaten geahndet.

Das Ladenschlußgesetz hat in der heute gültigen Fassung zu einer umfangreichen Rechtsprechung und zu regelmäßig wiederkehrenden Diskussionen in der Öffentlichkeit und im Bundestag darüber geführt, ob die Ladenschlußzeiten zu ändern oder gar ganz abzuschaffen seien, da das Gesetz veraltet sei und am Strukturwandel des Handels vorbeigehe. Der Bundesgerichtshof hat in der berühmten „Ratio-Entscheidung" bestätigt, daß die in den letzten Jahren auf der Großhandelsebene entstanden Cash-and-Carry-Betriebe nicht an das Ladenschlußgesetz gebunden sind. Vor allem die Verbraucherverbände fordern eine Novellierung des Gesetzes und die Möglichkeit eines verlängerten Abendeinkaufs. Unterschiedliche Umfrageergebnisse, widerstreitende Ansichten der Gewerkschaften und des kleinen und mittleren Einzelhandels haben bislang leider Modellversuche mit flexiblen, verbraucherfreundlichen Ladenschlußzeiten verhindert, wie sie fast überall im europäischen Ausland üblich sind.

F. H. Schmidt/H. O. Weber: Gesetz über den Ladenschluß. 5. Aufl. Köln 1975.

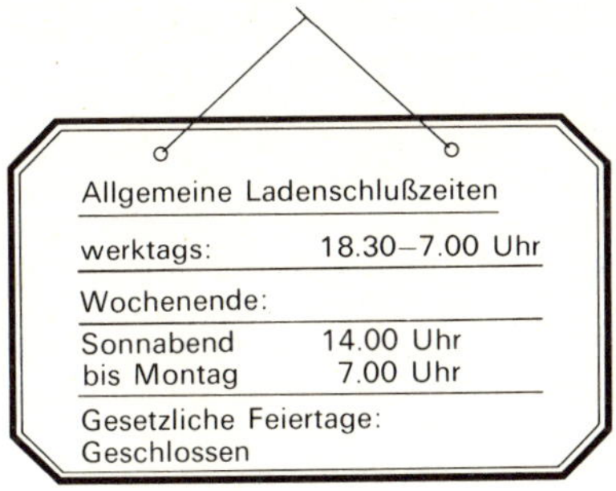
Allgemeine Ladenschlußzeiten
werktags: 18.30–7.00 Uhr
Wochenende:
Sonnabend 14.00 Uhr
bis Montag 7.00 Uhr
Gesetzliche Feiertage:
Geschlossen

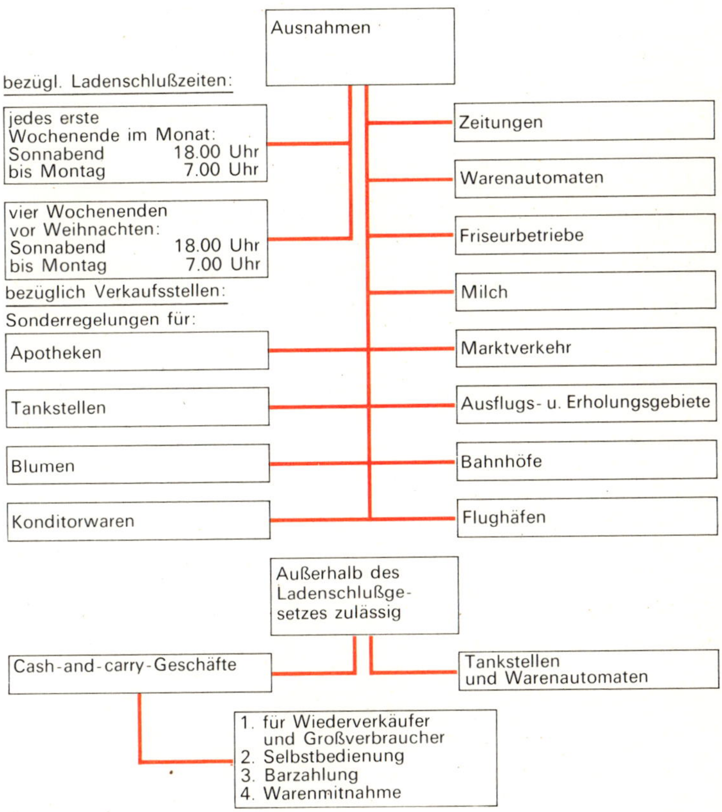
Ausnahmen
bezügl. Ladenschlußzeiten:
jedes erste Wochenende im Monat: Sonnabend 18.00 Uhr bis Montag 7.00 Uhr
vier Wochenenden vor Weihnachten: Sonnabend 18.00 Uhr bis Montag 7.00 Uhr
bezüglich Verkaufsstellen:
Sonderregelungen für:
Apotheken
Tankstellen
Blumen
Konditorwaren
Zeitungen
Warenautomaten
Friseurbetriebe
Milch
Marktverkehr
Ausflugs- u. Erholungsgebiete
Bahnhöfe
Flughäfen
Außerhalb des Ladenschlußgesetzes zulässig
Cash-and-carry-Geschäfte
Tankstellen und Warenautomaten
1. für Wiederverkäufer und Großverbraucher
2. Selbstbedienung
3. Barzahlung
4. Warenmitnahme

Wirtschaftskriminalität

Unter Wirtschaftskriminalität werden solche wirtschaftlichen Verhaltensweisen verstanden, die unter Strafe gestellt sind. Seit Ende des 2. Weltkriegs, als der amerikanische Soziologe E. Sutherland erstmals auf das „White-collar-crime" hinwies, hat diese neue Verbrechensart zunehmende Bedeutung erlangt. Die Schätzungen über die in der BRD durch Wirtschaftskriminelle angerichteten Schäden schwanken zwischen 400 Mill. bis über 20 Mrd. DM jährlich. Nach zuverlässigen Untersuchungen des Max-Planck-Instituts in Freiburg sind 1979: 3,9 Mrd. DM, 1980: 2,6 Mrd. DM und 1981: 3,6 Mrd. DM als Schäden festgestellt worden. Hierbei sind nicht die hoch einzuschätzenden Schadensbeträge für die zahlenmäßig bedeutsamen Deliktsgruppen Steuerhinterziehungen und Konkursdelikte erfaßt, soweit sie unentdeckt geblieben sind oder das gesamte Ausmaß der Schäden gar nicht festgestellt werden konnte. Hohe Gesamtschäden entstehen auch bei einzelnen Betrugs- und Untreuehandlungen großen Ausmaßes, z. B. bei Kredit- und Versicherungsbetrügereien, schwindelhaften Anlage- und Abschreibungsunternehmungen. Beim sog. Subventionsbetrug handelt es sich um die betrügerische Erlangung von Subventionen, die bestimmungsgemäß förderungswürdigen Personengruppen oder Berufsgruppen gewährt werden sollen, z. B. Zuschüsse für Eier, Geflügel und andere Produkte im Rahmen der komplizierten EWG-Marktordnung oder Zollvergünstigungen, Investitionsbeihilfen u. a. aufgrund nationaler Programme. Ein modernes Beispiel der sich stetig wandelnden Erscheinungsformen der Wirtschaftskriminalität ist die sog. Computerkriminalität durch unbefugte Benutzung oder falsche Programmierung von Computern.

Wirtschaftsdelikte sind wegen ihrer Sozialschädlichkeit in verschiedenen Gesetzen mit Strafe, auch mit langjähriger Freiheitsstrafe bedroht. Dennoch mangelt es an einer allgemeinen sozialen Mißbilligung dieser Deliktsart. Wirtschaftskriminelle wirken innerhalb, nicht außerhalb der Gesellschaft, sie genießen oft hohes Ansehen und Prestige. Intelligenz und Fähigkeit der Täter, Raffinesse ihrer Aktionen beeindrucken, Emotionen zugunsten der Opfer bleiben aus, zumal wenn es sich um anonym erscheinende Institutionen wie Staat und Großunternehmen handelt. Dabei unterscheiden sich diese Täter kriminologisch hinsichtlich Eigenschaften wie Skrupellosigkeit und Agressivität im Prinzip nicht von anderen Straftätern. Die von ihnen angewendeten Methoden zur Verdeckung ihrer strafbaren Handlungen umfassen oft die Fälschung von Buchhaltungsunterlagen, die Herstellung fingierter Rechnungen und Verträge, die Verwendung unrichtiger Gutachten u. a. Die Ermittlungstätigkeit der Verfolgungsbehörden gestaltet sich meist schwierig, umfangreiches Aktenmaterial muß überprüft werden, die Gerichtsverfahren dauern nicht selten mehrere Monate. Durch verschiedene organisatorische Maßnahmen, insbesondere durch Bildung überregional zuständiger Schwerpunktsstaatsanwaltschaften und besonderer Wirtschaftsstrafkammern bei verschiedenen Landgerichten, sind indessen bereits Verbesserungen erreicht worden.

Die bisherige gesetzliche Regelung war nach übereinstimmender Ansicht von Politikern, Fachleuten aus Wissenschaft und Justiz sowie Vertretern der verschiedenen Wirtschaftsverbände unzulänglich. Deshalb beschloß der Bundestag am 29. 7. 1976 das 1. Gesetz zur Bekämpfung der Wirtschaftskriminalität (WiKG). Schwerpunkte des Gesetzes sind eine Neuordnung des Konkursstrafrechts, eine bessere Regelung des Subventions- und Kreditbetrugs und eine Zusammenfassung der Vorschriften gegen Wucher. Der Entwurf eines 2. WiKG liegt inzwischen vor, der u. a. auch die Computerkriminalität erfaßt.

R. Müller/H. B. Wabnitz: Wirtschaftskriminalität. München 1982. – S. Ebelseder/P. Juppenlatz: Schmutziges Geld. Die Ohnmacht des Staates gegenüber Wirtschafts- u. Steuerkriminalität. München 1984. – Th. Lenckner: Computerkriminalität u. Vermögensdelikte. Karlsr. 1981. – K. Tiedemann: Wirtschaftskriminalität u. Wirtschaftsstrafrecht in den USA u. in der BRD. Tüb. 1978.

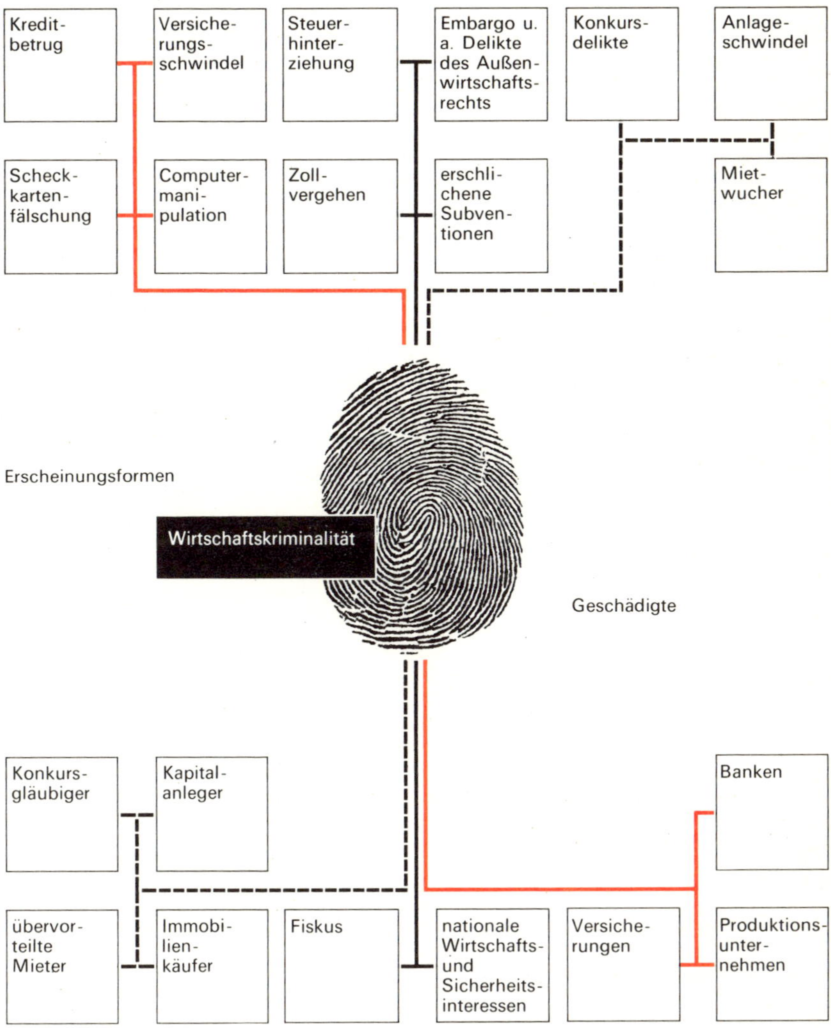
Kredit-betrug
Versiche-rungs-schwindel
Steuer-hinter-ziehung
Embargo u. a. Delikte des Außen-wirtschafts-rechts
Konkurs-delikte
Anlage-schwindel
Scheck-karten-fälschung
Computer-mani-pulation
Zoll-vergehen
erschli-chene Subven-tionen
Miet-wucher
Erscheinungsformen
Wirtschaftskriminalität
Geschädigte
Konkurs-gläubiger
Kapital-anleger
Banken
übervor-teilte Mieter
Immobi-lien-käufer
Fiskus
nationale Wirtschafts- und Sicherheits-interessen
Versiche-rungen
Produktions-unter-nehmen

Öffentliche Unternehmen

Neben der Bewirtschaftung der für die öffentliche Verwaltungstätigkeit erforderlichen Mittel (Haushaltswirtschaft) betreibt die öffentliche Hand wirtschaftliche Unternehmen, die am allgemeinen Wirtschaftsprozeß teilnehmen, die sog. öffentlichen Unternehmen. Diese unterscheiden sich von den ↑Unternehmen (S. 60) der Privatwirtschaft formell dadurch, daß die öffentliche Hand über sie entweder kraft Eigentums ganz oder überwiegend verfügt oder durch gesicherte Einflußnahme trotz nichtmehrheitlicher Beteiligung (Sperrminorität) Dispositionen der privaten Miteigentümer wesentlich beeinflussen kann.

Öffentliche Unternehmen treten in unterschiedlichen Rechtsformen auf. Die gemischtwirtschaftlichen Unternehmen sind privatrechtlich ausgestaltet und zeichnen sich durch gemeinsame Kapitalbeteiligung und Verwaltung seitens der privaten Wirtschaft und der öffentlichen Hand aus. Hierzu zählen Wohnungsbau- und Kreditgenossenschaften sowie Kapitalgesellschaften, ferner regionale Versorgungseinrichtungen (z. B. Elektrizitätswerke). Hiervon sind jene Unternehmen zu trennen, die sich ausschließlich in öffentlicher Hand befinden. Sind mehrere Hoheitsträger an einer solchen Gesellschaft beteiligt, so spricht man von gemischtöffentlichen Unternehmen. Wird das gesamte Grundkapital hingegen von einem einzigen Hoheitsträger gehalten, so liegt eine Eigengesellschaft vor.

Eine zahlenmäßig geringe, dafür wirtschaftlich sehr bedeutende Gruppe öffentlicher Unternehmen besitzt die Rechtsform der juristischen Person des öffentlichen Rechts. Diese Unternehmen sind als rechtsfähige Anstalten organisiert. Ihre Rechtsverhältnisse richten sich weitgehend nach besonderen Errichtungsgesetzen. Hierzu gehören vor allem die ↑Deutsche Bundesbank (S. 46), die Landeszentralbanken, die Girozentralen und die kommunalen ↑ Sparkassen (S. 242).

Schließlich sind die Eigenbetriebe zu nennen. Das sind organisatorisch und wirtschaftlich verselbständigte Anstalten ohne eigene Rechtspersönlichkeit mit einem aus dem Gesamtvermögen eines Hoheitsträgers herausgenommenen Sondervermögen. Ein Großteil der kommunalen Versorgungs- und Verkehrsunternehmen wird in dieser Rechtsform geführt (Beispiel: Stadtwerke). Eine ähnliche Organisationsform auf Bundesebene weisen Bundesbahn und Bundespost auf, deren nähere rechtliche Ausgestaltung im Bundesbahngesetz und im Postverwaltungsgesetz geregelt ist.

Die Eigenart öffentlicher Unternehmen liegt jedoch nicht allein in den betrieblichen Eigentumsverhältnissen und besonderen Unternehmensformen, sondern vielmehr auch darin, daß sie in unterschiedlichem Maße zur Förderung des Gemeinwohls der Bevölkerung verpflichtet sind. Demzufolge dürfen sie sich bei der Festsetzung von Preisen für von ihnen produzierte Sachgüter und Dienstleistungen nicht ausschließlich nach marktwirtschaftlichen Prinzipien ausrichten. Vielmehr sind auch sozialpolitische Erwägungen ausschlaggebend. Der gemeinnützige Charakter öffentlicher Unternehmen erfordert es geradezu, daß sie sich bei ihrer wirtschaftlichen Tätigkeit möglichst vom Kostendeckungsprinzip leiten lassen. Unvermeidliche wirtschaftliche Defizite öffentlicher Unternehmen sind durch staatliche Subventionen auszugleichen, wenn der Betrieb und seine Leistungen für die Allgemeinheit erhalten werden sollen.

Eine Überleitung öffentlicher Unternehmen in Privateigentum (Privatisierung) kann aus wirtschaftspolitischen Gründen zweckmäßig werden.

G. Püttner: Die öffentl. Unternehmen. Wiesb. 1969. – V. Emmerich: Das Wirtschaftsrecht der öffentl. Unternehmen. Wiesb. 1969.

Öffentliche Unternehmen

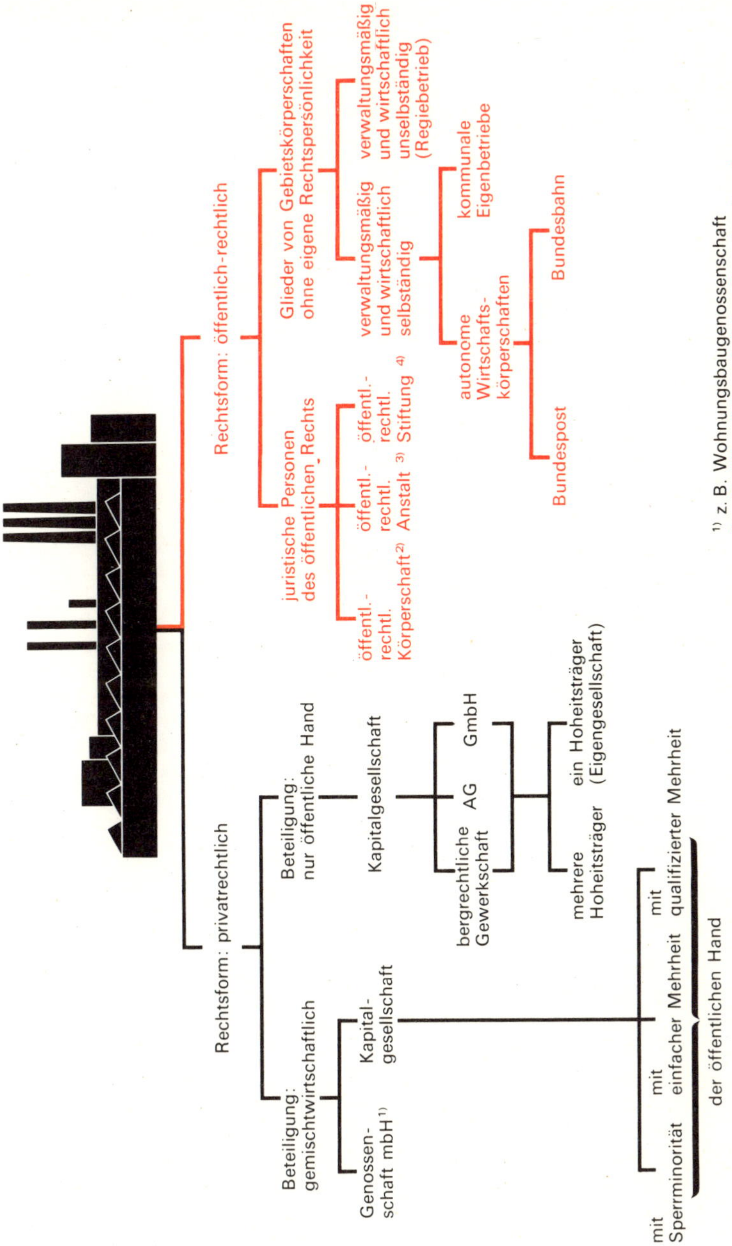

1) z. B. Wohnungsbaugenossenschaft
2) z. B. öffentlich-rechtlicher Zweckverband
3) z. B. Kommunale Sparkasse
4) z. B. öffentlich-rechtliche Stiftung als „Wirtschaftsbetrieb", dessen Erträge dem Stiftungszweck dienen

Kommunalwirtschaft

Im weitesten Sinne umfaßt Kommunalwirtschaft die gesamte wirtschaftliche Betätigung der Kommunen (Gemeinden, Gemeindeverbände, Landkreise, Bezirke in Bayern, Landschaftsverbände in Nordrhein-Westfalen), wobei der gemeindlichen Wirtschaftstätigkeit eine besondere Bedeutung zukommt. Die Gemeindewirtschaft ist in den Gemeindeordnungen der Bundesländer nahezu in gleicher Weise geregelt. Die Regelung umfaßt die Haushaltswirtschaft mit Vorschriften über die Haushaltssatzung, den Haushaltsplan, den Finanzplan, das Kreditwesen und die Verwaltung der Gemeindekasse. Die Haushaltswirtschaft ist so zu führen, daß die stetige Erfüllung der gemeindlichen Aufgaben gesichert ist. Dabei ist das Gebot der Sparsamkeit und Wirtschaftlichkeit zu beachten. Des weiteren zählt die Verwaltung von Sondervermögen (z. B. Vermögen von eingemeindeten ehemaligen Ortschaften) sowie das Prüfungswesen zur Gemeindewirtschaft. Gegenstand des Prüfungswesens sind insbesondere die Einhaltung des Haushaltsplans, die Rechnungskontrolle, die Gesetzmäßigkeit des Finanzgebarens, die Vermögensübersicht (Nachweis und Bewertung) sowie die Wirtschaftlichkeitsprüfung, die sich auf Organisation und Aufbau der gesamten Verwaltung erstreckt.

Es verbleibt die wirtschaftliche Betätigung der Gemeinden im engeren Sinne. Hier sind zunächst die öffentlichen Einrichtungen im Bereich des Unterrichts, der Erziehung, der Bildung, der körperlichen Ertüchtigung und der Wohlfahrtspflege zu nennen (gemeinnützige Einrichtungen wie Schulen, Theater, Hallenbäder, Sportplätze, Altersheime). Auch wenn ihre Benutzung oft nur gegen Entgelt gestattet wird, handelt es sich dabei meist um Zuschußbetriebe, die somit keinen kommunalwirtschaftlich bedeutsamen Ertrag abwerfen. Auch die sog. Regiebetriebe (gemeindliche Druckereien, Reparaturwerkstätten, Fuhrparks) fallen wirtschaftlich nicht ins Gewicht.

Bei den übrigen gemeindlichen Wirtschaftsbetrieben sind die gemeindlichen Versorgungsunternehmen von den wirtschaftlichen Unternehmen im engeren Sinn zu trennen (↑öffentliche Unternehmen S. 402). Der Unterschied zwischen diesen beiden Arten kommunaler Wirtschaftstätigkeit besteht insbesondere darin, daß der Betrieb von Versorgungsunternehmen zum Katalog der gemeindlichen Pflichtaufgaben zählt, während zum Betrieb der sonstigen wirtschaftlichen Unternehmen die Gemeinden gesetzlich nicht verpflichtet sind, da diese Unternehmen in der gleichen Weise mit der Absicht der Gewinnerzielung von Privatunternehmen betrieben werden können. Zu den Versorgungsunternehmen gehören insbesondere die öffentlichen Einrichtungen der Daseinsvorsorge (z. B. Verkehrsbetriebe, Wasser- und Energieversorgungsbetriebe, Müllabfuhr, Kläranlagen). Sie können in unterschiedlichen Rechtsformen betrieben werden und unterliegen nicht den gesetzlichen Beschränkungen, die für wirtschaftliche Unternehmen der Kommunen mit Rücksicht auf private Unternehmer gelten. Obwohl Versorgungsunternehmen entgeltliche Leistungen erbringen, sind sie nicht auf Gewinnerzielung, sondern auf Kostendeckung angelegt. Die Errichtung und der Betrieb auf Gewinnerzielung ausgerichteter wirtschaftlicher Unternehmen der Gemeinden ist nur gestattet, wenn ein öffentlicher Zweck es erfordert und dieser nicht ebensogut von einem anderen Unternehmen erfüllt werden kann. Auch muß das Unternehmen nach Art und Umfang mit der Leistungsfähigkeit der Gemeinde übereinstimmen und in der Lage sein, den voraussichtlichen Bedarf zu decken. Eine Schädigung oder Aufsaugung privater Betriebe darf nicht eintreten. Die Errichtung von Banken ist den Gemeinden verwehrt. Eine Ausnahme hierzu besteht hinsichtlich der ↑Sparkassen (S. 242).

K. Stern/G. Püttner: Die Gemeindewirtschaft. Stuttg. u. a. 1965. – R. Scholz/R. Pitschas: Gemeindewirtschaft zwischen Verwaltungs- und Unternehmensstruktur. Berlin 1982.

Typische Erscheinungsformen kommunaler Wirtschaftstätigkeit (nach dem Grade ihrer zunehmenden wirtschaftlichen Selbständigkeit)

Beispiel	Art des Bedarfs	Prinzip der Bewirtschaftung	Unternehmens-form
 Städt. Schlachthof	Gemeinbedarf	Bedarfsdeckung	Regiebetrieb
 Städt. Ratskeller	Einzelbedarf	Gewinnerzielung	Regiebetrieb
 Stadtwerke (Gas, Wasser, Elektrizität)	Gemeinbedarf	Bedarfsdeckung	Eigenbetrieb
Kommunale Sparkasse	Gemeinbedarf, insbesondere örtlicher Kreditbedarf	Kostendeckung + angemessene Rücklagen-bildung	autonomer Wirtschafts-betrieb
 Städt. Verkehrs-AG	Gemeinbedarf	Kostendeckung	Eigen-gesellschaft

Wettbewerb – Wettbewerbsfunktionen

Wirtschaftlicher Wettbewerb (Konkurrenz) bedeutet, daß jedes von zahlreichen Wirtschaftssubjekten danach trachtet, mit den ihm verfügbaren Mitteln im Tauschverkehr mit anderen einen möglichst großen Nutzeffekt für sich zu erzielen, in diesem Streben aber gerade dadurch beschränkt wird, daß andere Wirtschaftssubjekte unabhängig von ihm das gleiche Ziel verfolgen. Anbieterwettbewerb ist hiernach gegeben, wenn mehrere, unabhängig voneinander nach Gewinn strebende Anbieter um den Abschluß von Verträgen mit Nachfragern „kämpfen". Für die Nachfrager bedeutet der Wettbewerb der Anbieter, daß sie unter mehreren Anbietern und Angebotsbedingungen wählen können, d. h., den Angebotsbedingungen eines bestimmten Anbieters ausweichen können. Das wiederum zwingt jeden Anbieter, möglichst günstige Bedingungen (Preis, Qualität, Kundendienst, Garantie u. a.) zu bieten und möglichst kostengünstig das zu produzieren, was die Konsumenten kaufen wollen. Nur so kann er hoffen, einen Vorsprung vor seinen Konkurrenten zu erzielen und damit seine Gewinnsituation zu verbessern.

Streben nach möglichst großen Gewinnen führt so – ohne daß dies von den einzelnen Unternehmen beabsichtigt gewesen wäre – zu einer bestmöglichen Versorgung der Bevölkerung. Wie von „unsichtbarer Hand" (Adam Smith) wird das am Eigeninteresse orientierte Handeln in gesamtwirtschaftlich erwünschte Bahnen gelenkt. Dies ist die ökonomische Funktion des Wettbewerbs. Im einzelnen sorgt Wettbewerb dabei 1) für die bestmögliche Ausnutzung der Produktionsmöglichkeiten einer Volkswirtschaft (Lenkungsfunktion) und 2) für die Ausweitung dieser Produktionsmöglichkeiten (Fortschrittsfunktion). Zu 1): Unter Wettbewerbsbedingungen besteht für die Unternehmen sowohl ein Anreiz als auch ein Zwang, mit den geringstmöglichen Kosten zu produzieren, d. h., mit den vorhandenen knappen Produktionsmitteln möglichst sparsam umzugehen und das vorhandene technische Wissen bestmöglich auszunutzen, und sich möglichst rasch an veränderte Kundenwünsche und Produktionsbedingungen anzupassen. Über Gewinnanreize („Zuckerbrot") und Verlustandrohung („Peitsche") lenkt der Wettbewerb die Produktionsmittel in die Bereiche der Wirtschaft, wo sie – gemessen an der Nachfrage – dringender benötigt werden als in anderen Bereichen. Handeln im Einklang mit dem Verbraucherinteresse wird durch Gewinne belohnt, Handeln gegen das Verbraucherinteresse mit Verlusten und letztlich mit dem Entzug der Verfügungsbefugnis über knappe Produktionsmittel („Konkurs") bestraft (Wettbewerb als finanzieller „Sanktionsmechanismus"). – Zu 2): Unter Wettbewerbsbedingungen besteht ein starker Anreiz und Zwang, technischen Fortschritt in Form neuer Produkte und neuer Produktionsverfahren einzuführen, was einer Ausdehnung der gesellschaftlichen Produktionsmöglichkeiten gleichkommt. Die neuen Ideen werden verwirklicht von einzelnen schöpferischen Unternehmern. Das wettbewerbsbedingte Nachziehen der anderen Unternehmen sorgt für eine rasche Verbreitung der Neuerungen und damit zur Ausschöpfung der erweiterten Produktionsmöglichkeiten der Wirtschaftsgesellschaft.

Die gesellschaftliche Funktion des Wettbewerbs besteht in der Kontrolle und Beschränkung wirtschaftlicher Macht. Wettbewerb verhindert, daß die in einer arbeitsteiligen Wirtschaft unvermeidliche Abhängigkeit eines jeden Wirtschaftssubjektes von anderen Wirtschaftssubjekten sich verschärft zu einer Abhängigkeit von der Willkür und dem Gutdünken bestimmter einzelner Wirtschaftssubjekte, d. h.: Wettbewerb verhindert, daß die weitgehende Handlungsfreiheit, welche die Marktwirtschaft jedermann zugesteht, zur Ausbeutung anderer mißbraucht werden kann. Vor anderen möglichen Kontrollorganen zeichnet sich der Wettbewerb dadurch aus, daß er gleichsam anonym wirkt und dadurch die Beschränkung privater wirtschaftlicher Macht für den einzelnen weniger spürbar werden läßt als etwa die direkte Kontrolle durch staatliche Instanzen.

J. Gotthold: Macht u. Wettbewerb in der Wirtschaft. Köln 1975. – H. Arndt: Kapitalismus, Sozialismus, Konzentration u. Konkurrenz. Tüb. 1976.

Zusammenhang zwischen Voraussetzungen des Wettbewerbs, Wettbewerbsintensität und Wettbewerbszielen

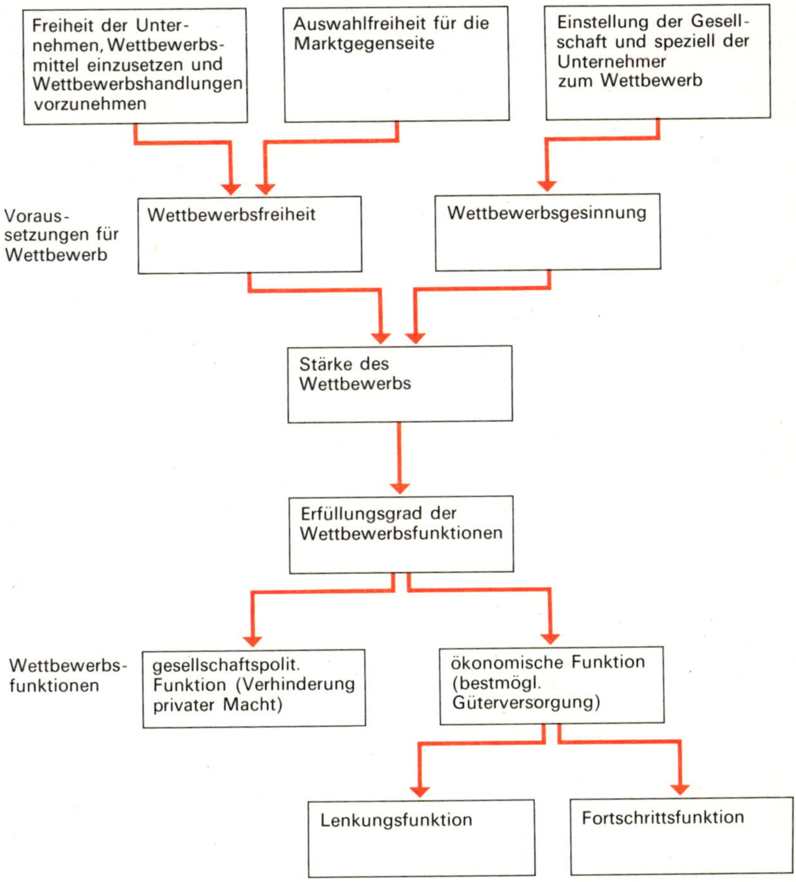

Wettbewerbsbeschränkungen

Bei wirksamem Wettbewerb kann kein Unternehmen mit sicheren Gewinnen rechnen, jedes Unternehmen ist ständig in Gefahr, von Konkurrenten verdrängt zu werden. Entsprechend groß ist der Anreiz für Unternehmen und ihre Verbände, den Wettbewerb zu beschränken, um sich so auf Dauer höhere Gewinne oder ein „ruhiges Leben" zu verschaffen. Wettbewerbsbeschränkungen sind Beschränkungen der Wettbewerbsfreiheit durch Unternehmen, Gruppen von Unternehmen oder den Staat.

Unternehmen verzichten von sich aus auf den Einsatz bestimmter Wettbewerbsmittel (Preise, Produktionsmengen, Produktionskapazitäten, Qualitäten, Produktgestaltung, Geschäftsbedingungen u. a.) durch vertragliche Vereinbarungen (↑Kartelle S. 418) oder mündliche (formlose) Absprachen („Frühstückskartelle") oder durch stillschweigende Übereinkunft („Preisführerschaft"), oder Unternehmen teilen den Markt gebietsweise unter sich auf (Gebietskartelle). Solche Absprachen lassen sich angesichts der auch nach dem Zusammenschluß fortbestehenden Interessengegensätze um so leichter organisieren und funktionieren um so besser, je weniger Unternehmen „unter einen Hut" zu bringen sind. Die Verminderung der Zahl der selbständig handelnden Unternehmen durch Unternehmenszusammenfassungen schränkt nicht nur die Auswahlfreiheit der Marktgegenseite ein, sondern erleichtert auch ganz erheblich wettbewerbsbeschränkende Absprachen.

Wettbewerbsbeschränkungen der genannten Art erfüllen ihren Zweck nur dann, wenn nicht Neuanbieter – angelockt durch die verbesserten Gewinnmöglichkeiten – den „kooperierenden" Unternehmen Konkurrenz machen. Als Neuanbieter kommen in Frage Unternehmen, die das betreffende Gut bereits produzieren und es bisher der Transportkosten wegen vorwiegend auf anderen räumlichen Märkten anbieten (z. B. ausländische Anbieter), und Unternehmen, welche die Produktion des betreffenden Gutes erstmals aufnehmen (Neuproduzenten). Die Wahrscheinlichkeit, daß Neuproduzenten auftreten, ist in oligopolistisch strukturierten Branchen (↑Oligopol S. 192) von vornherein gering, weil hier die erforderlichen Unternehmensgrößen im Vergleich zur Nachfrage meist so groß sind, daß ein Neuproduzent damit rechnen muß, daß sein Auftreten den Absatzpreis auf ein Niveau drückt, bei dem der Markteintritt für ihn verlustbringend ist. Davon abgesehen kann möglichen Neuproduzenten auf vielfältige Weise die Aufnahme der Produktion erschwert oder unmöglich gemacht werden, indem ihnen etwa der Zugang zu den zur Produktion unerläßlichen Produktionsmitteln (z. B. Grundstücke, Rohstoffe), zu den Absatzwegen oder zu den Finanzierungsmitteln versperrt wird. Dies setzt allerdings voraus, daß die Wettbewerbsbeschränkungen auf die vor- und nachgelagerten Produktionsstufen ausgedehnt werden können (vertikale Wettbewerbsbeschränkungen, z. B. durch Alleinvertriebs- und Ausschließlichkeitsverträge, vertikale Konzentration). Weitere marktzugangsbeschränkende Mittel sind Bezugs- und Liefersperren für die Geschäftspartner eines Neukonkurrenten, sowie die Drohung mit einem „Preiskrieg". Hinzu kommen alle möglichen Arten von staatlichen Zulassungsbeschränkungen und gewerblichen Schutzrechten (↑Patente S. 424, Gebrauchsmuster, ↑Urheberrechte S. 426 u.a.), die den Markteintritt behindern. ↑Außenhandelsbeschränkungen (S. 586; z.B. Zölle) beschränken den Marktzugang für ausländische Anbieter. Soweit dies nicht ausreicht, werden vielfach grenzüberschreitende Absprachen getroffen (internationale Kartelle, Selbstbeschränkungsabkommen). Aus „übergeordneten" Gründen beschränkt der Staat in vielen Bereichen den Wettbewerb durch Marktordnungen.

Gegen Wettbewerbsbeschränkungen spricht alles, was für Wettbewerb spricht. Mit wachsender Einschränkung des Wettbewerbs verliert die privatkapitalistische Markt- und Wettbewerbswirtschaft immer mehr ihre Legitimationsgrundlage.

J. Gotthold: Macht u. Wettbewerb in der Wirtschaft. Köln 1975. – F. U. Willeke: Wettbewerbspolitik. Tüb. 1980.

Wettbewerbsbeschränkungen

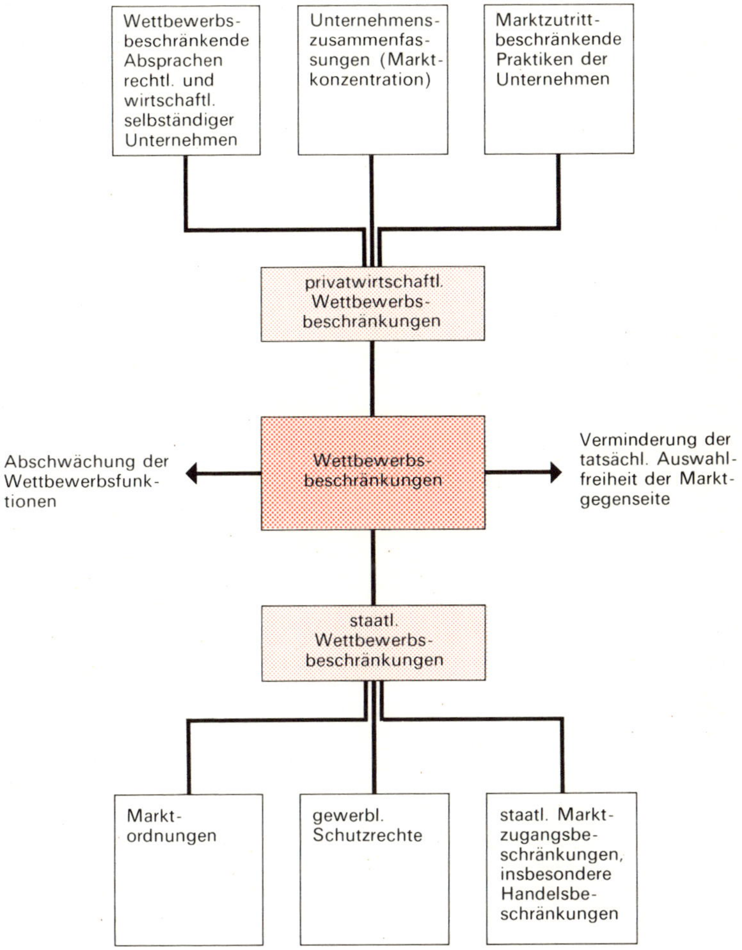

Konzentration wirtschaftlicher Macht

Wirtschaftliche Macht als Handlungsspielraum einer Person beruht auf ihrer Verfügungsgewalt über Produktionsfaktoren, also auf persönlichen Fähigkeiten oder/und dem Besitz von Boden, Produktionsmitteln, Rechten und Geldvermögen. Teilnahme am Wirtschaftsprozeß setzt wirtschaftliche Macht voraus. Zum gesellschaftlichen Problem wird solche Macht dann, wenn sie sehr ungleichmäßig auf die Teilnehmer am Wirtschaftsprozeß verteilt ist. Personen mit relativ großer Macht können ihre Interessen auf Kosten der weniger Mächtigen verfolgen.

Da die Stärke der Machtstellung einer Person nicht annähernd zweifelsfrei meßbar ist, scheitert auch die Messung der Machtverteilung in der Gesellschaft. Das Ausmaß der Konzentration wirtschaftlicher Macht kann allenfalls an Hand von zahlenmäßig erfaßbaren Anzeichen für das Vorliegen wirtschaftlicher Macht grob geschätzt werden. Ausgehend von der Verfügungsgewalt über Produktionsfaktoren als der Grundlage wirtschaftlicher Macht, liegt es nahe, die Machtkonzentration durch die Konzentration der Vermögen zu messen (↑Vermögensverteilung S. 462). Innerhalb der Vermögenskonzentration spielt die Konzentration der gewerblichen Vermögen auf wirtschaftlich selbständige Unternehmen eine besondere Rolle; denn der Wirtschaftsprozeß in einer kapitalistischen Wirtschaft wird maßgeblich mittels des in den Unternehmen zusammengefaßten Kapitals organisiert.

Unternehmenskonzentration bedeutet, daß sich die Verfügungsgewalt über einen erheblichen Teil des volkswirtschaftlichen Produktionsapparates bei wenigen Unternehmen zusammenballt. Sie ist streng zu unterscheiden von der Konzentration des Eigentums am gewerblichen Vermögen auf natürliche Personen; zwischen beiden besteht kein notwendiger Zusammenhang. Zunehmende Unternehmenskonzentration (etwa aufgrund von ↑Fusionen S. 234 oder Bildung von ↑Konzernen S. 110) läßt vermuten, daß die wirtschaftliche Macht (in Form von Herrschaftsgewalt über Arbeitnehmer, Lieferanten und Abnehmer, nichtleistungsbedingten Vorteilen gegenüber Konkurrenten) der größten Unternehmen zunimmt.

Wirtschaftliche Macht ohne Eigentum an den Produktionsmitteln haben Unternehmensleiter, denen es (i. d. R. bei weitgestreutem Unternehmenseigentum) gelingt, den Einfluß der Anteilseigner auszuschalten (Trennung von rechtlicher und tatsächlicher Verfügungsmacht). Das Depotstimmrecht der ↑Banken (S. 240) ermöglicht vornehmlich den wenigen Großbanken einen Einfluß auf Unternehmen, der weit über ihre eigenen Beteiligungen hinausgeht. Ihre Manager wiederum sind nahezu völlig unabhängig von ihren eigenen Anteilseignern, so daß sich beträchtliche wirtschaftliche Macht in ihren Händen konzentriert.

Da wirtschaftliche Macht nicht notwendig auf Privateigentum an den Produktionsmitteln beruht, kann ihre Konzentration nicht durch bloße Abschaffung des Privateigentums („Vergesellschaftung") oder durch seine Dekonzentration („Volkskapitalismus") erreicht werden. Wie auch immer die Eigentumsordnung und -verteilung beschaffen ist – entscheidend ist die Frage, inwieweit es gelingt, die Entscheidungsträger wirksam zu kontrollieren, z. B. durch intensiven Wettbewerb, staatliche Vorschriften, organisierte Gegenmachtbildung, Mitbestimmung u. a. Die beträchtliche wirtschaftliche Macht der Gewerkschaften etwa, die vornehmlich auf der organisierten Zusammenfassung des Produktionsfaktors Arbeit (Organisationsmacht) beruht, wird von diesen als Gegengewicht gegen die Macht des „Kapitals" verstanden. Ob die Gewerkschaftsmacht – deren Ausübung durch Funktionäre wiederum kontrolliert werden sollte – tatsächlich Unternehmensmacht neutralisiert und damit das Machtproblem in der Wirtschaft mildert, oder ob sie nicht vielmehr die Machtkonzentration zu Lasten Dritter (z. B. der Verbraucher) verstärkt, ist freilich offen.

H. Arndt: Wirtsch. Macht. 3. Aufl. München 1980. – H. Arndt/G. Ollenburg: Begriff u. Arten der Konzentration. In: Die Konzentration in der Wirtschaft. Hg. v. H. Arndt. Bd. 1. 2. Aufl. Berlin 1971. S. 3–39.

Fakten zur Illustration der Unternehmenskonzentration in der Bundesrepublik Deutschland

Konzentrationskurven für den Bergbau und das verarbeitende Gewerbe insgesamt sowie für ausgewählte Wirtschaftsgruppen[1)]

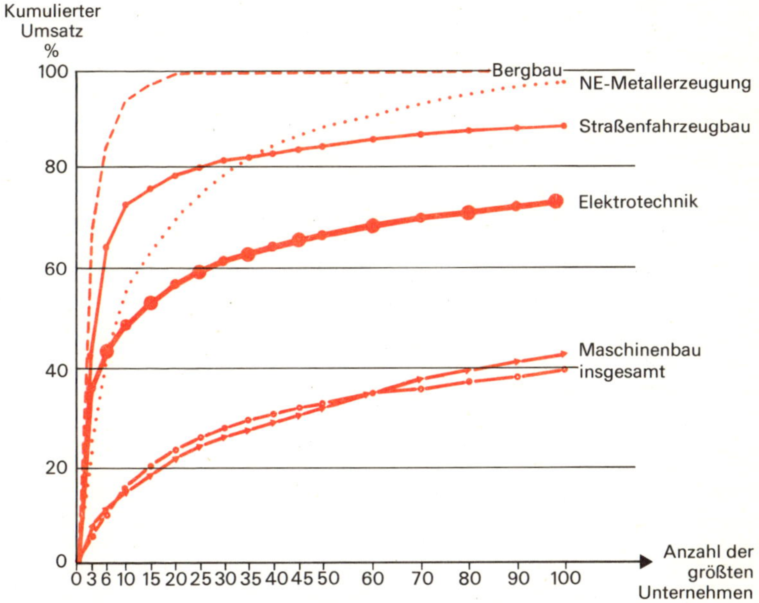

[1)]Gemessen am Umsatz der Unternehmen mit 20 Beschäftigten und mehr.

Die Konzentrationskurve verläuft konkav zur Abszisse und nimmt im Sonderfall, wenn sämtliche Einheiten gleich groß sind, die Form einer Geraden an. Je größer die Konzentration ist, um so steiler steigt die Konzentrationskurve im linken Bereich an und erreicht um so eher die 100-Prozent-Grenze der Ordinate (Summe der Merkmalsanteile sämtlicher in die Betrachtung einbezogenen Einheiten).

Beispiele: Die 90 größten Maschinenbauunternehmen erzielten etwa 40% des Branchenumsatzes, während 3 große Unternehmen des Bergbaus mehr als 60% des Umsatzes ihrer Branche erwirtschafteten.

Wettbewerbsrecht (Bundeskartellamt)

↑Wettbewerb (S. 406) als Ordnungsprinzip einer Marktwirtschaft erhält sich nicht von selbst. Um ↑Wettbewerbsbeschränkungen (S. 408) zu begegnen, bedarf es entsprechender Rechtsnormen sowie Institutionen, die die Einhaltung der Normen kontrollieren und Verstöße mit Sanktionen belegen können. Das Leitbild der ↑sozialen Marktwirtschaft (S. 32) hätte es erfordert, ein entsprechendes Wettbewerbsrecht unverzüglich nach Gründung der BRD zu schaffen. Es dauerte jedoch bis 1957, ehe über eine Reihe von Entwürfen mit abnehmender Gesetzesstrenge das Gesetz gegen Wettbewerbsbeschränkungen (GWB) verabschiedet werden konnte. Neben dem inzwischen in einigen Punkten (↑Preisbindung der zweiten Hand S. 430, ↑Fusionskontrolle S. 422, abgestimmte Verhaltensweisen) etwas strenger gefaßten GWB sind vor allem die wettbewerbsrechtlichen Vorschriften des Wirtschaftsrechts der ↑Europäischen Gemeinschaften (S. 578) wesentlicher Bestandteil der Wettbewerbsordnung der BRD geworden. Darüberhinaus verlangt eine dem Leitbild konforme Wettbewerbspolitik zusätzliche staatliche Aktivität; hierzu gehört z. B. eine Intensivierung des Wettbewerbs von außen durch Abbau von ↑Außenhandelsbeschränkungen (S. 586).

Die materiellen Vorschriften des GWB, mit denen der Wettbewerb gesichert werden soll, beziehen sich auf vier Gruppen von Tatbeständen, die Wettbewerbsbeschränkungen beinhalten: 1) Kartellverträge und Kartellbeschlüsse (↑Kartelle S. 418), 2) sonstige Verträge (vor allem Preisbindung der zweiten Hand, Ausschließlichkeitsbindungen, Lizenzverträge), 3) marktbeherrschende Unternehmen (↑Marktbeherrschung S. 416, ↑Fusionskontrolle S. 422) und 4) wettbewerbsbeschränkendes und diskriminierendes Verhalten (z. B. Kollusion im ↑Oligopol S. 192, ↑Diskriminierung S. 432). Geschützt vor Beschränkungen wird nur der lautere, nicht der ungesetzliche oder ↑unlautere Wettbewerb (S. 434).

Die Kontrolle der Einhaltung der Vorschriften und die Ahndung von Verstößen gegen das GWB ist Hauptaufgabe der Kartellbehörden, vor allem des Bundeskartellamtes. Das setzt zunächst Information voraus. Daher wird den Kartellbehörden durch das GWB ein Anspruch gegenüber Unternehmen und Unternehmensverbänden auf Auskunft über deren wirtschaftliche Verhältnisse eingeräumt. Zudem können die von der Kartellbehörde Beauftragten innerhalb der üblichen Geschäftszeiten die geschäftlichen Unterlagen einsehen und prüfen; dazu dürfen die Räume der Unternehmen betreten werden. Ohne richterliche Anordnungen dürfen Durchsuchungen nur während der Geschäftszeit und bei Gefahr im Verzuge vorgenommen werden.

Sanktionen seitens des Kartellamtes bedürfen förmlicher Verfahren. Im Bußgeldverfahren werden bei Verstößen gegen gesetzliche Verbote Bußgelder nach pflichtgemäßem Ermessen verhängt. Zuständigkeiten und Instanzenweg sind hierbei im GWB geregelt, während sonst das Gesetz über Ordnungswidrigkeiten Anwendung findet. Wie bei Verwaltungsverfahren als zweiter Verfahrensart werden die Entscheidungen von dreiköpfigen Beschlußabteilungen getroffen.

Die Verwaltungsverfahren reichen von dem Erlaubnisentscheid bei Kartellen, dem Widerspruch gegen Kartellverträge, den Verfügungen im Rahmen der ↑Mißbrauchsaufsicht (S. 414) bis zu Untersagungen von wettbewerbsbeschränkenden Handlungen einschließlich Unternehmenszusammenschlüssen. Untersagungsverfahren können eingeleitet werden, unabhängig davon, ob wettbewerbsrechtliche Verstöße, auf die sie sich beziehen, Ordnungswidrigkeiten darstellen. In vielen Fällen kann die Kartellbehörde bis zur endgültigen Entscheidung einstweilige Anordnungen treffen.

Gegen Verfügungen der Kartellbehörde ist Beschwerde möglich, die sich auch auf neue Tatsachen und Beweise stützen kann. Beschwerden haben in einer Reihe von Fällen aufschiebende Wirkung.

V. Emmerich: Kartellrecht. 4. Aufl. München 1982. – W. Lipps: Kartellrecht. 3. Aufl. Bonn 1982.

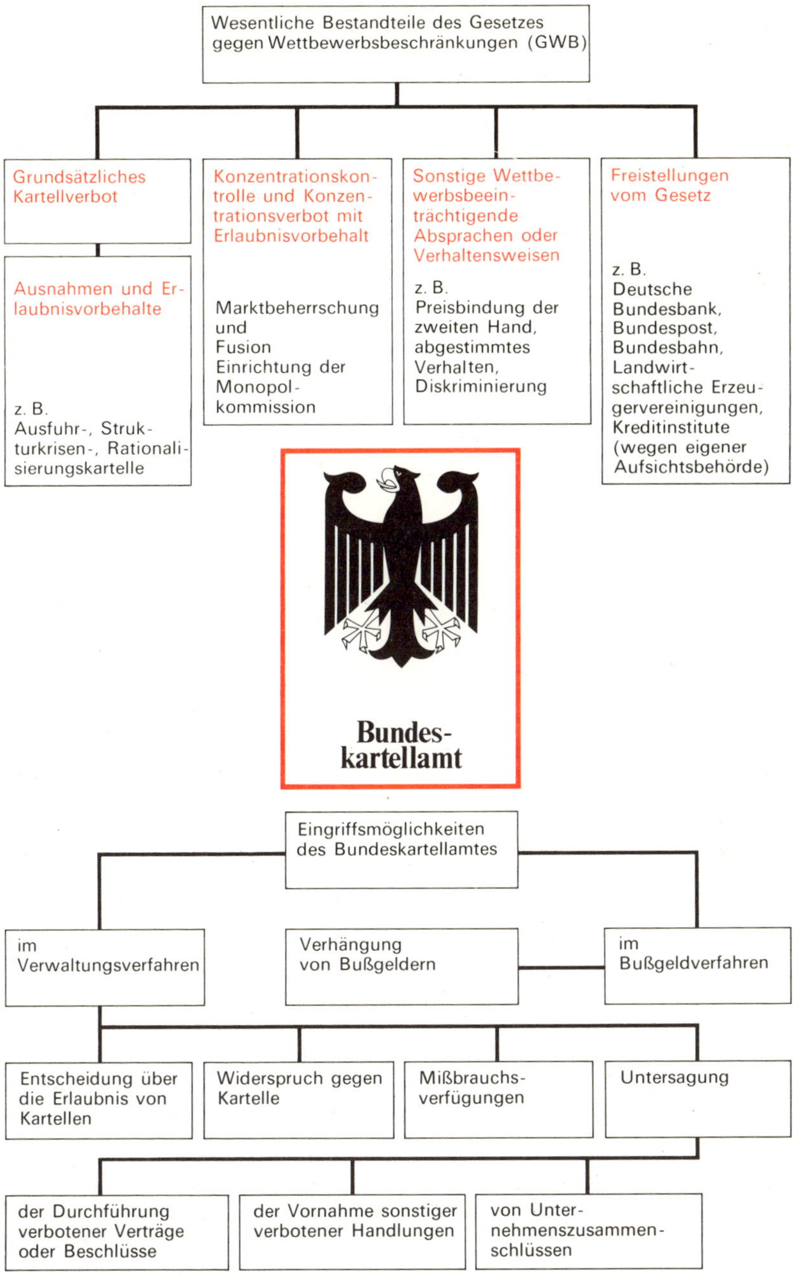
Wesentliche Bestandteile des Gesetzes gegen Wettbewerbsbeschränkungen (GWB)
Grundsätzliches Kartellverbot
Ausnahmen und Erlaubnisvorbehalte
z. B. Ausfuhr-, Strukturkrisen-, Rationalisierungskartelle
Konzentrationskontrolle und Konzentrationsverbot mit Erlaubnisvorbehalt
Marktbeherrschung und Fusion
Einrichtung der Monopolkommission
Sonstige Wettbewerbsbeeinträchtigende Absprachen oder Verhaltensweisen
z. B. Preisbindung der zweiten Hand, abgestimmtes Verhalten, Diskriminierung
Freistellungen vom Gesetz
z. B. Deutsche Bundesbank, Bundespost, Bundesbahn, Landwirtschaftliche Erzeugervereinigungen, Kreditinstitute (wegen eigener Aufsichtsbehörde)
Bundes-kartellamt
Eingriffsmöglichkeiten des Bundeskartellamtes
im Verwaltungsverfahren
Verhängung von Bußgeldern
im Bußgeldverfahren
Entscheidung über die Erlaubnis von Kartellen
Widerspruch gegen Kartelle
Mißbrauchsverfügungen
Untersagung
der Durchführung verbotener Verträge oder Beschlüsse
der Vornahme sonstiger verbotener Handlungen
von Unternehmenszusammenschlüssen

Mißbrauchsaufsicht und Verbotsprinzip

Bei der Gestaltung des ↑Wettbewerbsrechts (S. 412) sind zwei Grundpositionen denkbar: 1) das Verbotsprinzip, nach dem ↑Wettbewerbsbeschränkungen (S. 408) für unrechtmäßig erklärt werden; 2) das Mißbrauchsprinzip, nach dem erst der Mißbrauch wirtschaftlicher Machtstellungen (↑Marktmacht S. 188) Anlaß für wettbewerbsrechtlich begründete Gegenmaßnahmen sein kann. Dem Verbotsprinzip entspricht am ehesten das amerikanische Antitrustrecht, nach dem jeder Vertrag, jede Vereinigung sowie jedes Zusammenwirken mit dem Ziel der Wettbewerbsbeschränkung sowie jeder Versuch monopolistischer Marktbeherrschung für ungesetzlich und strafbar erklärt wird. Allerdings kann dieses Verbot mehr oder weniger streng gehandhabt werden, je nachdem, welches Gewicht dem allgemeinen angelsächsischen Rechtsgrundsatz der „Rule of Reason" eingeräumt wird; danach wäre das starre Verbot u. U. nur dann anzuwenden, wenn sich nach Prüfung herausstellt, daß die negativen Folgen, die für die Funktionsfähigkeit des ↑Wettbewerbs (S. 406) bereits entstanden bzw. zu erwarten sind, als unangemessen gelten müssen. Je mehr Gewicht der „Rule of Reason" beigemessen wird, um so geringer wird in mancherlei Hinsicht der Unterschied zum Mißbrauchsprinzip. Letzteres lag der deutschen Reichskartellverordnung von 1923 zugrunde. Erfahrungen in diesen beiden, aber auch in anderen Ländern scheinen nahezulegen, daß die Wettbewerbspolitik um so weniger erfolgreich ist, je mehr sie von dem primär vorbeugend zu handhabenden Verbotsprinzip zur nachträglich korrigierenden Mißbrauchsaufsicht verlagert wird.

Das Gesetz gegen Wettbewerbsbeschränkungen (GWB) ist ein Kompromiß zwischen Verbots- und Mißbrauchsprinzip. Es enthält zwar grundsätzlich eine Reihe von Verboten (vor allem das Kartellverbot), den Wettbewerb zu beschränken. Jedoch sind die Verbote von zahlreichen Ausnahmefällen „durchlöchert". Der Mißbrauchsaufsicht unterworfen sind 1) die Ausnahmen von Verboten, 2) der Mißbrauch an und für sich wettbewerbsrechtlich zulässiger wirtschaftlicher Macht (↑Marktbeherrschung S. 416) und 3) die Fälle, die von der Anwendung des GWB ausgenommen sind (Freistellungen). Das Verbotsprinzip und der vorbeugende Ansatz wurden inzwischen mit dem Verbot der ↑Preisbindung der zweiten Hand (S. 430) bzw. der ↑Fusionskontrolle (S. 422) wieder etwas verstärkt.

Im einzelnen findet die Kontrolle des im GWB weder definierten noch umschriebenen Mißbrauchs Anwendung auf ↑Kartelle (S. 418), soweit sie zugelassen sind. Wird ein Mißbrauch festgestellt, kann erlaubnispflichtigen Kartellen die Erlaubnis durch Widerruf entzogen werden. Hier wie bei den anderen Ausnahmen vom Kartellverbot kann das ↑Bundeskartellamt (S. 412) den Beteiligten auch auferlegen, den Mißbrauch abzustellen, Verträge oder Beschlüsse zu ändern, bzw. es kann diese für unwirksam erklären.

Bei den vertikalen, erlaubten Wettbewerbsbeschränkungen sind Preisbindungen von Verlagserzeugnissen, sonstige Ausschließlichkeitsbindungen und ↑Preisempfehlungen (S. 430) der Mißbrauchsaufsicht unterworfen. Nur in diesem Zusammenhang sind im GWB Mißbrauchsfälle beispielhaft genannt; dazu gehören etwa „Mondpreisempfehlungen", die bewußt überhöht sind, damit der Handel mit starken Unterschreitungen der empfohlenen Preise werben kann.

Hauptfall der Mißbrauchsaufsicht bildet das marktbeherrschende Unternehmen. Behinderungs- und Ausbeutungsmißbrauch stehen dabei im Vordergrund. Das Bundeskartellamt kann die mißbräuchliche Ausnutzung der marktbeherrschenden Stellung untersagen und Verträge für unwirksam erklären. Die Feststellung von Marktbeherrschung und Mißbrauch bereitet naturgemäß erhebliche Schwierigkeiten. Durch die Aufstellung von Vermutungen der Marktbeherrschung und die Umschreibung einiger Mißbrauchstatbestände versucht der Gesetzgeber dem Bundeskartellamt zu helfen. Ein nach rechtskräftiger Untersagung erzielter Mehrerlös kann vom Bundeskartellamt eingezogen werden.

V. Emmerich: Kartellrecht. 4. Aufl. München 1982. – W. Lipps: Kartellrecht. 3. Aufl. Bonn 1982.

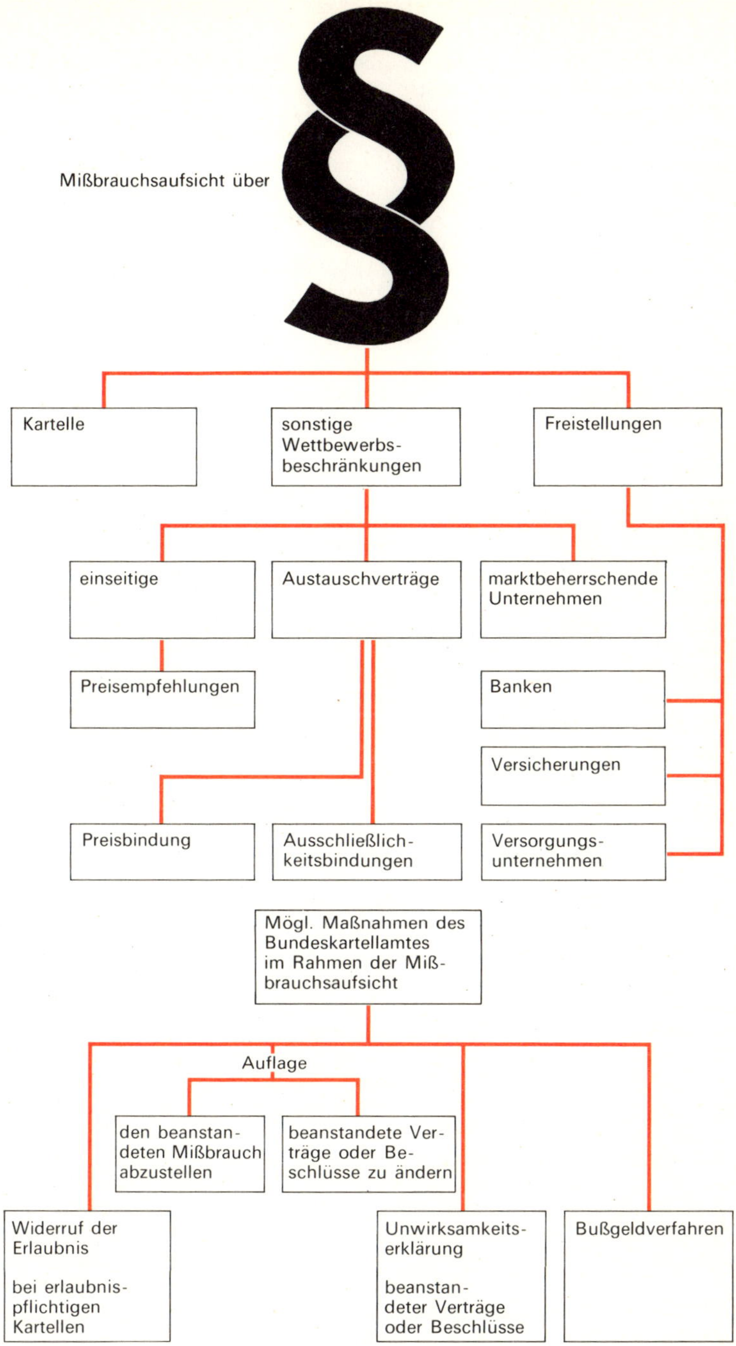
Mißbrauchsaufsicht über
Kartelle
sonstige Wettbewerbs-beschränkungen
Freistellungen
einseitige
Austauschverträge
marktbeherrschende Unternehmen
Preisempfehlungen
Banken
Versicherungen
Preisbindung
Ausschließlich-keitsbindungen
Versorgungs-unternehmen
Mögl. Maßnahmen des Bundeskartellamtes im Rahmen der Miß-brauchsaufsicht
Auflage
den beanstan-deten Mißbrauch abzustellen
beanstandete Ver-träge oder Be-schlüsse zu ändern
Widerruf der Erlaubnis
bei erlaubnis-pflichtigen Kartellen
Unwirksamkeits-erklärung
beanstan-deter Verträge oder Beschlüsse
Bußgeldverfahren

Marktbeherrschung

Die Frage der Marktbeherrschung spielt im ↑Wettbewerbsrecht (S. 412) eine wichtige Rolle. Sowohl das deutsche wie das europäische Wettbewerbsrecht tragen dem durch entsprechende Regelungen Rechnung. Nach dem EWG-Vertrag unterliegen bestehende marktbeherrschende Unternehmen der Mißbrauchsaufsicht. Die Neubildung solcher Unternehmen ist seit 1973 der ↑Fusionskontrolle (S. 422) durch die Kartellbehörde unterworfen; nach Auffassung des Europäischen Gerichtshofes gestattet der EWG-Vertrag eine Kontrolle von Unternehmenszusammenschlüssen auf Gemeinschaftsebene.

Nach dem deutschen Wettbewerbsrecht ist ein Unternehmen dann als marktbeherrschend anzusehen, wenn es als Anbieter oder Nachfrager einer bestimmten Art von Waren oder von gewerblichen Leistungen ohne Wettbewerber ist oder keinem wesentlichen Wettbewerb ausgesetzt ist, oder wenn es eine im Verhältnis zu seinen Wettbewerbern überragende Marktstellung hat. Bei einem solchen Unternehmen, das zugleich abhängiges Konzernunternehmen (↑Konzern S. 110) ist, kann auch gegen die für das Verhalten der Tochtergesellschaft verantwortliche Muttergesellschaft vorgegangen werden.

Soweit das Unternehmen ohne Wettbewerber ist, handelt es sich um ein ↑Monopol (S. 194). Obwohl auch eine Monopolstellung i.d.R. nicht leicht nachweisbar ist, sind die beiden übrigen Fälle der Marktbeherrschung besonders problematisch. Das Fehlen wesentlichen Wettbewerbs versucht man mit Hilfe des sog. Marktmachtkonzepts festzustellen, wonach sich wirtschaftliche Macht auf einem bestimmten, genau umgrenzten Markt bildet. Der Feststellung der konkreten Marktmacht dienen Tests, die den Marktprozeß mit einer Kombination von Marktstruktur und -verhaltenskriterien erfassen sollen. Entscheidende Bedeutung hat bei der Marktstrukur der häufig schwer abgrenzbare Marktanteil des fraglichen Unternehmens, während es beim Marktverhalten darum geht, zu untersuchen, wie häufig und zu welchen Zeitpunkten die verschiedenen Aktionsparameter (z. B. Preise) beim Kampf um Marktanteile eingesetzt worden sind. Als marktbeherrschend läßt sich damit ein Unternehmen bezeichnen, das von seinen Konkurrenten in dem Sinne unabhängig ist, daß es seine Wirtschaftspläne ohne besondere Rücksicht auf diese erstellen kann. Es kommt also darauf an, ob das Unternehmen über einen erheblichen, vom Wettbewerb nicht mehr begrenzten Handlungsspielraum verfügt.

Die überragende Marktstellung eines Unternehmens im Verhältnis zu seinen Wettbewerbern hängt nicht allein von einem bestimmten Marktanteil, sondern auch von anderen Kriterien wie Finanzkraft, Verflechtung mit anderen Unternehmen oder Zugang zu den Beschaffungs- und Absatzmärkten ab. Damit sollen solche Formen wirtschaftlicher Macht erfaßt werden, die sich mit anderen Vorschriften des Wettbewerbsrechts nicht adäquat bewältigen lassen. Hierzu zählen vor allem Großunternehmen und die sog. Mischkonzerne. Auf den speziellen Märkten können sie zwar erheblichem Wettbewerb ausgesetzt sein, trotzdem haben sie möglicherweise wegen ihrer Größe gegenüber ihren Konkurrenten große Vorteile und können daher den Wettbewerb gefährden.

Das Wettbewerbsrecht erfaßt indes nicht nur das marktbeherrschende Einzelunternehmen, sondern auch die Marktbeherrschung durch zwei oder mehr Unternehmen (↑Oligopol S. 192), soweit zwischen diesen ein wesentlicher Wettbewerb nicht besteht und sie in ihrer Gesamtheit marktbeherrschend sind oder eine überragende Marktstellung haben. Die ↑Mißbrauchsaufsicht (S. 414) durch das Bundeskartellamt soll die im Gesetz aufgestellte Vermutung der Marktbeherrschung erleichtern. Das gleiche Ziel verfolgt für die ↑Fusionskontrolle (S. 422) die Vermutung von Zusammenschlußwirkungen aufgrund überragender Marktstellung.

V. Emmerich: Kartellrecht. 4. Aufl. München 1982. – W. Lipps: Kartellrecht. 3. Aufl. Bonn 1982.

Marktbeherrschung

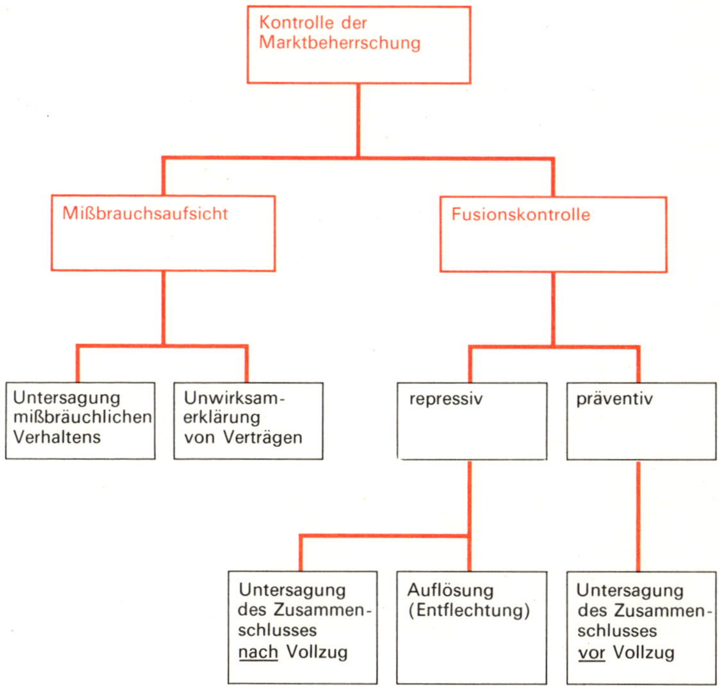

Kartelle – Kartellrecht

↑Wettbewerbsbeschränkungen (S. 408) können auf individuellen Maßnahmen einzelner Unternehmen oder auf kollektiven Maßnahmen mehrerer Unternehmen beruhen. Das Hauptbeispiel für kollektive, horizontale Wettbewerbsbeschränkungen bilden die Kartelle. Es sind Vereinigungen von wirtschaftlich selbständig bleibenden Unternehmen zum Zweck der Beschränkung oder Ausschaltung des ↑Wettbewerbs (S. 406). Kartelle beruhen also auf einer vertraglichen Koordinierung des Verhaltens der beteiligten Unternehmen auf dem ↑Markt (S. 164), um den Wettbewerb untereinander teilweise oder ganz zu beseitigen. Gegenstand des Kartellvertrages kann jedes Verhalten sein, das im Wettbewerb erheblich ist. Als Beispiele seien Absprachen über Preis, Absatzmenge, Absatzgebiete, Vertrieb oder sonstige Konditionen angeführt. Die Nachteile, die mit derartigen Vereinbarungen für die Marktgegenseite verbunden sind, liegen offen auf der Hand. Auf vielen Märkten genügen anstelle von bindenden Verträgen lockere Formen der Verhaltenskoordinierung und unverbindliche Absprachen. Vom Kartell zu unterscheiden sind die sonstigen Formen der ↑Konzentration wirtschaftlicher Macht (S. 410). Dabei geben die meisten der erfaßten Unternehmen ihre rechtliche oder wirtschaftliche Selbständigkeit auf.

Durch das Kartellrecht versucht der Staat, den Wettbewerbsbeschränkungen sowie ihren negativen Auswirkungen entgegenzutreten. Es beinhaltet also nicht nur die rechtliche Regelung des Kartellproblems, sondern umfaßt alle horizontalen und vertikalen Wettbewerbsbeschränkungen. Die maßgebende Rechtsgrundlage bildet das Gesetz gegen Wettbewerbsbeschränkungen (GWB) aus dem Jahr 1957. Neben das deutsche Recht tritt ergänzend und auch teilweise verdrängend das europäische Wettbewerbsrecht (↑Wirtschaftsrecht der Europäischen Gemeinschaften S. 582), vor allem nach dem EWG-Vertrag.

Als Prinzip ist im GWB das Verbot jeglicher Kartelle festgelegt. Dieser Grundsatz erfährt aber eine Reihe von Ausnahmen. Dieses Prinzip des GWB findet aber in bestimmten Wirtschaftsbereichen überhaupt keine Anwendung (sog. Ausnahmebereiche).

Außer den Kartellen werden vom GWB auch die übrigen Formen horizontaler wettbewerbsbeschränkender Verhaltenskoordination untersagt. Untersagt wird ein aufeinander abgestimmtes Verhalten von Unternehmen und Vereinigungen von Unternehmen, das nach dem GWB nicht zum Gegenstand einer vertraglichen Bindung gemacht werden darf. Ebenso sind Empfehlungen verboten, die eine Umgehung der erwähnten Verbote durch gleichförmiges Verhalten bewirken. Die Durchführung eines solchen Vertrages oder Beschlusses wie auch der anderen Koordinationsformen kann von der Kartellbehörde untersagt werden. Sie stellt eine mit Bußgeld zu ahndende Ordnungswidrigkeit dar.

Das GWB untersagt ferner eine Reihe von vertikalen Wettbewerbsbeschränkungen. Es verbietet insbesondere die ↑Preisbindung der zweiten Hand (S. 430, Ausnahme für Verlagserzeugnisse) sowie bestimmte Abmachungen in ↑Lizenzverträgen (S. 428). Soweit jedoch Wettbewerbsbeschränkungen nicht auf horizontalen oder vertikalen Maßnahmen mehrerer Unternehmen beruhen, untersagt das GWB andere Verhaltensweisen, wenn sie als Behinderungswettbewerb charakterisiert werden können. Für marktbeherrschende Unternehmen (↑Marktbeherrschung S. 416) ergibt sich dies bereits aus der ↑Mißbrauchsaufsicht (S. 414), während sonstigen Unternehmen dies aufgrund der Vorschriften über den Boykott oder das Verbot der ↑Diskriminierung (S. 432) oder über das Verbot von Drohung oder Zwang in bestimmten Fällen untersagt ist. Seit 1973 unterliegen auch die von Unternehmenszusammenschlüssen ausgehenden Wettbewerbsbeschränkungen einer Kontrolle (↑Fusionskontrolle S. 422).

V. Emmerich: Kartellrecht. 4. Aufl. München 1982. – W. Lipps: Kartellrecht. 3. Aufl. Bonn 1982.

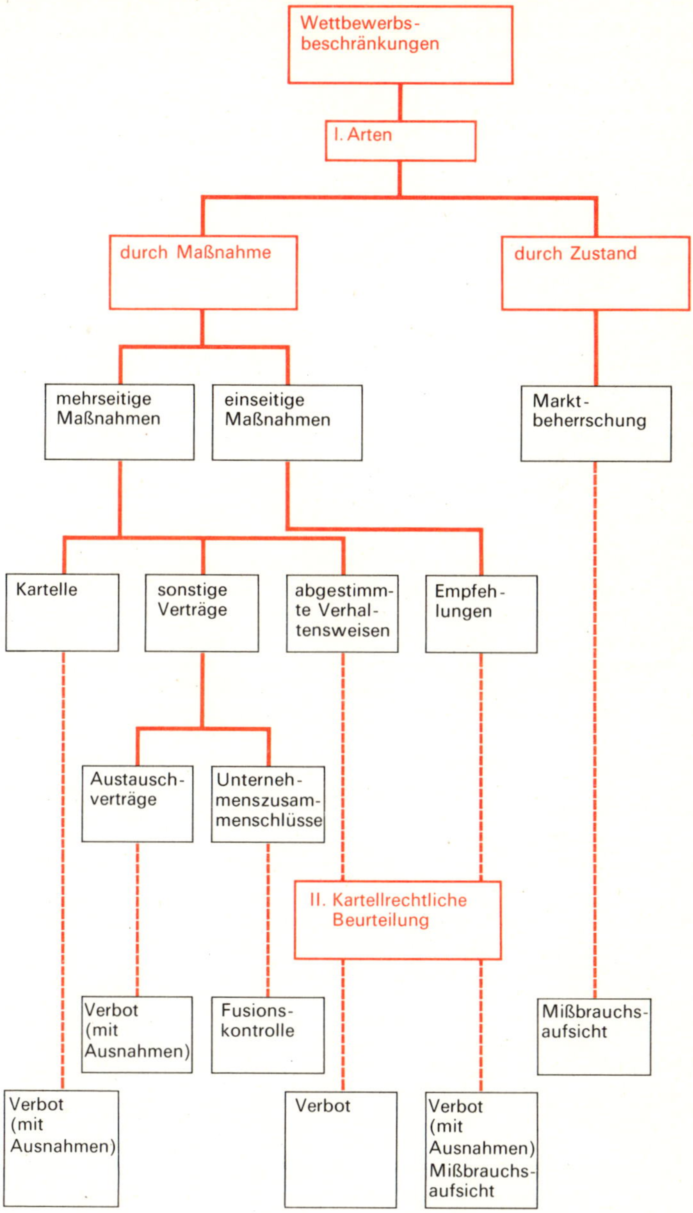
Wettbewerbs-beschränkungen
I. Arten
durch Maßnahme
durch Zustand
mehrseitige Maßnahmen
einseitige Maßnahmen
Markt-beherrschung
Kartelle
sonstige Verträge
abgestimmte Verhaltensweisen
Empfehlungen
Austausch-verträge
Unterneh-menszusam-menschlüsse
II. Kartellrechtliche Beurteilung
Verbot (mit Ausnahmen)
Fusions-kontrolle
Mißbrauchs-aufsicht
Verbot (mit Ausnahmen)
Verbot
Verbot (mit Ausnahmen) Mißbrauchs-aufsicht

Kooperation von Unternehmen

Unter Kooperation von Unternehmen versteht man gewöhnlich die Zusammenarbeit zwischen meist wenigen, rechtlich und wirtschaftlich selbständigen Unternehmen zur Steigerung ihrer Wettbewerbsfähigkeit. Durch Kooperation versuchen nicht zuletzt kleine und mittlere Unternehmen ihre geringe wirtschaftliche (vor allem finanzielle) Stärke im Wettbewerb mit Großunternehmen dadurch zu erhöhen, daß sie einzelne Unternehmensfunktionen (z. B. Forschung, Markterschließung, Vertrieb) ausgliedern und auf dem Wege der Zusammenarbeit wahrnehmen. Obwohl diese Kooperation i. d. R. auch zu ↑Wettbewerbsbeschränkungen (S. 408) führt, kann sie im Falle kleiner und mittlerer Unternehmen dazu beitragen, deren Entschließungsfreiheit aufrechtzuerhalten oder wiederherzustellen. Nicht zuletzt aus diesem Grunde wird sie als Ausdruck der sog. Mittelstandspolitik sowohl vom deutschen als auch vom europäischen Kartellrecht gefördert. Das ↑Wettbewerbsrecht (S. 412) erklärt ausdrücklich Kooperationskartelle für zulässig, die die Rationalisierung wirtschaftlicher Vorgänge durch zwischenbetriebliche Zusammenarbeit zum Gegenstand haben, wenn dadurch der Wettbewerb nicht wesentlich beeinträchtigt und die Leistungsfähigkeit kleiner und mittlerer Unternehmen gefördert wird. Die Formen der Kooperation sind damit jedoch nicht erschöpft. Sie reichen von der lockeren Form etwa der Empfehlung über Verbindungen gesellschaftsrechtlicher Struktur (Kartell) bis zur rechtlichen Verselbständigung in einem Gemeinschaftsunternehmen (z. B. Einkaufs- oder Verkaufsgemeinschaften).

Wichtig für die kartellrechtliche Beurteilung der Kooperation ist die Frage nach der Größe der beteiligten Unternehmen. Das Wettbewerbsrecht räumt den mittleren und kleinen Unternehmen eine gewisse Vorzugsstellung ein. Demgegenüber können andere Unternehmen nicht in gleichem Umfang miteinander in kartellrechtlich unbedenklicher Weise kooperieren. Unabhängig von der (im übrigen schwer faßlichen) Unternehmensgröße läßt das Wettbewerbsrecht in einer Reihe von Fällen die Durchbrechung des Kartellverbots zu. Die Zulässigkeit der Kartelle hängt jedoch je nach Kartelltyp davon ab, daß entweder die Kartellbehörde dem angemeldeten Kartell nicht binnen drei Monaten widerspricht oder die Erlaubnis erteilen muß (z. B. Exportkartell) bzw. kann (z. B. Strukturkrisenkartell).

Die wettbewerbsrechtliche Sonderstellung von mittleren und kleinen Unternehmen besteht, wie bereits angedeutet, darin, daß für sie die Kooperation über sog. Mittelstandsempfehlungen und Kooperationskartelle zulässig ist. Einseitige und vertragliche Wettbewerbsbeschränkungen sind dadurch für diese Unternehmen weitgehend legalisiert worden, so daß mit Recht gesagt wurde, daß vom Kartellverbot im Grunde nur noch die Preiskartelle von Großunternehmen erfaßt werden.

Mittelstandsempfehlungen sind Empfehlungen, bestimmte Preise zu fordern oder anzubieten oder bestimmte Arten der Preisfestsetzung zu verwenden, die von Vereinigungen kleiner oder mittlerer Unternehmen (z. B. Handels- oder Handwerksgenossenschaften) ausgesprochen und ausdrücklich als unverbindlich bezeichnet werden und deren Durchsetzung ohne Druck erfolgt. Sie sind zulässig, wenn sich dadurch die Wettbewerbsbedingungen dieser Unternehmen gegenüber Großunternehmen verbessern und damit der Wettbewerb gefördert wird. In gleicher Weise sind Kooperationskartelle solcher Unternehmen möglich. Sie müssen lediglich der Rationalisierung wirtschaftlicher Vorgänge dienen und dürfen nicht zu einer wesentlichen Beeinträchtigung des Wettbewerbs führen. Von kleinen oder mittleren Unternehmen kann man dann sprechen, wenn sie auf dem fraglichen Markt über keinen Einfluß auf das Marktgeschehen verfügen, womit allerdings nicht die Meßschwierigkeiten beseitigt sind. Wird die Kooperation zwischen Unternehmen vom Wettbewerbsrecht gestattet, so bleibt diese doch der Aufsicht der Kartellbehörde unterstellt.

V. Emmerich: Kartellrecht. 4. Aufl. München 1982. – W. Lipps: Kartellrecht. 3. Aufl. Bonn 1982.

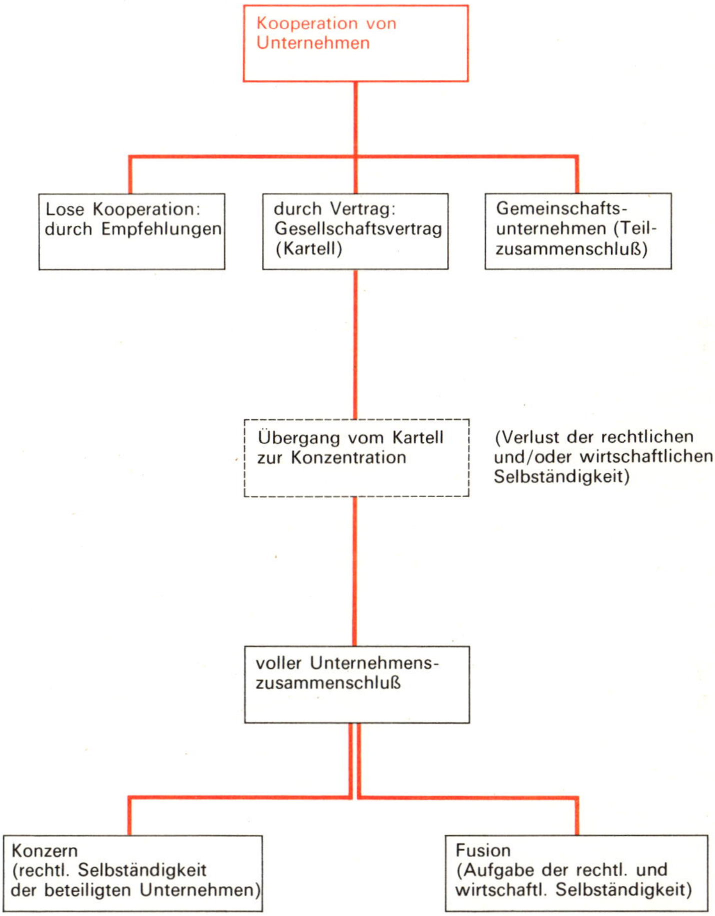
Kooperation von Unternehmen
Lose Kooperation: durch Empfehlungen
durch Vertrag: Gesellschaftsvertrag (Kartell)
Gemeinschafts-unternehmen (Teil-zusammenschluß)
Übergang vom Kartell zur Konzentration
(Verlust der rechtlichen und/oder wirtschaftlichen Selbständigkeit)
voller Unternehmens-zusammenschluß
Konzern (rechtl. Selbständigkeit der beteiligten Unternehmen)
Fusion (Aufgabe der rechtl. und wirtschaftl. Selbständigkeit)

Fusionskontrolle

Das Schwergewicht der ↑Wettbewerbsbeschränkungen (S. 408) verlagert sich seit einiger Zeit immer mehr von den ↑Kartellen (S. 418) zu den Unternehmenszusammenschlüssen. Ziel der Fusionskontrolle ist der Schutz des ↑Wettbewerbs (S. 406) durch Verhinderung des Entstehens oder der Verstärkung marktbeherrschender Positionen (↑Marktbeherrschung S. 416). Die Fusionskontrolle will den Gefahren der Konzentration entgegenwirken. Gegenstand der Kontrolle sind sowohl horizontale (auf gleicher Wirtschaftsstufe erfolgende), vertikale (verschiedene Wirtschaftsstufen umfassende) wie auch konglomerate (gleiche und verschiedene Wirtschaftsstufen umfassende) Zusammenschlüsse. Ihnen allen liegt der im Gesetz gegen Wettbewerbsbeschränkungen (GWB) umschriebene Begriff des Zusammenschlusses zugrunde. Danach liegt ein einschlägiger Zusammenschluß vor allem in zwei Fällen vor: beim Erwerb des Vermögens eines anderen Unternehmens durch Verschmelzung oder Umwandlung, sei es ganz oder zum überwiegenden Teil, sowie beim Erwerb von mindestens 25 % des stimmberechtigten Kapitals eines anderen Unternehmens.

Im Falle eines solchen Zusammenschlusses ist das Bundeskartellamt grundsätzlich verpflichtet, diesen zu untersagen, wenn zu erwarten ist, daß durch ihn eine marktbeherrschende Stellung entsteht oder verstärkt wird, es sei denn, daß die im GWB aufgestellten Grenzen nicht überschritten werden. Die Fusionskontrolle greift ein, wenn die beteiligten Unternehmen im letzen Geschäftsjahr insgesamt Umsatzerlöse von wenigstens 500 Mill. DM hatten; bei Presseunternehmen reicht bereits ein Umsatzerlös von 25 Mill. DM. Das Verbot von Zusammenschlüssen wird durch zwei wichtige Ausnahmen durchbrochen. Sie liegen vor, 1) wenn es den beteiligten Unternehmen gelingt nachzuweisen, daß durch den Zusammenschluß auch Verbesserungen der Wettbewerbsbedingungen eintreten und diese die Nachteile der Marktbeherrschung überwiegen, und 2) wenn der Bundesminister für Wirtschaft auf Antrag die Erlaubnis zu dem Zusammenschluß erteilt, weil er von gesamtwirtschaftlichem Vorteil ist oder durch ein überragendes Interesse der Allgemeinheit gerechtfertigt wird.

Die Fusionskontrolle durch das Bundeskartellamt erfolgt grundsätzlich erst nach dem Zusammenschluß. Die Anzeigepflicht nach dem GWB, die zunächst dem Bundeskartellamt vor allem einen allgemeinen Überblick über den Konzentrationsprozeß in der Wirtschaft verschaffen und der Erleichterung der Mißbrauchsaufsicht über marktbeherrschende Unternehmen dienen sollte, hat jetzt eine die Fusionskontrolle unterstützende Funktion. Aufgrund nachträglicher Kontrolle kann das Bundeskartellamt den Zusammenschluß untersagen. Soweit er bereits vollzogen wurde, muß er wieder aufgelöst werden. Genaueres über die Entflechtung regelt das GWB.

Neben der nachträglichen Kontrolle sieht das GWB auch die präventive Fusionskontrolle vor. Von ihr werden allerdings nur wenige Fälle erfaßt. Sie greift ein, wenn an dem Zusammenschluß mindestens zwei Umsatzmilliardäre beteiligt sind oder dieser nach Landesrecht durch Gesetz oder sonstigen Hoheitsakt bewirkt werden soll (z. B. bei öffentlich-rechtlichen Banken). Bei Vorliegen dieser Voraussetzungen ist das Zusammenschlußvorhaben zunächst anzumelden. Dessen Vollzug ist wegen der schwerwiegenden Folgen vor der Anmeldung und vor Ablauf der im GWB enthaltenen Wartefristen unzulässig. Wird der Zusammenschluß verbotswidrig vollzogen, so kann das Bundeskartellamt ein Bußgeld verhängen. Die Fusionskontrolle soll dem Bundeskartellamt im übrigen durch die gesetzliche Vermutung von Zusammenschlußwirkungen erleichtert werden.

V. Emmerich: Kartellrecht. 4. Aufl. München 1982.

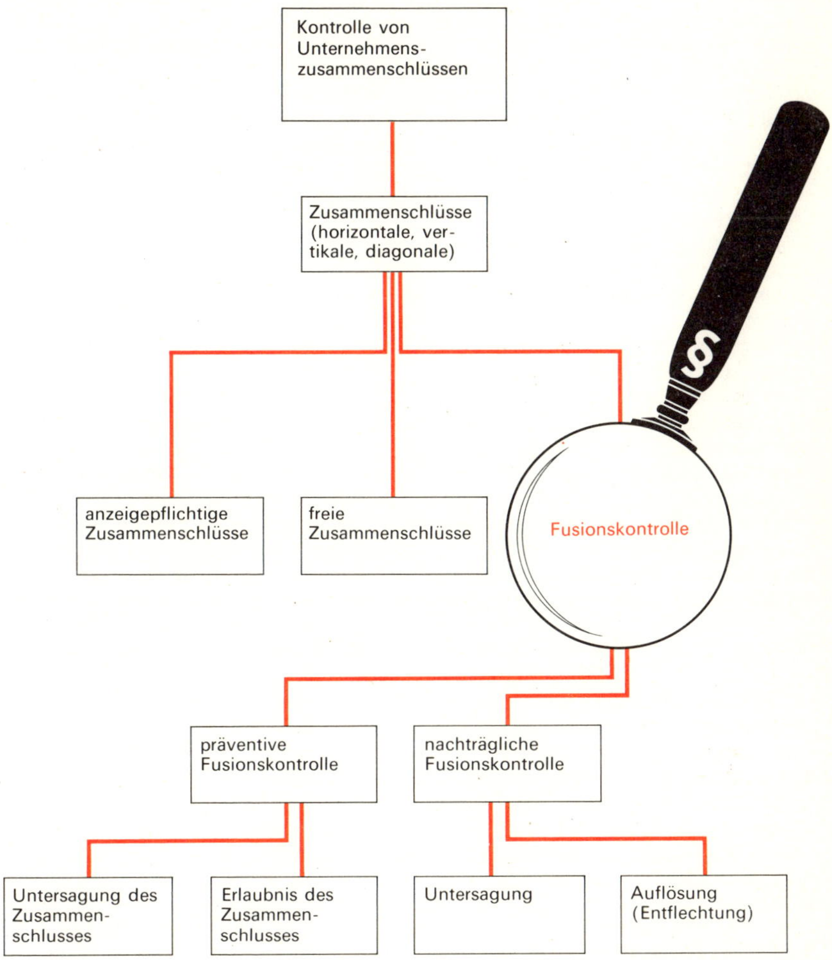

Kontrolle von Unternehmens-zusammenschlüssen
Zusammenschlüsse (horizontale, vertikale, diagonale)
anzeigepflichtige Zusammenschlüsse
freie Zusammenschlüsse
Fusionskontrolle
präventive Fusionskontrolle
nachträgliche Fusionskontrolle
Untersagung des Zusammen-schlusses
Erlaubnis des Zusammen-schlusses
Untersagung
Auflösung (Entflechtung)

Patente und Erfindungen

↑Wirtschaftliches Wachstum (S. 528) beruht zu einem wesentlichen Teil auf ↑technischem Fortschritt (S. 530), der Forschungs- und Entwicklungsarbeit voraussetzt. Eine Erfindung (Invention) würde volkswirtschaftlich bestmöglich genutzt (zur Innovation), wenn sie durch Nachahmung ungehindert verbreitet werden könnte. Dem steht aber das Interesse des Erfinders entgegen, der für seine Erfindung oft erhebliche Kosten aufgewendet hat, die einem Nachahmer nicht erwachsen und den Erfinder im freien Wettbewerb benachteiligen würden.

Der Förderung technischen Fortschritts dient das Patent in zweifacher Weise: Es schützt den Erfinder vor Nachahmern, indem es dem Patentinhaber ein Ausschließlichkeitsrecht zur gewerblichen Verwertung der Erfindung und ein Verbietungsrecht gegenüber Dritten gibt, und es informiert die Öffentlichkeit über neue Entwicklungen. Die Erfindungstätigkeit wird angespornt durch die Aussicht auf eine Erstattung der Entwicklungskosten und einen Verwertungsgewinn. Durch die Veröffentlichung der Erfindung (spätestens 18 Monate nach der Anmeldung beim Patentamt) werden überflüssige Parallelentwicklungen vermieden. Die Mitbewerber werden zu Weiterentwicklungen der Erfindung und zu Neuentwicklungen genötigt, wenn sie weiter auf dem Markt bleiben wollen.

Das durch das Patent gewährte rechtliche Monopol ist noch nicht gleichbedeutend mit einem wirtschaftlichen ↑Monopol (S. 194). Technisch nicht zu umgehende Einzelpatente, die ein ganzes technisches Gebiet abdecken und daher zur ↑Marktbeherrschung (S. 416) führen könnten, sind selten. Der Wettbewerb in Forschung und Entwicklung in Verbindung mit der begrenzten Laufzeit der Patente sorgt auch für einen wirtschaftlichen ↑Wettbewerb (S. 406). Dieser wird durch Patente erst dann eingeschränkt, wenn ein Unternehmen auf einem technischen Gebiet eine Vielzahl von Patenten besitzt, die den Mitbewerbern praktisch keine Betätigungsmöglichkeit mehr lassen. Eine solche Patenthäufung kann durch eigene Entwicklung und/oder Aufkauf von Patenten erreicht werden, wobei u. U. nur ein Teil der Patente wirtschaftlich genutzt wird, während die anderen als Sperrpatente zur Behinderung der Konkurrenz dienen (↑Wettbewerbsbeschränkungen S. 408). Die Patenthäufung kann die Wirkung des Zeitablaufs des Einzelpatentes aufheben, da praktisch immer mindestens eine patentierte Weiterentwicklung vorhanden ist, die den Fortbestand der Vorherrschaft auf dem betreffenden Gebiet sichert. Insbesondere bei Unternehmen mit großem Patentbesitz kann dieser als Basis für ↑Kartelle (S. 418) und für eine Arbeits- und Marktaufteilung durch Lizenzaustauschverträge dienen. Wie stark eine Patenthäufung in der BRD tatsächlich vorhanden ist, zeigte eine Stichprobe von 1 117 Patenten aus 12 Patentklassen, von denen 51 % in der Hand von nur 6,4 % der Inhaber waren. Eine Wettbewerbsbeschränkung kann auch durch die Einrichtung sog. Patentpools auftreten. In diesem Fall werden die Patente von ihren Inhabern in eine gemeinsame Organisation (Patent-Holdinggesellschaft) eingebracht und gemeinsam, aber unter Ausschluß Dritter, genutzt.

Die Frage nach der Bedeutung des Patentschutzes für die Industrie kann nicht allgemein beantwortet werden. Dazu wären viele Einzelaspekte, wie z. B. Entstehung und geplante oder tatsächliche Nutzung der Erfindung, mit dem Gegenstand der Erfindung verbundenes technisches Wissen (Know how), die Marktstellung des eigenen Betriebes und die der Mitbewerber im In- und Ausland zu berücksichtigen.

Wesentliche Impulse für das Patentwesen werden auch von dem europäischen Patenterteilungsverfahren und vor allem von dem zukünftigen Gemeinschaftspatent der EG-Staaten erwartet. Die EG-Kommission nimmt bereits heute über die Art. 85 und 86 des EWG-Vertrages einen starken Einfluß auf die Lizenzverträge und damit auch indirekt auf die Patentpolitik der Unternehmen.

U. C. Hallmann: Patentanmeldung leicht gemacht. 7. Aufl. Bad Wörishofen 1982. – R. Schulte: PatentG. 3. Aufl. Köln u. a. 1981. – G. Dahmann: Patentwesen, techn. Fortschritt u. Wettbewerb. Frankf. a. M. 1981.

Unternehmensgröße (Mill. DM)	<10	10 –49	50 –249	250 –999	>1000
Ohne Patentschutz wären ...% der Erfindungen					
– auch gemacht worden	100	97	92	90	47
– nicht gemacht worden	–	2	7	10	39
– keine Angaben	–	1	1	0	14
Ohne Patentschutz wäre die Erfindung					
– geheimgehalten worden	8	12	21	31	31
– nicht geheimgehalten worden	84	87	73	58	38
– keine Angaben	8	1	6	11	31
(in ...% der Erfindungen)					
Vorratspatente (noch nicht verwertet)	–	3	5	11	7
Sperrpatente (Verwertung nicht beabsichtigt)	8	–	2	2	6
(Anteil an erfaßten Patenten in %)					
Nutzung der Patente					
im eigenen Betrieb	69	63	48	43	38
durch Lizenzierung	–	6	5	8	5
im eigenen Betrieb und Lizenzierung	10	18	25	20	15
nicht, noch nicht oder nicht mehr genutzt	21	13	22	29	42
(in % der erfaßten Patente)					
Positiver Einfluß der Patentrechtspraxis auf den technischen Fortschritt nach Meinung von ...% der befragten Unternehmen	33	67	78	82	55

Die Daten sind vom Ifo-Institut für Wirtschaftsforschung ermittelt worden. Aus 12 Patentklassen wurden nach einem bestimmten Schema 1 117 Patente ausgewählt und die Patentinhaber befragt. Die Tabelle zeigt lediglich einige Tendenzen

Urheberrecht

Das Urheberrecht schützt jene geistigen Leistungen, die vom Verlagswesen, in den Bibliotheken, von der Schallplattenindustrie, im Rundfunk, in Opern, Theatern, Konzerten, Filmen, auch in manchen Industriezweigen, z. B. in der Porzellan-, Keramik-, Textil-, Leder-, Möbelindustrie, verwertet werden. Das Urheberrechtsgesetz vom 9. 9. 1965 schützt einerseits geistige Schöpfungen, andererseits geistige Leistungen. Zu ersteren gehören Werke der Literatur, Wissenschaft und Kunst. Schutzvoraussetzung ist, daß sie eine persönliche geistige Schöpfung sind, d. h., durch ihren Inhalt und ihre Form die Individualität des Urhebers ausdrücken. Zu letzteren gehören die Leistungen von Herausgebern, ausübenden Künstlern, Tonträgerherstellern, Rundfunkanstalten und Filmherstellern.

Der Urheber hat ein subjektives eigentumsähnliches Recht. Zu dessen Inhalt gehören das Urheberpersönlichkeitsrecht, das Verwertungsrecht und einige sonstige Rechte. Ersteres sichert das Veröffentlichungsrecht sowie die Urheberehre und verbietet Entstellungen des Werkes. Das Verwertungsrecht behält dem Urheber die alleinige Befugnis vor, sein Werk in körperlicher Form oder durch öffentliche Wiedergabe zu verwerten, nämlich es zu vervielfältigen, zu verbreiten, auszustellen oder es öffentlich vorzutragen, aufzuführen, vorzuführen, zu senden, durch Bild- oder Tonträger wiederzugeben oder das gesendete Werk durch Bildschirm, Lautsprecher oder ähnliche technische Einrichtungen öffentlich wiederzugeben. Zu den sonstigen Befugnissen gehört vor allem das Recht des bildenden Künstlers, bei einer Weiterveräußerung seines Werkes, wenn ein Kunsthändler oder Versteigerer beteiligt ist, einen Anteil von 5 % des Erlöses vom Veräußerer zu verlangen, sofern der Erlös 100 DM oder mehr beträgt (Folgerecht). Beim Vermieten oder Verleihen von Vervielfältigungsstücken (z. B. Büchern) zu Erwerbszwecken (z. B. durch Mietbüchereien, Lesezirkel) oder durch öffentliche Einrichtungen (z. B. Staats-, Universitäts-, Stadtbibliotheken) ist der Autor ferner berechtigt, eine angemessene Vergütung zu verlangen. Die Verwertungsbefugnisse des Urhebers werden zugunsten des persönlichen Interesses von Benutzern, zugunsten von Kunst und Wissenschaft, der Allgemeinheit und der Kultur sowie der Kulturwirtschaft in gewissen Hinsichten beschränkt. Zulässig ist z. B. die Herstellung einzelner Vervielfältigungsstücke zum persönlichen Gebrauch; jedoch haben die Hersteller oder Importeure von Geräten, die sich zum Mitschneiden von Rundfunksendungen eignen, den Urhebern einen angemessenen Anteil am Erlös (höchstens 5%) zu zahlen. Auch gewerbliche Betriebe, die Photokopien für ihre Zwecke herstellen, haben eine angemessene Vergütung zu zahlen.

Der Urheber kann einem Verwerter (z. B. Verleger, Theater, Rundfunkanstalt) Nutzungsrechte mit geringerem oder größerem Inhalt einräumen. Auch kann er seine Rechte einer Verwertungsgesellschaft (GEMA, Verwertungsgesellschaft Wort, Verwertungsgesellschaft Bild-Kunst) zur Wahrnehmung anvertrauen. Bei Verletzung seiner Rechte hat er Unterlassungs- und Schadensersatzansprüche, verschiedene Verletzungshandlungen sind strafbar. Sein Schutzrecht erlischt 70 Jahre nach seinem Tode.

Ähnliche, jedoch weniger weitreichende Befugnisse gewährt das Gesetz Herausgebern wissenschaftlicher Ausgaben, ausübenden Künstlern u. a. (Leistungsschutzrechte). Die Schutzfrist beträgt teils 10, teils 25 Jahre.

Der Schutz des Urheberrechtsgesetzes beschränkt sich auf das Inland, ein fast weltweiter Schutz wird jedoch durch internationale Abkommen (insbesondere Berner Übereinkunft, Welturheberrechtsabkommen und Rom-Abkommen) gewährleistet.

H. Hubmann: Urheber- und Verlagsrecht. 5. Aufl. München 1984. – F. Fromm/W. Nordemann: Urheberrecht. Kommentar. 5. Aufl. Stuttg. u. a. 1983.

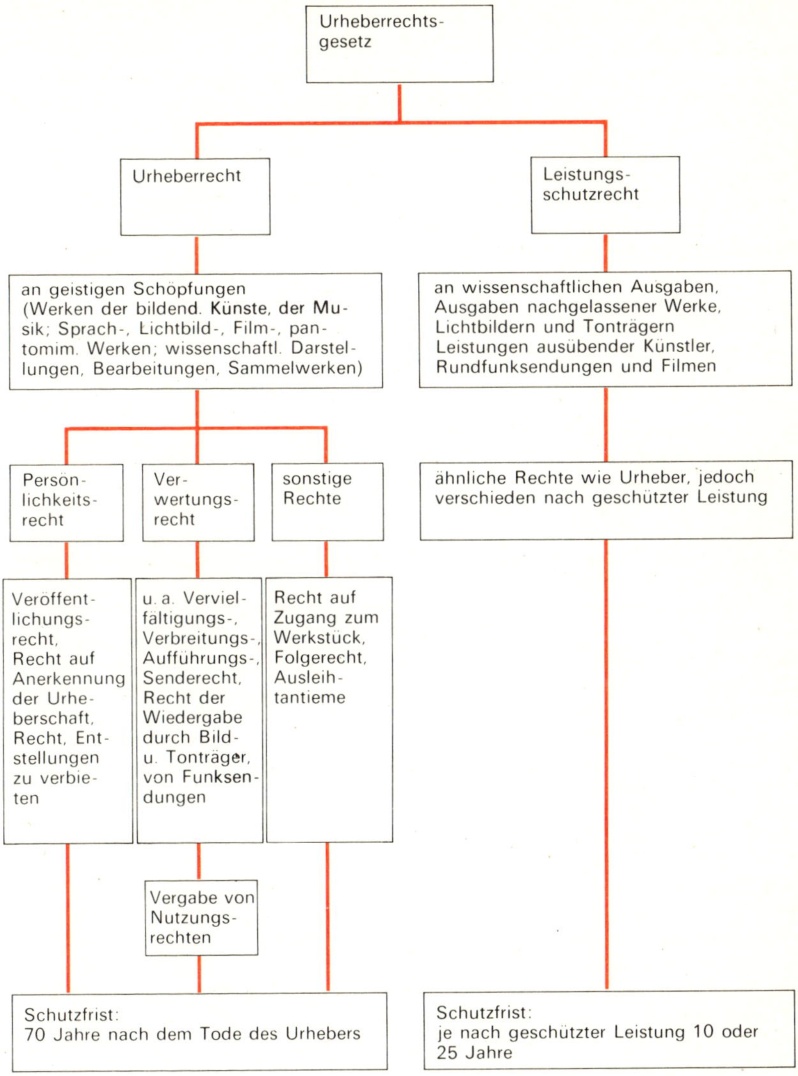
Urheberrechts-
gesetz
Urheberrecht
Leistungs-
schutzrecht
an geistigen Schöpfungen (Werken der bildend. Künste, der Musik; Sprach-, Lichtbild-, Film-, pantomim. Werken; wissenschaftl. Darstellungen, Bearbeitungen, Sammelwerken)
an wissenschaftlichen Ausgaben, Ausgaben nachgelassener Werke, Lichtbildern und Tonträgern Leistungen ausübender Künstler, Rundfunksendungen und Filmen
Persönlichkeitsrecht
Verwertungsrecht
sonstige Rechte
ähnliche Rechte wie Urheber, jedoch verschieden nach geschützter Leistung
Veröffentlichungsrecht, Recht auf Anerkennung der Urheberschaft, Recht, Entstellungen zu verbieten
u. a. Vervielfältigungs-, Verbreitungs-, Aufführungs-, Senderecht, Recht der Wiedergabe durch Bild- u. Tonträger, von Funksendungen
Recht auf Zugang zum Werkstück, Folgerecht, Ausleihtantieme
Vergabe von Nutzungsrechten
Schutzfrist: 70 Jahre nach dem Tode des Urhebers
Schutzfrist: je nach geschützter Leistung 10 oder 25 Jahre

Lizenzverträge

Durch einen Lizenzvertrag räumt der Inhaber (Lizenzgeber) einer rechtlichen oder tatsächlichen Ausschließlichkeitsstellung einem Lizenznehmer die rechtliche und/ oder tatsächliche Möglichkeit ein, den Gegenstand seiner Ausschließlichkeitsstellung zu benutzen. Solche Rechte, Dritte von der Benutzung eines Gegenstandes auszuschließen, sind die gewerblichen Schutzrechte (Patente, Gebrauchsmuster, Warenzeichen u.a., ↑gewerblicher Rechtsschutz S. 436) sowie das ↑Urheberrecht (S. 426). Sie sind – mit einigen Einschränkungen – ebenso lizenzfähig wie gesetzlich nicht geschützte Leistungen auf einem Gebiet der Technik oder der Pflanzenzüchtung, soweit bei diesen eine tatsächliche Ausschließlichkeitsstellung dadurch besteht, daß sie Betriebsgeheimnisse sind.

Die dem Rechtsinhaber zustehende Befugnis, den Gegenstand des Rechts, z.B. die mit einem Patent geschützte Erfindung, zu benutzen, und das gesetzlich gewährte Verbietungsrecht können uneingeschränkt oder beschränkt auf den Lizenznehmer übertragen werden. Mit einer nur einem einzigen Lizenznehmer gewährbaren ausschließlichen Lizenz erwirbt dieser sowohl das Benutzungsrecht als auch das Verbietungsrecht, das ohne besondere Absprache auch gegenüber dem Lizenzgeber wirksam ist. Nicht ausschließliche Lizenzen können mehreren Lizenznehmern eingeräumt werden, sie vermitteln diesen nur das dem Lizenzgeber zustehende Benutzungsrecht, nicht dagegen das Dritten gegenüber wirkende Verbietungsrecht. Bei beiden Lizenzarten sind Beschränkungen der Benutzungserlaubnis auf einzelne oder mehrere Benutzungsarten möglich (Herstellungs-, Vertriebs- oder Gebrauchslizenz), hinsichtlich Zeit und Ort der Benutzung sowie der Person oder einer bestimmten Betriebsstätte des Benutzungsberechtigten (persönliche Lizenz, Betriebslizenz).

Der Lizenznehmer kann zur Zahlung von Lizenzgebühren verpflichtet werden, die zumeist aus seinem Abgabepreis berechnet werden; daneben können Mindestlizenzgebühren vereinbart werden, die stets und unabhängig von der Anzahl der Benutzungshandlungen zu leisten sind.

Bei allen Lizenzverträgen sind die kartellrechtlichen Grenzen einzuhalten. Nach dem deutschen ↑Kartellrecht (S. 418) sind Beschränkungen des Lizenznehmers, die über den Inhalt (Umfang des Verbietungsrechts und Dauer des Bestands) von Patenten, Gebrauchsmustern und Sortenschutzrechten oder von Betriebsgeheimnissen hinausgehen, unwirksam und bei Durchführung als Ordnungswidrigkeiten mit Bußgeld bedroht. Ausgenommen hiervon sind aus technischen Gründen erforderliche Bezugsverpflichtungen, die Festsetzung des Abgabepreises des Lizenznehmers, der gegenseitige Erfahrungsaustausch und die Gewährung von Rücklizenzen für vom Lizenznehmer gefundene Verbesserungs- und Anwendungserfindungen sowie seine Verpflichtung, ihm lizenzierte Schutzrechte nicht anzugreifen, und Exportverbote, die sich jedoch nicht auf Mitgliedsstaaten der Europäischen Gemeinschaften beziehen dürfen. Weitergehende Beschränkungen können vom Bundeskartellamt erlaubt werden. Ohne Rücksicht auf den Inhalt von Schutzrechten sind nach dem EWG-Vertrag Lizenzverträge verboten und nichtig, die den Handel zwischen den Mitgliedsstaaten zu beeinträchtigen geeignet sind, d.h., eine spürbare Behinderung, Einschränkung oder Verfälschung des Wettbewerbs innerhalb des Gemeinsamen Marktes bezwecken oder bewirken. Die EG-Kommission kann Ausnahmegenehmigungen erteilen.

H. Stumpf: Der Know-How-Vertrag. 5. Aufl. Heidelb. 1984. – W. L. Poley: Know-How-Exporte. Lizenzvergabe. Technologie-Transfer. Köln 1981.

Schema für Lizenzverträge

Für Lizenzverträge gibt es keine gesetzl. Regelungen wie etwa für Kaufverträge. Die vertragl. Vereinbarungen sind den Erfordernissen des Einzelfalles anzupassen, wobei die durch das Kartellrecht gezogenen Grenzen zu beachten sind. Das auf Patentlizenzverträge abgestellte Schema kann nur Anhaltspunkte geben.

I. Präambel		Motive für Vertragsabschluß und die von den Parteien verfolgten Zwecke
II. Lizenzerteilung		
1. Vertragsschutzrechte (know how)		
2. Art der Lizenz		ausschließliche oder nicht ausschließliche
3. Umfang der Lizenz	a) sachlich	alle oder einzelne Benutzungsarten, Benutzung für jeden oder nur für bestimmte Zwecke
	b) territorial	Vertragsgebiet
4. Recht zur Erteilung von Unterlizenzen		
5. Vertragsdauer		nicht über Bestehen der Vertragsschutzrechte hinaus
III. Pflichten des Lizenzgebers		
1. Aufrechterhaltung und Verteidigung der Vertragsschutzrechte		
2. Haftung für	a) techn. Ausführbarkeit und Brauchbarkeit der Erfindung (Sachmängel)	
	b) rechtl. Benutzungsmöglichkeit (keine Verletzung von Schutzrechten Dritter, Rechtsmängel)	
IV. Pflichten des Lizenznehmers		
1. Zahlung von Lizenzgebühren		Höhe, Bezugsgrundlage, Mindestlizenz, Stücklizenz
2. Minderung von Lizenzgebühren		Entfallen oder Teilvernichtung von Schutzrechten
3. Benutzungspflicht		besteht ohne entsprechende Vereinbarung grundsätzlich nicht
4. Geheimhaltungspflicht		wichtig bei know how
5. Abrechnungspflicht		Überprüfung durch den Lizenzgeber
V. Gemeinsame Pflichten		
1. Gegenseitiger Erfahrungsaustausch		
2. Lizenzierung von Verbesserungs- und Anwendungserfindungen		
VI. Verfolgung von Verletzungen der Vertragsschutzrechte		
1. Recht und/oder Pflicht zur Prozeßführung		
2. Wem steht Schadenersatz zu?		
VII. Beginn und Beendigung des Lizenzvertrages		
1. Inkrafttreten		
2. Kündigungsgründe	a) für Lizenzgeber	
	b) für Lizenznehmer	
VIII. Gerichtsbarkeit		
1. Ordentl. Gericht oder Schiedsgericht		
2. Anzuwendendes Recht bei internationalen Lizenzverträgen		

Preisempfehlung – Preisbindung der zweiten Hand

Preisempfehlung und Preisbindung fallen in den Bereich der vertikalen ↑Wettbewerbsbeschränkungen (S. 408). Die früher sehr verbreitete Preisbindung der zweiten Hand für Markenartikel wurde mit Wirkung vom 1. 1. 1974 allgemein verboten. Seither ist nur noch die Preisbindung für Verlagserzeugnisse (Bücher, Zeitschriften; keine Verlagserzeugnisse sind Schallplatten) nach dem Gesetz gegen Wettbewerbsbeschränkungen (GWB) privilegiert. Nur die Abnehmer von Verlagserzeugnissen können in rechtlich wirksamer Weise verpflichtet werden, bei der Weiterveräußerung bestimmte Preise zu vereinbaren oder ihren Abnehmern die gleiche Verpflichtung bis zur Weiterveräußerung an den letzten Verbraucher aufzuerlegen. Es genügt allerdings auch die wirtschaftliche Bindung (z. B. Bezugssperre bei Nichteinhaltung der Preise). Diese insoweit zulässige, auf kulturpolitischen Überlegungen beruhende Preisbindung unterliegt der ↑ Mißbrauchsaufsicht (S. 414) durch die Kartellbehörde (↑Wettbewerbsrecht S. 412).

Gewissermaßen als eine Ersatzlösung hat der Gesetzgeber im GWB allgemein für Markenartikel aber unverbindliche Preisempfehlungen zugelassen. Als Markenwaren werden Erzeugnisse angesehen, deren Lieferung in gleichbleibender Güte von dem preisempfehlenden Unternehmen gewährleistet wird und die selbst oder deren Umhüllung oder Behältnisse, aus denen sie verkauft werden, mit einem ihre Herkunft kennzeichnenden Merkmal versehen sind. Anders als die Preisbindung enthält die Empfehlung keine vertragliche Verpflichtung. Es handelt sich lediglich um eine einseitige Erklärung, die auf die wettbewerbliche Entschließungsfreiheit des Empfehlungsadressaten Einfluß nehmen will, wobei dieser aber frei bleibt, den empfohlenen Preis vom Verbraucher zu verlangen oder nicht.

Unverbindliche Preisempfehlungen für andere Waren als Markenwaren bleiben jedoch nach dem GWB verboten, soweit sie nicht Empfehlungen von Vereinigungen kleinerer oder mittlerer Unternehmen darstellen, die den Mitgliedern gegenüber ausgesprochen werden. Solche zulässigen Empfehlungen (Mittelstandsempfehlungen) dürfen jedoch nur dazu dienen, die Wettbewerbsfähigkeit der Mitglieder zu verbessern.

Die unverbindlichen Preisempfehlungen für Markenwaren sind bei Vorliegen der gesetzlichen Voraussetzungen ohne weiteres erlaubt und bedürfen keiner Anmeldung bei der Kartellbehörde. Nach dem GWB muß die Preisempfehlung ausdrücklich als unverbindlich bezeichnet sein; zu ihrer Durchsetzung darf keinerlei Druck angewendet werden. Sie darf ferner nur in der Erwartung ausgesprochen werden, daß der empfohlene Preis dem von der Mehrheit der Empfehlungsadressaten voraussichtlich geforderten Preis entspricht (Verbot sog. Mondpreisempfehlungen). Entsprechen Preisempfehlungen nicht diesen Voraussetzungen, so sind sie wie die Preisbindung verboten. Ein Verstoß gegen das allgemeine Preisempfehlungsverbot des GWB stellt eine Ordnungswidrigkeit dar, die mit einer Geldbuße von bis zu 100 000 DM geahndet werden kann.

Soweit Mittelstandsempfehlungen auch unverbindliche Preisempfehlungen zu ihrem Gegenstand haben, unterliegen sie wie entsprechende Empfehlungen bei Markenwaren der Mißbrauchsaufsicht. In beiden Fällen ermöglicht das GWB der Kartellbehörde, diese Empfehlungen für unzulässig zu erklären und neue gleichartige Empfehlungen zu verbieten. Bevor jedoch bei Markenwaren solche Schritte ergriffen werden, soll zunächst das preisempfehlende Unternehmen aufgefordert werden, den beanstandeten Mißbrauch abzustellen. Was in diesem Zusammenhang als Mißbrauch zu betrachten ist, wird im GWB beispielhaft erläutert.

V. Emmerich: Kartellrecht. 4. Aufl. München 1982. – W. Lipps: Kartellrecht. 3. Aufl. Bonn 1982.

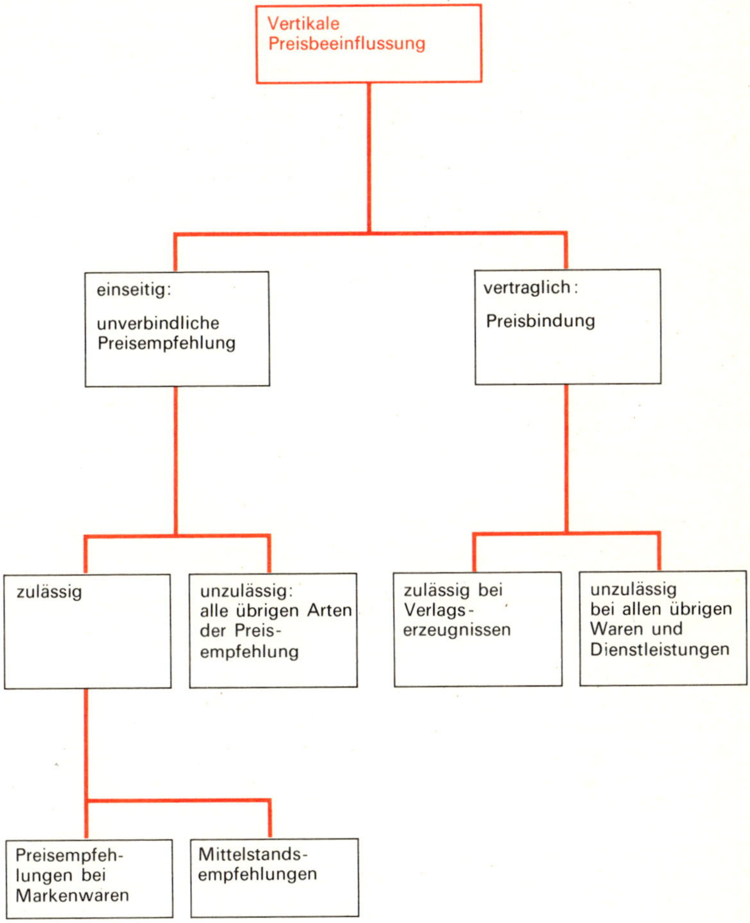
Vertikale
Preisbeeinflussung
einseitig:
unverbindliche
Preisempfehlung
vertraglich:
Preisbindung
zulässig
unzulässig:
alle übrigen Arten
der Preis-
empfehlung
zulässig bei
Verlags-
erzeugnissen
unzulässig
bei allen übrigen
Waren und
Dienstleistungen
Preisempfeh-
lungen bei
Markenwaren
Mittelstands-
empfehlungen

Diskriminierung

Diskriminierung bedeutet allgemein entweder eine Ungleichbehandlung gleicher oder eine Gleichbehandlung ungleicher Tatbestände. Hier geht es jedoch primär um die Ungleichbehandlung. Im Bereich des ↑Wettbewerbs (S. 406) kann die Diskriminierung in verschiedenen Formen auftreten, etwa als Preisdiskriminierung (Preis- und Rabattdifferenzierung) oder als Lieferverweigerung und als Bezugsverweigerung. Nicht jede Diskriminierung ist wettbewerbsrechtlich (↑Wettbewerbsrecht S. 412) von vornherein verboten, vielmehr gibt es sowohl erlaubte wie auch nichterlaubte Formen. Vom Diskriminierungsverbot werden lediglich marktbeherrschende Unternehmen, Kartelle, Preisbinder sowie solche Unternehmen erfaßt, von denen Anbieter oder Nachfrager einer bestimmten Art von Waren oder gewerblichen Leistungen in der Weise abhängig sind, daß ausreichende und zumutbare Möglichkeiten nicht bestehen, auf andere Unternehmen auszuweichen. Der Marktzugang soll durch das Verbot bestimmter Verhaltensweisen gewährleistet werden. Verboten sind den einschlägigen Unternehmen im Geschäftsverkehr, der gleichartigen Unternehmen üblicherweise zugänglich ist, einmal die unbillige Behinderung, zum anderen, gleichartige Unternehmen ohne sachlich gerechtfertigten Grund unterschiedlich zu behandeln.

Die Anwendung des Diskriminierungsverbotes setzt stets einen Vergleich des behinderten oder unterschiedlich behandelten Unternehmens mit anderen gleichartigen Unternehmen voraus, für die der fragliche Geschäftsverkehr mit Waren oder Leistungen üblicherweise zugänglich ist. Gleichartig sind diejenigen Unternehmen, welche dieselbe wirtschaftliche Funktion ausüben (z. B. hinsichtlich Produktion, Leistung, Absatzwegen, Absatzgebieten). So sind Groß- und Einzelhandel grundsätzlich verschieden, gleichartig jedoch herkömmlicher und Selbstbedienungsgroßhandel. Als üblicherweise zugänglichen Geschäftsverkehr wird man etwa die Belieferung von Reparaturwerkstätten mit Originalersatzteilen durch die jeweiligen Hersteller ansehen müssen. Es kommt nicht darauf an, ob dies auch tatsächlich erfolgt, weil es ja Aufgabe des Diskriminierungsverbotes ist, den betreffenden Markt zu öffnen.

Konkret verbietet das Wettbewerbsrecht zunächst die unmittelbare oder mittelbare Behinderung gleichartiger anderer Unternehmen. Untersagt sind sonach alle Formen des Behinderungswettbewerbs auf dem fraglichen Markt. Gesondert geregelt ist der Boykott. Die Entscheidung über die Zulässigkeit oder Unzulässigkeit der Behinderung hängt von einer umfassenden Interessenabwägung unter Berücksichtigung der beschriebenen Zielsetzung der gesetzlichen Regelung in jedem Einzelfall ab. Je mächtiger aber ein Unternehmen ist, desto größere Einschränkungen seiner Freiheit sind möglich. Die unterschiedliche Behandlung ohne sachlich gerechtfertigten Grund kann sowohl in der völligen Verweigerung des Geschäftsverkehrs wie auch im Abschluß von Geschäften zu ungünstigeren Konditionen bestehen, als sie Konkurrenten gewährt werden. Sie vermag sich im Falle der Nachfragemacht auch in der Gewährung besonders günstiger Bedingungen niederzuschlagen.

Verstößt ein Unternehmen gegen das Diskriminierungsverbot, so kann dieses Verhalten mehrere Rechtsfolgen auslösen. Es stellt zunächst eine Ordnungswidrigkeit dar, die mit einem Bußgeld bis zu 100 000 DM, über diesen Betrag hinaus bis zur dreifachen Höhe des durch die Zuwiderhandlung erzielten Mehrerlöses geahndet wird. Weiter hat der unzulässig Diskriminierte einen Anspruch auf Ersatz desjenigen Schadens gegen das diskriminierende Unternehmen, der aus dem Verstoß gegen das Verbot entstanden ist. Hierzu gehört etwa ein Anspruch auf Belieferung. I. d. R. geht der Anspruch des Diskriminierten aber nur auf Unterlassung der Diskriminierung.

V. Emmerich: Kartellrecht. 4. Aufl. München 1982. – W. Lipps: Kartellrecht. 3. Aufl. Bonn 1982.

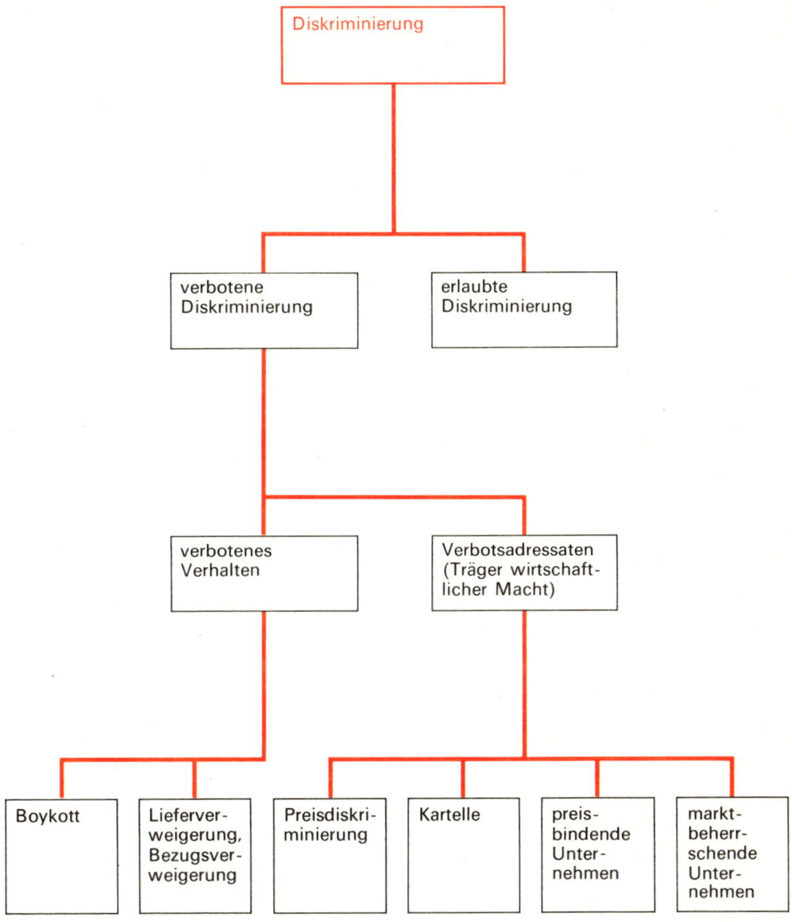
Diskriminierung
verbotene Diskriminierung
erlaubte Diskriminierung
verbotenes Verhalten
Verbotsadressaten (Träger wirtschaftlicher Macht)
Boykott
Lieferverweigerung, Bezugsverweigerung
Preisdiskriminierung
Kartelle
preisbindende Unternehmen
marktbeherrschende Unternehmen

Unlauterer Wettbewerb

Der ↑Wettbewerb (S. 406) beruht rechtlich auf der Freiheit der wirtschaftlichen Betätigung und damit auf der Wettbewerbsfreiheit (↑wirtschaftliche Freiheitsrechte S. 36). Jeder Unternehmer kann seinem Mitbewerber Konkurrenz machen, und zwar selbst dann, wenn dessen Unternehmen in der Folge aus dem Markt gedrängt wird. Jedoch will die Rechtsordnung unlautere Wettbewerbshandlungen verhindern. Dadurch sollen einerseits das Unternehmen und die Unternehmerleistung, andererseits aber auch der Verbraucher und die Allgemeinheit gegen Wettbewerbsauswüchse geschützt werden.

Diesem Zweck dient das Gesetz gegen den unlauteren Wettbewerb (UWG) vom 7. 6. 1909 mit mehrfachen zwischenzeitlichen Änderungen. Es enthält in §1 zunächst eine Generalklausel und dann in den folgenden Bestimmungen eine Reihe von Einzeltatbeständen. Die Generalklausel verbietet sittenwidrige Wettbewerbshandlungen. Zulässig sind danach ohne weiteres Handlungen, die dem Leistungswettbewerb entsprechen; dieser ist dadurch charakterisiert, daß auf der Grundlage der Wettbewerbsfreiheit, der Freiheit der Abnehmer und der potentiellen Gleichheit der Wettbewerbsbedingungen sich die bessere Leistung durchsetzen kann. Als sittenwidrig zu beurteilen sind Maßnahmen des Nichtleistungswettbewerbs, die schutzwürdige Interessen der Mitbewerber, der Verbraucher oder der Allgemeinheit beeinträchtigen oder gefährden. Die Rechtsprechung hat aus dieser Generalklausel eine Reihe von Einzelgrundsätzen abgeleitet. Sie sichert die unternehmerische Leistung und Betätigung, indem sie z. B. die Nachahmung eigenartiger Leistungsergebnisse, die Anwendung physischen oder psychischen Zwangs gegen den Mitbewerber, den Boykott und den Boykottaufruf, die kritisierende persönliche Werbung und die kritisierende vergleichende Werbung, die Absatz- und Betriebsbehinderung für grundsätzlich unzulässig erklärt. Sie schützt die Verbraucher, indem sie Täuschung und Irreführung, die Herbeiführung einer Verwechslungsgefahr und die Beeinträchtigung ihrer Entschließungsfreiheit verbietet. Im Interesse der Allgemeinheit schützt sie die Wettbewerbsordnung als solche und sucht die potentielle Gleichheit der Wettbewerbsbedingungen zu wahren, indem sie z. B. die Erlangung eines wettbewerblichen Vorsprungs durch Rechtsbruch sowie durch Förderung und Ausnutzung fremden Rechts- oder Vertragsbruchs für unerlaubt erklärt.

Neben dieser Generalklausel enthält das Gesetz eine Reihe von Einzeltatbeständen, in denen Irreführungen durch Angaben über geschäftliche Verhältnisse beim Verkaufsgespräch oder in der öffentlichen Werbung, beim Verkauf von Konkursware, beim Verkauf durch Hersteller oder Großhändler an Letztverbraucher verboten werden. Ferner wird der Kaufscheinhandel (Kauf mit Kreditkarten) eingeschränkt und das Ausverkaufswesen geregelt. Für Sommer- und Winterschlußverkäufe gilt eine besondere Verordnung vom 13. 7. 1950. Auch für Zugaben und Rabatte besteht eine Sonderregelung in der Zugabeverordnung und im Rabattgesetz. Das UWG erklärt ferner die Angestelltenbestechung, die Anschwärzung, die geschäftliche Verleumdung und den Verrat von Geschäftsgeheimnissen für unzulässig, außerdem verbietet es die unbefugte Benutzung fremder geschäftlicher Bezeichnungen. Die Vornahme einer unerlaubten Wettbewerbshandlung macht unterlassungs- und schadensersatzpflichtig. Diese Ansprüche können nicht nur vom beeinträchtigten Konkurrenten geltend gemacht werden, sondern in einer Reihe von Fällen auch von Verbänden zur Förderung gewerblicher Interessen und von Verbraucherverbänden. Die Verletzung der meisten Wettbewerbsvorschriften ist auch strafbar.

A. Baumbach/W. Hefermehl: Wettbewerbsrecht. 14. Aufl. München 1983. – O.-F. v. Gamm: Gesetz gegen den unlauteren Wettbewerb. 2. Aufl. Köln usw. 1981.

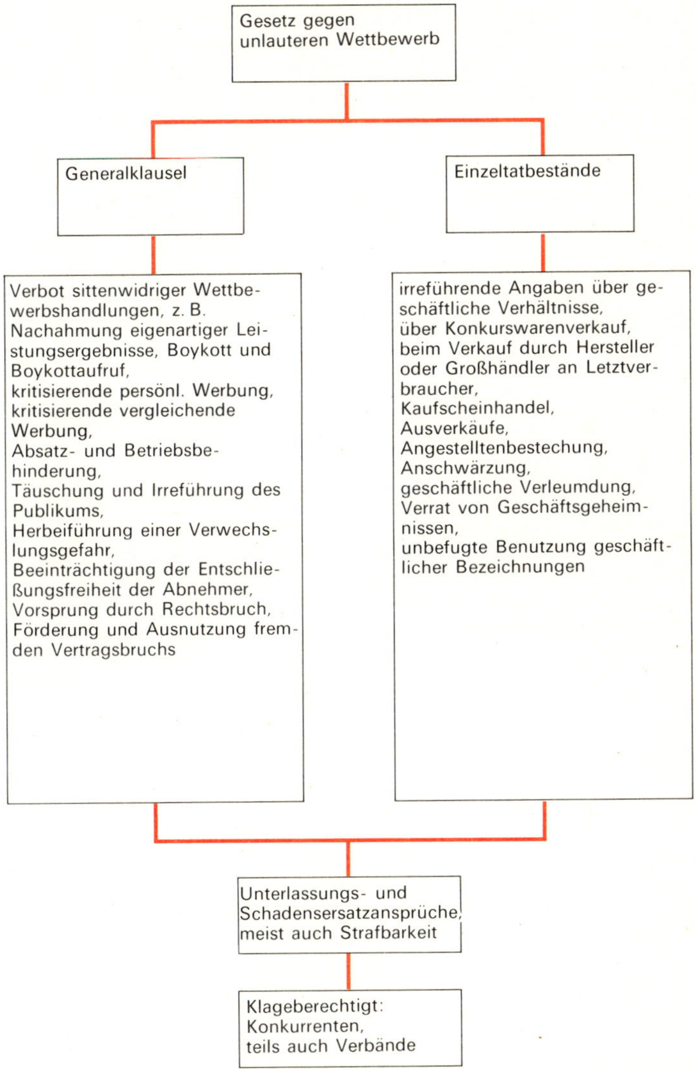
Gesetz gegen unlauteren Wettbewerb
Generalklausel
Einzeltatbestände
Verbot sittenwidriger Wettbewerbshandlungen, z. B. Nachahmung eigenartiger Leistungsergebnisse, Boykott und Boykottaufruf, kritisierende persönl. Werbung, kritisierende vergleichende Werbung, Absatz- und Betriebsbehinderung, Täuschung und Irreführung des Publikums, Herbeiführung einer Verwechslungsgefahr, Beeinträchtigung der Entschließungsfreiheit der Abnehmer, Vorsprung durch Rechtsbruch, Förderung und Ausnutzung fremden Vertragsbruchs
irreführende Angaben über geschäftliche Verhältnisse, über Konkurswarenverkauf, beim Verkauf durch Hersteller oder Großhändler an Letztverbraucher, Kaufscheinhandel, Ausverkäufe, Angestelltenbestechung, Anschwärzung, geschäftliche Verleumdung, Verrat von Geschäftsgeheimnissen, unbefugte Benutzung geschäftlicher Bezeichnungen
Unterlassungs- und Schadensersatzansprüche, meist auch Strafbarkeit
Klageberechtigt: Konkurrenten, teils auch Verbände

Gewerblicher Rechtsschutz

Zum gewerblichen Rechtsschutz werden das Patent- und Gebrauchsmusterrecht, das Geschmacksmusterrecht, das Recht gegen den ↑unlauteren Wettbewerb (S. 434) und das Kennzeichnungsrecht gezählt.

Gewerblich verwertbare Erfindungen auf einem Gebiet der Technik werden auf Anmeldung beim Deutschen Patentamt in München dem Erfinder oder seinem Rechtsnachfolger durch Patente oder Gebrauchsmuster geschützt. Diensterfindungen, die Arbeitnehmer im Rahmen der ihnen obliegenden Tätigkeit oder aufgrund von betrieblichen Erfahrungen oder Arbeiten machen, kann der Arbeitgeber gegen Vergütung in Anspruch nehmen und benutzen. Auf ästhetischem Gebiet liegende Gestaltungen, die gewerblich verwertbar sind (Flächenmuster wie Tapeten- und Stoffmuster oder plastische Muster wie Möbel oder Lampen), werden ihrem Schöpfer auf Anmeldung und Hinterlegung bei dem für den Anmelder zuständigen Amtsgericht durch Geschmacksmuster geschützt, wenn sie neu und eigentümlich sind. Diese Leistungsschutzrechte gewähren ihrem Inhaber das Recht, jedermann von der Benutzung des geschützten Gegenstandes auszuschließen bzw. Nachahmungen zu verbieten (Ausschließlichkeitsrechte). Damit Patente und Gebrauchsmuster nicht die normale Fortentwicklung der Technik verhindern, werden diese nur für Leistungsergebnisse gewahrt, die nicht nur neu, sondern auch so qualifiziert sind, daß sie über das Können des Durchschnittsfachmanns hinausgehen (Erfindungshöhe). Dazu ist ihr Schutz zeitlich beschränkt; nach seinem Erlöschen steht ihr Gegenstand jedermann zur freien Benutzung offen.

Das ↑Wettbewerbsrecht (S. 412) hat u.a. die Erhaltung der Lauterkeit im Wettbewerb zur Aufgabe (↑unlauterer Wettbewerb S. 434).

Das Kennzeichnungsrecht dient dem Schutz der im geschäftlichen Verkehr benutzten Kennzeichnungen; sie können als Worte unmittelbare Bezeichnungen des Unternehmens sein (Name, Firma, besondere Geschäftsbezeichnung) oder in wörtlicher und/oder bildlicher Gestaltung als Kennzeichnung von Waren oder Dienstleistungen auf ihre Herkunft aus einem bestimmten Geschäftsbetrieb hinweisen (Warenzeichen, Dienstleistungsmarke, Ausstattung); willkürliche Gestaltungen der Ware sind nur dem Ausstattungsschutz zugänglich. Voraussetzung für den Schutz aller Kennzeichnungen ist ihre Unterscheidungskraft, die von Haus aus vorliegen oder durch Verkehrsdurchsetzung erworben sein kann. Der Inhaber einer geschützten Kennzeichnung kann die Benutzung jüngerer Kennzeichnungen verbieten, wenn diese verwechslungsfähig sind. Der Schutz namensmäßiger Kennzeichnungen entsteht grundsätzlich durch ihre Inbenutzungnahme. Warenzeichen und Dienstleistungsmarken erlangen Schutz, wenn sie nach Anmeldung beim Deutschen Patentamt in die Warenzeichenrolle eingetragen werden. Ausstattungsrechte werden durch Erlangung der Verkehrsdurchsetzung begründet.

Die gewerblichen Schutzrechte sind nur im Gebiet der BRD wirksam. Nach der Pariser Verbandsübereinkunft zum Schutz des gewerblichen Eigentums (PVÜ) gewähren jedoch die Verbandsstaaten (1984: 93 Länder) den Verbandsangehörigen zur Anmeldung von Schutzrechten Prioritätsfristen, innerhalb welcher Nachmeldungen von Schutzrechten unter Inanspruchnahme der Priorität der ersten Anmeldung getätigt werden können. Ergänzende Bestimmungen für Warenzeichen- und Geschmacksmusteranmeldungen sind im Madrider Markenabkommen (MMA) und im Haager Musterabkommen (HMA) geregelt. Das bisher von 10 europäischen Staaten ratifizierte Übereinkommen über die Erteilung europäischer Patente vom 5. 10. 1973 vereinfacht das Erteilungsverfahren erheblich. Mit einer Anmeldung bei dem in München errichteten Europäischen Patentamt können in einem einheitlichen Erteilungsverfahren Patente für alle beanspruchten Vertragsstaaten erworben werden.

H. Hubmann: Gewerbl. Rechtsschutz. 5. Auflage. München 1984.

Die gewerblichen Schutzrechte

	Patent	Gebrauchsmuster	Geschmacksmuster	Namensmäßige Kennzeichen	Warenzeichen, Dienstleistungsmarken	Ausstattung
1) Gegenstand des Rechts	Erfindungen auf techn. Gebiet		ästhetische Formgestaltung	Unternehmensbezeichnungen	Hinweis auf die Herkunft der Ware	
2) Schutzvoraussetzungen a) sachlich	**Neuheit, erfinderische Tätigkeit**		Neuheit, Eigentümlichkeit	ursprüngl. oder im Verkehr erworbene Unterscheidungskraft		
b) formell	**Anmeldung beim Dt. Patentamt**		Anmeldung u. Hinterlegung beim Amtsgericht	–	Anmeldung beim Dt. Patentamt	–
3) Entstehung des Schutzes	Erteilung nach sachl. Prüfung	Eintragung in Gebrauchsmusterrolle	wie 2)	Inbenutzungnahme	Eintragung in Warenzeichen-Rolle	Erwerb der Verkehrsdurchsetzung
4) Einwendungen Dritter a) gegen Rechtsbestand	Fehlen von 2 a); älteres Recht; widerrechtl. Entnahme		Fehlen von 2 a)	prioritätsältere verwechslungsfähige Kennzeichnungen Fehlen von 2 a)	Fehlen von 2 a); fehlender Geschäftsbetrieb, 5-jährige Nichtbenutzung	Nichtbestehen der Verkehrsdurchsetzung am Verletzungsort
b) gegen Ausübung des Rechts	Vorbenutzung; Lizenz, Erschöpfung des Schutzrechts		freie Benutzung	Fehlende Branchennähe, Verwirkung, Erschöpfung	mangelnde Warengleichartigkeit; 5-jähr. Nichtbenutzung, Verwirkung, Erschöpfung	eigener älterer Kennzeichenschutz, Verwirkung, Erschöpfung
5) Längste Laufzeit	20 Jahre ab Anmeldung	6 Jahre ab Anmeldung	15 Jahre ab Anmeldung	Benutzungsdauer	unbegrenzte Verlängerung für jeweils 10 Jahre ab Anmeldung	Bestehen der Verkehrsdurchsetzung
6) Vernichtbarkeit	Nichtigkeitsklage	Löschungsantrag	–	–	Löschungsantrag beim Dt. Patentamt; Löschungsklage bei ordentl. Gerichten	–
7) Internat. a) Grundlage	Pariser Verbandsübereinkunft zum Schutz des gewerblichen Eigentums (PVÜ)					
b) Prioritätsfristen	12 Monate		und MMA 6 Monate	keine	und MMA 6 Monate	–

Verbraucherschutz – Verbraucherberatung

In der marktwirtschaftlichen Ordnung kommt dem Verbraucher eine zentrale Stellung zu: 1982 haben die Verbraucher in der BRD rund 899 Mrd. DM ausgegeben, d.h. über 55% des Bruttosozialprodukts. Da der Verbraucher häufig gegenüber Produzenten und Anbietern im allgemeinen in einer schwächeren Position ist, sind Verbraucherschutz und Verbraucherinformation bzw. -beratung notwendig, um dem Verbraucher angesichts des kaum noch überschaubaren Warenangebotes Hilfestellung zu leisten und ihn vor unlauteren Geschäftsmethoden zu bewahren.

Der Verbraucherschutz soll als Verwirklichung einer rechtspolitischen Forderung den Endverbraucher als Nachfrager von Sachgütern und Dienstleistungen schützen, seine Stellung gegenüber der Anbieterseite im Marktgeschehen verstärken und dadurch auch über die Interessenwahrung des einzelnen hinaus zur Hebung der Lauterkeit und Fairneß im Wirtschaftsleben beitragen. Der Schutz des Verbrauchers vor gesundheitlichen Gefahren, die Abwendung von Gefahren für die Umwelt und die Voraussetzungen zu möglichst objektiven Informationen, um Fehlentscheidungen infolge fehlender Marktübersicht zu vermeiden, sind Ziele der Verbraucherpolitik im Rahmen der Konsumfreiheit und eines funktionierenden Wettbewerbs.

Verbraucherschützende Bestimmungen gibt es schon seit geraumer Zeit in vielen Gesetzen, so z.B. im Abzahlungsgesetz von 1894, im AGB-Gesetz von 1977, im Gewerbe- und im Arzneimittelrecht, im Reisevertragsgesetz von 1979. Ebenso wie in dem Begriff Umweltschutz (↑Umwelt als Wirtschaftsfaktor S. 610), mit dem er sich teilweise überschneidet, drückt sich in dem Begriff Verbraucherschutz die moderne Tendenz zur Verbesserung der Lebensbedingungen in der hochindustrialisierten Welt aus. Eine Verbesserung der Sicherheit der Verbraucher wird durch die Einführung bzw. Verschärfung der Produzentenhaftpflicht für Konstruktions- und Fabrikationsfehler industrieller Produkte angestrebt. Die rechtliche und wirtschaftliche Stellung des Verbrauchers wurde durch ein Widerrufsrecht bei sog. Haustürkäufen und bei allen Abzahlungskäufen verbessert. Durch die Verabschiedung des 1977 in Kraft getretenen AGB-Gesetzes wurde die bereits bestehende richterliche Inhaltskontrolle der ↑allgemeinen Geschäftsbedingungen (S. 134) kodifiziert. Auch die Novellierung des Kartellrechts 1973 kann insofern als verbraucherschützende Maßnahme gelten, als die Erhaltung und Verstärkung wirksamen Wettbewerbs den Verbrauchern zugute kommt. Eine weitere Gruppe von Fällen ist durch Verbesserung der Information über das Warenangebot gekennzeichnet: Preisauszeichnungsvorschriften, Verpackungsvorschriften, Anforderung an die Lauterkeit in der Werbung, freiwillige Einführung von Gütezeichen, Verbesserung der Verbraucherinformation durch Beratungsstellen. Ziel der Verbraucherinformation und -beratung ist es, dem Verbraucher zu helfen, 1) als überlegt handelnder Marktpartner aufzutreten, 2) seine Rechte gegenüber dem Anbieter wahrzunehmen, 3) aus verschiedenen Angeboten das für ihn günstigste auszuwählen, 4) die erworbenen Güter entsprechend seinen Bedürfnissen zu gebrauchen. 1982 haben die Bundesregierung 31,6 Mill. DM und die Länder 15,1 Mill. DM für die Verbraucherberatung ausgegeben (ohne Ausgaben der Ministerien für ähnliche Zielsetzungen). Hervorzuheben ist die Durchführung vergleichender Warentests, etwa durch die staatlich geförderte „Stiftung Warentest". Seit 1965 sind neben dem Staat, Mitbewerbern und gewerblichen Verbänden auch Verbraucherverbände zur gerichtlichen Geltendmachung von Unterlassungsansprüchen gegen den unlauteren Wettbewerb berufen. Auf Bundesebene setzt sich die unabhängige „Arbeitsgemeinschaft Verbraucher" (AGV) für die Interessen der Verbraucher ein. Regional stehen vor allem die Verbraucherzentralen zur Verfügung, die von Bund und Ländern geförderte Beratungsstellen unterhalten.

E. v. Hippel: Grundfragen des Verbraucherschutzes. In: Universitas H. 1/1983. S. 85–91. – Ders.: Verbraucherschutz. 2. Aufl. Tübingen 1979. – K. Thiedig: Suggestivwerbung u. Verbraucherschutz. Frankf. a.M. 1973. – K. Simitis: Verbraucherschutz. Baden-Baden 1976.

Verbraucherschutz

Verbraucherschutz

Zielsetzungen

Gesundheit

z. B. Arzneimittelüberwachung
– Nahrungsmittelüberwachung

Sicherheit

z. B. gewerberechtl. Vorschriften
– Produzentenhaftpflicht (Entwurfstadium)

Schutz vor Täuschung und Benachteiligung im Geschäftsverkehr

z. B. Gesetz gegen den Unlauteren Wettbewerb
– Abzahlungsgesetz
– Maklergesetz
– Eichgesetz, Fertigpackungsverordnung
– Gesetz über allgemeine Geschäftsbedingungen
– Fernunterrichtsgesetz

Information

z. B. Warentests
– Beratung
– Preisauszeichnungs-, Kennzeichnungsvorschriften
– Gütezeichen

Organisationen

Staat

– Gesetzgebung
– Rechtsprechung
– Verwaltung

Verbraucherorganisationen

– Verbraucherzentralen
– sonstige Verbraucherverbände
– Arbeitsgemeinschaft der Verbraucher (AGV)
– Verbraucherschutzverein

Wirtschaft

– z. B. freiwillige Vereinbarung im Bereich Werbung, Warenkennzeichnung, Touristik
– Schlichtungsstellen bei den Kammern

	Bund	Länder
Sonstiges	2,78	1,01
darunter:		
Verbraucherunterrichtung durch Massenmedien	0,32	0,45
Technische Hilfsmittel für die Verbraucherberatung	0,06	0,01
Sonderveranstaltungen zur Verbraucherunterrichtung	0,38	0,17
Werbung und PR für Verbraucherarbeit	0,12	0,06
Angewandte Forschung und Untersuchungen	0,43	0,13
Fortbildung (z. B. Seminare)	0,18	0,18
Verschiedenes	1,29	0,01

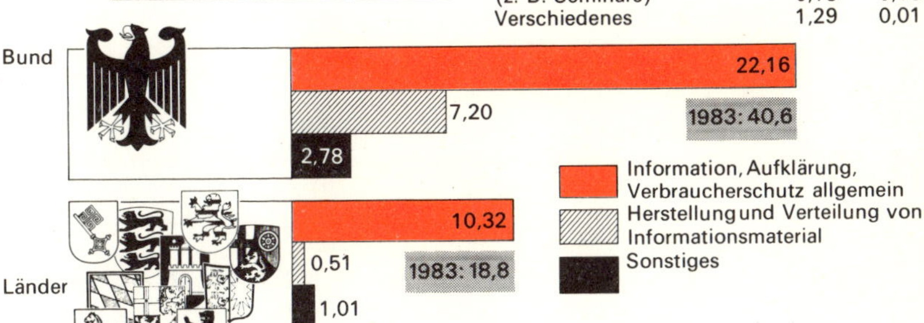

Ausgaben des Bundes und der Länder für Verbraucherinformation und -beratung (1978; in Mill. DM)
(1983: insgesamt 59,4 Mill. DM)

Tarifpartner (Arbeitgeberverbände und Gewerkschaften)

Tarifpartner sind die Parteien der ↑Tarifverträge (S. 442), also einzelne Arbeitgeber oder die Arbeitgeberverbände einerseits und die Gewerkschaften andererseits. Man bezeichnet sie auch als (Arbeits-)Koalitionen oder Sozialpartner. Koalitionen sind als Tarifpartner anzusehen, wenn sie zu den Vereinigungen i. S. des Art. 9 Abs. 3 Grundgesetz (GG) gehören und bereit sind, das diesen zugewiesene Recht auf Wahrung und Förderung der Arbeits- und Wirtschaftsbedingungen durch den Abschluß von Tarifverträgen auszuüben. Ihnen ist dann das autonome (von staatlichen Eingriffen freie) Aushandeln der Arbeitsbedingungen einschließlich der zulässigen Mittel des ↑Arbeitskampfes (S. 444) verfassungsrechtlich garantiert (Tarifautonomie). Die Garantie umfaßt auch den Bestand und einen Kernbereich kollektiver Betätigungsfreiheit der Koalitionen, für die Gewerkschaften etwa das Recht, unter Einhaltung rechtlicher Grenzen in den Betrieben zu werben.

Es fehlt bislang ein die Voraussetzungen der Vereinigungen i. S. des Art. 9 Abs. 3 GG näher beschreibendes Koalitionsgesetz. Die maßgebenden Kriterien sind daher durch Auslegung zu gewinnen. Nach den insbesondere vom Bundesarbeitsgericht entwickelten Grundsätzen muß eine tariffähige Koalition diese Merkmale aufweisen: Sie muß bereit sein, die Arbeitsbedingungen durch den Abschluß von Tarifverträgen zu wahren und zu fördern (Art. 9 Abs. 3 GG); sie muß auf Dauer angelegt und vereinsmäßig (vom Mitgliederwechsel unabhängig) organisiert sein; der Beitritt muß frei sein (Zwangsverbände wie die Industrie- und Handels- oder die Handwerkskammern gehören also nicht hierher); sie muß gegnerfrei sein (dem Verband dürfen nicht Angehörige der tariflichen Gegenseite angehören); sie muß (von Staat, Parteien und Kirche) unabhängig sein; sie muß überbetrieblich organisiert sein (auf Bundesbahn und Bundespost beschränkte Gewerkschaften werden jedoch anerkannt). 1981 hat das Bundesverfassungsgericht eine gewisse Durchsetzungsfähigkeit als Voraussetzung der Tariffähigkeit einer Arbeitnehmerkoalition für verfassungsrechtlich unbedenklich erklärt.

Die Arbeitgeberverbände sind i. d. R. rechtsfähige Vereine und nach dem Industrie- oder Fachprinzip organisiert: Für einen Ort oder Bezirk bilden die Arbeitgeberverbände des gleichen Faches einen Verband. Daneben gibt es gemischtgewerbliche Verbände, denen Arbeitgeberverbände verschiedener Branchen angehören. Die regionalen Fachverbände sind zu Zentralverbänden (Gesamtverbänden) für die BRD zusammengeschlossen.

Die Gewerkschaften sind aus (überholten) historischen Gründen meist keine rechtsfähigen Vereine. Sie sind als Industriegewerkschaften (IG) zuständig für alle in einem Industriezweig Beschäftigten, ohne daß es auf deren Fachberuf oder deren Stellung als Arbeiter oder Angestellter ankommt. Die besonders bedeutsamen (17) Industriegewerkschaften, die sich als Einheitsgewerkschaften bezeichnen, haben sich zum Deutschen Gewerkschaftsbund (DGB) zusammengeschlossen. Das nach 1945 angestrebte Prinzip der Einheitsgewerkschaft hat sich jedoch nicht voll durchgesetzt: Es bestehen neben den Industriegewerkschaften des DGB nach dem Berufsprinzip organisierte Gewerkschaften. Zu nennen sind insbesondere die Deutsche Angestellten-Gewerkschaft (DAG) und der Deutsche Beamtenbund (DBB). Daneben ist (als Richtungsgewerkschaft) der Christliche Gewerkschaftsbund Deutschlands (CGB) entstanden.

Den Koalitionen sind neben ihrer Hauptaufgabe, dem Abschluß von Tarifverträgen, eine Reihe weiterer wichtiger Kompetenzen eingeräumt worden. Sie haben z. B. Befugnisse in der ↑Betriebsverfassung (S. 446), Anhörungsrechte im Gesetzgebungsverfahren, Vorschlags- und Entsendungsrechte im Bereich der Gerichtsverfassung (Arbeits- und Sozialgerichte) und in Wirtschaft und Verwaltung (z. B. Bundesanstalt für Arbeit, Sozialversicherungsträger).

A. Hueck/H. C. Nipperdey: Lehrbuch des Arbeitsrechts. Bd. I/2. 7. Aufl. München 1967. – W. Däubler: Gewerkschaftsrechte im Betrieb. 3. Aufl. Neuwied 1983.

Arbeitgeberverbände (Organisationsschema)

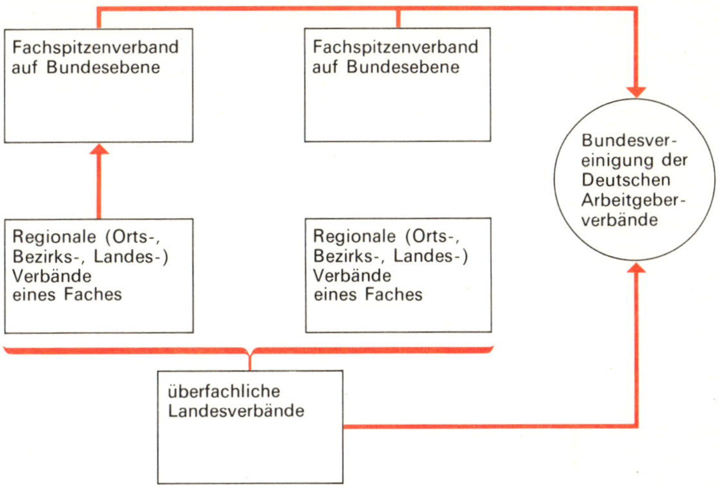

Arbeitnehmerseite
(grobe Übersicht)

Deutscher Gewerkschaftsbund (DGB) vereinigt 17 Einzelgewerkschaften mit selbständigem organisator. Unterbau

- IG Bau, Steine, Erden
- IG Bergbau und Energie
- IG Chemie, Papier, Keramik
- IG Druck und Papier
- Gewerkschaft der Eisenbahner Deutschlands
- Gewerkschaft Erziehung und Wissenschaft
- Gewerkschaft Gartenbau, Land- und Forstwirtschaft
- Gewerkschaft Handel, Banken und Versicherungen
- Gewerkschaft Holz und Kunststoff
- Gewerkschaft Kunst
- Gewerkschaft Leder
- IG Metall
- Gewerkschaft Nahrung, Genuß, Gaststätten
- Gewerkschaft Öffentl. Dienste, Transport und Verkehr
- Deutsche Postgewerkschaft
- Gewerkschaft Textil-Bekleidung

Deutsche Angestellten-Gewerkschaft (DAG) vereinigt 11 Landesverbände — untergliedert in Ortsgruppen

Christlicher Gewerkschaftsbund Deutschlands (CGD)

sonstige Gewerkschaften

Tarifpartner (Arbeitgeberverbände, Gewerkschaften)

Tarifverträge

Tarifverträge sind nach dem Tarifvertragsgesetz (TVG) vom 9. 4. 1949 schriftliche Vereinbarungen, in denen die ↑Tarifpartner (S. 440) ihre Rechte und Pflichten regeln und zugleich Rechtsnormen setzen, die den Abschluß, den Inhalt und die Beendigung von Arbeitsverhältnissen sowie betriebliche und betriebsverfassungsrechtliche Fragen ordnen und ferner gemeinsame Einrichtungen der Tarifvertragsparteien und vermögenswirksame Leistungen betreffen können. Die Tarifverträge enthalten also einen schuldrechtlichen und einen normativen Teil.

Die Tarifverträge lassen sich nach ihren Parteien und nach ihrem Gegenstand einteilen. Sind sie von einem oder mehreren Verbänden auf jeder Seite geschlossen worden, spricht man von Verbandstarifverträgen. Ist auf der Arbeitgeberseite nur ein einzelner Arbeitgeber Partei, kommt ein Firmen-, Werks- oder Haustarifvertrag zustande. Dem Gegenstand nach sind etwa die Lohn- und Gehaltstarifverträge mit meist kurzer (einjähriger) Laufzeit den Tarifverträgen gegenüberzustellen, die langfristig die Rahmenbedingungen von Arbeitsverhältnissen (deren Mantel) regeln und als Manteltarifverträge bezeichnet werden.

Die als Normenverträge zu kennzeichnenden Tarifverträge sind im modernen Arbeitsrecht entwickelt worden, weil die herkömmlichen rechtlichen Gestaltungsmittel den Anforderungen des kollektiven Arbeitsrechts nicht genügten. Die rechtliche und wirtschaftliche Bedeutung der heute mehr als 20 000 geltenden, die meisten Arbeitsverhältnisse unmittelbar oder kraft Vereinbarung erfassenden Tarifverträge ist kaum zu überschätzen.

Die im normativen Teil enthaltenen Abschlußnormen (z. B. über Einstellung von Arbeitnehmern bestimmter Berufe), die Inhaltsnormen (z. B. über Eingruppierung oder Lohnhöhe), die Beendigungsnormen (z. B. über Kündigungsfristen) und Normen über gemeinsame Einrichtungen und vermögenswirksame Leistungen gelten unmittelbar und zwingend für die Tarifgebundenen. Das sind nur die Mitglieder der tarifschließenden Verbände oder der einzelne Arbeitgeber als Tarifvertragspartei. Nur betriebliche und betriebsverfassungsrechtliche Normen erfassen in Betrieben tarifgebundener Arbeitgeber auch die nicht Tarifgebundenen (Außenseiter). Auf sie können auch die anderen Normen unter den im TVG festgelegten Voraussetzungen durch eine Allgemeinverbindlicherklärung des Bundesministers für Arbeit und Sozialordnung ausgedehnt werden. Bleibt diese aus, so können die Außenseiter den Tariflohn nur verlangen, wenn sie ihn einzelvertraglich vereinbart haben, wenn er der übliche Lohn ist, oder wenn der Arbeitgeber ihn (wie üblich) freiwillig gewährt. Differenzierungs- oder Tarifausschlußklauseln, die den tarifgebundenen Arbeitgebern verbieten, den Außenseitern die Tarifbedingungen zu gewähren, sind wegen Verletzung der negativen Koalitionsfreiheit der Außenseiter unwirksam.

Von den Tarifverträgen abweichende einzelvertragliche Regelungen zwischen tarifgebundenen Parteien sind nur wirksam, wenn sie für den Arbeitnehmer günstiger sind (Günstigkeitsprinzip). Übertarifliche Lohnzulagen können durch eine neue tarifvertragliche Regelung aufgezehrt werden. Effektivklauseln, die das verhindern sollen, sind nach der Rechtsprechung des Bundesarbeitsgerichts unzulässig.

Von den Rechten und Pflichten des schuldrechtlichen Teils der Tarifverträge sind die für den ↑Arbeitskampf (S. 444) bedeutsame Friedenspflicht und die Pflicht zur Durchführung der Tarifverträge besonders hervorzuheben.

H. Wiedemann/H. Stumpf: Tarifvertragsgesetz. Kommentar. 5. Aufl. München 1977. – G. Schaub: Arbeitsrechts-Handbuch. 5. Aufl. München 1983. – W. Däubler/H. Hege: Tarifvertragsrecht. 2. Aufl. Baden-Baden 1981.

Tarifverträge

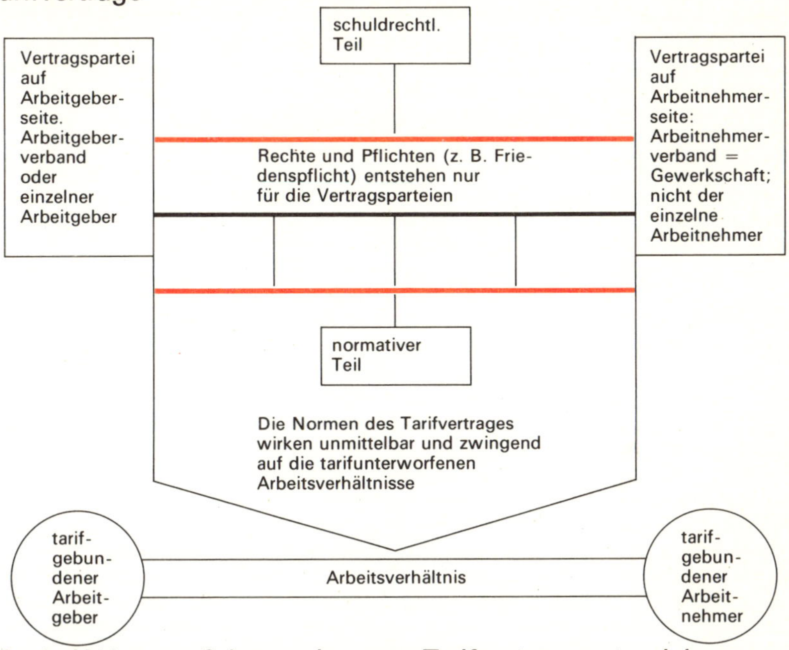

Die drei Wege, auf denen ein neuer Tarifvertrag zustandekommen kann (Spielregeln für den Arbeitskampf)

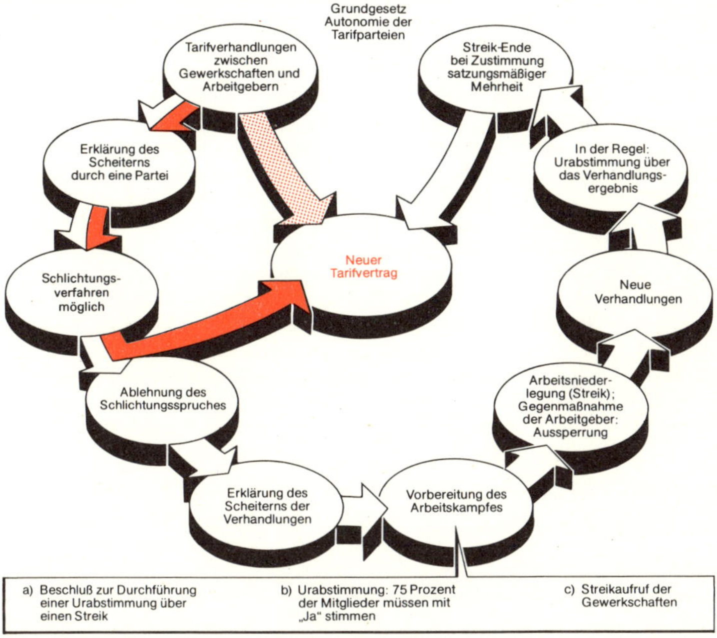

Arbeitskampf

Es gibt noch keine besondere gesetzliche Regelung des Arbeitskampfs. Auszugehen ist deshalb von der Konzeption, die das Bundesarbeitsgericht (BAG) in zahlreichen Urteilen und insbesondere in zwei Beschlüssen seines Großen Senats aus der Verfassung und den Grundsätzen des kollektiven Arbeitsrechts entwickelt hat und ständig fortbildet.

Als Arbeitskampf erweisen sich danach die kollektiven und kollektivrechtlichen Maßnahmen, die Arbeitnehmer und Arbeitgeber gegeneinander einsetzen, um durch wirtschaftlichen Druck ein bestimmtes Ziel zu erreichen. Die wichtigsten Kampfmaßnahmen dieser Art sind der Streik und die Aussperrung. Ein Streik liegt vor, wenn eine größere Anzahl Arbeitnehmer die Arbeit ganz oder teilweise (Bummelstreik) planmäßig niederlegt. Darunter fällt nicht der polit. Streik (Parlament oder Regierung sollen zu bestimmtem Tun oder Unterlassen bewogen werden, aus Furcht vor großen Schäden für die Gesamtwirtschaft, z. B. der Zeitungsstreik vom 27.-29. 5. 1952 während der Beratung des Betriebsverfassungsgesetzes). Eine Aussperrung ist gegeben, wenn der Arbeitgeber eine größere Anzahl von Arbeitnehmern planmäßig von Arbeit und Lohn absperrt. Das Recht auf Arbeitskampf ist Ausfluß der verfassungsrechtlich garantierten Tarifautonomie, die nur „funktionieren" kann, wenn es zulässig ist, zunächst fehlende Einigungsbereitschaft durch Kampfmaßnahmen zu erzwingen.

Diese verfassungsrechtliche Ableitung begründet das Verbot staatlicher Zwangsschlichtung des Arbeitskampfes, aber auch seine ihn einschränkenden Rechtmäßigkeitsvoraussetzungen: Er muß von ↑Tarifpartnern (S. 440) geführt werden. Deshalb ist der nicht von einer Gewerkschaft begonnene oder übernommene Streik einer spontan gebildeten Arbeitnehmergruppe – der „wilde Streik" – rechtswidrig. Der Arbeitskampf darf nur „letztes Mittel" sein und nicht gegen ein gesetzliches oder tarifliches Kampfverbot (z.B. Friedenspflicht der laufenden ↑Tarifverträge S. 442) verstoßen; dagegen ist es nach überwiegender Ansicht unschädlich, wenn keine Urabstimmung über den Streik durchgeführt wird. Das Ziel des Arbeitskampfes muß tarifvertraglich regelbar sein; es darf nicht außer Verhältnis zum Kampfschaden stehen (Gebot der Verhältnismäßigkeit) und auch nicht (mittelbar) gegen staatliche Organe gerichtet sein; der Streik darf nicht mit unlauteren Mitteln (z.B. Betriebsbesetzung) geführt werden. Die Aussperrung versteht sich als Korrelat zum Streik und damit als Funktionsbedingung der Tarifautonomie. Dieses Postulat der Kampfparität führt dazu, daß an die Rechtmäßigkeit der Aussperrung die gleichen Anforderungen wie an den Streik gestellt werden müssen. Die immer wieder vertretene Ansicht, die Aussperrung sei schlechthin rechtswidrig (so auch Art. 29 Abs. 5 der Hessischen Verfassung) hat sich bislang nicht durchgesetzt. Gegen die Zulässigkeit der Aussperrung machen insbesondere die Gewerkschaften geltend, sie höhle das Streikrecht und das Koalitionsrecht aus und verstoße gegen das Sozialstaatsprinzip. Das Bundesarbeitsgericht hat die Abwehraussperrung für zulässig erklärt, solange der Grundsatz der Verhältnismäßigkeit beachtet wird. Die gerichtliche Auseinandersetzung um die sog. „kalte Aussperrung" (Arbeitnehmer können streikbedingt nicht arbeiten; sie selbst streiken nicht) im Rahmen des Streiks in der Metallindustrie 1984 um die Einführung der 35-Stunden-Woche dürfte das Arbeitskampfrecht und damit auch die Frage der Aussperrung einer weiteren Klärung zuführen.

H. Brox/B. Rüthers/F. Jülicher/W. Schlüter: Arbeitskampfrecht. 2. Aufl. Stuttg. 1982. – E. Picker: Der Warnstreik, Köln 1983. – G. Schaub: Arbeitsrechts-Handbuch. 5. Aufl. München 1983. – W. Däubler (Hrsg.): Arbeitskampfrecht. Baden-Baden 1984.

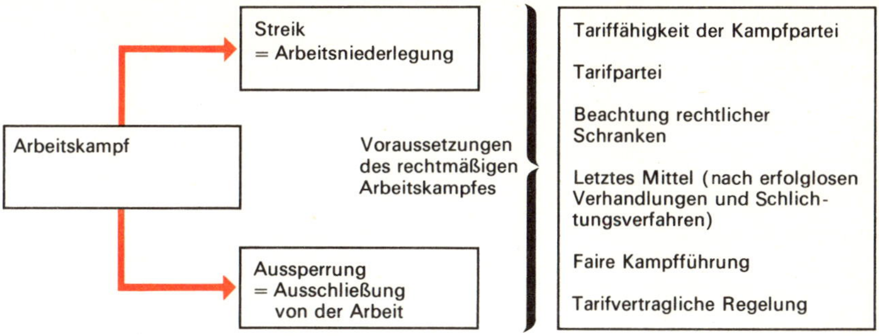

Die Anzahl der Streiktage im internationalen Vergleich

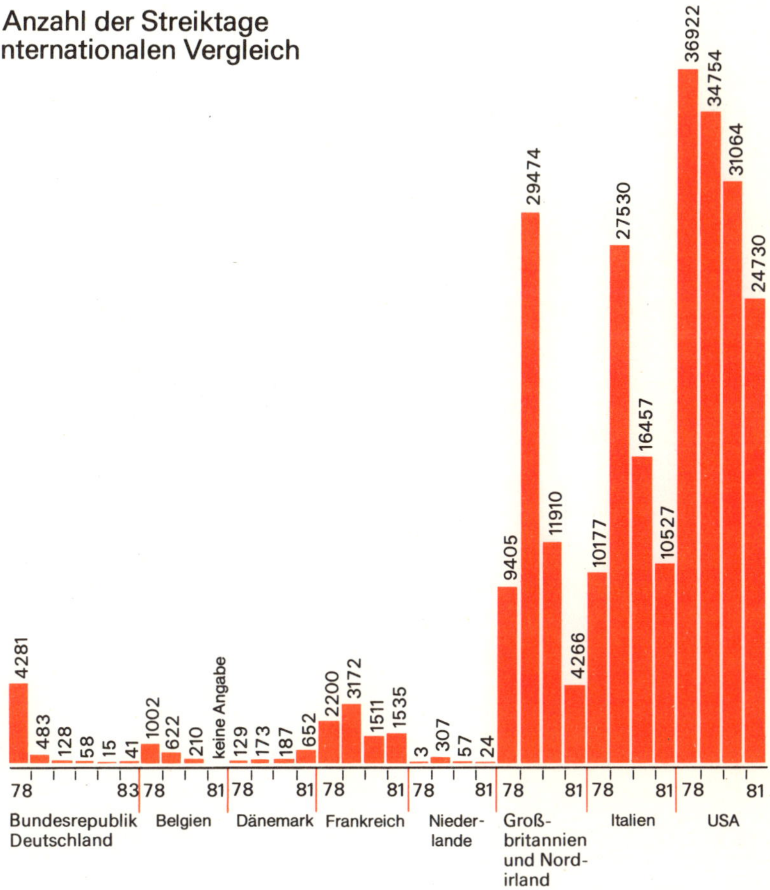

Betriebsverfassung

Die Betriebsverfassung wird heute im wesentlichen durch das Betriebsverfassungsgesetz vom 15. 1. 1972 (BetrVG) bestimmt. Das BetrVG gilt für Betriebe mit i. d. R. mindestens 5 ständigen wahlberechtigten Arbeitnehmern, von denen 3 wählbar sein müssen. Arbeitnehmer sind Arbeiter und Angestellte mit Ausnahme der leitenden Angestellten. Wahlberechtigt sind Arbeitnehmer, die das 18. Lebensjahr vollendet haben. Wählbar sind Wahlberechtigte, die dem Betrieb oder Unternehmen 6 Monate angehören. Das Gesetz gilt nicht für den öffentlichen Dienst und nur mit Einschränkungen für sog. Tendenzbetriebe.

Ziel des BetrVG ist es, die Arbeitnehmer des Betriebes an betriebsbezogenen Entscheidungen des Arbeitgebers zu beteiligen. Als Einzelpersonen haben die Arbeitnehmer jedoch nur Anhörungs-, Erörterungs- und Beschwerderechte sowie das Recht auf Einsicht in die Personalakten; und auch als verfaßte Gesamtheit, nämlich als Betriebsversammlung, haben sie nur wenige Befugnisse. Sie werden hauptsächlich durch den Betriebsrat beteiligt. Er besteht bei kleineren Betrieben nur aus dem Betriebsobmann, sonst aus einer im BetrVG festgelegten ungeraden Anzahl von Mitgliedern. Die Arbeiter und Angestellten wählen ihn für drei Jahre; wenn er mehrgliedrig ist, wählen sie ihre Vertreter i. d. R. getrennt (Gruppenwahl). Die Vertretung der Minderheitsgruppe ist besonders geregelt. Neben dem Betriebsrat sind zu bestellen: Ein Gesamtbetriebsrat (wenn das Unternehmen mehrere Betriebe hat), ein Konzernbetriebsrat, eine Jugendvertretung und ein Wirtschaftsausschuß.

Der Betriebsrat ist weisungsfreier betrieblicher Funktionsträger. Er hat zum Wohle der Arbeitnehmer und des Betriebs mit dem Arbeitgeber vertrauensvoll zusammenzuarbeiten. Er ist also partnerschaftlicher Interessenvertreter. Daraus ergeben sich diese Grundsätze: Die Kosten für die Geschäftsführung (und die dazu erforderliche Schulung) des Betriebsrats dürfen nicht durch Umlagen gedeckt werden; sie sind vom Arbeitgeber zu tragen. Arbeitskampfmaßnahmen zwischen Arbeitgeber und Betriebsrat und parteipolitische Betätigung im Betrieb sind verboten.

Die dem Betriebsrat zugewiesenen Beteiligungsrechte beziehen sich auf soziale Angelegenheiten, auf die Sicherheit am Arbeitsplatz, auf Personalplanung, auf personelle Einzelmaßnahmen wie Einstellung und Kündigung und – bei Betriebsänderungen – auf den Interessenausgleich und den Sozialplan zugunsten der betroffenen Arbeitnehmer. Es sind teils nur Informations-, Anhörungs-, Widerspruchsrechte, teils aber auch „echte“ Mitbestimmungsrechte, insbesondere bei den sozialen Angelegenheiten, bei denen es überwiegend um Fragen der Ordnung des Betriebes geht, aber z. B. auch um die Einführung von Kurzarbeit. Können sich Arbeitgeber und Betriebsrat über solche Angelegenheiten nicht einigen, entscheidet die betriebliche Einigungsstelle.

Rechtliche Gestaltungsmittel des Zusammenwirkens zwischen Arbeitgeber und Betriebsrat sind die Betriebsvereinbarung und die formlose Regelungsabrede.

Das BetrVG enthält zwei konzeptionelle Ausweitungen: Es gewährt den im Betrieb vertretenen Gewerkschaften zur Durchsetzung der Betriebsverfassung zahlreiche Aufgaben und Rechte, zu deren Ausführung ihre Beauftragten den Betrieb nach Information des Arbeitgebers betreten dürfen. Außerdem regelt es durch die §§ 76 und 77 des BetrVG 1952 die Beteiligung der Arbeitnehmer im Aufsichtsrat. Danach müssen die Aufsichtsräte der im Gesetz näher bezeichneten Kapitalgesellschaften (z. B. Aktiengesellschaften) zu einem Drittel aus Vertretern der Arbeitnehmer bestehen. Diese Vorschriften kommen nicht zur Anwendung, wenn weitergehende Gesetze über die ↑ Mitbestimmung im Unternehmen (S. 458) eingreifen.

R. Dietz/R. Richardi: Betriebsverfassungsgesetz mit Wahlordnung. Kommentar. 6. Aufl. München 1981 f. – K. Fitting/F. Auffarth/H. Kaiser: Betriebsverfassungsgesetz mit Wahlordnung. Handkommentar. 14. Aufl. München 1984.

Betriebsverfassung

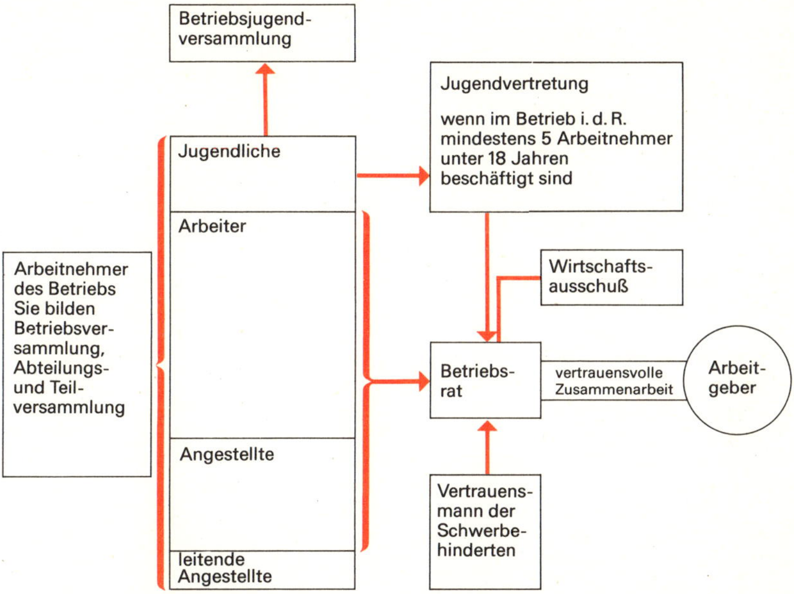

Beteiligung des Betriebsrats nach Sachgebieten

- Mitwirkungs- und Beschwerderecht des einzelnen Arbeitnehmers (§§ 81 – 86 BetrVG)
- Gestaltung von Arbeitsplatz, Arbeitsablauf und Arbeitsumgebung (§§ 90, 91 BetrVG)
- Allgemeine Personalangelegenheiten (§§ 92, 95 BetrVG)
- Berufsbildung (§§ 96, 98 BetrVG)
- Personelle Einzelmaßnahmen (Einstellung, Kündigung, Versetzung §§ 99 – 100 BetrVG)
- wirtschaftliche Angelegenheiten einschließlich Betriebsänderungen

Beteiligungsrechte des Betriebsrats (Mitbestimmungs- und Mitwirkungsrechte)

- Recht auf Information (§ 80 BetrVG)
- Recht auf Anhörung durch den Arbeitgeber (§ 102 Abs. 1 BetrVG)
  Recht auf Stellung von Anträgen (§ 82 BetrVG)
  Recht auf Beratung mit dem Arbeitgeber (§ 111 BetrVG)
- Widerspruchsrecht (§ 102 Abs. 3 BetrVG)
  Aufhebungsanspruch (§ 101 BetrVG)
- volle Mitbestimmung (§ 87 BetrVG)

Sicherheit am Arbeitsplatz

Den Arbeitnehmer durch sichere Gestaltung des Arbeitsplatzes und der Arbeitsabläufe vor Gefahren zu bewahren, ist selbstverständliche privatrechtliche Pflicht des Arbeitgebers. Daneben enthält das moderne Arbeitsrecht eine umfassende, öffentlich-rechtliche Regelung der Sicherheit am Arbeitsplatz, die ständig den neuen medizinischen und technischen Erkenntnissen angepaßt wird. Der Staat erfüllt diese wichtige Aufgabe unmittelbar und durch die Berufsgenossenschaften als Träger der gesetzlichen Unfallversicherung.

Die Zuständigkeit zum Erlaß gesetzlicher Arbeitsschutzvorschriften liegt heute in erster Linie beim Bund. Die Vorbereitung leistet auf Bundesebene der Bundesminister für Arbeit und Sozialordnung. Ihn unterstützt die Bundesanstalt für Arbeitsschutz und Unfallforschung in Dortmund. Der betriebliche Gefahrenschutz ist in zahlreichen Gesetzen, Rechtsverordnungen, Erlassen, Richtlinien und Bekanntmachungen geregelt. Bezugspunkte der einzelnen Regelungen sind ein Gewerbezweig, Arbeitsplätze, Arbeitsstätten, Arbeitsverfahren, Stoffe, Maschinen und Geräte oder Personengruppen. Wichtigste und älteste gesetzliche Grundlage ist die Gewerbeordnung. Sie regelt in den §§ 120a ff. den Betriebsschutz für gewerbliche Betriebe und in den §§ 24 ff. (auch für nicht gewerbliche Betriebe) die Überwachung gefährlicher technischer Anlagen. Sie enthält auch die gesetzliche Ermächtigung für Einzelregelungen durch Rechtsverordnungen. Hervorzuheben ist ferner das Maschinenschutzgesetz vom 24. 6. 1968, das erstmalig in der Bundesrepublik die Hersteller und Importeure technischer Arbeitsmittel in die Verantwortung für den Betriebsschutz einbezieht. Die Ausführung der von Bund und Ländern erlassenen Arbeitsschutzvorschriften (einschließlich der sozialen Schutzvorschriften wie z. B.: Arbeitszeitordnung, Mutterschutzgesetz, Jugendarbeitsschutzgesetz) obliegt den Ländern. Untere Behörden sind die Gewerbeaufsichtsämter. Sie werden durch staatliche Gewerbeärzte unterstützt. Die Gewerbeaufsichtsbeamten sind berechtigt, die Betriebe zu besichtigen und die erforderlichen Maßnahmen anzuordnen. Bestimmte Einrichtungen unterliegen der Überprüfung durch die technischen Überwachungsorganisationen (Technische Überwachungs-Vereine; in Hamburg und Hessen: Technische Überwachungsämter).

Die unmittelbar vom Staat getroffenen Maßnahmen werden durch die Arbeit der Berufsgenossenschaften ergänzt. Für sie ist die Verhütung von Arbeitsunfällen und Berufskrankheiten eine hervorragende Aufgabe. Sie sind (größtenteils) verpflichtet, an die Arbeitgeber (als Mitglieder der Berufsgenossenschaften) und an die versicherten Arbeitnehmer gerichtete Vorschriften über Unfallverhütung und Gesundheitsschutz zu erlassen. Die Einhaltung dieser Vorschriften wird durch technische Aufsichtsbeamte der Berufsgenossenschaften kontrolliert.

Besonders hervorzuheben ist ferner die gesetzliche Regelung über die betriebliche Organisation der Sicherheit am Arbeitsplatz. Danach hat der Arbeitgeber in Unternehmen mit mehr als 20 Beschäftigten eine durch die Unfallverhütungsvorschriften der Berufsgenossenschaften bestimmte Anzahl von Sicherheitsbeauftragten zu bestellen. Zusätzlich hat das Gesetz über Betriebsärzte, Sicherheitsingenieure und andere Fachkräfte für Arbeitssicherheit (Arbeitssicherheitsgesetz), das am 1. 12. 1974 in Kraft getreten ist, die Arbeitgeber erstmals verpflichtet, soweit erforderlich, Betriebsärzte und Fachkräfte für Arbeitssicherheit einzustellen. Schließlich wird die Sicherheit am Arbeitsplatz dadurch gefördert, daß das Betriebsverfassungsrecht die Bekämpfung der Unfall- und Gesundheitsgefahren zur besonderen Aufgabe des Betriebsrats erklärt und diesem auch insoweit bei der Bestellung des erforderlichen Personals Beteiligungsrechte einräumt.

F. Sitzler/W. Oehmann/T. Dieterich: Arbeitsrecht-Blattei. Losebl. Stuttg. D-Blattreihe „Arbeitsschutz", Blatt I-IX. – F. Gottschalk/H. Gürtler: Arbeitsschutz und Arbeitssicherheit. Neuwied 1979. – K. Gröninger/W. Thomas: Mutterschutzgesetz. Frankf. a. M. 1982 ff. – H. Borrmann: Jugendarbeitsschutzgesetz mit Erläuterungen. Neuwied 1982.

1. Sicherheit am Arbeitsplatz

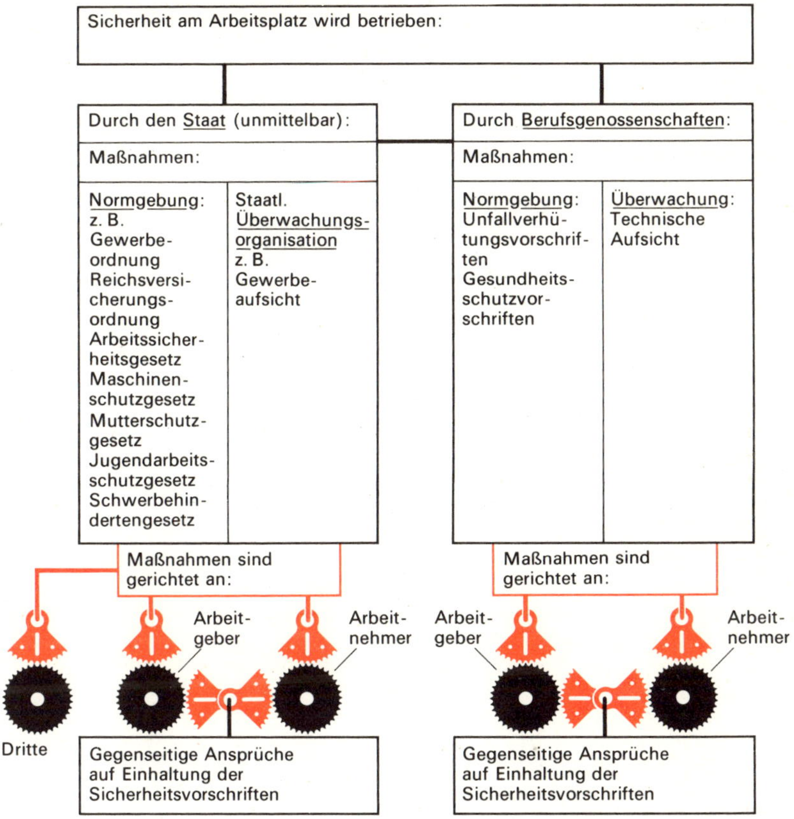

2. Angezeigte Arbeits- und Wegeunfälle sowie Berufskrankheiten (nur Unfälle, die den Trägern der gesetzlichen Unfallversicherung [gewerbliche und landwirtschaftliche Berufsgenossenschaften sowie Eigenunfallversicherungen] gemeldet worden sind)

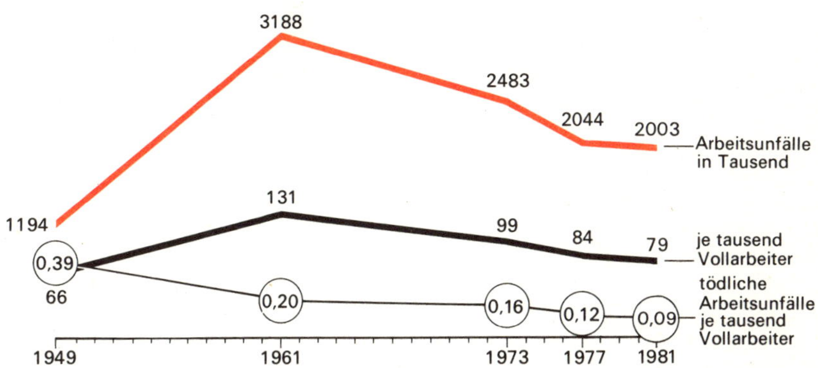

Kündigungsschutz im Arbeitsrecht

Kündigungsschutz bedeutet Schutz des Arbeitnehmers vor Kündigungen durch den Arbeitgeber. Die wichtigsten allgemeinen Vorschriften enthält das Kündigungsschutzgesetz (KSchG) vom 25. 2. 1969. Sein persönlicher Geltungsbereich erfaßt Arbeitnehmer, die das 18. Lebensjahr vollendet haben und länger als 6 Monate ohne Unterbrechung in demselben Betrieb oder Unternehmen beschäftigt waren. Auf leitende Angestellte ist es nur mit einigen Einschränkungen anzuwenden. Sein sachlicher Geltungsbereich erstreckt sich nicht auf alle Betriebe. Ausgenommen sind insbesondere die, in denen i. d. R. nicht mehr als 5 Arbeitnehmern (ohne Auszubildende) beschäftigt sind. Sein Schutzzweck richtet sich nur gegen ordentliche (also i. d. R. erst nach Ablauf einer Kündigungsfrist wirksam werdende) Kündigungen, auch gegen solche, die mit einem Angebot zur Fortsetzung des Arbeitsverhältnisses zu geänderten Bedingungen verbunden sind (Änderungskündigungen). Sie sind unwirksam, wenn sie sozial ungerechtfertigt sind, d. h., wenn sie weder durch Gründe in der Person (z. B. mangelnde Eignung, häufige Erkrankung), noch durch Gründe in dem Verhalten des Arbeitnehmers (z. B. Arbeitsverweigerung, Tätlichkeiten, unzureichende Leistungen), noch durch dringende betriebliche Erfordernisse (z. B. schlechte Auftragslage, Rationalisierung) bedingt sind. Eine Kündigung ist ferner unwirksam, wenn der Arbeitnehmer an einem anderen Arbeitsplatz in demselben Betrieb oder in einem anderen Betrieb des Unternehmens weiterbeschäftigt werden kann oder der Arbeitgeber im Falle der betriebsbedingten Kündigung bei der Auswahl des Arbeitnehmers soziale Gesichtspunkte nicht oder nicht genügend berücksichtigt hat; allerdings ist die Kündigung dann nicht sozialwidrig, wenn betriebstechnische, wirtschaftliche oder sonstige berechtigte betriebliche Bedürfnisse die Weiterbeschäftigung eines oder mehrerer bestimmter Arbeitnehmer bedingen und damit der Auswahl nach sozialen Gesichtspunkten entgegenstehen. Sozial ungerechtfertigte Kündigungen werden wirksam, wenn der Arbeitnehmer nicht innerhalb von drei Wochen nach Zugang der Kündigung beim Arbeitsgericht Klage auf Feststellung erhebt, daß das Arbeitsverhältnis durch die Kündigung nicht aufgelöst worden ist (Kündigungsschutzklage). Falls die Klage begründet ist, muß der Arbeitnehmer weiterbeschäftigt werden. Ist das dem Arbeitgeber oder Arbeitnehmer unzumutbar, hat das Arbeitsgericht auf Antrag das Arbeitsverhältnis aufzulösen und den Arbeitgeber zur Zahlung einer Abfindung zu verurteilen. Der Arbeitnehmer muß die außerordentliche Kündigung aus wichtigem Grund (§ 626 Bürgerliches Gesetzbuch) ebenfalls innerhalb von drei Wochen nach Zugang mit der Kündigungsschutzklage angreifen. Unterläßt er das, so wird die Kündigung auch dann wirksam, wenn kein wichtiger Grund vorlag oder die Zwei-Wochenfrist, innerhalb derer der Arbeitgeber seit Kenntnis von den für die Kündigung maßgebenden Tatsachen die fristlose Kündigung auszusprechen hat, nicht eingehalten wurde. Massenentlassungen sind dem Arbeitsamt anzuzeigen und werden nur mit Zustimmung des Landesarbeitsamts wirksam.

Der Betriebsrat (Personalrat) ist vor jeder Kündigung zu hören; ohne oder ohne ordnungsgemäße Anhörung ausgesprochene Kündigungen sind unwirksam. Besonderen Kündigungsschutz genießen: Die Mitglieder eines Betriebsrats (Personalrats), einer Jugendvertretung und (mit Einschränkungen) eines Wahlvorstandes; Frauen während der Schwangerschaft (Kündigung bis zum Ablauf von vier Monaten nach der Niederkunft unzulässig) und während des Mutterschaftsurlaubs und bis zum Ablauf von zwei Monaten nach dessen Beendigung; Schwerbehinderte; Inhaber von Bergmannversorgungsscheinen; Wehr-, Ersatz- und Zivilschutzdienstleistende; Auszubildende; Heimkehrer und politisch Verfolgte.

G. Hueck: Kündigungsschutzgesetz. Kommentar. 10. Aufl. München 1980. – F. Becker/G. Etzel: Gemeinschaftskomm. zum KündigungsschutzG u. sonstigen kündigungsrechtl. Vorschriften. 2. Aufl. Neuwied 1984. – G. Schaub: Arbeitsrechts-Hdb. 5. Aufl. München 1983.

Kündigungsschutz

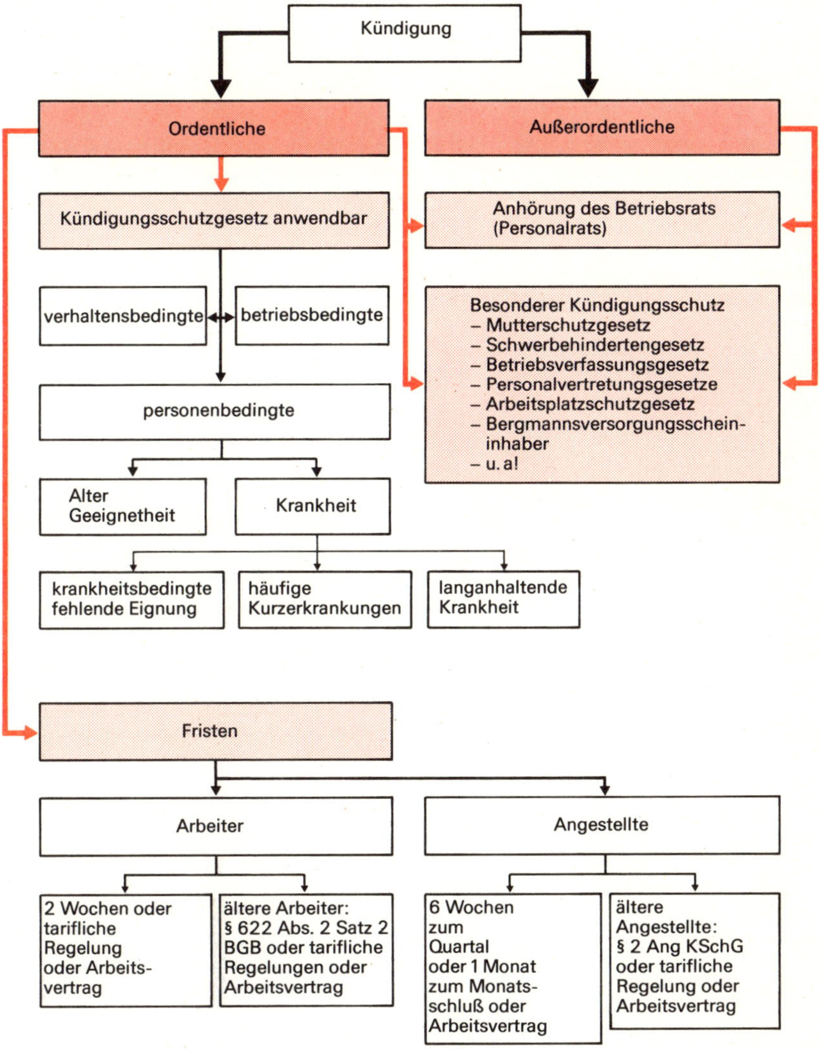

Fortzahlung der Arbeitsvergütung im Krankheitsfall

Falls ein Arbeitnehmer erkrankt und dadurch arbeitsunfähig wird oder aus anderen Gründen seiner Arbeit nicht nachgehen kann, müßte er nach den Grundsätzen des gegenseitigen Vertrages („ohne Arbeit kein Lohn") seinen Vergütungsanspruch verlieren (§§ 275, 323 BGB). Der Gesetzgeber hat jedoch aus sozialpolitischen Gründen Ausnahmen zugelassen. Für alle Fälle, in denen ein Arbeitnehmer durch einen in seiner Person liegenden Grund (außer Arbeitsunfähigkeit durch Erkrankung oder Kurzeiten) ohne sein Verschulden für eine verhältnismäßig nicht erhebliche Zeit in seiner Arbeitsleistung verhindert wird, richtet sich der Vergütungsanspruch nach der Rechtsprechung des Bundesarbeitsgerichts für alle Arbeitnehmer allein nach § 616 Abs. 1 BGB oder den diese Bestimmung ändernden häufig detaillierte Einzelregelungen enthaltenden Tarifverträgen. Der Gesetzgeber hat außerdem – zur Entlastung der Krankenkassen von der Zahlung von Krankengeld (↑ Sozialversicherung S. 470) – unter bestimmten Bedingungen inzwischen nahezu allen Gruppen von Arbeitnehmern gegen den Arbeitgeber einen Anspruch auf Krankenvergütung für längstens sechs Wochen zuerkannt. Ausgenommen sind nur kurzfristig beschäftigte Arbeiter, geringfügig beschäftigte Arbeiter, Arbeiterinnen, die Anspruch auf Mutterschaftsgeld haben. Für Heimarbeiter werden Krankengeld von der Krankenversicherung und ein Zuschlag vom Arbeitgeber gezahlt, wobei allerdings durch Tarifvertrag Lohnfortzahlung nach dem Lohnfortzahlungsgesetz (LFZG) vereinbart werden kann.

Die Pflicht zur Entgeltfortzahlung tritt im Falle einer durch Krankheit eingetretenen Arbeitsunfähigkeit ein. Sie entfällt nur, wenn die Arbeitsunfähigkeit vom Arbeitnehmer verschuldet war. Verschuldet ist die Krankheit, wenn sie auf einem gröblichen Verstoß gegen das von einem verständigen Menschen im eigenen Interesse zu erwartenden Verhalten beruht, was i. d. R. bei sportbedingten Unfällen nicht der Fall ist. Bei einer Fortsetzungserkrankung, einer wiederholten Erkrankung an demselben Grundleiden in demselben Arbeitsverhältnis, kann der Anspruch auf Krankenvergütung entfallen. Arbeiter und aufgrund tarifvertraglicher oder einzelarbeitsvertraglicher Regelung auch Angestellte, haben vor Ablauf des dritten Tages durch Vorlage einer ärztlichen Bescheinigung die Arbeitsunfähigkeit nachzuweisen, andernfalls der Arbeitgeber ein Leistungsverweigerungsrecht hat. Die Höhe der Krankenvergütung richtet sich nach dem Lohnausfallprinzip: Es ist die Arbeitsvergütung fortzuzahlen, die der Arbeitnehmer erhalten hätte, wenn er gearbeitet hätte.

Die Lohnausgleichskasse (Träger: die gesetzlichen Krankenkassen) erstattet als Rückversicherung Arbeitgebern mit nicht mehr als 20 Arbeitnehmern ausschließlich der zu ihrer Berufsausbildung Beschäftigten die Lohnfortzahlung an Arbeiter bis zur Höhe von 80%. Die Mittel zur Durchführung des Ausgleichs der Arbeitgeberaufwendungen werden durch Umlage von den beteiligten Arbeitgebern aufgebracht.

Wegen der arbeitsrechtlichen Lösung gehört die Krankenvergütung zu den gesetzlichen Personalnebenkosten. Sie macht 24,1% der gesamten Krankenkosten aus (1979). Die im Rahmen des Sozialbudgets errechneten Lohnfortzahlungskosten betragen 29,1 Mrd. DM jährlich, auf den Kalendertag bezogen rund 80 Mill. DM und auf den Arbeitstag bezogen 127 Mill. DM (1982). 1984 sollen sie bei 33 Mrd. DM liegen. Der Krankenstand (der Anteil der infolge von Krankheit Arbeitsunfähigen in Prozent der Pflichtmitglieder) pendelt nach der Statistik der deutschen Krankenkassen seit 1960 zwischen 5 und 6%, wobei umstritten ist, ob er mit den Konjunkturzyklen schwankt, also in der Rezession absinkt und bei sich bessernder wirtschaftlicher Lage wieder ansteigt.

P. Feichtinger: Krankheit im Arbeitsverhältnis. Stuttg. 1981. – H. Th. Brecht: Lohnfortzahlung für Arbeiter. 3. Aufl. Herne 1979.

Arbeitgeberleistungen

1. Entgeltfortzahlung, betriebliche Altersversorgung und sonstige Arbeitgeberleistungen

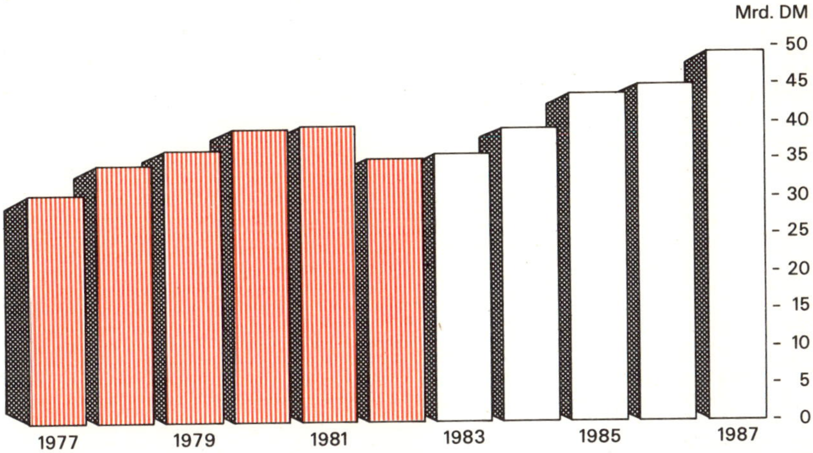

Die Darstellung für die Jahre 1984 bis 1986 gibt lediglich die Interpolation zwischen den Jahren 1983 und 1987 wieder.

2. Arbeitgeberleistungen in Mill. DM	1977	1980	1981	1982	1983	1987
Entgeltfortzahlung						
bei Krankheit	19 370	24 910	23 440	20 160	20 200	28 700
bei Heilverfahren	1 720	2 310	2 700	2 370	2 400	3 000
bei Mutterschaft	370	660	760	820	870	1 100
Betriebliche Altersversorgung						
Pensionskassen	790	1 010	1 140	1 220	1 280	1 560
Betriebsrenten	5 330	6 770	7 510	7 450	7 820	9 500
Direktversicherung	260	320	340	360	370	460
Sonstige Arbeitgeberleistungen						
Beihilfen bei Krankheit	190	220	230	240	240	280
Familienzulagen	490	610	630	660	680	820
Wohnen	710	960	1 000	1 025	1 045	1 300
Betrieblicher Gesundheitsdienst	1 395	1 300	1 430	1 550	1 650	2 200
Leistungen Sozialbudget	**30 625**	**39 070**	**39 180**	**35 855**	**36 555**	**48 920**

3. Anteil am Sozialbudget 1983

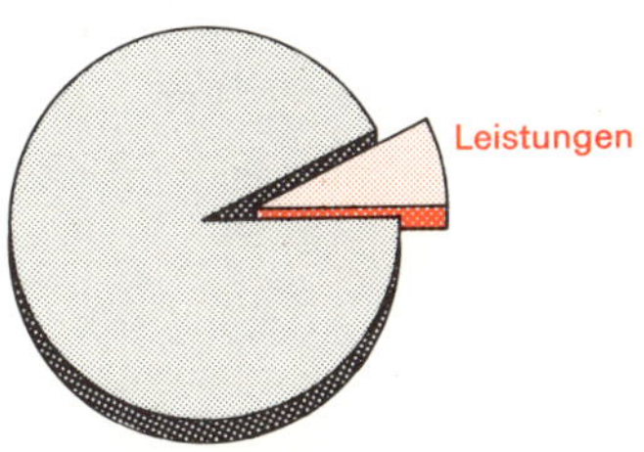

Arbeitsvermittlung und Arbeitsförderung

Die Arbeitsvermittlung ist eine Vermittlertätigkeit zwischen Arbeitgebern, die Arbeitskräfte suchen, und Arbeitnehmern, die Arbeit suchen. Gesetzliche Grundlage hierfür und für die Förderung der beruflichen Bildung ist das Arbeitförderungsgesetz (AFG) vom 25. Juni 1969. Die Arbeitsvermittlung gehört zur staatlichen Daseinsvorsorge und ist als traditionelle Aufgabe der Arbeitsverwaltung, deren alleinige Trägerin heute die Bundesanstalt für Arbeit in Nürnberg ist, geregelt. Das AFG trägt den gewandelten Aufgabenstellungen einer modernen Arbeitsmarktpolitik Rechnung und hat vor allem den Zweck, Arbeitslosigkeit zu vermeiden. Die Maßnahmen der Behörden sind im Rahmen der Sozial- und Wirtschaftspolitik der Bundesregierung darauf auszurichten, einen hohen Beschäftigungsstand zu erzielen und aufrechtzuerhalten, die Beschäftigungsstruktur ständig zu verbessern und damit das Wachstum der Wirtschaft zu gewährleisten. Dies geschieht vor allem durch Arbeitsmarkt- und Berufsforschung, Berufsberatung, Maßnahmen zur Erhaltung und Schaffung von Arbeitsplätzen (Winterbauförderung), vorausplanende Umschulung, Förderung der beruflichen Weiterbildung und die berufliche Rehabilitation für (geistig und körperlich) behinderte Menschen, wobei hieran auch die gesetzlichen Rehabilitationsträger – Rentenversicherung, Unfall- und Kriegsopferversicherung, Krankenversicherung, Sozialhilfe – beteiligt waren. Nur subsidiär sind wirtschaftliche Hilfsmaßnahmen vorgesehen, wenn die Folgen der entstandenen Arbeitslosigkeit zu beseitigen sind, wie etwa das aus der ↑Arbeitslosenversicherung (S. 474) gewährte Arbeitslosengeld und die nach Bedürftigkeit gewährte Arbeitslosenhilfe.

Die Arbeitsvermittlung, die Vermittlung in berufliche Ausbildungsstellen und die Berufsberatung dürfen nur von der Bundesanstalt für Arbeit betrieben werden, die aber das Recht hat, Einrichtungen oder Personen mit der Vermittlung in das oder vom Ausland oder mit der Vermittlung einzelner Berufe oder Personengruppen zu betrauen (z. B. Künstlervermittlungen). Die Bundesanstalt für Arbeit besitzt insofern das Arbeitsvermittlungsmonopol in der BRD. Schwierigkeiten haben sich in jüngerer Zeit vor allem bei der Vermittlung von Zeitpersonal durch private Unternehmen und von Führungskräften durch Personal- oder Unternehmensberater ergeben. Sie sind durch das Arbeitnehmerüberlassungsgesetz (AÜG) vom 7. 8. 1982 mit späteren Änderungen noch nicht behoben, wie das 1981 durch § 12a AFG eingeführte verfassungsrechtlich umstrittene Verbot der Arbeitnehmerüberlassung im Baugewerbe zeigt, die nur Arbeiter betrifft. Ein generelles Verbot der gewerbsmäßigen Arbeitnehmerüberlassung wird diskutiert. Die Arbeitsvermittlung steht einerseits als gemeinnützige staatliche Einrichtung allen Arbeitnehmern und Arbeitgebern zur Verfügung, ohne daß andererseits ein Zwang zu ihrer Inanspruchnahme besteht. Die Arbeitsvermittlung ist als eine auf längere Zeiträume zu planende systematische Tätigkeit der Bundesanstalt zu verstehen, die Arbeitgeber und Arbeitnehmer u. a. über die Lage auf dem Arbeitsmarkt, die Entwicklung in den Berufen, die Notwendigkeiten und Möglichkeiten der beruflichen Bildung und in Fragen der Wahl und der Besetzung von Arbeitsplätzen (Arbeitsberatung) zu informieren hat. Die Dienststellen der Bundesanstalt erledigten in den letzten Jahren Vermittlungen in großer Anzahl (1975: 2,13 Mill.; 1977: 2,29 Mill.; 1981: 1,62 Mill.; 1983: 1,58 Mill.).

Die Finanzierung ihrer Aufgaben ist problematisch, da die Bundesanstalt i. d. R. ihren Haushalt mit einem Fehlbetrag abschließt (1975: 8,60 Mrd. DM; 1981: 8,29 Mrd. DM; 1982: 7,05 Mrd. DM; 1983: 1,61 Mrd. DM). Dieser wird i. d. R. durch Entnahmen aus der Rücklage, durch Beitragserhöhungen oder durch Kredite des Bundes abgedeckt.

A. Gagel/F. Jülicher: ArbeitsförderungsG. Kommentar. München 1979ff. – R. Weber: ArbeitsförderungsG. 6. Aufl. Bergisch Gladbach 1982. – F. Becker/J. Wulfgramm: Kommentar zum ArbeitnehmerüberlassungsG. 2. Aufl. Neuwied 1981.

Arbeitslosenquoten

Die beruflichen Förderungsmaßnahmen der Bundesanstalt für Arbeit

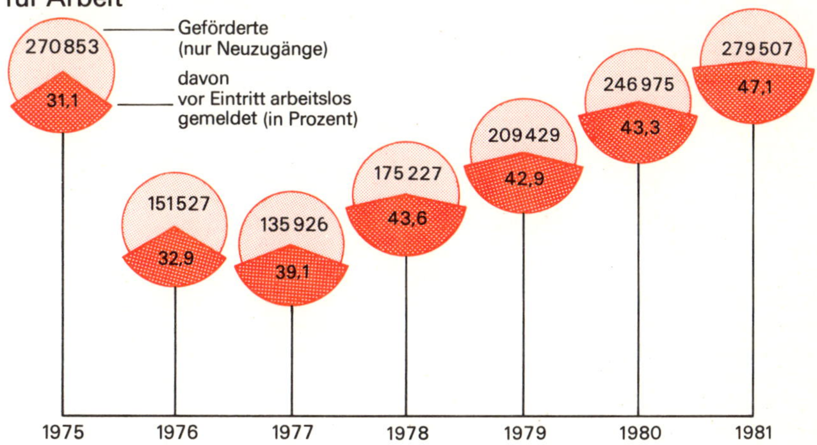

Berufliche Bildung

Die Berufsbildung ist Gegenstand verzweigter, vielschichtiger Regelungen und ein seit langem und andauernd umstrittenes Reformthema. Einen Schritt zur Reform und zur Rechtsvereinheitlichung enthält das am 1. 9. 1969 in Kraft getretene Berufsbildungsgesetz des Bundes, zuletzt geändert am 23. 12. 1981.
eines neuen Berufsbildungsgesetzes wurde 1976 vom Bundesrat abgelehnt, die Verabschiedung eines zweiten Entwurfs durch den Bundesrat ist ungewiß.

Das Gesetz vom 1. 9. 1969 faßt unter den Oberbegriff der Berufsbildung die Berufsausbildung, die berufliche Fortbildung und die berufliche Umschulung zusammen. Im Mittelpunkt der gesetzlichen Regelung steht die Berufsausbildung, und zwar die Erstausbildung Jugendlicher. Das Gesetz hält an dem herkömmlichen sog. dualen System der praktischen Berufsausbildung im Betrieb und der begleitenden theoretischen Unterweisung in öffentlichen Berufsschulen fest. Es regelt aber nur die betriebliche, nicht auch die schulische Berufsbildung in den Berufs-, Fach-, und Fachhochschulen, die den Schulgesetzen der Länder unterliegt. Es befaßt sich auch nicht mit der finanziellen Förderung der Berufsbildung: Die individuelle und institutionelle Förderung der betrieblichen und außerschulischen Berufsbildung wird durch das Arbeitsförderungsgesetz vom 25. 6. 1969 (Zuständigkeit der Bundesanstalt für Arbeit) geregelt und die Vorschriften über die individuelle Förderung der schulischen Berufsbildung enthält das Bundesausbildungsförderungsgesetz vom 26. 8. 1971.

Das Berufsbildungsgesetz vom 1. 9. 1969 will grundsätzlich ein einheitliches Berufsbildungsrecht für alle Berufe schaffen. Es nimmt jedoch einige Berufszweige (z. B. Beamtenschaft, Kauffahrteischiffahrt) aus und läßt für andere Spezialvorschriften gelten, insbesondere für das Handwerk die Vorschriften der Handwerksordnung in angepaßter Form.

Die der Berufsausbildung gewidmeten, zentralen Teile des Gesetzes enthalten eine eingehende Regelung des durch einen Berufsbildungsvertrag (früher Lehrvertrag) zu begründenden privatrechtlichen Berufsausbildungsverhältnisses und öffentlich-rechtliche Vorschriften über die Ordnung der Berufsausbildung. Sie sichern die Ausbildung durch geeignete Ausbildende (Personen, die Auszubildende einstellen) und Ausbilder in geeigneten Betrieben. Jugendliche unter 18 Jahren dürfen danach nur in staatlich anerkannten und geregelten Ausbildungsberufen ausgebildet werden. Die Einzelregelung und Überwachung der Berufsausbildung sowie der Abhaltung der Prüfungen obliegt den Berufsorganisationen der Ausbildenden (u. a. Industrie- und Handelskammern, Handwerkskammern).

Die berufliche Fortbildung und die berufliche Umschulung als Formen der Erwachsenenbildung – einen Kernbereich der Reformbestrebungen – überläßt das Berufsbildungsgesetz vom 1. 9. 1969 weitgehend der Wirtschaft und den Berufsorganisationen: wohl deshalb, weil es noch keine ausgereiften Konzeptionen gibt.

Der zukünftigen Verbesserung der Berufsbildung dienen insbesondere zwei organisatorische Maßnahmen des Gesetzes: Es errichtet auf der Ebene des Bundes, der Länder und der Berufsorganisationen Ausschüsse für Berufsbildung. Ihre wichtigsten Aufgaben bestehen darin, die Bundesregierung, die Landesregierungen und die sonstigen zuständigen Stellen zu beraten und Grundsätze für die Weiterentwicklung der Berufsbildung zu erarbeiten. Um die Forschung in diesem Bereich zu verstärken, errichtet das Gesetz außerdem das Bundesinstitut für Berufsbildungsforschung in Berlin. Das Gesetz zur Förderung der Berufsausbildung durch Planung und Forschung vom 23. 12. 1981, in Kraft seit dem 1. 1. 1982, enthält Vorschriften über Planung und Statistik, das Bundesinstitut für Berufsbildung und Übergangs- und Schlußvorschriften. Eine Ausbildungsabgabe erhebt es nicht, was von den Gewerkschaften kritisiert wird.

R. Weber: Berufsbildungsgesetz. Kommentar. Losebl. Köln 1971. – G. Schaub: Arbeitsrechts-Handbuch. 5. Aufl. München 1983. – B. Natzel: Berufsbildungsrecht. 3. Aufl. Köln 1982.

Berufliche Bildung

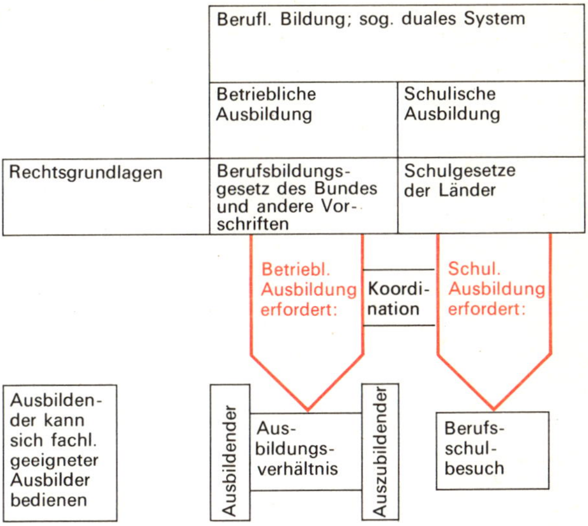

Die Ausbildungs-Bilanz

Die Zahl der neu abgeschlossenen Ausbildungsverträge ist gegenüber 1975 um gut ein Drittel gestiegen.

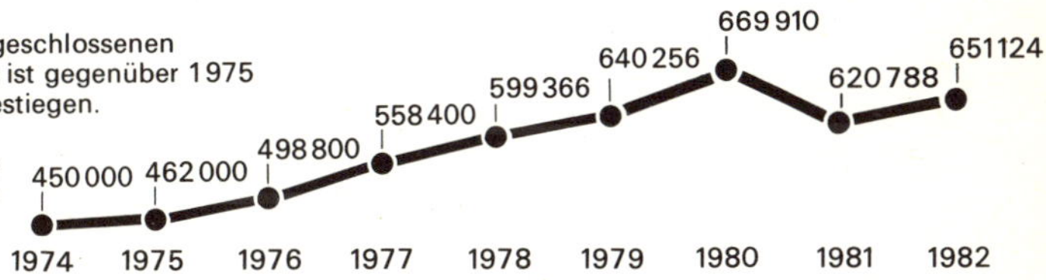

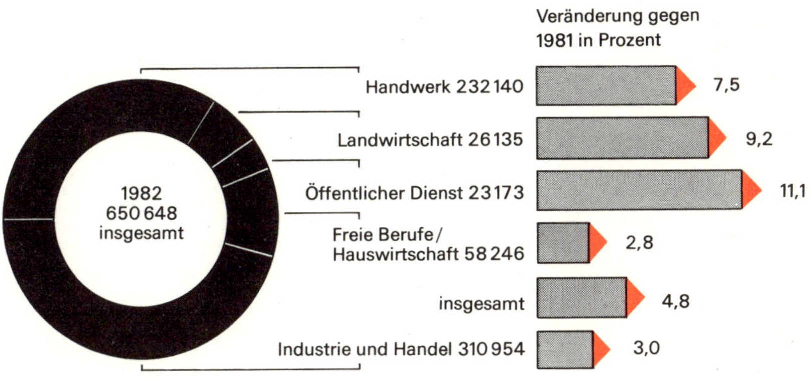

Mitbestimmung im Unternehmen

Bei der Mitbestimmung der Arbeitnehmer im Unternehmen geht es um die wirtschaftsrechtliche Struktur der Unternehmensverfassung. Ihr Ziel ist die Beteiligung der Arbeitnehmer – des „Faktors Arbeit" – an der herkömmlich von den Anteilseignern – dem „Faktor Kapital" – bestimmten Unternehmensführung bei Kapitalgesellschaften. Es gibt heute drei unterschiedliche Mitbestimmungsregelungen.

Die geringste Beteiligung der Arbeitnehmer enthält das in seinem Schwerpunkt die arbeitsrechtliche ↑Betriebsverfassung (S. 446) und nicht die wirtschaftsrechtliche Unternehmensverfassung betreffende Betriebsverfassungsrecht in den §§ 76 und 77 des Betriebsverfassungsgesetzes (BetrVG) von 1952, die durch das geltende BetrVG vom 15. 1. 1972 nicht aufgehoben worden sind. Danach muß der Aufsichtsrat bei Aktiengesellschaften (soweit sie nicht Familienaktiengesellschaften sind und weniger als 500 Arbeitnehmer beschäftigen) und Kommanditgesellschaften auf Aktien, aber auch bei Unternehmen mit anderer, im Gesetz näher bezeichneter Rechtsform und mehr als 500 beschäftigten Arbeitnehmern zu einem Drittel aus Arbeitnehmervertretern bestehen.

Die umfassendste Beteiligung der Arbeitnehmer ist im Montanbereich begründet worden. Sie ergibt sich aus dem Mitbestimmungsgesetz (MitbestG) vom 21. 5. 1951 und dem Mitbestimmungsänderungsgesetz vom 7. 8. 1956 (Holdingnovelle). Diese Gesetze gelten für Unternehmen des Bergbaus sowie der Eisen und Stahl erzeugenden Industrie, die als Aktiengesellschaft, Gesellschaft mit beschränkter Haftung oder bergrechtliche Gewerkschaft mit eigener Rechtspersönlichkeit betrieben werden und i. d. R. mehr als 1 000 Arbeitnehmer beschäftigen, sowie für Holdinggesellschaften. Ihre Aufsichtsräte bestehen aus 5 (7) Vertretern der Anteilseigener und der gleichen Anzahl von Vertretern der Arbeitnehmer. Hinzu kommt ein weiteres (11. oder 15.) neutrales Mitglied. Die Aufsichtsräte haben einen vorwiegend für die sozialen Belange der Arbeitnehmer zuständigen Arbeitsdirektor als gleichberechtigtes Mitglied des gesetzlichen Vertretungsorgans der Gesellschaft (z. B. Vorstand der Aktiengesellschaft) zu bestellen.

Die jüngste Regelung enthält das Gesetz über die Mitbestimmung der Arbeitnehmer (MitbestG) vom 4. 5. 1976. Es erfaßt Unternehmen, die in einer im MitbestG vom 21. 5. 1951 bezeichneten Rechtsform oder als Erwerbs- oder Wirtschaftsgenossenschaft betrieben werden und i. d. R. mehr als 2 000 Arbeitnehmer beschäftigen. Es geht den §§ 76 und 77 BetrVG 1952 vor, wird aber durch das MitbestG vom 21. 5. 1951 verdrängt. Es fordert aus Vertretern der Anteilseigner und der Arbeitnehmer paritätisch zusammengesetzte Aufsichtsräte, deren Größe nach der Anzahl der im Unternehmen beschäftigten Arbeitnehmer gestaffelt ist. Die Vertreter der Arbeitnehmer sind zum größten Teil Arbeitnehmer des Unternehmens, von denen mindestens einer Arbeiter, einer Angestellter und einer leitender Angestellter sein muß; im übrigen sind sie Vertreter der Gewerkschaften. Die Arbeitnehmervertreter eines Unternehmens mit i. d. R. mehr als 8 000 Arbeitnehmern werden durch Wahlmänner gewählt, sofern die wahlberechtigten Arbeitnehmer nichts anderes beschließen. Die Aufsichtsräte haben (Kommanditgesellschaften auf Aktien ausgenommen) einen Arbeitsdirektor zu bestellen. Bei Abstimmungen, die über den gleichen Gegenstand zweimal zu Stimmengleichheit führen, hat der Aufsichtsratsvorsitzende zwei Stimmen. Er wird vom Aufsichtsrat mit einer Mehrheit von zwei Dritteln gewählt. Wird sie nicht erreicht, wählen die Vertreter der Anteilseigner den Vorsitzenden und die Vertreter der Arbeitnehmer den Stellvertreter mit Mehrheit. 1979 hat das Bundesverfassungsgericht im sog. „Mitbestimmungsurteil" das Gesetz von 1976 für verfassungsgemäß erklärt.

P. Hanau/P. Ulmer: Mitbestimmungsgesetz. München 1981. – D. Hoffmann/J. Lehmann/H. Weinmann: Mitbestimmungsgesetz. Kommentar. München 1978.

Mitbestimmung
Die nebeneinander geltenden Modelle

Modell	gesetzliche Grundlage	Zusammensetzung des Aufsichtsrats	Arbeitsdirektor	Verhältnis zu den anderen Modellen
nach Betriebsverfassungsrecht (Modell I)	§§ 76–77a, 81, 85 u. 87 BetrVG 1952, die nach § 129 BetrVG 1972 fortgelten	ein Drittel der Mitglieder sind Vertreter der Arbeitnehmer	nein	wird durch Modell II und III verdrängt
für Montanbereich (Modell II)	MitBestG vom 21. 5. 1951 und MitBestEG vom 7. 8. 1956 (Holdingnovelle)	4 Vertreter der Anteilseigner: 4 Vertreter der Arbeitnehmer:  bei Holdinggesellschaften: 7+7+1	ja	verdrängt Modell I und III
für Großunternehmen (Modell III)	MitBestG vom 4. 5. 1976, das am 1. 7. 1976 in Kraft getreten ist	Mindestzahl (bei Unternehmen bis zu 10000 AN) 6 Vertreter der Anteilseigner: 6 Vertreter der Arbeitnehmer: 	ja	verdrängt Modell I, wird verdrängt durch Modell II

Beteiligung der Arbeitnehmer im Aufsichtsrat nach dem Mitbestimmungsgesetz

<u>Zusammensetzung des Aufsichtsrats (Beispiel)</u>

acht Vertreter der Anteilseigner

acht Vertreter der Arbeitnehmer, davon zwei Vertreter der Gewerkschaften

Bei Stimmengleichheit hat der Aufsichtsratsvorsitzende zwei Stimmen

Wahl des Aufsichtsratsvorsitzenden

erfolgt durch Vertreter der Anteilseigner, falls keine $^2/_3$-Mehrheit zustande kommt

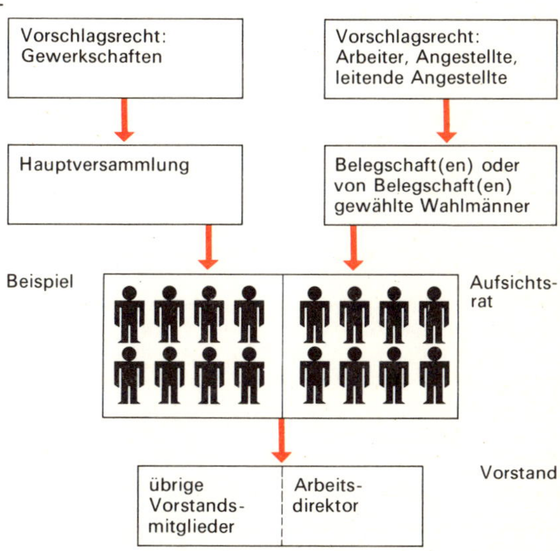

Einkommensverteilung

Die Einkommensverteilung eines Landes gibt an, wie sich das im Produktionsprozeß erwirtschaftete ↑Volkseinkommen (S. 360) auf die einzelnen Personen, Gruppen oder Klassen der Bevölkerung verteilt. Je nach der angestrebten Information über die Verteilung lassen sich als Konzepte unterscheiden: 1) die funktionelle, 2) die personelle, 3) die Verteilung nach sozialen Gruppen und 4) die nach Wirtschaftszweigen (Branchen).

Die funktionelle Verteilung spiegelt wider, in welchem Ausmaß die Eigentümer der verschiedenen Produktionsfaktoren (↑Arbeit S. 52, ↑Kapital S. 54, ↑Boden S. 56) aus deren Einsatz Einkommen in der Form von ↑Lohn (S. 118) und ↑Zins, Miete und Pacht (S. 126) erzielen konnten. Von besonderem Interesse ist dabei der Anteil, den die Löhne (i. d. R. der überwiegende Teil der Einkommen der unselbständig Beschäftigten) am Volkseinkommen haben (Lohnquote) im Vergleich zum Anteil der Einkommen aus Unternehmertätigkeit und Vermögen (häufig, aber nicht korrekt als Gewinnquote bezeichnet). Die Lohnquote stieg in der BRD von 58,5 % im Jahr 1950 auf 71% im Jahr 1978. Daraus den Schluß zu ziehen, die „Arbeiter" hätten ihren Anteil am Volkseinkommen um zehn Prozentpunkte erhöht, wäre jedoch falsch; die Lohnquote gibt nicht an, wie groß die Zahl der abhängig Beschäftigten im Verhältnis zur gesamten Erwerbsbevölkerung ist. Ein Unternehmer, der seinen Betrieb verkauft und weiter als Manager für die neuen Eigentümer tätig bleibt, erhöht mit seinem Einkommen fortan die Lohnquote, ohne daß sich an der Lage der übrigen unselbständig Beschäftigten etwas geändert hätte.

Die Einsicht, daß die einfache Unterscheidung zwischen Löhnen und Gewinnen nicht ausreicht, zumal Lohnbezieher außerdem Vermögenseinkünfte haben können, legt eine Untersuchung der personellen Einkommmensverteilung nahe. Bei ihr bleibt die ökonomische Herkunft des Einkommens unberücksichtigt und es wird nur gefragt, „wer wieviel" verdient. Zur Darstellung wählt man gewöhnlich die Lorenzkurve (nach dem Amerikaner Lorenz, der sie 1905 entwickelte). Mit ihr wird dargestellt, wieviel Prozent der Einkommensbezieher (von der untersten Stufe an gerechnet) wieviel Prozent des Gesamteinkommens verdienen. Verdient jeder gleich viel, so beziehen z. B. 10 % der Haushalte auch 10 % des Gesamteinkommens und der graphische Verlauf, der sich dann ergibt, ist eine Gerade. Bestehen hingegen Einkommensunterschiede, so verdienen die untersten 10 % der Haushalte weniger als 10 % des Gesamteinkommens: Die Kurve wölbt sich. Je größer die Einkommensdifferenzen, desto größer wird der „Bauch" der Kurve. Deshalb bietet sich die Fläche zwischen der tatsächlichen Kurve und der Diagonalen („Kurve der Gleichverteilung") als Maß für die Einkommensverteilung an. Allerdings fehlt dann immer noch die Information, wo in der Einkommenspyramide die größten Unterschiede liegen. Man hat zu diesem Zwecke weitere Maßzahlen entwickelt, die hier jedoch nicht weiter erörtert werden können.

Bei der Einkommensverteilung nach sozialen Gruppen geht man von der augenblicklichen Sozialstruktur aus und unterteilt in Unselbständige, Selbständige und Nichterwerbstätige, wobei oft noch weiter gegliedert wird. Man berechnet entweder den Anteil der einzelnen Gruppen am Volkseinkommen oder das jeweilige Durchschnittseinkommen. In beiden Fällen fehlt zur Abrundung des Bildes Information über Wanderungen und Strukturveränderungen.

Die Einkommensverteilung nach Branchen (z. B. Landwirtschaft, Industrie und Handwerk, Handel und Banken, Wohnungswirtschaft, Staat) soll Einblick in die Strukturveränderung der Wirtschaft geben (↑Wirtschaftswachstum und Strukturwandel S. 536). Deshalb ist sie nur im Vergleich mehrerer Jahre sinnvoll. Auch hier besteht jedoch das Problem, Wanderungsbewegungen zwischen den Sektoren von Produktivitätsänderungen innerhalb der Sektoren zu trennen.

E. Preiser: Bildung u. Verteilung des Volkseinkommens. 4. Aufl. Gött. 1970. – A. Stobbe: Volkswirtschaftslehre I. 5. Aufl. Berlin u. a. 1980.

„Lorenzkurve der Einkommensverteilung in der Bundesrepublik Deutschland, 1955, 1974 und 1983 („... Prozent der Einkommensbezieher, von der untersten Stufe an gerechnet, verdienten ... Prozent des Gesamteinkommens")

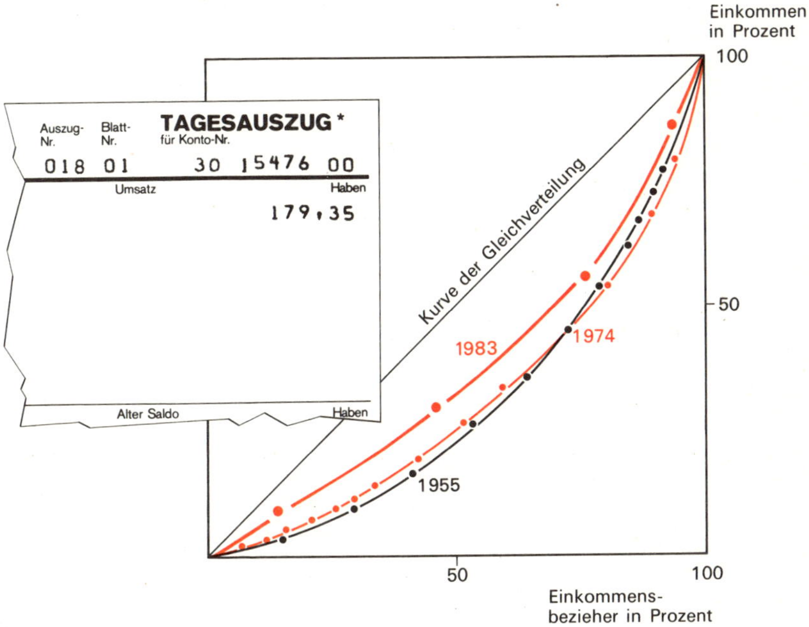

Nettoeinkommen der Erwerbstätigen im April 1982 nach Stellung im Beruf

	unter 600 DM[1]	600 – 1000	1000 – 1400	1400 – 1800	1800 – 2200	2200 – 3000	3000 – 4000	4000 und mehr
Selbständige	5,4%	5,8	8,6	10,2	14,3	17,5	14,3	23,8
Beamte	9,5%	2,7	8,0	13,3	16,6	26,3	16,5	7,2
Angestellte	10,3%	11,8	15,4	18,3	15,7	15,3	8,2	4,9
Arbeiter	13,7%	10,2	19,7	28,3	19,4	7,2	0,9	0,1
insgesamt	11,4%	9,9	16,2	21,9	17,3	12,8	6,2	4,3

[1] darunter 50,2% Auszubildende und Teilbeschäftigte

Vermögensverteilung

Zwischen der Vermögensverteilung und der ↑Einkommensverteilung (S. 460) in einer Gesellschaft besteht eine enge wechselseitige Beziehung: Einmal ist die Höhe des Vermögens und die Art, in der es angelegt wird, mitbestimmend für die Höhe des jeweiligen Einkommens; zum anderen wird durch die Höhe des Einkommens der Umfang der Spartätigkeit (↑Sparen S. 204) und damit die Vermögensbildung beeinflußt. Wegen dieses Zusammenhanges konzentrieren sich Untersuchungen über die Vermögensverteilung vorwiegend auf die Höhe des Erwerbsvermögens, also auf diejenigen Bestandteile des individuellen Vermögens, die einen Ertrag abwerfen und ihrem Eigentümer damit zusätzliche Einnahmequellen erschließen. Die Verteilung des Gebrauchsvermögens (↑Vermögen S. 202) tritt demgegenüber in den Hintergrund.

Die Verteilung des Vermögens auf einzelne Personen oder Haushalte (personelle Vermögensverteilung) stellte sich für das Jahr 1983 folgendermaßen dar: 2,1% der Bevölkerung besaßen reichlich 19% des Gesamtvermögens (insgesamt 5,4 Billionen DM) aller Haushalte. Das entspricht einem durchschnittlichen Vermögen von 1,7 Mill. DM je Haushalt. Im Gegensatz zu diesen Haushalten mit sehr hohem Vermögen besaßen am anderen Ende der Vermögensskala annähernd 14% der Bevölkerung einen Anteil am Gesamtvermögen von nur knapp 4%. Der durchschnittliche Vermögenswert dieser Haushalte betrug 59000 DM. Im internationalen Vergleich kann jedoch festgehalten werden, daß die deutschen Haushalte zu den reichsten der Welt gehören.

Wird die Vermögensverteilung im Hinblick auf die sozialen Gruppen untersucht, dann konnten im Jahre 1983 nahezu alle Selbständigen und der größere Teil der Beamten, Landwirte und Angestellten der wohlhabenderen Bevölkerungshälfte zugerechnet werden. Die meisten Arbeiter und Rentner hingegen gehörten der weniger wohlhabenden Bevölkerungshälfte an.

Auf die Haushaltsgröße bezogen sind Zwei- und Dreipersonenhaushalte besonders vermögend. Haushalte mit vier und mehr Personen (überwiegend Haushalte mit Kindern) sind wirtschaftlich deutlich schwächer gestellt. Unter den Einpersonenhaushalten finden sich überdurchschnittlich viele besonders wohlhabende, aber andererseits auch viele relativ arme Haushalte (z. B. Rentner).

Die Vermögensstruktur der Haushalte weicht erheblich voneinander ab. Bei einer Eigentumsquote an Haus- und Grundbesitz von etwa 47% im Jahre 1983 ist das Immobilienvermögen für die Vermögenszusammensetzung nahezu aller Haushalte der durchschnittlich größte Vermögenswert. Bei wohlhabenderen Haushalten wird der Haus- und Grundbesitz jedoch durch Geld- und Betriebsvermögen in seiner Bedeutung zurückgedrängt. Die ertragbringenden Anlageformen sind bei geringeren Vermögen deutlich unterrepräsentiert. Demgegenüber spielt das Sozialvermögen (Ansprüche an die Sozialversicherung) mit abnehmenden Vermögenswerten eine immer größere Rolle. Bemerkenswert ist, daß in den reicheren Haushalten das Produktivvermögen zugunsten des Geldvermögens (auch Wertpapiere und Aktien) zurückgeht.

Die Vermögensverteilung in der BRD verschiebt sich zugunsten der unteren Bevölkerungshälfte, sie wird also gleichmäßiger. Wenn in der BRD dennoch von Vermögenskonzentration die Rede ist, dann wird vielfach vermutet, daß sich beim Eigentum am Produktivvermögen eine Tendenz zu verstärkter Ungleichheit zeige. Im Jahre 1960 besaßen 1,7% aller Haushalte 70% des Eigentums an gewerblichen Unternehmen. Im Jahre 1966 gehörten dieser Gruppe 74% des Eigentums an Unternehmen. Eine neuere Untersuchung aus dem Jahre 1983 zeigt, daß 2,1% der Haushalte etwa 50% des Produktivvermögens besaßen. Es stellt sich also die Frage, ob sich der mögliche Trend der 60er Jahre zu verstärkter Konzentration des Produktivvermögens fortgesetzt hat.

O. Issing/W. Leisner: Kleineres Eigentum. Göttingen 1976. – M. Miegel: Die verkannte Revolution. Einkommen und Vermögen der privaten Haushalte. Stuttg. 1983.

1. Ausgewählte Vermögensformen in privaten Haushalten[1] nach der sozialen Stellung des Haushaltsvorstandes. Ende 1978

Soziale Stellung des Haushaltsvorstandes	% der Haushalte waren im Besitz von Sparbücher %	Bausparverträge %	Lebensversicherungsverträge %	Wertpapiere %	Haus- u. Grundbesitz %
Arbeiter	95	47	82	20	47
Angestellter	96	53	78	37	46
Beamter	97	67	79	32	51
Landwirt	92	53	68	19	90
Selbständiger	90	56	86	39	70
Nichterwerbstätiger	86	16	55	23	33
alle	91	37	70	26	44

[1]Ergebnisse der Einkommens- u. Verbrauchsstichprobe am 31. Dez. 1978

2. Durchschnittliche Vermögensbestände der Haushalte nach dem Haushaltstyp am 31. Dez. 1978

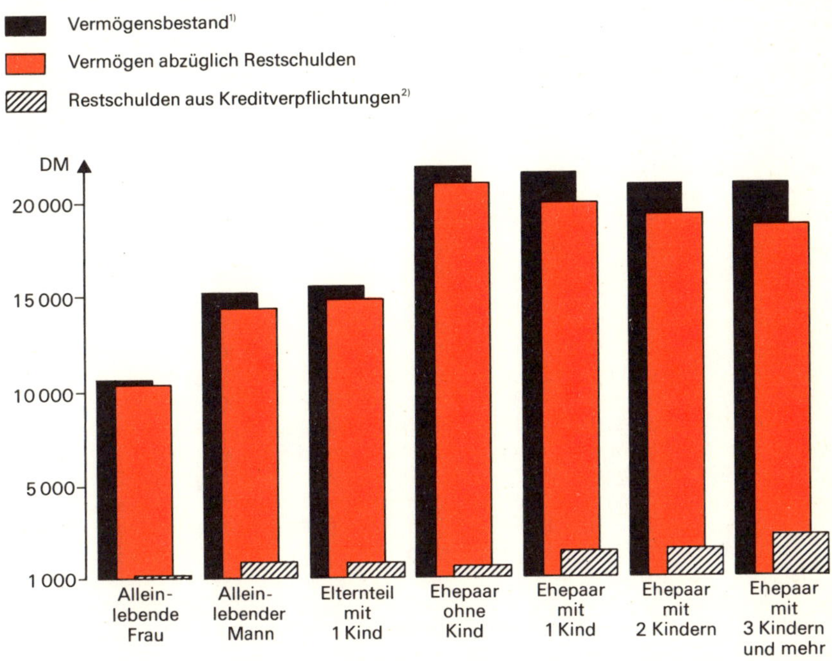

[1]Sparbücher, Bausparverträge und Wertpapiere
[2]Ohne Kreditverpflichtungen aus Hypotheken, Baudarlehen u.ä.

Verteilungspolitik

Unter dem Sammelbegriff Verteilungspolitik faßt man alle staatlichen Maßnahmen zusammen, die das Ziel haben, die ↑Einkommensverteilung (S. 460), die ↑Vermögensverteilung (S. 462) oder die Verteilung des Wohlstands (↑Wohlstand und Wohlstandsmessung S. 364) zu ändern bzw. zu kontrollieren. Wie schon aus kurzer Überlegung hervorgehen dürfte, gibt es kaum eine staatliche Tätigkeit, die nicht verteilungswirksam ist: Die Unterstützung von Theatern oder Volksbildungsvereinen (personelle Verteilung von Wohlstand) gehört ebenso zur Verteilungspolitik wie die Zwangsmitgliedschaft der Hauseigentümer in der Feuerversicherung (Risikoverteilung des Vermögens) oder der Beitrag zur ↑Sozialversicherung (S. 470, zeitliche Verteilung des Einkommens).

Ziel der Einkommensverteilungspolitik kann es sein, die Verteilung des Einkommens auf verschiedene Wirtschaftszweige zu steuern. Instrumente sind vorwiegend Steuern und ↑Subventionen (S. 268). So haben in der BRD Verlage nur den halben Mehrwertsteuersatz zu entrichten, die Landwirtschaft wird von vielen Steuern ganz befreit und auch auf andere Weise („Grüner Plan") vom Staat unterstützt (↑Agrarpolitik S. 556). Weiterhin gehört zur Einkommensverteilungspolitik die Kontrolle der funktionellen Einkommensverteilung (Primärverteilung, ↑Einkommensverteilung S. 460), z. B. durch staatlichen Einfluß auf die ↑Lohnbildung (S. 118) oder durch steuerliche Sonderbehandlung von Gewinnen und Kapitalerträgen. Ziel der steuerlichen Maßnahmen ist es hierbei nicht, zusätzliche staatliche Einnahmequellen zu erschließen; vielmehr soll durch Steuerandrohung erreicht werden, daß von vornherein auf bestimmte Gewinnhöhen oder Einkunftsarten verzichtet wird. Dagegen ist die Beeinflussung der personellen Einkommensverteilung (Sekundärverteilung) meist nicht zu trennen von staatlicher Einnahmepolitik; denn das traditionell wichtigste Instrument ist hier die progressive ↑Einkommensteuer (S. 286): „Reiche" werden mit einem höheren Steuersatz belegt als „Arme". Wenn gleichzeitig ein Teil der Steuereinnahmen in Form von Unterstützungszahlungen (↑Transfereinkommen S. 128) an einkommensschwache Haushalte fließt, handelt es sich um echte Einkommensumverteilung (Redistribution).

Objekte der Vermögensverteilungspolitik sind entweder die Vermögensbestände oder die Zuwächse (Vermögensbildung). Die Bestandsumverteilung ist ein sehr rigoroses Mittel und bringt meist große soziale Umbrüche und Änderungen der Rechtsordnung mit sich. Eingriffe des Staates in die vorhandenen Bestände finden sich in der BRD in Form der Lastenausgleichsabgabe (Abgabe der Vermögensbesitzer zugunsten Vertriebener und Flüchtlinge) oder der Erbschaftssteuer. In fast allen Fällen ist es jedoch möglich, die Abgabe nicht aus den Beständen, sondern „in Raten" aus den laufenden Erträgen zu entrichten. Hauptgebiet der Vermögensverteilungspolitik ist heute die Neuverteilung der Vermögenszuwächse. Instrumente sind hier die gesetzliche Sparförderung, die Förderung der Vermögensbildung der Arbeitnehmer und Steuervergünstigungen beim Bau von Eigenheimen.

Bei der Verteilung des Wohlstands setzen die politischen Maßnahmen auf der Verbraucherendstufe an. Vorwiegende Mittel sind Subventionen (Zuschüsse an Bibliotheken, Schwimmbäder, öffentliche Verkehrsmittel) oder spezielle Ausgabensteuern (z. B. Luxussteuern). Man geht davon aus, daß trotz Einkommens- und Vermögensverteilungspolitik weitere Eingriffe des Staates notwendig sind, um eine gleichmäßige Verteilung des Wohlstands zu gewährleisten. Im übrigen ist zu beachten, daß solche Eingriffe, wenn es sich um Subventionen handelt, nicht nur dem Verbraucher, sondern auch dem jeweiligen Wirtschaftszweig zugute kommen und damit auch Einkommensverteilungspolitik im oben beschriebenen Sinne sind.

E. Preiser: Bildung u. Verteilung des Volkseinkommens. 4. Aufl. Gött. 1970. – J. Werner: Verteilungspolitik. Stuttg. u. a. 1979.

Grundfragen der Verteilungspolitik

1. Was soll verteilt werden?

Einkommen
Vermögen
– Vermögensbestand
– Vermögensbildung
Wohlstand

2. Wie soll verteilt werden?

Zeitliche Verteilung (von heute auf morgen)
Personelle Verteilung, Gruppenverteilung
Risikoausgleich

3. Auf wen soll verteilt werden?

Ökonomische Quellen (Lohn, Zins, Rente)
Sozio-ökonomische Gruppen (Unternehmer, Arbeiter)
Einkommensklassen (Reiche, Arme)
Wirtschaftszweige (Landwirtschaft, Industrie)

4. Durch welche Maßnahmen soll verteilt werden?

Indirekte Lenkung des Marktprozesses
Steuerliche Redistribution (Steuerpolitik)
Sozialpolitik
Vermögensbildungspolitik, Sparförderung

Beispiel: Verschiedene Möglichkeiten der Einkommensverteilungspolitik

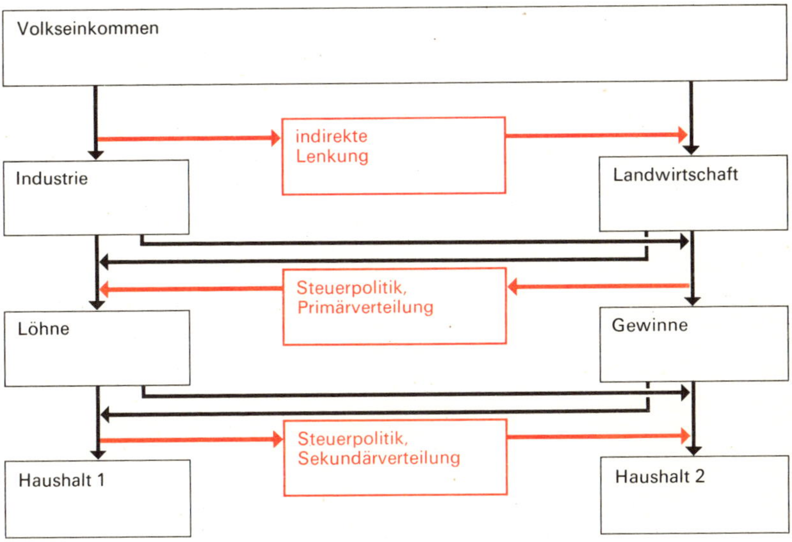

Vermögensbildung der Arbeitnehmer

Die Förderung der Vermögensbildung in Arbeitnehmerhand hat in der BRD seit jeher zwei Zielrichtungen: Einmal sollen die unteren Einkommensschichten in die Lage versetzt werden, sich durch Vermögensaufbau gegen wirtschaftliche Rückschläge wie Krankheit und Unfall abzusichern, zum anderen wird angestrebt, die Konzentration des Produktivvermögens (↑Vermögensverteilung S. 462) in den Händen weniger Eigentümer zu verhindern. Das erste Motiv liegt weitgehend der gesetzlichen Sparförderung zugrunde und mag hier vernachlässigt werden. Im zweiten Falle soll zwar auch das Sparen gefördert werden, jedoch geht es hier hauptsächlich um die Form der Ersparnis. Neben der sog. „kleinen Lösung", der Reprivatisierung von Bundesvermögen (Ausgabe von Volksaktien), werden heute folgende Konzepte diskutiert oder auch schon praktiziert: Investivlohn, Gewinnbeteiligung und Vermögenszuwachsbeteiligung.

Als Investivlohn gelten die Teile des Lohns, die nicht ausgeschüttet, sondern sofort wieder angelegt werden. Die Wiederanlage kann im jeweiligen Betrieb, in Betrieben der Branche oder in beliebigen anderen Branchen erfolgen. In den beiden letzten Fällen ist ein Fonds notwendig, der den Investivlohn einzieht und verwaltet, d.h., ihn im Namen der Lohnbezieher wieder an die Betriebe ausleiht. Allen Modellen ist jedoch das Ziel gemeinsam, den einzelnen Arbeiter zur Vermögensbildung zu zwingen und ihn gleichzeitig durch die Mitfinanzierung von Investitionen am Produktivvermögen der Wirtschaft zu beteiligen. Einen tariflich vereinbarten Investivlohn gibt es seit dem 1. 1. 1966 in der Bauindustrie („Leber-Pfennig"): Bei einer Eigenbeteiligung des Arbeitnehmers von drei Pfennig zahlt der Arbeitgeber pro Arbeitsstunde 25 Pfennig. Das Geld muß für fünf Jahre festgelegt werden, jedoch ist dem Arbeitnehmer die Wahl der Anlageform freigestellt (keine Fondsbildung). Das Konzept eines gesetzlichen Investivlohns entwickelte seinerzeit der CDU-Bundestagsabgeordnete Burgbacher (Burgbacher-Plan). Grundzüge davon finden sich im 3. Vermögensbildungsgesetz, das durch das 4. Gesetz zur Förderung der Vermögen der Arbeitnehmer (Vermögensbeteiligungsgesetz v. 22. 12. 1983) abgelöst wurde. Die Neuregelung dehnt den Anlagekatalog auf weitere Formen der Kapitalbildung aus und erhöht den Förderungsbetrag für die in Kapitalbeteiligungen und Darlehensforderungen beim Arbeitgeber angelegten vermögenswirksamen Leistungen auf 936 DM jährlich.

Bei der Gewinnbeteiligung erhalten die Arbeitnehmer Teile des betrieblichen Reingewinns (↑Erfolgsrechnung S. 98). Festlegungsfristen und Verwaltungsmodalitäten sind ähnlich wie beim Investivlohn. Auf betrieblicher Ebene werden verschiedene Gewinnbeteiligungsmodelle schon praktiziert (z.B. Porst-Modell, Pieroth-Modell). Problematisch bleibt, was geschehen soll, wenn ein Betrieb Verluste macht, wie überhaupt strittig ist, ob Arbeiter danach „belohnt" oder „bestraft" werden sollen, in welchem Betrieb sie gerade arbeiten. Von Gewerkschaftsseite (Gleitze-Plan) und auch von der SPD (Deist-Plan) wurde bisher die überbetriebliche Gewinnbeteiligung („Fondslösung") gefordert: Die Betriebe – es ist nur an Großunternehmen gedacht – sollen Teile ihres Gewinns in Form von Aktien u.a. (↑Wertpapiere S. 256, also kein Geld) an einen Fonds abführen, der seinerseits verzinsliche Anteile an Arbeitnehmer ausgibt, wobei die übliche Sperrfrist für die Wiedereinlösung gilt. Von Unternehmerseite wird dieses Konzept wegen der möglichen Machtfülle der Fonds („Gewerkschaftskontrolle") abgelehnt.

K. Uhl: Vermögensbildung in der Industriegesellschaft. Frankf. a.M. 1974. – C. Föhl/M. Hennies: Vermögensbildung in Arbeitnehmerhand. Pfullingen 1966. – W. Gérad/H. Kunze/A. Schäfer: Spar-Prämiengesetz u. 3. Vermögensbildungsgesetz. 8. Aufl. Berlin 1979. – K. Kleps: Lohnpolitische Konzeption und Vermögensbildung. Baden-Baden 1982.

Überbetriebliche Gewinnbeteiligung

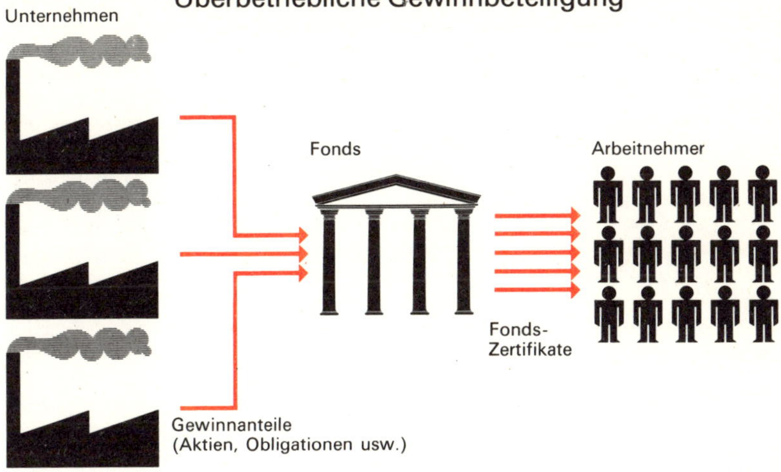

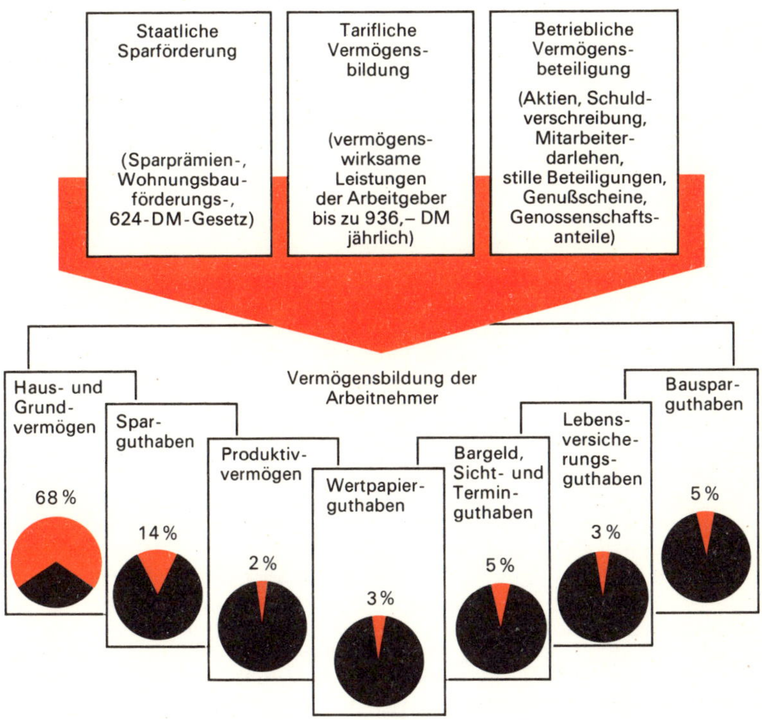

Sozialpolitik – System der sozialen Sicherung

Mit Hilfe der wissenschaftlichen Sozialpolitik werden gesellschaftliche Verhältnisse und Zusammenhänge aufgedeckt, speziell in ihren wirtschaftlichen und arbeitsmäßigen Bedingungen. Ihre Ergebnisse sind Grundlage für die praktische Sozialpolitik, mit der das allgemeine soziale Zusammenleben gestaltet wird. Ausschlaggebendes Ziel ist es, die Prinzipien der sozialen Gerechtigkeit und der sozialen Sicherheit weitgehend zu verwirklichen, insbesondere bestehende oder aufkommende sozialökonomische Spannungen zu beheben.

Soziale Gerechtigkeit wird vor allem durch eine bestmögliche Verteilung des Sozialprodukts (↑Verteilungspolitik S. 464), speziell im Rahmen der Tarifautonomie (↑Tarifpartner S. 440), durch betriebliche ↑Mitbestimmung (S. 458) sowie die Humanisierung des Arbeitslebens angestrebt. Soziale Gerechtigkeit steht im engen Zusammenhang mit der sozialen Sicherheit.

Soziale Sicherheit im weitesten Sinne gilt als gewährleistet, wenn jedem ein ausreichender Lebensunterhalt gewährt wird und Notstände aller Art (etwa auch im Wohnungs- und Bildungswesen) behoben sind. Soziale Sicherheit im engeren Sinne bedeutet ein ausgebautes Netz oder System der sozialen Sicherung, mit dem Erwerbstätige, insbesondere in abhängiger Stellung, gegen bestimmte Gefahren (vorwiegend des Arbeitslebens) zu schützen sind. Diese Auffassung äußert sich vor allem in der Sozialversicherung als einem wesentlichen Bestandteil sozialpolitischer Sicherungssysteme moderner Staaten.

Das System der sozialen Sicherung kann nach folgenden Arten gegliedert werden: 1) Versicherung, 2) Versorgung sowie 3) Sozialhilfe. Im ersten Bereich geht es darum, Risiken abzudecken oder zu mindern, die jeden treffen können (Alter, Krankheit, Invalidität, Arbeitslosigkeit). Im System der Sozialversicherung (Pflichtversicherung) gibt es entsprechend die Renten-, Kranken-, Unfall- und Arbeitslosenversicherung. Ergänzend bestehen Sozialleistungen für die Familie (Kinder-, aber auch Mutterschafts-, Waisen- und Wohngeld). Einzelne Risiken (z. B. Alter, Krankheit) können auch über private Versicherungen zusätzlich abgedeckt werden. Der zweite Bereich umfaßt Leistungen, mit denen Schäden, die bei einer begrenzten Gruppe von Menschen eingetreten sind, ausgeglichen werden. Derartige Schäden entstehen durch von der Allgemeinheit zu verantwortende Vorgänge, z. B. durch Krieg und seine Folgen (Kriegsopferversorgung, Lastenausgleich). Zum dritten Bereich gehört vor allem die Betreuung von individuellen Sozialfällen, die nicht von der Sozialpolitik, speziell der sozialen Sicherung, erfaßt werden können. Aufgabe der Sozialhilfe (früher: öffentliche Fürsorge) ist es, dem Empfänger ein menschenwürdiges Leben zu ermöglichen. Empfänger sind im wesentlichen Personen, deren Versorgung durch eigene Kraft unzureichend ist, gleichgültig, ob die Notlage durch eigenes Verschulden entstand oder nicht (z. B. Arme). Es wird Hilfe zum Lebensunterhalt (Schwierigkeiten in der Ausübung von beruflichen Tätigkeiten) und Hilfe in besonderen Lebenslagen (z. B. Ausbildungs-, Kranken-, Blinden-, Altershilfe, Rehabilitationshilfe für Behinderte) gewährt.

Die Sozialversicherung als Mittelpunkt des Systems der sozialen Sicherung ist eine Mischform aller drei Prinzipien. Sie ist maßgeblich nach dem Versicherungsprinzip aufgebaut, enthält aber auch Bestandteile staatlicher Versorgung und Sozialhilfe. Grundsätzlich können Versicherung, Versorgung und Sozialhilfe der individuellen Sicherung zugerechnet werden. Der kollektiven Sicherung dienen alle Sozialinvestitionen, also die Bereitstellung von sozialen Einrichtungen, die von jedermann in Anspruch genommen werden können (z. B. Errichtung und Unterhaltung von Alters- oder Jugendheimen, Kindergärten). Das System der sozialen Sicherung wird laufend den Veränderungen der Lebens- und Arbeitsbedingungen angepaßt.

W. Albers: Soziale Sicherung. Stuttg. 1982. – H. G. Schachtschabel: Sozialpolitik. Stuttg. u. a. 1983.

Sozialleistungen in der Bundesrepublik Deutschland 1975–1987

in Milliarden DM

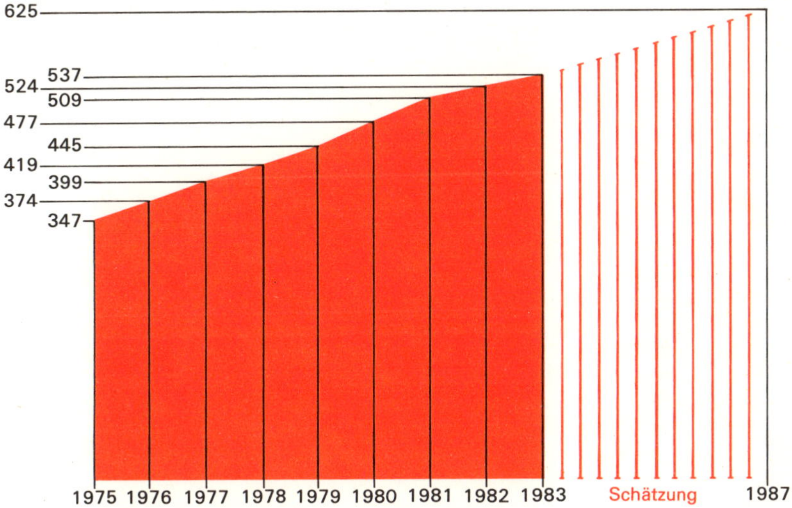

Sozialleistungen 1983 in Milliarden DM

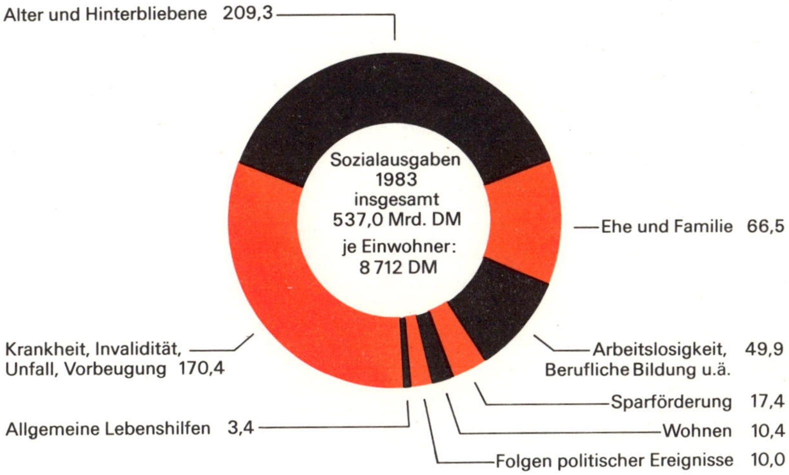

Sozialversicherung

Die Sozialversicherung bildet den wichtigsten Teil des Systems der sozialen Sicherung. Sie ist eine öffentlich-rechtliche, gemeinnützige Pflichtversicherung, die auf dem Grundsatz der Selbstverwaltung aufbaut und unter staatlicher Aufsicht steht. Von ihr wird jeder erfaßt, der die für die Versicherungspflicht von den einzelnen Gesetzen aufgestellten Voraussetzungen erfüllt. Diese können je nach Versicherungszweig unterschiedlich sein. Eine solche Pflichtversicherung wird nötig, wenn davon auszugehen ist, daß die meisten Erwerbstätigen für eine ausreichende private Vorsorge für die Zeit der Erwerbslosigkeit entweder nicht sorgen oder nicht sorgen können. An ihre Stelle tritt dann die kollektive Vorsorge.

Die Sozialversicherung wird vor allem von folgenden Prinzipien getragen: dem Versicherungsprinzip und dem Prinzip des sozialen Ausgleichs. Das Versicherungsprinzip selbst bringt die gemeinschaftliche Selbsthilfe, das gegenseitige Einstehen zum Ausdruck, indem die Beiträge jedes Versicherten wechselseitig jedem anderen Versicherten zugute kommen. Das Versicherungsprinzip wird jedoch vom Prinzip des sozialen Ausgleichs überlagert. Es findet zulasten eines Teils der Versicherten aus sozialen Gründen eine Einkommensumverteilung zugunsten der sozial schwächer gestellten Gruppe statt (vor allem bei der Kranken- und der Rentenversicherung). In der Krankenversicherung stehen z. B. den für alle gleichen Leistungen nicht auch die gleichen Beiträge gegenüber.

Die einzelnen Zweige der Sozialversicherung sind: Kranken-, Unfall-, Renten- und Arbeitslosenversicherung. Ihre Rechtsgrundlagen finden sich hauptsächlich in der Reichsversicherungsordnung, im Angestelltenversicherungs- und im Arbeitsförderungsgesetz. Die Krankenversicherung gewährt Schutz gegen die durch die Krankheit bedingten Kosten und den durch sie eintretenden Einkommensverlust, während es Aufgabe der ↑Unfallversicherung (S. 472) ist, zur Verhütung von Arbeitsunfällen beizutragen und, soweit sie eingetreten sind oder eine Berufskrankheit vorliegt, den entstandenen Schaden durch ein Bündel von verschiedenen Maßnahmen (z. B. Heilbehandlung, Rehabilitation, Verletztenrente) auszugleichen. Die Rentenversicherung (↑Alterssicherung S. 476) soll den Lebensunterhalt bei Minderung der Erwerbsfähigkeit und für das Alter sowie im Todesfall für die Hinterbliebenen sichern. Die Folgen voller oder teilweiser Arbeitslosigkeit sollen durch die Leistungen der ↑Arbeitslosenversicherung (S. 474; Arbeitslosengeld, Arbeitslosenhilfe, Kurzarbeitergeld, Schlechtwettergeld) aufgefangen werden. Zur Verhinderung von Arbeitslosigkeit hat der Träger der Arbeitslosenversicherung bestimmte präventive Maßnahmen zu ergreifen. Die Krankenversicherung wird von den Allgemeinen Ortskrankenkassen, den Betriebs-, Ersatz- und Innungskrankenkassen getragen. Die Unfallversicherung obliegt für den Bereich der Privatwirtschaft den nach Gewerbezweigen gegliederten Berufsgenossenschaften, den landwirtschaftlichen Berufsgenossenschaften und der Seeberufsgenossenschaft, für den Bereich der öffentlichen Verwaltung den Gemeindeunfallversicherungsverbänden, den einzelnen Bundesländern und dem Bund. Die Träger der gesetzlichen Rentenversicherung sind für die Arbeiter die Landesversicherungsanstalten, für die Angestellten die Bundesversicherungsanstalt für Angestellte und für die Bergleute die Bundesknappschaft. Die Arbeitslosenversicherung wird von der Bundesanstalt für Arbeit verwaltet.

Alle Zweige der Sozialversicherung werden durch Beiträge in jeweils unterschiedlicher Höhe und durch Zuschüsse finanziert. Die Beiträge zur Kranken-, Renten- und Arbeitslosenversicherung werden je zur Hälfte vom Arbeitnehmer und vom Arbeitgeber entrichtet. Dagegen wird die Unfallversicherung allein aus den Beiträgen der Arbeitgeber gespeist.

W. Gitter: Sozialrecht. München 1981. – H. Bley: Sozialrecht. 4. Aufl. Frankf. a. M. 1982.

Übersicht über die Sozialversicherung

Versicherungszweig	Versicherte	Träger	Leistungen	Finanzierung
Kranken- versicherung	Arbeitnehmer und ihre Familienan- gehörigen, Rentner, Landwirte	Allgemeine Ortskrankenkassen, Ersatzkassen, Betriebs- krankenkassen	Kostenübernahme, Krankengeld	Beiträge von Arbeitnehmern und Arbeitgebern zu gleichen Teilen, Zuschüsse
Unfall- versicherung	Arbeitnehmer, Schüler, Studenten, sonstige Personen	Berufsgenossen- schaften, Gemeindeunfall- versicherungs- verbände	Verletztenrente	Beiträge der Arbeitgeber, Zuschüsse
Renten- versicherung	Arbeiter, Angestellte, Landwirte, Handwerker, bestimmte freie Berufe	Landes- versicherungs- anstalten, Bundesanstalt für Angestellte	Altersruhegeld, Berufs- und Erwerbs- unfähigkeitsrenten	Beiträge von Arbeitsnehmern und Arbeitgebern zu gleichen Teilen, Zuschüsse
Arbeitslosen- versicherung	Arbeitnehmer	Bundesanstalt für Arbeit, Landesarbeitsämter, Arbeitsämter	Arbeitslosengeld, Arbeitslosenhilfe	Beiträge von Arbeitnehmern und Arbeitgebern zu gleichen Teilen, Zuschüsse

Unfallversicherung

Die gesetzliche Unfallversicherung ist ein Teil der ↑Sozialversicherung (S. 470) und damit des ↑Systems der sozialen Sicherung (S. 468). Sie soll die mit der Beschäftigung verbundenen Risiken abdecken. Zu diesen gehören der Arbeitsunfall, der nicht nur den reinen Betriebsunfall, sondern auch den Wegeunfall mitumfaßt, sowie die Berufskrankheit. Als Berufskrankheit wird eine solche Krankheit bezeichnet, die aufgrund der Beschäftigung entstanden und ausdrücklich in der unter sozialmedizinischen Gesichtspunkten erlassenen 7. Berufskrankheiten-Verordnung vom 20. 6. 1968 aufgeführt ist. Zu den Aufgaben der Unfallversicherung gehören neben der Entschädigung des Verletzten, seiner Angehörigen oder Hinterbliebenen auch die Unfallverhütung am Arbeitsplatz und die Verhütung von Berufskrankheiten.

Ursprünglicher Grundgedanke der Unfallversicherung war die Ablösung der vertraglichen oder deliktischen Haftung des Unternehmers wegen eines Betriebsunfalls gegenüber dem Arbeitnehmer. Heute geht ihre Zielsetzung freilich sowohl personell wie auch sachlich weit darüber hinaus. So sind etwa Schüler und Studenten ebenfalls unfallversichert, obgleich sie in keinem Beschäftigungsverhältnis stehen. Der Kreis der Versicherten erstreckt sich vor allem auf unselbständig Beschäftigte, Heimarbeiter, landwirtschaftliche Unternehmer sowie bestimmte Personengruppen, die unmittelbar im öffentlichen Interesse tätig werden (z. B. Bergwacht). Beitragspflichtig ist, im Gegensatz zu den übrigen Zweigen der Sozialversicherung, allein der Unternehmer. Gleichsam als Gegenleistung wird der Unternehmer aber von Schadensersatzansprüchen des Arbeitnehmers befreit; ebenso entfallen Ansprüche gegen Arbeitskollegen. Ansprüche wegen Sachschadens können hingegen weiterhin geltend gemacht werden. Die Unfallversicherung hat für den Unternehmer und Arbeitgeber damit auch die Funktion einer Haftpflichtversicherung.

Nach Eintritt des Arbeitsunfalls oder der Berufskrankheit hat der Versicherungsträger die gesetzlich vorgesehenen Leistungen zu erbringen (vgl. § 22 Absatz 1 Allgemeiner Teil des Sozialgesetzbuches). Der Versicherte hat u. a. Anspruch auf Heilbehandlung, Verletztengeld, Maßnahmen zur beruflichen Rehabilitation, Verletztenrente; für die Angehörigen kommen insbesondere in Betracht: Sterbegeld, Witwen- und Hinterbliebenenrente. Da der Arbeitsunfall wie die Berufskrankheit i. d. R. gleichzeitig eine Krankheit i. S. der Krankenversicherung darstellen, wird durch Gesetz ausdrücklich eine Kumulation der Leistungen aus beiden Versicherungszweigen ausgeschlossen. Trotz der spezielleren Zuständigkeit tritt daher an die Stelle der unfallversicherungsrechtlichen Heilbehandlung die krankenversicherungsrechtliche Krankenhilfe; das Verletztengeld entfällt, solange der Arbeitgeber im Krankheitsfalle dem Arbeitnehmer den Lohn fortzahlt. Die Gewährung der Verletztenrente setzt Erwerbsunfähigkeit oder zumindest eine Minderung der Erwerbsfähigkeit um 20 % voraus; im ersten Fall handelt es sich um eine Vollrente, im zweiten um eine Teilrente.

Die Verhütung von Unfällen und Berufskrankheiten gehört ebenfalls zu den Aufgaben der Unfallversicherung. Dies geschieht vor allem durch Erlaß von Unfallverhütungsvorschriften und durch die technische Aufsicht über deren Anwendung in den Betrieben. Dem Arbeitgeber obliegt neben der Durchführung von Unfallverhütungsmaßnahmen zu seinen Lasten die Bestellung von Betriebsärzten und Fachkräften für Betriebssicherheit nach dem Gesetz über Betriebsärzte u. a. vom 12. 12. 1973.

Versicherungsträger sind die gewerblichen und landwirtschaftlichen Berufsgenossenschaften, die See-Berufsgenossenschaft, die Gemeindeunfallversicherungsverbände sowie die Länder und der Bund. Die Arbeitnehmer sind über ihre in den Sozialwahlen gewählten Vertreter an der Selbstverwaltung der Versicherungsträger beteiligt.

W. Gitter: Sozialrecht. München 1981. — H. Bley: Sozialrecht. 4. Aufl. Frankf. a. M. 1982.

Leistungen der Unfallversicherung

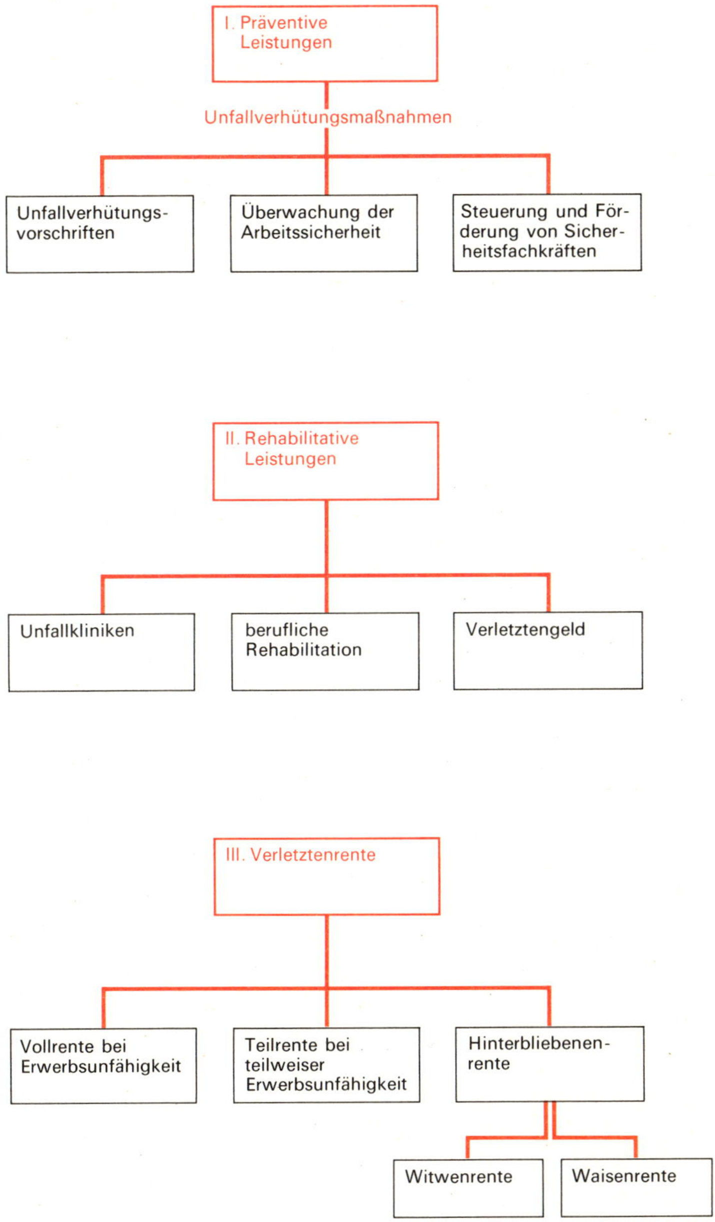

Arbeitslosenversicherung

Die Arbeitslosenversicherung soll den arbeitslosen Arbeitnehmer nicht nur während der Zeit seiner Arbeitslosigkeit wirtschaftlich absichern, sondern auch der Erhaltung und Schaffung von Arbeitsplätzen dienen. Sie wird herkömmlicherweise als Teil der ↑Sozialversicherung (S. 470) betrachtet. Rechtsgrundlage ist das Arbeitsförderungsgesetz vom 25. 6. 1969.

Versicherungspflichtig sind von wenigen Ausnahmen abgesehen alle Personen, die in einem Beschäftigungsverhältnis stehen. Sonach gehören alle Arbeitnehmer u. Auszubildenden dieser Versicherung an. Ihre Leistungen bei voller Arbeitslosigkeit sind das Arbeitslosengeld und die Arbeitslosenhilfe, bei lediglich teilweiser Arbeitslosigkeit kommen das Kurzarbeiter- und das Schlechtwettergeld in Frage. Präventive und rehabilitative (z. B. berufliche Wiedereingliederung durch Umschulung) Maßnahmen spielen im Rahmen der Arbeitsförderung eine große Rolle. Deshalb betreibt der zuständige Versicherungsträger, die Bundesanstalt für Arbeit (BA), Arbeitsmarktforschung und Beschäftigungspolitik (z. B. Berufsberatung, Zuschüsse an Unternehmen). Dazu zählt auch die Arbeitsvermittlung. Arbeitslosengeld wird demjenigen gewährt, der „arbeitslos ist, der Arbeitsvermittlung zur Verfügung steht, die Anwartschaftszeit erfüllt, sich beim Arbeitsamt arbeitslos gemeldet und Arbeitslosengeld beantragt hat". Arbeitslos ist derjenige Arbeitnehmer, „der vorübergehend nicht in einem Beschäftigungsverhältnis steht oder nur eine geringfügige Beschäftigung ausübt". Die erforderliche Anwartschaftszeit hat erfüllt, wer innerhalb von drei Jahren vor dem Tage der Arbeitslosmeldung mindestens 26 Wochen oder sechs Monate in versicherungspflichtiger Beschäftigung gestanden hat. Das Arbeitslosengeld wird mindestens für 78 Tage und längstens für 312 Tage gezahlt. Seine Höhe hängt vom durchschnittlichen Stundenlohn, den der Arbeitslose in den letzten 20 Tagen vor seinem Ausscheiden aus dem Arbeitsverhältnis erzielt hat, und von Familienzuschlägen für Angehörige ab. Läuft nun das Arbeitslosengeld aus oder besteht kein Anspruch darauf, so tritt an die Stelle dieser Versicherungsleistung die niedrigere Arbeitslosenhilfe als eine Art von Fürsorgeleistung, da sie Bedürftigkeit voraussetzt. Während Arbeitslosengeld und Arbeitslosenhilfe einen gewissen Ersatz für den vollständig ausfallenden Lohn darstellen, wollen Kurzarbeiter- und Schlechtwettergeld lediglich den vorübergehenden Arbeitsausfall kompensieren. Finanziert werden diese Versicherungsleistungen durch den zu gleichen Anteilen vom Arbeitnehmer und Arbeitgeber zu zahlenden Beitrag (seit 1. 1. 1983: 4,6% des Bruttolohns), mit Ausnahme der Arbeitslosenhilfe, deren Deckung durch Bundesmittel erfolgt.

Versicherungsträger ist die BA mit den ihr nachgeordneten Landesarbeitsämtern und Arbeitsämtern. Die Selbstverwaltung in der Arbeitslosenversicherung weicht von derjenigen der übrigen Sozialversicherungseinrichtungen etwas ab. Der Verwaltungsrat der BA geht nicht direkt aus den Sozialwahlen hervor, seine Mitglieder werden drittelparitätisch aufgrund bindender Vorschläge der Sozialpartner und der öffentlichen Hand von der Bundesregierung berufen. Die Landesarbeitsämter wie die Arbeitsämter besitzen Verwaltungsausschüsse, die gleichfalls drittelparitätisch besetzt sind. Als weitere Aufgabe (seit 17. 7. 1974) obliegt der BA die Durchführung des Konkursausfallgeldes. Dieses wird Arbeitnehmern gewährt, die zwar einen Lohnanspruch gegen ihren Arbeitgeber haben, diesen aber wegen dessen Zahlungsunfähigkeit nicht durchsetzen können. Das Konkursausfallgeld wird durch eine Umlage finanziert, die ausschließlich die Arbeitgeber aufzubringen haben und die von den Berufsgenossenschaften erhoben wird.

W. Gitter: Sozialrecht. München 1981. – H. Bley: Sozialrecht. 4. Aufl. Frankf. a. M. 1982.

Arbeitslosenversicherung

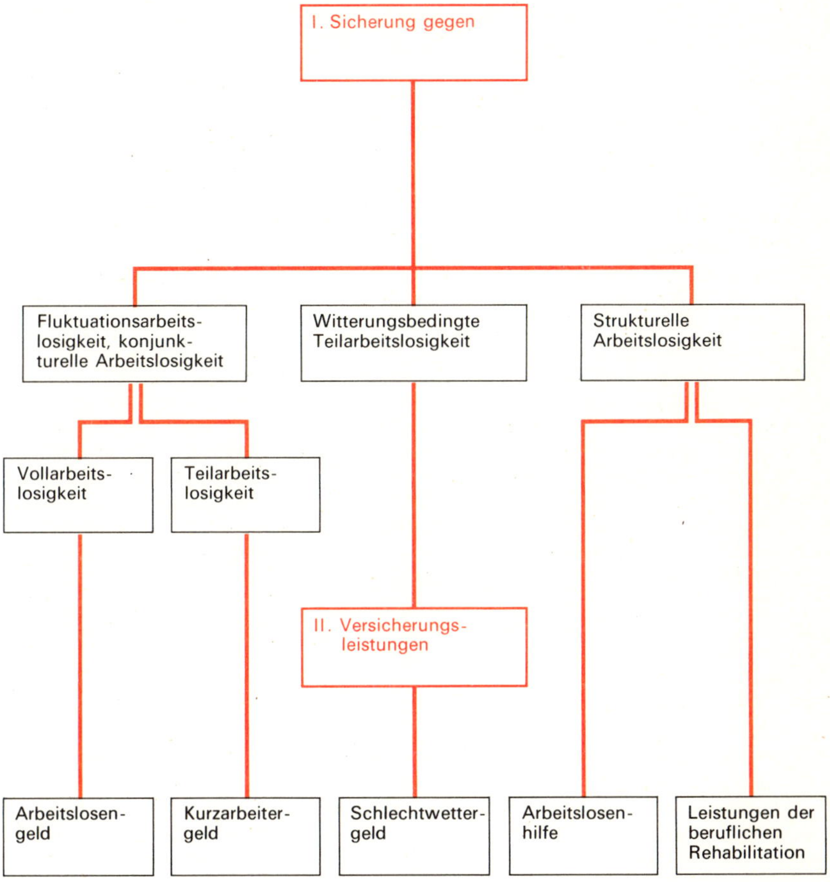

Alterssicherung

Die Sicherung des Einkommens bei Alter oder Invalidität erfolgt für den größten Teil der Bevölkerung durch die gesetzliche Rentenversicherung. Eine nicht zu unterschätzende Bedeutung kommt aber auch den verschiedenen privaten Formen der Alterssicherung zu.

Die gesetzliche Rentenversicherung wird von der Überlegung getragen, daß es dem abhängig Beschäftigten i.d.R. nicht möglich ist, allein im Wege privater Vorsorge sich für sein Alter, seine Erwerbs- oder Berufsunfähigkeit bzw. für seine Hinterbliebenen ein ausreichendes Einkommen zu sichern. Es gibt drei Zweige der gesetzlichen Rentenversicherung: die Rentenversicherung der Arbeiter (4. Buch der Reichsversicherungsordnung), der Angestellten (Angestelltenversicherungsgesetz) und der Bergleute (Knappschaftsgesetz). Darüberhinaus sind eine Reihe Selbständiger ebenfalls in die gesetzliche Rentenversicherung miteinbezogen, z. B. Landwirte, Handwerker sowie einige freie Berufe. Bei den Leistungen der gesetzlichen Rentenversicherung stehen das Altersruhegeld, die Berufs- oder Erwerbsunfähigkeitsrente, die Witwen- und Waisenrente im Vordergrund. Die Versorgung Geschiedener ist durch Einführung des Versorgungsausgleichs umgestaltet worden. Vorsorge- und Rehabilitationsleistungen treten demgegenüber zurück. Berufsunfähigkeit setzt voraus, daß die „Erwerbsfähigkeit infolge von Krankheit oder anderen Gebrechen oder Schwäche seiner körperlichen oder geistigen Kräfte auf weniger als die Hälfte derjenigen eines körperlich und geistig gesunden Versicherten herabgesunken ist". Erwerbsunfähigkeit liegt hingegen vor, wenn der Versicherte aus den genannten Gründen auf nicht absehbare Zeit eine Erwerbstätigkeit in gewisser Regelmäßigkeit nicht mehr ausüben oder nicht mehr als nur geringfügige Einkünfte durch Erwerbstätigkeit erzielen kann. Die Höhe der Rente wird durch folgende Faktoren bestimmt: 1) nach dem Verhältnis der persönlichen Bemessungsgrundlage (persönliches Arbeitsentgelt in jedem Versicherungsjahr) zur allgemeinen Bemessungsgrundlage (Durchschnitt aller Jahreseinkommen), 2) nach der Anzahl der Versicherungsjahre unter Einschluß der Ersatz- und Ausfallzeiten (bei Berufs- und Erwerbsunfähigkeitsrenten sowie bei Hinterbliebenenrenten zuzüglich der Zurechnungszeiten), 3) nach dem Steigerungssatz (je Versicherungsjahr bei Berufsunfähigkeitsrente 1%, Knappschaftsrenten 2%, sonstige Renten 1,5%). Die auf diesem Wege näher zu berechnende Rente (Zugangsrente) wird seit Einführung der ↑Rentendynamik (S. 478) im Jahre 1957 jährlich an die Lohn- und Gehaltsentwicklung angepaßt (Bestandsrente). Die Witwenrente beträgt 60%, die Waisenrente 10% der Versichertenrente.

Für die Gewährung des Altersruhegeldes beträgt die Altersgrenze bei Männern und Frauen 65 Jahre, bei Frauen unter bestimmten Voraussetzungen 60 Jahre. Wer das 63. Lebensjahr vollendet hat, kann seit Einführung der flexiblen Altersgrenze das Altersruhegeld beantragen; für Schwerbehinderte gilt dies ab vollendetem 60. Lebensjahr. Träger der gesetzlichen Rentenversicherung sind bei den Arbeitern die Landesversicherungsanstalten, bei den Angestellten ist es die Bundesversicherungsanstalt für Angestellte und bei den Bergleuten die Bundesknappschaft. Finanziert wird die gesetzliche Rentenversicherung einmal durch je zur Häfte vom Arbeitnehmer und vom Arbeitgeber getragene Beiträge (abweichend hiervon aber die Knappschaftsrentenversicherung) und zum andern durch den Bundeszuschuß.

Allein auf die private Altersversicherung sind viele freie Berufe und andere Selbständige angewiesen. Große Bedeutung haben für die Arbeitnehmer die Betriebsrenten, denen regelmäßig keine eigenen Beitragsleistungen der begünstigten Arbeitnehmer vorausgegangen sind und die damit Versorgungscharakter haben. Einige Fragen aus diesem Bereich regelt das Gesetz zur Verbesserung der betrieblichen Altersversorgung.

W. Gitter: Sozialrecht. München 1981. – H. Bley: Sozialrecht. 4. Aufl. Frankf. a. M. 1982.

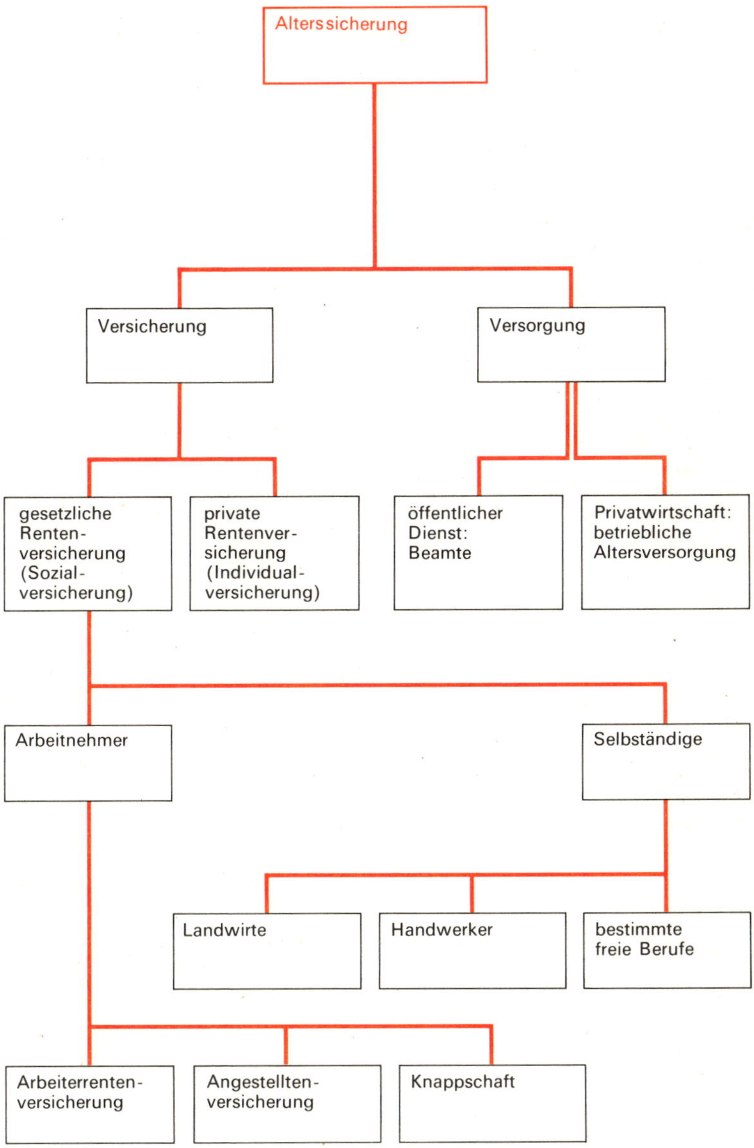
Alterssicherung
Versicherung
Versorgung
gesetzliche Renten-versicherung (Sozial-versicherung)
private Rentenver-sicherung (Individual-versicherung)
öffentlicher Dienst: Beamte
Privatwirtschaft: betriebliche Altersversorgung
Arbeitnehmer
Selbständige
Landwirte
Handwerker
bestimmte freie Berufe
Arbeiterrenten-versicherung
Angestellten-versicherung
Knappschaft

Renten und Rentendynamik

Die Rentenversicherung gewährt dem Versicherten nach Eintritt des Versicherungsfalles aufgrund von Rechtsansprüchen eine Rente in Form eines an regelmäßig wiederkehrenden Zeitpunkten (meist monatlich) zu zahlenden Geldbetrages. Den Rechtsansprüchen auf eine Rente überhaupt kann die gesetzliche Rentenversicherung, eine betriebliche Altersversorgung oder eine private Lebensversicherung zugrunde liegen.

Im Mittelpunkt steht die gesetzliche Rentenversicherung als Teil der Sozialversicherung. Sie gewährt Renten im Falle der Berufs- und Erwerbsunfähigkeit, des Alters (Frauen ab 60, Männer ab 65, im Rahmen der flexiblen Altersgrenze ab 63 Jahren) und des Todes (für Hinterbliebene). Die Mittel werden durch Beiträge der Versicherten und der Arbeitgeber aufgebracht, sowie durch Zuschüsse des Staates. Es bestehen getrennte Systeme (selbständige Zweige) für Arbeiter, Angestellte und die im Bergbau Beschäftigten (Arbeiterrenten-, Angestellten- und Knappschaftsversicherung).

Die Höhe einer Rente ist von vier Faktoren abhängig: 1) Von dem jährlichen Verhältnis der Beitragsleistung bzw. dem Arbeitsentgelt des einzelnen Versicherten zu dem durchschnittlichen Arbeitsentgelt aller Versicherten. 2) Von der Anzahl der anrechnungsfähigen Versicherungsjahre. 3) Von der Art der Rente (z. B. Berufsunfähigkeitsrente). 4) Von der allgemeinen Bemessungsgrundlage.

Die Ausgestaltung des Rentenanspruchs wird durch Rentenanpassungsgesetze (bislang 22 seit 1957) geregelt, mit dem Ziel, die Rentner am wirtschaftlichen Wachstum teilhaben zu lassen. Ursprünglich wurden die Renten nach der im Laufe des gesamten Arbeitslebens geleisteten nominellen Höhe der Beiträge berechnet (bis 1957). Dadurch blieben sie hinter der allgemeinen Lohnentwicklung zurück. Sie mußten deshalb immer wieder an das veränderte Lohn- und Preisgefüge angepaßt werden. Um die damit verbundenen Schwierigkeiten zu beheben, wurde dazu übergegangen, die Renten nach festen Regeln anzupassen (Rentenneuregelungsgesetze 1957).

Die Dynamisierung orientierte sich bisher an dem durchschnittlichen Anstieg des Bruttojahresarbeitsverdienstes aller Versicherten der Rentenversicherung in den drei Kalenderjahren vor Eintritt des Versicherungsfalles. Mit der Veränderung der Altersstruktur der Bevölkerung und der ungünstigen Wirtschaftsentwicklung wurden vernachlässigte Finanzierungsgrenzen der Rentendynamik offenkundig. Ferner wurde unübersehbar, daß die Orientierung am Bruttolohn wegen der progressiven Besteuerung eine fortwährende Annäherung des Renten- an das Nettolohnniveau bewirkt. Im Rahmen der Konsolidierung der Rentenfinanzen wurden die Anpassungssätze 1979 bis 1981 von der Bruttolohnentwicklung abgekoppelt und politisch festgelegt (21. Rentenanpassungsgesetz). 1984 soll die Rentenerhöhung erstmals auf der Basis der Lohn- und Gehaltssteigerungen des Vorjahres berechnet werden.

Die Finanzierung der Rentenversicherung wird auf der Beitragsseite durch geringes wirtschaftliches Wachstum, hohe Arbeitslosigkeit und niedrige Lohnzuwächse erschwert. Die Leistungsseite wird durch die demographische Entwicklung der Bevölkerung beeinflußt. Aus der Altersstruktur der westdeutschen Bevölkerung ergibt sich, daß die Zahl der Rentenempfänger im Verhältnis zur Zahl der Versicherten ab 1990 zunehmen wird. Das hätte für die zukünftigen Erwerbstätigen entsprechend höhere Beitragsbelastungen zur Folge. Fraglich wird damit, ob die Rentendynamik in der bisherigen Form beibehalten werden kann.

H.-G. Petersen: Sicherheit der Renten? Die Zukunft der Altersversorgung. Würzburg u. a. 1981. – W. Albers: Soziale Sicherung. Stuttgart 1982.

1. Beitragssätze zur Rentenversicherung (Arbeitnehmer- und Arbeitgeberanteil) in % der Bruttoverdienste

(Arbeitnehmer- und Arbeitgeberanteil)

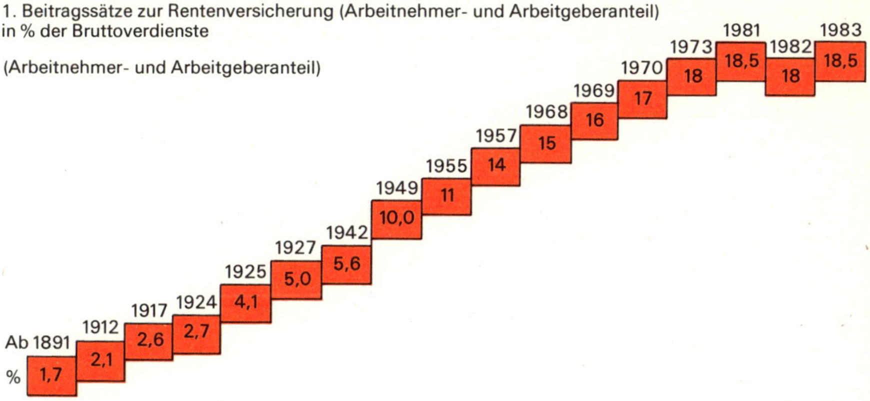

2. Jährliche Leistungen der Rentenversicherung und deren Finanzierung 1975 – 1983

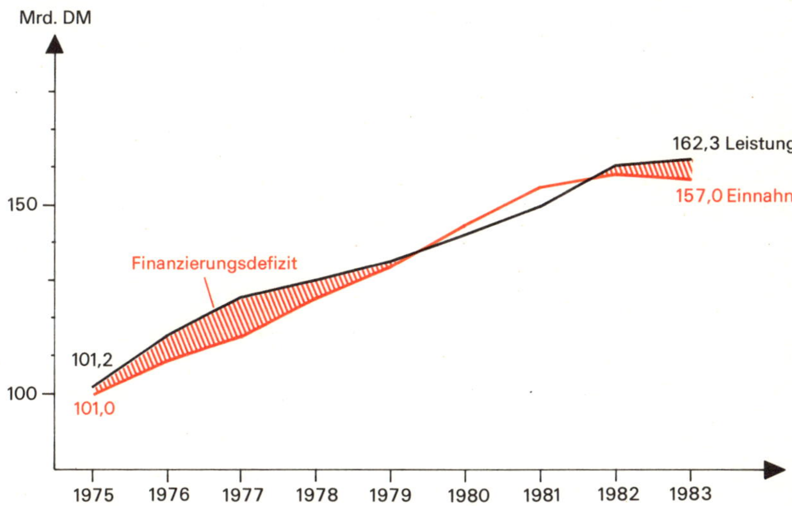

Quelle: Materialband zum Sozialbericht 1983 (LSI) S. 123

3. Rentenniveau

Jahr	Monatliche Rente	Altersruhegeld gemessen am Brutto-arbeits-entgelt	Altersruhegeld gemessen am Netto-arbeits-entgelt
	bei 40 anrechnungsfähigen Versicherungsjahren		
	DM	v.H.	
1960	240,60	47,3	56,2
1962	266,30	43,6	52,5
1964	307,10	43,5	52,9
1966	363,80	44,1	53,9
1968	424,50	47,0	57,3
1970	489,00	44,0	56,8
1972	548,40	42,2	57,0
1974	668,60	41,6	57,0
1976	826,00	44,8	62,8
1978	1 008,10	46,1	64,7
1980	1 095,60	44,6	63,2
1982	1 205,00	44,9	64,8
1983	1 272,30	44,6	65,0

Finanzierung der sozialen Sicherung

In der Bundesrepublik Deutschland wird das System der sozialen Sicherung durch die gesetzliche Sozialversicherung geprägt. Wesentliches Merkmal ist die in ihr enthaltene Umverteilung zwischen den (Zwangs-)Versicherten vor allem durch einkommensabhängige Beiträge (einschließlich beitragspflichtigem Mindesteinkommen sowie Höchstbeiträgen) einerseits und für alle Anspruchsberechtigten gleichen Leistungen andererseits („gruppenbezogener Solidarausgleich").

Im einzelnen lassen sich für das System der sozialen Sicherung insgesamt folgende Finanzierungsarten unterscheiden. 1) Beiträge an die Träger der Sozialversicherung, die einen Anspruch auf individuelle Sicherung begründen. Für die Finanzierung dieses überwiegend Versicherungscharakter tragenden Teils des Sozialsystems lassen sich versicherungstechnische Ausgabenschätzungen als Orientierungshilfen vornehmen. Sie beruhen auf Wahrscheinlichkeiten, die aus vergangenen Versicherungsfällen ableitbar sind und sich auf die jeweilige Bevölkerungsstruktur (nach Alter, Geschlecht u. a.) anwenden lassen. Die Leistungen müssen zwar prinzipiell, aber nicht in allen Fällen unbedingt den gezahlten Beiträgen (einschließlich Verzinsung) entsprechen. Auf die Durchsetzung des reinen Versicherungsprinzips wird bewußt verzichtet. Vielmehr erfolgt eine Umverteilung zwischen sozial stärkeren und schwächeren Versicherungsnehmern. Die Leistungen der Sozialversicherung werden zu über 80% durch meist gleich hohe Arbeitnehmer- und Arbeitgeberbeiträge finanziert. 2) Staatszuschüsse an die Sozialversicherung. Sie spielen bei der Finanzierung mit einer Quote um 15% eine bedeutende Rolle. Besonders die Rentenversicherung wird durch Zuschüsse gestützt. Als Grund für die Abkehr von der alleinigen Beitragsfinanzierung kann angeführt werden, daß vor allem die umverteilungsbedingten Leistungen nicht nur von den Zwangsversicherten getragen werden sollten. 3) Arbeitgeberleistungen, die direkt den Betriebsangehörigen zugute kommen. Es handelt sich dabei um Entgeltfortzahlung im Krankheitsfall, betriebliche Altersversorgung und sonstige Arbeitgeberleistungen. Üblich ist die Finanzierung durch Rückstellungen oder Direktversicherung bei einer Versicherungsgesellschaft (Rückdeckung) oder Zuführung an eine unternehmenseigene Institution. 4) Öffentliche Zuweisungen für Sozialleistungen, die von den Gebietskörperschaften selbst getragen werden, z. B. Sozial- und Jugendhilfe, Wohn- und Kindergeld, Kriegsopferversorgung. Auch die Beamtenversorgung wird aus öffentlichen Mitteln finanziert. 5) Verrechnungseinnahmen. Dies sind Zahlungsströme oder unterstellte Zahlungsströme der Institutionen untereinander. 6) Vermögenserträge. Sie fallen vor allem in versicherungsrechtlichen Systemen an, die gehalten sind, Rücklagen und damit Vermögen zu bilden. 7) Gebühren und Entgelte, die aus der Inanspruchnahme von öffentlichen Einrichtungen (z. B. staatliche Gesundheitsämter) stammen.

Die Sozialleistungen der staatlichen Einrichtungen und der Arbeitgeber werden im Sozialbudget zusammengefaßt. Sein Volumen betrug 1983 537,2 Mrd. DM. Etwa 28% dieser Summe wurde durch die versicherten privaten Haushalte aufgebracht, 31% durch die Unternehmen. Zweifünftel der aufgebrachten Mittel floß aus öffentlichen Quellen. Mit der Aufteilung der Mittel nach ihrer Herkunft (Finanzierungsquelle) läßt sich aber die Frage, wer die Finanzierung letztendlich trägt, noch nicht im einzelnen beantworten. Volkswirtschaftlich gesehen müssen die Leistungen im Rahmen der sozialen Sicherung aus dem laufenden Sozialprodukt aufgebracht werden (Sozialleistungsquote).

Bundesminister für Arbeit und Sozialordnung: Sozialbericht '83. Bonn 1983. – W. Albers: Soziale Sicherung. Stuttg. 1982.

1. Die Entwicklung der Sozialleistungsquote in der Bundesrepublik Deutschland 1950 – 1983[1)]

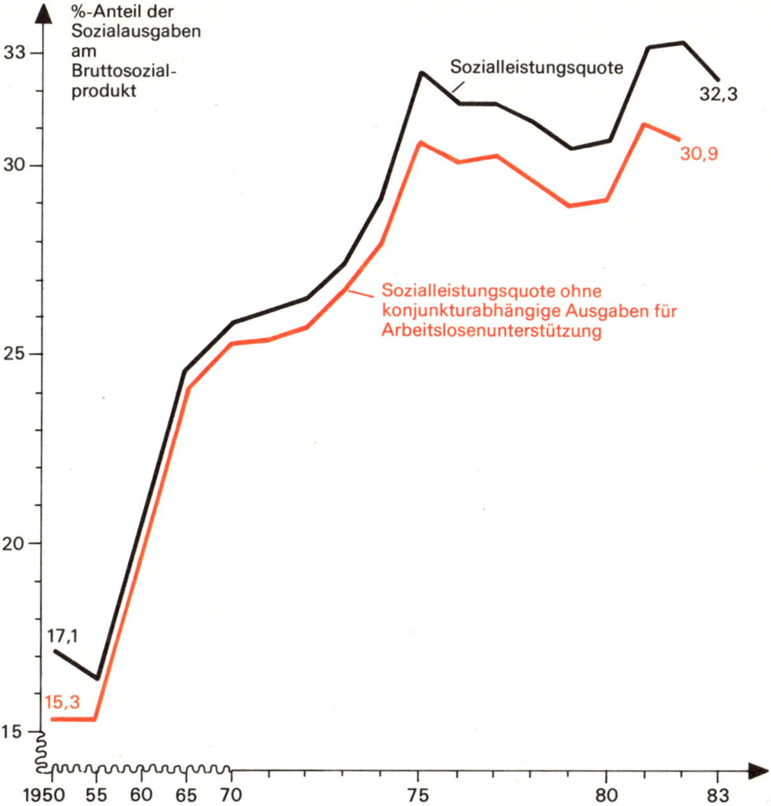

[1)]Zwischen 1980 und 1981 methodische Umstellung der statistischen Erfassung. Ohne diese Umstellung wäre die Sozialleistungsquote weniger steil angestiegen.

2. Finanzierung des Sozialbudgets 1983 nach Arten und Quellen in Mio. DM

Finanzierungsquellen	Insgesamt		Sozialbeiträge					Zuweisungen		Sonstige Einnahmen
			der Versicherten			der Arbeitgeber		aus öffentlichen Mitteln	Sonstige	
	DM	%	Arbeitn.	Selbst.	Sonst.	tatsächliche	unterstellte			
Unternehmen	171252	30,9	–	–	–	107172	48071	24	10365	5621
Bund	122498	22,1	–	–	–	3260	4647	114439	–	152
Länder	61257	11,1	–	–	–	5760	16878	38529	–	90
Gemeinden	40629	7,3	–	–	–	6676	3160	30102	–	692
Sozialversicherung	1275	0,2	–	–	–	954	–	31	–	291
Private Organisationen	3083	0,6	–	–	–	1650	982	391	60	–
Private Haushalte	154009	27,8	105422	5283	36901	1199	117	–	–	5088
Übrige Welt	96	0,0	–	–	–	–	–	–	96	–
Einnahmen insgesamt	554099	100,0	105422	5283	36901	126671	73855	183516	10520	11931
⁄. Ausgaben insgesamt										
Finanzierungssaldo										

Quelle: Materialien zum Sozialbericht 1983 Tab. II-5-83 1983

Betriebliche Altersversorgung

Es bestehen drei Möglichkeiten der Vorsorge für das Alter: Die private (eigene) Vorsorge, die gesetzliche Rentenversicherung und die betriebliche Altersversorgung.

Bei der betrieblichen Altersversorgung, die viele Arbeitgeber gewähren und dadurch die zwischen der Sozialversicherungsrente und dem ehemaligen Nettoeinkommen entstehende Versorgungslücke (25–40%) schließen oder verkleinern, gibt es verschiedene von betriebswirtschaftlichen und steuerrechtlichen Erwägungen mitbestimmte Möglichkeiten: Der Arbeitgeber kann Beiträge zur Höher- oder Weiterversicherung des Arbeitnehmers in der gesetzlichen Rentenversicherung leisten oder Lebensversicherungen zugunsten einzelner oder mehrerer Arbeitnehmer abschließen. Die betriebliche Vorsorge durch eine Unterstützungskasse oder eine Pensionskasse geht zurück. Das innerbetriebliche Ruhegeld, eine Betriebsrente, ist die verbreitetste Form der betrieblichen Altersversorgung. Dabei verspricht der Arbeitgeber bei Eintritt eines Versorgungsfalles die Zahlung von Versorgungsbezügen. Als Rechtsgrundlage für ein betriebliches Ruhegeld (Ruhegehalt, Pension, Betriebsrente) kommen Einzelarbeitsverträge, Ruhegeldordnung (Pensionsordnung, Gesamtzusage), das Bestehen einer betrieblichen Übung, der arbeitsrechtliche Grundsatz der Gleichbehandlung, Betriebsvereinbarungen oder Tarifverträge in Betracht.

In der Mehrzahl der Fälle wird die Versorgungszusage im Laufe des Arbeitsverhältnisses erteilt und der Beginn der Ruhegeldzahlungen an den Eintritt von Bedingungen geknüpft: Bestand des Arbeitsverhältnisses im Versorgungsfall, Versetzung des Arbeitnehmers in den Ruhestand, Zurücklegung einer Wartezeit, Eintritt des Versorgungsfalles (Erreichen der Altersgrenze; Dienst-, Arbeits-, Erwerbs- oder Berufsunfähigkeit). Eine umfassende gesetzliche Regelung der betrieblichen Altersversorgung ist mit dem Gesetz zur Verbesserung der betrieblichen Altersversorgung vom 19. 12. 1974 (BGBl I 3610) nicht erfolgt; es enthält nur Mindestregelungen, die nicht unterschritten werden dürfen. Ein Arbeitnehmer, dem eine betriebliche Altersversorgung zugesagt worden ist, behält seine Anwartschaft, wenn sein Arbeitsverhältnis vor Eintritt des Versorgungsfalles endet, sofern er in diesem Zeitpunkt mindestens das 35. Lebensjahr vollendet hat und entweder die Versorgungszusage für ihn mindestens 10 Jahre bestanden hat oder der Beginn der Betriebszugehörigkeit mindestens 12 Jahre zurückliegt und die Versorgungszusage für ihn mindestens drei Jahre bestanden hat (§ 1 Abs. 1 BetrAVG). Der Wert der unverfallbaren Versorgungsanwartschaft ergibt sich mittels des Quotierungsverfahrens (§ 2 BetrAVG). Der Quotient macht das Verhältnis der bis zum Ausscheidungszeitpunkt erreichten Betriebszugehörigkeit in der bis zur festen Altersgrenze theoretisch erreichbaren Betriebszugehörigkeit aus. Nach § 16 BetrAVG muß der Arbeitgeber alle drei Jahre eine Anpassung der laufenden Leistungen der betrieblichen Altersversorgung prüfen und nach billigem Ermessen entscheiden; dabei sind insbesondere die Belange des Versorgungsempfängers und die wirtschaftliche Lage des Arbeitgebers zu berücksichtigen. Dabei hat nach der Rechtsprechung des Bundesarbeitsgerichts die Sozialversicherungsrente unberücksichtigt zu bleiben (sog. Abkoppelungstheorie). Das BetrAVG enthält kein allgemeines Verbot der Anrechnung von anderen Versorgungsleistungen auf das betriebliche Ruhegeld. Es verbietet die Anrechnung nur in einzelnen Fällen (§ 5 BetrAVG).

Im Insolvenzfalle (Konkurs, Ablehnung der Konkurseröffnung mangels Masse, Vergleich) hat der Versorgungsberechtigte einen Anspruch gegen den Träger der Insolvenzversicherung, den Pensions-Sicherungs-Verein, Köln, in Höhe des betrieblichen Ruhegeldes, allerdings ohne allgemeine Anpassungspflicht.

Handbuch der betriebl. Altersversorgung. 6. Aufl. Hg. von H. A. Bischoff u. a. Stuttg. 1977ff. G. Schaub: Arbeitsrechts-Handbuch. 5. Aufl. München 1983. – W. Blomeyer/K. Otto: Gesetz zur Verbesserung der betriebl. Altersversorgung. München 1984.

Betriebliche Altersversorgung

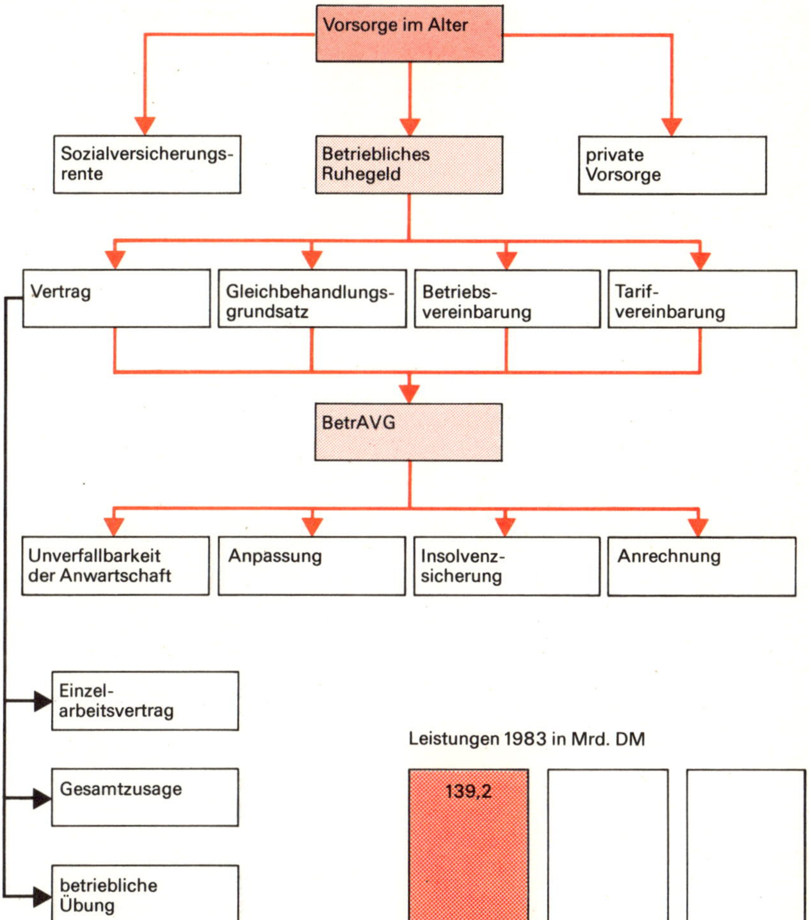

Leistungen 1983 in Mrd. DM

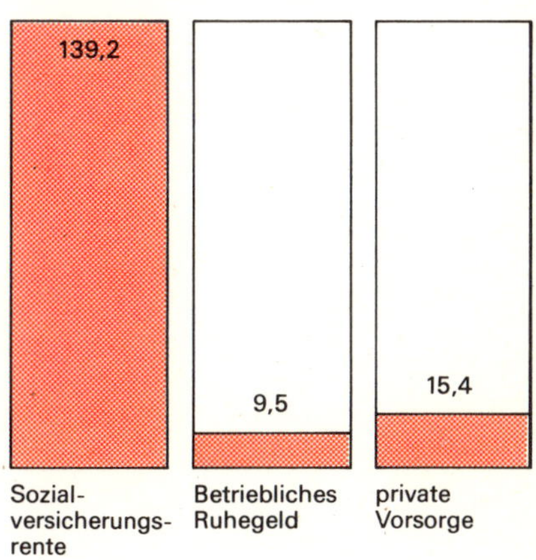

Private Versicherung

Die private Versicherung wird im Gegensatz zur ↑Sozialversicherung (S. 470) auch Individualversicherung genannt. Sie ist die Sammelbezeichnung für die privatwirtschaftliche Versicherung durch private Versicherungsunternehmen und öffentlich-rechtliche Versicherungsanstalten. Sie dient der Abdeckung eines Eventualbedarfs, der nur mit einer gewissen Wahrscheinlichkeit entstehen wird. Gegen dieses Risiko kann oder muß derjenige, für den ein solcher Bedarf entstehen kann, Vorsorge treffen. Da die individuellen Vorsorgemöglichkeiten (z. B. durch Rücklagen) von vornherein begrenzt sind, bleibt i. d. R. nur die Versicherung als effektive Abdeckung des Eventualbedarfs. Dem jeweils vom Eintritt des Versicherungsfalles Betroffenen steht ein Anspruch auf Ersatz des Schadens oder auf Deckung des Aufwandes aus den von der Gemeinschaft der Versicherten bereitgestellten Mitteln zu. Häufig überläßt es der Gesetzgeber nicht der freien Entscheidung des einzelnen, sich gegen bestimmte Risiken zu versichern, sondern verpflichtet ihn dazu (z. B. Kraftfahrzeughaftpflichtversicherung, Feuerversicherung für Gebäude, Unfallversicherung für Luftverkehrsunternehmer). Diese gesetzliche Verpflichtung wird von der Erwägung getragen, dem Geschädigten nicht das Risiko der effektiven Anspruchsdurchsetzung aufzubürden, falls der Schädiger mittellos ist.

Da die wirtschaftliche Gefahr des einzelnen an seinem Vermögen oder an einer Person haftet, kann in der privaten Versicherung nach Art ihres Gegenstandes zwischen Vermögensversicherung (Feuer-, Glas-, Tier-, Haftpflichtversicherung) und Personenversicherung (Lebens-, Unfall-, Krankenversicherung) unterschieden werden. Stellt man auf die Versicherungsleistung ab, so steht der Schadensversicherung die Summenversicherung gegenüber. Bei der Schadensversicherung wird nur der durch ein Ereignis verursachte Vermögensschaden ersetzt, während bei der Personenversicherung als Summenversicherung das versicherte Lebensereignis eine im voraus feststehende einmalige oder wiederkehrende Zahlung auslöst.

Versicherer ist heute die Gemeinschaft der Versicherten nur noch im Fall des Versicherungsvereins auf Gegenseitigkeit (VVaG). Die Regel bildet die Unternehmerversicherung, die von Aktiengesellschaften betrieben wird. Sie deckt ihren Bedarf aus einem durch Vorleistungen der Versicherten (Prämien) gebildeten Vermögensvorrat. Das Versicherungsverhältnis beruht auf einem zwischen dem Versicherer und dem Versicherungsnehmer geschlossenen Versicherungsvertrag. Versicherungsnehmer und Versicherter müssen nicht miteinander identisch sein. Der Versicherungsnehmer kann im eigenen Namen eine Versicherung für fremde Vermögensschadensgefahr (Versicherung für fremde Rechnung) oder auf eine andere Person (Personen-Fremdenversicherung) nehmen. Der Inhalt des Vertrages wird weitgehend durch ↑allgemeine Geschäftsbedingungen (S. 134) bestimmt, die meist für einzelne Versicherungszweige aufgestellt wurden. Der Vertragsabschluß ist formlos möglich, den Versicherer trifft aber die Pflicht, dem Versicherungsnehmer eine Urkunde über den zustande gekommenen Vertrag (Versicherungsschein oder -police) auszuhändigen. Aus dem Versicherungsvertrag trifft den Versicherungsnehmer die Prämienzahlungspflicht (Hauptpflicht) sowie eine Reihe von Nebenpflichten und Obliegenheiten (z. B. Mitwirkung bei Schadensaufklärung). Der Versicherer ist verpflichtet, im Versicherungsfall, also bei Verwirklichung der Gefahr (z. B. Brand, Tod) die vertraglich vorgesehenen Leistungen zu erbringen, soweit er nicht ausnahmsweise von vornherein (Risikoausschluß) oder nach Eintritt des Versicherungsfalles (Leistungsbefreiung) nicht zu leisten braucht. Versicherungsleistungen gehen i. d. R. auf die Zahlung von Geld.

A. Richter: Privatversicherungsrecht. Stuttg. 1980. – E. Hofmann: Privatversicherungsrecht. 2. Aufl. München 1983.

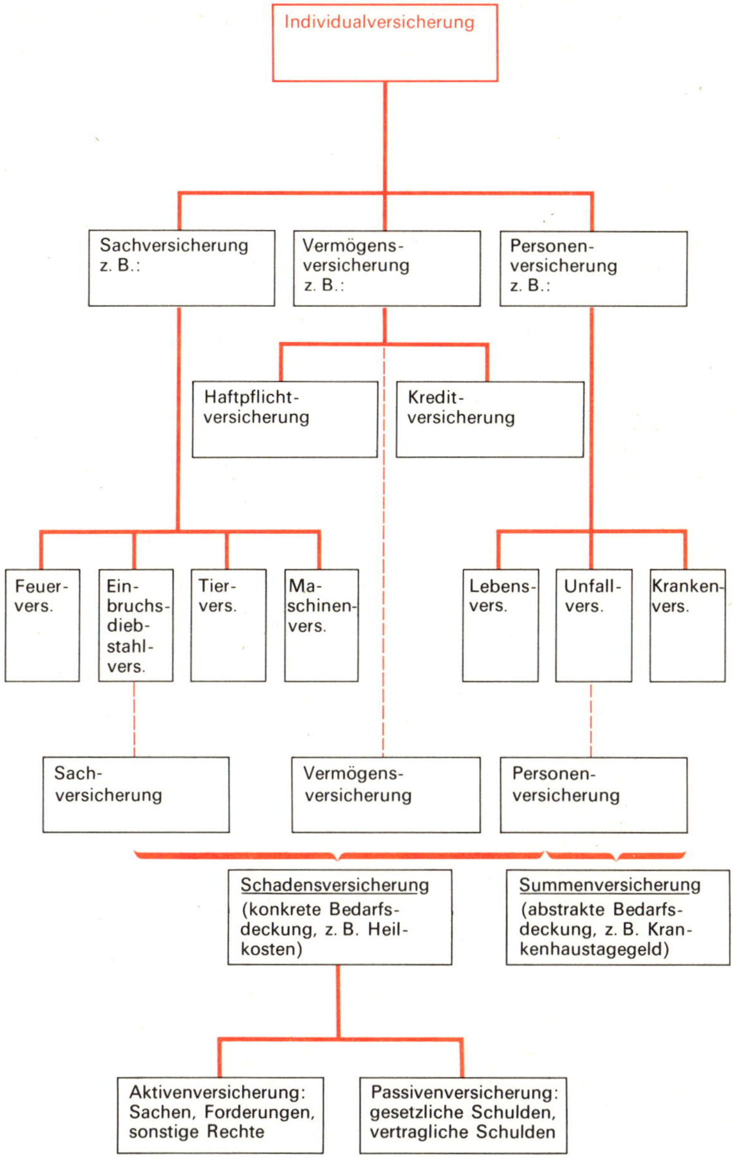
Individualversicherung
Sachversicherung z. B.:
Vermögens-versicherung z. B.:
Personen-versicherung z. B.:
Haftpflicht-versicherung
Kredit-versicherung
Feuer-vers.
Ein-bruchs-dieb-stahl-vers.
Tier-vers.
Ma-schinen-vers.
Lebens-vers.
Unfall-vers.
Kranken-vers.
Sach-versicherung
Vermögens-versicherung
Personen-versicherung
Schadensversicherung (konkrete Bedarfs-deckung, z. B. Heil-kosten)
Summenversicherung (abstrakte Bedarfs-deckung, z. B. Kran-kenhaustagegeld)
Aktivenversicherung: Sachen, Forderungen, sonstige Rechte
Passivenversicherung: gesetzliche Schulden, vertragliche Schulden

Versicherungswirtschaft – Versicherungsaufsicht

Die wirtschaftliche Bedeutung der Versicherungsunternehmen (↑private Versicherung S. 484) kommt nur unzulänglich etwa darin zum Ausdruck, daß ihnen 1981 fast 87 Mrd. DM oder von jedem Bundesbürger im Durchschnitt rund 1400 DM Prämien zuflossen oder daß rund ein Fünftel der Geldvermögensbildung der privaten Haushalte durch Anlagen bei Versicherungen erfolgte. Aus der Sicht des einzelnen Unternehmens als Versicherungsnehmer bedeutet jede Versicherung die Umwandlung von in ↑Rücklagen (S. 96) nur unzureichend abzufangenden Risiken in feste kalkulatorische ↑Kosten (S. 76) und eine Absicherung der Unternehmensziele gegen Zufälle. Für die privaten Haushalte schaffen Versicherungen u. a. Möglichkeiten eigenverantwortlicher Daseinsvorsorge. Allgemein eröffnen Versicherungen auch die Abdeckung von Risiken, die das Leistungsvermögen von Einzelpersonen, aber auch von Unternehmen als Gefahrenträgern überschreiten. Für die Volkswirtschaft als Ganzes vermögen Versicherungen im Versicherungsfall Vermögensverluste nicht zu beseitigen; jedoch mindern sie die Störanfälligkeit, die aus der Konzentration von Schäden an einzelnen Stellen des arbeitsteiligen Systems entstehen kann. Solche Schäden werden möglichst reibungslos über das Prämienaufkommen aus dem laufenden Volkseinkommen gedeckt.

Ähnlich wie im Bereich der ↑Banken (S. 240) sprachen die Erfahrungen seit Mitte des 19. Jahrhunderts für einen besonderen Schutz gutgläubiger Versicherungsnehmer vor unsoliden Geschäftsgründungen, unsachgemäßem Geschäftsgebaren und ungünstigen Geschäftsbedingungen. Dem wird mit dem Gesetz über die Beaufsichtigung von Versicherungsunternehmen (VAG) als Fortentwicklung des Reichsgesetzes von 1901 zu entsprechen versucht. Die Aufsicht obliegt dem Bundesaufsichtsamt für das Versicherungswesen mit Sitz in Berlin (West). Es ist zuständig für alle privaten Versicherungsunternehmen, die im Bundesgebiet oder in Berlin ihren Sitz, eine Niederlassung oder eine Geschäftsstelle haben oder auf andere Weise das Versicherungsgeschäft betreiben, sowie für solche öffentlich-rechtlichen Versicherungsunternehmen, die in bundesweitem Wettbewerb mit den erstgenannten stehen.

Die Aufsicht greift zum frühest möglichen Zeitpunkt ein. Wer das Versicherungsgeschäft betreiben will, bedarf hierfür einer Erlaubnis (sog. Konzessionssystem). Sie wird von der Aufsichtsbehörde aber nur erteilt, wenn ein sog. Geschäftsplan eingereicht wird. Im Geschäftsplan müssen die rechtlichen (Gesellschaftsvertrag oder Satzung, die allgemeinen Versicherungsbedingungen), versicherungstechnischen und finanziellen (Grundkapital, Gründungsstock, gesetzliche und freie Reserven) Grundlagen des Unternehmens beschrieben werden. Bei bestimmten riskanten Geschäftsvorgängen bedarf es der Genehmigung der Aufsichtsbehörde. Dies gilt z. B. für die Übertragung des Versicherungsbestandes (d. h. sämtliche abgeschlossenen, noch nicht abgewickelten Versicherungsverträge) und für gewisse Arten der Vermögensanlage.

Die Aufsichtsbehörde kann jedoch auch bei Überwachung der laufenden Geschäftsführung notfalls in diese eingreifen, um dadurch Fehlentwicklungen zu unterbinden oder zu verhüten. Der Bereich möglicher Maßnahmen gegenüber dem Versicherungsunternehmen reicht von der Beanstandung allgemeiner Versicherungsbedingungen bis zur Anordnung der völligen Einstellung des Geschäftsbetriebs, wenn das Versicherungsunternehmen fortgesetzt den ihm obliegenden Pflichten zuwiderhandelt oder durch eine Prüfung Mißstände zutage gefördert wurden, die die Weiterführung der Belange der Versicherten gefährden.

Hwb. der Sozialwiss. Bd. 11. Stuttg. u. a. 1961. Art. „Versicherungswesen" S. 239–248. – E. Prölss/R. Schmidt/P. Frey: Versicherungsaufsichtsgesetz. 9. Aufl. München 1983.

Versicherungswirtschaft – Versicherungsaufsicht

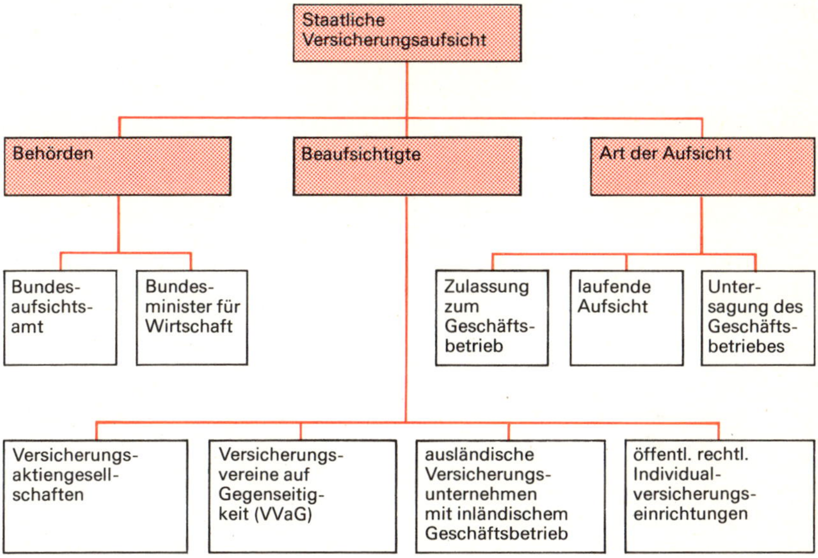

Versicherungsunternehmen 1983

	Insgesamt		Bundesaufsicht		Landesaufsicht[1]	
Jahr	Berichtende Versicherungs-unternehmen	Brutto-Beiträge	Berichtende Versicherungs-unternehmen	Brutto-Beiträge	Berichtende Versicherungs-unternehmen	Brutto-Beiträge
	Anzahl	Mill. DM	Anzahl	Mill. DM	Anzahl	Mill. DM
	Lebensversicherungsunternehmen					
1979	103	27127	98	26473	5	654
1980	102	30688	97	30012	5	676
1981	102	32517	98	31949	4	568
1982[2][3]	101	29904	97	29505	4	399
	Pensions- und Sterbekassen					
1979	1395	2572	250	1999	1145	573
1980	1327	2954	249	2324	1078	630
1981	1306	3957	245	2926	1061	1031
1982	...	...	...	...	...	...
	Krankenversicherungsunternehmen					
1979	146	8981	49	8702	97	279
1980	130	9836	49	9506	81	330
1981	129	10880	52	10513	77	367
1982[2]	46	11824	45	11382	1	442
	Schaden- und Unfallversicherungsunternehmen					
1979	1564	32981	308	30397	1256	2584
1980	1431	35451	321	32703	1110	2748
1981	1346	39097	329	35835	1017	3262
1982	...	...	...	...	...	...
	Alle Versicherungsunternehmen (ohne Rückversicherungsunternehmen)					
1979	3208	71661	705	67571	2503	4090
1980	2990	78929	716	74545	2274	4384
1981	2883	86451	724	81223	2159	5228
1982	...	...	...	...	...	...
	Nachrichtlich: Rückversicherungsunternehmen					
1978	29	14803	29	14803	–	–
1979	30	16688	30	16688	–	–
1980	30	19506	30	19506	–	–
1981	...	...	...	...	–	–

[1]) Einschl. der unter Landesaufsicht stehenden kleineren Versicherungsvereine auf Gegenseitigkeit, die mit ihren Angaben aus 1980 bzw. 1979 erfaßt worden sind.
[2]) Ermittelt aus den überwiegend vorläufigen Angaben der zur Vierteljahresstatistik berichtenden größeren Versicherungsunternehmen.
[3]) Ohne Nebenzweige.

Konjunktur – Konjunkturverlauf

Konjunkturbewegungen sind relativ regelmäßig auftretende Schwankungen im Auslastungsgrad der gesamtwirtschaftlichen Produktionskapazität (↑Produktionspotential S. 362). Von ihnen werden alle Wirtschaftszweige, wenn auch nicht im gleichen Ausmaß und völlig gleichzeitig erfaßt. Das Ausmaß der Schwankungen ist z. T. das Ergebnis von sich gegenseitig verstärkenden Reaktionen von Investoren und Verbrauchern auf Nachfrage- und Einkommensänderungen (↑Konjunkturerklärung S. 494). Konjunkturbewegungen sind charakteristisch für vorwiegend marktwirtschaftlich koordinierte Industriegesellschaften wie die BRD; vor Beginn der Industrialisierung wurden sie nicht beobachtet und auch zentral koordinierte Volkswirtschaften müssen zwar wirtschaftliche Rückschläge verzeichnen, aber ohne daß diese nach ihrer Beschaffenheit Konjunkturbewegungen entsprechen.

Der Konjunkturverlauf läßt sich in vier Phasen mit unterschiedlichen gesamtwirtschaftlichen Merkmalen zerlegen: Der Aufschwung ist gekennzeichnet durch ein relativ kräftiges Produktionswachstum bei insbesonders anfänglich starkem Anstieg der ↑Produktivität (S. 74), einen Rückgang der Arbeitslosigkeit und relativ geringe Preissteigerungsraten oder gar Preisniveaustabilität. Anzeichen für eine einsetzende Hochkonjunktur sind ein verlangsamter Produktions- und Produktivitätsanstieg, ein zunehmender Überhang der offenen Stellen im Vergleich zur Zahl der Arbeitslosen und Preissteigerungen, die u. a. zunehmende Kapazitätsengpässe anzeigen. Im Abschwung verlangsamen sich Produktions- und Produktivitätsanstieg weiter, die „Schere“ zwischen offenen Stellen und Arbeitslosenzahl schließt sich allmählich wieder, während der Preisniveauanstieg häufig noch ungebrochen anhält. Je nachdem, wie stark der gesamtwirtschaftliche Auslastungsgrad sinkt, ehe sich Zeichen des Aufschwungs mehren, gilt die vierte Phase als Rezession oder Depression; stagnierende oder rückläufige gesamtwirtschaftliche Produktion, entsprechend steigende Arbeitslosigkeit und eine Verlangsamung des Preisniveauanstiegs sind Merkmale dieser Konjunkturphase. Mit den Konjunkturbewegungen verknüpft sind schließlich noch Schwankungen im Außenhandel (↑internationaler Konjunkturzusammenhang S. 492), die darüber hinaus das ↑außenwirtschaftliche Gleichgewicht (S. 338) gefährden können.

Die beobachtbare Regelmäßigkeit von Konjunkturzyklen bedeutet weder, daß sich die Schwankungen genau wiederholen, noch daß sie stets gleiche und gleichwirksame Ursachen haben. Andererseits zeigen die Zyklen der einzelnen Länder über Jahrzehnte hinweg Gemeinsamkeiten bei den Schwankungsbreiten (dem Ausmaß der Konjunkturausschläge), den Zykluslängen (dem Abstand zwischen gleichen Phasen aufeinanderfolgender Zyklen) und Symptomen wie der Beschäftigungs- und Geldwertentwicklung.

In der BRD dauerte ein Konjunkturzyklus in den vergangenen drei Jahrzehnten wie in anderen Industrieländern vier bis fünf Jahre. Verglichen mit den wirtschaftlichen Wechsellagen zwischen den beiden Weltkriegen waren die Schwankungen gering. Die konjunkturellen Abweichungen vom mittelfristigen Entwicklungspfad der Wirtschaft bewirkten wegen des Wachstums erst seit dem Einbruch von 1974/75 nennenswerte Produktionsrückgänge. Wie bereits erwähnt, werden die einzelnen Wirtschaftszweige – verglichen mit dem gesamtwirtschaftlichen Durchschnitt – von der Konjunktur unterschiedlich stark beeinflußt. Schwierig, aber wirtschaftspolitisch wichtig ist es, den konjunkturellen Einfluß auf einen Wirtschaftszweig von dessen Beeinflussung durch ↑Wirtschaftswachstum und Strukturwandel (S. 536) zu trennen (Struktureinfluß). Demgegenüber leichter zu isolieren sind saisonale Einflüsse, obgleich auch sie zu wirtschaftspolitischen Fehlentscheidungen verleiten können, etwa wenn hohe saisonale Arbeitslosigkeit und konjunkturelle Talfahrt zusammentreffen.

H. Giersch: Konjunktur- und Wachstumspolitik. Wiesbaden 1977. – U. Teichmann: Grundriß der Konjunkturpolitik. 3. Aufl. München 1982.

1. Auslastungsgrad des Produktionspotentials und Wachstumsraten des realen Bruttoinlandsprodukts (1970 = 100) 1963 bis 1982 in der Bundesrepublik Deutschland

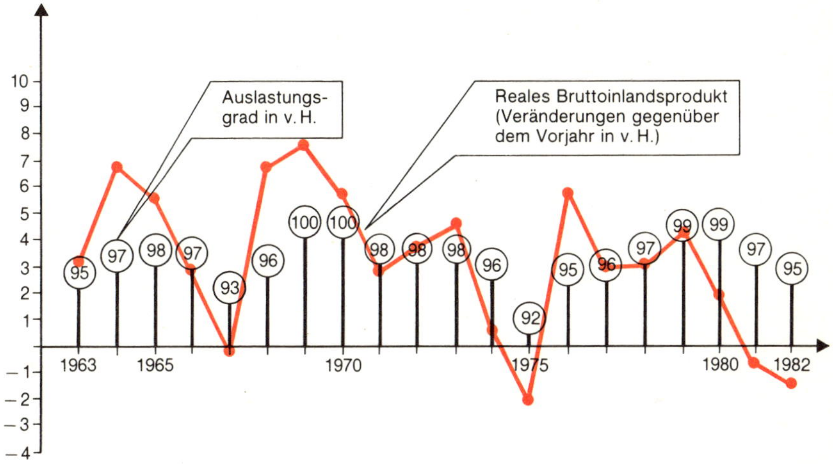

2. Phasenschema des Konjunkturverlaufs

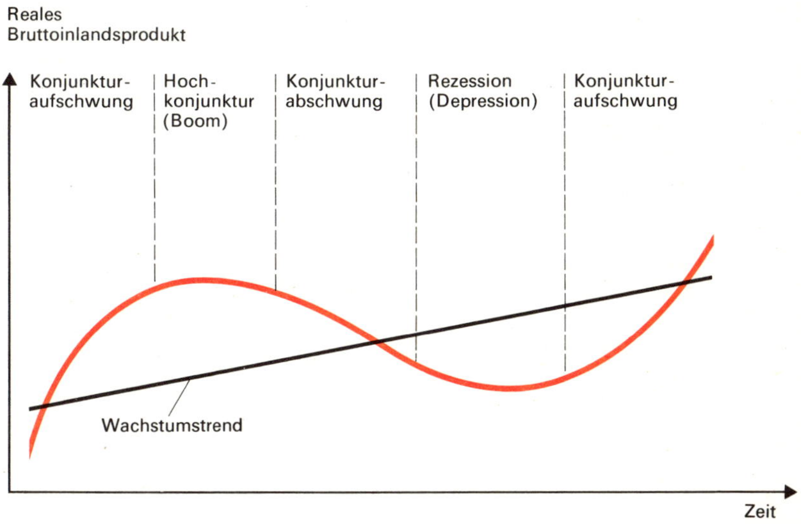

Nachfrageschwankungen – Verstärkungswirkungen

Ausschlaggebend für Konjunkturzyklen sind Nachfrageschwankungen. Denn in der Hochkonjunktur treten erfahrungsgemäß Preissteigerungen auf oder beschleunigen sich, obwohl das Angebot (die Produktion) noch zunimmt, während es in der Rezession stagniert oder sinkt und der Preisniveauanstieg sich zumindest verlangsamt. Würden Angebotsschwankungen den Ausschlag geben, wäre zu erwarten, daß Produktions- und Preisänderungen in umgekehrter Kombination auftreten.

Eine Verstärkung von Nachfrageschwankungen beruht auf Multiplikatorprozessen. So hat die Steigerung der Exportnachfrage bei freien Kapazitäten eine erste Produktions-, Beschäftigungs- und Einkommenswirkung. Soweit die entstandenen Einkommen wieder ausgegeben werden, rufen sie wiederum die genannten Wirkungen hervor usw. Eine nachfrageverstärkende Kettenreaktion ist ausgelöst. Sie ist insgesamt um so größer, je weniger vom inländischen Einkommen als Ersparnis oder Importausgaben versickert, also im Inland nicht nachfragewirksam wird. Die Periode, über die sich der größte Teil der Gesamtwirkung erstreckt, ist um so kürzer, je kürzer die zwischen den einzelnen „Ausgaberunden" liegenden Reaktionszeiten sind, die verstreichen, bis z. B. die Verbrauchsentscheidungen fallen und Nachbestellungen bei Lagerabgängen vorgenommen werden.

Das Beschleunigungsprinzip (Akzelerator) bezieht sich auf Schwankungen bei den Investitionsausgaben. So gibt es im Falle von Vorratsinvestitionen für einen Betrieb hinsichtlich der Lagerhaltungszwecke und der dabei anfallenden Kosten (↑Beschaffung – Lagerhaltung S. 70) ein Verhältnis zwischen Lagerbestand und Absatz (Produktion), das anzustreben wirtschaftlich ist (Lagerhaltungskoeffizient). Erst wenn der Absatz steigt, sind neben dem ständigen Ersatz von Lagerabgängen Lagerbestandserhöhungen und damit Vorratsinvestitionen überhaupt sinnvoll; diese bleiben nur so lange gleich groß, wie der Absatz von Periode zu Periode mit der gleichen Rate wächst und andere Einflüsse auf die Lagerhaltung gleich bleiben. Beschleunigt sich das Absatzwachstum, werden die Vorratsinvestitionen so erhöht, daß auch der Veränderung des Absatzwachstums ein Vorrat entsprechend dem Lagerhaltungskoeffizienten gegenübersteht; verlangsamt sich das Wachstum auch nur, so sinken die Vorratsinvestitionen schon und bei Absatzrückgängen wird ein Abbau der Lagerbestände angestrebt, indem Lagerabgänge nicht ersetzt werden. So gesehen und auf die gesamtwirtschaftliche Ebene übertragen, sind Vorratsinvestitionen besonders reagibel, weil sie schon von Änderungen im Wachstumstempo beeinflußt werden.

In Wirklichkeit bleiben die anderen Einflüsse auf Lagerdispositionen weder gleich, noch sind alle für die Lagerhaltung wichtigen Daten genau und vollständig bekannt. Daher verwischt sich das zuvor beschriebene Grundmuster der Vorratsentwicklung. Ferner wird zu Lageranpassungen Zeit benötigt. Je länger die Anpassungszeit, um so mehr ist der Vorratshalter veranlaßt, diese durch vorsorgliche Dispositionen aufgrund von subjektiven Erwartungen über die zukünftige Entwicklung des Absatzes und anderer Einflußfaktoren mitzuberücksichtigen. Das gilt noch mehr für gewerbliche Anlageinvestitionen. Auch bei Dispositionen über Veränderungen der Produktionskapazität gibt es ein von Absatzmöglichkeiten, Kosten und Rentabilitätsanforderungen abhängiges wirtschaftliches Verhältnis zwischen Kapitalbestand und betrieblicher Produktion (Kapitalkoeffizient). Das ableitbare Beschleunigungsprinzip ist hier empirisch noch schwerer aufspürbar als im Falle der Vorratsinvestitionen, nicht zuletzt deshalb, weil die Dauerhaftigkeit von Anlageinvestitionen i. d. R. wesentlich größer ist. Ferner kommen noch Ausreifungszeiten hinzu. Damit werden die Planungsperioden länger, so daß Erwartungen eine noch größere Rolle spielen als im Falle von Vorratsinvestitionen.

F. Machlup: Periodenanalyse u. Multiplikatortheorie. In: Konjunkturtheorie u. Beschäftigungstheorie. Hg. v. W. Weber/H. Neiss. 2. Aufl. Köln 1969. S. 143–169. – R. C. O. Matthews: Investition: Das Akzelerationsprinzip u. seine Verallgemeinerung. Ebd. S. 191–211.

1. Vergleich der Veränderungen von Endnachfrage und Ausgaben für Anlageinvestitionen gegenüber dem Vorjahr in % (in Preisen von 1976)

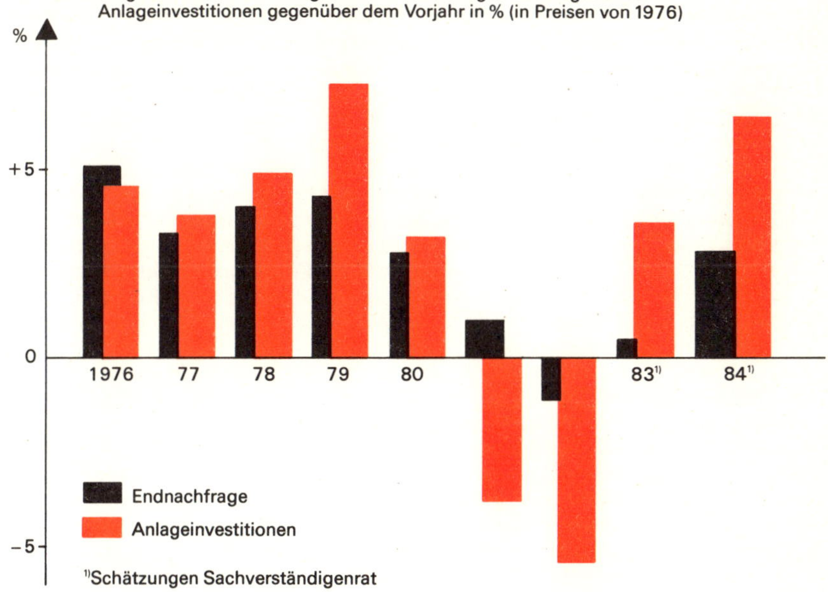

2. Anteile der Komponenten der Endnachfrage für den Durchschnitt der Jahre 1980–1982

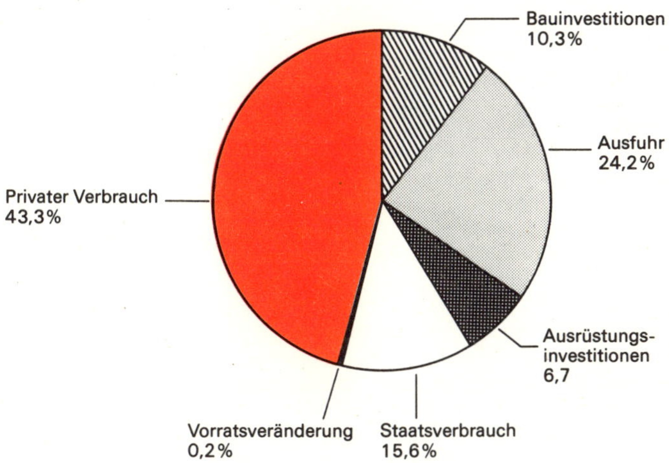

Internationaler Konjunkturzusammenhang

Bislang zeigte sich gerade für die BRD, daß eine Volkswirtschaft über die Außenwirtschaftsbeziehungen Nachfrageimpulse sowohl erhalten als auch abgeben kann. Der ↑Außenhandel (S. 316) wirkt z. B. als Impulsquelle, wenn ein Konjunkturaufschwung im Ausland dort auch mehr ↑Einfuhren (S. 320) und damit für das Inland Exportnachfrage bewirkt, die hier bei freien Kapazitäten Produktions- und Einkommenssteigerungen auslöst. Die Einkommenswirkung wird durch Multiplikatorprozesse und davon angeregte Investitionen verstärkt (↑Nachfrageschwankungen – Verstärkungswirkungen S. 490). Über die Lieferverflechtungen (↑Input-Output-Rechnung S. 356) und die Verbrauchswirkungen des Einkommensanstiegs werden auch binnenwirtschaftlich orientierte Wirtschaftszweige begünstigt. Selbst das Ausland, von dem der Impuls ausging, ist über die Importnachfrage wieder „rückgekoppelt"; denn von der ausgelösten Steigerung der Inlandsnachfrage werden teilweise auch wieder ausländische Erzeugnisse erfaßt. Der für das Inland konjunkturanregende Impuls hat im Ausland als „Abfluß" von Nachfrage in Importe zunächst eine dämpfende Wirkung, die aber durch die beschriebene Rückkopplung hier und da verringert wird. Eine Dämpfung mag im Ausland erwünscht sein, wenn dort eine inflatorische Lücke (↑Inflationsursachen S. 498) durch vermehrte Importe verkleinert werden kann. Das setzt ein Gefälle im Auslastungsgrad des Produktionspotentials zwischen Aus- und Inland voraus. Je mehr die Konjunkturzyklen international synchronisiert sind, um so schwächer sind solche „Konjunkturpuffer" und um so mehr verstärken sich die Zyklen gegenseitig; denn die Konjunkturübertragung durch den Außenhandel erfolgt in beiden Konjunkturrichtungen auf die gleiche Weise.

Ein Konjunkturzusammenhang wird auch durch den internationalen Zahlungsverkehr hergestellt. So „belastet" die angeführte Nachfragesteigerung im Ausland über eine Tendenz zum Importüberschuß dessen ↑Zahlungsbilanz (S. 336). Bei fixierten Wechselkursen (↑Wechselkurssysteme S. 328) kann erwartet werden, daß über den Devisenmehrbedarf für Importe der Zentralbank im Austausch heimische Währung zufließt, wodurch die Geldmenge im Ausland verringert und eine konjunkturdämpfende Zinssteigerungstendenz ausgelöst wird. Da die von ausländischen Importeuren benötigten zusätzlichen Devisen Exporterlöse des Inlands darstellen und gegen heimische Währung getauscht werden, steigt hier die Geldmenge mit zinssenkender, konjunkturanregender Liquiditätswirkung. Welcher Importüberschuß aller ausländischen Volkswirtschaften zusammengenommen gegenüber dem Inland auch verbleibt, er wird nur dadurch möglich, daß das Inland mit entsprechenden Exportüberschüssen auf den Verbrauch von Volkseinkommen verzichtet, also spart. Ob diese Ersparnis letztlich dem Ausland zur Finanzierung des Importüberschusses zufließt, hängt u. a. von dem entstandenen Zinsgefälle zum Inland ab. Finanzierungsbedarf und Zins-, aber auch Liquiditätswirkung verringern sich, wenn der Konjunkturaufschwung im Ausland ohnehin Kapital anlockt. In einem System beweglicher Wechselkurse könnte die „Belastung" der Zahlungsbilanz des Auslands durch eine Tendenz zur ↑Abwertung (S. 342) abgefangen werden, allerdings nicht ohne daß die auftretenden Preiswirkungen eine Änderung der Einkommensverwendung des Auslands erforderlich macht.

Konjunkturbedingte Zu- und Abwanderungen von Arbeitskräften sind ein weiterer, für die BRD besonders typischer Faktor der Konjunkturübertragung. Schließlich stellen das internationale Zusammen- und Gegenspiel von ↑Trägern der Wirtschaftspolitik (S. 376) ebenso einen Konjunkturzusammenhang her wie etwa Dispositionen ↑multinationaler Unternehmen (S. 562).

H. Majer/A. Wagner: Der internat. Konjunkturzusammenhang. Tüb. 1974. – U. Teichmann: Grundriß der Konjunkturpolitik. 3. Aufl. München 1982.

Der internat. Konjunkturzusammenhang. Güterwirtschaftl. Verflechtungen innerhalb der BRD

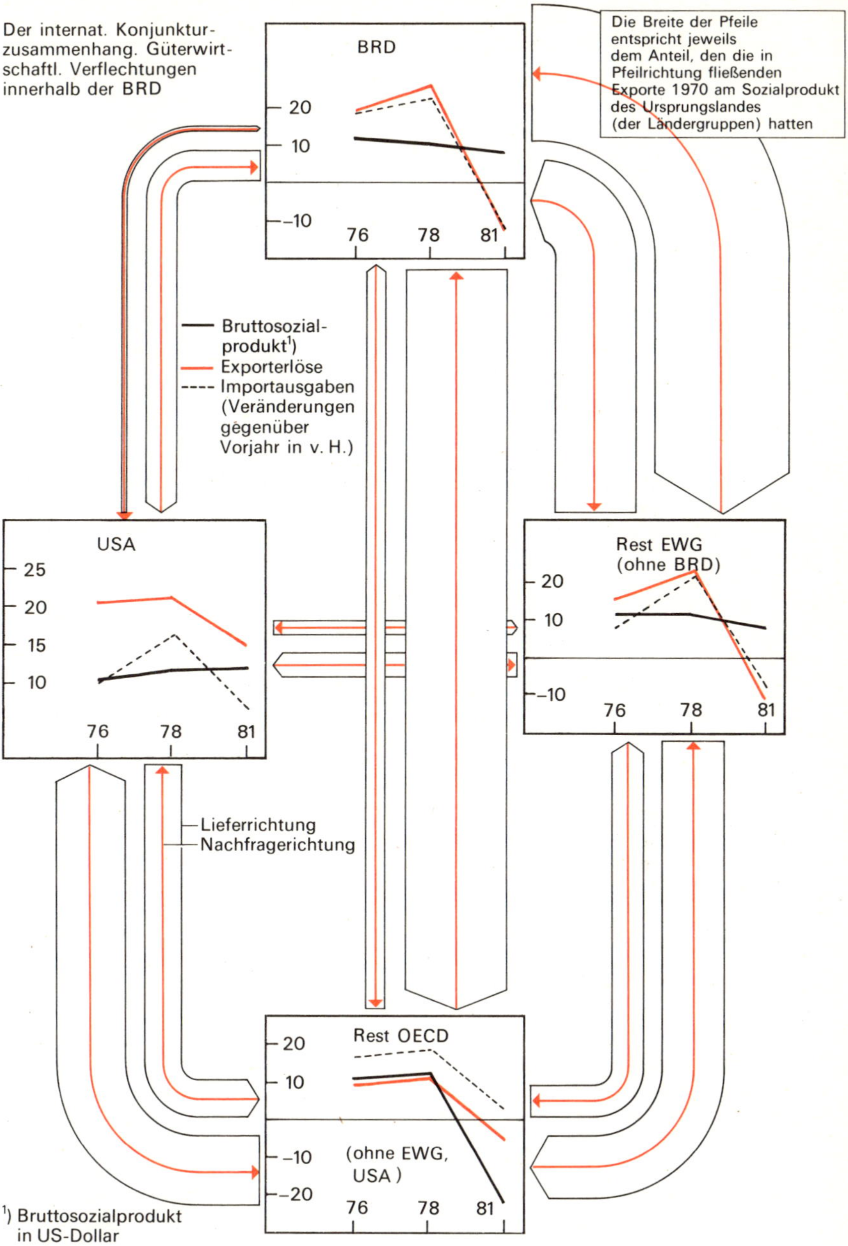

¹) Bruttosozialprodukt in US-Dollar und unter Berücksichtigung der Kaufkraftparitäten

Konjunkturerklärung

Im übertragenen Sinn haben Konjunkturschwankungen einiges gemeinsam mit den Bewegungen eines Schaukelstuhls; damit er nach einem Anstoß schaukelt, muß er entsprechend konstruiert sein. Auf die Konjunkturerklärung übertragen wäre aufzuzeigen, 1) welche Impulse Nachfrageausschläge, aber auch Richtungsänderungen erzeugen können und 2) welche Elemente im Wirtschaftsprozeß enthalten sind, die Ausschläge und ihre Richtungsänderung ermöglichen.

Als Impulse kommen u. a. technische Neuerungen, Schwankungen der Exportnachfrage, Änderungen in der Bevölkerungsstruktur und politische Ereignisse in Frage. Ihre unterschiedliche Häufung und Dauer trägt mit zur Erklärung von Unterschieden in Länge und Ausmaß der einzelnen Konjunkturzyklen bei.

Konstruktionselemente, die Schwingungen ermöglichen, werden bei dem Versuch erkennbar, den ↑Konjunkturverlauf (S. 488) nachzuvollziehen. Als ein Kernprozeß ist das Zusammenspiel von Multiplikator- und Beschleunigungswirkungen (↑Verstärkungswirkungen S. 490) denkbar: Ein Konjunkturaufschwung kann einsetzen, wenn etwa technische Neuerungen zu Investitionsausgaben anregen. Durch sie wird über Multiplikatorwirkungen ein Nachfragewachstum ausgelöst. Dadurch können auch Kapazitätserweiterungen rentabel werden. Deren Einkommens- und Nachfragewirkungen stützen wiederum die ursprüngliche Nachfrageexpansion. Im weiteren Verlauf vermag eine Reihe von Faktoren das Nachfragewachstum zu verlangsamen: Das ausgelöste Produktionswachstum dürfte zunehmend auf Engpässe beim Angebot von Produktionsfaktoren stoßen; Arbeitskräftemangel und Schwierigkeiten bei der Kapitalbeschaffung werden durch Kosten- und Preissteigerungen angezeigt. Eine ↑Geld- und Kreditpolitik (S. 512), die Preissteigerungen entgegenzuwirken sucht, dürfte die im Vergleich zum Beginn des Aufschwungs ohnehin angespanntere Liquiditätssituation verschlechtern. Auch Versuche der ↑Konjunktursteuerung durch Fiskalpolitik (S. 510) zielen auf Nachfragedämpfung. Verlangsamt sich jedoch das Nachfragewachstum, verringert sich auch der Anpassungsbedarf beim Kapitalbestand. Die Investitionsnachfrage dürfte ferner durch die aus früheren Ausgaben heranreifenden Kapazitäten ebenso gedämpft werden, wie durch eine verzögert einsetzende Lohnreaktion (Lohnlag), die sich u. a. aus in ↑Tarifverträgen (S. 442) vereinbarten Laufzeiten ergeben kann. Begünstigte dieser Lohnlag zusammen mit nachfragebedingten Preiserhöhungsspielräumen die Erlössituation von Unternehmen im Aufschwung investitionsanregend, so macht er sich ebenso im einsetzenden Abschwung zyklusverstärkend bemerkbar. Nachlassende Investitionstätigkeit führt jedoch zu sich selbst verstärkenden Produktions-, Beschäftigungs- und Einkommenswirkungen. Bleibt zu prüfen, wie die konjunkturelle Talfahrt gebremst und in einen neuen Aufschwung übergeführt werden könnte. Bremsen dürften zunächst jene Komponenten der Endnachfrage, die sich relativ stetig entwickeln (↑Nachfrageschwankungen S. 490), d. h. vor allem große Teile des staatlichen und privaten Verbrauchs. Ähnliches gilt für Investitionen mit langen Ausreifungs- und Nutzungszeiten, die sich eher am Entwicklungstrend als am kurzfristigen Nachfrageverlauf orientieren. Nicht zuletzt der Staat vermag durch zusätzliche Ausgaben direkt Nachfrageimpulse zu geben und über Steuererleichterungen, ebenso wie die Zentralbank mit einer Politik des billigen Geldes, günstige Bedingungen für konjunkturbelebende private Ausgaben zu schaffen.

Ob diese Bedingungen genutzt werden, hängt aber auch von psychologischen Unwägbarkeiten ab. Der Zeitbedarf von Investitions- und Verbrauchsreaktionen ebenso wie Ungewißheiten bewirken, daß Wirtschaftspläne durch subjektive Erwartungen da vervollständigt werden, wo objektive Information fehlt oder unerkannt bleibt. Dies und wechselseitige Beeinflussungen der Wirtschaftseinheiten beim Einschätzen von Lage und Zukunft ermöglichen Wellen des Optimismus und des Pessimismus, die den Konjunkturzyklus mitprägen.

P. A. Samuelson: Volkswirtsch. Bd. 1. 7. Aufl. Köln 1981. – U. Teichmann: Grundriß der Konjunkturpolitik. 3. Aufl. München 1982.

Elemente der Konjunkturerklärung (Schaukelstuhlanalogie)

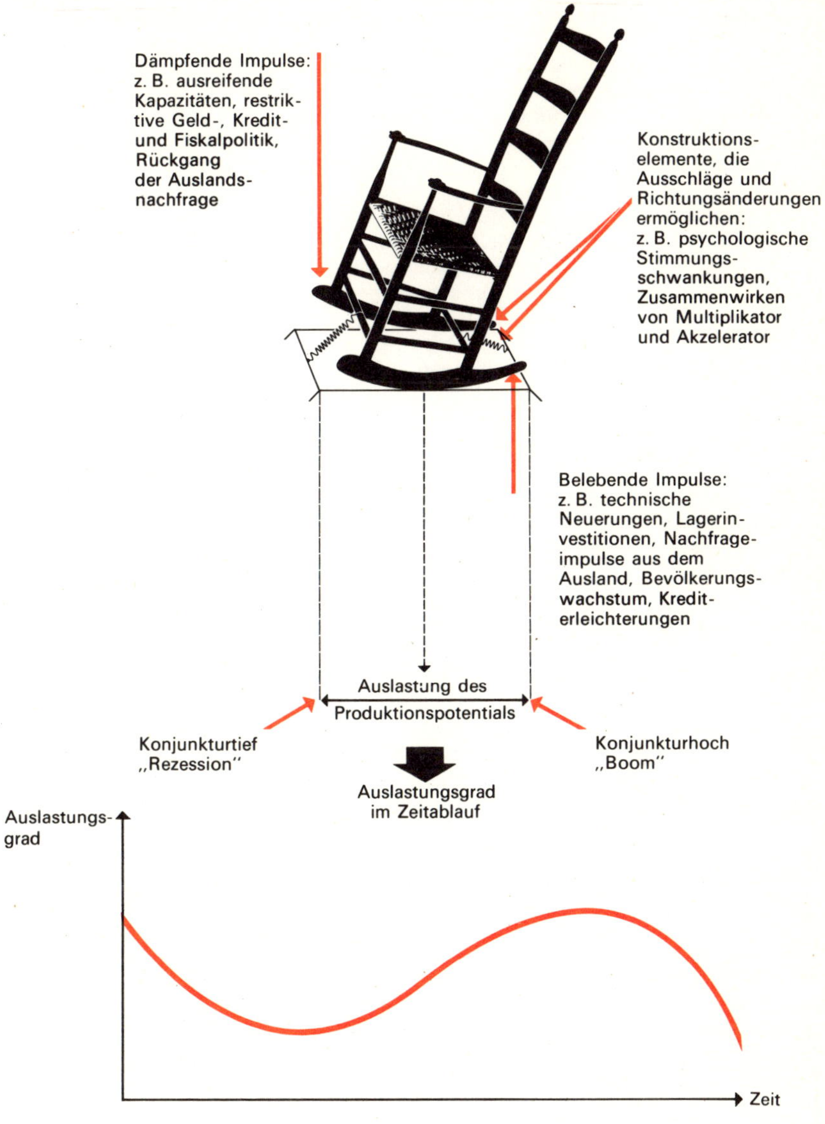

Inflation – Inflationsmessung

Inflation stellt einen anhaltenden Kaufkraftverlust des Geldes dar. Entsteht der Geldwertschwund dadurch, daß bei freier ↑Preisbildung (S. 174) Preissteigerungen für Waren und Dienste gegenüber stabilen oder sinkenden Einzelpreisen überwiegen, liegt eine offene Inflation vor. Wird demgegenüber durch staatliche Eingriffe ein allgemeiner Preisanstieg unterdrückt, ohne seine Ursachen zu beseitigen, herrscht zurückgestaute Inflation; in diesem Fall zeigen vor allem eine behördliche Zuteilung von Waren und Diensten über Bezugsscheine und „graue" sowie „schwarze" Märkte (↑Preis- und Lohnstopp S. 518) den Kaufkraftverlust an.

Wenn die Märkte als Informationsnetz die sich ständig wandelnden Angebots- und Nachfragebedingungen anzeigen sollen, müssen von ihnen ständig unterschiedliche Preissignale (↑Preisfunktionen S. 176) ausgehen. Eine Antwort auf die Frage, ob die Signale insgesamt Inflation anzeigen, verlangt neben Informationen über Einzelpreise einen zusammenfassenden zeitlichen Vergleich. Dieser wird dadurch erschwert, daß er sich auf sehr unterschiedliche Dinge beziehen muß; so kann es nötig sein, u.a. eine Preiserhöhung für den Liter Normalbenzin, einen unveränderten Preis für die Tageszeitung und eine Preissenkung für einen Taschenrechner gegeneinander „aufzurechnen", um einen Eindruck von der allgemeinen Preisentwicklung zu gewinnen. Das „Aufrechnen" bliebe z.B. den Verbrauchern überlassen, wenn ihr Urteil über die Preisentwicklung über eine repräsentative Umfrage ermittelt würde; allerdings wären ihre „Aufrechnungen" im einzelnen nicht nachprüfbar und ihre Meinung möglicherweise beeinflußbar. Würde sich das Urteil an der Entwicklung von Einzelpreisen orientieren, die vielen Verbrauchern wichtig erscheinen (z.B. Benzinpreis, Postgebühren, Mieten), könnten ↑Träger der Wirtschaftspolitik (S. 376) versucht sein, diese Preise marktwidrig zu manipulieren.

Als Ausgangspunkte für einen zusammenfassenden, nachvollziehbaren Vergleich von Einzelpreisentwicklungen bieten sich Wertangaben an, wie die Ausgaben für Milch, Benzin u. a. Aber beobachtbare Wertänderungen können sowohl auf Preis- als auch auf Mengenänderungen zurückgehen. Der Einfluß von Preis- auf Wertänderungen ist nur erkennbar, wenn ein unverändertes Mengengerüst, ein „Warenkorb", mit den in verschiedenen Perioden beobachteten Preisen bewertet und die jeweiligen Gesamtwerte miteinander verglichen werden. Die Vergleichbarkeit läßt sich noch verbessern, indem das Verhältnis zwischen jedem Gesamtwert und dem Wert für eine Basisperiode ermittelt wird. Mit 100 multipliziert entsteht ein Preisindex, der für jede Periode die Preisniveauänderung gegenüber dem Basisjahr (mit der Indexziffer 100) anzeigt; Preisveränderungen zwischen anderen Perioden ergeben sich durch Division der entsprechenden Indexziffern.

Preisindizes sind ebenfalls unvollständige Inflationsmaße, weil die von ihnen angezeigten Preisniveauänderungen von der Wahl der Basisperiode und des „Warenkorbes" (des Wägungsschemas) abhängen. Ein verbreitetes, relativ umfassendes (es fehlen vor allem die Kosten unentgeltlicher öffentlicher Leistungen), verbrauchernahes Inflationsmaß ist der Preisindex für die Lebenshaltung. Hier wird der Warenkorb überwiegend nach den Wirtschaftsrechnungen von rund 1 000 Haushalten ermittelt. Diese führen im Auftrag des Statistischen Bundesamtes Buch über ihre monatlichen Ausgaben. Da ihre durchschnittliche Verbrauchsstruktur u. a. von ihrem Einkommen sowie ihrer Größe und Zusammensetzung abhängen dürfte (↑Verbraucherverhalten S. 130), werden Preisindizes für mehrere Haushaltstypen ermittelt. Die laufende Beobachtung des Ausgabeverhaltens erlaubt ständig kleinere Korrekturen des Warenkorbes; in größeren Abständen wird mit einer vollständigen Revision versucht, Änderungen im Verbraucherverhalten und im Angebot an Waren und Diensten zu berücksichtigen.

A. Stobbe: Volkswirtschaftslehre I. 5. Aufl. Berlin u. a. 1980. – U. Teichmann: Grundriß der Konjunkturpolitik. 3. Aufl. München 1982.

1. Entwicklung des Preisindexes für die Lebenshaltung eines Arbeitnehmerhaushalts in Deutschland (Deutsches Reich/Bundesrepublik Deutschland) 1924 – 1982 (1976 = 100)

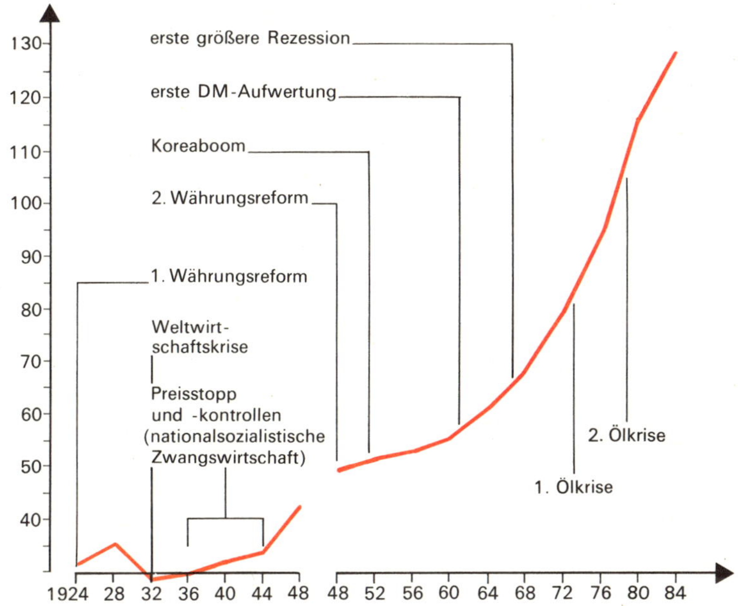

2. Wägungsschema 1976 (= Basisjahr) des Preisindexes für die Lebenshaltung

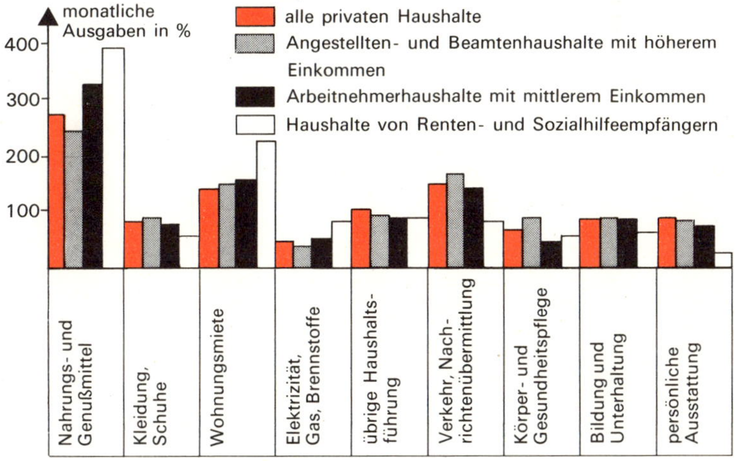

Inflationsursachen

Der beobachtbare Geldwertschwund kann ebensowenig durch eine einzige Ursache befriedigend erklärt werden wie die Konjunktur. Gedanklich läßt sich die Ursachenvielfalt aufteilen in Nachfragesoginflation und Kostendruck- oder Anbieterinflation; von ihnen unterscheidet sich die importierte Inflation nicht ursächlich, sondern nur dadurch, daß sie im Ausland ihren Ursprung hat.

In reiner Form bedeutet inflatorischer Nachfragesog, daß die ↑Gesamtnachfrage (S. 360) das ↑gesamtwirtschaftliche Angebot (S. 362) beim herrschenden Preisniveau übersteigt; eine solche Situation dürfte noch am ehesten in der Hochkonjunktur vorliegen. Die inflatorische Lücke zwischen Nachfrage und Angebot kann über einen Preisniveauanstieg geschlossen werden, wenn das Geldangebot ausreicht, um die durch Preissteigerungen (nominal) aufgeblähten Ausgaben bzw. Umsätze ohne Liquiditätsengpässe zu finanzieren. Daher erfordert der Abbau eines Nachfrageüberhangs durch Inflationierung i. d. R. eine Erhöhung von Geldmenge und/oder Umlaufgeschwindigkeit des Geldes (↑Geldmenge und Geldumlauf S. 48).

Vom gesamtwirtschaftlichen Angebot können Inflationsimpulse ausgehen, wenn dieses etwa durch Naturkatastrophen plötzlich verknappt wird. Abgesehen von solchen nicht wirtschaftlichen Ursachen sind Preis- und Lohnforderungen von Anbietern (z. B. ↑Monopole S. 194) oder Anbietergruppen (z. B. in- und ausländische ↑Kartelle S. 418, Gewerkschaften) eine Inflationsquelle, wenn sie zusammen mit staatlichen Ansprüchen das laufende Volkseinkommen übersteigen. Inflation vermindert die Ansprüche in ihrem Geldwert so, daß sie letztlich güterwirtschaftlich (real) dem Volkseinkommen entsprechen, es sei denn, es wäre außerdem ausländisches Sozialprodukt auf Dauer verfügbar. Wie dies geschieht, hängt von den zeitlichen Verzögerungen ab, mit denen Anbieter und Nachfrager reagieren sowie von der Verteilung der ↑Marktmacht (S. 188). Daß letztlich beide Marktseiten an diesem Inflationsprozeß beteiligt sind, macht die Lohn-Preis-Spirale deutlich. In ihr kommt zum Ausdruck, daß Löhne Kosten sind und Lohnsteigerungen Anlaß zu Preisanhebungen sein können, deren Durchsetzung nicht zuletzt von einem konjunkturellen Nachfrageüberhang erleichtert wird; ebenso können Preissteigerungen auslösender Impuls für diesen Prozeß sein. In jedem Fall ist die Spirale vor allem Folge mangelnden Wettbewerbs auf den Märkten für Güter und Produktionsfaktoren. Wie fast alle Inflationsarten wird die Anbieterinflation erst durch ein entsprechend elastisches Geldangebot ermöglicht. Weigerte sich die Zentralbank erfolgreich, die Anspruchsinflation zu finanzieren, so drängte sich eine politisch brisante Wahl zwischen ↑Inflation und Beschäftigung (S. 506) auf.

Zwei weitere inflationsträchtige Folgen unzureichenden Wettbewerbs sind vor allem mit Wirtschaftswachstum und Strukturwandel verknüpft. Beide gehen auf die Starrheit von Preisen und Löhnen nach unten zurück. Sie bewirkt, daß kostensenkende, überdurchschnittliche Steigerungen der Produktivität in einem Wirtschaftszweig selten in Preissenkungen weitergegeben werden. Die durch Kostenersparnis steigenden Gewinne provozieren Lohnforderungen. Diese sind auch leicht durchsetzbar, regen aber zu nachahmenden kosten- und preissteigernden Lohnforderungen in produktivitätsschwächeren Branchen an („Produktivitätsinflation").

Inflationsimport kann sowohl die Folge einer Verteuerung von Importen als auch eines Preisanstiegs für Exporte infolge Nachfragesogs im Ausland sein. Die Importpreiswirkung hängt davon ab, ob und wie kostengünstig Importe durch heimische Produkte ersetzbar sind. Die Exportpreiswirkung hängt u. a. von der Kapazitätsauslastung der Exportgüterproduzenten ab. Gedämpft werden können beide Wirkungen durch Wechselkursänderungen (↑Aufwertung S. 342).

G. Haberler: Wirtschaftswachstum und Stabilität. München 1975. – U. Teichmann: Grundriß der Konjunkturpolitik. 3. Aufl. München 1982.

1. Entwicklung des Preisniveaus für ausgewählte Ausgabengruppen aller privaten Haushalte 1976 – 1982 (Preisindex für die Lebenshaltung)

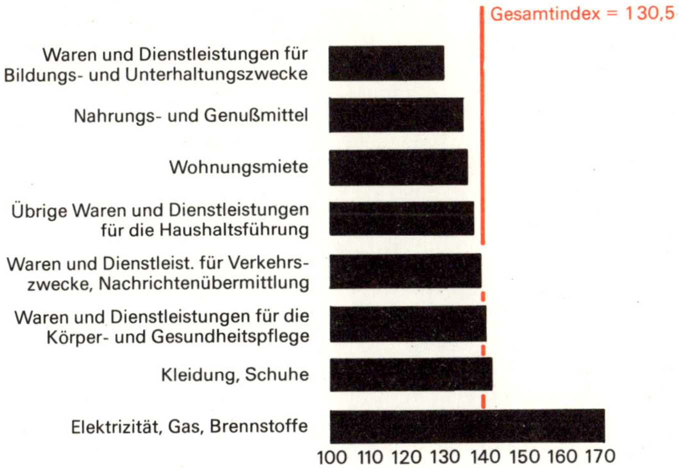

2. Entwicklung ausgewählter Preise 1976 – 1982

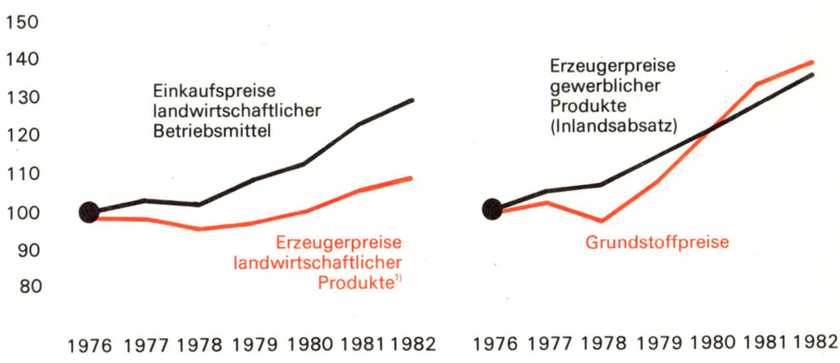

3. Entwicklung der Lebenshaltungskosten in wichtigen Industrieländern (durchschnittlicher jährlicher Anstieg 1972 – 1982)

[1] 1972 – 1981

Deflation – Stagflation

In ihrer „klassischen" Form ist Deflation das Gegenteil einer reinen Nachfrageinflation (↑Inflationsursachen S. 498). Bei einer deflatorischen Lücke ist die ↑Gesamtnachfrage (S. 360) beim herrschenden Preisniveau geringer als das ↑gesamtwirtschaftliche Angebot (S. 362); im ↑Konjunkturverlauf (S. 488) dürfte es hierzu noch am ehesten in der Rezession kommen. Deflationsursachen können sowohl Rückgänge bei Teilen inländischer Nachfrage als auch eine Abschwächung der Auslandsnachfrage (↑internationaler Konjunkturzusammenhang S. 492) sein; in allen Fällen muß mit ↑Verstärkungswirkungen (S. 490) gerechnet werden. Auf der Angebotsseite kann ein den Konjunkturaufschwung begünstigender Umstand im weiteren Verlauf deflatorisch wirken: Konjunkturbelebende Investitionsausgaben machen sich – wenn auch zeitlich verzögert (Ausreifungszeit) – als Ausweitung des möglichen Angebots bemerkbar (↑Konjunkturerklärung S. 494). Analog zum Inflationsimport (↑Inflationsursachen S. 498) ist auch ein Deflationsimport denkbar. Schließlich können wirtschaftspolitische Fehlsteuerungen sowohl inflatorische als auch deflatorische Wirkungen haben. Solche Wirkungen sind vor allem möglich, wenn beim Einsatz ↑wirtschaftspolitischer Instrumente (S. 370) Wirkungsverzögerungen unzulänglich berücksichtigt werden; deflatorisch würden konjunkturdämpfende Maßnahmen sein, wenn sie erst im Abschwung Wirkung zeigten.

Während inflatorische Lücken erwartungsgemäß Preissteigerungen auslösen oder beschleunigen, hat sich der Einfluß deflatorischen Drucks auf das Preisniveau gegenüber der Zwischenkriegszeit und der Zeit vor dem 1. Weltkrieg entscheidend verringert. Nunmehr ist ein Absinken des Preisniveaus selbst dann selten beobachtbar, wenn das Volkseinkommen wegen Nachfrageausfalls sinkt. Stagnierende oder rückläufige Produktion und Unterbeschäftigung treffen nunmehr mit Inflation zusammen. Diese „Stagflation" läßt sich am ehesten als Spätphase einer anhaltenden Anspruchsinflation (↑Inflationsursachen S. 498) verstehen. Interessenverbände wie die von Landwirtschaft, Industrie und Arbeitnehmern sind ständig bemüht, ihre Ansprüche an das Volkseinkommen durch Einflußnahme auf die staatliche Wirtschaftspolitik abzusichern. Gefordert werden Erhöhungen von Preisen, Löhnen und Transfereinkommen, die insgesamt das Volkseinkommen bzw. die staatlichen Finanzierungsmöglichkeiten übersteigen. Wo die ausgelösten Kosten- und Preissteigerungen zu Absatzeinbußen führen, wird der Staat in die Rolle des Ausfallbürgen gedrängt. Garantien wie ein Schutz vor ↑Niedrigpreisimporten (S. 598) oder vor Verlust eines einmal gefundenen Arbeitsplatzes werden, so zweckmäßig sie kurzfristig sein können, leicht zu entwicklungshemmenden Dauerbegünstigungen. Die entstehenden Strukturschwächen gelten bald nicht mehr als Folgekosten geduldeter oder bewußter Ausschaltung des Steuerungsinstrumentes Wettbewerb. Ferner werden in den Bereichen, die sich einer marktwirtschaftlichen Organisation entziehen oder wo diese unerwünscht ist (↑öffentliche Güter S. 166), Ansprüche befriedigt, ohne daß Preissignale anzeigen könnten, wann hier eingesetzte Produktionsfaktoren an anderer Stelle kosten- und preissteigernde Knappheit auslösen.

In der Spätphase der skizzierten Anspruchsinflation werden die konkurrierenden Forderungen zunehmend durch Versuche angehoben, die nach dem anhaltenden Preisniveauanstieg erwartete Inflation vorwegzunehmen. Die ohnehin nach unten starren Preise und Löhne steigen dann auch in einer Phase stagnierender oder sinkender Produktion und rufen außerdem Anpassungsbegehren bei ↑Transfereinkommen (S. 128) hervor. Versuche, der Stagflation von der Geldseite die Grundlage zu entziehen, scheitern i. d. R. an damit verbundenen zusätzlichen Beschäftigungseinbußen (↑Inflation und Beschäftigung S. 506).

G. Haberler: Wirtschaftswachstum u. Stabilität. München 1975. – H. Giersch: Konjunktur- u. Wachstumspolitik. Wiesbaden 1977.

Depression und Stagflation: Das Deutsche Reich 1925–1933 und die BRD 1972–1980

1) Lebenshaltungskosten

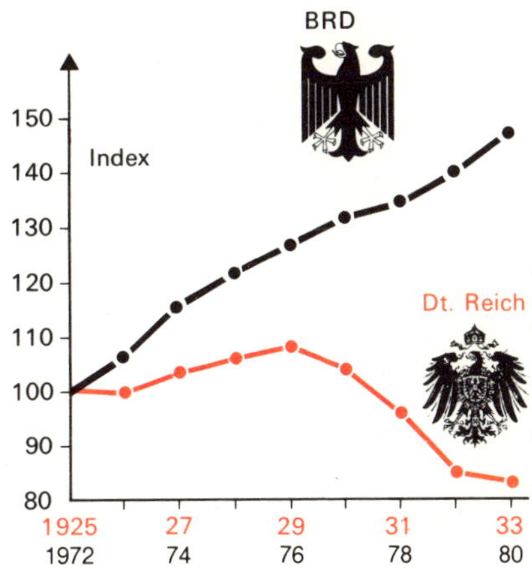

2) Entwicklung des realen Bruttosozialprodukts

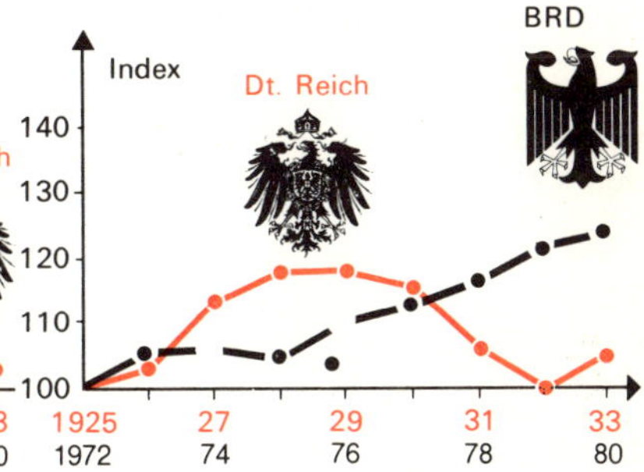

3) Bruttostundenverdienste der Industriearbeiter

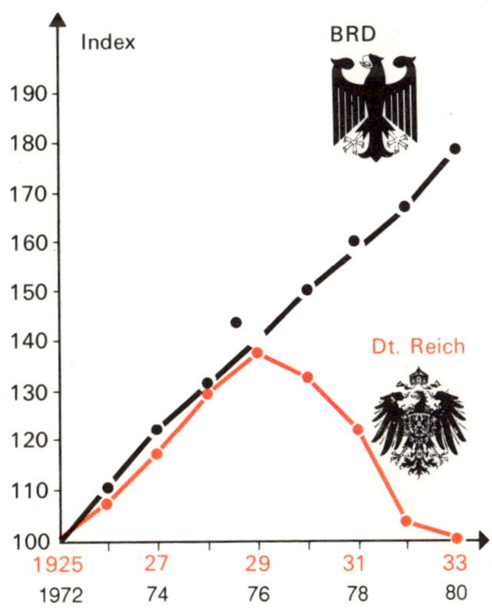

4) Arbeitslosenzahlen

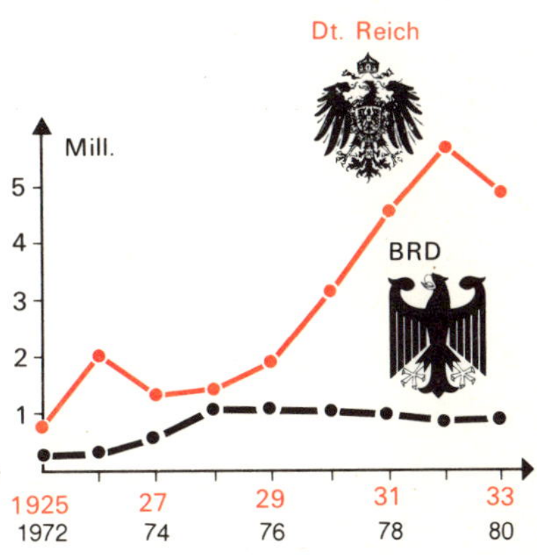

Ursachen der Arbeitslosigkeit

Von besonderem analytischen und wirtschaftspolitischen Interesse ist die unfreiwillige Arbeitslosigkeit. Sie liegt dann vor, wenn Erwerbsfähige keinen Arbeitsplatz finden können, obwohl sie bereit sind, ihren Möglichkeiten entsprechende Arbeiten zu den dafür geltenden Entlohnungs- und Arbeitsbedingungen zu verrichten. Entsprechend würde freiwillige Arbeitslosigkeit auf der Entscheidung beruhen, nur zu besseren als den geltenden Bedingungen zu arbeiten. Die Grenzen zwischen beiden Arten der Arbeitslosigkeit sind allerdings fließend. So kann in einem allgemein verbindlich erklärten ↑Tarifvertrag (S. 442) eine Mindestentlohnung für eine Tätigkeit vereinbart worden sein, zu der ein beträchtlicher Teil der Nachfrage nach Arbeitskräften ausfällt; diese Mindestlohnarbeitslosigkeit als Nebenwirkung gewerkschaftlicher Bemühungen um Lohnerhöhungen ist für die Betroffenen unfreiwillige, für die Gewerkschaften unerwünschte, aber – rigoros betrachtet – freiwillige Arbeitslosigkeit. Aber auch eine bei unzureichendem Wettbewerb gewinnsteigernde „künstliche" Verknappung des Güterangebots durch Unternehmen hat Minderbedarf an Arbeitskräften und möglicherweise unfreiwillige Arbeitslosigkeit zur Folge. Freiwillige Arbeitslosigkeit kann entstehen, wenn das ↑System der sozialen Sicherung (S. 468) mißbräuchlich genutzt wird.

Unfreiwillige Arbeitslosigkeit kann ursächlich das Ergebnis von Konjunkturschwankungen und/oder von Funktionsschwächen der Arbeitsmärkte sein. Konjunkturelle Arbeitslosigkeit trifft alle Wirtschaftszweige, wenn auch in unterschiedlichem Maße, da sie von den ↑Nachfrageschwankungen (S. 490) unterschiedlich getroffen werden.

Konjunkturschwankungen erproben ständig die Funktionsfähigkeit der Arbeitsmärkte. Diese hängt einmal davon ab, in welchem Umfang, mit welcher Geschwindigkeit und zu welchen Kosten sich sowohl Anbieter von als auch Nachfrager nach Arbeitsleistungen über Beschäftigungsmöglichkeiten bzw. verfügbare Arbeitskräfte informieren können (Marktübersicht). Zum anderen bezieht sie sich auf die Bereitschaft und Fähigkeit, mit der der einzelne die Beschäftigung örtlich und/oder sachlich wechselt bzw. Beschäftigungssuchende in den Produktionsprozeß eingegliedert werden (Mobilität bzw. betriebliche Flexibilität). Belastungen der Arbeitsmärkte, die sich in struktureller und friktioneller Arbeitslosigkeit niederschlagen, sind im Vergleich zu der durch Konjunktur eher kontinuierlich. Die eine Belastung entsteht aus dem entwicklungsbedingten Strukturwandel, der für eine ständige Umverteilung der Chancen und Risiken für Produktion und Beschäftigung zwischen Wirtschaftszweigen und Regionen sorgt. Die andere Belastung entstünde auch ohne Konjunktur und Strukturwandel, weil Änderungen in der Wettbewerbsfähigkeit der einzelnen Unternehmen ebenso zum Arbeitsplatzwechsel anregen oder zwingen bzw. bisher nicht Beschäftigte zu längerer Suche veranlassen, wie etwa eine wandelbare Vorliebe der Anbieter von Arbeitsleistungen für einzelne Regionen; denn in allen Fällen entstehen Anpassungs- oder Reibungsverluste (Friktionen), die sich in vorübergehender Arbeitslosigkeit niederschlagen können. Auf der Produktionsseite gehören dazu z. B. auch die ständigen witterungsbedingten Friktionen, die zu saisonaler Arbeitslosigkeit führen.

Obwohl praktisch schwer vollziehbar, muß wirtschaftspolitisch zwischen den einzelnen Formen der Arbeitslosigkeit sorgfältig unterschieden werden; denn konjunkturpolitische Nachfragebelebung behebt keine Funktionsschwächen der Arbeitsmärkte. Jedoch besteht die Neigung, strukturelle als konjunkturelle Arbeitslosigkeit fehlzudeuten; denn Maßnahmen zur Konjunkturbelebung sind politisch anziehender als Mittel der Strukturpolitik, weil sie eher kurzfristig Erfolge zeigen und scheinbar niemandem Anpassungslasten aufbürden.

G. Haberler: Wirtschaftswachstum u. Stabilität. München 1975. – H. Giersch: Konjunktur- u. Wachstumspolitik. Wiesbaden 1977.

Ursachen und Arten von Arbeitslosigkeit

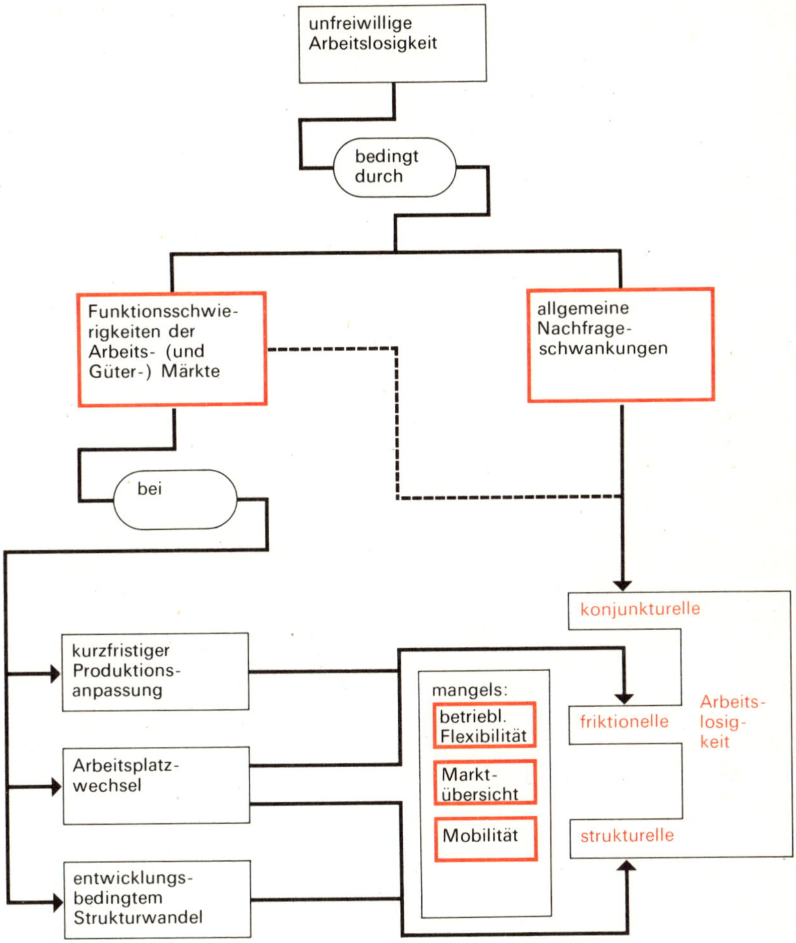

Vollbeschäftigung – Beschäftigungsgarantien

Vollbeschäftigung als wirtschaftspolitisches Ziel wird i. d. R. auf den Produktionsfaktor ↑Arbeit (S. 52) bezogen. Verbreitetes Maß für den Beschäftigungsgrad ist die Arbeitslosenquote, in der BRD definiert als Anteil der registrierten Arbeitslosen an den abhängigen Erwerbspersonen. Die Arbeitslosenquote erfaßt die Beschäftigungslage unvollständig. Da sie sich nur auf Beschäftigungs- bzw. Arbeitslosenfälle bezieht, werden Überstunden ebensowenig erfaßt wie Kurzarbeit. Als Beschäftigungsfall bleibt Schwarzarbeit unberücksichtigt. Nicht als Fälle von Arbeitslosigkeit zählen vor allem 1) arbeitslose Ausländer, die in ihre Heimatländer zurückkehren, womit Arbeitslosigkeit direkt exportiert wird, 2) Arbeitskräfte, die ihren Arbeitsplatz behalten, obwohl sie entbehrlich und damit verdeckt arbeitslos sind, 3) Personen, die unfreiwillig arbeitslos werden, ohne nach neuer Beschäftigung zu suchen, womit die ↑Erwerbstätigkeit (S. 52) zurückgeht, und 4) Personen, die noch nicht oder vorübergehend nicht erwerbstätig waren und die durch Mangel an Arbeitsgelegenheiten von der Arbeitssuche abgehalten werden, was die Nachfrage nach Arbeitsplätzen ebenfalls geringer erscheinen läßt, als sie ist. Schließlich bleiben Selbständige und mithelfende Familienangehörige bei diesem Beschäftigungsmaß völlig unberücksichtigt. Auch in anderen Ländern sind die Messungen mangelhaft; unterschiedliche Meßvorschriften erschweren internationale Vergleiche der Beschäftigungssituation.

Mangels besserer Alternativen wird das Vollbeschäftigungsziel häufig mit Hilfe der Arbeitslosenquote definiert. Wie anspruchsvoll dies geschieht, hängt eher von dem in der jüngeren Vergangenheit erreichten Beschäftigungsniveau ab als davon, welches Niveau mit konjunktur- und strukturpolitischen Mitteln jeweils erreichbar ist. Ferner kann das Vollbeschäftigungsziel von den gesellschaftlichen Gruppen als Beschäftigungsgarantie mit unterschiedlichem Inhalt mißdeutet werden. Als Arbeitsplatzgarantie verstanden, wird das Vollbeschäftigungsziel nutzbar, um auf die Erhaltung einmal entstandener Arbeitsplätze zu drängen. Wird dem Drängen nachgegeben, verlangt dies i. d. R. Eingriffe in den ständigen Strukturwandel. Ob dazu z. B. Subventionen oder aber Handelshemmnisse eingesetzt werden, die Garantie hat ihren Preis. Denn in dem Maß, in dem Produktionsfaktoren inzwischen ertragreicheren Verwendungsmöglichkeiten vorenthalten werden, verringert sich das mögliche Sozialprodukt. Verringert sich die Summe aller Ansprüche auf das Sozialprodukt nicht entsprechend und stößt eine Erhöhung der Steuerlast zur Finanzierung von Erhaltungssubventionen auf Widerstand, muß der Preis durch inflatorische Entwertung der Ansprüche abverlangt werden. Eine regionale Beschäftigungsgarantie wird gefordert, wenn von der ↑regionalen Wirtschaftspolitik (S. 558) erwartet wird, daß mit ihr in jedem Fall Arbeitsplätze zu den Arbeitskräften zu bringen sind und nicht umgekehrt. Die Forderung ließe sich damit begründen, daß die sozialen Probleme, die mit Arbeitskräftewanderungen verbunden sind, schwerer wiegen als der zusätzliche Aufwand, der zur Erfüllung der Forderung nötig ist, sowie die entgangenen wirtschaftlichen Vorteile einer räumlichen Umverteilung von Produktionsfaktoren. Zusätzlicher Aufwand und entgangene Vorteile sind aber auch hier der unvermeidbare Preis. Werden schließlich die Anbieter von Gütern und die Anbieter von Arbeitsleistungen in dem Glauben belassen oder bestärkt, es bestehe eine bedingungslose Vollbeschäftigungsgarantie, dann gibt es für sie keinen Anlaß, bei ihren Preis- und Lohnforderungen Absatz- bzw. Beschäftigungsrisiken zu berücksichtigen. Denn mit der Garantie verpflichtet sich der Staat, inflatorische Forderungen beider Anbietergruppen durch entsprechende Ausweitung der Geldmenge zu finanzieren (↑Inflationsursachen S. 498).

A. Stobbe: Gesamtwirtsch. Theorie. Berlin u. a. 1975. – H. Giersch: Konjunktur- u. Wachstumspolitik. Wiesbaden 1977.

Die Lage am Arbeitsmarkt

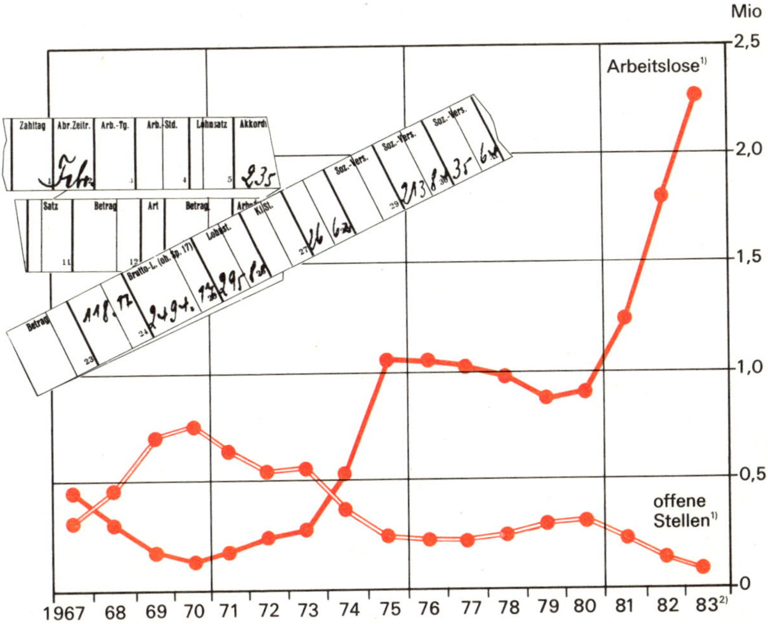

[1)]Jahresdurchschnitte
[2)]Eigene Schätzung

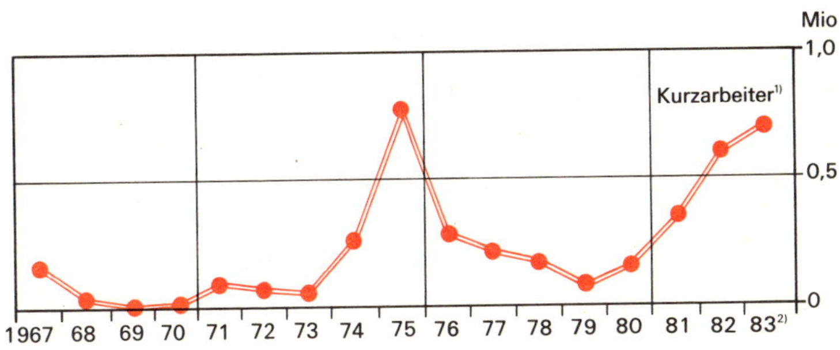

[1)]Jahresdurchschnitte
[2)]Eigene Schätzung

Inflation und Beschäftigung

In der BRD wie in anderen westlichen Industrieländern war häufig zu beobachten, daß die Arbeitslosenquote (↑Vollbeschäftigung S. 504) dann besonders niedrig war, wenn ein besonders starker Anstieg der Lebenshaltungskosten (↑Inflation – Inflationsmessung S. 496) gemessen wurde. Andererseits waren besonders hohe Arbeitslosenquoten oft zu verzeichnen, wenn diese Volkswirtschaften dem Ziel der Preisniveaustabilität (↑Ziele der Konjunkturpolitik S. 508) nahe kamen. Von solchen Beobachtungen auf ↑ökonomische Gesetzmäßigkeiten (S. 632) zu schließen, lag nahe. Analysen mit Hilfe von Methoden der ↑Ökonometrie (S. 628) schienen zu bestätigen, daß Inflations- und Arbeitslosenrate zueinander in einer zahlenmäßig ausdrückbaren, gegenläufigen Beziehung stehen: je höher die Inflationsrate, desto geringer die Arbeitslosenquote. Darüberhinaus legten Erfahrung und Analysen nahe, daß auch das gesamtwirtschaftliche Lohnniveau um so stärker zu steigen schien, je geringer die Arbeitslosigkeit war. Beide vermuteten Gesetzmäßigkeiten ließen sich aufschlußreich miteinander verknüpfen: Lohnsteigerungen wirken kostensteigernd, wenn den Mehraufwendungen für die Arbeitsleistungen nicht entsprechende Steigerungen des Leistungsergebnisses (↑Produktivität S. 74) gegenüberstehen. In diesem Fall entsteht eine Tendenz zu Preissteigerungen, es sei denn, andere Kosten würden zugleich sinken oder die Unternehmen würden oder müßten sich mit einem geringeren Gewinnanteil an den Verkaufserlösen bescheiden.

Aus dem Dreiecksverhältnis zwischen Arbeitslosenquote, Lohn- und Preissteigerungsrate war ein wirtschaftspolitisches Rezept ableitbar, falls die gefundenen Gesetzmäßigkeiten sich zeitlich als hinreichend stabil erwiesen: Die ↑Gesamtnachfrage (S. 360) ist so zu steuern, daß der Druck auf den Arbeitsmarkt genügt, um die Lohnentwicklung zu erreichen, die einen politisch tragbaren Kompromiß zwischen Inflation und Beschäftigung erlaubt. Das Rezept beruhte auf folgenden Vorstellungen: Die Lohnentwicklung hängt von Angebot an und Nachfrage nach Arbeitsplätzen ab. Das Angebot an Arbeitsplätzen wird wiederum durch die gesamtwirtschaftliche Nachfrage bestimmt. Diese ist demnach so zu bemessen, daß sich davon eine Arbeitsmarktsituation ableitet, die eine dem Kompromiß zwischen Inflation und Beschäftigung entsprechende Lohnentwicklung liefert.

Aus mehreren Gründen erwies sich der angestrebte Kompromiß als unhaltbar: 1) Alle praktischen Versuche müssen als gescheitert gelten, eine im Zeitablauf einigermaßen stabile Beziehung zwischen Arbeitslosenquote und Lohn- bzw. Preisniveauanstieg zu ermitteln. 2) Versuche, die einfacheren Beziehungen durch weitere Einflußfaktoren wie gewerkschaftliche Organisationsmacht und importierte Inflation zu ergänzen, verdeutlichen, daß die ökonomischen Wirkungszusammenhänge übervereinfacht worden waren. 3) Eine Analyse der ↑Ursachen der Arbeitslosigkeit (S. 502) zeigt, daß diese zumindest nicht dauerhaft durch Manipulation der Gesamtnachfrage steuerbar ist. 4) Kurzfristig kann Inflation nur dann mehr als lediglich konjunkturelle Arbeitslosigkeit beseitigen, wenn die Anbieter von Arbeitsplätzen Inflationsgewinne erzielen, die es für sie lohnend machen, sich verstärkt um Arbeitskräfte zu bemühen und so die Funktionsfähigkeit der Arbeitsmärkte zu erhöhen. 5) Die Chancen, durch einen Inflationsschub den Sockel an friktioneller und struktureller Arbeitslosigkeit zu kürzen, werden um so geringer, je mehr auch die Beschäftigten versuchen, die erwartete Inflation in ihren Lohnforderungen vorwegzunehmen; denn dann werden vorübergehende Inflationsgewinne der Anbieter von Arbeitsplätzen nur möglich, wenn die Beschäftigten durch eine Beschleunigung der Inflation überrascht werden. 6) Die beobachtbare ↑Stagflation (S. 500) und ihre wahrscheinlichen Ursachen widerlegen, daß ein dauerhafter Kompromiß zwischen Inflation und Beschäftigung ansteuerbar ist.

Löhne, Preise, Beschäftigung: Hg. v. E. Nowotny. Frankf. a. M. 1974. – U. Teichmann: Grundriß der Konjunkturpolitik. 3. Aufl. München 1982.

A. Arbeitslosigkeit und Preisniveau

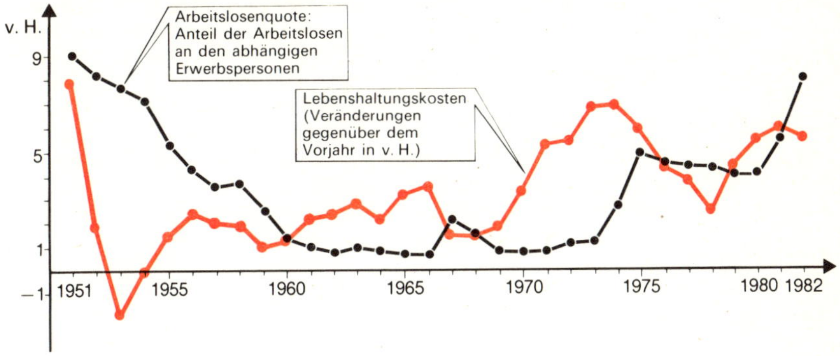

B. Löhne und Gehälter, Lohnkosten und Preisniveau

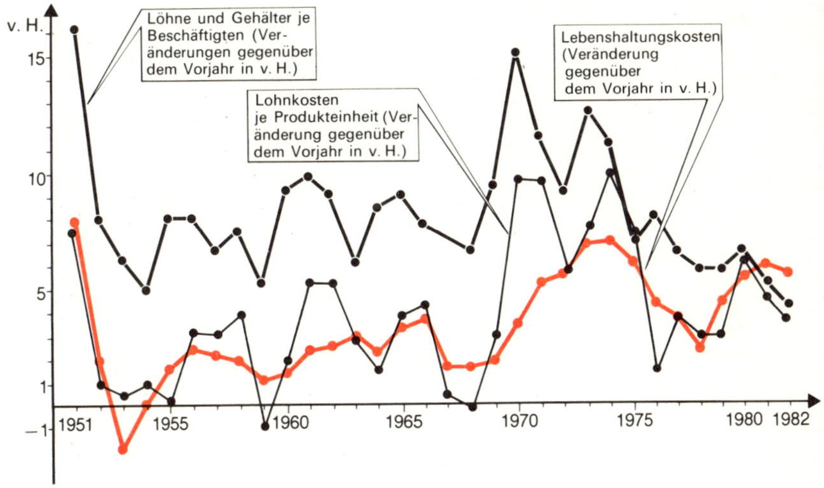

Ziele der Konjunkturpolitik

Nach § 1 des Gesetzes zur Förderung der Stabilität und des Wachstums der Wirtschaft (StWG) sind im Rahmen der marktwirtschaftlichen Ordnung gleichzeitig Stabilität des Preisniveaus, ein hoher Beschäftigungsstand und außenwirtschaftliches Gleichgewicht bei stetigem und angemessenem Wirtschaftswachstum anzustreben. Andere westliche Industrieländer haben ähnliche konjunkturpolitische Zielkataloge. Allerdings werden die einzelnen Ziele sowohl grundsätzlich als auch situationsbezogen von Land zu Land ebenso wie von den gesellschaftlichen Gruppen unterschiedlich gewichtet. Das StWG legt Gleichrangigkeit nahe; dem entspricht die unwidersprochene Auffassung des Sachverständigenrates zur Begutachtung der gesamtwirtschaftlichen Entwicklung.

↑Diagnose, Prognose und wirtschaftspolitische Programme (S. 372) erfordern meßbar definierte Ziele. Die Bundesregierung betrachtete z. B. im Jahreswirtschaftsbericht 1968 die konjunkturpolitischen Ziele als erreicht, wenn der Preisindex für das Bruttosozialprodukt pro Jahr um nicht mehr als 1 % steigt (Stabilität des Preisniveaus), die jahresdurchschnittliche Arbeitslosenquote (↑Vollbeschäftigung S. 504) bei normalem Winterwetter 0,8 % nicht übersteigt (hoher Beschäftigungsstand), der Anteil des Außenbeitrags (↑Außenhandel S. 316) am Bruttosozialprodukt 1 % beträgt (↑außenwirtschaftliches Gleichgewicht S. 338) und das von Preisniveauänderungen bereinigte Bruttosozialprodukt jährlich mit 4 % wächst (stetiges und angemessenes Wirtschaftswachstum). Solche Zielvorgaben sind umstritten, weil sie notwendigerweise auf Erfahrungswerten beruhen, die unter sich ändernden Wirtschaftsbedingungen (z. B. vermehrte Strukturprobleme, verändertes Wechselkurssystem) fragwürdig werden; auch die Definition an sich kann unzulänglich sein, wie etwa die des Beschäftigungsziels.

Die konjunkturpolitischen Ziele gelten als erstrebenswert, weil mit ihnen umfassendere, übergeordnete ↑wirtschaftspolitische Ziele und Zielkonflikte (S. 368) berührt werden. Der Inhalt des Zielkatalogs hängt u. a. davon ab, wie stark sich Ziele gegenseitig bedingen. So ist Preisniveaustabilität ohne außenwirtschaftliches Gleichgewicht auf Dauer nicht erreichbar, da z. B. die Gefahr einer importierten Inflation zu berücksichtigen ist. Stetiges Wirtschaftswachstum und hoher Beschäftigungsstand bedingen sich, weil Unstetigkeit Beschäftigungsschwankungen einschließt. Welches Sozialproduktswachstum als angemessen gilt, ist weniger eine konjunkturpolitische Frage als eine nach ↑Wohlstand und Wohlstandsmessung (S. 364) sowie nach Bewältigung des Strukturwandels (↑Wirtschaftswachstum und Strukturwandel S. 536). Preisniveaustabilität ist erstrebenswert, weil eine inflationsbedingte Aushöhlung der ↑Geldfunktionen (S. 44) eine arbeitsteilige Wirtschaft schwer schädigen kann. Außerdem bewirkt sie unkontrollierbare Änderungen in der Einkommens- und Vermögensverteilung, weil die Einkommensbezieher sich unterschiedlich schnell an den Geldwertschwund anpassen können und die Eigentümer von Geldvermögen gegenüber denen von Sachwerten unverschuldet benachteiligt sind. Unabhängig vom konjunkturpolitisch Möglichen bedeutet Vollbeschäftigung nicht nur Vermeidung von Produktionsverlusten durch Arbeitslosigkeit. Ihr gesellschaftspolitischer Wert liegt in der wirtschaftlichen Sicherheit, die sie dem einzelnen gibt. Sicherheit wiederum mindert die Angst vor Strukturwandel und fördert dadurch den wirtschaftlichen Fortschritt. Ferner sichert Vollbeschäftigung die menschliche Selbstachtung für diejenigen, die Arbeit auch als Teil der Selbstbestätigung ansehen. Zugleich sorgt sie über die Konkurrenz um knappe Arbeitskräfte für bessere Arbeitsbedingungen. Schließlich scheint die Erfahrung nahezulegen, daß Vollbeschäftigung helfen kann, eine demokratische Gesellschaft vor „rechter“ wie „linker“ Diktatur zu schützen.

H. Giersch: Konjunktur- und Wachstumspolitik. Wiesbaden 1977. – A. Stobbe: Gesamtwirtsch. Theorie. Berlin u. a. 1975.

Ziele der Konjunkturpolitik[1]

Abb. 1: Preisstabilität (gemessen am Deflator des Bruttosozialprodukts)

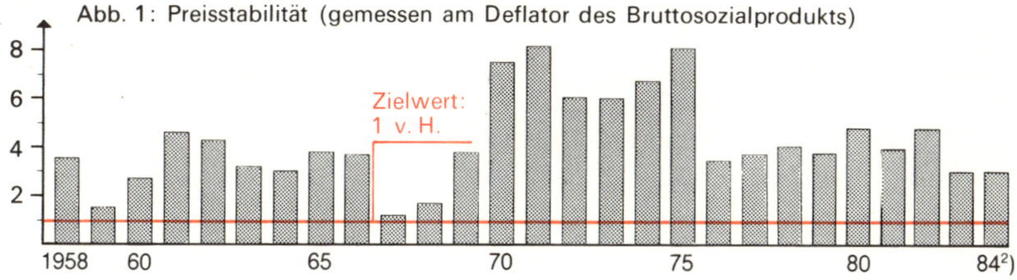

Abb. 2: Vollbeschäftigung (gemessen an der Arbeitslosenquote)

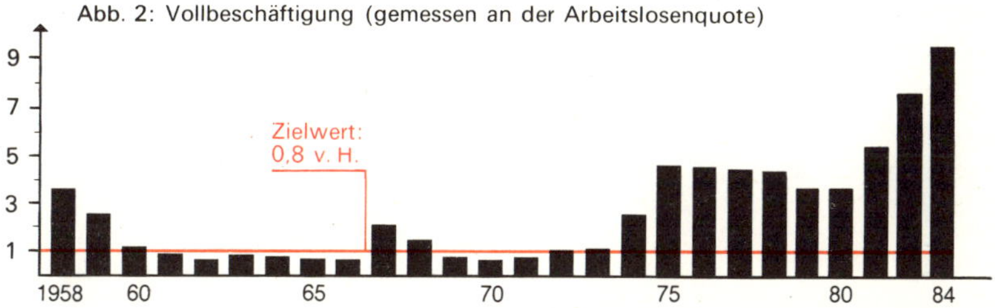

Abb. 3: Außenwirtschaftliches Gleichgewicht (gemessen am Anteil des Außenbeitrags am Bruttosozialprodukt)

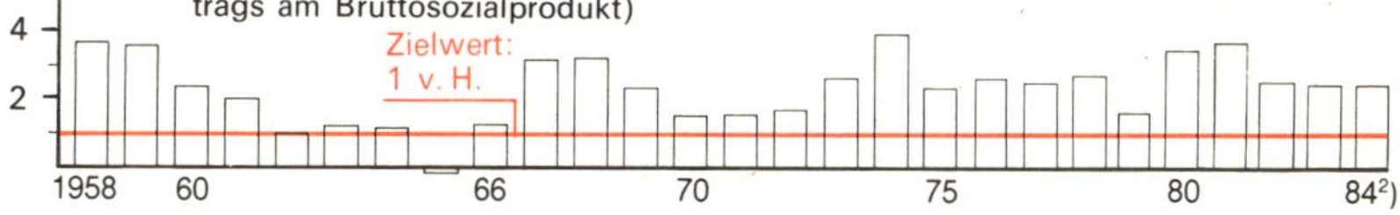

Abb. 4: Angemessenes Wirtschaftswachstum (gemessen an den Zuwachsraten des realen Bruttosozialprodukts)

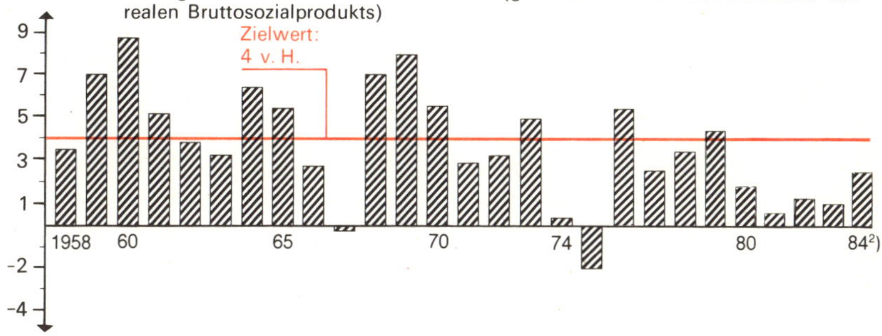

1) Quantifizierung der Ziele durch die Bundesregierung im Jahreswirtschaftsbericht 1968

2) Schätzwerte Sachverständigenrat

Konjunktursteuerung durch Fiskalpolitik

Da Konjunkturzyklen vorwiegend auf Nachfrageschwankungen beruhen (↑Konjunkturerklärung S. 494), liegt es nahe zu versuchen, durch gezielte (antizyklische) Veränderungen der ↑öffentlichen Ausgaben (S. 262) und/oder der ↑öffentlichen Einnahmen (S. 270) die Entwicklung der Endnachfrage zu stabilisieren. Demgegenüber würde eine Haushaltspolitik i. d. R. konjunkturverstärkend (prozyklisch) wirken, die die jährlichen Ausgaben auf die ordentlichen Einnahmen begrenzte, also eine Ausgabenfinanzierung durch Kreditaufnahme ausschlösse. Denn da die ordentlichen Einnahmen überwiegend mit der Nachfrage der Privaten bzw. deren Einkommen schwanken, hätten die Ausgaben entsprechend zu schwanken. Die staatliche Nachfrage würde auf diese Weise zu den Selbstverstärkungsprozessen beitragen, die für ↑Nachfrageschwankungen (S. 490) typisch sind.

Eine antizyklische Haushaltspolitik ist in der BRD gesetzlich möglich und geboten (↑Grenzen der Staatsverschuldung S. 312). Praktisch vollziehbar wird sie durch Veränderung 1) der Differenz zwischen Ausgaben und ordentlichen Einnahmen (Haushaltssaldo) sowie 2) der Struktur von Ausgaben und/oder Einnahmen. Die mögliche Gesamtnachfrage läßt sich i. d. R. verringern, indem Haushaltsüberschüsse gebildet oder vergrößert, aber auch bisherige Defizite verringert werden. Allerdings ist die Nachfragedämpfung nur voll wirksam, wenn die nicht benötigten öffentlichen Einnahmen auch dem ↑Wirtschaftskreislauf (S. 354) entzogen werden. Dies ist durch ihre Stillegung bei der ↑Zentralbank (S. 46) möglich, z. B. durch Tilgung von Zentralbankkrediten (↑Wirkungen der Staatsverschuldung S. 310). Jede andere Verwendung mindert i. d. R. die dämpfende Wirkung des Nachfrageentzugs. So führt die Anlage von Einnahmeüberschüssen auf Geschäftsbankenkonten oder eine Tilgung von Schulden außerhalb der Zentralbank den Privaten wieder Liquidität zu und drückt auf das Zinsniveau, was wiederum nachfragebelebend wirken kann. Letzteres gilt noch mehr für den Rückkauf eigener Wertpapiere bzw. den Verzicht auf Neuverschuldung über den ↑Kapitalmarkt (S. 250).

Die mögliche Gesamtnachfrage läßt sich i. d. R. vermehren, indem Haushaltsdefizite gebildet oder vergrößert, aber auch bisherige Überschüsse vermindert werden. Die Wirkung solcher Maßnahmen ist wiederum nicht ohne Berücksichtigung des Finanzierungsaspekts beurteilbar. Sie ist um so größer, je weniger die Finanzierungsmöglichkeiten der Privaten beeinträchtigt werden, d. h., je mehr die Zentralbank direkt Hilfestellung leistet. Hier wie bei der Nachfragedämpfung besteht also eine enge Verbindung zur ↑Geld- und Kreditpolitik (S. 512).

Obwohl mit Veränderungen des Haushaltssaldos praktisch immer auch solche der Struktur von Einnahmen und/oder Ausgaben verbunden sind, können von Strukturänderungen allein schon Nachfragewirkungen ausgehen. Z. B. bedeutet die Kürzung öffentlicher Investitionen zugunsten zusätzlicher Beihilfen, deren volle Verausgabung durch ihre Empfänger nicht gesichert ist, eine Kürzung direkt nachfragewirksamer Ausgaben. Ebenso dürfte ein Einnahmenverzicht über die Einräumung von Sonderabschreibungen nicht nachfrageneutral sein.

Die konjunkturpolitischen Grenzen der Fiskalpolitik beruhen nicht nur darauf, daß mit ihr die Auslandsnachfrage kaum zu steuern ist (↑außenwirtschaftliche Absicherung S. 516). Vielmehr treten bei ihr wie bei anderen ↑wirtschaftspolitischen Instrumenten (S. 370) Steuerungsprobleme auf, z. B. durch Wirkungsverzögerungen. Schließlich ist Fiskalpolitik auch auf andere wirtschaftspolitische Ziele gerichtet. Daraus können Zielkonflikte entstehen, die ihren konjunkturpolitischen Einsatz begrenzen; so können Investitionsprämien zur Nachfragebelebung mit den Zielen der Verteilungspolitik und die Kürzung von Investitionsausgaben zur Nachfragedrosselung mit denen der Wachstums- und Strukturpolitik kollidieren.

K. Stern/P. Münch/K.-H. Hansmeyer: Gesetz zur Förderung der Stabilität u. des Wachstums der Wirtschaft. Kommentar. 2. Aufl. Stuttg. 1973. – K. Mackscheidt/J. Steinhausen: Finanzpolitik I. 3. Aufl. Düsseld. 1978.

Fiskalpolitische Konjunktursteuerungsmöglichkeiten nach dem Stabilitätsgesetz (StWG) einschließlich solcher Maßnahmen, die zumindest mit dem StWG vereinbar sind

Erwartete Wirkung → Betroffene Nachfrager ↓	Nachfragedämpfung	Nachfragebelebung
Private Haushalte	1) Erhöhung der Vorauszahlungen auf die voraussichtliche Einkommensteuerschuld 2) Erhöhung der Einkommensteuerschuld um höchstens 10 v. H. für längstens 1 Jahr mit dem StWG vereinbar: 3) wie bei 2), aber erst ab einer Einkommensuntergrenze („Stabilitätszuschlag") 4) wie bei 2) oder 3), aber für den Fiskus rückzahlpflichtig („Konjunkturzuschlag")	1) Senkung der Vorauszahlung auf die voraussichtliche Einkommensteuerschuld 2) Senkung der Einkommensteuerschuld um höchstens 10. v. H. für längstens 1 Jahr 3) Rückzahlung eines „Konjunkturzuschlags"
Unternehmen	1) Erhöhung der Vorauszahlungen auf die voraussichtliche Einkommen-, Körperschaft- und Gewerbesteuerschuld 2) Erhöhung der Einkommen- und Körperschaftsteuerschuld um höchstens 10 v. H. für längstens 1 Jahr 3) Aussetzung von Sonderabschreibungen sowie von erhöhten und degressiven Absetzungen für Abnutzung (AfA) für längstens 1 Jahr mit dem StWG vereinbar: 4) wie 2), aber erst ab einer Einkommens- bzw. Ertragsuntergrenze („Stabilitätszuschlag") 5) wie 2), aber für den Fiskus rückzahlungspflichtig („Konjunkturzuschlag")	1) Senkung der Vorauszahlungen auf die voraussichtliche Einkommen-, Körperschaft- und Gewerbesteuerschuld 2) Senkung der Einkommen- und Körperschaftsteuerschuld um höchstens 10 v. H. für längstens 1 Jahr 3) Gewährung eines Abzugs von der Einkommen- und Körperschaftsteuerschuld in Höhe von bis zu 7,5 v. H. der Investitionsaufwendungen für längstens 1 Jahr („Investitionsprämie") mit dem StWG vereinbar: 4) Rückzahlung eines „Konjunkturzuschlags" 5) Gewährung einer „Investitionszulage" bis zu 7,5 v. H. der Investitionsaufwendungen unabhängig von der Einkommen- und Körperschaftssteuerschuld
Staat	Nachfrageminderung über 1) Ausgabenkürzungen in den Bundes- und Länderhaushaltsplänen sowie beim Haushaltsvollzug und Stillegung von freiwerdenden Mitteln bei der Deutschen Bundesbank durch zusätzliche Schuldentilgung oder Bildung einer Konjunkturausgleichsrücklage 2) Beschränkung der gesamten staatl. Kreditaufnahme durch Festsetzung eines Kredithöchstbetrages („Kreditplafondierung") 3) Verpflichtung der Rentenversicherungsträger und der Bundesanstalt für Arbeit zur Anlage von Mitteln bei der Dt. Bundesbank	Nachfrageerhöhung über 1) Bildung von Ausgabeüberschüssen in den Bundes- und Länderhaushaltsplänen sowie bei Haushaltsvollzug und Finanzierung der Mehrausgaben durch Entnahmen aus der Konjunkturausgleichsrücklage oder – wenn nötig – aus zusätzlichen Kreditaufnahmen bis zu 5 Mrd. DM 2) Beschleunigung von Planung und Vergabe von Investitionsvorhaben, die nach der mehrjährigen Finanzplanung für einen späteren Zeitraum vorgesehen waren
Ausland	Maßnahmen zur außenwirtschaftlichen Absicherung	

Geld- und Kreditpolitik

Geld- und Kreditpolitik wird mit ↑wirtschaftspolitischen Instrumenten (S. 370) betrieben, bei deren Einsatz, gemessen an den ↑Zielen der Konjunkturpolitik (S. 508), nicht mit direkten Wirkungen gerechnet werden kann. Die ↑Zentralbank (S. 46) als ihr Hauptträger kann lediglich versuchen, das Nachfrageverhalten von Investoren und Verbrauchern indirekt zu beeinflussen. Ihre Einflußmöglichkeiten beruhen letztlich auf ihrem Monopol in der Versorgung der Wirtschaft mit gesetzlichen Zahlungsmitteln; denn sie kann Zentralbankgeld (Bargeld und Sichtguthaben bei der Zentralbank) schaffen, das die Basis für eine Geldschöpfung durch Kreditinstitute und somit zentraler Bestandteil der Geldmenge ist.

Strategischer Ansatzpunkt für die der Zentralbank zur Verfügung stehenden Instrumente (vornehmlich Mindestreserve-, Refinanzierungs- und Offenmarktpolitik) kann 1) die Verfügbarkeit von Zentralbankgeld sein (Geldmengen- oder Liquiditätspolitik) und 2) der Preis, zu dem es beschaffbar ist (Zins- oder Rentabilitätspolitik). In beiden Fällen nutzt sie vor allem ihre Position als „Bank der Banken", um über die Kreditinstitute Einfluß auf das Wirtschaftsgeschehen zu nehmen. Dabei hat Liquiditätspolitik i. d. R. auch Zinswirkungen; sucht z. B. die Zentralbank die Geldmenge durch Verkäufe von Wertpapieren auf dem ↑Geldmarkt (S. 248) zu verringern, so gelingt ihr dies i. d. R. nur, wenn sie andere Nachfrager nach Zentralbankgeld durch günstigere Verzinsungsangebote verdrängt.

Konjunkturpolitisch wirksam sind Liquiditäts- und Zinspolitik erst, wenn Nachfrageentscheidungen auf den Gütermärkten beeinflußt werden. Dabei dürfte die Abhängigkeit solcher Entscheidungen von der Verfügbarkeit von Krediten bei den einzelnen Investoren und Verbrauchern sehr verschieden sein. Zinspolitisch bedeutsam ist, daß es ganze Wirtschaftszweige gibt, in denen der Anteil der Kapitalkosten an den Gesamtkosten besonders hoch ist (z. B. Wohnungswirtschaft) und Zinsänderungen sowohl über die Kreditkosten als auch allgemein bei der ↑Investitionsrechnung (S. 200) stark zu Buche schlagen. Ähnliches gilt für langlebige Konsumgüter mit hohen Anschaffungskosten. Das bedeutet einmal, daß von der Geld- und Kreditpolitik in erster Linie Nachfrager mit schmaler Eigenkapitalbasis betroffen werden, unabhängig davon, wie z. B. deren langfristige wirtschaftliche Erfolgschancen sind; somit kann die kurzfristig angelegte Politik langfristig unerwünschte Nebenwirkungen haben. Zum anderen muß die Zentralbank auf die Nachfragereaktion in einzelnen Wirtschaftszweigen vertrauen und darauf, daß diese Reaktionen über dort ausgelöste Beschäftigungs- und Einkommenswirkungen sowie über Lieferverflechtungen auch auf andere Sektoren übergreifen. Vor allem aber können die Wirkungsverzögerungen bei derartigen Maßnahmen beträchtlich sein. Denn einmal müssen die Maßnahmen i. d. R. durch die Kreditinstitute „weitersignalisiert" werden. Zum anderen vergeht Zeit, bis sich die Nachfragereaktionen von den primär betroffenen Sektoren auf andere ausbreiten.

Wirkungsverzögerungen und unerwünschte Nebenwirkungen haben Zweifel an der Zweckmäßigkeit einer stark antizyklischen Geld- und Kreditpolitik aufkommen lassen, unabhängig davon, daß sie in jedem Fall eine ↑außenwirtschaftliche Absicherung (S. 516) erfordert. Einigen Steuerungsproblemen sucht die Deutsche Bundesbank seit Ende 1974 durch Verstetigung der Geldversorgung und Vorankündigung ihrer Politik zu begegnen. Angekündigt wird die von ihr für einen Jahreszeitraum angestrebte Veränderung der Zentralbankgeldmenge (↑Geldmenge und Geldumlauf S. 48). Bei der Formulierung des Geldmengenziels läßt sie sich von dem erwarteten Wachstum des Produktionspotentials und der Inflationsrate leiten, die nur durch als unzumutbar geltende Anpassungslasten kurzfristig zu beseitigen wäre.

Dt. Bundesbank: Die währungspolit. Institutionen u. Instrumente in der Bundesrepublik Deutschland. Frankf. a. M. o. J. – D. Duwendag u. a.: Geldtheorie und Geldpolitik. 2. Aufl. Köln 1977.

Primär binnenwirtschaftlich orientierte geld- und kreditpolitische Instrumente nach dem Gesetz über die Deutsche Bundesbank (BBG)

Instrumente	Ausgestaltung	Ansatzpunkte
I. Mindestreservepolitik (§ 16): Die Bundesbank kann die Kreditinstitute verpflichten, bei ihr unverzinsliche Guthaben (Mindestreserven) zu halten. Die Höhe der Guthaben bemißt sich als Prozentsatz (Mindestreservesatz) der monatsdurchschnittlichen Verbindlichkeiten der Kreditinstitute gegenüber Nichtbanken, nicht reservepflichtigen Kreditinstituten und dem Ausland. Bezugsgrößen sind lediglich Verbindlichkeiten mit einer Befristung von weniger als 4 Jahren.	Die Mindestreservesätze sind gestaffelt nach Größe (Reserveklasse) und Standort (Bank- und Bankenebenplätze) des Kreditinstituts sowie nach Herkunft der Verbindlichkeit (Inland, Ausland). Sie dürfen je nach Art der Verbindlichkeit (Sichtverbindlichkeit, befristete Verbindlichkeit, Spareinlage) Höchstgrenzen nicht überschreiten. Neben dem Bestand kann auch der Zuwachs an reservepflichtigen Verbindlichkeiten mindestreservepflichtig gemacht werden.	Die freien Liquiditätsreserven der Banken, d. h. das vorhandene und durch Verkauf von Geldmarktpapieren sowie Ausschöpfung von Refinanzierungsmöglichkeiten (vgl. Refinanzierungspolitik) beschaffbare Zentralbankgeld der Banken.
II. Refinanzierungspolitik (§§ 15, 19): Die Bundesbank kann es den Kreditinstituten ermöglichen, sich Zentralbankgeld zu beschaffen (sich zu refinanzieren), indem sie Wechsel (Handelswechsel sowie Schatzwechsel des Bundes, der Länder und der Sondervermögen des Bundes) ankauft (diskontiert) bzw. bestimmte Arten von Wertpapieren beleiht (lombardiert), die die Kreditinstitute erworben haben.	Variiert werden können (1) die Qualitätsanforderungen, die an Wechsel und andere Wertpapiere gestellt werden (Diskont- bzw. Lombardfähigkeit), (2) das Ankaufs- bzw. Beleihungsvolumen (Kontingentierung) und (3) die Kosten des Zentralbankkredits (Diskont- bzw. Lombardsatz).	Je nach Einsatz und Bankenverhalten (1) die Zentralbankgeldmenge (Bargeld + Mindestreservesoll aller Kreditinstitute) bei An- bzw. Verkauf refinanzierungsfähiger Papiere durch die Bundesbank, (2) die freien Liquiditätsreserven der Kreditinstitute durch Variation der Refinanzierungskontingente, (3) die kurzfristigen Zinssätze durch Variation der Zentralbankkreditkosten. Die Diskontpolitik dient in erster Linie der Finanzierungserleichterung von Handelsgeschäften, der Lombardkredit dem kurzfristigen Ausgleich der Bankenliquidität. Außerdem kann sie als Signal für die Zinsgestaltung bei Kreditbeziehungen zwischen Banken und Nichtbanken sowie unter Nichtbanken eingesetzt werden.
III. Offenmarktpolitik (§§ 15, 21, 22): Verkauf und Ankauf von Wertpapieren durch die Bundesbank auf eigene Rechnung, d. h. gegen Zentralbankgeld, am Geldmarkt, aber auch – in bisher geringerem Umfang – am Kapitalmarkt, wobei neben den Kreditinstituten auch Nichtbanken Geschäftspartner sein können („offener" Markt).	Als Nachfrager nach Zentralbankgeld tritt die Bundesbank auf, indem sie zu – verglichen mit den Geldmarktzinsen – höheren Abgabesätzen grundsätzlich zwei Arten von Wertpapieren anbietet: (1) solche, die unter bestimmten Bedingungen (Rücknahmesätzen) jederzeit, und (2) solche, die nicht vor Fälligkeit gegen Zentralbankgeld zurückgegeben werden können. Zum Anbieter von Zentralbankgeld wird sie, wenn sie Geldmarktpapiere nachfragt. Offenmarkttransaktionen der Bundesbank auf dem Kapitalmarkt unterscheiden sich technisch nicht von solchen anderer Marktteilnehmer.	Die Dispositionen vor allem der Kreditinstitute, aber auch von Nichtbanken, über die Anlage von Zentralbankgeld in Wertpapieren unterschiedlicher Fristigkeit bzw. über das Halten oder den Erwerb von Geld oder geldnahen Forderungen. Die freiwilligen Anlageentscheidungen versucht die Bundesbank durch Manipulation der Zinssätze auf dem Geldmarkt und u. U. auch auf dem Kapitalmarkt zu beeinflussen.

Regelgebundene Konjunkturstabilisierung

Konjunkturpolitik wurde bisher überwiegend in Form fallweiser Eingriffe in den Wirtschaftsablauf gehandhabt. Bei derartigen Eingriffen treten jedoch zeitliche Verzögerungen (sog. Lags) unterschiedlicher Art und Dauer auf. Daraus ergibt sich die Gefahr, daß Maßnahmen erst wirken, wenn sich die Konjunktursituation schon wieder geändert hat; Maßnahmen in antizyklischer Absicht können somit ungewollt zu prozyklischen Aktionen werden. Ferner kann der wirtschaftspolitische Willensbildungsprozeß bei den von erwogenen Maßnahmen primär Betroffenen Ankündigungswirkungen haben (z. B. Ausweichversuche), die eine zielgerechte Dosierung der Maßnahmen erschweren. Außerdem läßt sich einwenden, daß fallweise Eingriffe für Unternehmen und Haushalte zusätzliche Unsicherheit bedeuten; denn ob, wie und wie stark sie erfolgen, hängt von vielen Unwägbarkeiten ab, womit eher zusätzliche Instabilität in den Wirtschaftsprozeß hineingetragen wird. Schließlich sind solche Eingriffe dem Gutdünken der ↑Träger der Wirtschaftspolitik (S. 376) überlassen; die gegebene Vollmacht läßt sich „straffrei“ mißbrauchen, zumal die vorgenannten Schwierigkeiten eine zuverlässige Wirkungsanalyse und Kontrolle im nachhinein sehr erschweren.

Die genannten Probleme wären vermeidbar, wenn es gelänge, nach Prinzipien der Regeltechnik (↑Kybernetik S. 630) ein selbsttätiges konjunkturpolitisches Steuerungskonzept zu entwickeln. Abweichungen von den ↑Zielen der Konjunkturpolitik (S. 508) würden dann im Idealfall automatisch Korrekturen einleiten. Abgesehen davon, daß ein solches Konzept nach seiner Einführung ein kaum realistisches Maß an (wirtschafts-)politischer Zurückhaltung verlangen würde, liegt ihm eine wirklichkeitsfremde mechanistische Vorstellung vom Konjunkturzyklus zugrunde. Jedoch finden sich vor allem bei den ↑Einkommensteuern (S. 286), der ↑Sozialversicherung (S. 470) und der ↑Arbeitslosenversicherung (S. 474) begrenzte Ansatzpunkte dafür, diese auch zur automatischen Konjunkturstabilisierung zu nutzen. Da sich Steuer- bzw. Beitragsschuld nach dem erzielten Erwerbseinkommen bemessen, schwankt das Steuer- und Beitragsaufkommen und damit der Entzug von Kaufkraft mit dem Einkommen. Ein automatischer Regler würde daraus, wenn die prozyklischen Aufkommensschwankungen von Staat bzw. Sozialversicherungsträgern bei ihren Ausgaben nicht mitvollzogen würden. Konjunkturbedingte Mehreinnahmen müßten bei der ↑Zentralbank (S. 46) stillgelegt und in der Rezession verausgabt werden. Letzteres ist bei der Arbeitslosenversicherung praktisch der Fall. Die Stillegung ist in der BRD nach dem Stabilitätsgesetz (§§ 6, 7, 30 StWG) sowohl für öffentliche Einnahmen als auch Beiträge vorgesehen. Allerdings sind diese sog. automatischen Stabilisatoren nicht nur größenmäßig bescheiden. Hinzu kommt u. a., daß die Steuereinnahmen zum Teil zeitlich verzögert und damit nicht entsprechend dem ↑Konjunkturverlauf (S. 488) reagieren (Steuerlag), daß sozialpolitisch motivierte Leistungsanpassungen durch die Versicherungsträger (z. B. ↑Rentendynamik S. 478) nicht unbedingt konjunkturgerecht erfolgen, und daß eine antizyklische Ausgabenpolitik sich häufig als Überforderung der politisch Verantwortlichen erweist.

Die Überforderung ließe sich vermeiden, wenn die Verantwortlichen auf zwingende gesetzliche Vorschriften zu konjunkturgerechtem Handeln verweisen könnten bzw. verpflichtet wären. Das würde aber verlangen, Eingriffe an Veränderungen eindeutig festgelegter Konjunkturfrühindikatoren gesetzlich zu binden. Eine solche Formelbindung ist jedoch schon deshalb problematisch, weil es bisher keine verläßlichen Frühindikatoren gibt. Daher können zur Verkürzung des wirtschaftspolitischen Entscheidungsprozesses lediglich Handlungsvollmachten (z. B. zu Steuervariationen) erteilt werden, die an eher qualitative Bedingungen (z. B. „Störung des gesamtwirtschaftlichen Gleichgewichts“) geknüpft sind.

K. Mackscheidt/J. Steinhausen: Finanzpolitik I. 3. Aufl. Düsseld. 1978. – M. E. Streit: Theorie der Wirtschaftspolitik. 3. Aufl. Düsseld. 1983.

Konjunkturreagibilität des Steuersystems und der Arbeitslosenversicherung

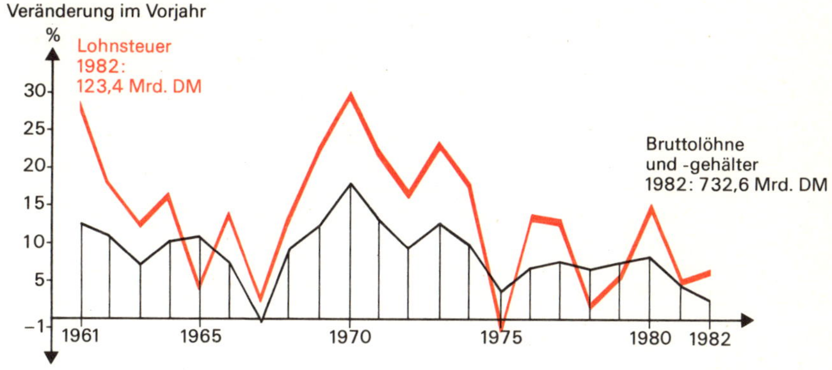

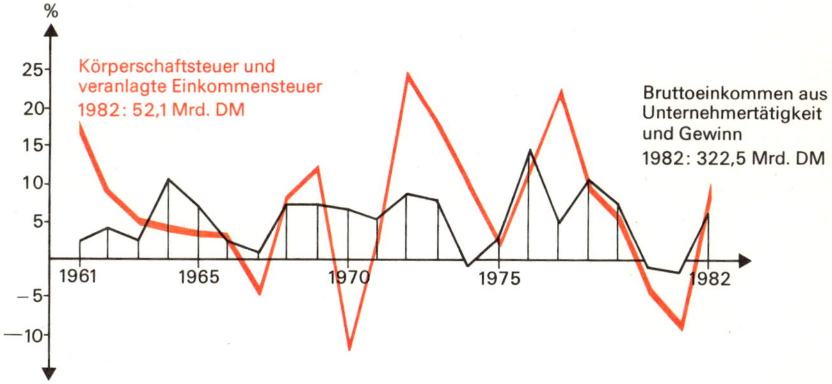

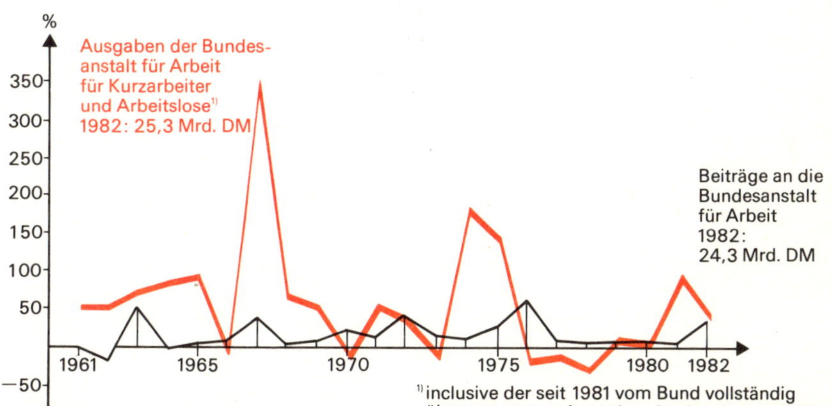

[1)] inclusive der seit 1981 vom Bund vollständig übernommenen Ausgaben für Arbeitslosenhilfe

Außenwirtschaftliche Absicherung

Die starken weltwirtschaftlichen Verflechtungen einer Volkswirtschaft wie die der BRD sind das Ergebnis internationaler Arbeitsteilung und möglichst unbehinderten Zahlungs- und Kapitalverkehrs (↑Konvertibilität S. 330); den daraus erwachsenden Vorteilen stehen aber auch Gefahren gegenüber: Störungen, die im Ausland ihren Ursprung haben, können es schwer und u. U. unmöglich machen, die ↑Ziele der Konjunkturpolitik (S. 508) erfolgreich anzustreben. Vor allem der ↑internationale Konjunkturzusammenhang (S. 492) und die Möglichkeit des Inflationsimports (↑Inflationsursachen S. 498) können dazu führen, daß Fehlentwicklungen im Ausland das Beschäftigungsziel bzw. das Ziel der Preisniveaustabilität im Inland gefährden; i.d.R. ist dann auch das ↑außenwirtschaftliche Gleichgewicht (S. 338) beeinträchtigt. Daher enthält das Stabilitätsgesetz (§ 4 StWG) eine rechtliche Verpflichtung der Bundesregierung zur Abwehr außenwirtschaftlicher Störungen.

Ihre Ursache haben außenwirtschaftlich bedingte Störungen in erster Linie in voneinander abweichenden nationalen Wirtschaftspolitiken. Daher käme als ein mögliches Instrument zur Abwehr außenwirtschaftlicher Störungen die internationale Koordination der Wirtschaftspolitik in Betracht. Sie würde jedoch erfordern, Übereinstimmung über ↑Diagnose, Prognose und wirtschaftspolitische Programme (S. 372) zu erzielen. Entsprechende Versuche scheiterten bisher nicht nur daran, daß die ↑wirtschaftspolitischen Ziele und Zielkonflikte (S. 368) von Land zu Land zu unterschiedlich gesehen werden. Vielmehr kommt u.a. auch eine begrenzte Treffsicherheit von Diagnosen, Prognosen und ↑wirtschaftspolitischen Instrumenten (S. 370) hinzu, die Raum für abweichende Urteile über das wirtschaftspolitisch Notwendige läßt.

Da zwischen alle grenzüberschreitenden Transaktionen der ↑Wechselkurs (S. 340) „geschaltet" ist, bietet sich seine Veränderung als marktkonformes Instrument zur Abwehr von Störungen an; denn seine Änderung beeinflußt die Wirtschaftlichkeitsrechnungen, auf denen internationale Güter- und Kapitalbewegungen beruhen. Solange die Wechselkurse fixiert waren, mußte immer wieder die Erfahrung gemacht werden, daß trotz aller anderen Abwehranstrengungen am Ende eine Wechselkursänderung unvermeidbar war. Für „Stabilitätsinseln" erwies sich eine Anpassungsinflation als eine Form importierter Inflation unvermeidbar. Eine Politik des knappen Geldes schlug fehl. Stieg nämlich dabei das inländische Zinsniveau über das des Auslands, so lockte das Zinsgefälle Geld aus dem Ausland an. Der Liquiditätszufluß durchkreuzte die restriktive ↑Geld- und Kreditpolitik (S. 512) und verleitete dazu, Auslandsgeld durch Verzinsungsverbote zu diskriminieren („Devisenbannwirtschaft"). Eine restriktive Fiskalpolitik konnte höchstens begrenzt inländische zugunsten ausländischer Nachfrage zurückdrängen, ohne auf Dauer den Inflationssog zu verhindern. Daher vollzog sich, nicht zuletzt wegen der durch stufenweise Wechselkursänderungen begünstigten ↑Spekulation (S. 346), eine Änderung der Wechselkurspolitik zugunsten größerer Flexibilität („Floating", ↑Wechselkurssysteme S. 328).

Solange bzw. immer dann, wenn auf den Einsatz des Wechselkursinstruments völlig oder gegenüber einem Teil des Auslands verzichtet wurde, sahen sich Regierungen und Zentralbanken wiederholt zu direkten Eingriffen in die Außenwirtschaftsbeziehungen gedrängt. Wenig ermutigendes Ergebnis war eine wegen der schier unerschöpflichen Umgehungsmöglichkeiten ständige Verschärfung der Eingriffe vor allem in den Kapitalverkehr. Eine nachhaltige Abwehrwirkung stellte sich nicht ein, dagegen nahm die Konvertibilität ab. Mit der Einführung des Europäischen Währungssystems (EWS) steigt die Gefahr für Geldwert und Konvertibilität wieder in dem Maße, wie die Koordination nationaler Wirtschaftspolitiken mißlingt und Wechselkursanpassungen verschleppt werden.

R. Hasse/H. Werner/H. Willgerodt: Außenwirtsch. Absicherung zwischen Markt u. Interventionismus. Frankf. a. M. 1975. – U. Teichmann: Grundriß der Konjunkturpolitik. 3. Aufl. München 1982.

Mögliche Instrumente zur Abwehr außenwirtschaftlicher Störungen (außenwirtschaftliche Absicherung)

Instrumente	Beispiele	Beurteilung
Internationale Koordination der Wirtschaftspolitik: a. Konsultation b. Vereinbarung gemeinsamer verbindlicher Handlungsregeln c. Übertragung wirtschaftspolitischer Kompetenzen auf supranationale Institutionen	Koordinationsversuche von Mitgliedsstaaten der EG (z. B. „Europäische Wirtschaftsprogrammierung", Anläufe zu einer „Wirtschafts- und Währungsunion")	Bislang wenig erfolgreich, vor allem wegen unterschiedlicher Auffassungen hinsichtlich der Ziele und Zielkonflikte, der Diagnose, Prognose und der wirtschaftspolitischen Steuerungsmöglichkeiten sowie des mit einer Koordination z. T. verbundenen Verzichts auf nationale Souveränität.
Wechselkurspolitik: a. Stufenweise Wechselkurs-(Paritäts-)änderungen b. Erweiterung der möglichen Schwankungsbreite grundsätzlich fester Paritäten c. Verschiedene Formen regelgebundener Paritätsverschiebung d. Frei bewegliche Wechselkurse („Floating")	Im Fall der BRD seit 1961 stufenweise Änderungen der Parität und – seit 1969 – mehrere Perioden des „Floating" sowohl isoliert als auch gemeinsam mit anderen EG-Ländern („Gruppenfloating", „Währungsschlange", „Europäisches Währungssystem")	Paritätsänderungen und Wechselkursfreigabe erwiesen sich stets als letzter Ausweg aus z. T. spektakulären Währungsunruhen. Da andere Maßnahmen versagten, dürfte schon die Erfahrung für dieses Instrument sprechen.
Gezielte Eingriffe in den Außenwirtschaftsverkehr: a. Eingriffe in den Waren- und Dienstleistungsverkehr	Steuerliche „Ersatzaufwertung" der BRD Ende 1968 durch Vergütungen auf die Einfuhrumsatzsteuer und eine Sondersteuer auf die Ausfuhren	Wirtschaftlich kaum begründbare einseitige Beeinflussung eines Teils der Außenwirtschaftsbeziehungen.
b. Kapitalverkehrskontrollen 1. Besteuerungsmaßnahmen	„Kuponsteuer": Kapitalertragsteuer auf die Zinserträge aus festverzinslichen Wertpapieren deutscher Emittenten im Besitz von Ausländern zur Erschwerung von Kapitalimporten	
2. Verbot oder Genehmigungspflicht für die Verzinsung von Guthaben auf Konten „Gebietsfremder" bei Kreditinstituten	Genehmigungspflicht für die BRD erlassen 1971 mit dem Ziel der Abwehr von Kapitalimporten	Für alle Formen der Kapitalverkehrskontrollen gilt, daß durch sie nicht alle „Schlupflöcher" sowohl bei Kapitalimport- als auch Kapitalexportkontrollen „gestopft" werden konnten. Ökonomisch sind solche Kontrollen außerdem negativ zu beurteilen, weil sie die internationale Mobilität eines wichtigen Produktionsfaktors beschränken bzw. zu Fehlleitungen von Kapital anregen.
3. Differenzierung der Mindestreserven	Nach Änderung des Gesetzes über die Deutsche Bundesbank im Juli 1969 kann diese für Verbindlichkeiten der Kreditinstitute gegenüber „Gebietsfremden" einen Mindestreservesatz von 100 % festsetzen	
4. Bardepot	„Gebietsansässige" müssen nach Maßgabe der Bundesbank für eine vorgegebene Zeit bei ihr einen bestimmten Prozentsatz der Verbindlichkeiten zinslos deponieren, die sie durch Kreditaufnahme bei „Gebietsfremden" eingehen	
5. Genehmigungspflicht für ausgewählte oder alle internationalen Kreditgeschäfte	Der Erwerb von Geldmarktpapieren durch „Gebietsfremde" von „Gebietsansässigen" kann seit 1971 genehmigungspflichtig gemacht werden	
6. Spaltung des Devisenmarktes	U. a. in Frankreich wurde 1973/74 (vergeblich) versucht, den Devisenmarkt in einen Teilmarkt für Transaktionen als Folge von Handelsgeschäften mit fester Parität und einen Teilmarkt für Kapitaltransaktionen mit beweglichem Wechselkurs aufzuspalten	

Preis- und Lohnstopp

Der Versuch, Preise und Löhne auf ihrem Stand zu einem bestimmten Termin durch staatliche Verordnung zu fixieren, ist der massivste Eingriff in die marktwirtschaftliche ↑Preisbildung (S. 174) und ↑Lohnbildung (S. 118). Ökonomisch begründen ließe er sich vor allem als Versuch, inflationstreibende Preis- und Lohnerwartungen (↑Stagflation S. 500) zu dämpfen bzw. die Lohn-Preis-Spirale anzuhalten in der Hoffnung, die erzwungene „Atempause" zur Bekämpfung der ↑Inflationsursachen (S. 498) nutzen zu können.

Die Schwierigkeiten beginnen jedoch schon mit der Administration des Stopps. Erforderlich sind zunächst ein möglichst lückenloses Netz von Preis- bzw. Lohnmeldestellen und Überwachungsbehörden sowie einschlägige Strafbestimmungen für Verstöße. Wie bei allen zwangswirtschaftlichen Maßnahmen wird die Überwachung durch eine Vielzahl von Umgehungsmöglichkeiten erschwert, die sich mit der Dauer des Stopps eher vermehren. Auf der Preisseite ist u. a. zu unterbinden, daß versteckte Preiserhöhungen durch Qualitätsverschlechterung vorgenommen werden oder daß durch unwesentliche Änderungen (z. B. Verpakkung) ein altes Produkt als Neuentwicklung ausgegeben und dafür ein höherer Preis beantragt wird. Der Lohnstopp kann u. a. durch Einstufung in höhere Lohn- und Gehaltsgruppen unterlaufen werden. Besondere Schwierigkeiten bereiten ferner die unumgänglichen Ausnahmeregelungen. So ist z. B. bei einer Verteuerung von importierten Vorprodukten zu prüfen, ob der damit verbundene Kostenanstieg nicht etwa durch Einsparungen bei anderen Kosten aufgefangen wurde. Würde trotzdem eine importbedingte Preiserhöhung beim Endprodukt gestattet, bedeutete dies für den Produzenten eine Gewinnsteigerung, die den Fortbestand des Lohnstopps gefährdet. Das zu vermeiden, verlangt strenge Betriebskontrollen. Sie sind u. a. auch erforderlich, um Versuche zu unterbinden, Teile der Produktion zu unterschlagen, die Gesamtkosten auf die restliche Produktion zu verrechnen und mit den dann gestiegenen Stückkosten auch noch Preiserhöhungen zu beantragen. Produktion zurückzuhalten, lohnt in jedem Fall, wenn der durch gestoppte Preise entstandene Nachfrageüberhang (zurückgestaute Inflation) „graue" oder „schwarze" Märkte mit wesentlich höheren Preisen entstehen läßt. Dem müßte wiederum mit zusätzlichen Mengenkontrollen begegnet werden. Da sowohl auf den meisten Beschaffungs- als auch Absatzmärkten bei den gestoppten Preisen (Höchstpreisen, ↑staatliche Preisfestsetzung S. 182) Übernachfrage herrscht, dürfte eine staatliche Zuteilung (Rationierung) immer weniger zu vermeiden sein, um die gröbsten Schwierigkeiten bzw. Ungerechtigkeiten in der Versorgung zu vermeiden.

Die Beispiele illustrieren nicht nur den Verwaltungsaufwand, der durch den Kampf gegen Umgehungsversuche ständig zu steigen tendiert. Vielmehr werden auch die volkswirtschaftlichen Kosten des Lohn- und Preisstopps erkennbar. Mit dem Stopp müssen die tausendfachen Signale, die automatisch von Lohn- und Preisänderungen für die ↑Koordination von Wirtschaftsplänen (S. 16) ausgehen (↑Preisfunktionen S. 176), durch bürokratischen „Handbetrieb" ersetzt werden. Nach allen vorliegenden Erfahrungen war dies immer mit verlustreichen Fehlleitungen von Produktionsfaktoren verbunden. Als Mittel zur Inflationsbekämpfung hat der Lohn- und Preisstopp bisher nicht nur versagt, weil Rezepte fehlten, wie die „Atempause" zur Ursachentherapie genutzt werden könnte. Oft wurde die Situation auch durch Übergangsschwierigkeiten eher noch verschlimmert. Dazu gehören vorsorgliche Lohn- und Preiserhöhungen bei Ankündigung des Stopps. Außerdem ist nach seiner Aufhebung mit einem Lohn- und Preisschub zu rechnen; denn diejenigen, denen es vor dem Stopp im Verlauf des Inflationsprozesses nicht mehr gelang, sich gegen inflationsbedingte Einkommensverluste zu wehren, werden versuchen, dies nachzuholen.

O.-E. Kuntze: Preiskontrollen, Lohnkontrollen u. Lohn-Preis-Indexbindung in den europ. Ländern. Berlin u. a. 1973. – H. Giersch: Konjunktur- u. Wachstumspolitik. Wiesbaden 1977.

Erfahrungen mit Lohn- und Preiskontrollen sowie Lohn- und Preisstopp

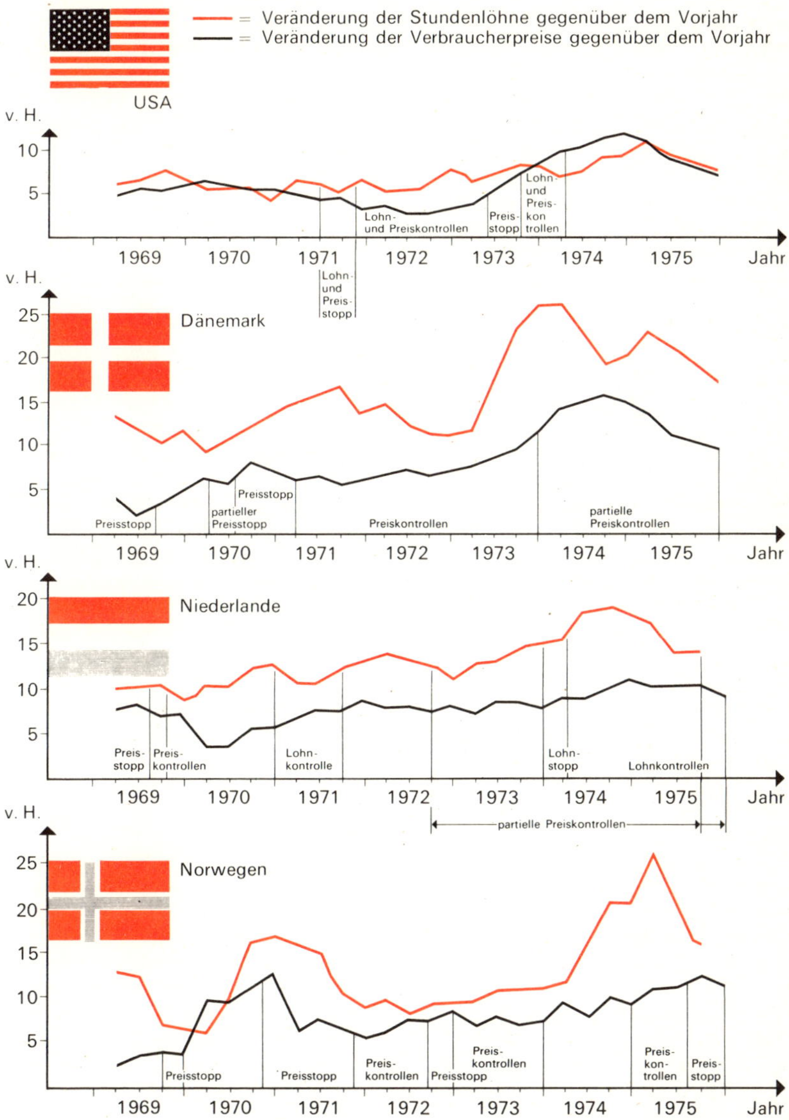

Wertsicherung

Als Schutz vor unerwünschten, unkontrollierten Änderungen der ↑Einkommensverteilung (S. 460) und der ↑Vermögensverteilung (S. 462) und vor anderen Schäden der ↑Inflation (S. 496) sowie als ergänzendes Mittel der Inflationsbekämpfung sollen sog. Wertsicherungsklauseln dienen. Mit ihnen wird der Wert einer Geldforderung (-schuld) an die Preisentwicklung eines Gutes (z. B. Gold) oder eines Güterbündels (z. B. Lebenshaltungskosten, ↑Inflationsmessung S. 496) gekoppelt. Während Wertsicherungs- oder Gleitklauseln in vielen Ländern frei vereinbar sind, ist ihre Verwendung in der BRD nach § 3 des Währungsgesetzes vom 20. 6. 1948 einer Genehmigungspflicht durch die ↑Deutsche Bundesbank (S. 46) unterworfen. Genehmigungen waren bisher Ausnahmefälle. Bundesbank und andere ↑Träger der Wirtschaftspolitik (S. 376) beharrten darauf, daß Mark (gestern) = Mark (heute) sein soll. Obgleich dieses Nominalwertprinzip dem beobachtbaren Kaufkraftschwund widerspricht, wird es vor allem mit der umstrittenen Vermutung verteidigt, Gleitklauseln würden eher zur Beschleunigung der Inflation beitragen.

Die durch Inflation Geschädigten sind auf den ersten Blick leicht erkennbar: Bezieher fester Einkommen und vor allem Geldvermögensbesitzer (↑Vermögen S. 202). Der Schaden entsteht aus dem Kaufkraftverlust der Einkommen bzw. der Vermögenserträge, wobei im Falle der Geldvermögen eine die Nominalverzinsung übersteigende Inflationsrate sogar zwangsläufig die Vermögenssubstanz mindert. Hinzu kommt, daß sich Steuerschulden nach Nominaleinkommen (Nominalerträgen) bemessen, so daß z. B. ein Kontensparer weniger an Sparzinsen erhalten kann, als der Kaufkraftschwund seiner Ersparnis beträgt und dennoch die Zinserträge versteuern muß. Inflationsgewinner sind bei dieser teilwirtschaftlichen Betrachtung Geldschuldner und Fiskus. Vor Inflationsschäden schützen können sich all diejenigen, die die von ihnen angebotenen Güter und Dienste verteuern können. Abgesehen davon, daß die zunächst offenkundigste Gruppe von Geschädigten, die Rentner, durch die ↑Rentendynamik (S. 478) an der allgemeinen Nominaleinkommenssteigerung teilhaben, ist das Ausmaß der inflationsbedingten Umverteilung von Einkommen und Vermögen schwer bestimmbar: Die wenigsten sind nur Geldschuldner oder Sachwertbesitzer bzw. Geldgläubiger; deshalb ist jeweils eine Aufrechnung von Inflationsgewinnen und -verlusten erforderlich. Bei denjenigen, die z. B. tatsächlich nur Geldvermögensbesitzer sind, wäre zu berücksichtigen, ob sie bei Erwerb ihres Geldvermögens nicht selbst zu den Inflationsgewinnern gehörten. Allerdings dürfen wegen solcher Meßprobleme Umverteilungswirkungen nicht vernachlässigt werden. Dies gilt auch für die Folgen inflationsbedingter Flucht in Sachwerte (z. B. Bauspekulation) und für Fehlkalkulationen, die aus unrichtiger Einschätzung der Geldwertentwicklung erwachsen.

Ein möglichst umfassendes System von Gleitklauseln käme in mancherlei Hinsicht einer Situation nahe, „als ob" Geldwertstabilität herrschte. Denn bis auf Bargeld würden sich alle Nominalwerte entsprechend der Geldentwertungsrate automatisch erhöhen und damit ihre Kaufkraft bewahren. Deshalb wären auch inflationstreibende Versuche überflüssig, den erwarteten Geldwertschwund z. B. in Lohn- und Zinsforderungen vorwegzunehmen. Technische Probleme (z. B. geeignete Klauseln) und unterschiedliche Chancen der einzelnen Geldgläubiger, Gleitklauseln auch durchzusetzen, dürften u. a. deren Erfolg schmälern. Dem sind jedoch die gegenwärtigen unzulänglichen Anpassungsmöglichkeiten an die Inflation entgegenzuhalten. Eine inflationsbeschleunigende Wirkung ist vor allem in der Übergangsphase denkbar. Ausschlaggebend für die Wirkung von Gleitklauseln dürfte jedoch sein, ob sie eine konsequente Stabilitätspolitik ergänzen. Das Argument, Gleitklauseln nähmen den politischen Druck, für Stabilität zu sorgen, ist zweifelhaft; denn diesen Druck auszuüben würde praktisch denjenigen zugemutet, die den Inflationsrisiken und -schäden ungeschützt ausgesetzt wären.

Probl. der Indexbindung. Hg. v. W. Ehrlicher. Berlin 1974. – H. Giersch: Konjunktur- u. Wachstumspolitik. Wiesbaden 1977.

1. Löhne und Gehälter je beschäftigten Arbeitnehmer pro Monat in DM (Brutto, Netto und in Preisen von 1960)[1]

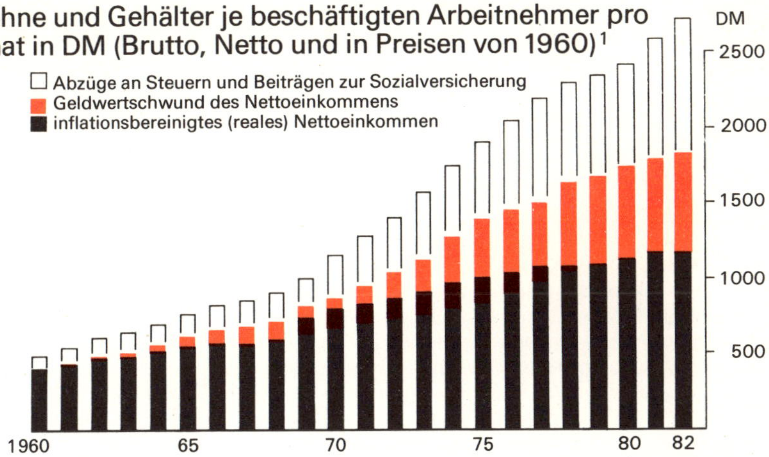

2. Durchschnittsrente eines Arbeiters pro Monat in DM (Nominal und in Preisen von 1960)[1]

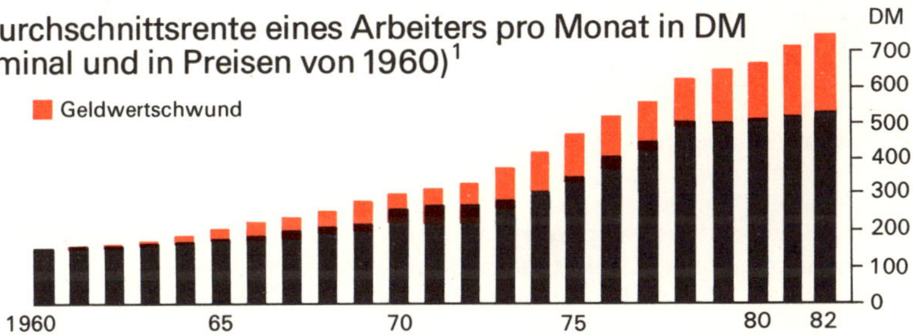

3. Zinsen für Spareinlagen mit gesetzl. Kündigungsfrist in %[1)]

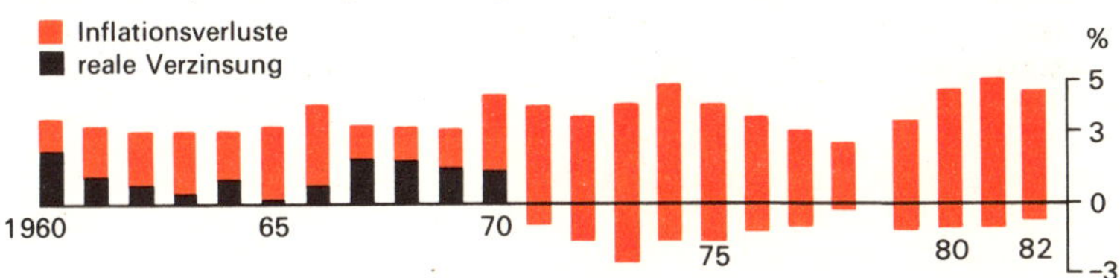

4. Umlaufrendite festverzinslicher Wertpapiere in % [1)]

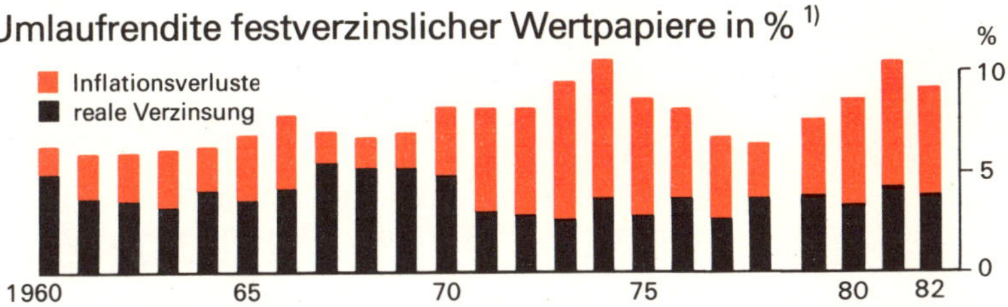

[1)] Bereinigt um die Preisentwicklung des privaten Verbrauchs.

Globalsteuerung

In der BRD wird Globalsteuerung bisher primär als möglichst umfassende Politik verstanden, die darauf gerichtet ist, Konjunkturschwankungen und deren unerwünschten Begleiterscheinungen (↑Konjunktur S. 488) zu begegnen. Sie zielt darauf ab, gesamtwirtschaftliche Größen zu beeinflussen, und orientiert sich dabei an deren wechselseitigen Beziehungen, wie sie im ↑Wirtschaftskreislauf (S. 354) modellhaft (↑Modell S. 636) beschrieben werden können. Die Größen sind das Ergebnis der Zusammenfassung (Aggregation) vieler einzelner Transaktionen der Privaten und des Staates. Dementsprechend soll diese an den ↑Zielen der Konjunkturpolitik (S. 508) ausgerichtete Steuerung nur das Niveau von Komponenten der ↑Gesamtnachfrage (S. 360), wie den ↑privaten Verbrauch (S. 130) und das Investieren (S. 196), beeinflussen, nicht jedoch die Nachfrage nach einzelnen Gütern lenken. Die Regulierung der Einzelmärkte soll dem ↑Wettbewerb (S. 406) überlassen bleiben. Globalsteuerung wird daher auch als Ergänzung des Ordnungsprinzips Wettbewerb interpretiert. Dem Stabilitätsgesetz folgend, darf sie den Rahmen der marktwirtschaftlichen Ordnung nicht sprengen.

Träger der Globalsteuerung sind in erster Linie Bund, Länder und Gemeinden sowie die Deutsche Bundesbank; denn sie entscheiden über den Einsatz von Fiskalpolitik (↑Konjunktursteuerung durch Fiskalpolitik S. 510), ↑Geld- und Kreditpolitik (S. 512) sowie über die Art der ↑außenwirtschaftlichen Absicherung (S. 516). Die ↑Tarifpartner (S. 440) und andere Interessenverbände wurden im Rahmen der ↑konzertierten Aktion (S. 526) in die Globalsteuerung miteinbezogen; denn mit ihren Entscheidungen vor allem über Einkommenforderungen und deren Durchsetzung beeinflussen sie das Konjunkturgeschehen wesentlich. Konjunkturpolitische Entscheidungshilfen soll der ↑Sachverständigenrat (S. 524) als unabhängige Beratungsinstanz geben. Seine Gutachten bilden zusammen mit dem ↑Jahreswirtschaftsbericht (S. 524) der Bundesregierung wesentliche Grundlagen für die Urteilsbildung von gesetzgebenden Körperschaften und Öffentlichkeit.

Skepsis gegenüber der Globalsteuerung ist nach den bisherigen Erfahrungen, aber auch grundsätzlich, durchaus angebracht. Die Erfahrungen legen folgendes Urteil nahe: 1) Maßnahmen zur Konjunkturbelebung finden eher hinreichende politische Unterstützung als solche zur Konjunkturdrosselung; 2) die notwendige Koordination der verschiedenen Träger der Globalsteuerung befriedigt nicht; 3) Abweichungen von auch zahlenmäßig zu definierenden Zielen regen zu ständigem konjunkturpolitischem Handeln an mit eher destabilisierenden Folgen, weil die Reaktionsfähigkeit des Wirtschaftssystems dadurch überfordert wird; 4) der Bedarf an hinreichend genauer Diagnose, Wirkungskenntnis von Instrumenten und Prognose übersteigt das wissenschaftlich bisher Mögliche beträchtlich.

Grundsätzlich besteht die Gefahr, daß Globalsteuerung in ihrer Funktionsweise mißverstanden wird. Wie betont, sind Globalgrößen lediglich das Ergebnis gedanklichen Vorgehens. Verändert werden sie aufgrund der einzelwirtschaftlichen Dispositionen, die in den Globalgrößen zusammengefaßt sind. Allerdings verlockt der Umgang mit Globalgrößen dazu, ihnen eine Art „Eigenleben" zu verleihen, das sich in ↑ökonomische Gesetzmäßigkeiten (S. 632) niederschlägt. Die Gefahr ist dann groß, daß Änderungen in den individuellen Verhaltensweisen, die nicht mit den bisher bekannten Gesetzmäßigkeiten in Einklang stehen, als Behinderung der Globalsteuerung angesehen werden. Die Globalsteuerung scheint „unterlaufen" oder „durchkreuzt" und die Entscheidungsfreiheit der dafür „Verantwortlichen" ungebührlich groß. Daraus werden Forderungen abgeleitet, die individuelle wirtschaftliche Entscheidungsfreiheit im Interesse der Funktionsfähigkeit der so verstandenen Globalsteuerung einzuschränken.

Soziale Marktwirtschaft im Wandel. Hg. v. E. Tuchtfeldt. Freib. i. Br. 1973. Art. „Soziale Marktwirtschaft u. Globalsteuerung". S. 159–188. – M. Lahnstein u. a.: Konjunktursteuerung eine Illusion? Wiesbaden 1980.

Institutionelle Koordination der Globalsteuerung

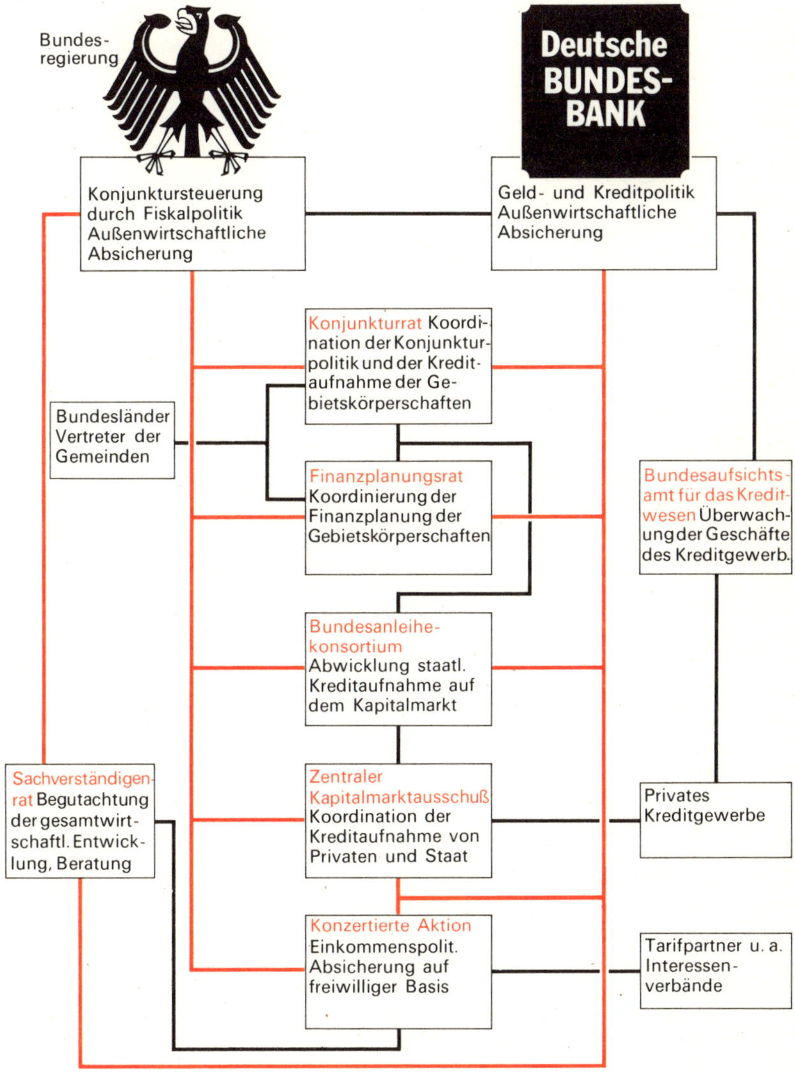

Begutachtung der gesamtwirtschaftlichen Entwicklung (Sachverständigenrat und Jahreswirtschaftsbericht)

Mit dem Sachverständigenrat wurde 1963 ein unabhängiges, auch institutionell verselbständigtes, permanentes Gremium zur ↑wirtschaftspolitischen Beratung (S. 374) geschaffen, das politisch niemandem gegenüber verantwortlich ist. Diese staatsrechtlich ungewöhnliche Konstruktion rückt den Rat in eine Position, aus der er maßgeblichen Einfluß auf die ↑Träger der Wirtschaftspolitik (S. 376) und die öffentliche Meinung ausüben kann, wenn sein wirtschaftspolitisches Urteil überzeugt. Die Sonderstellung erhielt der Rat nicht zuletzt deshalb, weil man von ihm in dem sich verschärfenden Konflikt um die ↑Einkommensverteilung (S. 460) primär aufklärende Wirkung erhofft.

Aufklärend wirkte der Rat mit seinen Gutachten aber auch für den Vollzug der ↑Globalsteuerung (S. 522); z. B. wurde er in Fragen der ↑außenwirtschaftlichen Absicherung (S. 516) zeitweilig zu einem (unbequemen) Kritiker der staatlichen Wirtschaftspolitik. Zwar sollte der Einfluß des Rates von vornherein dadurch begrenzt werden, daß ihm wirtschaftspolitische Ziele als Orientierungsmaßstab ebenso vorgegeben wurden wie der Rahmen der marktwirtschaftlichen Ordnung, zusammen mit der Auflage, keine Empfehlungen auszusprechen. Jedoch müssen einige Aussagen zwangsläufig zu Empfehlungen werden und zwar immer dann, wenn der Rat nur eine wirtschaftspolitische Lösung sieht, die den ihm vorgegebenen Zielen entspricht und die marktwirtschaftliche Ordnung nicht verletzt. Abgesehen von solchen Situationen läßt sich schon bei der Diagnose als nachträglicher Therapie der empfehlende Charakter von Aussagen kaum vermeiden.

Anlaß zu Mißverständnissen in der Öffentlichkeit geben immer wieder die Prognosen des Rates ebenso wie die der Wirtschaftsforschungsinstitute und der Bundesregierung. Im Schema der ↑volkswirtschaftlichen Gesamtrechnung (S. 358) erstellt, sind sie zwar in sich schlüssig; häufig wird aber übersehen oder in den Folgen mißdeutet, daß es sich um an Bedingungen geknüpfte Vorhersagen im Unterschied zu bedingungslosen Prophezeiungen handelt und daß neben den Ungewißheiten über die wirtschaftliche Lage und Zukunft die wirtschaftswissenschaftliche Erklärung, auf der Prognosen aufbauen müssen (↑Aufgaben der Wirtschaftswissenschaften S. 622), wesentliche Lücken hat. Darauf weist der Rat zwar stets hin, kann sich aber dem durch die Globalsteuerung erweckten Eindruck weitgehender Gestaltbarkeit marktwirtschaftlichen Geschehens und den daraus abgeleiteten Erwartungen ebenfalls nicht entziehen.

Mit dem Jahreswirtschaftsbericht wird der Bundesregierung nicht nur eine offizielle Stellungnahme zu den Gutachten des Sachverständigenrates durch das Stabilitätsgesetz abverlangt. Vielmehr und vor allem soll der Bericht zugleich Darstellung und Begründung künftiger Wirtschaftspolitik sein. In einer Jahresprojektion sind die angestrebten wirtschaftspolitischen Zielwerte und die zu ihrer Erreichung als angemessen erachteten Maßnahmen darzulegen. Nicht zuletzt für Zwecke der ↑mehrjährigen Finanzplanung (S. 280) ist die Jahresprojektion in eine Projektion der mittelfristigen Wirtschaftsentwicklung einzubetten. Obgleich die Globalsteuerung im Vordergrund steht, wird der Gesetzesauftrag so interpretiert, daß darüberhinaus ein umfassendes Bild der Wirtschaftspolitik zu geben ist, also z. B. auch über Fragen der Förderung des ↑Wettbewerbs (S. 406).

Die im Jahreswirtschaftsbericht enthaltenen Aussagen über geplantes Handeln und die erwarteten Ergebnisse begründen keine entschädigungswürdigen Rechtspositionen für den Fall, daß Private sich auf die Aussagen zu ihrem Schaden verlassen. Wegen einer Reihe im Stabilitätsgesetz enthaltener sog. unbestimmter Rechtsbegriffe (z. B. „gesamtwirtschaftliches Gleichgewicht") kann die Bundesregierung nicht zu gesetzeskonformem Handeln gezwungen werden.

Zehn Jahre Sachverständigenrat. Hg. v. R. Molitor. Frankf. a. M. 1973. – K. Stern/P. Münch/K.-H. Hansmeyer: Gesetz zur Förderung der Stabilität u. des Wachstums der Wirtschaft. Kommentar. 2. Aufl. Stuttg. 1973.

Sachverständigenrat

Gesetzliche Grundlage

Gesetz über die Bildung eines Sachverständigenrates zur Begutachtung der gesamtwirtschaftl. Entwicklung (SRG) vom 14. 8. 1963 und Gesetz zur Förderung der Stabilität und des Wachstums der Wirtschaft

Zusammensetzung

5 unabhängige Mitglieder, die über bes. wirtschaftswissenschaftl. Kenntnisse und volkswirtschaftl. Erfahrungen verfügen

Berufung

Auf Vorschlag der Bundesregierung durch den Bundespräsidenten für 5 Jahre. Wiederberufungen sind möglich.
Die Berufenen sind nur an den Auftrag des SRG gebunden

Aufgaben

Die Begutachtung der gesamtwirtschaftl. Entwicklung in der BRD und die Erleichterung der wirtschaftspolit. Urteilsbildung durch
1. Jahresgutachten, das jeweils zum 15. 11. der Bundesregierung zuzuleiten ist, die es den gesetzgebenden Körperschaften unverzügl. vorzulegen hat; zum gleichen Zeitpunkt wird es vom Rat veröffentlicht.
Inhaltl. soll es untersuchen, wie Stabilität des Preisniveaus, hoher Beschäftigungsstand und außenwirtschaftl. Gleichgewicht bei stetigem und angemessenem Wachstum gleichzeitig im Rahmen der marktwirtschaftl. Ordnung gewährleistet werden können;
2. Sondergutachten bei Gefährdung der genannten Ziele.

Jahreswirtschaftsbericht

Gesetzliche Grundlage

§ 2 des Gesetzes zur Förderung der Stabilität und des Wachstums der Wirtschaft (StWG) vom 8. 5. 1967

Berichterstatter

Die Bundesregierung im Januar jeden Jahres. Vorzulegen ist der Bericht Bundestag und Bundesrat

Vorgeschriebene Bestandteile

Stellungnahme zum Jahresgutachten des Sachverständigenrates, wobei v. a. die wirtschaftspolit. Schlußfolgerungen darzulegen sind, die die Bundesregierung aus dem Gutachten zieht.

Jahresprojektion, in der für das laufende Jahr die von der Bundesregierung angestrebten wirtschafts- und finanzpolit. Ziele mit Hilfe des Schemas der volkswirtschaftl. Gesamtrechnung als Zielbündel darzustellen sind.

Darlegung der für das laufende Jahr geplanten Wirtschafts- und Finanzpolitik, aufbauend auf dem Jahresgutachten des Sachverständigenrates und der Jahresprojektion.

Projektion der mittelfristigen Wirtschaftsentwicklung auf 5 Jahre. Sie bildet den gesamtwirtschaftl. Rahmen für eine mehrjährige Finanzplanung.

Konzertierte Aktion – Einkommenspolitik

Nach dem Stabilitätsgesetz (§ 3 StWG) ist unter konzertierter Aktion ein „gleichzeitiges, aufeinander abgestimmtes Verhalten der Gebietskörperschaften, Gewerkschaften und Unternehmerverbände zur Erreichung der Ziele des § 1" (↑Ziele der Konjunkturpolitik S. 508) zu verstehen. Zu diesem Zweck stellt die Bundesregierung Orientierungsdaten zur Verfügung, die der Bundesminister für Wirtschaft auf Verlangen eines der Beteiligten erläutert (§ 3 Abs. 2 StWG). Die Verfahrensvorschrift verdeutlicht, daß die konzertierte Aktion neben einer Verhaltensweise auch eine Institution ist. Bis zu ihrer vorläufigen Einstellung hatte sie die Form mehrmals jährlich stattfindender Zusammenkünfte, an denen neben dem Bundeswirtschaftsminister (als Vorsitzendem), dem Bundesarbeitsminister, Vertretern der ↑Tarifpartner (S. 440), Mitgliedern des ↑Sachverständigenrates (S. 524) und Vertretern der ↑Deutschen Bundesbank (S. 46) auch Vertreter anderer Interessenverbände teilnahmen.

Die konzertierte Aktion ist neben ↑Geld- und Kreditpolitik (S. 512), ↑Konjunktursteuerung durch Fiskalpolitik (S. 510) und ↑außenwirtschaftlicher Absicherung (S. 516) das vierte Element der ↑Globalsteuerung (S. 522). Als sog. „Einkommenspolitik der leichten Hand" sollen über sie die Ansprüche des Staates und der gesellschaftlichen Gruppen auf Teile des Volkseinkommens abgestimmt werden. Besondere Bedeutung haben dabei die Ansprüche der Tarifpartner, d.h. ihre Vorstellungen über die anzustrebende (funktionelle) ↑Einkommensverteilung (S. 460), die sich in Lohn- bzw. Gewinnforderungen niederschlagen. Aufgabe der Orientierungsdaten ist es, Anhaltspunkte über den vermutlichen Spielraum zu geben, innerhalb dessen solche Forderungen konform mit den Zielen der Globalsteuerung erreichbar erscheinen. Als Orientierungsdaten werden i. d. R. die Ergebnisse der Jahresprojektion angeboten, die die Bundesregierung mit dem ↑Jahreswirtschaftsbericht (S. 524) zu erstellen hat. Die Ergebnisse selbst beruhen auf vermuteten Beziehungen zwischen wirtschaftlichen Globalgrößen, z. B. zwischen der Entwicklung der Einkommen aus Unternehmertätigkeit und den privaten Investitionen, dem Wachstum des Sozialprodukts und der Importnachfrage sowie auf Erwartungen, z.B. über die Auslandskonjunktur. Zumindest rechnerisch widerspruchsfrei werden sie insgesamt dadurch, daß sie in das Schema der ↑volkswirtschaftlichen Gesamtrechnung (S. 358) eingefügt werden.

Als ↑wirtschaftspolitisches Instrument (S. 370) soll die konzertierte Aktion wohl primär der Aufklärung über Lage, Aussichten und Zielvorstellungen i.S.d. Globalsteuerung dienen. Bestenfalls erleichtern, aber nicht ersetzen kann sie die Aufgabe der Tarifpartner, die Einkommensverteilung zu finden, die mit den Machtverhältnissen auf den Märkten für Güter und Produktionsfaktoren vereinbar ist, wobei die damit i. d. R. verbundenen Stabilitäts- und Beschäftigungsrisiken vermindert werden sollen. Konzertierte Aktion wird zu freiwilliger Übereinkunft, wenn durch Interessenverbände zugesichertes Wohlverhalten i. S. d. Ziele der Globalsteuerung z. B. durch eine staatliche Expansionspolitik honoriert wird. Kritik setzt nicht nur bei einer solchen Übereinkunft an, die sich u. U. als verfassungspolitisch bedenklicher Ansatz zum Syndikalismus deuten läßt. Zweifel am Erfolg der konzertierten Aktion werden schon damit begründet, daß Zusicherungen seitens der Interessenverbände diese und vor allem ihre Mitglieder nicht binden bzw. binden können und daß die staatlichen Träger der Wirtschaftspolitik i. d. R. nicht willens oder in der Lage sind, ihre eigenen Steuerungsaufgaben zu erfüllen. Zu diesen gehört neben dem zielkonformen Einsatz der Mittel der Globalsteuerung nicht zuletzt eine konsequente Wettbewerbspolitik. Ausländische Erfahrungen, auch mit strafferen Formen der Einkommenspolitik, etwa dem ↑Preis- und Lohnstopp (S. 518), sind eher noch weniger ermutigend.

M. E. Streit: Zum Stellenwert der Einkommenspolitik im Rahmen stabilisierungspolitischer Bemühungen. In: E. Mändle u.a.: Wirtschaftspolitik in Theorie und Praxis. Wiesbaden 1979. S. 109–118.

Jahresprojektion der Bundesregierung und tatsächliche wirtschaftliche Entwicklung

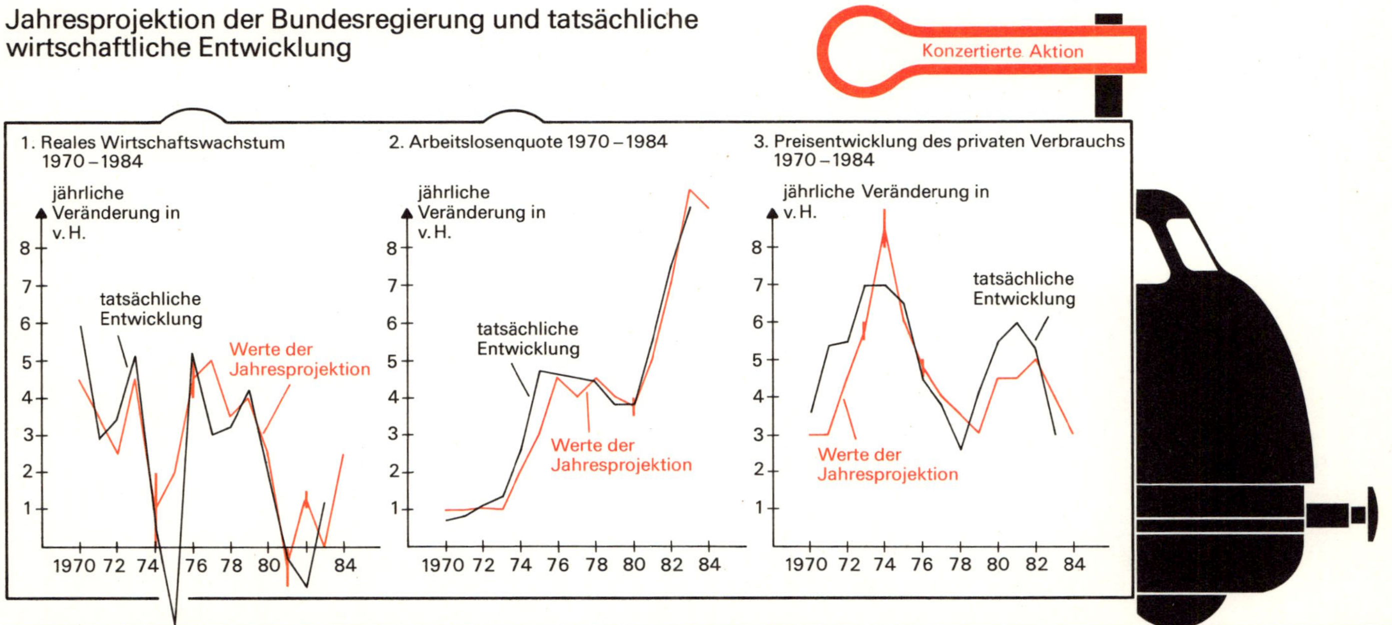

Wirtschaftliches Wachstum

Unter wirtschaftlichem Wachstum versteht man das Wachstum des realen (von Änderungen des Preisniveaus bereinigten) ↑Sozialprodukts (S. 360), und zwar entweder insgesamt oder pro Kopf der Bevölkerung oder pro Arbeitsstunde (= Wachstum der Arbeitsproduktivität, ↑Produktivität S. 74). Während bis zur industriellen Revolution in der zweiten Hälfte des 18. Jahrhunderts das Sozialprodukt in den meisten europäischen Ländern weitgehend stagnierte, führte der Übergang von der handwerklichen Erzeugung zur maschinellen Produktion zu einem raschen Anstieg des Sozialprodukts.

Die Wachstumstheorie (↑Theorie S. 636) hat die Wachstumsrate des realen Sozialprodukts zunächst durch die Höhe der Investitionsquote (Anteil der Investitionen am Sozialprodukt) zu erklären versucht (↑ökonomische Gesetzmäßigkeiten S. 632). Statistische Untersuchungen zeigten jedoch einen wechselnden und zeitweise sehr losen Zusammenhang zwischen Investitionsquote und Wachstumsrate. Ähnlich geringe Zusammenhänge zeigten statistische Untersuchungen der Beziehung zwischen der Wachstumsrate der Arbeitskräfte und der Wachstumsrate des realen Sozialprodukts. Mit Hilfe einer gesamtwirtschaftlichen Produktionsfunktion wurde versucht, die Wachstumsrate des realen Sozialprodukts gleichzeitig auf die Wachstumsraten der beiden Produktionsfaktoren ↑Kapital (S. 54) und ↑Arbeit (S. 52) zurückzuführen. Aber auch hier ergab sich ein unerklärter Rest als Abweichung zwischen beobachtbarem und mit Hilfe dieser Produktionsfunktion „erklärbarem" Wachstum, der bis zu 80 % der beobachteten Wachstumsraten des realen Sozialprodukts ausmachte. Das wirtschaftliche Wachstum ist also – so läßt sich vermuten – weniger vom mengenmäßigen Einsatz zusätzlichen Kapitals (= ↑Investieren S. 196) und zusätzlicher Arbeitskräfte, sondern wesentlich mehr vom effizienten Einsatz dieser Produktionsfaktoren abhängig, der sich in dem unerklärten Rest niederzuschlagen scheint.

Der größte Teil des Wirtschaftswachstums ist wesentlich von der Dynamik der Unternehmer, die die Produktionsfaktoren kombinieren, und von der Intensität des ↑Wettbewerbs (S. 406) abhängig, der zur sparsamen Verwendung von Produktionsfaktoren und zur Entdeckung und Verbreitung neuer Produktionsverfahren zwingt (↑Technischer Fortschritt S. 530, ↑Innovationspolitik S. 548).

Der vielfach behauptete positive Einfluß der ↑Inflation (S. 496) auf das wirtschaftliche Wachstum ist statistisch nicht feststellbar. Zwar kann eine leichte Inflation die Investitionstätigkeit anregen, doch vermindert sie andererseits die Produktivität des Kapitaleinsatzes, weil der mit der Inflation meist verbundene Nachfrageüberhang den Wettbewerb unter den Anbietern vermindert.

Wirtschaftliches Wachstum ist nicht gleichzusetzen mit einer Erhöhung des ↑Wohlstands (S. 364), da dieser z. B. auch von der Einkommensverteilung und der Qualität der Umwelt abhängig ist. Die damit angesprochene „Lebensqualität" sucht man durch soziale Indikatoren zu erfassen (↑Wohlstandsmessung S. 364). Die Lebenserwartung bei der Geburt, Ärzte und Krankenhausbetten pro 10000 Einwohner sowie das Ausmaß der Ausbildung an höheren Schulen und Universitäten weisen allerdings eine sehr enge positive Beziehung zum Sozialprodukt pro Kopf der Bevölkerung auf, welches die materiellen Voraussetzungen für diese Bestandteile der Lebensqualität schafft.

Prophezeiungen über das Ende des wirtschaftlichen Wachstums aufgrund der Erschöpfung der Rohstoffvorräte, steigender Umweltverschmutzung und zunehmender Lebensmittelverknappung als Folge wachsender Bevölkerung sind zumindest umstritten; denn bei ihnen dürften u. a. die Reaktionsfähigkeit der Märkte auf Verknappungen sowie der technische Fortschritt und die Erschließung neuer Rohstoffvorkommen unterschätzt werden (↑Grenzen des Wachstums S. 540).

E. Dürr: Wachstumspolitik. Bern u. a. 1977. – J. Röpke: Handlungsrechte u. ökon. Entwicklung. In: A. Schüller (Hrsg.): Property Rights u. ökon. Theorie. München 1983. S. 111–144.

Abb. 1:
Durchschnittliche jährliche Wachstumsraten des realen Bruttosozialprodukts in Industrieländern in %.

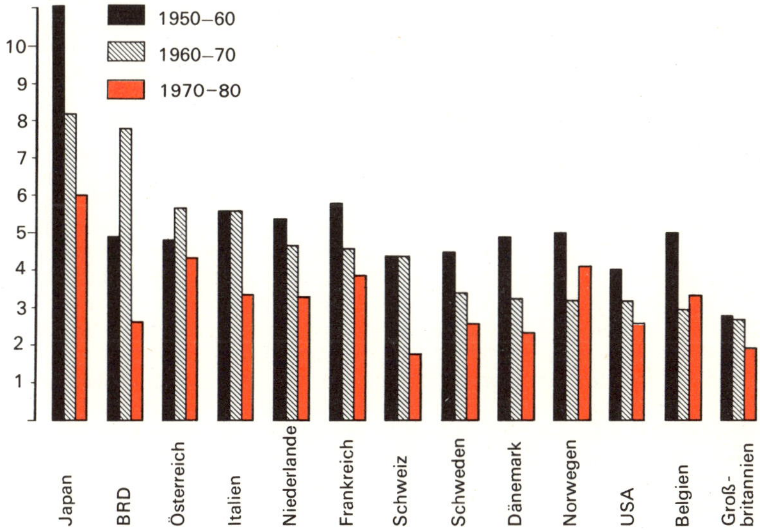

Abb. 2:
Wirtschaftswachstum und Investitionen

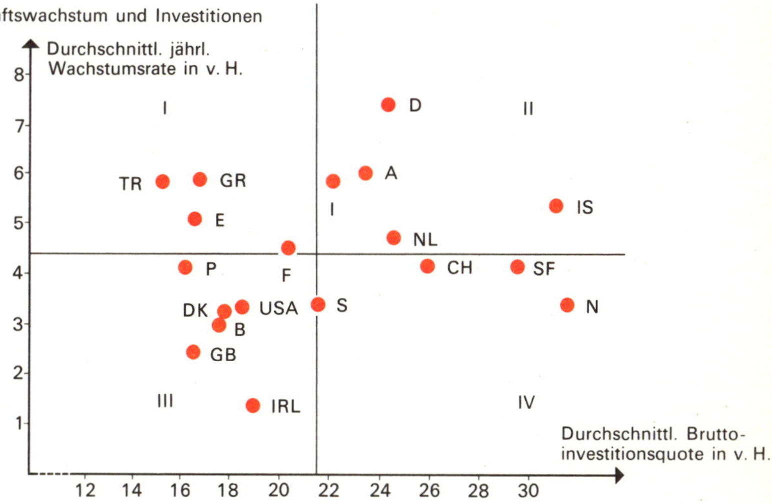

Die Verteilung der beobachteten Kombinationen von Wachstumsraten und Investionsquoten zeigt keine signifikante Beziehung zwischen beiden Größen an.

Technischer Fortschritt

Technischer Fortschritt kommt in neuen Produktionsverfahren, neuen Organisationstechniken und neuen Produkten zum Ausdruck. Die Folge ist, daß sich die ↑Produktivität (S. 74) einzelner oder aller Produktionsfaktoren erhöht bzw. die Anzahl der Güter sich vermehrt, zwischen denen gewählt werden kann. Der Vorgang der technischen Neuerung kann gedanklich und u. U. auch organisatorisch unterteilt werden in den Prozeß der eigentlichen Erfindung (Invention) sowie in deren wirtschaftliche Nutzung (Innovation). Erst die Innovation erschließt die Möglichkeiten der Steigerung des ↑Wohlstands (S. 364) durch technischen Fortschritt.

Techn. Fortschritt mit der Folge von Produktivitätssteigerungen bedeutet eine Änderung der bisher als effizient erkannten Beziehungen zwischen den eingesetzten Produktionsfaktoren und der mit ihrer Kombination erzielbaren Produktion. Die davon betroffene Produktionsweise ändert sich so, daß nunmehr die gleiche Ausbringung (Output) mit geringeren Faktormengen (Input) bzw. daß mit den gleichen Faktormengen eine größere Produktmenge erzielbar ist. Wirkt der technische Fortschritt dabei wie eine Vermehrung beider Faktoren Arbeit und Kapital, heißt er „neutral", wirkt er wie eine Vermehrung von Arbeit bzw. Kapital allein, heißt er „arbeitssparend" bzw. „kapitalsparend". Während die arbeitssparende Eigenschaft des technischen Fortschritts als empirisch erwiesen gilt, ist umstritten, ob er gleichzeitig auch kapitalsparend (und damit eher neutral) ist oder ob er nur durch ständige Erhöhung der Kapitalintensität erzielt werden kann.

Die Bedeutung des technischen Fortschritts für das ↑wirtschaftliche Wachstum (S. 528) wurde bereits in den späten fünfziger Jahren empirisch herausgearbeitet. Dabei ergab sich, daß die Zunahme der verfügbaren Mengen an Arbeit und Kapital weit hinter der Steigerung des ↑Sozialprodukts (S. 360) zurückblieb, womit ein beträchtlicher Teil des Wachstums unerklärt blieb und der Wirkung des technischen Fortschritts zugeschrieben wurde. Allerdings können Kapitalbildung und Bevölkerungswachstum nur künstlich vom technischen Fortschritt isoliert werden. Denn dieser geht i. d. R. in Form neuer Arten von Anlagen sowie über Lernvorgänge bei den Arbeitskräften in die Produktionsfaktoren ein. Bei den letzteren muß es sich jedoch nicht nur um Lernen durch die Praxis handeln, sondern es kann auch das Ergebnis gezielten Lernaufwands (Ausbildung) sein. Damit wird technischer Fortschritt selbst zum Ergebnis eines Produktionsprozesses.

Für das wirtschaftliche Wachstum ist neben der Hervorbringung neuen Wissens dessen schnelle Verbreitung (Diffusion) von entscheidender Bedeutung. Die Aufgabe, Innovationen durchzuführen, fällt in der Marktwirtschaft dem „dynamischen" Unternehmer zu. Er greift als erster Neuerungen auf und verschafft sich dadurch einen zeitlichen Vorsprung vor seinen Konkurrenten, die allerdings bei funktionsfähigem ↑Wettbewerb (S. 406) seine temporäre Monopolstellung wieder beseitigen. Die Bestimmungsgründe der Diffusionsgeschwindigkeit sind noch weitgehend unbekannt. Bisherige Forschungsergebnisse lassen vermuten, daß hierbei neben ökonomischen Variablen (Gewinnerwartungen, Vielfalt an Unternehmensgrößen u. a.) auch außerökonomische Größen (z. B. Art des sozialen Systems) von Bedeutung sind.

Als wesentliche Ursache von ↑Wirtschaftswachstum und Strukturwandel (S. 536) bewirkt technischer Fortschritt zugleich Freisetzung von Arbeitskräften. Daraus kann vor allem bei unzureichender ↑Mobilität (S. 532) Widerstand gegen technische Neuerungen entstehen (↑Innovationspolitik S. 548).

E. Dürr: Wachstumspolitisch relevante Ergebnisse der Wachstumstheorie. In: Beitr. zur Wachstumspolitik. Hg. v. H. K. Schneider. Berlin 1970. S. 1–31. – J. Röpke: Die Strategie der Innovation. Tüb. 1977.

Abb. 1 Wachstumsfaktoren

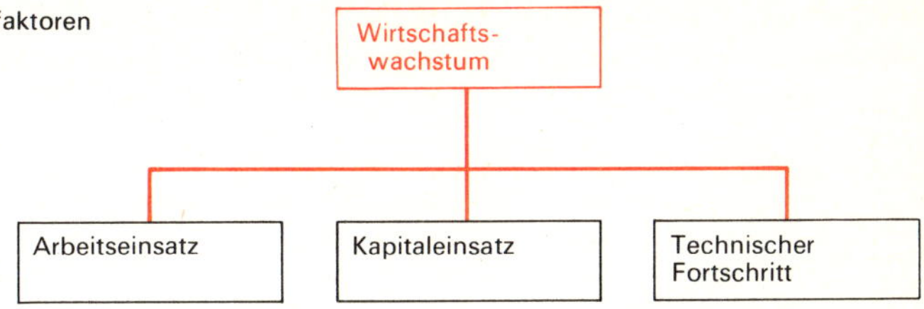

Abb. 2 Realer Kapitaleinsatz in Ausrüstungsinvestitionen (in Preisen von 1976)

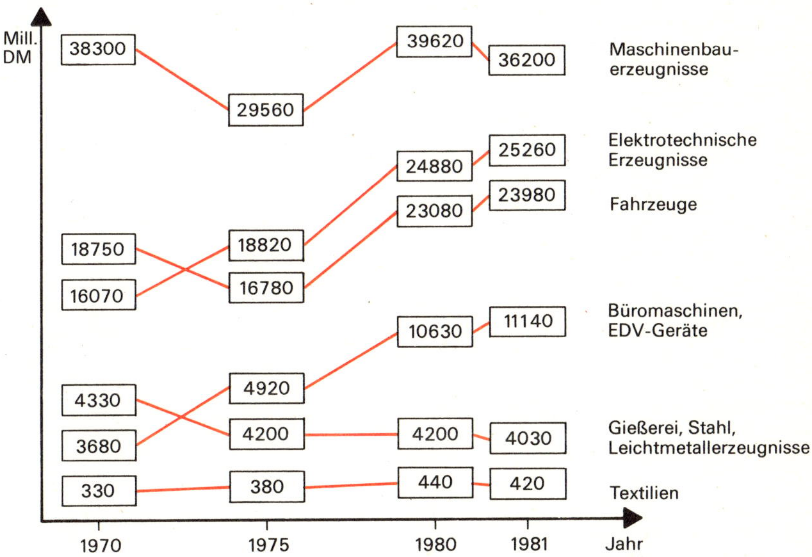

Abb. 3 Einsatz der Mikroelektronik und Beschäftigungsentwicklung in ausgewählten Wirtschaftbereichen 1973 – 1981

		Anzahl der Erwerbstätigen: überdurchschnittlich sinkend	Anzahl der Erwerbstätigen: steigend oder unterdurchschnittlich sinkend
Anteil mikroelektronischer Geräte an den Ausrüstungsinvestitionen 1976	überdurchschnittlich	Elektrotechnik (a) Metallerzeugung und -bearbeitung	Energiewirtschaft Stahl-, Maschinen- und Fahrzeugbau Nachrichtenübermittlung Kreditinstitute, Versicherungen Sonstige Dienstleistungen
	unterdurchschnittlich	Bergbau Feinkeramik (b) Holz-, Papier- und Druckgewerbe Leder- und Bekleidungsgewerbe Textilgewerbe Baugewerbe Verkehr	Chemische Industrie (c) Nahrungs- und Genußmittelgewerbe Handel
Ausstattung der Arbeitsplätze mit programmgesteuerten Arbeitsmitteln 1979	überdurchschnittlich	Elektrotechnik (a) Holz-, Papier- und Druckgewerbe	Energiewirtschaft Chemische Industrie (c) Nahrungs- und Genußmittelgewerbe Handel Kreditinstitute Versicherungen
	unterdurchschnittlich	Bergbau Feinkeramik (b) Metallerzeugung und -bearbeitung Leder- und Bekleidungsgewerbe Textilgewerbe Baugewerbe Verkehr	Stahl-, Maschinen- und Fahrzeugbau Nachrichtenübermittlung Sonstige Dienstleistungen

(a) Elektrotechnik, Feinmechanik, Optik, Herstellung von EBM-Waren, Herstellung von Musikinstrumenten (b) Gewinnung und Verarbeitung von Steinen und Erden, Feinkeramik, Herstellung und Verarbeitung von Glas (c) Chemische Industrie, Mineralölverarbeitung, Kunststoff- und Gummiverarbeitung

Kieler Studien

Mobilität

Die rasche ökonomische und technische Entwicklung einer Volkswirtschaft führt immer auch zu strukturellen Verschiebungen zwischen den Wirtschaftssektoren (↑Wirtschaftswachstum und Strukturwandel S. 536). In den relativ schrumpfenden Wirtschaftssektoren werden Produktionsfaktoren freigesetzt, während in den expandierenden Sektoren Produktionsfaktoren verstärkt nachgefragt werden. Paßt sich das Angebot an Produktionsfaktoren nicht den veränderten Strukturen an, wird auf Wirtschaftswachstum verzichtet, da Produktionsfaktoren mangels Nachfrage brachliegen oder unwirtschaftlich genutzt werden können, weil die Konkurrenz alternativer Verwendung unwirksam bleibt. Ein Strukturwandel vollzieht sich nur dann ohne Wachstumsverluste, wenn die Produktionsfaktoren mobil sind, d. h., wenn sie rasch in die Betriebe, Branchen und Regionen abwandern, die von Wachstum und Strukturwandel begünstigt sind. Anreiz für diese Wanderung der Produktionsfaktoren ist die relativ höhere Entlohnung, die in den konkurrierenden und begünstigten Verwendungen möglich ist.

Mobilität des Kapitals ist im Inland weitgehend gewährleistet, solange der Staat auf eine direkte ↑Investitionslenkung (S. 550) verzichtet. International wird die Kapitalmobilität durch Maßnahmen der ↑Devisenbewirtschaftung (S. 596) und durch politische und wirtschaftliche Risiken im Ausland eingeschränkt.

Definiert man Arbeitsmobilität als die Bewegung von Arbeitskräften aus einer Position in eine andere, dann kann man je nach Art der Bewegung und der aufgegebenen bzw. neu eingenommenen Position folgende Erscheinungsformen der Arbeitsmobilität unterscheiden: 1) Arbeitsplatzwechsel mit oder ohne Berufswechsel. 2) Ist der Arbeitsplatzwechsel mit einem Wechsel des Wohnortes verbunden, dann verlangt dies regionale Mobilität. 3) Ist der Arbeitsplatzwechsel mit sozialem Auf- oder Abstieg verbunden, dann liegt vertikale Mobilität vor; wird die soziale Stellung beibehalten, spricht man von horizontaler Mobilität. 4) Wird der Arbeitsplatz oder der Beruf während eines Berufslebens gewechselt, bezeichnet man das als Intragenerationenmobilität. 5) Ergreifen die Kinder andere Berufe als ihre Eltern, liegt Intergenerationenmobilität vor.

Die Verbesserung der Arbeitsmobilität ist sowohl eine wirtschafts- als auch bildungs- und gesellschaftspolitische Aufgabe. Eine erhöhte Transparenz am Arbeitsmarkt soll auf die Berufe hinweisen, für die in Gegenwart und Zukunft Nachfrage besteht, so daß ein späterer Berufswechsel gar nicht erst notwendig wird. Allerdings sind Prognosen über längerfristige Entwicklungen am Arbeitsmarkt noch recht unsicher. Weiterhin hat sich gezeigt, daß eine gute Schulbildung und eine in Zusammenarbeit mit den Tarifpartnern durchgeführte Weiterbildung der Arbeitskräfte den Umschulungsprozeß sehr erleichtern. Demselben Ziel kann es förderlich sein, wenn der Staat die Kosten von Umschulungskursen übernimmt und der Umschulungswillige Beihilfen erhält.

Die regionale Mobilität kann erhöht werden, wenn in den Regionen, in denen ein Zuzug erwünscht ist, genügend Wohnraum zur Verfügung steht, die Arbeitskräfte bei der Beschaffung von Wohnraum unterstützt werden und die Umzugskosten ersetzt bekommen.

Die vertikale Mobilität kann verbessert werden, wenn die Durchlässigkeit der traditionellen Gesellschaftsschichten erhöht wird. Da soziale Stellung und Aufstieg vor allem vom ausgeübten Beruf abhängen, muß jedes Individuum den seinen Fähigkeiten entsprechenden Beruf ergreifen können. Dazu ist erforderlich, daß der Zugang zu allen Ausbildungsstätten nicht vom Einkommen oder der Zugehörigkeit zu einer bestimmten Gesellschaftsschicht abhängt. Als Maßnahmen kommen u. a. die Subventionierung des Besuchs von Ausbildungsstätten bis hin zur kostenlosen Ausbildung und der Ersatz von Aufwendungen für Lernmittel in Betracht.

E. Dürr: Wachstumspolitik. Bern u. a. 1977. – H. Lampert (Hrsg.): Arbeitsmarktpolitik. Stuttg. u. a. 1978.

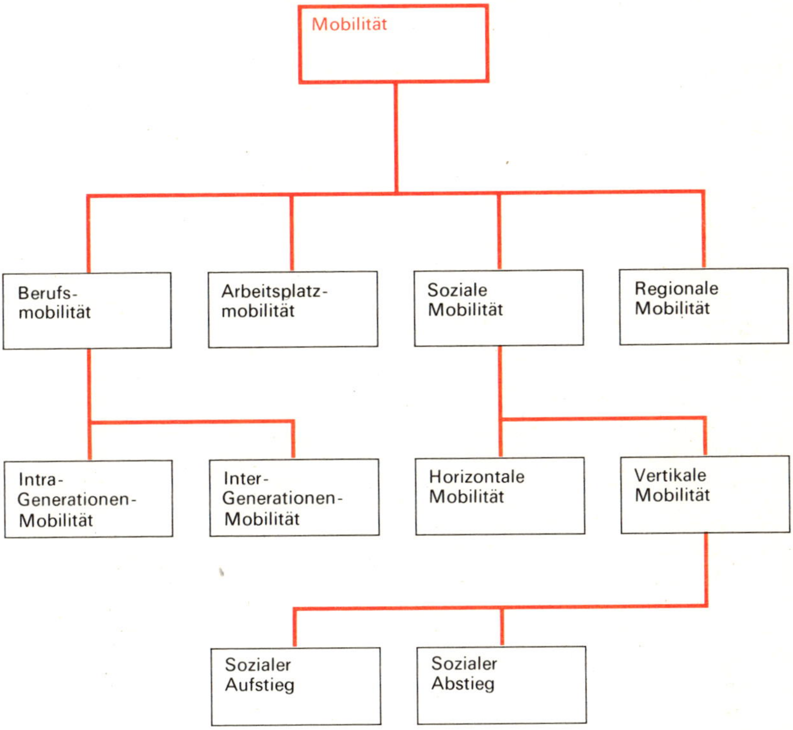
Mobilität
Berufs-
mobilität
Arbeitsplatz-
mobilität
Soziale
Mobilität
Regionale
Mobilität
Intra-
Generationen-
Mobilität
Inter-
Generationen-
Mobilität
Horizontale
Mobilität
Vertikale
Mobilität
Sozialer
Aufstieg
Sozialer
Abstieg

Infrastruktur

Im Militärwesen umfaßt Infrastruktur all die Grundeinrichtungen, die zur Führung, Ausbildung und Bewegung von Streitkräften nötig sind. Auf den wirtschaftlichen Bereich übertragen geht es analog um institutionelle und organisatorische Einrichtungen sowie – weit gefaßt – um Qualifikationen der Wirtschaftssubjekte, die für die Funktionsfähigkeit einer arbeitsteiligen Wirtschaft unumgänglich sind. Die zuletzt genannte personelle Infrastruktur beinhaltet Qualitätsmerkmale, die durch Ausbildungsinvestitionen erzeugbar sind. Als institutionelle Infrastruktur sind vor allem die geltende Rechtsordnung sowie die organisatorischen Vorkehrungen zu betrachten, die zur Koordination von Wirtschaftsplänen nötig sind (↑Wirtschaftsordnungen S. 18). Zur materiellen Infrastruktur (Sozialkapital) gehören so wichtige Anlagen, Ausrüstungen und Betriebsmittel wie die der Energieversorgung, des Verkehrs-, Forschungs-, Ausbildungs- und Gesundheitswesens.

Wesentliches Merkmal der institutionellen und materiellen Infrastruktur ist, daß es sich aus unterschiedlichen Gründen um öffentliche Güter handelt. Justiz, Polizei und Katastrophenschutz sind Beispiele für Güter, bei denen eine privatwirtschaftliche Produktion ausbliebe oder unbefriedigend bleiben müßte, weil Produzenten und Erwerber dieser Güter andere vom Gebrauch nicht oder nur unzureichend ausschließen können (↑externe Ersparnisse S. 180). Energieversorgung und Wasserwirtschaft zeichnen sich u. a. durch großbetriebliche, kapitalintensive Produktionsweisen sowie durch Standortgebundenheit aus; sie legen ↑Monopole (S. 194) als wirtschaftlichste Angebotsform nahe, deren negative Folgen bei privatwirtschaftlicher Produktion (vor allem Angebotsverknappung und funktionslose Monopolgewinne) mit einer Produktionsübernahme durch den Staat vermieden werden sollen. Ausbildungs- und Gesundheitswesen sind ebenfalls überwiegend privatwirtschaftlich betreibbar, werden jedoch vor allem aus Gründen der ↑Verteilungspolitik (S. 464) auch in Form von staatlichen Leistungen erbracht.

Die Infrastruktur kann direkt der Bedürfnisbefriedigung von Individuen dienen (Versorgungsfunktion), oder ihre Leistungsabgabe geht als Vorprodukt in die Produktion von Sachgütern und Diensten ein (Allokationsfunktion). Daß die gleiche Leistung sowohl Verbrauchs- als auch Produktionszwecken zugeführt werden kann, verdeutlicht z. B. die Wasserwirtschaft (Trinkwasser bzw. Wasser als Vorprodukt), aber auch das Bildungswesen (Bildungsausgaben zur Qualitätsverbesserung des Faktors Arbeit bzw. zur Befriedigung von kulturellem Bedarf). Eine weitere Funktion der Infrastruktur besteht darin, durch Beseitigung von Anpassungsschranken Unterschiede in der Entlohnung gleicher Leistungen von Produktionsfaktoren aufzuheben (Integrationsfunktion); hierzu zählen z. B. Investitionen in das Verkehrs- und Kommunikationssystem, die geeignet sind, die ↑räumliche Wirtschaftsentwicklung (S. 538) zugunsten zurückgebliebener, einkommensschwacher Regionen zu beeinflussen.

Im Zeitablauf läßt sich beobachten, daß nicht nur in der BRD die Ausgaben für Infrastrukturinvestitionen überdurchschnittlich steigen. Hierin kommt die wachsende Bedeutung zum Ausdruck, die ihnen als ↑wirtschaftspolitisches Instrument (S. 370) beigemessen wird. Nicht nur allgemein als ↑Instrument der Wachstums- und Strukturpolitik (S. 546), sondern speziell im Bereich der ↑regionalen Wirtschaftspolitik (S. 558) haben Infrastrukturinvestitionen eine Schlüsselposition inne. Darüber hinaus werden sie in zunehmendem Maße als Mittel der ↑Verteilungspolitik (S. 464) eingesetzt mit der Folge, daß ↑Staatsanteil und Steuerlast (S. 272) ständig zugenommen haben.

R. L. Frey: Wachstumspolitik. Stuttg. u. a. 1979. – H. C. Recktenwald: Entwicklung u. Grenzen der Infrastrukturausgaben. In: Theorie u. Praxis der Infrastrukturpolitik. Hg. v. R. Jochimsen/U. E. Simonis. Berlin 1970. S. 379–400.

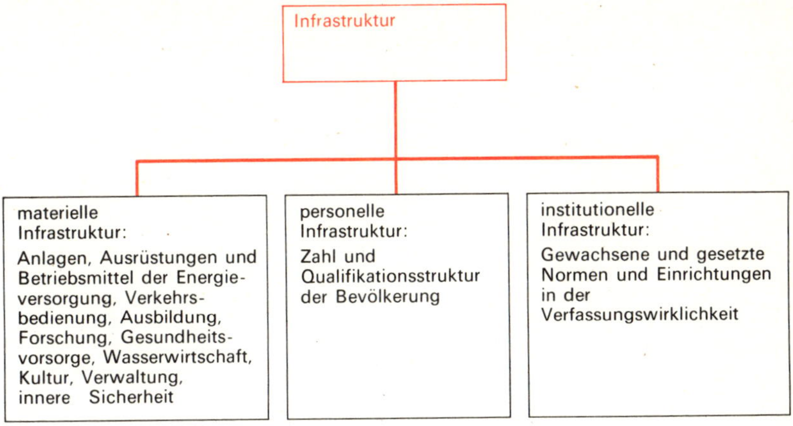
Infrastruktur
materielle Infrastruktur:
Anlagen, Ausrüstungen und Betriebsmittel der Energieversorgung, Verkehrsbedienung, Ausbildung, Forschung, Gesundheitsvorsorge, Wasserwirtschaft, Kultur, Verwaltung, innere Sicherheit
personelle Infrastruktur:
Zahl und Qualifikationsstruktur der Bevölkerung
institutionelle Infrastruktur:
Gewachsene und gesetzte Normen und Einrichtungen in der Verfassungswirklichkeit

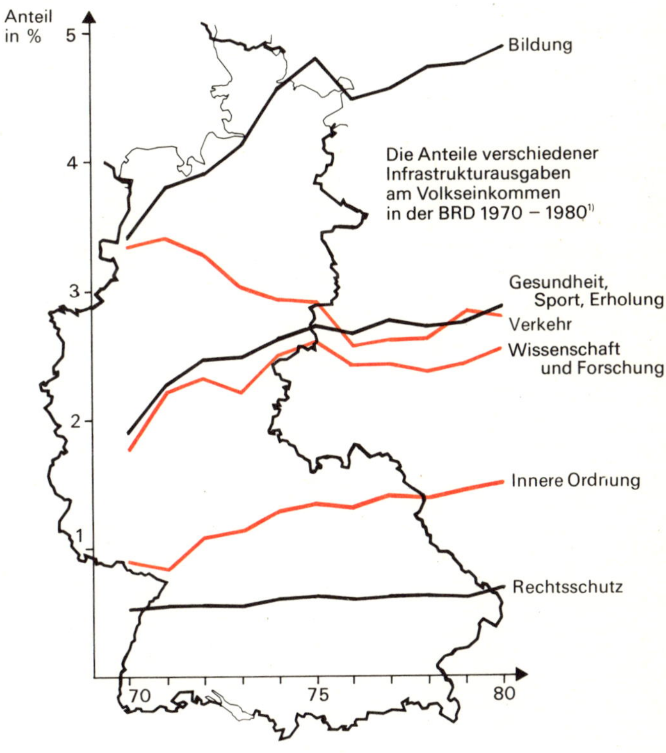
Anteil in %
5
4
3
2
1
70
75
80
Bildung
Die Anteile verschiedener Infrastrukturausgaben am Volkseinkommen in der BRD 1970 – 1980[1)]
Gesundheit, Sport, Erholung
Verkehr
Wissenschaft und Forschung
Innere Ordnung
Rechtsschutz

Wirtschaftswachstum und Strukturwandel

Wie empirische Beobachtungen zeigen, ist das ↑wirtschaftliche Wachstum (S. 528) i. d. R. mit Änderungen in den Größenrelationen der Wirtschaftssektoren und -zweige (↑Wirtschaftsstruktur S. 50) verbunden. Der Beitrag einiger Bereiche zum Sozialprodukt nimmt relativ zu, derjenige anderer geht relativ zurück. Verfolgt man z. B. das Wachstum verschiedener Wirtschaftsbereiche der BRD seit 1961, so zeigt sich, daß der Sektor „Land- und Forstwirtschaft" ein im Vergleich zu den Wachstumsraten des Bruttoinlandsprodukts deutlich geringeres Wachstum hatte, während der Beitrag des Sektors „produzierendes Gewerbe" und insbesondere der des Sektors „Dienstleistungen" in der Mehrzahl der Jahre dieses Zeitraums vergleichsweise überdurchschnittlich zugenommen hat.

Beobachtungen der Veränderung der sektoralen Wirtschaftsstruktur im Wachstumsprozeß zahlreicher Länder zeigen darüberhinaus, daß solche Entwicklungsmuster – Rückgang des Agrarsektors, Zunahme des Industrie- und insbesondere des Dienstleistungsbereichs – typische Tendenzen darstellen. Hinsichtlich des Industriesektors ist ergänzend festzustellen, daß sein Beitrag ab einem bestimmten, hohen Entwicklungsniveau der Volkswirtschaft, gemessen als durchschnittliches Pro-Kopf-Einkommen, relativ zu sinken beginnt. Dieser Prozeß deutet sich in der BRD vergleichsweise verspätet erst in den letzten Jahren an. Für den Dienstleistungssektor läßt sich bei relativ niedrigen Pro-Kopf-Einkommen mit steigendem Einkommen zunächst eine Abnahme des Anteils dieses Sektors an der Gesamtproduktion und -beschäftigung beobachten; jedoch kehrt sich diese Entwicklung von einer kritischen Einkommensschwelle an um.

Die Ursachen für solche Entwicklungsmuster sektoralen Strukturwandels im Wachstumsprozeß, die sich im übrigen nicht nur für die drei genannten großen Sektoren, sondern auch in einer feineren Aufgliederung der Wirtschaftsstruktur nachweisen lassen, sind vielfältig und wechselseitig miteinander verknüpft. Als Erklärungsmöglichkeit (↑Hypothese S. 634) empirisch abgesichert erscheint, daß ein enger Zusammenhang zwischen der Veränderung des Pro-Kopf-Einkommens und der Veränderung der sektoralen Wirtschaftsstruktur besteht. Zurückführen läßt sich dieser Zusammenhang einmal darauf, daß mit steigendem Einkommen die Nachfrage nach den verschiedenen Gütern nicht für alle in gleichem Maße steigt, d. h., es gibt unterschiedliche, für einzelne Sektoren typische Einkommenselastizitäten der ↑Nachfrage (S. 170). Zum anderen ändern sich die Knappheitsverhältnisse bei den Produktionsfaktoren; mit steigendem Entwicklungsstand wird ↑Kapital (S. 54) reichlicher verfügbar und damit relativ billiger als ↑Arbeit (S. 52), wodurch kapitalintensivere Wirtschaftszweige begünstigt werden, während die arbeitsintensiveren Bereiche verstärktem Konkurrenzdruck aus solchen Ländern ausgesetzt sind, deren Entwicklung noch nicht so weit vorangeschritten ist. Weitere, den Strukturwandel beeinflussende Faktoren sind die Entwicklung der Größe des Inlandsmarktes und der ↑technische Fortschritt (S. 530), der außenwirtschaftliche Integrationsgrad (↑Außenhandel S. 316) und die datensetzende Wirtschaftspolitik des Staates.

Der ↑Wachstums- und Strukturpolitik (S. 546) kommt im Prozeß des strukturellen Wandels der Wirtschaftssektoren eine große Bedeutung zu. Entsprechend dem Leitbild einer ↑sozialen Marktwirtschaft (S. 32) hat sie in der BRD eine doppelte Aufgabe: Zum einen sind Wachstum und Strukturwandel durch geeignete Maßnahmen, vor allem durch Förderung der ↑Mobilität (S. 532) und des ↑Wettbewerbs (S. 406), zu unterstützen, zum anderen ist für die soziale Sicherung der Beschäftigten in den Schrumpfungsbereichen zu sorgen, ohne daß dadurch der Strukturwandel als solcher unangemessen gebremst wird.

E. Dürr: Wachstumspolitik. Bern u. a. 1977. – K. D. Schmidt u. a.: Im Anpassungsprozeß zurückgeworfen – Die deutsche Wirtschaft vor neuen Herausforderungen. Kiel 1984.

Abb. 1: Ausgewählte volkswirtschaftliche Strukturbereiche

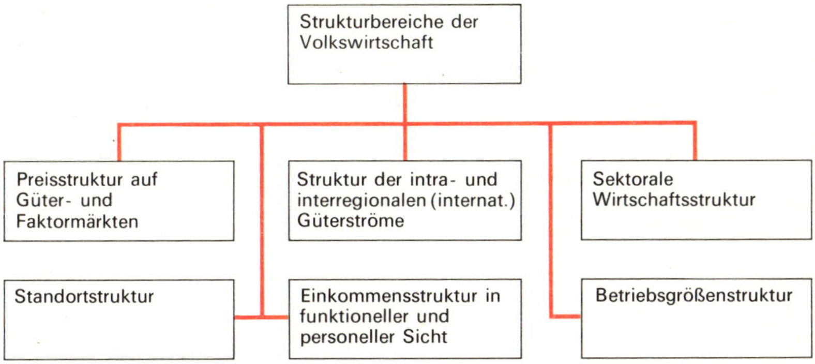

Abb. 2: Strukturwandel in der sektoralen Erwerbstätigkeit in der Bundesrepublik Deutschland 1961–1982

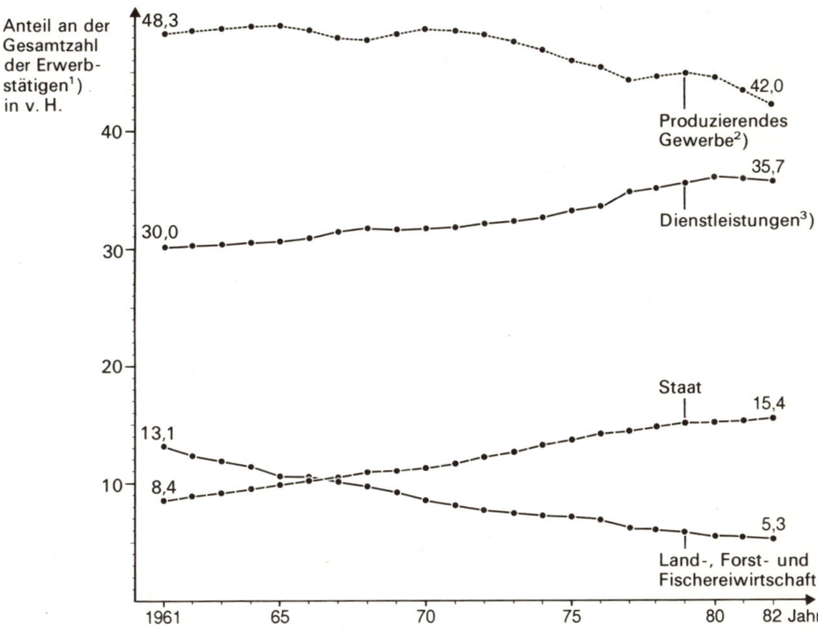

1) Gleitende Dreijahresdurchschnitte
2) Energie- und Wasserversorgung, Bergbau, verarbeitendes Gewerbe, Baugewerbe
3) Handels-, Verkehrs- und sonstige Dienstleistungsunternehmen, private Haushalte einschl. Organisationen ohne Erwerbscharakter

Räumliche Wirtschaftsentwicklung

Die räumliche Wirtschaftsentwicklung spiegelt die für das ↑wirtschaftliche Wachstum (S. 528) bedeutsamen Bestimmungsgründe und Prozesse sowie seine Ergebnisse im geographischen Raum einer Volkswirtschaft wider. Ein erstes Bild von der räumlichen Wirtschaftsentwicklung entsteht, wenn eine Volkswirtschaft in Teilgebiete gegliedert wird und regionale Unterschiede in bezug auf das Niveau und die Rate der wirtschaftlichen Entwicklung anhand üblicher Indikatoren, insbesondere für die Arbeitsmarktsituation und für das Einkommen, festgestellt werden.

Die räumliche Wirtschaftsentwicklung stellt sich bereits aus der Sicht einer einzelnen Region als ein komplexer Wirkungszusammenhang dar, wenn den Ursachen beobachtbarer regionaler Unterschiede nachgegangen wird. Dazu ist u.a. eine Analyse der jeweiligen regionalen Standortbedingungen und deren regionaler Auswirkungen auf die Investitions- und Standortentscheidungen von ↑Unternehmen (S. 60), privaten Haushalten und staatlichen Institutionen erforderlich. Diese Entscheidungen finden ihren Niederschlag in der regionalen ↑Wirtschaftsstruktur (S. 50), der Bevölkerungsentwicklung durch Zu- und Abwanderungen sowie dem Angebot an Leistungen des Staates einschließlich der von ihm bereitgestellten ↑Infrastruktur (S. 534). Sie führen damit wiederum zu einer Veränderung der regionalen Standortbedingungen. Denn wenn z. B. Regionen mit vergleichsweise günstiger personeller, materieller und institutioneller Ausstattung bei der Standortwahl von Produktionsbetrieben (↑Standort S. 58) bevorzugt werden, gehen von diesen verschiedenartige Wirkungen vor allem auf Beschäftigung (Umfang, berufliche Struktur u. a.), Einkommen (Niveau und Verteilung), ↑Umwelt als Wirtschaftsfaktor (S. 610), Flächenbedarf, Infrastruktur (Auslastung und Bedarf) und öffentlichen Haushalt (z. B. Steueraufkommen) aus. Mit ihnen verbunden bzw. durch sie ausgelöst sind zugleich Veränderungen der regionalen Ausstattung mit Zulieferbetrieben, Verkehrswegen, Ausbildungsstätten, öffentlichen Versorgungseinrichtungen u. a.

Aus gesamtwirtschaftlicher Sicht stellt sich die räumliche Wirtschaftsentwicklung zunächst einmal als ständiger Austausch von Sachgütern und Diensten sowie als Zu- bzw. Abstrom von Produktionsfaktoren (Arbeitskräfte, Kapital) zwischen den Regionen im Zuge der interregionalen ↑Arbeitsteilung (S. 12) dar. Art und Umfang dieser Arbeitsteilung sowie die Verteilung ihrer Ergebnisse in Form von Einkommen auf die einzelnen Regionen richten sich nach deren relativer Standortgunst. Sie kommt einmal in der regionalen ↑Produktivität (S. 74) bzw. dem regionalen Kostenniveau zum Ausdruck und zum anderen darin, in welchem Maße die einzelnen Regionen durch Kosten der Raumüberwindung (Transport- und Kommunikationskosten i. w. S.) voneinander getrennt sind.

Im Verlauf und als weiteres Ergebnis interregionaler Arbeitsteilung ändert sich zugleich auch die Raumstruktur einer Volkswirtschaft. In erster Annäherung kann sie als die räumliche Anordnung von Betrieben, Wohnungen, staatlichen Institutionen und materiellen Infrastruktureinrichtungen oder pointierter als ein System von Agglomerationszentren, Verkehrsachsen und Funktionsräumen verstanden werden. Die räumliche Wirtschaftsentwicklung spiegelt sich in einer Veränderung der Raumstruktur wider, wenn z. B. besondere Standortgunst eine Agglomeration entstehen läßt bzw. Standortungunst die betroffenen Regionen mit Entleerung bedroht. Eine Veränderung der Raumstruktur einer Volkswirtschaft ist auch dadurch möglich, daß Daten für die räumliche Wirtschaftsentwicklung neu gesetzt werden (z. B. Verringerung der ökonomischen Entfernung zwischen Regionen) und sich das interregionale Wohlstandsgefüge über eine Beeinflussung der regionalen Wachstumsraten im Zeitablauf verändert (↑regionale Wirtschaftspolitik S. 538).

E. Lauschmann: Grundl. einer Theorie der Regionalpolitik. 3. Aufl. Hannover 1976. S. 34–110.
F. Buttler u. a.: Grundlagen der Regionalökonomik. Reinbek b. Hamburg 1977.

Siedlungs-strukturelle Regionstypen 1980

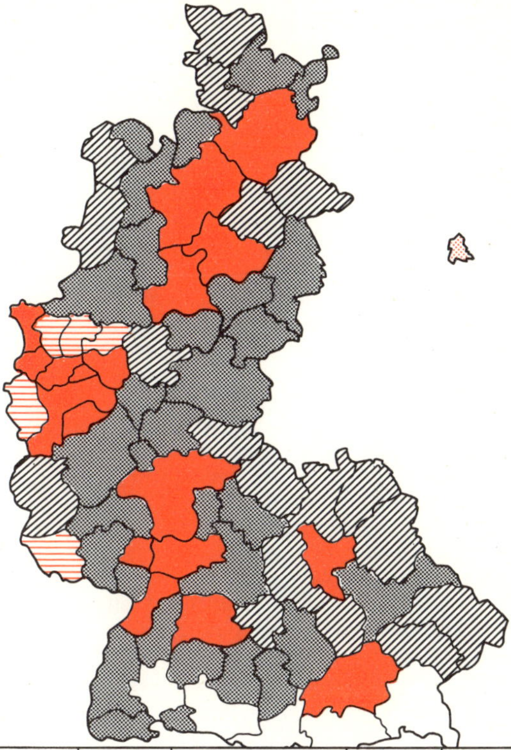

Regionstypen	Wohnbevölkerung 1.1.1980	Zu- bzw. Abnahme der Bevölkerung 1975–1980	Komponenten der Bevölkerungsentwicklung: natürlicher Saldo 1975–1979	Komponenten der Bevölkerungsentwicklung: Wanderungssaldo 1975–1979	Abhängigkeitsverhältnis 1978[1]	Ausländerquote 1980	Einwohnerdichte 1980
	in 1000	%	absolut	absolut	%	%	E/km²
I. Regionen mit großen Verdichtungsräumen							
Mit günstiger Arbeitsmarktsituation („hochverdichtet")	25564,4	−0,5	−290957	153302	50,1	9,6	438
Mit ungünstiger Arbeitsmarktsituation („altindustrialisiert")	6886,5	−2,7	−106018	−84337	49,6	7,2	789
Berlin (West)	1902,3	−6,0	−97954	−23733	61,6	11,1	3962
II. Regionen mit Verdichtungsansätzen							
Mittlere Siedlungsdichte („mit Verdichtungskern")	17495,7	−0,3	−120012	60020	55,0	5,2	182
III. Ländlich geprägte Regionen							
Mit ungünstiger Arbeitsmarktsituation („ländlich")	7233,1	−1,0	−50317	−19390	58,3	3,0	109
Mit günstiger Arbeitsmarktsituation („Alpenvorland")	2357,9	1,2	−12857	39819	57,6	6,7	127
Bundesgebiet	61439,9	−0,9	−678115	125676	53,0	7,2	247

[1] Anteil der bis unter 15jährigen u. der Pers. im Alter von 65 u. mehr Jahren an den 15- bis unter 65jährigen in %.

Grenzen des Wachstums

Wachstum kann quantitativ und qualitativ verstanden werden. Quantitatives Wachstum wird i. d. R. an der Zunahme des Sozialprodukts oder des Sozialprodukts pro Kopf gemessen. Qualitatives Wachstum ist zu interpretieren als Verbesserung des ↑Wohlstands (S. 364). Die Messung qualitativen Wachstums bereitet erhebliche Schwierigkeiten. Ein Ansatzpunkt in dieser Richtung sind soziale Indikatoren (↑Wohlstandsmessung S. 364).

Quantitatives Wachstum hängt von den folgenden Faktoren ab: 1) den in einer Volkswirtschaft verfügbaren Produktionsfaktoren Arbeit, Boden, Kapital, Rohstoffe und dem technischen Wissen, das die Kombination dieser Faktoren bestimmt, 2) dem gesellschaftlich-politischen System einschließlich der ↑Wirtschaftsordnung (S. 18), das die Regeln und Rahmenbedingungen festlegt, unter denen die Produktionsfaktoren kombiniert werden, 3) Entwicklungen des Außenhandels.

Die Produktionsfaktoren (Ressourcen) einer Volkswirtschaft sind knapp. Energie und sonstige Rohstoffe sind nur begrenzt auf der Erde vorhanden. Die Schätzungen hierüber differieren und verlangen Antworten auf folgende Fragen: Haben wir hinreichende Informationen über die vorhandenen Rohstoffe? In welchem Umfang werden neue Vorkommen entdeckt (Explorationsrate)? Von welchen derzeitigen Rohstoffpreisen geht die Prognose der Explorationen aus und welche Rohstoffgewinnungen werden bei steigenden Rohstoffpreisen und neuen Gewinnungstechnologien lohnend? Welche Substitutionsprozesse und welche technischen Neuerungen werden durch steigende Rohstoffpreise ausgelöst? Auch andere Produktionsfaktoren wie Arbeit, Kapital und technisches Wissen sind nur begrenzt vorhanden und können deshalb zur Wachstumsgrenze werden.

Institutionelle Regelungen für ökonomische Aktivitäten – oder die Rahmenbedingungen eines marktwirtschaftlichen Systems – sind ein zentraler Bestimmungsfaktor wirtschaftlichen Wachstums. Denn sie geben an, mit welchem Anreizsystem in einer Volkswirtschaft Privatinitiative gefördert wird. Die Qualität eines ökonomischen Anreizsystems kann man an zumindest zwei Kriterien beurteilen: 1) Stellt das Anreizsystem sicher, daß die privaten Produktions- und Investitionsaktivitäten hinreichend schnell auf neue Situationen reagieren (Flexibilität des Systems; ↑Wirtschaftswachstum und Strukturwandel S. 536)? 2) Stellt das Anreizsystem sicher, daß Produktionsfaktoren in hinreichender Menge und Qualität bereitgestellt werden? Wird z. B. neues technisches Wissen genügend schnell produziert und verfügt ein ökonomisches System über eine hinreichende Dynamik? (↑Innovationspolitik S. 548.)

In einer stark außenhandelsorientierten Volkswirtschaft wie derjenigen der BRD ergeben sich spezifische mögliche Grenzen des Wachstums aus der Außenhandelsverflechtung. Trifft etwa die These der weltweiten Rohstoffknappheit zu, so wird sich dies in einem langfristig steigenden Devisenbedarf ausdrücken, der zunehmend steigende Exportmengen zum Erwerb der Devisen erfordert. Die realen Austauschverhältnisse, die ↑Terms of Trade (S. 322), könnten sich unter diesem Aspekt langfristig zu Ungunsten der BRD verschlechtern. Die mangelnde Verfügbarkeit über international knappe Rohstoffe macht sich als Wachstumsgrenze dadurch bemerkbar, daß eine passive Zahlungsbilanz über mehrere Perioden nicht durchzustehen ist. Der Außenhandel steckt im übrigen auch Grenzen für Wachstumsprozesse im Bereich der Exporttätigkeit ab (zu starke Exportlastigkeit).

Zweifellos ist die Umwelt ein weiterer Faktor, der das wirtschaftliche Wachstum begrenzt (↑Umwelt als Wirtschaftsfaktor S. 610). Das Umweltproblem verdeutlicht im übrigen, daß die Bedeutung der These von den Grenzen des Wachstums entscheidend davon abhängt, ob Wachstum quantitativ oder qualitativ interpretiert wird. Quantitatives Wachstum wird durch die Umweltbelastung limitiert, aber Umweltverbesserungen stellen qualitatives Wachstum dar.

Die Grenzen des Wachstums. Von D. Meadows u. a. Stuttg. 1972. – H. Siebert: Das produzierte Chaos. Ökonomie u. Umwelt. Stuttg. 1973.

Grenzen des Wachstums

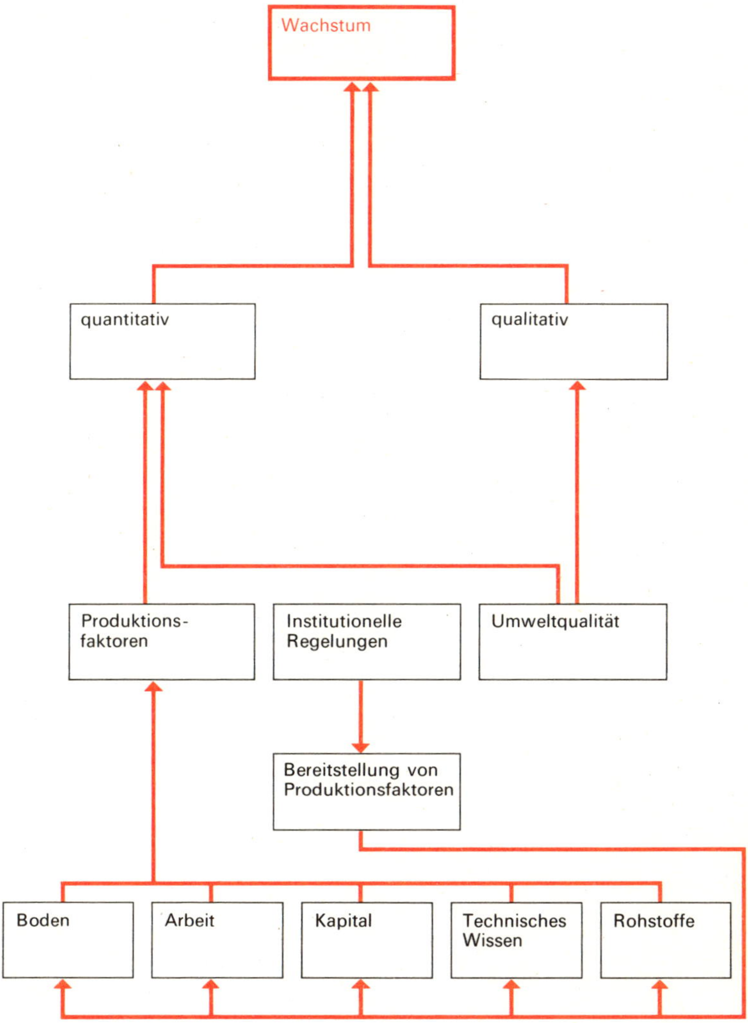

Schattenwirtschaft

Die Schattenwirtschaft umfaßt eine Vielfalt von Betätigungen, denen gemeinsam ist, daß sie aus unterschiedlichen Gründen nicht in die ↑volkswirtschaftliche Gesamtrechnung (S. 358) eingehen. Zur Schattenwirtschaft im engsten und zugleich geläufigsten Sinne werden solche wirtschaftlichen Betätigungen gerechnet, die zwar statistisch als Wertschöpfung gelten, welche in das ↑Sozialprodukt (S. 360) eingehen müßte, sich jedoch einer Erfassung entziehen (Untergrundwirtschaft). Es handelt sich vor allem um die Ergebnisse all dessen, was als Schwarzarbeit zu klassifizieren ist und insofern mit gesetzlichen Normen – vor allem des Abgaben- und/oder Tarifvertragsrechts – kollidiert. Zu dieser Wertschöpfung, die für andere entgeltlich erbracht wird, ohne offizieller Erfassung zugänglich zu sein, gehört der von offiziell Arbeitslosen hochgezogene Rohbau ebenso wie z. B. die Kfz-Reparatur gegen bar ohne Rechnung.

Aus der Perspektive von ↑Wohlstand und Wohlstandsmessung (S. 364), aber auch der Entwicklung von Gesellschaft und Wirtschaft kann es zweckmäßig sein, über die vorgenommene enge Eingrenzung der Schattenwirtschaft hinaus zu gehen. Als ein zweites Segment der Schattenwirtschaft käme dann ein guter Teil der von privaten Haushalten im Rahmen ihrer Selbstversorgung erbrachten Wertschöpfung in Betracht (Selbstversorgungswirtschaft). Nach den statistischen Konventionen wird sie von vornherein nicht erfaßt. Wirtschafts- und gesellschaftspolitisch interessant sind v. a. solche Betätigungen, mit denen der Bezug ähnlicher Güter und Dienste über den Markt ersetzbar wird.

Als drittes Segment der Schattenwirtschaft können private soziale Dienste angesehen werden, die sich parallel zum organisierten sozialstaatlichen Leistungssystem sowie zur Tätigkeit von offiziell anerkannten und erfaßten privaten Organisationen ohne Erwerbscharakter (Vereine, Kirchen, Stiftungen) entwickelt haben. Hierzu gehören eine bunte Vielfalt von Selbsthilfegruppen, in Eigenregie betriebenen Kindertagesstätten und die Nachbarschaftshilfe.

Der Umfang der verschiedenen Betätigungen in der Schattenwirtschaft kann lediglich geschätzt werden, weil ihre statistische Erfassung entweder ausgeschlossen ist oder aber vermieden wird. Da jedoch diese wirtschaftlich bedeutsamen Betätigungen Schatten auf die offizielle Wirtschaft werfen, z. B. als Folge von Bargeldbedarf sowie Kauf von Werkzeugen und Werkstoffen durch Heimwerker und Schwarzarbeiter, sind indirekte Schätzungen ihres Umfangs neben direkten privaten Befragungen möglich, wenn auch im Ergebnis höchst unsicher. Ziemlich sicher dürfte sein, daß die Schattenwirtschaft anders als die offizielle Wirtschaft im letzten Jahrzehnt in fast allen westlichen Industrieländern kräftig gewachsen ist. Für die Bundesrepublik Deutschland deuten die verschiedensten Schätzungen darauf hin, daß allein die Untergrundwirtschaft inzwischen eine Größenordnung von etwa 10 v. H. des offiziellen Bruttosozialprodukts erreicht haben dürfte. Die gesamte Haushaltsproduktion (einschließlich Hausfrauenarbeit) wird auf bis zu 50 v. H. des Sozialprodukts geschätzt.

Für Expansion und Umfang der Schattenwirtschaft kommen sowohl wirtschaftliche als auch gesellschaftspolitische Ursachen in Betracht: 1) Die Belastung mit staatlichen Abgaben und Regulierungen wird zunehmend als Überlast empfunden und provoziert legale wie illegale Ausweichversuche; legal ist z. B. das Vermeiden von durch solche Lasten verteuerten offiziellen Handwerksleistungen durch entsprechende Eigenleistungen, illegal die Inanspruchnahme dieser Leistungen als Schwarzarbeit. 2) In den Vordergrund drängende Werte wie Selbstbestimmung und Sinnerfüllung können besser oder gar nur außerhalb des marktlichen und staatlichen Regelungssystems vor allem im Rahmen der Selbstversorgungswirtschaft sowie der privaten sozialen Dienste wahrgenommen werden. 3) Die Versorgung mit öffentlichen Sozialleistungen weist Mängel und Lücken infolge übertriebener Zentralisierung und Bürokratisierung auf.

S. Burgdorff (Hrsg.): Wirtschaft im Untergrund. Hamburg 1983.

1. Die Schattenwirtschaft aus der Perspektive der volkswirtschaftlichen Gesamtrechnung (VGR)

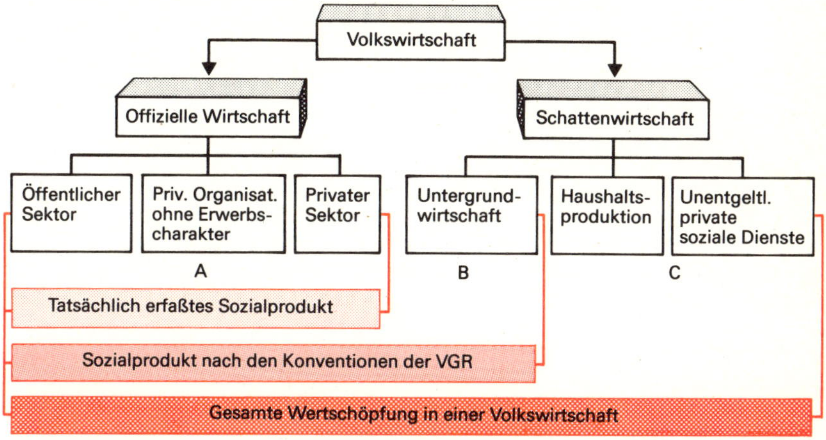

A Erfassungsverluste bei der Schätzung offizieller Wertschöpfung
B Vermiedene Erfassung von privater Wertschöpfung gemäß den Konventionen der VGR
C Nach den Konventionen der VGR grundsätzlich ausgeschlossene Wertschöpfung

2. Die Belastung von Bruttolöhnen und -gehältern mit öffentlichen Abgaben (Grenzbelastung[1])

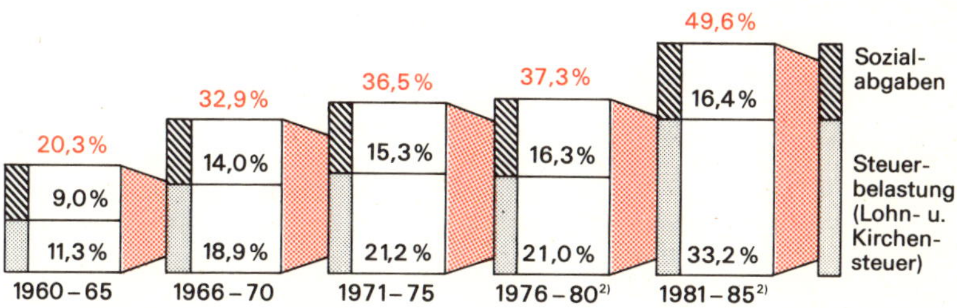

1) Durchschnittliche Belastung mit Steuern und Abgaben pro zusätzlich verdienter Mark
2) Vorläufige Werte bzw. Schätzung

Alternative Ökonomie

Nach den Zielsetzungen, der Sicht des gesellschaftlichen und wirtschaftlichen Geschehens sowie den angestrebten Änderungen schlägt sich in den Vorstellungen dessen, was unter der „alternativen" Ökonomie zusammengefaßt werden kann, der Wunsch nach einer anderen Gesellschaft, einer anderen Republik und einer anderen Wirtschaft nieder. Dabei ist die Entfernung von der zeitgenössischen ↑marxistischen Kapitalismuskritik (S. 24) gering. Zugleich wird dem real existierenden Sozialismus und dogmatischen Verfechtern sozialistischer Ideen ein „Sozialismus mit menschlichem Antlitz" entgegengestellt.

Soweit die schillernde Vielfalt von programmatischen Äußerungen von Vertretern der Alternativökonomie gemeinsame Züge aufweist, soll die als bürgerlich-kapitalistisch bezeichnete Wirtschaftsgesellschaft durch folgende Schritte überwunden werden: demokratische Selbstverwaltung, Verzicht auf Privateigentum an Produktionsmitteln, Verzicht auf Profitstreben, Einkommensgleichheit, Einsatz für ökologisch orientierte Wirtschafts- und Lebensformen einschließlich einer „Wirtschaftsreduktion", also mehr als einem Verzicht auf weiteres quantitatives Wachstum (↑Grenzen des Wachstums, S. 540). Organisatorisch entspricht dem eine Bevorzugung genossenschaftlicher statt hierarchischer Betriebsführung, kleiner statt großer Produktionseinheiten, lokaler statt fernabsatzorientierter Produktion, handwerklicher statt industrieller Fertigung, arbeits- statt kapitalintensiver Fertigungsverfahren, flexibler statt fixierter Arbeitszeiten und Arbeitsinhalte.

Nach Schätzungen der Bonner Studiengruppe Partizipationsforschung sind zur Zeit etwa 200000 Menschen in über 18000 als „alternativ" bezeichneten Projekten engagiert. Dabei werden vier Betätigungsfelder unterschieden: 1. Selbsthilfegruppen (z.B. medizinisch-therapeutische Gruppen, Kindergärten, Kommunikationszentren, „alternative" Kneipen) mit einem Anteil von ca. 82%; 2. Mieterorganisationen und Nachbarschaftsgruppen mit ca. 7%; 3. alternative Formen der Landwirtschaft (z.B. Schäfereigenossenschaften) mit ca. 1%; 4. Produktionskollektive in handwerksnahen Bereichen mit ca. 10%. Politisch vermittelt werden die Vorstellungen der Alternativbewegung durch parteiartige Gruppierungen wie Grüne, Bunte und Alternative Listen. Die Mehrzahl alternativer Projekte erwies sich als zuschußbedürftig, sei es durch Inanspruchnahme sozialstaatlicher Leistungen, sei es durch Spenden. Dies ist nicht nur mit dem Experimentierstadium begründbar, in dem sich viele der Projekte noch befinden. Sie sind vielmehr vor allem mit folgenden, aus historischen Vorläufern bekannten und ökonomisch analysierten Schwierigkeiten erklärbar: 1) Gruppenproduktion im Kollektiv ist immer wieder gefährdet durch Regelungsprobleme im Hinblick auf den Bei- und Austritt, hohe Einigungskosten bei der permanent erforderlichen Abstimmung sowie mögliche Konflikte zwischen gleicher Entlohnung und Leistung der Gruppenmitglieder. 2) Das bevorzugte Kollektiveigentum begünstigt nicht nur Unwirtschaftlichkeiten aufgrund unzureichender Nutzungsrationierung, sondern schafft auch Probleme zwischen alten und hinzukommenden Mitgliedern eines genossenschaftlich organisierten Kollektivs. 3) Die Solidarität von Kollektiven wird leicht überfordert, wenn es darum geht, eine ↑soziale Sicherung (S. 468) der Gruppenwirtschaft dauerhaft zu gewährleisten. 4) Auf eine gesamte Volkswirtschaft angewendet würde eine Umgestaltung zugunsten alternativer Wirtschaftsformen schwerwiegende Koordinationsprobleme aufwerfen, da die Alternativbewegung die beiden möglichen Koordinationsverfahren – die marktmäßige ebenso wie die staatlich-verwaltungswirtschaftliche Koordination – schon aufgrund ihrer Funktionsvoraussetzungen weitgehend ablehnt.

J. Huber (Hg.): Wer soll das alles ändern. Über die Alternativen der Alternativbewegung. Berlin 1980. – Ch. Watrin: Ökonomie der „Alternativen" – Eine Alternative?, Zeitschrift für Wirtschaftspolitik, Jg. 31, 1982, S. 149–162.

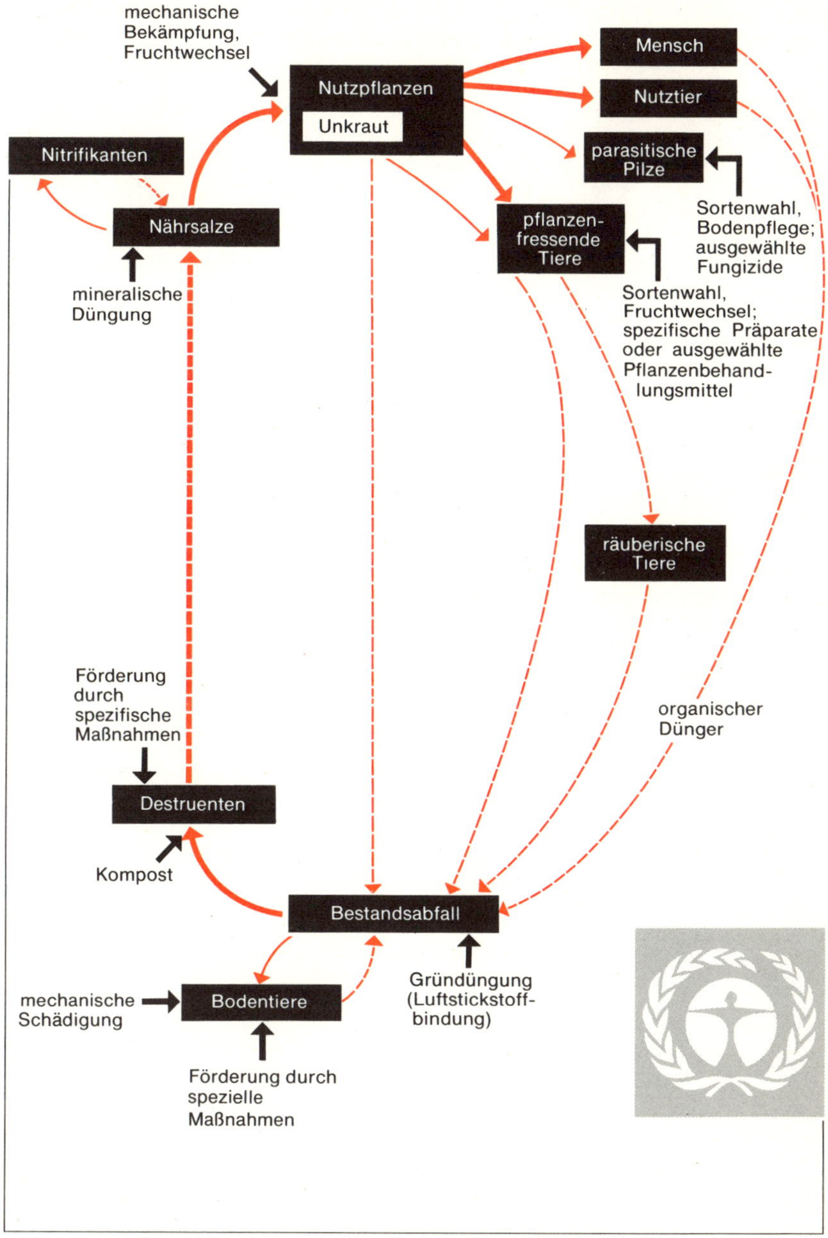

Abb. Ökosystem im alternativen Landbau (nach Umweltgutachten 1978)

Instrumente der Wachstums- und Strukturpolitik

Ziel der Wachstumspolitik ist i. d. R. eine Beeinflussung der Wachstumsrate des ↑Sozialprodukts (S. 360). Die ↑Theorie (S. 636) des ↑wirtschaftlichen Wachstums (S. 528) enthält einige Vermutungen über Wachstumsursachen, an denen die Wachstumspolitik anknüpfen könnte. Am ehesten wirtschaftspolitisch gestaltbar ist dabei das verfügbare ↑Kapital (S. 54), sowohl nach Zuwachs (↑Investieren S. 196), als auch nach der Verteilung auf Wirtschaftszweige.

Sollte das Wachstum direkter staatlicher Lenkung unterworfen werden, würden allerdings sehr schnell die Grenzen seiner positiven Beeinflußbarkeit erkennbar. In Marktwirtschaften wird bereits eine direkte ↑Investitionslenkung (S. 550) durch Mangel an Lenkungswissen, aber auch durch unzureichende Anreiz- und Kontrollmechanismen behindert. Für ↑sozialistische Wirtschaftsordnungen (S. 26) ist darüber hinaus eine unbefriedigende Innovationstätigkeit nahezu charakteristisch. In ihrem Fall wird besonders deutlich, daß mit staatlicher Planung des Wachstumsprozesses bestenfalls eine wenig wirtschaftliche Expansion überkommener Strukturen bewirkt werden kann. Für Initiatoren, die – gleich dynamischen Unternehmern – den ↑technischen Fortschritt (S. 530) in wirtschaftlich nützlicher Weise vorantreiben können, ist in inflexiblen bürokratischen Lenkungssystemen kaum Platz. Entsprechende Innovationsschwierigkeiten sind im übrigen auch in hierarchisch organisierten Großunternehmen in Marktwirtschaften beobachtbar. Allerdings werden ihre Organisationsmängel i. d. R. durch die Innovationskonkurrenz aufgezeigt (↑Wettbewerbsfunktionen S. 406), womit ihre interne Verkrustung eher aufgebrochen wird als die einer nicht durch Alternativen herausgeforderten staatlichen Bürokratie.

Eine marktkonforme Wachstumspolitik hätte im wesentlichen an vermuteten Wachstumsbedingungen anzusetzen und im übrigen die Entwicklung der Marktdynamik zu überlassen. Sie wäre auch im Bereich der Innovationen (↑Innovationspolitik S. 548) in erster Linie Ordnungspolitik (↑Wirtschaftspolitik in der Marktwirtschaft S. 366). Die Wechselkurspolitik müßte verhindern, daß die heimische Währung unterbewertet wird und hierdurch ein exportgetriebenes Wachstum entsteht, bei dem sich nach einer später erzwungenen Richtigstellung des Wechselkurses die Investitionen in der Exportwirtschaft teilweise als Fehlinvestitionen erweisen.

Die Schaffung günstiger Wachstumsbedingungen kann bei einer marktwirtschaftlich orientierten Politik neben staatlichen Investitionen in die ↑Infrastruktur (S. 534) ergänzt werden durch den Abbau flexibilitätshemmender Regulierung. Der technische Fortschritt als weitere Wachstumsdeterminante läßt sich u. U. durch rechtlichen Schutz von ↑Patenten und Erfindungen (S. 424) begünstigen. Steuerpolitische Investitionsanreize als weitere Möglichkeit kollidieren i. d. R. mit den Zielen der ↑Verteilungspolitik (S. 464). Andererseits können verteilungspolitisch motivierte Maßnahmen wie die gesetzliche Sparförderung durchaus auch dem Wachstumsziel dienen, wenn sie das Angebot an Kapital erhöhen und auf diese Weise Investitionen verbilligen.

↑Wirtschaftswachstum und Strukturwandel (S. 536) sind eng miteinander verknüpft. Im Strukturwandel kommen auch bei marktwirtschaftlich orientierter Wachstumspolitik die Risiken und Chancen wirtschaftlicher Entwicklung zum Ausdruck. Hinsichtlich der Risiken käme es vor allem darauf an, Strukturänderungen durch Anpassungshilfen zu erleichtern und zu beschleunigen. Hingegen ist die künstliche Erhaltung (↑Subventionen S. 268) schrumpfender Wirtschaftszweige z. B. durch Handelshemmnisse wachstumsschädlich, da die damit gebundenen Produktionsfaktoren in anderen Branchen produktiver eingesetzt werden könnten.

E. Dürr: Wachstumspolitik. Bern u. a. 1977. – H. Giersch: Wachstums- und Strukturpolitik. Stuttg. 1977.

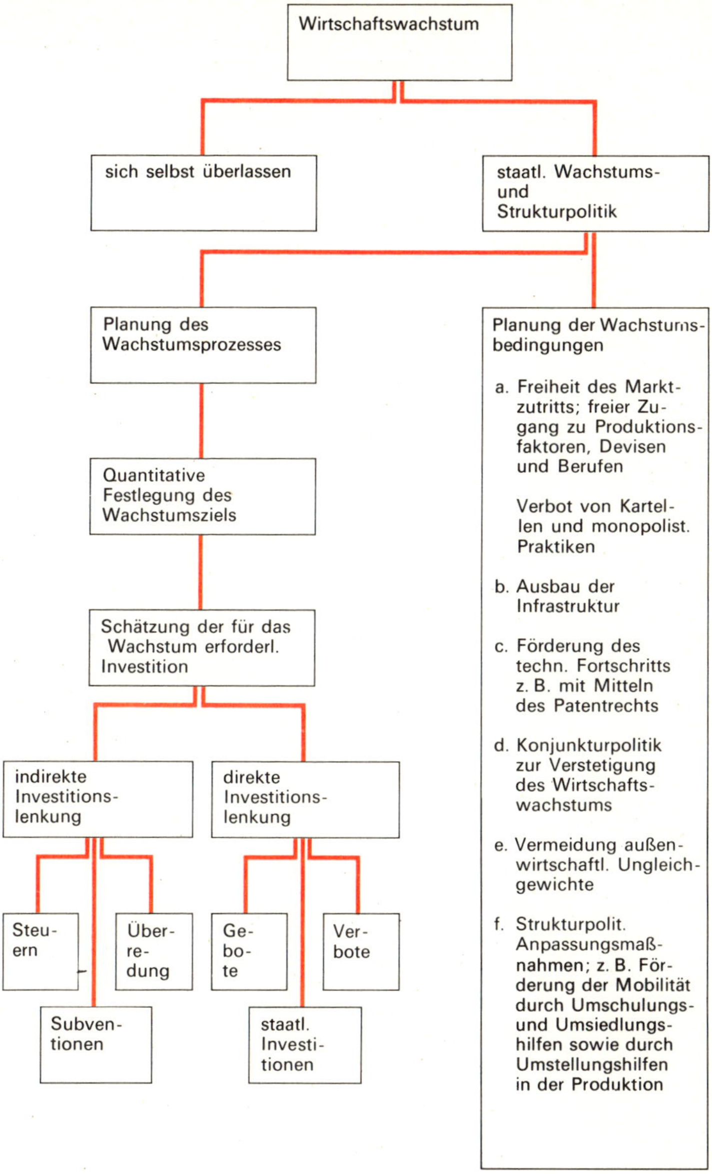
Wirtschaftswachstum
sich selbst überlassen
staatl. Wachstums- und Strukturpolitik
Planung des Wachstumsprozesses
Planung der Wachstumsbedingungen
a. Freiheit des Marktzutritts; freier Zugang zu Produktionsfaktoren, Devisen und Berufen
Verbot von Kartellen und monopolist. Praktiken
b. Ausbau der Infrastruktur
c. Förderung des techn. Fortschritts z. B. mit Mitteln des Patentrechts
d. Konjunkturpolitik zur Verstetigung des Wirtschaftswachstums
e. Vermeidung außenwirtschaftl. Ungleichgewichte
f. Strukturpolit. Anpassungsmaßnahmen; z. B. Förderung der Mobilität durch Umschulungs- und Umsiedlungshilfen sowie durch Umstellungshilfen in der Produktion
Quantitative Festlegung des Wachstumsziels
Schätzung der für das Wachstum erforderl. Investition
indirekte Investitionslenkung
direkte Investitionslenkung
Steuern
Subventionen
Überredung
Gebote
staatl. Investitionen
Verbote

Innovationspolitik

Innovationspolitik zielt darauf, den ↑technischen Fortschritt (S. 530) zu begünstigen, zu lenken oder gar im Rahmen einer direkten ↑Investitionslenkung (S. 550) zu kontrollieren. Ökonomisch begründen läßt sich eine finanzielle Unterstützung von Forschung und Entwicklung bis hin zur Kostenübernahme durch den Staat um so eher, je mehr solche Bemühungen auf den Erwerb von Grundlagenwissen gerichtet sind. Grundlagenwissen kann sowohl Voraussetzung für Zweckforschung sein als auch der Ausbildung dienen. Es ist vielfältig und häufig nicht-rivalisierend verwertbar. Deshalb wäre es unwirtschaftlich, seinen Gebrauch selbst da auf die Wissensproduzenten zu beschränken, wo andere von der unentgeltlichen Nutzung wirksam ausgeschlossen werden könnten. Es liegt also nahe, Grundlagenwissen als ↑öffentliches Gut (S. 166) zu produzieren und zu finanzieren. Damit ist noch nicht entschieden, ob und in welchem Umfang staatliche Instanzen die Produktion von Grundlagenwissen lenken oder gar kontrollieren sollten.

Relativ unstrittig ist staatlicher Handlungsbedarf im Bereich der privaten Zweckforschung, wenn es darum geht, die Ergebnisse vor unentgeltlicher Verwertung durch andere als den Produzenten zu schützen (↑Patente und Erfindungen S. 424). Ohne diesen Schutz wäre private Innovationstätigkeit behindert, da ihre Rentabilitätsaussichten durch Nachahmung geschmälert würden. Jedoch geht die Politik in vielen Ländern über die Schaffung eines innovationsfreundlichen rechtlichen Rahmens hinaus. Grundsätzlich möglich sind zwei auch kombinierbare Strategien: 1) eine primär auf den Abbau vermuteter Innovationshemmnisse gerichtete (akkomodierende) Politik sowie 2) eine Richtung gebende, eher veranlassende (induzierende) Politik.

Für die Entscheidung zugunsten einer akkomodierenden Politik spricht, daß Nichtwissen und Nichtvorhersehbarkeit im Falle der Innovation als Ausdruck von Kreativität besonders offenkundig sind. Daher kommt es in erster Linie darauf an, das wirtschaftliche System für unbekannte, neue Entwicklungen zu öffnen bzw. offen zu halten. Das legt den Abbau von Innovationshemmnissen nahe. Sie sind vor allem in überkommenen wirtschaftspolitischen Interventionen und wettbewerbspolitischen Versäumnissen (↑Wettbewerbsfunktionen S. 406) zu vermuten. Konkret käme es z. B. darauf an, 1) investitions- und innovationshemmende Regulierungen abzubauen, 2) Fehllenkungen von Risikokapital (z. B. in Abschreibungsgesellschaften) zu beseitigen, 3) Zugangsmöglichkeiten zu Beteiligungskapital durch Erweiterungen der Dienstleistungen von ↑Börsen (S. 252) zu verbessern, 4) Wettbewerbsbeschränkungen auf dem Wege der ↑Fusion (S. 234) entschieden zu erschweren und 5) höchstens eine indirekte (z. B. steuerrechtliche) Förderung der privaten Zweckforschung zuzulassen.

Bei einer induzierend gedachten Innovationspolitik kann zwischen direkter und indirekter Innovationsförderung unterschieden werden. Direkte, projektorientierte Forschungsförderung setzt voraus, daß die Forschungsförderungsbürokratie über ein Wissen verfügt, das dem Wissen der zu Fördernden, am Markt Operierenden eher noch überlegen ist. Andernfalls sind die Förderer ausbeutbar zur Finanzierung ohnehin geplanter Projekte. Zu vermeiden wäre ferner, daß der Innovationsprozeß in ein starres, verwaltungsadäquates Korsett gezwängt wird, obgleich für ihn Spontaneität, Versuch und Irrtum sowie unvorhersehbare Kostenschwankungen und Entwicklungszeiten typisch sind. Andernfalls werden höchstens Weiterentwicklungen begünstigt. Schließlich wäre der rechtzeitige Abbruch wenig erfolgversprechender Projekte sicher zu stellen.

Auch die indirekte, projektungebundene Förderung marktnaher Forschung und Entwicklung ist nicht unproblematisch. Eine Hauptschwierigkeit besteht darin, eine befriedigende Bemessungsgrundlage für Subventionen zu finden.

M. E. Streit: Innovationspolitik zwischen Unwissenheit und Anmaßung von Wissen. In: Hamburger Jahrbuch f. Wirtschafts- und Gesellschaftspolitik. Jg. 29 (1984) S. 35–54.

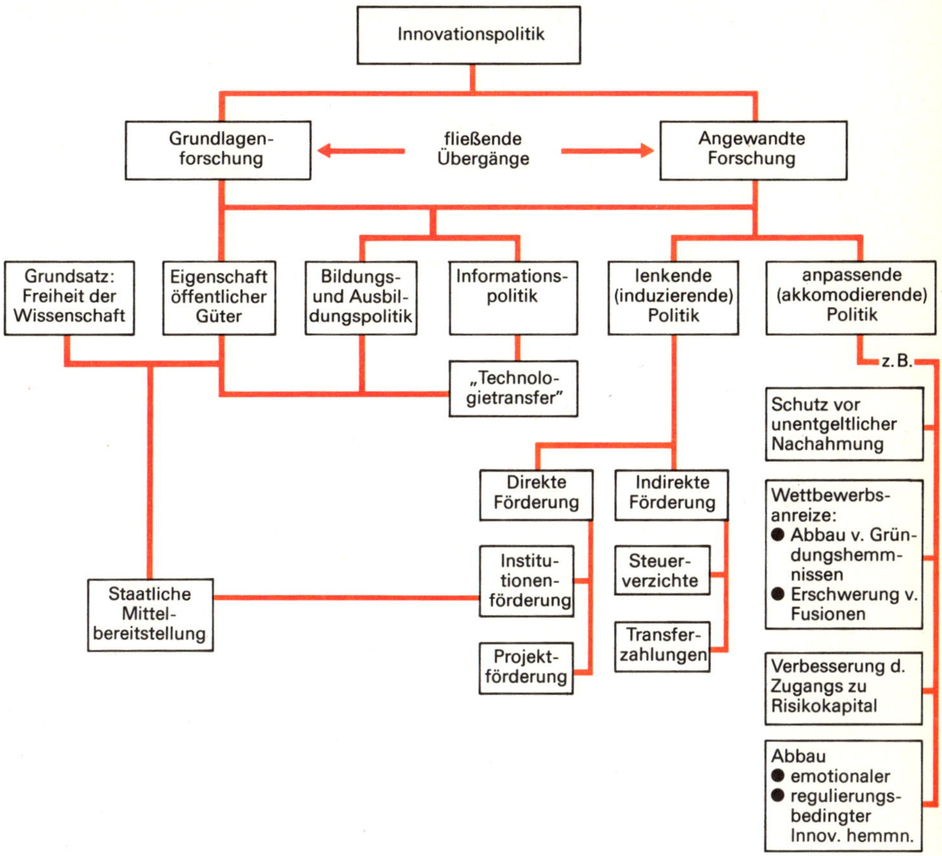
Innovationspolitik
Grundlagen-forschung
fließende Übergänge
Angewandte Forschung
Grundsatz: Freiheit der Wissenschaft
Eigenschaft öffentlicher Güter
Bildungs- und Ausbil-dungspolitik
Informations-politik
lenkende (induzierende) Politik
anpassende (akkomodierende) Politik
„Technolo-gietransfer"
z.B.
Schutz vor unentgeltlicher Nachahmung
Direkte Förderung
Indirekte Förderung
Wettbewerbs-anreize:
● Abbau v. Grün-dungshemm-nissen
● Erschwerung v. Fusionen
Staatliche Mittel-bereitstellung
Institu-tionen-förderung
Steuer-verzichte
Transfer-zahlungen
Projekt-förderung
Verbesserung d. Zugangs zu Risikokapital
Abbau
● emotionaler
● regulierungs-bedingter
Innov. hemmn.

Investitionslenkung

Im weitesten Sinn könnte man unter Investitionslenkung alle Maßnahmen verstehen, mittels derer versucht wird, die privatwirtschaftlichen Investitionsentscheidungen der Unternehmer auf marktexterne Weise zu beeinflussen. In der BRD kann man zahlreiche Maßnahmen mit investitionsbeeinflussendem Charakter von unterschiedlicher Eingriffsintensität identifizieren. Sie reichen von informeller Einflußnahme über fiskal- und geldpolitische Anreizmaßnahmen bis zu staatlichen Ge- und Verboten. Solche Maßnahmen stellen einen Rahmen dar, innerhalb dessen sich die unternehmerischen Investitionsaktivitäten frei entfalten können.

Die Anhänger weitergehender Lenkungsmaßnahmen, die man als Investitionslenkung im engeren Sinn bezeichnen kann, nennen als Begründung für ihre Forderung ein angebliches „Marktversagen", basierend auf Unzulänglichkeiten in der Funktionsweise des marktwirtschaftlichen Systems der BRD (↑soziale Marktwirtschaft S. 32). Ferner streben sie eine „Demokratisierung" wirtschaftlich bedeutender Entscheidungen an. Dabei sind die Grenzen zwischen Vorschlägen zur Reform und zur radikalen Änderung des Wirtschaftssystems fließend.

Vorschläge zu Formen und Maßnahmen einer Investitionslenkung im engeren Sinn reichen von einer verstärkten Beobachtung der privaten Investitionstätigkeit über die Einrichtung von begutachtenden Gremien (↑Wirtschaftsräte S. 382 und Sozialräte), die mit Repräsentanten verschiedener gesellschaftlicher Gruppen besetzt sein sollen, bis zur Institutionalisierung einer weitgehenden Genehmigungspflicht (Vorschlag eines Investitionsbundesamtes) und schließlich zur Verpflichtung auf Durchführung bestimmter Investitionen. Gemeinsam ist diesen Konzepten, daß sie über die Marktsteuerung innerhalb des vorhandenen ordnungspolitischen Rahmens hinaus eine selektive Beeinflussung der privaten Investitionsentscheidungen zum Zweck verstärkter Orientierung an sog. gesellschaftlichen Bedürfnissen herbeiführen wollen. Dabei soll die Institution des Privateigentums an Produktionsmitteln grundsätzlich unangetastet bleiben, nicht aber die Verfügungsgewalt.

Gegner der Investitionslenkung im engeren Sinn bezweifeln, daß die Begründung für weitergehende Investitionslenkung mit „Marktversagen" stichhaltig ist. Sie verweisen darauf, daß Funktionsmängel zumindest teilweise auf wirtschaftspolitischem Fehlverhalten beruhen. Dazu gehören vor allem Versäumnisse in der Wettbewerbspolitik (↑Wettbewerbsrecht S. 412), Mängel der ↑Globalsteuerung (S. 522), ein ↑Wachstum- und Strukturwandel (S. 536) eher hemmender Einsatz von ↑Subventionen (S. 268), unwirksame Regionalhilfen (↑regionale Wirtschaftspolitik S. 558) sowie eine ineffiziente Umweltschutzpolitik (↑Instrumente der Umweltschutzpolitik S. 616). Daher kann es durchaus sein, daß Fehlentwicklungen der ↑marktwirtschaftlichen Investitionsabstimmung (S. 254) zugerechnet werden, obgleich sie auf „Politikversagen" beruhen.

Gegen eine Investitionslenkung selbst läßt sich vor allem einwenden: 1) Das dazu nötige, übergreifende öffentliche Planungskonzept stellt Anforderungen an Planungswissen und Planungsorganisation, die nur unbefriedigend erfüllbar sind. 2) Sie nimmt den privaten Investoren die Verantwortung für den Kapitaleinsatz, ohne neue überzeugende Verantwortlichkeiten, vor allem für Fehlinvestitionen, zu schaffen. 3) Sie ist ohne Verdrängung des Marktes auch in allen übrigen Bereichen nicht realisierbar, da Investitionsentscheidungen und Antworten auf alle übrigen wirtschaftlichen Grundfragen (S. 14) sich gegenseitig bedingen, es sei denn, es wird unterstellt, die Individuen machten von der ihnen verbliebenen Entscheidungsfreiheit lenkungskonformen Gebrauch.

H. Besters: Neue Wirtschaftspolitik durch Angebotslenkung. Baden-Baden 1979.

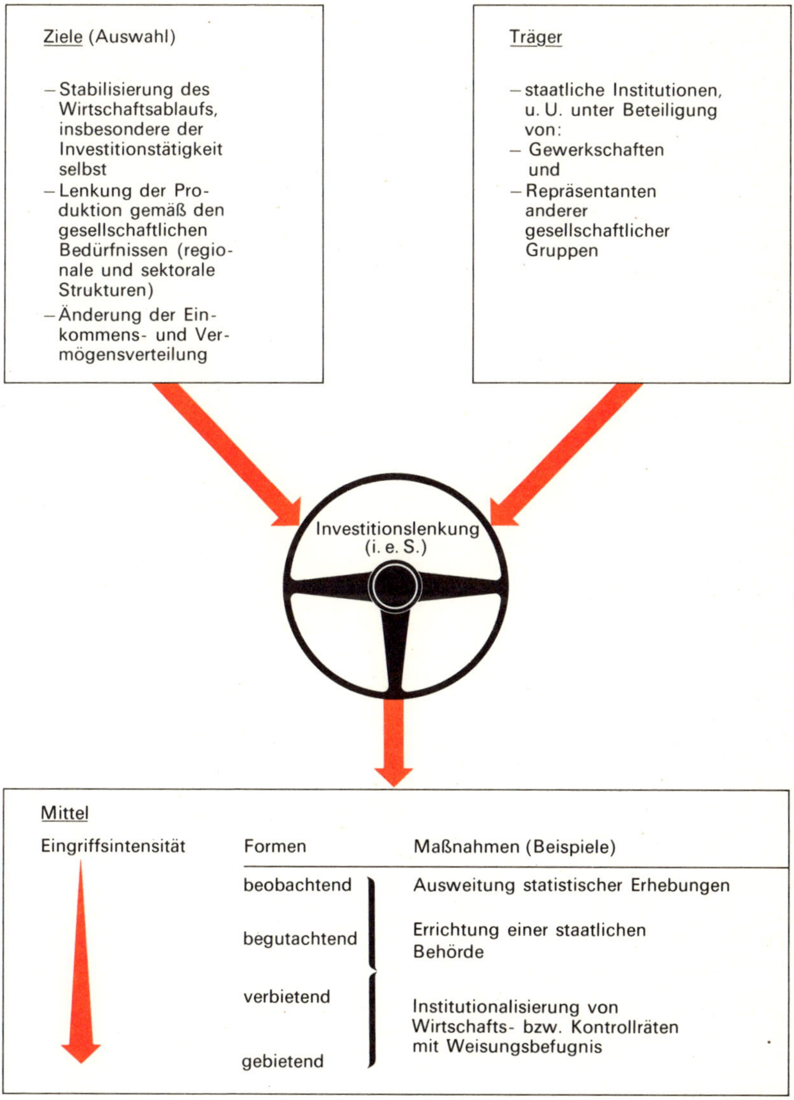
Ziele (Auswahl)
– Stabilisierung des Wirtschaftsablaufs, insbesondere der Investitionstätigkeit selbst
– Lenkung der Produktion gemäß den gesellschaftlichen Bedürfnissen (regionale und sektorale Strukturen)
– Änderung der Einkommens- und Vermögensverteilung
Träger
– staatliche Institutionen, u. U. unter Beteiligung von:
– Gewerkschaften und
– Repräsentanten anderer gesellschaftlicher Gruppen
Investitionslenkung (i. e. S.)
Mittel
Eingriffsintensität
Formen
Maßnahmen (Beispiele)
beobachtend
begutachtend
verbietend
gebietend
Ausweitung statistischer Erhebungen
Errichtung einer staatlichen Behörde
Institutionalisierung von Wirtschafts- bzw. Kontrollräten mit Weisungsbefugnis

Verkehrspolitik (Verkehrsträger)

Die räumliche Ausdehnung von Volkswirtschaften bedingt den Transport von Personen, Gütern und Nachrichten unter Benutzung von Verkehrswegen, Verkehrsmitteln und sonstigen Verkehrseinrichtungen. Bau und Unterhaltung der dem Verkehr dienenden ↑Infrastruktur (S. 534) sind i.d.R. staatliche Aufgaben, während sich die Verkehrsmittel und sonstigen Verkehrseinrichtungen vorwiegend in privater Hand befinden. Die Verkehrspolitik ist darauf gerichtet, den Ablauf der Raumüberwindung sicher, leistungsfähig und kostengünstig zu gestalten; zu diesen unmittelbar wirtschaftlich bedeutsamen Erfordernissen kommen i.d.R. solche, die aus weiteren Zielsetzungen (z.B. der Umweltpolitik) abgeleitet sind.

Zielgerechte Eingriffe in die Verkehrswirtschaft erwiesen sich nicht zuletzt deshalb als erforderlich, weil 1) für einige Verkehrsleistungen (Schienenverkehr, Nachrichtenübermittlung) das Angebot durch ein ↑Monopol (S. 194) wirtschaftlich oder politisch wünschenswert erschien, das dann zu kontrollieren war; 2) einzelne Verkehrsleistungen (Schienen-, Straßen-, Schiffahrtsverkehr) über weite Bereiche miteinander konkurrieren, ohne – vor allem aus technischen Gründen (Dauerhaftigkeit und Größe von Verkehrsanlagen und Verkehrsmitteln) – gleichermaßen flexibel etwa im Hinblick auf Nachfrageänderungen zu sein, wodurch sich die Wettbewerbschancen ungleich verteilen; 3) das Angebot an Verkehrsleistungen als ↑Instrument der Wachstums- und Strukturpolitik (S. 546), vor allem der ↑regionalen Wirtschaftspolitik (S. 558), aber auch der Sozialpolitik (z.B. gezielte Tarifvergünstigungen) und des Umweltschutzes (z.B. Minderung der innerstädtischen Verkehrsbelastung durch den Individualverkehr) vielversprechend erschien.

Aus den skizzierten Aufgaben der Verkehrspolitik ergibt sich die Notwendigkeit, eine der Eigenart der einzelnen Verkehrsträger (d.h. Schiene, Straßen, Wasser- und Luftwege) entsprechende, sachgerechte Verteilung der Beförderungsaufgaben zu bewirken; ferner sind die Leistungsfähigkeit der Verkehrsunternehmen einschließlich der Vermeidung ruinösen Wettbewerbs sowie eine bestmögliche Verkehrsbedienung für die Verkehrsnutzer sicherzustellen. Als Steuerungsmöglichkeiten werden vor allem die Einflußnahme des Staates auf die Preisbildung (Tarifhoheit), das Leistungsangebot (Kapazitätspolitik), die finanzielle Be- und Entlastung von Verkehrsunternehmen, die Regulierung durch Genehmigungsvorbehalte und die staatliche Aufsicht genutzt.

Nicht nur für die in der BRD betriebene Verkehrspolitik erwies es sich als besonders schwierig, 1) eine befriedigende Arbeitsteilung und Koordination zwischen Schienen- und Straßenverkehr sowie teilweise der Binnenschiffahrt anzustreben und 2) die Wirtschaftlichkeit staatlich kontrollierter Verkehrsunternehmen (Bundesbahn, Bundespost) zu gewährleisten. Arbeitsteilung und Koordination werden u.a. ständig dadurch erschwert, daß die Voraussetzungen für nicht staatlich kontrollierte Verkehrsleistungen (einschließlich des Individualverkehrs) überwiegend durch öffentliche Investitionen (z.B. Straßen-, Autobahn- und Kanalbau) geschaffen werden, deren Kosten häufig nur unzulänglich den Nutznießern angelastet werden oder werden können. Was die Wirtschaftlichkeit angeht, so finden sich die öffentlichen Verkehrsunternehmen nicht nur in der Situation eines Monopolisten insofern, als ihnen eine Kontrolle durch unmittelbar vergleichbaren Leistungswettbewerb fehlt. Vielmehr wird ihre Kostenkontrolle noch dadurch erschwert, daß Leistungen und Entgeltsverzichte, die aus der ihnen auferlegten Verfolgung von wirtschafts- und sozialpolitischen Nebenzielen entstehen, nicht getrennt verrechnet werden. Daher dürften die Betriebsergebnisse der öffentlichen, aber auch (nach dem zuvor Dargelegten) die der privaten Verkehrsunternehmen sowie die Wirtschaftlichkeitsrechnungen von Einzelpersonen kaum verläßliche Hinweise auf notwendige Korrekturen im Verkehrsangebot geben.

Hwb. der Wirtschaftswiss. Bd. 8. Stuttg. u.a. 1980. Art. „Verkehrspolitik" S. 249-257. – H. J. Schlösser: Effiziente Verkehrspolitik. Gött. 1980. – H. S. Seidenfus (Hg.): Verkehr zwischen wirtschaftl. u. sozialer Verantwortung. Gött. 1984.

Entwicklung des Güterverkehrs in der Bundesrepublik Deutschland Mill. -Tonnen-Kilometer

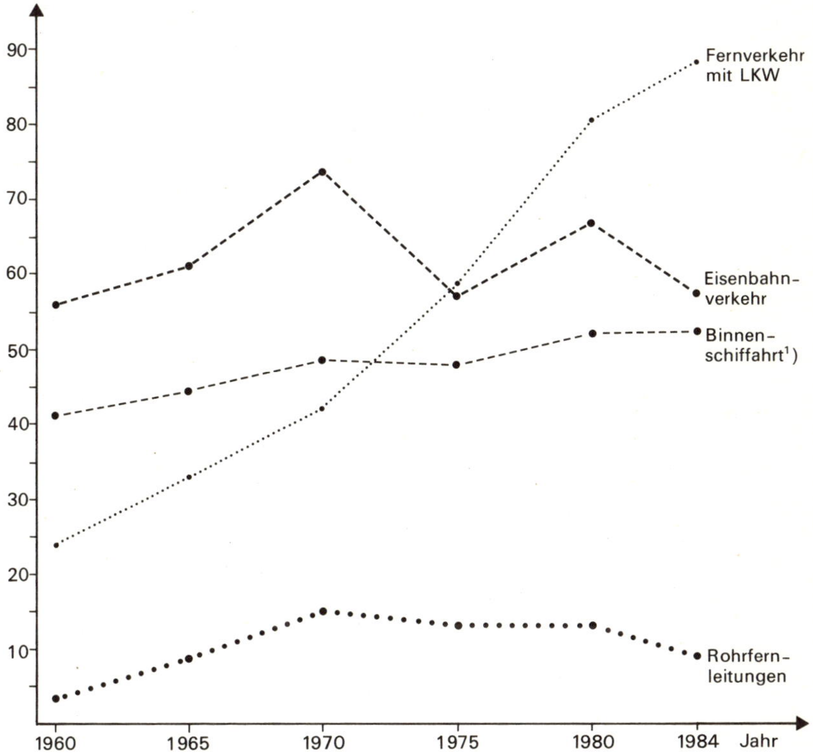

[1]) Schiffe unter deutscher Flagge

Personenverkehr (605 Mrd. Personenkilometer) 1984:

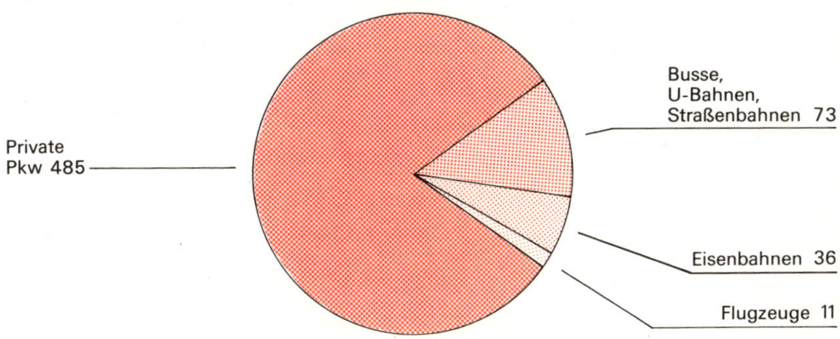

Energiepolitik

Gegenstand der Energiepolitik ist die Versorgung mit Primärenergie (vor allem fossile Brennstoffe, Kernenergie und Wasserkraft) sowie mit Sekundärenergie (vor allem Elektrizität). Ihr Ziel ist in erster Linie ein Energieangebot, das verbrauchergerecht ist, d. h. möglichst sicher zu langfristig günstigen volkswirtschaftlichen Kosten.

Versorgungsrisiken wurden vor allem im Primärenergiebereich im Verlauf der beiden Ölkrisen erkennbar. Hier ist die BRD trotz heimischer, aber relativ teurer Steinkohle zu 15,8% (1981) von Importen abhängig. Diese Risiken dürften fortbestehen, da international kaum eine Verbesserung des Stellenwertes von Vertragstreue und Rechtssicherheit erwartet werden kann.

Besonderheiten in der Sekundärenergieproduktion (kapitalintensive Großanlagen mit langen Ausreifungs- und Nutzungszeiten, Reservekapazitätshaltung) und im Absatz (Fernleitungsnetze) begründen vor allem für die Elektrizitätswirtschaft Zweifel an der Möglichkeit einer wettbewerblich kontrollierten Versorgung. Dementsprechend findet das ↑Wettbewerbsrecht (S. 412) auf Unternehmen der Elektrizitätsversorgung keine Anwendung. Sie werden durch Staatsaufsicht reguliert. Grundlage hierfür ist u. a. das Energiewirtschaftsgesetz von 1935, das den Ländern die Aufsicht über Investitionstätigkeit, allgemeine Lieferbedingungen, Tarife u. a. zugesteht.

Die beiden Ölkrisen haben auch verdeutlicht, daß die Vorräte an fossilen Primärenergieträgern begrenzt sind. Gleichzeitig erwiesen sich sowohl die Energiereserveschätzungen als auch die Bedarfsprognosen als äußerst unzuverlässig. Die Verknappungstendenz und die Unwägbarkeiten erlauben keine nur auf Versorgung gerichtete Energiepolitik. Die Nachfrageseite kann nicht als gegeben hingenommen werden. Vielmehr gilt inzwischen auch die Anpassungsfähigkeit an weitere Verknappungen als verbesserungswürdig. Folgende Anpassungsreaktionen sind möglich: Einsparungen, Substitution sowie deren schöpferische Variante, die Innovation. Wieviel dabei auf überwiegend marktwirtschaftliche Weise erreichbar ist, verdeutlicht eine Kennziffer: In der BRD ist die Ölintensität des Bruttosozialprodukts (das Verhältnis von mengenmäßigem Ölverbrauch und realem Sozialprodukt) nach dem ersten Ölpreissprung um 10% und nach dem zweiten um mehr als weitere 20% verringert worden.

Allerdings sind sowohl Einsparung als auch Substitution (vor allem eines Energieträgers mit relativ hohem Wirkungsgrad, aber besonderer Knappheit) nicht kostenlos. Ferner muß im Hinblick auf die Umweltbelastung bei Substitution zwischen fossilen Brennstoffen eher mit Zusatzkosten gerechnet werden. Dem Einsatz „alternativer" Energien sind auf absehbare Zeit ebenfalls enge Grenzen gesetzt. Das gilt besonders für die Wind- und Gezeitenenergie sowie die Energie aus Erdwärme. Bei der Solarenergie variieren die Einschätzungen je nach Klimazone, Anforderungen an die Energieart und Annahmen über den Wirkungsgrad. Hinzu kommt, daß mit der Nutzung solcher Energien (noch) keine Versorgung im Grundlastbereich (wo es auf Dauerleistung ankommt) möglich ist.

Als marktkonforme energiepolitische Strategie läge es unter diesen widrigen Umständen und bei den gemachten Erfahrungen nahe, 1. die energiepolitisch relevanten Marktpreise in ihrer Rationierungs- und Lenkungsfunktion (↑Preisfunktionen S. 176) nicht zu behindern, 2. Hemmnisse in den verschiedenen Substitutionsbereichen für Energierohstoffe abzubauen, 3. die Förderung der Suche nach innovativen Energietechniken breit anzulegen, und 4. die Politik im Hinblick auf die verschiedenen Energieträger dem erforderlichen langfristigen Zeithorizont entsprechend besser kalkulierbar zu machen.

Wiss. Beirat b. Bundesmin. f. Wirtschaft: Wirtschaftspolit. Folgerungen aus der Ölverknappung. Gutachten vom 7. und 8. 12. 1979. – H. K. Schneider: Substitution statt Wachstumsdrosselung. In: Inst. der dt. Wirtschaft (Hrsg.): Wirtschaftl. Entwicklungslinien und gesellschaftl. Wandel. Köln 1983.

Alternative Entwicklungen des Primärenergieverbrauchs

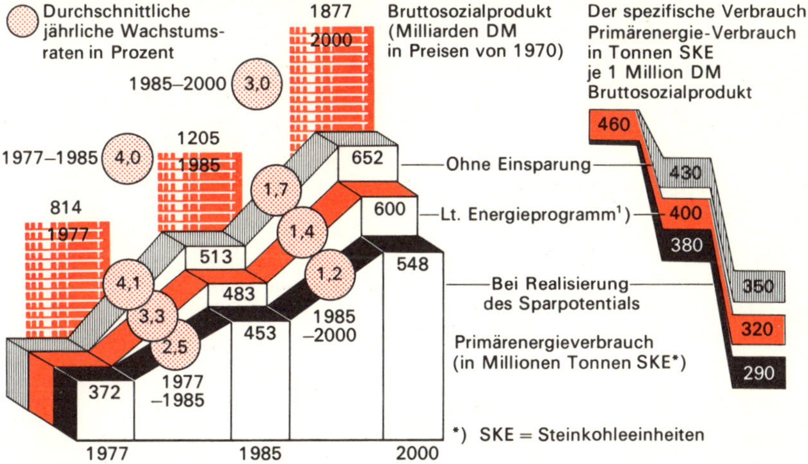

[1]) Zweite Fortschreibung des Energieprogramms der Bundesregierung vom Dezember 1977

Primärenergieverbrauch nach Energieträgern in der BRD 1982

(Anteile am Gesamtverbrauch in v. H.)

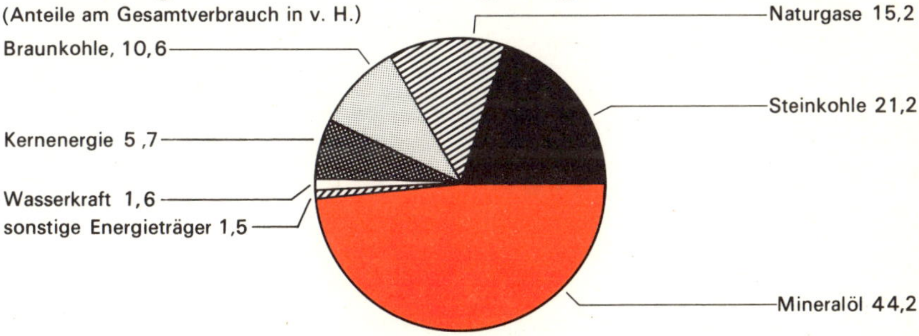

Primärenergieverbrauch im internationalen Vergleich 1981

	(1)	(2)	(3)	(4)
1. Vereinigte Staaten	1768,2	7,7	0,95	21,1
2. Japan	362,1	3,1	0,55	86,1
3. Bundesrepublik	262,9	4,3	0,53	50,9
4. Kanada	221,7	9,2	1,13	– 3,8
5. Großbritanien	194,5	3,5	0,79	– 6,4
6. Frankreich	180,4	3,3	0,45	71,6
7. Italien	139,2	2,4	0,60	84,6
8. Australien	77,2	5,2	0,75	–28,9
9. Spanien	76,2	2,0	0,66	73,1
10. Niederlande	61,2	4,3	0,63	1,9
11. Schweden	50,2	6,0	0,66	45,0
12. Belgien	43,6	4,4	0,62	83,3

(1) Gesamtverbrauch in Mill. t Rohöleinheiten
(2) Verbrauch je Einwohner in t Rohöleinheiten
(3) Verbrauch je Einheit Bruttoinlandsprodukt in t Rohöleinheiten
(4) Anteil der Netto-Importe am Primärverbrauch in v.H. (Minuszeichen: Anteil der Nettoexporte)

Agrarmärkte und Agrarpolitik

Auf Agrarmärkten werden die Erzeugnisse der Sektoren Landwirtschaft, Gartenbau, Weinbau, Forstwirtschaft und Fischerei gehandelt. Wie in anderen dem ↑Gemeinsamen Agrarmarkt (S. 580) zugehörigen Ländern sind in der BRD 21 Teilmärkte für Agrarerzeugnisse durch ↑Marktordnungen (S. 184) geregelt; insgesamt wird auf diese Weise nahezu die gesamte Agrarproduktion der Europäischen Gemeinschaft reglementiert.

Agrarmärkte sind durch Besonderheiten gekennzeichnet. Auf der Angebotsseite (↑Angebot S. 172) führt zunächst die Naturgebundenheit der Produktion zu starken saisonalen, vor allem aber auch unvorhersehbaren wetterbedingten Schwankungen der Angebotsmenge. Die relativ langen Ausreifungszeiten führen bei Marktpreisänderungen zu Anpassungsverzögerungen, die über kollektiv einheitliche Handlungsweisen der Anbieter die Tendenz zu Angebotsschwankungen noch verstärken. Empirisch nachweisbar ist z. B. der Schweinezyklus mit starken Preisschwankungen für Mastschweine im Abstand von 14–15 Monaten. Zusammen mit der durch die Verderblichkeit der Agrarerzeugnisse bedingten Angebotsdringlichkeit führt dies alles zu einer hohen Instabilität des Angebots. Dem steht eine relativ unelastische ↑Nachfrage (S. 170) gegenüber. Besonders starr ist die Nachfrage nach Grundnahrungsmitteln und Futtermitteln. Zu dieser relativ geringen Reagibilität der Nachfragemengen auf Preisänderungen (Preiselastizität) kommt noch eine sehr niedrige Einkommenselastizität hinzu; d. h. mit zunehmendem Einkommen nimmt die Nachfrage nach Agrarprodukten relativ ab (↑ökonomische Gesetzmäßigkeiten S. 632). Wegen der preisunelastischen Nachfrage entstehen bei Angebotsschwankungen starke Preis- und Erlösschwankungen für Agrarerzeugnisse. Für ihre Erzeuger bedeutet dies auch, daß die Einkommen schwanken. Ferner bewirkt eine relativ geringe Einkommenselastizität der Nachfrage, daß sich die ↑Wirtschaftsstruktur (S. 50) zuungunsten dieses Sektors ändert (↑Wirtschaftswachstum und Strukturwandel S. 536).

Mit dem Einsatz der Agrarpolitik sollen vor allem folgende Ziele angestrebt werden: Angemessene Beteiligung der Landwirtschaft an der gesamtwirtschaftlichen Einkommenssteigerung; Erhöhung der landwirtschaftlichen Produktivität; Stabilisierung der Agrarmärkte und Sicherung der Nahrungsversorgung zu angemessenen Preisen. Die dazu notwendigen Maßnahmen der Agrarpolitik sind einmal auf die Verbesserung der Agrarstruktur gerichtet. Dazu dienen vor allem 1) die Flurbereinigung, mit der größere zusammenhängende Bewirtschaftungsflächen und damit Voraussetzungen für eine stärkere Mechanisierung geschaffen werden sollen; 2) Steuererleichterungen und Zinsverbilligungen bei der Anschaffung und dem Betrieb von Landwirtschaftsmaschinen mit dem Ziel, durch Mechanisierung die ↑Produktivität (S. 74) zu steigern; 3) Gewährung von Beihilfen, um das Ausscheiden aus landwirtschaftlicher Tätigkeit zu erleichtern, das unumgänglich ist, wenn die verbleibenden Erzeuger ein Einkommen erzielen sollen, das dem in anderen Sektoren vergleichbar ist. Neben der Agrarstruktur sollen zum anderen die Agrarpreise durch ein System von Marktordnungen stabilisiert werden, das innerhalb der EG die Agrarmärkte vor allem durch staatlich garantierte Mindestpreise (↑staatliche Preisfestsetzung S. 182) und durch direkte Subventionszahlungen reguliert, nach außen die Agrarmärkte vor allem durch Zölle, Kontingente, Abschöpfungen bzw. Ausfuhrsubventionen vom Weltmarkt abschirmt. Dieser Teil der Agrarpolitik erwies sich im Hinblick auf die Ziele als wenig überzeugend und hat unerwünschte Nebenwirkungen, wie unverkäufliche Überschüsse, Absatz zu Dumpingpreisen auf dem Weltmarkt (↑Dumping S. 598) und subventionierte Vernichtung von Überschüssen.

L. Ahn: Ökonom. u. ökolog. Perspektiven der Agrarpolitik. Köln 1983. – Agrarbericht der Bundesregierung. (jährlich).

Betriebsgrößenstruktur in der Landwirtschaft (Zahl der Betriebe in 1000)

	1973	1982	1983	Veränderungen 1983 im Durchschnitt pro Jahr zu 1973	zu 1982
1 bis unter 10 ha	539,5	384,1	369,0	–3,7%	–3,9%
10 bis unter 20 ha	231,0	172,1	167,0	–3,2%	–2,9%
20 bis unter 40 ha	153,3	149,0	147,1	–0,4%	–1,3%
40 bis unter 100 ha	40,4	54,3	55,8	+3,3%	+2,8%
100 und mehr ha LF	3,6	4,7	4,8	+3,0%	+2,7%
Betriebe zusammen	967,8	764,1	743,7	–2,6%	–2,7%

Beihilfemaßnahmen von Bund und Ländern zur Förderung der deutschen Landwirtschaft (Stand: 1983)		
Beihilfen für:	Haushaltsmittel 1983 (in Mio DM)	Beispiele für einzelne Maßnahmen (Mio DM)
Pflanzliche Erzeugnisse	98,7	Förderung des deutschen Weines (12)
Tierische Erzeugnisse	158,1	Verbesserung von Milch und Milcherzeugnissen (52,1)
Forschung, Beratung und Ausbildung	48,6	Einführung der Buchführung in landw. Betrieben (3,9)
Genossenschaftswesen und Erzeugerzusammenschlüsse	40,5	Förderung forstwirtschaftlicher Zusammenschlüsse (3,3)
Gesundheits- und Qualitätskontrolle	176,5	Leistungsprüfung in der tierischen Erzeugung (23,5)
Investitionen	453,6	Einzelbetriebliche Investitionen in der Landwirtschaft (146,9)
Produktionsmittel und Versicherungskosten	471,1	Verbilligung von Dieselkraftstoff (460)
Flurbereinigung, strukturtechnische Maßnahmen	533,3	Förderung der Flurbereinigung (285,6)
Werbung und Absatz	222,3	Absatzförderung im In- und Ausland (215,7)
soziale Belastungen	3549,6	Zuschüsse zur Altershilfe für Landwirte (2000)
steuerliche Belastungen	1499,0*	Gewinnermittlung nach Durchschnittssätzen für kleinere landw. Betriebe (Steuerausfall 1982: 608)
Kreditaufnahme	324,9	Eingliederung von Vertriebenen, Spätaussiedlern und Flüchtlingen (183)
Insgesamt	7576,2	

*Steuerausfall 1982

Regionale Wirtschaftspolitik

Aufgabe der Träger der regionalen Wirtschaftspolitik ist es, für die Teilgebiete einer Volkswirtschaft (Regionen) wirtschaftspolitische Zielvorstellungen zu entwickeln sowie für eine zielgerichtete und koordinierte Beeinflussung der ↑räumlichen Wirtschaftsentwicklung (S. 538) zu sorgen. Diese Aufgabe umfaßt insbesondere 1) die Abgrenzung von Regionen im Hinblick auf deren besondere Probleme (z. B. zurückgebliebene Agrarregionen, dem Strukturwandel nicht gewachsene Industrieregionen, unattraktive Grenzregionen und überentwickelte Ballungsräume), 2) die Bestimmung ihrer räumlichen Funktionen (z. B. Erholungsräume) und Förderungsprioritäten sowie 3) die Koordination der verschiedenen Entscheidungsträger im Hinblick auf Ziele und Instrumente.

Die wichtigsten Träger der Regionalpolitik sind in der BRD der Bundeswirtschaftsminister, die für die regionale Wirtschaftspolitik zuständigen Minister der Bundesländer, die Gemeinden sowie der Planungsausschuß im Rahmen der Gemeinschaftsaufgabe von Bund und Ländern: „Verbesserung der regionalen Wirtschaftsstruktur" (vgl. Art. 91a Grundgesetz).

Als Aufgabe der ↑Wirtschaftspolitik in der Marktwirtschaft (S. 366) sind regionalpolitische Eingriffe u. a. damit begründbar, daß 1) der marktwirtschaftliche Verrechnungs- und Steuerungsmechanismus z. B. wegen ↑externer Kosten und externer Ersparnisse (S. 180) Agglomerationen über längere Zeit einseitig begünstigt; 2) Marktkräfte, die auf einen Ausgleich regionaler Entwicklungsunterschiede hinwirken, zumindest mittelfristig nicht stark genug sind; 3) Ausgleichstendenzen u. U. in ihr Gegenteil umschlagen und z. B. zur Entleerung von Regionen führen können; 4) wirtschaftspolitische Maßnahmen mit räumlichen Nebenwirkungen nicht daraufhin überprüft werden, sondern zu weiteren Eingriffen verleiten.

Konkrete Ansatzpunkte für eine regionale Wirtschaftspolitik ergeben sich 1) unter Wachstumsgesichtspunkten, wenn interregionale Produktivitätsunterschiede (↑Produktivität S. 74) dauerhaft bestehen und daher im Interesse einer bestmöglichen Verteilung der Ressourcen auch in räumlicher Hinsicht, d. h. interregional, ausgeglichen werden sollen; 2) unter Gerechtigkeits- bzw. Versorgungsgesichtspunkten, wenn interregionale Wohlstandsunterschiede (z. B. gemessen am Pro-Kopf-Einkommen, ↑Wohlstandsmessung S. 364) fortbestehen und ein Ausmaß erreichen, das den Gerechtigkeitsvorstellungen der Gesellschaft widerspricht; 3) unter Sicherheits- bzw. Stabilitätsgesichtspunkten, wenn die Außenabhängigkeit von Regionen unterschiedlich groß ist (d. h., wichtige Bezugs- und Absatzmärkte liegen außerhalb der Region in der übrigen nationalen Volkswirtschaft oder im Ausland) und ihre wirtschaftliche und soziale Entwicklung im ↑Konjunkturverlauf (S. 488) in einem Ausmaß Schwankungen unterliegt, das den Vorstellungen der Gesellschaft über soziale Sicherheit und Stabilität widerspricht.

Das entscheidende Handlungskonzept der regionalen Wirtschaftspolitik in der BRD ist die regionale Wirtschaftsförderung, d. h. die Förderung der gewerblichen Wirtschaft mit dem Zweck der Schaffung neuer Arbeitsplätze durch Errichtung und Erweiterung gewerblicher Produktionsbetriebe oder der Sicherung von Arbeitsplätzen durch Umstellung oder grundlegende Rationalisierung von gewerblichen Produktionsbetrieben in den dafür bestimmten Förderungsgebieten und Schwerpunktorten. Gefördert wird auch der Ausbau der Infrastruktur, soweit diese für die Entwicklung der gewerblichen Wirtschaft erforderlich ist. Mittel der Förderung sind Investitionszuschüsse, Darlehen, Zinszuschüsse und Bürgschaften.

Die regionale Wirtschaftspolitik ist wegen ihres ausdrücklich räumlichen Bezugs in engem Zusammenhang mit der Raumordnungspolitik zu sehen, die sich an einem so gut wie alle gesellschaftlichen Ziele umfassenden, ressortübergreifenden, raumbezogenen Ziel-Mittel-System orientieren soll.

M. E. Streit: Probl. regionalpol. Diagnose u. Projektion. In: Schmollers Jb. 91. Jg. 1971. S. 669–690. – J. Klaus/H. Schleicher: Räuml. Wirtschaftspolitik. München 1983.

Förderungsgebiete und Förderungsschwerpunkte in der BRD

Gebiete der Gemeinschaftsaufgabe „Verbesserung der regionalen Wirtschaftsstruktur"
Stand 1. Januar 1983

1 Schleswig
2 Holstein-Unterelbe
3 Niedersächsische Nordseeküste
4 Ems-Mittelweser
5 Heide-Elbufer
6 Niedersächsisches Bergland
7 Nördliches Ruhrgebiet-Niederrhein Westmünsterland
8 Nordeifel-Mönchengladbach-Heinsberg
9 Brilon-Höxter
10 Hessisches Fördergebiet
11 Mittelrhein-Lahn-Sieg
12 Eifel-Hunsrück
13 Saarland-Westpfalz
14 Neckar-Odenwald
15 Nordbayerisches Fördergebiet
16 Westbayerisches Fördergebiet
17 Ostbayerisches Fördergebiet
18 Südbayerisches Fördergebiet

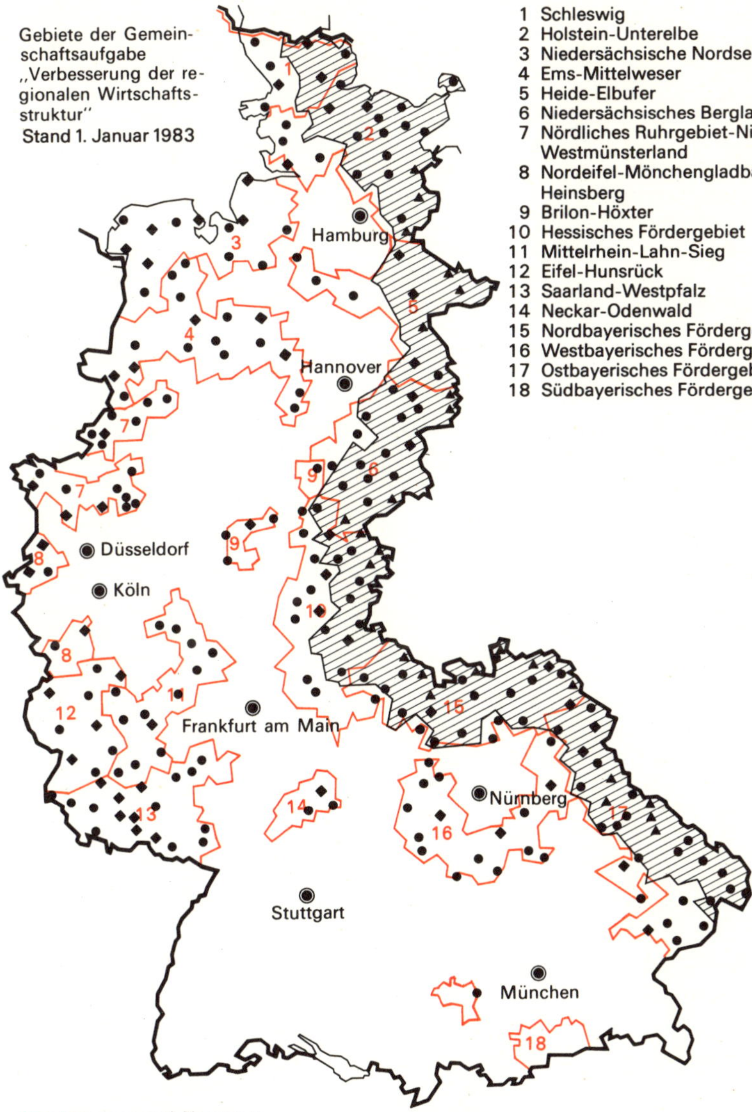

7 Grenzen und Nummern der Regionalen Aktionsprogramme
● A-und B-Schwerpunkte (bis 25 % im Zonenrandgebiet bzw. 20 % Förderung)
■ C-Schwerpunkte (bis 15 % Förderung)
▲ E-Schwerpunkte (bis 25 % Förderung in extremer Zonenrandlage)
//// Zonenrandgebiet

Weltwirtschaft und Welthandel

Unter Weltwirtschaft versteht man das Netz internationaler Wirtschaftsbeziehungen, das die einzelnen Volkswirtschaften bzw. Staatengruppen auf den Gebieten des internationalen Handels-, Dienstleistungs- und Kapitalverkehrs miteinander verbindet. Von einer Weltwirtschaft kann man im eigentlichen Sinne erst seit dem ausgehenden 18. Jahrhundert sprechen, als der Expansionsdrang der industriellen Revolution den Rahmen nationalstaatlichen Wirtschaftens sprengte. Mit dem Mittelpunkt Großbritannien blieb diese Entwicklung zunächst auf Europa beschränkt, bis die USA, die Sowjetunion und Japan als weitere industrielle Kerngebiete das Geflecht weltwirtschaftlicher Beziehungen erweiterten.

Die rasche Ausdehnung des Welthandels, d. h. des internationalen Güteraustausches (↑Außenhandel S. 316), wurde durch die liberale Außenwirtschaftspolitik des 19. Jahrhunderts begünstigt. Allerdings hielt diese Epoche eines durch staatliche Hemmnisse kaum behinderten Freihandels nur kurz an; schon im Jahre 1879 vollzog z. B. Deutschland mit der Schutzzollpolitik Bismarcks eine allmähliche Hinwendung zum Protektionismus. Die zweite Voraussetzung für die relativ ungestörte Entwicklung des Welthandels schuf der internationale Goldstandard (↑Wechselkurssysteme S. 328), der einen freien internationalen Zahlungsverkehr (↑Konvertibilität S. 330) bei stabilen ↑Wechselkursen (S. 340) gewährleistete. Der Erste Weltkrieg zerstörte die bis dahin geltende Weltwirtschaftsordnung. Die in den zwanziger Jahren unternommenen Versuche, die Vorkriegsverhältnisse wiederherzustellen, waren mit dem Ausbruch der Weltwirtschaftskrise 1929 endgültig gescheitert. Die Ausbreitung der ↑Devisenbewirtschaftung (S. 596) zerstörte das System des Multilateralismus, bei dem ein Land seine ↑Zahlungsbilanz (S. 336) nur gegenüber der gesamten übrigen Welt auszugleichen hatte. An seine Stelle trat immer mehr der Bilateralismus, der den Außenhandel faktisch zu einem Tausch Ware gegen Ware degenerieren ließ.

Die Gründung des ↑Internationalen Währungsfonds (S. 332) und der ↑Weltbank (S. 570) nach dem Ende des Zweiten Weltkrieges schuf die institutionellen Voraussetzungen für die Wiederbelebung der weltwirtschaftlichen Beziehungen; während sich die beiden genannten Organisationen auf den Währungsbereich beziehen, sollte das ↑GATT (S. 564) der Wiederherstellung eines möglichst freien Welthandels dienen. Bis in die sechziger Jahre hinein schien damit eine hinreichende Basis für das Wachstum des Welthandels und die globale Ausdehnung der internationalen Wirtschaftsbeziehungen zu einer echten Welt-Wirtschaft gewährleistet. Seitdem wird diese Entwicklung durch verschiedene Momente bedroht, unter denen die Währungskrisen der Vergangenheit an erster Stelle zu nennen sind. Die Gründung der Europäischen Wirtschaftsgemeinschaft trug zunächst nicht nur zu einem schnellen Wachstum des innergemeinschaftlichen Handels bei; auch gegenüber Drittländern dominierte anfangs eine liberale Außenhandelspolitik. In der Zwischenzeit stellt die Reglementierung im ↑Gemeinsamen Agrarmarkt (S. 580) eine ernste Belastung für die gesamte Weltwirtschaft dar. Die meisten Mitgliedsstaaten des ↑COMECON (S. 584) haben ihre Integrationsbestrebungen von vornherein auf Autarkie ausgerichtet. Gleichwohl hat der hohe Bedarf an westlicher Technologie ↑Wirtschaftsbeziehungen mit Staatshandelsländern (S. 324) sprunghaft intensiviert, doch wird der aus der Inkonvertibilität dieser Währungen resultierende Zwang zum bilateralen Warenaustausch dem weiteren Wachstum enge Grenzen setzen. Die ↑Entwicklungsländer (S. 604) beklagen seit Jahren die unbefriedigende Entwicklung der ↑Terms of Trade (S. 322) und fordern eine neue Weltwirtschaftsordnung. Verschärft wurde diese bedrohliche Situation durch mehrere sog. Ölkrisen, die der Weltwirtschaft schwierige Anpassungslasten auferlegten.

H. Berg: Internat. Wirtschaftspolitik. Göttingen 1976. – H. H. Glismann u. a.: Weltwirtschaftslehre. München 1980.

Entwicklung des Welthandels am Beispiel der Welteinfuhren (in Mrd. DM) 1962 – 1982

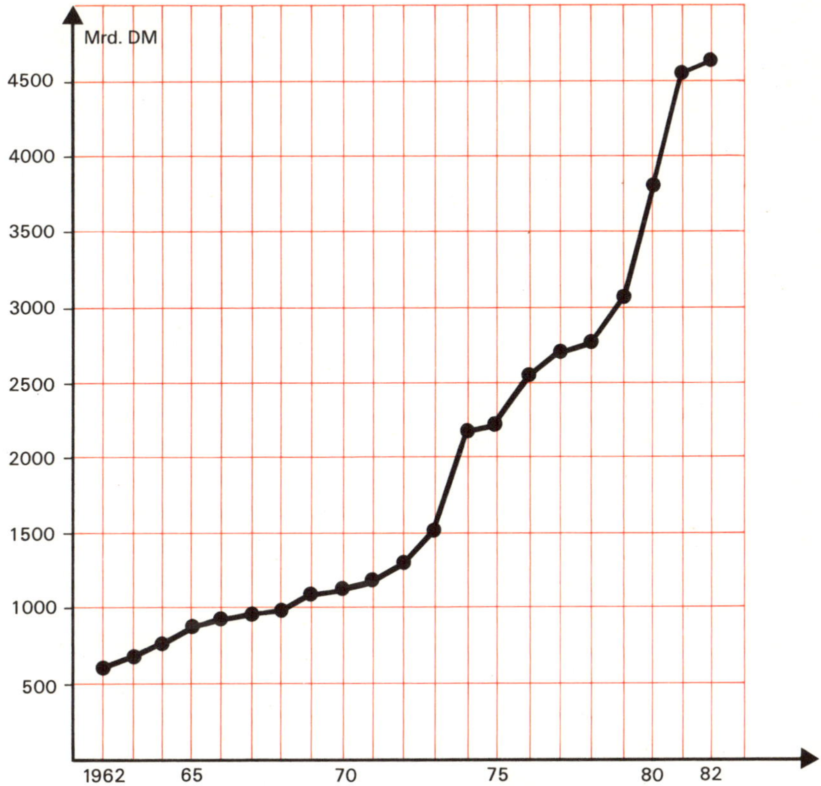

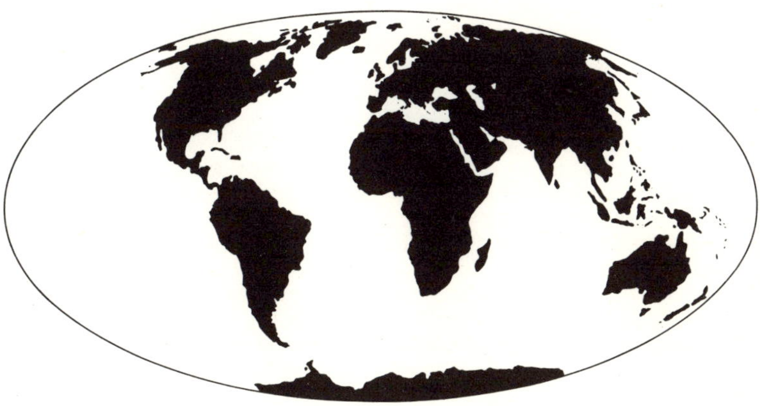

Multinationale Unternehmen

Es gibt weder eine allgemein anerkannte Definition der multinationalen Unternehmen, noch eine umfassende ↑Theorie (S. 636) zur Erklärung, warum Unternehmen multinational werden, d.h., über Direktinvestitionen im Ausland (↑langfristiger internationaler Zahlungsverkehr S. 348) dort Produktion kontrollieren bzw. aufnehmen. Ebensowenig gibt es ausnahmslos akzeptierte Erkenntnisse über die Folgen der Existenz solcher Unternehmen. Zur Kennzeichnung multinationaler Unternehmen werden unterschiedliche Merkmale herangezogen. Befürworter formaler Merkmale zählen verschiedene mögliche Dimensionen der Multinationalität auf, z.B. Umsatz, Gewinn, Anzahl der Unternehmen, und legen fest, wie groß der Auslandsanteil einer oder mehrerer dieser Größen sein soll, damit ein Unternehmen als multinational gelten kann (z.B.: Die Muttergesellschaft muß über eine mehr als 25 %ige Beteiligung an Unternehmen in mindestens fünf anderen Ländern verfügen.) Materielle Merkmale beziehen sich auf das Verhalten der Unternehmensleitung, wobei entscheidend ist, ob die ganze Welt als ein Markt betrachtet wird und die Tochtergesellschaften als Teil eines weltweit integrierten Systems aufgefaßt werden. Bei der Verwendung genetischer Merkmale wird davon ausgegangen, daß Unternehmen folgende Entwicklungsstufen durchlaufen: 1) Produktion nur für den heimischen Markt (Land H); 2) ↑Ausfuhr (S. 318) nach Land A; 3) gegebenenfalls Aufbau einer eigenen Vertriebsorganisation in Land A; 4) Aufbau einer eigenen Produktionsstätte in Land A; 5) gegebenenfalls Export aus Land A nach Land H („Produktzyklustheorie"). Einheitlich ist allen Definitionen, daß es sich um ↑Unternehmen (S. 60) handeln muß, die sich außerhalb des Stammlandes niedergelassen haben, und daß die Muttergesellschaft einen Einfluß auf die Tochtergesellschaft ausübt. Auch scheint allgemein akzeptiert, daß multinationale Unternehmen zu einer Förderung der internationalen Arbeitsteilung (↑Außenhandel S. 316) beitragen und daß außer ↑Kapital (S. 54) auch technisches und kaufmännisches Wissen ins Ausland verbracht werden.

Die Aufnahme der Produktion ausländischer Filialen ersetzt den Handel mit diesen Filialen möglicherweise nur zum Teil oder verstärkt ihn sogar. Nach einer amerikanischen Untersuchung erstrecken sich rund 25 % der amerikanischen Ausfuhr auf Exporte zwischen Filialen bzw. Muttergesellschaften amerikanischer multinationaler Unternehmen in den USA und ihren Filialen im Ausland. Ein bedeutender Teil des Handels zwischen Ländern wird somit nicht mehr zwischen selbständigen Unternehmen („Interunternehmenshandel"), sondern innerhalb von Tochtergesellschaften multinationaler Unternehmen („Intraunternehmenshandel") getätigt. Dieser Teil des Außenhandels umgeht demnach die Märkte; Marktpreise (↑Preisbildung S. 174) werden nicht ausgehandelt, sondern die multinationalen Unternehmen können interne Verrechnungspreise festlegen, mit deren Hilfe, z.B. aus Gründen der Steuervermeidung (↑Steuervermeidung – Steuerstrafrecht S. 306), Gewinne von einem Land in ein anderes verlagert werden können.

Unterschiedliche Arten multinationaler Unternehmen wirken sich unterschiedlich auf den Handel aus: Investiert ein Unternehmen der Verarbeitungsstufe im Ausland, um ein gleiches oder ähnliches Gut zu produzieren („horizontale Integration"), so kann diese Investition vorangegangenen Export ersetzen. Investiert dasselbe Unternehmen z.B. in einem Entwicklungsland (↑Entwicklungsländer S. 604), um Rohstoffe abzubauen („vertikale Integration"), so kann aus Interunternehmenshandel Intraunternehmenshandel werden. Deutsche multinationale Unternehmen bevorzugen entwickelte Länder; sie stammen vorwiegend aus solchen Branchen, die auch überdurchschnittlich exportorientiert sind. Das kann bedeuten, daß entgegen der Annahme der Produktzyklustheorie Exporte und Auslandsinvestitionen einander nicht ersetzen, sondern eher ergänzen.

M. Holthus u.a.: Die Dt. Multinat. Unternehmen. Frankf. a. M. 1974. – F. Grünärmel: Multinat. Unternehmen, internat. Handel u. monetäre Stabilität. Bern u.a. 1982.

Produktzyklustheorie zur Erklärung der Entwicklung multinationaler Unternehmen und der durch sie hervorgerufenen Handelsströme

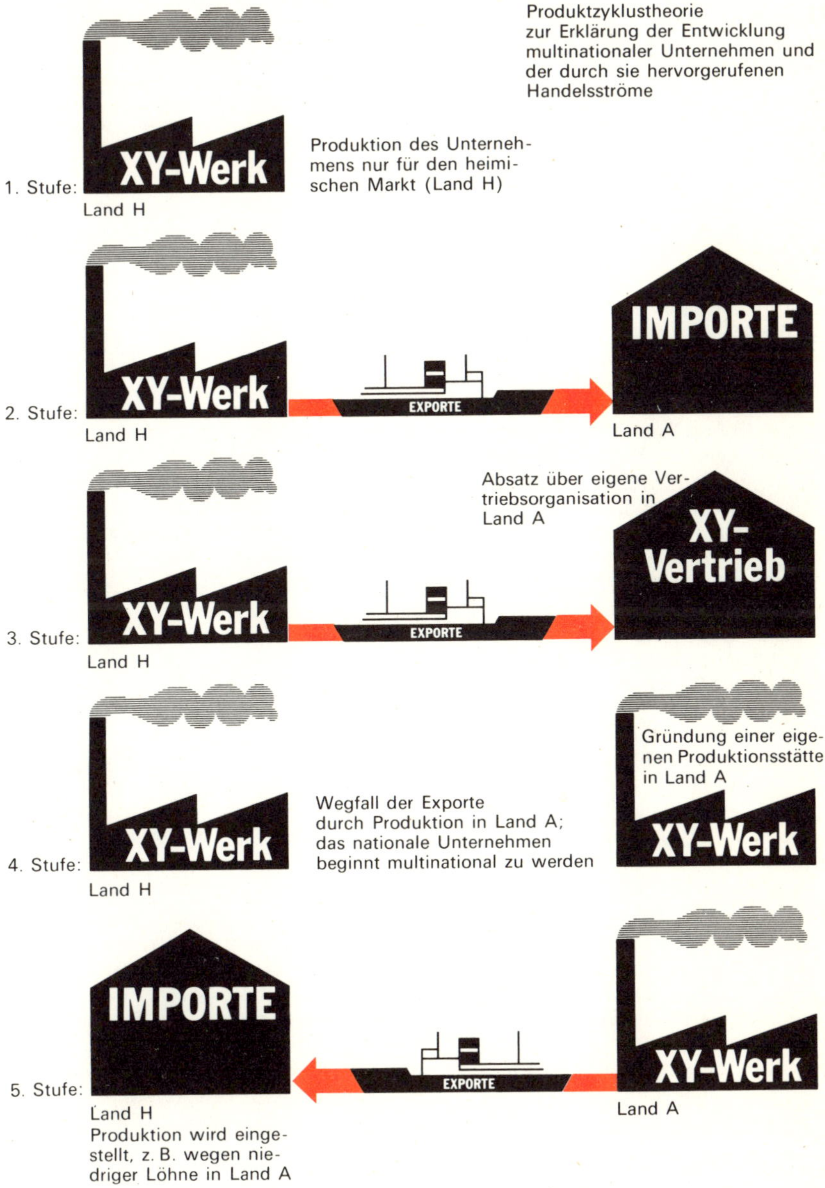

GATT

Das GATT (General Agreement on Tariffs and Trade), seit 1. 1. 1948 vorläufig in Kraft, ist ein weltweites Handelsabkommen. Es zählt derzeit 90 Parteien, davon über zwei Drittel Entwicklungsländer, eine vorläufige Partei und 30 Länder, die das Abkommen de facto anwenden; es erfaßt über 80% des Welthandels. Hauptziel des GATT ist, durch Senkung der Zölle und Abbau sonstiger ↑Außenhandelsbeschränkungen (S. 586) den Welthandel auf der Grundlage der Meistbegünstigung und Nichtdiskriminierung zu fördern; danach müssen Zollvergünstigungen allen Handelspartnern eines Landes gleichermaßen gewährt werden (Meistbegünstigung) und erlaubte Ausnahmen vom Verbot mengenmäßiger Beschränkungen auf alle Partner Anwendung finden (Nichtdiskriminierung). Diesem Ziel dienen vor allem die Zollverhandlungsrunden; ihre Ergebnisse kommen über die Meistbegünstigung allen Parteien zugute. Seit der Kennedy-Runde von 1964 bis 1967 wird über linear-globale Zollsenkungen verhandelt (↑Europäische Gemeinschaften S. 578).

Die Erfolge des GATT sind nicht unerheblich: In den bislang sieben Zollrunden auf eine entsprechende Verringerung des tatsächlichen (effektiven) Zollschutzes geschlossen werden kann (↑Zölle S. 588). Die geringsten Erfolge wurden beim Abbau von Handelsbeschränkungen für landwirtschaftliche Erzeugnisse erzielt, weil zahlreiche Staaten aus politischen, sozialen und militärischen Gründen am Schutz ihrer Landwirtschaft festhalten. Der Grundsatz der Gegenseitigkeit, auf dem das GATT beruht, führt gegenüber Entwicklungsländern zu unangemessenen Belastungen. Deshalb werden ihnen Vergünstigungen gewährt und sind allgemeine Vorzugsbehandlungen für sie in Abweichung von der Meistbegünstigungspflicht zulässig. Eine Ausnahme von dieser Pflicht läßt das GATT auch zugunsten von Parteien zu, die einer Freihandelszone oder Zollunion angehören. Voraussetzung ist, daß zwischen den Mitgliedern im wesentlichen der gesamte Handel von Zöllen und sonstigen Handelsbeschränkungen befreit wird. Hauptfall ist die EWG. Zahlungsbilanzschwierigkeiten und die besondere Lage von Entwicklungsländern sind Tatbestände, die es Parteien erlauben, vorübergehend von dem Verbot mengenmäßiger Einfuhrbeschränkung und u. U., im Einvernehmen mit den Betroffenen, vom Grundsatz der Nichtdiskriminierung abzuweichen.

Als nützlich, wenngleich nicht immer befriedigend, haben sich die Konsultations- und Streitbeilegungsverfahren des GATT erwiesen. Beschlußorgan des GATT ist die Versammlung der Vertragsparteien, die jährlich einmal tagt und mit einfacher, in einigen wichtigen Fällen mit Zwei-Drittel-Mehrheit beschließt. Zwischen den Tagungen werden die laufenden und dringlichen Geschäfte vom GATT-Rat wahrgenommen. Dazu kommt ein kleines, aber höchst wirkungsvolles Sekretariat mit Sitz in Genf.

Das GATT hat sich in 35 Jahren zum Forum des Welthandels entwickelt. Es hat seine Parteien für die weltweiten Probleme des Handels empfänglich gemacht. Das Klima der Zusammenarbeit und die Senkung des allgemeinen Zollniveaus wirkten sich stabilisierend für die Marktbedingungen der Industrie aus und begünstigten die größte Ausdehnung des Welthandels in der Wirtschaftsgeschichte. Der Zusammenbruch des Gold-Devisen-Standards, weltweite Inflation, Energie- und Rohstoffkrisen, Verschlechterung der ↑Terms of Trade (S. 322) der Entwicklungsländer und weitere Faktoren haben seit 1970 eine krisenhafte Entwicklung des Welthandels und die Gefahr eines Zerfalls des Welthandelssystems heraufbeschworen.

P. Bratschi: GATT. Hdb. für den Praktiker. Zürich 1973. – R. Vierbuchen: Die Entwicklungsländer im Welthandel. Dissoziation versus Integration Spardorf 1983 – Elmar Müller: Das GATT u. die Entwicklungsländer. Heidelb. u. a. 1983. – Ulrich Müller: Wohlstandseffekte des internat. Handels unter den Regeln des GATT. Köln 1983.

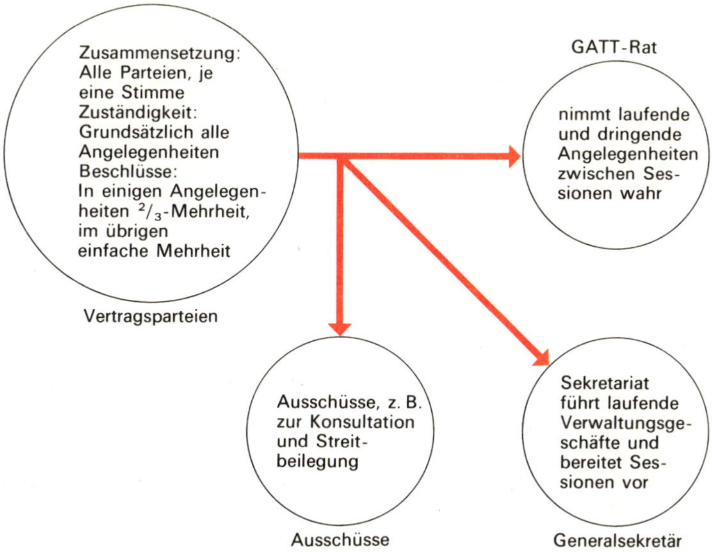

GATT, Liste der Vertragsparteien (Vollmitglieder)

1. Ägypten
2. Argentinien
3. Australien
4. Bangladesch
5. Barbados
6. Benin (früher Dahome)
7. Belgien
8. Belize
9. Birma
10. Brasilien
11. Burundi
12. Chile
    Dahome (s. Benin)
13. Dänemark
14. BR Deutschland
15. Dominikan. Republik
16. Elfenbeinküste
17. Finnland
18. Frankreich
19. Gabun
20. Gambia
21. Ghana
22. Griechenland
23. Großbritannien
24. Guyana
25. Haiti
26. Indien
27. Indonesien
28. Irland
29. Island
30. Israel
31. Italien
32. Jamaika
33. Japan
34. Jugoslawien
35. Kamerun
36. Kanada
37. Kenia
38. Kolumbien
39. Kongo (Volksrepublik)
40. Korea (Republik)
41. Kuba
42. Kuwait
43. Luxemburg
44. Madagaskar
45. Malawi
46. Malaysia
47. Malediven
48. Malta
49. Mauretanien
50. Mauritius
51. Neuseeland
52. Nicaragua
53. Niederlande
54. Niger
55. Nigeria
56. Norwegen
57. Obervolta
58. Österreich
59. Pakistan
60. Peru
61. Philippinen
62. Polen
63. Portugal
64. Ruanda
65. Rumänien
66. Schweden
67. Schweiz
68. Senegal
69. Sierra Leone
70. Simbabwe (früher Rhodesien)
71. Singapur
72. Spanien
73. Sri Lanka
74. Surinam
75. Tansania
76. Thailand
77. Togo
78. Trinidad und Tobago
79. Tschad
80. Tschechoslowakei
81. Türkei
82. Uganda
83. Ungarn
84. Uruguay
85. USA
86. Zaire
87. Zambia
88. Zentralafrikan. Republik
89. Zypern

Internationale Handelsverträge

Im Rahmen der zweiseitigen völkerrechtlichen Vereinbarungen über Handel und Wirtschaft sind nach dem Inhalt zu unterscheiden: 1) Handelsverträge; 2) Niederlassungsabkommen; 3) Schiffahrtsverträge; 4) Waren- und Zahlungsverkehr; 5) Wirtschaftsabkommen/Wirtschaftshilfe; 6) wirtschaftliche und technische Zusammenarbeit; 7) Schiffahrts- und Luftfahrtsbeziehungen; 8) Investitionsförderung. Häufig enthält ein Vertrag auch mehrere Elemente, so z. B. der „Freundschafts-, Handels- und Schiffahrtsvertrag zwischen der Bundesrepublik Deutschland und den USA vom 29. 10. 1954."

Unter einem Handelsvertrag im klassischen Sinne ist die Vereinbarung zwischen zwei oder mehreren Staaten über ihre gegenseitigen außenwirtschaftlichen Beziehungen zu verstehen. Die internationalen Handelsverträge enthalten vor allem Rahmenbedingungen und langfristige bilaterale Regelungen über die gegenseitige Handels- und Niederlassungsfreiheit, den Erwerb von Eigentum und den Schutz von Investitionen im Ausland, Patentschutz, Verkehrstarife sowie Zollvereinbarungen (↑Doppelbesteuerung S. 600). Als Handelsabkommen werden dagegen die häufig nur für einen begrenzten, kurzfristigen Zeitraum (meist ein Jahr) abgeschlossenen Vereinbarungen bezeichnet. Handelsabkommen regeln meistens den Waren-, Dienstleistungs- und Zahlungsverkehr im einzelnen, wobei wichtigster Inhalt die Kontingente für die Warenpositionen sind, die noch nicht voll liberalisiert wurden (Jahresprotokoll).

Handelsverträge bilden einen Teil des internationalen Wirtschaftsrechts, dem der internationale Handel untersteht. Sie sind ein Mittel der Außenwirtschaftspolitik, die entweder autonom oder auf vertraglicher Grundlage verwirklicht werden kann. Seit der Zeit des Merkantilismus (↑Epochen staatlicher Wirtschaftsordnung S. 20) werden überwiegend die gegenseitigen Wirtschaftsbeziehungen zweier Staaten in internationalen Handelsverträgen geregelt. Die Vorteile dieser Verträge sind: 1) die Exportwirtschaft kann mit größerer Sicherheit die Handelspolitik der anderen Vertragsstaaten voraussehen; 2) im Rahmen eines Handelsvertrages lassen sich volkswirtschaftliche Gewinne und Zugeständnisse gleichwertiger aushandeln; 3) die Willkür der Staaten wird beschränkt (Liberalisierungseffekt). Um die grenzüberschreitende wirtschaftliche Betätigung im Rahmen des internationalen Wirtschaftsrechts zu regeln, enthalten die Handelsverträge traditionell bestimmte Klauseln. Die wichtigste ist die Meistbegünstigungsklausel; sie bedeutet die Zuerkennung von anderen Handelspartnern bereits gewährten Vorteilen an einen Vertragspartner: Wenn der Staat X mit Staat Y einen Vertrag mit Meistbegünstigungsklausel geschlossen hat und dann X aufgrund Gesetzes oder aufgrund Vertrages mit Staat Z einen bestimmten Warenzoll gegenüber Z herabsetzt, so kommt Y automatisch in den Genuß der Zollsenkung, ohne daß ein besonderer Vertrag notwendig wäre. Die Meistbegünstigung verhindert die Diskriminierung im Außenhandel; im GATT ist ein multilaterales Meistbegünstigungssystem verwirklicht. Eine zweite mögliche Klausel betrifft die im Wege der Gegenseitigkeit vereinbarte Inländerbehandlung: Dadurch gewährt jeder Staat dem Angehörigen des Vertragspartners die gleiche rechtliche Behandlung wie seinen eigenen Staatsbürgern. Die Grundsätze der Meistbegünstigung und der Inländerbehandlung sind häufig kombiniert.

Die BRD hat seit 1969 vor allem mit Ländern des Ostblocks zahlreiche neue Handelsverträge und Abkommen geschlossen. Seit dem 1. 1. 1970 ist allerdings die Vertragsabschlußkompetenz für Handelsverträge und -abkommen auf die Europäischen Gemeinschaften übergegangen.

G. Dahm: Völkerrecht. Bd. 2. Stuttg. u. a. 1961. § 117, S. 591 ff. – K. Strupp/H. J. Schlochauer: Wb. des Völkerrechts. Bd. 2. 2. Aufl. Berlin 1961. Art. „Meistbegünstigungsklausel" S. 497–503.

Verflechtung des Welthandels
Export in Mrd. US-Dollar

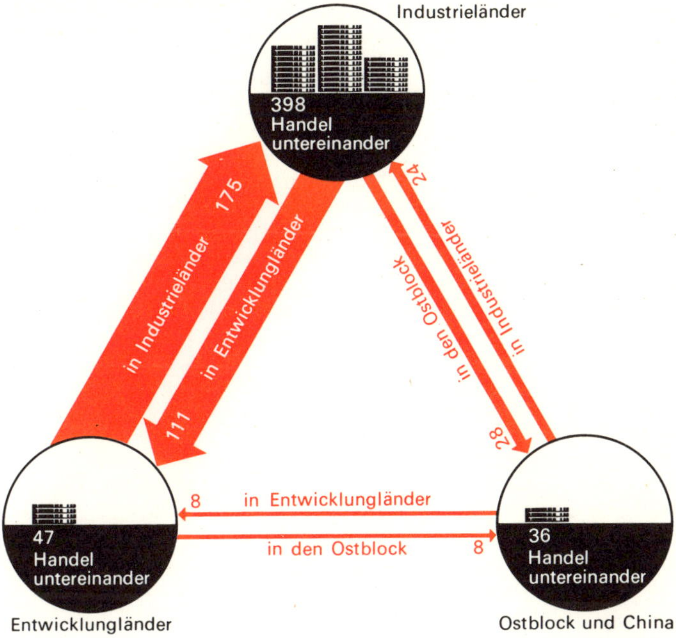

Z 1988 B

Presse- und Informationsamt der Bundesregierung

Nr. 84/S. 853 Bonn, den 7. Juli 1973

Bulletin

Abkommen mit der Volksrepublik China über Handels- und Zahlungsverkehr

Vom 5. Juli 1973

Das Auswärtige Amt teilt mit:

Am 5. Juli wurde in Bonn das deutsch-chinesische Abkommen über den Handel und den Zahlungsverkehr vom Staatssekretär im Auswärtigen Amt, Dr. Hans-Georg Sachs, und dem Botschafter der Volksrepublik China in Bonn, Wang Yu-tien, unterzeichnet.

Das Abkommen, das am Tage seiner Unterzeichnung in Kraft trat und bis zum 31. Dezember 1974 gilt, war am 18. Dezember 1972 in Peking paraphiert worden. Mit dem Handels- und Zahlungsabkommen, das im Einklang mit der bestehenden Lage auch für Berlin (West) gilt, soll eine neue, feste Grundherbeizuführen. Jede Vertragspartei wird sich insbesondere bemühen, günstige Bedingungen für den freien Zugang von Waren der einen Vertragspartei auf den Markt der anderen Vertragspartei zu schaffen. Die Vertragsparteien werden bestrebt sein, die Struktur des Warenverkehrs zu verbessern.

Artikel 2

(1) Die Vertragsparteien gewähren einander die Meistbegünstigung hinsichtlich der bei der Ein- und Ausfuhr zu erhebenden Zölle und Abgaben jeder Art sowie hinsichtlich der hierfür geltenden Verfahren und Formalitäten.

(2) Absatz (1) findet keine Anwendung auf:

a) Vorteile, die eine der Vertragsparteien dritten Ländern auf Grund einer Zollunion, einer Freihandelszone oder anderer Zonen präferentieller Handels einräumt oder einräumen wird;

b) Vorteile, die eine der Vertragsparteien Nachbarländern zur Erleichterung des Grenzverkehrs ein-

Rohstoffabkommen

In mehrfacher Hinsicht nehmen die Rohstoffe im Gefüge der Weltwirtschaft eine bedeutsame Stellung ein: Als Ausgangsmaterialien der Industrieproduktion beeinflussen vorhandene Menge und Preis in entscheidender Weise die Konjunktur, vorab in den Industriestaaten; als oft einzige oder überwiegende Einkommensquelle sind sie die Existenzgrundlage mancher Entwicklungsländer. Die daraus resultierenden Interessengegensätze auszugleichen, ist der Zweck der internationalen Verträge. In der Nachkriegsperiode handelte es sich vornehmlich um gesonderte mehrseitige Abkommen über spezifische Rohstoffe, wie Weizen (mehrere sukzessive Verträge seit 1949), Zucker (erster Vertrag 1954), Olivenöl (1956), Kaffee (1958), Zinn (1954), Kakao, Kautschuk, Jute. Das 1972 z. B. von über 50 Ländern unterzeichnete Kakao-Abkommen enthält eine Exportquotenregelung und verpflichtet die Erzeugerländer, festgesetzte Ausfuhrmengen nicht zu überschreiten. Um den Kakaopreis auf dem Weltmarkt zwischen Mindest- und Höchstgrenzen zu halten, ist ein Buffer-Stock (Ausgleichslager) eingerichtet, das Produktionsüberschüsse aufkauft. Allen diesen Instrumenten ist gemeinsam, daß sie sich darauf beschränken, Rahmenbestimmungen zu erlassen und Gremien zu errichten für die Anpassung von Angebot und Nachfrage durch Verhandlungen zwischen Export- und Importländern. Diese Phase wurde unterbrochen durch die Gründung des Kartells der erdölexportierenden Staaten, mehr noch durch das im Jahre 1973 durchgesetzte Embargo und die seitherige einseitige Preisfixierung für das Rohöl. Die OPEC (Organization of the Petroleum Exporting Countries) wurde 1960 in Bagdad als Reaktion auf Preissenkungen der Ölgesellschaften gegründet, die OPEC-Staaten lieferten 1980 rd. 90% des Welt-Erdölexports. Die OAPEC (Organization of the Arab Petroleum Exporting Countries) ist vorwiegend politisch ausgerichtet; so wurden das Öl-Embargo von der OAPEC, die Ölpreis-Erhöhungen von der OPEC beschlossen. Der Verlust homogener politischer Interessen, Umstrukturierung des Energieverbrauchs und Erschließung weiterer Ressourcen ließen den OPEC-Anteil an der Versorgung westlicher Industrieländer auf 40% schrumpfen.

Auf der UN-Rohstoffkonferenz 1974 forderten die Rohstoff-(Entwicklungs-)-Länder, die Rohstoffpreise an den Anstieg der Industriepreise der westlichen Länder zu koppeln, d. h. zu indexieren (indexierte Rohstoffpreise); dies wurde jedoch von den Industrieländern abgelehnt. Ein bedeutendes Entgegenkommen seitens einer wichtigen Gruppe von Industriestaaten wurde in der Lomé-Konvention vom 28. Februar 1975 zwischen der EWG und 46 Staaten Afrikas, der Karibik und des Pazifiks (AKP-Staaten) festgeschrieben: In ihr sind die Bestimmungen über den Handel mit Rohstoffen mit Verpflichtungen der Importstaaten (EWG) zu wesentlichen Entwicklungshilfemaßnahmen zugunsten ihrer Handelspartner gekoppelt. Um den AKP-Ländern gleichbleibende Erlöse bei der Ausfuhr zu sichern, ist ein besonderes Ausfuhrstabilisierungssystem (STABEX) vereinbart worden, das den Erzeugerländern garantierte Erlöse sichern soll. Im 2. AKP-EWG-Abkommen v. 31. 10. 1979 wurde dieses System erweitert und eine Regelung für Bergbauerzeugnisse hinzugefügt. Die Entwicklung in Richtung eines umfassenden Programms der Regelung von Produktion, Handel und Absatz einer ganzen Reihe von Rohstoffen, die von den Entwicklungsländern v. a. im Rahmen der UNCTAD angestrebt wurde (NIEO), konnte von den Industrieländern zunächst aufgehalten werden. Bestrebungen, die Erforschung, Ausbeutung und Vermarktung der Schätze des Meeresbodens der Kontrolle einer weltweiten internationalen Verwaltung zu unterstellen, haben Auftrieb erhalten durch die UN-Seerechtskonvention (1982), deren Auswirkungen noch nicht absehbar sind.

R. Senti: Internat. Rohstoffabkommen. Diessenhofen 1978. – J. Schraven: Internat.u. supranat. Rohstoffverwaltung. Berlin 1982.

a) Anteile an den Welt-Rohstoff-Vorräten in %

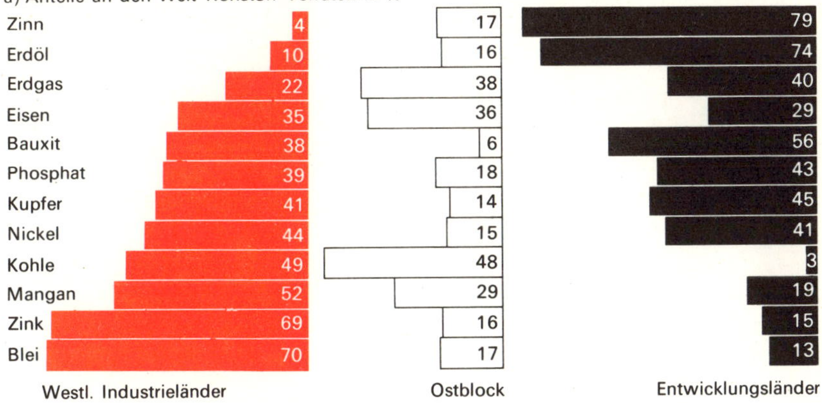

b) Rohstoffversorgung der Bundesrepublik in % des Verbrauchs

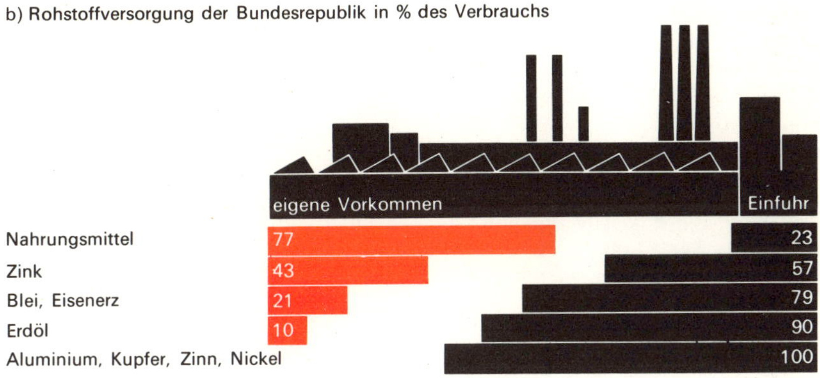

c) Das integrierte Rohstoffprogramm

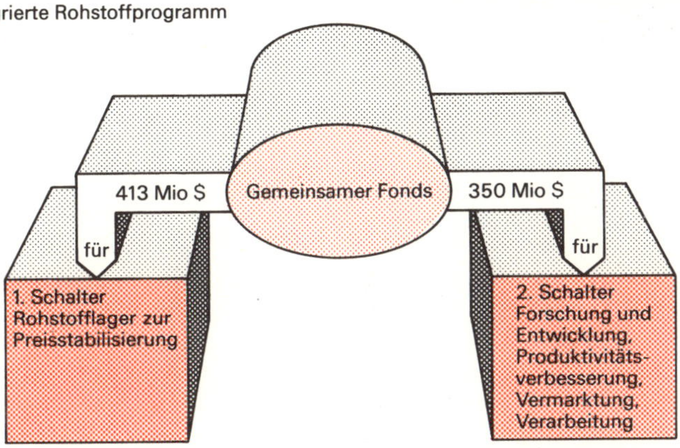

Weltbank

Die Weltbank ist im Jahre 1944 als „Internationale Bank für Wiederaufbau und Entwicklung" (IBRD) auf der Konferenz von Bretton Woods (↑Internationaler Währungsfonds S. 332) zur Hilfe für die im Krieg zerstörten Industrien gegründet worden. Heute umfaßt die Weltbankgruppe neben der IBRD die „Internationale Entwicklungsorganisation" (IDA) als Tochter- und die „Internationale Finanzkorporation" (IFC) als Schwesterorganisation. Ziel der Weltbankgruppe ist es, den Lebensstandard in den ↑Entwicklungsländern (S. 604) durch Gewährung finanzieller und technischer Hilfe zu heben und das bei der Finanzierung von Entwicklungsprojekten auftretende Risiko auf alle Mitgliedsstaaten (die Mitglieder des Internationalen Währungsfonds sein müssen) zu verteilen.

Für die Kreditgewährung greift die Weltbank in erster Linie auf den internationalen Kapitalmarkt zurück, indem sie Schuldverschreibungen verkauft. Daneben stehen die von jedem Mitglied eingebrachten Kapitalanteile zur Verfügung. Die entsprechend der wirtschaftlichen Stärke eines Mitgliedslandes festgelegten Kapitalanteile werden zu 10 % in bar oder Gold eingezahlt, die restlichen 90 % können von der Bank zur Deckung ihrer Pflichten aus der Gewährung oder Garantie von Krediten abberufen werden. Vor der Vergabe von Krediten prüft die Weltbank unter rein wirtschaftlichen Gesichtspunkten die technische und wirtschaftliche Solidität des Projekts. Kredite werden nur gewährt, wenn sie nicht anderweitig zu annehmbaren Bedingungen beschafft werden können. Der Zinssatz orientiert sich an den Mitteln, die für die Geldaufnahme am Kapitalmarkt zu erbringen sind (1976 etwa 5,5 %). Die dabei entstehenden Schwierigkeiten für die Zahlungsbilanz insbes. der ärmeren Länder soll die Internationale Entwicklungsorganisation ausgleichen. Sie kann für bestimmte Kategorien von Entwicklungsländern Kredite zu besonders günstigen Bedingungen vergeben. Im übrigen gelten für diese Kredite dieselben Bedingungen wie für alle anderen, d. h., auch hier sind politische Auflagen und Erwägungen unzulässig. Die Internationale Finanzkorporation erlaubt schließlich auch ohne Regierungsgarantie die Finanzierung von Projekten durch Bürgschaften, Kreditgewährung oder Beteiligung an privaten Investitionen für Entwicklungsprojekte.

Trotz der 1981 realisierten Verdoppelung des Kapitals der IBRD kam es bei der Finanzierung ihrer herkömmlichen Darlehensvergabe an den internat. Finanzmärkten zu Schwierigkeiten. Mit sog. Strukturanpassungsdarlehen wurde 1980 eine neue Form projektunabhängiger Kreditgewährung eingeführt. Mehr als 50 % aller Darlehen flossen 1982/83 in Projekte der Landwirtschaft, des Verkehrswesens und der Elektroenergie.

Die Hauptorgane der Weltbank sind der Gouverneursrat und das Direktorium. Der Gouverneursrat besteht aus Vertretern der Mitgliedsländer, deren Stimmrecht entsprechend wie beim Internationalen Währungsfonds nach dem Anteil am Grundkapital differiert (mindestens jedoch pro Land 250 Stimmen plus 1 Stimme auf 100 000 $). Er trifft die Grundsatzentscheidungen mit Mehrheit, während dem Direktorium die Verwaltungsführung zukommt.

Die Mitgliedschaft in der Weltbank ist grundsätzlich unabhängig davon möglich, welche Staatsverfassung und Wirtschaftsordnung ein Land hat. Allerdings halten sich die meisten sozialistischen Länder der Weltbank fern, mit Ausnahme Jugoslawiens, Ungarns und Rumäniens.

J. Rettberg: Weltwährungsfonds mit Weltbankgruppe u. UNCTAD als Bezugspunkte der internat. Handels- u. Entwicklungspolitik. 1983. – R. Tetzlaff: Die Weltbank. Funktionsweise, Machtverhältnisse und politische Bedeutung. In: Aus Politik und Zeitgeschichte 1978.

Kreditvergabe von Weltbank und Internationaler Entwicklungsorganisation (IDA) der OECD an Länder mit Pro-Kopf-Einkommen unter 411 US-$ pro Jahr (in Preisen von 1981)

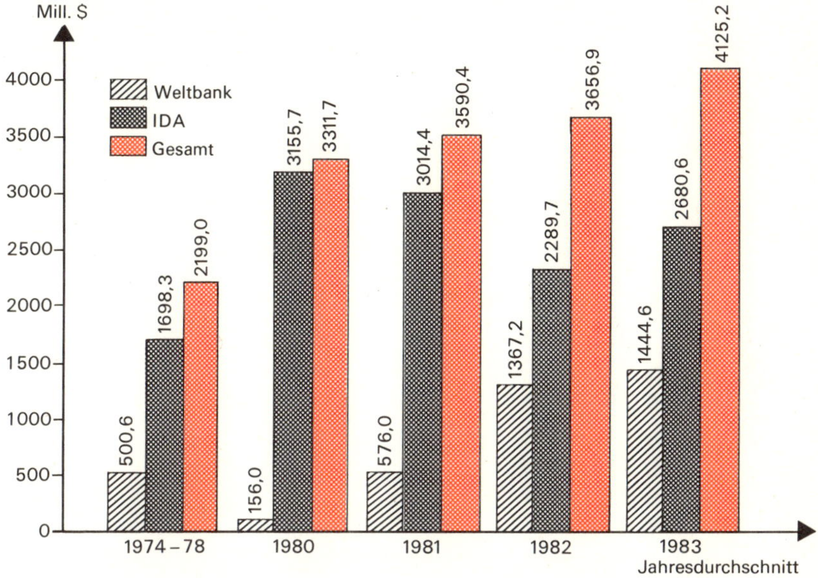

Struktur der Kreditvergabe von Weltbank und IDA nach Sektoren 1983

	1983 in Mill. $			1983 in v. H.		
	Weltbank	IDA	Gesamt	Weltbank	IDA	Gesamt
Landwirtschaft und ländliche Entwicklung	2386,3	1312,0	3698,3	21,4	39,3	25,5
Bildungswesen	296,4	251,5	547,9	2,7	7,5	3,8
Energie	979,1	70,8	1049,9	8,8	2,1	7,3
Industrie	625,1	66,7	691,8	5,6	2,0	4,8
Nicht projektgebunden	1174,7	260,0	1434,7	10,5	7,8	9,9
Bevölkerungsplanung und Ernährung	60,5	57,9	118,4	0,5	1,7	0,8
Technische Hilfe	25,7	27,0	52,7	0,2	0,8	0,4
Fernmeldewesen	–	57,0	57,0	–	1,7	0,4
Transport	1406,1	517,5	1923,6	12,6	15,5	13,3
Städteentwicklung	328,3	226,0	554,3	2,9	6,8	3,8
Wasserversorgung und Kanalisation	630,9	180,0	810,9	5,7	5,4	5,6
Sonstige	3223,2	314,3	3537,5	29,1	9,4	24,4
Gesamt	11136,3	3340,7	14477,0	100,0	100,0	100,0

OECD – Internationale Wirtschaftskoordination

Die Organisation für wirtschaftliche Zusammenarbeit und Entwicklung (OECD) wurde 1961 als Nachfolgerin der Organisation für europäische wirtschaftliche Zusammenarbeit (OEEC) gegründet. Zu ihren Mitgliedern zählen die meisten westeuropäischen Staaten sowie Australien, Finnland, Japan, Neuseeland, Kanada und die USA.

Die OECD hat sich folgende Ziele gesetzt: 1) Erreichung des höchstmöglichen wirtschaftlichen Wachstums und Beschäftigungsstandes sowie ein steigender Lebensstandard unter Erhaltung finanzieller Stabilität, um so zur weltwirtschaftlichen Entwicklung beizutragen. 2) Wirtschaftliche Expansion in den Mitgliedsstaaten und Nichtmitgliedsstaaten, die sich im Entwicklungsstadium befinden. 3) Ausdehnung des Welthandels auf multilateraler, nicht diskriminierender Basis in Übereinstimmung mit den internationalen Verpflichtungen (↑GATT S. 564).

Anders als die ↑Europäischen Gemeinschaften (S. 578) verfügt die OECD über keine supranationalen Rechtsetzungsbefugnisse. Sie wird vielmehr als eine Art „ständige Wirtschaftskonferenz" tätig, in der die wirtschaftlichen Leitlinien der entwickelten Staaten durch eine fortlaufende Information und Konsultation koordiniert werden sollen. Die Organisation kann zur Erreichung dieses Zieles in gegenseitigem Einverständnis bindende Beschlüsse fassen, Empfehlungen an die Mitglieder richten und mit Mitgliedern, Nichtmitgliedern und internationalen Organisationen Vereinbarungen abschließen. Alle Rechtshandlungen der Organisation gehen vom Rat aus, in dem die Mitgliedsstaaten gleichberechtigt vertreten sind.

Bei der Gründung der OECD waren einige der Hauptziele der OEEC, die Liberalisierung des Waren- und Kapitalverkehrs und die Regelung des Zahlungsverkehrs durch freie ↑Konvertibilität (S. 330) der Währungen schon weitgehend verwirklicht. Die Aufgaben der OECD bestanden deshalb vorwiegend in der Fortsetzung und Stabilisierung der Liberalisierungspolitik auch gegenüber den Nichtmitgliedsstaaten.

Mit dem Ausbau von EWG und EFTA verlagerten sich die Aufgaben der OECD zunehmend von der europäischen wirtschaftlichen Integration weg hin zur Kooperation im größeren Rahmen sowie zur Koordinierung der Handelspolitik gegenüber Nichtmitgliedsstaaten und der Hilfeleistung für Entwicklungsstaaten. Eines der wichtigen Koordinationsinstrumente ist die Kommission für Wirtschaftspolitik. In verschiedenen Arbeitsgruppen werden die Faktoren des wirtschaftlichen Wachstums, der steigenden Preise und Kosten und die zu ergreifenden Maßnahmen beraten. Die Kommission zur Prüfung der wirtschaftlichen Entwicklung erstellt über jedes Mitgliedsland einen jährlichen Bericht, in dem die wirtschaftliche Situation analysiert wird. Große Bedeutung hat in den letzten Jahren die Entwicklungshilfekommission (DAC) erlangt. Sie gewährt zwar nicht selbst finanzielle Hilfe, gibt aber Anreize zu Entwicklungsprojekten und versucht, die ↑Entwicklungshilfe (S. 608) der Mitgliedsstaaten zu koordinieren. Die Bedeutung dieser Koordinierung zeigt sich darin, daß OECD-Länder etwa 90 % der gesamten Entwicklungshilfe stellen. Das Handelskomitee versucht, Grundsätze über eine einheitliche Handelspolitik im Wege von Standardimport- und -exportbedingungen zu erreichen. Weitere Kommissionen befassen sich mit finanziellen und steuerlichen Angelegenheiten, Landwirtschaft und Fischerei, der wissenschaftlichen und technischen Entwicklung und Zusammenarbeit, der Berufsausbildung und der Energieversorgung (Gründung der Internationalen Energieagentur 1974). Im Mai 1975 wurde schließlich ein finanzieller Unterstützungsfonds der OECD gegründet, durch den ein System der gegenseitigen finanziellen Hilfeleistung bei Zahlungsbilanzschwierigkeiten errichtet wird, bisher jedoch nicht in Kraft trat.

H. J. Hahn/A. Weber: Die OECD. Baden-Baden 1976. – M. Camps: Beziehungen der ersten Welt: Die Rolle der OECD. Bonn 1976.

Die Mitgliedsländer der OECD und ihre Wirtschaftsleistung[1])

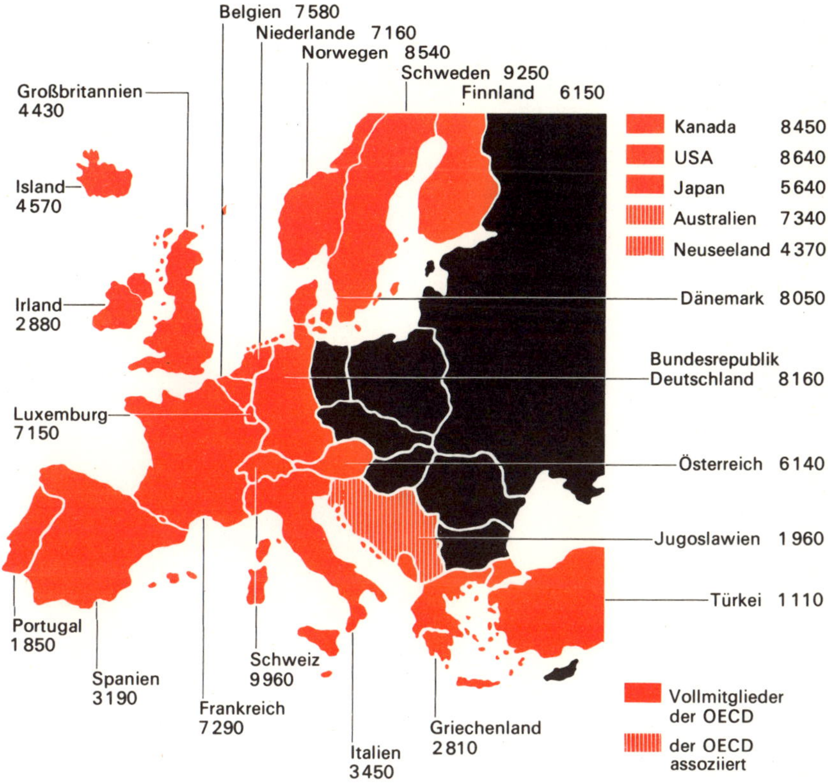

[1]) Bruttosozialprodukt zu Marktpreisen je Einwohner in US-$ im Jahre 1980

Organisation:
Das oberste Organ der OECD ist der Rat mit Sitz in Paris, der entweder als Ministerrat oder als Gremium der ständigen Vertreter unter Vorsitz eines Generalsekretärs tagt. Der Exekutivausschuß besteht aus den jährlich vom Rat zu bestimmenden Vertretern von zehn Mitgliedstaaten. Daneben besitzt die OECD zahlreiche Fachausschüsse. Da die OECD rechtlich als Rahmen einer dauernden diplomatischen Konferenz zu werten ist, besteht ihre wesentlichste Aktivität in der regelmäßigen Konsultation und Information der Mitgliedstaaten. Die Beschlüsse der OECD verpflichten die Mitgliedstaaten, während Empfehlungen von Staaten oder Internationalen Organisationen nur beachtet zu werden brauchen, wenn sie als zweckmäßig betrachtet werden. Außerdem kann die OECD Entschließungen annehmen. Beschlüsse und Empfehlungen bedürfen der Einstimmigkeit.

Wirtschaftsorganisationen der UN

Die UN haben sich in ihrer Satzung neben der Friedenssicherung und der Entwicklung freundschaftlicher zwischenstaatlicher Beziehungen auf der Basis der Gleichberechtigung und des Selbstbestimmungsrechts der Völker zahlreiche wirtschaftliche und soziale Ziele gesetzt.

Der Wirtschafts- und Sozialrat (ECOSOC) ist das für die Förderung der wirtschaftlichen Zusammenarbeit wichtigste UN-Organ. Er steht zwar unter der Autorität der Generalversammlung, besitzt aber selbständige, durch die UN-Charta verliehene Befugnisse. Der ECOSOC führt in internationalen wirtschaftlichen Angelegenheiten Untersuchungen durch, veranlaßt Berichte, gibt Empfehlungen an die Mitglieder der UN, an die Generalversammlung oder Sonderorganisationen und beruft internationale Wirtschaftskonferenzen ein. Er koordiniert ferner die Tätigkeit der Sonderorganisationen und regelt ihr Verhältnis zu den UN in besonderen Abkommen. Die regionalen Kommissionen des Wirtschafts- und Sozialrats untersuchen für jede Region die wirtschaftlichen Entwicklungsmöglichkeiten, die Förderung der Ausbildung und die wissenschaftliche Forschung und Planung. Ursprünglich waren im Wirtschafts- und Sozialrat die Industrieländer verhältnismäßig stark vertreten. Nach verschiedenen Satzungsänderungen besteht der Rat nun aus 54 von der Generalversammlung gewählten Mitgliedern der UN, wobei alle geographischen Regionen angemessen berücksichtigt werden.

In den 60er Jahren hat die wachsende Unzufriedenheit der ↑Entwicklungsländer (S. 604) mit der Tätigkeit des Wirtschafts- und Sozialrats zur Gründung zweier selbständiger, dauernder Organe der Generalversammlung geführt. Die UN-Konferenz für Handel und Entwicklung (UNCTAD) sieht ihr Hauptziel in der Überwindung des Nord-Süd-Gegensatzes durch stärkere ↑Entwicklungshilfe (S. 608), gesicherte Rohstoffpreise (↑Rohstoffabkommen S. 568) und Handel zu Vorzugsbedingungen. Die in mehreren Entwicklungsdekaden aufgestellten Ziele sind aber bisher, mitverursacht durch die weltweite Rezession, kaum erreicht worden. Die Organisation für Industrielle Entwicklung (UNIDO) nimmt sich gezielt der Erarbeitung und Förderung von Industrieentwicklungsprojekten an. In Kooperation mit den Industriestaaten werden auf der Ebene der UNIDO, deren Umwandlung in eine Sonderorganisation geplant ist, Studien über Industrieprojekte, technische Hilfe, Ausbildung von Fachkräften und die Finanzierung von Projekten gefördert.

Daneben sind durch die UN zahlreiche Sonderorganisationen auf wirtschaftlichem Gebiet gegründet worden. Die Internationale Arbeitsorganisation (ILO) hat seit dem Jahre 1946 als Sonderorganisation der UN zahlreiche Abkommen über die Arbeitsbedingungen, die Stellung der Gewerkschaften, den Schutz der Arbeitnehmer gegen Krankheiten und Unfälle und die Alters- und Invaliditätsvorsorge verabschiedet. Die Ernährungs- und Landwirtschaftsorganisation (FAO) fördert und empfiehlt Maßnahmen in bezug auf den Absatz und die Erzeugung landwirtschaftlicher Produkte und bemüht sich um die Verbesserung der Verarbeitung, des Absatzes und der Veredelung von Nahrungsmitteln.

Mit der Regelung des Zahlungsverkehrs und der Festsetzung von Währungsparitäten befaßt sich der ↑Internationale Währungsfonds (S. 332). Die ↑Weltbank (S. 570) ermöglicht mit IDA und IFC die Finanzierung von Entwicklungsprojekten. Die Internationale Zivilluftfahrtorganisation (ICAO) ist ein unentbehrliches Instrument zur Organisation des zivilen internationalen Luftverkehrs. Der Weltpostverein (UPU) und die Internationale Fernmelde-Union (ITU) garantieren den international funktionierenden Post- und Fernmeldedienst. Die Internationale Atomenergie-Organisation (IAEA) befaßt sich mit der friedlichen Nutzung der Atomenergie, die Weltmeteorologieorganisation (WMO) mit der Wettervorhersage und die Organisation für die Seeschiffahrt (IMO) mit der Meereswirtschaft. Ergänzend wirken auch die Weltgesundheitsorganisation (WHO) und die Erziehungs-, Wissenschafts- und Kulturorganisation (UNESCO) im wirtschaftlichem Bereich.

J. H. Richards: International Economic Institutions. London u. a. 1970.

Das System der UN-Wirtschafts-organisationen

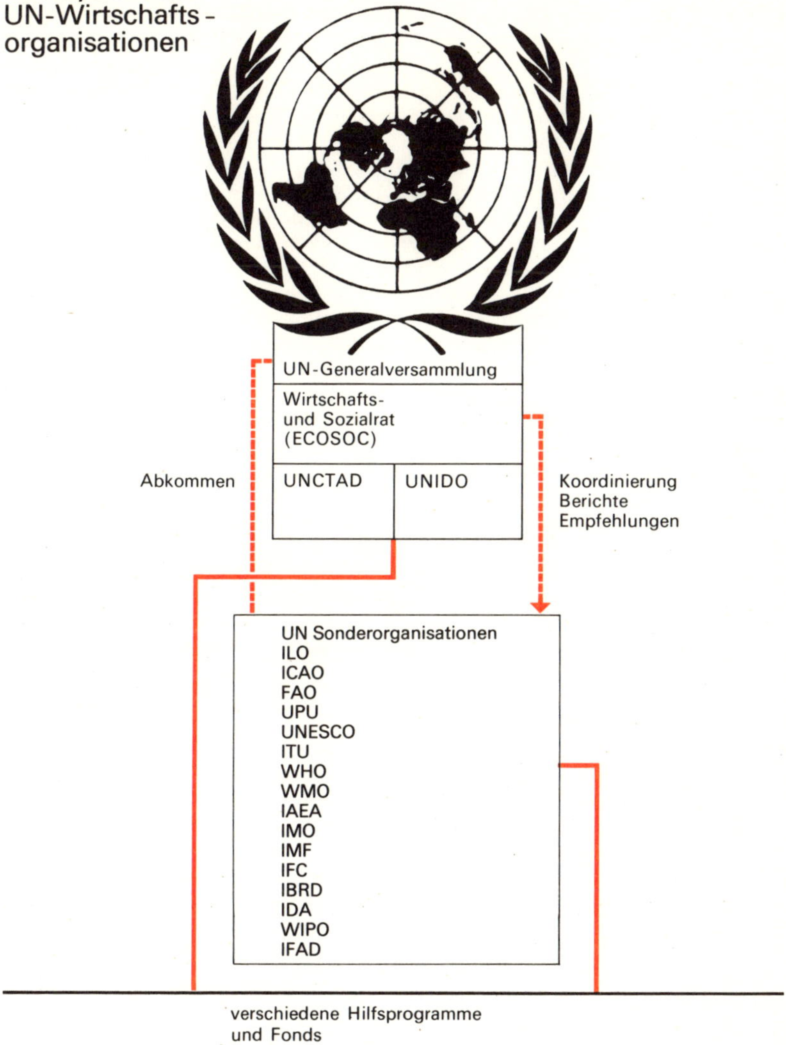

Freihandelszone – Zollunion

Freihandelszonen und Zollunionen stellen zwei der möglichen Formen dar, in denen sich wirtschaftliche Integration zwischen Nationalstaaten vollziehen kann.

Wesentliche Voraussetzung für beide Integrationsformen ist der Abbau aller den Handel zwischen den Mitgliedsländern betreffenden ↑Außenhandelsbeschränkungen (S. 586). Darüber hinaus wenden im Falle einer Zollunion alle Mitgliedsländer gegenüber Einfuhren aus Drittländern einheitliche ↑Zölle (S. 588) an. Dagegen behält jedes einer Freihandelszone angeschlossene Land seine außenhandelspolitische Souveränität gegenüber Drittländern, so daß die Mitgliedsländer die Einfuhr eines Drittlandes mit unterschiedlichen Außenzöllen belasten können. Dies kann zu „Dreiecksgeschäften" führen, bei denen über das Mitgliedsland mit dem niedrigsten Außenzoll in andere Länder der Freihandelszone importiert wird. Um eine solche Umgehung der Zollschranken zu verhindern, ist für den grenzüberschreitenden Warenverkehr innerhalb der Zone der Nachweis des Freihandelszonenursprungs durch Ursprungszeugnisse erforderlich.

Wirtschaftliche Integration in Form von Freihandelszonen und Zollunionen gibt es seit Beginn des 19. Jahrhunderts (z. B. Deutscher Zollverein, gegründet 1834), und sie hat heute zu einer regelrechten Blockbildung im Welthandel geführt. Innerhalb der Industriestaaten sind die EG (↑Europäische Gemeinschaften S. 578) als Zollunion und die EFTA als Freihandelszone bedeutende Beispiele dafür. Aber auch zwischen Entwicklungsländern kommt es verstärkt zu derartigen Zusammenschlüssen.

Wie sind solche Zusammenschlüsse aus der Sicht von Mitgliedsländern und Drittländern zu bewerten? Der Abbau aller Handelshemmnisse innerhalb des Blocks führt zu einer Ausweitung des Handels zwischen den Mitgliedsländern, da die z. B. durch Zölle künstlich gewahrten Wettbewerbsvorteile der gegen das Importangebot der Partnerländer konkurrierenden inländischen Anbieter jetzt entfallen. Dadurch werden die Vorteile der internationalen Arbeitsteilung verstärkt genutzt (↑Außenhandel S. 316), so daß diese handelsschaffende Wirkung das mögliche Sozialprodukt in den Mitgliedsländern erhöhen kann. Das Ausmaß der erreichbaren Erhöhung ist dabei um so größer, je zahlreicher die Substitutionsmöglichkeiten sind, die zwischen den jeweils im Inland produzierten Gütern und den Gütern, aus denen sich das von den Partnerländern angebotene Importsortiment vorwiegend zusammensetzt, bestehen. Außerdem ist von Bedeutung, ob die Verbesserung der Exportchancen dazu führt, daß Vorteile der Massenproduktion verstärkt genutzt werden können.

Mit der Bevorzugung der Partnerländer werden zugleich Drittländer diskriminiert. Das bewirkt, daß Anbieter aus Drittländern, die gegenüber allen Konkurrenten in den Mitgliedsländern mit vergleichsweise geringen Kosten produzieren, nunmehr vom Binnenmarkt der sich nach außen abschirmenden Länder verdrängt werden können. Diese handelsumlenkende Wirkung stellt eine Beeinträchtigung der internationalen Arbeitsteilung dar. Sie führt, isoliert betrachtet, zu einer Senkung des möglichen Sozialproduktes sowohl in den Mitgliedsländern als auch in den Drittländern.

Die im ↑GATT (S. 564) festgelegten Richtlinien für die Außenhandelspolitik lassen die Diskriminierung von Drittländern, wenn sie im Rahmen von Freihandelszonen oder Zollunionen erfolgt, unter gewissen Voraussetzungen zu, womit ein Verstoß gegen das gleichfalls im GATT verankerte Prinzip der Meistbegünstigung geduldet wird. Nach diesem Prinzip müssen Zollvergünstigungen allen Handelspartnern gleichermaßen gewährt werden. Der Verstoß wird aufgrund der Vermutung geduldet, daß bisher die Auswirkungen der Handelsschaffung gegenüber denen der Handelsumlenkung dominierten und daß Zollunionen und Freihandelszonen Schritte zu weltweitem Freihandel hin sein werden.

H. Berg: Internat. Wirtschaftspolitik. Göttingen 1976. – M. Borchert: Außenwirtschaftslehre. 2. Aufl. Wiesbaden 1983.

1. Die „Zollmauern" zwischen den Ländern A, B und dem „Rest der Welt" ...

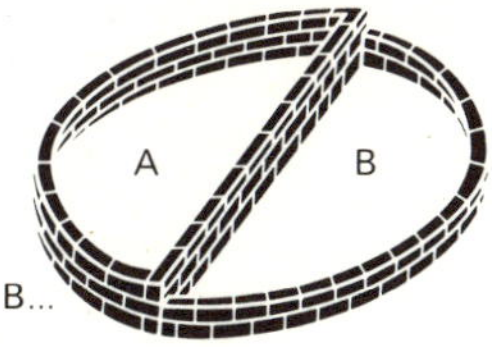

...verändern sich, wenn A und B...

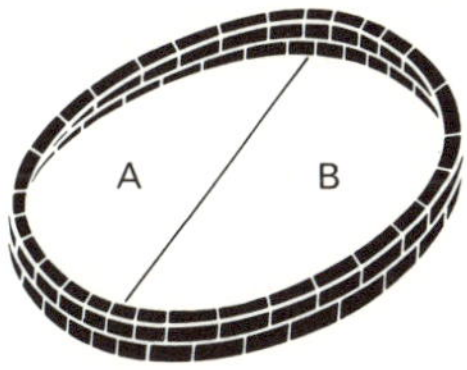

...eine Zollunion oder...

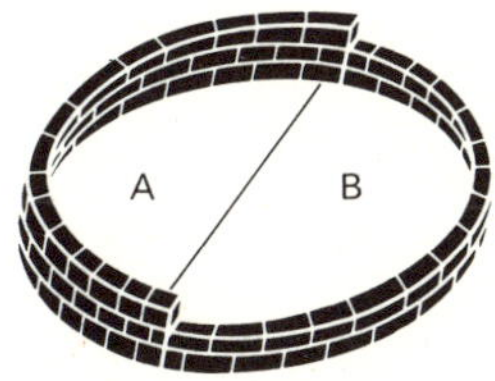

...eine Freihandelszone bilden.

2. Handelsschaffende und handelsumlenkende Wirkung einer Zollunion
   a) Handelsschaffung bei einem Gut x

vorher

Die Produktionsvorteile der Produzenten von x in B können wegen der Zollmauern in A nicht außenhandelswirksam werden.

nachher

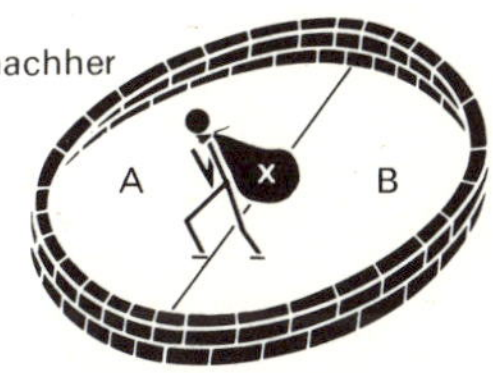

Nach Abbau der Zollmauer zwischen A und B profitiert A von den Produktionsvorteilen der Produzenten in B.

Nach Bildung der Zollunion wird die Produktion von x in A zugunsten von Importen aus B eingeschränkt.

   b) Handelsumlenkung bei einem Gut y

vorher

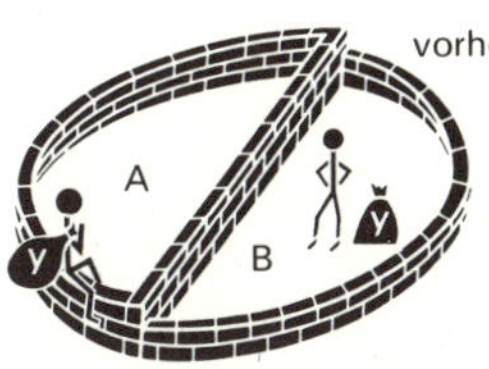

Trotz der Zollmauer können die Produzenten von y aus einem Drittland nach A exportieren, weil sie gegenüber den Produzenten von y in allen anderen Ländern genügend große Produktionsvorteile besitzen.

nachher

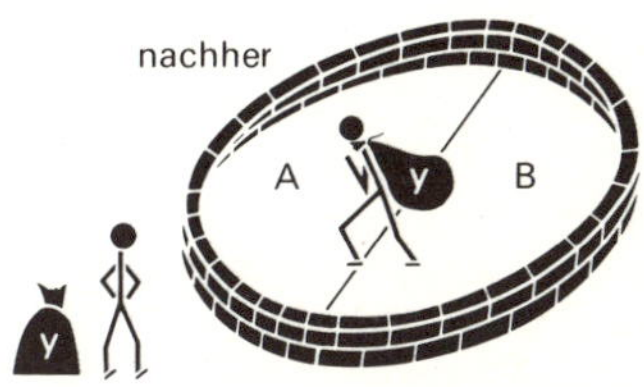

Wegen der Zolldiskriminierung der Drittländer können die Produzenten aus B die Drittländerexporte vom Markt in A verdrängen, obwohl sie y kostenungünstiger produzieren.

Nach Bildung der Zollunion werden in A Importe aus Drittländern durch Importe aus dem Partnerland B ersetzt.

Europäische Gemeinschaften

Am 9. 5. 1950 stimmten sechs europäische Staaten dem Plan des französischen Außenministers Robert Schuman zur Schaffung eines gemeinsamen Marktes für Kohle und Stahl zu. Unter Leitung von Jean Monnet arbeiteten die Bevollmächtigten Frankreichs, Italiens, der BRD, Belgiens, der Niederlande und Luxemburgs den Gründungsvertrag der Europäischen Gemeinschaft für Kohle und Stahl (EGKS) aus, der 1952 die Rechtsgrundlage für diese Montanunion wurde. Die Unterzeichnerstaaten verpflichteten sich im Bereich von Kohle, Stahl, Eisenerz und Schrott zum Abbau der Zölle, der Mengenbeschränkungen, Preis- und Frachtdiskriminierungen, Grenzabfertigungsgebühren und Währungsbeschränkungen. Die Gründung der EGKS war richtungweisend für die europäische Integration, weil sie u. a. erstmals Kartellrechtsvorschriften auf europäischer Ebene, einen gemeinsamen Außenzolltarif und die Freizügigkeit der Montanarbeiter verwirklichte.

Unter Leitung von Paul Henri Spaak wurden zur Fortführung der Integration zwei weitere Verträge vorbereitet über 1) eine Europäische Wirtschaftsgemeinschaft (EWG) und 2) über eine Europäische Atomgemeinschaft (EAG, EURATOM). Sie wurden am 25. 3. 1957 von den Regierungen der Mitgliedsstaaten in Rom unterzeichnet, daher die Bezeichnung „Römische Verträge". Am 1. 1. 1973 wurde die Gemeinschaft um die Staaten Dänemark, Großbritannien und Irland erweitert, am 1. 1. 1981 um Griechenland.

Ziel der Zehner-Gemeinschaft mit vorläufigem Sitz in Brüssel und Luxemburg ist eine Wirtschaftsunion, d. h. der Zusammenschluß der Mitgliedsstaaten unter binnenmarktähnlichen Verhältnissen zu einem Wirtschaftsgebiet. Erste Stufe dieser Integration ist die Errichtung des Gemeinsamen Marktes, die zweite Stufe erfordert eine nach einheitlichen Gesichtspunkten ausgeführte Wirtschaftspolitik, die dritte und letzte Stufe bedingt – als Vorbereitung der angestrebten politischen Union – die Währungsunion mit einer gemeinsamen Währung – bzw. mit starren Wechselkursen – und eine gemeinsame Währungspolitik.

Die bisherigen Verträge enthalten bereits die Verpflichtung zur Entwicklung von gemeinsamen Regeln und Normen für die Wirtschaft. Dies zwingt zur Verfolgung einer gemeinsamen Wirtschafts- und Währungspolitik, Landwirtschafts-, Handels-, Wissenschafts- und Technologiepolitik, Verkehrs-, Regional- und Sozialpolitik, Umwelt- und Energiepolitik.

Die EWG unterhält heute mit mehr als 85 Ländern diplomatische Beziehungen. Sie ist durch Assoziationsabkommen u. a. mit Griechenland, der Türkei, Malta, Marokko und Tunesien, durch Präferenzabkommen v. a. mit Ägypten, Israel, Zypern, und durch Handelsabkommen mit Drittländern verbunden. Mit den nach der Erweiterung der Gemeinschaft verbliebenen Ländern der Europäischen Freihandelszone (EFTA) und anderen wurden Freihandelsabkommen geschlossen (Israel, Finnland, Norwegen, Österreich, Portugal, Schweden, Schweiz). Die Entwicklung der EG zur Zollunion hat 1976 folgenden Stand erreicht: 1) Abbau der Binnenzölle: das Ziel wurde auf gewerblichem Sektor 1968 erreicht. Die BRD hat als einziges EWG-Land bereits 1964 die Zölle um 20 % gesenkt. Auf dem Agrarmarkt wurde die Zollsenkung am 1. 1. 1970 vertragsgemäß beendet. 2) Gemeinsamer Zolltarif: dieser war nach dem EWG-Vertrag bis zum 1. 1. 1970 gegenüber Drittländern zu schaffen. Die Angleichung der nationalen Zollsätze an die Sätze des gemeinsamen Zolltarifs erfolgte in drei Stufen bis 1968. 3) Kennedy-Runde: die 1967 vereinbarte Senkung der Außenzollsätze auf gewerblichem Sektor erfolgte in vier Stufen. 4) GATT-Runde (↑ GATT S. 564): 1973 bis 1979 haben die EWG und die Entwicklungsländer in Tokio eine weitere GATT-Runde, die sog. Tokio-Runde durchgeführt, bei der weitere Zollsenkungen und der Abbau nichttarifärer Handelshemmnisse beschlossen wurden.

B. Beutler u. a: Die Europäische Gemeinschaft. 2. Aufl. Baden-Baden 1982. – H. v. d. Groeben/H. v. Boeckh u. a.: Kommentar z. EWG-Vertrag. 3. Aufl. Baden-Baden 1983. – A. Bleckmann: Europarecht. 3. Aufl. Köln 1980.

Die Organe der Europäischen Gemeinschaft

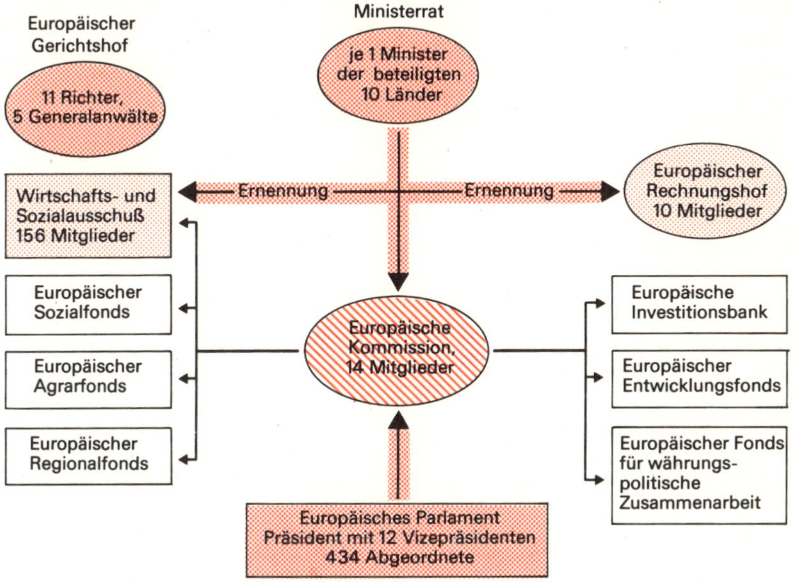

EG-Länder im Vergleich

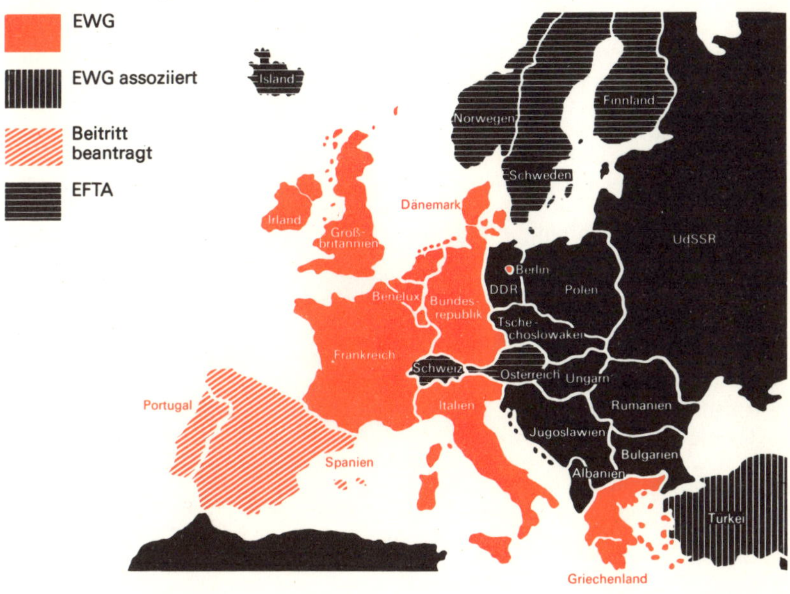

Gemeinsamer Agrarmarkt

Vor der Schaffung des Gemeinsamen Marktes verfolgte jeder Mitgliedsstaat der ↑Europäischen Gemeinschaften (S. 578) eine eigene Agrarpolitik, bei der vor allem die jeweilige Landwirtschaft durch eine Fülle von Subventionen und Zollschranken gegen Einflüsse vom Weltmarkt abgesichert werden sollte. Die Einbeziehung der Erzeugung von und des Handels mit landwirtschaftlichen Produkten (Agrarmarkt) in den Integrationsprozeß des Gemeinsamen Marktes konnte wegen der unterschiedlichen Strukturen und Organisationen der einzelstaatlichen Märkte nur unter erheblichen Schwierigkeiten vollzogen werden. Der Gemeinsame Agrarmarkt umfaßt die Erzeugnisse des Bodens, der Viehzucht und der Fischerei und betrifft heute nahezu alle landwirtschaftlichen Erzeugnisse in der Gemeinschaft.

Nach Art. 39 des EWG-Vertrages sind Ziele der gemeinsamen Agrarpolitik: die Produktivität der Landwirtschaft durch Förderung des technischen Fortschritts, Rationalisierung der landwirtschaftlichen Erzeugung und bestmöglichen Einsatz der Produktionsfaktoren – insbesondere der Arbeitskräfte – zu steigern und hierdurch der landwirtschaftlichen Bevölkerung eine angemessene Lebenshaltung zu gewährleisten, die Märkte zu stabilisieren und die Versorgung sicherzustellen, wobei die Belieferung des Verbrauchers zu angemessenen Preisen erfolgen soll. Diese Ziele sollen durch Schaffung einer gemeinsamen Marktorganisation der Agrarmärkte erreicht werden. Die verschiedenartigen Marktorganisationen für die einzelnen Erzeugnisse greifen in unterschiedlichem Maße in das System der Marktwirtschaft ein. 1962 beschloß der Rat der EG Grundsätze für die Aufstellung von Mindestpreissystemen: jährlich setzen die Organe der EG Richt- und Interventionspreise für Gemeinschaftserzeugnisse fest. Der Kern der Marktordnungen besteht in der Regel darin, die Preise durch Interventionskäufe und Beihilfen zu stützen. Die Interventionskäufe garantieren den Produzenten als Mindesterlös den Interventionspreis, der unter dem Richtpreis als dem erwarteten Marktpreis liegt. Bei einigen Produkten (z. B. Weizen, Gerste, Butter) besteht eine unbegrenzte Interventionspflicht, d. h., die Interventionsstellen sind immer verpflichtet, diese Erzeugnisse in unbegrenzten Mengen anzukaufen. Durch dieses Preissystem wird den Landwirten für ihre Erzeugnisse ein Schutz ihrer Einkommen gewährt, um zu verhindern, daß sie ihre Betriebe aufgeben, wenn ihre Einkommen hinter den Industrielöhnen zurückbleiben. Da Richt- und Interventionspreise i. d. R. über dem Weltmarktpreis liegen, erhalten Exporteure landwirtschaftlicher Erzeugnisse Exportbeihilfen (Erstattungen), um auf dem Weltmarkt wettbewerbsfähig zu bleiben. Vor billigen Einfuhren aus Drittländern werden die Landwirte dadurch geschützt, daß bei diesen Importen an der Grenze des Einfuhrlandes Einfuhrabgaben (Abschöpfungen) erhoben werden, um die Differenz zwischen Weltpreisniveau und EWG-Preisniveau auszugleichen. Stützungsmaßnahmen und Erstattungen sowie gemeinsame Strukturmaßnahmen werden durch den Ausrichtungs- und Garantiefonds für die Landwirtschaft finanziert. Das bestehende System der Agrarpreisfestsetzungen wird vielfach als unzulänglich angesehen, und es wird die Frage diskutiert, ob das Marktordnungs- und Preissystem der EG-Agrarpolitik von Grund auf zu ändern ist. Die Gemeinschaft hat Maßnahmen zum Abbau struktureller Überschüsse bei einzelnen Erzeugnissen (z. B. Sonderabgabe bei weiterer Produktionssteigerung bei Milch) ergriffen. Der vorgesehene Beitritt Spaniens und Portugals wird die EG vor neue Probleme im Agrarbereich stellen.

O. Gottsmann: Der gemeinsame Agrarmarkt. Losebl. Baden-Baden 1983. – N. Koester: EG-Agrarmarkt in der Sackgasse. Baden-Baden 1977. – A. Ries: Das ABC der europ. Agrarpolitik. Baden-Baden 1979.

Teufelskreis der Agrarpolitik

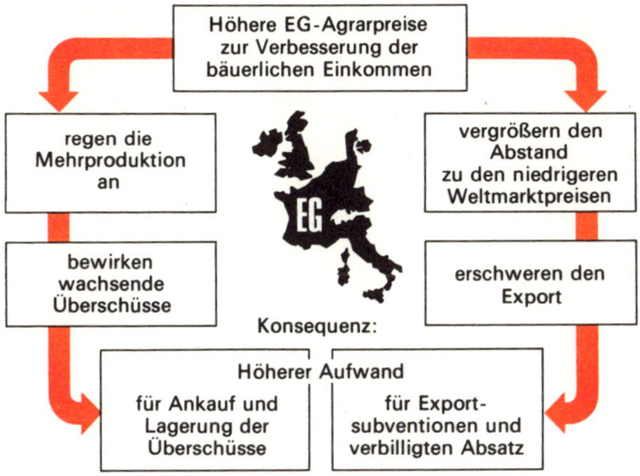

Aufteilung des Haushalts der EG 1984

insges. 27,7 Mrd ECU

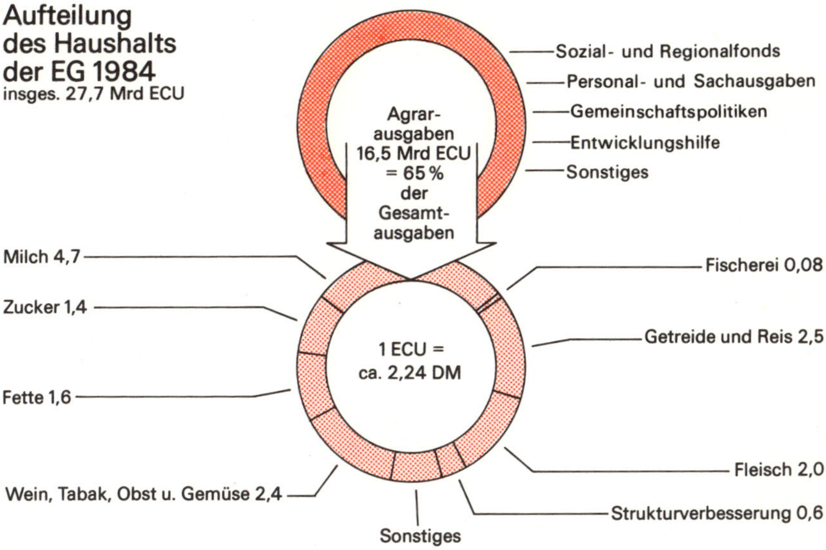

Selbstversorgungsgrad 1983

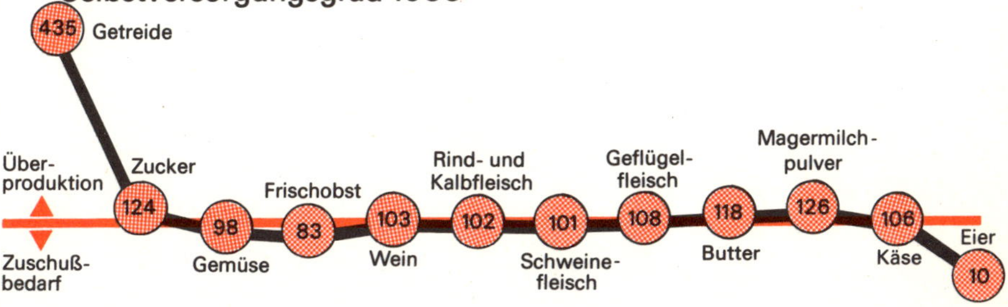

Wirtschaftsrecht der Europäischen Gemeinschaften

Die Europäischen Gemeinschaften (EG) in ihrer derzeitigen Form sind auf die Schaffung eines einheitlichen Wirtschaftsgebietes ausgerichtet. Die in diesem Wirtschaftsgebiet geltende Ordnung beruht auf allgemein verbindlichen Rechtsvorschriften. Sie betreffen in ihrem Inhalt die Grundfreiheiten des Gemeinsamen Marktes (vor allem den freien Warenverkehr, die Freizügigkeit der Arbeitnehmer, das freie Niederlassungsrecht, den freien Dienstleistungsverkehr), das Wettbewerbsrecht, die Wirtschafts- und Währungspolitik, die Außenhandelsbeziehungen, die Sozialpolitik, die Entwicklung der Regionen, den Umweltschutz, das Energierecht, die Verkehrsprobleme, sowie die einzelnen Sachbereiche wie Landwirtschaft, Atomenergie und Kohle und Stahl.

Die grundlegenden Rechtsvorschriften sind in den Verträgen zur Gründung der EG enthalten. Sie legen Ziel und Rahmen der Wirtschaftsrechtsordnung fest. Ein Teil dieser Rechtsvorschriften richtet sich nur an die Organe der Gemeinschaften, nämlich das Europäische Parlament, den Rat der Minister, die Kommission und den Gerichtshof. Andere Vertragsbestimmungen enthalten unmittelbar anwendbare Rechte und Pflichten nicht nur für die Gemeinschaftsorgane und die Regierungen ihrer Mitgliedsstaaten, sondern auch für Einzelpersonen und juristische Personen. Das gilt z. B. für Art. 85 des EWG-Vertrags mit seinem Kartellverbot. Wo die Verträge nur Rahmenvorschriften enthalten, wird das Recht der EG als Mittel zur Verwirklichung der gemeinsamen Wirtschaftsordnung durch Rechtsakte der Organe der EG konkretisiert. In der Sprache des EWG-Vertrags und des EURATOM-Vertrags heißen diese Hoheitsakte Verordnungen, Entscheidungen, Richtlinien, Empfehlungen und Stellungnahmen. Die Verordnung hat allgemeine Geltung. Sie ist in all ihren Teilen verbindlich und gilt unmittelbar in jedem Mitgliedsstaat. Verordnungen sind daher Rechtsakte, die mit normalen Gesetzen in einem Staat verglichen werden können. Zu ihrer Gültigkeit bedarf es nur der Veröffentlichung im Amtsblatt der EG. Nationale Parlamente oder Regierungen wirken bei ihrem Erlaß nicht mit. Verordnungen werden erlassen auf Vorschlag der Kommission durch den Rat der EG. Die Richtlinie ist für jeden Mitgliedsstaat, an die sie gerichtet wird, hinsichtlich des zu erreichenden Ziels verbindlich, überläßt jedoch den innerstaatlichen Stellen die Wahl der Form und der Mittel. Richtlinien verpflichten Regierung und Parlament des Mitgliedsstaates, im Rahmen der nationalen Rechtsordnung die in der Richtlinie vorgesehenen Maßnahmen zu erlassen. Entscheidungen der EG beziehen sich auf einen Einzelfall. Sie sind in allen ihren Teilen für die verbindlich, an die sie gerichtet sind, d. h. entweder die Mitgliedsstaaten oder auch natürliche und juristische Personen. Empfehlungen und Stellungnahmen der Kommission oder des Rates sind nach dem EWG- und dem EURATOM-Vertrag nicht verbindlich. Ein weiteres Mittel ist der Vertrag zwischen den Mitgliedsstaaten.

Die Rechtsnormen der EG haben Vorrang vor dem Recht der Mitgliedsstaaten. Die Wahrung und Achtung der Rechtsvorschriften der Verträge über die EG durch die Organe der Gemeinschaften, die Behörden der Mitgliedsstaaten und Einzelpersonen sowie juristische Personen obliegt dem mit richterlicher Unabhängigkeit ausgestatteten Europäischen Gerichtshof in Luxemburg. Der Gerichtshof ist auch zuständig für die gerichtliche Prüfung der Vereinbarkeit von Rechtsakten der Gemeinschaftsorgane mit den zugrundeliegenden Vertragsbestimmungen. Hoheitsakte der Gemeinschaften können in diesem Rahmen gerichtlich nachgeprüft werden, und zwar auf Antrag eines anderen Gemeinschaftsorgans, einer Regierung eines Mitgliedsstaates und in bestimmten Fällen auch auf Klage durch einzelne (natürliche und juristische) Personen.

H.-P. Ipsen: Europ. Gemeinschaftsrecht. Tüb. 1972. – L.-J. Constantinesco: Das Recht der Europ. Gemeinschaften. Bd. 1. Baden-Baden 1977. – H. v. d. Groeben u. a.: Hdb. des Europ. Rechts. Losebl. Baden-Baden Stand 1984.

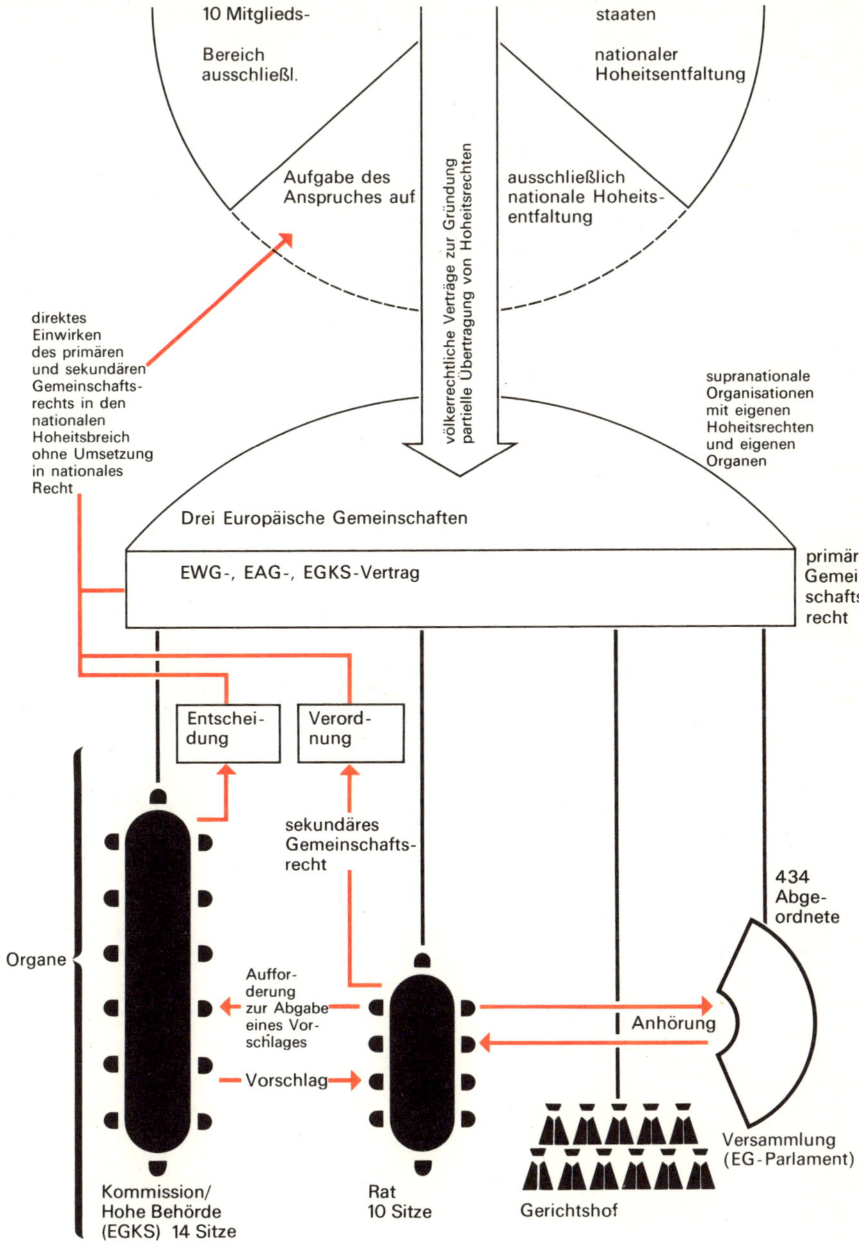
10 Mitglieds-
staaten
Bereich ausschließl.
nationaler Hoheitsentfaltung
Aufgabe des Anspruches auf
ausschließlich nationale Hoheitsentfaltung
völkerrechtliche Verträge zur Gründung partielle Übertragung von Hoheitsrechten
direktes Einwirken des primären und sekundären Gemeinschaftsrechts in den nationalen Hoheitsbreich ohne Umsetzung in nationales Recht
supranationale Organisationen mit eigenen Hoheitsrechten und eigenen Organen
Drei Europäische Gemeinschaften
EWG-, EAG-, EGKS-Vertrag
primäres Gemeinschaftsrecht
Entscheidung
Verordnung
sekundäres Gemeinschaftsrecht
434 Abgeordnete
Organe
Aufforderung zur Abgabe eines Vorschlages
Vorschlag
Anhörung
Versammlung (EG-Parlament)
Kommission/ Hohe Behörde (EGKS) 14 Sitze
Rat 10 Sitze
Gerichtshof

Rat für gegenseitige Wirtschaftshilfe (COMECON)

Der Rat für gegenseitige Wirtschaftshilfe (RGW, Council for Mutual Economic Assistance oder COMECON) ist eine den ↑Europäischen Gemeinschaften (S. 578) nur bedingt vergleichbare Wirtschaftsorganisation sozialistischer Länder. 1981 betrug der Anteil der RGW-Länder an der Fläche und Bevölkerung der Welt 18,7% bzw. 9,5%, ihr Anteil an den Welteinfuhren ca. 8%. Der Rat wurde 1949 in Moskau gegründet als Gegenstück zum Europäischen Wiederaufbauprogramm (Marshall-Plan) und zur heutigen ↑OECD (S. 572, damals OEEC). Mitglieder des Rats sind die UdSSR, Bulgarien, DDR, Kuba, die Mongol. VR, Polen, Rumänien, die Tschechoslowakei, Ungarn und Vietnam. Albanien stellte 1961 seine Mitarbeit ein, blieb aber formell Mitglied. Jugoslawien ist seit 1964 assoziiert.

Ziel des RGW ist, die wirtschaftliche Zusammenarbeit und Integration der Mitgliedsländer zu fördern, indem zentral koordinierte Vereinbarungen über Handel, Kreditgewährung und technisch-wissenschaftliche Zusammenarbeit getroffen werden. In der koordinierenden Tätigkeit des RGW hatte bisher der Warenaustausch Vorrang. Der Anteil des innerhalb des RGW abgewickelten Handels an dessen Gesamthandel beträgt etwa 55%. Die UdSSR ist für alle RGW-Länder der wichtigste Handelspartner als Hauptlieferant von Energie und Rohstoffen. Als Gegenleistung bezieht sie hauptsächlich industrielle Erzeugnisse. Der Warenaustausch innerhalb des RGW erfolgt immer noch überwiegend zweiseitig, d. h., ein Ausgleich der Handelsinteressen (und Zahlungsverpflichtungen) wird im direkten Gegengeschäft gesucht (Bilateralismus) und nicht auch indirekt über ein drittes Land, wie das i. d. R. zwischen westlichen Ländern möglich und vorteilhaft ist (Multilateralismus). Soweit Zahlungsverkehr zwischen den RGW-Ländern nötig ist, wird er über die 1963 gegründete Internationale Bank für wirtschaftliche Zusammenarbeit mit Hilfe eines nicht frei konvertierbaren Verrechnungsrubels abgewickelt. Bei Preisvereinbarungen zwischen den Staatshandelsorganisationen der Mitgliedsländer dienen die Preise als Orientierungshilfe, die auf den Weltmärkten außerhalb des RGW für vergleichbare Erzeugnisse beobachtet werden. Von Anfang an war die technisch-wissenschaftliche Zusammenarbeit (Koordinierung der Forschung und Austausch der Forschungsergebnisse, Standardisierung u. a.) ein Hauptziel des RGW. 1971 erhielt sie eine neue Grundlage mit dem sog. 20-Jahre-Komplex-Programm. Um eine auf gemeinsame Ziele ausgerichtete Zusammenarbeit der RGW-Mitgliedsstaaten zu fördern, wird eine Koordination der einzelstaatlichen Volkswirtschaftspläne angestrebt.

Die paritätisch zusammengesetzten RGW-Organe sind keine supranationalen Behörden mit der Befugnis, Entscheidungen zu treffen; anders als die Europäischen Gemeinschaften können sie nur aufgrund einstimmiger Beschlüsse Empfehlungen abgeben. Diese werden erst nach Bestätigung durch nationale Instanzen wirksam, was einem Vetorecht jedes Mitglieds gleichkommt. Wiederholte Versuche der UdSSR, eine übernationale Entwicklungsplanung der RGW-Länder durchzusetzen, scheiterten nicht zuletzt an der Befürchtung der weniger entwickelten RGW-Länder, daß damit ihre Produktionsstruktur eingefroren würde. Da jedoch eine stärkere ↑Arbeitsteilung (S. 12) auch mehr ↑Koordination (S. 16) verlangt, waren nicht-marktwirtschaftliche Ersatzlösungen erforderlich. Zwischen der UdSSR und anderen RGW-Staaten werden bilaterale langfristige Abkommen der Spezialisierung und Kooperation unterzeichnet. Sie bilden die Grundlage mittelfristiger Handelsabkommen sowie der Verwirklichung gemeinsamer Investitionsprojekte. Zur Finanzierung gemeinsamer Investitionen wurde 1970 die Internationale Investitionsbank gegründet. Mit Krediten, techn. Lieferungen und Arbeitskräften unterstützen die übrigen RGW-Länder den Ausbau der sowjetischen Rohstoffwirtschaft.

A. Uschakow: Der Ostmarkt im COMECON. Baden-Baden 1972. – R. Steffens: Integrationsprobleme im Rat für Gegenseitige Wirtschaftshilfe (RGW). Hamb. 1974.

Organe des Rates für gegenseitige Wirtschaftshilfe (RGW)

COMECON

Ratstagung
Das höchste Organ des RGW. Sie findet einmal im Jahr in einer der Mitgliedshauptstädte unter Vorsitz des Vertreters des Gastgeberlandes statt. In ihr wird die Grundrichtung der Tätigkeit des Rates bestimmt; ihre Beschlüsse sind bindend für die unterstellten Organe

Exekutivkomitee
Das Hauptvollzugsorgan. Es besteht aus den Stellvertretern der Regierungschefs der RGW-Länder

Komitee für Zusammenarbeit auf dem Gebiet der Planungstätigkeit

Ständige Kommissionen
(z. B. für Elektroenergie, Kohlenindustrie, Maschinenbau, Bauwesen, Landwirtschaft, Transport)
Mitglieder: Experten aus allen RGW-Ländern.

Komitee für die wissenschaftlich-technische Zusammenarbeit

Komitee für die Zusammenarbeit in der materiell-technischen Versorgung

Beratungen (der Minister und der Leiter der zentralen Ämter)

Institute (z. B. Institut für Standardisierung)

Sekretariat
Experten aus allen RGW-Ländern; der Generalsekretär wird von der Ratstagung, seine Stellvertreter werden vom Exekutivkomitee gewählt

Anteile der Mitgliedsländer am Warenaustausch innerhalb des RGW 1980 in %

Umsatz-Volumen 1980: 120,1 Mrd. Rubel

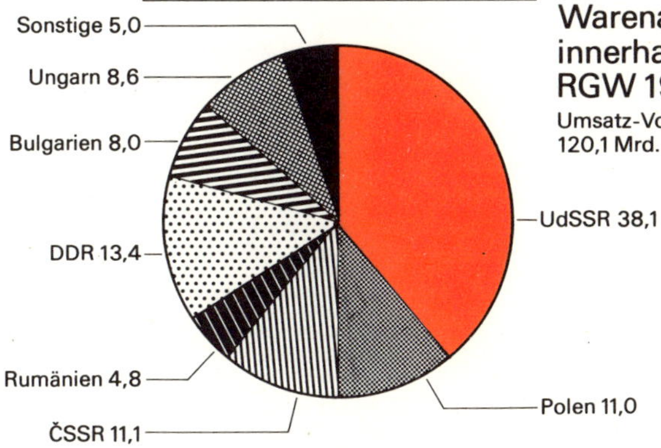

Außenhandelsbeschränkungen

Voraussetzung für die weitestgehende Erschließung der Vorteile der internationalen Arbeitsteilung (↑Außenhandel S. 316) ist der Abbau aller Außenhandelsbeschränkungen. Obwohl diese Erkenntnis nicht neu ist, ist die Weltwirtschaft von einem Freihandelszustand weit entfernt, d. h., die Vorteile der internationalen Arbeitsteilung werden längst nicht voll ausgenutzt. Dies gilt, obwohl seit dem Zweiten Weltkrieg beim Abbau von Handelshemmnissen, insbesondere im Rahmen des ↑GATT (S. 564), bedeutende Fortschritte erzielt werden konnten.

Warum werden jedoch trotz der allseits akzeptierten Vorteile des Freihandels Außenhandelsbeschränkungen aufrechterhalten? Der Grund dafür liegt einmal darin, daß staatliche Eingriffe in den Außenhandel notwendig erscheinen können, wenn die jeweils gesetzten wirtschaftspolitischen Ziele erreicht werden sollen: Die Verpflichtung, Freihandel zu schaffen und zu erhalten, beschneidet die Handlungsfähigkeit der ↑Träger der Wirtschaftspolitik (S. 376). Außerdem wird ein Land die von ihm errichteten Handelshemmnisse wohl nur dann reduzieren, wenn seine wichtigsten Handelspartner ebenfalls dazu bereit sind (Prinzip der Reziprozität), so daß die Liberalisierung des Außenhandels an langwierige internationale Einigungsverfahren geknüpft ist.

Außenhandelsbeschränkungen bestehen in Form von ↑Zöllen (S. 588) und ↑nichttarifären Handelshemmnissen (S. 592). Sie können sich sowohl auf die Einfuhr als auch auf die Ausfuhr beziehen.

Welche Gründe mögen eine Regierung dazu bewegen, die Wareneinfuhr zu erschweren? Häufig wird mit einer solchen Maßnahme die Absicht verfolgt, die Wettbewerbssituation der inländischen Anbieter gegenüber ihrer ausländischen Konkurrenz zu verbessern. Der Schutz soll Einkommen und Beschäftigung in den geschützten Wirtschaftszweigen sichern. Allerdings geschieht dies i. d. R. zu Lasten einer preisgünstigen Versorgung der Verbraucher. Außerdem muß der Schutz mit einer Fehllenkung von Produktionsfaktoren in international gesehen nicht konkurrenzfähige Branchen erkauft werden. Importbeschränkungen werden häufig auch mit dem Ziel vorgenommen, einem Zahlungsbilanzungleichgewicht, das sich in Form schrumpfender Währungsreserven äußert (↑außenwirtschaftliches Gleichgewicht S. 338), entgegenzuwirken. Dabei wird von der Erwartung ausgegangen, daß die Importbeschränkungen zu einer Abnahme der Devisennachfrage auf dem ↑Devisenmarkt (S. 340) führen. Da solche Maßnahmen an den eigentlichen Ursachen eines Zahlungsbilanzungleichgewichts wenig ändern, sind sie bisher langfristig kaum einmal mit Erfolg eingesetzt worden.

Exportbeschränkungen werden z. B. mit der Absicht vorgenommen, die heimische Güterversorgung zu verbessern und gleichzeitig inflationären Tendenzen in der inländischen Volkswirtschaft entgegenzuwirken. (Insbesondere in jüngerer Zeit sind Exportbeschränkungen zu beobachten, die eine Erhöhung der Weltmarktpreise wichtiger Exportprodukte bewirken sollen.) Solche angebotsverknappenden Maßnahmen müssen nicht unbedingt vom Staat ausgehen. Häufig sind sie auch Folge wettbewerbsbeschränkender Absprachen zwischen privaten Unternehmen. Je nach Standort der an den Absprachen beteiligten Unternehmen treten nationale bzw. internationale Exportkartelle auf (↑Kartelle – Kartellrecht S. 418). Kommen diese Kartelle durch Maßnahmen oder Drohungen (z. B.: Einfuhrbeschränkung) der Länder, in die exportiert wird, zustande, so spricht man von „Selbstbeschränkungsabkommen".

Grundsätzlich kommt es bei der Beurteilung von Außenhandelsbeschränkungen darauf an, den Nutzen solcher Maßnahmen, der daraus entspringt, daß angestrebte wirtschaftspolitische Ziele zumindest kurzfristig teilweise erreicht werden, gegen die volkswirtschaftlichen Kosten in Form fehlgeleiteter Produktionsfaktoren und überhöhter Verbraucherpreise abzuwägen.

H. H. Glismann u. a.: Weltwirtschaftslehre. München 1980.

Außenhandelsbeschränkungen – pro und contra

Argument	Kritik	pro	das kommt darauf an ...	contra
Außenhandelsbeschränkungen schützen die heimische Industrie	Sie verhindern die volle Nutzung der Vorteile, die die internationale Arbeitsteilung verspricht			●
Außenhandelsbeschränkungen erhöhen die Beschäftigung in den geschützten Industrien	Mit der Beschäftigungserhöhung werden Arbeitskräfte in relativ unproduktive Sektoren fehlgeleitet. Daher sind die Arbeitsplätze nur „sicher", wenn der staatl. Schutz auf Dauer gewährt wird			●
Durch Außenhandelsbeschränkungen läßt sich das Sozialprodukt erhöhen	Die Erhöhung des Sozialprodukts ergibt sich ledigl. kurzfristig bei Unterbeschäftigung. Langfristig vermindern Handelshemmnisse das mögl. Sozialprodukt			●
Befristete Außenhandelsbeschränkungen können jungen Industriezweigen den Vorstoß in international wettbewerbsfähige Betriebsgrößen ermöglichen	Erfahrungsgemäß ist die Bereitschaft der wirtschaftpolit. Entscheidungsträger, einmal gewährte Vergünstigungen wieder rückgängig zu machen, sehr gering		●	
Außenhandelsbeschränkungen tragen zur Verminderung von Zahlungsbilanzdefiziten bei	Sie setzen allein an den Symptomen an und ändern nichts an den Ursachen des Zahlungsbilanzdefizits. Zahlungsbilanzgleichgewicht ist auf diese Weise nicht erreichbar			●
Außenhandelsbeschränkungen vermindern die Auslandsabhängigkeit und vergrößern dadurch die Versorgungssicherheit in Krisenzeiten	Versorgungssicherheit muß mit einer Verringerung des mögl. Sozialprodukts erkauft werden. Der dieser beigemessene Nutzen muß gegen die entstehenden volkswirtschaftl. Kosten abgewogen werden		●	
Außenhandelsbeschränkungen sind als Vergeltungsmaßnahmen gegen solche Handelspartner erforderlich, die ihre eigenen Märkte durch Handelshemmnisse abschirmen	Solche Vergeltungsmaßnahmen treffen nicht nur das Ausland, sondern auch die inländ. Verbraucher in Form steigender Preise. Darüberhinaus wird die internat. Arbeitsteilung nachhaltig gestört			●
Außenhandelsbeschränkungen sind erforderlich, wenn Importeure sich durch Dumping künstl. Wettbewerbsvorteile verschaffen	Ob tatsächl. ein Fall von Dumping vorliegt, sollte jeweils von einem internat. Gremium unverzüglich geprüft und nicht vom betroffenen Importland allein entschieden werden		●	
Außenhandelsbeschränkungen in Form von Zöllen sind eine zusätzliche Einnahmequelle für den Staat	Es handelt sich überwiegend nur um einen Einkommenstransfer von den privaten Inländern in die Staatskasse, d. h. um eine versteckte Steuer			●

Zölle

Die am häufigsten angewandte Form von ↑Außenhandelsbeschränkungen (S. 586) sind Zölle. Sie sind als Abgaben auf den grenzüberschreitenden Warenverkehr (↑Außenhandel S. 316) an die Staatskasse des zollerhebenden Landes zu leisten. Zölle bestehen in Form von Einfuhr- und Ausfuhrzöllen. Ausfuhrzölle spielen jedoch gegenwärtig lediglich in einigen ↑Entwicklungsländern (S. 604) noch eine Rolle. Je nach Bemessungsgrundlage läßt sich zwischen Wertzoll und Stückzoll (spezifischer Zoll) unterscheiden. Ein Wertzoll wird als Prozentsatz des Warenwertes erhoben, während im Falle eines Stückzolls ein Geldbetrag festgelegt wird, der pro Mengeneinheit des importierten bzw. exportierten Gutes zu entrichten ist.

Importzölle können je nach Lieferland in unterschiedlicher Höhe festgesetzt sein (Präferenzzölle). Die sich daraus ergebende Diskriminierung bestimmter Lieferländer verstößt allerdings gegen das Prinzip der Meistbegünstigung, zu dem sich die Mitglieder des ↑GATT (S. 564) verpflichtet haben. Sie wird vorwiegend im Rahmen von ↑Zollunionen und Freihandelszonen (S. 576) praktiziert, für die das GATT Ausnahmeregelungen vorsieht.

Entschließt sich die Regierung eines Landes, die Einfuhr eines Produktes mit einem Zoll zu belasten, so wird diese Maßnahme im allgemeinen zu einer Erhöhung des betreffenden Preises im Inland führen, weil der Preis, den die ausländischen Anbieter auf dem inländischen Markt erzielen, jetzt den von ihnen angestrebten Stückerlös (Weltmarktpreis) um die je Produkteinheit zu leistende Zollzahlung übersteigen muß. Das Ausmaß des Preisanstiegs im Inland hängt dabei neben der Zollhöhe von der Reagibilität von ↑Angebot (S. 172) und ↑Nachfrage (S. 170) im In- und Ausland auf Preisänderungen ab (↑Preisbildung S. 174). Diese Preiserhöhung wirkt i. d. R. dämpfend auf die Nachfrage nach dem betreffenden Gut (Konsumtionseffekt) und führt andererseits dazu, daß inländische Unternehmen, die das gleiche oder ein ähnliches Produkt herstellen, größere Mengen absetzen können, weil wegen der zollbedingten Verteuerung des Imports ihre Wettbewerbssituation gegenüber der ausländischen Konkurrenz künstlich verbessert wurde (Produktionseffekt). Jeder dieser beiden Effekte bewirkt eine Schrumpfung der Importnachfrage. Wenn dieser Rückgang der inländischen Importnachfrage gemessen am Volumen des Weltmarktes nicht sehr klein ist, löst er eine Verringerung des Weltmarktpreises des betrachteten Gutes aus; isoliert gesehen, kommt dies einer Verbesserung der ↑Terms of Trade (S. 322) des zollerhebenden Landes gleich. Durch die Abnahme der Importnachfrage bei sinkendem bzw. konstantem Weltmarktpreis des betrachteten Gutes trägt die Zollerhebung zu einer Verringerung der Importausgaben in ausländischer Währung bei; die Devisennachfrage verringert sich dadurch entsprechend. Jedoch bewirkt die damit i. d. R. einhergehende Vergrößerung des Außenbeitrags (↑Außenhandel S. 316) eine Erhöhung des Sozialprodukts, wodurch eine entgegengesetzte Wirkung auf Importausgaben und Devisennachfrage ausgelöst wird (↑Einfuhr S. 320). Unter den Argumenten, mit denen der Einsatz von Importzöllen gerechtfertigt wird, wird das sich auf den Produktionseffekt stützende Schutzzollargument am häufigsten aufgeführt. Das Ausmaß des Zollschutzes einer Branche kann allerdings nicht allein am Zollsatz des hier produzierten Endproduktes abgelesen werden (nominaler Zollschutz); vielmehr ist außerdem zu berücksichtigen, inwieweit die Preise der benötigten Vorleistungen bereits durch Zölle verzerrt sind, d. h., der sog. effektive Zollschutz ist ausschlaggebend. Eine besondere Form des Schutzzolls ist der Erziehungszoll. Mit ihm wird bezweckt, einen zeitlich befristeten Schutz in der Aufbauphase solcher Industrien zu gewähren, die, wenn sie eine gewisse Größe und Reife erreichen, international wettbewerbsfähig werden können.

U. Hiemenz/K. v. Rabenau: Effektive Protektion. Tüb. 1973. – H. H. Glismann u. a.: Weltwirtschaftslehre. München 1980.

Zollbehandlung der Importe aus Entwicklungsländern
(11 OECD Schemata des Allgemeinen Präferenzsystems)

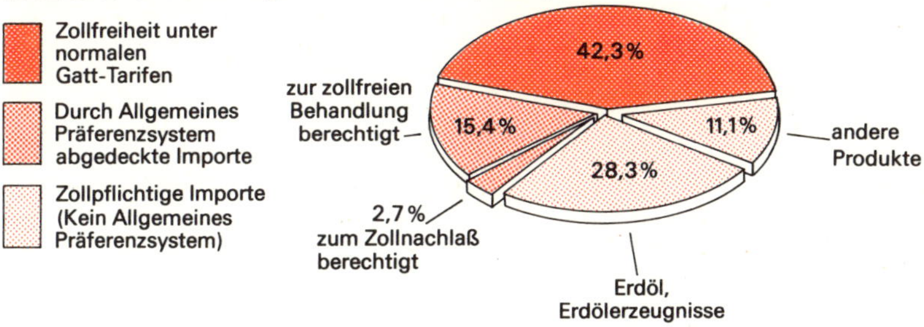

Die Prozentzahlen beziehen sich auf den Wert der gesamten Importe der durch das Allgemeine Präferenzsystem begünstigten Länder 1980 (bzw. Finanzjahr 1980/81)

Anteil der Zolleinnahmen an den gesamten Staatseinnahmen in %

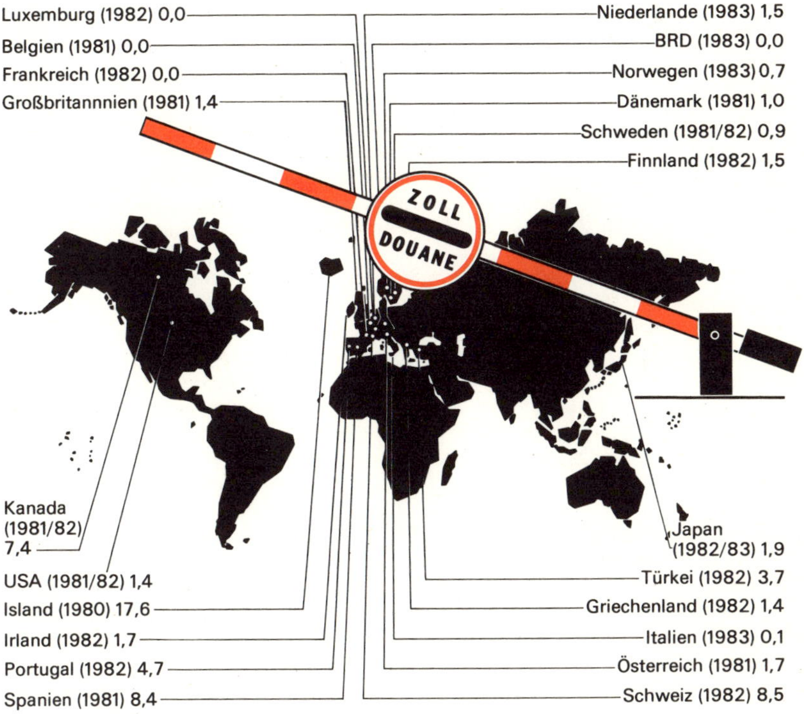

Zollrecht (internationales Steuerrecht)

Unter ↑Zöllen (S. 588) sind Steuern zu verstehen, die bei der Überbringung von bestimmten Waren über eine Zollgrenze zu bezahlen sind. Diese vom Staat erhobenen Steuern auf eine Ware beim Überschreiten einer Grenze wurden früher auch beim Benutzen von Wegen (Wegezoll) und Brücken (Brückenzoll) erhoben. Die zahlreichen Zollregale innerhalb des Deutschen Reiches (Binnenzölle) wurden im 19. Jahrhundert aufgehoben.

Ausfuhrzölle bei der Ausfuhr bestimmter Waren spielen heute ebenso wie die Durchfuhrzölle im Gegensatz zu den Einfuhrzöllen kaum noch eine Rolle. Nach dem jeweiligen Zweck kann man unterscheiden: 1) Finanzzölle zur Erzielung von Einkünften; 2) Schutzzölle zum Schutz bestimmter inländischer Produktionszweige vor ausländischer Konkurrenz; 3) Kampfzölle zur Wehr gegen fremde Zölle; 4) Prohibitivzölle zur Abwehr von Einfuhren. Nach der Bemessungsgrundlage wird unterschieden in Wertzölle (Grundlage ist der Preis) und spezifische Zölle (Grundlage sind Mengeneinheiten oder Gewicht). Seit 1952 gilt in der BRD das Wertzollsystem mit Ausnahme von Tee-, Kaffee-, Zucker- und ähnlichen Finanzzöllen. Zölle sind heute überwiegend Instrumente der Wirtschaftspolitik.

Rechtsgrundlage für das Zollrecht ist sowohl Bundesrecht als auch supranationales ↑Wirtschaftsrecht der Europäischen Gemeinschaften (S. 582). Das Bundesrecht i. S. v. formellem Zollrecht ist im Zollgesetz i. d. F. von 1970 verankert und enthält im wesentlichen die maßgebenden Bestimmungen für die Zollbehandlung der eingeführten Waren und die damit verbundenen Maßnahmen. Das materielle Zollrecht wird vor allem im Zolltarifgesetz von 1960, der Allgemeinen Zollordnung von 1970 und der Wertzollordnung von 1961 als Durchführungsverordnungen bestimmt. Die nationale Gesetzgebungsbefugnis auf dem Gebiet des Zollrechts wird in starkem Maße durch internationale Verpflichtungen beschränkt. Der gemeinsame Zolltarif der EG hat in der BRD aufgrund der EWG-Verordnung Nr. 950 von 1968 unmittelbare Geltung, das Zollwertrecht beruht auf der EWG-Verordnung Nr. 800 von 1968. Das deutsche Zollrecht erstreckt sich auf das Staatsgebiet (Territorialprinzip ohne Zollausschlüsse [deutsche Hoheitsgebiete, die zu ausländischem Zollgebiet gehören] und Zollfreigebiete [z. B. Freihäfen, die Insel Helgoland], jedoch mit Zollanschlußgebieten [d. h. ausländische Staatsgebiete, die als Teil eines inländischen Wirtschaftsgebietes zum Zollgebiet gehören]).

Das Zollgesetz regelt den Ablauf einer Wareneinfuhr wie folgt: Die importierte Ware muß zunächst an der Grenze erfaßt werden (Erfassung des Warenverkehrs, Gestellungspflicht). Hieran schließt sich die vom Antrag des Importeurs abhängige Zollbehandlung an, d. h., es kann eine Abfertigung des Zollgutes entweder zum freien Verkehr oder zum besonderen Zollverkehr (z. B. Zollgutversand, Lagerung, Veredelung) erfolgen. Die Zollbehandlung erfolgt nicht von Amts wegen, sondern nur aufgrund eines Zollantrags (bis DM 240 mündlich), in dem der Antragsteller bestimmt, welche Zollbehandlung angewendet werden soll. Zugleich ist eine Zollanmeldung abzugeben, die den Charakter einer Steuererklärung hat und Verzollungsgrundlage ist. Schließlich erfolgt die Zollbeschau, d. h., die Warenmerkmale werden überprüft, und das Zollgut wird gegebenenfalls freigegeben.

Das Zollrecht hängt eng mit dem Außenwirtschaftsgesetz (↑Außenwirtschaftsrecht S. 594) und vor allem mit dem internationalen Zollrecht zusammen, d. h. dem auf völkerrechtlichen Verträgen beruhenden Recht.

K. Wockenfoth: Zoll-Leitfaden für die Betriebspraxis. 6. Aufl. Berlin 1981. – Th. Bail/W. Schädel/H. Hutter: Kommentar Zollrecht. Losebl. BRD/Europ. Gemeinschaften. Bonn 1978. – Hdb. der Auslandszölle. Hg. Gemeinsames Außenhandelsbüro. Hagen 1983. – V. Kluge: Das internationale Steuerrecht der BRD. 2. Aufl. München 1980.

Zollhoheitsgebiet

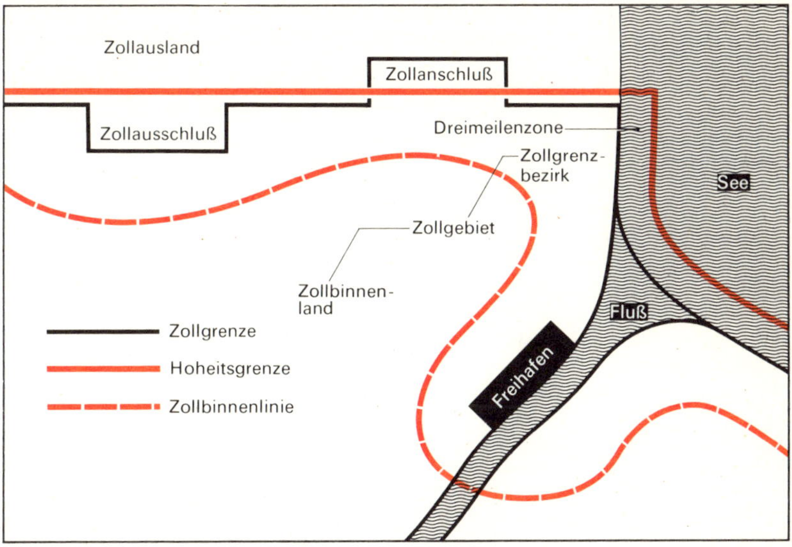

Abbau der gemeinsamen Außenzölle gegenüber Großbritannien, Dänemark und Irland

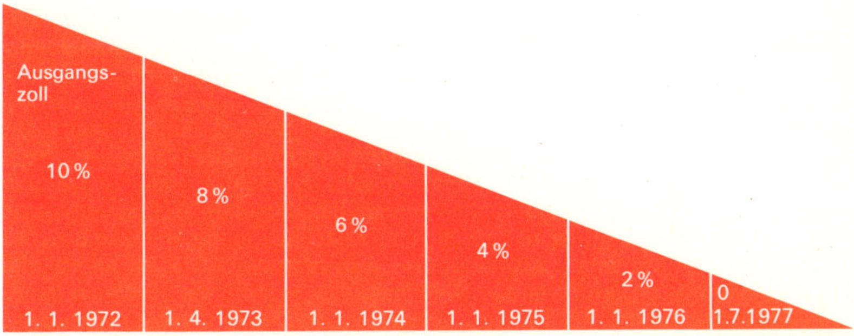

Angleichung der nationalen Zollsätze in Dänemark, Großbritannien und Irland an den EWG-Zolltarif

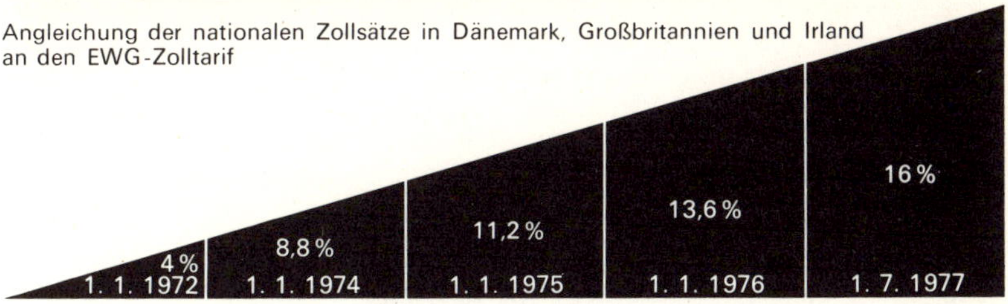

Nichttarifäre Handelshemmnisse

Bei den ↑Außenhandelsbeschränkungen (S. 586) wird zwischen ↑Zöllen (S. 588) und nichttarifären Handelshemmnissen unterschieden. Als nichttarifäre Handelshemmnisse werden alle Nicht-Zoll-Maßnahmen bezeichnet, die eine Einschränkung oder Umlenkung des ↑Außenhandels (S. 316) bewirken.

Die Vielfalt der nichttarifären Maßnahmen läßt sich etwa wie folgt systematisieren: 1) quantitative Restriktionen; 2) Beeinflussung von Import und Export durch staatliche Zuschüsse oder Abgaben; 3) direkte Außenhandelsaktivität des Staates; 4) administrativ bestimmte Qualitätsnormen (Standards).

Nicht einbezogen sind hier währungspolitische Maßnahmen, die außenhandelsbeschränkende Wirkung haben, wie z. B. Valutadumping (↑Dumping S. 598) und ↑Devisenbewirtschaftung (S. 596).

1) Die quantitativen Restriktionen haben zumeist die Form von Einfuhr- und Ausfuhrkontingenten. Als Kontingent wird das nach Menge oder Wert festgelegte Ausmaß bezeichnet, zu dem Import oder Export bestimmter Güter vom Staat erlaubt sind. Neben diesen vom Staat getragenen Maßnahmen gibt es auch quantitative Einschränkungen des Exportangebots durch Absprachen privater Unternehmen. Kommen solche Exportkartelle (↑Kartelle S. 418) durch staatliche Initiative zustande, werden sie als Selbstbeschränkungsabkommen bezeichnet. Quantitative Restriktionen führen im Inland oder auf den Weltmärkten zu einer Verknappung des Güterangebots und damit zu einer Verringerung der Wettbewerbsintensität, die i. d. R. zu Lasten einer preisgünstigen Versorgung der Verbraucher geht.

2) In die Gruppe der finanziellen Anreize fallen in vielen Volkswirtschaften umfangreiche ↑Subventionen (S. 268) und Steuererleichterungen. Außenhandelspolitisch werden sie eingesetzt, um einerseits die Wettbewerbsposition inländischer Anbieter auf den inländischen Märkten gegenüber der ausländischen Importkonkurrenz zu verbessern und um andererseits inländischen Exportgüterindustrien auf den Weltmärkten einen künstlichen Wettbewerbsvorteil zu verschaffen. Zu derartigen Maßnahmen gehören außerdem die steuerliche Behandlung von Importen (↑Doppelbesteuerung S. 600), staatliche Kreditrestriktionen oder -erleichterungen und Verwaltungsgebühren.

3) Die direkte Außenhandelsaktivität des Staates besteht einmal darin, daß der Staat selbst als Nachfrager auf den Gütermärkten auftritt. Sein Auftreten wird zum nichttarifären Handelshemmnis, wenn die staatliche Nachfrage sich einseitig dem inländischen Angebot zuwendet, ohne eventuell bestehende Wettbewerbsvorteile entsprechender Importgüter zu berücksichtigen. Zum anderen muß die Errichtung eines staatlichen Außenhandelsmonopols (↑Außenhandel S. 316) als nichttarifäres Handelshemmnis gewertet werden, weil in diesem Fall bei der zentralen Planung des Außenhandels das am Prinzip der internationalen Arbeitsteilung orientierte wirtschaftliche Kalkül i. d. R. zugunsten politischer Prioritäten zurückgedrängt wird.

4) Die letzte der genannten Gruppen von nichttarifären Handelshemmnissen beinhaltet Maßnahmen, die den Import durch die Verpflichtung zur Einhaltung übermäßig strenger Qualitätsnormen einschränken. Diese Normen können sich z. B. auf technische Anforderungen, Sicherheits- und Gesundheitsvorschriften oder Verpackungs- und Kennzeichnungserfordernisse beziehen.

Die Bedeutung nichttarifärer Handelshemmnisse ist in den letzten Jahren verstärkt sichtbar geworden. Dies liegt einmal daran, daß beim Abbau von Zöllen im Rahmen des ↑GATT (S. 564) erhebliche Fortschritte erzielt wurden, so daß nichttarifäre Maßnahmen an Gewicht gewannen. Außerdem zeigt sich, daß zahlreiche Länder den Schutz, der bestimmten Industrien bis dahin durch Zölle gewährt wurde, nunmehr durch verstärkten Einsatz von nichttarifären Handelshemmnissen fortzusetzen versuchen.

J. B. Donges u. a.: Protektion u. Branchenstruktur der westdt. Wirtschaft. Tüb. 1973. – H. H. Glismann u. a.: Weltwirtschaftslehre. München 1980.

Nichttarifäre Handelshemmnisse

Die Auswirkungen von angebotsverknappenden Absprachen zwischen am Außenhandel beteiligten Unternehmen bzw. Staaten

1. Wirkung: Die Versorgung des Binnenmarktes mit relativ kostengünstig produzierten Importgütern verschlechtert sich

Beispiel:
Auswirkungen des Selbstbeschränkungsabkommens zwischen europ. und jap. Stahlexporteuren einerseits und amerikan. Stahlproduzenten andererseits von 1968

Anteil der Stahlimporte am Stahlverbrauch der USA in v. H.

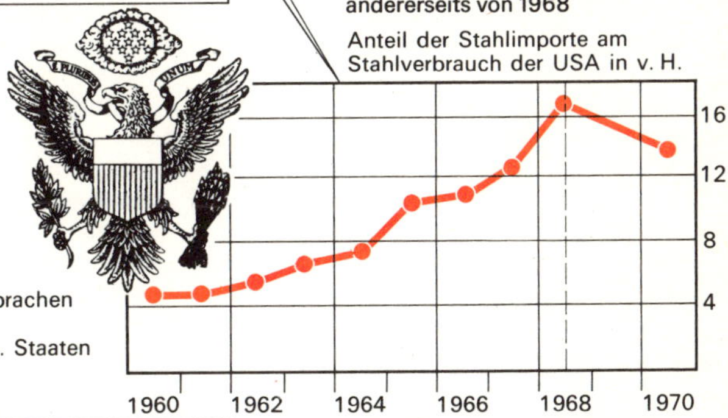

2. Wirkung: Die künstliche Verknappung des Angebots bewirkt Preissteigerungen

Die Entwicklung der Großhandelspreise für Eisen und Stahl sowie als Vergleich für die Erzeugnisse der verarbeitenden Industrie in den USA und der BRD 1960–1970 (1960 = 100)
(halblogarithmischer Maßstab)

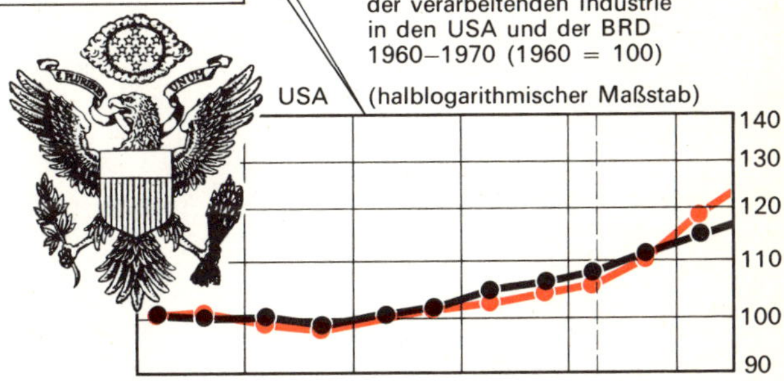

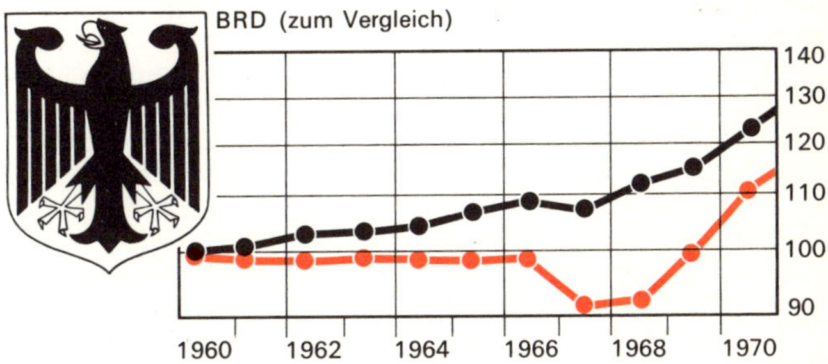

Preisindex für Erzeugnisse der Eisen- und Stahlindustrie
Preisindex für Erzeugnisse der verarbeitenden Industrie

Außenwirtschaftsrecht

Im Zeitalter einer globalen Interdependenz der verschiedenen nationalen Volkswirtschaften untereinander kommt dem ↑Außenhandel (S. 316) und damit den Rechtsnormen, die sich mit dessen Regelung befassen, eine ständig wachsende Bedeutung zu. Das Außenwirtschaftsrecht der Bundesrepublik Deutschland ordnet die Gesamtheit des Wirtschaftsverkehrs mit dem Ausland; es umfaßt den Waren-, Dienstleistungs-, Kapital-, Zahlungs- und Wirtschaftsverkehr mit fremden Wirtschaftsgebieten sowie den Verkehr mit Auslandswerten und Gold zwischen Gebietsansässigen (Außenwirtschaftsverkehr).

Gebietsansässige sind nach dem Sprachgebrauch des Gesetzgebers im Gegensatz zu Gebietsfremden natürliche Personen mit Wohnsitz oder gewöhnlichem Aufenthalt im Wirtschaftsgebiet sowie juristische Personen und Personenhandelsgesellschaften mit Sitz oder Ort der Leitung im Wirtschaftsgebiet.

Der im Außenwirtschaftsrecht gebräuchliche Begriff Wirtschaftsgebiet umfaßt die Bundesrepublik Deutschland einschließlich der Zollanschlüsse und Berlin (West). Das Ausland wird als fremdes Wirtschaftsgebiet bezeichnet. Die DDR und Berlin (Ost) sind kein fremdes Wirtschaftsgebiet; der innerdeutsche Wirtschafts- und Zahlungsverkehr zwischen dem Wirtschaftsgebiet und der DDR mit Berlin (Ost), der durch das neu gefaßte Militärregierungsgesetz Nr. 53 (MRG 53 Neufass.) geregelt ist, gilt als Binnenhandel.

Rechtsgrundlage des Außenwirtschaftsrechtes der Bundesrepublik Deutschland sind das als Rahmengesetz erlassene Außenwirtschaftsgesetz (AWG) und die als Durchführungsverordnung ergangene Außenwirtschaftsverordnung (AWV). AWG und AWV sind zusammen am 1. 9. 1961 in Kraft getreten. Mit Erlaß des AWG wurde die seit Kriegsende geltende Devisenbewirtschaftung und das bis dahin geltende Außenwirtschaftsverkehrsverbot mit Erlaubnisvorbehalt aufgehoben. In der Zeit zuvor kannte der deutsche Außenhandel sehr unterschiedliche Entwicklungen. Bis zum Ausbruch des 1. Weltkrieges war der Außenhandel völlig frei. 1924 konnte damit begonnen werden, die ab 1914 eingeführten kriegsbedingten Beschränkungen wieder abzubauen, aber schon 1931 und verstärkt in den Folgejahren kam es aufgrund der wirtschaftlichen und politischen Entwicklung zu deutlichen Einschränkungen des Außenwirtschaftsverkehrs. Von 1945 bis 1949 war der deutsche Außenhandel völlig lahmgelegt. Bedeutsam war deshalb bei Erlaß des AWG die Festschreibung des Grundsatzes der Freiheit des Außenwirtschaftsverkehrs (§ 1 AWG). Beschränkungen sind die Ausnahme und bedürfen einer gesetzlichen Ermächtigung. Im AWG (§§ 5–7) sind jedoch für die wirtschafts- und sicherheitspolitischen sowie für die auswärtigen Interessen der Bundesrepublik Deutschland Beschränkungsmöglichkeiten vorgesehen. Im einzelnen können Beschränkungen zur Erfüllung zwischenstaatlicher Vereinbarungen, zur Abwehr schädigender Einwirkungen aus fremden Wirtschaftsgebieten, zur Abwehr schädigender Geld- und Kapitalzuflüsse aus fremden Wirtschaftsgebieten und zum Schutz der Sicherheit und der auswärtigen Interessen getroffen werden. Weitere Beschränkungsmöglichkeiten bestehen in den Einzelbestimmungen des AWG zum Warenverkehr (§§ 8 ff.), Dienstleistungsverkehr (§§ 15 ff.), Kapitalverkehr (§§ 22 ff.) und zum Verkehr mit Gold (§ 24). Im Bereich des Warenverkehrs kann durch die Einfuhrliste (Anlage zum AWG) speziell für einzelne Waren eine Genehmigungspflicht eingeführt werden, wenn z. B. ein berechtigtes Schutzbedürfnis der gebietsansässigen Wirtschaftsbetriebe besteht.

In der AWV sind für den Dienstleistungs-, Kapital- und Zahlungsverkehr Meldevorschriften statuiert, die von den Gebietsansässigen zu beachten sind. Verstöße hiergegen werden durch die Bestimmungen des Ordnungswidrigkeitengesetzes geahndet. Diese Meldungen sind bei den regional zuständigen Landeszentralbanken (↑Zentralbank – Deutsche Bundesbank und Landeszentralbanken S. 46) einzureichen.

K. Rister: Außenwirtschaftsrecht. Regensburg 1983. Losebl. Stand 1983.

Die wichtigsten Außenhandelspartner der Bundesrepublik Deutschland 1983 (Angaben in Mill. DM)

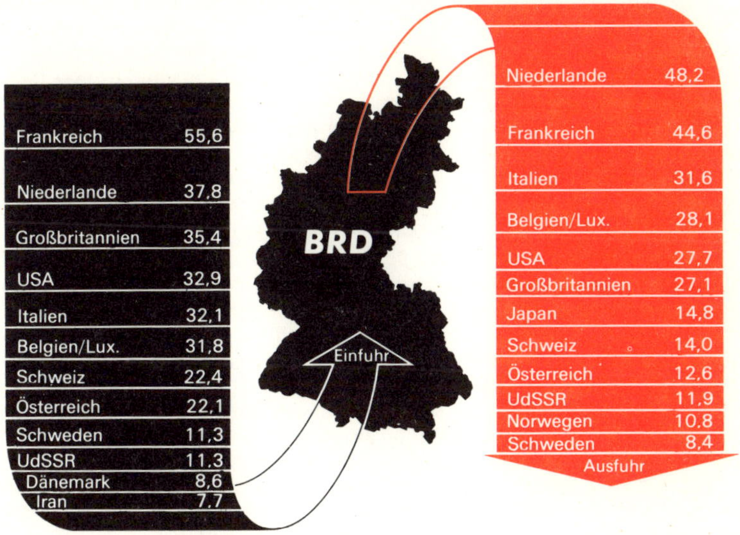

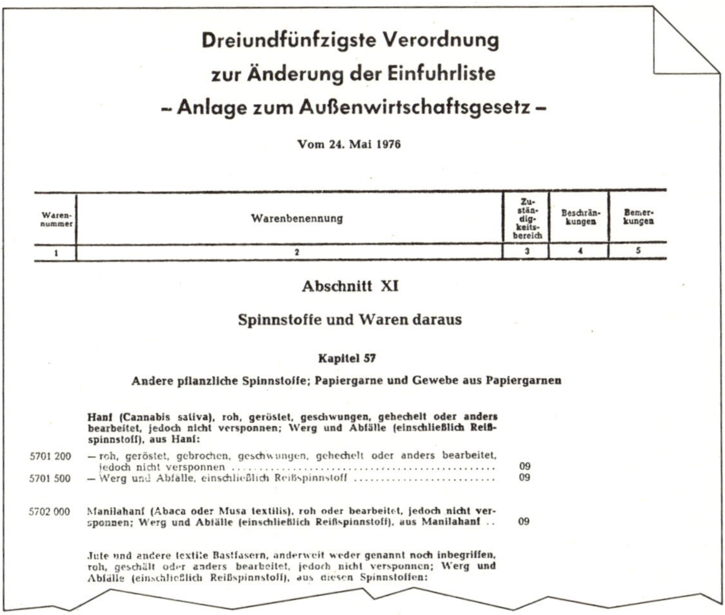

Dreiundfünfzigste Verordnung zur Änderung der Einfuhrliste – Anlage zum Außenwirtschaftsgesetz –

Vom 24. Mai 1976

Waren-nummer	Warenbenennung	Zu-stän-dig-keits-bereich	Beschrän-kungen	Bemer-kungen
1	2	3	4	5

Abschnitt XI

Spinnstoffe und Waren daraus

Kapitel 57

Andere pflanzliche Spinnstoffe; Papiergarne und Gewebe aus Papiergarnen

	Hanf (Cannabis sativa), roh, geröstet, geschwungen, gehechelt oder anders bearbeitet, jedoch nicht versponnen; Werg und Abfälle (einschließlich Reißspinnstoff), aus Hanf:			
5701 200	– roh, geröstet, gebrochen, geschwungen, gehechelt oder anders bearbeitet, jedoch nicht versponnen	09		
5701 500	– Werg und Abfälle, einschließlich Reißspinnstoff	09		
5702 000	Manilahanf (Abaca oder Musa textilis), roh oder bearbeitet, jedoch nicht versponnen; Werg und Abfälle (einschließlich Reißspinnstoff), aus Manilahanf ..	09		
	Jute und andere textile Bastfasern, anderweit weder genannt noch inbegriffen, roh, geschält oder anders bearbeitet, jedoch nicht versponnen; Werg und Abfälle (einschließlich Reißspinnstoff), aus diesen Spinnstoffen:			

Devisenbewirtschaftung

Devisenbewirtschaftung bedeutet die Regulierung des internationalen Zahlungsverkehrs eines Landes mit dem Ziel, den Ausgleich zwischen Eingängen und Ausgängen an Devisen durch administrative Maßnahmen zu gewährleisten; Devisenbewirtschaftung bildet damit den Gegensatz zur freien ↑Konvertibilität (S. 330). Sie wurde in neuerer Zeit auch von Ländern mit Überschüssen in der ↑Zahlungsbilanz (S. 336) praktiziert, i. d. R. ist sie jedoch Ausdruck eines Devisenmangels und dient infolgedessen der Rationierung ausländischer Zahlungsmittel.

Die Devisenbewirtschaftung muß eingeführt werden, wenn die Zahlungsbilanz eines Landes über längere Zeit defizitär ist, die Währungsreserven zu Ende gehen und gleichwohl am bestehenden ↑Wechselkurs (S. 340) festgehalten wird; die Nachfrage nach Devisen muß dann durch staatliche Eingriffe auf das Niveau des Angebots an Devisen reduziert werden. Mit der Durchführung dieser Aufgabe wird i. d. R. eine bereits bestehende Institution, meist die ↑Zentralbank (S. 46) betraut. Die verantwortliche Stelle erhält bei strikter Anwendung das Devisenmonopol: Alle eingehenden Devisen müssen zum festgelegten Kurs an die staatliche Behörde verkauft werden (Andienungspflicht); gleichzeitig können auf legalem Wege ausländische Zahlungsmittel nur von dort erworben werden (Angebotsmonopol). In der Form der totalen Devisenbewirtschaftung erstreckt sich das staatliche Devisenmonopol auf den gesamten Tauschverkehr mit ausländischen Zahlungsmitteln. Bei der partiellen Devisenbewirtschaftung werden nur Teilbereiche des Devisenverkehrs der staatlichen Kontrolle unterworfen. Häufig beziehen sich z.B. die Beschränkungen nur auf den internationalen Kapitalverkehr; in diesem Falle kann dann über ausländische Zahlungsmittel für Zwecke des ↑Imports (S. 320) von Gütern und Diensten frei verfügt werden, dagegen bedarf der Transfer für Zwecke des Kapitalexports – Kauf ausländischer Wertpapiere u.a. – der staatlichen Genehmigung (↑Außenwirtschaftliche Absicherung S. 516). In zahlreichen Fällen geht die partielle Devisenbewirtschaftung mit der sog. Wechselkursspaltung einher; es gelten dann nicht einheitliche Wechselkurse, sondern für die gleiche Auslandswährung müssen je nach dem Verwendungszweck unterschiedliche Preise bezahlt werden.

Die Devisenbewirtschaftung als Ausdruck einer „Mangelerscheinung" ist die Folge einer durch den Staat verordneten, quasi künstlichen Verbilligung fremder Währungen (↑staatliche Preisfestsetzung S. 182). Wie bei jeder Rationierung dieser Art werden sich daher tendenziell schwarze Märkte bilden, auf denen die Marktpreise um so mehr über dem offiziellen Wechselkurs liegen, je größer die Lücke zwischen Nachfrage und Angebot auf dem legalen Markt ist. Vor allem bei der totalen Devisenbewirtschaftung bedarf es scharfer Strafandrohungen – einige Länder gehen bis zur Todesstrafe –, um den staatlichen Monopolanspruch durchzusetzen; aber auch die partielle Devisenbewirtschaftung läßt sich ohne umfangreichen Kontrollapparat nicht erfolgreich durchführen, da die Möglichkeiten der Umgehung administrativer Vorschriften hier besonders groß sind.

Die volkswirtschaftlichen Nachteile der Devisenbewirtschaftung wiegen schwer. Das Volumen des ↑Außenhandels (S. 316) bleibt durch die Tendenz zum Bilateralismus (↑Weltwirtschaft und Welthandel S. 560) weit hinter den bei freier ↑Konvertibilität (S. 330) gegebenen Möglichkeiten zurück; eine Orientierung an dem Prinzip der weltwirtschaftlichen ↑Arbeitsteilung (S. 12) scheitert an der Reglementierung des Devisenverkehrs. Der staatliche Kontrollapparat verursacht erhebliche Kosten. Die Devisenbewirtschaftung macht die Währung eines Landes zur „Mausefallenwährung", d. h. die ausländischen Kapitalbesitzer können ihr Geld zwar i. d. R. noch in diesem Land anlegen, aber die Erträge (Zinsen u. a.) und den Kapitalbetrag selbst nicht mehr frei repatriieren; Kapitalimporte werden daher ausbleiben und die Devisenknappheit weiter verschärfen.

C. Köhler: Geldwirtschaft. Bd. 2. Berlin 1979. – M. Borchert: Außenwirtschaftslehre. 2. Aufl. München 1983.

Devisenbewirtschaftung

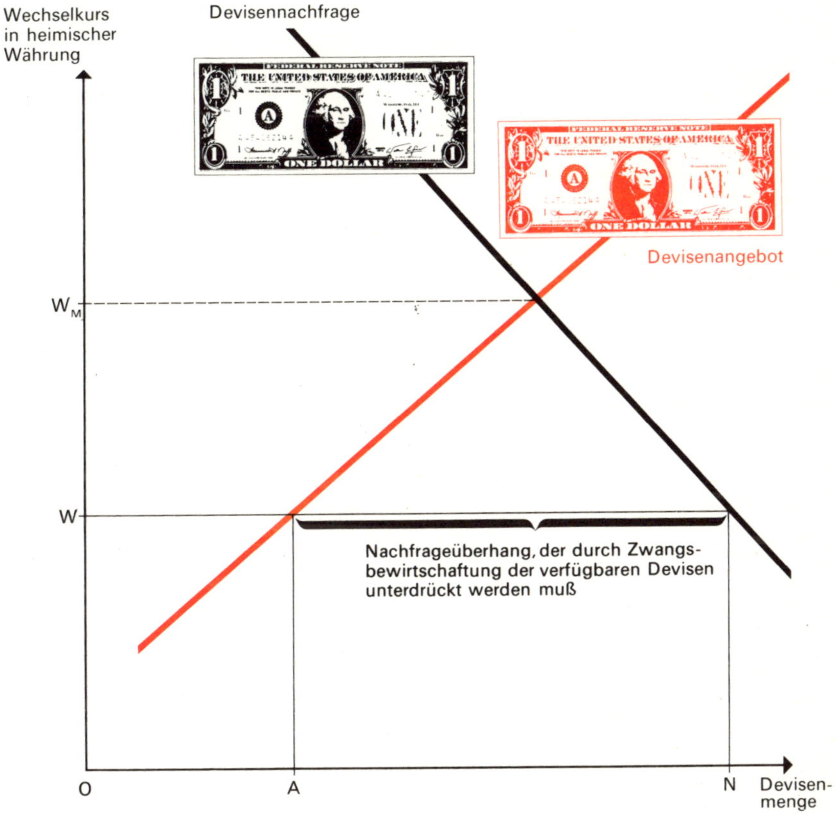

W: vom Staat festgelegter Wechselkurs
OA: Devisenangebot zum Wechselkurs W
ON: Devisennachfrage zum Wechselkurs W
W_M: Devisenkurs, der bei freier Preisbildung auf dem Devisenmarkt zustande käme; bei diesem Kurs würden sich Angebot und Nachfrage am Markt ausgleichen.

Niedrigpreisimporte und Dumping

Der Begriff Niedrigpreisimporte drückt zunächst lediglich aus, daß ausländische Waren auf dem Inlandsmarkt zu einem niedrigeren Preis als vergleichbare Produkte aus heimischer Erzeugung angeboten werden. Im allgemeinen wird jedoch diese Bezeichnung nur dann gewählt, wenn die inländischen Produzenten vom Staat einen Schutz vor der „ruinösen" Auslandskonkurrenz verlangen; gerade in diesem Zusammenhang werden dann häufig Niedrigpreisimporte und Dumping synonym verwendet. Diese Gleichsetzung ist jedoch nicht angebracht. Dumping liegt strenggenommen immer nur dann vor, wenn ein ausländisches Produkt auf dem Markt des Importlandes zu einem Preis angeboten wird, der unter dem Preis im Herkunftsland oder unter dem Preis liegt, der in anderen Ländern verlangt wird, oder wenn der ausländische Anbieter unter seinem Selbstkostenpreis verkauft.

Dumpingverkäufe erfordern es zu verhindern, daß die Auslandsware nicht ins Ursprungsland zurückgebracht und dadurch der bisher dort geltende Preis unterboten werden kann. Dies kann z. B. durch Einfuhrzölle des Ursprungslandes oder durch das Verbot von Wiederexporten gegenüber den ausländischen Abnehmern verhindert werden. Anlaß für Dumping kann eine ↑ staatliche Preisfestsetzung (S. 182) in Form überhöhter Mindestpreise wie im Falle des ↑ Gemeinsamen Agrarmarktes (S. 580) sein; um Angebotsüberschüsse im Inland abzubauen, werden Exportprämien gewährt. Östliche Planwirtschaften setzen das Dumping häufig gezielt ein, um die Einnahmen an bestimmten, besonders knappen Devisen zu erhöhen; hier stellen die „Niedrigpreisimporte" tatsächlich Dumping dar. Sofern private Unternehmen Dumping betreiben, können verschiedene Gründe dafür ausschlaggebend sein. Wird im Ursprungsland der Markt durch ein ↑ Monopol (S. 194) oder ↑ Kartell (S. 418) beherrscht, kann die Preisunterbietung im Ausland der besseren Kapazitätsauslastung dienen oder der verschiedenartigen Marktsituation entsprechen. Dumpingangebote können auch als Mittel eingesetzt werden, um in einen Markt einzudringen bzw. die Konkurrenten daraus zu verdrängen.

Die wirtschaftspolitische Beurteilung des Dumpings muß vor allem aus der Interessenlage des Importlandes erfolgen; sie fällt unterschiedlich aus, je nachdem, ob es sich um ein dauerhaftes oder nur um ein vorübergehendes Unterbieten handelt. Würden die ausländischen Konkurrenten anhaltend zu Dumpingpreisen verkaufen, so könnte das einführende Land von den billigen Importen profitieren. Es würde in diesem Falle also im Prinzip keinen Unterschied machen, ob es sich um generell kostengünstigere Angebote, also Niedrigpreisimporte, oder um eine Dumpingeinfuhr handelte. Im Falle des Dumpings ist allerdings immer zu befürchten, daß die ausländischen Anbieter die Preise auf den Inlandsmärkten nur vorübergehend unterbieten, um dann später um so höhere Preise verlangen zu können, sobald die Konkurrenten aus dem Markt verdrängt wurden. Länder, in denen der Außenhandel ganz in den Händen des Staates ist, können leicht versucht sein, vorübergehende Marktstörungen auszulösen und Dumpingmaßnahmen als Mittel des politischen Druckes einzusetzen. Liegt vorübergehendes Dumping vor, so sind Abwehrmaßnahmen von seiten eines Importlandes angebracht. Im Einzelfall wird es freilich schwierig sein, diesen Nachweis zu führen, zumal die inländischen Anbieter erfahrungsgemäß den Dumpingvorwurf häufig auch dann gegenüber der Auslandskonkurrenz anführen, wenn diese einfach preisgünstiger anbieten kann.

Der Vorwurf des sog. Sozialdumpings wird nicht selten gegenüber Anbietern aus Entwicklungsländern mit niedrigen Löhnen und geringen Sozialabgaben erhoben. Übersehen wird dabei jedoch, daß es sich um einen Wettbewerbsvorteil handelt, dessen Verwertung es erst mit ermöglichen soll, ein den entwickelten Ländern vergleichbares Niveau von Löhnen und Sozialleistungen zu erreichen.

G. Haberler: Der Internat. Handel. Berlin u. a. 1970. – E. Küng: Dumping u. Dumpingabwehr. In: Wirtschaftswiss. Studium. H. 11/1975. S. 513 ff.

Niedrigpreisimporte und Dumping

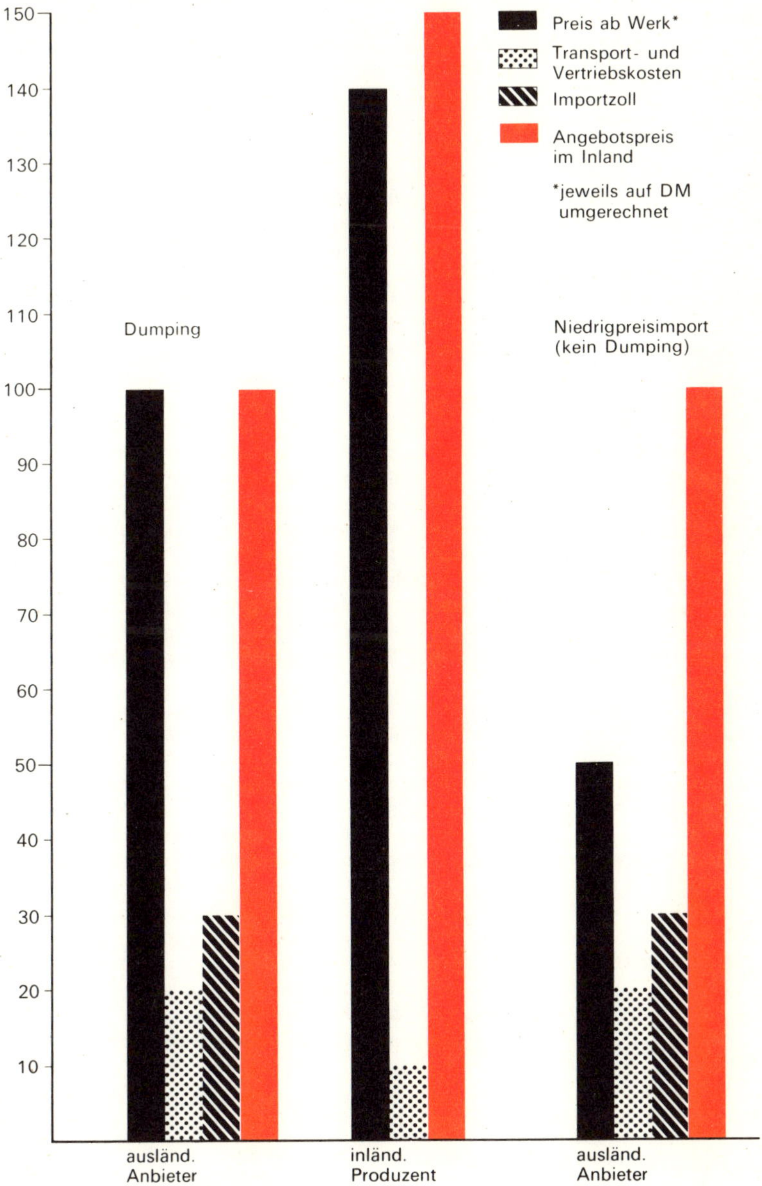

Internationales Steuerrecht: Doppelbesteuerung - Außensteuerrecht

Gegenstand des internationalen Steuerrechts sind das Doppelbesteuerungsrecht und das Außensteuerrecht.

1) Kernstück des internationalen Steuerrechts ist die Beseitigung der Doppelbesteuerung. Eine Doppelbesteuerung kann sich im Falle der unbeschränkten Steuerpflicht ergeben, soweit auch die bereits im Ausland besteuerten Einkünfte erfaßt werden, und im Falle der beschränkten Steuerpflicht, soweit die Inlandseinkünfte ausländischer Steuerpflichtiger trotz bereits erfolgter Besteuerung im Ausland zusätzlich im Inland besteuert werden.

Im Rahmen ↑internationaler Handelsverträge (S. 566) werden i. d. R. Doppelbesteuerungsabkommen geschlossen, genauer: Abkommen zur Vermeidung von Doppelbesteuerung. Diese vertraglichen Vereinbarungen werden zwischen den Staaten abgeschlossen, um ein sachgemäßes, auf Gegenseitigkeit begründetes System von Steuerverzichten aufzustellen, das die Eigenarten der jeweiligen nationalen Steuersysteme berücksichtigt. Das erste internationale Abkommen dieser Art wurde zwischen Preußen und Österreich im Jahre 1895 geschlossen.

Das Ziel der Vermeidung der Doppelbesteuerung muß durch die Einschränkung der jeweiligen nationalen Steueransprüche erreicht werden. Dabei werden folgende Prinzipien als Kollisionsnorm angewendet: a) Besteuerungsrecht durch den Staat, in dem der Steuerpflichtige seinen Wohnsitz hat (Wohnsitzprinzip); b) Besteuerungsrecht durch den Staat, in dem das Steuerobjekt wirtschaftlich zugehört (Ursprungsprinzip). In jüngerer Zeit wurden verschiedene Methoden befolgt: aa) überwiegend in Kontinentaleuropa: Aufteilung der Besteuerungsrechte aus der Veranlagung; bei der Teilung des Steuerguts (Einkommen, Vermögen) in seine Bestandteile bzw. Einkunftsarten teilen die Staaten diese Teile so unter sich auf, daß jeweils nur einem von ihnen die Besteuerung gestattet ist (Freistellungsmethode); bb) Anrechnung der im Ausland bereits gezahlten Steuern. Dabei besteht die Bemessungsgrundlage unverändert fort, es wird im Ergebnis lediglich die Steuerschuld aufgeteilt. Dieses Verfahren wird vor allem im angloamerikanischen Steuerrecht, seit 1957 aber auch im deutschen Steuerrecht als Alternative zur Freistellung angewendet.

Die BRD hat eine große Anzahl von zweiseitigen Doppelbesteuerungsabkommen abgeschlossen, mit der DDR ist aus politischen Gründen keines geplant. Ein multilaterales Doppelbesteuerungsabkommen hat der Rat der ↑OECD (S. 572) für Staatengemeinschaften als Empfehlung in Angriff genommen (Musterabkommen zur Vermeidung der Doppelbesteuerung des Einkommens und des Vermögens vom 30. 7. 1973). Das europäische Doppelbesteuerungsabkommen soll nach erfolgter ↑Steuerharmonisierung (S. 602) die bilateralen Verträge zwischen den Mitgliedern der Gemeinschaft ablösen.

2) Das Außensteuerrecht befaßt sich mit der Besteuerung bei Auslandsbeziehungen. Es ist teilweise im Einkommensteuergesetz, im übrigen im Außensteuergesetz normiert, das unangemessene Steuervorteile ausschließen soll. Dieses Gesetz regelt u. a. die Berichtigung von Einkünften bei internationalen Verflechtungen, die Folgen des Wohnsitzwechsels in niedrigbesteuernde Gebiete, die Steuerpflicht bei Beteiligung an ausländischen Zwischengesellschaften oder ausländischen Familienstiftungen.

R. Korn/G. Dietz/H. Debatin: Doppelbest. Losebl. 6. Aufl. München 1979. - R. Weber-Fas: Höchstrichterliche Rechtspr. zu internat. Doppelbesteuerungsproblemen. 2 Bde. Tübingen 1978. - W. Lipps: Außensteuerrecht. Bonn 1978. - H. Flick/F. Wassermeyer/H. Becker: Komm. zum Außensteuergesetz. Losebl. Köln 1973.

Doppelbesteuerung der Gewinne eines eigenen Staatsangehörigen aus wirtschaftlicher Betätigung

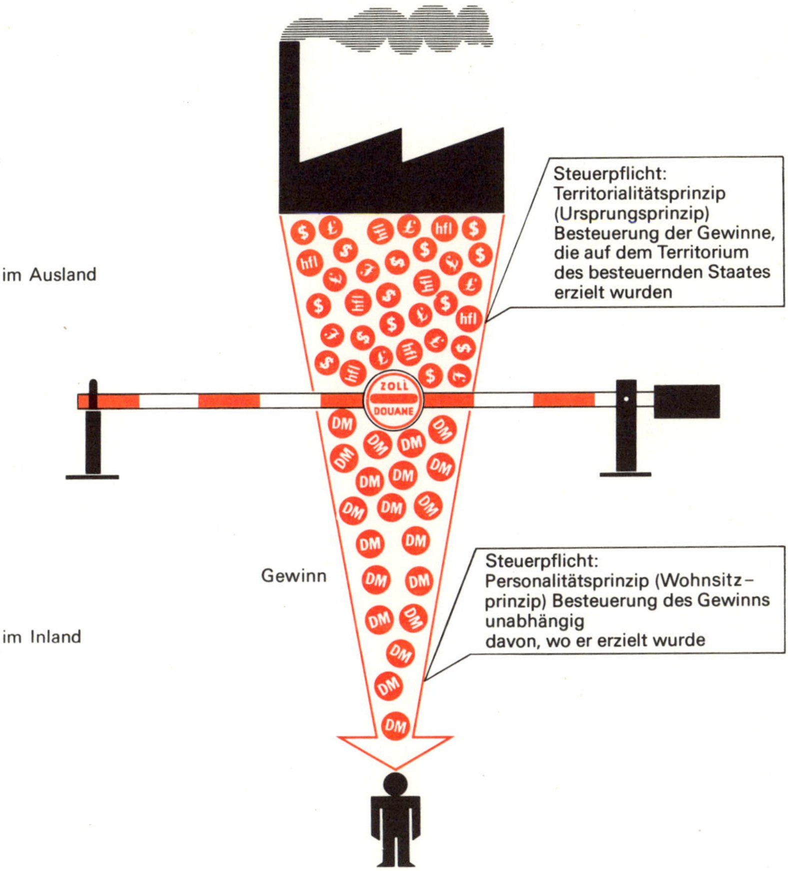

Vermeidung der Doppelbesteuerung

→ innerstaatlich: durch Anrechnung der im Ausland bezahlten Steuer auf inländische Steuer

→ völkerrechtlich: durch Doppelbesteuerungsabkommen (Ausschluß der Doppelbesteuerung) nach dem
- Anrechnungsprinzip (USA)
- Aufteilungsprinzip (Europa)

Steuerharmonisierung

Unter Steuerharmonisierung ist die Vereinheitlichung der Steuergesetzgebung in Bereichen mehrerer Träger der Steuerhoheit zu verstehen. Sie ist notwendig, weil die Steuersysteme der verschiedenen Staaten erhebliche Unterschiede aufweisen. Diese Verschiedenheiten sind das Resultat der jeweiligen nationalen Entwicklung auf dem Gebiete der Finanzverfassung und des Steuerrechts. Für das Steuerrecht in auf dem Gebiete der Finanzverfassung und des Steuerrechts. Die Entstehung größerer einheitlicher Wirtschaftsräume vor allem in Westeuropa hat die Notwendigkeit verstärkt, die Unterschiede in der jeweiligen nationalen Belastung durch Steuern zu vermeiden oder zumindest zu vermindern, um vor allem gleichartige Wettbewerbsbedingungen zu gewährleisten.

Von außerordentlicher Bedeutung sind dabei vor allem die Bestrebungen zur Steuerharmonisierung in den ↑Europäischen Gemeinschaften (S. 578), da die Mitgliedsstaaten aufgrund des EWG-Vertrages verpflichtet sind, ihre Steuersysteme einander anzugleichen, um im Ergebnis binnenmarktähnliche Verhältnisse auf steuerlichem Gebiet zu erreichen. Damit sollen die wettbewerbsbeeinträchtigenden und den Warenverkehr behindernden Steuerregelungen vermieden werden, daneben aber das jeweilige nationale Steueraufkommen im erforderlichen Umfang gesichert und der EG-Haushalt mit eigenen Mitteln ausgestattet werden. Aufgabe der Steuerharmonisierung in den Europäischen Gemeinschaften ist es, die Wirtschafts- und Währungsunion mit steuerpolitischen Instrumenten zu fördern. Der für einen echten Binnenmarkt unerläßliche freie und wettbewerbsneutrale Warenverkehr erfordert vor allem die Beseitigung von Verzerrungen und die Angleichung der Gesetzgebung auf dem Gebiet der ↑allgemeinen Umsatzsteuern (S. 290) und der ↑speziellen Ausgabesteuern (S. 292). Eine wichtige Rolle zur Schaffung gleicher Wettbewerbsbedingungen spielt auch die Harmonisierung der ↑Körperschaftsteuer (S. 288). Die Steuerharmonisierung hatte bislang ein noch unbefriedigendes Ergebnis. Voraussetzung für die geplante Abschaffung der Steuergrenzen ist neben der Vereinheitlichung der Bemessungsgrundlage die Annäherung der Steuersätze. 1975/1976 hat der Ministerrat der EG die Vereinheitlichung der Steuern nach jahrelangen Verzögerungen wieder in Angriff genommen. Durch die 6. Harmonisierungsrichtlinie vom 17. 5. 1977 ist die Bemessungsgrundlage der Mehrwertsteuer zum großen Teil vereinheitlicht worden. Die Bundesrepublik Deutschland hat diese Richtlinie durch das Umsatzsteuergesetz 1980 vollzogen. In der Rechtspraxis ergeben sich jedoch Schwierigkeiten, weil die dem Text nach für alle Länder gleiche Richtlinie national jeweils unterschiedlich ausgelegt und gehandhabt wird. Nach wie vor bestehen unterschiedliche Mehrwertsteuersätze, z. B. 2% in Luxemburg und 22% in Dänemark. 1% der Mehrwertbesteuerungsgrundlage wird an den EG-Haushalt abgeliefert. Zur Harmonisierung der Körperschaftsteuer existiert bislang nur ein Vorschlag einer Richtlinie; er befaßt sich nicht mit der Bemessungsgrundlage, sondern nur mit den Steuersätzen, für die er eine Bandbreite zwischen 45 und 55% zuläßt.

A. Komar: Probleme der Steuerharmonisierung in der EG. Saarbrücken 1983 – Bericht über die Aussichten für eine Angleichung der Steuersysteme in der Gemeinschaft. Bulletin der EG. Beil. 1/1980. – P. Behrens/M. Holthus: Transnationale Kooperation, Steuerharmonisierung. Baden-Baden 1976.

Unterschiedliche Belastung durch Steuern

Einkommensteuer für Ledige 1982 in DM

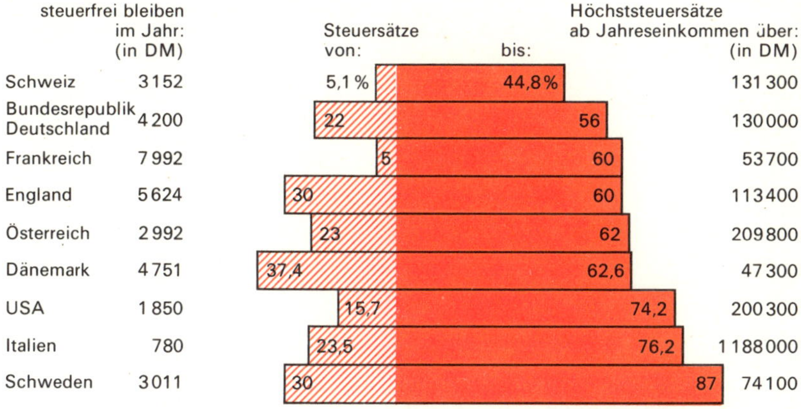

Steuern international:

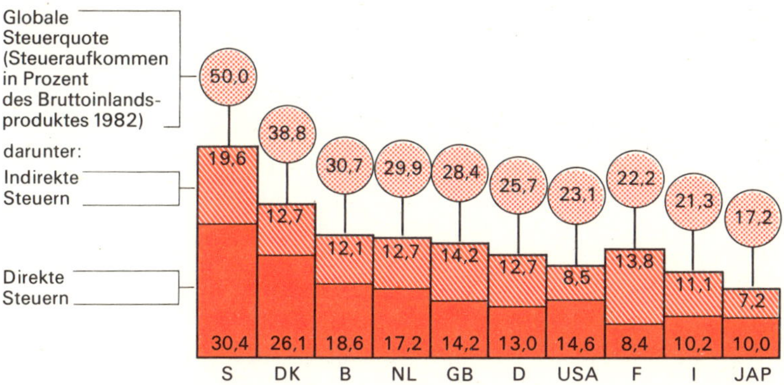

Umsatz- und Mehrwertsteuersätze in EG-Ländern – Stand Januar 1982 –

Länder	Mehrwertsteuer seit	Normalsatz	Anhebung/Senkung 1982/1972
Belgien	1. Januar 1971	17 %	−1 %
Dänemark	3. Juli 1967	22 %	+7 %
BR Deutschland	1. Januar 1968	13 %	+2 %
Frankreich	1. Januar 1968	18,6 %	−4,4 %
Großbritannien	1. April 1973	15 %	+5 %
Irland	1. November 1972	30 %	+13,6 %
Italien	1. Januar 1973	18 %	+6 %
Luxemburg	1. Januar 1970	10 %	0
Niederlande	1. Januar 1969	18 %	+4 %

Entwicklungsländer

Bisher existiert keine einheitliche Bestimmung des Begriffs „Entwicklungsländer" in offiziellen Dokumenten und Statistiken. So ist für die Gewährung von ↑Entwicklungshilfe (S. 608) der ↑OECD (S. 572) die Liste des Entwicklungshilfeausschusses (DAC) maßgebend. Danach gelten als Entwicklungsländer 1) in Afrika alle Länder außer der Republik Südafrika, 2) in Amerika alle Länder außer den USA und Kanada, 3) in Asien alle Länder außer Japan und dem Sino-Sowjetblock, 4) in Ozeanien alle Länder außer Australien und Neuseeland. Abweichend von der Definition der UNCTAD (↑Wirtschaftsorganisationen der UN S. 574) kommen als europäische Länder noch Gibraltar, Griechenland, Jugoslawien, Malta, Portugal, Spanien und die Türkei hinzu.

Zwischen Entwicklungsland und entwickeltem Land zweifelsfrei zu unterscheiden wäre nur möglich, wenn es eine allgemein anerkannte Entwicklungsnorm gäbe; das setzte Übereinstimmung in der Auswahl und Bewertung aller Indikatoren voraus, mit denen die Entwicklung von Ländern beschrieben werden kann. Dennoch lassen sich eine Reihe gemeinsamer Merkmale angeben, die für Entwicklungsländer als charakteristisch gelten. Dazu gehören 1) ökonomisch: ein extrem niedriges Pro-Kopf-Einkommen, eine extrem ungleiche Einkommensverteilung, ein Mangel an Arbeitsplätzen außerhalb der dominierenden, aber wenig leistungsfähigen Landwirtschaft, geringes Außenhandelsvolumen mit dem Schwergewicht im Export von Nahrungsmitteln und Rohstoffen; 2) technisch: mangelhafte Kommunikations- und Transportmöglichkeiten; 3) demographisch: hohe Geburten- und Sterblichkeitsraten bei geringer Lebenserwartung, aber dennoch starkem Bevölkerungswachstum; 4) kulturell: hohes Ausmaß an Analphabetentum, verbreitete Kinderarbeit; 5) politisch: ausgeprägte soziale Spannungen. Geographisch sind die Entwicklungsländer vorwiegend auf die südliche Hemisphäre konzentriert, während die hochentwickelten Industrieländer, abgesehen von Australien, Neuseeland und Südafrika, in der nördlichen Hemisphäre zu finden sind: es existiert ein Nord-Süd-Gefälle der Entwicklung.

Für Zwecke der ↑Entwicklungspolitik (S. 606) und der ↑Entwicklungshilfe (S. 608) empfiehlt sich eine differenziertere Betrachtung der Entwicklungsländer. Nach dem Entwicklungsstand und den erkennbaren Entwicklungschancen wird zwischen am wenigsten entwickelten Ländern und Schwellenländern unterschieden. Erstere sind nach den UN durch Unterschreiten folgender Kriterien gekennzeichnet: ein jährliches Pro-Kopf-Einkommen von nicht über 100 US-Dollar, einen Anteil der Alphabeten an den über 15jährigen von höchstens 20 v. H. und einen Anteil der Industrieproduktion am Bruttoinlandsprodukt von höchstens 10 v. H. Diese Gruppe von 30 Entwicklungsländern umfaßt etwa 215 Millionen Menschen. Die meisten dieser Länder zählen zugleich zu denjenigen, welche von weltwirtschaftlichen Schwierigkeiten, vor allem von den Rohölverteuerungen, als besonders betroffen gelten. Insgesamt sind dies mehr als die Hälfte aller in Entwicklungsländern lebenden Menschen. Die Schwellenländer stehen am anderen Ende der Armutsskala. Nach der erkennbaren Eigendynamik wird damit gerechnet, daß sie wirtschaftlich in absehbarer Zeit zu den entwickelten Ländern aufschließen können. Die Schuldenlast der Entwicklungsländer betrug 1983/84 rd. 606 Mrd. US-$; die Zinslast nimmt jährlich um 5–6 Mrd. US-$ zu.

Eine Reihe von Entwicklungsländern hat sich inzwischen in verschiedenen Organisationen zusammengeschlossen, um wirtschaftlichen und politischen Zielen mehr Nachdruck zu verleihen. In erster Linie wirtschaftliche Ziele verfolgt die 1964 anläßlich der 1. Konferenz der UNCTAD gegründete „Gruppe der 77", der inzwischen rund 130 Länder angehören. Die Blockfreien bilden rund 101 Länder.

C. Bergmann/H. E. Grundmann: Interdependenz zwischen Industrie- und Entwicklungsländern. Baden-Baden 1980. – D. Nohlen/F. Nuschler: Hdb. der 3. Welt. Neuaufl. Hamb. 1982. 8 Bde.

1. Verzeichnis der am wenigsten entwickelten Länder

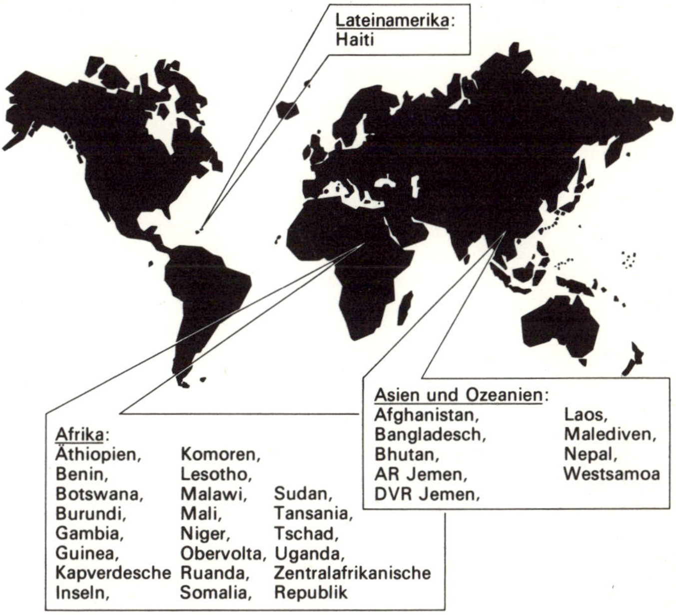

2. Entwicklungsländer nach der UN-Liste

LLDC:	LDC:	MSAC:	NIC's:
least developed countries = besonders arme Entwicklungsländer = 260 Mio. Menschen in 30 Ländern	less developed countries = alle Entwicklungsländer	most seriously affected countries = am schwersten betroffene Staaten	newly industrialized countries = sog. Schwellenländer

3. Armut und Reichtum

Bruttosozialprodukt pro Kopf in Dollar 1983	Zahl der Länder	Bevölkerung in Millionen	Durchschnittliches BSP pro Kopf in Dollar
bis 410	34	2218	270
410 – 1000	23	495	690
1000 – 2000	21	277	1530
2000 – 5000	17	427	2530
über 5000	30	1047	9320

Quelle: Weltbank, Weltentwicklungsbericht 1983

Entwicklungspolitik (Wirtschaftsförderung in Entwicklungsländern)

Entwicklungspolitik umfaßt die Gesamtheit der Maßnahmen der ↑Entwicklungsländer (S. 604) zur Förderung ihrer wirtschaftlichen, sozialen, kulturellen und politischen Entwicklung. Träger dieser Politik können nur die Entwicklungsländer selbst sein, wenn ihre Souveränität nicht angetastet werden soll. Insofern unterscheidet sich Entwicklungspolitik von ↑Entwicklungshilfe (S. 608), mit der entwickelte Länder und internationale Organisationen die Entwicklungsländer in ihrem Bemühen unterstützen sollen. Damit sind Einmischungsversuche und Interessenkollisionen jedoch nicht ausgeschlossen. Die entwickelten Länder möchten häufig die Verwendung der von ihnen bereitgestellten Hilfe beeinflussen; dies geschieht nicht immer nur wohlmeinend helfend, sondern bisweilen auch aus Eigeninteresse, z. B. zur Sicherung von Rohstoffquellen.

Wirtschaftliches Hauptziel der Entwicklungspolitik dürfte eine dauerhafte Beschleunigung des Wachstums des Pro-Kopf-Einkommens sein. Eng damit verknüpft sind vor allem eine verstärkte Industrialisierung (↑Wirtschaftswachstum und Strukturwandel S. 536), eine Erhöhung der ↑Produktivität (S. 74) in der Landwirtschaft und eine Ausweitung des ↑Außenhandels (S. 316). Um dies zu erreichen, sind entsprechende binnen- und außenwirtschaftliche Voraussetzungen zu schaffen.

Binnenwirtschaftlich ist eine wachstumsförderliche ↑Infrastruktur (S. 534) unumgänglich. Der Aufbau einer materiellen Infrastruktur erfordert in hohem Maße ↑Kapital (S. 54) und infolge des charakteristischen Kapitalmangels Entwicklungshilfe. Die Bedeutung der personellen Infrastruktur wird häufig insofern unterschätzt, als primär die Notwendigkeit von Ausbildungsinvestitionen gesehen wird, nicht aber, daß wirtschaftlicher Entwicklung Traditionen und Denkweisen entgegenstehen können. Häufig bedeutet Entwicklung, verglichen mit dem Stand der entwickelten Länder, einen Sprung über mehrere Jahrtausende und damit erhebliche Umstellungsschwierigkeiten. Hinsichtlich der institutionellen Infrastruktur ist vor allem eine Entscheidung über die zu schaffende ↑Wirtschaftsordnung (S. 18) zu treffen. Die Mehrheit der Entwicklungsländer hat sich bislang dafür entschieden, zu versuchen, ihre Wirtschaft vorwiegend oder ausschließlich auf der Grundlage staatlicher Planung zu entwickeln.

Außenwirtschaftlich sind die Voraussetzungen für eine verstärkte Integration in den ↑Welthandel (S. 560) zu schaffen. Hierbei entstehen in besonderem Maße Konflikte mit den Interessen der entwickelten Länder. Sie waren so lange gering, wie sich beide Ländergruppen durch den Austausch von Nahrungsmitteln und Rohstoffen gegen industrielle Fertigerzeugnisse ergänzten. An der Aufnahme der Produktion und des Exports von Halb- und Fertigerzeugnissen wurden die Entwicklungsländer durch ↑Außenhandelsbeschränkungen (S. 586) der entwickelten Länder behindert. Es blieb häufig nur der Versuch, importierte Fertigerzeugnisse durch heimische Erzeugnisse zu ersetzen; das waren jedoch vielfach Produkte, bei deren Erzeugung die Entwicklungsländer besondere Wettbewerbsnachteile haben. Nur zögernd entschlossen sich die westlichen entwickelten Länder, den Entwicklungsländern Chancen für ein Exportwachstum einzuräumen durch Abbau von Handelshemmnissen bei solchen Erzeugnissen, die diese am ehesten mit Wettbewerbsvorteilen produzieren dürften (z. B. arbeitsintensive Gebrauchsgüter); inzwischen ist es zumindest einer kleinen Gruppe vorwiegend marktwirtschaftlich orientierter Entwicklungsländer gelungen, diese Chancen zu nutzen. Weniger Entfaltungsmöglichkeiten haben die Entwicklungsländer in ihren ↑Wirtschaftsbeziehungen mit Staatshandelsländern (S. 324); hier sind sie weiterhin auf die Rolle als Lieferant von Rohstoffen und Nahrungsmitteln beschränkt. Zunehmend fordern die Entwicklungsländer eine neue Weltwirtschaftsordnung.

J. B. Donges: Außenwirtschaft u. Entwicklungspolitik - Die Entwicklungsländer i. d. Weltwirtschaft. Berlin 1981. - Bundesmin. f. wirtschaftl. Zusammenarb.: Politik der Partner. 6. Aufl. Bonn 1984.

Gesamte öffentliche Entwicklungshilfe 1983

17 OECD-Länder	in Mio Dollar	in % des BSP
Australien	882	0,57
Belgien	497	0,59
Bundesrep. Deutschland	3.163	0,48
Dänemark	415	0,77
Finnland	144	0,30
Frankreich	4.000	0,74
Großbritannien	1.794	0,38
Italien	820	0,24
Japan	3.150	0,30
Kanada	1.171	0,41
Neuseeland	65	0,28
Niederlande	1.473	1,08
Norwegen	566	1,01
Österreich	361	0,54
Schweden	980	1,01
Schweiz	251	0,25
USA	8.302	0,27
OPEC-Länder	6.803	1,22
Staatshandelsländer	2.407	0,14

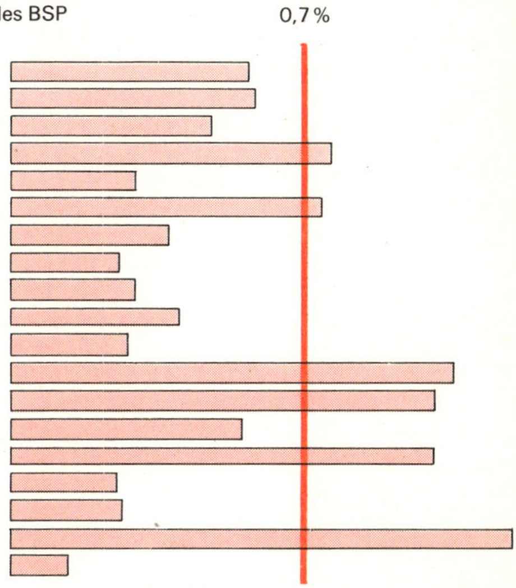

Quelle: OECD, Jahresprüfungsbericht 1983

Rohstoffe aus Entwicklungsländern

Rohstoffeinfuhren aus Entwicklungsländern in die Bundesrepublik Deutschland 1983 in Millionen DM und prozentualer Anteil an den Gesamteinfuhren.

Kaffee 99 % (3.654,1)
Kolumbien, Brasilien, El Salvador, Kenia

Kakao 100 % (831,7)
Elfenbeinküste, Ghana, Kamerun, Nigeria

Tee 96 % (127,7)
Indien, Sri Lanka, China, Moçambique

Rohzinn 93 % (436,3)
Indonesien, Thailand, Malaysia

Hartfasern (Sisal, Kokos, Agave) 97 % (17,5)
Sri Lanka, Madagaskar, Tansania

Naturkautschuk 97 % (390,4)
Malaysia, Indonesien, Singapur, Thailand

Kupfererze 81 % (489,7)
Mexico, Papua-Neuguinea, Chile

Zinnerze 100 % (7,4)
Bolivien, Peru, Zaire

Erdöl 71 % (31.835,0)
Saudi-Arabien, Libyen, Nigeria, Algerien

Bauxit 69 % (239,1)
Guinea, Brasilien, Sierra Leone

Phosphate 50 % (14,8)
Tunesien, Marokko

Baumwolle 68 % (529,5)
Ägypten, Simbabwe, Türkei

Rohkupfer 42 % (773,7)
Chile, Sambia

Wolframerze 42 % (23,8)
China, Brasilien

Kobalt 41 % (27,3)
Sambia, Zaire

Eisenerz 53 % (1.358,3)
Brasilien, Liberia

Quellen: Bundesstelle für Außenhandelsinformationen, Statistisches Bundesamt

Entwicklungshilfe

Entwicklungshilfe umfaßt alle Maßnahmen privater und staatlicher, nationaler und internationaler Organisationen zur Unterstützung und Förderung der ↑Entwicklungsländer (S. 604). Nach der Art der Hilfe kann unterschieden werden zwischen 1) unentgeltlichen Übertragungen in der Form von Naturalleistungen (z.B. unentgeltliche Lieferungen von Nahrungsmitteln, Bekleidung und Medikamenten) und von verlorenen Zuschüssen, 2) Übertragung von technischem und organisatorischem Wissen in Form von unentgeltlichen Ausbildungs- und Beratungshilfen, aber auch durch den mit Direktinvestitionen (↑ langfristiger internationaler Zahlungsverkehr S. 348) in Entwicklungsländern i.d.R. gekoppelten Technologietransfer, 3) Wettbewerbliche Besserstellungen primär handelspolitischer Art (z.B. Zollsenkungen, Gewährung von Zollpräferenzen), aber auch durch Steuer- und Kreditvergünstigungen (einschließlich Bürgschaften) für Investitionen in Entwicklungsländern. Die Verschuldungshöhe und -fähigkeit der einzelnen Entwicklungsländer wird jedoch zunehmend problematisch. Private Entwicklungshilfe, die im Falle der Bundesrepublik Deutschland wertmäßig rd. um mehr als ein Drittel höher war als die öffentliche Hilfe, wird vor allem gewährt über 1) den internationalen Kredit- und Kapitalverkehr einschließlich Exportkrediten, 2) Direktinvestitionen, 3) direkten Technologietransfer insbesondere durch Patent- und Lizenzverkehr, 4) Einsatz von Fachkräften und Ausbildungsleistungen. Politische Risiken und bürokratische Hemmnisse behindern diese Hilfsform besonders. Vor allem die Risiken privater Direktinvestitionen werden u.a. durch zwischenstaatliche Investitionsförderungsverträge, Investitionsgarantien und steuerliche Begünstigung zu mindern gesucht. Nicht alle Entwicklungsländer stehen privater Hilfe positiv gegenüber. Konfliktträchtig sind vor allem die Tätigkeit ↑ multinationaler Unternehmen (S. 562) und der geforderte Technologietransfer.

Staatliche Hilfe wird in erster Linie durch eine der ↑Entwicklungspolitik (S.606) dienliche Handelspolitik sowie unentgeltliche Übertragungen gewährt. Bei den Übertragungen blieb die Bundesrepublik im vergangenen Jahrzehnt, wie alle anderen großen Industrieländer, hinter dem von dem UN gesetzten Ziel zurück, 0,7 v.H. des Bruttosozialprodukts dafür bereitzustellen. Die gewährten finanziellen Hilfen mußten ferner als halbherzig gelten, weil die Handelspolitik der Industrieländer häufig den Export von Erzeugnissen behinderte, bei denen die Produktionsaufnahme durch Entwicklungshilfe gefördert wurde. Vielfach überzeugte die mit dem Ziel der Hilfe zur Selbsthilfe gewährte Förderung auch nicht hinsichtlich der Projekte, auf die sich Nehmer- und Geberländer einigten. Dabei handelte es sich vor allem um industrielle Großprojekte, die nach der verwendeten Technik, dem Vorleistungsbedarf und den Anforderungen an die ↑Infrastruktur (S. 534) den in Entwicklungsländern herrschenden Wirtschaftsbedingungen nicht entsprachen. Nunmehr soll eine Grundbedürfnisstrategie begünstigt werden, die schwerpunktmäßig die Entwicklung der Infrastruktur und die elementaren Lebensbedingungen (Ernährung, Hygiene, Grundausbildung) zu fördern geeignet erscheint.

Träger der staatlichen Entwicklungshilfe ist in der BRD in erster Linie das Bundesministerium für wirtschaftliche Zusammenarbeit. Hinzu kommen Organisationen wie die bundeseigene Deutsche Gesellschaft für Technische Zusammenarbeit und, als Beispiel für nichtstaatliche Organisationen, der Deutsche Entwicklungsdienst. Die von den Europäischen Gemeinschaften den Ländern zur Verfügung gestellten Hilfen werden vom Europäischen Entwicklungsfonds und von der Europäischen Investitionsbank verwaltet. Die ↑OECD (S. 572) unterstützt durch den Ausschuß für Entwicklungshilfe (DAC = Development Assistance Committee) die internationale Entwicklungshilfe. Unter weltumfassenden Aspekten beschäftigen sich vor allem die ↑Wirtschaftsorganisationen der UN (S. 574) mit Leitvorstellungen für die Entwicklungshilfe.

G. Myrdal: Polit. Manifest über die Armut in der Welt. Frankf. a.M. 1970. – J. B. Donges: Außenwirtschaft u. Entwicklungspolitik – Die Entwicklungsländer i.d. Weltwirtschaft. Berlin 1981.

Institutionen in der Entwicklungszusammenarbeit in der Bundesrepublik Deutschland

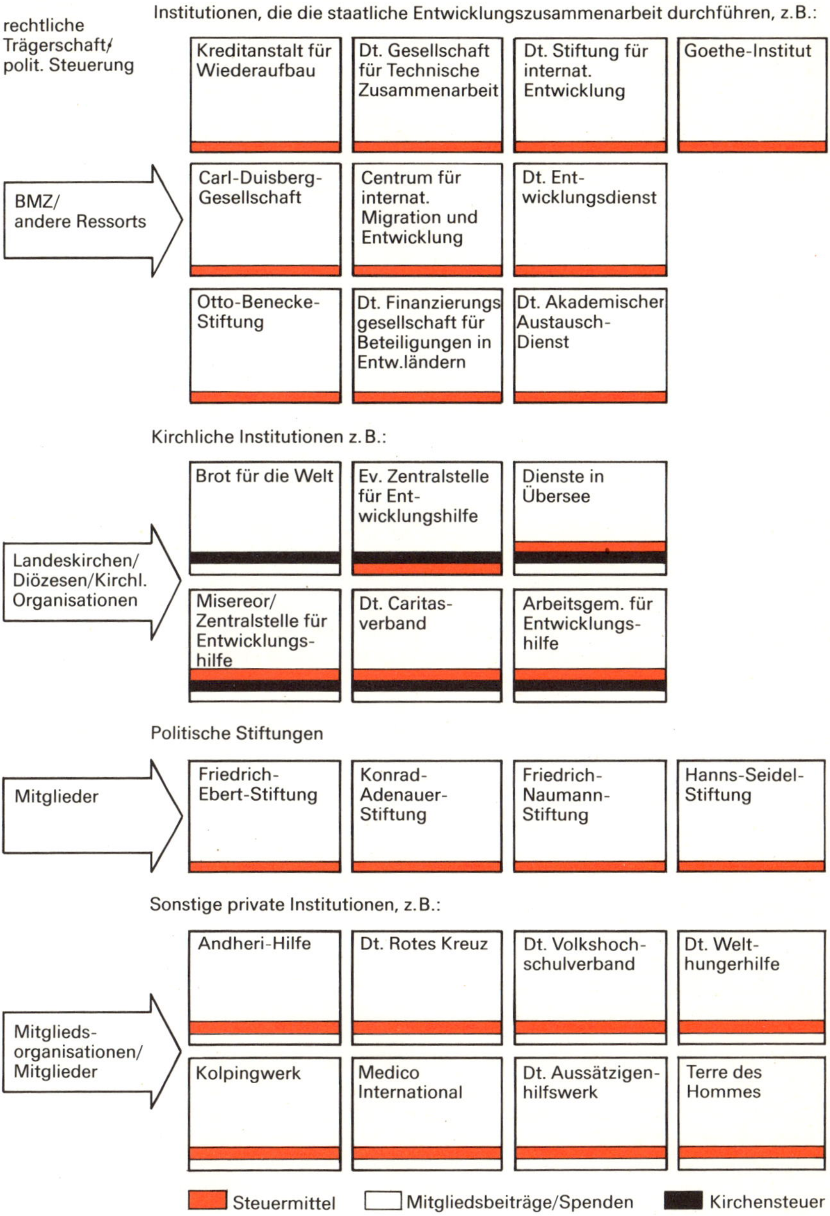

Umwelt als Wirtschaftsfaktor

Die Umwelt, die allgemein als (natürlicher) Lebensraum des Menschen definiert werden kann, hat drei Funktionen für das ökonomische System: 1) Sie stellt dem ökonomischen System öffentliche Konsumgüter zur Verfügung (Luft, Wasser, Erholung); 2) sie liefert dem ökonomischen System Ressourcen oder Rohstoffe (Mineralien, Energie, Sauerstoff); 3) sie dient dem ökonomischen System als Aufnahmemedium für die bei Konsum und Produktion entstehenden Schadstoffe.

Schadstoffe (Abfallprodukte) entstehen als Kuppelprodukte ökonomischer Aktivitäten. Kuppelprodukte liegen dann vor, wenn z. B. aus einem Produktionsprozeß gleichzeitig mehrere Güter hervorgehen. Schadstoffe sind nicht verwertbare Kuppelprodukte (z. B. Kohlenmonoxid). Die an die Umwelt abgegebenen Schadstoffe werden von den Umweltmedien aufgenommen, teilweise abgebaut, angehäuft (akkumuliert), an andere transportiert oder in ihrer Eigenschaft geändert (Diffusionsfunktion). Schließlich beeinflussen die in den Umweltmedien vorhandenen Schadstoffe die Qualität des öffentlichen Konsumgutes Umwelt, indem sie seine Eigenschaften verändern. Dieser schädliche Einfluß als Folge einer Menge von Schadstoffen kann in einer physischen Dimension (z. B. Krankheitstage) oder in Geldgrößen (z. B. Krankenhauskosten) systematisch als Ursache-Wirkungs-Beziehung in einer sog. Schadensfunktion zusammengefaßt werden.

Die Unterscheidung zwischen Emission (Abfallprodukt) und Immission (Schadstoff in einem Umweltmedium) ist von zentraler wirtschaftspolitischer Bedeutung: Für die Definition der Zielgröße Umweltqualität muß immer auf Schadstoffe oder Immissionen im System der Umwelt abgestellt werden. Für wirtschaftspolitische Eingriffe muß aber i. d. R. bei den Emissionen angesetzt werden.

Die verschiedenen, zu Beginn aufgeführten Funktionen der Umwelt konkurrieren miteinander: Wird die Umwelt als Aufnahmemedium für Schadstoffe eingesetzt, so beeinträchtigen diese die Qualität des öffentlichen Konsumgutes Umwelt. Oder die Nutzung eines Flusses zur Kühlung am Oberlauf verringert die Kühlkapazität am Unterlauf. Wird diese Verwendungskonkurrenz nicht gelöst, so wird die Umwelt übernutzt und es ergeben sich Fehlallokationen (↑Umweltnutzung S. 612, ↑Ziele der Umweltschutzpolitik S. 614).

Die Bedeutung der Umwelt als Wirtschaftsfaktor zeigt sich auch darin, daß eine sinkende Umweltqualität eine Grenze des quantitativen Wachstums darstellt (↑Grenzen des Wachstums S. 540). Dies wird etwa im Fall Japans deutlich, das z. B. Stahlwerke nach Südamerika auslagert und durch Umweltpolitik der industriellen Produktion Beschränkungen auferlegt.

Daß die Umwelt begrenzender Faktor für die Zunahme des Güterberges ist, ergibt sich aus folgenden Gründen: Die Assimilationsfähigkeit der Umweltsysteme zur Aufnahme von Schadstoffen ist in den dicht besiedelten Regionen der Erde weitgehend erschöpft. Gleichzeitig steigt jedoch wegen zunehmender Bevölkerung, zunehmenden Konsums, steigender Bevölkerungsdichte, weiterer Industrialisierung u. a. die anfallende Schadstoffmenge, die an die Umwelt abzugeben ist. Ferner wird sich die Umweltqualität bei steigendem privaten Wohlstand zunehmender Beliebtheit erfreuen. Dies aber bedingt, daß die Abgabe von Schadstoffen an die Umweltsysteme in Zukunft noch stärker zurückgedrängt werden muß.

Die Wachstumsgrenze Umwelt wird sich darin ausdrücken, daß die Umwelt zur Aufnahme von Schadstoffen nicht länger zum Nulltarif genutzt werden kann, sondern daß den Verursachern die von ihnen bedingten sozialen Zusatzkosten (↑externe Kosten S. 180) angelastet werden müssen. Diese Umweltpolitik erhöht die Produktionskosten, d. h., sie bindet Ressourcen, die bisher für die Güterproduktion eingesetzt wurden. In diesem Sinn stellt die Umwelt eine Grenze des Wachstums dar.

Umwelt u. wirtschaftl. Entwicklung. Hg. v. H. Siebert. Darmst. 1979. – H. Siebert: Das produzierte Chaos. Ökonomie u. Umwelt. Stuttg. 1973.

Konkurrierende Funktionen der Umwelt

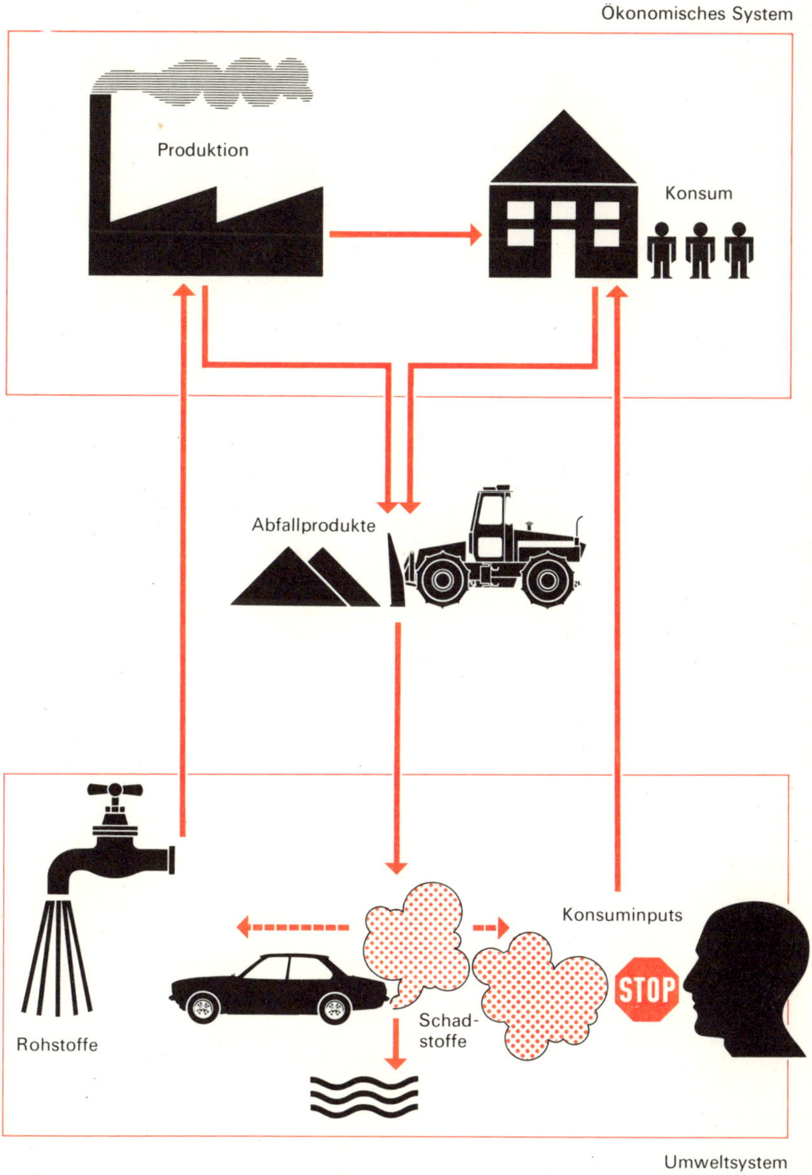

Umweltnutzung und Verursacherprinzip

Die Umwelt hat als öffentliches Konsumgut (↑öffentliche Güter S. 166), als Aufnahmemedium von Schadstoffen und als Lieferant von Rohstoffen wichtige Funktionen für das ökonomische System (↑Umwelt als Wirtschaftsfaktor S. 610). Diese verschiedenen Verwendungen der Umwelt konkurrieren miteinander. Die Verwendungskonkurrenz der Umweltmedien ist deshalb problematisch, weil Umweltgüter nicht überreichlich vorhanden sind. Da für die Nutzung der Umwelt kein Preis erhoben wird, die Umwelt für die konkurrierenden Verwendungen also als freies Gut behandelt wird, ist das Problem der konkurrierenden Verwendungen nicht gelöst. Das heißt, daß die private Wirtschaftsrechnung der Produzenten die Opportunitätskosten (↑Wirtschaften S. 12) der Nutzung der Umwelt nicht berücksichtigt; denn mit Inanspruchnahme der Umwelt wird deren Nutzung durch andere beeinträchtigt, ohne daß der so entgangene Nutzen alternativer Verwendung signalisiert wird. Oder anders ausgedrückt: Die Wirtschaftsrechnung etwa eines Produzenten enthält nur die einzelwirtschaftlichen Kosten, nicht jedoch diejenigen Kosten, die anderen Unternehmen, den Konsumenten oder der Gesellschaft allgemein entstehen (↑externe Kosten S. 180). Bezeichnen wir als private Kosten diejenigen Kosten, die in einer einzelnen Wirtschaftseinheit – z. B. einem einzelnen Unternehmen – anfallen und von ihr getragen werden, und als gesellschaftliche Kosten diejenigen Kosten, die sowohl der einzelnen produzierenden Wirtschaftseinheit als auch anderen Wirtschaftseinheiten, kurzum der Gesellschaft, entstehen, so führt die Nutzung der Umwelt mit einem Preis von Null zu einer Diskrepanz von privaten und gesellschaftlichen Kosten.

Diese Diskrepanz bedeutet, daß die Preise der Güter nicht alle bei der Produktion anfallenden gesellschaftlichen Kosten enthalten. Wird für die Belastung der Umwelt kein Preis gefordert, so enthält der Preis des umweltschädigenden Produkts nicht die gesellschaftlichen Kosten der Belastung der Umwelt; er ist zu niedrig angesetzt. Folglich wird zu viel des umweltschädigenden Gutes nachgefragt und produziert, und es wird eine zu große Menge von Produktionsfaktoren in der Produktion des umweltschädigend produzierten Gutes gebunden.

Wenn der Nulltarif der Umweltnutzung bei konkurrierenden Verwendungen die Ursache für das Auseinanderklaffen von privaten und gesellschaftlichen Kosten ist, so muß eine Lösung des Umweltproblems darin liegen, den Nulltarif zu beseitigen und damit die Diskrepanz von privaten und gesellschaftlichen Kosten aufzuheben. Diese Korrektur der Fehlallokation der Umweltnutzung wird mit dem Verursacherprinzip gefordert. Soll dieses Prinzip, das von allen OECD-Staaten als Leitlinie ihrer Umweltpolitik anerkannt wurde, auch durchgesetzt werden, so ist anzustreben, daß jedem Verursacher (z. B. Produzenten) die von ihm bewirkten gesellschaftlichen Kosten auch angelastet werden. Geschieht dies mit Erfolg, so weist die privatwirtschaftliche Rechnungslegung alle der Gesellschaft entstehenden Kosten auf; die Diskrepanz von privaten und gesellschaftlichen Kosten wird abgebaut.

Mit Durchsetzung des Verursacherprinzips würde also die mangelnde Lenkungsfunktion des Nulltarifs (↑Preisfunktionen S. 176) der Umweltnutzung korrigiert. Es würde sichergestellt, daß die Umwelt nicht übernutzt und die bisherige Begünstigung umweltschädlich hergestellter Güter abgebaut wird. Zur Durchsetzung des Verursacherprinzips sind als ↑Instrumente der Umweltschutzpolitik (S. 616) entweder Auflagen, d. h. Gebote und Verbote, oder Abgaben, d. h. Steuern oder Gebühren, anzuwenden.

H. Siebert: Ökonom. Theorie der Umwelt. Tübingen 1978. – Marktwirtschaft u. Umwelt. Hg. v. L. Wegehenkel. Tüb. 1981.

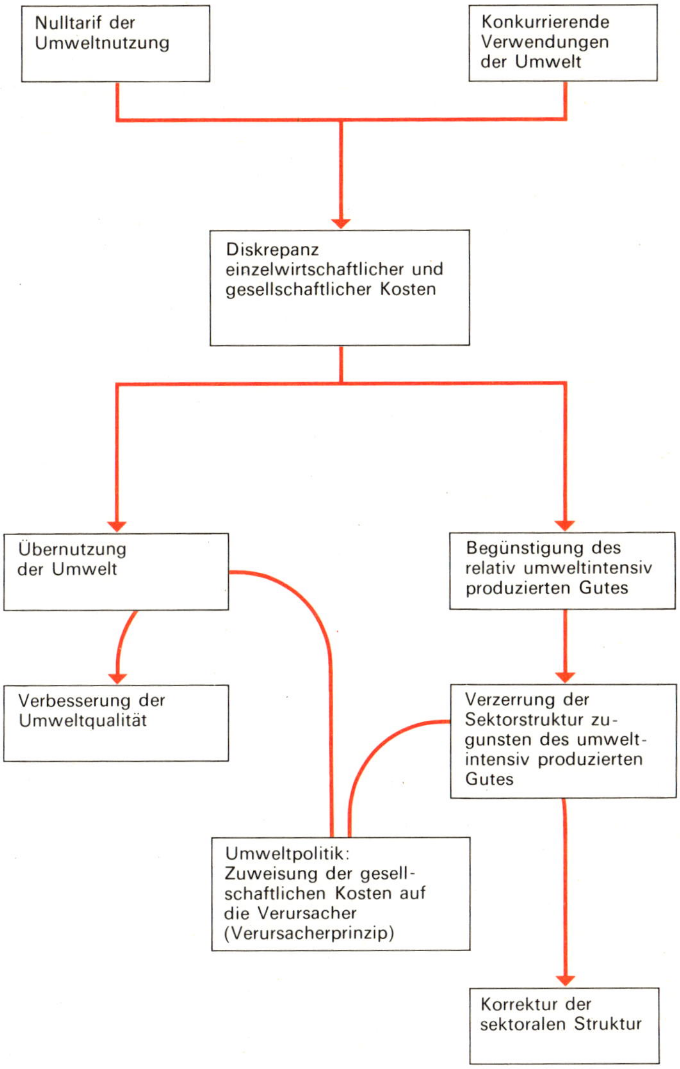
Nulltarif der Umweltnutzung
Konkurrierende Verwendungen der Umwelt
Diskrepanz einzelwirtschaftlicher und gesellschaftlicher Kosten
Übernutzung der Umwelt
Begünstigung des relativ umweltintensiv produzierten Gutes
Verbesserung der Umweltqualität
Verzerrung der Sektorstruktur zugunsten des umweltintensiv produzierten Gutes
Umweltpolitik: Zuweisung der gesellschaftlichen Kosten auf die Verursacher (Verursacherprinzip)
Korrektur der sektoralen Struktur

Ziele der Umweltschutzpolitik

Die Verbesserung der Umweltqualität oder die Aufrechterhaltung einer gegebenen Umweltqualität ist erst seit kurzer Zeit ein Ziel der Wirtschafts- und Gesellschaftspolitik (↑wirtschaftspolitische Ziele und Zielkonflikte S. 368). Die Begründung für die Notwendigkeit dieses Ziels stützt sich im wesentlichen darauf, daß die Umwelt öffentliche Konsumgüter bereitstellt und die Qualität dieser öffentlichen Güter durch Emissionen beeinträchtigt wird (↑Umwelt als Wirtschaftsfaktor S. 610). Im Rahmen der Umweltpolitik ist eine zentrale Frage, welche Umweltqualität der Staat anstreben soll und mit welchen Instrumenten er sie herstellen kann (↑Instrumente der Umweltschutzpolitik S. 616).

Die Beseitigung oder die Vermeidung von Schadstoffen stiftet einen ↑Nutzen (S. 168) in Form einer verbesserten Umweltqualität. Gleichzeitig verursacht die Schadstoffbeseitigung auch Kosten. Diese bestehen im Einsatz von Produktionsfaktoren (Ressourcen) zur Verbesserung der Umweltqualität; denn diese Ressourcen können nicht für die Produktion anderer Güter verwendet werden. Kosten der Umweltschutzpolitik sind also die entgangene Produktion, d. h. die Verringerung des Güterberges oder seiner tatsächlichen im Vergleich zu seiner möglichen Zuwachsrate.

Solange umweltschützende Maßnahmen einen größeren Nutzen für die Gesellschaft stiften, als sie Kosten verursachen, sollen sie nach dem Kosten-Nutzen-Kriterium durchgeführt werden (↑Kosten-Nutzen-Analyse S. 266). Wir können auch sagen: Solange die Nutzen aus der Beseitigung einer Schadstoffeinheit (Grenznutzen) höher liegen als die Kosten, die durch diese Einheit verursacht werden (Grenzkosten), sollte eine Maßnahme durchgeführt werden.

Zu den Kosten der Umweltpolitik gehören in einer wirtschaftspolitischen Interpretation die Einbußen bei anderen wirtschaftspolitischen Zielen (Kosten als Zieleinbußen). Solche Kosten entstehen etwa, wenn durch die Umweltschutzpolitik – und sei es nur vorübergehend – Arbeitslosigkeit entsteht, oder wenn das Preisniveau infolge umweltschutzpolitischer Maßnahmen steigt oder wenn sich die Umweltpolitik negativ auf die Zahlungsbilanzsituation auswirkt.

Die Festlegung der anzustrebenden Umweltqualität durch die Gegenüberstellung von Kosten und Nutzen der Schadstoffbeseitigung setzt voraus, daß man diese Größen empirisch bestimmen kann. Während über die Kosten der Schadstoffbeseitigung solche Meßergebnisse vorliegen, ist dies bei den Nutzen nur sporadisch der Fall. Der Nutzen der Umweltschutzpolitik dokumentiert sich in den verhinderten Schäden. Verhinderte Schäden können sein: 1) Gesundheitsschäden (z. B. infolge von Immissionen in der Atemluft), 2) Verschlechterung des öffentlichen Konsumgutes (z. B. Verschandelung der Landschaft), 3) ökologische Schäden (Beeinträchtigung des ökologischen Systems) und 4) Produktions- und Vermögensschäden (z. B. erhöhte Produktionskosten infolge der Verschlechterung der Wasserqualität). Diese durch die Umweltschutzpolitik verhinderten Schäden sind schwer zu quantifizieren. In der Wirtschaftspolitik wird deshalb u. U. auch ohne hinreichende Information die anzustrebende Umweltqualität bestimmt werden müssen. In diesem Fall kann ein Immissionsstandard durch politische Entscheidung gesetzt werden.

Wenn die anzustrebende Umweltqualität bestimmt ist, entsteht die Frage, durch welche Instrumente diese Umweltqualität sicherzustellen ist (↑Instrumente der Umweltschutzpolitik S. 616). Dabei sind vielfältige und z. T. komplexe Zusammenhänge zwischen dem ökonomisch-ökologischen und dem politischen System zu berücksichtigen.

H. Siebert: Instrumente der Umweltpolitik. Gött. 1976. – Marktwirtschaft u. Umwelt. Hg. v. L. Wegehenkel. Tüb. 1981.

Zusammenhänge zwischen dem ökonomisch-ökologischen und dem politischen System

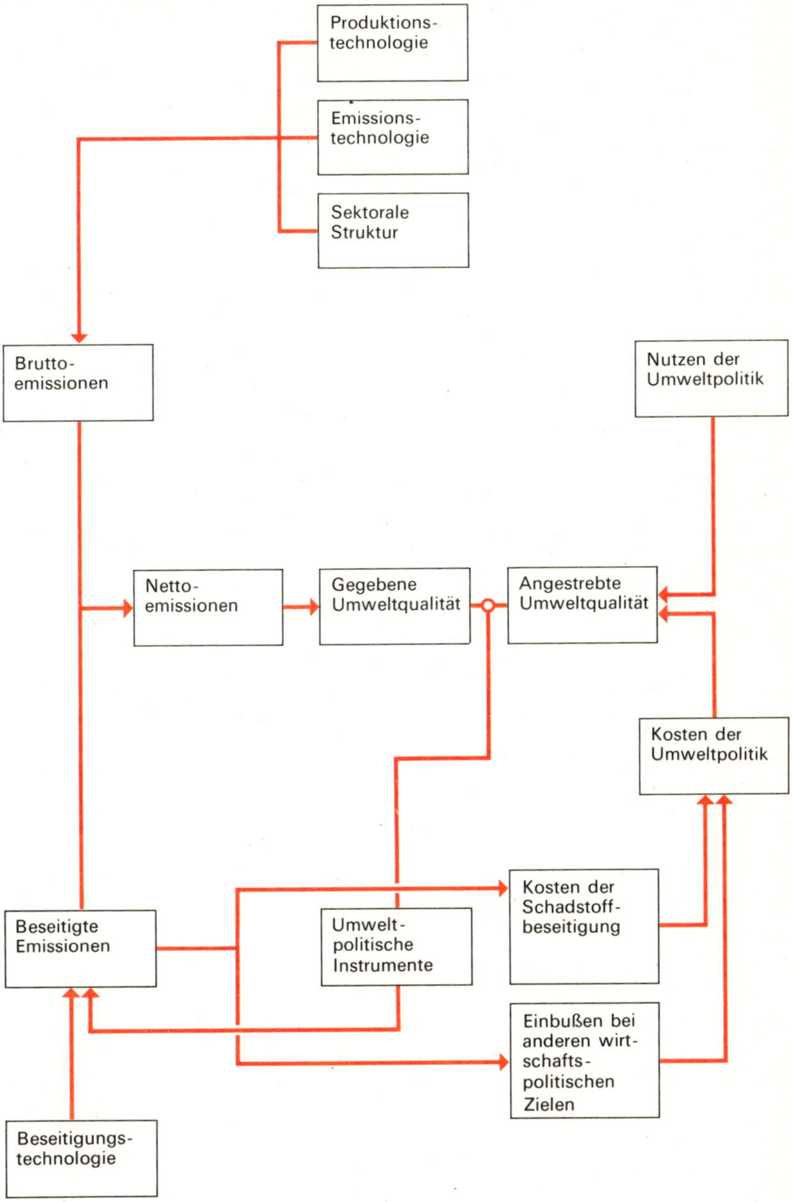

Instrumente der Umweltschutzpolitik

Die Erreichung einer angestrebten Umweltqualität setzt voraus, daß bei jeder ökonomischen Aktivität ihre Umweltauswirkungen berücksichtigt werden. Dies gilt einmal für den staatlichen Bereich, in dem es erforderlich wird, in Umweltverträglichkeitsprüfungen die Umweltwirkungen von staatlichen Maßnahmen wie öffentlichen Investitionen zu ermitteln. Ferner geht es grundsätzlich darum, durch Verwirklichung des ↑Verursacherprinzips (S. 612) jedem Umweltnutzer auch die von ihm verursachten externen ↑Kosten (S. 76) zuzuweisen.

Die zulässigen Schadstoffmengen, über die die angestrebte Umweltqualität als Ziel der Wirtschaftspolitik definiert werden kann, müssen auf die einzelnen Verursacher „aufgeteilt" werden. Dazu werden in der Bundesrepublik Deutschland zwei Möglichkeiten genutzt: 1) Die Gesamtmenge von Emissionen, die man z. B. für eine Region zulassen will (der zugleich eine anzustrebende Umweltqualität bzw. ein Immissionsstandard entspricht), wird auf die einzelnen Betriebe (und Haushalte) dieser Region aufgeteilt. Den einzelnen Betrieben wird bei Strafe zur Auflage gemacht, diese Emissionsnormen nicht zu überschreiten. 2) Die Emissionen werden mit Abgaben (Steuern, Gebühren) belegt mit dem Ziel, den Verursachern einen finanziellen Anreiz zu geben, Schadstoffe zu vermeiden oder selbst zu beseitigen.

Die Auflagenlösung hat den Vorteil, daß die Umweltqualität mit Sicherheit verbessert wird; sie hat aber auch zwei Nachteile: 1) Die Umrechnung eines Immissionsstandards in Emissionsnormen erfolgt an willkürlichen Kriterien, z. B. der Größe der Betriebe gemessen an ihrer Beschäftigtenzahl. Die Umrechnung berücksichtigt nicht, daß Betriebe in der Zeit wachsen und schreibt damit die gegebene Struktur fest. 2) Mit der Auflagenregelung können Neuansiedlungen nicht sinnvoll erfaßt werden.

Die Abgabenlösung sieht vor, daß eine Schadstoffeinheit (z. B. m^3 Abwässer) mit einer Steuer oder Gebühr belegt wird. Eine solche Regelung hat die folgenden Vorteile: 1) Die Umwelt wird als ein knappes Gut behandelt, für dessen Nutzung ein Preis zu entrichten ist. 2) Die Unternehmen als Verursacher müssen bisher externe Kosten in ihre Kostenrechnung einbeziehen. 3) Stark umweltschädigende Produkte werden relativ verteuert, umweltfreundlichere Güter werden (mangels Abgabe) relativ verbilligt. Damit werden die umweltschädigenden Güter letztlich weniger nachgefragt (↑Nachfrage S. 170), und ihre Produktion (↑Angebot S. 172) wird zurückgehen. 4) Steuern auf die Schadstoffe stellen für das einzelne Unternehmen einen Anreiz dar, Steuern zu vermeiden, indem sie umweltfreundlichere Güter produzieren, umweltgünstigere Produktionsverfahren verwenden und umweltfreundlichere Produktionsfaktoren einsetzen. 5) Dem Staat erwachsen aus den Steuern und Gebühren Einnahmen, die für andere umweltschützende Maßnahmen oder auch für sonstige öffentliche Zwecke ausgegeben werden können. Von flexiblen Auflagenlösungen wird bislang in der BRD nur zögernd Gebrauch gemacht.

Möglich und vor allem in den USA erprobt ist auch das sog. Glockenkonzept, nach dem auf Antrag für mehrere Unternehmen in räumlicher Nähe ein gemeinsamer Höchstwert für die Schadstoffabgabe festgelegt wird. Es ist dann an ihnen, die Vermeidungs- und Beseitigungstechnologien zu wählen, mit denen die Auflage einhaltbar ist. Bei diesem ergebnisorientierten Konzept wird es möglich, die Umwelttechniken dort einzusetzen, wo sie am rentabelsten sind. Auch Gutschriften sind denk- und durchführbar für Unternehmen, die gesetzliche Auflagen übererfüllen. Solche Gutschriften können für eigene spätere Investitionen wiederverwendet oder aber auch an andere Emittenten veräußert werden. Dies wäre eine praktikable Version handelbarer Emissionslizenzen als einer besonders marktkonformen Lösung.

H. Siebert: Instrumente der Umweltpolitik. Gött. 1976. – Marktwirtschaft u. Umwelt. Hg. v. L. Wegehenkel. Tüb. 1981.

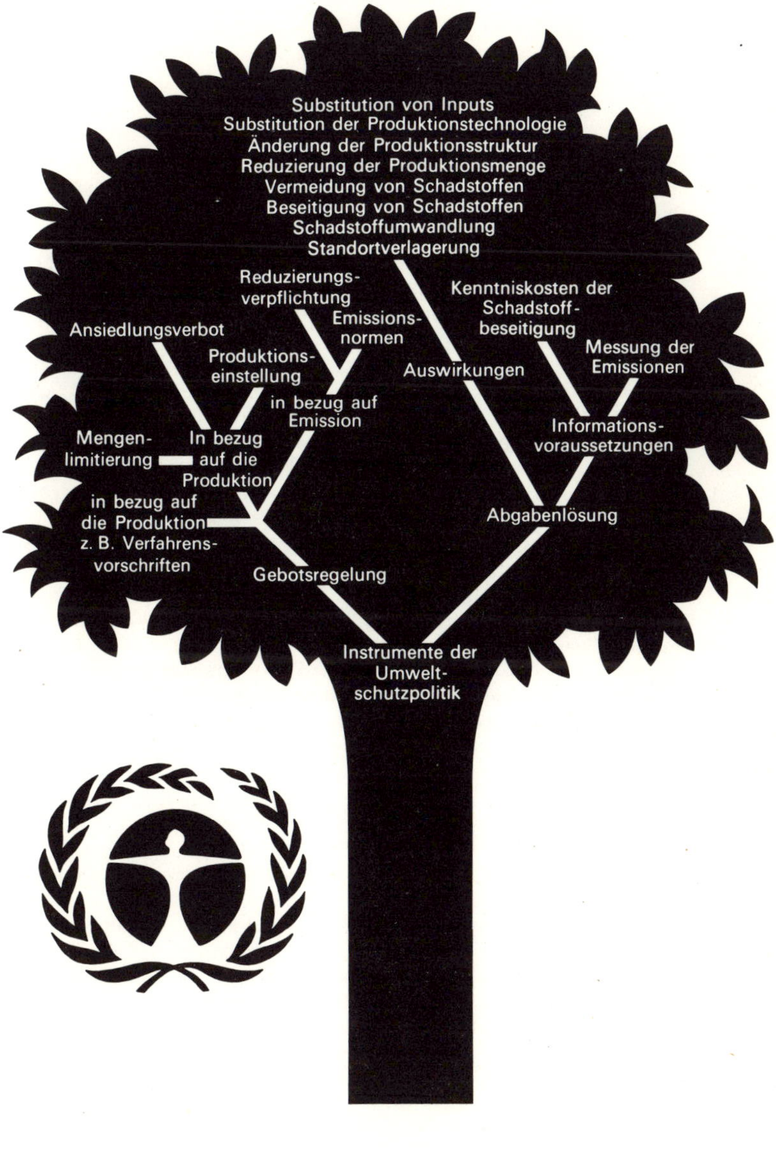
Substitution von Inputs
Substitution der Produktionstechnologie
Änderung der Produktionsstruktur
Reduzierung der Produktionsmenge
Vermeidung von Schadstoffen
Beseitigung von Schadstoffen
Schadstoffumwandlung
Standortverlagerung
Reduzierungs-verpflichtung
Emissions-normen
Kenntniskosten der Schadstoff-beseitigung
Ansiedlungsverbot
Produktions-einstellung
Auswirkungen
Messung der Emissionen
in bezug auf Emission
Informations-voraussetzungen
Mengen-limitierung
In bezug auf die Produktion
in bezug auf die Produktion z. B. Verfahrens-vorschriften
Abgabenlösung
Gebotsregelung
Instrumente der Umwelt-schutzpolitik

Entsorgung – Abfallbeseitigung

Die geordnete Beseitigung von Reststoffen, deren sich Haushalte und Unternehmen entledigen, war zunächst im Bereich der Städtereinigung zu einer öffentlichen Aufgabe geworden. Sie galt aus gesundheitspolizeilichen Gründen den festen Abfallstoffen (Müll) und den Abwässern (Hygiene und Gewässerschutz). Zwischenzeitlich hat sich das Problem ausgeweitet und verändert durch die Wandlungen in Lebensstandard und Verbrauchergewohnheiten, in der Konsumgüterverpackung und der Verwendungsdauer von Gebrauchsgütern sowie infolge der technologischen Entwicklung der Produktionsverhältnisse und der Produkte. Arten, Menge und Gefährlichkeit von Reststoffen haben eine umfassende und vordringliche Aufgabe des Umweltschutzes entstehen lassen. Die geordnete und schadlose Verwertung und Beseitigung von Reststoffen (Entsorgung) richtet sich gegen die stofflichen Ursachen von Umweltgefahren.

Organisatorisch ist die Entsorgung heute vom Grundsatz einer öffentlichen Eigenregie des Staates und der Kommunen beherrscht. Diese bedeutet eine Rechtspflicht von Staat bzw. kommunalen Gebietskörperschaften, nicht wieder verwertbare Reststoffe schadlos zu beseitigen. Im Mittelpunkt steht die Beseitigung beweglicher Abfallstoffe im Rahmen des Abfallbeseitigungsrechts. Rechtsgrundlagen sind das Abfallbeseitigungsgesetz des Bundes und ergänzende Abfallgesetze der Länder. Sie regeln das Einsammeln, Befördern, Behandeln, Lagern und Ablagern von Abfällen. Den Besitzern von Abfällen (Haushalte, Unternehmen) obliegt eine Ablieferungspflicht. Dem steht eine Beseitigungspflicht der zuständigen öffentlich-rechtlichen Körperschaften (Land- und Stadtkreise) gegenüber (öffentliche Müllbeseitigung). Die Behandlung, Lagerung und Ablagerung von Abfällen darf nur in den durch ein behördliches Planfeststellungsverfahren zugelassenen Anlagen und Einrichtungen erfolgen (Abfallbeseitigungsanlagen). Solche sind Deponien oder maschinelle Anlagen (Kompostierungsanlagen, Verbrennungsanlagen oder sonstige Anlagen zur Verwertung oder thermischen Behandlung von Abfällen) und Umladestationen. Standorte, Art und Einzugsgebiet der Anlagen sind in Abfallbeseitigungsplänen der Länder festgelegt. Die beseitigungspflichtigen Körperschaften können sich Dritter zur Erfüllung ihrer Beseitigungspflicht bedienen. Unter bestimmten Voraussetzungen kann die Abfallbeseitigung auch dem (privaten) Inhaber einer (zugelassenen) Abfallbeseitigungsanlage übertragen werden. Soweit Abfälle nach ihrer Art oder Menge nicht mit den in Haushaltungen anfallenden Abfällen beseitigt werden können (Sondermüll, insbesondere sogenannter Industriemüll), kann dessen Beseitigung von der öffentlichen Beseitigungspflicht ausgeschlossen werden; dann ist der Besitzer selbst zur schadlosen Beseitigung in zugelassenen Abfallbeseitigungsanlagen verpflichtet.

Zu den Abfällen im Rechtssinne zählen nur diejenigen beweglichen Sachen, deren sich der Besitzer entledigen will (subjektiver Abfallbegriff), oder deren geordnete Beseitigung zur Wahrung des Wohls der Allgemeinheit geboten ist (objektiver Abfallbegriff). In diesem Rahmen gilt für die Entsorgung ein Primat der Verwertung (recycling) vor der Beseitigung als Abfall.

Das allgemeine Abfallbeseitigungsrecht gilt nicht für speziell geregelte Entsorgungsbereiche, wie z. B. die Tierkörperbeseitigung, die beim Bergbau anfallenden Abfälle und die Abholung von Altöl. Von besonderer Bedeutung sind die im Recht der ↑Wasserwirtschaft (S. 392) geregelte Abwasserbeseitigung und die nukleare Entsorgung kerntechnischer Anlagen (↑Atomrecht S. 388).

Eine wichtige Rolle bei der Gewährleistung von Entsorgungsaufgaben kommt dem sogenannten Entsorgungsgrundsatz zu. Dieser verlangt für die Genehmigung gewerblicher und kerntechnischer Anlagen, eine gesicherte Entsorgung.

H. Hoffmann: Rechtsfragen der atomaren Entsorgung. Stuttg. 1981. – R. Breuer: Umweltschutzrecht. In: I. v. Münch: Besonderes Verwaltungsrecht. 6. Aufl. Berlin, New York 1982. – A. G. Herrmann: Radioaktive Abfälle. Berlin u. a. 1983.

Möglichkeiten der nuklearen Entsorgung von Kernkraftwerken

1. Endlagerung von Brennelementen

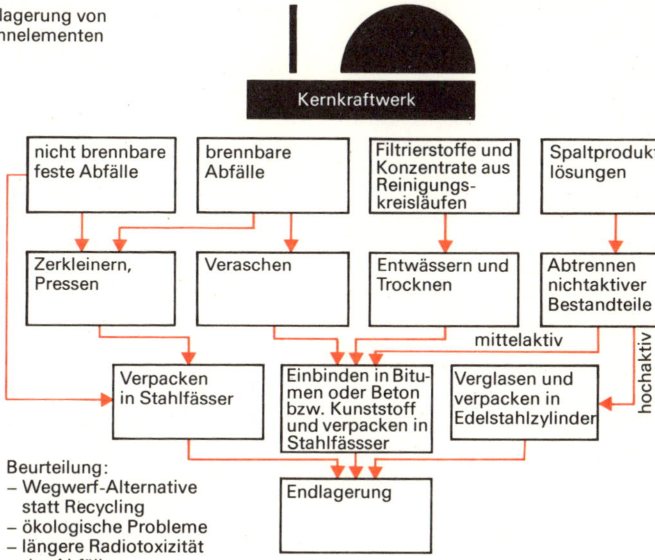

Beurteilung:
- Wegwerf-Alternative statt Recycling
- ökologische Probleme
- längere Radiotoxizität der Abfälle

2. Entsorgung mittels Wiederaufarbeitung (Brennstoffkreislauf)

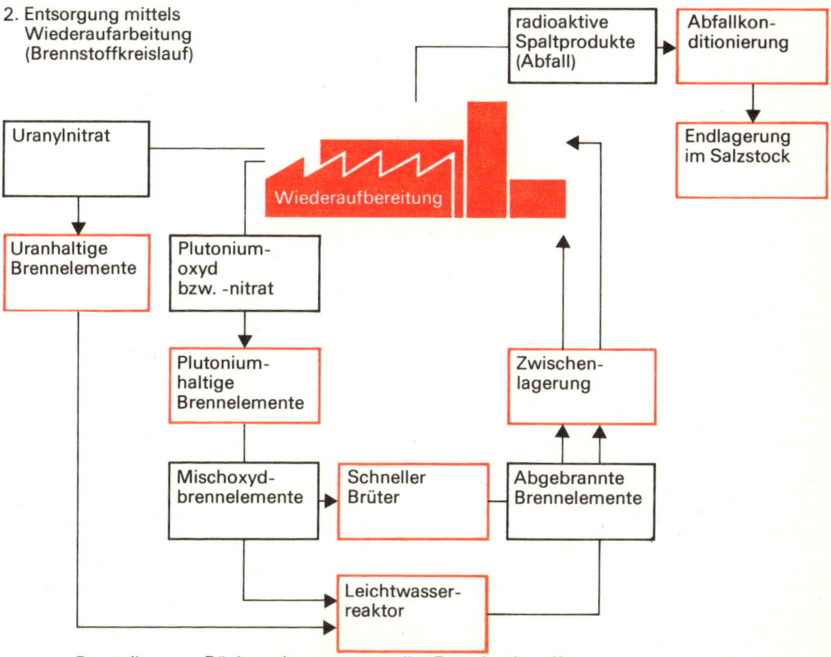

Beurteilung:
- Rückgewinnung wertvoller Energierohstoffe
- Lösung ökologischer Probleme
- kürzere Radiotoxizität der Abfälle aus Wiederaufarbeitung

Umweltschutzgesetze

Umweltschutzrecht ist der Sammelbegriff für eine Fülle von Einzelregelungen, die auf Schaffung und Erhaltung gesunder Lebensbedingungen für den einzelnen in einer industrialisierten und technisierten Massengesellschaft abzielen. Die Vielfalt der möglichen Einwirkungen auf die Umwelt und die mannigfachen Erscheinungsformen, die sich hinter dem Begriff der Umwelt verbergen, erschweren eine begriffliche Erfassung und Systematisierung des Umweltschutzrechtes. Umweltschützende Vorschriften und Bestimmungen finden sich in der gesamten Rechtsordnung und stehen meist im Zusammenhang mit anderen Sachgebieten, wie dem Gewerberecht, dem Bau-, Verkehrs-, Polizei-, Wasser-, Lebensmittel- und Gesundheitsrecht. Daneben gibt es eine Reihe von Spezialgesetzen, die ausschließlich zum Zwecke des Umweltschutzes erlassen worden sind. Eine Einteilung dieser heterogenen Rechtsmaterie kann sich daher allenfalls an den Zielen und Gegenständen des Umweltschutzes orientieren.

Das Umweltschutzrecht dient der Gesundheit des Menschen und der Erhaltung seines natürlichen Lebensraumes, der von Land, Wasser und Luft bestimmt wird. Als Hauptgebiete des Umweltschutzes gelten der Natur- und Landschaftsschutz, die Reinhaltung von Wasser und Luft, die Lärmbekämpfung und die Abfallbeseitigung. – Das Wasserhaushaltsgesetz vom 27. 7. 1957 und die Wassergesetze der Länder regeln den Schutz des Grundwassers, der oberirdischen Gewässer und der Heilquellen vor Verschmutzung und übermäßiger Nutzung, insbesondere durch das Lagern und Einleiten von Stoffen und durch den Betrieb von Rohrleitungen. Zum Schutze vor schädlichen Umwelteinwirkungen durch Luftverunreinigungen, Geräusche, Erschütterungen und ähnliche Vorgänge enthalten das Bundesimmissionsschutzgesetz vom 15. 3. 1974 und die ergänzenden Verordnungen sowie technischen Anleitungen Überwachungsvorschriften für Anlagen, Stoffe und Motorfahrzeuge sowie für Straßen- und Schienenwege, von denen Emissionen ausgehen können. Zur Verminderung von Luftverunreinigungen durch Bleiverbindungen in Otto-Kraftstoffen für Kraftfahrzeugmotoren wurde das Benzin-Blei-Gesetz vom 5. 8. 1971 erlassen. Dem Lärmschutz dienen neben den Schallschutzbestimmungen in den Bauordnungen der Länder insbesondere das Gesetz zum Schutz gegen Baulärm vom 9. 9. 1965 und das Gesetz zum Schutz gegen Fluglärm vom 30. 3. 1971. Das zentrale Problem des Umweltschutzes stellt die Beseitigung von Abfällen dar. Das Abfallbeseitigungsgesetz vom 7. 6. 1972 hat erstmals umfassende Rechtsgrundlagen für die Überwachung und Reglementierung der Abfallbeseitigung sowohl des Hausmülls als auch des industriellen Sondermülls geschaffen. Das Abfallbeseitigungsgesetz wird durch eine Reihe von Sondergesetzen, wie z. B. dem Tierkörperbeseitigungsgesetz vom 2. 9. 1975 und dem Altölgesetz vom 23. 12. 1968 ergänzt. Die Abwehr von Gefahren, welche der Gesundheit des Menschen aus dem Umgang mit radioaktiven Stoffen und Chemikalien (Bioziden) drohen, haben sich das Atomgesetz vom 23. 12. 1959 und die Strahlenschutzverordnung vom 13. 10. 1976 sowie das Pflanzenschutzgesetz vom 1. 5. 1968 und das Chemikaliengesetz vom 18. 9. 1980 zum Ziele gesetzt.

Diese nationalen Regelungen werden ergänzt durch internationale Abkommen, die sich auch auf den Weltraum erstrecken. Aufgrund der rasanten technischen und industriellen Entwicklung müssen die bestehenden Vorschriften über den Umweltschutz ständig fortgeschrieben und dem jeweiligen Stand von Wissenschaft und Technik angepaßt werden. So bedeutet das Waldsterben eine besondere Herausforderung an den Normgeber.

W. Burhenne u. a.: Umweltrecht – Raum u. Natur. Losebl. 5 Ordner. Stand 1983. Berlin 1975 ff. – P. C. Mayer-Tasch: Umweltrecht im Wandel. Opladen 1978. – J. Salzwedel: Grundzüge des Umweltrechts. Berlin 1982. – M. Kloepfer: Bibliographie Umweltrecht. Berlin 1981.

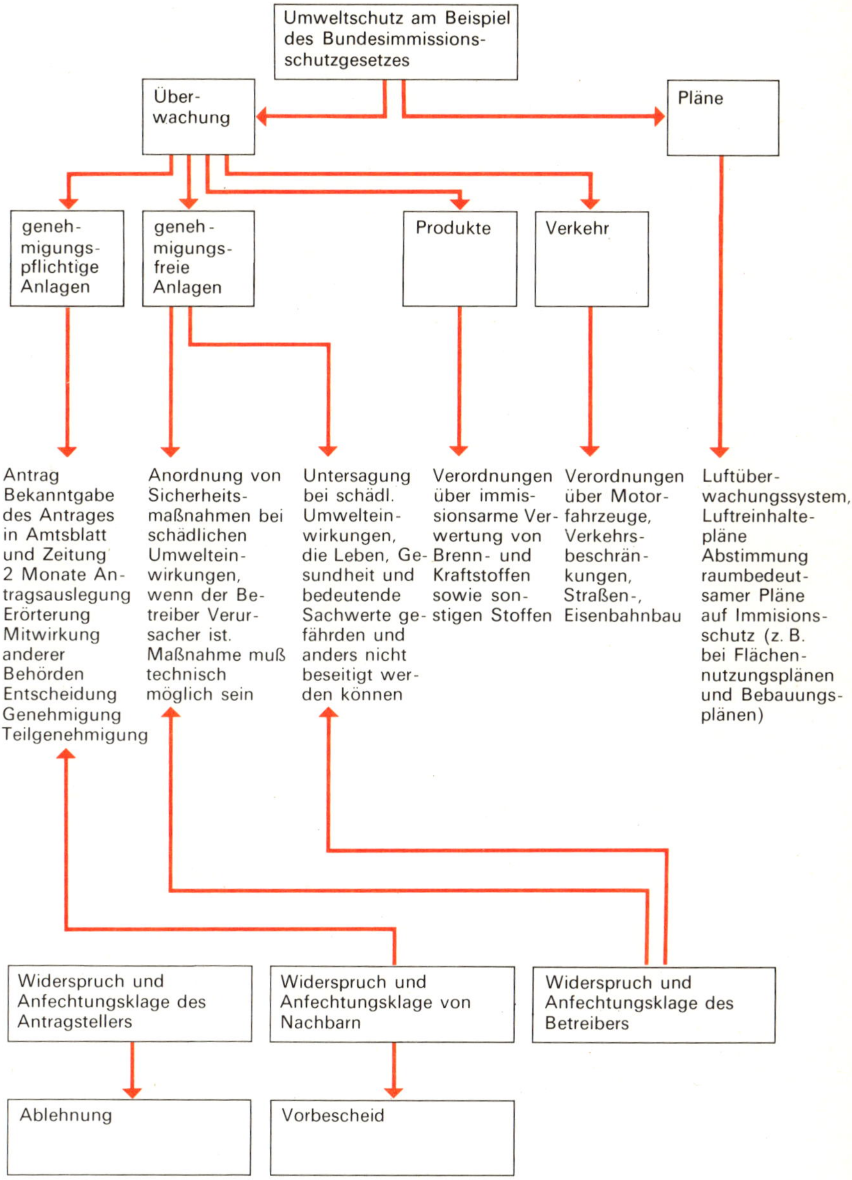
Umweltschutz am Beispiel des Bundesimmissionsschutzgesetzes
Überwachung
Pläne
genehmigungspflichtige Anlagen
genehmigungsfreie Anlagen
Produkte
Verkehr
Antrag
Bekanntgabe des Antrages in Amtsblatt und Zeitung
2 Monate Antragsauslegung
Erörterung
Mitwirkung anderer Behörden
Entscheidung
Genehmigung
Teilgenehmigung
Anordnung von Sicherheitsmaßnahmen bei schädlichen Umwelteinwirkungen, wenn der Betreiber Verursacher ist.
Maßnahme muß technisch möglich sein
Untersagung bei schädl. Umwelteinwirkungen, die Leben, Gesundheit und bedeutende Sachwerte gefährden und anders nicht beseitigt werden können
Verordnungen über immissionsarme Verwertung von Brenn- und Kraftstoffen sowie sonstigen Stoffen
Verordnungen über Motorfahrzeuge, Verkehrsbeschränkungen, Straßen-, Eisenbahnbau
Luftüberwachungssystem, Luftreinhaltepläne
Abstimmung raumbedeutsamer Pläne auf Immisionsschutz (z. B. bei Flächennutzungsplänen und Bebauungsplänen)
Widerspruch und Anfechtungsklage des Antragstellers
Widerspruch und Anfechtungsklage von Nachbarn
Widerspruch und Anfechtungsklage des Betreibers
Ablehnung
Vorbescheid

Aufgaben der Wirtschaftswissenschaften

Von den Wirtschaftswissenschaften werden die gesellschaftlichen Bemühungen und die denkbaren Möglichkeiten der Lösung der ↑wirtschaftlichen Grundfragen (S. 14) untersucht. Dabei gibt es vier Untersuchungsebenen: 1) Die Beschreibung des Wirtschaftsgeschehens beinhaltet, wie während eines vorgegebenen Zeitraums die einzelnen Grundfragen tatsächlich beantwortet wurden. 2) Bei der Erklärung geht es darum, mit Hilfe der Ergebnisse der Beschreibung Aufschlüsse darüber zu erhalten, warum die verschiedenen Fragen so und nicht anders beantwortet wurden (↑ökonomische Gesetzmäßigkeiten S. 632). 3) Eine Prognose oder bedingte Vorhersage wird möglich, wenn aus dem Erklärungsversuch hervorgeht, daß das ↑Wirtschaften (S. 12) sich nach Verhaltensmustern vollzieht, die zeitlich hinreichend stabil sind. Bedingung der Vorhersage ist also, daß die ermittelten Verhaltensmuster auch zukünftig gelten. 4) Bei der Beratung derjenigen, die mit ihren Dispositionen das Wirtschaftsgeschehen beeinflussen, kommen sowohl Beschreibung, Erklärung und Prognose zum Zuge; denn eine vernunftgeleitete Entscheidung darüber, was erreicht werden soll, verlangt a) einen Vergleich zwischen dem, was ist, und dem, was sein soll, b) möglichst viel Wissen darüber, warum gegebenenfalls angestrebte Ziele ohne Tun oder Unterlassen nicht erreicht werden konnten, und c) die Verwertung von für die Zukunft bedeutsamen ökonomischen Gesetzmäßigkeiten bei der Planung von Handlungsalternativen (Strategien).

Erkenntnisse hinsichtlich der Aufgaben, die sich die Wirtschaftswissenschaft stellt, können durch drei Untersuchungsansätze gewonnen werden: 1) Ein einzelwirtschaftlicher Ansatz könnte darin bestehen, das Wirtschaften in einem Unternehmen zu beschreiben, das Verhalten seiner Abnehmer zu erklären, den ↑Absatz (S. 150) in der nächsten Periode zu prognostizieren und die Unternehmensleitung bei ihren Investitionsentscheidungen zu beraten. 2) Ein teilwirtschaftlicher Ansatz (Partialanalyse) läge vor, wenn die Haushaltspraxis von Bund, Ländern und Gemeinden beschrieben, das Verhalten der verschiedenen Teilnehmer auf dem ↑Kapitalmarkt (S. 250) erklärt, eine Prognose der Zinsentwicklung auf dem Kapitalmarkt versucht und die Bundesregierung bei ihren Verschuldungsplänen beraten würde. 3) Bei einem gesamtwirtschaftlichen Ansatz könnte es darum gehen, ↑Wirtschaftswachstum und Strukturwandel (S. 536) einer Volkswirtschaft zu beschreiben, die Ursachen aufzuspüren, die diese Vorgänge herbeiführen, eine Prognose über Ausmaß und Richtung des Strukturwandels zu wagen und die Bundesanstalt für Arbeit bei ↑Arbeitsvermittlung und Arbeitsförderung (S. 454) unter Berücksichtigung des Strukturwandels zu beraten. Aber auch ein solches Vorgehen wäre nur bedingt gesamtwirtschaftlich, weil nur einige der ↑wirtschaftlichen Grundfragen (S. 14) erfaßt würden; alles umfassende Ansätze (Totalanalyse) sind zwar eine Denkmöglichkeit, aber kaum durchführbar.

Nicht bei allen wirtschaftswissenschaftlichen Bemühungen werden alle genannten Aufgaben zugleich angegangen. Aber die Beziehungen zwischen Beschreibung, Erklärung, Prognose und Beratung dürfen nicht übersehen werden; so würde ein Prognoseversuch ohne Rückgriff auf bisher unwiderlegte ökonomische Gesetzmäßigkeiten eine für andere nicht nachvollziehbare Prophezeiung sein.

Aus der Aufgabenbeschreibung geht hervor, daß sich die Wirtschaftswissenschaften mit realen Sachverhalten, der wirtschaftlichen Wirklichkeit, beschäftigen. Sie sind daher Erfahrungswissenschaften im Unterschied zu Formalwissenschaften wie Logik und Mathematik. Ihr Erfahrungsobjekt stellt allerdings nur einen Teilbereich der gesellschaftlichen Wirklichkeit dar. Daher muß der wirtschaftswissenschaftliche Erklärungsanspruch begrenzt sein. Zugleich ergibt sich daraus die Zweckmäßigkeit einer Zusammenarbeit zwischen Wirtschaftswissenschaften und anderen empirischen Sozialwissenschaften.

A. Stobbe: Gesamtwirtsch. Theorie. Berlin u. a. 1975. – A. Woll: Allg. Volkswirtschaftslehre. 7. Aufl. München 1981.

Aufgaben der Wirtschaftswissenschaften

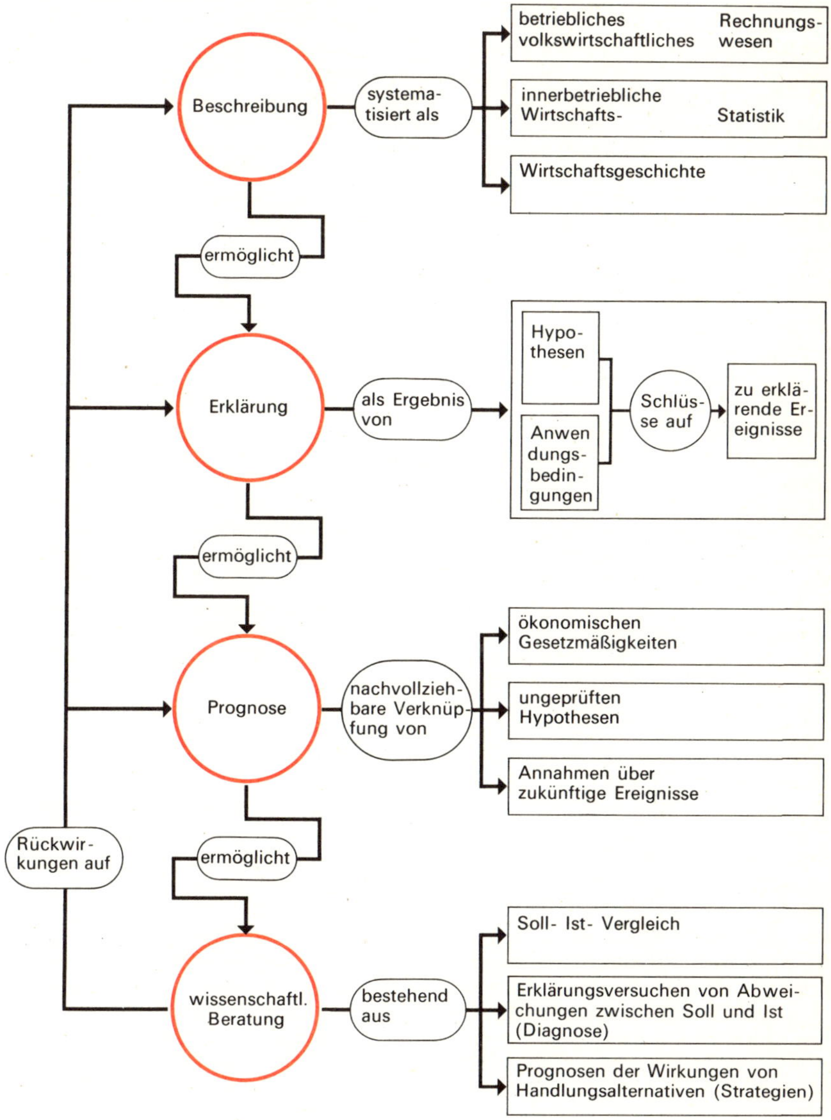

Betriebswirtschaftslehre

Untersuchungsgegenstand der Betriebswirtschaftslehre sind die betrieblichen (↑ Betrieb – Unternehmen S. 60) Tätigkeits- und Entscheidungsbereiche der Beschaffung, der Produktion und des Absatzes von Sachgütern und Dienstleistungen, die damit verbundene Finanzierung und als Informations- und Kontrollsystem das betriebl. Rechnungswesen. Die Betrachtungsweise ist einzelwirtschaftlich; bei allen Plänen und Entscheidungen (Dispositionen) geht es letztlich um die Frage, ob und wie die ↑ Unternehmensziele (S. 62) erreicht werden können. Da die Betriebsergebnisse von außerbetrieblichen Vorgängen beeinflußt werden, gehen letztere, wo erforderlich, in die Dispositionen ein. Aber nicht alle außerbetrieblichen Vorgänge haben den Charakter von Gegebenheiten (Daten). Die wirtschaftliche „Umwelt" eines Betriebes ist durchaus beeinflußbar; die Einflußmöglichkeiten durch ↑ Werbung (S. 162) belegen dies und werden dementsprechend ebenso in die betriebswirtschaftliche Analyse einbezogen, wie etwa die ausgeprägte, wechselseitige Abhängigkeit von Anbietern in ihrer ↑ betrieblichen Preispolitik (S. 156) im ↑ Oligopol (S. 192). Aufgabe der Betriebswirtschaftslehre ist es, die zu Produktion, Absatz und Finanzierung in einem Betrieb getroffenen Dispositionen zu beschreiben. Ferner gilt es, sie zu erklären mit dem Ziel, Regelmäßigkeiten im betrieblichen Ablauf sowie in den Beziehungen zwischen dem einzelnen Betrieb und anderen Wirtschaftseinheiten aufzudecken; vorausgesetzt wird hier wie in der ↑ Volkswirtschaftslehre (S. 626), daß von allen Einheiten Wirtschaftlichkeit (↑ Wirtschaften S. 12) angestrebt wird. Sofern von den gefundenen Regelmäßigkeiten vermutet werden kann, daß sie auch in Zukunft gelten, können sie dazu benutzt werden, Hilfen für Entscheidungen zu geben, mit denen die Unternehmensziele verfolgbar sind.

Die Vielfalt der in einem Betrieb zu fällenden Einzelentscheidungen (z. B. über ↑ Standort S. 58, ↑ Fertigungsverfahren S. 72, ↑ Kapitalbeschaffung S. 206, ↑ Absatzmethoden S. 154) läßt es zweckmäßig erscheinen, die möglichen Teilantworten zunächst isoliert zu erforschen. Jedoch ist zu berücksichtigen, daß die Entscheidungen zu Teilproblemen nicht voneinander unabhängig sind. Hier wie in der Volkswirtschaftslehre bleibt i. d. R. nur die Möglichkeit, die gegenseitige Abhängigkeit von Dispositionen vereinfacht in einem Modell abzubilden und zu erforschen; die daraus erwachsene Unternehmensforschung wurde in der heutigen Form erst möglich durch die Weiterentwicklung entsprechender mathematischer Methoden und den Einsatz von Großrechenanlagen (↑ Systemanalyse S. 630).

Die Betriebswirtschaftslehre wird häufig in der akademischen Lehre in drei miteinander verbundene Teilbereiche gegliedert: 1) Die betriebswirtschaftlichen Verfahrenstechniken beziehen sich auf die Verrechnung und Organisation betrieblicher Vorgänge wie die ↑ Buchführung (S. 86) und die ↑ Betriebsabrechnung (S. 82). 2) In der Allgemeinen Betriebswirtschaftslehre werden Vorgänge und Probleme behandelt, von denen vermutet wird, daß sie unabhängig sind von der Art der betrieblichen Leistung, d. h. dem Wirtschaftszweig, dem sich ein Betrieb zuordnen läßt. Ferner gelten weder die Rechtsform eines Betriebes noch die Eigentumsverhältnisse als vorgegeben; beide werden ebenso wie andere betriebliche Phänomene beschrieben, auf ihre Konsequenzen für die Wirtschaftlichkeit und die Unternehmensziele analysiert und zum Gegenstand von Entscheidungen gemacht, soweit dies ohne Berücksichtigung von Besonderheiten einzelner Wirtschaftszweige möglich ist. 3) Diese Besonderheiten werden in den speziellen Betriebswirtschaftslehren (für Industrie, Handel, Banken u. a.) analysiert; dabei ist allerdings der Übergang zur Allgemeinen Betriebswirtschaftslehre teilweise fließend und umgekehrt.

G. Wöhe: Einf. In die Allg. Betriebswirtsch. 14. Aufl. München 1981. – E. Heinen: Einf. in die Betriebswirtsch. 6. Aufl. Wiesb. 1977.

Verteilung von Personen mit dem Studienabschluß ‚Diplom-Kaufmann' auf einzelne Wirtschaftsbereiche (1973)

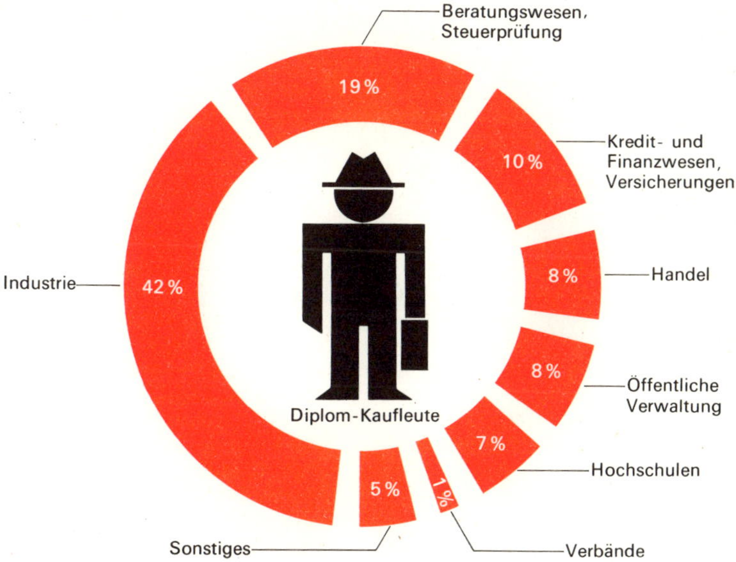

Durch Stellenangebote in der Frankfurter Allgemeinen Zeitung wurden vom 1. Quartal 1977 bis einschließlich 3. Quartal 1978 Diplom-Kaufleute für folgende Einsatzgebiete gesucht:

	Anteil an der Gesamtzahl in v. H.
Planung / Projektierung / Organisation	21,1 %
Rechnungswesen / Buchhaltung	16,2 %
Verkauf / Vertrieb / Export	11,3 %
Marktforschung / Werbung / Marketing	7,0 %
Revision	3,7 %
Verwaltung	3,1 %
EDV	2,7 %
Geschäftsleitung	1,1 %
Sonstige	33,8 %
Gesamtzahl der Stellenangebote	1 824

Volkswirtschaftslehre

Untersuchungsgegenstand der Volkswirtschaftslehre sind die Pläne und Entscheidungen (Dispositionen) der Wirtschaftseinheiten, die sich auf die Beantwortung der ↑wirtschaftlichen Grundfragen (S. 14) richten, wobei die gegenseitige Abhängigkeit aller Dispositionen besonders interessiert. Obgleich somit auch die betrieblichen Dispositionen miteinbezogen werden, unterscheidet sich die Volkswirtschaftslehre von der ↑Betriebswirtschaftslehre (S. 624): Was bei betriebswirtschaftlicher Analyse eher als Datum gilt, die wirtschaftliche „Umwelt" von Betrieben, wird bei volkswirtschaftlicher Betrachtung zum Erklärungsgegenstand. Im Gesamtzusammenhang müssen zwar auch hier betriebliche Reaktionen berücksichtigt und erklärt werden; jedoch ist wegen der Vielfalt und Komplexität betrieblicher Probleme eine wissenschaftliche Arbeitsteilung eingetreten, unabhängig von einer unterschiedlichen historischen Entwicklung beider Disziplinen. Die Arbeitsteilung wird besonders deutlich bei der Wahrnehmung der Beratungsaufgabe (Unternehmensberatung bzw. ↑wirtschaftspolitische Beratung S. 374).

Akademischer Lehrtradition folgend läßt sich die Volkswirtschaftslehre in drei eng verzahnte Teilbereiche gliedern.

1) In der Wirtschaftstheorie geht es darum, die Dispositionen der Wirtschaftseinheiten in ihrer gegenseitigen Abhängigkeit zu erklären. Dabei werden ↑Hypothesen (S. 634) über ↑ökonomische Gesetzmäßigkeiten (S. 632) entwickelt, wie sie Prognosen erfordern. Die Überprüfung der Theorie an Hand der Realität ist wegen ihrer besonderen Schwierigkeiten Gegenstand einer Teildisziplin, der ↑Ökonometrie (S. 628), geworden. Der überwiegende Teil theoretischer Erkenntnisse ist jedoch bislang empirisch unüberprüfbar und beruht auf Modellanalysen (↑Modell S. 636). Die Analysen können sich auf Einzelwirtschaften, Teilbereiche einer Volkswirtschaft und auf die Gesamtwirtschaft beziehen. Die Ergebnisse, die für eine der Untersuchungsebenen ermittelt werden, bleiben Teilergebnisse; denn sie lassen sich wegen der gegenseitigen Abhängigkeit der Dispositionen weder durch ihre einfache Summierung auf eine höhere Ebene übertragen noch umgekehrt.

2) In die Wirtschaftspolitik als zweiter Teildisziplin werden im Unterschied zur Wirtschaftstheorie neben Tatsachen und Erklärungsversuchen auch Vorstellungen darüber einbezogen, was sein soll. Diese Normen und davon abgeleitete Werturteile über wirtschaftliche Zustände und Entwicklungen beruhen letztlich darauf, wie Individuen und Gruppen ethische Prinzipien, z. B. Freiheit und Gerechtigkeit, verstehen. Im Lebensbereich Wirtschaft kommen diese Prinzipien in Zielen wie Vermeidung von ↑Konzentration wirtschaftlicher Macht (S. 410) und gerechter ↑Einkommensverteilung (S. 460) zum Ausdruck. Sowohl ↑Wirtschaftsordnung (S. 18) als auch Wirtschaftsablauf in einer gegebenen Ordnung sind nach solchen Zielen gestaltbar. Der Beitrag wissenschaftlicher Wirtschaftspolitik hierzu besteht darin, die Erkenntnisse über wirtschaftliche Zusammenhänge zu nutzen, um Hilfen für zweckmäßige wirtschaftspolitische Entscheidungen zu erarbeiten. Dazu gehört es zu prüfen, ob Ziele überhaupt und möglicherweise zu Lasten welcher anderer Ziele (↑wirtschaftspolitische Ziele und Zielkonflikte S. 368) zu erreichen sind und welche Mittel wie dafür eingesetzt werden können.

3) Erfahrungs- und Erkenntnisobjekt der Finanzwissenschaft ist das Verhalten des Staates als Wirtschaftseinheit. Sowohl von seinen Aufgaben (z. B. Verteidigung) her als auch im Hinblick darauf, wie er sie erfüllt (z. B. durch Gesetz) und wie er sie finanziert (z. B. durch Steuern und Abgaben), kann ihm auch wirtschaftswissenschaftlich eine Sonderstellung eingeräumt werden; somit wird die öffentliche Haushaltsführung Gegenstand spezieller Analysen. Gleichzeitig bleibt jedoch die staatliche Tätigkeit Untersuchungsgegenstand von Wirtschaftstheorie und Wirtschaftspolitik.

E. Preiser: Nationalökonomie heute. 12. Aufl. München 1975. – A. Woll: Allg. Volkswirtschaftslehre. 7. Aufl. München 1981.

Verteilung von Personen mit dem Studienabschluß ,Diplom-Volkswirt' auf einzelne Wirtschaftsbereiche (1973)

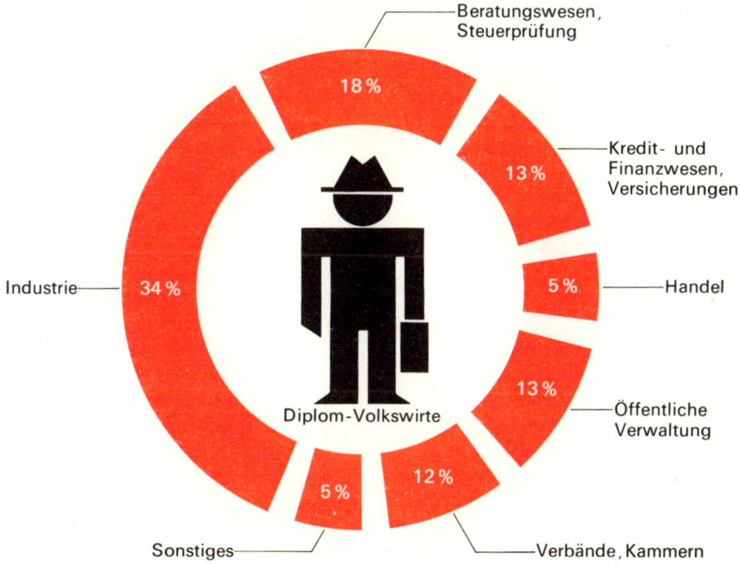

Durch Stellenangebote in der Frankfurter Allgemeinen Zeitung wurden vom 1. Quartal 1977 bis einschließlich 3. Quartal 1978 Diplom-Volkswirte für folgende Einsatzgebiete gesucht:

	Anteil an der Gesamtzahl in v. H.
Planung / Projektierung / Organisation	21,8 %
Rechnungswesen / Buchhaltung	20,5 %
Verkauf / Vertrieb / Export	16,0 %
Marktforschung / Werbung / Marketing	7,0 %
Revision	6,4 %
Verwaltung	3,1 %
Geschäftsführung	2,9 %
EDV	1,7 %
Sonstige	20,6 %
Gesamtzahl der Stellenangebote	2036

Statistik – Ökonometrie

Die Beziehung der Statistik als selbständiger Disziplin zu den Wirtschaftswissenschaften entsteht unmittelbar aus deren Eigenschaft, Erfahrungswissenschaften zu sein. Ausgehend von wirtschaftswissenschaftlich bedeutsamen Beobachtungen ist Statistik zunächst methodisch registrierte Erfahrung (statistische Erhebung). Welche Beobachtungen als aufschlußreich gelten, hängt von Stand und Ziel wirtschaftswissenschaftlicher Erkenntnis ab und damit wieder davon, wieweit die Wirtschaftswissenschaften ihre Aufgaben (↑Aufgaben der Wirtschaftswissenschaften S. 622) erfüllen können. Diesen Aufgaben entsprechend soll die beschreibende (deskriptive) Statistik betriebs- und volkswirtschaftliche Beobachtungen aufschlußreich ordnen, etwa mit Hilfe von Verhältniszahlen (z. B. Pro-Kopf-Einkommen), Indexzahlen, Mittelwerten (z. B. durchschnittlicher Lagerbestand).

Wirtschaftswissenschaftlich aufschlußreiche Beobachtungen beziehen sich überwiegend auf Dispositionen zahlreicher Wirtschaftseinheiten, aber auch auf sich häufig wiederholende Ergebnisse einer einzelnen Disposition, wie den laufenden Produktionsergebnissen eines Betriebes. In beiden Fällen handelt es sich um Massenerscheinungen. Soll versucht werden, Eigenschaften dieser Massenerscheinungen daraufhin zu beurteilen, ob sie rein zufällig so beobachtet werden oder ob sich dahinter möglicherweise eine Gesetzmäßigkeit verbirgt, dann kann u. U. die schließende (induktive) Statistik Erkenntnishilfen geben. Eine Gesetzmäßigkeit würde zwar keine Prognose von Einzelereignissen ermöglichen, wohl aber für die Masse insgesamt. So ist zwar eine Prognose der genauen Brenndauer einer Glühbirne nicht möglich; aber nach Beobachtung einer genügend großen Stichprobe von Birnen des gleichen Herstellers kann eine Aussage über die durchschnittliche Brenndauer gemacht und eine Wahrscheinlichkeit dafür angegeben werden, ob zusätzliche Beobachtungen systematisch von der erwarteten Brenndauer abweichen oder Zufallsereignisse darstellen. Damit ist zugleich eine betriebswirtschaftliche Anwendungsmöglichkeit der induktiven Statistik angedeutet, die Qualitätskontrolle. Im Bereich der Volkswirtschaftslehre läßt sich diese Methode ebenfalls nutzen, etwa um Beobachtungen über Änderungen der Verbrauchsausgaben und Einkommensänderungen darauf zu prüfen, ob zwischen beiden Änderungen eine regelmäßige oder eher zufällige Beziehung besteht.

Derartige methodische Erkenntnisse der Statistik nutzt die Ökonometrie. Ihre Aufgabe ist es, Hypothesen über ↑ökonomische Gesetzmäßigkeiten (S. 632) zu überprüfen. Vor allem dann, wenn es sich um den Test einzelner Hypothesen handelt, kann das Ergebnis für Betriebs- und Volkswirtschaftslehre gleichermaßen nützlich sein; so dürfte die Überprüfung von Hypothesen über das Verbraucherverhalten sowohl der (betriebswirtschaftlichen) ↑Marktforschung (S. 152) als auch der volkswirtschaftlichen ↑Konjunkturerklärung (S. 494) dienen. Ökonometrie ergänzt in erster Linie volkswirtschaftliche ↑Theorie (S. 636). Dies geschieht, wenn teil- und gesamtwirtschaftliche ↑Modelle (S. 636) sowie einzelne ↑Hypothesen (S. 634) über wirtschaftliche Verhaltensweisen auf ihre Erklärungskraft mit Hilfe statistischer Beobachtungen überprüft werden. Dabei ist es eine Aufgabe der Ökonometrie, dazu beizutragen, die Modelle und einzelnen Hypothesen so zu formulieren, daß die in ihnen vorkommenden Elemente (Variablen) auch durch vorhandene oder erhebbare Informationen auffüllbar sind; aus dem theoretischen Modell ist ein Realmodell zu machen. Zugleich müssen Modelle bzw. Hypothesen so formuliert und mit statistischen Informationen aufgefüllt werden, daß die Methoden der induktiven Statistik überhaupt anwendbar sind. So gesehen ist Ökonometrie eine Disziplin, die Elemente der Wirtschaftswissenschaft, der Mathematik und der Statistik in sich vereint.

G. Menges: Ökonometrie. Wiesb. 1961. – F. Vogel: Beschreibende u. schließende Statistik. München 1979.

Statistik, Ökonometrie und ihre Nachbardisziplinen

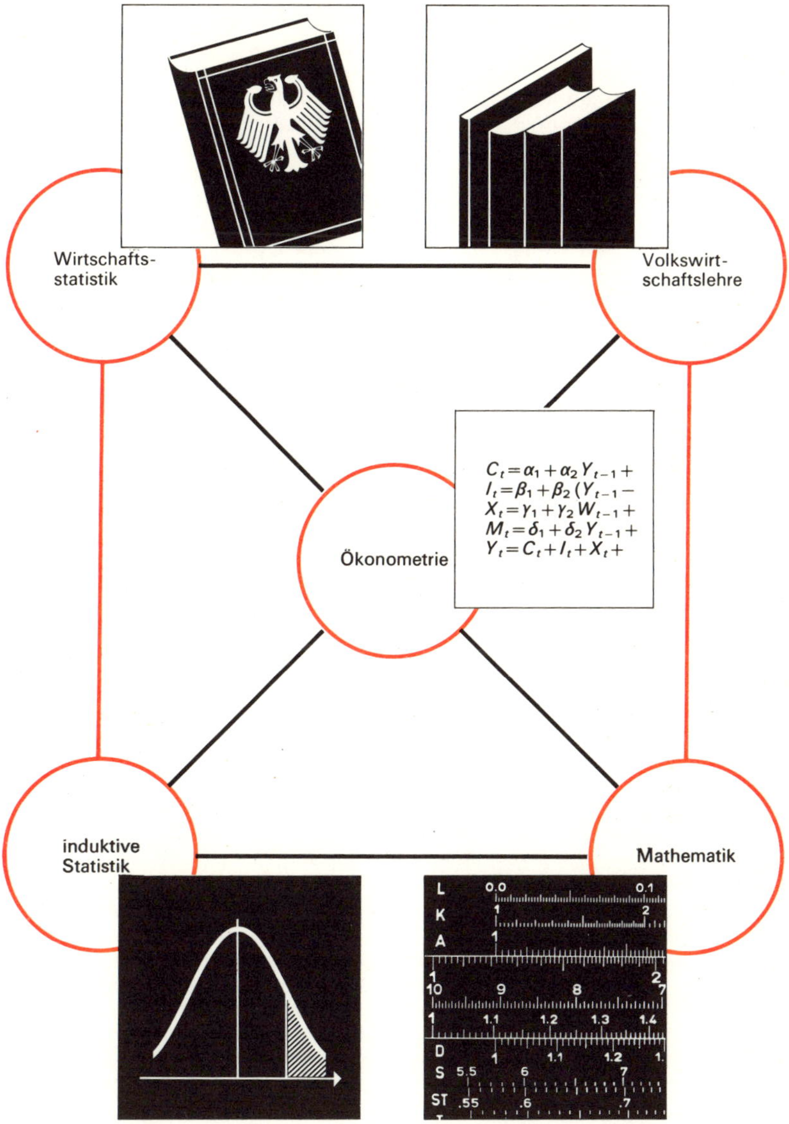

Kybernetik – Systemanalyse

Unter einem System versteht man eine Menge von Elementen, zwischen denen Beziehungen bestehen. So kann der ↑Betrieb (S. 60) als System der Funktionsbereiche ↑Beschaffung (S. 70), Produktion (↑Fertigung – Fertigungsverfahren S. 72) und ↑Absatz (S. 150) angesehen werden. Diese drei Elemente sind durch Güter- und Informationsströme miteinander verknüpft: Der Absatzbereich meldet dem Produktionsbereich die zu erstellenden Gütermengen, und dieser wiederum gibt dem Beschaffungsbereich die hierzu notwendigen Produktionsfaktoren an. Genauso wie es möglich ist, den Produktionsbereich weiter zu unterteilen – man erhält dann ein Teilsystem –, kann umgekehrt die übergeordnete Gesamtheit Betrieb als Element des neuen Systems Volkswirtschaft (Umsystem) angesehen werden. Weitere Beispiele für die zahlreichen Anwendungsmöglichkeiten des Systemansatzes sind die durch Drähte verbundenen Elemente eines Elektronenrechners, die biologische Welt eines Tümpels oder eine menschliche Arbeitsgruppe.

Die Aufgabe der Systemanalyse ist es, die Elemente eines Systems ausfindig zu machen und die zwischen ihnen bestehenden Verbindungen zu beschreiben und zu gestalten. Sie bedient sich hierbei oft der Methode des „schwarzen Kastens", die sich auf die Beobachtung der Beziehungen zwischen den Elementen des Systems beschränkt; Vorgänge bei den Elementen selbst werden nicht weiter verfolgt (schwarzer Kasten). Je nachdem, ob die Beziehungen zwischen den Elementen auch in ihrem zeitlichen Ablauf erfaßt werden, unterscheidet man statische und dynamische Systeme. So lassen sich die Stellen eines Betriebes und die sie verbindenden Transportwege als statisches System abbilden, da es über längere Zeit besteht und erst durch eine Umorganisation des Unternehmens abgeändert wird. Der selbstregulierende Wasserbehälter, den man beispielsweise noch bei älteren WCs findet, stellt ein dynamisches System dar.

In dem selbstregulierenden Wasserbehälter ist das sog. Rückkopplungsprinzip verwirklicht, durch das kybernetische Systeme ausgezeichnet sind. (Das Wort „Kybernetik" stammt aus dem Griechischen: kybernḗtēs = Steuermann.) Die Rückkopplung erfolgt mittels eines Regelkreises, der ein Meß- und ein Stellinstrument umfaßt. Während das Meßinstrument den Soll-Ist-Vergleich durchführt, beeinflußt das Stellinstrument aufgrund der vom Meßinstrument empfangenen Informationen die zu regelnde Größe, bis diese ihren Sollzustand wieder erreicht hat. Ein System kann außer Regelinstrumenten auch Steuergeräte umfassen, die eine Verminderung oder Erhöhung von Informationsflüssen oder sonstigen Ein- und Ausgabegrößen ermöglichen. Dann besteht eine sog. Steuerkette, d. h. ein System von Steuergeräten. Das Beispiel des Regelkreises und der Steuerkette läßt sich leicht auf ökonomische Handlungsabläufe übertragen: Einen Regelkreis stellt beispielsweise die Lagerhaltung dar, wo der Lagerverwalter laufend den Soll- und den Istbestand vergleicht und die notwendigen bzw. überschüssigen Mengen an die Einkaufsabteilung meldet, die ihrerseits dann die Bestellungen anpaßt. Eine Steuerkette ergibt sich z. B. im Produktionsbereich eines Automobilwerks. Die Vorgabe, einen Pkw zu produzieren, führt zu der (stark vereinfachten) Steuerkette: 1 Pkw → 1 Karosserie → 10 m^2 Stahlblech.

Die Bedeutung der Systemtheorie liegt in ihrem übergreifenden Beitrag zur Darstellung und Lösung von Problemen aus zahlreichen Wissenschaftsgebieten. Durch den Einsatz von elektronischen Datenverarbeitungsanlagen werden ihre Anwendungsmöglichkeiten dabei noch erheblich gesteigert. Von hier ist es dann nur noch ein kleiner Schritt zur Entwicklung und Anwendung von Simulationsmodellen zur Analyse betriebs- und volkswirtschaftlicher Entscheidungsprobleme. Dazu gehören z. B. die Simulation betrieblicher Absatzstrategien und der Versuch, die ↑Grenzen des Wachstums (S. 540) in einem „Weltmodell" abzutasten.

H. Ulrich: Die Unternehmung als produktives soziales System. 2. Aufl. Bern 1970. – Wörterb. der Kybernetik. Hg. v. G. Klaus/H. Liebscher. Neuaufl. Frankf. a. M. 1979.

Beispiel eines Systems: Innerbetrieblicher Gütertransport eines Betonwerkes

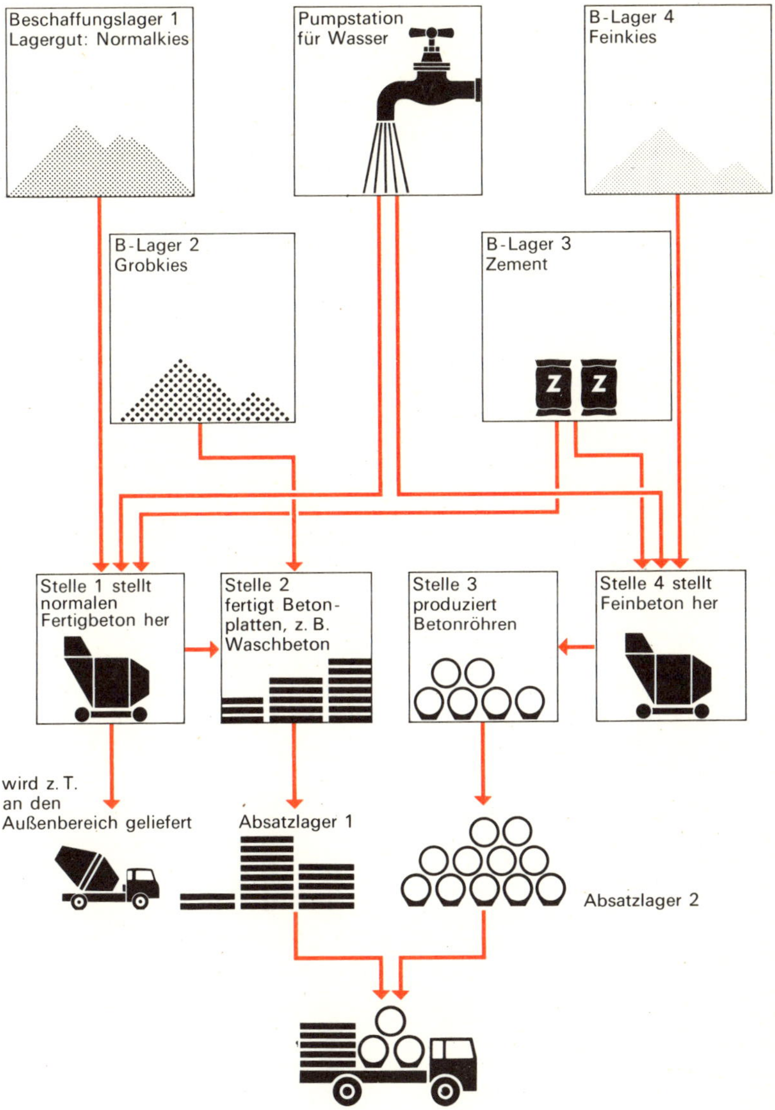

Ökonomische Gesetzmäßigkeiten

Die ↑Aufgaben der Wirtschaftswissenschaften (S. 622) sind im Grunde nur erfüllbar, wenn die wirtschaftliche Wirklichkeit nicht nur ein Chaos von zusammenhanglosen Einzelereignissen ist. Jedoch dürfte die natürliche und gesellschaftliche Umwelt des Menschen trotz seiner Individualität arbeitsteiliges ↑Wirtschaften (S. 12) kaum zu einem chaotischen Geschehen werden lassen. Regelmäßigkeiten im wirtschaftlichen Verhalten können erwartet werden, weil die Zahl der Handlungsalternativen begrenzt ist. Dafür sorgen einmal technische Zwänge, die sich aus der Natur ergeben. Die Natur folgt Gesetzen, die der Mensch nur bestmöglich zur Bedürfnisbefriedigung nutzen kann; so sind die Produktionsmöglichkeiten durch physikalische und chemische Gesetze eingeschränkt, die bei wirtschaftlichem Einsatz von Produktionsmitteln nicht vernachlässigt werden können. Ferner wird der Handlungsspielraum durch soziale Zwänge begrenzt. So kann schon die ↑Arbeitsteilung (S. 12) durchaus zu einer Einschränkung von in Betracht gezogenen Handlungsalternativen führen; denn für das wirtschaftende Individuum ist es i. d. R. vorteilhaft, bei seinen Entscheidungen mögliche Reaktionen der gesellschaftlichen Umwelt mitzuberücksichtigen. Darüber hinaus begrenzt jede Gesellschaft über die Rechtsordnung, die der Administration übertragenen Eingriffsrechte und -pflichten und über die öffentliche Meinung den Handlungsspielraum des einzelnen.

Allerdings ist der Handlungsspielraum nicht in einem solchen Maße eingeschränkt, daß alles wirtschaftliche Geschehen nach „ehernen" Gesetzen vorausbestimmt ist. Außerdem sind die sozialen Zwänge zwischen den Gesellschaftsschichten, Regionen und Nationen sehr verschieden. Im Zeitablauf ändert sich nicht nur der rechtliche und administrative Rahmen des Wirtschaftens. Auch die geistigen Strömungen (ethische Grundsätze, Weltanschauungen) sind dem Wandel unterworfen. Selbst die Zwänge der Natur ändern sich z. B. bei ↑technischem Fortschritt (S. 530). Daraus folgt, daß mögliche ökonomische Gesetzmäßigkeiten sowohl räumlich als auch zeitlich nur begrenzt gültig sind.

Die trotz aller Zwänge verbleibende Individualität schließt es zwar aus, Regelmäßigkeiten zu entdecken, die für jeden einzelnen genau gelten. Das bedeutet aber nicht, daß die Summe vieler Einzelentscheidungen keine Regelmäßigkeiten zeigen kann. So wurde eine ökonomische Gesetzmäßigkeit entdeckt, die besagt, daß die Ausgaben von Arbeiterhaushalten für Nahrungsmittel mit steigendem Einkommen zwar absolut zunehmen, jedoch ist diese Zunahme i. d. R. relativ geringer als der Einkommensanstieg. Was für die Haushalte insgesamt gilt, muß jedoch nicht zwingend für den einzelnen Haushalt gelten. Denn die vernachlässigten Erklärungsgründe sind vielfältig und wirken sich sehr unterschiedlich auf die einzelne Ausgabenentscheidung aus. Wurde kein weiterer, für alle Einzelentscheidungen annähernd gleich bedeutsamer Erklärungsgrund vernachlässigt, dann ist zu erwarten, daß die individuellen Abweichungen in unterschiedlicher Richtung von der ermittelten Gesetzmäßigkeit relativ gering sind und sich die Waage halten. Ähnlich wie in den Naturwissenschaften kommt ein „Gesetz der großen Zahl" zum Zuge: Die nicht in den Erklärungsversuch einbezogenen Ursachen sind so vielfältig und in ihrer Wirkung so unterschiedlich, daß sie sich – ähnlich wie Meßfehler bei einem naturwissenschaftlichen Experiment – wie zufällige, in ihrer Gesamtheit ungerichtete Abweichungen von der Gesetzmäßigkeit darstellen.

Anders als in den Naturwissenschaften sind in den Wirtschaftswissenschaften kontrollierte Experimente kaum möglich, um Gesetzmäßigkeiten aufzuspüren. So kann die Beziehung zwischen Einkommen und Verbrauchsausgaben für Nahrungsmittel nicht erforscht werden, indem alle anderen möglichen Einflüsse auf die Verbrauchsentscheidungen konstant gehalten werden. Aufgabe der ↑Ökonometrie (S. 628) ist es, die Analyse von beobachtbaren Verhaltensweisen so durchzuführen, daß sie der von Experimentergebnissen möglichst nahe kommt.

A. Woll: Allg. Volkswirtschaftslehre. 7. Aufl. München 1981. – A. Stobbe: Volkswirtschaftslehre II. Berlin u. a. 1983.

Ausgaben für Mieten und Nahrungsmittel von Haushalten mit unterschiedlichem Einkommen (Verbrauchstichprobe, Bundesrepublik Deutschland, Okt. 1969)

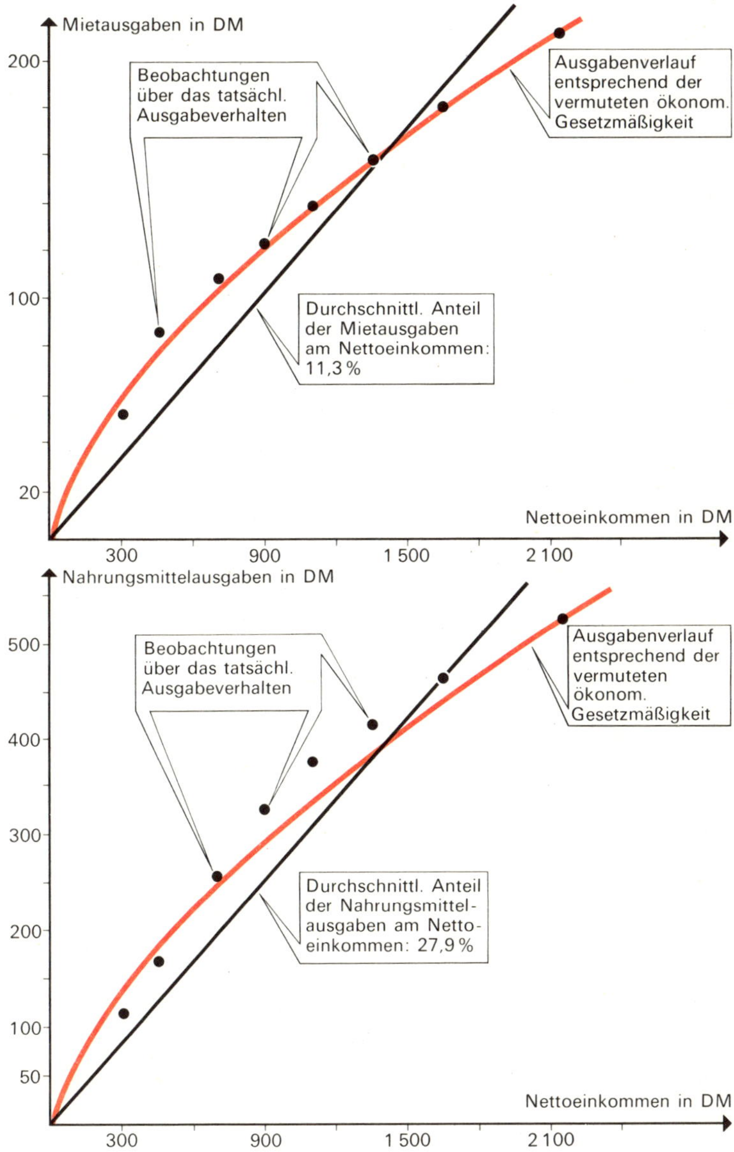

Hypothesen – logische Schlußweise

↑Ökonomische Gesetzmäßigkeiten (S. 632) sind Ergebnisse von Versuchen, wirtschaftliche Vorgänge zu erklären. Die Erklärung ist eine logische Ableitung. Aus einem oder mehreren Gründen wird ein bestimmtes wirtschaftliches Ereignis abgeleitet, das durch Beobachtung beschrieben und damit bekannt ist. Dies geschieht in einem Satz wie dem folgenden: Wenn das Einkommen der Arbeiterhaushalte in der Bundesrepublik um *x* % steigt, dann erhöhen sich deren Ausgaben für Nahrungsmittel aufgrund der Vermutung einer unterproportionalen Abhängigkeitsbeziehung zwischen Einkommens- und Ausgabenänderung um weniger als *x* %. Solche Erklärungen enthalten drei Elemente: Anwendungsbedingung[en] (Arbeiterhaushalte der BRD), mindestens eine Vermutung oder Hypothese und das zu erklärende Ereignis (Ausgabenänderung). Dabei wird aus dem Allgemeinen (der Hypothese) das Besondere (das Ereignis) hergeleitet; der logische Schluß ist eine Deduktion. Die Hypothese ist das Allgemeine, denn sie enthält den Anspruch, immer zu gelten, wenn die Ereignisse, zwischen denen die Hypothese eine Abhängigkeit behauptet, beobachtbar und die Anwendungsbedingungen erfüllt sind. Sie ist um so allgemeiner, je weniger ihre Gültigkeit durch räumliche und zeitliche Anwendungsbedingungen eingeschränkt und je genauer (zahlenmäßig) die Beziehung zwischen Ursache und Wirkung (Abhängigkeit) angegeben wird.

Wie eine Hypothese entsteht, ist wissenschaftlich unerheblich; auf ihre Bewährung kommt es an. Dazu muß sie logisch widerspruchsfrei sein und einer empirischen Überprüfung standhalten, bei der die tatsächlichen Ereignisse mit denjenigen verglichen werden, die mit Hilfe der Hypothese aus den Anwendungsbedingungen ableitbar sind. Bewährt sich eine Hypothese, so gilt sie nicht als wahr, sondern als (vorläufig) nicht widerlegt. Denn ihre Güte kann nicht durch die Suche nach „passenden" Ereignissen geprüft werden; auf diese Weise würde der Erkenntnisstand festgeschrieben. Wissenschaftlicher Fortschritt ist nur zu erzielen, wenn es Anlässe gibt, Hypothesen zu verbessern oder zu ersetzen. Diese Anlässe entstehen, wenn die Suche nach Fällen erfolgreich ist, die eine Hypothese widerlegen.

Aus dem Prozeß ständigen Überprüfens von Hypothesen läßt sich das Erfordernis der Widerlegbarkeit (Falsifizierungsprinzip) ableiten: Hypothesen müssen so formuliert werden, daß sie einen Vergleich der aus ihnen ableitbaren Ereignisse mit der Wirklichkeit zulassen. Das schließt Zwischenstationen nicht aus, in denen mit Hypothesen gearbeitet werden muß, die noch nicht widerlegbar sind. Solche Hypothesen enthalten entweder unerfüllbare Anwendungsbedingungen und/oder sehr bescheidene Aussagen über die Art der Beziehung zwischen Ursache und Wirkung. Sie mögen zwar wirklichkeitsnah sein, aber die aus ihnen ableitbaren Aussagen über die Wirklichkeit sind entweder wegen der unerfüllbaren Anwendungsbedingungen nicht überprüfbar, oder sie sind so schwach, daß die Chance einer Widerlegung sehr gering ist. In Modelle (↑Theorie – Modell S. 636) eingeführt, können derartige Hypothesen trotzdem nützliche Erkenntnisse über wirtschaftliche Zusammenhänge liefern, wenn ihre Unzulänglichkeit bei den Schlüssen berücksichtigt wird, die aus den Modellergebnissen gezogen werden.

Würde die Anwendung des Falsifizierungsprinzips auf die Spitze getrieben, dann wäre schon eine einzige Beobachtung, die von dem mit Hilfe einer Hypothese abgeleiteten Ereignis abweicht, als deren Widerlegung anzusehen. Damit würde aber vernachlässigt, daß Hypothesen und darauf beruhende ökonomische Gesetzmäßigkeiten Aussagen über Massenerscheinungen sind. Deshalb können abweichende Beobachtungen sowohl zufällig als auch widerlegend sein. Aufgabe von ↑Statistik und Ökonometrie (S. 628) ist es u. a., die Methoden ständig zu verbessern, mit denen zwischen beiden Möglichkeiten unterschieden werden kann.

W. A. Jöhr: Gespräche über Wissenschaftstheorie. Tüb. 1973. – A. Stobbe: Volkswirtschaftslehre II. Berlin u. a. 1983.

Wissenschaftliche Überprüfung von Theorien

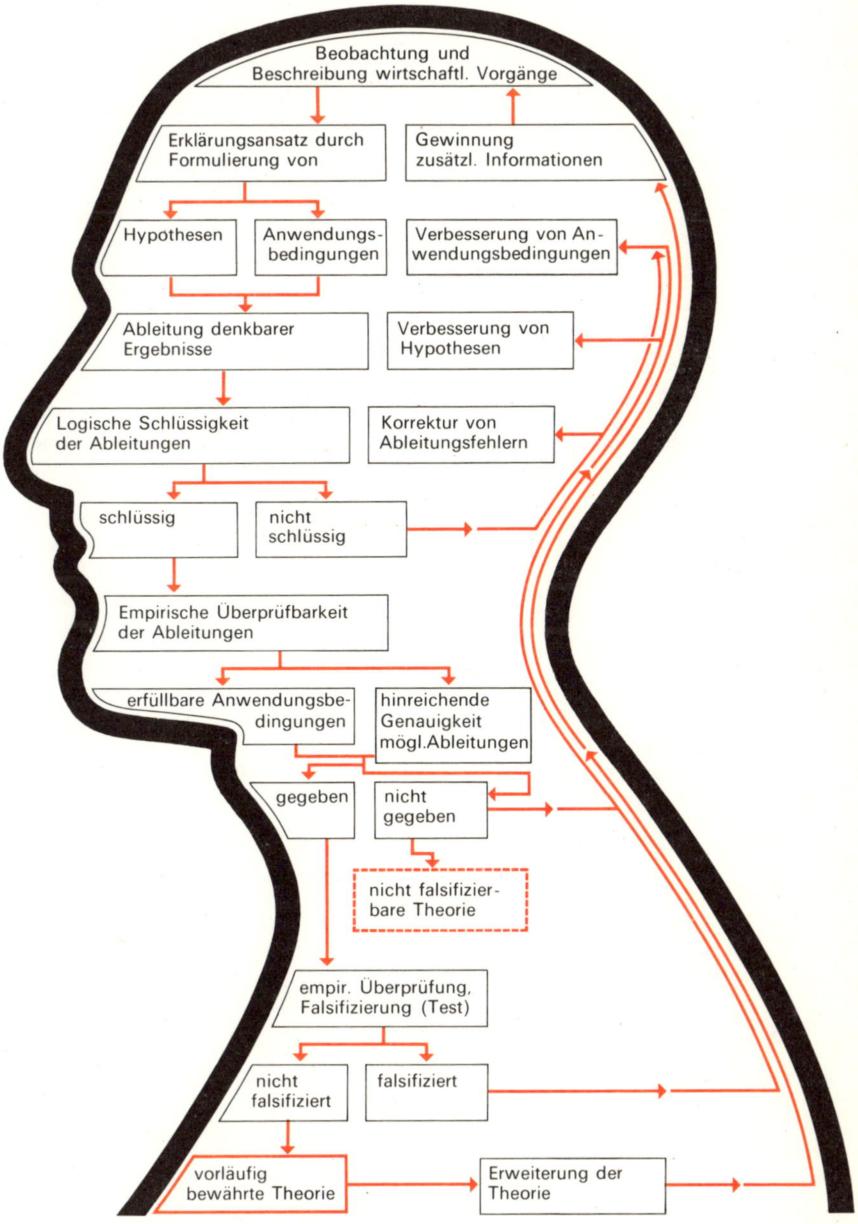

Theorie – Modell

Eine Theorie beinhaltet den Versuch, einen Sachbereich möglichst umfassend wissenschaftlich zu erklären. Da ↑Hypothesen (S. 634) eher Erklärungsteile sind, besteht eine Theorie i. d. R. nicht nur aus einer Hypothese als Erklärungselement, sondern aus einem System ineinandergreifender Hypothesen. Der Theoriebildung vor- bzw. nachgeordnet wären entsprechend den ↑Aufgaben der Wirtschaftswissenschaften (S. 622) die Beschreibung bzw. die auf der Erklärung aufbauende Prognose sowie die Beratung.

Gemessen an einem Theoriebegriff, der nur widerlegbare Hypothesen als Erklärungsbestandteile zuläßt, erfüllt lediglich ein Bruchteil der wirtschaftswissenschaftlichen Erklärungsbemühungen dieses Erfordernis. Aber auch dieser Bruchteil beruht i. d. R. auf einer Arbeitstechnik, bei der zunächst einmal von der wirtschaftlichen Wirklichkeit abgerückt wird (Abstraktion). Dieses Vorgehen ist auch in anderen Disziplinen durchaus üblich. So entsteht durch maßstabgerechte Kürzung, Weglassen der dritten Dimension sowie des Umlandes ein Stadtplan; werden ähnlich genutzte Gebäude mit gleicher Farbe gekennzeichnet, dann wird dadurch die innerstädtische Funktionsaufteilung sichtbar u. a. Für das Untersuchungsziel (z. B. Verkehrsanalyse) wird auf diese Weise das, was als wesentlich vermutet wird, vom Unwesentlichen getrennt. Es entsteht ein Modell. Es erfaßt zwar nicht annähernd das gesamte Geschehen, aber es dient dem Untersuchungsziel.

Bei wirtschaftswissenschaftlichen Modellen wird in dreifacher Weise abstrahiert: 1) Nach dem Untersuchungsziel gleichartige Individuen, wirtschaftliche Entscheidungen, Produktionsfaktoren, Güter u. a. werden entsprechend klassifiziert und zusammengefaßt (Aggregation). 2) Die Vielfalt der hinter den beobachtbaren Verhaltensweisen verborgenen Motive wird auf besonders plausibel erscheinende Bestimmungsgründe beschränkt, die so erfaßt werden, wie sie sich in wirtschaftlichen Größen niederschlagen. Der Mensch als individueller Entscheidungsträger verschwindet zugunsten eines ausschließlich nach Wirtschaftlichkeit entscheidenden Modelltyps (homo oeconomicus). Daraus ergeben sich u. a. zwar plausible, aber extrem vereinfachende Verhaltensannahmen, wie die der Abhängigkeit der Verbrauchsausgaben vom Einkommen. 3) Die mögliche gegenseitige Beeinflussung des im Modell eingefangenen und des sonstigen wirtschaftlichen Geschehens wird gedanklich vereinfacht oder ganz ausgeschaltet. So werden die internationalen Wirtschaftsbeziehungen häufig auf den Handelsverkehr zwischen der betrachteten Volkswirtschaft und dem Rest der Welt gewissermaßen als zweitem Land vereinfacht; ebenso kann es zweckmäßig sein, in einem Modell die Außenwirtschaftsbeziehungen völlig „wegzudenken".

Modelle sind teilweise ein Ersatz für das den Wirtschaftswissenschaften versperrte kontrollierte Experiment. Die nicht im Modell berücksichtigten Phänomene werden so behandelt, als ob ihr Einfluß konstant wäre. Im Modell lassen sich außerdem einzelne wirtschaftliche Bestimmungsgrößen (erklärende Variable) verändern und ihre Wirkung auf andere Größen (abhängige Variable) verfolgen. Die Erkenntnisse aus solchen gedanklichen Experimenten können nicht größer sein als das, was zuvor über Verhaltensannahmen, technologische Beziehungen u. a. in das Modell „hineingegeben" wurde. Aber wenn es über die Modellanalyse gelingt, 1) die Folgen dieser Annahmen aufzuzeigen, 2) sie zum Anlaß zu nehmen, die ursprünglichen Vorstellungen über das im Modell abgebildete Geschehen zu verfeinern und/oder zu korrigieren, 3) die das Modell von der Wirklichkeit isolierenden Annahmen zu lockern sowie 4) das Modell durch empirische Informationen aufzufüllen, wäre der Weg zu wirklichkeitsbezogenen Aussagen beschritten. Am Ende solcher Bemühungen könnte das überprüfbare, im Falle der Volkswirtschaftslehre, das ökonometrische Modell stehen.

A. Woll: Allg. Volkswirtschaftslehre. 7. Aufl. München 1981. – A. Stobbe: Volkswirtschaftslehre II. Berlin u. a. 1983.

Ökonomische Modelle

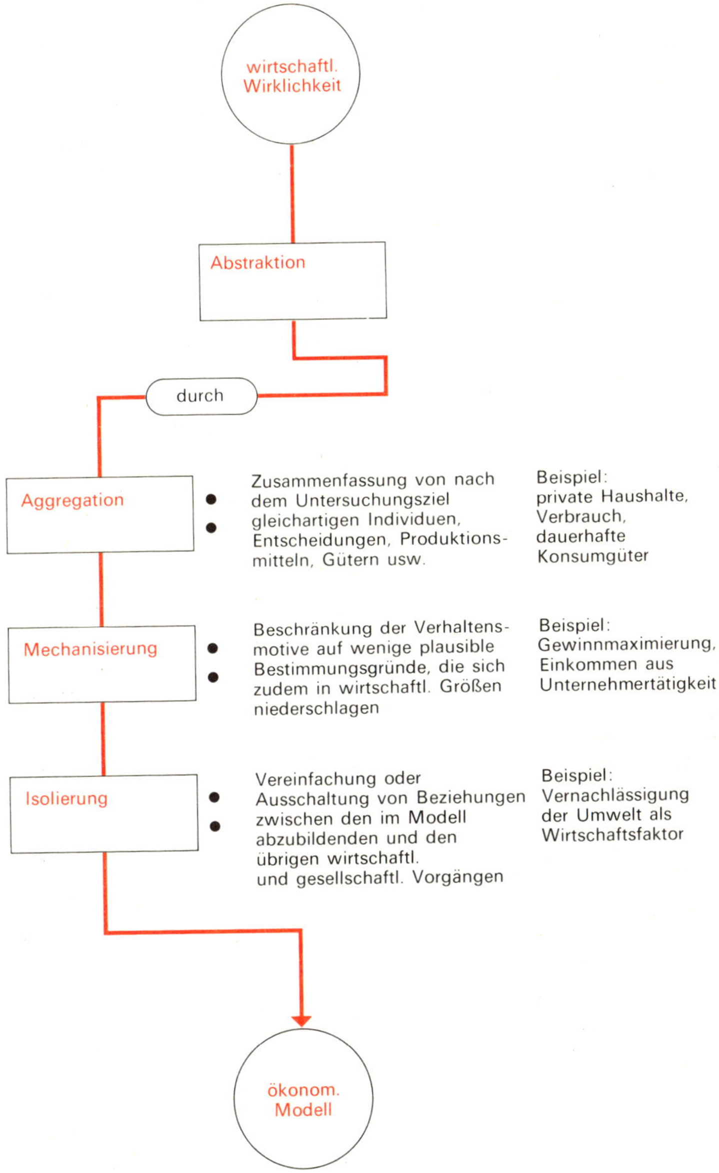

Statische und dynamische Analyse

An ökonomische ↑Modelle (S. 636) kann mit drei Fragen herangetreten werden, wenn auch nicht mit jedem Modell alle Fragen beantwortbar sind: 1) Wie müssen bei gegebenen Wirtschaftsbedingungen die Wirtschaftspläne und ihre Ausführung aussehen, damit sie miteinander verträglich sind, also ↑Modellgleichgewicht (S. 640) herrscht? 2) Wodurch unterscheiden sich die Gleichgewichtssituationen, die sich für ein Modell bei unterschiedlichen Wirtschaftsbedingungen ergeben, welche für die Planungseinheiten als Daten gelten? 3) Wie sieht der Prozeß aus, der sich aufgrund der Modellannahmen aus den Reaktionen der Planungseinheiten auf eine veränderte Datenkonstellation ergibt?

Die erste Frage läßt sich mit einer statischen Analyse beantworten. Hier wie in der Mechanik wird in der Statik das Gleichgewicht der Kräfte untersucht im Unterschied zur Dynamik, die die Bewegung von Körpern unter dem Einfluß von Kräften zum Gegenstand hat. Mit der statischen Analyse werden Modellzusammenhänge erforscht, die entweder unabhängig vom Zeitablauf dargestellt sind oder sich nur auf einen Zeitpunkt bzw. eine Periode beziehen. Die Gleichgewichtslösung eines Modells zeigt an, zu welcher Kombination wirtschaftlich bedeutsamer Größen das mit dem Modell abgebildete System „hintendiert".

Die Antwort auf die zweite Frage verlangt eine komparativ-statische Analyse. Sie beruht auf dem Vergleich von Gleichgewichtszuständen für ein Modell. Diese unterscheiden sich nur, weil für Wirtschaftspläne maßgebliche Daten verändert wurden. Die Analyse der Gleichgewichtsänderung, die etwa aus einer Änderung der öffentlichen Investitionsausgaben in einem entsprechenden Modell folgt, kann Richtung und relative Bedeutung dieser Ausgabenänderung anzeigen. Wie es im einzelnen zu dem neuen Gleichgewicht gekommen ist, bleibt offen; denn es werden nur zwei „Endzustände" ermittelt und verglichen. Es wird praktisch unterstellt, daß die mit der Datenänderung ausgelösten Anpassungsvorgänge mit unendlicher Geschwindigkeit ablaufen. Da dies jedoch nicht zutrifft, wird das Ergebnis der komparativ-statischen Analyse häufig durch den Versuch ergänzt, die zwischen beiden Gleichgewichtszuständen ablaufenden, aber nicht in das Modell einbezogenen Anpassungsvorgänge plausibel zu erläutern.

Demgegenüber stellt die für die dynamische Analyse typische Frage nach den Anpassungsvorgängen darauf ab, daß jedes Handeln, auch die Anpassung, Zeit verlangt. Daher müssen Modelle, die dynamisch analysierbar sein sollen, Vermutungen über Reaktionszeiten von Planungseinheiten auf Datenänderungen enthalten. So mag die Annahme plausibel sein, daß unerwartete Änderungen im laufenden Haushaltseinkommen erst nach einer oder mehreren Perioden sich in Umdispositionen auswirken; wird auch nur berücksichtigt, daß die einzelnen Planungseinheiten unterschiedliche Reaktionszeiten haben können, dann kann es für alle Haushalte zusammen genommen sinnvoll sein, von einer über mehrere Perioden verteilten Reaktion auf eine Datenänderung auszugehen.

Endliche Reaktionsgeschwindigkeiten machen es erforderlich, in widerlegbare Theorien Reaktionsverzögerungen einzubeziehen; denn Verzögerungen wären nur zu vermeiden, wenn die Periode, auf die sich Erklärungsversuch und Beobachtungen beziehen, so groß gewählt werden, daß die Reaktion innerhalb der Periode abgeschlossen ist. Wie wichtig die Kenntnis von zeitlichen Verzögerungen ist, zeigt sich wohl am deutlichsten in der Wirtschaftspolitik; denn die Wahl eines Interventionszeitpunkts, bei der Wirkungsverzögerungen der Maßnahme vernachlässigt oder falsch beurteilt werden, kann die Situation noch verschlimmern, weil diese sich bis zum Eintritt der Wirkung grundlegend geändert haben mag.

K. E. Boulding: Zur Verteidigung der Statik. In: Gegenstand und Methoden der Nationalökonomie. Hg. v. R. Jochimsen/H. Knobel. Köln 1971. S. 321–338. – A. Stobbe: Volkswirtschaftslehre II. Berlin u. a. 1983.

Ein einfaches statisches Modell

A. Hypothesen: 1) Die Verbrauchsausgaben der privaten Haushalte (C) hängen vom realisierten Volkseinkommen (Y) ab

2) Die Nettoinvestition (I) wird durch das Volkseinkommen als Nachfrageindikator bestimmt

B. Definition: 3) Das Volkseinkommen ist die Summe von privatem Verbrauch und Nettoinvestition

C. Modell im Flußdiagramm:

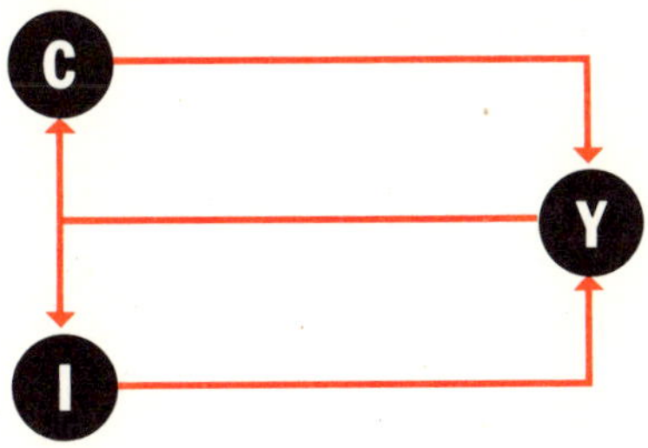

Ein einfaches dynamisches Modell (Flußdiagramm)

A. Hypothesen: 1) Die privaten Haushalte reagieren mit ihren laufenden Verbrauchsausgaben (C_t) verzögert und zwar in Abhängigkeit vom Volkseinkommen der Vorperiode (Y_{t-1})

2) Die laufenden Nettoinvestitionen (I_t) werden durch Erwartungen über die Entwicklung des Volkseinkommens bestimmt, wobei sich diese Erwartungen aus der Veränderung des Volkseinkommens in der Vorperiode gegenüber der ihr vorangegangenen Periode ($Y_{t-1} - Y_{t-2}$) ableiten

B. Definition: 3) Das laufende Volkseinkommen (Y_t) ist die Summe von laufendem privatem Verbrauch (C_t) und laufenden Nettoinvestitionen (I_t)

C. Modell im Flußdiagramm:

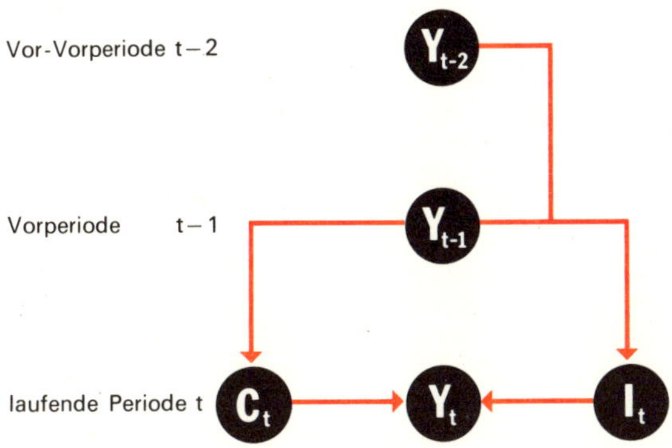

Modellgleichgewicht

Wirtschaftswissenschaftliche Modellanalyse (↑statische und dynamische Analyse S. 638) orientiert sich vor allem an einer der Physik entlehnten Vorstellung, dem Gleichgewicht, d. h. einem Systemzustand, in dem keinerlei Kräfte so wirksam sind, daß sie seine Veränderung bewirken könnten. Beim Wirtschaften handelt es sich bei diesen Kräften um das Verhalten aufgrund von Wirtschaftsplänen.

Die Tatsachen und Erwartungen, die in Wirtschaftspläne eingehen, beziehen sich auf Umstände, die zumindest in der Periode, für die ein Wirtschaftsplan aufgestellt wird, als vorgegeben (Daten) gelten. Ändert sich dieser Datenkranz, so werden Umdispositionen ausgelöst. In einer arbeitsteiligen Wirtschaft sind wegen der damit verbundenen Abhängigkeiten Umdispositionen an einer Stelle i. d. R. zugleich Datenänderungen an einer anderen. So bedeutet die Haushaltsentscheidung, aus dem gleichen laufenden Einkommen mehr als zuvor zu sparen, weil etwa ein Einkommensverlust erwartet wird, daß in der laufenden Periode weniger ausgegeben wird; die Ausgabenänderung hier kann aber zugleich eine unerwartete Einnahmenänderung, z. B. beim Handel mit langlebigen Konsumgütern bedeuten. Dieser wird ebenfalls zu Umdispositionen angeregt; er könnte seine Vorratsläger durch geringere Neubestellungen zu kürzen suchen. Davon würden die Produzenten dieser Güter betroffen, die ihrerseits die geplanten Investitionen überprüfen könnten usw. Die Kette von nötigen Umdispositionen ist um so länger, je stärker die Planungs- und Entscheidungskompetenz dezentralisiert und je unvollkommener die Voraussicht ist; andererseits ist aber zentralisierte Planung auch nicht identisch mit vollkommener Voraussicht und schon gar nicht mit flexibler Reaktion auf Unvorhergesehenes.

Als Ergebnis der Handlungen aufgrund von Wirtschaftsplänen sind zwei Möglichkeiten denkbar: Einige oder alle Planungseinheiten erleben Überraschungen. Diese Abweichungen vom Erwarteten lösen Umdispositionen aus, die eine Veränderung der gesamten Wirtschaftslage bewirken. Das System befindet sich in einem Ungleichgewicht. Die zweite Möglichkeit besteht darin, daß keine der Planungseinheiten überrascht wird oder daß nötig gewordene Korrekturen von Einzelplänen sich in ihrer Wirkung ausgleichen, also den Datenkranz der von diesen Plänen Betroffenen unverändert lassen. Da dann die Erwartungen erfüllt sind, besteht (insgesamt) kein Anlaß zu Umdispositionen. Es herrscht Gleichgewicht. Wie in der Physik läßt sich das Modell u. U. auch danach untersuchen, welche Wirkung eine vorübergehende Datenänderung auf einen erreichten Gleichgewichtszustand hat. Bewirkt sie Umdispositionen, die letztlich wieder zu ihm zurückführen, dann gilt das Gleichgewicht als stabil; anderenfalls ist es instabil (labil).

Gleichgewichtslagen können niemals beobachtet werden, weil die wirtschaftliche Wirklichkeit sich ständig wandelt. Deshalb ist nach dem Erkenntniswert einer modelltheoretischen Gleichgewichtsanalyse zu fragen. Die Gleichgewichtslösung aufzufinden, ist zunächst eine Möglichkeit zu prüfen, ob ein Modell frei von logischen Fehlern und/oder vollständig ist. Neben diesem formalen Nutzen liefert das Gleichgewicht einen Maßstab, Folgen von Datenänderungen zu überprüfen; dies geschieht, indem das Gleichgewicht für alternative Datenkonstellationen gesucht wird. Der Vergleich der Gleichgewichtssituationen kann Erkenntnisse über die Richtung und das relative Ausmaß liefern, in der sich besonders interessierende wirtschaftliche Größen nach den Modellbedingungen ändern. Ebenso können mögliche Ursachen für instabile, vom Gleichgewicht wegführende Vorgänge ermittelt werden. Solche Erkenntnisse sind zwar nicht ohne weiteres auf die Wirklichkeit übertragbar. Sie können jedoch Anhaltspunkte dafür geben, wo in der Wirklichkeit nach Ursachen gesucht werden kann.

A. Woll: Allg. Volkswirtschaftslehre. 7. Aufl. München 1981. – A. Stobbe: Volkswirtschaftslehre II. Berlin u. a. 1983.

Gleichgewicht – Ungleichgewicht

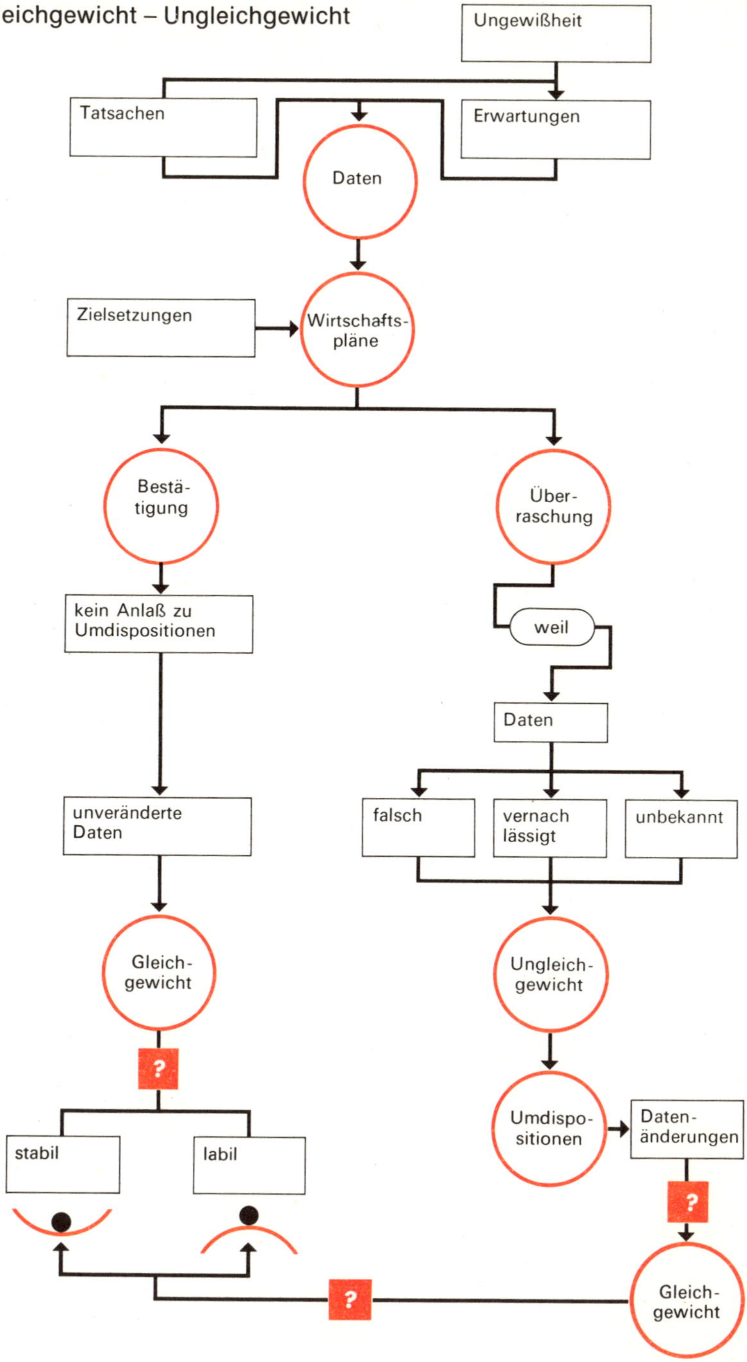

REGISTER

Kursiv gesetzte Zahlen sind Hauptfundstellen